U0901099

# 中国特色社会主义年鉴

## （1997）

主　编　江　流　刘　枫
副主编　傅青元　靳辉明

中国法制出版社

# 主编的话

《中国特色社会主义年鉴》是继《有中国特色社会主义大事典》之后继续反映建设有中国特色社会主义理论与实践的历史进程的资料工具书。

《年鉴》曾以《中国社会主义年鉴》为名出版了1995—1996年卷。从本卷开始更名为《中国特色社会主义年鉴》。之所以更名，是因为现在的名称更符合中国社会主义的现实和历史真实，更容易为世人所接受。

胡绳同志在1994年为《有中国特色社会主义大事典》所作的序言中说，"建设有中国特色社会主义理论的形成过程表明，在如何正确掌握马克思列宁主义关于社会主义的原理，如何依据已有的历史经验发展和充实科学社会主义的理论，如何正确认识中国国情，如何从中国的具体情况出发，探求建设社会主义的道路，并且充分动员一切积极因素，充分利用一切可以利用的条件以加速建设的发展，在这一系列问题上，我们党的经验教训是极为丰富的。对此进行系统的研究，是哲学社会科学工作者义不容辞的任务"。他说，这部书以党的十四大阐述的基本理论观点为依据，从理论和实践的结合上说明建设有中国特色社会主义的形成和发展过程，辑录邓小平同志和中央其他领导同志对建设有中国特色社会主义的论述及党和国家的重大决策，选介在实践中涌现出来的若干典型模式，展示建设有中国特色社会主义理论的具体实践形式和生动形象，介绍中外学者对有中国特色社会主义的研究和探索，"意图是通过这些资料显示建设有中国特色社会主义理论的科学性、创造性和实践性"。

关于1996年出版的《中国社会主义年鉴》，我在序言中说对于建设有中国特色社会主义"这一伟大的历史进程，如果我们只是从一时一事的角度，孤立地去看，是不可能把握其全貌的。而用一种载体或形式，既从空间上把这一历史进程的各个方面的成果记录下来，又从时间上日积月累、年年岁岁地把这一历史进程的发展变化记录下来，并把这些历史记录编纂起来就是一件十分必要的和极有意义的事情。这项工作可以使我们全面、系统地了解建设有中国特色社会主义的历史发展，为中国社会主义的新实践、为社会主义制度的生命力留下丰富、可信的历史见证。同时，这项工作也为我们不断地回顾、反思和研究活生生的建设有中国特色社会主义的理论与实践，总结经验教训，从而既不断地丰富和发展建设有中国特色的社会主义理论，又不断地给改革开放和现代化的伟大实践以正确的指导提供了一个不可缺少的工具"。"我们曾在1993年编纂了《有中国特色社会主义大事典》。这部大事典记录了党的十一届三中全会到党的十四大期间以邓小平为核心的党的第二代领导集体和以江泽民为核心的党的第三代领导集体带领我们党和人民进行改革开放和现代化建设的伟大实践的主要历史资料。党的十四大以来，在以江泽民为核心的党中央领导下，我国改革开放和现代化建设事业进入了一个新的发展时期，建设有中国特色社会主义的理论和实践得到了进一步的丰富和发展，出现了许多新经验、新做法和新成果。为了更好地记录这些，我们准备以年鉴的方式来继续这方面的工作，并准备今后一直做下去。"

《中国特色社会主义年鉴》(1997)就是这一工作的继续。1996年，在以江泽民同志为核心的党中央的正确领导下，全国人民高举邓小平理论的伟大旗帜，坚持党的基本路线，建设有中国特色社会主义的伟大事业取得了举世瞩目的成就。建设有中国特色社会主义的实践积累了更为丰富的经验。这段历史将在我国社会主义建设的历史进程中留下极为辉煌的记载。

今天，我们党和我国人民在以江泽民同志为核心的党中央领导下，正在高举邓小平理论伟大旗帜，全面贯彻党的十五大提出的战略部署，把建设有中国特色社会主义的伟大事业全面推向二十一世纪。在今后的历程中，中国特色社会主义的理论和实践将更加丰富和更加绚丽多采。我衷心希望年鉴的工作在各方面的支持下，越做越好，无愧于伟大的实践和伟大的时代。

**江　流**

1998年3月于北京

# 目　录

## 第一编　中国特色社会主义的历史进程

## 第二编 江泽民 李鹏等中央领导同志关于建设有中国特色社会主义的重要论述



## 第三编 建设有中国特色社会主义的重大决策

## 第四编 建设有中国特色社会主义的若干实践形式

## 第五编 中国学者对有中国特色社会主义研究和探讨的文章综述与摘录



## 第六编 外国及港台人士评有中国特色的社会主义

## 附录:国内部分报刊有关中国特色社会主义研究论文分类目录索引

# 第　一　编

# 中国特色社会主义的历史进程

# 一、稳中求进，国民经济持续、快速、健康发展的一年

1996年，在党中央、国务院的正确领导下，在党的十四届五中和六中全会精神鼓舞下，全国上下认真贯彻、落实中央经济工作会议精神，继续坚持适度从紧的财政货币政策，实现了国民经济和社会发展"九五"计划开好局的预期目标。国民经济保持适度快速增长，抑制通货膨胀取得明显成效。社会总供给与总需求基本平衡，市场供应充足，国际收支状况良好，财政金融形势基本平稳，人民生活水平继续提高。全年实现国内生产总值67795亿元，按可比价格计算比上年增长9.7%。其中，第一产业增加值13550亿元，增长5.1%，第二产业增加值33148亿元，增长12.3%，第三产业增加值21097亿元，增长8%。人均国内生产总值5569元，全社会劳动生产率9902元，扣除价格因素，分别比上年增长8.6%和8.3%。全社会固定资产投资完成23600亿元，比上年实际增长12.7%，全社会消费品零售总额24614亿元，扣除价格因素实际增长12.5%，全年商品零售价格比上年上涨6.1%，居民消费价格上涨8.3%。农村经济全面发展，粮食产量创历史最高记录，达50454万吨，农村贫困人口由6500万人减少到5800万人。工交生产稳定增长，能源生产总量131557万吨，钢产量突破1亿吨，钢材短线品种增长较快；乙烯、有色金属、水泥等重要原材料产量又有较大幅度提高。财政收入持续增长，金融形势保持平稳，全年财政收入达7408亿元，比上年增长18.7%，狭义货币供应量比上年增长18.9%，广义货币供应量增长25%；对外贸易保持增长，利用外资继续扩大，全年进出口总额达2899亿美元，比上年增长3.2%，其中，出口增长1.5%；全年实际利用外资552.7亿美元，比上年增长14.2%，国际收支状况良好，年底外汇储备超过1200亿美元。城乡人民生活进一步改善，农村居民家庭入均纯收入1926元，实际增长9%，城镇居民家庭人均生活费收入4377元，实际增长3.3%。城镇登记失业率3%。

## （一）继续加强农业基础地位，促进农业稳定增长

建国以来，我国农田水利基本建设取得了巨大的成就，但仍存在一些不容忽视的突出问题。许多地方严重干旱缺水；大江大河的防洪标准普遍偏低；众多的中小河流亟待治理；一些地方水土流失相当严重；很多水利设施老化失修，不配套，效益差等。为此，国务院于1996年1月29日发出《关于进一步加强农田水利基本建设的通知》。通知指出，党的十四届五中全会对"九五"期间和到2010年的农业、农村工作提出了明确的战略目标。实现这一目标，最根本的措施是大力推进农田水利基本建设，改善农业生产条件。农田水利基本建设的根本任务，是坚持不懈地大干5年到10年，使我国的农业生产条件和生态环境有一个大的改善。要积极兴建一批蓄、引、提、灌、排等小型水利工程，扩大灌溉面积；大力普及节水灌溉技术，积极推广旱作农业技术，建设一批节水、旱作增产重点县；组织好中小河流综合治理和水土保持工程的建设；大力植树造林，加强重点防护林体系建设；进一步解决好乡镇供水和人畜饮水问题。要发动和依靠群众，增加劳动积累。各地、各部门要多层次、多渠道筹集农田水利基本建设资金。"九五"期间，中央各有关部门和各级地方政府在稳定现有农业投资的基础上，要逐步提高固定资产投资和财政预算内资金用于农业的比重。各级计划和财政部门每年要增加对以农田水利为主的基础设施建设的投入，要安排一定的资金用于水库和灌溉工程的更新改造、完善配套。县以上各级地方政府要根据本地区的实际情况，尽快建立和完善农业发展基金、水利专项建设基金。银行要加大信贷资金对农田水利基础设施建设的扶持力度。

1996年3月17日，八届全国人大第四次会议批准的《中华人民共和国国民经济和社会发展"九五"计划和2010年远景目标纲要》规定，要切实加强农业，全面发展和繁荣农村经济。"九五"期间的重点

任务是保证粮棉油等基本农产品稳定增长,粮食生产能力达到一个新水平;努力缩小工农产品价格剪刀差,保证农民收入较快增加,生活达到小康水平,逐步缩小工农差别、城乡差别,巩固工农联盟。稳定党在农村的基本政策。增加农业投入。保护耕地,开垦宜农荒地,提高复种指数,保持粮食播种面积长期不低于1.1亿公顷。加强水利建设,搞好大江大河大湖治理,重点建设一批具有综合效益的大中型水利工程。到2000年,各大江大河力争达到防御建国以来发生的最大洪水标准。五年新增农田灌溉面积330万公顷。加快中低产田改造,建设稳定的商品粮基地。"九五"期间改造中低产田1400万公顷。国家级商品粮基地县增加到900个左右。强化科教兴农,突出抓好"种子工程",到2000年把水稻、小麦、玉米和棉花的用种全面更换一次。加快以化肥为重点的农用工业。

八届人大四次会议通过的1996年国民经济和社会发展计划确定,1996年计划粮食产量4650亿公斤,棉花450万吨,力争新开垦耕地20万公顷,粮食播种面积稳定在1.1亿公顷。中央掌握的农业投资主要用于大江大河大湖治理、国家储备粮生产基地、新疆棉花基地、种子工程、节水灌溉示范工程、北方牧区草原建设、林业生态工程和全国性重点地区农业综合开发等。各地都要努力增加农业投入,抓好省级重点地区开发,加强中低产田改造和小流域治理。切实解决好农业生产资料价格高、定购粮价格低、农民负担重的问题。严格执行国家规定的价格政策,稳定农业生产资料价格。适当提高粮食定购价格,对完成定购任务后农民出售的余粮实行随行就市、敞开收购。坚决把农民不合理的负担降下来,把不符合实际的集资项目停下来,暂停审批一切新的收费项目,禁止一切加重农民负担的达标升级活动。

1996年6月1日,为调动广大群众治理开发农村集体所有的荒山、荒沟、荒丘、荒滩的积极性,加快水土流失的治理,改善生态环境,改变农业生产条件,促进农业可持续发展,经国务院批准,国务院办公厅发出《关于治理开发农村"四荒"资源进一步加强水土保持工作的通知》,通知要求按照合理规划、治理和开发相结合、以小流域为单元进行综合治理和多种方式并举的原则,实行谁治理、谁管理、谁收益的政策,使农村集体经济组织内的农民都有参与治理开发"四荒"的权利,本村村民享有优先权,公开、公平、自愿、公正等政策。不准在25度以上的陡坡上开荒种植农作物,不准破坏植被、道路和农田水利、水土保持工程设施。不得进行掠夺式开发,不得将"四荒"改作非农用途,以免造成新的水土流失。承包租赁、拍卖"四荒"使用权,最长不超过50年。在规定的使用期限内,对于实行承包、租赁和股份合作方式治理的,可以依法享有继承、转让、抵押、参股联营的权利。

1996年6月24日,经国务院同意,国家技术监督局和农业部下发《关于加强农业标准和农业监测工作,促进高产、优质、高效农业发展的意见》。意见指出,加强农业标准和农业监测工作,建立健全农业标准体系和监测体系,对于加快推广应用农业科学技术,提高农副产品产量和质量,发展高产、优质、高效农业,加快农业现代化进程具有重要意义。必须根据新的情况,针对农、林、牧、渔各业的产前、产中、产后全过程建立健全农业标准体系。一是农副产品等级标准;二是种子、苗木、种畜禽、水产种苗等品种和用种质量标准;三是农艺技术规范;四是农副产品包装、储藏和运输标准。要认真组织农业标准的实施。为此要着重做好两方面的工作。一是贯彻实施种子和农副产品质量等级标准,确保种子和农副产品质量的不断提高。种子生产经营单位要牢固树立质量意识。围绕"种子工程",在种子鉴定、检测、繁育、生产、加工、贮运等环节,抓好相应标准的贯彻落实,使商品种子质量逐年有所提高。二是广泛开展农业综合系列标准化,加速农业科技成果向现实生产力的转化,促进农业适度规模经营。

加快建立和完善农业监测体系。农业监测体系是指为提高农副产品、农用生产资料和农业生态环境的质量,由各类具有农业专业技术和监测能力的检验、测试机构组成的监测网络。本世纪末要建立起以农副产品和农用生产资料监测为重点,包括对农业生态环境监测在内的较完整的农业监测体系。"九五"期间,根据国家财力和现有基础,第一步是健全并完善农副产品和农用生产资料监测体系,对农产品和农业投入品及各类农业标准的实施进行监测。特别是要配合各地的"米袋子"、"菜篮子"工程,加强对粮油、果蔬、畜禽、水产品等农产品及其加工品质量和农药残留、兽药残留的监测,确保人身安全健康。第二步是健全并完善农业生态环境监测体系,对涉及农副产品产前、产中、产后全过程的农艺技术规范的实施开展监测。特别是要配合"科教兴农"、农业综合开发和农业综合标准化工作,广泛开展监测和技术监督服务。

1996年10月4日,国务院发布《关于切实做好1996年度棉花工作的通知》。通知指出,棉花是关系国计民生的重要商品。1994年以来,国务院在棉花生产、流通、消费方面制定了一系列政策，既保护了棉花产区和农民的生产积极性，满足了纺织用棉和其他用棉的需要，又增加了国家储备，棉花形势总的是好的。目前，纺织企业生产经营困难，棉花调销不畅，并由此影响到棉花生产的稳定。1996年度棉花工作要继续实行和完善现行棉花政策，加强对棉花供需总量的宏观调控，进一步落实省长负责制，立足稳定棉花生产，稳步推进棉花供应体制改革，加快调整纺织工业结构和产品结构，以促进棉花生产的稳定增长。要稳定棉花收购价格，切实做好棉花收购资金的供应和管理，推广棉肥挂钩政策，稳定面积，主攻单产，为明年棉花增产打好基础。

我国是一个人口众多而农业资源相对短缺的国家，狠抓资源的节约和综合利用，大力提高资源利用率，是加快我国畜牧业和整个农业发展的一项战略性措施。通过实施秸秆养畜、过腹还田项目，可以较大幅度增加牛、羊肉产量，丰富“菜篮子”市场，改善人民群众的膳食结构，节约饲料用粮，缓解粮食供需矛盾，增加土壤有机质和培肥地力，降低农业生产成本，促进农业可持续发展。为此，国务院办公厅于1996年10月5日转发了农业部《1996～2000年秸秆养畜过腹还田项目发展纲要》。规划通过加快秸秆养畜、过腹还田项目，进一步提高秸秆资源的利用率，加速发展牛、羊等草食家畜生产，力争在本世纪末使我国肉类新增产量1000万吨，全国牛肉产量700万吨，羊肉产量300万吨；全国秸秆饲用率由目前的25%提高到40%；累计建设全国秸秆养牛示范县250个，示范县的秸秆饲用率平均达到60%～80%，累计建设全国养羊示范县150个，示范县的秸秆饲用率普遍提高到50%以上。

1996年10月29日，八届全国人大常务委员会第22次会议审议通过《中华人民共和国乡镇企业法》。《乡镇企业法》规定乡镇企业是农村经济的重要支柱和国民经济的重要组成部分。乡镇企业的主要任务，是根据市场需要发展商品生产，提供社会服务，增加社会有效供给，吸收农村剩余劳动力，提高农民收入，支援农业，推进农业和农村现代化，促进国民经济和社会事业发展。发展乡镇企业，坚持以农村集体经济为主导，多种经济成份共同发展的原则。国家对乡镇企业积极扶持、合理规划、分类指导、依法管理，鼓励和重点扶持经济欠发达地区、少数民族地区发展乡镇企业，鼓励经济发达地区的乡镇企业或者其他经济组织采取多种形式支持经济欠发达地区和少数民族地区举办乡镇企业。县级以上人民政府依照国家有关规定，可以设立乡镇企业发展基金。基金由下列资金组成：1.政府拨付的用于乡镇企业发展的周转金；2.乡镇企业每年上缴地方税金增长部分中一定比例的资金；3.基金运用产生的收益；4.农村集体经济组织、乡镇企业、农民自愿提供的资金。乡镇企业发展基金专门用于扶持乡镇企业发展。国家积极培养乡镇企业人材，鼓励科技人员、经营管理人员及大中专毕业生到乡镇企业工作；采取优惠措施鼓励乡镇企业同科研机构、高等院校、国有企业及其他企业、组织之间开展各种形式的经济技术合作；鼓励乡镇企业开展对外经济技术合作与交流，建设出口商品基地，增加出口创汇。地方各级人民政府按照统一规划、合理布局的原则，将发展乡镇企业同小城镇建设相结合，引导和促进乡镇企业适当集中发展，逐步加强基础设施和服务设施建设，以加快小城镇建设。乡镇企业应当按照市场需要和国家产业政策，合理调整产业结构和产品结构，加强技术改造，不断采用先进技术、生产工艺和设备，提高企业管理水平。

针对社会上各种加重农民负担的行为屡禁不止，农民负担一再反弹的现象，1996年12月30日，中共中央、国务院发出《关于切实减轻农民负担工作的决定》，党中央和国务院重申：国家的农业税收政策稳定不变；村提留乡统筹费不超过上年农民人均纯收入5%的政策稳定不变；农民承担义务工和劳动积累工制度稳定不变；严禁一切要农民出钱出物出工的达标升级活动；严禁在农村搞法律规定外的任何形式的集资活动；严禁对农民的一切乱收费、乱涨价、乱罚款；严禁各种摊派行为；严禁动用专政工具和手段向农民收取钱物；减免贫困户的税费负担；减轻乡镇企业的负担。要加强监督检查，严肃查处加重农民负担的违法违纪行为。

### （二）加强和优化产业结构，努力提高投资效益

1996年3月份，八届全国人大第四次会议在批准《国民经济和社会发展“九五”计划和2010年远景目标纲要》的决议中要求，要积极推进产业结构调整，继续加强基础设施和基础工业，大力振兴支柱产业，积极发展第三产业。《国民经济和社会发展“九五”计划和2010年远景目标纲要》提出：基础设施和基础工业建设要统筹规划，合理布局，突出重点，兼顾一般，集中力量有计划地建设一批重点骨干工程，避免盲目发展和重复建设。能源工业要适应国民经济增长的需要，逐步缓解瓶颈制约，坚持节约与开发并举，把节约放在首位，大力调整能源生产和消费结

构,推广先进技术,提高能源生产效率;以增加铁路运输能力为重点,充分发挥公路、水运、空运、管道等多种运输方式的优势,加快综合运输体系建设,形成若干条东西向、南北向大通道;积极采用先进技术和装备,坚持高起点,统筹规划,条块结合,分层负责,联合建设的方针发展邮电通讯业;原材料工业重点是增加品种、提高质量、降低消耗,大力搞好资源综合利用,推进企业技术改造,提高竞争能力。支柱产业和轻纺工业要进一步面向市场,激发竞争活力,依靠市场配置资源。支柱产业的发展要确定有限目标,择优扶持,集中突破,提高技术起点,积极利用国外资金和技术,在引进技术的同时,加强自主开发和创新能力,形成经济规模,提高产品附加值和市场占有率。进一步调整改造轻纺工业,增强市场的竞争力。把引进先进技术和自主开发创新结合起来,逐步形成自己的优势。积极发展第三产业。继续发展商业和生活服务业,积极发展旅游、信息、咨询、技术、法律和会计服务等新兴产业,规范和发展金融、保险业,引导房地产业健康发展,健全资产评估、业务代理、行业协调等中介服务。

根据中央经济工作会议确定的经济发展方针,八届全国人大第四次会议在审议通过1996年国民经济和社会发展计划时强调,“紧紧抓住实现经济体制和经济增长方式转变这一关键环节,积极推进经济体制改革,逐步理顺各方面关系,把经济增长的立足点转到优化结构,加强管理、提高质量、增进效益上来,提高国民经济的整体素质”。1996年3月5日,国家计委在向八届全国人大第四次会议报告1996年国民经济和社会发展计划草案中提出,在继续控制投资总规模的前提下,着力优化投资结构,提高投资效益。1996年全社会固定资产投资总规模21000亿元,其中国有单位投资14400亿元,集体和个人投资6600亿元。固定资产投资项目必须适应转变经济增长方式的要求,立足于现有基础,提高技术含量,符合规模经济标准,促进集约化经营。继续集中力量,加快国家重点建设,按照“保重点、保投产、保收尾”的原则,优先保证农业和基础设施、基础工业、支柱产业的在建重点项目,特别是能增加有效供给的重点竣工项目。

1996年3月4日,内贸部发出《关于加强连锁企业商品质量管理,促进连锁经营发展的通知》。通知指出,加强连锁企业经营商品的质量管理,重视标准化和计量工作,对于切实保护消费者和连锁经营企业的合法权益,促进连锁经营的健康发展,具有十分重要的意义。连锁企业在经营过程中,必须坚持标准化、规范化原则,进行统一核算、统一进货、统一配送、统一管理,根据企业经营特点,制定相应的经营标准和服务范围,进一步完善企业标准化体系。同时,必须坚持统一的商品质量管理,对各连锁分店的商品质量,实行统一规范、统一标准、统一监督、统一考核。连锁经营企业在统一进货过程中,要建立法定标识的检验制度。连锁经营企业应按照《产品质量法》中确定的销售者的产品质量责任和义务及有关规定,由总店统一组织管理,对各连锁店所售出的商品实行“现行负责制”。国家和地方在组织开展商品酌量监督抽查时,要重点查处标实不符、以次充好、掺杂使假、短斤缺两的违法行为。要加强商品条码标准的推广工作。

1996年6月14日,经国务院批准,国家计委发布《国家重点建设项目管理办法》。国家重点建设项目是指从国家大中型基本建设项目中确定的对国民经济和社会发展有重大影响的骨干项目。主要是:基础设施、基础产业和支柱产业中的大型项目;高科技并能带动行业技术进步的项目;跨地区并对全国经济发展或者区域经济发展有重大影响的项目;对社会发展有重大影响的项目;其他骨干项目。国家重点建设项目的确定,根据国家产业政策、国民经济和社会发展的需要和可能,实行突出重点、量力而行、留有余地、防止资金分散、保证投资落实和资金供应的原则。国家重点建设项目实行建设项目法人责任制。建设项目法人负责国家重点建设项目的筹划、筹资、建设、生产经营、偿还债务和资产的保值增值,依照国家有关规定对国家重点建设项目的建设资金、建设工期、工程质量、生产安全等进行严格管理。根据国家重点建设项目的年度投资计划和合同,负有拨付建设资金责任的国务院有关主管部门、有关地方人民政府、银行和企业事业单位,应当按照项目的建设进度,保证拨付建设资金。国家重点建设项目的设备储备资金,各有关银行和部门应当优先安排。任何单位和个人不得挪用、截留国家重点建设项目的建设资金以及设备储备资金。电力、交通、邮电、供水、供热等单位,应当优先保证国家重点建设项目的需要,按照合同的约定履行义务。

1996年7月24日,国务院批转国家经贸委、财政部、中国人民银行、国家统计局《关于建立企业扭亏增盈工作目标责任制的意见》。三部委建议,在全国范围内建立企业扭亏增盈工作目标责任制。包括:1.制定企业扭亏增盈工作目标,实行行政领导负责制。针对不同地区和部分企业的状况,制定各地区、各有关部门分年度的企业扭亏增盈工作目标。1996

年全国企业扭亏增盈工作目标是消化各种增支减利因素，尽快遏制亏损额上升的势头，有条件的地区应将企业亏损额控制在1995年的额度以内，力争有所减少。企业扭亏增盈工作要与企业改革、改组、改造和加强企业内部经营管理相结合；要与推广邯钢模拟市场核算、实行成本否决的管理经验相结合；要与调整产业结构、企业结构和产品结构，开发适销对路产品相结合。2.确定考核范围和考核指标，定期公布考核指标完成情况。企业扭亏增盈工作目标的考核范围为全部独立核算国有工业企业。企业扭亏增盈工作的考核指标为：企业亏损额和企业亏损额占全部企业实现利税总额的比重。3.建立考核制度，促进企业扭亏增盈工作。要把完成企业扭亏增盈情况作为考核各地区、各有关部门主要领导工作的重要内容。各地区、各有关部门也可建立本地区、本部门的考核制度。亏损企业应按照收入与效益挂钩的原则，实行工资总额同增利、减亏、扭亏指标挂钩的收入分配办法。经营性亏损企业除应停发奖金、降低企业主要负责人及其他负责人的工资外，还要根据责任大小对企业主要负责人给予必要处置，并记录在案，作为考核企业负责人的重要内容。

1996年8月19日，国务院办公厅转发国家计委《关于取消地方限制经济型轿车使用的意见》。意见提出，国务院颁布的《汽车工业产业政策》已经明确，经济型轿车是汽车工业发展的重点，尤其是小排量微型轿车具有油耗低、停车占地少、价格便宜等特点，更适合当前购买力较低的市场需求。各类汽车都应允许面向国内市场，不应人为规定在某一地方只准某些型号汽车行驶，而不允许另一些型号汽车行驶。各地要认真贯彻执行《汽车工业产业政策》，不得自行制定对车型使用进行限制以及对民用汽车的保有和使用实行总量控制的政策，已制定出台的限制经济型轿车使用的措施和对民用汽车保有及使用实行总量控制的规定要立即取消。

1996年8月31日，国务院批转下发国家计委、国家经贸委、国家税务总局《关于进一步开展资源综合利用的意见》。国务院指出，随着人口的增加和经济的发展，我国资源相对不足的矛盾将日益突出。必须坚持资源开发与节约并举，把节约放在首位。生产、建设、流通、消费等各个领域，都必须节约和合理利用各种资源，千方百计减少资源的占用与消耗。各地区、各部门要高度重视，坚持“因地制宜、鼓励利用、多种途径、讲求实效、重点突破、逐步推广”的方针。遵循资源综合利用与企业发展相结合，与污染防治相结合，经济效益与环境效益、社会效益相统一的原则，积极推动资源节约和综合利用工作，努力提高资源的综合利用水平，促进国民经济和社会事业健康发展。国家计委、国家经贸委、国家税务总局在《关于进一步开展资源综合利用意见》中规定，资源综合利用的范围包括：在矿产资源开采过程中对共生、伴生矿进行综合开发与合理利用；对生产过程中产生的废渣、废水、废气、余热、余压等进行回收和合理利用；对社会生产和消费过程中产生的各种废旧物资进行回收和再生利用。提出“实行优惠政策，鼓励和扶持企业积极开展资源综合利用”，享受优惠政策的范围按照《资源综合利用目录》执行，国家现行的有关资源综合利用税收优惠政策主要体现在以下文件：财政部1994年《关于企业所得税若干优惠政策的通知》、财政部1996年《关于继续对部分资源综合利用产品等实行增值税优惠政策的通知》、财政部1996年《关于废旧物资回收经营企业等实行增值税优惠政策的通知》、国家税务局1994年《关于印发固定资产投资方向调节税“资源综合利用、仓储设施”税目税率注释的通知》等，企业从有关优惠政策中获得的减免税（费）款，要专项用于资源综合利用，各地区、各有关部门对企业资源综合利用项目应重点扶持，优先立项，银行根据信贷政策，在安排贷款上给予积极支持。要加强对资源综合利用资金的管理，提高资金使用效率；加强资源的综合利用开发和合理利用，防止资源浪费和环境污染，在矿产资源勘查和开采中，对具有开发利用价值的共生、伴生矿必须统一规划，综合勘探、评价、开采、利用，建设项目中的资源综合利用工程应与主体工程同时设计、同时施工、同时投产；采取措施，支持综合利用电厂生产电力、热力；搞好废旧物资的回收和再生利用；加快立法步伐，建立健全管理制度，推动资源综合利用工作；提高科技进步，提高资源综合利用技术水平。

1996年12月24日，国务院印发《质量振兴纲要（1996年—2010年）》。纲要确定，质量振兴的主要目标是：经过5至15年的努力，从根本上提高我国主要产业的整体素质和企业的质量管理水平，使我国的产品质量、工程质量和服务质量跃上一个新台阶。

到2000年，主要产业的整体素质有明显提高，初步形成若干个具有国际竞争能力的重点产业及一批大型企业集团。到2010年，主要产业的整体素质基本适应国际经济竞争的需要。

到2000年，主要工业产品有75％以上按国际标准或国外先进标准组织生产，达到国际先进水平的优等品率有明显提高，产品售后服务有明显改善；

国家重点产品可比性跟踪监督抽查的合格率达到90%以上;出口产品的出厂合格率达到100%;主要产业的产品质量和服务水平达到国家标准。到2010年,主要工业产品有85%以上按国际标准和国外先进标准组织生产,达到国际先进水平的优等品率有较大幅度提高,形成规范化的售后服务网络;国家重点产品可比性跟踪监督抽查的合格率达到95%以上;形成一批具有国际竞争能力的名牌产品;主要产业的产品质量和服务水平接近或达到国际先进水平。要突出抓好原材料、基础元器件、重大装备、消费品等四类重点产品的质量。

到2000年,煤炭、钢铁、有色金属、石油化工等主要原材料的产品质量全部达到国家标准,并有一定比例的产品质量达到国外先进水平;到2010年,主要原材料的产品质量有1/3～1/2达到发达国家的平均水平,一些重要原材料的质量达到国际先进水平。到2000年,机械、电子等基础元器件的质量总体水平达到发达国家20世纪90年代初水平;到2010年,机械、电子等基础元器件的质量水平力争接近发达国家的平均水平。到2000年,机械、电子、石油化工等重大装备的安全性能指标全部达到国家强制性标准;到2010年,机械、电子、石油化工等重大装备的整机可靠性接近或达到发达国家的平均水平。到2000年,主要消费类产品的质量、安全和卫生指标全部达到国家强制性标准,主要耐用消费品的技术质量指标和整机可靠性接近或达到发达国家的平均水平;到2010年,主要消费类产品的质量、安全和卫生指标达到国际标准,主要耐用消费品的技术质量指标和整机可靠性接近或达到国际先进水平。

到2000年,竣工交付使用的工程质量必须达到国家标准或规范要求,大中型工程建设项目综合试车和验收一次合格,确保连续生产或正常使用,其他工程一次验收合格率达到90%,其中优良品率达到35%以上。到2010年,竣工工程质量全部达到国家标准或规范要求,大中型工程建设项目以外的其他工程一次验收合格率达到96%,其中优良品率达到40%以上。

到2000年,铁路、交通、民航、商业、旅游、医疗卫生以及金融、保险、房地产、信息咨询等传统和新兴服务行业,全面推行服务质量国家标准,初步实现服务质量的制度化、程序化、标准化。到2010年,服务质量基本达到国际标准。

## (三)继续实行适度从紧的财政货币政策,加强宏观调控,解决经济发展中的矛盾

根据1995年12月中央经济工作会议确定的宏观经济调控目标和总体经济工作方针,1996年国民经济发展宏观调控目标是:经济增长速度8%,商品零售价格上涨幅度10%左右,继续实行适度从紧的财政货币政策,努力减少财政赤字,加强税收征管,把整顿和加强财经纪律,打击经济犯罪行为作为一项重要任务。一年来,各方面围绕这一基本方针积极工作,取得了可喜的进展,成功地实现了经济"软着陆"。

1996年1月29日,李鹏总理签署第193号国务院令,发布实施《中华人民共和国外汇管理条例》。条例规定,国家实行国际收支统计申报制度,凡有国际收支活动的单位和个人,必须进行国际收支统计申报。在中华人民共和国境内禁止外币流通,并不得以外币计价结算。境内机构的经常项目外汇收入必须调回境内,不得违反国家有关规定将外汇擅自存放在境外;外汇收入应当按照国务院关于结汇、售汇及付汇管理的规定卖给外汇指定银行,经常项目用汇应当按照国务院关于结、售、付汇的管理规定,持有效凭证和商业单据向外汇指定银行购汇支付。境内机构的资本项目外汇收入应当调回国内,按照国家有关规定在外汇指定银行开立外汇帐户;卖给外汇指定银行的,须经外汇管理机关批准;境内机构向境外投资,在向主管部门申请前,由外汇管理机关审查其外汇资金来源,经批准后按照国务院关于境外投资外汇管理的规定办理有关资金汇出手续。借用国外贷款,由国务院确定的政府部门、国务院外汇管理部门批准的金融机构和企业按照有关规定办理。国家对外债实行登记制度。金融机构经营外汇业务须经外汇管理机关批准,领取经营外汇业务许可证。人民币汇率实行以市场供求为基础的、单一的、有管理的浮动汇率制度,中国人民银行根据银行间外汇市场形成的价格,公布人民币对主要外币的汇率。

1996年2月8日,针对一些地方的企业、公司和金融机构无视国家金融法律和规章,擅自提高或变相提高存、贷款利率,甚至引发严重经济犯罪的情况,增强利率政策的透明度,加大社会的监督力量,维护国家利率政策的严肃性和正常的金融秩序,中国人民银行发布《关于严肃金融纪律,严禁非法提高利率的公告》。公告指出,国务院批准和授权中国人民银行制定的各项利率为法定利率,具有法律效力,

其他任何单位和个人无权变动。法定利率的公布、实施由中国人民银行负责。各金融机构必须严格执行法定的存款利率，一律不准上浮；对单位发行的大额可转让定期存单，利率不准上浮；必须严格执行国家法定固定资产贷款利率，一律不准上浮。金融机构对流动资金贷款实行浮动利率，浮动利率是金融机构经中国人民银行批准后，在规定的幅度内，以法定利率为基础确定的利率。除城乡信用社、城市合作银行外，各金融机构可在现行流动资金贷款利率的基础上，按上浮20%，下浮10%的浮动幅度，实行浮动利率；城市信用社、城市合作银行流动资金贷款利率上浮幅度最高为30%；农村信用社上浮幅度最高为60%。严禁各金融机构擅自提高存、贷款利率，或以手续费、协储代办费、吸储奖、有奖储蓄以及贷款保证金、利息备付金、加收手续费、咨询费等名目变相提高存贷款利率。

1996年2月23日，针对我国期货市场上存在的一些少数大户凭借资金实力，联手操纵市场牟取暴利；少数人挪用公款进行期货投机损公肥私；个别客户在交易中蓄意违规，甚至进行金融犯罪活动等问题。国务院批转国务院证券委员会、中国证券监督管理委员会《关于进一步加强期货市场监管工作的请示》。要求国有或国有资产占控股地位的企业、事业单位只能从事与其生产、经营有关商品期货品种的套期保值交易，不得进行投机交易，更不允许进行恶性炒作；各类金融机构一律不得从事商品期货的自营和代理业务，任何金融机构不得出具期货交易资金保函，严禁用银行贷款或拆入资金进行期货交易；期货经纪公司一律不得从事期货自营业务，对违反规定继续从事自营业务的期货经纪公司，证监会根据情节轻重对其作出责令改正、罚款、停业整顿、取消期货经纪资格的处罚；证监会可以按程序对期货交易所、期货经纪机构和客户在商业银行和其他金融机构开立的帐户进行查询；各期货交易所要结合各自的具体情况建立“市场禁止进入制度”。

1996年3月17日，八届全国人大第四次会议在审议通过1996年国民经济和社会发展计划的决议中要求：要严格控制固定资产投资规模和消费基金的增长，继续实行适度从紧的财政政策和货币政策，努力增加财政收入，严格按预算控制支出，控制货币供应量，确保物价上涨幅度不突破计划调控目标。1996年国民经济和社会发展计划提出，1996年要继续把抑制通货膨胀作为宏观调控的首要任务，使物价总水平上涨幅度进一步降低到10%左右，为“九五”期间物价涨幅低于经济增长率创造良好开端，促进经济健康发展。为了实现物价调控目标，必须继续实行适度从紧的财政货币政策，从严控制新开工项目和消费基金过快增长，搞好经济总量平衡。进一步整顿流通秩序，从严控制新出台调价项目，加强市场物价监管，建立健全价格管理法规，规范价格行为，坚决制止垄断涨价和乱涨价、乱收费，打击欺行霸市。

1996年3月28日，国务院办公厅转发国家经贸委、国家工商局、国家技术监督局《关于深入开展打击生产和经销假冒伪劣商品违法行为的意见》。提出了1996年“打假”的六项工作：1.商业企业开展自查自纠活动，重点清查标实不符、以次充好、掺杂使假、短斤缺两的商品。各地“打假”办组织抽查，对抽查中发现的经销假、冒、伪、劣商品严重的商业企业从重从严处理。2.继续整顿各类商品市场。对经销假冒伪劣商品问题严重的商品市场进行限期重点整顿。整顿的主要内容是：商品市场是否经工商行政管理机关登记注册；销售商品有无合格证、生产许可证、厂名、厂址等；市场有无监督管理机构或人员等。3.限期整顿广东、浙江、河北、河南等省的重点地区。4.对假冒伪劣药品；假冒伪劣化肥、农药种子等农资商品；棉花掺杂使假；假酒和劣质饮料、劣质食盐；假冒名牌卷烟；伪劣机械和电器产品；伪劣建筑材料等七类重点商品进行专项“打假”。5.继续查处大案要案。6.依法保护名优产品生产企业的合法权益。

1996年3月29日，国务院办公厅转发《国务院纠正行业不正之风办公室关于1996年纠风工作实施意见》。1996年纠正行业不正之风的主要任务是：1.继续抓好治理公路“三乱”、中小学乱收费和向农民乱收费、乱摊派三项工作，务求抓出更加明显的成效。2.狠刹预算外资金管理和使用中的不正之风，继续清理“小金库”。首先要把预算内资金划转到预算外的划转回来，把各级行政机关、事业单位和社会团体的各项事业性收费、业务服务收入、各种集资和纳入预算管理的行政性收费等几大项理顺管好。同时，规范管理，加强管理，坚决纠正公款私存、损公肥私、化公为私、乱收乱支、挥霍浪费等不正之风。3.坚决制止各类学会、协会、研究会、基金会、中心和公司假借培训、考察等名义，组织或变相组织公费出国(境)旅游。4.各地区、各部门(行业)还应结合本地区、本部门(行业)的实际，选择群众反应强烈的突出问题，进行专项治理。特别是公安、税务、工商、海关、技术监督等执法部门和铁道、邮电、卫生、银行、建设等公共服务行业，要在纠正不正之风和加强行风建设方面取得新的突破。

1996年4月7日,国务院批转财政部、国家计委、审计署、中国人民银行、监察部《关于清理检查预算外资金的意见》。意见提出,今年来,预算外资金大幅度增加。预算外资金对经济建设和社会事业发展起到了一定的积极作用。但是,由于缺乏统一管理和监督,预算外资金的设立、使用和管理中的问题愈来愈突出。要集中力量,在全国范围内对预算外资金进行一次清理检查。通过清理检查,坚决惩治和纠正将预算内资金转到预算外,以及预算外资金设立、使用和管理中的违法乱纪行为;进一步建立健全规章制度,严格依照《中华人民共和国预算法》及其他有关法律、法规办事,强化监督稽核机制,规范执收执罚行为,加强对预算内外资金的统一管理,合理安排好预算内外的综合财力。

1996年4月19日,国务院发出《国务院关于整顿会计工作秩序,进一步提高会计工作质量的通知》。通知指出,"八五"期间我国会计工作在法制建设、核算制度模式转换以及注册会计师事业发展方面都取得了显著成绩。但是,会计工作秩序仍存在不少问题,假造会计票据,乱摊成本,搞"两本帐"、隐瞒收入,偷逃国家税收,转移国家资金、搞小金库等违反财经纪律的问题突出。为此,要在全国范围内开展整顿会计工作秩序工作。整顿会计工作秩序的内容,是在发挥全面检查执行国家财政、税务、财务、会计等法规情况的基础上,重点整顿以下问题:1.按照国家规定应当建帐而没有建帐,或者帐目严重混乱的;2.帐外设帐,或者假造会计凭证、会计帐簿、会计报表,隐瞒真实的财务状况和经营成果的;3.违反财务会计制度,乱挤乱摊成本、随意核销费用,任意减少利润或者增加亏损,擅自冲减国家资本金的;4.截留、转移国家和单位的收入,私设"小金库"的等等。各地区、各部门及各单位要切实加强对会计工作的监督检查,建立健全包括国家监督、社会监督、单位监督在内的会计监督体系。财政部门和业务主管部门要严格加强会计报表管理,严肃查处编造、篡改会计报表和其他弄虚作假的行为。业务主管部门要对所属单位上报的年度会计报表进行全面审查,在此基础上还须对其中20%以上的报表进行重点抽查。审计机关要加强对国有金融机构和工商企业、事业单位财务收支的监督。税务部门要加强发票管理,逐步实行发票跟踪抽查制度。工商行政管理部门要结合办理工商企业登记和年检,加强对工商企业的监督,对没有按规定配备必要的会计人员、经财政部门确认财务制度不健全、建帐不符合规定要求的企业要限期改正,逾期不改的,不予办理登记注册或年检。加强社会会计监督,依法实行企业会计年度报表审计制度。

1996年6月17日,为规范证券经营机构股票承销业务活动,保护投资者的合法权益,国务院证券委员会发布施行《证券经营承销业务管理办法》。办法规定,证券经营机构从事股票承销业务,应当取得证监会颁发的《经营股票承销业务资格证书》。证券经营机构申请从事股票承销业务,应当同时具备下列条件:证券专营机构具有不低于人民币2000万元的净资产,证券兼营机构具有不低于人民币2000万元的证券营运资金;证券专营机构具有不低于人民币1000万元净资本,证券兼营机构具有不低于人民币1000万元的净证券营运资金;有2/3以上的高级管理人员和业务人员获得证监会发的《证券业从业人员资格证书》;证券经营机构在近1年内无严重的违法违规行为或在近2年内未受到规定取消股票承销业务资格的处罚;证券经营机构成立并且正式开业已超过半年,证券兼营机构的证券业务与其他业务分开经营、分帐管理;证券经营机构从事股票承销业务,其流动性资产占净资产或证券营运资金的比例不得低于50%。

1996年6月19日,国务院办公厅转发国家计委《关于加强价格监督检查工作若干意见》。国务院办公厅转发通知指出,当前全国控制物价上涨工作已取得初步成效。但是,市场流通秩序混乱状况尚未根本扭转,乱涨价、乱收费现象仍很严重。加强价格监督检查,是确保实现物价控制目标、整顿和规范流通秩序的重要手段。各级政府要高度重视价格监督检查工作,各有关部门要密切配合,通过建立法规体系,完善监督网络,强化执法手段,加大工作力度,确保物价涨幅进一步回落。国家计委在《关于加强物价监督检查工作的若干意见》中提出,当前和今后一个时期价格监督检查工作的基本要求是,强化国家监督,扩大社会监督,重视舆论监督,健全内部监督,通过建立法规体系,完善监督网络,强化执法手段,加大工作力度,为维护改革、发展、稳定大局服务。各级价格监督检查机构要依法行使价格监督检查和处理价格违法行为的职责,主要任务是:对国家价格调控措施的落实情况,对政府定价的商品、服务价格和收费的执行情况,对经营者定价的商品、服务价格的运行情况等进行监督检查,对价格的形成和运行实行全面监督。突出对人民基本生活必需品价格的监督检查,努力保持"米袋子"、"菜篮子"价格的基本稳定;强化对各种收费的监督检查;经常开展市场价格检查,对牟取暴利、价格垄断和价格欺诈等价格违法行为进行认真查处，从严处罚；加强对农村市场价格的监督检查，重点检查农业生产资料价格、农村各项收费、农村日用工业消费品价格、农产品收购价格和农民负担情况，并逐步扩大农村市场价格监督检查的覆盖面。

1996 年 7 月 6 日，国务院发布《关于加强预算外资金管理的决定》。要求：1. 严格执行《中华人民共和国预算法》禁止将预算资金转移到预算外。各级人民政府要严格按照《中华人民共和国预算法》和财政法规的要求，切实加强对财政预算资金和预算外资金的管理，完善对财政资金的监督检查制度。任何地区、任何部门和单位都不得隐瞒财政收入，将财政预算资金转为预算外资金。2. 将部分预算外资金纳入财政预算管理。从 1996 年起，将养路费、车辆购置附加费、铁路建设基金、电力建设基金、三峡工程建设基金、新菜地开发基金、公路建设基金、民航基础设施建设基金、农村教育事业附加费、邮电附加、港口建设费、市话初装基金、民航机场管理建设费等 13 项数额较大的政府性基金（收费）纳入财政预算管理。地方财政部门按国家规定收取的各项税费附加，从 1996 年起统一纳入地方财政预算，作为地方财政的固定收入，不再作为预算外资金管理。3. 预算外资金，是指国家机关、事业单位和社会团体为履行或代行政府职能，依据国家法律、法规和具有法律效力的规章而收取、提取和安排使用的未纳入国家预算管理的各种财政性资金。预算外资金管理范围主要包括：法律、法规规定的行政事业性收费、基金和附加收费等；国务院或省级人民政府及其财政、计划（物价）部门审批的行政事业性收费；国务院以及财政部审批建立的基金、附加收入等；主管部门从所属单位集中的上缴资金；用于乡镇政府开支的乡自筹和乡统筹资金；其他未纳入预算管理的财政性资金。社会保障基金在国家财政建立社会保障预算制度以前，先按预算外资金管理制度进行管理。国有企业税后留用资金不再作为预算外资金管理。事业单位和社会团体通过市场取得的不体现政府职能的经营、服务性收入，不作为预算外资金管理。4. 加强收费、基金管理，严格控制预算外资金规模。行政事业性收费要严格执行中央、省级审批的管理制度。征收政府性基金必须严格按国务院规定统一报财政部审批，重要的报国务院审批。财政部门要建立健全行政事业性收费和政府性基金的票据管理与监督制度。5. 预算外资金要上缴财政专户，实行收支两条线管理。财政部门要在银行开设统一的专户，用于预算外资金收入和支出管理。部门和单位的预算外收入必须上缴同级财政专户，支出由同级财政按预算外资金收支计划和单位财务收支计划统筹安排，从财政专户中拨付。6. 加强预算外资金收支计划管理。财政部门要建立预算外资金预决算管理制度。7. 严格预算外资金支出管理，严禁违反规定乱支挪用。8. 建立健全监督检查与处罚制度。

1996 年 8 月 8 日，国务院办公厅转发国务院住房制度改革领导小组《关于加强住房公积金管理意见》。实行住房公积金制度是城镇住房制度改革的重要内容和中心环节。住房公积金是职工及其所在单位按规定缴存的具有保障性和互助性的职工个人住房基金，归职工个人所有，职工离退休时本息余额一次结清，退还职工本人。住房公积金不作财政预算资金，不纳入财政预算外资金管理，按照“房委会决策、中心运作、银行专户、财政监督”的原则进行管理。住房公积金定向用于：1. 职工购买、建造、大修理自住住房抵押贷款；2. 城市经济使用住房包括安居工程住房建设专项贷款；3. 单位购买、建造职工住房专项贷款。在满足支付需要和安排以上贷款后，可用于购买国家债券。住房公积金管理的领导决策机构由各地政府主要领导和有关部门、单位的代表组成，负责制定住房公积金归集、管理、使用的有关制度和政策；审批住房公积金的年度归集、使用计划和发展规划；审议确定住房公积金的预算、决算。住房公积金实行低存低贷原则。

1996 年 8 月 23 日，为建立投资风险约束机制，有效控制投资规模，提高投资效益，国务院决定对固定资产投资项目试行资本金制度。国务院决定：从 1996 年开始，对各种经营性投资项目，包括国有单位的基本建设、技术改造、房地产开发项目和集体投资项目必须首先落实资本金才能进行建设。公益性投资项目不实行资本金制度。在投资项目的总投资中，除项目法人从银行或资金市场筹措的债务性资金外，还必须拥有一定比例的资本金。投资项目资本金，是指在投资项目总投资中，由投资者认缴的出资额，对投资项目来说是非债务性资金，项目法人不承担这部分资金的任何利息和债务；投资者可按其出资的比例依法享有所有者权益，也可转让其出资，但不得以任何方式抽回。投资项目资本金可以用货币出资，也可以实物、工业产权、非专利技术、土地使用权作价出资，但必须经过有资格的资产评估机构评估作价。以工业产权、非专利技术作价出资的比例不得超过投资项目资本金总额的 20%。对某些投资回报稳定、收益可靠的基础设施、基础产业项目，以及经济效益好的竞争性投资项目，经国务院批准，可以实行通过发行可转换债券或组建股份制公司发行股票方式筹措资本金。

1996年10月22日,为了规范事业单位的财务行为,加强事业单位财务管理,提高资金使用效益,财政部发布《事业单位财务规则》。事业单位财务管理的基本原则是:执行国家有关法律、法规和财务规章制度;坚持勤俭办事业的方针;正确处理事业发展需要和资金供给的关系,社会效益和经济效益关系,国家、集体和个人三者利益关系。事业单位财务管理的主要任务是:合理编制单位预算,如实反映单位财务状况;依法组织收入,努力节约支出;建立健全财务制度,加强经济核算,提高资金使用效益;加强国有资产管理,防止国有资产流失;对单位经济活动进行财务控制和监督。国家对事业单位实行核定收支、定额或者定项补贴、超支不补、结余留用的预算管理办法。事业单位的各项收入全部纳入单位预算,统一核算,统一管理。事业单位的支出应当严格执行国家有关财务规章制度规定的开支范围及开支标准。此外,还对事业单位财务结余及其分配、专用基金管理、资产管理、负债管理、事业单位清算、财务报告和财务分析等方面作出了具体规定和要求。

## (四)提高对外贸易效益,加强对利用外资的引导

按照建立社会主义市场经济体制的总体要求,1996年1月3日,国务院发出《国务院关于边境贸易有关问题的通知》。对以往制定的一系列有关扶持、鼓励边境贸易和边境地区发展对外经济合作的政策措施,进行调整、规范和完善。关于边境贸易管理形式问题,通知确定按边民互市贸易和边境小额贸易两种方式进行管理。关于边境贸易进口环节税收问题,通知规定边民通过互市贸易进口的商品,每人每日价值在人民币1000元以下的,免征进口关税和进口环节税;超出1000元的,对超出部分按法定税率照章征税;边境小额贸易企业通过指定边境口岸进口原产于毗邻国家的商品,除烟、酒、化妆品以及国家规定必须照章征税的其他商品外,"九五"前三年,进口关税和进口环节税按法定税率减半征收。关于边境小额贸易的进出口管理问题,通知规定边境小额贸易企业经营权,根据外经贸部统一规定的经营资格、条件以及在核定的企业总数内,由边境省、自治区自行审批,企业名录须报外经贸部核准,并抄报国务院有关部门备案。允许边境省、自治区各指定1至2家边境小额贸易企业,通过指定边境口岸,经营向我国陆地边境毗邻国家出口边境地区自产的国家指定公司联合统一经营的商品,以及进口国家实行核定公司经营的进口商品。关于与边境地区毗邻国家经济技术合作项目进出口商品的管理问题,通知规定边境地区经外经贸部批准有对外经济技术合作经营权的企业,通过与毗邻国家边境地区经济合作进口的商品,执行边境小额贸易的进口税收政策。其承包工程和劳务合作项目换回的物资可随项目进境,不受经营分工的限制。关于加强边境贸易管理问题,通知要求各边境省、自治区人民政府要按照国务院和有关部门的统一规定,制定具体实施办法;国务院各有关部门要抓紧制定配套的管理办法,积极支持边境贸易和边境地区对外经济合作的发展。

1996年3月,八届人大四次会议批准的《中华人民共和国国民经济和社会发展"九五"计划和2010年远景目标纲要》提出,根据改革和发展的要求,逐步开放国内市场。扩大能源、交通等基础设施的对外开放,有步骤地开放金融、保险、商业、外贸等服务领域。有计划地发展境外投资,重点是能源、原材料、高技术领域。进一步优化进出口商品结构。着重提高轻纺产品的质量、档次,加快产品升级换代,扩大花色品种,创立名牌,提高产品附加值。进一步扩大机电产品出口,特别是成套设备出口。发展附加值高和综合利用农业资源的创汇农业。按照国际标准组织出口商品,加强售后服务。吸引外资主要靠有吸引力的市场,靠优越的投资环境,靠健全的法制和高效的管理。逐步统一内外资企业政策,实行国民待遇。引导外商参与国家鼓励的基本建设项目和现有企业技术改造。重点是:农业综合开发和能源、交通、重要原材料的建设项目,拥有先进技术、能够改进产品性能、节能降耗和提高企业技术经济效益的技改项目,能够提高产品档次、扩大出口创汇的项目,能够综合利用资源、防治环境污染技术的项目。国家通过对外发布信息,加强引导。

经八届全国人大四次会议审议通过的1996年国民经济和社会发展计划确定,1996年要以调整和改善进出口税收政策、规范加工贸易监管制度为契机,加快外贸经营机制和贸易增长方式的转变。外贸出口坚持实施以质取胜和市场多元化战略,优化出口商品结构,进一步发展和完善我国的国际销售网络,提高外贸经营的规模效益,降低经营费用。努力提高轻纺产品出口的质量和档次,大力增加机电产品出口,促进成套设备出口。进一步扩大劳务出口。继续组织好重要商品的进出口,鼓励有利于国内产业结构升级和增长方式转变的技术和装备的进口。

加强对国外贷款的管理，优化结构，注重质量，提高效益，确保按期偿还。优惠贷款继续向中西部地区倾斜。进一步加强对借用国际商业贷款的管理，搞好《指导外商投资方向暂行规定》和《外商投资产业指导目录》的贯彻执行和对外宣传，引导外资更多地投向基础设施、基础产业、老企业技术改造和技术含量高、出口创汇多的项目以及中西部地区。

1996年8月22日，为了进一步扩大对外开放，促进国民经济持续、快速、健康发展，并为逐步缩小地区差距创造条件，国务院决定适当扩大内地省、自治区和计划单列市，国务院有关部委、直属机构以及中国科学院、船舶工业总公司等7家公司及解放军总后勤部吸收外商直接投资项目的审批权限。国务院指出，凡符合国家《指导外商投资方向暂行规定》和《外商投资产业指导目录》，中方投资和建设、生产经营条件以及外汇需求可自行平衡解决的吸收外商直接投资的生产性项目，上述地方、部门及单位的审批权限，由现行项目总投资额1000万美元以下提高到3000万美元以下。

为促进对外经济技术合作，支持对外贸易发展，促进劳务出口和引进国外先进技术、设备及资金，顺利开展对外金融活动，规范对外担保行为，加强对外担保的管理，1996年9月25日，中国人民银行发布《境内机构对外担保管理办法》。对外担保，是指中国境内机构以保函、备用信用证、本票、汇票等形式出具对外保证，财产对外抵押或者动产和权利对外质押，向中国境外机构或者境内的外资金融机构承诺。对外担保包括：融资担保；融资租赁担保；补偿贸易项目的担保；境外工程承包中的担保；其他具有对外债务性质的担保。对外担保人为：经批准有权经营对外担保业务的金融机构；具有代位清偿债务能力的非金融企业法人，包括内资企业和外商投资企业。金融机构的对外担保余额、境内外汇担保余额及外汇债务余额之和不得超过其自有外汇资金的20倍。非金融企业法人对外提供的对外担保余额不得超过其净资产的50%，并不得超过其上年外汇收入。担保人为外商投资企业提供对外担保，应坚持共担风险、共享利益的原则，同时被担保人的对外借款投资须符合国家产业政策，未经批准不得将对外借款兑换成人民币使用等等。

为了进一步扩大对外开放，促进对外贸易的发展，对外经济贸易合作部于1996年9月30日发布《关于设立中外合资对外贸易公司试点企业暂行办法》。设立合资外贸公司应符合的条件是：外方公司申请前1年营业额在50亿美元以上；申请前3年年平均对华贸易额在3000万美元以上；申请前已在中国境内设立代表处3年以上，或在中国境内投资超过3000万美元。中方公司具有外贸经营权；申请前3年年平均进出口额在2亿美元以上，其中出口额不低于1亿美元；已在中国境外设立分公司、子公司以及合资企业3个以上，申请前3年境外企业年均营业额超过1000万美元。外方公司应以可自由兑换的货币作为合资外贸公司注册资本的出资，中方公司可以人民币、实物、无形资产，或其它财产权力出资。合资外贸公司应在批准的经营商品范围内自营或代理货物和技术出口贸易；根据国家对国有外贸公司的有关规定办理结汇、售汇及付汇，必须保持外汇平衡。

### （五）继续改善城乡居民物质文化生活水平

中央经济工作会议提出，不断改善人民生活是社会主义建设的根本目的。要在发展经济的基础上，继续改善城乡人民生活，使职工工资和农民收入继续增加，人民生活水平继续有所提高。各地要根据实际情况，解决人民生活中突出的问题。在城市，要着力解决居民住房问题，控制和减少高档商品房的投资，扩大和加快“安居工程”建设。进一步抓好教师住房建设工作，继续改善教师的工作和生活条件。在农村，除进一步改善居住条件外，要着力改造饮用水，逐步建立初级卫生保健体系，防治地方病，扩大电视覆盖面。在农村实行扶贫政策，对城镇低收入者给予必要的帮助。国家除继续安排以工代赈、扶贫贷款和不发达地区发展资金外，还要增加一些财政扶贫款和扶贫贷款，重点用于解决贫困县的人畜饮水和改善贫困地区的生产生活条件。

《国民经济和社会发展“九五”计划和2010年远景目标纲要》提出，“九五”期间，城镇居民人均生活费收入实际年均增长5%，农民人均纯收人实际年均增长4%；人均纤维消费量从4.6公斤增加到5公斤；城镇人均居住面积从7.9平方米提高到9平方米，农村住房质量得到改善；彩电普及率由42%提高到60%；电话普及率由4.6%提高到10%。五年新增城镇就业4000万人，向非农产业转移4000万农业劳动力。城镇失业率力争控制在4%左右。积极拓宽就业渠道，统筹规划，不断扩大城乡就业。建立规范化的劳动力市场，促进城乡劳动力合理有序流动，采取多种就业形式，建立与社会主义市场经济相适应的新型劳动制度。实行就业前和在岗培训制度，建立失业预警和调控体系，以及失业保险救济、转化和促进再就业的新机制。加快城乡公用事业发展,2000年,城市自来水普及率达到96%,村镇自来水普及率达到42%,城市燃气普及率达到70%。

国民经济和社会发展1996年计划提出,1996年要努力扩大劳动就业,千方百计拓宽就业渠道。继续实施再就业工程,加强待岗下岗和转产人员的培训,争取再就业率达到60%以上。大力发展群众性体育活动,改善人民的卫生保健条件,提高全民健康水平,把卫生保健发展的重点放在改善农村医疗和饮水卫生上。1996年力争55%的县达到卫生保健标准。进一步改善人民生活,城乡居民人均实际收入力争比1995年增长5%左右。多方采取措施,解决停产半停产企业职工以及低收入者生活困难问题。建立健全最低工资保障制度,抓好“安居工程”等普通居民住宅的建设,计划新开工城镇商品住宅面积2.5亿平方米。

1996年3月15日,国家工商行政管理局发布《欺诈消费者行为处罚办法》,以保护消费者的合法权益。办法提出,欺诈消费者的行为,是指经营者在提供商品或者服务中,采取虚假或者其他不正当手段欺骗、误导消费者,使消费者的合法权益受到损害的行为。经营者欺诈消费者的行为包括:销售掺杂、掺假,以假充真,以次充好的商品;采取虚假或者其他不正当手段使销售的商品份量不足;销售“处理品”、“残次品”、“等外品”等商品而谎称是正品;以虚假的“清仓价”、“甩卖价”、“最低价”、“优惠价”或者其他欺骗性价格表示销售商品;以虚假的商品说明、商品标准、实物样品等方式销售商品;利用广播、电视、电影、报刊等大众传播媒介作虚假宣传等等。对经营者欺诈消费者的行为,法律、行政法规对处罚机关和处罚方式有规定的,从其规定,法律、法规未作规定的,由工商行政管理机关依照《中华人民共和国消费者权益保护法》的规定处罚。经营者提供商品或者服务有欺诈行为的,应当按照消费者的要求增加赔偿其受到的损失,增加赔偿的金额为消费者购买商品的价款或者接受服务的费用的1倍。

1996年7月6日,国务院办公厅转发国务院扶贫开发领导小组《关于组织经济较发达地区与经济欠发达地区开展扶贫协作的报告》。国务院办公厅要求,经济较发达地区与经济欠发达地区开展扶贫协作,对于推动地区间的优势互补,推进社会生产力的解放和发展,加快贫困地区脱贫致富步伐,实现共同富裕,增强民族团结,维护国家的长治久安,都具有重要意义,各级人民政府和有关部门要高度重视这项工作,动员社会各方面的力量广泛参与,采取多种方式,支持和帮助贫困地区发展经济。国务院扶贫开发领导小组的报告提出,经商有关地方政府同意,确定由北京市与内蒙古自治区,天津市与甘肃省,上海市与云南省,广东省与广西壮族自治区,江苏省与陕西省,浙江省与四川省,山东省与新疆维吾尔自治区,辽宁省与青海省,福建省与宁夏回族自治区,大连、青岛、深圳、宁波市与贵州省,开展扶贫协作。扶贫协作的主要内容是:帮助贫困地区培训和引进人才,引进技术和资金,传递信息,沟通商品流通渠道,促进物资交流;开展经济技术合作,帮助贫困地区发展有利于尽快解决群众温饱的种植业、养殖业和相关的加工业,帮助贫困地区发展劳动密集型和资源开发型产品的生产;组织经济较发达地区的经济效益较好的企业,带动和帮助贫困地区生产同类产品的经济效益较差的企业发展生产;开展劳务合作,根据实际需要,合理、有序地组织贫困地区的剩余劳动力到经济较发达地区就业;发动社会力量,在自愿的前提下,开展为贫困地区捐赠衣被、资金、药品、医疗器械、文化教育用品和其他生活用品的活动。报告提出,为推动扶贫协作工作,建议重申和明确以下政策:国家产业政策的制定,要照顾到贫困地区的特殊性,对贫困地区给予支持;国家应优先在中西部地区安排资源开发和基础建设项目,对作为全国性基地的中西部地区资源开发项目,在安排资金时给予倾斜;凡到贫困地区兴办开发性企业,可通过适当方式使用当地的扶贫资金,进行联合开发;对在国家确定的“老、少、边、穷”地区新办的企业,可在3年内减征或免征所得税;对贫困地区在利用外资、开展对外贸易和经济合作等方面,实行同等优先,重点支持的原则,并适当放宽外商投资领域;铁路、交通部门对协作物资和补偿产品应放宽流向限制,对贫困地区大宗的货物运输要优先列入计划。全国各地对口支援西藏自治区,有关地区对口支援三峡库区以及原有的区域经济合作安排不变。各级人民政府要切实加强对扶贫工作的领导,广泛动员社会力量积极参与。贫困地区的各级人民政府和各级干部要发扬自力更生、艰苦奋斗的精神,带领人民群众苦干、实干,尽快改变贫困面貌。

1996年12月4日,国务院办公厅转发卫生部、国家计委、财政部《关于农村卫生“三项建设”“八五”进展情况和“九五”工作意见的报告》。报告指出,“八五”期间,为了加强卫生工作重点、改善农村卫生和基层预防保健工作设施条件和服务能力,国家计委、财政部、卫生部针对80年代以来农村卫生工作出现的新情况、新问题,共同组织实施了农村卫生“三项建设”工程，即分期分批改造和建设乡镇卫生院、县防疫站、县妇幼保健站，从而使农村基层卫生服务数量、服务范围和服务质量进一步扩大和提高，收到了良好的社会效益。“九五”期间，地方各级人民政府要进一步重视农村卫生“三项建设”，加强领导，协调相关部门，从本地实际出发，因地制宜，量力而行，突出工作重点；国家将视财力可能适当加大对农村卫生“三项建设”的投资力度，在资金分配上进一步向贫困地区特别是老、少、边、山、穷地区倾斜；鼓励社会团体、企事业单位、个人和海外侨胞自愿捐助，通过宣传教育，鼓励农民在提高自我保健意识和对公益事业责任感的基础上，自觉自愿地增加卫生保健投入。切实加强农村卫生“三项建设”的管理工作，将农村卫生“三项建设”与开展区域卫生规划工作结合起来，把农村卫生“三项建设”同发展、完善农村合作医疗和落实初级卫生保健目标结合起来，以促进农村卫生工作整体水平的提高。

一年来，通过上述各项经济发展方针和各项具体措施的实施，使得国民经济和社会发展在1996年取得了丰硕的成果。但是，也应看到，国民经济发展中仍然存在着一些不可忽视的因素。其中，最突出的是相当部分的企业，特别是一些国有企业生产经营困难加大，经济效益下降，下岗待业人员增多；相当多的行业和企业生产能力过剩，产业结构、特别是制造业结构不合理的问题依然十分突出，第三产业增长与结构比重相对偏低。

（韩永文）

# 二、围绕实行两个根本性转变，经济体制改革顺利进展

1996年是“九五”计划实施的第一年。各地各部门根据“九五”计划的总体要求和中央经济工作会议的部署，围绕实行两个根本性转变，积极推动以国有企业为中心的各项改革，并取得了一定进展。

从全国看，1996年经济体制改革主要呈现出以下几个特点：一是各地解放思想、大胆探索的自觉性更高，尊重和发挥了群众的首创精神，在国有资产流动重组、放活国有小企业、分离企业办社会负担、推动国有资产管理体制改革、促进农业产业化等方面都进行了有益探索，创造了一些新的经验；二是更加注重改革的整体性和配套性，国有企业改革着眼于搞活整个国有经济，“抓大”和“放小”相结合，同时配套进行土地使用结构、劳动就业结构、资产负债结构、企业组织结构的调整以及投融资体制、国有资产管理体制、国有银行、社会保障、住房制度等方面改革，积极创造企业改革的各种条件，提高改革的总体效果；三是一些经过多年研究论证和实践检验的改革方案，例如建立现代企业制度、养老保险、医疗保险等试点方案基本出台，开始进入实施阶段。

## （一）国有企业改革改组和国有存量资产结构调整取得了一定进展

3月，八届人大四次会议通过了《关于国民经济和社会发展“九五”计划和2010年远景目标纲要》，其中指出，以建立现代企业制度为目标，把国有企业的改革同改组、改造和加强管理结合起来，构造产业结构优化和经济高效运行的微观基础。5月，江泽民总书记在上海、江苏、浙江、山东等四省市国有企业改革和发展座谈会上指出，要坚定信心，加强领导，狠抓落实，加快国有企业改革和发展步伐。认真贯彻落实中央经济工作会议精神和党中央、国务院关于国有企业改革的一系列方针政策，国有企业改革在许多方面取得了新的进展。

——建立现代企业制度试点工作全面铺开，试点的内容和范围逐步扩大。国务院确定的百户试点企业（除一户解体、一户将被兼并外）和各地选择的2598户试点企业已基本通过方案论证，大部分进入实施运作阶段。3户国有控股公司试点正按照国务院批复的方案稳步展开。由57户扩大到100户的企业集团试点工作正抓紧进行。主办银行制度已在全国300户国有大中型企业和7个城市进行试点。通

过各种形式的试点,国有企业改革的一些重点、难点问题基本理清。

——优化资本结构试点城市由18个扩大到58个,综合配套改革试点城市从18个发展到39个。各试点城市在调整企业资产负债结构,实行兼并、破产,减轻企业办社会负担和分流富余人员等方面进行了积极探索。1996年1～9月,试点城市中有518户企业破产终结,517户企业被兼并,分离非生产性机构5727个,分流富余人员117.7万人。上海市把企业改革改组同土地使用结构、企业组织结构、负债结构、行业结构调整和政府机构改革等相结合,取得了显著效果,国有工业总资产从1498亿元增加为1830亿元,资产负债率降低了7.1个百分点。常州市依托城市优势,盘活存量资产,加快资源向支柱产业、骨干企业和名牌产品的集聚,培育地区经济增长点,目前已被江苏省评为投资回报率最高地区。鞍山市企业破产工作取得突破性进展,到1996年10月末,已有42户企业破产终结。长沙市通过教育费附加征收率增提一个百分点,市财政、市经委、市教委增拨专款等办法,对城区48所企业办学校实行一次性整体分离,做到了企业、学校、社会"三满意"。

——按照"抓大放小"的基本方针,为促进国有大企业的改革与发展,中国人民银行于6月发出通知,重点推出十条支持大企业的措施,即适当集中资产,支持重点企业的合理资金需求;疏通商品流通渠道,支持企业出口;运用信贷杠杆,支持国有大中型企业提高技术水平;支持企业优化资本结构,逐步降低负债水平;逐步推进主办银行制度,密切银行和企业的关系;做好结算工作,加快资金清算速度;运用利率杠杆,促进改善经营管理;帮助企业拓宽融资渠道,适当发展直接融资;开拓新的服务项目,适应现代企业的多种需要;加强信贷资金管理、提高信贷资产质量。同时,中国人民银行、国家经贸委联合下发《关于落实300户重点国有企业及其主办银行名单和银行流动资金贷款有关问题的通知》,向300户重点国有企业发放一批贷款。

——各地在放开放活国有小企业方面有了显著进展。国家体改委、国家经贸委先后召开了国有小企业改革会议,对于推动和指导全国的小企业改革起了重要作用。很多省、区、市召开了高规格的国有小企业改革工作会,部署当地小企业改革工作。广东顺德、山东诸城、河北新乐、黑龙江宾县、四川宜宾、浙江兰溪等地解放思想,大胆探索,运用多种形式放开放活国有小企业,取得了一些有益的经验。上海市以市属小企业下放区县为突破口,加快小企业的转制步伐。从各地实践看,国有小企业改革所呈现出来的主要特点:一是以活化产权为突破口,采取灵活多样的改制形式,其中股份合作制企业约占已改制企业总数的三分之一左右;二是把放开放活小企业与调整产业结构、搞好整个县域经济结合起来;三是小企业的改制改组注重依托大企业优势,形成规模经济;四是小企业改革中的一些成功做法,正在向有条件的中型企业延伸。

——各地各部门积极探索化解国有企业历史包袱和社会负担的有效途径。西安、宁波、长春、唐山等地采取多种增资减债措施,国有资产负债率有明显下降。煤炭、水电、军工行业的"拨改贷"余额已确定一次性转为国家资本金。自1993年底实施再就业工程以来,通过政策引导和就业服务,240万失业和下岗职工实现了再就业。黑龙江省对煤炭、森工、军工和农垦等四大困难行业推行了"三三制"(职工1/3从事主业、1/3从事第三产业、1/3开发农牧业)和"四分战略"(多级法人,分层启动;各自为战,分块搞活;委托经营,分片承包;多种经营,分流人员)的改革,有效缓解了这些行业的危困状况,并给这些行业以发展新机。

——各地在构建国有资产营运主体方面进行了多种形式的探索。一些地方采取授权大集团或大公司经营国有资产;上海等地把具备条件的行业主管部门改组为控股公司,有些改组为投资公司或资产经营公司。上海已授权经营的控股(集团)公司和企业集团有33个,占地方经营性国有资产的50%。深圳市初步形成了"市国有资产管理委员会(国资办)——市级国有资产经营公司——企业"三个层次的国有资产管理体系,开始在上层实现政府的社会经济管理职能与资产所有者职能的分开,在中层实现国有资产管理与国有资产经营职能的分开,在下层实现国家终极所有权与企业法人财产权的分开。辽宁、海南、深圳等地出台了指导国有资产管理体制改革的地方法规。历时4年多的国有企业单位清产核资工作已经完成,城镇集体企业单位清产核资工作开始启动。

### (二)社会保障制度改革试点普遍推开

各地各部门按照国发[1995]6号文件精神,积极推进社会保障制度改革。截止1996年6月底,全国有61.7万户各类企业的8738.2万职工和2241.2万离退休人员参加了地方的基本养老保险,分别占全国城镇企业职工总数的76.9%和离退休人员的

94.7%。此外,1400.1万人参加了11个行业系统的养老保险,其中离退休人员359.38万人。据财政部统计,1995年全国共收缴基本养老保险基金943.27亿元,当年结余113.27亿元,比上年增加109.64%;历年结余养老保险基金441.25亿元。各省(区、市)出台的养老保险制度改革方案,基本符合社会统筹和个人帐户相结合的原则。另外,11个行业进行了系统统筹的养老保险改革。养老保险金社会化发放试点取得一定成效。

进一步规范失业保险金的使用与管理,扩大失业保险覆盖面。推行社会救济制度,加强对低收入者的社会救济与保险。5月,由劳动部、国家经贸委、全国总工会联合召开了“全国困难企业职工生活保障工作”经验交流会,要求各地建立健全困难企业解困工作制度。全国已有100多个城市实施了居民最低生活保障制度。10月1日,正式实施《企业职工工伤保险试行办法》。预计到年底,全国35个大中城市和50%市县将全面实行新的工伤保险制度。

国务院批转了国家体改委等四部委《关于职工医疗保障制度改革扩大试点的意见》,全国27个省、自治区、直辖市的57个城市参加了扩大试点。按照社会统筹和个人帐户相结合、以个人帐户为主的改革方向,各试点单位从自身实际出发,积极制订试点方案。上海、山东、海南等省(市)还推行了一些其他形式的职工医疗保障制度改革。

一些地方按照政事分开的原则,探索建立统一的社会保障管理机构。沈阳市实行了社会保险的管理体制和经办体制适当分开的改革,由市社会保障委员会负责对社会保险的领导、规划、管理、协调与监督,市人寿保险公司负责经办不同所有制企业职工的社会保险业务,从体制上明确了社会保险管理和经办的权责。四川省绵阳市社会保障局的管理费用由市财政以行政事业费形式拨付,从体制上避免了乱支乱用社会保障基金的问题。

住房制度改革稳步推进,正步入《国务院关于深化城镇住房制度改革的决定》所规定的轨道。住房公积金制度全面起步。江苏、浙江等经济发达地区住房公积金归集率达90%左右,其他省、市归集率也在40%～70%。中央国家机关开始推行住房公积金制度。住房资金管理的规范化和法制化工作正在进行。国务院转发了《关于加强售房收入管理的意见》和《关于加强住房公积金管理的意见》。上海市实施了《上海市公积金条例》等地方法规。国务院房改办选择桂林、宜昌、徐州进行了住房公积金制度规范化试点。租金改革和公有住房出售有了新的进展。新租金标准在每平方米使用面积0.8元～1.5元之间,河南、河北以及西安等中西部地区部委省、市的房租水平已占当地双职工家庭收入的7%左右。公房出售价格进一步提高,相当一部分城市进入成本价售房阶段。各地普遍利用已归集的住房公积金探索建立职工购房政策性抵押贷款制度,增强了职工购房的支付能力。国家安居工程进展顺利,发挥了推动房改的政策示范作用。推行安居工程的城市由59个增加到88个。许多城市把国有大中型企业作为国家安居工程的重点供应对象,加快了企业职工住房社会化、商品化的进程。

## (三)宏观管理体制改革进一步完善

金融体制改革不断深化。金融调控方式有较大改进,在运用货币政策工具调节货币供应量方面迈出实质性步伐。1月,全国银行同业拆借交易系统联网运行,开始产生由市场形成的同业拆借利率。4月,中央银行首次开办国债公开市场操作业务。停办新的保值储蓄业务,5月和8月先后两次较大幅度降低利率。改进贷款规模管理,对国有独资商业银行实行以资产负债比例管理为基础的贷款规模管理,其他银行和金融机构全面实行了资产负债比例管理。

国有商业银行加快转制步伐。根据业务需要和效益原则,国有独资商业银行合理调整了基层机构,所属信托投资公司基本脱钩。工商银行和建设银行实行法人授权制度,界定了总行和分行的经营管理权限和责任。1月,首家由民营企业投资的全国性股份制商业银行——中国民生银行开业。3月,经国务院和中国人民银行批准,中国人民建设银行正式更名为“中国建设银行”。城市合作银行组建工作在全国35个大中城市全面展开,已开业的城市合作银行运行平衡。中国人民保险公司完成财产险、人寿险、再保险分设,组成中保(集团)公司。颁布了《贷款通则》、《贷款管理办法》等重要金融法规,金融监管工作从单纯的合规性稽核向以风险防范为核心的审慎性监管转变。

9月,国务院发布《关于农村金融体制改革的决定》,重点是恢复农村信用社的合作性质。按合作制规范农村信用社试点工作初见成效,全国29个省(市)、自治区(西藏无农村信用社)的农村信用社与农业银行全部脱钩。农业发展银行分支机构增设工作进展顺利。清理整顿农村合作基金会工作已着手进行。目前,以合作金融为基础、政策性金融与商业性金融相互协作的农村金融体制新格局开始形成。

财税体制与投融资体制改革有了新的进展。1月,国务院办公厅转发国家税务总局关于调整国家税务局、地方税务局税收征管范围的意见。6月14日,财政部和国家税务总局作出决定,国有粮食企业销售政策性粮油可免征增值税。7月,全国税收征管会议召开,要求建立一支廉洁高效而又拥有现代管理知识和先进技术手段的税收队伍。9月,国务院发出关于固定资产投资项目试行资本金制度的通知,对各种经营性固定资产投资项目,包括国有单位的基本建设、技术改造、房地产开发项目和集体投资项目,试行了资本金制度,投资项目必须先落实资本金才能进行建设。煤炭部规定新建项目全面推行项目法人责任制,法人对建设项目全过程负责。在基础设施、基础产业和公益事业项目建设中引进多种融资方式。广西来宾电厂B厂实行BOT项目对外招标,是我国第一个经中央政府批准采用BOT方式建设的项目。

## (四)对外经济体制改革迈出了新的步伐

涉外税制进行了重大改革。从1996年4月1日起,进出口关税总水平由35.9%降至23%,降低了约5000种商品的进口关税。改进出口退税办法,实行了新的出口退税制度。从1996年7月1日起,在全国实行了加工贸易进口料件银行保证金台帐制度。保证金台帐制度的实施,促进了加工贸易的健康发展。1996年我国加工贸易总额占外贸总额的51%,首次成为进出口规模最大的贸易方式。

自1996年7月1日起,在全国把外商投资企业外汇买卖纳入银行结售汇体系。1996年9月,中国人民银行正式加入国际清算银行。从1996年12月1日开始实现经常项目下人民币可兑换,比原承诺时间提前3年多。新批准成立外资金融机构15家,在上海浦东新区着手进行外资金融机构开办人民币业务的试点。进出口经营权依法登记制度开始起步。在经济特区开展放开生产企业进出口经营权试点。到1996年底,全国已有4000多家生产企业、200多家内贸企业取得进出口经营权。9月,经国务院批准,《关于设立中外合资对外贸易公司试点暂行办法》发布并实施。

4月,国务院经济特区工作会召开。国务院总理李鹏指出,今后经济特区必须把思想和工作重点真正从主要依靠优惠政策转到依靠两个根本性转变上来,以二次创业的精神,充分利用现有基础,增创新优势,更上一层楼。

## (五)流通、农村、科教等体制改革继续深化

稳步进行了价格结构性调整,进一步深化流通体制改革。去年主要出台的调价项目有:粮食购销价格,电煤指导价格,电力价格,铁路货运价格,原油、部分成品油价格、食盐价格,部分化工产品价格等。粮食企业政策性业务与商业性经营正在分开,财务分帐、单独核算初步落实。11月,国内贸易部与国家粮食储备局召开电话会议,要求各地采取措施,遏止粮食企业亏损势头,一是建立和落实扭亏增盈目标责任制;二是加强企业资金管理;三是强化企业内部管理;四是积极开拓城乡市场,扩大粮油销售。同月,中国人民银行和财政部联合颁布《粮油政策性收购资金供应和管理规定》。9月,全国棉花工作会议指出,1996年度继续实行棉花经营、市场、价格“三不放开”政策,同时积极推进棉花流通体制改革;尤其要加快纺织工业的技术改造和结构调整,努力开拓纺织品的国内外市场,以稳定和发展棉花生产。11月,第一届全国棉花交易会举行,实行在国家计划指导下产需直接见面、双向选择的办法。7月,国务院发出《关于进一步完善化肥流通体制改革的通知》,重点抓好四环节的工作,一是搞好化肥总量平衡;二是抓紧落实和完善化肥储备制度;三是加强化肥价格管理和监督、检查;四是清理整顿化肥流通中的各项收费。

现代流通方式发展迅速。全国大中城市组建连锁公司400多家,各种形式的直营店、加盟店6000多个,规范了连锁经营机制,推进了统一配送和核算。北京、天津的零售企业已有一半以上实行了连锁经营。第一批115个钢材、汽车流通代理制试点进展顺利。家用电器、装饰建材等其它商品代理销售发展很快。确定武汉、西安、广州、沈阳四城市为农副产品批发市场建设试点城市。要素市场进一步发展。上海扩大了产权市场交易范围,允许国有企业产权进入产权交易市场。我国各类人才市场迅速发展,区域性骨干人才市场基本形成,专业性人才市场积极筹建,基础性人才市场遍布各地。12月,国家科委发布《“九五”全国技术市场发展纲要》。我国技术市场发展活跃,“八五”期间成交额逾950亿元。

农村改革进一步深入。6月,江泽民总书记发表《加强农业基础,深化农村改革,推进农村经济和社会全面发展》的讲话,对于全面搞好农业和农村工作有重要的指导意义。在稳定农村基本经营制度不变的基础上,一些地方积极探索建立土地使用权有偿

流转制度。2月，江泽民总书记致信全国供销合作社会议，希望引导农民进入市场，推动农业产业化。各地加快农业产业化进程，推进农业产业化组织建设，形式灵活多样。国家确定的57个小城镇综合改革试点全面进入方案实施阶段。农业部先后颁发了《关于乡镇企业建立现代企业制度的意见》和《关于开展乡镇企业建立现代企业制度试点工作的通知》，选择了100家乡镇企业作为试点单位。10月，农业部、国家计委联合发布《关于促进大中型乡镇企业发展的意见》，提出"九五"期末乡镇企业发展目标，大中型乡镇企业力争达到一万家。同月，颁布《中华人民共和国乡镇企业法》，自1997年开始实施。城乡改革结合更加紧密，着力从整体上搞活整个县域经济。

此外，各地注重实施"科教兴国战略"，推动科教体制改革。3月，国家科技领导小组成立，李鹏总理任组长，温家宝、宋健任副组长。10月，国务院作出了《关于"九五"期间深化科学技术体制改革的决定》。52个国家级高新技术开发区进入发展壮大的时期，首次颁布实施了《职业教育法》，为职业教育的发展和改革提供了法律规范。

1996年经济体制改革虽取得了一定成效，但我们必须清醒地看到，由于一些改革举措还没有到位，我国经济发展和社会生活中还存在不少矛盾和问题。主要有：国有企业面临着种种困难，改革进展不快，政企不分、历史包袱过重等老问题没有根本改变，国有企业经营机制和管理体制还不适应市场经济要求的现象仍很突出；要素市场尤其是资本市场发育迟缓，投融资体制改革长期滞后，盲目投资、低水平重复建设的问题相当严重，制约了结构调整和资产流动重组的步伐；统一的社会保障管理机构还没有建立起来，政出多门的状况影响了这项改革的进程和实施的效果；收入分配关系不顺，中央财政困难，个人收入分配货币化、工资化的问题没有很好解决；主要农产品流通体制仍然不畅，影响了农村经济市场化、产业化的进程，农业基础仍相当脆弱，等等。这些深层次矛盾和问题，只有通过继续深化改革才能逐步得到解决。

（刘中元）

# 三、在有中国特色社会主义理论指导下，民主与法制建设迈出新步伐

1996年，中国的民主、法制建设又有了新进展。在立法方面，全国人大及其常委会通过了22个法律和有关法律问题的决定，批准了12个同外国缔结的条约、协定和我国加入的公约。在建立社会主义市场经济法律体系方面迈出了重要步伐，使社会主义市场经济法律体系框架已初具规模。同时，全国人大常委会改进监督工作，大力促进法律的实施。一年来，全国各地开展"严打"斗争，使社会治安有了明显好转，社会治安综合治理取得较好的效果。反腐败工作继续顺利进行，同时勤政廉政建设进一步加强。

## （一）民主与法制建设取得重要成果

1月8日，国务院第41次常务会议在京举行，会议原则通过人民警察使用警械和武器条例。该条例是对1980年发布的《人民警察使用武器和警械的规定》的修订，共5章17条，对保障人民警察更好地依法履行职责，正确使用警械和武器，及时有效地制止违法犯罪行为等具体事项作了明确规定。会议还原则通过外汇管理条例，该条例是对1980年发布的《外汇管理暂行条例》的修订。

1月23日，国务院第42次常务会议原则通过计算机信息网络国际联网管理暂行规定（草案）。这对于进一步加强对计算机信息网络国际联网的管理，保障计算机信息交流的健康发展，是十分必要的。

2月8日，中共中央举办中央领导同志法制讲座，江泽民、李鹏、乔石、刘华清、胡锦涛等领导同志到会听课。这是1996年中共中央举办的中央领导同志社会主义法制建设讲座第一讲。讲座结束时，江泽民发表了重要讲话。他说，加强社会主义法制建设，依法治国，是邓小平同志建设有中国特色社会主义理论的重要组成部分，是我们党和政府管理国家和

社会事务的重要方针。实行和坚持依法治国,就是使国家各项工作逐步走上法制化和规范化;就是广大人民群众在党的领导下,依照宪法和法律的规定,通过各种途径和形式参与管理国家、管理经济文化事业、管理社会事务;就是逐步实现社会主义民主的法制化、法律化。实行和坚持依法治国,对于推动经济持续快速健康发展和社会全面进步,保障国家的长治久安,具有十分重要的意义。江泽民指出,加强社会主义法制建设,坚持依法治国,一个重要任务是要不断提高广大干部、群众的法律意识和法制观念。我们在搞好立法工作的同时,必须坚持不懈地做好法制宣传教育工作,力争在“三五”普法期间即2000年前,使广大干部、群众的法律素质有一个新的提高。江泽民最后指出,依法治国是社会进步、社会文明的一个重要标志,是我们建设社会主义现代化国家的必然要求。明确提出依法治国,这在我党历史上还是第一次。

2月28日—3月1日,八届全国人大常委会第18次会议在京举行,乔石主持会议。会议听取有关法律草案审议结果报告,审议八届人大四次会议议程草案等。会议通过了戒严法及各项议案。

3月1日,八届全国人大常委会第18次会议通过了《戒严法》,自公布之日起施行。该法共5章,32条。分为:“总则”、“戒严的实施”、“实施戒严的措施”、“戒严执勤人员的职责”以及“附则”。第2条规定:“在发生严重危及国家的统一、安全或者社会公共完全的动乱、暴乱或者严重骚乱,不采取非常措施不足以维护社会秩序、保护人民的生命和财产安全的紧急状态时,国家可以决定实行戒严。”

3月5日—17日,八届全国人大四次会议在京举行。乔石主持会议,李鹏作政府工作报告。17日,会议首先表决通过了《关于国民经济和社会发展“九五”计划和2010年远景目标纲要及关于〈纲要〉报告的决议》;通过了《关于1995年国民经济和社会发展计划执行情况与1996年国民经济和社会发展计划的决议》,决定批准国务院提出的1996年国民经济和社会发展计划,同意陈锦华代表国务院作的报告;通过了《关于1995年中央及地方预算执行情况和1996年中央及地方预算的决议》,决定批准国务院提出的1996年中央预算,同意刘仲黎代表国务院作的报告。会议通过行政处罚法和关于修改《中华人民共和国刑事诉讼法》的决定。会议还分别通过了《全国人民代表大会关于授权汕头市和珠海市人民代表大会及其常务委员会、人民政府分别制定法规和规章在各自的经济特区实施的决定》、《关于全国人民代表大会常务委员会工作报告的决议》、《关于最高人民法院工作报告的决议》、《关于最高人民检察院工作报告的决议》。乔石在闭幕会上发表了讲话。他说,这次会议通过的《纲要》明确规定:“依法治国,建设社会主义法制国家”。这是指导今后我国现代化建设的一条十分重要的方针。依法治国,完全符合邓小平建设有中国特色社会主义的理论,是全国人民的共同愿望,是我国社会发展的客观要求,是国家稳定发展、长治久安的根本保障。依法治国是加强党的领导的重要保证。我们党的各级组织和广大党员,尤其是领导干部,都要自觉遵守和维护宪法与法律,按照党章的规定,在宪法和法律的范围内活动,严格依法办事,为全社会做出表率。乔石指出,在实施“九五”计划和2010年远景目标纲要的进程中,我们要进一步加强立法,严格执法。他强调,法律制定后,必须认真贯彻执行,切实做到有法必依、执法必严、违法必究,使法律具有极大的权威。坚决反对以言代法、以权压法、更不允许执法犯法、徇私枉法。执法者要真正做到忠实于法律和制度,忠实于人民利益,忠实于事实真相。

17日,八届全国人大四次会议通过《行政处罚法》。该法共8章,64条。分为:“总则”、“行政处罚的种类和设定”、“行政处罚的实施机关”、“行政处罚的管辖和适用”、“行政处罚的决定”、“行政处罚的执行”、“法律责任”、“附则”。该法的制定,是为了规范行政处罚的设定和实施,保障和监督行政机关有效实施行政管理,维护公共利益和社会秩序,保护公民、法人或其他组织的合法权益。行政处罚法自1996年10月1日起施行。同日,八届全国人大四次会议通过《关于修改〈中华人民共和国刑事诉讼法〉的决定》,自1997年1月1日起施行。《中华人民共和国刑事诉讼法》是1979年7月1日颁布,1980年1月1日起施行的。司法实践证明,刑事诉讼法规定的任务和基本原则是正确的。但是,随着刑事犯罪的日趋复杂和执法环境的变化,以及在实践中积累的经验教训,结合现代法制建设的发展,对刑事诉讼法进行补充修改。刑事诉讼法的条文由164条增至225条。主要内容是:1.完善强制措施,包括:作为行政强制手段的收容审查不再保留,而是将收容审查中与犯罪斗争有实际需要的内容,吸收到刑事诉讼法中;关于逮捕条件,作了放宽的规定;对于监视居住和取保候审,也依据新的情况作了修改。2.进一步保障诉讼参与人的权利,包括:不经人民法院判决不得定罪;修改律师参加诉讼的时间,在案件侦查终结移送检察院审查起诉之日起,律师即可介入;进一步保障被害人的诉讼权利。3.完善庭审方式;重新界定检察院自侦案件的范围;扩大不起诉的范围,而不再使用免予起诉;4.加强对刑事诉讼各个环节的监督,这有利于防止或减少诉讼中的违法行为,正确适用法律,惩罚犯罪,保障无罪的人不受刑事追究,保护诉讼当事人的诉讼权利。总之,这次对刑事诉讼法所作的重大修改,是我国法制建设所取得的新成就。

4月15日,1996年全国人大常委会环境保护法执法检查工作会议在京召开,王丙乾到会讲话。会议宣布:今年4月至6月,全国人大环境与资源保护委员会将对京、津、沪的环境保护法执行情况进行检查。

5月7日—15日,八届全国人大常委会第19次会议在京举行,乔石主持会议。会议通过了关于修改统计法的决定和关于修改水污染防治法的决定,通过了律师法、促进科技成果转化法、职业教育法,关于国籍法在香港特别行政区实施的几个问题的解释、关于继续开展法制宣传教育的决议和关于批准《联合国海洋法公约》的决定等。

5月15日,八届全国人大常委会第19次会议通过律师,共8章,53条,自1997年1月1日起施行。1980年8月26日五届全国人大常委会第15次会议通过的《中华人民共和国律师法暂行条例》同时废止。律师法分为:"总则"、"律师执业条件"、"律师事务所"、"执业律师的业务和权利、义务"、"律师协会"、"法律援助"、"法律责任"和"附则"。这对于完善律师制度,保障律师依法执行业务,规范律师行为,维护当事人的合法权益,维护法律的正确实施,发挥律师在社会主义法制建设中的积极作用,都有积极意义。

5月15日,八届全国人大常委会第19次会议通过促进科技成果转化法,共6章,37条。自1996年10月1日起施行。该法分为:"总则"、"组织实施"、"保障措施"、"技术权益"、"法律责任"和"附则"。该法的制定,是为了促进科技成果转化为现实生产力,规范科技成果转化活动,加速科学技术进步,推动经济建设和社会发展。第2条规定,科技成果转化是指为提高生产力水平而对科学研究与技术开发所产生的具有实用价值的科技成果所进行的后继试验、开发、应用、推广直至形成新产品、新工艺、新材料,发展新产业等活动。

5月15日,八届全国人大常委会第19次会议通过职业教育法,共5章,40条。该法是教育法的配套法律,它分为:"总则"、"职业教育体系"、"职业教育的实施"、"职业教育的保障条件"和"附则"。职业教育是国家教育事业的重要组成部分,是促进经济、社会发展和劳动就业的重要途径。所以,制定职业教育法,对于实施科教兴国战略,发展职业教育,提高劳动者素质,促进社会主义现代化建设,都将发挥重要作用。

5月15日,八届全国人大常委会第19次会议通过关于继续开展法制宣传教育的决议。这是在完成"二五"普法任务的基础上,继续开展"三五"普法教育,基本目标是:大力促进依法治国,建设社会主义法制国家的进程。"三五"普法的总体目标是,通过在全体公民中继续深入进行以宪法、基本法律和社会主义市场经济法律知识的宣传教育,进一步增强公民的法律意识和法制观念,不断提高各级干部依法办事、依法管理的水平和能力,促进依法治国,努力建设社会主义法制国家。"三五"普法的主要任务是:努力提高各级干部的法学理论水平,自觉运用这一理论指导法制建设的实践,增强依法办事、依法管理的自觉性;继续开展宪法知识和与公民工作、生活密切相关的基本法律知识以及与维护社会稳定有关的法律知识教育;着重抓好社会主义市场经济法律知识的普及;坚持学法用法相结合,全面推进各项事业的依法治理。

6月22日—24日,全国司法厅局长座谈会在京举行,会议对贯彻律师法、推进律师工作改革作了部署。司法部部长肖扬要求广大律师和律师管理工作者,根据律师法要求,切实转变执法观念,提高执法水平,确保法律的统一正确实施。

6月28日一7月5日,八届全国人大常委会第20次会议在京开幕。会议通过了关于修改档案法的决定,通过了枪支管理法和拍卖法,关于批准1995年中央决算的决议,还通过了有关任免名单。

7月5日,八届全国人大常委会第20次会议通过枪支管理法,共8章,50条,自1996年10月1日起施行。分为:"总则"、"枪支的配备和配置"、"枪支的制造和民用枪支的配售"、"枪支的日常管理"、"枪支的运输"、"枪支的入境和出境"、"法律责任"以及"附则"。该法的制定,是为了加强枪支管理,维护社会治安秩序,保障公共安全。

7月5日,八届全国人大常委会第20次会议通过拍卖法,共6章,69条,自1997年1月1日起施行。分为:"总则"、"拍卖标的"、"拍卖当事人"、"拍卖程序"、"法律责任"、"附则"。这是为了规范拍卖行为,维护拍卖秩序,保护拍卖活动各方当事人的合法权益。该法第三条规定:"拍卖是指以公开竞价的形式,将特定物品或者财产权利转让给最高应价者的买卖方式。”

8月23日—29日，八届全国人大常委会第21次会议在京举行，乔石主持会议。会议通过了老年人权益保障法、煤炭法和关于修改矿产资源法的决定。闭幕会上，乔石发表了讲话。他说，从党的十一届三中全会以后，截止到本次人大常委会会议闭会，全国人大及其常委会审议通过的法律和有关法律问题的决定，已有整整300个。我们要进一步加快立法步伐，提高立法质量，抓紧制定发展市场经济和集约型经济所必需的法律，尽快形成社会主义市场经济法律体系框架；还要抓紧制定立法法、监督法，修改刑法等法律。常委会要在抓好立法工作的同时，努力改进和加强监督工作，有计划、有重点地开展对法律实施的检查监督。

8月29日，八届全国人大常委会第21次会议通过老年人权益保障法，共6章，50条，自1996年10月1日起施行。分为：“总则”、“家庭赡养与扶养”、“社会保障”、“参与社会发展”、“法律责任”和“附则”。该法的制定是为了保障老年人合法权益，发展老年事业，弘扬中华民族敬老、养老的美德。该法第2条规定，老年人是指60周岁以上的公民。

29日，八届全国人大常委会第21次会议通过煤炭法，共8章，80条，自1996年12月1日起施行。分为：“总则”、“煤炭生产开发规划与煤矿建设”、“煤炭生产与煤矿安全”、“煤炭经营”、“煤矿矿区保护”、“监督检查”、“法律责任”和“附则”。制定煤炭法，是为了合理开发利用和保护煤炭资源，规范煤炭生产、经营活动，促进和保障煤炭行业的发展。

9月2日，未成年人保护法颁布5年来，我国已初步形成了从中央到地方的未成年人法律保护网络，29个省、市、自治区颁布实施了地方未成年人保护法规，23个省级未成年人保护委员会成立。

9月5日，全国散居少数民族立法工作座谈会在郑州举行，布赫出席并讲话，指出要加强民族立法工作。

9月26日，全国人大常委会社会治安综合治理执法检查组举行第二次会议，听取赴辽宁、山东、陕西的3个执法检查组汇报有关检查情况。

10月7日—10日，中国共产党第十四届中央委员会第六次全体会议在京举行。全会由中央政治局主持，江泽民总书记作重要讲话。会议审议并通过《中共中央关于加强社会主义精神文明建设若干重要问题的决议》，《关于召开党的第十五次全国代表大会的决议》，确定党的十五大于1997年下半年在北京举行。全会明确指出，社会主义精神文明建设今后十五年的主要目标是：在全民族牢固树立建设有中国特色社会主义的共同理想，牢固树立坚持党的基本路线不动摇的坚定信念；实现以思想道德修养、科学教育水平、民主法制观念为主要内容的公民素质的显著提高，以积极健康、丰富多彩、服务人民为主要要求的文化生活质量的显著提高，以社会风气、公共秩序、生活环境为主要标志的城乡文明程度的显著提高；在全国范围形成物质文明建设和精神文明建设协调发展的良好局面。

10月10日，《人民日报》刊登江泽民为《社会主义法制建设基本知识》一书所作的序言，题为《各级领导干部要努力学习法律知识》。他说，我国法制建设的现状同整个改革开放和现代化建设的要求相比，还有不小的差距。我们一定要从我国的国情出发，按照社会主义市场经济发展的规律，努力建立和健全能够有效引导和规范经济活动，维护经济秩序，保障国家对经济运行的宏观调控和管理的法制体系。同时，党和国家的各级领导干部必须熟练地掌握履行领导职责所必需的各种法律和法规的基本知识，特别是有关经济法律和法规的基本知识，以利正确运用法律手段去保证和促进社会主义市场经济的健康发展。他指出，搞好法制教育，增强全体公民的法制意识和法制观念，是社会主义法制建设的基础工程，也是加强社会主义精神文明建设的重要内容。

10月15日，全国残疾人事业法制工作会议在京举行。会议强调要健全法规保护残疾人权益。

10月23日—29日，八届全国人大常委会第22次会议在京举行，乔石主持会议并讲话。会议通过了乡镇企业法、环境噪声污染防治法、人民防空法及中国人民解放军选举全国人民代表大会和县级以上地方各级人民代表大会代表的办法。会议还通过其他事项。

10月29日，八届全国人大常委会第22次会议通过乡镇企业法，共43条，自1997年1月1日起施行。该法的制定，是为了扶持和引导乡镇企业持续健康发展，保护乡镇企业的合法权益，规范乡镇企业的行为，繁荣农村经济，促进社会主义现代化建设。该法第2条规定：乡镇企业，是指农村集体经济组织或者农民投资为主，在乡镇(包括所辖村)举办的承担支援农业义务的各类企业。

10月29日，八届全国人大常委会第22次会议通过环境噪声污染防治法，共8章，64条。自1997年3月1日起施行，1989年9月26日国务院发布的《中华人民共和国环境噪声污染防治条例》同时废止。该法分为：“总则”、“环境噪声污染防治的监督管理"、"工业噪声污染防治"、"建筑施工噪声污染防治"、"交通运输噪声污染防治"、"社会生活噪声污染防治"、"法律责任"和"附则"。第 2 条规定:环境噪声,是指在工业生产、建筑施工、交通运输和社会生活中所产生的干扰周围生活环境的声音。本法的制定,对于防治环境噪声污染,保护和改善生活环境,保障人体健康,促进经济和社会发展,都将发挥积极作用。

10 月 29 日,八届全国人大常委会第 22 次会议通过人民防空法,共 9 章,53 条,自 1997 年 1 月 1 日起施行。该法分为:"总则"、"防护重点"、"人民防空工程"、"通信和警报"、"疏散"、"群众防空组织"、"人民防空教育"、"法律责任"和"附则"。人民防空是国防的组成部分,该法的制定是为了有效地组织人民防空,保护人民的生命和财产安全,保障社会主义现代化建设的顺利进行。

12 月 9 日,中共中央在京举行第二次法律知识讲座,听取法律专家对国际法在国际关系中的作用的讲述。江泽民主持会议并讲话。江泽民说,我们的领导干部特别是高级干部都要注意学习国际法知识,努力提高运用国际法的能力。在处理国家关系和国际事务中,在开展政治、经济、科技、文化领域的交流与合作中,在反对霸权主义和强权政治的斗争中,都要善于运用国际法这个武器,来维护我们的国家利益和民族尊严,伸张国际正义,牢牢掌握国际合作与斗争的主动权。他说,所有代表国家从事政治、经济、文化、司法等工作的同志,也都要学习国际法知识。有些地方和部门的干部,由于缺乏国际法知识,在实际工作中吃了不少亏。这种教训应该引以为戒。江泽民强调,我们既要遵守和维护国际法准则,又要同世界各国人民一道为国际法的完善和发展继续作出努力,推动国际法朝着有利于建立和平、稳定、公正和合理的国际政治经济新秩序的方向前进。这是我们应尽的国际责任。

12 月 17 日—20 日,全国政法工作会议在京举行,会议确定了明年政法工作总的任务、重大措施和工作重点。江泽民、李鹏在同出席会议的部分代表进行座谈时发表了重要讲话。江泽民指出,今年政法工作取得了很大成绩,有力地维护了社会稳定,保障了改革开放和现代化建设的顺利进行。他说,政法工作的首要任务就是维护国家的政治和社会稳定。坚决扫除黄赌毒等社会丑恶现象,是当前社会治安工作要着重解决的一项任务。要抓住关键,从严查处卖淫嫖娼、制黄贩黄的组织者、经营者和幕后支持保护者,重点解决部分党政干部和农村基层干部带头参与赌博的问题。江泽民强调,要加强工作,努力造就高素质的政法队伍。建设一支高素质的政法干部队伍,首先要努力提高政法干部特别是领导干部的思想政治素质,这是一项带有根本性的任务。李鹏在讲话中指出,要充分运用法律手段,保障社会主义市场经济的健康发展。第一,要严惩严重经济犯罪。第二,要反对地方和部门保护主义。第三,要刹住部分地方盗窃、哄抢国有企业资财的行为,大力整治企业周边的治安秩序,为国有企业改革和发展创造良好的环境。第四,要加强法律服务工作,积极为改革开放、经济发展提供优质高效的法律服务和法律保障。他说,要继续开展"严打"斗争,全面落实社会治安综合治理的措施。要充分发挥政法部门在精神文明建设中的职能作用,着力解决干部和群众普遍关心的重要问题。在扫除黄赌毒等社会丑恶现象,反对封建迷信活动方面,政法部门要依法加强治安管理,加大对这类违法犯罪活动的打击力度。在会上,任建新对一些地方和部门严重的保护主义提出了严肃的批评,认为确实到了非下决心解决不可的时候了。任建新同时指出,地方和部门保护主义的危害是十分严重的。它严重损害了中央的权威,削弱了党和国家宏观上的统一领导;践踏了法律的尊严,破坏了社会主义法制的统一,严重损害执法机关的形象,严重阻碍社会主义市场经济的健康发展。中央政法委提出,要把严肃执法,反对地方和部门保护主义作为全党的一条政治纪律,任何人不得违犯。

12 月 23 日—27 日,全国检察长工作会议在京举行,会议提出了全国各级检察机关 1997 年查办职务犯罪大案要案的主攻方向。最高人民检察院副检察长梁国庆在会上说,各级检察机关要始终把查办大案要案特别是领导干部犯罪要案作为推进反腐败斗争深入的关键,要突出查办一些地区群众反应强烈,影响大、震动大的大案要案。最高人民检察院检察长张思卿对 1997 年检察工作提出了要求:各级检察机关要认真履行法律监督职责,即继续突出查办贪污、贿赂、徇私舞弊等职务犯罪大案要案,促进党风廉政建设;进一步巩固和发展"严打"斗争成果,强化社会治安综合治理;加强执法监督,维护社会主义法制的统一和尊严。

12 月 24 日—29 日,全国高级法院院长会议在京举行。任建新提出,在新的一年里,各级人民法院要牢牢把握大局,继续深入开展严打斗争,全面加强各项审判工作,推进审判方式改革,努力提高司法水平,大力加强队伍建设,进一步提高法官队伍素质,为改革、发展、稳定服务,促进社会主义物质文明和精神文明建设的协调发展。严肃执法和公正办案是人民法院自身精神文明建设的核心。改革和完善审判方式,对于进一步加强法院自身的精神文明建设,提高执法水平,具有重要的意义。他强调,要加强人民法院自身的廉政建设,深入持久地开展反腐败斗争。

12月24日—30日,八届全国人大常委会第23次会议在京举行,乔石主持会议。会议通过了香港特别行政区驻军法。会议还通过了将国防法(草案)、八届全国人大五次会议关于九届全国人大代表名额和选举问题的决定(草案)、香港特别行政区选举九届全国人大代表的办法(草案)提请八届全国人大五次会议审议的决定。会议还通过了其他决定事项。

12月30日,八届全国人大常委会第23次会议通过香港特别行政区驻军法,共6章,30条,自1997年7月1日起施行。该法分为:"总则"、"香港驻军的职责"、"香港驻军与香港特别行政区政府的关系"、"香港驻军人员的义务与纪律"、"香港驻军人员的司法管辖"和"附则"。该法的制定,是为了保障中央人民政府派驻香港特别行政区负责防务的军队依法履行职责,维护国家的主权、统一、领土完整和香港的安全。

## (二)社会治安综合治理加大力度

1月12日,中央社会治安综合治理委员会第17次全体会议在京举行,会议听取了1995年社会治安综合治理情况汇报,审议通过了《1996年—2000年全国社会治安综合治理工作五年规划》、《1996年社会治安综合治理工作要点》和《1996年社会治安综合治理工作宣传要点》。任建新在会上提出,社会治安问题是人民群众十分关注、影响稳定的突出问题。面对社会治安的严峻形势,必须毫不动摇地坚持社会治安综合治理的方针,加大综合治理工作力度,把各项措施真正落实到城乡基层单位。他说,依法从重从快惩处严重危害社会治安的刑事犯罪分子,是社会治安综合治理的首要环节。

4月11日,由中共中央社会治安综合治理委员会会同中央办公厅等22个部委厅局和有关群众团体组成的10个检查组,先后离开北京,分赴山西、内蒙古、黑龙江、江苏、福建、湖南、贵州、甘肃、青海、宁夏等地,检查社会治安综合治理工作。

4月28日,新华社报道:公安部召开全国严厉打击严重刑事犯罪活动工作会议,贯彻落实中央关于维护社会治安指示精神。公安部要求,通过这场"严打"斗争,要侦破一大批重大案件,追捕一大批负案逃犯;坚决打击带有黑社会性质的犯罪团伙和流氓恶势力;严厉打击、密切防范以金融单位和城市居民区为作案目标的抢劫、盗窃犯罪;集中整顿一批治安混乱的地区、部位和路段;严厉查禁制贩吸食毒品、卖淫嫖娼、制黄贩黄、赌博等违法犯罪和社会丑恶行为;大力收缴非法枪支弹药、爆炸物品、管制刀具,严厉打击非法制贩枪支活动。坚决把犯罪分子的嚣张气焰打下去,大力解决突出的治安问题。会议上,公安部部长陶驷驹提醒各级公安机关充分认识当前社会治安问题的严峻性。他说,必须组织开展强有力的"严打"斗争,才能把犯罪分子的嚣张气焰打下去,稳住治安形势,提高人民群众的安全感。他希望各地公安机关在党委、政府的直接领导下,发扬连续作战、不怕困难的精神,坚决执行党中央的指示,坚决服从各级党委、政府和上级公安机关的命令和指挥,在斗争中充分展示人民警察打击犯罪、维护治安的信心、决心、勇气和能力。公安部副部长白景富对这次"严打"斗争作了具体部署。他强调,第一,各地公安机关要精心组织,加强领导,狠抓落实,确保这场斗争收到实效。第二,从本地实际出发,因地制宜,明确重点,组织相对集中的行动。第三,充分运用法律武器,依法从重从快惩处一大批严重刑事犯罪分子。第四,大造"严打"的声势,发挥法律的威力。第五,抓好队伍的组织动员和管理工作,以旺盛的斗志和严明的纪律保证"严打"斗争的顺利进行。第六,把"严打"斗争同社会治安综合治理的其他措施紧密结合起来。第七,把"严打"斗争同维护社会政治稳定的工作有机地结合起来。第八,要在当地党委、政府的直接领导下,广泛发动群众,与有关部门紧密协作配合,力争这场斗争取得最大的成效。在这次会议上,任建新发表讲话。他指出,党中央对维护社会治安的工作高度重视。迅速组织"严打"斗争,是党中央作出的重要决策,是维护社会治安和社会稳定的迫切需要。各级党委、政府和各有关部门都要充分认识开展这场"严打"斗争的重要性,把思想统一到党中央的决策上来。他说,各级党委、政府的一、二把手要认真负起责任,真正在行动上而不是在口头上坚持"两手抓,两手都要硬"的方针,组织领导好这次"严打"斗争。他同时要求政法各部门都要以战斗姿态投入到"严打"斗争中去,各司其职,紧密配合,协同作战。任建新强调,建设一支坚强有力、执法如山的政法队伍,是搞好"严打"斗争和整个政法工作的重要保证。要将打击与防范等综合治理各项措施紧密结合起来,及时总结经验教训、堵塞漏洞。

5月10日,中共中央社会治安综合治理委员会在京举行第18次全体会议，传达中央关于“严打”斗争的指示精神，对社会治安综合治理成员单位和各部门参加“严打”斗争进行部署。公安部副部长牟新生汇报了目前“严打”斗争的情况。他说，在中央决定开展“严打”斗争后，各地相继采取了行动，取得了可喜的成果，初战告捷。“严打”斗争的强大声威已经初步形成。在听取了有关部门负责人的发言后，任建新发表了讲话。他首先肯定了“严打”斗争开展以来取得的成绩。他说，解决社会治安问题，事关改革、发展、稳定的大局。目前，斗争刚刚开始，更繁重艰巨的任务还在后头，要再接再厉，乘胜前进，把“严打”斗争逐步推向深入。他要求政法部门发扬不怕疲劳、连续作战的作风，紧密配合，协同作战，认真做好各个环节的办案工作。他指出，“严打”是社会治安综合治理的首要环节，各部门、各单位要充分发挥各自的职能作用和优势，动员本系统的一切力量，尽职尽责地积极参与“严打”斗争，努力维护社会治安和社会稳定。

5月10日，公安部新闻发言人就“严打”斗争已取得初步成效答记者问。发言人说，“严打”斗争取得的初步成果是：1.侦破了一批在群众中影响大、性质恶劣的大案要案。2.铲除了一批对社会危害严重的犯罪团伙和恶势力。3.抓获了一批罪大恶极的犯罪分子。4.大规模扫荡社会丑恶现象，查封了一批藏污纳垢的窝点。5.收缴非法枪支工作取得初步成果。6.重点治理工作迅速展开。

6月26日，全国27个省、自治区、直辖市的各级法院同时召开了262场宣判大会，集中宣判939起毒品犯罪案件，判处毒品犯罪分子1725人，其中被判处无期徒刑以上刑罚的犯罪分子有769人。一批被判处死刑的毒品犯罪分子被执行枪决。当天，最高人民法院举行新闻发布会，通报香港人和澳门人、云南、宁夏、广东四起走私、运输、贩卖、制造毒品的犯罪案件的审理结果，对这四起严重涉毒犯罪分子依法判处了死刑，并剥夺政治权利终身。

6月30日—7月3日，全国深入持久开展“严打”暨加强社会治安综合治理基层基础工作会议在河北承德举行。会议总结交流了前一阶段“严打”斗争和加强社会治安的经验，并部署下一步工作。罗干在会上说，造就一支高素质的政法干部队伍，不仅是当前深入持久地开展“严打”和全面落实社会治安综合治理各项措施的迫切需要，而且是保证改革开放和现代化建设顺利发展，保证跨世纪宏伟目标的顺利实现，保证党和国家长治久安的一项刻不容缓的重大任务。他指出，要把政法干部队伍建设作为全党建设高素质干部队伍的重要方面抓紧抓好，绝不能有丝毫疏忽。

6月14日，中宣部和国务院纠风办在京召开学习推广烟台市社会服务承诺制经验座谈会。中宣部副部长徐光春在会上说，推广社会服务承诺制度，是广大人民群众欢迎和高兴的事情。要通过抓好这一制度，认认真真地解决一些与广大群众切身利益密切相关而又长期没有得到解决的实际问题，带动和促进社会风气有一个明显的改观。他说，学习推广社会服务承诺制，是加强职业道德和行业作风建设，纠正行业不正之风的新途径。

11月8日，中央社会治安综合治理委员会在北京举行第19次全体会议。任建新在会上指出，社会治安综合治理是社会主义精神文明建设的重要组成部分，做好了社会治安综合治理工作，加强精神文明建设就有了必要的前提和可靠保障。他强调，实践证明，根据维护社会治安的需要部署全国集中统一行动，针对突出的治安问题及时组织专项斗争和在日常工作中坚持贯彻“严打”方针，这是进行“严打”的三种基本工作形式，把这三种形式运用好、结合好，是保持“严打”声势、搞好“严打”斗争的成功经验。我们必须根据社会治安的实际情况，适时采取有效方式，把“严打”斗争深入持久地进行下去。任建新要求继续加强社会治安综合治理基层基础建设，广泛开展创建安全文明小区的活动。他强调，要进一步加强法制宣传教育，特别是要做好预防青少年犯罪的工作。

12月15日，中央社会治安综合治理委员会近日发出《关于加强社会治安综合治理基层基础工作的意见》。该意见围绕维护社会的长期稳定，保障人民群众安居乐业的任务，就如何搞好社会治安综合治理中的基层基础工作提出了规范性要求。包括：加强社会治安综合治理基层基础工作的指导思想、主要任务、建立健全基层组织、乡镇与街道社会治安综合治理委员会办公室的职责任务等作了具体规定。

### （三）反腐败与勤政廉政建设深入进行

1月24日—27日，中国共产党中央纪律检查委员会第六次全体会议在京举行，会议回顾了1995年反腐败斗争的情况，部署了1996年反腐败和党风廉政建设工作。26日，江泽民、李鹏、乔石、李瑞环等党和国家领导人出席了会议，江泽民发表重要讲话。他强调，要坚定不移把反腐败斗争引向深入，务必使领导干部廉洁自律、查处违法违纪案件、纠正部门和行业不正之风，都取得更大更明显的实效。他指出，要加强和健全党内监督，增强党组织解决自身问题的能力。搞好党内监督，第一，要重点抓好对领导干部的监督，强化领导集体内部的监督作用；第二，要把党组织的严格监督与党员干部的认真自律结合起来；第三，把注重制度建设同加强思想政治工作紧密结合起来；第四，拓宽监督渠道，充分发挥人民群众监督的作用。27日，会议通过了《中纪委第六次全体会议公报》。

2月6日，国务院召开第四次反腐败工作会议，会议总结了过去一年的工作，研究新情况新问题，提出1996年反腐败工作的任务和要求。李鹏作重要讲话。他指出，反腐败斗争是国家政权建设的一项基本任务，要巩固成果，突出重点，把反腐败斗争落到实处。我们正在从事的反腐败斗争，是一项长期而艰巨的任务。反腐败斗争中一些深层次的矛盾，还没有得到根本解决，一些腐败现象仍在蔓延，有些领域还相当突出。李鹏强调，领导干部特别是高级干部要以身作则，廉洁自律。要集中力量查处大案要案，进一步加大办案力度，这是反腐败斗争深入发展的客观要求，也是反腐败斗争取得成效的重要标志之一。他说，要进一步加强执法监察，保证政令畅通。要切实加强领导，完善体制和法制，健全监督制约机制。重点是健全防范领导干部滥用职权的监督制度，进一步规范和推广干部定期交流制度，健全内部管理制度，强化管理与监督。

2月15日，新华社发表了中共中央纪律检查委员会、中华人民共和国监察部《关于保护检举、控告人的规定》。该规定共十五条，自发布之日起施行。这是为了保障检举、控告人依法行使检举、控告的权利，维护检举、控告人的合法权益，促进党风廉政建设和反腐败斗争而制定。

3月2日，新华社刊发了《国家公务员职务升降暂行规定》，自1996年1月29日起施行。该规定共5章，24条，分别规定了"总则"、"晋职"、"降职"、"纪律与监督"及"附则"。制定本规定，是为了规范国家公务员的职务升降工作，保证公正合理地任用国家公务员。它适用于各级人民政府组成人员及驻外全权大使以外的国家公务员。

2月16日，李鹏在接受《瞭望》周刊记者采访时强调，加强勤政廉政建设，开展反腐败斗争，是关系我国现代化事业成败的一件大事，也是国家政权建设的一项基本任务。他说，与改革和发展相适应，勤政廉政建设和反腐败斗争必须加大力度，取得更加明显的成效，以推动社会风气的根本好转。人民政府在反腐败斗争中肩负特殊重要的使命。李鹏指出，要紧紧围绕经济建设这个中心，继续抓好三项工作，强化监督机制，突出重点，注重实效，为改革和发展创造良好环境。领导干部特别是高级干部要以身作则，廉洁自律；要集中力量查处大案要案，进一步加大办案力度；对人民群众反映强烈的几股不正之风，必须紧抓不放。他说，今年纠风工作要增加一项新内容，就是狠刹预算外资金管理和使用中的不正之风。李鹏强调，建立领导责任制，是加大反腐败斗争力度、加强勤政廉政建设的制度保证；加强思想教育，培养廉政意识，是反腐败斗争治本的重要环节。他最后说，在反腐败斗争中，必须廉政勤政一起抓。所有政府工作人员都要注意克服官僚主义、形式主义和浮夸作风，密切联系群众，勤奋工作，不尚空谈，全心全意为人民服务。

4月16日—20日，全国检察机关第三次举报工作会议在成都举行。举报制度是我国社会主义检察制度的重要组成部分。广泛深入地开展举报宣传，是发动群众举报的重要环节。切实保护公民举报权利和被举报人合法权益是举报工作有效开展的重要条件。最高人民检察院检察长张思卿致信这次会议指出，举报工作是检察机关一项重要业务，在反腐倡廉、维护社会稳定、促进改革开放和经济建设方面负有重要职责。20日，最高人民检察院副检察长张穹在会议结束时说，对于群众举报线索，全国检察机关要尽快彻查，依法惩治犯罪，并及时反馈，取信于民；每件举报，除匿名举报无法答复外，都要将处理情况向举报人反馈，同时要通过新闻媒介向社会综合反馈，进一步增加举报工作透明度，接受群众和社会监督。他强调，要切实保护举报人和被举报人的合法权益，坚决查处打击报复举报案件和诬告、诌害案件。

5月18日—20日，全国检察机关反贪污贿赂工作会议在山东省泰安市举行。张思卿在会上提出要严肃查处大案要案，深入开展反腐败斗争。

5月27日，人事部发布《国家公务员任职回避和公务回避暂行办法》，共12条，自发布之日起施行。这是为了保证国家公务员依法执行公务，促进国家行政机关的廉政建设，根据《国家公务员暂行条例》而颁布的。该办法规定了实行任职回避和公务回避的4种情况，以及任职回避和公务回避各自的程序。

7月7日，新华社报道：目前，全国已有29个省级检察院、289个地市级检察院、近1400个基层检察院成立了反贪局。

7月22日，人事部在京召开电话会议，对全面推行国家公务员轮岗工作做出部署。人事部部长宋德福说，公务员轮岗是干部交流制度的重要组成部分，是干部交流工作的深化和发展。他指出，轮岗的对象，是同一政府工作部门内担任领导职务和某些工作性质特殊的非领导职务的公务员，重点是担任领导职务的公务员。轮岗年限，担任领导职务的公务员在同一职位上任职5年以上，原则上要实行轮岗，根据实际需要也可以适当延长或缩短轮岗年限。宋德福还就轮岗的做法，轮岗的纪律等提出要求。

8月16日，中纪委等五部门联合召开座谈会，强调要进一步推进反腐败斗争制度化、法制化。中纪委副书记侯宗宾在会上指出，各地区、各部门要进一步加强领导，加大工作力度，推动“三项制度”全面落实，进一步推动反腐败斗争和党风廉政建设沿着制度化、法制化的轨道向前发展。“三项制度”是1995年初，经中央批准，由中央纪委五次全会提出的，包括建立收入申报、礼品登记和国有企业业务招待费使用情况向职代会报告的制度。

8月30日，中央纪委在京召开部分省、区、市纪委书记、监察厅长和派驻纪检组长、监察局长座谈会。尉健行在会上说，当前反腐败斗争的形势依然是严峻的，任务还很艰巨，各级纪检监察机关要充分认识当前反腐败斗争面临的有利形势，进一步加大工作力度，狠抓各项任务的落实，力争取得更大成效。他强调，要认真总结近几年在实践中积累的经验，探索反腐败的有效机制和方法。在继续加强案件查处和监督检查工作的同时，要加大综合治理的力度，注意解决体制、法规、政策、管理等方面存在的问题。

9月4日，最高人民检察院召开新闻发布会，公布施行《人民检察院举报工作规定》。

9月28日，新华社报道：我国各级政府机关在向社会公开招考公务员的同时，辞退不合格公务员出口也已打开。据不完全统计，截止到目前，全国行政机关共辞退不合格公务员331人。

10月6日—10日，全国检察机关法纪检察工作会议在京举行，会议指出，各级检察机关要把法纪检察工作与反贪工作一并纳入反腐败的总体格局，进一步加大工作力度。

10月11日，中国共产党中央纪律检查委员会第7次全体会议在京举行。会议通过了尉健行所作的《加强党风廉政建设，推动社会主义精神文明建设健康发展》的报告。全会指出，加强精神文明建设首先要从严治党，搞好党风。执政党的党风关系党的生死存亡。开展反腐败斗争是加强党风廉政建设、促进社会主义精神文明建设的一项非常重要的工作。

10月28日，国家行政学院落成开学，李鹏为学院落成剪彩并讲授第一课，题为“中国将长期保持一个良好的发展势头”。国家行政学院是一所培训高、中级国家公务员的新型学府和培养高层次行政管理及政策研究人才的重要基地。李鹏说，开办国家行政学院，是党和国家的一项重要决定，是适应我国现代化建设和建立社会主义市场经济体制，推进干部人事制度改革、实施国家公务员制度的重要措施。

11月18日，公安部召开电话会议，部署全国公安机关从今年12月到明年2月在全国范围内开展“严打”整治“冬季行动”。

12月26日—27日，中纪委、监察部在京召开全国纪检监察机关首次特邀监察员工作座谈会。会议强调要发挥特邀监察员反腐败作用。

（万其刚）

# 四、以整顿基层组织为重点，全面加强党的建设

1996年党的建设的主要特点是，全党继续深入学习马克思主义，中心内容是学习邓小平建设有中国特色社会主义理论，强调领导干部一定要讲政治，注重党的基层组织建设和领导班子建设，注重建设高素质的干部队伍，党风廉政建设工作更扎实、更深入、更有效。同时，把党的自身建设的各项内容与社会主义精神文明建设紧密联系起来。

## （一）党的思想建设

讲学习，讲政治，讲正气，树典型，是1996年党

的思想建设的主要内容和特点。

**1. 在党内把“双学”活动引向深入。**

“双学”活动即以学习建设有中国特色社会主义理论和学习党章为主要内容的党员学习活动，这是1994年党的十四届四中全会的一个重要部署。

4月17日至20日，中央组织部和中央宣传部联合召开全国党员学理论学党章座谈会，目的是深入学习贯彻党的十四届四中、五中全会精神，总结交流经验，研究部署下一步工作，进一步推动“双学”活动持续深入地开展。中央政治局常委、书记处书记胡锦涛在会上指出，“双学”活动总的要求是，通过学习，使广大党员掌握建设有中国特色社会主义理论的基本观点和精神实质，在增强党性、提高思想政治觉悟和发挥先锋模范作用方面有一个明显的进步。胡锦涛强调共产党员要更自觉地发挥先锋模范作用，并对共产党员提出了十个方面的要求。中组部部长张全景在4月20日会议结束时要求，今后在“双学”活动中要着重解决好五个方面的问题：坚定共产主义理想和信念；坚持党的全心全意为人民服务的宗旨；严肃党的政治纪律，坚决维护党中央的权威；发扬党的艰苦奋斗、求真务实优良作风；充分发挥党员的先锋模范作用和基层党组织的战斗堡垒作用，在改革和建设中建功立业。

据4月17日人民日报报道，一年多来，参加学习的党员已达4500多万人，占全国党员总数的80%。全国30个省(区、市)和中直、国家机关以及铁道、民航系统，都制定了党员学习活动三年规划或实施方案，有24个省(区、市)成立了由主要领导同志牵头、有关部门负责同志参加的党员学习活动领导小组及办事机构。各级党组织以各级党校为主阵地，对党员进行了分期分批、长短结合以及其他各种形式的培训，收到了很好的效果。

**2. 强调领导干部一定要讲政治。**

1月17日，人民日报公开发表了中共中央总书记江泽民《领导干部一定要讲政治》的文章。这是江泽民总书记在1995年9月27日十四届五中全会召集人会议上讲话的部分内容。五中全会以来，这一讲话的内容在党内的各种场合已进行了贯彻，公开发表江泽民关于讲政治的讲话，表明中央对领导干部讲政治的问题更加重视。这个讲话强调领导干部一定要讲政治，包括政治方向、政治立场、政治观点、政治纪律、政治鉴别力、政治敏锐性。

3月1日，政治局常委、中央书记处书记胡锦涛在中央党校春季开学典礼的讲话中说，党中央最近多次强调领导干部一定要讲政治。我们必须从巩固党的执政地位、提高党的领导水平、坚持党的基本路线不动摇、保证社会主义现代化建设又快又好地向前发展、实现国家长治久安的战略高度和历史高度，充分认识这件事情的重大而深远的意义。领导干部首先是高级干部要按照十四届四中全会《决定》提出的政治素质的五条内容来要求自己。要按江泽民关于讲政治的要求提高自己。3月3日，江泽民总书记在参加全国人大、政协两会的党员负责同志会议上的讲话中，又阐述了关于讲政治的问题，使讲政治的理论进一步系统化。4月19日，胡锦涛在全国党员“双学”活动座谈会上又强调提高党员思想政治素质的问题，把讲政治的内容纳入“双学”活动中去。5月31日，胡锦涛在中央党校第20期省部级干部进修班毕业典礼上强调，各级领导干部要努力提高自身的思想政治素质，把中央关于讲政治的要求贯彻到实际行动中去，为实现跨世纪宏伟目标提供坚强有力的政治保证。

江泽民总书记关于讲政治的讲话内容对党的思想政治建设有很重要的意义。十四届五中全会后，各级领导班子注重对党的领导干部进行讲政治的教育。从中央党校到各级地方党校，都增加了讲政治的学习内容，有的地方还组织关于讲政治的专题研讨会，辅导学习江泽民关于讲政治讲话的出版物增加，各地党报、党刊和其他理论刊物也加大了关于领导干部一定要讲政治的理论研究文章。

**3. 中央制订干部教育五年培训规划。**

8月20日，人民日报全文刊登了中共中央《1996年—2000年全国干部教育培训规划》。《规划》规定了今后五年内干部教育培训的指导思想和基本原则。在指导思想上，《规划》特别强调以马列主义、毛泽东思想和邓小平建设有中国特色社会主义理论为指导，以提高干部的思想政治素质为重点，坚持正确的政治方向，结合实践锻炼，用科学的理论武装干部，用现代科学知识和人类创造的一切文明成果充实干部，用党的优良传统和作风教育干部，培养和造就一支坚持走有中国特色社会主义道路，全心全意为人民服务，德才兼备，适应改革开放和现代化建设需要的干部队伍。《规划》提出了“理论联系实际”，“分级分类培训”，“突出培训重点”，“保证培训质量”的原则。《规划》规定了干部教育培训的基本任务，其中包括：坚持不懈地组织广大干部学习马列主义、毛泽东思想，中心内容是学习邓小平建设有中国特色社会主义理论，加强对干部专业理论知识与技能的培训，使各级各类干部精通本行业务，有效履行岗位职责，继续抓好干部文化水平的提高，改变干部队伍的文化知识结构,等等。《规划》规定对干部教育培训的主要措施是:发挥党校、行政学院、干部院校等培训基地的作用;加强对教材编审工作的指导和协调;建立一支专兼职相结合的高质量的师资队伍;切实保证干部培训经费;逐步推进干部培训的制度化、法制化建设。《规划》提出建立有中国特色的干部教育体系,其主要内容:一是建立起有中国特色的干部教育体系的基本框架;二是中央、国家机关有关负责干部教育培训的综合管理部门,要明确职责,加强协调;三是党校、行政学院、干部院校和培训中心的培训对象及培训任务的分工;四是建立、健全宏观管理制度;五是建立适应新形势需要的干部教育培训运行机制;六是党委、政府要切实加强领导。

认真贯彻《规划》,是提高干部队伍素质的大事。《规划》对于今后的干部教育培训工作和加强党的思想理论建设,有十分重要的意义。

**4. 党的十四届六中全会为党的思想理论建设提出了新要求。**

党的十四届六中全会之前,中央已经加大了精神文明建设的力度。4 月 15 日,中宣部副部长徐光春在江苏张家港市举办的市委书记精神文明建设研讨班上说,中央已作出了把精神文明建设提到更加突出的地位和把精神文明建设主要是思想道德文化建设作为党的十四届六中全会的主要议题的重大决策。他强调,要把精神文明建设提到更加突出的地位,关键是要做到“五个到位”:思想要到位、领导要到位、措施要到位、工作要到位、投入要到位。加强精神文明建设为党的思想理论建设注入了新的内容。

10 月 7 日至 10 日,党的十四届六中全会在北京召开。全会通过了《中共中央关于加强社会主义精神文明建设若干重要问题的决议》。随后,学习宣传六中全会《决议》,研究精神文明建设问题,就成为党的思想理论建设的重大任务。10 月 14 日,中宣部发出通知,要求各级各类党委的宣传部以及中央宣传文化系统各单位的党委、党组,认真贯彻党的十四届六中全会精神。通知要求,各级党委宣传部门要在党委统一领导下,认真学习十四届六中全会《决议》,深刻领会其精神实质。要采取党委中心组学习、集中轮训、组织研讨班、举办报告会等形式,把学习引向深入,要注意发挥讲师团的作用。

六中全会后,全国从中央党校到地方各级党校的主体班次都相继停课专门学习《决议》,各地方党委还举办了领导干部学习《决议》研讨班。10 月 21 日,中宣部、中直机关工委、中央国家机关工委、解放军总政治部、中共北京市委在北京联合举行报告会,中央政治局委员、书记处书记、中宣部部长丁关根在会上介绍了学习党的十四届六中全会精神的几点体会。10 月 31 日,中央政治局常委、书记处书记胡锦涛在全国党校科研工作会议上强调,要把思想统一到六中全会精神上来。在此期间,各地方党委和有关党组织纷纷作出关于学习宣传、贯彻落实十四届六中全会《决议》的决定,全党掀起了学习宣传六中全会《决议》的高潮。这是六中全会后党的思想建设的突出特点。

**5. 强调广大干部学习社会主义法律知识。**

11 月下旬,中组部、中宣部和司法部联合发出通知,要求各地、各部门认真组织广大干部学习社会主义法律知识。通知说,今年以来,中央发出了关于在公民中开展法制宣传教育的第三个五年规划和 1996—2000 年全国干部教育培训规划,对各级领导干部学习法律知识提出了明确要求。最近,江泽民同志又为《社会主义法制建设基本知识》一书作了题为《各级领导干部要努力学习法律知识》的序言,表明党和政府对领导干部学习法律知识的高度重视。通知规定《社会主义法制建设基本知识》一书是全国普及法律知识干部统编读本,是对各级干部进行法律知识教育的基本教材。通知要求各级党校、干部院校应开设法制教育课程,有计划地举办骨干培训班、专题研究班,进行社会主义法制建设基本知识的教学。各级党委学习中心组要安排社会主义法制建设基本知识的学习内容,结合工作实际,带头认真学习法律知识,不断提高依法管理各项事业的能力和水平。

12 月 9 日,中共中央举行国际法知识讲座,请外交学院国际法研究所副教授卢松作关于国际法在国际关系中的作用的讲座。江泽民总书记主持讲座,他在讲座结束时讲话指出,领导干部特别是高级领导干部都要注意学习国际法知识,努力提高运用国际法的能力。在处理国家关系和国际事务中,在开展政治、经济、科技、文化领域的交流与合作中,在反对霸权主义和强权政治的斗争中,都要善于运用国际法这个武器,来维护我们的国家利益和民族尊严,伸张国际正义,牢牢掌握国际合作与斗争的主动权。

**6. 在党内树立典型,表彰先进。**

树立典型,表彰先进,是我党的优良传统和党的思想建设的一惯做法。在这方面,1996 年做了大量工作。1 月 8 日,中组部、中宣部等单位在京联合举办李润五先进事迹报告会。原北京市副市长李润五生前热爱人民、严以律己、清正廉洁、求真务实,其先进事迹可歌可泣。1 月 26 日,全国纪检监察系统表彰大会在北京召开,江泽民、李鹏为大会题词并会见先进集体和先进工作者。大会还宣布，经中央批准，中纪委决定给予在查处无锡新兴实业总公司非法集资32亿多元大案中作出重要贡献的江苏省委副书记、省纪委书记曹克明同志记一等功，号召各级领导干部特别是高级干部向曹克明学习，中纪委决定给该案联合专案调查组、北京王宝森联合专案调查组通报嘉奖，对在纪检监察领导岗位上作出优异成绩的李振权等12位同志通报嘉奖。1月26日，中央军委在北京举行命名大会，授予北京军区给水工程团团长李国安“模范团长”荣誉称号。4月18日，中宣部、建设部和上海市委在北京举行学习徐虎先进事迹座谈会。徐虎是上海市普陀区中山北路房管所水电工，共产党员，他在平凡的岗位上，全心全意为人民服务，成为雷锋式的先进人物，其事迹在全国引起很大反响。4月26日，中组部、中宣部在北京召开“学习孔繁森汇报会”，总结回顾了一年来宣传学习孔繁森活动的成效和经验，表明全国学习孔繁森活动正在引向深入。5月14日、15日，中央办公厅、国务院办公厅、中组部、中宣部等单位联合在京举行吴天祥事迹报告会和吴天祥事迹座谈会。吴天祥是武汉市武昌区信访办的副主任，他恪尽职守，勤政为民，助人为乐，是90年代基层党员干部的榜样。5月15日，人民日报以“人生在世，奉献二字”为题发表社论，号召广大党员干部向吴天祥同志学习。

6月28日至30日，中组部召开了全国先进基层党组织和优秀党务工作者表彰大会。表彰了500个先进基层党组织和500名优秀党务工作者。中组部还授予李国安等12名同志“优秀共产党员”的称号，他们是：李国安、吴天祥、陈金水、徐虎、李双良、史来贺、牛玉琴、朱吉提·艾力、邹竞、张在军、刘平、袁庭钰。7月30日，中组部、中宣部等单位联合在京举行座谈会提出，谭彦精神应广泛宣传，大力提倡，推出了法院系统共产党员青年法官的先进典型。8月14日，中宣部、农业部、北京市委、山东省委联合举办王廷江事迹报告会，推出了一个把个人资产约600万元献给村集体，带领群众艰苦创业、共同富裕的优秀村支部书记的典型。

今年在全党、全国树立的各行各业不同层次的先进典型，其数量之多，其影响之大，是1995年所不能比拟的。

## (二)党的组织建设

1996年党的组织建设的重点内容是加强党的基层组织建设，努力建设高素质的干部队伍，加强领导班子建设。

**1.切实加强农村基层党组织的建设。**

多年来，中央对农村基层党组织的建设一直抓得很紧，今年，中央把这项工作放到了更加突出的地位。中央组织部为此召开过三次会议或研讨班，研究部署农村基层党组织建设问题。

3月1日晚，中央组织部在北京召开全国农村基层组织建设电话会议。中组部部长张全景在讲话中指出，各级党委和各级领导一定要从战略和全局的高度，从讲政治的高度，充分认识加强农村基层组织整顿和建设的重要性。他提出当前主要做好五件事：一要保持清醒头脑，克服松劲情绪，做到锲而不舍，常抓不懈。二要加强对工作队的领导和管理。三要切实加强乡镇领导班子建设。四要抓紧利用当前时机，按照中组部、中宣部通知要求，搞好农村基层干部的集中培训。五要对农业生产和基层组织建设工作妥善安排。这次会议实际是对1996年全年农村基层组织建设工作的部署和安排，这对于正确解决当年的农村、农民、农业问题，都有很重要的意义。

9月2日至13日，中央组织部举办了为期11天的县(市)委书记抓农村基层组织建设专题研讨班。研讨班以邓小平建设有中国特色社会主义理论为指导，认真学习了十四届四中、五中全会精神和中央关于加强农村基层组织建设的一系列重要文件，总结交流了经验，客观地分析了近两年来农村基层组织建设的成绩和存在的问题，从而进一步加深了对加强农村基层组织建设的重要性的认识，明确了善始善终完成党中央提出三年整顿任务的工作重点和方法。中组部部长张全景在研讨会结束时的讲话中指出，要正确估价农村基层组织建设的形势，克服松劲情绪，继续加大整顿和巩固提高工作力度，确保整顿一个，巩固提高一个。县(市)委尤其是县(市)委书记要切实发挥关键作用和担负起第一责任人的责任。

10月25日至28日，全国农村基层组织建设工作座谈会在北京召开。会议的中心议题是，继续深入贯彻十四届四中、五中、六中全会和全国农村基层组织建设工作会议精神，分析形势，总结经验，找出问题，安排和部署明年特别是今冬明春农村基层组织的整顿和建设工作。中央政治局常委、书记处书记胡锦涛出席开幕式并作了重要讲话，他阐述了最近召开的十四届六中全会的重要意义，指出了全国农村基层组织建设良好的发展势头和不足之处。胡锦涛强调，农村基层组织建设，必须根据新形势新任务的需要，全面落实“五个好”的任务，丰富“五个好”的内容，提高“五个好”的水平。当前的工作重点，仍然是要集中力量抓好后进村的整顿和建设。先要在解决“有人办事、有钱办事”的问题上取得成效，进而带动其他问题的解决。在重点整顿后进村的同时，要加强对面上工作的具体指导，坚持推进农村的改革、发展、稳定同加强基层组织建设统筹安排，同步进行。在着重抓好村级组织的同时，还要认真抓好乡镇党组织的建设和整顿。每个县都要从实际出发，确定具体的年度工作规划和方案，务求每年都有新的进展。胡锦涛还讲了农村基层组织建设工作的指导思想、农村基层干部队伍建设等问题。

**2. 加强和改进国有企业党的工作，充分发挥企业党组织的政治核心作用。**

关于国有企业党的建设和国有企业党组织的地位和作用问题，一直是企业领导体制改革中人们十分关注的问题。上半年，中央组织部颁发了《关于在现代企业制度百家试点企业中加强和改进党的工作的意见(试行)》，文件对百家试点企业中党组织的设置、主要职责和党委班子的选配，对试点企业党委参与重大问题决策的范围以及参与决策的方法和途径，对试点企业党组织的工作机构、工作方法和活动方式等作了规定，这是加强和改进企业党组织工作的重要探索。这个文件以及以后在国有企业改进党建工作的实践，为年底召开全国国有企业党的建设工作会议作了重要准备。

12月11日至14日，中央组织部、中央政策研究室、国家经贸委、国家体改委、全国总工会联合召开了全国国有企业党的建设工作会议。会议的主要任务是，深入贯彻党的十四届四中、五中、六中全会和刚刚召开的中央经济工作会议精神，进一步统一思想，明确任务，交流经验，研究措施，推动国有企业党的建设的加强和党建工作水平的提高，以确保企业改革和发展各项任务的顺利实现，促进整个国民经济持续、快速、健康发展和社会全面进步。中央政治局常委、书记处书记胡锦涛在会上提出，国有企业党建工作的目标要努力做到“四个有”，即：有一个坚决贯彻执行党的路线方针政策，懂经营、会管理、团结协调、廉洁公正、开拓进取，得到职工群众拥护的领导班子，尤其要有政治强、业务精、作风好的带头人；有一支能够在企业改革、发展中经得起困难和风险的考验，在两个文明建设中发挥先锋模范作用的党员队伍；有一个适应企业改革发展要求，与生产经营紧密结合，保证企业党组织发挥作用的工作机制；有一套加强党员教育管理，能及时解决自身存在的矛盾和问题，不断增强凝聚力、战斗力的工作制度。为了实现上述目标，在工作中要始终坚持中央已经确定的重大方针和原则：一是必须坚持党对企业的政治领导；二是必须充分发挥党组织的政治核心作用；三是必须坚持企业党建工作的正确指导思想。

中央政治局委员、国务院副总理吴邦国在讲话中指出，发挥企业党组织的作用，主要有五点：一是保证、监督党和国家方针政策在本企业的贯彻执行；二是参与企业重大问题的决策，支持厂长依法行使职权，协调企业内部各方面的关系；三是坚持党管干部的原则，同行政领导一起，培养队伍，造就人才；四是领导思想政治工作，抓好企业精神文明建设；五是加强党的自身建设，领导和支持工会、共青团独立开展工作，维护职工合法权益，增强企业凝聚力。中央组织部部长张全景在作会议总结时指出，这次会议达成的共识是：要坚持党对企业的政治领导；全面贯彻“三句话”的方针，逐步完善企业领导体制；紧紧围绕生产经营开展党的各项工作，为企业改革和发展服务；坚持党管干部的原则，加强企业领导班子建设和经营管理者队伍建设；积极参与企业重大问题的决策；改进企业党组织的工作方法和活动方式。

**3. 加强高等学校党组织建设。**

人民日报1996年4月16日公布了中共中央新近印发的《中国共产党普通高等学校基层组织工作条例》。中央要求各高等学校结合自己的具体情况贯彻执行。《条例》共8章31条，包括：总则、党组织的设置、党组织的职责、党员的教育、管理和发展、干部工作、思想政治工作、党组织对群众组织的领导、附则。《条例》规定，高校实行党委领导下的校长负责制，校党委统一领导学校工作，支持校长按照《教育法》的规定积极主动、独立负责地开展工作，保证教学、科研、行政管理等各项任务的完成。

人民日报4月16日评论员文章要求，各地、各有关部门和高等学校的党组织，一定要认真学习和贯彻《条例》，并将它纳入党建工作的总体规划。高校党委要以《条例》为依据，制定具体落实措施，建立健全各项制度，使高等学校党的建设迈上一个新台阶。

《条例》是我党历史上第一个关于高校党组织工作的准则，是贯彻落实党的十四届四中、五中全会精神，加强和改进高校党的建设，推动高校改革和发展的重要文件，它对进一步加强和改善党对高校的领导，全面贯彻党的基本路线和教育方针，坚持高校的社会主义方向，将产生重要的影响。

**4. 努力建设高素质的干部队伍。**

这是1996年党的组织建设的又一重要内容。4月11日，中央政治局常委、书记处书记胡锦涛在中央组织部举办的第四期组织部门领导干部轮训班与学员座谈时就强调了必须高度重视干部队伍建设的问题。6月21日,中共中央在人民大会堂召开纪念建党75周年座谈会,江泽民总书记在座谈会上发表了题为《努力建设高素质的干部队伍》的重要讲话,系统地阐述了建设高素质的干部队伍问题。讲话共分六个部分:(1)关于建设高素质干部队伍的极端重要性和基本要求;(2)关于干部的学习;(3)关于干部的实践锻炼;(4)关于干部的选拔使用;(5)关于加强领导班子建设;(6)关于培养优秀年轻干部。

江泽民的讲话为今后全党干部队伍建设工作指明了方向,具有很强的现实指导意义。此后,学习、贯彻落实江泽民纪念"七一"重要讲话就成为全党组织和思想政治建设的重要任务。6月26日,中央纪委、监察部发出通知,要求各级纪检监察机关认真学习和贯彻江泽民纪念"七一"讲话,采取有效措施,进一步加大干部队伍建设工作的力度,把干部队伍建设工作提高到新水平。7月9日至12日,全国组织部长会议在北京召开,会议的主要议题是学习领会江泽民纪念"七一"的重要讲话,研究进一步加强领导班子和干部队伍建设的措施。12月16日至17日,中央组织部又召开了第二次全国组织部长会议。会议主要是学习贯彻党的十四届六中全会精神和中央经济工作会议精神,回顾总结1996年的组织工作,研究部署1997年的工作任务。中组部部长张全景在会议讲话中谈到建设高素质干部队伍、加强领导班子思想政治建设时指出,我们一定要把这件事关全局的大事摆在突出位置,抓紧抓实,抓出更大成效。

1996年,在加强各级领导班子思想政治建设和提高干部队伍素质方面的工作取得了明显成效。各地各部门采取理论培训、实践锻炼、严格管理等措施加强对年轻干部的培养教育,选拔了一大批优秀年轻干部进入县以上领导班子,结合领导班子的届中考察,对后备干部队伍进行了调整充实,各级党委和组织部门重视为各类优秀专家和拔尖人才创造施展才干的条件。1996年党政领导干部选拔任用等重要制度的改革也不断深化。全国有24个省区市在不同层次进行了公开推荐与考试考核相结合选拔党政领导干部的改革试验。各级党委和组织部门对《党政领导干部选拔任用工作暂行条例》的执行情况进行了检查,认真纠正和查处了选人用人上的不正之风和腐败现象。1996年,共交流地厅、县处级领导干部2.27万人,其中跨省交流地厅级领导干部60人、县处级领导干部484人。从中央、国家机关选调49名司局级干部下派到地方任职,组织了170名少数民族干部到中央国家机关和经济相对发达地区挂职锻炼。各地继续推进党政正职、组织、纪检监察、公检法等部门领导干部易地交流,收到良好效果。

## (三)党的作风建设

1996年党的作风建设的特点是加强了对领导干部监督的力度,进一步健全了党风廉政建设的制度,并把从严治党,搞好党风列为社会主义精神文明建设的首要内容。

**1. 中央纪委第六次全会关于1996年反腐败工作的部署和重要举措。**

1月24日至27日,中央纪委召开第六次全体会议。会议的中心议题是,回顾总结1995年反腐败斗争情况,研究部署1996年反腐败和党风廉政建设工作、把反腐败斗争进一步引向深入。全会指出,1996年反腐败工作总的要求是,以邓小平建设有中国特色社会主义理论和党的基本路线为指导,全面贯彻党的十四届五中全会精神,紧紧围绕经济建设这个中心,坚持反腐败三项工作的格局,加强思想政治建设,强化党内监督机制,标本兼治,综合治理,把反腐败斗争进一步引向深入,保证中央经济工作会议确定的1996年经济工作方针和任务落到实处,为"九五"计划顺利实施创造良好环境。按照中央的要求,1996年反腐败斗争的主要任务是:第一,要继续落实中央纪委第二次全会以来关于领导干部廉洁自律各项规定。重点抓好落实制止用公款"吃喝玩乐"的规定,抓好清理违反规定乘坐小汽车的工作,解决领导干部在住房、建房、购房、装修住房等方面存在的以权谋私问题。对省(部)级领导干部在遵守政治纪律和廉洁自律方面提出了更严格的要求。第二,继续加大办案力度,突破一批有影响的大案要案。重点查办党政机关、行政执法机关、司法机关、经济管理部门和县(处)级以上领导干部的违法违纪案件。集中力量查处贪污、贿赂、挪用公款、骗税、套汇、走私、贪赃枉法,以及严重失职渎职和严重虚报浮夸的案件。第三,纠风工作要继续把治理公路乱设卡、乱收费、乱罚款,中小学校乱收费和向农民乱收费、乱摊派作为重点。同时认真清理预算外资金,继续抓好清理"小金库"工作。

中纪委六次全会在加强监督方面出台了新的规定。经党中央批准,在坚持现行领导体制的前提下,重申和建立以下五项制度:(1)按照党的十三届六中全会通过的《中共中央关于加强党同人民群众联系的决定》的有关精神,中央纪委根据工作需要,选派部级干部到地方和部门巡视,其任务是了解省、自治区、直辖市和中央、国家机关部委领导班子及其成员贯彻执行党的路线、方针、政策以及廉政情况，直接报告中央纪委，中央纪委及时报告党中央。(2)党的地方和部门的纪委(纪检组)发现同级党委(党组)或它的成员有违反党的纪律的情况，有权进行初步核实，并直接向上级纪委报告，任何组织或个人不得干预和阻挠。需要立案检查的，按有关规定报批。(3)党的地方和部门的纪委(纪检组)接到对下一级党委(党组)成员的检举和控告，必须报告上一级纪委，任何人无权扣压。(4)凡属地方和部门主要领导干部的提拔任用，党的组织部门在提请党委(党组)讨论决定前，应征求同级纪委(纪检组)的意见。(5)各级纪检监察机关领导干部的提名、任免、兼职、调动，各级组织人事部门必须事先征得上级纪检监察机关的同意。

**2. 加强对领导干部的监督。**

1月26日，江泽民总书记在中央纪委六次全会上发表重要讲话。在讲到加强党内监督时提出，当前要在三个方面加强党内监督：一是保证党组织和党员、干部全面正确地贯彻执行党的基本路线、基本方针和各项政策，遵守和维护党的政治纪律；二是保证党组织和党员、干部正确运用权力，坚持全心全意为人民服务的根本宗旨，无论什么时候都把党和人民的利益放在第一位，绝不允许以权谋私、假公济私、化公为私。三是保证党组织和党员、干部严格遵守和维护民主集中制的各项制度，不论担任何种职务、从事何种工作，都要摆正自己在党内生活中的位置。为了搞好党内监督，江泽民总书记强调了四点：一是要重点抓好对领导干部的监督，强化领导集体内部的监督作用；二是要把党组织的严格监督与党员干部的认真自律结合起来；三是把注重制度建设同加强思想政治工作紧密结合起来；四是拓宽监督渠道，充分发挥人民群众监督的作用。

根据党中央、国务院1996年反腐败斗争的工作部署，中央纪委、监察部派出十个专项检查组，于8月中旬到9月上旬，分别到十个省、自治区、直辖市和15个部委，对领导干部廉洁自律工作的落实情况进行一次专项检查。这次检查的重点，是领导干部在住房方面存在的以权谋私问题，检查的内容还包括贯彻制止用公款“吃喝玩乐”有关规定，清理违反规定乘坐小汽车以及领导干部礼品登记、收入申报、国有企业业务招待费向职代会报告等“三项制度”的执行情况。这表明，中央加大了对各级领导干部尤其是省部级干部的监督力度。

**3. 从严治党，搞好党风，在精神文明建设中发挥党的表率作用。**

10月10日，党的十四届六中全会通过的《中共中央关于加强社会主义精神文明建设若干重要问题的决议》指出：“加强精神文明建设首先要从严治党，搞好党风。”“共产党员要在全社会发挥表率作用，党的领导干部要在全党发挥表率作用。要加强对党员特别是领导干部的严格要求、严格管理、严格监督。领导干部要自重、自省、自警、自励，以身作则，言行一致。”这样，六中全会《决议》就把党风建设同社会主义精神文明建设紧密地联系在一起了。

10月11日，中央纪委第七次全体会议召开。全会的议题是，学习、贯彻党的十四届六中全会精神，研究进一步加强党风廉政建设，加大反腐败力度，监督、保证和促进六中全会提出的各项任务的落实。全会通过了中纪委书记尉健行所作的《加强党风廉政建设，推动社会主义精神文明建设健康发展》的报告。全会指出，我党在长期革命和建设实践中所形成的优良党风，是党的理想、宗旨和先进性、纯洁性的具体体现。加强党风建设，发扬党的优良传统和作风，是社会主义精神文明建设的重要组成部分，在精神文明中处于主导地位，对整个社会的精神文明建设起着带动和促进作用。全会认为，开展反腐败斗争是加强党风廉政建设、促进社会主义精神文明建设的一项非常重要的工作。各级党委必须抓住当前建设高素质干部队伍和加强社会主义精神文明建设的有利时机，增强反腐败的决心和信心，切实加强领导，加大反腐败力度。全会要求，各级纪检机关要认真学习贯彻六中全会精神，加强自身精神文明建设，切实提高纪检监察干部特别是领导干部的政治素质和思想道德水平，建设一支政治坚定、纪律严明、作风优良、业务过硬的纪检监察干部队伍。此后，从中央到地方的领导机关在学习贯彻六中全会《决议》时，都把从严治党、搞好党风作为党在精神文明建设中发挥表率作用的重要内容。

**4. 反腐败和党风廉政建设成效明显，存在的问题依然严重。**

1996年反腐败和党风廉政建设工作保持了健康发展的势头，各项工作都有进展，有些工作成效明显。据中央纪委第八次全会透露，1996年领导干部廉洁自律工作得到加强，在一些方面有了新进展。全国党政机关中有96%的县(处)级以上领导干部参加了民主生活会，其中1.5万多人检查纠正了存在的问题；清理领导干部违反规定乘坐小汽车工作成效明显，全国党政机关共清理出超标准小汽车2.1万多辆，通过变卖、调换等方式，得到合理使用；清查并处理领导干部在住房方面以权谋私工作正在展开,全国有7.2万多名科级以上领导干部自查、申报了住房方面存在的以权谋私等问题,其中有74%的人作了纠正,补交租金和房款9400多万元,退出了一批多占的住房;用公款"吃喝玩乐"的歪风有所遏制,全国党政机关及国有企业和事业单位降低招待费近16亿元;领导干部收入申报、礼品登记、国有企业业务招待费向职代会报告三项制度基本建立,全国有8.5万名党政机关干部按规定上交了礼品礼金,折合人民币5100多万元,有95%的县(处)级以上领导干部申报了个人收入,国有企业中已经实行业务招待费报告制度的约占82%。

1996年办案工作取得新的突破,查处了一批有影响的大案要案。1996年1月至11月,全国各级纪检监察机关共接受群众来信来访、举报电话145万多件次,比上年同期增长16.8%;共立案13.5万多件,同比增长10.9%;涉及县(处)级以上干部共5643件,同比增长17.2%;共结案11.2万多件,同比增长11.6%;处分11.6万多人,同比增长14.3%。在受处分的人员中,县(处)级干部3695人,地(厅)级以上干部321人。突破了一批有影响的大案要案,如北京市人大常委会原副主任铁英受贿案;北京市政协原副主席黄纪诚受贿案;海南省人大常委会原副主任辛业江在担任省证券委副主任期间收受贿赂案;南京金中富期货诈骗案等。同时,查办案件中通过调查核实,澄清是非,保护、解脱了一批干部。

1996年纠风工作继续深入发展,有些工作取得比较明显的成效。治理公路乱设卡、乱收费、乱罚款工作成效比较明显,达到了在国道、省道上基本无"三乱"现象的要求;中小学乱收费得到初步清理,许多地方对高收费问题从学校、人数、金额等方面作了一些限制性规定,并对一批乱收费问题进行了处理;治理向农民乱收费、乱摊派工作进一步展开,一些地方将社会负担转给农民、向农民摊派各种费用的势头有所遏制;清理预算外资金和"小金库"工作取得初步成效。

在肯定成绩的同时,对反腐败面临的严峻形势和工作中存在的问题不能忽视。腐败现象仍然很严重,有些方面还在滋长蔓延,必须引起高度注意。如,挥霍公款、吃喝玩乐的问题,有的领导干部经常出入豪华酒楼、宾馆和夜总会之类高级娱乐场所,一掷千金,甚至堕落到用公款赌博、嫖娼、包养情妇;购买小轿车和通讯器材过多过滥的问题,有的地方、部门财政状况紧张,发工资都困难,而领导干部却人手一台"大哥大";超标准修建办公楼、用巨额公款购买或装修领导干部住宅的问题;名目繁多的纪念活动、滥发纪念品和礼品的问题;文山会海问题以及违反规定滥发各种补贴、津贴问题,等等。在工作上,一些地方和部门的领导干部对腐败的严重性和反腐败斗争的重要性认识仍然不足,坚持"两手抓"的问题没有解决;涉及反腐败的有关体制、机制和法制还不健全。

这些情况表明,端正党风的任务依然繁重,反腐败的任务还十分艰巨。我们决不能掉以轻心、松懈斗志,也决不能畏难止步。必须切实加强领导,以更大的决心、更大的力度和更扎实的工作,推动反腐败斗争和党风廉政建设工作深入发展。

(牛安生)

# 五、为推动社会全面进步,社会主义精神文明建设提高到更加突出的地位

1996年10月举行的党的十四届六中全会作出的《中共中央加强社会主义精神文明建设若干重要问题的决议》,标志着我国的社会主义精神文明建设迈上了一个新的台阶,进入了一个新的更加自觉发展的阶段。1996年是我国社会主义精神文明建设取得新进展,获得重大成果的丰收年;是全党全国人民进一步开创社会主义精神文明新局面的建设年。

## (一)党的社会主义精神文明建设理论更加系统,更加成熟,对社会主义精神文明建设的指导更加有力

十一届三中全会以后,以邓小平为核心的党中央,根据我国社会主义建设的经验教训,把思想政治道德建设和教育科学文化建设的任务,归纳为"精神

文明”建设，提出了社会主义精神文明建设的理论。十三届四中全会以后，以江泽民为核心的党中央，遵照邓小平同志指出的“十年最大的失误是教育”的指示，采取一系列重大措施，加强社会主义精神文明建设。党的十四大，科学总结了十一届三中全会以来党的基本实践和基本经验，明确要求在建立社会主义市场经济体制的同时把精神文明建设提高到新的水平。

1996 年 10 月召开的党的十四届六中全会，根据十四大以来社会主义精神文明建设多方面的实践经验，对进一步推进社会主义精神文明建设，特别是加强思想道德和文化建设方面，作了全面的部署，作出了《加强社会主义精神文明建设若干重要问题的决议》。《决议》以马列主义、毛泽东思想和邓小平建设有中国特色社会主义理论为指导，坚持党的基本路线和基本方针，科学地分析了当前的形势，认真总结了改革开放以来社会主义精神文明建设的经验，对社会主义精神文明建设的战略任务，指导方针，根本目标，以及一系列重要措施，作了科学的论述。

在精神文明建设的战略任务上，《决议》强调指出：“社会主义精神文明是社会主义社会的重要特征，是现代化建设的重要目标和重要保证。建设社会主义精神文明，关系跨世纪宏伟蓝图的全面实现，关系我国社会主义事业的兴旺发达。”指出：“物质文明是基础，经济建设这个中心必须牢牢把握，毫不动摇，但是精神文明搞不好，物质文明也要受破坏，甚至社会也会变质。”

在精神文明建设指导思想上，《决议》明确提出“我国社会主义精神文明建设，必须以马克思列宁主义、毛泽东思想和邓小平建设有中国特色社会主义理论为指导，坚持党的基本路线和基本方针，加强思想道德建设，发展教育科学文化，以科学的理论武装人，以正确的舆论引导人，以高尚的精神塑造人，以优秀的作品鼓舞人，培育有理想、有道德、有文化、有纪律的社会主义公民，提高全民族的思想道德素质和科学文化素质，团结和动员各族人民把我国建设成为富强、民主、文明的社会主义现代化国家。”《决议》认为，我们进行的精神文明建设，是以经济建设为中心、坚持四项基本原则和坚持改革开放的精神文明建设，是继承发扬优良传统而又充分体现时代精神、立足本国而又面向世界的精神文明建设。为了与五中全会确定的今后 5 年至 15 年国民经济与社会发展规划相配套，《决议》提出今后 15 年我国精神文明建设的主要目标是：“在全民族牢固树立建设有中国特色社会主义的共同理想，牢固树立坚持党的基本路线不动摇的坚定信念；实现以思想道德修养、科学教育水平、民主法制观念为主要内容的公民素质的显著提高，实现以积极健康、丰富多彩、服务人民为主要要求的文化生活质量的显著提高，实现以社会风气、公共秩序、生活环境为主要标志的城乡文明程度的显著提高；在全国范围形成物质文明建设和精神文明建设协调发展的良好局面。”

在体现精神文明建设的性质和方向的思想道德建设上，《决议》提出了思想道德建设的基本任务是：“坚持爱国主义、集体主义、社会主义教育，加强社会公德、职业道德、家庭美德建设，引导人们树立建设有中国特色社会主义的共同理想和正确的世界观、人生观、价值观。”

《决议》提出的党的文化工作方针原则是：坚持以马克思列宁主义毛泽东思想和邓小平建设有中国特色社会主义理论为指导；坚持为人民服务，为社会主义服务；坚持百花齐放、百家争鸣，古为今用、洋为中用、推陈出新；坚持重在建设，以立为本；坚持弘扬主旋律，提倡多样化；坚持深入生活、深入实际，密切联系人民群众；坚持把社会效益放在首位、力求经济效益与社会效益相统一；坚持一手抓繁荣，一手抓管理；坚持走改革开放之路。

在精神文明建设的重大措施上，《决议》充分肯定全国各地广泛开展的群众性精神文明创建活动，要求深入持久地开展文明家庭、文明单位和军民共建、警民共建等精神文明创建活动，开展群众性文化、卫生、体育和科学普及活动，倡导文明健康的生活方式，建设社区文化、村镇文化、企业文化、校园文化。坚持开展拥军优属、拥政爱民活动和民族团结进步活动，增强军政、军民团结和民族团结。《决议》对开展创建文明城市、文明村镇、文明行业活动提出了具体的要求。各类创建活动，都要同解决人民群众普遍关心的实际问题，同促进经济发展和社会进步紧密结合，持之以恒，务求实效，力戒形式主义。

在加强和改善党对精神文明建设的领导问题上，《决议》指出：“建设物质文明关键在党，建设精神文明关键也在党。”要求各级党委必须始终坚持两手抓、两手都要硬的方针，把两个文明作为统一的奋斗目标，一起部署，一起落实，一起检查。把抓两个文明建设的实绩和本领，作为考核、评价领导班子、领导干部的基本依据。加强和改善党对精神文明建设的一项基础性工作是思想政治工作，在新形势下只能加强，不能削弱。思想政治工作要贯彻民主原则和正面引导的方针，增强思想政治工作的实效。社会主义精神文明建设是一项全社会系统工程，贯穿于经济与社会生活的各个方面,要在党委的统一领导下,党政各部门、工会、共青团、妇联等人民团体齐抓共管,形成合力。加强精神文明建设还必须按照政治强、业务精、作风正的要求,培养和造就一支高素质的宣传思想文化教育队伍,这是当前精神文明建设的迫切需要。加强党对精神文明建设的领导,首先要从严治党,搞好党风。党员和党员领导干部要发挥表率作用,以身作则,言行一致,身体力行共产主义道德。为加强组织领导,《决议》还决定中央,各省、自治区、直辖市可成立精神文明建设指导委员会,加强协调和指导。

## (二)全党全国人民进一步开创社会主义精神文明建设的新局面

1996年在以江泽民同志为核心的党中央的领导下,在十四届六中全会《决议》的指引下,经过全党和全国人民的紧张工作,进一步开创了社会主义精神文明建设新局面,结出了丰硕的成果。

第一,进一步在全国范围普遍深入地开展学习邓小平建设有中国特色社会主义理论,取得重大进展。主要表现在:(1)各级党组织按照中央的部署,围绕全面、正确理解和掌握邓小平建设有中国特色社会主义理论的科学体系,积极执行党的"一个中心、两个基本点"的基本路线开展理论教育工作,为推进社会主义现代化建设和加强党的思想理论建设服务。(2)以组织领导干部首先是高级干部的学习为重点,带动全党的理论学习。从1993年11月开始到1996年,中央举办了4期省部级主要领导干部学《邓选》第3卷的理论研讨班。从上到下,一级抓一级,逐步建立了各级党委领导班子中心组学习制度。由中、高级干部带头、广大党员、干部参加的学理论热潮逐步兴起,出现了多年来少有的学理论、用理论的好形势。(3)学理论与解决实际问题相结合,促进改革开放和现代化建设的发展。围绕党的建设、国有企业改革、农业与农村工作、政法工作、精神文明建设……等问题,召开专题研究班,较好地解决改革开放中出现的复杂问题与突出的矛盾。(4)1996年是贯彻落实十四届五中全会、六中全会精神,实施"九五"计划和跨世纪发展《纲要》的第一年。学习邓小平建设有中国特色社会主义理论的主题,侧重于认真贯彻五中全会和六中全会精神,重点学习和宣传邓小平同志跨世纪发展战略思想和社会主义精神文明建设理论。为此,中央宣传部1996年10月编印了《邓小平论社会主义精神文明建设》,供全党学习。1996年12月,以邓小平同志跨世纪发展战略思想和社会主义精神文明建设理论为主题,经党中央批准,召开了全国第三次邓小平建设有中国特色社会主义理论研讨会。这次研讨会,集中反映了1996年全党、全国学习邓小平建设有中国特色社会主义理论的成果,使这一理论对全党的思想指导、意志凝聚和精神推动的伟大力量更好地发挥出来,具有重要的作用。(5)学习、研究和宣传有机结合,充分发挥理论的巨大力量。在实践中大家认识到,认真学好理论,是武装头脑、提高认识、统一思想、做好工作的重要条件,是推动实践发展的巨大力量。1996年,我们较好地完成了"八五"和1996年的计划,不仅有效地抑制了通货膨胀,而且避免了经济发展的大起大落,保持了国民经济持续快速健康发展,推动了社会全面进步。

第二,深入开展"讲学习、讲政治、讲正气"的三讲活动,提高了各级领导干部的政治素质和政治水平和抓社会主义精神文明建设的自觉性。开展"三讲活动"是1996年加强党的建设、加强干部队伍建设的重要内容,也是1996年加强社会主义精神文明建设的重要方面。1996年1月17日《人民日报》发表了江泽民同志在十四届五中全会召集人会议讲话的部分内容,题为《领导干部一定要讲政治》,在这篇讲话中,江泽民同志指出,我们搞现代化建设,中心任务是发展经济,但是必须有政治保证,不讲政治、不讲政治纪律不行。这里所说的政治,包括政治方向、政治立场、政治观点、政治纪律、政治鉴别力、政治敏锐性。在政治问题上一定要头脑清醒,防止埋头经济工作、忽视思想工作的倾向,越是深化改革、扩大开放,越要注意政治。江泽民同志的讲话,给全党各级干部敲响了警钟。1996年7月1日,为了纪念建党七十五周年,《人民日报》发表了江泽民同志3月3日的讲话,题为《关于讲政治》,对全党开展"三讲"活动有关问题,如经济与政治关系,为什么要强调讲政治等问题作了进一步的阐述。通过开展"三讲"活动,提高了各级干部的政治水平、理论水平,更加全面地正确地积极地贯彻党的基本路线,分清了一些重大原则问题上的是非界限,为社会主义精神文明建设的发展,提供了切实可靠的政治保证。

第三,加大了宣传思想政治教育工作的力度。宣传思想政治教育工作是搞好社会主义精神文明建设的基础性工作和搞好两个文明建设的基本保证。1996年1月2日,江泽民同志视察解放军报社,接见了报社师以上干部,对党的新闻工作发表了重要的讲话,江泽民同志指出,新闻作为一种意识形态,作为宣传、教育、动员人民群众的一种舆论形式,总是直接地间接地反映我们党和国家的政治立场、政治主张和政治观点，这种地位和作用，决定了它对整个党的宣传思想政治教育具有重大的指导意义，是别的其他形式所无法代替的。新闻工作必须坚持党性原则，坚持政治家办报的原则，自觉地在思想上、政治上与党中央保持一致，在任何复杂多变的形势面前，都要保持清醒的头脑，坚持正确的办报方向。后来，1 月 24 日江泽民同志在与出席全国宣传部长会议的同志座谈，谈到以正确的舆论引导人时强调了三点：一是激励人民。用正确的舆论引导人，最根本的，是动员全党同志和全国各族人民为实现党的基本路线而奋斗，为实现人民群众的根本利益而奋斗；二是服务大局。正确处理改革、发展、稳定三者关系，全面正确地宣传党的理论、路线、方针、政策，在事关原则的重大问题的宣传报道上，一定要符合中央的精神；三是加强管理，提高质量，为人民群众喜闻乐见。1996 年以江泽民同志为核心的党中央对新闻舆论工作高度重视，9 月 26 日又视察了人民日报社，就坚持正确的舆论导向问题，再次发表了讲话。指出舆论导向正确与否，对于我们党的成长、壮大，对于人民政权的建立、巩固，对于人民的团结和国家的繁荣富强，具有重要作用。舆论导向正确，是党和人民之福；舆论导向错误，是党和人民之祸。舆论工作就是思想政治工作，是党和国家的前途和命运所系的工作。

为了做好 1996 年思想政治工作，1 月 22 日至 26 日召开了全国宣传部长会议。会议总结党的十四大以来宣传思想工作的基本经验，规划了“九五”期间的目标任务，部署了 1996 年的工作重点。江泽民总书记和李鹏总理作了重要讲话。会议确定了今后 5 年宣传思想工作的指导思想和工作目标：在以江泽民同志为核心的党中央领导下，坚持以邓小平建设有中国特色社会主义理论为根本指针，坚持党的基本路线和基本方针，遵循宣传思想工作基本思路，以科学的理论武装人，以正确的舆论引导人，以高尚的精神塑造人，以优秀的作品鼓舞人，团结鼓劲，务求实效，更好地为人民服务，为社会主义服务，为全党全国工作大局服务。工作目标是：巩固和发展积极、健康、向上的工作态势，充分发挥宣传思想工作团结、动员、鼓舞人民的重要作用，为推进改革开放和社会主义现代化建设、全面实现“九五”计划提供有力的精神动力、舆论支持、思想保证和文化条件；积极推动宣传文化事业的改革，加强和改善宏观调控，逐步形成布局合理、结构优化、效益明显、富有活力的事业发展格局，使宣传思想工作再上一个新台阶，把良好的工作基础带入 21 世纪。会议还提出做好宣传思想工作，必须坚持十条重要方针原则和切实做好八个方面工作。1996 年全国宣传部长会议的主要精神，不仅为十四届六中全会的召开创造了良好氛围，而且对 1996 年精神文明建设开创新局面，起到了很大的推动作用。

第四，突出宣传一批先进模范人物，以先进模范人物为榜样，采取各种形式，广泛进行爱国主义、集体主义、社会主义和正确的世界观、人生观、价值观的教育。1996 年在把社会主义精神文明建设放到更加突出的位置，突出地宣传了一大批各条战线上的先进模范人物，在全社会形成了崇尚先进、学习先进的良好风气，促进社会主义精神文明建设的发展。

在 1995 年“领导干部的楷模”孔繁森，“好军嫂”韩素云，“英雄民警”赛尔江，“廉洁奉公好干部”李润五等，都是 1995 年为人们所熟悉，所学习的英雄模范人物。1996 年进一步加大了宣传先进模范人物的力度，涌现出先进模范人物比 1995 年更广泛，更与人民群众的生活密切相联，为人民群众所崇敬。产生巨大社会影响的先进模范人物有：我党我军宗旨的模范实践者——李国安；普通劳动者的榜样——徐虎；模范气象工作者，唐古拉山的风云赤子——陈金水；优秀村党支部书记——王廷江；无私奉献，秉公执法的谭彦；特区活雷锋陈观玉以及岗位作奉献，真情为他人——北京市 21 路公共汽车优秀售票员李素丽等等。在一年之中，涌现出如此之多的先进模范人物，这在新中国的历史上是少有的。这些先进模范人物，尽管各自的岗位不同，事迹也不相同，但他们都无不是热爱祖国、热爱人民、热爱社会主义的思想与精神的具体表现，无不是广大人民群众树立正确的世界观、人生观、价值观的学习榜样。榜样的力量是无穷的，先进模范人物的精神和思想，必将促进我国人民思想道德水平的提高。

第五，以开展社会公德、职业道德、家庭美德教育为主要内容的群众性的精神文明创建活动更加务实，更加有效。这几年来，全国各地创造了多种形式的群众性的精神文明建设活动，对移风易俗、改造社会、美化环境、提高素质起到了很好的作用。从 80 年代初的“文明礼貌月”活动开始，群众性精神文明创建活动如雨后春笋般地开展起来，从窗口行业、窗口单位到各条战线各行各业；从“五讲四美三热爱”活动到以创优质服务、优良秩序、优美环境的活动；从评选“五好家庭”、“模范夫妻”、“好媳妇”等活动到创建文明家庭、文明楼院、文明小区、文明城市、文明村镇、文明县城；从自建发展到军民共建、警民共建、厂街共建等等，这些年来，整个群众性精神文明创建活动的内容、形式和领域都有了很大的发展。十四届六中全会《决议》，把它们归纳三个方面：一是以提高市民素质和城市文明程度为目标，开展创建文明城市活动，实现优美环境、优良秩序、优质服务，来推动城市的精神文明建设。二是以提高农民素质、奔小康和建设社会主义新农村为目标，开展创建文明村镇活动。文明村镇建设要做到几个结合：要同加强党的基层组织和政权建设结合起来；同壮大集体经济实力，增强为广大农民服务的功能结合起来；同计划生育、节约耕地、破除陈规陋习、反对封建迷信和打击各种非法宗教活动结合起来。做好文化科技卫生三下乡工作和扶贫济困工作。三是以服务人民、奉献社会为宗旨，开展创建文明行业活动。各行各业特别是一些与群众生活密切相关的"窗口行业"，要根据自身的特点，制订服务规则，加强职业职责、职业道德、职业纪律的教育，加强岗位培训，规范行业行为，树立行业新风。

1996年群众性的精神文明创建活动特别活跃，在文明城市、文明村镇、文明行业的建设上都取得了新的进展，特别是在以职业道德建设为中心，纠正行业不正之风，树立行业新风方面取得的成绩尤为突出。

在文明城市建设方面，1996年涌现了天津市和平区社区文明建设的先进典型。和平区是天津市的中心区，是近50万人口的闹市区，他们坚持以邓小平建设有中国特色社会主义理论为指针，以经济建设为中心，贯彻"两手抓、两手都要硬"的方针，经过几年的努力，建设成为一个有"发展的经济建设，安定的社会秩序，和谐的人际关系，完善的服务网络，整洁的社区环境，良好的社会风尚"的文明社区，成为大城市加强精神文明建设的先进典型。学习宣传和平区精神文明建设首场报告会11月6日在天津举行。北京市在文明城市建设方面，1996年迈出了重要的第一步，由500余万市民共同参与修订，先后七易其稿的《首都市民文明公约》于3月8日正式公布于众，《首都市民文明公约》，凝集了首都市民树立良好社会道德风尚，建设文明北京城的共同心愿。北京市一些区县的小区，如西城区的柳荫街、海淀区的芙蓉里等也被中宣部命名为文明小区。北京在绿化、美化环境，改善城市交通、整顿社会秩序方面也做了许多工作，城市面貌发生了新的变化。其他城市如上海的街道里弄的工作，大连的城市美化，都迈上了新的台阶。

在文明村镇建设方面，1995年11月30日中办和国办转发了中宣部和农业部起草的《深入开展农村社会主义精神文明建设活动的若干意见》，共六部分30条。农业、农村、农民始终是中国革命和建设的一个根本问题，加强农村社会主义精神文明建设，对整个社会主义精神文明建设关系极大，是党在农村的一项十分重大的战略任务。农村主要是围绕着"文明家庭"、"新风户"、"小康村"、"文明村镇"、"文明乡镇企业"来开展的，全国各地普遍地开展这种创建活动，有的制订乡规民约，有的搞"十星级户"的评比活动，都是农民自我教育、自我管理的好方法。随着农村经济的发展，农村的文明程度这几年有了很大的进步。图书馆、文化站、文化活动中心，结合传统节日开展各种文化活动，如花会、灯会、社火、龙舟比赛、文艺汇演等在农村都很活跃。报纸、电台、电视台在1996年经常不断宣传农村文明村镇建设的先进典型和经验。1996年农村精神文明建设中的一个突出的现象是文化科技卫生"三下乡"活动，中央电视台心连心艺术团多次到"老少边穷"地区的慰问演出，京九文化列车；河北农大师生扎根太行山，传授农业知识；各地开展"科技大集""农业生产知识和技能培训班""万村书库工程"、"城乡中小学生手拉手赠书交友"活动、百部科教电影电视片下乡等，所有这些，都受到广大农民的热烈欢迎，有力地推进了农村精神文明建设的发展。

创建文明行业，树立行业新风的活动是1996年精神文明建设成绩最为显著的一个方面。首先是在经济领域搞"打假扫劣"，中宣部、内贸部1996年初组织开展"百城万店无假货"活动，从不卖假货这个最基本，也是群众反映最强烈的问题入手，加强商业道德，净化行业空气，树立商业信誉，带动社会风气好转。这些活动得到国内30家大型商业零售企业的积极响应，向全国商业企业发出了"打假扫劣"的倡议书。国务院办公厅4月转发有关部门的意见，明确今后"打假"六项重点。打击假冒伪劣成为流通领域行风建设的重要内容。第二，抓新闻舆论方面的职业道德建设，1996年5月7日，中宣部召开了加强新闻道德建设座谈会，把治理"有偿新闻"作为一项重要工作常抓不懈，采取切实可行的有效措施，坚决刹住这股不正之风。第三，塑造公安干警的公仆形象。公安部作出决定，从1996年1月1日起全国36个大中城市交通民警要以崭新的面貌上岗值勤，5月1日起公安机关各警种面貌要有明显改观，把从1995年开始的学济南交警的活动推向新的高潮。第四，1996年文明行业建设影响最大，成效最为显著的是推广烟台市社会服务承诺制度。据介绍，近两年，烟台市社会服务窗口行业和有关管理部门，借鉴发达国家的先进管理经验，实行了社会服务承诺制度，在服务态度、服务质量、办事效率方面比过去有了明显的改善和提高。为此，中宣部和国务院纠风办7月15日联合召开座谈会，邀请建设部、电力部、铁道部、邮电部、内贸部、卫生部、民航总局和供销合作总社等八个部门负责人参加，推广烟台的社会服务承诺制度，决定1996年下半年把学习推广社会服务承诺制，作为加强行业作风和职业道德建设，推进社会主义精神文明建设的一项重点工作。以上八个部门作为首批试点推广单位，取得经验后，在更大的范围内推行。建设部一马当先，8月2日召开新闻发布会，决定在北京、上海、天津、济南等36个大中城市的供水、燃气、公共交通行业率先实行社会服务承诺制。"一诺千金、取信于民"。接着各行各业，特别是一些服务窗口行业，如民航、邮电、银行、医院、商店纷纷推出文明服务示范单位，向社会公开服务规则和热线电话，把"文明行业建设"和职业道德建设推向了一个新的阶段。例如，中国人民银行推出十条金融服务措施。邮电部公布33个文明服务示范窗口。上海邮电系统实现了全行业规范服务达标。全国卫生系统召开了职业道德建设会议。卫生部公布医院服务十条要求。公布了十个文明服务示范医院。从12月2日至25日又有公安部、国内贸易部、电力部、建设部、司法部等先后公布了一批文明服务示范窗口。1996年12月20日在江苏无锡召开了全国职工职业道德建设经验交流会，全国29个省、市工会负责同志在会上交流经验，决定继续开展评选全国职业道德建设"双十佳"活动。

第六，弘扬主旋律，提倡多样化，繁荣社会主义文化，不断满足人民群众日益增长的文化精神生活的需要。

1.以精神文明建设"五个一工程"获奖为标志的1996年我国发展社会主义文化的丰硕成果。由党中央倡导，中央宣传部组织实施的，以力争每年度推出一本好书、一台好戏、一部好影片、一部好电视剧(片)、一篇或几篇有创见有说服力的文章为内容的精神文明建设"五个一工程"，开始于1991年，五年来经历了从启动到发展、从初创到规范，逐步提高、逐步深化的过程，到1996年全国有30个省市党委宣传部和中央18个部门和系统及新疆建设兵团参加评比，已成为一个具有广泛社会影响的精神文明建设的重点工程，也是我国社会主义文化繁荣发展的综合的集中体现。1996年第五届颁奖大会9月24日在北京召开。被授予第五届"五个一工程"奖的优秀电影、电视剧(片)、戏剧、歌曲、广播剧、图书、理论文章共174项作品：获奖电影11部；电视剧(片)29部；戏剧25台，包括话剧、戏曲、歌舞剧、少儿剧；歌曲21首；广播剧13部；图书41种；理论文章34篇。与1995年相比，参评作品的数量和质量都有很大的提高，题材丰富多彩，紧扣时代的脉搏，形式活泼多样，出现了许多思想性和艺术性高度结合的精品，标明我国社会主义文化事业已经走向繁荣与发展。

2.文学艺术的创作迈上了新台阶。文学艺术的发展是精神文明建设的一条重要战线，承担着培养"四有"新人，激励人民团结奋进的庄严职责，文学艺术工作者被誉为人类灵魂工程师，对人民的精神生活和社会的进步与发展，起着不可替代的作用。为繁荣社会主义文学艺术创作，丰富人民群众的精神文化生活，江泽民同志曾经提出，要抓好电影、长篇小说、少儿作品这"三大件"的创作与生产。按照江泽民同志的指示，1996年文学艺术工作者作出了新的努力，特别在电影和少儿作品，出现了一批具有较高思想性和艺术性的优秀作品。特别是在电影与少儿作品方面，1996年取得了可喜的成绩。电影《孔繁森》、《孤儿泪》、《赢家》、《七·七事变》、《士兵的荣誉》、《九香》不仅被评为《五个一工程》奖，而且在1996年5月23日揭晓的中国电影华表奖上也榜上有名，这些电影深受广大观众的好评。《孙文少年行》、《童年的风筝》也分别被评为优秀少儿片。5月29日第三届全国优秀儿童文学奖评出了《男生贾里》等19部作品。自从上海美术电影制片厂拍出我国第一部百集动画系列片《自古英雄出少年》和浙江人民美术出版社推出《中华少年奇才》以后，中央领导对这种以优秀的卡通艺术教育青少年，予以肯定与鼓励。广电部要求中央电视台联合各地方台，在1996年推出少儿电视节目"六个一百"创作工程，即创作100首新儿歌、100集童话集、100集动画片、100集人物系列片、100集科普系列片，100集游戏节目。以更好的作品培育新的一代。

全国艺术创作也呈现出令人欣喜的普遍繁荣的态势，各种舞台艺术，戏曲、话剧、儿童剧、歌剧、舞剧、音乐、舞蹈等门类的艺术创作和演出越来越受到全社会的重视和支持，严肃艺术受到冷遇的情况开始转变，一些舞台艺术的精品在观众中引起强烈的反映。文化部在1991年设立的我国舞台艺术创作的最高艺术奖——文华奖。5月24日第6届评出的大奖4个、新剧目、新节目奖30个，专项单奖82个。标志着我国艺术创作的新发展和新水平。

1996年12月16日还召开了在我国文学艺术

发展历史上具有重要意义的中国文联第六次全国代表大会和中国作协第五次全国代表大会。文学界、艺术界的代表3000多人参加。江泽民总书记代表党中央发表了重要讲话。江泽民同志的重要讲话，充分肯定了新时期以来我国文学事业取得的巨大成就，深刻地阐述了我国当前文艺战线的基本形势，明确提出了繁荣社会主义文学艺术的光荣使命、指导思想和方针原则，是继毛泽东同志在延安文艺座谈会上讲话和邓小平在第四届文代会上讲话以后的又一篇指导我国文学艺术发展的重要讲话，与会代表深受鼓舞和启发。这两个大会，是承前启后、继往开来、共商繁荣文学艺术大计，以具有中国气派和世界水准的精品佳作，迎接新世纪的盛会。为今后我国文学艺术的发展起到巨大的推动作用。

3.图书出版。图书出版事业是社会主义精神文明建设中不可或缺的基础工程，是精神产品的载体。改革开放以来，我国图书出版事业无论从数量、品种、质量、技术各方面都有飞速的发展，堪称世界图书出版大国。1996年7月13日在北京举办了“中国出版成就展”，规模十分宏大，江泽民、乔石等中央领导参观展览。据统计，目前我国拥有563家出版社，公开发行8135种期刊，301家音像出版单位和36家电子出版单位。1995年它们共出版了10.3万种、62.6亿册图书；23.7亿册期刊；1.1万种1亿多盒录音录像制品和1700种电子出版物。经过多年的调整与发展，我国图书出版事业已由规模数量型向质量效益型转换。《中国大百科全书》、《汉语大词典》等一批对促进社会全面进步有重要意义的重点出版工程相继完成；《世界文库》、《传世藏书》等注重中外文化积累的项目备受关注；一些“中国动画图书工程”、“书架工程”、“送书下乡”等专项活动引起社会的广泛注意。10月还举办了中国少儿出版物成就展。

从1994年设立的由新闻出版署主办的两年一度的国家图书奖，1996年1月30日举办第二届，共有92种凝聚着作者、编辑、出版工作者无数心血的优秀图书，获得了我国出版界的最高荣誉。

从1987年以来已成功地举办十届的中国图书奖，1996年12月18日共有100种1995年我国出版的优秀图书获奖，其中科技类图书占了30%，充分体现了“科教兴国”和“ 科技是第一生产力”的战略思想。这两种图书奖，是1996年我国图书出版事业的繁荣发展的证明。

4.扫盲、科普、群众文化。精神文明建设离不开提高与普及。社会主义文化的繁荣与发展需要多出精品，同时也要做好文化的普及工作。扫盲、科普、群众文化是繁荣社会主义文化的基础。扫盲工作对精神文明建设来说，具有十分紧迫的意义，要不断强化扫盲力度，使扫盲真正成为政府行为和教育工作的“重中之重”。据2月28日至3月1日在温州举行的全国扫盲工作会议披露，“八五”期间，共扫除文盲2598万人，平均每年约520万人，15—46岁的青壮年文盲率已降到7%以下，但全国仍有3300万之多，争取在本世纪末普及九年义务教育和基本扫除青壮年文盲。与普及九年义务教育有关的是在全国范围开展“希望工程”，据4月27日召开的全国希望工程工作会议透露，五年来，筹款近7亿，救助失学儿童达125万多，援建希望小学2000多所。有42个希望工程工作机构和95名个人获“希望工程建设奖”。在希望工程中所表现出来的高尚的道德情操和美好心灵，促进社会主义精神文明建设和国家教育事业的发展。科学技术普及工作，对促进两个文明建设有着重要作用。我们不仅要靠科学技术提高物质文明的发展水平，而且要靠科学技术的力量推进社会主义精神文明建设。大力普及科技知识、科学方法、科学思想，引导人民群众建立科学、文明、健康的生活方式，形成爱科学、用科学、讲科学的社会风尚和民族精神，创造与社会主义现代化进程相适应的社会精神面貌，贫穷不是社会主义，愚昧更不是社会主义。为了更好地做好科普工作，1996年2月7日全国召开了首次科普工作会议，这也是1996年加强精神文明建设的重要方面。群众文化也称之为基层文化，有很广的涵义，如村镇文化、社区文化、校园文化、企业文化等。基层文化对丰富人民群众精神文化生活，陶冶情操具有重要意义。在物质生活不断提高的情况下，富而思文、富而思乐是符合社会生活发展的规律的，要把精神文明建设落实到基层，是不能忘记群众文化的建设，目前开展的创建文化先进县活动是促进基层文化建设的有效途径。1996年5月22日在河北举行了第四次全国文化先进县经验交流会。该项活动由山东、黑龙江、江苏等省首创的，由文化部倡导实施的文化建设工程。它涵盖了时政宣传、文化娱乐、知识传播、影视放映、群众体育等社会文化的诸多方面，成为全国地方县、区以下基层单位、加强社会主义精神文明建设，尤其是文化建设的具有可操作性的实践模式。1996年共有54个县获得“全国文化先进县”的称号。到目前为止，全国已有120个文化先进县。

5.体育、卫生、计划生育。1996年是我国体育事业得到蓬勃发展的一年，全民健身计划的开展，有力地推动群众体育工作的开展。近20多年来，12月5

日首次召开了全国群众体育工作会议，部分省市也成立了社会体育指导中心。1997—1998年是全民健身计划第一期工程第二阶段。群众体育工作会议确定了1997年要做的20件实事，包括举办第三届全民健身宣传周，进行群众体育现状调查，推广第8套广播操等。群体工作要做到生活化、普遍化、社会化、科学化、产业化、法制化。在竞技运动比赛方面，我国运动员参加多项国际比赛，取得了优异成绩，特别一提的7月19日至8月4日举行的第26届亚特兰大奥运会上，中国体育代表团获得了16枚金牌、22枚银牌和12枚铜牌、金牌和奖牌总数均列第四的好成绩，其他在举重、游泳、军事五项锦标赛及第10届残奥会均取得好成绩。12月31日，新华社报道：中国运动员在1996年国内外比赛中，共有17人1队30次创22项世界纪录；另有1人1队的成绩被列为新设的世界纪录。为祖国和人民争光。我国医疗卫生事业的发展是非常迅速的，中国人的健康水平的提高是举世瞩目的，平均期望寿命从解放前的35岁提高到如今的70岁，位居发展中国家的前列，全国基本上形成遍布城乡医疗保健网，城乡居民多层次的卫生需求得到不同程度的满足。1996年卫生工作最令人注目的是建国以来党中央、国务院于12月9日至12日第一次召开了全国卫生工作会议。江泽民、李鹏作了重要讲话。党中央政治局6位常委都参加了会议。会议明确了新时期卫生工作的奋斗目标和工作方针，讨论了《中共中央、国务院关于卫生改革与发展的决定》，全面落实《国民经济和社会发展“九五”计划和2010年远景目标纲要》提出的卫生工作任务。计划生育是我国一项基本国策，中国是世界上人口最多的发展中国家，人口问题具有紧迫性，要从可持续发展的高度认识计划生育的重要性。从改变多子多福的陈旧观念来说，它也是精神文明建设的一个内容，特别是农村地区。为了使我国人口到本世纪末总量控制在13亿内，必须始终重视计划生育工作，认真贯彻落实《中国计划生育工作纲要》。党中央、国务院每年3月在两会期间召开一次中央计划生育工作座谈会，1996年3月10日召开了第6次座谈会，政治局常委全部出席。接着还召开全国计划生育工作会议和全国计划生育科技大会。认真落实计划生育工作。

6.“扫黄打非”。在社会主义市场经济条件下，部分精神产品和服务商品化，加上文化市场的不健全，于是出现了许多不良的文化现象。精神文明重在建设，以立为本，但对一些丑恶行为，丑恶现象不予以打击，建设和立也得不到保证。因此，1996年对文化市场加大了整顿的力度，“扫黄打非”成为整顿文化市场的主要内容，开展了多次的专项斗争。全国成立“扫黄”工作小组，12月10日召开了第八次“扫黄”工作电视电话会议，解决出版物市场存在的突出问题，特别是遏制住反动、淫秽、走私光盘泛滥，盗版盗印活动蔓延的势头，进一步净化出版物市场，为此国务院办公厅、中宣部、公安部、文化部、广电部、新闻出版署、国家版权局作了多方的努力，决不允许在社会主义的文化市场上出现这些丑恶的行为和现象。这也是1996年加强社会主义精神文明建设的一个不可缺少的实际步骤，保证社会主义文化的繁荣与发展。

第七，强化了“两手抓、两手都要硬”的战略方针，大大加强和改善了党对社会主义精神文明建设的领导。十四届六中全会通过的《决议》指出：“建设物质文明关键在党，建设精神文明关键也在党。”从严治党是1996年加强精神文明建设的一个极其重要的方面。从1993年以来，国务院每年都要召开一次反腐败工作会议，总结过去一年的经验，研究出现的新情况、新问题，提出新任务、新要求。1996年初，国务院召开了第四次反腐败工作会议，李鹏总理作了重要讲话。反腐败工作已经成为国家政权建设的一项基本任务。党内也加强纪律检查工作，1996年1月26日召开了中纪委第6次全体会议，江泽民同志作了重要讲话。这几年反腐败工作已经形成三个方面的基本格局：即领导干部的廉政自律，出台多项规定，加强廉政建设；第二是查处大案要案，严惩各种腐败行为；第三是纠正行业不正之风，进行专项治理。1996年反腐败斗争的成绩和成效是显著的，在领导干部廉洁自律和纠正不正之风方面，先后制定了许多规定，各级干部自查、自纠，在不准经商办企业，不准在公务活动中收受礼金和有价证券，不准超标准修建住房和乘坐小汽车，制止公款吃喝玩乐、出国旅游等方面，基本得到控制，党政机关无偿占有企业钱物初步得到清理清退，向农民和企业乱收费乱摊派有所遏制，在治理公路“三乱”，清理中小学乱收费和私设“小金库”等方面做了大量的工作，收到比较好的效果。据1996年5月9日全国纠风工作会议披露：1996年经国务院批准，财政部和国家计委先后分三批公布取消收费项目192项，中央有关部门和省一级政府累计取消和停止执行的收费项目7000多项，减少乱收费100多亿。经过专项治理，压缩、制止了一大批出国（境）考察的团组，对7万名公费从旅游渠道出国人员收缴“三费”及违纪收入达5700多万元；清理出党政机关及工作人员无偿占用企业资金19亿元,交通工具1万余辆,其他物品4万余件,违纪金额46亿多元。虽然取得了一定成绩,但反腐败的任务仍然是相当艰巨,任重而道远。

精神文明建设和物质文明建设一样,需要有一个安定的社会环境和良好的社会秩序。为此,1996年4月党中央指示在全国范围迅速开展严厉打击严重刑事犯罪活动,人们称之为"严打",通过"严打",侦破一批重大案件,追捕一大批负案逃犯,坚决打击带有黑社会性质的犯罪团伙和流氓恶势力,严厉打击、密切防范以金融单位和城市居民区为作案目标的抢劫、盗窃犯罪,集中整顿一批治安混乱的地区、部位和路段,严厉查禁制、贩、吸食毒品、卖淫嫖娼、制黄贩黄赌博等违法犯罪和社会丑恶行为,大力收缴非法枪枝弹药、爆炸物品和管制刀具。在经济领域,严厉惩办贪污、贿赂、欺诈等经济犯罪,通过严打,取得了阶段性成果,保持了社会的稳定,促进了改革开放和两个文明建设。北京举办"严打成果展览",有成千上万群众参观了展览。

从物质上增加对精神文明建设的投入,扭转投入偏少、比例偏低的与物质文明建设不相协调的状况,也是1996年加强党的精神文明建设领导的一个方面。精神文明建设要有必要的物质保障和设施,否则精神文明建设的许多任务都不能落到实处,在制订社会经济发展总体规划时,必须考虑对精神文明建设的投入。为此,国务院制定了《关于进一步完善文化经济政策的若干规定》。在加大各级财政对文化事业投入力度的同时,拓宽文化事业资金投入渠道,逐步形成适应社会主义市场经济要求的筹资机制和多渠道投入体制。例如从1997年1月1日起开征文化事业建设费,各种营业性文化娱乐单位和经营性广告媒介单位,按营业收入和经营收入的3%缴纳文化事业建设费,设立专项资金,用于文化事业建设。另外鼓励社会力量捐赠、资助文化事业的建设和发展。

加强和改善党对社会主义精神文明建设的领导,最最关键的是要提高各级干部坚持党的基本路线、坚持执行"两手抓、两手都要硬"的战略方针的高度自觉性。1996年3月3日江泽民同志在《关于讲政治》一文中,严肃地指出:"如果以为以经济建设为中心,就可以忽视其它方面的工作;或者认为经济搞上去了,其他事业就会自然而然的上去,那就不对了,这样的想法和做法都是不符合实际,都是片面和有害的。"对物质文明建设与精神文明建设,对经济发展和社会发展的关系,必须以唯物辩证法的态度来对待。一定要在全面分析经济建设和其他建设的辩证关系基础上理解以经济建设为中心的指导思想,绝对不能孤立地、单向地、抽象地、绝对地强调经济建设这个中心。精神文明建设搞得好,会大大地促进经济的发展。张家港人抓"物质"用"精神"引导;抓"精神"用"物质"保证,促进了两个文明的发展。在科学技术已成为第一生产力的今天,经济的发展愈来愈依靠科学技术,愈来愈依靠劳动者的全面素质的提高,社会发展对经济发展的作用愈来愈大,增加对科技、教育及文化方面的投入已成为经济发展的新的增长点,各级领导干部在我国社会迅速转型时期,不能有短视行为,解决好对两个文明建设关系的认识,牢固树立社会发展"全面性"的观念,从而,才能进一步推动我国社会主义现代化建设的步伐。

正如人们所说的那样,精神文明建设是"形象工程"、"民心工程"。能否搞好,关系到党和政府的形象,关系到社会主义的声誉。1996年精神文明建设出现 的可喜势头说明,广大干部和群众已经从自己的实践中切身地体会抓精神文明建设的重要性。从一系列富有新意的创造性实践中,精神文明建设已经开始由虚变实,由软变硬,过去实际工作中存在的"两张皮"现象,现在开始找到了一些有效的"结合点"和"切入点",使两个文明建设结合得更好,统一得更好。广大干部和群众取得这些宝贵经验,是1996年精神文明建设中非常重要的成果。它生动地说明社会主义精神文明建设日益成为人民群众的自觉行动,正在从必然王国向自由王国迈进。

(王　煜)

# 六、采取有力措施，加快教育发展与改革

1996年是开始实施《国民经济和社会发展“九五”计划和2010年远景目标纲要》的第一年，在党中央、国务院的领导下，在各级党委、政府的重视和支持下，经过教育战线广大干部、师生员工的共同努力，教育系统在精神文明建设、教育事业的改革与发展等方面，都取得了显著的成绩。

## (一)实施九年义务教育有新进展

1996年在各级党和政府的重视和积极推动下，义务教育普及率显著提高，规模扩大，辍学率降低，办学条件有一定改善。到1996年底，全国普及九年义务教育的人口覆盖率达到50%以上，“普九”验收的县(市、区)总数达到1482个，5个省市已按要求实现“普九”。

**1.二片，三片地区“普九”会议。**

到“本世纪末，基本普及九年义务教育，基本扫除青壮年文盲”，是党中央向全国提出的战略任务，也是教育发展的“重中之重”。国家教委根据全国经济、教育及社会发展不均衡的实际情况，制定了“积极进取、实事求是、分区规划、分类指导”的工作方针，计划分三个阶段(1996年、1998年、2000年)实施“普九”奋斗目标。与此相对应，全国的省、自治区、直辖市也大致上分为三片(“一片”:经济发展较快的9省市;“二片”:经济发展中等的12省市;“三片”:经济发展困难的9省区)。

“一片”地区9个省市中，北京、天津、上海、江苏、广东先后实现“两基”，人口覆盖率已达到88.6%，另外4个省已实现基本扫除青壮年文盲的目标，浙江省可望在1997年实现“两基”;“二片”地区12个省区实现两基的人口覆盖率为40.75%，比1995年增长了17.6个百分点;“三片”9省区实现“两基”的人口覆盖率为22.12%，比1995年增长了9.5个百分点。

从全国情况看，实现“两基”的重点在“二片”地区，难点在“三片”地区。根据分区规划，分类指导的原则，国家教委继一片“普九”工作会议之后，又分别在1995年6月和1995年11月在二、三片地区召开普九工作会议。根据不同地区实际，制定了实施“普九”的相应措施。

“二片”会议主要议题是，以《教育法》和《中国教育改革和发展纲要》为指导，坚定信心，提高认识，加快“二片”地区实施九年义务教育进程。全国普九的重点在“二片”地区，全国人口的一半在“二片”12个省，全国贫困县的一半也在“二片”地区。根据12个省的情况，强调抓好义务教育投入的法规建设，把各项经 费投入政策落实到县，抓紧落实普及义务教育专款。要根据国务院规定足额征收农村教育费附加，保证中小学生均公用经费逐年增长，并解决好教师工资拖欠问题。

“三片”会议依照积极进取，实事求是的原则，研究“三片”地区实施“两基”工作的思路。提出要把“三片”地区进一步解决好“一无两有”问题放在最重要的位置。九省区在尚未普及小学教育的地区，工作重点应放在扎扎实实地普及小学教育上，同时抓紧扫盲工作。在普及了小学教育并具备师资和必要办学条件的地方，积极普及初中阶段教育，在特困地区首先努力做到“普三”或“普四”。

**2.贫困地区义务教育工程。**

为了帮助贫困地区加快实施普及义务教育，在党中央、国务院的关怀下，从1994年起，国家教委和财政部联合组织实施了“国家贫困地区义务教育工程”。中央财政专款，1995年为2亿，1996年为5亿，1997—2000年每年8亿，累计39亿元，加上地方各级财政配套资金，“工程”资金投入总量预 计将超过百亿元。这是建国以来中央专项资金投入最多、规模最大的全国性教育工程。本着“集中投入，重点突破”的原则，“工程”的中央专款部分将重点投向《国家“八七”扶贫攻坚计划》中确定的贫困县，部分投向经济确有困难、基础教育发展薄弱的省级贫困县，优先投向革命老区和少数民族地区。这项“工程”的实施，对于打好“二片”地区“普九”攻坚战，确保“三片”地区“两基”目标的如期实现具有至关重要的意义。

1996年5月，中央有关部门与“二片”地区12个省的省政府签定了实施“贫困地区义务教育工程”

项目责任书,全面启动“二片”地区“工程”项目,资金投入约53亿元。同时进行了“三片”地区实施“工程”的试点工作。计划于1998—2000年在“三片”地区全面实施“工程”,总资金投入也将超过50亿元。

## (二)职业技术教育的发展与改革

**1.“职业教育法”正式通过颁发。**

1996年5月15日第八届全国人民代表大会常务委员会第九次会议通过了《中华人民共和国职业教育法》,这是我国职业教育发展史上的重要里程碑。它的颁布和实施,必将对我国职业教育的发展与改革起到有力的保障和推动作用。

《职业教育法》的起草和审议工作,从1989年开始起草《职业技术教育条例》,到1993年正式起草该法讨论稿,直至1996年审议通过,历时7年,先后易稿二十余次。《职业教育法》是在党中央、国务院和全国人大的领导、关心和支持下,各有关部门、有关方面、广大教育工作者共同努力的结果。

《职教法》对职教地位、体系、各方面职责、条件保障等重大问题都作了明确规定,内容丰富。特别是在办学职责、经费渠道等方面提出了一些很有力度的要求和办法。比如,《职教法》在“职业教育的保障条件”一章中,提出的筹集职教经费的措施和办法有11条之多。其中,要求政府和有关部门要制定职业学校的生均经费标准,要保证职业教育财政性经费逐步增长,可以在开征的用于教育的地方附加费中专项或安排一定比例用于职业教育;要求企业按照省级政府或国务院有关部门制定的具体办法,承担对本单位职工和准备录用人员进行职业教育的费用;规定由省级人民政府制定职业教育的收费办法等,都是有重大实质意义的措施。

**2.全国职业教育工作会议。**

1996年6月17日—20日,国家教委、国家经贸委、劳动部联合召开改革开放以来的第三次全国职业教育工作会议。李鹏总理等党和国家领导同志接见全体会议代表并做了重要指示,李岚清副总理在会上做了重要讲话,国家教委主任朱开轩同志做了会议主题报告,国家经贸委主任陈清泰同志、劳动部副部长林用三同志也就有关问题做了讲话。

本次会议,确定了到本世纪末和下世纪初我国职业教育的主要奋斗目标和工作任务是:

(1)进一步调整职业教育结构,推进以初中后为重点的不同阶段的教育分流,建立、健全职业学校教育与职业培训并举,并与其他教育相互沟通、协调发展的职业教育体系。到2000年,使各类中等职业学校招生数和在校生数占高中阶段学生数的比例全国平均达到60%左右,普及高中阶段教育的城市可达到70%,不能升学的初中毕业生在从业前普遍受到不同形式的职业培训。高等职业教育得到较大发展,因地制宜地发展初等职业教育,普通中学普遍增加职业教育内容,广泛开展各种形式的职业培训,使大多数新增劳动力上岗前和转业、转岗前都得到必需的职业训练。到2010年,使中等、高等职业教育和职业培训的规模与水平进一步提高,职业教育的结构更加合理,体系进一步健全。

(2)进一步深化办学体制、管理体制和运行机制的改革,逐步建立、健全有中国特色的、适应社会主义市场经济和社会进步需要的职业教育制度。要依法落实政府、行业、企业及社会各方面兴办职业教育的职责和义务,明确各部门对职业教育的管理职责分工,建立起稳定的、多渠道筹集职业教育经费的保障体系以及适应社会主义市场经济体制的招生和毕业生就业制度、学生收费制度,建立和完善学历证书、培训证书以及职业资格证书制度。

(3)进一步加强职业教育内部建设和管理,深化教育教学改革,办出职业教育特色,努力提高教育质量和办学效益。到2000年,中心城市的各个大的行业及每个县都要建设一两所骨干职业学校、职业培训机构,努力巩固并提高已建国家和省部级重点职业学校的办学水平,真正起到示范作用;中专学校的教师要基本达到任职资格标准。到2010年,进一步发展职教特色明显、能起示范骨干作用的国家级和省部级重点职业学校的数量,并进一步提高质量;各类职业学校教师都要基本达到任职资格标准,使我国职业教育的水平登上一个新的台阶。

## (三)高教管理体制改革

**1.共建、联合、合并。**

高教管理体制改革是高教改革的重点和难点,也是国家教委的工作重点之一。1996年8月,国家教委在北戴河召开高教管理体制改革工作座谈会,李鹏同志会见了全体代表。他在讲话中指出,要适应改革开放和社会主义市场经济的需要,适应“科教兴国”战略和可持续发展战略的需要,高校管理体制改革要加大力度,通过高校“共建”使现有的教学资源能够“共享”,避免重复建设。李岚清同志在许多方面亲自抓落实、抓推动。按照《中国教育改革和发展纲要》的要求,国家教委在委属高校部署了试点工作,在不断统一认识的基础上,重点推进了广东省、上海市的区域性试点改革工作。迄今为止,全国已有25

个省、自治区、直辖市和41个中央部门不同程度地进行了改革探索。目前，主要以共建、合作、合并、划转、协作五种形式为主的联合办学已经取得了重要进展：(1)实现中央部门与地方政府共建共管的高校70所，其中，国家教委所属高校28所，其他中央部门所属高校42所。在省、部共建的基础上，又探索了中央部门与省会城市、中心城市共建高校以及省、市共建高校的形式。(2)实行多种形式合作办学的高校发展到205所。其中，国家教委所属高校32所，其他中央部门所属高校104所。地方所属高校69所。(3)1992年以来，参与合并的普通高校有130所，合并调整为56所，净减74所。仅1996年一年，就有32所高校合并为14所，净减18所。(4)中央部门划转给地方管理的学校有10所。(5)实行与大中型企业和科研单位协作办学的高校发展到170所，涉及大中型企业和科研单位1744家。通过这些改革，在打破"条块分割"，优化高校的结构和布局，调整学校服务面向，更好地为区域经济发展服务方面已初步取得成效。目前，全国普通高校数量已从1994年的1080所减少到1032所，成人高校从1990年的1321所减少到1138所。

**2. 高校招生收费"并轨"。**

按照《中国教育改革和发展纲要》实施意见中提出的"高校招生'并轨'、缴费制度改革要使大多数学校在1997年按新制度运作，2000年基本实现新旧体制转轨"的目标，国家教委连续3年加大高校招生"并轨"改革的力度，从1994年在40余所高校试点，到1995年在240余所高校推开，1996年，全国有661所高校顺利实行了"并轨"，使并轨学校的招生人数约占全国招生总数的2/3，为全面实施"并轨"奠定了良好的基础。1997年的招生计划将不再区分为国家任务计划和调节性计划两种形式，并在所有高校实行招生"并轨"。

这项改革历时四年，总的看进展顺利，各方面反映平稳，生源质量逐步提高。变高校公费生和自费生为收费生之后，对公费生而言，缴费有所提高(但收费标准仍只占培养成本的15%左右)，而对自费生而言，缴费数额较大幅度降低。对高校实行招生"并轨"、缴费制度改革过程中出现的经济困难学生及"特困生"现象，从中央到地方，各级教育部门和高校始终十分重视。继1994—1996年中央财政拨款4.45亿元专项用于资助中央部委院校困难学生后，1997年还将拨出1亿元专用经费。国家教委已在全国建立起以奖学金、贷学金、勤工助学基金、困难补助和学杂费减免为主体的多元化的高校困难学生资助体系。

## (四)师资队伍建设

**1. 关于教师资格制度。**

《教育法》、《教师法》明确规定："国家实行教师资格制度。"根据这一规定，1996年底国务院颁布了《教师资格条例》，国家教委根据《教师法》授权，颁布了《教师资格认定的过渡办法》。教师资格制度是国家的一项职业资格制度，是依法管理教师队伍的重要手段，是吸引优秀人才从教、提高教师队伍素质的一条重要途径。目前各级教育行政部门根据国家教委要求再认真做好实施工作。

**2. 教师待遇和住房。**

为了解决教职工的住房困难问题，国务院办公厅先后于1994年在大连、1995年在昆明、1997年1月在北京召开了三次全国教职工住房建设工作经验交流会，对教职工住房建设工作起到了很重要的推动作用。1991—1996年全国城镇教职工住房建设共投资480亿元，竣工建筑面积8400万平方米，建成住房118万套，使城镇教职工家庭人均居住面积由1992年底的6.6平方米提高到1995年底的8平方米，人均增加了1.40平方米。1997年底，国务院办公厅还将召开第四次全国教职工住房建设会议。今后一个时期工作的重点是解决高校中青年教职工的住房困难问题，力争再通过两至三年的努力，使高校中青年教职工的住房困难问题得到较大程度地缓解。

**3. 民办教师转公办。**

民办教师问题是我国教育改革和发展中的一个特殊问题。党中央、国务院召开的全国教育工作会议明确提出了到本世纪末争取基本解决民办教师问题的方针和目标。国务院有关部委研究拟定了"统筹解决民办教师五年计划"，提交于1996年9月召开的全国师范教育工作会议。李岚清副总理在该会议上，对解决民办教师问题的工作方针和政策作了明确的阐述。

"民转公"是国家根据民办教师形成的历史原因和当前的实际情况而采取的一项特殊政策，民办教师曾经为我国农村基础教育事业作出过巨大贡献，在一定意义上说，"民转公"也是国家对他们所作贡献的一种补偿。因此，不同于一般的考试录用干部。国家将逐年下达专项指标将合格民办教师转为公办教师。各级政府在逐年落实国家下达的专项指标的同时，尽可能从当地的增人计划中调剂一些指标用于"民转公"。

**4. 全国师范教育工作会议。**

经国务院批准,国家教委于1996年9月9日—12日在北京召开全国师范教育工作会议。全议期间,江泽民总书记、李岚清副总理等中央领导同志亲自接见全体代表,并做了重要讲话,李岚清副总理在座谈会上做了重要讲话,国家教委主任朱开轩同志做了会议主题报告。

(1)会议在充分肯定成绩、总结历史经验的基础上,进一步统一认识,把师范教育和中小学教师队伍建设的重要性放到实施“科教兴国战略”和“可持续发展战略”,实现中华民族全面振兴的高度 来认识,再一次明确,建设一支具有良好政治业务素质、数量适当、分布均衡、结构合理的教师队伍是教育改革和发展的根本大计,必须把师范教育摆在整个教育事业中优先发展的战略地位。

(2)会议全面分析了师范教育和中小学教师队伍建设面临的形势和任务;明确了发展目标、方针和解放思想、实事求是、分区规划、协调发展的指导思想;明确了改革和发展师范教育思路:在内部,要坚定不移地为中小学教育服务,把保“两基”促“两全”作为师范教育的根本任务,进一步优化结构,全面提高师范教育的质量和效益;在外部,要努力增加投入,加强法规建设,加强领导,为发展师范教育提供有力的条件保障。

(3)会议交流了各省(区、市)在师范教育改革发展和加强中小学教师队伍建设方面的情况和经验。

(4)会议讨论了《关于师范教育改革和发展的若干意见》及《师范教育条例》,研究了师范教育体系、体制、教育教学改革问题,对加强教师队伍建设,增加经费投入,加强法规建设,制定事业规划和加强中小学教师培训工作等问题,提出了改革意见、措施和办法;解决了某些长期以来得不到解决的突出问题,等等。

(5)会议讨论了《关于“九五”期间全面加强中小学教师队伍建设的意见》、《统筹解决民办教师问题的五年计划》以及《教师职务条例》。在总结工作的基础上,分析了中小学教师队伍面临的形势和任务,明确了“九五”期间教师队伍建设的指导思想、目标、工作重点和主要措施。针对新旧体制转轨过程中出现的新情况、新问题,研究并提出了相应的对策。在进一步认识解决民办教师问题的紧迫性、可靠性的基础上,研究了本世纪末基本解决民办教师问题的工作计划和实施措施。

(王　燕)

# 七、紧紧围绕全党全国大局,工会工作取得好成绩

1996年全国总工会和地方各级工会组织在党的基本理论、基本路线和基本方针的指导下,深入学习贯彻党的十四届五中、六中全会精神,紧紧围绕全党全国工作的大局,认真贯彻新时期工会工作的总体思路,突出工会的维护职能,全面履行建设、参与、教育等其他各项职能,在重点工作上取得了新突破,在整体水平上取得了新提高,在自身改革的建设上取得新进展,在改革、发展、稳定的大局中又有新作为,富有成效地开展了各方面的工作。特别是在坚定不移地坚持党的全心全意依靠工人阶级的根本指导方针,推动这一方针的进一步落实,保护和调动广大职工的积极性,充分运用《劳动法》赋予工会的权利,参与涉及职工利益的立法和决策,在企业建立平等协商和签订集体合同制度,加快新经济组织工会的组建步伐,依法维护职工合法权益;动员和组织广大职工群众投身企业改革和发展,推动现代企业制度的建立,帮助亏损企业扭亏增盈;关心职工生活,特别注意关心困难职工生活,大力实施“送温暖工程”;提高职工素质,培育“四有”职工队伍;加快工会自身改革和建设,努力建设一支高素质的工会干部队伍等方面,都取得了显著成绩。

## (一)全心全意依靠工人阶级，认真学习贯彻党的十四届五中、六中全会精神，充分发挥工人阶级主力军作用，为实现跨世纪宏伟目标而奋斗

1996年1月10日，中共中央总书记、国家主席江泽民在《原〈冶金部关于冶金工业“八五”发展情况及“九五”发展思路的报告〉上的批示》中指出：“离开工人阶级的主人翁作用和积极性、创造性，我们的企业和现代化工业是办不好的。”

1月17日，《工人日报》刊登中共中央总书记、国家主席江泽民同志《在甘肃兰州石油化工机器总厂视察并慰问困难职工时的讲话》。江泽民同志指出：“我们搞社会主义市场经济，实行政企分开，保证企业经营的自主权，建立现代企业制度，这同我们党坚持全心全意为人民服务的根本宗旨、坚持全心全意依靠工人阶级的方针是统一的，不矛盾的。”“工人阶级在国家和社会的领导地位和主人翁地位永远不能变。这是根本的政治原则问题，任何时候都不能有丝毫动摇。”“现在有些国有企业生产一线的工人有失落感，我们要加强对他们的关心和爱护。”

1月19日，全国总工会和中共中央宣传部在京召开情况通报座谈会。会议专题研究了如何加强对工人阶级的“送温暖工程”的宣传力度，推动党的全心全意依靠工人阶级根本指导方针的贯彻落实。

1月23日，中共中央总书记、国家主席江泽民在《对发展我国石油工业的批示》中指出，“石油工人是中国工人阶级的一支英雄队伍。希望你们继续全心全意依靠工人阶级，发扬大庆精神和艰苦奋斗、‘三老四严’的优良传统，努力实现两个根本性转变，坚持‘稳定东部，发展西部’的方针，努力完成‘九五’任务，为国家做出更大贡献。”

2月1日，1996年第2期《中国工运》杂志，刊登了中共中央政治局常委、书记处书记胡锦涛和中央政治局委员、书记处书记、全国总工会主席尉健行在全总十二届三次执委会议上的讲话。胡锦涛在《团结动员全国各族职工　在实现跨世纪宏伟目标的历史进程中充分发挥主力军作用》的讲话中，就工会深入学习贯彻落实党的十四届五中全会精神提出要求：(1)认真学习文件，把握精神实质，把思想统一到党的十四届五中全会精神上来。(2)坚定不移地贯彻全心全意依靠工人阶级的方针，团结动员广大职工为实现跨世纪宏传目标做贡献。(3)按照党的十四届四中全会、五中全会的要求，不断加强工会自身建设，进一步提高工会干部素质。

尉健行在《认真贯彻党的五中全会精神　团结和动员全国各族职工为实现跨世纪宏伟目标而奋斗》的讲话中指出，1996年工会工作的指导思想是：坚持以党的基本理论、基本路线和基本方针为指导、深入学习贯彻党的十四届五中全会和中央经济工作会议精神，努力把工会工作总体思路落实到基层，进一步突出维护职能，更好地保护、引导和发挥职工群众的积极性，把广大职工紧密地团结在党的周围，动员和依靠职工努力完成各项任务，为实现跨世纪宏伟目标而奋斗。

2月2日—7日，中共中央政治局常委、书记处书记胡锦涛在广西考察期间作重要讲话。他说：“全心全意依靠工人阶级是我们党和国家的根本方针。国有企业是产业工人最集中的地方，更应该毫不动摇地贯彻这一方针。”“企业改革和发展要紧紧依靠职工群众，扭转企业困难局面也要紧紧依靠职工群众。能否全心全意依靠职工群众，真正发挥他们的主人翁作用，直接关系到国有企业的发展，这不仅是重大的经济问题，而且是重大的政治问题。”

2月6日，中共中央政治局委员、书记处书记、全国总工会主席尉健行出席北京市劳模春节座谈会时说：“如果工人阶级不起作用了，工人阶级被淡忘了，被否定了，共产党还有存在的基础吗？所以这个问题不是具体的办企业的管理方法的问题，而是一个根本的问题，这是我们社会主义根本性质的问题，要不然什么叫社会主义？那就空了，离开了工人阶级你搞什么社会主义？还有什么社会主义的性质？”

3月5日，中共中央政治局常委、国务院总理李鹏在全国人大八届四次会议上作《关于国民经济和社会发展“九五”计划和2010年远景目标纲要的报告》中说：“所有企业，都要全心全意依靠工人阶级，建设好领导班子，转变经营机制，建立科学的管理制度，充分挖掘内部潜力，加快技术进步，生产适销产品，提高经济效益。”

3月18日—19日，全国总工会十二届十次主席团会议在京举行。会议传达贯彻全国人大八届四次会议精神，审议通过全国总工会的《全国职工动员起来，为实现“九五”计划和2010年远景目标建功立业》号召书。中共中央政治局委员、书记处书记、全国总工会主席尉健行作重要讲话。全国总工会副主席、书记处第一书记张丁华在讲话中指出：“各级工会要从实现跨世纪宏伟目标的高度，充分认识提高职工素质的重要战略意义，把加强职工队伍建设作为贯彻党的全心全意依靠工人阶级指导方针的一项重要任务来抓。”

4月17日—20日，全总工人运动研究会和基层工作部在郑州召开职工民主选择企业经营者座谈会。1994年6月，河南省委、省政府根据本省国有企业亏损面达37%，亏损企业中因领导班子不协调造成亏损的占50%左右的现状，作出“亏损企业经营者要改变单一的上级任命制，逐步实行职工民主选举制”的决定。此后，省委组织部、省人事厅下发《关于改革亏损企业经营者选择方式的实施意见》，省委组织部、省人事厅、省总工会联合下发《关于在国有亏损企业民主选择经营者工作中充分发挥工会和职工代表大会作用的意见》。先后有国有企业164家、集体企业321家实行民主选择经营者，已扭亏和扭亏有望的占总数的83%，其中国有企业已扭亏的占47%。会议认为，通过民主选择经营者，对于加强企业民主建设，探索亏损企业扭亏增盈的出路，落实党的全心全意依靠工人阶级方针，具有十分重要的意义。

4月29日，首都隆重举行庆祝“五一”国际劳动节大会。党和国家领导人胡锦涛、吴邦国、尉健行等出席大会，并在会前亲切会见全国优秀工人，“五一劳动奖章”和“五一劳动奖状”获得者代表。胡锦涛在大会上发表题为《工人阶级要为实现跨世纪的宏伟纲领努力奋斗》的讲话。他说：“推进改革开放和社会主义现代化建设，必须紧紧依靠工人阶级，切实尊重工人阶级的主人翁地位，充分发挥工人阶级的伟大历史作用。”尉健行在大会上作了题为《全国各族职工动员起来　为实现跨世纪宏伟纲领建功立业》的讲话。全总副主席杨兴富宣读了《全国总工会关于颁发“五一劳动奖章”、“五一劳动奖状”的决定》。获奖者代表向全国职工发出《倡议书》。

4月30日，中共中央总书记江泽民，国务院总理李鹏分别在上海和徐州向全国各族职工祝贺“五一”国际劳动节。江泽民同志亲切会见了全国劳动模范徐虎、包起帆和马桂宁。

4月30日，第三届全国工人运动会开幕典礼仪式在北京天安门广场举行。这次运动会的主旨是：发扬工人阶级光荣传统，展示工人阶级时代风采。党和国家领导人江泽民、李鹏、乔石、李瑞环、荣毅仁等为运动会题词。中共中央政治局委员、国务委员李铁映出席仪式并宣布第三届工运会开幕。由1000多名职工组成的合唱团高唱《咱们工人有力量》、《团结就是力量》的主题歌曲，由4000多名职工进行了广播体操表演。

5月3日，中共中央宣传部、全国总工会在京举行优秀工人事迹报告会。全国优秀工人徐虎、邓志芳、张贞泉、孙俊福在会上作事迹报告。中共中央政治局委员、全国总工会主席尉健行出席了报告会。全总副主席李奇生宣读了《全国总工会关于向12名优秀工人学习的决定》。

5月4日，中共中央总书记江泽民发表《坚定信心　加强领导　狠抓落实　加快国有企业改革和发展步伐》一文，指出：“搞好国有企业，要全心全意依靠工人阶级，切实加强企业经营管理者队伍的建设，严格企业内部管理，形成适应市场经济要求的机制，做好企业的各项基础性工作，提高企业的整体素质。”

6月10日，依靠职工办企业运行机制在上海第五钢铁有限公司正式全面启动。

6月24日—25日，全国总工会、中共中央党校、求是杂志社在北京人民大会堂联合召开“全心全意依靠工人阶级的理论与实践研讨会”。中共中央政治局委员、书记处书记、全国总工会主席尉健行、全国人大常委会副委员长倪志福出席会议。

6月26日—27日，全总十二届十一次主席团会议在京召开。中共中央政治局委员、全国总工会主席尉健行在会上作了题为《全心全意依靠工人阶级是不容动摇的基本政治原则》的讲话。会议讨论通过了《全国总工会关于全心全意依靠职工群众搞好企业若干问题的意见》。

7月12日—13日，全总在上海召开依靠职工办企业经验交流会，向全国推广上海一钢公司、五钢公司、锦西石化总厂全心全意依靠职工办企业的经验。

7月19日，中共中央宣传部、全国总工会在北京人民大会堂举行“全心全意依靠职工办好企业的优秀党政工领导干部事迹报告会”。郑光礼、刘汉章、洪可柱、詹长根在会上作了报告。中共中央政治局委员、全国总工会主席尉健行、全国人大常委会副委员长倪志福出席了报告会。

8月15日，宋平同志在给全国党建研究会、吉林省委组织部、吉林省党建学会、中组部党建研究所召开的“巩固和加强执政党的阶级基础问题”理论研讨会的信中认为，坚持党的工人阶级先锋队性质，全心全意依靠工人阶级，保持党同人民群众最密切的联系，是关系党和国家前途命运的一个重大政治原则问题。

11月24日，中共中央政治局常委、国务院副总理朱镕基在中央经济工作会议上的讲话中指出：“要全心全意依靠工人阶级，充分调动职工群众参与民主管理的积极性。”

12月8日，全总十二届四次执委会议在京召开。中共中央政治局常委、书记处书记胡锦涛，中共中央政治局委员、全国总工会主席尉健行出席会议并分别作重要讲话。胡锦涛同志强调各级工会组织要团结和动员广大职工群众积极投身两个文明建设的伟大实践，用工人阶级的先进思想和模范行为影响和带动全社会。

## （二）贯彻工会工作总体思路，强化和突出工会的维护职能

1996 年，全国各级工会组织统一思想，振奋精神，坚定不移地贯彻工会工作总体思路，同时，按照党的十四届五中全会、六中全会的精神，不断研究新情况，解决新问题，赋予新内容，在实践中对工会工作总体思路不断加以丰富和发展。

1 月 1 日，1996 年第 1 期《中国工运》杂志发表编辑部文章《历史使命　神圣职责》。文章指出，要引导工会干部正确认识和处理以下几个主要问题：一是突出工会维护职能和以经济建设为中心的关系。二是关于履行基本职责与履行其他社会职能的关系。三是关于贯彻实施《劳动法》，抓平等协商和签订集体合同与开展其他工作的关系。

1 月 17 日，全国总工会作出《关于近期在新经济组织贯彻落实工会工作总体思路的意见》。

2 月 1 日，1996 年第 2 期《中国工运》杂志刊登的胡锦涛同志的文章中指出，在发展社会主义市场经济的条件下，特别是非公有制经济成份增加，劳动关系发生深刻变化的新情况下，突出工会的维护职能，强化工会的维护职能是十分必要的，也是正确的。

尉健行同志在这一期刊登的文章中对工会工作总体思路作了这样的阐述：坚持邓小平同志建设有中国特色社会主义理论和党的基本路线，认真贯彻党的十四大、十四届三中、四中全会和中央经济工作会议精神，继续把握“抓住机遇、深化改革、扩大开放、促进发展、保持稳定”的全党全国工作大局，进一步处理好改革、发展、稳定的关系，以贯彻实施《劳动法》为契机和突破口，带动工会各项工作，推动自身改革和建设，努力把工会工作提高到一个新水平，在改革、发展、稳定中更好地发挥作用。文章说，这既是当前和今后一个时期工会适应发展社会主义市场经济的要求，服从服务于全党全国工作大局的总体思路，也是加强工会自身建设和改革的总体要求，还是对社会主义市场经济条件下工会工作新路子的积极探索。文章说，工会工作总体思路的实质，主要集中在三个方面：一是以贯彻实施《劳动法》为契机；二是进一步突出工会的维护职能；三是抓住平等协商和签订集体合同这个重点。文章还要求贯彻工会工作总体思路，要在六个方面取得实实在在的进展。

7 月 3 日—9 日，全总举办第 6 期省级工会领导干部研讨班。研讨班对《关于把工会工作总体思路落实到基层的若干意见》进行了研究，就基层工会贯彻落实总体思路的机制和制度等问题进行了探讨。

## （三）贯彻实施《劳动法》，大力推行平等协商和签订集体合同制度

代表职工与企业行政平等协商和签订集体合同，是《劳动法》赋予工会的一项重要权力，是调整劳动关系、维护职工合法权益的有效机制。1996 年是《劳动法》于 1995 年 1 月 1 日正式施行后的第二年，全国各级工会组织进一步加大了贯彻实施《劳动法》的力度，集中力量抓好平等协商和签订集体合同这项被称作“牛鼻子”、“重中之重”的工会贯彻实施《劳动法》的重点工作，在 1995 年试点的基础上，在外商投资企业、私营企业、现代企业制度试点企业逐步推行。各地依据《劳动法》、《工会参与平等协商和签订集体合同试行办法》等，制订了本地区实行平等协商、签订集体合同的规定和办法，成立了推行平等协商和签订集体合同的领导小组。各级工会组织注意规范平等协商的程序和集体合同的内容，不断提高合同的可操作性与质量，使之规范化、制度化、加强对集体合同实施的监督、检查，促进了集体合同的全面履行。到 1996 年底，全国签订集体合同的企业已达 135386 家，比 1995 年底增长了 12 倍，比年初计划翻了一番，签订集体合同企业的职工覆盖面达 3800 万人以上。

2 月 1 日，《中国工运》刊登的《全国总工会 1996 年工作要点》第 2 条要求：所有企业都要毫无例外地依法建立平等协商机制；只要职工提出都要签订集体合同。

2 月 10 日，全总在徐州市召开部分省市工会推行平等协商和集体合同制度调研座谈会。

3 月 5 日—7 日，全总在河北邢台市召开北方 19 省市总工会座谈会，研讨邢台市在签订集体合作工作中，注重质量，加快步伐的做法，并交流这方面工作经验。

3 月 18 日，劳动部、全国总工会、国家经贸委发出《关于进一步完善劳动争议仲裁三方机制的通知》。

5 月 22 日，劳动部、全国总工会、国家经贸委、中国企业家协会发出《关于逐步实行集体协商和集

体合同制度的通知》。

5月27日,全总召开电话会议,通报推行集体合同制度的情况,要求加大这方面工作的力度。辽宁、湖南、邢台等省、市总工会介绍了经验。

5月29日至6月7日,首期工会劳动争议调解员、法律监督员师资培训班举办。

7月3日—5日,劳动部、国家经贸委、全总联合在京举行贯彻《劳动法》经验交流会。会议总结交流了各地贯彻实施《劳动法》的经验,研究了工作的难点和问题,部署了下一步工作。人大常委会副委员长倪志福在会上作重要讲话。他说:全国人大常委会已把对《劳动法》执行情况的检查列为1996年执法检查工作的重要内容之一,并将在今年下半年,对全国半数左右的省、自治区和直辖市开展一次较大规模的检查。国务院副总理吴邦国在给会议发来的贺信中强调指出,全心全意依靠工人阶级是我们党一贯坚持的基本政治原则。认真贯彻《劳动法》,依法保障劳动者的合法权益,是依靠工人阶级的重要内容。

8月23日,全总召开电话会议,要求各级工会组织进一步采取有力措施,加大推行平等协商和集体合同制度的力度,确保全总十二届三次执委会议提出的工作任务的完成。

9月19日,全总贯彻实施《劳动法》协调领导小组召开第三次会议,会议听取了全总参加全国人大《劳动法》执法检查组对《劳动法》执法检查情况的汇报,强调要进一步加大贯彻实施《劳动法》的力度。

12月1日,第12期《中国工运》杂志刊登全国总工会副主席杨兴富的文章《进一步把工会工作总体思路落实到基层》。文章说,截止1996年6月底,全国签订集体合同的企业已有4.5万家。目前已有15个省级工会建立了工会劳动法律监督组织,部分地区形成了自下而上的监督网络。据对23个省、自治区、直辖市的统计,基层已建劳动争议调解委员会20万个,劳动争议调解成功率达到80%以上。全国已有23个省级总工会与当地政府、劳动行政部门等联合下发了文件,制订了推行集体合同制度的规划和工作目标。

## (四)深化国有企业改革,坚持和完善以职代会为基本形式的民主管理,广泛开展群众性的建功立业活动

1996年,国务院确定的百家现代企业制度试点工作由准备阶段进入全面实施阶段,“优化资本结构”试点城市由18个扩大到50个,国家有关部门在集中力量抓好1000家国有大型企业和企业集团的改革和发展的同时,对国有小企业区别不同情况,采取改组、联合、兼并、股份合作制、租赁、承包经营、出售等措施,放开搞活。全国各级工会组织以国有企业为重点开展工会工作,支持改革,促进改革,不仅注意抓好国有大中型企业的工会工作,而且重视抓好国有小型企业的工会工作。

在深化国有企业改革的进程中,工会组织反复强调四条原则:一是坚持民主决策的原则,应提交职代会的要提交职代会充分讨论,应平等协商的要进行充分协商,取得大多数职工的理解和支持;二是坚持总体受益的原则,使大多数职工在改革中受益;三是坚持不超过职工整体承受能力的原则,各项改革应有主有次,不要超过职工的综合经济承受能力;四是坚持保障职工基本生活的原则,对在改革中不是因个人过失造成生活困难的职工,企业和政府应保障他们的生活,不使一个职工生活过不去。

针对一个时期以来,一些企业借口改革,致使企业职工代表大会流于形式,甚至被取消,职工民主管理被削弱的状况,各级工会组织力主在国有企业和以公有产权占主导地位的企业中,必须坚持和完善职代会制度,积极探索加强民主管理的新途径,引导广大职工为加强企业民主管理,推动技术进步,提高经济效益献计出力。

4月1日　全国总工会,国家经贸委、国家体改委作出《关于国务院确定的百家现代企业制度试点中工会工作和职工民主管理的实施意见》。

4月9日　全总现代企业制度试点工作领导小组提出关于1996年现代企业制度试点中工会工作的意见。

5月4日—6日　全总在武汉市举行全国部分优化资本结构试点城市工会工作座谈会。

8月12日　全总、国家经贸委联合下发通知,决定将全国合理化建议和技术改进活动领导小组更名为全国合理化建议和技术改进活动工作委员会。

8月16日　中共中央纪律检查委员会、中共中央组织部、国家经贸委、全国总工会召开“收入申报、礼品登记和国有企业业务招待费使用情况向职代会报告”三项制度执行情况座谈会。据统计,实行业务招待费向职代会报告制度后,被调查的12个省市的国有企业业务招待费与上年同期相比,平均降幅为20%左右,有60%的企业建立了这一制度。会议强调要进一步加大执行这三项制度的力度。全总副主席杨兴富在讲话中要求,1996年年底,所有国有企业都要建立业务招待费使用情况向职代会报告制度。

## (五)实施“送温暖工程”,努力为困难企业和困难职工排忧解难

在建立社会主义市场经济的过程中,部分企业由于种种原因,处于亏损、停产、半停产状态,部分职工的基本生活存在着这样那样的困难。对此,全国各级工会组织自1992年初开始,开展了一年一度元旦、春节期间的“进万家门,知万家情,解万家难,暖万家心”的送温暖活动。1994年4月,全国总工会在总结各地开展送温暖活动的基础上,决定将送温暖活动拓展为“送温暖工程”,以实现送温暖活动的经常化、制度化、社会化。

实施“送温暖工程”,主要是建立扶贫解困机制,促进职工扶贫解困工作深入开展;积极推进职工互助互济活动;协助政府广开门路,为失业职工再就业创造条件;关心离退休职工生活,推动有关方面切实解决好离退休职工的生活问题;配合政府,帮助困难企业扭亏增盈;兴办群众性、公益性、互助性基金组织。

1996年元旦、春节期间的送温暖活动共筹集慰问款12亿元,慰问救济了6万家困难企业和700多万名困难职工,基本上做到了对困难职工家庭普遍进行一次走访慰问。已有近240个城市、1500多个县(市)、10多万个基层企事业单位建立了困难职工档案;23个省、200多个地(市)、1200个区(县)工会建立了送温暖工程基金组织,基金总额达10亿元;已有5万多名领导干部与1.8万家困难企业和47.6万多名困难职工建立了联系制度。职工消费合作社已办起6000多个,入社职工达500万人。各级工会联系了8500多家亏损企业,帮助企业深入开展扭亏增盈活动,使3000多家企业实现减亏、停亏或扭亏增盈。

1月10日—27日,全总领导张丁华等率慰问团分赴各省、自治区,同地方党政领导一起到基层开展送温暖活动。

1月16日,全总召开电视电话会议,部署送温暖活动。

2月1日,《中国工运》杂志刊登的胡锦涛同志的文章指出,“各级工会组织要把帮助解决部分职工的生活困难问题作为一项政治性很强的工作来做,主动配合党政,进一步实施‘送温暖工程’,并努力做到经常化、制度化、社会化。”

2月2日—7日,中共中央政治局常委、书记处书记胡锦涛同志在广西考察期间作重要讲话。他指出,“在推进改革,转换机制的过程中,我们更应该注意关心群众疾苦,帮助群众解决一些生活上的实际困难。”

2月14日,中共中央政治局委员、全国总工会主席尉健行看望和慰问已故全国劳动模范时传祥、张秉贵同志的家属和718厂的困难职工。

3月7日,中共中央政治局常委、书记处书记胡锦涛对新华社《鞍山市采用六种办法扶贫解困　不让一名困难职工生活过不去》一稿批示:“鞍山市的做法很好,请注意总结,并引导各地学习借鉴,因地制宜做好困难企业、职工的扶贫解困工作。”

4月9日,中共中央政治局常委、书记处书记胡锦涛对全总党组《关于1996年元旦春节期间送温暖活动情况的简要报告》作出批示:“希望全总在总结经验的基础上,完善扶贫帮困机制,帮助企业走出困境;建立扶贫帮困基金,帮助困难职工解决实际困难;参与再就业工作,帮助下岗职工重新就业,把广大职工更好地团结在党和政府周围。”

4月10日—11日,中共中央政治局委员、国务院副总理李岚清在全总领导陪同下,在河南省考察工会兴办的职工消费合作社工作。此前,李鹏、胡锦涛等党和国家领导人对工会发展职工消费合作社作出重要批示,予以肯定。

5月14日,全国总工会、煤炭部、劳动部联合在江西萍乡矿务局召开全国煤炭企业职工扶贫解困工作现场会。

5月28日—30日,全总、国家经贸委、劳动部在吉林市召开困难企业职工生活保障工作经验交流会。

7月8日,全国首家职工福利协作组织——青岛市劳动者福利协会成立。

8月5日,全总向国务院报送关于建立城市最低生活保障制度的建议。

8月12日,全国总工会作出《关于工会促进失业职工再就业和企业富余职工分流安置的意见》。

9月28日,中共中央书记处在中南海勤政殿召开办公会议,专题研究解决部分困难企业发不出工资、影响社会稳定的问题。全总副主席张国祥出席会议并作发言。

11月8日,长春市总工会作出《关于贯彻六中全会精神　开展以“五送”为主要内容的送温暖系列活动的意见》。“五送”是指:转观念,送思想;教技能,送本领;拓渠道,送信息;进万家,送政策;结对子,送真情。

11月26日,全国总工会举行全国工会实施送温暖工程电话会议。会议提出力争在三年内初步形

成对国家社会保障体系具有补充性质的职工互助保障体系的目标。

11月26日，全国总工会制订《送温暖工程基金管理暂行规定》。

12月4日，中共中央政治局常委、书记处书记胡锦涛在听取全总副主席、书记处第一书记张丁华代表全总书记处的工作汇报后，作重要指示。胡锦涛同志指出，目前我们国家正处在关键时期，改革逐步深化，各种深层次的矛质显现，企业经历优胜劣汰的过程，部分企业面临的困难较突出，部分职工生活较困难。这不是小事，不是小问题，是涉及改革、发展、稳定的大事。

12月25日—27日，全国总工会、劳动部、国内贸易部联合召开全国职工消费合作社工作会议。中共中央政治局委员、国务院副总理邹家华、李岚清，中共中央政治局委员、全国总工会主席尉健行，全国人大常委会副委员长倪志福同与会代表座谈。领导同志指出，职工消费合作社要遵循“薄利、便民、解困、服务”的原则，把合作经济的好形式与现代连锁经营的方式结合起来，以形成规模效益。全总副主席方嘉德在讲话中要求，职工消费合作社要把握“让利、服务、互助、维护”的指导思想，明确为职工服务，为大局服务的发展方向。

（安远超）

# 八、全面贯彻“一国两制”方针，积极推动中国对香港恢复行使主权的历史进程

1996年，中国对香港恢复行使主权进入倒计时。江泽民主席1月11日会见英国外交大臣时明确表示：“当前两国最重要的任务是在过渡时期最后一年半的时间里认真履行各自在联合声明中所做的承诺，加强合作，通过磋商和对话，把还未解决的问题尽快解决好，为1997年香港政权的顺利交接和平稳过渡创造条件。”李鹏总理3月5日在八届人大四次会议上作报告时郑重声明：“我国政府将一如既往，贯彻执行‘一国两制’的方针，按照香港特别行政区基本法和澳门特别行政区基本法，积极做好各项准备工作，并愿意在中英联合声明和中葡联合声明的基础上，加强同英、葡两国政府的合作，为香港和澳门政权的顺利交接，保持港澳的长期繁荣与稳定而努力。”在这一年中，中国政府为实现祖国统一，认真贯彻落实“一国两制”的方针，积极准备对香港恢复行使主权的工作，完成了四件大事，为1997年7月1日香港政权顺利平稳交接奠定了坚实的政治基础。

## （一）中英双方就香港政权交接仪式的主要事项达成原则性框架协议

1月10日—11日，英国外交大臣里夫金德访问中国，同李鹏总理、钱其琛副总理兼外交部长分别进行了会见与会谈。双方就双边问题、共同关心的国际问题、香港政权交接问题进行了认真友好的讨论，表示将继续加强合作与对话。江泽民主席于11日下午会见里夫金德。江泽民说，通过“一国两制”来解决香港这一历史遗留问题是很现实的，中国不仅现在，而且在1997年以后会信守在中英联合声明中所做的承诺，坚持“一国两制”，在香港实行“高度自治”、“港人治港”。他说，香港的平稳过渡和繁荣稳定符合中英两国的利益，也符合香港人民的利益。他希望里夫金德此次访华将有助于把中英两国的合作势头保持下去，并通过双方共同努力使它不断发展，不断加强。里夫金德表示，英国政府愿意在今后的18个月中在香港问题上与中方保持对话与合作。他认为，英中双方目前正在为香港政权的交接和平稳过渡进行着良好的合作，两国都愿意看到这一历史进程取得成功。

1月16日，中英联合联络小组防务与治安专家小组第19次会议在香港举行，双方就香港军事用地的文件、图纸、资料交接的具体时间及程序性安排达成共识。中方专家组组长、中英联合联络小组中方代表陈佐洱会后表示，今天达成的共识，标志着中英在香港军事用地交接方面的一系列具体问题已经告一段落。未来将要举行的第20次专家会议，双方将就

香港军事用地交接的一些新的重要议题展开磋商。

3 月 17 日，李鹏总理会见采访人大、政协两会记者，透露在亚欧会议会见梅杰首相，梅杰告之英国将对香港特别行政区护照实行免签措施。

5 月 30 日，中英机场委员会举行会议，双方就提前建香港新机场第二条跑道达成共识。

9 月 16 日，香港各界庆祝香港回归祖国活动委员会在香港正式挂牌，香港各界庆祝九七回归祖国的各项筹备工作由此拉开了序幕。

9 月 17 日—19 日，中英联合联络小组第 37 次会议在北京举行。双方讨论了香港政权交接问题，包括过渡时期的财政预算编制及有关问题、档案交接、政府资产、政权交接仪式等；与香港有关的国际权利与义务；香港民航协定；公务员问题；香港防务与治安；跨越 1997 年的专营权、合约及有关问题，包括铁路发展策略和集装箱码头；香港与有关国家之间的投资保护协定；香港与有关国家之间的移交逃犯协定；香港与外国对等承认及执行民商事判决问题；法律本地化；法律适应化；终审法院问题；联合声明有关 1997 年后在香港居留权条款实施问题；免办签证问题；滞港越南船民和难民问题。19 日，双方首席代表签署会议纪要。双方就参与发展九号货柜码头的商界各方在两国外长对此定下的原则性共识范围内达成合理分配葵涌港口各泊位的协议，取得了一致意见。中方同意该协议在香港回归后继续有效。

9 月 27 日，中英联合联络小组双方首席代表在香港签署关于香港交接仪式的会议纪要。双方就香港政权交接仪式的主要事项达成原则性、框架性协议，就交接仪式的主要方面，包括时间、地点、规模、参加人的范围、媒体采访、保安安排及仪式的大致程序等主要问题达成共识。双方同意中英联合联络小组继续进行讨论，以期早日就这个仪式的各项安排细节达成协议。中方首席代表赵稷华在签署纪要后对记者表示，双方代表在专家组的协助下，就交接仪式问题进行了长时间的磋商，经过共同努力，达成共识，并经过两国外长的确认，这为下一步具体的准备打下了良好的基础。

## （二）全国人民代表大会香港特别行政区筹备委员会的成立及其工作

1 月 26 日—27 日，全国人民代表大会香港特别行政区筹备委员会在北京宣告成立，并举行了第一次全体会议。江泽民、李鹏、乔石、李瑞环、刘华清、胡锦涛、荣毅仁在人民大会堂会见了筹委会全体委员并合影留念。乔石委员长向筹委会主任委员钱其琛，副主任委员王汉斌、安子介、霍英东、鲁平、周南、王英凡、李福善、董建华、梁振英，以及筹委会全体委员颁发了任命书。

江泽民在会见时发表讲话指出，筹建香港特别行政区是全国的一件大事，是实现祖国统一大业征途的第一站，后面还有澳门问题、台湾问题。在香港问题上为“一国两制”率先垂范，将使祖国统一大业展现非常美好的、广阔的前景。筹委会的工作任重而道远，我们相信这项工作一定能取得圆满成功。

乔石在成立大会上发表讲话指出，筹委会的成立，标志着成立香港特别行政区的各项筹备工作进入具体实施阶段。筹委会的任务是负责筹备成立香港特别行政区的有关事宜，规定香港特别行政区第一届政府和立法会的具体产生办法。我国对香港恢复行使主权的历史时刻日益临近，这项工作既紧迫又繁重。

钱其琛在筹委会第一次全会上致开幕词，指出，筹委会既是一个权力机构，又是一个工作机构。筹委会今年的工作，首先是要组建全部由香港永久性居民组成的 400 人的推选委员会，以协商或协商后提名选举的方式推举出第一任行政长官人选，报中央人民政府任命。行政会议、临时立法会和终审法院的筹组工作也都将在随后展开或着手准备。有关特别行政区成立的庆祝活动的筹划和准备工作，为确保香港经济、金融、法律、文化及社会各个方面平稳过渡所需的有关准备工作也都要开展起来。钱其琛说，随着筹委会的成立，香港特别行政区筹委会预备工作委员会的工作宣告圆满结束。预委会自 1993 年成立后，就香港政权交接和平稳过渡涉及的方方面面的事宜进行了大量调查研究，广泛咨询了香港各界人士的意见，提出了许多意见和建议，为香港特别行政区的筹建工作做好了必要的前期准备。钱其琛指出，筹委会的工作性质和任务与预委会尽管有所不同，但有一条是必须继续坚持的，这就是“以我为主，面向港人，依靠港人”的方针。

安子介副主任委员作大会发言，他说，筹委会的 150 名委员中，香港委员有 94 名，占了 63%，这充分表明，港人在筹建香港特别行政区中的作用，中央政府是十分重视的。历史即将进入港人自己当家做主的新时代，我们要拿出当家做主人的精神来。他说，筹委会的工作要有相应的工作规则来保证。工作规则一旦确定，大家应当无一例外地自觉遵守。

筹委会首次全会讨论并通过了筹备委员会的工作规则和全会新闻公报，确定了下次全会召开的时间和地点。会议期间召开的筹委会主任委员会议决定筹委会设立推选委员会小组、第一任行政长官小组、临时立法会小组、法律小组、经济小组、庆祝活动小组等6个工作小组，并确定了各组的组成。

钱其琛在闭幕词中提出了三点希望和要求：第一，要在具体工作中贯彻落实“一国两制”的方针，严格按照基本法和全国人大及其常委会的决定办事。第二，要从爱国爱港相一致的原则出发，以整体利益为重，树立全局观念。第三，要充分发扬民主，广纳港人意见，进一步贯彻“面向港人，依靠港人”的方针。

李鹏在宴请筹委会全体委员祝酒时表示，筹建香港特别划行政区，关键是要把“一国两制”和“港人治港”、“高度自治”的方针落到实处。香港特别行政区依照基本法享有的高度自治必须得到充分的保障，中央各部门、任何地方不得加以干预。

3月23日—24日，香港特别行政区筹备委员会在北京人民大会堂召开第二次全体会议。钱其琛在开幕词中说，筹委会成立近两个月来，五个工作小组先后召开会议。筹委会、预委会的建议在各工作小组中得到认同，为筹委会就有关具体问题进一步研究并作出决定提供了良好的基础。

全会听取了5个工作小组工作情况报告，讨论并通过了《全国人民代表大会香港特别行政区筹备委员会关于设立香港特别行政区临时立法会的决定》、《全国人民代表大会香港特别行政区筹备委员会关于1997年下半年和1998年全年香港公众假日安排的决定》、《全国人民代表大会香港特别行政区筹备委员会关于成立香港各界庆祝香港回归祖国活动委员会的决定》、《全国人民代表大会香港特别行政区筹备委员会关于对〈中华人民共和国国籍法〉在香港特别行政区实施作出解释的建议》，以及《全国人民代表大会香港特别行政区筹备委员会第二次全体会议新闻公报》。会议还确定了第三次全体会议召开的时间和地点。

钱其琛致闭幕词，就民主和信心问题谈了看法。他说，在殖民统治下，香港人根本没有什么民主可言。只有当殖民统治结束，香港回归祖国，按照“一国两制”的方针成立了香港特别行政区，实行“港人治港”、高度自治之后，广大港人当家作了主，这才谈得上真正的民主。就信心问题，钱其琛指出，从根本上来说，我们对香港的未来完全有理由充满信心。只要我们筹委会相信港人，依靠港人，在爱国爱港的旗帜下团结一切可以团结的力量，所谓“信心危机”论就会不攻自破。

5月24日—25日，香港特别行政区筹委会第三次全会在珠海举行。江泽民主席结束非洲之行在珠海逗留时会见了筹委会全体委员。他在讲话中指出，中国政府恢复对香港行使主权的大政方针已定，我们的目标就是要实现香港的平稳过渡，希望大家齐心协力做好筹组特别行政区的工作。他表示，在香港后过渡期的最后一段时间里，中英双方应该保持很好的合作，保证香港的平稳过渡，这符合中、英、港三方的利益。

筹委会第三次全体会议讨论通过了《关于推选委员会产生办法的原则设想的决议》、《关于教科书问题的决议》、《关于建立香港回归祖国纪念碑的决议》和新闻公报，并决定第四次全体会议将于8月9日—10日在北京召开。

8月9日—10日，香港特区筹委会第四次全会在北京召开，讨论并通过了《中华人民共和国香港特别行政区第一届政府推选委员会的具体产生办法》、《全国人民代表大会香港特别行政区筹备委员会关于实施〈中华人民共和国香港特别行政区基本法〉》第24条第2款的意见、《中华人民共和国香港特别行政区区旗、区徽使用暂行办法》和新闻公报，并决定筹委会第五次全会于10月4日—5日在北京召开。

钱其琛在闭幕词中指出，组建推选委员会是香港一件历史性的大事，它标志着广大港人从此登上了当家做主的政治舞台，这是香港历史上港人第一次如此大规模的真正的民主参政。他说，推选委员会的组建应当体现以爱国爱港的港人为主体的“港人治港”原则和为实现“港人治港”作准备的精神。为此，首先要讲爱国爱港的标准；其次，推委会成员理所当然地要拥护中国对香港恢复行使主权，拥护“一国两制”方针和基本法，愿意履行全国人大和筹委会有关决定规定的推选委员的两项职责；最后，推委会成员应当尽可能广泛，包容各个方面、各个阶层、各个行业的代表人物。

10月4日—5日，筹委会第五次全体会议在北京召开。会议通过了《中华人民共和国香港特别行政区第一任行政长官人选的产生办法》、《中华人民共和国香港特别行政区临时立法会的产生办法》和新闻公报，决定第六次全会于11月1日—2日举行。会议期间举行的主任委员会议还通过了《关于1997年下半年香港劳工有薪假日安排的建议》，并决定将在此次筹委会委员们提出的推委会人选的基础上，提出具有广泛代表性的不少于20%差额的候选人名单，在适当时候予以公布。

钱其琛在闭幕词中指出，行政长官人选最重要的一条是必须能够全面地、正确地理解和坚定地贯彻“一国两制”的方针，忠实执行香港特别行政区基本法。将来的行政长官也应是各方面都能接受的人，是能够团结“一班人”并带领广大港人确保香港长期繁荣稳定的人。钱其琛继续说道，推委会委员的推举权和选举权将是实实在在的，有充分保障的。为了保证推委会的选举工作的公正，建立适当的回避制度也是必要的。他最后指出，我们在香港所要搞的民主，所采取的选举制度，既不同于内地的，也不同于西方的。第一任行政长官的推举过程，应当是一个民主的、文明的过程，应当体现出我们民族的美德，体现出广大港人以香港的整体利益为重、齐心协力把香港的事情办好的精神。

11月1日—2日，筹委会在北京举行第六次全体会议。全会新闻公报公告：根据《全国人民代表大会关于香港特别行政区第一届政府和立法会产生办法的决定》和《中华人民共和国香港特别行政区第一届政府推选委员会的具体产生办法》，会议以无记名和差额选举的方式选举产生了340名香港特别行政区第一届政府推选委员会委员。其中，工商、金融界100人，专业界100人，劳工、基层、宗教等界100人，原政界40人。同时，香港地区全国政协委员以协商方式产生了34名推选委员会委员。根据全国人民代表大会的有关决定，26名具有香港永久性居民身份的香港地区全国人大代表，都是推选委员会委员。至此，香港特别行政区第一届政府推选委员会的400名委员已全部产生。会议公布了这400名委员的名单。会议还审议通过了《中华人民共和国香港特别行政区第一届政府推选委员会委员守则》，并决定筹委会第七次会议于12月12日在深圳举行。

会议期间召开的主任委员会议通过了《关于设立香港特别行政区第一届立法会产生办法小组的决定》、《香港特别行政区第一任行政长官参选人名单》、《关于香港特别行政区第一任行政长官候选人人选的提名办法及有关事宜的决定》，并决定了小组的组成人员。鲁平副主任委员兼秘书长受主任委员会议的委托，在会上作了《关于推选委员会11、12月有关选举工作安排的报告》。11月15日将在香港举行推选委员会第一次全体会议，进行香港特别行政区第一任行政长官候选人人选的提名。12月11日在香港选举产生香港特别行政区第一任行政长官人选。12月21日选举产生香港特别行政区临时立法会议员。

钱其琛在闭幕词中指出，推选委员会的诞生是筹备成立香港特别行政区过程中的一件大事。从现在起，在不到两个月的时间内，香港特别行政区第一任行政长官和临时立法会组成人员将在年内由推委会选举产生。400名推委会委员肩负着重大的历史使命。希望他们不辜负国家的重托，不辜负600万港人的期望，选出一位能够坚定地贯彻“一国两制”的方针、对香港的平稳过渡和长期稳定繁荣富有承担精神的第一任行政长官，选出一个能够在香港特别行政区成立之初发挥重要作用的临时立法机关。我们完全相信，推选委员会一定能够完成这样的历史重任。

12月12日，筹委会第七次全体会议在深圳举行。会议新闻公报通告：会议通过了《全国人民代表大会香港特别行政区筹备委员会关于报请国务院任命香港特别行政区第一任行政长官的报告》。会议认为，香港特别行政区第一任行政长官人选的产生是香港历史上的一件大事，标志着“港人治港”、高度自治的开端。

会议期间召开的主任委员会议对报名参选香港特别行政区临时立法会的人进行了资格审查，确认其中130人符合临时立法会候选人的资格，成为香港特别行政区临时立法会议员候选人。会议公布了这130名候选人的名单。

会议还通过了《全国人民代表大会香港特别行政区筹备委员会关于基本法第二十三条立法问题的决定》。该决定指出，11月29日，港英当局单方面宣布修改《刑事罪行条例》的第Ⅰ部和第Ⅱ部，明显违反基本法的规定，严重侵犯香港特别行政区的立法权。如果港英当局强行通过上述修改，建议全国人民代表大会常务委员会在适当时候根据基本法第160条的规定，宣布港英当局对《刑事罪行条例》第Ⅰ、Ⅱ部的修订与基本法第23条的规定相抵触，自1997年7月1日起无效，不采用为香港特别行政区法律。会议还决定筹委会第八次全体会议于1997年1月31日至2月1日在北京举行。

1996年，香港特别行政区筹备委员会宣告成立并召开了七次全体会议，根据“一国两制”、“港人治港”、高度自治和“以我为主，面向港人，依靠港人”的方针，共通过各类决定22项，为香港特别行政区和香港特别行政区第一届政府的筹组做了大量卓有成效的工作，从而为香港政权的顺利交接和平稳过渡，为香港继续保持长期繁荣稳定奠定了坚实良好的政治基础。

## (三)中华人民共和国香港特别行政区第一届政府推选委员会的成立及其工作

组建推委会的工作在年初筹委会成立之时即已开始。筹委会设立了由43位筹委组成的推选委员会工作小组。推委会小组先后召开六次会议，就推委会产生办法、推委的代表性、各界别的界定、候选人的资格等进行了反复研究。4月初，小组到香港举办了16场咨询会，363个社会团体、1071人次参加咨询，收到书面意见100多份。基此，小组提出推委会产生办法的原则设想得到5月筹委会三次全会通过。8月，筹委会四次全会又通过推委会具体产生办法，从而完成了组建推委会工作的关键性一步。

8月15日至9月14日，推委会的报名工作在香港进行。筹委会秘书处在香港各大媒体发出公告。在一个月的报名期间，各界团体和人士向筹委会秘书处香港办事处领取了22106份报名表，其中团体领取18630份，以个人名义领取3476份。香港办事处收到报名表总数为5833份，实际报名人数为5798人。9月25日，筹委会公布报名人士名单。10月初筹委会五次全会上，筹委们在所有报名者的基础上各自提出建议人选共计2545名。10月31日，筹委会主任委员会议在建议人选基础上，按各界别所获推荐数前120位(包括并列)共计409人为候选人，差额多于20%。各界候选人为：工商、金融界120人，专业界121人，劳工、基层、宗教等界120人，原政界人士48人。11月2日，筹委会六次全会选举、协商产生了由400名委员组成的香港特别行政区第一届政府推选委员会。

11月15日，中华人民共和国香港特别行政区第一届政府推选委员会第一次全体会议在香港举行。会议由筹委会主任委员会议主持，副主委李福善、董建华因参选首任行政长官，采取回避，不参加会议。

钱其琛在会上讲话说，今天是香港历史上值得纪念的一天，由400名委员组成的推选委员会正式宣告成立。推选委员会是根据1990年4月4日第七届全国人民代表大会第三次会议通过的有关决定成立的，也是在广大港人的共同关心和支持下组建起来的。由香港人自己选举产生香港的最高行政长官，这在香港的历史上是前所未有的事。大家可以看到，从基本法起草委员会到预委会、筹委会，在这些机构中港人所占的比例逐步增加，越来越高，现在的推委会则完全由香港永久性居民来组成。这正说明“港人治港”、高度自治的工作正在一步步地深化，最终将由一个完全由港人组成的香港特别行政区第一届政府担负起管理香港的责任。他说，不要轻信所谓行政长官“钦定”之说，中央在这个问题上的态度是十分明确的，就是完全按基本法和全国人大的有关决定以及筹委会制订的有关产生办法办事。

此次推委会全会的任务是从八位第一任行政长官参选人中提名候选人。依照10月初筹委会五次全会通过的香港特区首任行政长官人选产生办法，筹委会秘书处于10月11日发出公告。在14—28日报名期间，秘书处发出32份报名表，收回31份。11月初筹委会六次全会主任委员会会议按照行政长官产生办法规定的参选人资格：香港永久居民中的中国公民、在外国无居留权、年满40岁、在香港通常居住连续满20年、拥护基本法和愿意效忠香港特区，对报名人进行了资格审查，确定了八位符合资格的行政长官参选人：退休警务人员杜森、前香港上诉庭副庭长李福善、前九龙仓和会德丰集团主席吴光正、执业医生余汉彪、执业律师区玉麟、前东方海外公司主席董建华、前首席大法官杨铁梁、退休土木工程师蔡正矩。

根据筹委会六次全会主任委员会议关于首任行政长官候选人人选提名办法的决定，凡获得推委会50名委员或50名以上委员提名者，当场可宣布为第一任行政长官候选人。经过推委会首次全会的提名，董建华(59岁)获得206位推委提名，杨铁梁(67岁)获82位提名，吴光正(50岁)获54位提名，成为香港特别行政区第一任行政长官候选人。整个提名过程经由电视现场直播。

11月27日—29日，香港特别行政区第一届政府推选委员会在香港举行第二次全体会议。第一天会议听取首任行政长官候选人介绍本人情况和施政主张，后两天按不同界别举行候选人连场答问会，三天的会议均通过电视现场直播。

按抽签顺序，吴光正首先介绍，其施政主张以《我的政纲》为题，共分“前言”、“确保法治基础，保持局势稳定，凝聚港人力量，建立强而有力的政府管治”、“充分发挥香港经济特点，为香港繁荣创造新高峰”、“加强教育和文化事业，完善社会福利制度，建立文明和高素质的香港社会”和“结语”五大部分。

董建华以《共同建设二十一世纪的香港》为题的施政主张，分为“未来蓝图”、“今日香港”、“居安思危”、“成功之道”、“重温蓝图”五大部分。

杨铁梁的施政主张《稳步跨进二十一世纪》包括“导言”、“落实‘一国两制’”、“维持社会稳定”、“巩固经济繁荣”、“提高市民生活素质”、“保障人权自由”、“发扬民主政制”和“结论”八大部分。三位候选人均表示要贯彻“一国两制”、“港人治港”、高度自治的原则方针，认真实行基本法，保持香港长期繁荣稳定，带领港人跨入二十一世纪。

12月11日，香港特区第一届政府推委会在香港举行第三次全会，选举香港特别行政区第一任行政长官。钱其琛致开幕词表示，由港人自己来选择最高行政长官，在香港的历史上，这是第一次。这是一个令人振奋的时刻，它标志着香港回归后即将开始一个全新的时代。400名推委会委员以无记名投票方式，对董建华、杨铁梁、吴光正三位行政长官候选人进行投票选举。选举结果，董建华获得320票，当选为香港特别行政区第一任行政长官。选举过程由电视现场直播。

董建华1937年5月29日生于上海，毕业于英国利物浦大学，曾担任香港东方海外(国际)有限公司主席，现为全国政协委员，香港特别行政区筹备委员会副主任委员。

钱其琛在宣布选举结果后说，按照基本法的规定，将由明天召开的筹委会第七次全体会议将选举产生的人选报中央人民政府任命。他说，由全部是香港人组成的选举机构来推选香港的行政长官，是香港真正民主的开始，是“一国两制”、“港人治港”、高度自治的重要体现。它表明，按照“一国两制”方针和基本法的规定采取的民主形式，是符合香港实际的，得到了港人的普遍认同。

12月16日，国务院召开第十一次全体会议，就筹委会报告作出决定。会后，李鹏总理签署国务院第207号令，任命董建华为香港特别行政区第一任行政长官，于1997年7月1日就职。

12月18日，江泽民、李鹏、钱其琛分别会见董建华。李鹏总理代表国务院向董建华颁发第209号任命令。江泽民主席在会见时说：“你是一百多年来第一个由中国人担任的行政长官，这是‘港人治港’、高度自治的真正体现，也意味香港即将进入一个新纪元。”他表示：“今后我们在处理香港问题时会严格按照基本法办事，决不会干预属于特别行政区自治权范围内的事务。”19日，董建华在京举行记者招待会，表示，担任香港特区第一任行政长官是他一生中最高的荣誉。他有信心和香港600万同胞一起管理、建设好香港，香港的前景将更美好。

12月21日，推委会在深圳举行第四次全体会议。选举产生香港特别行政区临时立法会。钱其琛在开幕时说，我们的目的就是要选出一个能够真正代表香港的整体利益、能够反映香港市民意见的临时立法会。他说，本来这次选举应该在香港举行，由于英方拒绝合作，我们不得不把会议移到深圳来开。

在筹委会七次全会确定的130名临时立法会候选人的名单基础上，推委会全体委员经过无记名投票，选出了60名临时立法会议员。筹委会主任委员会议发表公告，公布了这60名当选议员的名单。

钱其琛在会议结束时讲话说，设立临时立法会是在“直通车”安排无法实现的情况下，为维护中英联合声明，确保香港的平稳过渡的重要举措。他指出，临时立法会是为九七年后的香港特别行政区制定一些必不可少的法律，它不会影响到九七年前英国对香港的管治，更不会取代现在的立法局；临时立法会制订的法律在1997年7月1日之后才会生效。筹委会的有关决定对临时立法会的任期也作了明确规定，即临时立法会工作至香港特别行政区第一届立法会产生为止，时间不超过1998年6月30日。为了使香港特别行政区第一届立法会按期产生，筹委会六次全会已成立第一届立法会小组，研究第一届立法会的具体产生办法。第一届立法会将会按照基本法和全国人大有关决定的规定产生。

1996年，香港特别行政区第一届政府推选委员会宣告成立并召开四次全体会议，民主选举产生了香港特别行政区第一任行政长官和香港特别行政区临时立法会，完成了香港特别行政区第一届政府两个最重要组成部分的组建。这既是贯彻“面向港人、依靠港人”方针的结果，也是“一国两制”、“港人治港”、高度自治方针的具体体现。它保证了香港政权的顺利交接和香港政局的稳定。

### (四)组建完成驻香港特别行政区部队，颁布《中华人民共和国香港特别行政区驻军法》

中国人民解放军在香港特别行政区驻守并执行防务任务，是中华人民共和国对香港恢复行使主权的重要体现，也是贯彻“一国两制”方针的重要举措。

1月28日，中华人民共和国国务院、中华人民共和国中央军事委员会发布公告，宣布驻香港特别行政区部队组建完成。公告称，根据中华人民共和国宪法赋予中国人民解放军的使命和《中华人民共和国香港特别行政区基本法》关于中央人民政府负责管理香港特别行政区防务的规定，为维护国家的主权、统一和领土完整，保持香港特别行政区的繁荣和稳定，中华人民共和国中央人民政府派驻香港特别行政区的部队，经过精心准备，现已组建完成。驻香港部队由中国人民解放军陆军、海军和空军部队组成,隶属中华人民共和国中央军事委员会领导。这支部队将于1997年7月1日0时正式进驻香港。中央人民政府派驻香港特别行政区负责防务的军队不干预香港特别行政区的地方事务。香港特别行政区政府在必要时,可向中央人民政府请求驻军协助维持社会治安和救助灾害。驻军人员除须遵守全国性的法律外,还须遵守香港特别行政区的法律。驻军费用由中央人民政府负担。

驻香港部队根据香港防务需要编成,总兵力不超过多年驻港英军的规模。驻港部队是我军第一支由陆海空三军编成的现代化合成军,将体现祖国对香港特区领土、领海、领空的主权。

驻香港部队是具有光荣传统、战功卓著的部队。陆军部队前身是毛泽东领导秋收起义的中国工农革命军第一军第一师第一团。罗荣桓元帅、粟裕大将、杨得志上将等142位将帅,"大渡河十七勇士连"、"狼牙山五壮士连"以及击毙侵华日军所谓"名将之花"阿部规秀中将的"功臣炮连",都出自这支部队。驻港海军部队在解放万山群岛战役、"8·6"海战和西沙海战中建立过卓越功勋,"海上先锋艇"是他们的光荣代表。驻港空军部队为直升机部队,多次担负援外任务,为祖国赢得许多荣誉。

驻香港部队司令员为刘镇武少将,政委为熊自仁少将,副司令员为周伯荣少将。驻港部队军官均达到大专以上文化,士兵达到高中文化,要求学习英语和粤语。男女士兵身高要求在1.70米和1.65米以上。驻港部队进驻香港后将实行封闭式管理。

9月19日—20日,香港特别行政区筹备委员会法律小组在北京召开第五次会议,继续研究预委会法律专题小组有关香港原有法律处理问题的建议,并对香港《国际组织及外交特权条例》、《领事关系条例》、《国防部大臣(产业承继)条例》、《皇家香港军团条例》、《强制服役条例》和《陆军及皇家空军法律服务处条例》进行了深入的研究。委员们认为,中华人民共和国对香港恢复行使主权后,香港特别行政区有关国防和外交事务由中央人民政府负责管理,所以,上述法律与香港特别行政区基本法相抵触,建议不采用为香港特别行政区法律。

11月1日,最后一批驻港英军廓尔喀步兵团在石岗军营举行由三军司令邓守仁主持的告别仪式,标志其已完成了驻港使命。现在700多人的该步兵团将在数星期内撤离香港。当日,英国皇家空军派驻远东的最后一支中队——第28飞行中队的六架直升机也撤离了石岗军营,到香港政府飞行服务队场地驻扎,并将于1997年6月撤离香港。驻港英军司令邓守仁在8月底宣布,在未来10个月内,英军将分四个阶段从香港撤出,有关军事设施也将陆续关闭。

12月30日,全国人民代表大会常务委员会第二十三次会议通过了《中华人民共和国香港特别行政区驻军法》和将报请八届人大五次会议审议的《香港特别行政区选举第九届全国人大代表的办法(草案)》。

国家主席江泽民于当日签署第八十号主席令,公布《中华人民共和国香港特别行政区驻军法》,着令该法于1997年7月1日起施行。该法律共6章30条。这6章是:第一章,总则;第二章,香港驻军的职责;第三章,香港驻军与香港特别行政区政府的关系;第四章,香港驻军人员的义务与纪律;第五章,香港驻军人员的司法管辖;第六章,附则。

这部法律的颁行,对于保障中央人民政府派驻香港特别行政区负责防务的军队依法履行职责,维护国家的主权、统一和领土完整,保持香港的繁荣稳定,具有十分重要的意义。驻军法是继香港基本法之后又一部将在香港特别行政区实施的重要法律。该法以"一国两制"的基本方针和国家关于香港问题的政策为指导,以宪法和香港基本法为依据,参考香港法律以及有关驻港英军的法律制度和实际做法,将国家在香港驻军和实施防务的政策、原则、制度以法律形式确定下来,公之于世,充分显示了党和国家在香港实施"一国两制"的决心和信心。

驻军法鲜明地体现了国家主权原则,规定香港驻军由中华人民共和国中央军事委员会领导,表明了这支军队的隶属关系和执行防务的国家属性;规定香港驻军由陆军、海军、空军部队组成,体现了国家从领陆、领水、领空全方位对香港恢复行使主权。该法规定香港驻军费用由中央人民政府负担,规定香港驻军履行防务职责的范围以及履行职责所必需的权利与豁免,规定香港特别行政区政府应支持香港驻军履行防务职责。这些规定为保障香港驻军执行防务任务,完成国家赋予的光荣使命,奠定了坚实的法律基础。

驻军法在体现国家主权的同时,也充分考虑到了香港的历史和现实,以及广大港人的愿望。在驻军与香港特别行政区政府的关系上,体现了驻军与特区政府互不隶属,互不干预,又互相合作的原则;为保证香港特区的高度自治,对香港驻军协助特区政府维持社会治安和救助灾害,规定了严格的程序;针对香港的特殊情况,专章规定了驻军人员的义务与纪律，特别是对港人最关心的驻军人员的司法管辖问题，参考了香港现行的司法管辖制度，规定驻军人员非执行职务的行为，侵犯香港居民权益的刑事、民事案件，由香港特别行政区法院管辖。这些规定，充分证明驻军法严格贯彻了香港特别行政区基本法的原则精神，高度体现了“一国两制”的基本方针。

香港特别行政区驻军法的颁布和实施，对于香港政权的顺利交接，保持香港长期繁荣稳定，增强港人对“一国两制”、“港人治港”、高度自治和建设香港、发展香港的信心，将发挥无可估量的重要作用。

（李晓勇）

# 第　二　编

## 江泽民　李鹏等中央领导同志关于建设有中国特色社会主义的重要论述

# 一、政　　治

## (一)讲政治,建设社会主义精神文明

刚刚过去的1995年,是全国各族人民在中国共产党的领导下,沿着建设有中国特色社会主义道路继续胜利前进的一年,是我国社会主义现代化建设事业取得新成就的一年。全国各族人民按照"抓住机遇,深化改革,扩大开放,促进发展、保持稳定"的基本方针,齐心协力,艰苦奋斗,全面完成"八五"计划提出的主要任务,提前完成原定在2000年实现的国民生产总值比1980年翻两番的目标,为制定"九五"计划和2010年远景目标,打下了坚实的基础。邓小平同志提出的我国现代化建设分三步走的战略部署,正在稳步实施。

在这一年,我国经济体制改革朝着建立社会主义市场经济体制的方向迈出了坚实的步伐,国民经济继续保持快速健康发展的势头。农业生产战胜了比较严重的自然灾害,并获得较好的收成。国有企业的改革在逐步推进,建立现代企业制度的试点工作全面铺开。抑制通货膨胀已取得明显成效,城乡人民生活水平进一步提高。财政、金融运行基本平稳,流通体制改革和市场体系建设的步伐加快。社会主义精神文明建设和社会主义民主法制建设有了新的进展。人民代表大会制度、共产党领导的多党合作和政治协商制度进一步健全和完善。党风廉政建设不断加强,反腐败斗争取得引人注目的成果。中国人民解放军革命化、现代化、正规化建设取得新的进步。我国同世界各国的友好合作关系得到加强,国际地位日益提高。放眼神州大地,经济发展、政治稳定、民族团结、社会进步,到处呈现出勃勃生机。勤劳勇敢的中国人民,正满怀信心地迎接新的机遇、新的挑战、新的世纪。

当然,我们在前进中还存在一些需要高度重视的问题和困难。比如农业基础仍然比较薄弱,不少国有企业生产经营尚未走出困境,一些地方社会治安状况不好,物价上涨幅度虽有回落但总体上仍然偏高,反腐倡廉的任务还很艰巨等等。对于这些问题,我们有清醒的认识,正在下大力气逐步解决。

去年9月召开的中共十四届五中全会关于制定"九五"计划和2010年远景目标的建议,向全党和全国人民展示了实现国家富强、民族振兴的跨世纪宏伟蓝图。1996年,我们将制定和开始实施"九五"计划和2010年远景目标纲要。更艰巨、更光荣的任务摆在我们面前。我们必须始终不渝地坚持以邓小平同志建设有中国特色社会主义理论为指导,坚持党的基本路线一百年不动摇。要进一步处理好改革、发展、稳定的关系,高度重视和正确解决好关系国家建设和发展全局的若干重大问题;要深化改革、扩大开放,积极推进经济体制和经济增长方式的转变,抓好增强国有企业活力这个中心环节,加强农业基础地位,努力实施科教兴国战略,切实抑制通货膨胀,保持国民经济持续、快速、健康发展;要坚持物质文明和精神文明共同进步,经济和社会协调发展的方针,坚持两手抓、两手都要硬,把社会主义精神文明建设提到更加突出的地位;要继续加强社会主义民主和法制建设,认真坚持和进一步完善人民代表大会制度、中国共产党领导的多党合作和政治协商制度;要切实加强党政机关的勤政和廉政建设,深入持久地开展反腐败斗争,领导干部特别是高级领导干部要带头廉洁自律,自觉接受党和群众的监督,更好地为人民服务;要切实加强社会治安综合治理,依法严厉打击刑事犯罪和经济犯罪活动,坚决扫除各种社会丑恶现象,维护社会稳定,巩固和发展安定团结的政治局面。

制定并实施"九五"计划和2010年远景目标,事关我国"三步走"战略目标的实现,事关中华民族的振兴和国家的未来,对于巩固发展改革开放和现代化建设的伟大成果,把建设有中国特色社会主义的宏伟事业继续推向前进,具有极为重要的意义。要完成这一光荣而又艰巨的历史任务,最根本的一条就是必须坚持中国共产党的领导。改革开放17年来,我们党领导人民取得了举世瞩目的巨大成就,创造了丰富的经验,我们党更加团结、坚强,对经济和社会发展的领导更加成熟。我们有信心、有能力把一个经济持续发展、社会全面进步、充满生机和希望的中

国带入21世纪。要充分发挥广泛的爱国统一战线的作用,促进中华民族的大团结。人民群众是我们国家的主人,是历史的创造者。制定和实施"九五"计划和2010年远景目标,必须坚持群众路线,集中群众智慧,充分发挥群众的积极性、创造性。过去的一年,人民政协和各民主党派、人民团体、无党派爱国人士、各族各界代表人士,服从大局,服务大局,积极参政议政,在国家政治生活和社会生活中发挥了重大的作用。全国政协围绕党和国家的中心任务,发挥优势,积极参与"九五"计划和2010年远景目标的讨论与研究,提出许多好的建议,已被中央采纳,为两个文明建设做出了重要贡献。可以说,中共中央关于制定"九五"计划和2010年远景目标的建设,是包括人民政协、各民主党派、无党派爱国人士在内的全国各族人民集体智慧的结晶。希望人民政协继续围绕"九五"计划的制定与完善,积极提出意见和建议,为改革开放和现代化建设做出新贡献。

各位同志、各位朋友!"每逢佳节倍思亲",在新年到来的时候,我们更加思念台湾同胞、港澳同胞和海外侨胞。促进祖国统一,是海峡两岸同胞的共同心愿,是中华民族的根本利益所在,是不可阻挡的历史潮流。我们深信,具有几千年爱国传统的中国人民,一定有能力、有办法、有信心排除任何干扰,完成祖国的统一大业。我们要继续按照"和平统一、一国两制"的方针处理台湾问题,进一步推进海峡两岸的经济文化交流与合作。"九五"期间,我国将先后对香港和澳门恢复行使主权。中国政府决心按照香港和澳门两个特别行政区基本法的规定,认真做好各方面准备工作,实现两地政权的顺利交接与平稳过渡,保持香港和澳门的长期繁荣稳定。

中国的改革开放和现代化建设,是整个人类进步事业的重要组成部分。中国的发展离不开世界,世界的进步离不开中国。在新的一年里,中国政府将一如既往地奉行独立自主的和平外交政策,在和平共处五项原则的基础上,同世界各国发展友好合作与交往,为世界和平、发展与进步事业做出应有的贡献。

(1996年1月1日江泽民在全国政协新年茶话会上的讲话)

过去的一年,全国人民沿着建设有中国特色的社会主义道路继续前进,各项工作取得新的成就。国民经济比上年增长10.2%,物价涨幅从21.7%回落到14.8%,既降低了物价涨幅,又保持了经济较快增长,实现了年初预定的调控目标。农业战胜比较严重的水旱灾害,主要农产品获得较好收成。工业结构继续得到调整,国有经济增长速度提高,中西部地区发展加快。进出口总额达到2800多亿美元,增长18.6%。外商投资实际到位380亿美元,投资结构有所改善。国家外汇储备有较多增加,人民币汇价稳定。经济体制改革稳步推进,建立现代企业制度的试点工作全面展开。城乡居民储蓄存款余额增加,物质文化生活继续改善。科技、教育、文化和各项社会事业全面发展。反腐败斗争取得比较明显的成效,勤政廉政建设得到加强。社会主义精神文明和民主法制建设取得新的成绩,安定团结的局面得到巩固。到1995年底,国民经济和社会发展第八个五年计划已经胜利完成,原定2000年国民生产总值比1980年翻两番的目标,已经提前5年实现了!

去年我国社会政治生活中的一件大事,是中国共产党十四届五中全会通过《关于制定国民经济和社会发展"九五"计划和2010年远景目标的建议》,提出了全面实现第二步战略目标,并向第三步战略目标迈进的指导方针和主要任务,勾画了本世纪末、下世纪初我国现代化建设的前景。到本世纪末,我国在人口比1980年增加3亿左右的情况下,将实现人均国民生产总值比1980年翻两番,人民生活达到小康水平,初步建立社会主义市场经济体制。到2010年,国民生产总值比2000年再翻一番,人民的小康生活将更加宽裕,形成比较完善的社会主义市场经济体制。实现了上述目标,我国社会生产力、综合国力和人民生活都将再上一个大台阶。尽管前进道路上还有不少问题和困难,但是我们坚信,在中国共产党领导下,依靠全国各族人民团结奋斗,紧紧抓住经济建设这个中心,坚持四项基本原则,坚持改革开放,一定能够实现中华民族跨世纪的宏伟蓝图。

今年是"九五"计划第一年,有个好的开端十分重要。我们要坚持"抓住机遇,深化改革,扩大开放,促进发展,保持稳定"的基本方针,正确处理改革、发展、稳定的关系,积极推进经济体制和经济增长方式的转变,使各方面工作都出现一个新气象。要继续降低物价涨幅,促进国民经济持续、快速、健康发展。采取切实有效的措施,确保农业有个好收成。积极推进国有企业的改革和发展,争取在一些重点、难点问题上有所突破。要继续加强和改善宏观调控,实行适度从紧的财政和货币政策。加强对外经济交流与合作,在提高对外开放的效益上取得新进步。大力整治经济秩序,打击经济犯罪,规范市场行为。要认真贯彻科教兴国和可持续发展战略,加快科技进步,优先发展教育,促进经济与社会协调发展。

在新的一年里，要继续坚定不移地贯彻“两手抓，两手都要硬”的方针，把精神文明和民主法制建设放到更加突出的位置。要坚持不懈地用邓小平同志建设有中国特色社会主义的理论教育全体干部和人民，加强宣传思想工作和文化建设，为改革和建设提供精神动力和舆论支持。进一步加大反腐败斗争力度，抓紧抓好领导干部廉洁自律，严厉查处大案要案，坚决纠正群众反映强烈的不正之风，使反腐败斗争年年都有成效。维护社会治安是广大干部群众迫切的愿望，在新的一年里，各级党委和政府都必须把治安工作摆在突出的位置，大力加强社会治安综合治理，采取更加有力的措施，严厉打击刑事犯罪活动，努力维护社会稳定，使人民群众有一个安居乐业的生活和工作环境。

在欢度春节之际，我们倍加思念港澳同胞和台湾同胞。现在距我国政府对香港恢复行使主权的时间不到五百天了，香港特别行政区筹备委员会已经成立，各项准备工作进入关键时期。我们相信，在香港各界人士的支持和努力下，筹委会一定能够顺利完成自己光荣而神圣的历史使命。台湾是中国神圣领土不可分割的一部分。江泽民主席关于发展两岸关系、促进祖国统一的八项主张，受到海内外的普遍欢迎。早日结束海峡两岸的分裂局面，是人心所向，大势所趋。中国人民有信心有能力，坚决维护国家的主权和领土完整。任何制造“两个中国”、“一中一台”和“台湾独立”的图谋，必将遭到包括台湾同胞在内的全体中国人民的反对，是注定要失败的。我们将坚定不移地执行“和平统一、一国两制”的方针，排除一切干扰，积极促进祖国和平统一大业。我们希望海内外同胞团结起来，为实现祖国的完全统一作出自己的贡献。

在过去的一年里，中国政府坚持独立自主的和平外交政策，外交工作取得新的成就。我国同各国的友好合作关系得到加强，经贸往来进一步扩大。我国在国际事务中发挥了重要作用，国际地位进一步提高。在新的一年里，我们将一如既往，在和平共处五项原则的基础上，同世界各国发展友好合作关系，反对霸权主义，维护世界和平，推动建立公正、合理的国际政治经济新秩序。中国政府和人民愿意同各国政府和人民一道，为促进和平、稳定与繁荣，建设一个更加美好的新世界，作出不懈的努力。

现在，改革和发展的大政方针已定，关键在于认真落实。让我们在邓小平同志建设有中国特色社会主义理论和党的基本路线指引下，紧密团结在以江泽民同志为核心的党中央周围，艰苦奋斗，励精图治，争取1996年各项工作都有新进步！

（1996年2月18日李鹏在春节团拜会上的讲话）

在中国共产党建党75周年的前夕，我们中共中央几位领导同志与各民主党派中央、全国工商联领导人和无党派知名人士一起座谈，共商国是，这是很有意义的。

在座的许多老同志，不顾八九十岁的高龄，行程数千公里，一路考察，一路思索，建言献策，这种精神令人敬佩。通过这次实地考察，同志们可以进一步看到修建京九铁路和加快中部地区经济发展是十分重要的，进一步看到党和政府对革命老区和贫困地区人民的生产和生活、改革和建设是十分关心的，也可以进一步看到那里的人民坚持自力更生、艰苦奋斗的可贵精神。在深圳经济特区，大家亲身感受了特区建设的生机和活力，加深了对中共中央和邓小平同志关于兴办经济特区的正确决策的认识。正如同志们所说的，通过这次参观考察，具体生动地看到了社会主义制度能集中力量办大事的优越性，特别是对邓小平同志建设有中国特色社会主义理论的理解和领会更全面更深化了，对社会主义现代化事业的发展前途更加充满了信心和希望。

大家在发言中，就如何加快京九铁路沿线地区和经济特区的改革开放、经济建设和社会发展问题，提出了很多中肯的意见与建议。这再一次说明了各民主党派与中国共产党始终同心同德、肝胆相照的亲密合作关系，再一次体现了中国共产党领导的多党合作和群策群力的政治优势。中共中央和国务院将责成和督促有关部门，认真研究大家提出的意见与建议，并努力抓好落实。

1993年以来，中共中央统战部组织各民主党派中央、全国工商联领导人和无党派人士，先后进行了三峡工程考察、山东考察、苏南和浦东考察以及这次考察，受到党外同志们的欢迎。实践证明，有计划有重点地进行一些专题考察，是加强和深化调查研究的一种好形式，也是发挥民主党派和无党派人士参政议政、民主监督作用的一种好形式。我们各级党委和政府，要为民主党派和无党派人士进一步创造条件，使他们更多地了解国情民意，并经常与党外人士进行协商咨询，认真听取他们的意见，共同把改革开放和社会主义现代化建设不断推向前进。

“九五”计划和2010年远景目标已经确定，实现这一跨世纪的宏伟建设蓝图，是我们执政党和作为参政党的各民主党派共同的历史使命。为了全面完成这一宏伟任务,并在此基础上再经过几十年的奋斗胜利到达中国现代化的彼岸,在中国共产党的领导下,必须依靠包括各民族人民和各民主党派、各人民团体、无党派人士在内的全体中国人民的大团结,必须依靠包括大陆同胞、台港澳同胞和海外侨胞在内的所有爱国的中华儿女的大团结,必须把全民族的意志、智慧和力量更有效地凝聚起来和发挥出来。希望各民主党派、全国工商联和无党派人士,继续紧密地围绕国家的中心任务,充分发挥各自在协调社会关系、化解社会矛盾、维护社会稳定中的积极作用,协助党和政府进一步巩固和发展安定团结的政治局面。同时,希望各民主党派继续发挥自己的人才荟萃、智力密集、联系广泛的优势,利用多种形式和渠道为国家的改革、建设和统一大业作出新的更大的贡献。

同志们在发言中,对我在中共十四届五中全会上强调的领导干部一定要讲政治,表示赞成和支持,并表示民主党派的领导干部也要讲政治。这说明我们大家对这个问题有着深刻的共识。注重从政治上正确地观察、分析和处理问题,注重处理好政治与经济的关系,始终坚持正确的政治方向,为国家经济的发展和各项事业的进步提供强有力的政治保证,这是我们党的一个优良传统,也是我们党和各民主党派、无党派人士在长期风雨同舟的斗争中共同取得的一条重要历史经验。同志们认为,注意讲政治,对民主党派来说,也是积极投身于建设有中国特色社会主义事业的需要,是新时期坚持和完善共产党领导的多党合作和政治协商制度的需要,是适应新的国际国内形势,保持政治上清醒和坚定的需要。我很赞同大家的看法。在半个多世纪的革命和建设实践中,各民主党派自觉接受中国共产党的领导,同中国共产党建立了"长期共存,互相监督,肝胆相照,荣辱与共"的亲密关系,经历了风风雨雨的考验。在新的历史时期,改革和建设的繁重任务,复杂多变的国际形势,都要求我们必须结合新的历史条件和新的社会实践,更加巩固和发展共产党与各民主党派、无党派人士的亲密合作关系,这本身就是一个重大的政治问题。

最后,我还要再强调一下,各级党委和政府要充分认识新时期统一战线工作的重要性,进一步加强共产党领导的多党合作和政治协商制度的建设,并支持和帮助民主党派搞好自身建设,努力为民主党派履行政治协商、民主监督、参政议政职能创造更好的条件,坚持广开言路,广求善策,广纳群言,广交朋友,把我们党的统一战线工作提高到一个新的水平。

(1996年6月18日江泽民在中共中央召开的党外人士座谈会上的讲话)

同志们:

今天,我们在这里欢聚一堂,隆重纪念中国人民抗日军事政治大学建校60周年。我代表党中央、中央军委,向大会表示热烈的祝贺!向曾经在抗大学习和工作过的老同志表示崇高的敬意!向辛勤工作在国防大学和军事教育战线的同志们表示亲切的问候!

抗日战争是中国近代史上最伟大最壮烈的民族解放战争。人们永远不会忘记那场决定中国人民命运的战争,也永远不会忘记抗日军政大学在那场战争中所作出的巨大贡献。抗大创建于抗日战争全面爆发前夕,她负担起了为民族解放战争造就大批干部的光荣使命。党中央和毛泽东同志等老一辈无产阶级革命家,对抗大的建立与发展倾注了大量的心血。毛泽东同志亲自担任抗大教育委员会主席,亲手制定教育方针和校训,并直接过问抗大的各项建设,审定教学大纲和教学计划,还经常给学员讲课。在极端艰难困苦的环境里,党领导下的抗大却蓬勃发展。从延安到各抗日根据地,到处都有抗大的旗帜,都能听到抗大的校歌。参加抗大学习的,有我党我军的各级干部,有从祖国四面八方奔赴延安的爱国青年,还有热忱支援抗日战争的爱国侨胞和国际主义战士。

抗大最主要的历史功绩,就是培养造就了大批德才兼备的军政干部。抗大办校10年间,培养出来的干部达十多万人,其中许多人成为党和军队的高级干部。他们在抗大接受了马克思主义教育,成为用科学理论武装起来的自觉的革命战士。他们在奔赴新的工作岗位后,用学得的马列主义、毛泽东思想去宣传群众、教育群众、组织群众,为我党我军的发展壮大,为夺取抗日战争和全国解放战争的胜利,也为建国后的社会主义革命和建设事业的发展,奠定了重要的组织基础。

抗大实行"坚定正确的政治方向,艰苦朴素的工作作风,灵活机动的战略战术"的教育方针,以"团结、紧张、严肃、活泼"为校风,采用"少而精"、理论联系实际、教育与生产劳动相结合等教学原则,创造了"启发式"、"研究式"、"实验式"等教学方法。这些教育方针、原则和方法,是党和毛泽东同志把马列主义的教育理论同中国实际相结合的产物。抗大的教育实践,不仅在战争年代获得了巨大成功,而且为新中国成立后教育事业的发展提供了宝贵的历史经验,至今对于我们培养和教育青年一代成为社会主义现代化事业的接班人，仍然具有重要的启示作用。总之，在我们党和军队的历史上，抗大写下了具有特殊意义的光辉篇章，它的伟大业绩将永远留存在党和人民的事业中。

今天，在纪念抗大建校60周年的时候，结合改革开放、现代化建设和军队建设的实际，我们学习抗大的经验，应着重在以下这些方面更多下功夫。

第一，发扬抗大精神，努力造就大批能够担当国家改革和发展重任的优秀干部。重温抗大的历史，我们更加清楚地看到，党中央和毛泽东同志在中国抗日战争即将到来之际，及时地作出创办抗大的决策，把培养大批干部提到党的重要日程，是具有远见卓识和战略眼光的。现在我们正在进行建设有中国特色社会主义的伟大事业，能不能培养和造就一支宏大的德才兼备的干部队伍，带领和团结人民群众坚持贯彻党的基本理论、基本路线和方针政策，是关系我们事业成败的关键。邓小平同志明确指出："正确的政治路线要靠正确的组织路线来保证。中国的事情能不能办好，社会主义和改革开放能不能坚持，经济能不能快一点发展起来，国家能不能长治久安，从一定意义上说，关键在人。""真正关系到大局的是这个事。"我们要以对党的事业高度负责、对国家和民族的前途命运高度负责的精神，把培养干部特别是能担负跨世纪建设任务的一大批优秀年轻干部作为一项重大的战略任务。建设一支强大的现代化正规化革命军队，同样面临着培养干部的重大任务。当前世界军事技术革命正在迅猛发展，我们必须作好打赢现代技术特别是高技术条件下的局部战争的准备，这就要求我们一定要精心谋划和运筹，把军事人才培养这件大事抓紧抓好，以适应部队建设的需要。

第二，发扬抗大精神，坚持把坚定正确的政治方向放在首位。抗大成立后，面对国共两党之间呈现的又联合又斗争的复杂局面，党中央一开始就明确指出，抗大不是统一战线的学校，而是中国共产党领导下的干部学校。从总校到各个分校，始终注意把思想政治教育作为中心环节，着力培养学员坚定的政治立场和政治信念，使他们成为军政兼优的抗日骨干。抗大的这一基本经验，体现了马克思主义政党建设和人民军队建设的本质要求。我们今天的改革开放和现代化建设，是在复杂的国际国内环境下进行的。西方敌对势力不愿意看到社会主义中国的强大，对我实行"西化"、"分化"和"遏制"政策。国内一定范围内的阶级斗争和各种违法犯罪现象仍然存在。历史上遗留下来的和外来的封建主义、资本主义腐朽思想文化影响还在社会生活中发生侵蚀作用。在这种情况下，强调各级干部特别是领导干部注意讲政治，坚定正确的政治方向是十分重要的。大家必须始终不渝地坚持邓小平同志建设有中国特色社会主义理论，坚持党的"一个中心、两个基本点"的基本路线，坚决维护全党全国工作的大局，正确处理改革、发展、稳定的关系，自觉维护党中央领导集体的权威，坚定不移地走建设有中国特色社会主义的道路。只有善于从政治上观察、分析和处理问题，注意在重大原则问题上划清是非界限，注意及时地排除各种错误思想和倾向的干扰，才能保证我们建设有中国特色的社会主义事业顺利、健康地向前发展。

第三，发扬抗大精神，在工作中始终坚持实事求是、理论联系实际这个马克思主义的基本原则。抗大从一开始就坚决废止党内一度盛行的教条主义学风，引导广大学员紧密联系中国革命的实际，运用马列主义的基本立场、观点和方法，研究当时中国的国情，总结中国革命的历史经验，肃清教条主义在政治上和军事上的影响，认真探索中国抗日战争的规律、特点和战略战术，牢固树立马列主义基本原理与中国革命实际相结合的原则。抗大的这种实事求是、理论联系实际的优良作风，对中国革命战争的胜利，对我党我军的建设，都产生了重要的影响。我们正在进行的改革开放和现代化建设的新的伟大实践，更加需要大家坚持解放思想、实事求是的思想路线，切实把握社会主义现代化建设的规律和特点，正确处理前进中的各种复杂矛盾和问题，把改革开放和现代化建设不断推向前进。只要我们大兴实事求是和理论联系实际之风，把我们的各项工作搞得扎扎实实和富有合乎实际要求、合乎客观规律的创造性，我们的社会主义现代化事业就大有希望。

第四，发扬抗大精神，始终注意保持艰苦奋斗的政治本色。抗大所培育和锻造的为民族解放事业而艰苦奋斗、英勇献身的革命精神，是中华民族和中国人民的自尊自立自强精神的生动体现。这种精神，曾经极大地鼓舞了全国人民救亡图存的抗战热情和昂扬斗志。现在我们要实现社会主义的现代化，实现中华民族的全面振兴，抗大的革命精神仍然是激励我们克服困难、奋发进取的重要动力。我们共产党人肩负着人类历史上最伟大的使命，具有崇高的理想和远大的目标，一定要保持革命战争年代那么一股劲，那么一种革命热情，那么一种拼命精神，通过一代又一代人的不懈奋斗，去创造光辉灿烂的未来。历史的经验表明，一个革命的进步的阶级、政党和军队，在创业时期，在艰难困苦的条件下，在生死存亡的激烈斗争中，往往比较容易做到甘苦与共，团结奋斗；而在革命成功之后,物质生活条件好起来了,有些人往往忘记了创业时期的艰难岁月,就容易贪图安乐,追求享受,脱离广大群众。我所以多次讲这个问题,就是希望全党同志在改革开放、发展社会主义市场经济的新形势下,对各种腐朽思想文化的影响要保持高度警惕。大家应该永远发扬艰苦奋斗的革命精神和艰苦朴素的优良作风,永远保持我们党和军队的无产阶级性质和政治本色。

同志们,人类即将进入21世纪。尽管我们前进的道路上还会有艰难险阻,但社会主义中国的前途是光明的。让我们在邓小平同志建设有中国特色社会主义理论和党的基本路线指引下,团结一心,努力奋斗,不断夺取社会主义现代化事业的新胜利!

(1996年5月31日江泽民在纪念抗大建校60周年大会上的讲话)

各级党委要充分看到在新的历史时期宣传思想工作的重要性,要以邓小平建设有中国特色社会主义理论为指针,切实加强对宣传思想工作的领导,把精神文明建设放到更加突出的地位,进一步把“以科学理论武装人,以正确舆论引导人,以高尚精神塑造人,以优秀作品鼓舞人”贯彻落实到宣传思想战线的各项工作中去,为经济建设和社会进步提供有力保证。为促进物质文明和精神文明协调发展,中央确定,把精神文明建设主要是思想道德文化建设作为十四届六中全会的主要议题。

宣传思想工作在全党工作中具有特殊重要的地位和作用。我们要集中精力把经济建设搞上去,促进社会全面进步,需要宣传思想工作提供有力的保证。十四届五中全会提出了我们今后5到15年跨世纪历史阶段的奋斗目标。要把这个伟大的建设蓝图变为现实,需要全党和全国各族人民共同努力,需要党的各级组织发挥核心领导作用,需要宣传思想工作部门勤奋工作。

十四大以来,宣传思想工作部门在政治上自觉同中央保持一致,积极宣传、贯彻中央的精神,在落实用邓小平建设有中国特色社会主义理论武装全党、教育干部和人民方面,在把握舆论的正确导向、团结鼓舞人民、推进改革开放和现代化建设方面,在宣传艰苦创业精神、弘扬党的正气和社会正气方面,在推动文化艺术繁荣健康发展方面,在加强队伍建设、提高素质方面,都做了富有成效的工作,积累了新的经验。党的宣传思想工作有进步,上了一个台阶。

在对外开放、发展社会主义市场经济的条件下,宣传思想工作将长期面临十分复杂的局面。如何帮助人们满怀信心地建设有中国特色社会主义;如何帮助人们树立社会主义的理想、信念和道德风尚,这是一个重大的历史课题。全党都要认真研究、认真解决,宣传思想战线负有特别重要的责任。

以科学的理论武装人,就是全党同志首先是各级领导干部,必须坚持不懈地学习马列主义、毛泽东思想,特别是邓小平建设有中国特色社会主义理论,要通过学习,努力掌握解放思想、实事求是这个精髓,提高运用马克思主义基本原理解决改革开放和现代化建设中各种实际问题的能力。学习理论,一要挤时间,二要钻进去。希望各级领导干部增强学习的自觉性,在这方面起带头作用。他说,中央最近强调的一个重要精神,就是领导干部一定要讲政治。为什么这样讲?就是为了使全党同志更好地全面贯彻执行党的“一个中心、两个基本点”的基本路线。经济是基础,我们坚持以经济建设为中心,这是绝对不能动摇的。以经济建设为中心,并不是说其他工作不重要了。我们一定要学会辩证地认识和处理经济同政治、经济同其他各项工作的关系。没有强有力的政治保证,经济建设也是搞不好的。讲政治,核心是坚持正确的政治方向、政治立场。各级领导干部一定要努力提高政治素质,在原则问题上一定要旗帜鲜明。要有坚实的理论基础,注意分清一些基本界限。有理论上的坚定,政治上才能坚定。以科学的理论武装人,还要引导广大党员和干部树立正确的世界观、人生观和价值观,坚定社会主义、共产主义的理想信念,坚持全心全意为人民服务的宗旨,发扬为人民的利益甘于奉献的精神。

坚持正确的舆论导向,首先要把握好报刊、通讯社、电台、电视台的宣传导向,要把这些阵地牢牢地掌握在我们党的手里。这几年,新闻宣传的舆论导向是正确的。这里再强调三点:一是激励人民。用正确的舆论引导人,最根本的,是动员全党同志和全国各族人民为实现党的基本路线而奋斗,为实现人民群众的根本利益而奋斗,坚定不移地推进建设有中国特色社会主义事业。我们的一切宣传,都要有利于党的团结和人民群众的团结,有利于人们奋发向上。二是服务大局。正确处理改革、发展、稳定三者关系,更好地为全党全国工作大局服务,是新闻舆论工作需要十分重视的问题。在宣传党的基本理论、基本路线和方针政策上要全面准确。在事关人民利益、党的原则、国家安全、民族团结、对外关系等重大问题上,宣传报道一定要符合中央的精神。报社、通讯社、电台、电视台、出版社,都要把促进改革、推动发展、维护稳定作为自己工作的准则和目标。三是加强管理。按照为人民服务、为社会主义服务、为全党全国工作大局服务的要求，加强对舆论宣传的指导和管理。新闻宣传要不断提高质量，为人民群众更加喜闻乐见。

以高尚的精神塑造人，高尚精神就是指我们党的崇高理想信念、优良传统和作风，就是中华民族几千年形成和发展起来的优秀传统和美德。以高尚的精神塑造人，首先要弘扬党的正气。各级领导同志必须以身作则。越是改革开放，越要加强党内教育，越要发扬党的高尚精神和优良传统。这几年大力宣传孔繁森、张鸣岐、李润五等先进人物，收到很好的效果。我们要继续宣传在各条战线上涌现出来的优秀党员干部，同时也要加强舆论监督，对一些搞歪风邪气的典型，给他们曝曝光，有的还要绳之以法。要深入进行爱国主义、集体主义、社会主义的宣传教育，把我们党一贯倡导的高尚精神贯注到广大干部群众的思想和行动中去。

优秀作品是一个国家、一个时代精神文化水平的集中反映，对精神产品生产具有重要的示范和影响作用。我们的文艺工作者，要在这方面下功夫。树立正确的创作思想，是出好作品的关键。首先要解决好为谁服务的问题。我们的精神产品应该着力去反映广大人民群众从事改革开放和现代化建设的生动实践，反映他们创造美好生活的聪明才智和精神风貌，为他们创作和生产更多更好的精神食粮。一个民族只有在努力发展经济的同时，保持和发扬自己的民族文化特色，才能真正自立于世界民族之林。建设有中国特色的社会主义文化，这是事关中华民族振兴的大问题。我们的理论、新闻、文艺、出版工作者担负着特殊重要的使命，都应从这样的高度来对待自己的工作，审视自己的作品，对社会负责、对人民负责、对后代负责。

在文艺创作中要鼓励大胆探索、积极创新，还要积极开展健康的文艺评论。我们的文艺评论，要提倡说理，相互切磋，共同提高。希望广大宣传文化工作者走出去、走下去、深入生活、深入群众，从人民群众的改革和建设的伟大实践中汲取丰富的思想营养，创造出无愧于时代的优秀作品。

我们要一手抓繁荣，一手抓管理。对那些毒害群众、毒化社会空气的精神垃圾，要坚决取缔，决不能手软。要加强对文化市场的管理，促进文化市场繁荣健康发展。精神产品的生产，一个很重要的问题是处理好社会效益与经济效益的关系。要进一步研究宣传文化领域的有关政策特别是文化经济政策。要善于运用市场机制增强文化企事业单位的活力，同时要形成有利于把社会效益放在首位的环境和条件。

各级党委要高度重视宣传思想工作。讲政治、讲大局，就包括重视宣传思想工作和精神文明建设。中央多次强调，不能以牺牲精神文明换取经济的一时发展。现在，全党以经济建设为中心的思想比较牢固，我们还要继续努力，把经济工作搞得更好。需要提醒的是，领导干部特别是一二把手，务必牢固树立两手抓、两手都要硬的思想。要把是不是坚持两手抓、两手都要硬，作为衡量一个党委、一个领导干部领导水平和工作政绩的重要标准。

各级党委和政府要切实加强对宣传思想工作的领导，把精神文明建设放到更加突出的地位。要深入研究思想文化领域里的情况，掌握这一领域的特点和工作规律。要采取有力措施加大对宣传文化事业的投入，保障宣传文化事业不断发展。要下点大的决心，给点大的支持，切实解决宣传文化事业必需的经费。

（1996 年 1 月 24 日江泽民同出席全国宣传部长会议的同志座谈时的讲话）

最近，中央强调一个重要精神，就是领导干部一定要讲政治。我在十四届五中全会、中央经济工作会议、中央军委扩大会议、中央政法工作会议、全国宣传部长会议以及在北京、西北、广东的考察中，都讲了这个问题。党内外普遍认为，现在强调这个问题很有必要，也很重要。今天，我想就这个问题再讲点意见。

讲政治，对于一个马克思主义政党来说，不是什么新问题。从我们的老祖宗马克思、恩格斯、列宁，到毛主席和邓小平同志，可以说是一以贯之的。这也是我们党的优良传统。为什么现在要强调一下这个问题呢？目的是希望全党更加坚定不移地、更加全面正确地贯彻执行邓小平同志建设有中国特色社会主义理论和党的基本路线，把我国的改革开放和现代化建设搞得更好。

党的十一届三中全会确定以经济建设为中心，这是我们党在深刻总结历史经验基础上作出的战略决策，实践已经充分证明这个决策是完全正确的。经济是基础，解决中国的所有问题，归根到底要靠经济的发展。从这个意义上说，集中力量把经济搞上去，实现中国的现代化，本身就是最大的政治。所以，无论形势发生怎样的变化，除了发生大规模的外敌入侵，坚持以经济建设为中心，这一条是绝对不能动摇的。在坚持经济建设这个中心的同时，必须坚持四项基本原则、坚持改革开放这样“两个基本点”。这也是实践充分证明了的客观真理。坚持这“两个基本点”,都是为了保证和促进经济建设这个中心任务和社会主义现代化目标的顺利实现。我国的改革开放搞得很成功,要继续坚定不移地把它搞得更好,以不断增强经济和社会发展的活力。四项基本原则是保证经济建设和改革开放最根本的政治条件。坚持党的基本路线一百年不动摇,包括一个中心和两个基本点都不能动摇。如果认为以经济建设为中心,就可以忽视其他方面的工作;或者认为经济搞上去了,其他事业就会自然而然地上去,那就不对了,这样的想法和做法都是不符合实际的,都是片面和有害的。我们一定要学会辩证地认识和处理改革、发展、稳定的关系,经济同政治的关系,物质文明同精神文明的关系,生产力同生产关系、经济基础同上层建筑的关系。

社会主义现代化是我们当前最大的政治,因为它代表着人民的最大的利益,最根本的利益。这是邓小平同志在改革开放之初就提出来并讲得很清楚的。搞经济建设、搞现代化建设必须有政治保证。这也是邓小平同志在改革开放之初就提出来并讲得很清楚的。1986年在视察天津时他又强调:“改革,现代化科学技术,加上我们讲政治,威力就大多了。到什么时候都得讲政治。”这个思想十分重要。中央最近强调讲政治,就是要把邓小平同志的这个思想坚持贯彻好。我们要求领导干部讲政治,绝不会影响经济的发展,更没有任何意思要去以政治代替经济,恰恰相反,而是为了创造更加充分的政治条件和提供更强有力的政治保证,确保全国人民一心一意地把经济建设更好更快地搞上去。我们讲政治,绝不是像境外一些报刊歪曲的那样,中国又要回到过去搞什么阶级斗争为纲,搞什么“左”的那一套了。更不是也绝不会去搞什么运动。他们制造这样的舆论是别有用心的,我们的同志要警惕,不要上当。有这样的担心和疑虑是毫无必要的,也没有任何根据。我们讲政治,也绝不是简单重复一些政治口号,不是搞空头政治,而是像邓小平同志早就讲过的那样,要使政治同经济、政治同各项业务紧密结合在一起,保证经济工作和其他各项工作沿着正确的方向更好更有秩序地进行。

我们讲的政治,是马克思主义的政治,是建设有中国特色社会主义的政治。我在五中全会讲过,政治包括政治方向、政治立场、政治观点、政治纪律、政治鉴别力、政治敏锐性。政治是经济的集中表现,是为经济服务的,这是马克思主义的基本原理。没有离开政治的经济,也没有离开经济的政治。没有强有力的政治保证,经济建设是搞不好的。只有讲政治,才能保证把党的基本理论、基本路线、基本方针和各项政策,把国家的法律、法规,贯彻到经济建设和各项工作中去,防止和排除各种错误思想、错误倾向的干扰,保持正确的发展方向;只有讲政治,才能动员、鼓舞和团结全国各族人民,为实现党和国家确定的经济建设和社会发展的宏伟目标而共同努力奋斗;只有讲政治,才能正确认识和处理两类不同性质的社会矛盾,有力地打击国内外敌对势力的破坏活动和各种形式的犯罪活动,为经济的发展创造良好的社会政治环境;只有讲政治,才能妥善处理各种利益关系,最大限度地调动各方面的积极性,并把各方面的积极性引导好、保护好、发挥好;只有讲政治,才能提高广大干部特别是各级领导干部的思想政治素质,增强总揽和驾驭全局的能力,从而提高领导经济建设和现代化建设的水平;只有讲政治,才能坚持党的全心全意为人民服务的宗旨,保证党的坚强团结、党同人民的坚强团结,保持党同人民群众的血肉联系。总之,坚持讲政治,是党的基本理论、基本路线的必然要求,是建设有中国特色社会主义伟大事业的必然要求。

总的说来,我们的各级领导干部绝大多数是注意讲政治的。如果没有这一条,我们的改革开放和经济建设不可能取得这么大的成绩。但是也应看到,在有些地方和部门的一些同志中间,确实存在不注意讲政治甚至忽视政治的问题,以致造成思想政治建设薄弱,思想政治素质下降。这种现象很值得我们重视。现在有的干部不读书,不看报,不研究文件,不调查研究,很少从政治上观察形势、考虑问题,缺乏应有的政治辨别力和政治敏锐性。有的对党的方针政策和决策,合意的就执行,不合意的就不执行,有些事情明明中央已三令五申,他在那里仍然充耳不闻,我行我素。有的地方和部门的保护主义发展到相当严重的程度,为了他那一点局部利益或者个人利益,甚至连犯罪的问题都加以保护。有的是非不分,对明显违背马克思主义、违背党的基本路线和政策的错误言行也不反映、不报告、不抵制、不斗争,甚至传谣信谣,传播小道消息。有的为了追求个人名利,热衷于拉关系,串门子,把吹吹拍拍、拉拉扯扯这种极为庸俗的作风带到党内来。有的精神不振,遇到问题绕着走,工作敷衍塞责,搞形式主义,甚至弄虚作假。有的群众观点淡薄,不联系群众,不关心群众疾苦,不帮助群众解决实际问题,甚至欺压群众。有的以权谋私,严重损害国家和人民的利益,甚至坠入犯罪的泥坑。有的在对外交往中,不维护国家和民族利益,甚至丧失国格和人格，等等。还可以举出一些。这些问题的出现，固然有多种多样的原因，但根本症结在于不学习，不注意提高自己的思想政治素质，头脑里缺乏马克思主义和社会主义的政治。中央一直强调，全党同志首先是各级领导干部，必须坚持不懈地学习马列主义、毛泽东思想，特别是邓小平同志建设有中国特色社会主义理论，就是为了使大家提高政治水平、理论水平，全面地正确地积极地贯彻党的基本路线。我在全国宣传部长会议上讲过，领导干部在原则问题上要旗帜鲜明，要注意分清一些基本界限。比如马克思主义同反马克思主义的界限，社会主义公有制为主体、多种经济成份共同发展同私有化的界限，社会主义民主同西方议会民主的界限，辩证唯物主义同唯心主义形而上学的界限，社会主义思想同封建主义、资本主义腐朽思想的界限，学习西方先进东西同崇洋媚外的界限，文明健康生活方式同消极颓废生活方式的界限，等等。在这样一些重大问题上，我们的领导干部不能是非不辨、美丑不分，不能对那些同党的主张背道而驰的言论听之任之，不能让那些同党的宗旨和纪律不相容的歪风邪气滋长起来。分清这些界限，保持清醒头脑，才能保证建设有中国特色社会主义事业的健康发展。

这里我想再讲一下民主问题。民主是个政治概念，属于上层建筑范畴。世界上从来就没有什么抽象的超阶级的民主，也没有什么绝对的民主。民主的发展总是同一定的阶级利益、经济基础和社会历史条件相联系的。每个国家都有自己的历史传统和经济社会发展的实际情况，民主应该适合自己的国情，我们是共产党领导的社会主义国家。共产党执政的实质是人民当家作主。我们的社会主义民主制度，体现了最广泛的人民民主，最适合我国国情，因而是最好的民主制度。美国和其他西方国家一些人总想把他们的议会民主那一套东西推广到全世界，成为普遍的模式。这是一种空想。西方有什么上院、下院，我们的最高权力机构就是一个，就是全国人民代表大会。正如邓小平同志指出的："我们实行的就是全国人民代表大会一院制，这最符合中国实际。如果政策正确，方向正确，这种体制益处很大，很有助于国家的兴旺发达，避免很多牵扯。"我们国家的一切权力属于人民。这是西方国家无法比拟的。我们完全可以理直气壮地说，我国的人民代表大会制度比西方国家的"三权鼎立"制度要民主得多、优越得多。当然，我们的社会主义民主也还要随着经济、文化和社会的进步在实践中不断地发展和完善。

（江泽民：《关于讲政治》，7月1日《人民日报》）

我是人民日报的一个老读者，每天都要看人民日报。但是到人民日报社来，同报社的这么多同志见面还是第一次。首先，我向人民日报社的全体同志表示衷心的感谢和亲切的慰问！

人民日报是党中央的机关报，是全国第一大报，在国际国内影响很大。几十年来，人民日报作为党和人民的喉舌，在党中央的领导下，坚持正确的办报思想和办报方针，在革命、建设和改革中，做出了重要的贡献。报社的许多老同志为办好人民日报献出了自己的宝贵年华和毕生精力。他们的功绩和精神值得赞扬和学习。近几年来，人民日报坚持为人民服务、为社会主义服务的方向，全面准确地宣传贯彻党的基本理论、基本路线和基本方针以及各项决策，反映人民群众的伟大业绩和精神风貌，为改革开放和社会主义现代化建设发挥了重要的舆论引导作用，在全国报纸中确实起到了排头兵作用。人民日报编委会和全社同志团结一致，努力工作，精心办报，报纸舆论导向正确，内容更丰富了，办出了新的特色。报社内部建设也取得了明显进展，保持了团结稳定、积极向上的好势头。中央对人民日报社的工作是满意的。人民日报在人民群众中赢得了信任和威望。希望大家珍惜这种信任和威望，不断改进工作，把报纸办得更好。

今天，我想和同志们着重谈谈舆论导向问题。在全国宣传思想工作会议上，我曾经讲过四句话：以科学的理论武装人，以正确的舆论引导人，以高尚的精神塑造人，以优秀的作品鼓舞人。宣传思想工作部门和单位，要把最好的东西奉献给人民，用最好的东西去"武装人"、"引导人"、"塑造人"、"鼓舞人"。新闻单位在这四个方面都可以发挥重要的作用，尤其在以正确的舆论引导人方面负有重大而光荣的使命。

大家知道，经济基础决定上层建设，上层建筑对经济基础又有巨大的反作用，这是马克思主义的一个基本观点。新闻舆论，作为上层建筑、意识形态的一个重要组成部分，由于其自身的特点和优势，同社会政治、经济、文化生活的各个领域都有密切的联系，都会产生广泛而深刻的影响。在新闻传播手段还不够发达的时代是如此，在新闻传播手段越来越现代化的今天更是如此。

历史经验反复证明，舆论导向正确与否，对于我们党的成长、壮大，对于人民政权的建立、巩固，对于人民的团结和国家的繁荣富强，具有重要作用。舆论导向正确，是党和人民之福；舆论导向错误，是党和人民之祸。党的新闻事业与党休戚与共，是党的生命的一部分。可以说,舆论工作就是思想政治工作,是党和国家的前途和命运所系的工作。因此,我们党一贯强调,要把新闻舆论的领导权牢牢掌握在忠于马克思主义、忠于党、忠于人民的人手里;新闻舆论单位一定要把坚定正确的政治方向放在一切工作的首位,坚持正确的舆论导向;新闻舆论工作要紧紧围绕经济建设这个中心,服从、服务于全党全国工作的大局。这在任何时候都不能模糊,不能动摇。

我们党的老一代革命家都非常重视新闻工作。毛泽东同志曾经提出:“一张省报,对于全省工作,全体人民,有极大的组织、鼓舞、激励、批判、推动的作用。”省报是如此,作为党中央机关报的人民日报更是如此。在改革开放新的历史条件下,邓小平同志也指出:“要使我们党的报刊成为全国安定团结的思想上的中心。”我们要深刻领会这些指示的精神,用以指导我们的新闻工作。

全国各族人民正在为实现国民经济和社会发展“九五”计划和2010年远景目标纲要所确定的宏伟蓝图而奋斗,开局不错,总的形势是好的。但是,在前进的道路上,还有很多困难和问题有待克服和解决。敌对势力没有也不会放弃对我国实行“西化”、“分化”的图谋。我们要有清醒的头脑,抓住机遇,深化改革,扩大开放,促进国民经济稳定持续发展和社会全面进步,坚决维护安定团结的政治局面。要居安思危,顺利的时候要有防范风险之备。

人民日报办得如何,对全国的报纸和整个新闻界有重大的示范作用、导向作用。因此,同样是实行舆论引导,人民日报社的同志就显得担子格外重,责任格外大。在这方面人民日报社积累了丰富的经验,也有过深刻的教训。经验和教训总结了,都是宝贵的财富,都不应该忘记。希望人民日报旗帜鲜明地坚持党性原则,坚持以邓小平建设有中国特色社会主义理论和党的基本路线为指导,不管在什么时候、什么情况下,都要在思想上政治上同党中央保持高度一致,弘扬爱国主义、集体主义、社会主义的主旋律,热情歌颂人民群众在改革和建设中的奋斗业绩,鼓舞人民群众为振兴中华而艰苦奋斗。同时,对消极腐败现象也要进行批评和揭露,发挥舆论监督作用。报社的同志要有大局意识、全局观念,坚持政治家办报,正确处理改革、发展、稳定的关系,登什么,不登什么,怎么登,都要从全局出发,从党和人民的整体利益出发。在坚持正确舆论导向的前提下,要讲求宣传艺术,提高引导水平,努力使自己的宣传报道更加贴近生活、贴近读者,使广大读者喜闻乐见。

新闻事业能不能办好,关键是有没有一支高素质的新闻队伍。我们要通过加强思想政治工作,把广大新闻工作者的积极性、主动性、创造性充分调动起来。各新闻单位要加强协调,形成强大的合力,在两个文明建设中发挥更大的作用。近几年来,中央宣传部门和新闻界在形成合力方面进行了积极的探索,积累了有益的经验,希望加以总结提高,以便做得更好。

邓小平同志指出:“思想战线上的战士,都应当是人类灵魂工程师。”人类灵魂工程师是一种很高的评价,是一项很高的要求,要真正做得好,是很不容易的。教育者必须先受教育。为了更好地担负起以正确的舆论引导人的任务,新闻工作者,特别是共产党员和领导干部,必须努力提高自己的思想政治素质和业务素质。新闻战线的同志,特别是中青年同志,既要志存高远,又要脚踏实地,在打好思想政治和业务根底上,老老实实地下一番真功夫、苦功夫。

要打好理论路线根底。要坚持马列主义、毛泽东思想和邓小平建设有中国特色社会主义理论,坚持党的基本路线,用以指导自己的思想和工作。理论路线根底打好了,不管情况多么复杂,形势怎样变化,都会保持坚定正确的政治立场和政治方向。

要打好政策法律纪律根底。要牢牢掌握中央的方针政策,牢牢掌握国家的法律法规,严守新闻工作纪律。新闻工作是政治性、政策性极强的工作,新闻工作者如果对党的方针政策和国家的法律法规不懂不熟悉,那就宣传不好,甚至出现误导,给党和人民的事业带来不应有的损失。

要打好群众观点根底。新闻工作、党报工作,说到底,也是群众工作,是我们党联系群众的重要纽带。密切联系群众,是新闻工作者的必修课和基本功。大家要树立牢固的群众观点,同广大人民群众同呼吸,共命运,善于做调查研究工作,紧扣时代的脉搏,倾听群众的心声,多写出反映改革开放和社会主义现代化建设的好作品来。

要打好知识根底。知识就是力量。首先要努力掌握与自己的业务工作直接有关的知识,同时,还要博览群书,哲学、政治、经济、法律、历史、文学等方面的书籍都应读一些,科技知识也应尽可能多学一些。希望在我们的新闻队伍中多出一些既懂政治、学识又渊博的编辑、记者、评论员。

要打好新闻业务根底。新闻工作,无论编辑、采访,都需要有业务能力,特别是要有很好的文学修养。现在,报纸上刊登的许多报道,主题好,内容好,语言也很精彩,使人在受教育的同时,也得到美的享受。但是也有一部分新闻作品,不讲究辞章文采,文字干巴巴的，翻来覆去老是那么几句套话，也有的哗众取宠，乱造概念，词句离奇，使人看不懂，这种不良文风应加以纠正。要大力提倡新闻工作者苦练基本功。

在新的历史时期，仍要坚持发扬党的新闻工作的优良作风。一是敬业的作风，热爱党的新闻事业，献身党的新闻事业。二是实事求是的作风，报实情，讲真话。三是艰苦奋斗的作风，不怕苦，不怕累，有时还要不怕危险、不怕牺牲。四是清正廉洁的作风，自觉抵制拜金主义、享乐主义、个人主义思想的侵蚀，恪守职业道德，坚决反对搞有偿新闻。五是严谨细致的作风，一丝不苟，精益求精，严防差错。六是勇于创新的作风，新闻事业是常干常新的事业，是有着广阔的驰骋空间的事业，在坚持党的新闻工作的基本方针和原则的前提下，新闻工作者应当不断开拓新的报道领域，不断探索新的报道形式，不断采用新的报道手法，不断写出富有新意的优秀作品。人民日报编委会鼓励和组织大家钻研业务，多出精品，这是值得提倡的。

人民日报社人才济济。现在，许多老同志退下来了，在岗位上的大多数是中青年同志。中青年同志思想活跃，创新意识比较强，党的新闻事业的未来和希望寄托在他们身上。中青年新闻工作者要充分发挥自身的优点和长处，也要看到自己的弱点和不足，自觉地扬长补短，继承和发扬老一辈新闻工作者的好传统好作风，在政治上、业务上尽快成熟起来。报社的领导要更加重视中青年工作，给他们压担子，努力为他们奉献才华、尽快成才创造条件，努力培养一支政治强、业务精、纪律严、作风正的新闻队伍。

全党办报，群众办报，是我们党一贯的方针。在新的历史时期，要结合新形势、新实践，更好地贯彻这一方针。人民日报社的同志在集中精力办好报纸的同时，要努力搞好经营和管理。各级党委和政府要更加关心人民日报、支持人民日报，为把人民日报办得更好做出积极的贡献。

（1996年9月26日江泽民视察人民日报时的讲话）

建设有中国特色的社会主义，必然要求我们建立有中国特色的现代城市管理模式，努力造成一个秩序井然、市民安居乐业的社会环境。现在有些城市地区犯罪率上升很快，恶性案件时有发生，社会治安状况不好，甚至出现了带黑社会性质的犯罪活动，必须引起我们的高度重视。有些国家过度城市化引起的交通拥挤、城市污染、城市周围棚户区蔓延等问题，我们也应引为鉴戒。

城市的建设，必须坚持两个文明一起抓的方针，实现经济和社会协调发展。对城市管理中存在的各种问题，要坚持标本兼治。我们过去有一条很好的经验，就是把群众组织起来，建立起有效的管理机制。要大力加强城市社区建设，充分发挥街道办事处、居委会的作用。五六十年代，它们曾作出过很大贡献，在新的时期要进一步发挥它们在加强城市管理、维护城市秩序中的重要作用。必须建立起有效的组织管理体制，把城市流动人口管好，使他们成为促进城市发展的劳动力资源。

上海确定的发展目标提出，到2010年要把上海建设成国际经济、金融、贸易中心之一，初步确立上海国际经济中心城市的地位。希望你们努力奋斗，不断创造新鲜经验，为全国的改革和建设作出更大的贡献。

（1996年3月8日江泽民参加全国人大会议同上海代表团讨论时的讲话）

改革开放17年来，我国的经济迅速发展，提前五年实现了原定到本世纪末国民生产总值比1980年“翻两番”的战略目标。尤其是“八五”期间，我们坚持贯彻“抓住机遇、深化改革、扩大开放、促进发展、保持稳定”的基本方针，开创了社会主义现代化建设的新局面。现在，全国安定团结，到处生机勃勃。这些成就的取得，最根本的是在中国共产党的领导下，在邓小平同志建设有中国特色社会主义理论和党的基本路线指引下，成功地走出了一条适合中国发展的正确道路，是全国各族人民团结一心、艰地奋斗、开拓进取的结果。我军的革命化现代化正规化建设，在新形势下得到进一步加强，为改革开放和现代化建设提供了可靠的安全保证，同时广大指战员积极参加国家重点工程建设，承担了许多危难险重任务，开展了多种形式的扶贫帮困和科技支援活动，为国家的发展作出了重大贡献。

当前，国际形势总体上趋向缓和，多极化趋势进一步发展，经济因素在国际关系中的地位和作用上升，和平与发展仍是世界的主流。这为我们继续推进改革开放和现代化建设提供了有利的外部条件。现在距我国政府对香港恢复行使主权的时间愈来愈近。人民解放军进驻香港，是我国政府对香港恢复行使主权的象征，政治影响很大。我们要按照第一流的标准，加强驻香港部队的全面建设，确保这支部队在1997年7月1日以威武、文明的形象，出现在香港社会。解决台湾问题，我们的基本方针就是邓小平同志提出的“和平统一、一国两制”,但不承诺放弃使用武力。

为了适应新的形势和任务的需要,我们必须大力加强军队建设,强调加强质量建设,走有中国特色的精兵之路,增强防卫作战能力。要切实抓好思想政治建设、战备训练、武器装备建设、管理教育、后勤保障和后备力量建设,全面提高部队战斗力,把我军的革命化现代化正规化建设提高到一个新的水平。

要把军队建设好,完成我军担负的任务,关键是把各级干部队伍尤其是高中级干部队伍搞坚强。这是有战略意义的大事,必须一抓到底,切实抓好。军委批转了《总政治部关于加强军队高中级干部教育管理的意见》,关键是要按照这个《意见》一一落实。对领导干部特别是高中级干部来说,首要的职责就是要注意讲政治,因为这是我们正确进行并做好各项工作的重要保证。去年以来,我在一些会议上,在一些省市和部队考察时,多次强调领导干部一定要讲政治。军队讲政治,标准应该更高一些,要求应该更严一些。因为只有这样,我军才能保持人民军队的性质,忠实履行自己的职责。必须明确,讲政治不是简单地重复一些政治口号,而是要与实际工作紧密地有机地结合起来,把它落到实处。首先,要把讲政治的要求落实到领导干部的自身建设上来,最重要最根本的,是要做到这样几条:一是必须坚持学习马列主义、毛泽东思想,特别是邓小平同志建设有中国特色社会主义理论。邓小平同志这一理论,是马列主义、毛泽东思想在新的历史条件下的继承和发展,是当代中国的马克思主义,是全党和全国各族人民进行社会主义现代化建设和实现民族振兴的强大精神支柱,是我们战胜前进道路上一切困难和风险包括克服各种错误的思潮与倾向,不断把我们的改革和建设事业引向胜利的强大思想武器。在改革开放和现代化建设的整个过程中,都要始终坚持用邓小平同志建设有中国特色社会主义理论武装我们的思想,指导我们的工作,在这个根本的政治问题上,任何时候都不能有丝毫含糊和动摇。二是必须坚持党对军队的绝对领导,坚决贯彻执行党的路线方针政策,坚决听从党中央、中央军委的指挥,在任何时候、任何情况下,都要听招呼,守规矩,同党中央保持一致。三是在腐朽思想文化侵蚀面前,必须始终保持共产党人的政治本色和浩然正气,坚持廉洁自律,拒腐蚀、永不沾,在群众中树立良好的形象。

同时要把讲政治的要求努力落实到部队的各项建设中去。抓工作要善于从政治上考虑问题,对部队要从政治上严格要求。比如,选拔干部,要坚持政治标准第一的原则,真正把那些听党的话、德才兼备的干部选拔上来。征集兵员,要严格政治审查。

江泽民强调,社会主义精神文明是建设有中国特色社会主义的重要组成部分和本质特征。精神文明建设搞好了,就能为经济建设提供强大的精神动力和智力支持。在我国改革开放和现代化建设不断深入的历史条件下,把社会主义精神文明和民主法制建设摆在更加突出的位置,具有特殊重要意义。在社会主义现代化建设的整个进程中,我们都要坚定不移地贯彻邓小平同志“两手抓、两手都要硬”的思想,在大力推进物质文明建设的同时,高度重视精神文明建设。中央已经决定,党的十四届六中全会,将专门研究社会主义精神文明建设主要是思想道德建设和文化建设问题。

我军历来强调要具有高度的思想觉悟,良好的道德风尚,严明的组织纪律,并在长期的革命斗争实践中形成了一整套优良传统和作风。我多次讲过,军队要在社会主义精神文明建设方面起带头作用,走在全社会的前列。这些年来,军队精神文明建设总的来说是抓得好的,在理论学习、思想道德建设、科学文化学习以及新闻、出版和文艺工作等方面,都取得了明显成绩,总结了不少好的经验,涌现了一大批先进典型,对全社会的精神文明建设起到了良好的影响和推动作用。但是也要看到,改革开放越深入,物质文明越发展,对精神文明建设的要求也就越高。因此,我们军队的精神文明建设必须进一步加大力度,争取更大的成绩。精神文明建设的内容很多,最根本的是用邓小平同志建设有中国特色社会主义理论武装全军,下功夫提高广大官兵的思想道德素质和科学文化素质。要紧密结合新形势下干部战士的思想实际,采取多种形式,把爱国奉献、革命人生观、尊干爱兵和艰苦奋斗教育搞得更加生动、扎实、有效。特别是要大力宣传具有时代特点的先进典型,教育引导广大干部战士牢记全心全意为人民服务的宗旨,树立正确的世界观、人生观、价值观,自觉抵制腐朽思想文化的侵蚀和“酒绿灯红”的影响,坚定理想信念,提高思想政治觉悟。还要大力倡导和切实组织好部队的科学文化学习,使广大干部战士努力掌握现代科学技术和军事高科技知识。总之,我们要把人民解放军这所大学校办得更好,在全军形成一个学政治、学军事、学科学、学文化的浓厚气氛,努力培养更多的有理想、有道德、有文化、有纪律的社会主义新人。

领导干部要讲究思想方法,学习马克思主义哲学,学习唯物辩证法,注意防止和克服认识上与工作中的片面性。有些同志思想方法上容易从一个极端走到另一个极端，比如谈形势，一讲成绩，就容易沾沾自喜，高枕无忧；一讲问题，就容易失去信心，垂头丧气。所以要把思想方法搞正确，要学会全面地认识和把握问题，善于透过现象看主流、看本质。

领导干部要改进工作作风，努力防止和克服形式主义。要密切联系群众，及时了解群众的要求，经常关心群众的工作和生活。少搞大型活动，少搞不必要的评比会、表彰会，少开一般性的现场会，把主要精力和更多的财力、物力用到基层建设上去，努力为基层服务。

（1996年3月8日江泽民与参加全国人大会议解放军代表团讨论时的讲话）

今年元旦，《解放军报》迎来了40周年生日。今天，我和军委其他几位同志来看望大家，向同志们表示热烈的祝贺！并通过你们向报社的全体工作人员，致以亲切的慰问！

《解放军报》是全国很有影响的一张报纸。自1956年1月1日创刊以来，一直得到党中央、中央军委的重视和关怀。毛泽东同志亲自题写了报名；邓小平同志对《解放军报》取得的成绩给予过充分的肯定。现在，军委对《解放军报》的工作和建设是很重视的。《解放军报》社的全体同志为办好这张报纸付出了大量的心血。40年来，你们履行了军委机关报的职责，坚持了正确的办报方向，为鼓舞官兵士气，提高部队战斗力，推进我军革命化、现代化、正规化建设，作出了重要的贡献。同时，《解放军报》也为展示人民军队的风貌，让全国乃至世界了解我们这支军队，发挥了很好的作用。可以说，《解放军报》的业绩在军队和党的整个新闻事业发展史上写下了重要的篇章。

我们党历来十分重视宣传教育工作，重视新闻舆论事业。毛泽东同志早就说过："报纸的作用和力量，就在它能使党的纲领路线，方针政策，工作任务和工作方法，最迅速最广泛的同群众见面。"不管在革命战争年代，还是在社会主义建设时期，他都倾注了相当大的精力抓新闻工作，亲手审改过许多重要的新闻稿件，亲自撰写、发表过许多著名的社论和评论文章。邓小平同志对报纸宣传工作做过许多重要指示，他曾经讲过："报纸真的同实际、同群众联系好了，报纸办好了，对领导是最大的帮助"。《解放军报》是中央军委机关报，是我国武装力量的喉舌，是我军舆论宣传工作的一个十分重要的阵地。在新的历史时期，要把我国建设成为富强、民主、文明的社会主义现代化国家，要把我军建设成为一支强大的现代化、正规化的革命军队，《解放军报》在舆论导向方面的地位十分重要，作用十分突出。报社的全体同志要充分认识肩负的重大责任，发扬几十年来办报的好传统、好作风，努力把《解放军报》办得更好，完成好党和人民赋予的光荣使命。

办好《解放军报》，首要的一条，就是必须坚持鲜明的党性原则。我军是执行革命政治任务的武装集团，是党绝对领导下的武装力量。我军的性质和特点，决定了《解放军报》在坚持党性原则上，不允许有任何的含糊和动摇。最近，中央多次强调，高级干部一定要讲政治，在政治问题上必须头脑清醒。毫无疑问，在党的新闻工作中同样要强调这个问题，这是新的形势和任务提出的必然要求。毛主席过去讲过："搞新闻工作，要政治家办报。"这一指示精神至今仍然具有重要的指导意义。新闻作为一种意识形态，作为宣传、教育、动员人民群众的一种舆论形式，总是直接或间接地反映我们党和国家的政治立场、政治主张和政治观点。《解放军报》是一张政治性很强的报纸，又具有公开性、广泛性和及时迅速等特点，受到国内外各方面的关注。我们的报纸办得好，可以对党的路线、方针、政策和任务起到有力的宣传、贯彻作用，对群众起到极大的动员、鼓舞作用，对先进的东西起到积极的倡导弘扬作用，对错误的东西起到及时的制止、纠正作用，还可以对科学知识起到广泛的传播、普及作用。如果办得不好，尤其是政治上出了偏差，那就会像古人所说的"谬误出于口，则乱及万里之外"，不仅容易把人们的思想搞乱，有的还可能在国内外造成不良影响。因此，报社的同志，必须讲政治，必须具有良好的政治素质，具有很强的政治鉴别力和政治敏锐性，必须树立高度的政治责任感。每个同志都要自觉地在思想上、政治上与党中央保持一致，在任何复杂多变的形势面前，都要保持清醒的头脑。这是坚持正确的办报方向，始终保持正确的舆论导向的关键所在。我们要充分利用《解放军报》这块阵地，大力宣传邓小平同志建设有中国特色社会主义理论和党的基本路线，大力宣传毛泽东军事思想和邓小平新时期军队建设的思想，大力宣传党的各项方针政策，大力宣传党中央、中央军委的各项指示和要求。当然，强调讲政治，并不意味着简单地重复一些政治口号，搞一些空洞的东西。要讲究宣传艺术，增强吸引力、感召力和说服力，把报纸办得生动活泼，喜闻乐见。

办好《解放军报》，必须坚持为国家和军队现代化建设服务，为巩固和提高部队战斗力服务的基本方针，办出自己的特色。要宣传和讴歌广大官兵在执行党的路线和加强军队建设中所展示的良好精神风貌，宣传和讴歌他们中间涌现出的先进人物的感人事迹。《解放军报》要很好地发挥自己的优势，跟上我军革命化、现代化、正规化建设的步伐，紧贴部队的生活实际，反映官兵的愿望和要求，在军队建设中真正起到指导、激励、鼓舞和促进作用。因此，我们的编辑、记者同志，一定要加强学习，深入实际，深入基层，到火热的现实生活中去，体察官兵的真情实感，从实践中不断吸取丰富的营养。这样，才能深入地宣传党的基本理论和基本路线，及时准确地反映基层的呼声和愿望，提供具有时代特色的信息，使《解放军报》更好地成为广大官兵的良师益友。

办好《解放军报》，需要有一支政治强、业务精、纪律严、作风正的新闻队伍。《解放军报》经过40年的努力奋斗，不仅积累了许多好的办报经验，形成了一套好的作风和传统，而且培养造就了一支好的新闻队伍，涌现了一批在军内外都有影响的名记者、名编辑、名评论员。这是很宝贵的，也是你们进一步办好报纸最为有利的条件。但是不能满足，要适应新时期新闻舆论工作的需要，高标准地搞好新闻队伍建设。首先是要加强学习，学政治、学军事、学文化、学新闻业务，不断提高自身的素质。新闻工作有很深的学问，涉及方方面面的知识。一个称职的新闻工作者，必须始终保持坚定正确的政治方向，努力做到知识广博，视野开阔，才能在新闻领域里得心应手，纵横驰骋。这里，我要特别强调一下学习高科技知识的问题。现代科学技术的发展日新月异，如果不努力学习和掌握高科技知识，就不能把握新时期军队建设规律，也会影响做好舆论引导工作。再就是要讲究职业道德，树立新闻工作者的良好形象。新闻工作是教育人的，所以新闻工作者也应当成为“人类灵魂工程师”。这就要求我们要树立正确的世界观、人生观、价值观，自觉抵制腐朽思想文化的侵蚀与影响。如果我们的记者、编辑自身没有好思想、好作风、好形象，写出来的文章就不会有说服力、感召力，还会损害报纸的形象。还有一点特别重要，就是要严格按照党中央、中央军委的要求办报。报社的同志要有很强的国家利益观念，严守党、国家和军队的秘密，严守新闻宣传纪律，尤其在对外交往中要慎之又慎。

在新的历史时期，《解放军报》担负的任务是十分光荣而艰巨的，党中央、中央军委寄以厚望，全军指战员和广大读者也很关注。我希望报社的全体同志，以这次40周年纪念活动作为新的起点，发扬成绩，再接再厉，把《解放军报》办得更有特色、更受读者欢迎，在军队建设中发挥更大的作用。

(1996年1月2日江泽民在接见《解放军报》社师以上干部时的讲话)

我们的目标是建立一个富强、民主、文明的社会主义现代化国家。我们所说的法制是中国的法制，是以中国的宪法和法律为基础和准绳，而不是美国的法律或英国的法律。我们的民主是适合于中国情况的民主，而不是英国的民主或美国的民主。我们认为，我国的人民代表大会制度以及中国共产党领导的多党合作和政治协商制度最适合中国的情况。坚持和不断完善这些制度，将会进一步推进我国的社会主义民主和法制建设。

世界上有不同的人权观，1993年6月通过的《维也纳宣言和行动纲领》既承认人权的普遍性，也承认人权的特殊性，承认“发展权是一项普遍的、不可分割的权利，也是基本人权的组成部分”。因此，不能简单地认为人权只是一种政治权利。它还应该包括生存权、发展权，对发展中国家来说尤其如此。所以，要求世界各国都接受西方的价值观，让世界上4/5的人口来接受1/5人口的人权观，这是不合理也是不可能的。世界已经发生了深刻变化，一个国家采取什么样的社会制度、走什么样的发展道路，应该由这个国家的人民根据自己的国情来决定。应该学会承认世界的多样性，承认各国之间的差异，相互尊重，求同存异。

中国经济的发展和经济体制的改革，必然伴随中国政治体制改革的进一步深化，使得政府更加有效率，使人民群众有更多当家作主的权利。中国的政治体制改革决不是照搬西方的模式，而是要适合中国自己的国情，具有中国的特色。

(1996年6月7日李鹏接受英国《金融时报》亚洲主编蒙塔尼翁采访时的讲话。6月25日《人民日报》)

中央国家机关召开第十一次党的工作会议，研究贯彻党的十四届六中全会精神，加强中央国家机关精神文明建设问题，非常重要。国务院很重视，今天几位副总理和国务委员都来参加。希望同志们认真学习六中全会精神，联系实际，制定具体措施，把中央国家机关精神文明建设提高到一个新的水平。

中央国家机关在改革开放和现代化建设中肩负重任，必须在建设物质文明的同时，搞好精神文明建设。我国经济和社会发展之所以能取得显著成就，靠的是什么？从根本上说，靠的是邓小平建设有中国特色社会主义的理论和党的基本路线，靠的是坚持“两手抓，两手都要硬。”中央国家机关中，有直接从事精神文明建设的部门，如科学、教育、文化、艺术、广播影视、新闻出版和社会科学研究等部门，当然必须全面贯彻落实六中全会精神和各项具体要求。但精神文明建设不只是这些部门的事，经济部门也责无旁贷。经济部门在制定政策、处理问题的时候必须摆正两个文明建设的关系，不仅要有利于经济的发展，而且要有利于精神文明建设。任何时候，都不能以牺牲精神文明为代价换取经济一时的发展。这是经济部门特别需要加以注意的问题。落实六中全会精神，经济部门首先要把本部门的精神文明建设抓上去，还要积极参与、支持和配合全社会的精神文明建设。昨天闭幕的中央经济工作会议，要求各级政府和有关部门在制定工作计划时，对精神文明建设作出具体安排，提供必要的物质保障，争取精神文明建设明年就能出现一个新气象。一定要按照这个要求办。

中央国家机关精神文明建设状况如何，对全国具有重要影响。因此，要求中央国家机关在精神文明建设中为地方机关做出表率，中央国家机关的公务员为地方各级公务员做出表率。中央国家机关党工委提出，明年以“创优质服务、优良作风、优美环境的文明机关、做人民满意的公务员”为主要目标，广泛开展群众性的精神文明建设活动，这个思路很好，要下功夫，扎扎实实地开展好，做出实效来。下面，我就这个问题，讲几点意见。

**一、建设文明机关，核心是提高办事效率，提供优质服务**

首先要为党中央、国务院提供优质服务。一方面是保证上情下达，不折不扣地贯彻执行党中央、国务院的指示，顾全大局，维护中央的权威，有令则行、有禁则止，保证政令畅通；另一方面是要下情上达，及时、准确地反映下面的情况，为党中央、国务院提供决策依据和建议。

同时要为地方、为基层提供优质服务。对地方来上面办事的同志要热情接待，按政策规定该办的事，要公正地办，高效率地办，努力克服中央国家机关中存在的工作互相推诿、扯皮、拖沓、应付等官僚主义现象，坚决纠正吃拿卡要、徇私舞弊的行为，彻底改变那种“门难进、脸难看、话难听、事难办”的“衙门作风”，树立密切联系群众、勤政务实、廉洁奉公的良好形象。要时刻记住，我们的权力是人民给的，只有全心全意为人民服务的义务，绝不能用来谋取个人或小集团的私利。要严格防止把经济活动中的商品交换原则引入党的政治生活和中央国家机关的政务活动，坚决制止政府机关和公务员队伍中存在的以权谋私、权钱交易等腐败现象。优质服务和严格掌握政策是一致的，不能办违反国家法律和政策规定的事。要坚决纠正损害群众利益的部门和行业不正之风。各部门党组织和行政领导对此应切实负起责任来，采取有力措施，争取尽快见到成效。

要搞好服务，就必须调查研究。没有调查研究就没有发言权，更没有决策权。中央国家机关必须深入基层，到工农群众中去，到贫困地区和困难企业中去，了解广大群众在想什么，关心什么，有什么困难，要求解决什么问题。目前，中央国家机关存在着一些值得注意的问题。例如，有的不重视调查研究，很少下去，往往坐在办公室里靠拍脑袋指导工作；到沿海发达地区或大中城市比较多，到中西部地区特别是贫困地区比较少。下去调查研究的，也往往是层层听干部汇报，不直接接触广大工农群众，听取人民呼声，这种蜻蜓点水、浮皮潦草的调查研究是难以了解真实情况的，也达不到调查研究的目的。

**二、要建设一支高素质的公务员队伍**

高素质的公务员才能成为人民满意的公务员。公务员是党的路线、方针和政策的执行者，政治上必须坚定，有远大的共产主义理想，走建设有中国特色社会主义的道路，始终在政治上和中央保持一致。中国的公务员制度有别于西方国家的公务员制度，我们要求公务员忠于党、忠于政府，为人民谋利益，而绝不允许搞西方所谓的“政治中立”那一套，因为这从根本上违背了中国的国情和为人民服务的宗旨。

中央国家机关公务员是人民的公仆，必须保持高尚的思想道德品质，牢固地树立正确的世界观、人生观、价值观，为人民的利益而工作。人总是要有一点精神的，封建时代有责任感的官吏尚且讲“先天下之忧而忧，后天下之乐而乐”，何况我们的共产党员、中央国家机关的公务员呢？我们应当有更高的思想境界，按照小平同志所讲的发扬大公无私、服从大局、艰苦奋斗、廉洁奉公的精神，坚持共产主义理想和共产主义道德，为国家的强盛、民族的振兴、人民的幸福而努力奋斗。中国仍然是一个发展中国家，基础还比较薄弱，农村还有6000多万人没有解决温饱问题，我们肩上的担子很重。在这种情况下，中央国家机关的公务员绝不能松懈斗志，追求个人的价值和物质享受。要坚决反对拜金主义、享乐主义和个人主义，自觉抑制各种腐朽思想和生活方式的侵蚀与渗透，时刻牢记全心全意为人民服务的宗旨，保持旺盛的工作热情和无私奉献的精神，脚踏实地做好每一件工作。中央国家机关公务员的一切言论行动，必须合乎广大人民群众的利益，所作所为应为广大人民群众所拥护。一切不利于人民利益的事情都要坚决反对，一切有利于人民利益的事情都要排除万难尽力去做。毛泽东同志说过，一个人的能力有大小，但只要有这点精神，就是一个高尚的人，一个有益于人民的人。我们中央国家机关的公务员就是要做这样的人。

中央国家机关公务员要努力精通业务，掌握为人民服务的本领。随着社会主义现代化建设事业的发展和社会主义市场经济体制的建立，中央国家机关在经济和社会发展宏观管理中的任务越来越重，遇到的新情况新问题会很多，对公务员业务素质的要求也会越来越高。公务员必须不断增加知识和积累经验，努力成为本行业、本专业的专家。

中央国家机关必须加强纪律性，对所属的公务员严格进行管理。公务员担负着重要的任务，一旦出问题，会造成很大的影响和损失。因此，在强调公务员自律的同时，各部门要按照有关规定加强对公务员的管理和监督。对出现的不良思想倾向和问题，要及时教育和适当处理，做到防微杜渐；对违法乱纪行为，要按照党纪国法予以查处，以保证我们的公务员队伍成为一支高效、廉洁、精干，党和人民满意的队伍。

高中级公务员在精神文明建设中要成为各级公务员的表率。高中级公务员手中掌握着比较大的权力，这应该成为为人民服务的条件。但是有的人没有经受住权力、金钱、美色的考验，腐化变质，既断送了自己，也损害了党和政府的形象。如果一个部门的领导自身不正，甚至腐化堕落，整个部门就会“软、懒、散”，缺乏战斗力，甚至会垮掉烂掉。因此，高中级公务员一定要自重、自省、自警、自励，做到以身作则，言行一致。凡是国家要求所有公务员做到的，高中级公务员要带头做到；凡是要求别人做到的，自己要首先做到；凡是党和国家的政策、法律、法规所禁止的，与社会主义、共产主义道德风尚不相符的甚至相悖的事，坚决不做。同时要管好自己的亲属和身边的工作人员，自觉接受党和人民的监督，接受本部门党组织和群众的监督。还必须对本单位的精神文明建设负起责任来，既要严格自律，又要带好班子；既有一般号召，又有具体措施，一级做给一级看，一级带着一级干。只有这样，才能带出一支高素质的、有战斗力的公务员队伍。在国务院召开的反腐败工作会议上，我曾提出，要求政府工作人员，特别是领导干部，要做到多学习、少应酬，查实情、办实事，重质量、讲效率，顾大局、守纪律。这几点应该成为人民满意的公务员的起码要求。

**三、要切实加强中央国家机关的自身建设**

要大兴学习之风。在我国实现现代化和建立社会主义市场经济体制这一前无古人的、创造性的伟大事业中，中央国家机关及其公务员担负着重要责任，必须不断学习。首先要学习马列主义、毛泽东思想和邓小平建设有中国特色社会主义的理论，掌握观察事物的科学方法，增强分清理论是非、政治是非的能力，提高运用党的基本理论、基本路线解决实际问题的水平。要学习社会主义市场经济知识和法律知识，学习科学技术，学习自己所担负工作所必需的专业知识。有些部门和岗位还要学习外语和计算机。

现在实行双休日。为公务员开展学习提供了时间。希望大家根据自己的实际情况，有重点、有计划地安排学习，做什么学什么，缺什么补什么。一个人能利用工作之余长期坚持学习，他的水平就会不断提高，就会不断进步。有些同志总说自己工作忙，抽不出时间学习。实际上只要下决心，不搞那些不必要的应酬，取消那些华而不实的形式主义，就完全可以挤出时间来学习。

要努力丰富公务员的文化生活。文化生活是目前机关精神文明建设的一个薄弱环节。机关公务员每天基本上是从家到单位，从单位再回家，两点一线，机关文化娱乐活动很少，气氛也不太活跃。实行双休日后，业余时间增多，除去一部分时间用于学习外，还有一些时间。因此，各部门应从本单位的实际情况出发，主动地组织开展多种形式的、健康的文娱活动，丰富公务员的业余生活。在这方面要增加一点投入，提供必要的物质条件。

要关心和帮助公务员解决实际困难。目前国家机关公务员的工薪不算高，还有这样或那样的实际困难。各部门的领导要尽力帮助机关公务员解决诸如在住房、交通、子女入托和上学等方面存在的困难。解除他们的后顾之忧，使他们能集中精力做好工作。

**四、要充分发挥机关党组织的作用**

各部门的领导要带头学好中央决议，进一步认识精神文明建设在社会主义现代化建设中的作用，提高两个文明建设一起抓的自觉性，克服在实际工作中忽视精神文明建设的现象。各部门党组、党委和行政领导要对本部门精神文明建设切实负起领导责任，根据六中全会精神，制定本部门的具体措施，解决存在的问题，把精神文明建设扎扎实实地推向前进。

各部门机关党委要协助党组做好精神文明建设的落实工作。要动员广大党员在精神文明建设中发挥先锋模范作用；要做好思想政治工作，把精神文明建设的各项任务落到实处；要做好对党员尤其是党员领导干部的监督管理工作和对青年党员的教育工作，从严治党；在群众性精神文明建设中发挥好组织和激励的作用。

机关工会、共青团、妇联等团体应在机关党委的领导下，结合各自组织的特点，有针对性地开展建设文明机关的群众性活动。

中央国家机关党工委在党中央的领导下，各部门机关党委在党组的指导下，做了大量工作，保证了党中央、国务院指示的贯彻落实和本部门中心工作的顺利完成。在这里，我代表党中央、国务院向各部门机关党委的同志们表示亲切的问候。

明年是在我们党和国家历史上具有重大意义和深远影响的一年，我国恢复对香港行使主权和召开党的十五大是两件大事，我们面临的任务是繁重的。希望中央国家机关各部门、各级党组织，在邓小平建设有中国特色社会主义理论和党的基本路线的指导下，在以江泽民同志为核心的党中央领导下，坚决按照党中央、国务院的部署，完成本部门的各项任务，建设文明机关，做人民满意的公务员，为促进两个文明建设做出新的贡献。

（1996 年 11 月 25 日李鹏在中央国家机关第十一次党的工作会议上的讲话）

## （二）加强党的建设，把反腐败斗争引向深入

这次会议是一次很重要的会议。中央对这次会议很重视。会前，中央政治局常委会和中央政治局先后听取了汇报，讨论研究了纪检监察工作方面的重大问题。尉健行同志的工作报告，讲得很好。我完全同意。下面，我讲四个问题。

**一、在新形势下党的纪律检查机关担负着重大责任**

党的十四届五中全会，在正确分析国际国内形势的基础上，提出了我国今后五年和十五年社会主义现代化建设的宏伟目标。将要召开的八届全国人大四次会议要审查、批准“九五”计划和 2010 年远景目标纲要。这个目标能否达到，直接关系到我国社会主义现代化建设的发展前途。现在全党围绕贯彻落实五中全会精神和中央的部署，正在聚精会神地积极工作，各地方、各部门的工作都在展开，整个形势很好。

我国的现代化建设是在复杂多变的国际环境中进行的，既面临着良好的历史机遇，又面临着严峻的挑战。在国内，我们又处在一个继往开来的关键时期，在前进的道路上不可避免地会遇到很多前所未有的新矛盾、新问题。我们党是我国社会主义现代化建设的坚强领导核心。实现跨世纪的宏伟目标，关键在于我们党。在新的历史条件下和新的国内外环境中，努力保持我们党的工人阶级先锋队性质，不断增强党的凝聚力和战斗力，切实提高党的执政水平和领导水平，这是决定社会主义在中国巩固和发展的根本问题。只有坚定不移地坚持党的领导，加强党的建设，才能牢固地团结全国各族人民，抓住时机解决中国的发展问题，战胜一切困难，把建设有中国特色社会主义的伟大事业不断推向前进。

我们一定要按照党的十四届四中全会确定的目标，把党建设成为用邓小平同志建设有中国特色社会主义理论武装起来、全心全意为人民服务、思想上政治上组织上完全巩固、能够经受住各种风险、始终走在时代前列的马克思主义政党。各级党委务必从战略和全局的高度认识抓好党的建设的极端重要性，继续全面贯彻党的十四大和十四届三中、四中、五中全会精神，牢牢把握经济建设这个中心不动摇，紧紧抓住党的建设这个关键不放松，坚持从严治党，着力解决好党的建设中存在的突出问题。党的思想建设、组织建设、作风建设是一个有机的整体。加强党风和廉政建设，是加强党的建设和政权建设的一项重大政治任务，必须抓紧抓好。

党的十四大以来，中央进一步明确了反腐倡廉工作的指导思想、目标要求、基本方针和工作格局，并相继采取了一系列重大措施，取得了阶段性成果，在一些方面遏制了消极腐败现象蔓延的势头。特别是去年，中央直接抓了王宝森犯罪案件和陈希同严重错误的处理，在党内外都产生了积极反响。反腐败斗争正在深入地向前推进。实践证明，加强党风和廉政建设，进行反腐败斗争，是保持党的先进性和纯洁性，保持党同人民群众密切联系，保证改革开放和现代化建设健康发展的一个不可缺少的重要条件。实践也证明，中央关于反腐败斗争的决策是正确的，我们正在逐步找到一条围绕经济建设这个中心，把反腐败斗争同改革、发展、稳定有机结合起来，依靠自身的力量和人民群众的支持，抵御资产阶级和各种剥削阶级腐朽思想的侵蚀，努力把消极腐败现象减少到最低限度的路子。那种把党风廉政建设和反腐败斗争，同经济建设和改革开放对立起来或者割裂开来，认为抓了党风廉政建设和反腐败斗争，就会冲击、影响经济建设和改革开放的认识，是没有根据

的。

这几年党风廉政建设和反腐败斗争成绩的取得,同纪检监察战线广大同志的努力是分不开的。纪检监察部门在政治上自觉同中央保持一致,坚决贯彻、落实中央的决策和部署,为加强党的建设和政权建设,为维护改革、发展、稳定的全党全国工作大局,为促进改革开放和社会主义现代化建设的顺利进行,作出了重要贡献。我们的纪检监察队伍是一支可以信赖的、有战斗力的好队伍。其中有一批特别能战斗的优秀分子,他们政治上强,坚持原则,工作认真负责,坚决同各种歪风邪气和腐败分子作斗争,不愧是维护党和人民利益的坚强卫士。这里,我代表中央,向纪检监察战线的全体同志表示感谢和问候。

近几年揭发出来的问题说明,腐败现象对我们党政机关和干部队伍的侵蚀是严重的。党内外广大干部群众对此深感忧虑,表现了对我们党的关心、爱护和支持。腐败是一种历史现象,不会在短时期内完全消除。全党同志一定要树立长期作战的思想,又要有现实的紧迫感。在改革开放和现代化建设的全过程中,都要坚持不懈地加强党风和廉政建设,坚持不懈地深入开展反腐败斗争。在这方面,党的纪律检查机关担负着重大责任。要不断总结经验,提高维护党的纪律、同腐败现象作斗争的本领,把工作做得更好。

**二、按照中央确定的工作格局把反腐败斗争引向深入**

关于反腐败斗争的指导思想、工作格局和近期任务,中央已经定下来了。今年的工作,中纪委也已经作了部署。总的要求是,以邓小平同志建设有中国特色社会主义理论和党的基本路线为指导,紧紧围绕经济建设这个中心,坚持标本兼治、综合治理,把加强思想政治教育、查处大案要案、健全制度和严肃党纪政纪结合起来,既防范于前,又惩戒于后,打好一个一个的阶段性战役,一步一步地把斗争引向深入。新的一年里,各级党委和政府要继续抓好纪检监察工作,保证中央经济工作会议确定的1996年经济工作方针任务落到实处,特别要抓好领导干部的廉洁自律、查处违法违纪案件、纠正部门和行业不正之风这三项工作,务必取得实效。

关于领导干部廉洁自律。党是整个社会的表率。党的各级领导同志又是全党的表率。以身作则,廉洁自律,是各级领导干部必须具备的品格,也是党和人民对他们的起码要求。现在,我们的各级领导干部绝大多数是好的或比较好的,腐败分子是极少数。近两年中央作出廉洁自律的一系列明确规定后,大多数领导干部能够自觉遵守,吃喝风有所收敛,超标准用车基本得到控制。但也有的不听、不办。有的地方扶贫任务很重,农民温饱问题没有解决,一些企业职工发工资都困难,还花费大量资金购买高级进口小轿车,供领导干部使用。有的地方党政机关造很高级的办公楼、高级住宅。有的领导干部超标准装修住房。这些同志脑子里究竟在想什么?连自己都管不住、管不好,怎么去管别人、要求别人廉洁自律呢?我们的领导干部特别是高级干部,无论在工作中还是日常生活中,都要严格要求自己,时刻注意检点自己的言行,以高尚的道德情操,为广大党员和干部树立好的榜样。中央关于领导干部廉洁自律的各项规定,所有领导干部都必须不折不扣地做到。如果做不到,就没有资格当领导干部。主要领导成员不仅要管好自己,而且要带好领导班子,并对本地区、本单位的党风和廉政建设工作全面负责。领导干部还要管好配偶、子女和身边工作人员,发现他们当中有违法违纪的,不得说情、包庇和袒护,要积极支持有关部门查处。

关于查处违法违纪案件。今年要进一步加大工作力度,继续认真查处大案要案,震慑违法犯罪分子,教育广大干部、党员,鼓舞人民群众的信心。查处的重点,仍然是党政领导机关、行政执法机关、司法机关、经济管理部门和县(处)级以上领导干部的违法违纪案件。尤其要集中力量查处贪污、贿赂、挪用公款、骗税、套汇、走私、贪赃枉法,以及严重失职渎职和严重虚报浮夸等案件。对于发案率较高、大案要案较多的金融、证券、房地产、土地出租批租、建筑工程承发包等领域,要组织力量进行执法监察和专项检查。各级党委和政府要高度重视办案工作,进一步加强领导,加强办案责任制。发现严重违法违纪的,不管涉及谁,都要一查到底。各级党政主要领导要经常过问大案要案的查处工作,帮助排除重大案件查处中遇到的障碍。对瞒案不报、压案不办、捂案不结和干扰办案的,要严肃处理。哪里有严重问题不查处,就追究那里领导的责任。我这里要强调一下,现在存在的漏洞不少,要特别注意研究解决领导和管理上存在的问题。有些犯罪分子,群众对他们的问题已经有所反映,却还继续得到提拔、重用,这些现象很值得深思。凡是查出这样案件的地方和部门,都要弄清楚这些人是怎么上来的,怎么受表彰的,认真总结经验教训,采取措施避免这类现象继续发生。问题严重的地方和部门,首先要把那里的党组织整顿好。

关于纠正部门和行业不正之风。这项工作,既要巩固已有的成果,又要取得新的进步。要着重强调两点。一是要重点治理乱收费乱摊派问题。已明令取消的收费项目，要按照有关规定抓紧落实好。尤其要狠刹巧立名目，擅自开口子向农民集资、收费，变相加重农民负担的不正之风。这件事中央已经三令五申，要反复抓，彻底解决好。二是要认真清理预算外资金，加强对预算外资金的管理，坚决制止将预算内资金转到预算外。有关部门要尽快完善这方面的管理办法。各部门各行业都要确定今年纠正不正之风工作的目标和重点，坚决克服自身存在的突出的不正之风。各级党委和政府要按照中央经济工作会议的精神，认真贯彻党中央、国务院关于整顿经济秩序，严肃财经纪律的重大决策和措施，集中解决当前存在的财经纪律松弛、经济秩序混乱的突出问题。

现在我们的交通、通讯发达了，可是一些地方的党群、干群关系却疏远了。有的党员和干部把为人民服务挂在嘴上，却不好好工作，热衷于吃喝玩乐，请客送礼，肆意挥霍国家钱财，沉溺于歌厅舞场，甚至参与赌博嫖娼。有的热衷于搞形式主义，作表面文章，只务虚名，不干实事，“无实事求是之意，有哗众取宠之心”。有的为了个人名利热衷于串门子，拉关系。还可以举出一些现象。这样的干部，怎么可能赢得群众信任？怎么可能带领群众前进？大量事实告诉我们，严重脱离群众，思想就会滑坡，消极腐败现象就会滋长蔓延起来。因此，加强党风和廉政建设，深入开展反腐败斗争，必须把进行党的群众路线、群众观点教育，坚持和发扬党的密切联系群众的优良传统放在突出地位。中央各部委和各省、区、市党委，都要从实际出发，认真地抓一抓这件事，有什么歪风就纠正什么歪风。

**三、加强和健全党内监督，增强党组织解决自身问题的能力**

我们党执政以后，特别是在新的历史条件下，能不能成功地解决党内监督问题尤其是对高中级干部的监督问题，是加强党的建设需要解决的一个重要问题。从党的建设的实践看，这方面既有经验也有教训。哪个地方、部门什么时候党内监督工作抓得比较紧，民主集中制执行得比较好，个人专断、滥用职权和“有令不行、有禁不止”的情况就比较少，消极腐败现象也会受到抑制，出了问题一般也能得到及时解决。反之，监督工作薄弱，民主集中制受到破坏，权力被滥用而又得不到制止，往往就会出问题，甚至出大问题。近几年来中央一再强调要重视加强党内监督，从上到下都采取了一些措施，监督工作是有进步的。但是党内监督特别是对高中级干部的监督，仍然是一个薄弱环节。陈希同严重违纪和王宝森经济犯罪案件，以及发生在其他一些地方、部门领导干部身上的类似问题，再次告诉我们：越是改革开放，越要加强和健全党内监督；越是领导机关、领导干部，越要有严格的党内监督。

根据党的十四届四中全会决定的要求和党内生活的实际，当前最重要的是要抓住突出问题，在以下三个方面加强党内监督。一是保证党组织和党员、干部全面正确地贯彻执行党的基本路线、基本方针和各项政策，遵守和维护党的政治纪律，像我们这样一个大党，肩负着这样繁重艰巨的历史任务，如果没有铁的纪律。政治上涣散是十分危险的。全党都要在政治上同党中央保持高度一致，坚决维护中央权威，保证中央的政令畅通。要坚决反对口是心非、阳奉阴违、弄虚作假、虚报浮夸的行为，坚决反对自由主义、传播谣言和小道消息、破坏党的团结的行为。对违反政治纪律的，一定要严肃处理。二是保证党组织和党员、干部正确运用权力，坚持全心全意为人民服务的根本宗旨，无论什么时候都把党和人民的利益放在第一位，绝不允许以权谋私、假公济私、化公为私。三是保证党组织和党员、干部严格遵守和维护民主集中制的各项制度，不论担任何种职务、从事何种工作，都要摆正自己在党内生活中的位置。凡属重大决策、重要干部任免、重要建设项目安排和大额度资金的使用，必须经集体讨论，不准个人或少数人专断。绝不允许自视特殊，违犯党章。这三个方面的监督是紧密相连的。希望各省、区、市委和中央各部委带个好头。过去做得比较好的，今后要做得更好；做得不够的，要尽快加强起来。要努力使正气上升、邪气下降，把党员、干部、群众的积极性进一步调动起来，为建设有中国特色社会主义的伟大事业而奋斗。

为了搞好党内监督，我强调以下几点。

第一，要重点抓好对领导干部的监督，强化领导集体内部的监督作用。邓小平同志讲，党要管党，一管党员，二管干部。对执政党来说，党要管党，最关键的是干部问题。这是非常切中要害的。把干部特别是高中级干部管住管好，至关重要。我们的各级党政领导干部，大都掌握着一定的权力。这种权力都是人民赋予的，只能用来为人民谋利益，决不能用来谋私利。干部权力越大，责任就越大，对他们运用权力的行为就越应当严格监督。现在的问题恰恰在于，有些领导干部职位上升、权力增大以后，反而不习惯、不愿意受到监督和约束，有些党组织也往往放弃对干部提拔后的监督工作。有的人，正是从自我放纵到为所欲为，走上腐化堕落道路，甚至成为犯罪分子的。加强对领导干部的监督，最重要的是加强领导班子内部的监督。现在，党内批评和自我批评的空气薄弱,有一部分领导班子缺少正常的相互监督和帮助,成员之间很少有坦诚的思想交流,该提醒的不提醒,该批评的不批评,该制止的不制止。各级领导班子要切实负起责任,带头讲学习、讲政治、讲正气,带头开展批评和自我批评,及时纠正各种不正确的思想和行为。

第二,要把党组织的严格监督与党员干部的认真自律结合起来。从严治党,绝不能成为只说在嘴上的口号,必须落实到党组织对党员和干部严格要求、严格管理、严格监督的实践中去。治党不严,"好人主义"盛行,放松监督或监督不力的地方和部门,往往出的问题多,队伍涣散,缺乏战斗力。一些地方和部门的政治生活很不正常,发生了问题,内部互相包着,既不去认真解决,也不向上级报告。存在这些问题的地方和部门,必须尽快改变。每个党员干部都要切记自己是一名共产党员,时刻想到应尽的责任和义务,经常按照党章和党内的各项规定对照检查,自重、自省、自警、自励,规范行为,严以律己。"千里之堤,溃于蚁穴"。牢记这句格言,对于我们的同志及时警惕自己,避免犯大的错误,是很有益的。

第三,把注重制度建设同加强思想政治工作紧密结合起来。党内监督要有效,监督工作水平要提高,有赖于党内制度建设的加强。制度建设要从我们党的实际出发,促进党员干部政治素质的提高,促进党员干部密切联系群众,保障党员民主监督领导机关、领导干部的权力,发挥党内民主生活的防范监督功能。当前要严格执行已有的行之有效的各项规章制度,加强对执行情况的督促检查,对有章不循的要严肃批评,限期纠正,情节严重的要执行纪律。近两年,我们加大了执纪执法的力度,要继续坚持做下去,认真改变一些地方和部门存在的党纪政纪松弛的问题。同时要根据新的实际,针对已暴露出来的问题,完善已有的制度,逐步建立新的制度。成熟一个颁布一个,逐步配套,为实施有效监督提供制度保证。要把加强制度建设同加强思想政治教育结合起来。继承和发扬我们党的政治优势,深入细致地进行思想教育,用党员干部的党性和政治觉悟来保证制度的贯彻落实。要教育党员干部树立马克思主义的世界观、人生观、价值观,尤其要防止和克服拜金主义、享乐主义、极端个人主义,努力增强抵御各种腐朽思想和生活方式侵蚀的能力。拒腐防变的思想长堤越坚固,就越能自觉接受党组织的监督,也就越能经得起权力、地位、金钱、美色的考验。

第四、拓宽监督渠道,充分发挥人民群众监督的作用。我们党是代表全国人民根本利益的马克思主义政党,是立党为公、执政为民的党,是勇于坚持真理、纠正错误的党。我们始终相信和依靠群众,不仅不拒绝来自人民群众的监督,而且真诚欢迎各方面的意见和批评。改革开放十几年来,我们努力加强社会主义民主和法制建设,健全各级人民代表大会制度、共产党领导的多党合作和政治协商制度,遵循"长期共存、互相监督、肝胆相照、荣辱与共"的方针加强与各民主党派的合作。与此同时,不断加强基层民主政治建设,在实践中逐渐形成了一些以公开办事制度、接受群众监督为主要内容的制度。这些都起到了好的作用,要在实践中不断完善。各级党组织和领导干部,一定要相信和依靠人民群众,真诚和主动地接受监督,广开言路,听民声,察民意,知民情,不断改进我们的工作。

**四、各级党委要加强领导,充分发挥纪律检查机关的作用**

加强党风和廉政建设,深入开展反腐败斗争,是全党的一项重要工作。要坚持党委主要领导同志亲自动手,实行严格的抓党风和廉政建设责任制。在党委的统一领导下,坚持党政一齐抓,组织协调各方面的力量,形成合力。各级党委要切实加强对纪检监察工作的领导,坚决支持纪检监察机关认真履行职责,充分发挥纪检监察队伍的作用。各级党委和政府要提供必要条件,解决纪检监察机关实际工作中遇到的困难和问题,特别是在查处案件遇到阻力时,要及时排除。对于那些凭借手中权力阻挠案件查处,刁难、报复纪检监察人员的,要严肃处理。在地方各级机构改革中,纪检监察机关只能加强,不能削弱。党委领导同志要自觉接受同级纪委的监督,带头维护纪检监察机关的威信。

各级纪检监察机关作为加强党风和廉政建设、开展反腐败斗争的主要职能部门,一定要有强烈的责任感和高度的紧迫感,进一步履行好党和人民赋予的神圣职责。中纪委首先要把省、部级以上领导干部中发生的问题解决好;各省、区、市和中央部委纪检监察机关要重点把地(市、州)、厅(局)级领导干部中发生的问题解决好。纪检监察工作是原则性、政策性很强的工作,必须大力提倡和发扬公正无私、刚正不阿、不徇私情、敢于碰硬的斗争精神。

改革的深入、开放的扩大和现代化建设事业的发展,对纪检监察干部的要求越来越高,希望同志们切实加强学习,进一步提高自己的思想水平、政治水平、政策水平和业务能力,进一步养成良好的工作作风。各级纪检监察机关要注重自身建设,提高工作效率,提高素质和战斗力,为推进党风和廉政建设,推进反腐败斗争作出更大的贡献。

（1996年1月26日江泽民在中央纪委第六次全会上的讲话）

再过几天就是我们党的生日了。中国共产党七十五年的历程是光辉灿烂的。七十五年来，我们有一条基本的经验，这就是：党领导的事业要取得胜利，不但必须有正确的理论和路线，还必须有一支能坚决贯彻执行党的理论和路线的高素质干部队伍。现在，我们党和国家正处在建设有中国特色社会主义、实现中华民族全面振兴的重要历史时期，大力加强干部队伍建设显得尤为重要和紧迫。今天，我着重就这个问题讲一些意见。

**（一）关于建设高素质干部队伍的极端重要性和基本要求**

政治路线确定之后，干部就是决定的因素。我们党历来十分重视干部队伍建设，在不同历史时期，培养和造就了一批又一批、一代又一代适应革命、建设和改革需要的领导骨干和宏大的干部队伍。正因为有了一支在经受各种考验中不断得到锻炼提高的干部队伍，带领广大人民群众，坚决贯彻执行党在各个历史时期的正确路线，我们党才战胜了各种艰难险阻，始终保持着强大的疑聚力和战斗力，不断从胜利走向胜利。1956年，当世界社会主义运动中出现风波时，毛泽东同志曾经讲过一段意味深长的话。他说，我们党有成百万有经验的干部。我们这些干部，大多数是好的，是土生土长，联系群众，经过长期斗争考验的。我们有这么一套干部：有建党时期的，有北伐战争时期的，有土地革命战争时期的，有抗日战争时期的，有解放战争时期的，有全国解放以后的，他们都是我们国家的宝贵财产。我们有在不同革命时期经过考验的这样一套干部，就可以“任凭风浪起，稳坐钓鱼船”。毛泽东同志的这些话，我们今天读来仍然十分发人深省。在改革开放和现代化建设的新的历史时期，邓小平同志多次强调，思想路线政治路线的实现要靠组织路线来保证。在1992年视察南方的重要谈话中，他再次强调：“中国的事情能不能办好，社会主义和改革开放能不能坚持，经济能不能快一点发展起来，国家能不能长治久安，从一定意义上说，关键在人。”“中国要出问题，还是出在共产党内部。对这个问题要清醒，要注意培养人，要按照‘革命化、年轻化、知识化、专业化’的标准，选拔德才兼备的人进班子。我们说党的基本路线要管理一百年，要长治久安，就要靠这一条。真正关系到大局的是这个事。”正是在党的领导下，广大干部团结全国各族人民努力奋斗，我国的改革开放和现代化建设才取得了举世瞩目的伟大成就，我们才有今天这样经济发展、政治稳定、民族团结、社会进步的大好局面。

党的十一届三中全会以来，我们党为加强干部队伍建设，采取了一系列重大措施，顺利实现了新老干部的合作和交替，一大批中青年干部走上各级领导岗位。在党的关心和培养下，我们的各级领导班子和整个干部队伍，在改革开放和现代化建设中锻炼成长，涌现出了像孔繁森、李润五、马恩华和李国安、吴天祥等这样一些深受人民爱戴的优秀干部。这是我们党的干部队伍的主流，必须充分肯定。但是要看到，这些年来，干部队伍结构正在发生新的变化。建国前参加革命的老同志基本上退下来了，随着时间的推移，建国初参加工作的，也将逐步离开工作岗位，当前和今后一个时期，干部队伍新老合作和交替的任务仍然十分繁重。还要看到，在我们的干部队伍中，确有相当一部分同志的素质特别是思想政治素质不适应党的事业的要求。有的干部特别是一些年轻干部，由于对党和人民奋斗的历史经验不够了解，缺乏艰苦环境的锻炼，政治上还不够成熟，在思想作风和组织纪律上还需要进一步锤炼；有的干部不认真学习党的理论和政策，不注意大局，不注意政治，甚至分不清基本的原则是非界限；有的干部作风漂浮，脱离实际、脱离群众，官僚主义、形式主义严重；有的干部忘记了党的宗旨，经不起考验，以权谋私，甚至违法乱纪，堕落为腐败分子、犯罪分子。这些情况必须引起我们的高度重视。还应该充分地认识到，在实行改革开放的新的社会环境里，资本主义腐朽思想文化影响，历史上遗留下来的封建主义残余影响，对我们干部队伍的潜移默化的侵蚀不可低估。以上情况表明，要保证我国改革和建设事业顺利发展，保证跨世纪宏伟目标的顺利实现，保证党和国家的长治久安，严重的问题在于教育干部。大力加强干部队伍建设，提高广大干部特别是领导干部的素质，已经成为摆在全党面前的一项刻不容缓的重大任务。

在新的历史时期，建设高素质的干部队伍，应该提出哪些方面的基本要求呢？党的十四届四中全会要求党的高级干部，不仅要努力成为有知识、懂业务、胜任本职工作的内行，而且首先要努力成为忠诚于马克思主义、坚持走有中国特色社会主义道路、会治党治国的政治家。我们要建设的高素质干部队伍，就是由具有社会主义政治家素质的领导骨干带领的德才兼备的干部队伍。这应当是一支包括党政干部、企业经营管理干部、科学技术干部和其他战线干部组成的宏大队伍。这支干部队伍，由于分工和职责不同，对他们应当有适应本职工作特点的不同的具体要求。但是，不论做什么工作，作为党的干部首先是领导干部，都要具备基本的政治业务素质。第一，要有远大的共产主义理想，坚持正确的政治方向，坚定地走建设有中国特色社会主义道路，坚决贯彻执行党的基本理论、基本路线和各项方针政策；第二，努力实践党的全心全意为人民服务的宗旨，密切联系群众，特别是工农群众，坚决维护人民群众的利益；第三，解放思想，实事求是，一切从实际出发，善于开拓前进，具有唯物辩证的思想方法和工作方法；第四，模范遵纪守法，保持清正廉洁，发扬艰苦奋斗精神，自觉拒腐防变，坚决反对消极腐败现象；第五，刻苦学习，勤奋敬业，不断加强知识积累和经验积累，具备做好本职工作的专业知识和能力。

建设这样高素质的干部队伍，是保证我们党始终走在时代前列，经受住各种风险考验，领导全国人民把社会主义现代化事业不断推向前进的需要。各级党委一定要提高思想认识，增强责任感和紧迫感，进一步加大工作力度，以思想政治建设为重点，把干部队伍建设这件关系党和国家全局的大事抓紧抓好，绝不能有丝毫的忽视和懈怠。

**(二)关于干部的学习**

要教育和提高干部，就必须在干部中首先是各级领导干部中，开展深入持久的学习。最根本的是学习马列主义、毛泽东思想特别是邓小平同志建设有中国特色社会主义理论。

党的十四大以来，在中央和各级党委的领导下，用邓小平同志建设有中国特色社会主义理论武装全党的工作，已经有了良好开端，正在向广度和深度发展。但对学习取得的成绩，不能估计过高。在一些地方、部门和一部分干部中，仍然存在着轻视理论，钻研理论的自觉性不高，学习空气不浓的情况。有的虽然学了，但理论与实际结合得不好，在运用理论解决实际问题上下功夫不够。有的甚至采取实用主义的态度对待理论学习，断章取义。这些问题的存在，影响理论学习的深入，也影响干部队伍首先是领导干部基本素质的提高。我们有些干部，在关键时刻把握不住方向，在重大原则问题上分不清是非，在工作中发生这样那样的偏差，追根溯源，都与此有关。

无论对党还是对党的干部来说，理论上成熟都是政治上成熟的基础。我们党坚持马克思主义基本原理同中国的具体实际相结合，形成自己的科学理论，这是我们党政治上成熟的根本标志。抗日战争初期，毛泽东同志曾经热切地期望我们党有一百个至二百个系统地而不是零碎地、实际地而不是空洞地学会了马克思列宁主义的同志，并指出这样就可以大大提高我们党的战斗力量。当时，我们党只有几万名党员。现在我们党已经成为一个有5700多万名党员、40多万名县处级以上领导干部、几千名高级干部、几百个中央委员的大党，领导着一个正在进行社会主义现代化建设的12亿人口的大国，在全党同志特别是各级领导干部中，加强理论建设和理论武装，就更具有极为重要的意义。各级党委必须把加强理论建设作为党的建设、首先是干部队伍建设的根本大计，努力培养造就一大批真正掌握了马列主义、毛泽东思想和邓小平同志建设有中国特色社会主义理论的领导干部。整个干部队伍的理论素质提高了，我们党的领导水平和执政水平才能进一步提高。

学习理论，武装头脑，要努力在掌握理论的科学体系上下功夫，在掌握基本原理及其精神实质上下功夫，在掌握马克思主义的立场、观点、方法并用以指导实践上下功夫。要达到这些要求，全党同志必须进行长期的艰苦努力，尤其是要切实解决好理论联系实际的问题。马克思主义是从实际中来并被实践所证明了的科学理论，只有联系实际，才能真正学懂，也只有联系实际才能真正用好。从党的历史上看，什么时候理论和实际结合得好，党的事业就蓬勃发展；反之，党的事业就遭受挫折。因此，坚持理论联系实际是个重大的政治问题。这个问题解决好了，我们贯彻执行党的路线方针政策，就会更加自觉和全面，就能排除各种错误倾向的干扰，避免和减少在工作中出现片面性、绝对化和左右摇摆。每个领导干部都要联系党的历史经验、联系改革开放和现代化建设的实践、联系当前面临的形势任务、联系自己的工作和思想实际学习理论。通过学习，坚定马克思主义、社会主义的政治方向和政治立场，牢固树立正确的世界观、人生观、价值观，掌握观察事物的科学方法，增强分清理论是非、政治是非的能力，提高运用党的基本理论、基本路线解决实际问题的水平，保证我国改革开放和现代化建设的健康发展。

在认真学习马克思主义理论的同时，还要努力钻研业务。要坚持不懈地学习社会主义市场经济知识、现代科学技术知识、法律知识和其他各方面的知识。我想着重地谈一谈学习历史的问题。我们中华民族以历史悠久而著称于世。我们党在领导革命、建设和改革的过程中，一贯重视历史经验的借鉴和运用。毛泽东同志多次要求全党要学习历史。他曾经讲过，指导一个伟大革命运动的政党，如果没有革命理论，没有历史知识，没有对于实际运动的深刻的了解，要取得胜利是不可能的。一个民族如果忘记了自己的历史，就不可能深刻地了解现在和正确地走向未来。我们的老一辈革命家，不但具有很高的马克思主义理论修养、丰富的实践经验，而且具有渊博的历史知识。希望我们的各级领导干部，认真地读一点历史，首先要了解中国的历史。中国的发展离不开世界，为了适应扩大国际交往的需要，更好地学习借鉴世界各国的长处，还要了解世界的历史。以史为鉴，可以知兴替。今天的中国是历史的中国的发展，作为当代中国的领导干部，如果不了解中国的历史，特别是中国的近代史、现代史和我们党的历史，就不可能认识和把握中国社会发展的客观规律，继承和发扬我们党在长期斗争中形成的光荣传统，也就不能胜任领导建设有中国特色社会主义的职责。

**（三）关于干部的实践锻炼**

在实践中锻炼干部，是我们党培养干部的一条根本途径。我们党领导的新民主主义革命和社会主义革命、社会主义建设的实践，锻炼和造就了一批又一批优秀干部。我们正在进行的建设有中国特色社会主义的实践，也是一所锻炼和提高干部的大学校。

在中国实现社会主义现代化，实现中华民族的振兴，是我们的革命先辈梦寐以求的崇高理想，是全国各族人民的共同愿望。这个伟大事业，向各级干部提出了更高的要求，也为他们充分施展聪明才智提供了广阔的舞台。广大干部必须认清自己的历史责任，积极投身到实践中去，坚持全面、正确、积极地贯彻执行党的基本理论和基本路线，扎扎实实地把改革开放和现代化建设推向前进。历史经验反复证明，只有同人民群众相结合，在推动社会主义物质文明和精神文明协调发展的实践中经受锻炼，积累经验，提高素质，增长才干，我们的干部才能健康成长，才能有所作为。对于广大中青年干部来说，加强实践锻炼尤有必要。要特别提倡到改革和建设的第一线去，到基层去，到艰苦的和困难多的地方去，到党和群众最需要的地方去。谁能在这些地方和群众同甘共苦，团结奋斗，做出成绩，就应该受到称赞，他的思想政治素质和业务素质也会不断地得到提高。贪图安逸、不愿意到这些地方去的干部，经不起艰苦环境考验、不能与群众打成一片的干部，不能在实践中克服困难、解决问题的干部，不是党和人民所需要的干部。干部如果不到实践中去经过一番扎实的磨练，是不可能担当起改革和建设的重任的。

尊重实践必然尊重群众。干部成长的规律表明，那些投身实践并且同群众保持密切联系的干部，大都是成长进步比较快的干部。经常深入实际、深入群众，也有助于我们的干部吃透上情，了解下情，进一步做好各方面的工作，保证党的路线方针政策的贯彻执行。现在有些干部，缺少社会实践的锻炼，对人民群众建设社会主义生机勃勃的创造性实践缺乏了解，群众观点淡漠，同工农基本群众感情疏远，不懂得党的群众路线，不会做群众工作，有的甚至侵害群众利益。这种状况发展下去是十分危险的。必须懂得，我们党所领导的改革开放和现代化建设事业，是人民群众参加的、为人民群众谋利益的事业，只有相信和依靠群众，充分发挥他们的积极性创造性，才能获得成功。中央一再强调领导干部一定要讲政治。讲政治，就要求坚持尊重群众、尊重实践这个辩证唯物主义和历史唯物主义的根本观点。我们党是全国各族人民利益的忠实代表。不管形势和任务发生怎样的变化，党的工人阶级先锋队性质永远不能变，全心全意为人民服务的宗旨永远不能变，密切联系人民群众的优良传统永远不能变，从群众中来到群众中去的根本工作路线永远不能变。各级干部一定要牢固树立群众观点，想问题办事情要把为人民谋利益作为根本出发点和落脚点，始终保持同人民群众的血肉联系，老老实实向人民学习，真心诚意为人民服务，时刻警惕不要犯脱离群众的错误。

**（四）关于干部的选拔任用**

按照党的政策选拔任用好干部，是建设高素质干部队伍的重要环节。中央关于新时期选拔任用干部的方针、政策和标准是明确的。各级党委要正确执行干部队伍"四化"方针和德才兼备原则，正确执行党的干部政策，坚持任人唯贤，反对任人唯亲，坚持公道正派和实事求是地对待干部。要把那些群众公认是执行党的路线并有政绩的人，及时选拔到各级领导岗位上来。

选贤任能，历来不容易。根据我们党多年的经验，在选贤任能问题上，必须坚持解放思想、实事求是的思想路线，必须打破论资排辈、求全责备、迁就照顾和凭个人好恶等陈旧落后观念的束缚。同时要改进选拔干部的方法，特别是要把坚持党管干部的原则同坚持干部工作走群众路线结合起来。

干部的优劣和是非功过，群众看得最清楚，也最有发言权。只有走好群众路线，实行领导和群众相结合，才能真正把人选准用好。要采取包括民主推荐、民主评议、民主测评等多种形式，扩大群众的民主参与。要不断拓宽选拔任用干部的范围和渠道，不能老是在领导同志周围的一点点人和领导机关的工作人员中选来选去，要放眼于基层，放眼于各方面，尤其要注意多从基层干部和群众中选拔优秀人才。对要选拔的干部必须进行全面认真的考察，广泛听取各方面的意见。多数群众不赞成的干部，不能提拔重用。各级党委决定干部的任免，必须认真实行民主集中制，充分发扬民主，坚持集体讨论，按照少数服从多数的原则作出决定，决不能个人或少数人说了算。

现在，经济体制改革和其他方面的改革都在逐步深化，为加快干部制度改革提供了有利条件。要抓住时机，推动干部选拔任用工作逐步走上制度化、规范化的路子。当前，要认真执行《党政领导干部选拔任用工作暂行条例》。这对于保证严格按照党的干部政策选人用人，具有重大意义。各级党委执行这个《条例》的情况总的是好的。但是，在一些地方和部门，任免干部不按规定程序办事，搞临时动议的；不讲原则，封官许愿的；党委讨论人事问题跑风漏气的；利用管理干部的权力为个人谋取私利，授意送礼甚至公开勒索的，仍然时有发生。跑官要官的人还不少，买官卖官的也有。甚至还有骗官当的。这反映出有的部门和单位的领导丧失了政治警惕性，还有的同志明知有问题也采取事不关己、高高挂起的态度，让有的骗子一路打通关节，畅行无阻。这难道不发人深省吗?用人方面存在的这些不正之风和腐败现象，在党内外的影响极坏，危害极大。必须严格整肃，坚决煞住这股歪风，坚决惩治这种腐败现象。各级党委和纪检监察机关、组织人事部门对于这种现象，发现一件就要严厉查处一件。党要管党，首先要领导班子和领导干部。从严治党，首先要治理好领导班子和领导干部。一个执政党，如果管不住、治理不好领导班子和领导干部，后果不堪设想。历史上的腐败现象，为害最烈的是吏治的腐败。由于卖官鬻爵及其带来和助长的其他腐败现象，造成“人亡政息”、王朝覆灭的例子，在中国封建社会是屡见不鲜的。这种历史的教训很值得我们注意。

**(五)关于加强领导班子建设**

领导班子建设是整个干部队伍建设的重点。党的十四届四中全会提出，要把各级领导班子建设成为坚决贯彻党的基本路线、全心全意为人民服务、具有领导现代化建设能力的坚强领导集体。这是党对领导班子建设的基本要求。县以上各级领导班子，都要努力按照这些基本要求去做。各级党政主要领导同志，不但要对本地本部门的工作负责，而且要对加强领导班子建设负责。

建设好领导班子，关键是要选好“班长”。中央要重点抓好省部级主要领导干部的选拔培养，省、区、市要重点抓好地(厅、局)、县主要领导干部的选拔培养。县以上党政领导干部，都要严格要求自己。党政主要领导干部的主要职责，是出主意、用干部。作为“班长”，如果带不好“一班人”，那就不称职。在选配好“班长”的同时，要重视搞好群体配备，实现领导班子的优化组合。现在有些领导班子弱，除了个人素质的原因外，还有个班子结构问题。要在坚持“四化”方针和德才兼备原则的前提下，根据各类领导班子的不同情况，合理调整和改善结构。在注重思想政治素质的基础上，要注意年龄结构、知识和专业结构，还要注意各个成员的特长，使领导班子成为整体素质优良、成员优势互补的坚强集体。

这里，我还要强调一下增强领导班子团结问题。现在，仍然有些领导班子内部不那么融洽，甚至闹不团结。这对党的工作极为不利。能不能搞好团结，是衡量和检验领导班子和领导干部素质高低、党性强弱的一个重要标志。存在这类问题的领导班子，要提高解决自身问题的觉悟和能力，主要领导人要切实负起责任，自觉坚持民主集中制，带头开展谈心活动，认真开展批评和自我批评，以利于消除不团结的因素。领导班子成员，要提倡讲党性、讲大局、讲原则，提倡互相尊重、互相支持、互相谅解。上级组织对下级领导班子中出现的问题，要及时帮助解决，不要回避矛盾。对经过帮助教育仍然闹不团结的，要果断采取组织措施，不能贻误工作。

坚持做好领导干部的交流工作，是加强领导班子建设的一项重要措施。领导干部长期在一个地方一个部门工作，不但不利于他们的进步和提高，而且弊端甚多，一些不正之风也往往由此产生。因此，必须有计划地实行领导干部的定期交流制度。越是有发展潜力的干部，越要舍得交流，使他们在不同环境中得到锻炼提高。有些重要部门、关键岗位的干部，也要定期组织交流。

**(六)关于培养优秀年轻干部**

要把一个稳定的充满发展活力和生机的中国带入 21 世纪，要使我国在 21 世纪中叶基本实现现代化，以社会主义强国的地位屹立于国际社会，取决于党的基本理论和基本路线的长期坚持，归根到底取决于广大青年一代及年轻干部的健康成长。

现在 30 多岁到 40 多岁的年轻干部，都是在和平环境中成长起来的。这些同志大多有较高的文化科学技术知识水平，工作热情、有朝气，思想比较敏捷，接受新事物快，有开拓进取精神，许多同志在自己的岗位上做出了出色成绩，积累了一定的实践经验。在看到他们优点和长处的同时，也要清醒地看到他们的不足和弱点，看到这些不足和弱点同他们所处的社会环境及其社会经历有关。这些同志的主要不足和弱点，是缺乏对马克思主义理论的系统学习，缺乏对党的历史和优良传统的深入了解,大多没有经过严格的党内生活、艰苦环境和基层群众工作的锻炼。年轻干部要不负历史重托,不负党和人民的期望,全面正确地认识自己,努力提高自身素质特别是思想政治素质。

年轻同志必须把自己的命运同祖国和人民的命运紧密地联系在一起,自觉地为建设有中国特色社会主义的伟大事业而奋斗。参加今天座谈会的,大部分是年轻干部。我想赠给大家四句话,叫做:刻苦学习,勤奋工作,勇于创造,自觉奉献。人生历程中最宝贵的年华是青年和中年时期,务必要好好珍惜,切不可虚度光阴。要下苦功夫学习,学理论、学历史,学经济、学科技,学管理、学法律,学习一切需要学习的东西,努力打好为党和人民的事业建功立业的思想根底和知识功底。要以体现我们党的优良传统和时代精神的先进模范人物为榜样,满腔热情和高度负责地对待人民、对待工作,埋头苦干,积极进取,务实创新,努力在各自的岗位上创造优异成绩。尤其要牢固树立正确的世界观、人生观和价值观,坚持正确的政治立场和政治方向,经得住执政、改革开放和发展社会主义市场经济的考验。

各级党委对年轻干部要热情关心,严格要求。要敢于把一些重要的、关键性的工作压给他们,使他们在实践中得到锻炼提高。这些年来有的年轻干部出问题,有他们主观上放松学习,进取心不强,忽视世界观改造等原因,也同组织上要求不严、教育不够、监督不力有关。这些教训要认真记取。要经常向年轻干部进行党的宗旨和三大作风等优良传统教育,帮助他们正确看待名利、权力和地位,正确对待顺利与困难,成功与挫折、赞扬与批评,摆正自己同党和人民群众之间的位置,时刻把党和人民的利益放在第一位。我们衷心希望年轻干部尽快成长和成熟起来,担当起跨世纪的历史重任。这是我们建设有中国特色社会主义伟大事业继往开来的根本保证。

(1996年6月21日江泽民在纪念中国共产党成立75周年座谈会上的讲话。6月24日《人民日报》)

反腐败斗争是国家政权建设的一项基本任务,要巩固成果,突出重点,把反腐败斗争落到实处。

加强勤政廉政建设,开展反腐败斗争,是关系我国现代化事业成败的一件大事,也是国家政权建设的一项基本任务。要总结经验,提高认识,坚决打好反腐败斗争这个硬仗。在反腐败斗争中,我们逐步积累了一些经验。包括:必须从党和国家兴衰存亡的高度来认识惩治腐败的重要性;从改革、发展和稳定的全局把握反腐败工作,把反腐败与改革发展中的重大决策结合起来;既要有战略上的总体规划,又要分阶段逐步推进,抓准突出问题进行专项治理;确定三项工作基本格局,即领导干部廉洁自律、查处大案要案、纠正不正之风;既要治标也要治本,通过完善体制和法制,加强人生观、世界观的教育,自觉防范和消除腐败;必须统一部署,主要领导亲自抓,各部门相互配合综合治理等。这些经验,为今后深入开展反腐败斗争提供了有利条件。同时,又需要在实践中不断创新、完善和发展,逐步形成一整套在社会主义市场经济体制条件下,加强政权建设、防止和惩治腐败的制度和办法。

必须看到,我们正在从事的反腐败斗争,是一项长期而艰巨的任务。反腐败斗争中一些深层次的矛盾还没有得到根本解决,一些腐败现象仍在蔓延,有些领域还相当突出。对反腐败斗争的严重性和复杂性,各级领导务必引起高度重视,工作绝不能有丝毫松懈。

今年是"九五"计划第一年。"九五"时期乃至今后15年,是我国改革开放和现代化建设承前启后、继往开来的重要时期,我们将继续集中力量进行经济建设。与改革和发展相适应,勤政廉政建设和反腐败斗争必须加大力度,取得更加明显的成效,以推动社会风气的根本好转。近来,江泽民同志一再要求,领导干部首先是高级干部必须讲政治,善于从政治上看问题。从根本上说,政治问题主要是对人民群众的态度问题,同人民群众的关系问题。反腐败斗争能否广泛深入地开展下去,真正收到成效,直接关系人心向背和政权存亡,关系政治安定和社会稳定,关系党的路线、方针、政策能否得到贯彻落实。这是推动改革开放、促进经济发展、维护社会稳定的必要条件,也是顺利实现"九五"计划和2010年远景目标的一项重要保证。从政治上看问题,从改革、发展、稳定乃至整个社会主义现代化事业的高度,来认识反腐败斗争的重要性和紧迫性,是把这场斗争深入持续下去的关键问题。我们必须以高度的政治洞察力和政治敏锐性,以共产党人无所畏惧、勇敢顽强的斗争精神,坚决打好反腐败这个硬仗。

领导干部特别是高级干部要以身作则,廉洁自律。要集中力量查处大案要案,进一步加大办案力度。这是反腐败斗争深入发展的客观要求,也是反腐败斗争取得成效的重要标志之一。去年案件查处工作取得了比较明显的成效,公布了一批大案要案,对腐败分子起到了一定的震慑作用。值得注意的是,查处的案件中，相当一部分是近一两年作的案，边查边犯、性质严重。因此，必须进一步加大办案力度，继续突破一批有影响的大案要案。对那些以权谋私、贪赃枉法、行贿受贿以及严重失职渎职的腐败分子，不论职位高低，都要绳之以法，决不姑息养奸。要有计划、有重点地公布大案要案查处结果，震慑腐败分子，教育干部群众。对人民群众反映强烈的几股不正之风，必须紧抓不放。当前最突出的仍然是乱收费的问题，公路乱设站卡乱收费，中小学乱收费，向农民和企业乱收费、乱摊派，群众反映十分强烈。制止乱收费需要从源头上解决问题，要规范政府和部门行为。要查一查收费项目究竟是哪级政府发的文，哪个部门发的文，哪个领导签的字，收来的钱干什么用。我们的权力是人民给的，只能用来为人民服务，决不能用来谋取私利。今年纠风工作要增加一项新内容，就是狠刹预算外资金管理和使用中的不正之风。要进一步加强执法监察，保证政令畅通。当前，尤其要注意围绕贯彻落实党中央、国务院的重大决策，针对金融和财税等领域的违法违纪问题，加大执法监察力度，严惩腐败行为，保证中央提出的各项任务的落实。要切实加强领导，完善体制和法制，健全监督制约机制。从反腐败斗争的需要出发，要进一步加强法制工作，重点是健全防范领导干部滥用职权的监督制度，进一步规范和推广干部定期交流制度，健全内部管理制度，强化管理与监督。对容易产生腐败问题的重点行业和重点岗位，进行特殊预防和重点监控，及时发现问题，把它解决在萌芽状态，遏制腐败现象滋生蔓延。

(1996年2月李鹏在国务院第四次反腐败工作会议上的讲话。)

## 反腐败斗争是国家政权建设的一项基本任务

### ——李鹏总理答《瞭望》记者问

过去的5年，是我国人民沿着建设有中国特色社会主义道路阔步前进的5年，国民经济和社会发展取得了显著成就，社会生产力、综合国力和人民生活都上了一个新的台阶。在抓改革开放和经济建设的同时，认真贯彻了“两手抓，两手都要硬”的方针，反腐败斗争以更大的声势和力度向前推进，取得了比较明显的成效。对一批大案要案的严肃查处，包括对陈希同问题的严肃处理，对王宝森经济犯罪等腐败案件的果断查处，表明了党中央、国务院坚定不移地开展反腐败斗争的决心，得到了全国人民的拥护。在领导干部廉洁自律方面，先后制定了若干规定，各级干部自觉地自查自纠，狠抓落实。在不准经商办企业，不准在公务活动中接受礼金和有价证券，不准违法建修私房，清理超标准小汽车和制止公款“吃喝玩乐”等方面都取得了成效，各级干部的廉政意识有所增强。在纠正部门和行业不正之风方面也取得了新的成绩。用公款出国出境旅游基本得到控制，党政机关无偿占有企业钱物初步得到清理清退，向农民、企业乱收费乱摊派现象有所遏制。在治理公路“三乱”、清理中小学乱收费和“小金库”等方面，做了大量工作，收到了比较好的效果。执法监察工作加大了力度，查处了一批因失职渎职造成的重大责任事故。廉政教育工作得到加强。总的来看，反腐败三项工作不同程度地取得了成果，发展势头是好的，对维护政治稳定，保障改革开放起到了积极作用。

党的十一届三中全会以来，特别是“八五”时期反腐败斗争的实践表明，党中央、国务院作出的关于反腐败斗争的决定是完全正确的，工作中提出的一系列方针、政策、原则也是正确的。在反腐败斗争中，我们逐步积累了一些经验，包括：必须从党和国家兴衰存亡的高度来认识惩治腐败的重要性；从改革、发展和稳定的全局把握反腐败工作，把反腐败与改革发展中的重大决策结合起来；既要有战略上的总体规划，又要分阶段逐步推进，抓准突出问题进行专项治理；确定三项工作基本格局，即领导干部廉洁自律、查处大案要案、纠正不正之风；既要治标也要治本，通过完善体制和法制，加强人生观、世界观的教育，自觉防范和消除腐败；必须统一部署，主要领导亲自抓，各部门相互配合综合治理等等。这些经验，为今后深入开展反腐败斗争提供了有利条件。同时，又需要在实践中不断创新、完善和发展，逐步形成一整套在社会主义市场经济体制条件下，加强政权建设，防止和惩治腐败的制度和办法。

但是，我们也必须看到，反腐败斗争是一项长期而艰巨的任务。反腐败斗争中一些深层次的矛盾还没有得到根本解决，一些腐败现象仍在蔓延，有些领域还相当突出。经济犯罪、腐化堕落和失职渎职等案件仍不断发生，特别是近两年发生的大案要案比重有所上升。有些地方和部门工作还存在一手硬、一手软的现象，对反腐败斗争抓得不紧，措施不落实。对揭露出来的问题查处不力，有的单位甚至给查处案件制造干扰和阻力。腐败问题仍然是人民群众极为关注的热点问题。对反腐败斗争的严重性和复杂性，各级领导务必引起高度重视，工作绝不能有丝毫松懈。

本世纪末乃至今后15年，我们仍将继续坚持以经济建设为中心的根本方针，建立起比较完善的社会主义市场经济体制，全面实现第二步战略目标，并向第三步战略目标迈出重大步伐。我们要按照党的十四届五中全会的要求，积极推进经济体制和经济增长方式的转变。

与改革和发展相适应，勤政廉政建设和反腐败斗争必须加大力度，取得更加明显的成效，以推动社会风气的根本好转。近来，江泽民同志一再要求，领导干部首先是高级干部必须讲政治，善于从政治上看问题。从根本上说，政治问题主要是对人民群众的态度问题，同人民群众的关系问题。反腐败斗争能否广泛深入地开展下去，真正收到成效，直接关系人心向背和政权存亡，关系政治安定和社会稳定，关系党的路线、方针、政策能否得到贯彻落实。这是推动改革开放、促进经济发展、维护社会稳定的必要条件，也是顺利实现“九五”计划和2010年远景目标的一项重要保证。从政治上看问题，从改革、发展、稳定乃至整个社会主义现代化事业的高度，来认识反腐败斗争的重要性和紧迫性，是把这场斗争深入持续进行下去的关键。我们必须以高度的政治洞察力和政治敏锐性，以共产党人无所畏惧、勇敢顽强的斗争精神，坚持打好反腐败这个硬仗。

人民政府在反腐败斗争中肩负特殊重要的使命。一方面，公正廉洁是人民对政府公务人员的基本要求，惩治腐败是政府的重要职责，政府在反腐败斗争中负有重要的领导责任。另一方面，政府部门中有不少是掌管人、财、物和项目审批大权的人，在体制不完善、监督制约机制不健全的情况下，政治不坚定、思想不健康的人就容易利用手中的权力，进行权钱交易，经不起新的糖衣炮弹的袭击，产生腐败问题。政府系统反腐败工作抓得好不好，直接影响到整个反腐败斗争的成效。因此，国务院在研究制定“九五”计划和2010年远景目标纲要时，把反腐败斗争摆到重要位置，对勤政廉政建设提出明确要求。各部门和各级政府在执行中长期发展规划和年度工作计划时，也要统筹兼顾，把反腐败工作与业务工作结合起来，不断增强反腐败斗争的主动性自觉性。我们相信，在以江泽民同志为核心的党中央领导下，依靠正确的路线、正确的方针和政策，运用以往的工作经验，有全国人民作坚强后盾，反腐败斗争一定能够更加深入、更加扎实、更加有效地进行下去，不断取得新的成果。

1996年政府系统的反腐败工作，要以邓小平同志建设有中国特色社会主义理论和党的基本路线为指导，按照中纪委六次全会的统一部署和要求，紧紧围绕经济建设这个中心，继续抓好三项工作，强化监督机制，突出重点，注重实效，为改革和发展创造良好环境。这里，我强调几个问题：

首先是领导干部特别是高级干部要以身作则，廉洁自律。这方面已经有了不少具体规定，关键是监督和落实。省、部级以上干部要带头作表率。凡是要求下级做到的，自己必须首先做到；凡是禁止别人做的，自己坚决不做；不仅自己廉洁自律，还要管好配偶、子女和身边工作人员。主要领导要管好班子成员，并对本地区本部门的勤政廉政建设和反腐败斗争全面负责。领导班子成员和主管地区、部门发生严重腐败问题，属官僚主义和渎职的，必须追究主要领导的责任。各级领导都要自觉遵纪守法，克服地方和部门保护主义，保证中央政令畅通。要继续抓紧解决公款吃喝、乘坐超标准小汽车、住房等方面存在的突出问题。对廉洁自律方面的其他规定也要认真检查，全面落实。对国有企业领导干部，也要落实廉洁自律制度，加强监督和制约，制止和查处以权谋私、损公肥私等腐败现象。

其次要集中力量查处大案要案，进一步加大办案力度。这是反腐败斗争深入发展的客观要求，也是反腐败斗争取得成效的重要标志之一。去年案件查处工作取得了比较明显的成效，公布了一批大案要案，对腐败分子起到了一定的震慑作用。值得注意的是，查处的案件中，相当一部分是近一两年作的案，边查边犯、性质严重。因此，必须进一步加大办案力度，继续突破一批有影响的大案要案。查处工作的重点，仍然是领导机关、行政执法机关、司法机关、经济管理部门和县(处)级以上领导干部，对发案率较高、大案要案较多的金融、证券、房地产、土地出租批租、建筑工程承包等领域，要组织力量专项检查，认真查处。要加强对办案工作的领导。对大案要案，主要领导要亲自过问。对涉及多行业、多地区的重大案件以及串案，有关地区、部门要统一协调，联合办案，以提高办案效率。一个时期以来，经济领域骗汇骗税、走私逃税、造假帐的现象相当严重，必须采取果断措施，坚决予以打击。将预算内资金转为预算外资金、化大公为小公、化公为私等现象相当普遍，破坏了经济秩序，助长了腐败行为，必须通过健全制度和加强教育加以解决。对那些以权谋私、贪赃枉法、行贿受贿以及严重失职渎职的腐败分子，不论职位高低，都要绳之以法，决不姑息养奸。要有计划、有重点地公布大案要案查处结果，震慑腐败分子，教育干部群众。

再有就是对人民群众反映强烈的几股不正之风,必须紧抓不放。纠风工作抓了几年,有效果,但不少问题还没有得到完全解决,抓一抓,好一些,稍一放松就出现反弹。当前最突出的仍然是乱收费的问题,公路乱设站卡乱收费,中小学乱收费,向农民和企业乱收费、乱摊派,群众反应十分强烈。有的城市重点中学择校生收费标准高达十多万元,有的地方因集资过多导致众多学生集体抗议。最近,一些地方向农民乱收费引发的恶性案件屡有发生,有的农民在收费时发生争执被打伤,有的农民甚至因负担过重服毒自杀,真是触目惊心。今年要继续把治理公路"三乱"、中小学乱收费和向农民乱收费作为纠风重点,责成交通部和公安部、国家教委、农业部分别牵头负责,有关部门密切配合。现在的问题是,不少收费项目中有地方利益、部门利益和小团体利益。看起来,制止乱收费需要从源头上解决问题,要规范政府和部门行为。要查一查收费项目究竟是哪级政府发的文,哪个部门发的文,哪个领导签的字,收来的钱干什么用。我们的权力是人民给的,只能用来为人民服务,决不能用来谋取私利。对于违反中央、国务院有关规定,巧立名目擅自出台的收费项目,一要立即取消,二要将收费退还或上缴国库,三是追究文件签发人的责任,直至追究上级领导的责任。有的地方动用警力向农民收费,严重违法,情节恶劣,除从严处理当事者外,还要追究政府主要领导的责任。

今年纠风工作要增加一项新内容,就是狠刹预算外资金管理和使用中的不正之风。一方面,严禁将预算内资金转移到预算外,任何地方、部门和单位都不得隐瞒财政收入,不得将财政拨款转为有偿使用,不得设置帐外帐和"小金库"。另一方面,要强化预算外资金管理,对国家机关、事业单位和社会团体依靠国家赋予职权而取得的各项收入,除已经纳入财政预算内管理的以外,都要设立专户,分类管理。这项工作由财政部、审计署和中国人民银行牵头负责,要明确任务和目标,抓出成效来。各部门、各地区都要结合实际,确定本地区、本部门纠风工作重点,加强督促检查,认真抓好落实。

在这里,我还要强调的一点是,要进一步加强执法监察,保证政令畅通。各地区、各部门要按照党中央、国务院的要求,结合本地区、本部门实际,切实加强执法监察工作。这是强化监督制约机制、保证政令畅通和推动反腐败斗争深入发展的重要保证。当前,尤其要注意围绕贯彻落实党中央、国务院的重大决策,针对金融和财税等领域的违法违纪问题,加大执法监察力度,严惩腐败行为,保证中央提出的各项任务的落实。

建立领导责任制,是加大反腐败斗争力度、加强勤政廉政建设的制度保证。惩治腐败是各级政府的一项重要职责,主要领导理所当然地要对本地区、本部门的廉政建设负起总的责任,其他领导成员各负其责,一级抓一级,层层负责。对本人廉洁自律,廉政工作又抓得好的,要予以表彰。那些不重视廉政建设,导致本地区本部门腐败蔓延、歪风盛行的,就是失职渎职,必须追究其责任。要树立行政监察机关的权威,支持行政监察工作,充分发挥其职能作用。各级政府要大力支持执法执纪部门的办案工作,帮助排除干扰和阻力,在办案经费、办案设备等方面提供必要的条件。

加强思想教育,培养廉政意识,是反腐败斗争治本的重要环节。要结合廉政建设实际,组织学习邓小平同志建设有中国特色社会主义理论,加强道德建设和理想教育、宗旨教育,引导广大干部树立正确的世界观、人生观、价值观,抵御资本主义和封建主义腐朽思想的侵蚀。领导干部要学习孔繁森一心为公、无私奉献的精神,认真吸取重大违法乱纪案件的教训,真正为人民掌好权、用好权。各行业、各单位都要加强职业道德教育,倡导创业敬业精神,提高工作效率和服务质量。国家行政学院和各级各类干部教育、培训机构,都要把廉政教育作为教学的必备内容,加强和改进廉政教育。

这些年来。我们在廉政法规和制度建设上做了不少工作,对于规范干部行为,预防和减少腐败起了积极作用。这些规定和制度,要继续严格执行。从反腐败斗争的需要出发,要进一步加强法制工作,重点是健全防范领导干部滥用职权的监督制度,进一步规范和推广干部定期交流制度,健全内部管理制度,强化管理与监督。对容易产生腐败问题的重点行业和重点岗位,进行特殊预防和重点监控,及时发现问题,把它解决在萌芽状态,遏制腐败现象滋生蔓延。通过深化改革和法制建设,充分发挥舆论和人民群众对腐败现象的监督作用,建立起严格的约束机制,实行标本兼治,惩治和预防双管齐下,减少滋生腐败的土壤和条件。

在反腐败斗争中,必须廉政勤政一起抓。建设社会主义现代化,实现经济体制和经济增长方式的转变,都要求政府工作人员改进思想方法,转变工作作风,提高办事效率。所有政府工作人员都要注意克服官僚主义、形式主义和浮夸作风,密切联系群众,勤奋工作,不尚空谈,全心全意为人民服务。要下大决心减少会议、文件和各种评比，千方百计减轻基层负担，腾出更多时间深入群众，调查研究。各级政府都要发扬艰苦奋斗、勤俭建国的优良传统，少买小汽车，少盖办公楼，多体察民情，多关心百姓疾苦。各级领导都要关心群众生活，特别是解决部分生活困难群众的实际问题，不要把精力用到应酬上，反对大吃大喝，铺张浪费。

希望大家按照党中央、国务院确定的任务和要求，统一思想，齐心协力，把今年的反腐败工作做好，使反腐败工作同改革和建设一样，年年都见新成效，决不辜负人民群众对我们各级政府的殷切期望。

（李鹏总理就反腐败问题答《瞭望》记者问，载《瞭望》1996年第12期）

实现我国的“九五”计划和跨世纪的宏伟目标，关键在于我们党。在新的历史条件下、在新的国内外环境中，努力保持党的工人阶级先锋队性质，不断增强党的凝聚力和战斗力，切实提高党的执政水平和领导水平，这是决定社会主义在中国巩固和发展的根本问题。各级党委务必从战略和全局的高度认识抓好党的建设的极端重要性，紧紧围绕经济建设这个中心任务，继续全面加强党的建设，并按照中央部署，加大工作力度，坚定不移地把反腐败斗争引向深入，务必使领导干部廉洁自律、查处违法违纪案件、纠正部门和行业不正之风，都取得更大更明显的实效。

党的十四大以来，中央高度重视党风廉政建设和反腐败斗争，进一步明确了反腐倡廉工作的指导思想、目标要求、基本方针和工作格局，并相继采取了一系列重大措施，取得了阶段性成果。特别是去年，中央直接抓了王宝森犯罪案件和陈希同严重错误的查处，各级党委、政府狠抓了反腐败各项工作的落实，在一些方面遏制了消极腐败现象蔓延的势头。反腐败斗争正在深入地向前推进。实践证明，搞好党风廉政建设和反腐败斗争，是保持党的先进性和纯洁性，保持党同人民群众的血肉联系，保证改革开放和现代化建设健康发展的一个不可缺少的重要条件。实践也证明，中央关于反腐败斗争的决策是正确的，我们正在逐步找到一条围绕经济建设这个中心，把反腐败斗争同改革、发展、稳定有机结合起来，依靠党本身的力量和人民群众的支持，抵御资产阶级和各种剥削阶级腐朽思想的侵蚀，努力把消极腐败现象降低到最低限度的路子。那种把党风廉政建设和反腐败斗争同经济建设和改革开放对立起来或者割裂开来，认为抓了党风廉政建设和反腐败斗争，就会冲击、影响经济建设和改革开放的认识，是没有根据的。

以身作则，廉洁自律，是各级领导干部必须具备的品格，也是党和人民对他们的起码要求。我们的领导干部特别是高级干部，无论在工作中还是日常生活中，都要严格要求自己，时刻注意检点自己的言行，以高尚的道德情操，为广大党员和干部树立好的榜样。中央关于领导干部廉洁自律的各项规定，所有领导干部都必须不折不扣地做到。主要领导成员不仅要管好自己，而且要带好领导班子，并对本地区、本单位的党风廉政建设工作全面负责。要进一步加大工作力度，继续认真查处大案要案，震慑违法犯罪分子，教育广大干部、党员，鼓舞人民群众的信心。发现严重违法违纪的，不管涉及到谁，都要一查到底。各级党政主要领导同志要经常过问大案要案的查处工作，帮助排除查处案件中的各种障碍。对瞒案不报、压案不办、拖案不结和干扰办案的，要严肃处理。哪里有严重问题不查处，就追究那里领导的责任。要通过对典型案件的剖析，研究解决领导和管理上存在的问题。纠正部门和行业不正之风，要重点治理乱收费乱摊派问题，尤其要狠刹巧立名目、擅开口子向农民集资、收费，变相加重农民负担的不正之风。还要认真清理预算外资金，加强对预算外资金的管理，坚决制止将预算内资金转到预算外，有关部门要尽快完善这方面的管理办法。

我们党执政以后，特别是在新的历史条件下，能不能成功地解决党内监督问题，尤其是对高中级干部的监督问题，是加强党的建设需要解决的一个重要问题。近几年来中央一再强调要重视加强党内监督，从上到下都采取一些措施，监督工作是有进步的。但是党内监督仍然是一个薄弱环节。越是改革开放，越要加强和健全党内监督；越是领导机关、领导干部，越要有严格的党内监督。

当前最重要的，一是保证党组织和党员、干部全面正确地贯彻执行党的基本路线、基本方针和各项政策，遵守和维护党的政治纪律。像我们这样一个大党，肩负着这样繁重艰巨的历史任务，如果没有铁的纪律，政治上涣散，是十分危险的。全党都要在政治上同党中央保持高度一致，坚决维护中央权威，保证中央的政令畅通。对违反政治纪律的，要严肃处理。二是保证党组织和党员、干部正确运用权力，坚持全心全意为人民服务的根本宗旨，无论什么时候都把党和人民的利益放在第一位，绝不允许以权谋私、假公济私、化公为私。三是保证党组织和党员、干部严格遵守和维护民主集中制的各项制度，不论担任何种职务、从事何种工作,都要摆正自己在党内生活中的位置。凡属重大决策、重要干部任免、重要建设项目安排和大额度资金的使用,必须经集体讨论,不准个人或少数人专断。绝不允许自视特殊,违犯党章。希望省、区、市党委和中央各部委带个好头。总之,要努力使正气上升、邪气下降,把党员、干部、群众的积极性进一步调动起来,为建设有中国特色社会主义的伟大事业而奋斗。

第一,重点抓好对领导干部的监督,强化领导集体内部的监督作用。各级领导班子要切实负起责任,带头讲学习、讲政治、讲正气,带头开展批评和自我批评,及时纠正各种不正确的思想和行为。第二,把党组织的严格监督与党员干部的认真自律结合起来。从严治党,决不能成为只说在嘴上的口号,必须落实到党组织对党员、干部严格要求、严格管理、严格监督的实践中去。每个党员干部都要时刻想到应尽的责任和义务,经常按照党章和党的各项规定对照检查,自重、自省、自警、自励,规范行为,严以律己。第三,把注重制度建设同加强思想政治工作紧密结合起来。制度建设,一方面要严格执行已有的行之有效的各项规章制度,加强对执行情况的督促检查,对有章不循的要严肃批评,限期纠正。另一方面要根据新的实际,针对已暴露出来的问题,完善已有的制度,逐步建立新的制度。在抓制度建设的同时,要加强思想政治工作,继承和发扬我们党的政治优势,教育党员干部树立马克思主义的世界观、人生观、价值观,尤其要防止和克服拜金主义、享乐主义、极端个人主义,努力增强抵御各种腐朽思想和生活方式侵蚀的能力,用党员干部的党性和政治觉悟来保证制度的贯彻落实。第四,拓宽监督渠道,充分发挥人民群众监督的作用。

开展反腐败斗争,各级党委要加强领导,充分发挥纪律检查机关的作用。要坚持党委主要领导同志亲自动手,实行严格的抓党风廉政建设责任制。在党委的统一领导下,坚持党政一齐抓,组织协调各方面的力量,形成合力。各级党委要坚决支持纪检监察机关认真履行职责,充分发挥纪检监察队伍的作用。对于那些凭借手中权力阻挠案件查处,刁难、报复纪检监察人员的,要严肃处理。党委领导同志要自觉接受同级纪委的监督,带头维护纪检监察机关的威信。这几年纪检监察部门为加强党风廉政建设和开展反腐败斗争,为促进改革开放和现代化建设的进行,作出了重要贡献。我们的纪检监察队伍,是一支可以信赖的、有战斗力的好队伍。在新形势下大家要进一步履行好党和人民赋予的神圣职责。纪检监察工作是原则性、政策性很强的工作,必须特别提倡无私无畏、刚正不阿、不徇私情、敢于碰硬的斗争精神。纪检监察干部要加强学习,不断提高自己的思想水平、政治水平、政策水平和业务能力,进一步养成良好的工作作风,为推进党风廉政建设和反腐败斗争作出更大贡献。

(1996 年 1 月 26 日江泽民在中央纪律检查委员会第六次全体会议上的讲话)

## (三)加强法制建设,坚持依法治国

充分发扬社会主义民主,加强社会主义法制建设,实行和坚持依法治国,是邓小平同志建设有中国特色社会主义理论的重要组成部分,是我国社会主义现代化建设的一个根本任务和原则。实行和坚持依法治国,就是在党的领导下努力实现国家各项工作的法制化、规范化,保证人民群众依照法律规定,通过各种途径和形式,参与管理国家事务,管理经济和文化事业,管理社会事务,真正做到有法可依、有法必依、执法必严、违法必究,保证各项事业在社会主义法制的轨道上顺利发展。做好这项工作,对于促进国民经济的持续、快速、健康发展和社会全面进步,保障国家的长治久安,具有十分重要的意义。

建国以来,特别是党的十一届三中全会以来,我国的社会主义法制建设取得了巨大成就。现在,在国家和社会生活的各个方面,我们已经制定了一系列重要的法律和法规。执法、司法和法律监督工作不断得到加强和改善。各地各行业开展的依法治理活动,不断取得成效。全民普法教育成绩显著,公民的社会主义民主和法制意识明显增强。但是,我们要清醒地看到,我国法制建设的现状同整个改革开放和现代化建设的要求相比,还有不小的差距。社会主义民主和法制建设是一项艰巨的社会系统工程,需要全党和全国各族人民继续进行不懈的努力。

在新的历史时期,要坚持和改善我们党对国家各项事业的领导,必须结合改革开放和现代化建设的实际,不断加强和改善党的政治、思想和组织领导等方面的工作。坚持党的政治领导,一个基本的方面就是要坚持使党的主张经过法定程序变成国家意志,通过党组织的活动和党员的模范作用,带动人民群众实现党的路线、方针、政策。国家的宪法和法律是人民群众意志的体现,也是党的主张的体现。执行宪法和法律,是按广大人民群众的意志办事,也是贯彻党的路线、方针、政策的重要保障。党领导人民制定宪法和法律,又自觉地在宪法和法律范围内活动,严格依法办事，依法管理国家，这对实现全党和全国人民意志的统一，对维护法律的尊严和中央的权威，具有重大而深远的意义。

党的十四届五中全会提出的关于我国经济和社会发展“九五”计划和2010年远景目标的建议，八届全国人大四次会议根据这个建议制定的关于我国经济和社会发展“九五”计划和2010年远景目标纲要，展示了我国跨世纪的宏伟建设蓝图。在实现这一蓝图的过程中，社会主义法制无疑会发挥极其重要的作用。我们正在加快建立社会主义市场经济体制，这种新的经济体制必然要求有一个与之相适应的完备的社会主义法制。因此，我们一定要从我国的国情出发，按照社会主义市场经济发展的规律，努力建立和健全能够有效引导和规范经济活动，维护经济秩序，保障国家对经济运行的宏观调控和管理的法制体系。同时，党和国家的各级领导干部必须熟练地掌握履行领导职责所必需的各种法律和法规的基本知识，特别是有关经济法律和法规的基本知识，以利正确运用法律手段去保证和促进社会主义市场经济的健康发展。

搞好法制教育，增强全体公民的法律意识和法制观念，是社会主义法制建设的基础工程，也是加强社会主义精神文明建设的重要内容。在全体公民中开展普及法律常识教育，已经实施了两个五年计划。党和国家决定继续实施法制宣传教育的第三个五年计划，这是坚持贯彻“两手抓，两手都要硬”方针的重要措施。抓好这项工作，对继续推进我国的社会主义法制建设，促进改革开放和经济发展，深入开展反腐倡廉，维护社会稳定大有好处。

广大干部特别是各级领导干部一定要带头学好法律知识。这既是我们的干部做好工作，提高领导能力和管理水平的需要，也是带领广大人民群众学法、用法和自觉遵守法律的需要。学习法律知识要形成制度。在这方面，各级党校、干校应充分发挥作用，要把邓小平同志关于加强社会主义民主和法制建设的理论以及法律的基本知识，作为党校、干校必设课程。总之，我们的干部要通过持之以恒的学习和实践，使自己的法律知识水平和依法办事的工作能力有一个大的提高。

（1996年8月12日江泽民为《社会主义法制建设基本知识》一本所作的序言）

要充分运用法律手段，保障社会主义市场经济的健康发展。政法工作要服从和服务于经济建设这个中心，运用法律手段维护经济秩序，努力创造良好的经济法制环境，保障和促进明年经济工作任务的完成。第一，要严惩严重经济犯罪。第二，要反对地方和部门保护主义。决不能为保护局部和暂时的利益甚至是非法所得的利益，损害全局和长远的利益。各地政法部门要抓住典型案件，坚决依法查处。各级党政领导一定要支持政法部门严格执法，不得姑息养奸。第三，要刹住部分地方盗窃、哄抢国有企业资财的行为，大力整治企业周边的治安秩序，为国有企业改革和发展创造良好的环境。第四，要加强法律服务工作，积极为改革开放，经济发展提供优质高效的法律服务和法律保障。

要继续开展“严打”斗争，全面落实社会治安综合治理的措施。要强化经常性“严打”，保持“严打”的声势和力度，不能紧一阵，松一阵。实行社会治安综合治理是解决治安问题的根本方法。“严打”是综合治理的首要环节，但光靠“严打”不行，要把“严打”和严防结合起来，大力加强基层基础工作，加强治安管理和教育工作。要大力开展创建安全文明小区、安全文明村镇的活动。各级社会治安综合治理委员会、社会主义精神文明建设指导委员会和政法部门、宣传文化部门要在党委、政府的统一领导下，密切配合，统一组织城乡基层的群众性精神文明创建活动。综合治理的措施是多方面的，关键是要实行领导责任制。各级领导要切实负起责任，狠抓落实。

要充分发挥政法部门在精神文明建设中的职能作用，着力解决干部和群众普遍关心的重要问题。大力加强社会主义精神文明建设，是全党的战略任务。政法部门既要抓好自身的精神文明建设，又要全面加强政法工作，为精神文明建设创造良好的社会环境，提供有力的法律保障。要在党委领导下，坚决查处发生在党政机关、行政执法机关、司法机关和经济管理部门的贪污、贿赂、徇私舞弊等犯罪案件，特别是县（处）级以上领导干部犯罪的案件，推动反腐败斗争不断向纵深发展。在纠正行业不正之风方面，政法干警要按照江泽民同志关于“严格执法、热情服务”的要求，纠正少数单位“门难进、脸难看、话难听、事难办”的旧衙门作风，以优良的职业道德树立政法部门的良好形象。

在扫除黄、赌、毒等社会丑恶现象，反对封建迷信活动方面，政法部门要依法加强治安管理，加大对这类违法犯罪活动的打击力度。对黄、赌、毒问题的严重性决不可低估。特别是贩毒吸毒现象近年来蔓延很快。各级党政领导要以对中华民族、子孙后代高度负责的精神，切实加强对禁毒斗争的领导，务求取得实效。在治理一些地方社会治安不好的问题方面，政法部门更要充分发挥专门机关的职能作用。在“严打”斗争中，要扫荡称霸一方的流氓恶势力、带黑社会性质的犯罪团伙。为了国家的长治久安、人民的幸福，绝不能允许黑社会组织在中国这块土地上存在。一旦露出苗头，就坚决彻底予以消灭。

(1996年12月17日李鹏在全国政法工作会议部分代表座谈时的讲话)

**一、加强立法是党和国家提出的一项紧迫任务**

改革开放以来，我国立法工作成绩显著。党的十四大确定我国经济体制改革的目标是建立社会主义市场经济体制，根据这个目标，八届全国人大常委会提出，要在本届任期内大体形成社会主义市场经济法律体系框架，并制定了五年立法规划。两年多来，在大家的共同努力下，立法步伐明显加快，制定了一批有关市场经济的法律和其他方面的法律，取得了重大进展。同时也要看到，现实生活中一些急需的重要法律还没有制定出来，现有法律中某些已不适合实际的规定需要抓紧作出修改，立法的质量也有待进一步提高，我们面临的立法任务仍然是艰巨和繁重的。

党的十四届五中全会通过的《中共中央关于制定国民经济和社会发展“九五”计划和2010年远景目标的建议》，提出了今后15年我国经济和社会发展的奋斗目标和指导方针。《建议》强调，要加强社会主义民主和法制建设，加强立法、司法、执法、普法工作，特别是要加快经济立法，建立和完善适应社会主义市场经济体制的法律体系，进一步推进经济管理体制和运行机制的规范化、法制化。这对我国立法工作提出了很高的要求。我们必须在邓小平同志建设有中国特色社会主义理论和党的基本路线指导下，进一步加强立法工作，继续把经济立法放在重要位置，抓紧制定和完善规范市场主体和市场行为、维护市场秩序、改善和加强宏观调控、建立和健全社会保障制度、促进对外开放等方面的法律，制定和完善振兴基础产业和支柱产业、规范政府行为、保护环境资源、保护知识产权等方面的法律。同时还要制定教育、科学、文化、卫生、体育事业方面的法律，制定民主政治建设和健全国家机构组织制度方面的法律，制定反腐倡廉、惩治犯罪、维护社会治安以及国防建设方面的法律，用法律引导、推进和保障改革开放和社会主义现代化建设的顺利进行。

**二、不断总结经验，提高立法工作水平**

这些年来，我们在立法工作中积累了一些行之有效的好的经验和作法。应当适应新的形势，认真总结和推广这些经验，并随着实践的发展探索和创造新的经验，从而不断加强和改进立法工作，加快立法步伐，提高立法质量。这里，我想强调以下几点：

第一，制定法律必须以宪法为依据。宪法作为国家根本大法，是我们制定法律、法规的基础和准则。宪法规定：“一切法律、行政法规和地方性法规都不得同宪法相抵触。”这是立法工作必须遵循的根本原则。多年来，全国人大常委会坚持这一根本原则，较好地解决了某些法律草案中同宪法规定不一致的问题。今后在起草和审议法律草案时都要坚持这样做。宪法规定，“国家实行社会主义市场经济”，“国家加强经济立法，完善宏观调控”，“国家依法禁止任何组织或者个人扰乱社会经济秩序”。这都是做好经济立法工作的重要指导思想。我们制定的法律必须符合发展社会主义市场经济的规律和特点，适应建立和完善社会主义市场经济体制的需要，能够促进经济体制从传统的计划经济体制向社会主义市场经济体制转变，促进经济增长方式从粗放型向集约型转变，从而为我国“九五”计划和2010年远景目标的实现提供可靠的法律保障。宪法对保障公民的基本权利和自由作出了一系列规定。制定法律时，必须依照宪法正确处理权利与义务的关系，正确处理人民群众依法行使权利和国家机关依法管理的关系，以保障人民依法享有的各项权利和自由，调动广大人民群众建设社会主义的积极性。宪法还对国家机关及其工作人员的职责权限作了明确规定。所有国家机关及其工作人员都必须按照宪法的规定，在各自的职权范围内工作。制定有关法律时，必须根据宪法，对国家权力机关和行政、审判、检察机关及其工作人员的行为作出规范，防止任何国家机关和工作人员超越或滥用职权。总之，只有以宪法为依据，从我国的实际出发，注意借鉴国外的有益经验，才能使制定的法律符合我国社会发展的规律，符合改革开放和现代化建设的需要。

第二，立法工作要与改革和发展的实际紧密结合。建立社会主义市场经济体制是一项根本性的变革。我们已经取得了显著的成绩，同时在前进中也遇到一些问题和困难。小平同志说“改革是中国的第二次革命”，不可能没有难度。改革中的难点，也是立法中的难点。我们要进一步解放思想，更新观念，开阔视野，大胆探索，勇于创新，以改革的精神解决立法中遇到的难点和问题。要善于把实践证明是正确的作法，用法律形式肯定下来，巩固改革开放的成果。对于一些应兴应革的事情，应当积极总结实践中的经验和作法，借鉴国外的经验，尽可能作出规范，而且规范要尽可能明确具体，便于操作，从而更好地用法律引导和推动改革与发展。当然，改革和发展中的问题，解决起来需要一个过程，法律也只能在实践中逐步完善。通过我们坚持不懈的努力，适应社会主义市场经济体制的法律体系将建立起来并逐步走向完善。

第三，立法要从全局出发，从人民的根本利益出发。全国经济是一个有机的整体。法律要维护全国市场的统一，促进国民经济有序运行和协调发展。立法要正确处理中央和地方之间、部门之间的关系，合理划分和明确规范中央和地方以及部门的管理权限，防止不适当地照顾和迁就地区和部门的局部利益和权力。在制定法律时，要充分考虑地方合理的利益和要求；在制定地方性法规时，各地方要自觉地服从大局，正确运用国家赋予的权力，调节好本地区的经济活动。要按照发展市场经济的要求，规范政府部门的职权，促进政府职能的转变，保障公民、法人和其他组织的合法权益。还要注意法律之间、法律和法规之间的衔接配套，加强地方性法规的备案审查工作，保证法制的统一。

第四，立法工作要走群众路线，按民主集中制原则办事。法律是人民意志的体现，是一切国家机关、公民和法人必须遵守的行为规范。立法要十分严肃、慎重。整个立法过程，从法律的起草到审议通过，都要走群众路线，充分发扬民主，按程序办事。要加强调查研究，倾听各方面的意见，包括各地各部门的意见，注意听取专家、学者和实际工作者的意见。有的重要法律草案可以在报刊上公布，并组织讨论，广泛听取人民群众的意见。有不同意见不要紧，可以经过充分讨论，反复比较，慎重考虑，集思广益，在民主的基础上集中正确的意见。对有争议的问题，要组织专家和实际工作者进行科学论证，提出可供选择的方案，然后作出决断。

**三、加强领导，狠抓落实，保证五年立法规划的完成**

两年多的实践表明，八届全国人大常委会制定的五年立法规划是符合实际的，同党的十四届三中全会、五中全会提出的建立社会主义市场经济体制的要求是一致的。当然，根据实际情况，对这个立法规划作个别调整也是必要的。实现这个规划，需要各部门、各方面密切配合，共同努力。要严格实行法律起草工作的责任制度。承担法律起草任务的有关部门和单位，要把落实立法规划作为一件大事来抓，切实加强领导，集中力量，在保证质量的前提下如期完成任务。全国人大各专门委员会除保证完成自己所承担的法律起草任务外，还要加强同有关起草单位的联系，了解情况，督促起草工作的进行。全国人大常委会要加强对法律起草工作的指导和协调，帮助解决起草过程中遇到的困难和问题。享有制定地方性法规权力的人大及其常委会，要从本地实际出发，根据改革和建设的需要，抓紧制定地方性法规，并要注重提高地方性法规的质量。

最后，讲一下如何保证法律的有效实施问题。现在制定的法律不断增多，但有些法律的实施状况不够好。造成这个问题的原因是多方面的，主要是：我们一些干部和群众法律意识和法制观念淡薄；在新旧体制转换过程中，执法机制还不够完善，执法人员素质有待进一步提高；对法律实施的监督也不够有力。解决这些问题，需要全党、全社会长期不懈地努力。当前，需要继续深入开展法制宣传教育，下大力气提高广大干部和群众，特别是各级领导干部的法制观念和依法办事的能力。要按照发展社会主义市场经济的要求，改革、完善司法制度和行政执法机制，加强执法队伍建设，提高司法和行政执法水平。要按照行政诉讼法和国家赔偿法的规定，建立对执法违法的追究制度和赔偿制度。各级人大常委会要按照宪法的要求，监督和保证宪法和法律的实施。要进一步改进执法检查工作，强化力度，增强实效。还要注意总结和推广地方人大在监督工作中创造的一些好的形式和作法，不断提高监督工作的水平。

同志们！实现五年立法规划，形成我国社会主义市场经济法律体系的框架，是一项开创性的工作。我们要以高度的责任感和强烈的事业心，扎扎实实地工作，为社会主义市场经济体制的建立和完善，为建设一个富强、民主、文明的社会主义现代化国家，做出应有的贡献。

（1995年12月19日乔石在立法工作座谈会上的讲话）

政法工作的中心任务是为改革开放和经济建设提供良好的社会环境和法制环境，因此，做好政法工作，必须对经济形势有一个全面正确的认识。最近召开的中央经济工作会议，分析了当前的经济形势，研究部署了明年的经济工作，做政法工作的同志，同样要认真学习、深刻领会会议精神。

各级党委、政府和政法部门，都要认清形势，明确任务，更加自觉、积极、主动地创造良好的社会秩序和经济秩序，促进经济发展。

明年是贯彻落实五中全会精神，实施“九五”计划的第一年。完成1996年国民经济和社会发展的任务,开好局,起好步,政法战线肩负着艰巨而光荣的任务。为了加强和改善宏观调控,中央经济工作会议明确提出要整饬和规范经济秩序,推动社会主义市场经济新规范、新秩序的建设,特别需要强有力的经济司法作保障。

改革开放以来,特别是党的十四大以来,随着经济立法的加强,我国经济司法工作为建立与发展社会主义市场经济相适应的新经济秩序,作出了积极贡献。为了解决经济秩序混乱的问题,除加快改革和立法步伐外,还需要加大经济执法力度。中央决定明年在全国范围内进行经济法律法规执行情况的检查。政法各部门一定要充分认识加强经济司法、改善经济秩序的重大意义,在党委、政府的统一领导下,与有关部门紧密配合,充分发挥职能作用。

实行社会治安综合治理,是新时期专门工作和群众路线相结合的好形式。社会治安综合治理领导责任制的落实是关键,对严重失职、导致发生重大治安问题,或者社会治安长期混乱的地方和单位的党政领导,要坚决行使一票否决权。"严打"是社会治安综合治理的首要环节,要坚持因地制宜地开展集中打击,着重加强经常性工作,坚决把犯罪分子的嚣张气焰打下去。要不断加强社会治安综合治理的基层基础工作,充实基层政法组织,加强以基层党支部为核心的配套组织建设,强化基层治安防范网络;要搞好对青少年的法制教育;要做好刑满释放和解除劳教人员的安置帮教工作。

改革开放以来,大量农村剩余劳动力进城务工经商,对经济发展和社会进步有着积极的推动作用,也带来一些负面影响,必须有计划有步骤地统筹解决。人口流出地和流入地的党委、政府,要和中央有关部门共同负起责任,加强对流动人口的管理,组织有序流动,推动这项工作逐步走上规范化轨道。公安部门要全面加强新形势下的治安管理,改革管理制度,增强社会控制能力。要加强文化市场管理,坚持不懈地开展"扫黄""打非"斗争,坚决查禁、取缔各种社会丑恶现象。

今年以来,各级党委、政府坚持"两手抓,两手都要硬"的战略方针,加强和改善对政法工作的领导、监督、支持政法部门严肃执法,对政法部门的物质保障有所改善。但是,由于近几年政法部门任务越来越重,政法经费紧缺的问题仍然突出,要努力改善执法环境与工作条件。我们的政法队伍是好的,但近几年也暴露了一些问题。坚持以法治警,加强队伍建设,是做好政法工作的组织基础。"九五"期间要以廉政建设、整顿纪律、严肃执法为重点,抓班子建设,抓队伍建设,全面提高政法队伍的政治素质和业务素质。

(1995 年 12 月 18 日李鹏同全国政法工作会议代表座谈时的讲话)

这次全国政法工作会议是继中央经济工作会议之后,中央决定召开的一次重要会议。改革开放 17 年来,尤其是"八五"期间,政法工作在邓小平同志建设有中国特色社会主义理论和党的基本路线的指引下,在党中央、国务院的正确领导下,确定了服从和服务于全党工作大局的指导思想,坚持一手抓维护稳定,一手抓队伍建设,全面加强政法工作和社会治安综合治理工作,严厉打击各种严重刑事犯罪和经济犯罪,粉碎国内外敌对势力的捣乱破坏,依法调节新形势下的经济关系和社会关系,完成了党和人民交给的各项任务,为我国社会主义现代化建设顺利前进作出了重大贡献。

综观世纪之交的国际国内形势,我们确有不可多得的历史机遇,同时也面临诸多挑战。中央最近强调高级干部一定要讲政治,其中提出要有政治辨别力、政治敏锐性。我们政法战线的同志要有这方面的自觉性、坚定性,在政治上过得硬。党的所有高级干部,包括省委书记、省长、各部部长,都应该在政治上过得硬。越是深化改革、扩大开放,越要注意政治。

政治是经济的集中体现,是为经济建设服务的。我们强调讲政治,是希望大家对国际国内敌对势力的活动,对维护安定团结政治局面的极端重要性,保持清醒的认识,不要埋头日常具体事务而在日益复杂的斗争中迷失方向,归根到底,都是为了坚持经济建设这个中心,为集中力量把经济搞上去提供强有力的政治保证,创造良好的政治环境。如果政治上出了问题,社会不稳定,经济建设就会受到严重干扰。所以,我们一定要坚持用辩证唯物主义的观点看问题,正确处理改革、发展、稳定的关系,正确处理经济和政治的关系。

维护稳定的任务是长期的艰巨的。必须正确区分和处理两类不同性质的矛盾。这涉及党和政府各方面的工作,各部门必须齐心协力来做。各级党委、政府要健全一把手抓稳定的政治领导责任制。

必须大力加强社会主义法制建设,牢固树立和维护国家法制的权威。十几年来,我们在加强社会主义法制建设方面取得了重大进展。为了保证国家长治久安,维护社会主义市场经济秩序,发展社会主义民主和社会主义精神文明,法制建设的任务还很繁重。要继续从立法、司法、执法、普法等各个环节加倍努力,真正做到有法可依,有法必依,执法必严,违法必究，切实维护法律的尊严和权威。

要通过强化司法机关、行政执法机关的工作，保证严格执法。当前一个突出问题是存在不少有法不依、执法不严、违法不究的现象。各级党政领导要十分重视，认真解决这方面的问题。政法各部门要认真履行作为专门执法机关的神圣职责。要依法严厉打击敌对分子的破坏活动，打击严重刑事犯罪分子和严重经济犯罪分子，坚决查禁卖淫嫖娼、制黄贩黄、贩毒吸毒等社会丑恶现象，坚决取缔黑社会势力。要抓紧制定和实施"三五"普法规划，加强法制宣传教育，增强公民的法律意识和法制观念。共产党员、国家干部要带头学法守法。各级党委、政府要坚持在宪法和法律的范围内活动，依法办事。

必须毫不动摇地坚持党对政法工作的统一领导。加强党对政法工作的统一领导，是由我们党的执政地位决定的，也是政法部门严格执法的政治保证和组织保证。党领导人民制定宪法和法律，也领导人民执行宪法和法律。加强党的领导与依法办事是完全统一的，任何把党的领导同依法办事对立起来的观点都是错误的，有害的。

各级党委、政府要严格按照十四届四中全会的要求，抓好政法部门的领导班子建设、党组织建设，提高政法队伍的政治素质和业务素质。要努力把政法队伍建设成为忠诚可靠、训练有素、精通业务、纪律严明、作风过硬、秉公执法的队伍。对于献身党和人民的利益、勇于同犯罪分子进行斗争的同志，要大力表彰，宣传他们的先进事迹，以教育广大干部群众，弘扬正气，打击邪气。

要对政法干警加强正确的世界观、人生观、价值观和中华民族传统美德的教育，使他们真正做到全心全意为人民服务。我们既要从严治警，也要从优待警。各级党政领导要进一步解决好政法各部门包括党委政法委员会在内的人员编制、待遇津贴和经费保障等实际问题，解除他们的后顾之忧。

（1995年12月18日江泽民同全国政法工作会议代表座谈时的讲话）

加强社会主义法制建设，依法治国，是邓小平同志建设有中国特色社会主义理论的重要组成部分，是我们党和政府管理国家和社会事务的重要方针。实行和坚持依法治国，就是使国家各项工作逐步走上法制化和规范化；就是广大人民群众在党的领导下，依照宪法和法律的规定，通过各种途径和形式参与管理国家、管理经济文化事业、管理社会事务；就是逐步实现社会主义民主的法制化、法律化。实行和坚持依法治国，对于推动经济持续快速健康发展和社会全面进步，保障国家的长治久安，具有十分重要的意义。

党的十一届三中全会以来，我们在社会主义法制建设方面取得了重大进展。立法工作步伐大大加快，在政治、经济、文化、社会生活诸多领域，制定了一系列重要的法律和法规；全民普法工作取得了很大的成绩，公民的社会主义民主和法制意识明显提高；执法和法律监督工作得到了进一步加强；全国一些地区和行业开展的依法治理活动也取得了成效。但是应该清醒地看到，我国法制建设的现状同整个现代化建设的要求，同建立比较完备的社会主义法制的要求，还有不小的距离，还需要全党和全国各族人民进行长期不懈的努力。

人类历史即将进入21世纪。党的十四届五中全会提出了我国到2010年的跨世纪发展蓝图，到那时我们的社会主义市场经济体制也将达到比较完善的程度。世界经济的实践证明，一个比较成熟的市场经济，必然要求并具有比较完备的法制。市场经营活动的运行，市场秩序的维系，国家对经济活动的宏观调控和管理，以及生产、交换、分配、消费等各个环节，都需要法律的引导和规范。在国际经济交往中，也需要按国际惯例和国与国之间约定的规则办事。这些都是市场的内在要求。我们要实现经济体制和经济增长方式的根本性转变，也必须按照市场的一般规则和我们的国情，健全和完善各种法制，全面建立起社会主义市场经济和集约型经济所必需的法律体系。

经济在发展，社会在前进，新情况、新问题会不断地出现，解决问题的新经验也会不断地产生。正因为如此，我们的法制建设也必然是一个不断地深化、加强、健全和完善的过程，不可能毕其功于一役。有了新情况、新问题、新经验，经过研究和总结，就要适时地制定新的有关法律和法规。这样才能避免新问题出来了而仍然陷于用老的办法去处理问题的很不规范也很难从容行事的被动局面。还有一个重要问题，需要引起我们的注意，就是在立法方面，除了制定各种基本的法律和法规以外，为了保障这些法律和法规的顺利实施，还必须在积累实践经验的基础上，搞出实施各种基本法律和法规所需要的具体条例来，没有这种条例，基本法律和法规的贯彻落实就会遇到许多的困难。

加强社会主义法制建设，坚持依法治国，一个重要任务是要不断提高广大干部、群众的法律意识和法制观念。思想是行动的先导。干部依法决策、依法行政是依法治国的重要环节;公民自觉守法、依法维护国家利益和自身权益是依法治国的重要基础,广大干部和群众的法律水平的高低,直接影响着依法治国的进程。实践的经验说明,法律不健全,制度上有严重漏洞,坏人就会乘机横行,好人也无法充分做好事。实践的经验也说明,有了比较健全和完善的法律和制度,如果人们的法律意识和法制观念淡薄,思想政治素质低,再好的法律和制度也会因为得不到遵守而不起作用,甚至会形同虚设。加强社会主义法制建设必须同时从两个方面着手,既要加强立法工作,不断地健全和完善法制;又要加强普法教育,不断地提高干部和群众的遵守法律、依法办事的素质和自觉性。二者缺一不可,任何时候都不可偏废。因此,我们在搞好立法工作的同时,必须坚持不懈地做好法制宣传教育工作,力争在"三五"普法期间即2000年前,使广大干部、群众的法律素质有一个新的提高。一种观念的树立,一种意识的培养,需要一个相当长的过程,要充分认识法制宣传教育的长期性艰巨性,并逐步使之制度化、规范化。特别是各级领导干部务必加强对法律和法学知识的学习,努力掌握和提高运用法律手段管理经济和社会事务的本领,以自身的实际行动带动广大干部和群众,在全社会形成学法、用法的良好风气,为坚持依法治国打下坚实的思想基础。

依法治国是社会进步、社会文明的一个重要标志,是我们建设社会主义现代化国家的必然要求。我们相信,经过全党全社会的共同努力,随着社会主义民主法制建设的日益加强,随着社会主义市场经济体制的建立和完善,我们党和政府依法治国的水平也将会不断地得到提高。

(1996年2月8日江泽民在中共中央举办的中央领导同志法制讲座会上的讲话)

今年政法工作取得了很大成绩,有力地维护了社会稳定,保障了改革开放和现代化建设的顺利进行。今年春季,中央决定在全国范围内开展"严打"集中统一行动,下决心扭转一些地方社会治安不好的状况。政法战线的广大干警认真贯彻中央决策,艰苦工作,英勇奋战,坚决打击严重刑事犯罪分子,保障人民的生命财产安全,赢得了人民的普遍赞誉。

政法工作的首要任务就是维护国家的政治和社会稳定。没有稳定的环境,什么都搞不成,已经取得的成果也会失掉。这是我们多年来的经验。几年来,全党为维护稳定做了大量工作,安定团结的政治局面得到巩固和发展。但当前影响我国社会稳定的因素不少,有的还相当突出。各级领导干部特别是主要负责同志,要深刻领会邓小平同志关于"稳定压倒一切"的战略思想,处理好改革、发展、稳定的关系,更好地承担起保持稳定的政治责任。政法战线的同志们,要注意研究社会治安中出现的新情况、新问题,把握好政法工作的主动权。对各种原因引起的人民内部矛盾,要区别不同情况,做细致深入的工作,及时化解矛盾,避免矛盾激化和转化,防止敌对势力乘机制造事端,破坏稳定。

今年"严打"斗争所以能取得令人满意的成效,最重要的一条经验就是领导干部真抓实干。各级领导干部始终要担负好"保一方平安"的责任,亲自过问,亲自组织,把专门机关的工作与群众路线紧密结合起来,动员社会各方面的力量,加强综合治理,切实解决好社会治安存在的问题。

今年"严打"斗争的成绩应当充分肯定,但不能估计过高,对形势也不可盲目乐观,摆在我们面前的任务依然是很艰巨的,决不能有丝毫松懈和麻痹。"严打"斗争得民心、顺民意,实践证明这是解决治安方面突出问题的一个有效手段,今后要继续深入开展下去。明年,各级党委、政府,特别是各省、区、市的党委、政府,要继续把"严打"斗争作为一项重要任务抓紧抓好,以"破大案、抓逃犯、打团伙"为重点,坚持"依法从重从快"方针,惩恶扬善,扶正祛邪,为两个文明建设创造良好的社会环境。

坚决扫除黄赌毒等社会丑恶现象,是当前社会治安工作要着重解决的一项任务。各级领导干部都必须明确,改革开放和现代化建设必须坚持社会主义方向,任何时候都不能以牺牲精神文明为代价换取一时的经济利益。在这个问题上必须旗帜鲜明,不能有丝毫含糊。扫除黄赌毒等社会丑恶现象,要抓住关键,从严查处卖淫嫖娼、制黄贩黄的组织者、经营者和幕后支持保护者,重点解决部分党政干部和农村基层干部带头参与赌博的问题。近年来,"毒"的问题蔓延很快,必须引起严重注意。

要加强工作,努力造就高素质的政法队伍。政法部门是人民民主专政机关,担负着打击敌人、惩治犯罪、保护人民、服务四化的重要使命。近几年,政法队伍的整体素质有新的提高,这是主流。但存在的问题也不容忽视。一些地方少数政法干部违法乱纪、以权谋私、徇情枉法、贪污受贿等腐败现象时有发生;有的干警与社会上的违法犯罪分子互相勾结、欺压百姓、为所欲为;个别地方的政法机关甚至为坏人所把持。这个问题尽管发生在极少数人身上,但危害极大,影响恶劣,决不能等闲视之,必须严肃认真地加以解决。

建设一支高素质的政法干部队伍，首先要努力提高政法干部特别是领导干部的思想政治素质，这是一项带有根本性的任务。领导班子建设是整个队伍建设的关键。要大力加强政法队伍的职业道德建设，增强职业道德观念，提高执法水平，为人民严格执法，热情服务。要大力宣传表彰先进单位和模范人物，弘扬正气，同时坚决查办清除害群之马，遏制歪风邪气。

当前，精神文明建设中干部群众普遍关心的一些重要问题，同政法工作都有着密切的关系，政法工作应该为社会主义精神文明建设作出新的贡献。

（1996年12月17日江泽民在同全国政法工作会议部分代表座谈时的讲话）

## （四）坚持改革开放政策不动摇

这次国务院召开的经济特区工作会议，是一次重要的会议。上次特区工作会议到现在，已经有5年时间了。这期间，经济特区的改革开放和经济建设都取得了显著进展，积累了新的经验。现在面临着新的形势和任务。这次会议，就是要研究在新的形势下怎样把经济特区办得更好。这几天，大家交流了经验，发表了不少很好的意见和建议，会议开得很好。相信这次会议对经济特区的进一步发展会起到积极的促进作用。

现在我讲几点意见。

**一、国家对经济特区和上海浦东新区的基本政策不变**

举办经济特区，是由邓小平同志倡议，党中央、国务院作出的重大决策，是我国改革开放政策的重要组成部分。16年来，经济特区取得了举世瞩目的成绩。经济长期保持快速增长，改革开放取得突破性进展，发展外向型经济成绩显著，引进了先进技术和管理经验，创造了比较好的投资环境，很好地发挥了对外开放的“窗口”作用，经济体制改革的试验区作用，以及对内地的示范、辐射和带动作用。经济特区对于保持港澳的繁荣和稳定，促进海峡两岸的经贸往来，也发挥了积极作用。这是全中国和全世界都看得到的。实践证明，举办经济特区的决策是正确的，经济特区的改革和发展是成功的。

今后15年，是我国改革开放和现代化建设事业承前启后、继往开来的重要时期。党的十四届五中全会和八届人大四次会议，提出了“九五”计划和2010年的远景目标，这是一个跨世纪的宏伟蓝图。这种形势对经济特区的改革和发展提出了更高的要求。“九五”期间，我国将先后对香港和澳门恢复行使主权，在保持港澳经济的繁荣和稳定，继续发展海峡两岸经贸往来方面，经济特区肩负着重要的任务，同时这也为经济特区的发展带来新的机遇。我们要共同努力，把经济特区办得更好。

党中央、国务院对经济特区的工作非常重视。近几年，江泽民同志多次视察经济特区，重申党中央、国务院对特区工作“三不变”的方针，即中央对发展经济特区的决心不变，中央对经济特区的基本政策不变，经济特区在全国改革开放和现代化建设中的历史地位和作用不变。要求经济特区增创新优势，更上一层楼。党的十四届五中全会和八届人大四次会议都强调：中央对经济特区和上海浦东新区的基本政策不变，在发展社会主义市场经济的过程中，有些具体办法要有所调整和完善。

经济特区作为改革开放的“窗口”和经济体制改革的试验区，在建立社会主义市场经济体制方面需要先行一步。特区地处沿海，毗邻港澳，面向台湾，有着建立外向型经济的区位优势，又能对内地辐射，起到带动内地改革开放和经济发展的桥梁作用。在加强与港澳台的经济合作与交流，按照“一国两制”的方针促进祖国和平统一大业中，经济特区也发挥着重要的作用。经济特区的这些作用，今后不仅不会削弱，还会继续得到加强。

本世纪末初步建立社会主义市场经济体制，2010年形成比较完善的社会主义市场经济体制，改革任重而道远。经济特区作为改革试验区的任务，远没有完成。中央对经济特区的基本政策不变，保证了经济特区在全国改革开放和现代化建设中的历史地位和作用。

至于具体的政策和办法，随着改革的深化和经济的发展，有所调整和完善，是正常的。特区初创时期，为了加快起步，形成较好的投资环境，国家给予一些优惠政策，是必要的。有些政策原来就有时限，比如特区新增财政收入留用的政策，时限到了，就要执行全国统一的分税制。有些政策，随着特区经济实力的增强和市场的扩大，按照建立社会主义市场经济体制的要求需要改变，而且特区已经具备了承受能力，比如今年开始停止实行的特区半税市场物资的政策。还有一些政策，按照国际惯例和税制改革的要求，进行了必要的调整，比如今年以来对关税减免政策的调整。这种调整和完善是一种进步，表明特区在向前发展，有利于促进特区率先建立社会主义市场经济体制，与国际惯例相衔接，使我们的对外开放工作做得更好。也有利于使我们的各项制度和政策更加规范和完善,为各类企业创造公平竞争的环境。对于这些具体政策的调整和完善,要妥善做好过渡和衔接工作,做好宣传解释工作,尽量减少震动。

具体政策的调整和完善,并不影响经济特区继续发挥优势。经济特区仍然是经济特区,其区位优势会继续加强。特区改革开放走在全国的前头,今后国家准备试行并且特区又具备条件的一些改革开放措施,还要在特区先行试验,特区仍会具有体制方面的优势。在遵循宪法规定以及国家法律、法规的基本原则下,国家赋予经济特区制定法规和规章的权力。经济特区享有相当于省一级的涉外经济管理权限。经济特区内的企业,按现行规定还保留15%的所得税率。对经济特区和浦东新区进口自用物资所征税款,采用中央财政核定额度,5年内逐年递减返还办法,实现逐步过渡,适当照顾既得利益。经过十多年的发展,经济特区的经济实力和自我发展能力增强了。这都是特区进一步发展的基础。应该说,同其他地方相比,特区发展的优势还是不少的。我相信,主要依靠自己的努力,在国家积极支持下,充分利用既有基础、自身优势和现行政策,经济特区的改革和发展都是大有可为的。

**二、经济特区要增创新优势,更上一层楼**

江泽民同志提出的"增创新优势,更上一层楼",是在新的形势下,对经济特区提出的新要求。为了做到这一点,特区需要牢固树立二次创业思想。"九五"时期,特区经济社会发展的总体质量和水平要再上一个新台阶,必须解放思想,实事求是,从主要依靠优惠政策转向依靠两个根本性转变,在经济体制、经济增长方式、对外开放和发挥区位优势等方面,增创新优势,提高整体素质。

第一,要增创经济体制新优势。特区要继续进行试验,争取率先建立社会主义市场经济体制。"九五"期间,要着重市场体系的改革,加强法制建设和市场管理,发展和完善要素市场,形成统一开放、竞争有序的市场环境;要加快对外经济体制的改革,按照平等竞争和国际通行的规则,建立新型的经贸体制;要充分利用特区的有利条件,为国有企业改革创造新的经验。口岸管理改革的试点和推广,特区要走在前面。社会保障制度改革、住房改革、社会分配制度改革,以及发展市场经济条件下的户籍制度改革,都是改革的难点,特区可以先行一步,为全国提供经验。金融改革牵涉全国,并不局限于特区,必须积极而又稳妥地进行。特区的各级政府和部门要继续按照政企分开、精简高效的原则,更好地为经济发展服务。

第二,要增创经济增长方式的新优势。不少特区的同志向我反映,这几年特区的投资成本上升较快,电价、水价、工资和土地价格,都超过沿海地区平均水平,更不用说和内地相比了。特区的一般加工工业,有些已经开始向外转移,这是好事。随着成本的上升,经济特区如果不加快经济增长方式转变,很难再有长足发展。要加快产业结构的调整,大力发展高新技术产业,并且注意规模经营,开发名优产品,提高自己的技术创新能力,形成一批在国内外市场有竞争能力的企业集团。希望每个特区都从本地实际情况出发,制定和实施经济增长方式转变的具体规划。

第三,要增创对外开放的新优势。经济特区是对外开放的"窗口",应该在提高对外开放水平方面走在全国的前面。目前特区自己的出口产品中,主要是加工贸易产品,加工附加值不高,进口又多是高附加值产品。这种状况不改变,对外贸易的效益就很难从根本上改观。要下大力气改善出口产品结构,增加产品的加工深度和附加价值。要合理引导外商投资结构,吸引外资投向基础产业、支柱产业和高新技术产业,提高利用外资的水平。要吸引更多的国际大公司、大财团来特区投资,提高项目的规模和技术档次,同时要加快引进技术的消化吸收,增强自我开发和创新能力。特区要进一步改善投资环境,提高服务质量和水平。在运用法制加强对外商投资企业管理方面,创造出切实可行的新经验。

第四,要增创辐射和带动作用的新优势。兴办经济特区的一个重要目的,就是发挥特区的"窗口"和桥梁作用,带动内地的改革开放和经济发展。国家从"九五"开始,要更加重视中西部地区经济发展。加大工作的力度,积极朝着缩小差距的方向努力。经济特区的辐射和带动作用,对于中西部地区经济发展是有重要意义的,要充分利用有利条件,继续发挥这方面的优势。过去经济特区主要通过外引内联,帮助中西部地区建立对外开放渠道,出口产品,引进资金和技术。今后,随着特区经济实力的增强和产业结构的调整,除上述途径外,还可以考虑鼓励和引导特区的一部分一般加工工业项目向中西部地区转移,鼓励特区企业到中西部地区投资,开拓内地市场。当然,地区之间的经济技术合作与交流,要按客观经济规律办事,平等互利,实现优势互补和共同发展,而不是搞"一平二调"。

**三、下大力气把精神文明建设搞好**

在抓紧物质文明建设的同时,要把精神文明建设提到更加突出的地位,全国都要这样做,对经济特区更具有重要意义。作为改革开放的试验区，特区是海外认识中国的重要窗口，精神文明面貌直接关系我国的对外形象，要求特区的精神文明建设水平应该比其他地方更高，社会治安环境也应该更好。另一方面，经济特区由于受到消极影响更多、更直接，加上流动人口多，精神文明建设面临的形势更复杂、任务更艰巨。经济特区增创新优势，包括要把精神文明建设搞得更好。经济特区不仅应该是改革开放和经济发展的模范，也应该是精神文明建设的模范。十几年来，特区对加强精神文明建设是抓得紧的，做了大量的工作，积累了不少有益的经验。但是也要看到，确实也存在精神文明建设与物质文明建设不相适应的问题，有些方面的问题还比较严重，应该引起我们的高度重视。

经济特区精神文明建设要突出抓好以下几个方面：

一要用邓小平同志建设有中国特色社会主义的理论和党的基本路线教育干部和人民，始终坚持“两手抓，两手都要硬”的方针。要使广大干部群众首先是各级领导干部认识到，只有物质文明和精神文明都搞好，才是有中国特色的社会主义。绝不能以牺牲精神文明为代价求得经济的一时发展。

二要狠抓思想道德建设。坚持不懈地进行爱国主义、集体主义和社会主义思想教育，大力提倡全心全意为人民服务和无私奉献的精神，帮助广大居民、特别是青少年树立正确的世界观、人生观、价值观，抵御损人利己、金钱至上、以权谋私等资产阶级腐朽思想的侵蚀。要大力提倡健康文明的生活方式，树立良好的社会风尚。

三要发扬艰苦创业的优良传统。经济特区过去在创业中，创造了特区速度、特区效益，形成了团结进取、奋发向上、勇于探索、自强不息的特区精神，这是特区精神文明建设的宝贵财富。希望特区继续发扬这种精神。

四要进一步加大勤政廉政建设和反腐败斗争的力度，加强民主法制建设和公安工作，全面落实社会治安综合治理的各项措施。要加强对流动人口的管理，这一点对特区有特别重要的意义。对于人民群众深恶痛绝的各种社会丑恶现象和违法犯罪活动，要加大打击力度，努力为中外投资者和特区人民创造一个安全、文明、优美、方便的工作和生活环境。

同志们！经济特区肩负着光荣而艰巨的任务。希望大家不辜负党中央、国务院和全国人民的厚望，在认真总结经验的基础上，振奋精神，团结一致，开拓前进，扎实工作，努力实现两个根本性转变，把经济特区办得更好，为改革开放和社会主义现代化建设事业做出更大的贡献。

（1996年4月3日李鹏在经济特区工作会议上的讲话）

我们有充分的理由相信，在未来的十五年，中国将继续保持良好的发展势头，使《纲要》得到实现。因为中国已经找到了一条正确的发展道路，这就是邓小平提出的建设有中国特色社会主义；中国可以保持一个长期稳定的政局，因为我们已经形成了以江泽民同志为核心的党中央；中国经过46年的建设，特别是改革开放以来的快速发展，已经有了比较雄厚的物质技术基础，综合国力进一步提高，已经有了良好的发展条件；中国还是一个发展中国家，有巨大的市场，包括消费市场和投资市场。《纲要》经人大会议通过后，12亿人民将汇合成一股巨大的力量为它的实现而奋斗。

中国要保持好的发展势头，要实现《纲要》提出的目标，有两个条件是不可缺少的。这就是对外要有一个和平的国际环境，对内要有一个稳定的政治局面。我们将继续坚持独立自主的和平外交政策，中国始终是维护地区和世界和平的重要力量。我们将自始至终正确处理改革、发展和稳定三者的关系，实行两个根本性转变，即由传统的计划经济体制向社会主义市场经济体制转变，经济增长方式从粗放型向集约型转变。这是《纲要》的显著特点。

（1996年3月17日李鹏会见采访“两会”的中外记者时的讲话）

**中国将保持良好的发展势头**

改革开放18年来，中国的经济发展是比较快的，大体上保持了百分之九的增长率。外国新闻界很关心这个问题，多次问我中国能否继续保持这个好的发展势头。我告诉他们，答案是肯定的，这一目标是可以达到的。去年10月14日我在加拿大同克雷蒂安总理和九位省长会见时，曾详细阐述了中国继续保持良好发展势头的几点原因。简要地说，就是中国已找到一条正确的发展道路，政局长期稳定，有比较雄厚的物质技术基础，综合国力进一步增强，市场广阔，有巨大的投资需求和消费需求。如果再加一条的话，那就是“九五”计划和今后十五年远景目标纲要将成为动员中国人民进行现代化建设的巨大精神力量。

外国经济界人士出于加强合作的愿望，很想了解“九五”计划和十五年远景目标纲要的内容。关于这方面的详细情况，中方有关部门可以向你介绍。在这里我只概括地讲一讲。上述文件主要是阐述了两个转变、两个战略。第一个转变是从传统的计划经济向社会主义市场经济的转变。这个转变已经进行了十多年，但还没有结束。我们采取了逐步转变的方式，不断总结经验，从而保持了稳定。第二个转变是经济增长方式从粗放型向集约型转变，换个说法就是从数量型向效益型转变。为此，要继续搞好产业结构的调整，广泛采用先进技术，降低能源和原材料的消耗，进行资源的合理配置。

至于两个战略，一个是全世界都在谈论的可持续发展战略，另一个是科教兴国战略，要更加重视教育和科技，通过加强教育提高劳动者的素质，依靠科技进步发展生产力。

**中国已具备加入世界贸易组织的条件**

中国过去为恢复关贸总协定缔约国地位及现在为加入世界贸易组织，作出了不懈的努力，条件已经成熟。问题是这个组织准备何时让中国加入。中国没有对加入世贸组织规定最后期限，因为这不取决于中国。世贸组织应该明确作出让中国加入的决定。

中国多次明确表示愿承担与自身发展水平相适应的义务，当然也应该得到它应该享受的权利。中国已在今年把进口关税降低了36%，这么大的降幅恐怕世界上任何国家都是没有的。我们还承诺最终将关税降到发展中国家的平均水平。然而，中国在作出巨大努力之后，仍然被拒之于世贸组织大门之外。我们认为这已不是一个简单的经济问题，不是一个简单的贸易问题，而是有的国家出于自身的政治需要，阻挠中国加入世贸组织。这已变成一个政治问题。

中国不能加入世贸组织，当然对中国来说是一个损失，但对世贸组织同样也是一个损失。我不久前在巴黎时曾讲过，如果没有中国的参加，那么世界贸易组织最好改名为地区贸易组织，没有资格称之为世界贸易组织。

中国虽然至今仍被拒之于世贸组织之外，但这阻碍不了世界各国同中国发展贸易，因为中国经济的持续发展和巨大的市场是一个客观存在。比如，中国同欧洲空中客车工业公司签署了订购一批飞机的合同，这笔生意并没有经过世贸组织的批准。现在世界上各大飞机制造公司都来中国竞争，想在中国市场占据一定份额，它们并不因为中国不是世贸组织的成员就不要中国的订单了。

**中国有良好的投资环境**

中国的投资环境越来越好，软件和硬件都有很大改善。中国将继续以产业政策为导向，加大对农业、基础产业和支柱产业的投入。现在我们的基础设施有了长足的发展，投资需求和消费需求巨大。因此，外国投资者看好中国稳定的市场，愿意到中国投资。迄今，中国已吸收1200多亿美元的投资。中国欢迎外国投资者在基础设施建设方面投资，也欢迎同中国的轻工纺织业等方面的中小企业进行合作，参加企业的技术改造。第三产业方面的合作已有良好的开端，也可望适当扩大。

我劝外国投资者要不断加深对中国市场的了解，这有助于他们选择正确的投资方向。比如，前几年房地产投资者在中国盖了很多高档的宾馆、写字楼和别墅，超过了中国的实际需要，所以高档房地产没有多大市场。有的产品在中国的市场上已经饱和，如家用电器等。我们不支持低水平重复引进。但另一方面，有的产业投资需求则很大。中国现在电话普及率不到5%，低于世界发达国家和一些发展中国家的水平。中国每年电话增加量约1500万门，是世界上最大的市场。中国电力的发展潜力也很大，每年投产1500万千瓦的电力，才能满足经济增长和生活用电的需求。中国欢迎外国公司同中国合作进行海洋石油、陆地石油的风险勘探，勘探取得成果后就可以合资和合作开发。我们也欢迎在交通运输方面开展合作。

(1996年6月7日李鹏接受英国《金融时报》亚洲主编蒙塔尼翁采访时的讲话)

1995年对中国人民来说，是值得自豪的一年。1995年是中国第八个五年计划的最后一年。五年来中国的国民经济持续高速发展，综合国力显著增强，人民生活明显改善，社会主义市场经济体制正在逐步建立，对外开放总体格局基本形成，各项社会事业也取得很大成绩。尤其令人高兴的是，中国改革开放的倡导者邓小平70年代末提出的到本世纪末中国国民生产总值比1980年翻两番的目标，已于1995年提前完成。蓬勃发展的中国成为世界经济强有力的增长点，为世界经济带来新的活力。

再过五年人类就要迈进二十一世纪了。中国正在制定国民经济和社会发展的第九个五年计划和2010年的远景目标。从现在到下个世纪初，中国的改革开放将继续深入，基本实现从计划经济体制向社会主义市场经济体制的转变，从粗放型经济增长方式向集约型经济增长方式的转变。到本世纪末，在人口增加3亿的情况下，中国的人均国民生产总值要比1980年翻两番，使人民生活达到小康水平。到2010年，将实现国民生产总值比2000年再翻一番。

我们有充分的信心和力量实现这一跨世纪的蓝图。

（1995 年 12 月 31 日江泽民对中国国际广播电台、中央电视台海外听众、观众的新年讲话）

今年以来，改革开放和经济建设取得了新的成绩，各项社会事业有新的发展。总的看，“九五”计划第一年开了一个好局。第一，制定了跨世纪的宏伟纲领《国民经济和社会发展“九五”计划和 2010 年远景目标纲要》；第二，保持了经济发展的良好势头，既保持了经济的快速增长，又使物价涨幅有明显下降；第三，战胜了比较严重的自然灾害；第四，开展了“严打”斗争，有力打击了犯罪分子的嚣张气焰，促进了全国治安状况的好转；第五，促进祖国统一大业取得新的进展；第六，外交工作取得了新的成绩。

今年上半年国内形势总的看是好的，但也存在不少困难和问题。突出的是：企业经济效益下滑，部分国有企业生产经营困难加大，结构调整缓慢；工业企业利润总额下降，亏损企业亏损额上升；停产半停产企业增多；不少企业产品结构调整跟不上市场需求的变化，在国内外市场激烈竞争中处于被动地位。产生这些问题的原因，主要是企业机制还未理顺，经营管理跟不上，产品不符合市场的需要，加上历史包袱和社会负担比较重，不能适应社会主义市场经济发展的要求。

**第一，要努力夺取全年农业好收成，认真做好粮、棉、油等农副产品的收购**。要组织好农副产品收购资金，保证不打白条，保护农民生产积极性，要坚决制止各种形式的乱收费，稳定农业生产资料价格，把好处真正拿到农民手里。要注意受灾地区的农业生产，力争受灾少减产，保证受灾人民有吃有穿，不生病，安全过冬。

**第二，今冬明春开展大规模农田水利建设**。要把水利建设作为一个重要的基础产业，增加投入，加快建设步伐，除了利用我国劳动力多的优势，发动广大群众增加劳务投入以外，还要扩大投入的渠道，同时实行水的有偿使用，取之于水，用之于水。

**第三，防止物价反弹**。抑制通货膨胀的工作决不能有丝毫放松，要继续从严控制新出台调价项目，特别是服务收费项目。要搞好菜篮子工程，组织好国庆、元旦、春节的供应。

**第四，在继续实行财政货币适度从紧政策的情况下，大力调整投资结构，加强重点建设**。下半年，要继续控制全社会固定资产投资规模，力争全年固定资产投资率控制在 32%左右。重点建设要向中西部倾斜、向基础产业倾斜、向农业和农用工业倾斜，使固定资产投资和产业结构调整、地区布局调整结合起来，和企业改组改造结合起来。

**第五，在搞好国有大中型企业方面要迈出大的步伐**。深化国有大中型企业改革，按照中央确定的“搞好大的、放活小的”方针，已经积累了一些好的经验，要注意总结推广。企业改革要以邓小平同志提出的“三有利于”为标准来衡量。企业要学习邯钢经验，面向市场生产，层层进行经济核算，加强内部管理，提高经济效益。今后亏损企业要实行分级负责，谁的企业谁要负责扭亏增盈。要改革考核办法，主要考核企业亏损额，以及企业亏损额占全部企业实现利税总额的比重。

**第六，把对外经贸工作转到以效益为中心的轨道上来**。必须继续推进外贸体制改革，实行外贸发展方式的转变，从单纯完成出口创汇指标，转向重视效益、信誉、质量。要根据实际情况，大力推行工贸结合、代理制和自营出口，继续实施市场多元化战略。要调整出口产品结构，提高附加价值。

**第七，理顺分配关系，加强个人收入调节**。**第八，加强社会主义精神文明建设**。**第九，切实做好香港回归的准备工作**。**第十，继续搞好外交工作**。

明年要召开党的十五大，要恢复对香港行使主权，都是具有深远影响的大事。因此，明年是特别重要的一年，工作一定要比今年做得更好。各地区、各部门都要对明年的工作有所考虑和安排。

（1996 年 9 月 17 日李鹏在国务院第十次全体会议上的讲话）

广交会是中国历史最悠久、交易额最大、在国内外享有盛名的交易会。四十年来，它为中国对外贸易的发展，对中国与世界各国和各地区的贸易合作，对中国改革开放事业和经济的发展都发挥了重要作用。

回顾四十年的历程，特别是改革开放以来，我国对外贸易事业已经取得了令人瞩目的成就，中国进入了世界贸易大国的行列。应该指出，发展对外贸易为我国提供了建设资金，带来了先进的技术和管理经验，扩大了就业机会，促进了中国经济的发展。同时，中国经济的长足发展，又为发展对外贸易奠定了良好基础。对外贸易已成为我国国民经济不可缺少的一个重要组成部分，它将发挥着越来越重要的作用。

未来十五年，中国将保持良好的发展势头。中国的政治稳定，社会进步，投资环境不断改善，因此在可预见的将来，中国的进出口贸易额将会得到较快的增长,来华投资也会越来越多。我们预计,到2000年,中国对外贸易总额将达到4000亿美元,进出口总额将保持平衡,因此中国将为世界各国提供一个广阔的市场。

中国正在建立社会主义市场经济体制,对外贸易也必须进行改革,推行代理制,促进多元化,以适应中国经济体制改革的需要和适应激烈竞争的国际市场的需要。今后,中国的出口企业必须生产适应国际市场需要的、高质量的、在价格方面有竞争能力的产品,这样才能有出路,这也是一个巨大的挑战。

中国现在已经建立起门类齐全的工业体系,能够生产各种汽车、机械电子、工程机械设备,水火力发电、冶金、化工建材的成套设备。中国将提供买方信贷,为出口中国的成套设备提供必要的资金。这是今后中国出口商品的一个重要变化。希望能引起世界各国特别是参加广交会的客商的注意。

现在中国的商品交易会遍及全国,南有广交会,北有哈尔滨交易会,东有上海交易会,西有西安交易会、乌鲁木齐交易会,还有大连交易会、昆明交易会等。各省市以及各大城市也举办不同类型的交易会。这是中国对外贸易发达的表现。

今年中国的经济发展保持了良好的势头。一个显著的特点是在保持经济快速增长的同时,又较大幅度降低了物价上涨的水平。今年中国局部地区虽然发生了严重的自然灾害,但是就全国而言,仍然是一个丰收年。这就为中国明年经济发展和深化改革、扩大开放提供了更加有利的条件。明年中国经济形势会更加看好,希望各地客商不要错过这个与中国发展贸易的大好机会。

刚刚闭幕的中共十四届六中全会通过了关于加强社会主义精神文明建设若干重要问题的决议。我们一贯认为,发展物质文明和精神文明都是建设有中国特色社会主义的根本目标,两者是相辅相成的、缺一不可的。随着精神文明建设的加强,中国将会为外商提供更好的投资环境,进一步促进对外贸易的发展。

(1996年10月15日李鹏出席第80届中国出口商品交易会时的讲话)

对外开放是我们必须长期坚持的一项基本国策。上海和正在建设的浦东新区,要进一步提高对外开放的水平,以利于更好地发挥示范、辐射和带动作用,为促进全国其他地区的对外开放提供新的经验。

我们既要继续拓宽利用外资的领域,更要注重提高利用外资的质量。要根据国家产业政策的要求,正确引导外资投向,改善投资结构,提高利用效益。特别要加强对引进技术的消化、吸收、提高和创新工作,以利于培育我们自己的技术优势,增强我们在技术上特别是高新技术上的自力更生能力。

要积极发展对外贸易,大力开拓国际市场,坚持以质取胜和市场多元化战略,努力增加出口商品的附加值、提高出口竞争力,以获得更多的比较利益。各地各单位一定要讲大局,不能只考虑自己的局部利益,任何损害国家和民族利益的行为,都是不能容许的。我们必须依法保护好自己的知识产权,切实维护国家利益。

(1996年3月8日江泽民参加全国人大会议同上海、解放军代表团讨论时的讲话)

经过十几年的改革开放,经济特区和沿海经济开发区的经济实力有了很大增长,吸引投资和人才的硬环境、软环境明显改善,形成了自己的优势。今后,要加快产业结构调整和产品的升级换代,鼓励和引导一般的加工工业向中西部地区转移,结合引进国内外资金和先进技术及管理经验,发展高新技术产业,增强开发能力。从本地实际出发,发展支柱产业,开发名优产品,形成一批有竞争力的企业集团,提高经济的整体素质和效益,在发展外向型经济方面取得更大进步。

沿海开放地区在抓好物质文明建设的同时,要把精神文明建设提到更加突出的地位。要继续发扬特区初创时期的拚搏精神。要加强教育,提高全民的素质,加大社会治安综合治理的力度,树立良好的社会风气,创造一个良好的投资环境,工作、生活环境。经济特区不仅要做改革开放和经济建设的模范,也应成为精神文明的模范。

(1996年3月30日至4月3日李鹏在广东考察时的讲话)

我国经济发展总的形势是好的。我们对解决经济迅速发展中出现的问题,始终持实事求是的态度。我们十分注意正确把握和处理改革、发展、稳定三者的关系,使它们相互协调,相互促进。

我们在继续推进改革和发展中,通过进一步加强和改善宏观调控等措施,在抑制暂时出现的通货膨胀方面取得了显著成效。全国零售物价上涨幅度1994年曾经在很短的时间内达到过25.2%,但随即逐步明显回落,已由1994年的年均21.7%降到1995年的14.8%,今年又连续8个月降到一位数,全年物价涨幅控制在10%以内是有把握的。今年全国经济增长继续保持良好势头，上半年国内生产总值达到29756亿元，比去年同期增长9.8%，这种快速增长在中国目前条件下是适度的，不存在经济过热的问题。

中国人口众多，劳动力资源供过于求的矛盾，将会长期存在，有时还会比较突出。我们的各级政府对妥善安排劳动就业一直很重视，并采取各种措施不断创造和增加就业机会，成绩是有目共睹的。近十多年来，我国城镇登记失业率一直保持在3%以内，这在世界上包括同一些发达国家的失业率相比也是比较低的。

我国政府已经采取了一系列重要措施。实践证明这些措施是富有成效的，是当前和今后解决我国农村富余劳动力的正确路子。我们正在引导和组织农村劳动力进行农业深度和广度开发，并努力发展乡镇企业、第三产业、小城镇建设，增加劳动积累型工程和农村基础设施建设，以实现农村富余劳动力就地就近转移。同时，根据大中城市和沿海等地区发展的需要，我们正在有计划地组织一部分农村劳动力异地就业，促进劳动力合理有序地流动。

一些国外舆论，主要是一些西方舆论，出于各种不同的动机，不时提出中国能不能保持稳定，中国农村会不会发生骚乱这样的问题，我可以明确地告诉一切关注中国的人们，中国现在是稳定的，将来也一定能够保持长期稳定。新中国成立以来，我国广大农民群众总的是安居乐业的，农村过去没有、今后也不会发生骚乱。观察中国的农村问题，首先不要忘了中国是工人阶级领导的以工农联盟为基础的社会主义国家。确保广大工人、农民的利益，是我们党和国家一切政策的基本出发点和归宿。我们始终高度重视和正确处理农业、农村、农民问题，这也是我国革命、建设和改革不断取得成功和胜利的一条基本经验。中国农民占了全国人口的绝大多数，他们的物质文化生活逐步得到改善。现在9亿农村人口中尚未解决温饱的人口只有6000多万了，这在中国和世界发展史上，都是一个了不起的成绩。正因为这样，广大农民对党和政府是衷心拥护的，对社会主义是衷心拥护的，即使在前进中遇到一些困难，他们也能够理解，并且坚信在党和政府领导下依靠自己的奋斗是能够克服的。这就是中国农村为什么能够不断发展和保持稳定的根本原因所在。

中国的改革是从农村开始的，农民群众从改革中得到了巨大的实惠，他们对改革是衷心拥护的。在改革和发展的过程中，由于多种原因，城乡居民收入的差距确实有所拉大。我们党和政府正在采取切实有效的措施，大力扶持和加强农业，增加农民收入，使工业与农业、城市与农村能够协调发展。我们坚信，目前有所拉大的城乡差距是可以逐步缩小的。

“九五”期间，我们将实施一系列有利于缓解东部沿海地区与中西部地区差距扩大趋势的政策和措施，并逐步加大工作的力度。这些政策和措施主要是：优先在中西部地区安排资源和基础设施建设项目；引导资源加工型和劳动密集型产业向中西部地区转移；进一步理顺资源性产品的价格，加大中西部地区资源勘探的力度；逐步增加对中西部地区的财政支持；国外优惠贷款的使用向中西部地区倾斜，并引导外资更多地投向中西部地区；同时，国家要求沿海经济发达地区也要通过多种形式帮助中西部地区发展经济。我们相信，通过这些措施和中西部地区广大干部群众的努力，地区间的发展差距将会逐步得到缩小。

（1996年9月3日江泽民主席在接受法国《费加罗报》社论委员会主席佩雷菲特采访时的讲话）

# 二、经　　济

## （一）农业和农村改革

在人类即将迈入21世纪的重要时刻，我们相聚罗马古城，讨论事关人类生存与发展的世界粮食安全问题，具有重要意义。我代表中国政府和人民，对大会的召开表示热烈的祝贺！对会议筹备委员会卓有成效的工作表示赞赏！我愿借此机会，转达中国人民对东道国意大利人民的亲切问候，并对意大利政府为会议顺利召开作出的努力表示衷心的感谢！

粮食是人类生存与发展的必需品，获得充足的食物是每一个人应该享有的基本权利，这是最重要的人权。“国以民为本，民以食为天”，这句中国古训，至今依然闪烁着真理的光芒。1974年世界粮食大会以来，各国政府和国际社会为消除饥饿和营养不良，作出了不懈的努力，取得了积极成效。然而，粮食问题还远未解决，世界粮食安全仍面临严峻的挑战。目前世界上仍有近8亿人食不果腹，近2亿五岁以下的儿童营养不良，不少发展中国家面临着粮食生产不足和缺乏粮食进口能力的双重制约。世界粮食库存下降，国际市场粮价波动，对发展中国家、特别是低收入国家的粮食安全构成新的威胁。这次首脑会议围绕粮食安全问题展开讨论、是适时的、有益的，将对促进世界粮食安全产生积极影响。

中国有12亿多人口，既是粮食生产大国，又是粮食消费大国。立足国内资源，实现粮食自给，是中国解决粮食问题的基本方针。中国政府高度重视粮食问题，坚持以农业为基础，在国民经济整体发展中总是把农业放在优先的地位。

众所周知，一百多年来，饥饿与贫困始终是困扰中国人的大问题。1949年中华人民共和国成立后，废除封建土地制度，依靠全国人民自立更生、艰苦奋斗，大力发展粮食和农业生产。特别是1978年改革开放以来，中国政府积极推进农村改革，大力推广先进适用技术，重视增加农业资金投入，发挥劳动力的优势，不断改善农业生产条件，调整农业生产结构。在确保粮食稳定增长的前提下，引导农民发展其它种植业和养殖业生产，满足人民食物多样化的需求。经过几十年的努力，中国在人均耕地资源低于世界平均水平的条件下，依靠自己的力量，成功地解决了人民的吃饭问题，使人民的食物消费达到或超过世界平均水平。1995年中国粮食总产量达到4.66亿多吨，比1949年增长3倍，远远高于同期人口的增长幅度。人均粮食产量1949年仅为209公斤。1995年提高到386公斤，达到世界平均水平。目前人均肉类产量41公斤、水产品21公斤、禽蛋14公斤、水果35公斤、蔬菜198公斤，都超过了世界平均水平。今年虽然部分地区遭受严重水灾，中国粮食总产量仍将达到4.8亿吨，再创历史新纪录。中国农业的快速增长成为世界农业增长的重要推动力量。中国粮食生产所取得的巨大成就，使人民的温饱问题基本解决，生活水平逐步提高，也为在全球范围内消除饥饿与贫困作出了重大贡献。

未来15年和更长的时间里，中国随着人口的增加和粮食消费水平的提高，对粮食的需求会持续增长。为满足这种不断增长的需求，中国粮食总产量的年均增长率需要达到1%，而过去46年的平均增长是3.1%。无论从经济还是技术的角度看，今后中国满足粮食的需要，是完全可以实现的。这是因为，中国仍有提高粮食单产的潜力：现有耕地中有2/3是中低产田，采取工程和生物技术措施加以改造，单位面积产量可以得到显著提高；中国还有宜农荒地2000多万公顷，有计划地进行开垦，可以保持粮食稳定增长；中国水域、草原、山地资源丰富，生产肉类、水产和木本食物等非粮食食品的前景广阔，可以提供更富有营养价值的食品；在生产、流通和消费等环节，中国也有降低粮食损耗的潜力。多年的实践证明，中国有信心，也有能力解决自己的吃饭问题，并且会使中国人民吃得越来越好。

中国愿意在平等互利的基础上，与其他国家建立稳定的粮食贸易关系。中国进口少量粮食，目的是进行品种、丰歉调剂和区域平衡。在进口粮食的同时，中国还出口一些粮食和高附加值食品。从总体上看，中国是粮食净出口国。中国的粮食进出口贸易既有利于中国自身的粮食安全，也有利于世界的粮食安全。

中国政府积极致力于促进和维护世界粮食安全。中国对维护世界粮食安全的原则立场是：

——努力维护世界的和平与稳定，为世界粮食安全提供可靠保障；

——把大力发展农业生产作为解决本国粮食问题的根本途径；

——发达国家有义不容辞的责任为发展中国家粮食生产提供资金和技术援助；

——加强粮农领域的国际合作，实现互利互补和共同发展；

——保护资源和环境，实现粮食和农业可持续发展。

确保世界粮食安全，保障世界经济的可持续发展，是各国政府的共同责任。解决粮食问题，消除饥饿和营养不良现象，不仅需要各国的自身努力，而且需要各国之间的互助与合作。由于过去殖民主义统治，现实的不公正、不合理的国际经济秩序，影响到许多发展中国家经济的发展，这是造成饥饿和营养不良的重要原因。发达国家有责任、有义务为发展中国家提供必要的农业发展援助，并在减免债务、消除贸易保护主义和贸易歧视等方面作出切实努力。当今世界，各国之间的经济联系日趋密切，相互依存不断加深，已成为一个不可分割的整体。发展中国家的经济振兴，将为发达国家提供巨大的市场和投资机会，为新兴产业和高新技术开辟广阔的天地，为发达国家的持续发展增加后劲。发达国家为发展中国家提供援助，不应附加任何政治条件，更不能以援助为手段干涉别国内政。发展中国家之间应该加强经济技术合作，特别是农业方面的合作。这种合作，领域宽广，潜力巨大，前景光明。

中国是维护世界粮食安全的重要力量。中国的粮食总产量居世界首位，解决了世界22%的人口的吃饭问题，这是维护世界粮食安全的重要因素。中国在发展农业、保障粮食安全方面，积累了一些经验，受到国际社会特别是发展中国家的积极评价。中国政府历来重视并积极参与粮农领域里的国际交流与合作，为世界农业的发展作出了积极的努力，并为一些发展中国家的粮食安全提供了力所能及的支持。人们完全可以放心，在未来的岁月里，中国人民不仅有能力依靠自己的力量实现丰衣足食，而且将对世界粮食安全作出新的贡献。人类在解决粮食安全问题上任重道远，机遇与挑战并存，希望与困难同在。但总的看，机遇大于挑战，希望多于困难。我们相信，只要世界各国共同努力，加强合作，实现世界粮食安全这一目标，是可以达到的。谢谢。

（1996年11月15日李鹏在出席世界粮食首脑会议时的讲话）

水利建设已成为关系经济社会发展和人民生活全局的重大问题。加强水利建设，既是当前经济社会发展的一项紧迫任务，也是关系未来发展的一项重大战略措施。

这次会议是落实党的十四届五中全会和八届人大四次会议精神的一次重要会议。召开这次会议的目的是总结近年来防洪抗灾的经验和教训，进一步提高和统一认识，研究对策，落实措施，实行全社会动员，把水利建设搞上去。

建国以来，我国水利建设成绩很大，无论对发展工农业生产，还是对抗御水旱灾害，保护人民生命财产，都发挥了重要作用。同时也要清醒看到，水灾作为中华民族的心腹之患，远未解除，很重要的一个原因就是水利建设跟不上经济建设的需要，抵御自然灾害的能力不强。

水是有限而又宝贵的自然资源，我们要把保护和节约水资源作为一项重要内容来抓。

各级政府和各个部门要用抓能源、交通、通信等基础设施建设那样大的劲头抓水利建设，力争在今后15年内使之有个大的发展，保证抵御自然灾害的能力有明显提高。水利建设要有全局考虑，总体规划，科学决策，标本兼治，综合治理；要进一步加强农田水利基本建设；要始终坚持防汛抗旱两手抓，不能偏废；要通过加强水利基础设施建设，使供水能力有较大改善；要大力推行节约用水，下大力治理水质污染；要重视推广适用的科学技术，推动水利建设的发展。

增加水利投入是水利建设中必须切实加以解决的关键问题。各级政府要采取切实措施，优先安排水利投入，保证水利建设对资金的需要，要坚持国家、地方、集体、个人一起上的方针，广开资金来源，增加劳务投入，动员全社会力量，加强水利建设。为保证水利建设有个稳定的资金来源，中央和地方都要建立水利建设基金，确保水利建设和经济、社会发展相适应。

水利建设要实行分级负责制。总的原则是，大江大河的治理以国家为主，中小河流与湖泊的治理以地方为主，城市防洪由当地政府负责，小流域治理以当地群众为主。对大中型水利建设项目，要努力筹措资金以保证已开工的重点项目，同时也要量力而行，避免盲目建设。要把有限的资金用在刀刃上，集中力量解决最紧迫的问题，提高投资效益，要特别重视水利工程的挖潜、配套、更新、改造问题。

水利作为基础产业，要讲究集约经营，提高经济效益，实现两个根本性转变。要研究和建立水利滚动发展的机制，要制定适应发展社会主义市场经济的水利产业政策，逐步建立有偿用水制度，理顺价格，调整水价，逐步做到以水养水，以堤养堤，以库养库，使水利建设滚动发展，良性循环。

各地区各部门对水利工作思想上是重视的，但也有一些地方和部门的领导思想上还没有真正重视，一些地方的工作安排、领导精力、资金投放，还没有把水利放到应有的位置上来，这种情况再也不能继续下去了。现代化建设，不重视水利和经济、社会发展相协调的问题，是要吃大亏的。要根据“九五”计划和2010年远景目标，制定和完善水利发展规划。水利建设的布局要服从和服务于经济、社会的发展，为经济和社会发展创造良好的水利条件。水利建设要实行行政首长负责制，为官一任，造福一方，保一方平安。各级政府要把水利工作列入重要议事日程，一把手负总责。对不重视水利建设，给人民生命财产造成损失的要给予批评，严重的追究责任。依法治水内容之一就是要加强水资源统一管理。

（1996年10月25日李鹏出席全国水利工作会议时的讲话）

这次来河南，主要是考察农业和农村工作。一路上看到河南农村发生了许多新的变化，夏粮一派丰收景象，感到十分高兴。夺取今年农业丰收，是农业战线的中心任务。去年农业全面增产，今年再有一个好收成，农产品供给和农民收入就会有更多的增加，实现抑制通货膨胀的目标就有了更有利的条件。粮食生产事关全局，同志们务必始终高度重视。当前，要认真做好夏收工作，把丰收的粮食拿到手。同时，抓紧夏播工作，尽可能增加秋粮的播种面积，抓好秋季作物的田间管理，争取全年农业有一个更大的丰收。

下面，我想就加强农业和农村工作，讲几点意见。

**一、对农业尤其是粮食生产要始终抓得很紧**

近几年来，中央反复强调，必须坚持把农业放在整个经济工作的首位。我这几年也一再讲这个问题。中央所以反复强调农业的特殊重要性，是从我国人多地少这个基本国情，从保持全国经济、社会稳定发展的全局性要求出发的，也是从保持和加强我国在国际竞争中独立自主地位的战略性要求考虑的。

这些年来，我国国民经济发展速度一直比较快，非农产业的比重迅速提高。我国正处在工业化快速发展的阶段。国外情况表明，在这个阶段农业往往容易被忽视。发达国家在经历这个发展阶段时，大致有两种情况：一种是在工业化加速发展时，农业的衰退，农产品主要依靠进口，等初步实现工业现代化后，再回过头来支持和加强农业；一种是在工业化的过程中始终重视农业，不仅防止了农业的衰退，而且使农业成为国民经济发展的一个重要支柱。我国是一个大国，有十几亿人口，这样的基本国情决定了我国的农业尤其是粮食生产，在经济发展的任何阶段，都绝不能削弱，而只能加强。要高度重视农业生产，始终保持粮食产量的稳定增长。我国这么多人口的吃饭问题只能靠自己来解决，在这个问题上不能有任何不切实际的幻想。我国正处在经济体制转换时期，由于比较利益等原因，如果不加以重视和保护，农业很容易在市场竞争中处于不利地位。对这一点也必须有清醒的认识。邓小平同志曾深刻地指出："90年代经济如果出问题，很可能出在农业上；如果农业出了问题，多少年缓不过来，整个经济和社会发展的全局就要受到严重影响。"总之，在整个现代化的进程中，我们都必须加强农业，重视对农业的保护和扶持，确保农业逐步实现现代化。这样的基本道理，在干部和群众中要经常讲、反复讲。

这里，我要特别强调一个问题，就要农业大省要充分发挥优势，走符合自身实际的经济发展路子。改革开放以来，农业大省所作的贡献是很大的。近年来我国粮食增长，内地的农业大省起了关键的支撑作用。我这样讲，决不是说沿海经济发达地区可以放松粮食生产，而把保持粮食稳定增长的责任推给内地的农业大省。如果经济上去了，粮食减少了，这绝不是中国可以走的发展路子。但在某些经济发达地区，确实不同程度地出现了这样的情况。因此，中央有针对性地提出了"米袋子"省长负责制。无论是沿海还是内地，都应当挖掘潜力，增加粮食生产。农业大省要努力提高粮食商品率，沿海地区要努力提高粮食自给率。应当看到，我国的粮食增产还有很大的潜力。只要指导思想对头，各项措施有力，我们完全有能力解决好全国人民的吃饭问题，农业大省耕地资源相对多一些，增产的潜力更大一些，应当力争多做一些贡献。

这里有一个问题必须从思想上和实践上进一步解决好，就是经济要上去，是不是不能靠农业？搞农业是不是注定就要吃亏？弄清这个问题关键是要对农业的效益有一个全面的认识。人们常说的农业比较效益低，是单纯从种植业尤其是粮棉油的种植来看的。过去由于体制不合理，把农业生产与农产品加工、流通环节割裂开来了，农产品增值的收益回不到农业中去，因此农业的收益才低。如果把农业生产与农产品的加工、运销、综合利用等环节有机地结合起来，实行贸、工、农一体化经营，农业的综合效益并不低。河南修武县小营村，就是一个很有说服力的典型。这个村主要是围绕"农"字做文章，实行种、养、加一条龙，贸、工、农一体化，集体经济发展了，农民生活大大提高，成为小康村。说"无工不富"是对的，但并不等于说务农必穷。立足农业优势，抓好种植业、养殖业和农副产品加工业，实行农业产业化经营，农民收入增加了，农村市场打开了，发展其它的行业也就有了广阔的空间。我这样讲不是说不能搞其它工业项目，而是希望农业大省认真把握和发挥好自己的优势，在增加农产品产量方面不断做出新贡献，并努力探索在经济快速增长中保持农业稳定发展的成功路子。

**二、农业发展也要靠两个转变**

十四届五中全会提出，为了促进国民经济持续、快速、健康发展，关键是要实行两个具有全局意义的根本性转变。一是经济体制要从计划经济体制向社会主义市场经济体制转变，二是经济增长方式要从粗放型向集约型转变，这是党中央、国务院在全面分析我国经济现状和发展趋势的基础上作出的重大决策。农业也不例外，也要狠抓这两个根本性转变。

我国的经济体制改革，是从农村开始的。农村改革取得了举世公认的成绩，但不能说农村改革已经大功告成了。按照建立社会主义市场经济体制的要求深化农村改革，这是一个艰巨复杂的任务。当前农业发展所面临的各种矛盾中，哪些是属于体制上的问题，需要很好地研究。在农村经营体制、农村市场体系、国家对农业的支持和保护体系这几个层次上，都需要进一步深化改革。

关于农村经营体制。稳定和完善以家庭联产承包为主的责任制和统分结合的双层经营体制，是党在农村的基本政策，必须长期坚持。从农户承包经营和集体统一经营结合的状况来看，各地农村很不平衡，因为我们国家大，各地经济发展水平不同。有些地方，农户承包经营以后，集体统一经营层次很薄弱，除了土地以外，集体基本上没有经济收入，有些单靠一家一户办不了、办不好的事，集体也无力去办。对这类地区，上级党委和政府要积极指导和帮助那里的干部和群众，采取因地制宜的办法，在巩固农户承包经营的基础上，逐步建立好集体统一经营的层次，从而为不断提高农户承包经营的水平提供有力的服务和支持。这是当前农村深化经济体制改革的一项重要任务。在有条件的地方，农民群众又自愿的，应积极引导他们发展适度规模经营，但一定要从本地实际出发，尊重农民意愿和首创精神，采取多种形式，而绝不能刮风，强求一律。总之，在农村经营体制上，我们要全面、深刻地领会邓小平同志关于农村“两个飞跃”的思想，对于以家庭联产承包为主的责任制和统分结合的双层经营体制，既要坚持长期稳定，又要在实践中不断加以完善和提高。

关于农村市场体系建设。目前农村的市场体系还很不健全，农产品和农业生产资料产销之间的联系不够通畅，流通环节多，中间流失大，生产者和消费者得到的好处少，市场调节能力差，时常出现某些农产品积压和短缺并存的现象。有的地方，为了局部利益，随意封锁市场，引起某些农产品的购销大战，造成市场很不稳定，使农民无所适从。解决这些问题，需要进一步改革农产品和农业生产资料的流通体制，加快市场体系的建设，加快供销社体制改革。同时，要大力发展农业的社会化服务体系，发展贸、工、农一体化的产业化经营方式，引导农民发展各种新的联合与合作，逐步建立和发展连接农户与市场的各种必要的中介组织，在引导农民群众走向市场，加强农村市场体系和服务体系建设的过程中，各级党委和政府担负着重要的领导责任，特别是县委和县政府直接面向广大农村，必须负责地发挥好指导和组织作用。

关于建立国家对农业的支持和保护体系。我们已经初步建立了农产品收购最低保护价、粮食专项储备和风险基金制度，这些制度在近年来对稳定粮食供求、保护农民和消费者利益等方面都发挥了一定的作用。但由于财力有限，体制还没有完全理顺，从总体上看，对农业的支持保护体系还不健全，也缺乏支持保护的力度。要通过不断探索，逐步建立起有中国特色的对农业强有力的支持和保护体系，并使之制度化、法律化。

总之，农村经济体制和运行机制还有许多地方不适应发展社会主义市场经济的要求，因此，必须在加强调查研究、总结实践经验的基础上，继续抓好深化农村改革的工作。

为什么要强调农业增长方式的转变呢？这也是我国的国情决定的。我国农业自然资源相对稀缺，人均耕地只有世界平均水平的1/3，人均水资源占有量只有世界平均水平的1/4。人口还在增加，对农产品的需求不断增长，靠什么来满足需求的增长呢？农业要增加投入，但靠大规模增加新的资源尤其是自然资源的投入显然是不现实的，根本的出路是提高资源的利用效率，提高农业投入中的科技含量，提高农业劳动者的素质。也就是说，必须转变农业的增长方式。

我这里想特别强调，各级领导同志都要有一种强烈的意识，就是十分注意节约用地，节约用水。这两件事涉及农业的根本，人类生存的根本，在我国尤其意义重大。我们已经确立了可持续性发展的重要战略，应该把节约耕地、节约用水提到贯彻实施这一战略的高度来认识。办工厂，盖房子，都要注意节约用地。要为子孙着想，珍惜每一寸土地，“存得方寸地，留与子孙耕”。乡镇企业再发达也要把耕地保住，把地种好。对水资源也要统一规划，科学管理，节约使用。

从总体上看，目前我国农业仍处于粗放经营的状态。一方面人均资源相当紧缺，另一方面资源浪费又相当严重。如灌溉用水、施用化肥，都存在这个问题。我们灌溉用水的有效利用率不到40%，化肥的有效利用率只有30%，远远低于发达国家。如果不改变这种高耗低效的生产方式，在资源投入方面我们将难以为继。在这个问题上，我们一定要有战略眼光和紧迫感。

实现农业增长方式的转变，最重要的一环，就是要狠抓科教兴农，把农业发展转到依靠科技进步和提高农民素质的轨道上来，努力提高科技在农业增长中的贡献份额。首先要抓好科技成果的推广。我国每年取得大批农业科研成果，但真正能在生产中起作用的还不多，大部分都滞留在实验室或试验田里。发生这样的情况，主要是两个方面的问题，一是农业技术推广体系还不健全；二是农民的科学文化素质还比较低。解决好这两个问题，要采取多种形式，鼓励和支持农业科技工作者去农村开展技术研究和技术推广工作。同时，从改革和调整农村教育结构入手，多办一些初等、中等职业技术学校，为农村培养大量急需的初中级技术人才和经营管理人才，并加强对农民的实用技术培训。转变农业的增长方式，不仅是提高农业投入产出比的问题，而且是传统农业向现代农业的转变，实现农业现代化的大问题。希望大家要从这个高度来认识转变农业增长方式的重大而深远的意义。

**三、农村经济和社会要协调发展**

保持经济和社会的协调发展，创造一个安定、团结、文明的社会环境，是顺利进行改革开放和现代化建设的必然要求。我国80%的人口在农村，农村的社会状况如何，对整个国家和社会的发展有举足轻重的影响。总的来看，目前我国农村经济形势是好的，农村社会是稳定的，但也存在着一些不容忽视的问题。一些地方在实际工作中仍然存在着“一手硬、一手软”的问题，重物质文明建设，轻精神文明建设；重经济建设，轻社会发展。有的地方社会风气不好，治安状况下降，群众缺乏安全感。这些问题不解决，就会严重影响社会的安定，农村经济也很难发展上去。农村实现小康，不仅是经济收入上要达到小康水平，还包括精神文明建设和社会发展的要求。因此，农村工作一定要坚持“两手抓、两手都要硬”的方针，大力加强农村的社会主义精神文明建设、民主法制建设和基层组织建设，积极推进农村经济和社会协调发展。当前，应着重抓好以下几件事：

第一，加强对农民的思想政治教育，用爱国主义、集体主义和社会主义思想占领农村思想文化阵地。这是加强农村精神文明建设的一项带根本性的任务。要通过生动的、群众喜闻乐见的形式，对农民群众进行爱国主义、集体主义、社会主义教育和艰苦奋斗的教育，努力在农民中传播社会主义市场经济知识、科学知识和法律知识，坚定广大农民走建设有中国特色社会主义道路的信念，提高农民的思想道德素质和科学文化素质。只有做好这些工作，才能使农民群众自觉、有效地抵御各种不良社会风气。应当看到，在有些农村地区，落后的、愚昧的东西，包括封建迷信、封建宗法活动死灰复燃。对这个问题，各级党委和政府，各级领导干部一定要头脑清醒，一定要旗帜鲜明，要理直气壮地对农民群众做好宣传教育工作，帮助他们提高分清善与恶、美与丑、进步与落后、文明与愚昧界限的能力，并运用行政、法制手段，坚决制止各种歪风邪气，使农村形成一个文明、健康、向上的良好社会风气。

第二，要结合当前的“严打”斗争，大力整治农村的社会治安。开展“严打”斗争，是党中央、国务院的重大部署，是人民群众的强烈愿望。不大力整治社会治安，不严厉打击各种严重刑事犯罪，就不能保持社会稳定，保证改革开放和现代化建设的顺利进行。人民群众对“严打”拍手称快，这场斗争必须坚决进行到底。要狠狠打击那些在农村为非作歹、横行乡里的车匪路霸，流氓、抢劫、盗窃等犯罪团伙，以维护农村社会安定，保证农民安居乐业。“严打”要城乡结合，并同加强对农村流动人口的管理、加强农村社会治安综合治理结合起来。要加强公安、司法队伍建设以及农村基层治保组织建设，保持这些队伍的纯洁性，提高战斗力。

第三，要切实减轻农民负担，处理好与农民的关系。当前，一些地区农民负担过重的问题，已经成为影响党同农民的关系，影响农村稳定的一大因素。随意加重农民负担，是与中央一再强调保护农民的合法权益，调动农民的积极性的精神背道而驰的。减轻还是加重农民负担，绝不是少拿多拿几个钱的问题，而是保护还是挫伤农民积极性的问题，是促进还是阻碍农村生产力的问题，是增强还是丧失农民群众信任和拥护的问题。必须把减轻农民负担问题，提到这样的政治高度来认识，提到我们党的宗旨和农村政权稳定的高度来认识。农民负担过重，原因是多方面的，有基层干部作风上的问题，有集体经济薄弱的问题，但主要是上面不切实际的过高过急的要求造成的。因此，减轻农民负担，要抓好农村基层干部转变作风、抓好农村集体经济，更要解决政府部门随意向下压任务，搞摊派等问题。要下决心取消各种名目的达标、升级活动，切实把农民的实际负担控制在国家规定的限额之内。

第四，要加强农村基层组织建设，壮大集体经济实力。农村基层组织建设是党的建设和政权建设的一大基础工程。基层组织软弱涣散，不仅经济搞不上去，而且将削弱和动摇党在农民群众中的根基，影响党和国家的大局。农村基层组织建设，要按照党中央的部署和要求，全面地抓、持久地抓。重点是按照“五个好”的要求，抓好村级组织的建设。从各地的实践看，关键要做到两条：一条是“有人办事”，一条是“有钱办事”。“有人办事”，就是要把村党支部和村委会班子建设好，特别是选配好村党支部书记。要把政治上强、清正廉洁、公道能干、党员和群众真正拥护的人选到领导班子中来。要加强对乡、村党员、干部的培养教育，组织他们学理论、学党章，提高思想政治素质。要做好在优秀青年积极分子中培养和发展党员的工作，这是关系到我们的事业在农村是否后继有人的大问题。“有钱办事”，就是村级集体经济要有一定的实力。集体经济没有一点实力，村级组织就很难从物质条件上为群众的生产和生活提供服务，基层组织的凝聚力、号召力、战斗力就很难发挥出来。我看办法就是在抓好农业的同时，大力发展乡镇企业，特别是集体企业。发展乡镇企业，对农村的建设是一项带有革命性的改革，具有深远的意义。只有把乡镇企业搞起来，才能安排农村富余劳动力，解决农村富裕的问题；才能以工补农，增加对农业的投入，促进农业的现代化；也才能更好地壮大集体经济实力，巩固农村基层的党政组织，拓宽农村共同致富的道路。

（1996年6月4日江泽民在河南考察农业和农村工作时的讲话。7月15日《人民日报》）

第一个问题，进一步统一思想，下定决心，坚决如期实现“八七”扶贫攻坚计划。到本世纪末基本解决我国农村贫困人口温饱问题，这是党中央、国务院既定的战略目标。为了实现这个目标，各级党委、政府及其扶贫开发机构作了大量的工作，社会各界给予了大力支持，贫困地区干部群众进行了不懈的努力。从1978年到1995年，全国农村贫困人口从2.5亿人减少到6500万人，由占世界贫困人口的1/4降低到1/20，这是一个巨大的历史性成就。这充分证明了我国社会主义制度的优越性，证明了我们党的基本路线的正确。同时，我们也要清醒地看到，实现本世纪末基本解决贫困人口温饱问题的目标，任务还非常艰巨，时间也非常紧迫，扶贫工作已进入最后的攻坚阶段。中央认为，今后五年扶贫任务不管多么艰巨，时间多么紧迫，也要下决心打赢这场攻坚战，啃下这块硬骨头，到本世纪末基本解决贫困人口温饱问题的目标绝不能动摇。这既是我们党的宗旨和社会主义的性质决定的，也是面临的历史任务决定的，是维护改革、发展、稳定的大局决定的。加快贫困地区的发展步伐，不仅是一个经济问题，而且是关系国家长治久安的政治问题，是治国安邦的一件大事，我们必须从战略的、全局的高度，充分认识打好扶贫攻坚战重大的政治、经济和社会意义。

实现本世纪末的扶贫攻坚目标，尽管难度很大，但也有不少有利因素，经过努力是完全可以做到的。一是党和国家对扶贫工作高度重视，采取了一系列重大政策措施；二是随着国民经济的发展和国家实力的增强，可以更多地增加扶贫投入，帮助贫困地区开发建设；三是全社会扶贫济困的积极性越来越高；四是经过十多年的扶贫开发，贫困地区有了一定的自我发展能力，在实践中创造了许多成功的经验，找到了一些行之有效的路子。能不能如期完成扶贫攻坚的任务，关键在于决心，在于工作，在于落实。只要全党进一步统一认识，统一意志，下最大的决心，上下结合，各方面协调行动，充分动员全社会的力量，采取更加得力的措施，就一定能够实现既定的战略目标。

第二个问题，坚持开发式扶贫的方针，增强贫困地区自我发展能力。由救济式扶贫转向开发式扶贫，是扶贫工作的重大改革，也是扶贫工作的一项基本方针。多年的实践证明，贯彻这个方针，把贫困地区干部群众的自身努力同国家的扶持结合起来，开发当地资源，发展商品生产，改善生产条件，增强自我积累、自我发展的能力，这是摆脱贫困的根本出路。从这几年的经验看，贯彻这个方针，要着重抓好以下几个方面的工作：第一，要把农业生产尤其是粮食生产搞上去。这是解决群众温饱问题的迫切需要，也是发展各项事业的基础；第二，下苦功夫，花大气力，改变生产条件，改善生态环境；第三，积极推广各种实用技术，推进科技进步。

第三个问题，更广泛更深入地动员全社会力量参与扶贫。帮助贫困地区群众解决温饱问题，是党和政府的重要任务，也是全社会的共同责任。广泛动员全社会力量参与扶贫，是扶贫工作的一条重要方针。坚持这条方针，不仅可以加快脱贫进度，而且有利于发扬良好的社会风尚。近几年来，社会各界开展了多种形式的扶贫济困活动，取得了明显的成效。我们要把这种优良传统进一步发扬起来。全社会扶贫，党政机关要带头，各级党政机关都要充分发挥自己的职能作用，帮助贫困地区搞好开发和建设。发达地区对口支援贫困地区，是动员全社会力量扶贫的重要举措，各经济发达省市要作为一项政治任务，省主要领导同志亲自抓，切实抓出成效。要把帮扶任务落实到县（区），落实到企业，明确目标任务，不达到目标不脱钩。

近年来，社会各界积极开展多种形式的扶贫帮困活动，搞得很有成效，要进一步加强组织工作，把这类活动更广泛地开展起来。

第四个问题,依靠贫困地区干部群众,坚持不懈地苦干实干。贫困地区要改变面貌,需要国家的扶持和社会各界的帮助,但从根本上说,还要依靠当地干部群众,发扬自力更生、艰苦奋斗精神,坚持不懈地苦干实干,自强不息,艰苦创业。这样,外部的支持才能真正发挥作用。要有一股子干劲,领导班子苦干,干部队伍苦干,广大群众苦干,一年接着一年干,一届接着一届干,干出一个新天地。县级是扶贫攻坚的基本指挥单位,发动群众苦干实干,关键是选拔和配备好贫困县的领导班子,尤其是选配好书记和县长。要选配一批政治素质好、事业心强、干劲大的同志,充实县级领导班子。贫困县的中心任务是解决群众的温饱问题,各项工作都要围绕和服务于这个中心,而不能影响和干扰这个中心。

大量事实证明,基层党组织坚强有力,才能把群众充分地动员组织起来,焕发出巨大的力量,有效地改变贫困面貌,各地要把扶贫和党建工作紧密结合起来,按照中央关于加强农村基层组织建设的部署和要求,下功夫建设好贫困村的基层组织,建设一个好班子,选准一条好路子,建立一套好机制。村级组织建设的关键是抓好两条,一条是建设一个好支部,一条是发展集体经济,真正做到"有人管事"和"有钱办事"。

第五个问题,进一步加强对扶贫开发工作的领导,层层实行责任制。能否打胜扶贫攻坚战,关键是把扶贫工作放在什么位置,投入多大力度,党政一把手是不是真抓实干,能不能把各方面的力量组织起来,形成强大的合力。因此,中央确定,扶贫攻坚要层层实行党政一把手负责制,每个省、区,每个地、市、县,现在有多少没有解决温饱问题的贫困人口,今后五年每年解决多少,要有具体的年度计划。扶贫计划确定以后,每年要进行检查,每个地方扶贫攻坚计划能不能如期实现,由当地党委、政府负责,首先由党政一把手负责。真正实行责任制,首先必须增强责任心。第一,各级党政一把手要亲自组织指挥本地区的扶贫攻坚战。省委书记、省长,地市委书记、专员、市长,县委书记、县长,都要亲自调查研究、安排部署、组织协调、督促检查。第二,各级党政机关要组织大批干部,到贫困村具体帮助,这不仅是打好扶贫攻坚战的需要,也是培养锻炼干部、改进机关作风的需要。中央决定,要把组织党政机关干部下乡扶贫,作为一项制度,长期坚持下去,组织人事部门要认真组织实施。第三,把扶贫坚攻的任务和措施落实到贫困村和贫困户。这是实行扶贫工作责任制的基本要求。能否实现贫困地区的脱贫目标,取决于能否解决贫困村、贫困户的问题。因此,这场扶贫攻坚战必须一个村一个村地打,一户一户地帮。

(1996 年 9 月 23 日江泽民在中央扶贫开发工作会议上的讲话。9 月 24 日、26 日《人民日报》)

**一、下定决心,如期实现扶贫攻坚目标**。今后五年要实现基本解决全国农村贫困人口温饱问题的目标,确实难度不小。但是,经过努力又是可以办到的。关键在于各级领导是不是下定了最大的决心、采取了得力措施、加大了工作力度。只要真正做到这一点,就可以实现既定的目标。

**二、要把解决群众温饱问题作为贫困地区经济建设的中心**。从贫困地区的实际情况出发,把扶贫开发作为经济工作的中心,把解决群众温饱问题作为第一位的任务。贫困地区的发展不能攀比增长速度,不能热衷于搞开发区和单纯地追求上工业项目。在财力和物力的使用上,要以扶贫开发、解决群众温饱为重点。在领导力量的使用上,党政一把手要全力以赴抓扶贫开发,解决群众温饱问题。

**三、中央和地方都要增加扶贫投入,提高扶贫资金使用效益**。国务院决定,从明年开始,再出台两项新的投入措施,中央财政每年新增部分资金,重点用于贫困面大的省、自治区、集中力量帮助贫困地区修建乡村公路、基本农田、人畜饮水设施和进行农民技术培训等;每年再增加部分扶贫贷款。国有商业银行每年也要有一定比例的资金用于扶贫开发。扶贫攻坚需要中央和地方共同努力,从明年开始,地方投入的扶贫配套资金要按中央的要求达到一定的比例。地方财力再紧,也要首先保证解决群众温饱问题的投入到位。在扶贫攻坚中,既要解决无钱办不成事的问题,也要解决有钱办不好事的问题。各种扶贫资金必须集中用到没有解决群众温饱问题的地方,用到解决群众温饱问题的种植业、养殖业和以当地农产品为原料的加工业上去。各种扶贫资金要做到协调配套,发挥整体效益。要解决扶贫资金到位迟、用不足、贷款使用期限短的问题。今后从中央到地方的资金管理部门,在年初,必须将扶贫资金分配到位,贫困地区要尽快落实到项目上,不要让资金等项目。

**四、因地制宜,分类指导,不同地区要有不同的脱贫办法**。贫困地区差别很大,贫困原因也各不相同,要具体分析每个贫困地区的实际情况,有针对性地采取措施,对症下药,找到符合本地实际的扶贫开发路子。切忌停留在一般号召上,不能强求一律。不同的地区要走不同的脱贫路子,但是不管走什么路子,都要解决好两个问题:一是要有苦干精神,二是扶贫开发要遵循可持续发展原则。

(1996年9月23日李鹏在中央扶贫开发工作会议上的讲话。)

贫困地区要把建设基本农田,解决群众温饱放在首位,不要盲目办工业;国有企业要振奋精神,自力更生,严格内部管理,提高经济效益。

党中央、国务院对扶贫开发工作十分重视,在不久前召开的中央扶贫工作会议上,江泽民总书记、李鹏总理发出了号令,到本世纪末要基本消灭贫困现象。我们一定要认真落实,必须坚决如期实现。四川是农业大省,也是贫困人口比较多、少数民族集中、地处偏远山区的省份,解放几十年来虽然社会经济发生了很大变化,但由于自然条件差,贫困现象依然严重。这几年来,凉山州、县各级干部发挥艰苦奋斗的精神,同人民群众同甘共苦,开展基本农田建设,发展农林牧副业,帮助彝族同胞解决人畜混居,从根本上改变少数民族落后的生活习惯,极大地改变了贫困地区的面貌。凉山州的经验说明,贫困地区首先要搞好基本农田建设,在较短的时间达到一人一亩比较稳产高产的基本农田,才能够解决群众温饱问题。千万不要盲目地办工业,搞重复建设,背上新的包袱。四川省地处长江上游,一定要把生产建设和水土保持工作结合起来,林业部门要把采伐和育林结合起来,减少采伐量,大力开展植树造林,保护好生态植被。这是关系到保护长江三峡水库免受泥沙淤积,关系到子孙后代切身利益的一件大事。

(1996年10月25日至31日朱镕基在四川考察时的讲话)

必须始终把农业放在整个经济工作的首位,这是从我国人多地少这个基本国情,从保持全国经济、社会稳定发展的全局性要求出发的,是从保持和加强我国在国际竞争中的独立自主地位的战略性要求考虑的。我国正处在工业化快速发展的阶段,处在经济体制转变的时期,由于比较利益等原因,如果不加以重视和保护,农业很容易在市场竞争中处于不利地位。高度重视和不断加强农业的道理,在干部和群众中要经常讲,反复讲。

农业大省要充分发挥农业资源较多的优势,走符合自身实际的经济发展路子。要把农业生产与农产品的加工、运销、综合利用等环节有机地结合起来,实行贸、工、农一体化经营,农业的综合效益就可以大大提高。实行农业产业化经营,农民收入增加了,农村市场打开了,发展其他产业就有了更广阔的空间。

农业的发展也必须依靠两个根本性转变。我国的经济体制改革是从农村开始的。农村改革取得了举世公认的成绩,但还不能说已经大功告成。在农业经营体制、农村市场体系和国家对农业的支持和保护体系这几个层次上,都还需要继续深化改革。

稳定和完善以家庭联产承包为主的责任制和统分结合的双层经营体制,是党在农村的基本政策,必须长期坚持。有条件的地方,农民群众又自愿,应积极引导他们发展适度规模经营,但一定要从本地实际出发,尊重农民意愿和首创精神,采取多种形式,不要强求一律。目前农村的市场体系还很不健全,农产品和农业生产资料产销之间的联系不够通畅,流通环节多,中间流失大,影响生产者和消费者应该得到的好处,需要进一步改革农产品和农业生产资料的流通体制。同时,要大力发展农业的社会化服务体系。要通过不断探索,逐步建立有中国特色的对农业强有力的支持保护体系,并使之制度化、法律化。

实现农业增长方式的转变是我们的国情所决定的。我国农业自然资源相对稀缺,随着人口的不断增加,对农产品的需求将不断增长,靠大规模增加新的资源尤其是自然资源的投入显然是不现实的,唯一的出路是提高资源的利用效率,提高农业投入中的科技含量,提高农业劳动者的素质。必须始终十分注意节约用地,节约用水。这两件事涉及农业的根本,人类生存的根本,在我国尤其意义重大。要珍惜每一寸土地,"存得方寸地,留与子孙耕"。对水资源也要统一规划,科学管理,合理使用。

我国农村的社会状况如何,对整个国家和社会的发展有举足轻重的影响。农村工作要坚持"两手抓、两手都要硬"的方针,大力加强农村社会主义精神文明建设、民主法制建设和基层组织建设,积极推进农村经济和社会协调发展。加强农村的思想政治建设,是加强农村精神文明建设的一项根本性的任务。要通过生动的、群众喜闻乐见的形式,对农民群众进行爱国主义、集体主义和社会主义教育,在农民中努力传播社会主义市场经济知识、科学知识和法律知识,坚定广大农民走有中国特色社会主义道路的信念,提高农民的思想道德素质和科学文化素质。

要结合当前正在进行的"严打"斗争,下功夫整顿农村的社会治安。必须狠狠打击那些在农村为非作歹、横行乡里的车匪路霸,流氓、抢劫、盗窃等犯罪团伙,以及一些地方存在的黑社会势力和帮会组织,以维护农村社会安定,保证农民安居乐业。

减轻还是加重农民负担,绝不是少拿多拿几个钱的问题,而是保护还是挫伤农民积极性的问题,是促进还是阻碍农村生产力的问题,是增强还是丧失农民群众信任和拥护的问题。必须把减轻农民负担问题提到这样的政治高度来认识。

要加强农村基层组织建设,壮大集体经济实力。要把村党支部和村委会的班子建设好,把政治上强,清正廉洁、公道能干、党员和群众真正拥护的人选到领导班子中来,特别要选配好村党支部书记。要做好在优秀青年积极分子中培养和发展党员的工作,使我们的事业在农村后继有人。在抓好农业的同时,要大力发展乡镇企业。只有把乡镇企业搞起来,才能安排农业的富余劳动力,才能以工补农,增加对农业的投入,也才能更好地壮大集体经济实力,拓宽农村共同致富的道路。

(1996 年 6 月 1—5 日江泽民在河南考察时的讲话。6 月 7 日《人民日报》)

记得美国一位大名鼎鼎的艾奇逊国务卿曾经预言,中国共产党能够夺得战争的胜利,但却无法解决中国人的吃饭问题。46 年过去了,中国以占世界 7%的耕地养活了世界 22%的人口,事实证明他的预言是不正确的。现在世界上又有一种中国面临"粮食危机"的论调。其中有的人是出于对中国的关心,但是也有人是别有用心的,是想借此来挑拨中国与发展中国家的关系。

中国是农业大国,12 亿人口大部分集中在农村。农业在中国具有特别重要的地位,也是中国国民经济的薄弱环节,是我们发展的重点。但是,中国粮食增产潜力大,我们能够立足国内解决自己的吃饭问题。《纲要》以较大的篇幅着重阐述了加强农业的重要性及若干具体措施。我想借此机会讲几个要点:

第一,中国还有 2/3 的耕地是中低产田。依靠科学种田、增加投入,可以提高这些中低产田的单位面积产量。

第二,中国还有一批可供开垦的荒地。《纲要》中提出要在黑龙江、吉林、黄淮海平原建立商品粮基地,在新疆建立棉花生产基地。中国还有大片的山区、草原、水面、滩涂,可以搞综合开发。中国有一句老话:"靠山吃山,靠水吃水"。发展养殖业、水产业、林果业,为人民提供更多的食品资源,改变食物结构,这方面中国还是大有可为的。

第三,实行计划生育,这是中国的一项基本国策。大家都知道,控制人口增长与控制粮食需求的增加是密切相关的。在中国,计划生育已取得明显效果,并将继续坚持下去。在农村,要把计划生育和发展农村经济、增加农民收入和建立文明幸福的家庭结合起来,使计划生育成为人们的自觉行动。

(1996 年 3 月 17 日李鹏会见采访"两会"的中外记者时的讲话)

## (二)工业企业改革

经过几年的努力,国有企业改革和发展的形势是好的,有了新的进展。建立现代企业制度的试点工作已全面展开,取得了初步成效。改革中的一些重点、难点问题已基本理清,并探索了一些解决办法。在充分肯定国有企业成就和贡献的同时,也必须看到存在的问题。从根本上说,解决这些问题,必须加快国有企业改革的步伐。同时,采取推进科技进步,发展规模经济等措施,努力提高国有企业参与市场竞争的能力。当前搞好国有企业改革的有利条件很多,只要我们加强领导,扎实工作,调动各方面的积极性,就一定能走出一条具有中国特色的国有企业改革和发展的路子。

搞好国有企业是实现两个根本性转变的基础。各项经济体制改革和转变经济增长方式最终都会涉及企业,只有使国有企业具有自主经营、自负盈亏的机制,成为市场竞争主体,两个根本性转变才能落到实处。搞好国有企业,要着眼于搞好整个国有经济,必须进行国有经济的结构调整和国有企业的战略性改组。这是一篇大有可为的文章。

党的十一届三中全会以来,中央提出了一系列国有企业改革和发展的指导思想。党的十四大和十四届三中、五中全会,以邓小平同志建设有中国特色社会主义理论和党的基本路线为指导,进一步明确了国有企业改革的基本方针。中央确定的这些方针是在实践中产生、发展和完善起来的,是符合中国国情,符合社会主义本质特征和市场经济规律,符合现代化生产要求的。实践证明是正确的。必须按照这些方针,进一步统一思想认识,坚定不移地贯彻落实,结合实际,勇于实践,不断探索和创造新的经验。

深化国有企业改革,建立现代企业制度,必须以邓小平同志提出的"三个有利于"作为判断是非得失的标准。只有坚持"三个有利于"的标准,改革才有正确的方向,才能不断深化。

在积极推动国有企业改革的过程中,要鼓励探索,允许试验,坚持解放思想,实事求是,大胆去试,大胆去闯。等是等不来的。回避问题,退缩不前,只能是无所作为。要尊重实践,在实践中认真总结经验。实践证明是正确的,有成效的,就要坚持下去,逐步推广；发现问题，就要及时纠正，避免造成损失。

搞好国有企业，必须由各级主要领导亲自抓，及时协调和解决改革和发展中的重大问题。各部门都应当从全局出发，主动配合，通力协作，形成合力，搞好各项配套改革。

各级领导干部要认真学习邓小平同志建设有中国特色社会主义理论，坚定信心，提高工作自觉性；要正确领会中央关于企业改革的方针和政策，并结合实际贯彻和落实。学习和借鉴任何成功的经验和做法，都要从实际出发，因地制宜。改革是代表工人阶级的根本利益和长远利益的，是让人民群众特别是广大工人、农民、知识分子得到最大的利益。十几年的改革实践表明，广大人民的生活水平有了很大提高。但是，由于种种原因，有些国有企业不能适应社会主义市场经济的要求，生产经营困难，影响到部分职工的工作和生活。对此，各级领导要密切关心群众生活，采取积极措施，尽职尽责地帮助困难企业职工解决生活中的困难。在改革开放和发展社会主义市场经济的新形势下，必须加强党的建设和思想政治工作，全心全意依靠工人阶级，充分发挥我们党的优良传统和政治优势。

（1996年4月27日至5月4日江泽民在上海考察时的讲话）

国有企业具有很多优势，是完全可以搞好的，攀钢和长虹等企业的实践就是证明。搞好国有企业，关键是国有企业要有自力更生、奋发图强的精神，要有一个好的领导班子。攀钢在六十年代那样艰苦的条件下开始建设，到现在已经发展成为一个现代化的钢铁基地，完全是依靠我们自己的力量搞上去的。长虹公司地处内陆，交通、信息和市场条件并不比沿海地区好，为什么能建成中国最大的彩电基地？也是靠艰苦奋斗的精神力量，靠企业的市场观点和正确决策，靠严格管理和科技开发。长虹还有一条重要经验，就是靠自有资金搞改造，靠兼并其它企业形成规模效益，基本上不靠银行贷款。这与当前许多国有企业负债累累、还在盲目大上项目，形成鲜明对比。现在国有企业普遍存在一个问题，就是管理不严，责任心不强。所以，我们赞成攀钢的同志提出的“严字当头，严格要求，严格管理，一丝不苟，铁面无私”二十字办厂方针，有了这种精神和作风，就没有克服不了的困难。

（1996年10月25日至31日朱镕基在四川考察时的讲话）

三峡工程是一项跨世纪的宏伟工程，不但有巨大的经济效益，而且有巨大的社会效益。在一个发展中国家里，我们能动员全国的力量建设这项工程，充分体现了具有中国特色社会主义可以集中力量办几件大事的优越性。三峡工程的建设，也体现了中央缩小东西部差距、支持中西部地区发展的方针。

三峡工程成败的关键在于移民。党中央、国务院十分关心三峡工程的移民工作。我们不仅要看到移民工作的困难，更要看到有利的条件。从前一阶段坝区移民的实践看，因为移民工作已经形成了一整套正确的方针和政策，再加上库区和坝区的广大群众顾全大局，积极支持三峡工程并开始从移民实践中得到了实惠，尝到了甜头，可以肯定地说，经过大家的共同努力，按照工程进度完成移民任务是完全可以做到的。实践证明，党中央、国务院关于三峡工程实行“开发性移民”、“对口支援”、“中央统一领导、两省负责、县为基础”和“移民经费切块包干”、“移民和劳务输出相结合”等决策是正确的，必须坚定不移地贯彻执行。

移民工作是库区经济工作的重要任务。这是因为移民工作搞得好不好，不仅关系到库区广大群众的生活与生产，而且关系到库区的经济发展，关系到库区改革、发展、稳定的大局。他指出，各级政府的领导同志一定要保持清醒的头脑，认识到移民工作仅仅依靠外部有利条件是远远不够的，必须要有自力更生、艰苦奋斗的精神。同时还必须坚持从实际出发、量力而行、注重效益的原则。

库区移民补偿资金是搞好库区开发性移民的专项资金，要专款专用，不得挤占挪用。要像三峡枢纽工程一样实行“静态控制、动态管理”，不得突破概算。要继续加强对移民资金的管理，加强监察、审计工作，加强移民系统干部队伍的廉政建设，使资金管理工作走上制度化、规范化的轨道。

我们不仅要把三峡水利枢纽工程建成一流的工程，而且要使三峡库区的移民工作成为一流的工作。三峡库区各级政府一定要顾全大局、克服困难，在全国人民的支援下，把移民工作做好。

三峡工程是全国人民的工程，做好对口支援三峡库区移民工作，是一项具有政治意义的任务，是有关省市、中央有关部门的光荣职责，也充分体现了社会主义制度的优越性。浙江娃哈哈、上海白猫洗涤剂厂、江苏常州柴油机厂等企业集团发挥资金、技术、人才、产品优势，把名优产品引入库区，既有力地促进库区的移民安置、经济发展，也开辟了新的市场。他指出，三峡库区有资源和劳动力优势，有巨大的潜在市场,用名优产品进行对口支援大有发展希望。

对口支援对库区来说也是一种改革开放。不仅对外开放,也对我国经济发达地区开放。同时,要树立社会主义市场经济观念,把对口支援建立在优势互补,互惠互利,长期合作的基础上。库区要善于抓住机遇,在开发性移民中,结合企业搬迁,进行产业结构的调整,加大技术改造力度,形成一批有市场需求,技术起点高的支柱产业。

长江三峡水利枢纽工程目前进展比较顺利。工程的重要配套项目,西陵长江大桥已建成通车,从宜昌到坝址的准一级,全封闭专用公路和三峡机场最近也建成使用,提前实现了大江截流前通桥、通路、通航、通信的任务。

大江截流是明年三峡工程的中心任务,既有有利条件,也有不利条件。因此,不能有丝毫麻痹思想和松懈情绪,一定要高质量地如期完成大江截流。

从事三峡工程的业主和所有设计、施工、监理单位,库区各级政府和移民单位,要以高度的责任感和使命感要求自己,要发扬自力更生、艰苦奋斗的精神,兢兢业业,廉洁奉公,一身正气,维护三峡工程的声誉。

(1996年10月20日李鹏出席在宜昌召开的国务院三峡工程移民暨对口支持工作会议上的讲话)

4月27日以来,我考察了一些企业,召开了座谈会。这两天,四川、河北、辽宁、山东和上海几家企业负责同志介绍了企业改革的情况,上海、江苏、浙江、山东四省市领导同志就国有企业改革和发展的情况作了汇报。总的来看,国有企业改革和发展有了新的进展,形势是好的。同时,国有企业也存在不少问题和困难,企业改革不适应建立社会主义市场经济体制要求的矛盾仍很突出。必须正确分析形势,坚定搞好国有企业的信心,进一步加强领导,狠抓落实,加快国有企业改革和发展的步伐。

下面,我讲几点意见。

**一、国有企业为我国改革和发展做出了重大贡献**

建国以来,国有经济在我国国民经济中一直居于主导地位,国有企业是国民经济的支柱,对巩固社会主义制度,建立社会主义市场经济体制,推进经济发展和社会进步,搞好社会主义精神文明建设,发挥了举足轻重的作用。党的十一届三中全会以来,国有企业为改革开放和社会主义现代化建设做出了重大的贡献,保证了国民经济持续、快速、健康发展。国有经济不断壮大,国有资产大幅度增加,整体水平和综合效益有很大提高,总体实力进一步增强。国有企业控制国民经济命脉,对整个经济发展起着主导作用,始终是国家财政收入的主要来源。

国有企业的改革不断深化。特别是近几年来,各地区、各部门积极推进国有企业改革和发展,建立现代企业制度的试点工作已经全面展开,试点的内容和范围逐步扩大,并取得了初步成效。改革中的一些重点、难点问题已基本理清,并采取了一些相应的措施,在调整企业资产负债结构,实行兼并、破产,减轻企业办社会负担和分流富余人员等方面都进行了有益的探索。国有经济结构调整和国有企业战略性改组有所进展。按照从整体上搞活国有经济的要求,优化产业结构,培育新的经济增长点,形成了国有经济的新优势,出现了一批有活力有实力的大型企业和企业集团,并在国内外两个市场竞争中发展壮大。

在充分肯定国有企业成就和贡献的同时,我们也必须看到存在的问题和困难。相当数量的国有企业机制不活,效益不高,负担过重,经营困难,亏损状况继续加剧。国有企业存在的这些困难和问题,对社会主义市场经济体制的建立,对国民经济的发展,对社会稳定和人民生活都有着直接的影响,应当引起我们各级领导的高度重视。从根本上说,解决这些问题,必须加快国有企业改革的步伐。同时,要进一步采取促进企业发展的相应措施,包括推进科技进步,发展规模经济,避免重复建设等等,以提高国有企业参与市场竞争的能力。

当前,国有企业改革正处在一个非常关键的时刻。各地区、各部门要明确任务,扎实工作,把建立现代企业制度作为目标,加快企业改革步伐,转换企业经营机制;把经济增长的着眼点转移到国有存量资产的调整、改组和优化配置上来,充分发挥现有企业的作用;把科学技术作为推进经济增长的主要因素,增强企业科技创新的能力;把生产经营的投资主体转到企业,提高企业追求效益、承担责任的能力。必须清醒地看到,搞好国有企业是实现两个根本性转变的基础。经济体制改革和经济增长方式的转变都涉及到企业。只有认真解决好国有企业改革和发展的问题,才能使两个根本性转变落到实处,才能实现"九五"计划和2010年的奋斗目标。

各级党政领导和国有企业的负责同志一定要坚定搞好企业改革的信心。尽管面临的困难很多,任务艰巨,但是,我们有十几年国有企业改革的实践经验,有广大职工参与改革的积极性,这是我们搞好国有企业改革的有利条件。只要我们坚持邓小平建设有中国特色社会主义理论和党的基本路线,坚持中央确定的企业改革的正确方向和一系列重要方针，加强领导，扎实工作，调动各方面的积极性，就一定能走出一条具有中国特色的国有企业改革和发展的路子。

**二、坚定不移地贯彻落实中央关于国有企业改革的基本方针**

党的十一届三中全会以来，中央十分重视国有企业的改革和发展，坚持解放思想、实事求是，提出了一系列国有企业改革和发展的正确指导思想和方针政策。党的十四大以邓小平同志建设有中国特色社会主义理论和党的基本路线为指导，提出我国经济体制改革的目标是建立社会主义市场经济体制，党的十四届三中、五中全会在总结经验的基础上，进一步明确了国有企业改革的各项基本方针。实践表明，中央确立的这些方针是完全正确的。国有企业改革的基本方针是：

1. 以公有制为主体的现代企业制度是社会主义市场经济体制的基础，国有企业特别是大中型企业是国民经济的支柱，国有企业改革是经济体制改革的中心环节。

2. 建立现代企业制度是国有企业改革的方向。其基本特征是产权清晰、权责明确、政企分开、管理科学。到本世纪末要使大多数国有大中型骨干企业初步建立起现代企业制度，成为自主经营、自负盈亏、自我发展、自我约束的法人实体和市场竞争主体。

3. 把国有企业的改革同改组、改造和加强管理结合起来，以构造产业结构优化和经济高效运行的微观基础。

4. 要着眼于搞好整个国有经济，通过存量资产的流动和重组，对国有企业实施战略性改组，以市场和产业政策为导向，集中力量抓好一批国有大型企业和企业集团，放开搞活一般国有小型企业，以利于更好地发挥国有经济在国民经济中的主导作用。

5. 加快国有企业的技术进步，形成企业的技术创新机制，增强企业的市场竞争能力。

6. 搞好国有企业，要全心全意依靠工人阶级，切实加强企业经营管理者队伍的建设，严格企业内部管理，形成适应市场经济要求的机制，做好企业的各项基础性工作，提高企业的整体素质。

7. 协调推进各项配套改革，重点是建立权责明确的国有资产管理、监督和营运体系，促进政企职责分开，加快建立健全社会保障制度，为国有企业改革提供必要的外部条件。

8. 坚持公有制经济为主体，多种经济成分共同发展，国家为各种所有制经济平等参与市场竞争创造良好的环境和条件。

中央关于国有企业改革和发展的一系列方针是在实践中产生、发展和完善起来的，是符合中国国情，符合社会主义本质特征和市场经济规律，符合现代化生产要求的。我们要按照这些方针，进一步统一思想认识，坚定不移地贯彻落实，结合实际，勇于实践，不断探索和创造新的经验。

**三、搞好国有企业需要掌握的主要原则**

邓小平同志提出用“三个有利于”作为判断改革开放和各项工作是非得失的标准，是运用马克思主义的认识论，分析改革开放和现代化建设的实践得出的重要原则和历史结论，明确回答了长期以来在判断标准方面经常困扰和束缚我们思想的重大认识问题，对全党同志在思想上是一大解放。深化国有企业改革，建立现代企业制度，也必须以“三个有利于”作为判断其是非得失的标准，只有在这个基础上才能真正统一认识。在改革的实践中，大家都深刻地感到，只有坚持“三个有利于”的标准，企业改革才有正确的方向，才能不断深化。根据这个标准，判断国有企业改革的成效，应当具体体现在：一看是否按照建立现代企业制度的要求，真正把企业建成了自主经营、自负盈亏、自我发展、自我约束的法人实体和市场竞争主体；二看是否提高了企业的经济效益和市场竞争能力，实现了国有资产的保值增值；三看是否调动了企业职工和管理者的积极性，有利于企业党组织政治核心作用的发挥，有利于党和国家各项方针政策的贯彻落实；四看是否增强了国有经济的活力，促进了国有经济的发展。企业改革要体现这些原则。

**四、尊重实践，鼓励探索，总结经验，积极推进国有企业改革**

建立现代企业制度，搞好国有企业的基本方针已经明确，关键在于实践。改革的经验从哪里来？只能从实践中来。要鼓励探索，允许试验。坚持解放思想，实事求是，大胆去试，大胆去闯。等是等不来的。回避问题，退缩不前，只能是无所作为。在改革过程中，对某些做法有不同意见，这是正常的，有利于集思广益。重要的是，要尊重实践，在实践中认真总结经验。实践证明是正确的，有成效的，就要坚持下去，逐步推广。发现问题，就要及时纠正，避免造成大的损失。要根据中央的部署，积极推进试点工作，切实解决改革和发展中的重点和难点问题，使改革不断深化和完善。在抓试点的同时，不能放松面上的改革，既要认真总结试点企业的经验，也要及时总结面上企业改革的经验。既要有典型示范,又要实行点面结合。许多地方和许多企业在改革中都创造了好的经验,这次会上四省市和一些企业都介绍了各自的经验。对于这些经验,我们的态度是:第一,要高度重视;第二,要给予支持和帮助,使其不断完善;第三,要结合实际学习和借鉴。

十几年来,我国的改革走了一条符合中国国情的循序渐进的道路,获得了举世瞩目的巨大成就,经济体制和运行机制发生了深刻和变化。同时,原有体制遗留下来的一些难点问题,比如,转换企业经营机制,政企分开,建立社会保障体系,企业过度负债以及企业办社会的负担等问题,还没有得到根本解决。我们必须下决心采取有效措施,从各方面创造条件,积极稳妥地解决好这些问题。

**五、各级党委和政府都必须十分重视企业改革的工作**

1. 注重学习。各级领导干部要认真学习邓小平建设有中国特色社会主义理论,深刻理解关于改革开放、发展经济和企业改革方面的重要思想,坚定信心,提高工作的自觉性。要认真学习和准确掌握中央关于深化国有企业改革、建立现代企业制度的一系列方针,明确改革方向,提高政策水平。同时,还要认真学习社会主义市场经济的知识,掌握市场经济的一般规律,提高领导经济工作的能力。

2. 加强领导。搞好国有企业,必须由各级党委和政府的主要领导亲自抓。国有企业的改革,涉及到经济、政治和党政工作的各个方面,只有主要负责同志亲自动手,亲自协调,才能有领导、有步骤地推进改革的各项工作。这几年,一些省市企业的改革取得较大进展,其中最主要的一条经验是,省市党委和政府主要领导亲自挂帅,组成有权威的领导机构,及时协调和解决改革和发展中的重大问题。加强领导的另一个重要方面是帮助企业选配好领导班子。改革的各项方针政策的贯彻落实,最终要靠企业的经营管理者。因此,要选配政治强、会管理、懂经营的优秀人才担任企业领导工作,保证他们能够自觉地贯彻党的方针政策,全心全意依靠工人阶级,带领广大职工,积极推进企业的改革和发展。实践证明,凡是搞得好的企业,都有一个好的领导班子,一支素质高、过得硬的职工队伍。只有这样,才能真正把中央的改革方针变为群众的实践,才能坚持改革的正确方向,把国有企业的改革不断引向深入。

3. 统筹协调。企业改革是一项社会系统工程,许多矛盾和问题往往是国民经济和社会发展深层次问题的综合反映。企业改革关系到社会主义市场经济体制的建立和完善,要与建立社会主义市场经济体制的其他各项改革同步推进。因此,企业改革绝不是一两个部门的具体业务,它涉及到各个部门,大家都应当从全局出发,维护整体利益,自觉地把它作为自身的重要工作,主动配合,通力协作,形成合力,加快与企业改革配套的各项改革的步伐。只有这样,才能使国有企业改革的试点工作有所突破,使面上改革得到推进,使其他各项改革落到实处,收到实效。

4. 注意工作方法。各级领导要认真学习和正确领会中央关于企业改革的方针和政策,并结合实际贯彻和落实,防止不顾实际情况,搞"一阵风"、"一刀切"和形式主义。学习和借鉴任何成功的经验和做法,都要从实际出发,因地制宜。企业的情况千差万别,决不能生搬硬套,要防止不重实效,流于形式,搞"花架子"。

5. 关心群众生活。近年来,由于改革深化和其他各种原因,有些国有企业不能适应市场经济的要求,生产经营困难,影响到部分职工的工作和生活。对此,各级领导要及时研究,认真解决。必须认识到,我们的改革,是要从根本上改变束缚我国生产力发展的旧的经济体制,建立充满生机和活力的社会主义市场经济新体制。从本质上讲,改革是代表工人阶级的根本、长远利益的,是让人民群众特别是广大工人、农民、知识分子得到最大的利益。十几年的改革实践表明,广大人民的生活水平有了很大提高。但是,我们也要十分重视部分企业和职工面临的困难。各级领导要采取积极有效措施,妥善解决好群众生活特别是困难企业职工的生活问题,同时,做好深入细致的思想政治工作,及时化解矛盾,保持社会的稳定,保证改革和发展的顺利进行。

国有企业的改革和发展,是关系到整个国民经济发展的重大经济问题,也是关系到社会主义制度命运的重大政治问题。各级党委和政府要把这项工作放到更加突出的位置,加强领导,狠抓落实,采取有力措施,加快国有企业改革的步伐。让我们在邓小平同志建设有中国特色社会主义理论和党的基本路线指导下,以更大的决心、更大的魄力,创造性地开展工作,使国有企业的改革和发展取得新的更大的胜利。

(1996 年 5 月 4 日江泽民在考察国有企业后召开的座谈会上的讲话)

国有企业是我国国民经济的支柱,是社会主义市场经济的主导力量。能否增强国有企业的活力,充分发挥国有经济的主导作用,直接关系到改革开放和现代化建设的全局与前途，必须提到这样的政治高度来认识这个问题。

国有企业的改革和发展，要以建立现代企业制度为方向，坚持把改革、改组、改造同加强领导班子建设、加强职工队伍建设、加强科学管理有机结合起来，使国有企业较快地形成适应社会主义市场经济要求的经营机制，保证它们能够在市场的大海中扬帆前进。江泽民指出，在企业改革中，要正确处理物的因素与人的因素、客观条件与主观条件的关系。实践证明，一支素质好的职工队伍，一个强有力的企业领导班子，往往是决定企业盛衰的最重要因素。在企业改革中，首先要抓班子建设、抓队伍建设，坚持做好人的工作，充分发挥人的主观能动作用。这是搞好企业的改革、改组、改造和加强管理的前提与基础。

搞好国有企业要着眼搞好整个国有经济，要把搞好生产经营和搞好资本经营结合起来，确保国有资产保值增值。抓好大的放活小的，要以市场和产业政策为导向，通过联合、兼并和必要的破产，促进优势企业的扩张与壮大。放活小的不能理解为放开不管，放任自流，也不能理解为简单地把企业资产一卖了之。应根据不同情况，采取改组、联合、兼并、租赁、承包经营和股份合作制等多种形式，加快国有小企业改革、改组的步伐。要以资产为纽带，以大项目为支撑，培育一批大的企业集团和跨国公司。加强资本经营的目的，是为了促进国有资本用活用好，防止流失，实现保值增值。组建和发展一大批大的企业集团，目的是为了更好地形成规模经济和规模效益，增强在国际市场的竞争能力。

国有企业存在的问题是由历史和现实的多种原因造成的，解决国有企业问题不可能一蹴而就，要有一个过程，既要坚定信心，加快现代企业制度建设的步伐，又要防止出现急躁畏难情绪。上海在搞活国有企业和建立现代企业制度方面已有不少好的作法，希望继续探索，争取在全国率先建立具有中国特色的现代企业制度。

希望你们顺应建立全国统一大市场的要求，发挥自身资金、技术、人才的优势，走出上海，到全国其他地区尤其是中西部地区去投资办厂，或者同当地搞联合经营。这样才能另辟蹊径，别开生面，增强上海的经济实力。同时，这也有利于促进中西部地区经济和社会的发展，有利于更好地发挥上海服务全国的作用。

（1996年3月8日江泽民参加全国人大会议同上海、解放军代表团讨论时的讲话）

在国有企业的改革与发展方面，近几年我们已进行了一些试点，取得了一定的成效，积累了一些经验。实践证明，中央提出的“抓大放小”的方针是正确的。明年要把搞好国有企业的工作放在突出的位置来抓，采取更加有力的措施，加大国有企业改革的力度。同时，国有企业要结合自身的实际，学习邯钢的经验，进一步加强企业管理。对于那些目前处于亏损状态的企业，今后要实行分级责任制，谁的企业就谁负责扭亏。同时，要逐步建立社会保障制度。

搞好国有企业，要有一个好的机制，要有适销对路的好产品，但关键的一条是要有一个好的领导班子。为此，要加强企业领导班子的建设，大力培养、选拔党性强、有开拓精神、善于经营管理、紧紧依靠工人阶级的企业领导人才。

目前国有企业面临不少困难和问题，中央对此十分关心。各级领导对搞好国有企业必须有紧迫感，但也要看到，国有企业的改革发展是一个比较长的过程，搞好国有企业是一项长期的任务，必须扎扎实实去完成。企业发展生产，不能盲目追求速度，重要的是坚持两个根本性转变，真正做到以市场为导向。

（1996年10月2日至4日李鹏在广西考察工作时的讲话）

要实事求是地分析国有企业的困难，既不要把困难估计过分，更不要一味地责备国有企业。应该看到，国有独立核算企业中的赢利企业虽然利润增长速度减低了，但还是在增长，没有下降；亏损企业的亏损额有较大增加，但也有一些具体原因。盈利减速和亏损扩大的直接原因是利润的转移。粮食、棉花价格的提高，能源、交通费用的涨价，都造成国有工业企业的利润向农业和其它产业转移；新的财务会计制度提高了折旧率，项目还本付息的利息进入成本，社会保障体系费用的增加，都提高了企业产品成本，减少了利润，但是相应增加了企业自有资金，增强了自我改造能力。当然，还有赢利企业工资发得太多、企业承担的各种收费较多等问题。应该指出，从宏观上看，重复建设和“大而全、小而全”思想，是造成国有企业困难的最重要原因，进口产品和外资企业的激烈竞争，企业内部经营管理的滑坡，也是重要原因。

现在要从根本上扭转国有企业亏损状况，一是要坚定不移地贯彻江泽民同志在长春、上海关于国有企业“三改一加强”的一系列重要指示和江泽民总书记、李鹏总理在中央经济工作会议上的重要讲话精神，积极推动企业经营机制的转换；二是必须严格控制新上项目,尤其要从严从紧控制工业项目,不要再搞新一轮的重复建设,造成多家争市(场)、两败俱伤的后果。要把资金集中用于基础设施建设、技术更新改造和提高产品质量、加强科研开发上。加强基础设施建设,也要量力而行,不能过分超前;三是要正确执行中央有关引进外资的导向政策,防止引进一家、挤垮几家,进口一批、打垮一片的消极后果。特别要严厉打击走私骗税罪行。

兼并、破产是转变企业机制的一个重要手段,但企业的破产与兼并在本质上和政策上都有原则的区别。国务院有关文件明确规定,优势企业兼并劣势企业,必须承担劣势企业的全部债务,但可以享受停止付息、分期还本的优惠政策。我们鼓励多兼并,因为它有利于避免国家银行资产的损失。这方面的政策还可以再优惠一点,但不能冲销债务。至于企业破产,就必须是这个企业不复存在,职工重新安置,破产企业的资产(包括土地)拍卖所得首先用于安置职工(转业或发遣散费),剩余的再依法按程序、按比例偿还银行债务。由于这样做会使国有资产受到很大损失,因此我们鼓励多兼并、少破产。实行破产政策的企业,要严格按照国务院1994年发出的关于试行国有企业破产问题的通知执行,而且只限于在国务院规定的试点城市国有工业企业里进行,绝不能随意扩大。为保证这项工作健康有序地进行,国务院最近要对此进一步作出具体规定,各地要认真、严格的贯彻落实。朱镕基在厦门市考察时指出,近两年来,厦门市委、市政府认真贯彻党中央、国务院关于特区建设的各项方针政策,正确处理改革、发展和稳定的关系,努力争创特区新优势,取得了市财政总收入大大高于全国平均增长速度,物价涨幅大大低于全国平均上涨幅度的显著成绩,实现了经济持续、快速、健康发展。

厦门经济发展的一条重要经验,就是把投资重点放在基础设施建设方面,而不是去盲目上工业项目,特别是一般加工工业项目,也没有陷入房地产热,这在很大程度上减少了由于重复建设而造成的企业效益下降对厦门经济发展的影响。这个经验很值得总结和借鉴。

(1996年11月26日至12月3日朱镕基在福建考察时的讲话)

## (三)进一步做好财政金融工作

在过去的几年里,金融系统坚决贯彻执行党中央、国务院制订的经济工作方针和货币政策,不断深化金融改革,整顿金融队伍和金融秩序,取得了很大的成绩,为加强和改善宏观调控,支持经济持续、快速、健康发展做出了重要贡献。1993年以来,根据党中央、国务院统一部署,金融系统旗帜鲜明地开展反腐败斗争,在加强廉政建设和金融保卫工作等方面取得了明显成效。一是金融系统经济案件和诈骗、抢劫、盗窃大案逐年下降。在司法、公安部门协助下及时查处了一批金融犯罪案件和堵截、识破了一大批诈骗案件。许多同志同犯罪分子英勇搏斗,从1993年以来,金融部门有166名同志在工作岗位上献出了生命和鲜血。二是金融监管力度加大。金融部门把防范金融犯罪同加强金融监管结合起来,打击了不法分子骗购外汇的违法活动,清理了银行的帐外经营,对非银行金融机构重新登记,银行与所办信托投资公司脱钩,不仅维护了金融秩序,促进了经济秩序的好转,也堵塞了经济犯罪的漏洞。三是廉政建设和金融系统的精神文明建设取得重大成绩。实践证明,金融系统这支队伍是一支值得党中央、国务院信赖、政治上坚定和锐意改革的队伍。

金融犯罪是复杂的、国际性的社会现象。由于银行经营和保管着大量的现金等金融资产,犯罪分子一直把作案目标对准银行。打击金融犯罪是一项长期任务,我们在成绩面前更要提高警惕,绝不能松懈斗志。当前,金融系统有一些领导干部存在严重官僚主义,政治观念淡薄,内部管理混乱,违规经营严重,大案要案时有发生;防抢劫、防诈骗、防盗窃等金融保卫工作还不能适应目前的社会治安状况,特别是一些亡命之徒持枪抢劫银行运钞车、营业网点,杀害银行职工,给国家财产造成了严重损失。

要有效解决上述问题,金融系统广大干部特别是领导干部,一定要学习和贯彻江泽民总书记关于“领导干部一定要讲政治”的讲话,把正在金融系统开展的“讲改革、讲政治、讲法纪、讲效益,提高服务水平”的活动扎扎实实地开展下去。当前,要抓好三个方面的工作:一是加强廉政建设,深入开展反腐败斗争,做好金融保卫工作。金融系统要利用当前严厉打击刑事犯罪的有利时机,紧密配合政法部门,依法严厉惩治金融犯罪,要坚决把贪污腐败分子清除出金融系统。二是加强金融监管,整饬金融秩序。金融系统必须靠铁的纪律来管理,对继续搞帐外经营的,违规售汇的,炒外汇期货的,一定要严肃处理,绝不姑息。否则银行就办不好,也办不下去。各级金融领导干部要运用手中的职权,真正为人民大众服务,为国家经济建设服务。要坚决反对那种不讲政治、不讲大局,一味追求部门和个人利益的行为,坚决同一切腐败行为作斗争。没有健康有序的金融秩序，就很难发展有中国特色的社会主义市场经济。三是要认真加强“防抢劫、防诈骗、防盗窃，保护国家金融资产安全”的金融保卫工作。对于严重破坏金融秩序、顶风作案的金融犯罪案，对于贪污受贿、玩忽职守、涉及金额巨大的经济案件以及诈骗、抢劫、盗窃等刑事案件，要依法从快惩处。要选择一些典型案件公开曝光，起到震慑作用。同时也要严格保安队伍的管理和训练，加强电子监测和报警系统的建设。

（1996年6月26日朱镕基在金融系统“一反三防”会议上的讲话）

各级审计部门要认真贯彻中央的方针政策，为严肃财经纪律，维护正常的经济秩序，促进改革开放，保持社会稳定做出新的贡献。

过去的一年，审计工作取得了很大成绩。《审计法》正式实施，审计队伍的素质不断提高，审计部门依法审计，为国家增收节支150多亿元，这是一个很大的贡献。

实践证明，审计监督在维护国家经济秩序、加强廉政建设、保障国民经济健康发展等方面，正在发挥着越来越重要的作用。当前形势对审计工作提出了更高的要求。中央经济工作会议指出，今年要整治经济秩序，严肃财经纪律，规范市场行为，严厉打击经济领域的犯罪行为，重点查处偷税、漏税、骗税、套汇、走私、造假帐，以及化预算内为预算外、化大公为小公和化公为私的种种违法违纪案件。审计部门作为对一切国有资产的监督部门，要为维护正常的经济秩序、保证经济健康发展作出更大的努力。各级审计部门要认真贯彻《审计法》，全面加强对财政、财务收支的审计监督，做好各项审计工作。重点抓好对本级预算执行情况、预算外资金管理和使用情况的审计。审计本级预算执行情况是一项新的工作，难度比较大，各级政府和行政首长都要重视和支持这项工作，切实加强领导。财政、税务、银行、海关等有关部门应当积极配合，自觉接受审计。

审计部门要进一步加强法制建设，抓紧制定与《审计法》相配套的行政法规、规章和制度，争取尽快实现审计工作的法制化、制度化、规范化。对审计查出严重违反财经法纪的问题，一定要依法严肃处理，决不能不了了之。触犯党纪、政纪、国法的，要分别移送纪检、监察和司法机关进行处理，追究有关领导和当事人的责任。只有这样，才能达到严肃财经纪律，整顿经济秩序的目的。同时，还要加强对内部审计机构和社会审计组织的指导和监督，促使他们在遵守财经法纪，改善经营管理，提高经济效益等方面发挥积极作用。

搞好审计工作的关键是加强审计队伍建设。经过多年的努力，审计队伍已经有了一个良好的基础，在社会上的形象是好的。今后要继续加强学习和培训，进一步提高这支队伍的政治和业务素质，提高审计工作的水平。

（1996年1月5日李鹏在全国审计工作会议上的讲话）

改革开放以来特别是最近几年，我国加工贸易发展很快。加工贸易进出口总值在全国进出口总值中已占很大比重，1995年达到47%。国家为支持加工贸易的发展，规定加工贸易所需料件免税进口。但实际上加工贸易的产品有相当部分没有复出口，转销到国内市场，造成国家税款的大量流失，冲击了国内工农业生产。为了促进加工贸易的健康发展，打击走私犯罪活动，保证国家税收，保护我国内工农业生产，国务院决定从1995年11月起，在东莞、苏州、宁波三市进行加工贸易进口料件银行保证金台帐制度的试点。试点的实践表明：这一改革措施符合实际，是切实可行的，有利于完善和加强对加工贸易进口料件监管，不增加企业的资金负担，更不会影响依法经营的加工企业正常经营。同时，“保证金”只是台帐“空运转”，手续也比较简单，手续费也很低，试点城市企业已普遍表示接受。试点后三市新批准加工贸易项目及合同金额都比试点前有所增加，试点工作在台帐建立这一阶段已取得初步成效。

对加工贸易进口料件实行银行保证金台帐制度能否取得全面成功，达到预期效果，关键在台帐的核销。要抓紧做好台帐核销基础工作：一是对进口料件、出口产品进行正确的审价，防止个别企业进口以多报少、以高报低，出口以少报多、以低报高；二是确定合理的单位损耗；三是把好料件进口、产品出口的验货关；四是制定具体的台帐核销办法。要努力做好各项准备工作，保证今年下半年在全国全面实施加工贸易进口料件银行保证金台帐制度。

（1996年1月18日至21日朱镕基在广东考察时的讲话）

1995年财政工作取得了很大成绩：财税改革继续深化，财政收入快速增长，财政支出有所控制，财政的宏观调控作用有所增强。财政收入连续三年大幅度增长，充分说明财税改革是成功的，成效是显著的，江泽民主席和李鹏总理对财政工作取得的成绩是满意的。希望大家再接再厉,抓紧最后半个月时间,圆满完成1995年各项任务。

1996年财政工作任务更加繁重。中央财政减收因素较多,实现压缩财政赤字的目标难度很大。地方财政各地也不平衡,拖欠工资等历史遗留问题也不少。各级财政都必须谨慎从事。要认真贯彻十四届五中全会精神和中央经济工作会议提出的各项要求,进一步深化财税改革,完善省以下分税制体制,继续贯彻适度从紧的财政政策。要坚持依法征税,努力增收,既要关心地方税收,也要支持国税的征收。要严格控制财政支出,反对铺张浪费,努力完成压缩赤字的目标,为"九五"计划开好头、起好步。

为完成上述任务,必须大力整顿财经纪律,严厉打击骗税骗汇,严禁搞"两本帐"(将预算内收入转为预算外)。认真清查"小金库",尤其要杜绝财政部门自己的小金库。希望各级财政部门在新的一年里,认真贯彻中央的方针政策,为振兴财政、繁荣经济、稳定物价、促进建设做出更大贡献。

(1995年12月朱镕基在全国财政工作会议上的讲话)

## (四)加强环境保护,努力实施可持续发展战略

从第一次全国环境保护会议以来,经过二十多年的不懈努力,我国环境保护工作取得一定的成绩。由于采取了正确的方针和一系列政策措施,改革开放18年来,我国在经济快速增长的条件下,环境质量基本避免了急剧恶化的局面。实践证明,我国实施环境与经济协调发展的战略和关于环境保护的一系列方针政策,是正确的、有成效的。

我们清醒地看到,我国环境保护的形势还相当严峻。从全国总的情况来看,以城市为中心的环境污染仍在加剧,并且在向农村蔓延,生态破坏的范围仍在扩大。一些地区环境污染和生态破坏已经阻碍了经济的健康发展,甚至对人民群众的健康构成直接威胁。因此,在环境保护问题上,我国应该警钟长鸣。未来15年,一方面,我国经济仍将以较快的速度增长,加之人口继续增加,对资源的需求总量越来越大;另一方面,在温饱问题解决以后,人民群众对环境质量的要求越来越高,因此,资源、环境和生态面临着更大的压力。我们要实现国民经济持续、快速、健康发展,既要解决历史上遗留下来的环境污染问题,又要控制发展过程中出现的新的环境问题,环境保护工作的任务是非常艰巨的。

今年全国人大四次会议通过的"九五"计划和2010年远景目标纲要,明确提出了今后15年环境保护工作的要求,这就是:2000年,力争使环境污染和生态破坏加剧的趋势得到基本控制,部分城市和地区的环境质量有所改善;2010年,基本改变生态环境恶化的状况,城乡环境有比较明显的改善。这是我国跨世纪环保工作的奋斗目标,也是我们今后15年奋斗总目标的一个重要组成部分。我们有信心,随着经济体制和经济增长方式的转变,随着科教兴国战略和可持续发展战略的实施,随着经济发展和综合国力的不断增强,经过大家的共同努力,未来15年环境保护工作的目标是能够实现的。

为了实现"九五"和2010年环境保护工作的目标,首先要继续解决认识问题,特别是各级领导干部的认识问题。只有真正解决了认识问题,真正从思想上重视了,才能自觉地贯彻执行环境保护这项基本国策,把环保工作真正做好。因此,在整个现代化进程中,必须妥善处理近期与长远、局部与全局的关系,只能走可持续发展的道路,绝不能用近期的、局部的发展损害长远的、全局的发展。建设有中国特色社会主义,实现现代化,包括要保护和创造良好的生态环境。不论从我国现代化建设所面临的客观条件来说,还是从我国现代化建设所追求的最终目标来说,加强生态环境保护都是当前和今后我国经济、社会发展的客观需要和必然选择。环保事业是功在当代、泽及子孙的高尚事业。

必须严格环境管理。目前存在的环境问题,不少是由于管理不善和管理不严造成的,加强环保工作必须从严格管理做起。今后,所有新建、扩建、改建和技术改造项目,以及区域经济开发建设,都要严格执行环境影响评价,坚持防治污染的设施必须和项目主体工程同时设计、同时施工、同时投产的"三同时"制度,使建设项目达到环境保护的要求,达不到要求的,不能开工建设,盲目建成了也不能开工投产。这一条规定,一定要严格执行。环境保护工作涉及方方面面,在环境管理上要突出重点。把工业污染防治作为环保工作的重点,是符合我国的实际情况的。工业污染防治要提高水平,逐步从生产的末端治理转到源头和生产全过程的控制,把分散治理与集中控制结合起来,把浓度控制与总量控制结合起来。要实行污染物排放的总量控制,对不同地区、不同行业提出不同的要求。加强对群众饮用水源、水域的管理是一项紧迫的任务。要重点保护好与人民群众生活密切相关的饮用水源,依法划定生活饮用水源保护区。现在是一个小造纸厂、一个小化工厂,就污染一条河

流，危及几十万甚至几百万城市和农村人口的生活饮水，群众反映十分强烈，这个问题五年内要力争完全解决。在保护水源的同时，要提高城市生活污水的处理水平。

我国一些城市规模过大，现在还有继续扩大的趋势，不仅大量占用了十分宝贵的耕地，还带来许多社会经济问题，也给环境保护带来困难。所以必须按照国家批复的标准，严格控制城市规模，不得任意突破。

必须积极推进经济增长方式的转变。防治环境污染，从根本上说，要依靠科技进步，优化产业结构和产品结构，实现经济增长方式从粗放型向集约型转变。粗放式的经济增长方式是造成环境污染和生态破坏的根本原因。关闭一些消耗高和污染严重的小厂，从眼前看可能暂时减少一些产值，但从长远看对当地也是有利的。最近淮河流域下决心关停几百家小造纸厂，这不仅有利于从根本上解决淮河污染问题，而且能促进当地产业结构和产品结构的调整，这件事一定要下决心抓到底。缩小地区经济发展差距，既要注意防止污染严重的产业和产品由城市向农村转移，由东部地区转向中西部地区，又要防止资源开发过程中造成生态环境的破坏。

环境保护必须有一定投入。各级领导要统筹考虑，综合决策，在建设资金比较紧张的情况下，通过多种形式，切实增加环保投入，随着经济发展逐步提高环保投入占国民生产总值的比重。同时要加强对环保资金使用的管理，使有限的资金发挥出更大的效益。要制定和实施有利于环境保护的经济政策，建立和完善自然资源有偿使用机制和生态环境恢复的补偿机制。要把环境保护建立在法制的基础上。对于违反环保法律法规，造成严重后果的单位和个人，要坚决依法查处，构成犯罪的要依法追究刑事责任。

要切实加强对环境保护工作的领导。环境保护工作是各级政府的一项重要职能。各地都要把环境保护的目标和措施纳入本地区的经济和社会发展总体规划，在制定区域开发计划、城市发展规划以及调整产业结构、产品结构和生产力布局时，都要进行环境评估，提高综合决策水平。要继续实行环境保护行政领导负责制，省长、市长、县长、乡长，都要对本地区的环境质量负责，并且把环境质量作为考核政府主要领导人工作的一项重要内容。

为群众办实事是我们多年来的做法，深受群众欢迎。各级政府每年都要办几件环境保护方面的实事，解决几个影响群众生活和健康的突出环境问题。各地区、各行业都要按照国家规定的环境保护目标，落实自己的环保任务。全国污染治理的重点是三条河、三个湖，即淮河、海河、辽河，太湖、巢湖、滇池，以及酸雨区和二氧化硫严重污染区。各地区、各部门要积极配合，集中力量进行治理，争取到2000年获得显著成效。各地要根据城乡环境保护的不同情况，采取有针对性的措施。城市要将治理工业污染和生活污染作为工作重点，进行环境综合整治，减少城市废水、废气、废物和噪声“四害”，努力改善环境质量。农村要重点加强乡镇企业的污染治理，解决好农药和化肥的污染问题，大力发展生态农业，广泛开展植树造林，控制水土流失，积极防治荒漠化。各级政府都要加强对淡水、土地、森林、草原、矿产、海洋等自然资源的保护，做好生态环境及生物多样性的保护工作以及国土整治工作，合理开发利用自然资源。

（1996年7月15日李鹏在第四次环境保护会议上的讲话）

刚才听了几个省的负责同志的发言，讲得都不错。环境保护很重要，是关系我国长远发展和全局性的战略问题。环保战线上的同志们很辛苦，大家在工作中取得了显著的成绩。在这里，向同志们表示慰问和感谢！

在社会主义现代化建设中，必须把贯彻实施可持续发展战略始终作为一件大事来抓。可持续发展的思想最早源于环境保护，现在已成为世界许多国家指导经济社会发展的总体战略。经济的发展，必须与人口、环境、资源统筹考虑，不仅要安排好当前的发展，还要为子孙后代着想，为未来的发展创造更好的条件，决不能走浪费资源、走先污染后治理的路子，更不能吃祖宗饭、断子孙路。

我国人口众多，人均资源相对短缺，科技水平不高，经济技术基础比较薄弱，保护生态环境面临的任务很艰巨。因此，在经济和社会发展中，我们必须努力做到投资少、消耗资源少，而经济社会效益高、环境保护好。如果在发展中不注意环境保护，等到生态环境破坏了以后再来治理和恢复，那就要付出更沉重的代价，甚至造成不可弥补的损失。

从我国的实际出发，在实行可持续发展战略中，我们要努力做好以下几方面的工作：一是坚持节水、节地、节能、节材、节粮以及节约其他各种资源，农业要高产、优质、高效、低耗，工业要讲质量、讲低耗、讲效益，第三产业与一、二产业要协调发展；二是继续控制人口增长，全面提高人口素质；三是消费结构要合理，消费方式要有利于环境与资源保护，决不能搞脱离生产力发展水平、浪费资源的高消费；四是加强环境保护的宣传教育,增强干部和群众自觉保护生态环境的意识;五是坚决遏制和扭转一些地方资源受到破坏和生态环境恶化的趋势。

有些同志忽视环保工作,认为先把经济搞上去了再说,环境保护可暂时先放在一边。这种认识是不对的和有害的。世界发展中一个严重的教训,就是许多经济发达国家走了一条严重浪费资源和“先污染后治理”的路子,结果造成了对世界资源和生态环境的严重损害。我们决不能走这样的路子。我们的经济社会发展,应该是建立在产业结构优化和经济、社会、环境相协调基础上的发展。客观事实说明,那种以盲目扩大投资规模、乱铺摊子为基础的经济增长,其增长速度越快、资源浪费就越大,环境污染和生态破坏就越严重,发展的持续能力也就越低。这是不可取的。我多次讲过,有条件的地方可以发展得快一点。但是千万要注意,在加快发展中决不能以浪费资源和牺牲环境为代价。任何地方的经济发展都要注重提高质量和效益,注重优化结构,都要坚持以生态环境良性循环为基础,这样的发展才是健康的和可持续的。

控制人口增长和保护生态环境是全党和全国人民必须长期坚持的基本国策。党的十四届五中全会明确提出实现经济体制和经济增长方式的根本性转变,实施科教兴国战略和可持续发展战略,这都为我们在发展中保护好生态环境,提供了可靠的保障。

历史的经验告诉我们,为了确保环境的安全,必须实行污染物排放总量的控制。“九五”期间,我国经济计划安排以年平均8%左右的速度增长,我们确定的环保目标是到2000年力争使环境污染和生态破坏加剧的趋势得到基本控制,部分城市和地区环境质量有所改善。这是一项艰巨的任务,我们必须努力完成。为此必须要首先加强城乡环境的管理,但最根本的是依靠经济体制和经济增长方式的转变,通过速度与效益的有机结合,将单位国民生产总值的污染排放量和资源生态损耗量降下来。经济决策对环境的影响极大,要从宏观管理入手,建立环境与发展综合决策的机制。在制定重大经济和社会发展政策,规划重要资源开发和确定重要项目时,必须从促进发展与保护环境相统一的角度审议其利弊,并提出相应对策。这样才能从源头上防止环境污染和生态破坏。同时,各行各业和社会各个方面都要加强环境保护、环境管理,大家齐心协力,真抓实干,确保污染物排放总量的控制目标的顺利实施。

我国环境保护工作已经有了较大进展,既要肯定已有的成绩,又要清醒地看到目前我国的环境形势还相当严峻。城市环境污染仍在加剧,并向农村地区蔓延,生态破坏的范围在扩大。必须认识到,保护环境的实质就是保护生产力,这方面的工作要继续加强。环境意识和环境质量如何,是衡量一个国家和民族的文明程度的一个重要标志。现在,环境问题已涉及国际政治、经济、贸易和文化等众多领域。我们愿为保护全球环境作出积极贡献,但是不能承诺与我国发展水平不相适应的义务。理所当然,发达国家应该在这方面多负责任,我们坚决反对某些发达国家搞所谓“环保外交”,借环境问题干涉别国内政。我们扩大开放、引进外资,需要抓好环境保护工作,改善投资环境,同时也要注意防止国外有些人把污染严重的项目甚至“洋垃圾”往我国转移,切不可贪图眼前的局部利益而危害国家和民族的全局利益、危害子孙后代。

环境问题直接关系到人民群众的正常生活和身心健康。如果环境保护搞不好,人民群众的生活条件就会受到影响,甚至会造成一些疾病流传。对于已经产生的严重危害人民群众身心健康和正常生活的环境污染,必须抓紧治理。“九五”期间要有重点地安排一些环境整治项目,解决重点区域流域和各地突出的环境问题,确保一些城市和地区环境质量有所好转。

各级党委和政府要把环境保护问题摆上重要的议事日程,每年要听取环保工作的汇报,及时研究和解决出现的问题,这要成为一项制度。要为环保部门严格执法创造良好的条件,建立健全的、行之有效的环保监督管理机制。各级领导干部要带头遵守环境保护法律法规,并为环保部门严格执法撑腰。各级党委和政府都应从维护中华民族的全局利益和长远利益出发,严格把好环保关。要把实施科教兴国战略和可持续发展战略紧密结合起来。环境保护方面的许多问题需要依靠科技进步、人们素质的提高来解决。衡量各级领导干部的政绩,应该包括环保方面的内容。经济搞上去了,环境也保护好了,人民群众就会更加满意,更加支持党和政府的工作。

企业是环境保护的一支重要力量,所有的企业都要遵纪守法,文明生产,树立良好的企业形象。广大干部和群众都要提高环境意识,积极参与环境保护,还要充分发挥环保宣传教育和社会舆论监督的作用。我们相信,只要全党全社会都来关心和支持环境保护,我国的环保事业就大有希望。

总之,环境保护是一项崇高的事业,是“积德”的事业,功在当代,利在千秋,从事这项工作是很光荣的。希望环保战线的同志们再接再厉,把工作做得更好，争取更大的成绩！

（1996 年 7 月 16 日江泽民在第四次全国环保会议上的讲话）

环境保护是一项基本国策。必须依法保护环境。国务院要根据人大颁布的有关环保法律，起草具体实施细则。各级政府都要加强对环保工作的领导，做到真正的而不是在口头上重视环境保护工作。只有各级主要负责同志真正重视起来，才能带动各个部门的重视，形成上下左右齐抓共管的局面。

环境问题是关系到经济和社会发展的全局性问题。环境保护做得好坏，将直接影响到我国以什么样的面貌进入下个世纪。改革开放以来，我国的经济发展很快，由于实行了一套行之有效的措施，我国的环境状况，从总体上来看，没有出现急剧恶化的局面。应该说，这是一件很不容易的事。但是，我们也要看到，一些地区在经济发展中对环境保护重视不够，环境污染相当严重，生态恶化正在加剧，有的已经威胁到人民群众的生活和健康，甚至制约了经济的健康发展。对此，我们要保持清醒的认识，决不能掉以轻心。对各级政府领导环境保护抓得好的，要大力表彰；抓得不好的，要批评。对于那些工作不力、造成环境严重破坏的，要追究领导责任。

贯彻环保基本国策，首先要切实转变经济增长方式。采用那种高投入、高消耗、低效益、高污染的传统发展方式是不可取的，也是难以为继的。同时，我们谈发展，不仅仅是指经济增长。还应当包括社会发展和进步，这其中也包括环境保护。如果片面追求经济增长，不注意环境保护，这样的发展是不健康的，也是不能持续的。我们不能用今天的发展去损害明天的发展，也不能用局部的发展去损害全局的发展。任何时候，都不能以牺牲环境为代价去换取一时的发展。如果经济上去了，但环境污染了，资源耗尽了，家园破坏了，这样就违背了发展的根本宗旨，可以说，是上对不起祖宗，下对不起子孙。

贯彻环保基本国策，更需要加强宏观调控。这在建立社会主义市场经济的今天，尤其重要。各级政府在制定“九五”计划时，都要以我国向联合国承诺的《二十一世纪议程》为指导，把环境保护纳入社会发展的计划中去。要注意增加污染治理的投入，有时宁可牺牲点速度，少上几个项目，也要把污染治理搞上去。随着国民生产总值的提高，全社会对环境保护和污染治理的投入要逐步提高。增加污染治理投入，还要多开辟渠道。一是新建项目，要拿出适当比例的资金用于环境设施建设。二是老工业企业技术改造资金，要拿出一定的比例用于污染治理。这一点国务院环委会在几年前就提出了要求，有关部门也发了文件，关键要落实。三是城市建设中，要拿出一部分资金，用于环境基础设施建设。特别是对城市生活污水和垃圾的处理、集中供热、园林建设等，要纳入城市建设规划，在资金和项目上予以保证。四是用好目前企业交纳的超标排污费。这笔钱应当管好，集中起来治理较大污染项目，不允许挪做它用。

增加污染治理投入，国家要重视，企业更要重视。企业一定要加大投入，防治污染，保护环境是企业不可推卸的责任和应尽的义务。乡镇企业是我国改革开放的产物，是中国农民的伟大创造，应充分予以肯定。但是有一些乡镇企业，确实带来严重的环境污染，这不但害了别人，也害了自己。今后要实行严格管理。对那些污染严重、危害大、治理难的企业要下决心实行关停并转。各级政府对这个问题态度要严肃，处理要果断，决心要大，决不能照顾一时的经济效益，危及子孙后代。概括地讲，在“九五”期间国家要执行比以往更加严格的环保政策，加大执法的力度。

治理污染的重点仍然是水污染、大气污染、废弃物污染和噪声的危害。要依靠科技进步进行污染治理，推广一系列行之有效、适合国情的环保监测和治理技术。环保产品要形成系列，环保科研机构要逐步建立和健全起来，鼓励科研与产业相结合。

在谈到“中华环保世纪行”时，李鹏说，贯彻环保基本国策，还要搞好宣传教育，充分发挥新闻舆论的监督作用，发挥人民的监督作用，促进政府和企业加大执法力度。全国人大环保委牵头组织的“中华环保世纪行”活动，是一种有效的宣传方式，也是一种有效的舆论监督方式，建议“中华环保世纪行”对一些污染严重的现象要予以曝光，同时，也应该表扬一些治理污染、保护环境有成效的典型，使人民群众看到党和政府的决心，也指出解决的办法和路子，增强群众对污染治理的信心。

谈话后，李鹏总理为中华环保世纪行题词：“开展《中华环保世纪行》，增加全社会环境意识”。

（1996 年 2 月李鹏同人大环保委员会负责同志的谈话）

# 三、科　技

实施科教兴国战略，对于实现我国的现代化和两个根本性转变是极为重要的。上海要充分利用自己科研、教育和人才方面的优势，并进一步加大科技教育的投入，努力为国家培养造就更多的跨世纪的各种优秀人才。我们要进一步采取有效的措施，吸引出国学习和研究的人员回国服务。这方面的工作，上海可以而且应该比其他地方做得更好一些，希望你们为此多创造出一些好的经验。

我国的高等、中等、初等教育以及其他教育应该保持一个比较合理的结构，以适应现代化建设对各级各类人才的需要。这是当前教育改革和发展中一个很重要的问题，但是这个问题在全国范围内至今还没有解决好。突出的表现是，一方面大学生大量增加，而相当一部分大学毕业生在就业上由于诸多因素遇到不少困难；另一方面广大农村和基层厂矿急需的各种初级中级的技术人才、经营人才、管理人才，又十分缺乏。上海的教育基础比较好，教育经验也比较多，希望你们立足现实并着眼于长远，进一步优化教育结构，调整好学校布局，改进和完善学科与专业设置，统筹考虑高层次人才和实用型人才的培养，在这方面积累更多的经验并抓出更大的成效来。

加快科技进步特别是加强高新技术的研究和开发，对提高国民经济的整体水平和国家的综合国力，具有决定性的意义。当今世界各国竞争十分激烈，焦点就是科学技术尤其是高新技术的竞争。我们必须集中必要的人力、物力、财力，精心规划，严密组织，争取在一些重大的高新技术项目上取得突破性的进展。在这方面，中央对上海也寄予厚望。

（1996年3月8日江泽民参加全国人大会议同上海、解放军代表团讨论时的讲话）

当代科学技术发展迅速，经济竞争在很大程度上取决于科学技术的发展和应用。一个民族如果不具备良好的科学文化素质，就难以在世界竞争中立足。在我们这样一个发展中国家，促进科学技术普及是一项十分重要的工作。必须认真落实党的“科教兴国”战略，全面提高中华民族的科学文化素质，为实现“两个转变”，造就越来越多的高素质的劳动者和管理人员。

科学技术普及工作对两个文明建设有着重要作用。我们不仅要靠科学技术提高物质文明的发展水平，而且要依靠科学技术的力量推进社会主义精神文明建设，积极引导人民群众建立科学、文明、健康的生活方式，努力形成学科学、用科学、爱科学、讲科学的社会风气和民族精神，创造与社会主义现代化进程相适应的社会精神风貌。对迷信活动以及打着科学的幌子进行诈骗的犯罪活动，要引起足够的重视，依法加以处理。

各级党委和政府的领导同志都要进一步提高对科普工作的认识，认真学习和贯彻党中央、国务院的有关决定和决策。要积极创造条件，努力推动科普工作的开展。领导干部要带头学习科学技术知识。

中央希望广大科普工作者、科学家、工程技术人员、宣传教育工作者和各种社会工作者积极行动起来，形成强大的社会力量，继续探索新的形式和方法，使科普工作有机地渗透到各项事业中去，为广大群众喜闻乐见，逐步实现经常化、社会化、群众化，在提高全民族科学文化素质方面发挥更大的作用。

（1996年2月7日江泽民会见首次全国科普工作会议代表时的讲话）

首先，我代表党中央、国务院热烈祝贺中国科学院第八次院士大会和中国工程院第三次院士大会隆重开幕！

对两院院士历年来为祖国现代化建设做出的重大贡献，表示衷心的感谢和亲切的慰问！

今年的全国人大会议已通过了国民经济和社会发展的“九五”计划和2010年远景目标纲要。这是一幅跨入21世纪的宏伟蓝图。到2000年我们将全面完成现代化建设第二步战略部署：实现人均国民生产总值比1980年翻两番；基本消灭贫困现象，人民生活达到小康水平；加快现代企业制度建设，初步建立社会主义市场经济体制。到2010年，国民生产总值比2000年翻一番，使人民的小康生活更加宽裕，形成比较完善的社会主义市场经济体制。在推进经济改革和发展的同时，社会主义精神文明和民主法制建设要取得显著进展，实现社会全面进步。这个跨世纪的目标，表达了全国人民的心愿和中华民族自立于世界民族之林的坚强意志。

要实现“九五”计划和2010年远景目标，关键在于推进两个根本性转变和实施两项基本战略，这就是经济体制从传统的计划经济体制向社会主义市场经济体制转变，经济增长方式从粗放型向集约型转变；科教兴国战略和可持续发展战略。必须看到，实现两个根本转变特别是经济增长方式的根本转变，是一个非常艰巨的任务，需要下很大的力量。归根到底就是要加快科技进步，提高科技因素在经济增长中的含量，大力发展教育，培养德、智、体全面发展的各类人才，全面提高劳动者素质，发展生产力，提高综合国力。

当今世界上，各发达国家和发展较快的国家，无一不在加紧发展科技，特别是高新科技。科技水平已经成为衡量综合国力的重要标志。当前，我国经济和社会正处在高速发展阶段，对科技开发，尤其是对高新科技的开发利用，有着更急切的需求。为此，两院院士都肩负艰巨而又光荣的任务。

中国科学院是我国科学技术方面的最高学术机构和自然科学、高新技术的综合研究发展中心。中国工程院是我国包括农业和医药卫生工程在内的工程科技界的最高学术机构。党和政府期望两院院士对经济和社会发展的重大科技决策积极提供咨询建议，促进国家宏观决策的科学化、民主化。两院建院宗旨有所区别，工作重点也不相同，这是社会分工的需要。比如，中科院院士，主要任务是组织开展基础科学研究和应用基础研究，开展重大科技攻关。另外，就是培养高层次科技后备力量，培养科技学术带头人。工程院院士，主要任务则是开展应用和开发研究，高新技术的攻关研究，使科学技术向现实生产力转化，并在国家重大工程规划和建设方面提出意见和技术支撑。当然，培养和训练高新技术队伍和带头人，也是工程院院士当仁不让的责任。两院分工虽然有所不同，但总目标一致，工作任务往往前后衔接，互相渗透。因此，两院之间应紧密合作，加强协作，以充分发挥两院的综合作用。

回顾过去的经验，搞好科技工作，要做到“五个坚持”，这就是：一、坚持经济建设必须依靠科学技术进步，科学技术工作必须为经济建设服务，努力攀登科学技术高峰；二、坚持科技工作协调发展，做到基础科学研究、应用科学研究、科学技术的开发利用和推广，互相促进；三、坚持不断地进行深化科技体制改革，探索并建立起适合于中国实际情况的社会主义市场经济的科技体制；四、坚持各路科技力量联合作战，大力协同、综合集成，充分发挥各自的优势和作用；五、发挥社会主义制度的优势，集中全国力量组织攻关，办几件大事。

“九五”计划和15年规划的确立，为两院院士提供了展示聪明才智的广阔天地。在基础科学领域，中国可以在某些有优势的方面达到世界先进水平。中国正在进行一系列规模宏大的建设工程，采用高新技术全面改造老企业。在应用科学和工程技术领域，中国完全有可能在世界上达到领先地位。

两年来，党和政府对发展科技事业做出了一系列重大部署，召开了全国科技大会，提出并部署实施科教兴国战略和可持续发展战略，成立国家科技领导小组，以加强协调工作，促进科技体制改革，研究制定重大科技决策，组织重大科技项目攻关等等。这一切表明以江泽民同志为核心的党中央，正在把邓小平同志“科学技术是第一生产力”的论断变为扎扎实实的行动。我相信，中国科学院、中国工程院一定能够为我们的科技、经济和社会发展做出更大的贡献！两院院士一定能够团结广大科技工作者，创造更多的科技成果，培育更多的科技人才！

（1996年6月3日李鹏在中国科学院第八次院士大会和中国工程院第三次院士大会开幕式上的讲话）

认真实施“科教兴国”战略和可持续发展战略，围绕实现两个根本性转变，大力推进科技进步，这是中央的重大战略部署。实现两个根本性转变，特别是实现经济增长方式的转变，关键在于加快科技进步，提高科技因素在经济增长中的含量。促进科技经济一体化，是当今世界科技和经济发展的主潮流。在我国，能否提高经济增长的质量和效益，也取决于经济与科技结合的紧密度。企业是科技成果转化的主体。在新产品的研究开发上，科研院所和企业要以适当方式实现相互结合，发挥各自的优势。高新技术的开发一定要分析科研成果是否适合市场的需求。在当前要注意克服分散、重复的状况，要集中企业的力量来支持一些重大科技成果的转化。

要抓住重点，发挥科学技术在促进经济和社会发展方面的关键环节作用。农业是当前至关重要的问题。发展农业一靠政策，二靠科技，三靠投入。政策中包括了科技政策，投入中也包括对农业科技的投入。在中国的具体情况下，发展农业生产特别是粮食生产,今后主要还是靠科技进步这条出路。要重视推广农业应用技术,形成农业实用科技成果转化和服务体系的良性循环机制,培养和稳定农村科技队伍。中国人民有志气,有自力更生的精神,我们的粮食生产要迈上新台阶,其中非常重要的因素就是要积极发展优良品种的培育和推广技术,节水浇灌技术,科学施肥技术,高效农业病虫害防治技术,以及提高复种指数,加强科学管理等等。

要注意把深化企业改革,强化企业管理与推进企业技术进步、加强科技成果转化有机地结合起来。要抓住国民经济的基础产业、支柱产业中比较突出的问题,如能源、交通、环保、高新技术产业等,使这些产业的素质和水平有更大的提高,要十分重视发展信息产业。我国现在已经具备了快速发展信息工业的基础和条件,要形成若干个全国性的信息网络。信息市场要根据中国的特点,有重点的发展,为经济和生产服务。

各级政府要切实转变职能,加强领导,搞好服务,推进科学技术进步。要多渠道筹集科研和科技开发的资金,有所为有所不为,解决资金不足和使用分散的问题。要努力创造较好的条件,吸引更多留学海外的优秀科技人员回国,为发展祖国的科技事业贡献力量。

(1996 年 6 月 17 日李鹏同省部级干部专题研究班学员座谈时的讲话)

科学技术是经济发展的重要动力,是人类社会进步的重要标志。现代国际社会的竞争,说到底是综合国力的竞争,关键是科学技术的竞争,而高技术及其产业又是整个竞争的焦点。早在10年前,邓小平同志就敏锐地洞察这一历史趋势,明确指出,中国要在高技术领域占有一席之地。小平同志关于"科学技术是第一生产力"的著名论断和"发展高科技,实现产业化"的基本方针,对于我们建设富强、民主、文明的社会主义现代化国家,具有重大而深远的指导意义。

发展高技术,要始终突出自主创新。创新是一个民族进步的灵魂,是国家兴旺发达的不竭动力。这是人类历史发展的经验已反复证明的客观真理。从事科技工作的同志尤其要牢牢树立这个观点,做科技创新的勇士,为发展我国高技术的伟大事业竭尽自己的心力与智慧。只有不断提高自主创新能力,我们才能减少对技术引进的依赖,提高参与国际市场竞争的能力。我们要立下一个雄心壮志,就是必须尽快地使我国摆脱高技术落后的局面,努力研究开发出自己的具有竞争力的高技术产品,努力创造并掌握好我们自己的知识产权,努力建设强大的民族高技术产业。这是关系我们经济繁荣、民族振兴和国家强盛的战略之举。希望科学家们和所有的科技工作者,在实现这个雄心壮志中不断作出自己新的贡献。

发展高技术,要有所为,有所不为。我国的经济和科技实力还有限,追求所有的高、精、尖技术是不现实的,应该量力而行,突出重点,有所赶有所不赶。要紧密结合国家发展的目标,选择一批有基础有优势,国力又可以保证,并能跃居世界前沿,一旦突破对国民经济和社会发展有重大带动作用的课题,统一部署,精心组织,集中力量,重点攻克。我们有优越的社会主义制度,有一支高水平的高技术研究开发队伍,只要始终坚持以邓小平同志建设有中国特色社会主义理论和党的基本路线为指导,充分发挥政治和人才两方面的优势,上下结合,团结奋斗,我们就一定能够在高技术发展方面打一些漂亮的"攻坚战"。

发展高技术,是我国一项长期战略。要根据世界经济、科技发展的趋势和我们的国情,立足当前,着眼长远,既要为解决经济和社会发展的现实问题作出贡献,又要高瞻远瞩地筹划未来。对下世纪初可能影响我国发展的重大高技术问题,要及早作好部署和不失时机地加强研究开发。要大力宣传和普及高技术知识,努力培养跨世纪的高技术人才,保障我国的高技术蓬蓬勃勃地持续发展下去。再过5年,我们就将跨入新的世纪。可以预料,21世纪将会是高科技继续突飞猛进的世纪。希望广大科技工作者在推动高科技发展的途程中,不断建功立业,以无愧于实现祖国社会主义现代化的时代要求,无愧于党和人民的热切期望。

(1996 年 4 月 2 日江泽民会见"863 计划"10 周年工作会议代表时的讲话)

中国科学技术协会第五次全国代表大会今天隆重开幕了,这是我国科技界满怀信心迎接新世纪的一次历史盛会。我代表中共中央、国务院,向大会表示热烈的祝贺!向与会的各位代表并通过你们向全国各条战线上的广大科技工作者,表示崇高的敬意和亲切的慰问!

八届全国人大四次会议通过的"九五"计划和2010年远景目标纲要,把实行经济体制和经济增长方式两个根本性转变和实施科教兴国战略、可持续发展战略,作为实现我国跨世纪建设蓝图的关键措施,这是中央深刻分析国际国内形势而作出的重大部署,是时代赋予包括广大科技工作者在内的全国各族人民的光荣使命，是历史的必然抉择。马克思主义认为，科学技术是推动社会进步的最强大的杠杆。实施科教兴国战略，把社会主义与现代科学技术紧密结合起来，对于加快我国现代化建设步伐具有重大而深远的意义。

综观世纪之交的国内外形势，我们既面临难得的历史机遇，也面临严峻的挑战。当今世界，和平与发展依然是时代的主题，世界正加快向多极化的方向发展。无论是发达国家还是发展中国家，都在抓住时机加快自己的发展速度。尤其是主要发达国家，为了在21世纪的世界发展和国际竞争中继续保持领先地位，正在加紧调整科技和经济战略。从国内看，经过十八年的努力，我们的改革开放取得了巨大的成功，社会主义现代化建设开创了新的局面，国家的整体实力大大增强，人民的生活水平显著提高。但是，我国的可持续发展还受着国民经济整体素质比较低，以及资源、人口、环境等方面问题的严重制约。在国际经济竞争和国际关系中，我们既面临着西方发达国家的经济和科技优势的压力，又面临着霸权主义和强权政治的压力。能否加快我国的现代化进程，在国际合作与竞争中取得更大的主动权，将决定我国未来在国际社会中的地位。我们必须以高度的历史责任感和时代紧迫感，集中力量把经济搞上去，充分发挥科学技术的重大作用，大幅度提高我国的经济实力和综合国力，不断发展和壮大自己。

再过5年，人类就要进入21世纪，一个新的千年即将开始。大约在上一个千年来临的时候，中华民族的先辈们曾经创造了闻名世界的四大科技发明，为人类文明作出了光辉的贡献。在中国近代史上，中华民族一批志士仁人，其中包括一批爱国的科技工作者，在国家遭受列强欺凌、饱经内忧外患的历史关头，积极寻求救国救民的真理，倡导民主与科学、为推动中国人民的觉醒与进步，建树了不可磨灭的功绩。新中国建立以来，中国科技界涌现出了一大批杰出的科学家，取得了以“两弹一星”为代表的辉煌科技成就。广大科技工作者在艰苦的条件下，奋发图强，开拓创新，为祖国富强和民族振兴作出了新的历史性贡献。党和人民将永远铭记他们的光辉业绩。

在实施科教兴国战略的伟大实践中，广大科技工作者肩负着重大的历史使命。这里，我衷心地向科技战线的同志们提出几点希望：

一是继续高举爱国主义旗帜，坚持建设有中国特色社会主义的政治方向。爱国主义，是一个国家、一个民族凝聚人民的重要思想基础和不断追求进步的强大精神动力。中国人民具有悠久的爱国主义光荣传统。爱国主义有着鲜明的时代特点，它总是随着时代的前进和历史的进步而不断丰富内容，向人民提出新的要求。我们今天讲爱国主义，就是要热爱我们伟大的社会主义祖国，在党的领导下为祖国的繁荣富强贡献自己的智慧和力量。广大科技工作者要始终发扬爱国主义精神，同时还要发扬相互学习、相互支持、紧密团结、共同提高的集体主义奋斗精神，坚定不移地走有中国特色的社会主义道路，在科教兴国的伟大事业中实现自己的理想和社会价值。

二是围绕实现两个根本性转变，大力加速科技进步。科学技术是第一生产力，科技工作者是新的生产力的重要开拓者。科技战线的同志们要始终坚持面向经济建设的主战场，不断加强科学技术的应用和开发，把攻克国民经济和社会发展中迫切需要解决的重大科技问题，作为主要任务。积极推进经济体制和经济增长方式的转变，重点要为加速农业和农村科技进步服务，努力推进高产、优质、高效农业的发展；要为提高国有企业的经济效益和增长质量服务，努力增强它们的技术创新和产品竞争能力；要为发展高技术产业服务，努力扩大它们在国民经济中的比重。广大科技工作者要深入实践，为科教兴国勇挑重担，当好先锋。

三是加强基础研究，勇攀科技高峰。基础研究是科学之本和技术之源，它的发展水平是一个民族的智慧、能力和国家科学技术进步的基本标志之一。从事基础研究工作的科研人员，要把为国民经济和社会发展提供动力作为中心任务，不断探索自然界的规律，追求新的发现和创立新的学说，丰富人们认识世界、改造世界的理论和方法。要瞄准世界科技前沿，统筹规划，大力协同，集中力量，重点突破，为我国在世界高科技领域占有一席之地作出更大的贡献。

四是坚持普及科学知识和弘扬科学精神，促进社会主义精神文明建设。科学技术是精神文明建设的重要基石。科技工作者要争做社会主义精神文明建设的排头兵。要坚持学习马列主义、毛泽东思想，特别是邓小平同志建设有中国特色社会主义理论，牢固树立正确的世界观、人生观、价值观。要运用各种手段和方式，向人们特别是各级干部传播科学知识、科学思想、科学方法，大力倡导科学、文明、健康的生活方式。要发扬“献身、创新、求实、协作”和“坚持真理、诚实劳动、亲贤爱才、密切合作”的精神，不断加强科技队伍的精神文明建设。广大科技工作者一定要高举科学的旗帜，弘扬科学精神，坚决反对封建迷信和愚昧落后，揭露和抵制各种伪科学、反科学行为，为提高全民族的思想道德素质和科学文化素质进行不懈的努力。

实施科教兴国战略，关键是人才。10年前，邓小平同志就提出："改革经济体制，最重要的、我最关心的，是人才。改革科技体制，我最关心的，还是人才。"在社会的各种资源中，人才是最宝贵最重要的资源。各级党委和政府一定要不断促进和积极扶持各类优秀科技人才的脱颖而出，并十分珍惜和用好人才。到本世纪末和下世纪初，要在我国理、工、农、医及交叉学科和高新技术领域中，培养和造就一支能够进入世界科学前沿的科学家队伍，一支具有技术创新能力、能够不断攻克经济建设和社会发展中各种复杂难题的工程技术专家队伍，一支学有所长并具有突出领导才能的科技管理专家队伍，组成我国现代化事业所要求的宏大的科学技术大军。为使各类科技人才充分发挥作用，各级党委和政府要始终信任、关心和爱护他们，努力为他们提供适宜的工作条件和生活条件。还要采取有效措施，促进全社会进一步形成尊重科学、尊重知识、尊重人才的良好风尚。大批优秀人才的不断涌现及其作用的充分发挥，我国社会主义现代化事业的发展就大有希望。

长期以来，中国科协作为中国科技工作者的群众组织、党领导的人民团体和国家发展科技事业的重要社会力量，为促进全国科学技术的进步和繁荣，促进科学技术的普及和推广，促进科技人才的成长和提高，促进社会主义物质文明和精神文明建设，都作出了巨大的贡献。中国科协及其所属团体，人才荟萃，希望你们在实施科教兴国战略的实践中，更好地发挥党和政府联系科技工作者的桥梁与纽带作用，进一步团结和动员广大科技工作者，为推进我国科技事业和经济、社会的全面发展不断建立新的功绩。

各级科协要以团结广大科技工作者献身于科教兴国的伟大事业作为自己的根本任务，进一步增强为科技工作者服务的意识，努力反映他们的呼声、要求和建议，维护他们的合法权益，把科协真正办成科技工作者之家。科协作为人民政协的组成单位，要积极履行政治协商、民主监督、参政议政的职能，推动决策的科学化、民主化。各级科协要继续加强学术交流活动和科学普及活动，特别是要加强对青少年的科技教育，不断致力于提高全民族的科学文化素质；继续坚持"百花齐放，百家争鸣"的方针，鼓励和支持科技人员活跃学术思想，勇于探索新领域、提出新理论、创立新学说，提倡不同学派和不同学术观点的切磋与争鸣；继续加强同世界各国科技工作者的联系，积极发展国际民间的科技交流合作，扩大与港、澳、台的科技交流与合作，为促进世界的和平与发展，完成祖国统一大业作出更大的贡献。各级党委和政府要重视和支持各级科协的工作，为他们充分发挥作用创造必要的条件，不断加强和改善对科协工作的领导。

中华民族历经沧桑，在五千年的历史中，有过辉煌，有过屈辱，始终奋斗不懈，自强不息。21世纪对中华民族来说，将是全面振兴的世纪。祖国在期待，人民在召唤。党中央号召全国各条战线的科技工作者，在科教兴国的光荣旗帜下集合起来，团结进取，顽强拚搏，为胜利实现"九五"计划和2010年远景目标而努力奋斗!!

（1996年5月27日江泽民在中国科协第五次全国代表大会上的讲话）

首先我热烈祝贺国家自然科学基金委员会成立10周年，热烈祝贺国家自然科学基金委员会管理科学部的成立。管理科学组升格为管理科学部，表明管理科学的地位提高了，至少是在我们自然科学家的眼光中间管理科学已经升格了。这标志着中国的管理科学将要进入一个新的阶段。我预祝管理科学在中国能够繁荣发达，促进我国的改革与发展。

讲到经济形势，可以说，通过进一步加强和改善宏观调控，宏观经济环境确实比几年以前要好得多。

当前我国经济发展的一个特点，是既显著降低了通货膨胀率，又保持了较快的经济增长速度。去年经济增长10.2%，今年上半年比去年同期增长9.8%，其中工业增长13.2%，这已经相当高了，说明我们在加强宏观调控的同时，经济仍然保持了快速的发展。

由于这三年国家两次提高粮食和棉花的收购价格，采取各种措施鼓励农民种田的积极性，农业的基础地位有所加强。

财政和金融形势也都是好的。上半年财政收入增长17.7%，是历年来幅度最高的，特别是由于财税体制改革的成功，中央集中了比过去更多一点的财力。去年的货币发行量是近几年最低的，今年上半年在适度扩大流动资金贷款规模的情况下，货币回笼的情况还是相当好。国家外汇储备7月中旬达875亿美元，因此，我们才有条件宣布人民币在经常项目下可以自由兑换，实现了国际货币基金组织章程的第八条款，这就大大地改善了我国的投资环境。

当然，前进中还有困难，主要表现在宏观调控和经济总量控制取得很大成绩的同时，国有企业改革虽然取得了进展，但也遇到了一定困难。生产发展速度仍相当高，但是净利润降低了，亏损面有所增加。

这也不是没有客观原因，相当大一部分利润转移到农业、企业折旧和社会保险基金方面去了。当前企业困难的根本原因，还是由于长期计划经济体制下的重复建设和企业经营管理机制转变滞后，造成国有企业的行业结构和产品品种、质量不能适应国内外市场的变化，库存积压和开工不足更加突出了。

针对当前的问题，江泽民同志最近指出，应当认真着力实现"两个转变"，把宏观调控同微观搞活结合起来，大力调整经济结构(包括产业结构和产品结构)，使国有企业的生产适应市场的需要，从而提高国有企业的经济效益。这既是下半年的任务，也是今后几年的任务。

当前国有企业的困难，一个重大原因是企业管理不善。过去抓全面质量管理，在建立全面质量管理体系、加强财务成本核算、改革劳动人事制度方面下了很大功夫，现在有些企业把这些基本功丢掉了，甚至靠假冒伪劣产品蒙骗用户。这样搞是不行的。要全面理解和贯彻十四届三中全会规定的16字方针，即"产权清晰、权责明确、政企分开、管理科学"。要全面抓好"三改一加强"，就是把企业机制的转变、技术的改造、行业的改组同内部管理的加强，几个方面结合起来抓。

现在有些效益好的企业，不是靠科学的管理制度和严格的劳动纪律，而是靠政府、靠银行、靠关系、靠广告效应、靠短期行为，我认为单靠这些，企业不可能真正办好。今天到了要大力提倡改善中国的管理和发展中国的管理科学的时候了。党中央提出了"科教兴国"的方针。这个科学包括自然科学和社会科学两个方面，当然也包括了管理科学。现在，确实需要强调管理科学和管理教育也是兴国之道。

对管理的重要性，宣传得还太少，要大力宣传加强企业的经营管理，要大力提倡振兴中国的管理科学，要总结中国管理实践的经验。现在宣传国有企业的厂长、经理艰苦创业的书籍还不多。要加强对先进企业的管理经验和现代管理科学的宣传，多出版一些这方面的著作。现代管理当然是西方起步早，我们也可以多出版一些介绍外国经验的书，看看人家是怎样发展的，看看艾柯克·李怎么把克莱斯勒汽车厂救活的，福特是怎么勤俭办厂的，苹果公司、微软公司是怎么白手起家的。讲讲这些东西不是崇洋迷外，而是促使大家转变观念，适应市场，重视管理，学会用人，勤俭办厂。

这样的事例，中国也不是没有。30年代我们的民族资本家在夹缝中求生存就值得宣传。中国古代典籍中，涉及管理思想的不少，如《尚书·禹贡》、《管子·轻重》、《史记·货殖列传》、《汉书·食货志》、《盐铁论》等。那个时代的经济思想，不一定符合现代管理思想，但是早期中国的经济管理思想还是有可以借鉴之处的。潘承烈教授研究中国古代管理思想，演绎孙子兵法，讲田忌赛马(可以说是最早的博弈论思想)，在国际论坛上很受欢迎，说明其中有些观点也符合现代管理原则。总之，确有东西可以宣传。我建议，要掀起一股学习管理、加强管理、发展管理科学、加强管理培训的热潮，只有这样才能够纠正时弊。

我国国有企业的改革和发展，没有轻巧的道路可走，只有老老实实地研究改善经营管理，建立一套现代企业管理制度才行。没有现代财务、成本、质量管理和科学决策制度，就不能搞现代市场经济。

今天，在国家自然科学基金委员会成立10周年的时候，在管理科学组变成管理科学部这个大喜的日子里，我愿意跟同志们一起为振兴中国的管理科学而奋斗。

(1996年7月25日朱镕基在国家自然科学基金委员会成立10周年大会上的讲话)

# 四、文化、教育、卫生

委员们就发展我国的教育事业提出了许多很好的意见，有一些是关于教育大政方针的，也有一些是具体问题，均应引起各级政府特别是教育部门的重视。针对不同情况，要经过细致的调查研究，认真地加以解决。中国这么大，在国家统一的方针政策下，有些问题不能搞一刀切，要采取多种行之有效措施，因地制宜地去解决。

实施科教兴国战略和可持续发展战略，优先发展教育，提高国民素质，已写进了国民经济和社会发展"九五"计划和2010年远景目标纲要草案，这是保证我们向现代化迈进的重要方针。现在大家对以经济建设为中心的认识已经比较深刻了，还要进一步明确以经济建设为中心和实施科教兴国战略之间的重要关系。

学校是培养人才的地方，要把培养德智体等全面发展的社会主义的建设者和接班人作为最中心的任务。我国社会主义建设事业任重道远，各行各业都需要接班人。学生们既要有远大的志向，又要有丰富的知识和劳动的本领。尽管我们的大中小学还有不少不尽如人意的地方，我们的教育工作还有许多困难和失误，但总体上是在发展，在前进的，广大青少年学生是蓬勃向上的。现在，实践使大家越来越清楚的看到，我们已经找到了一条适合中国国情的正确的发展道路，这就是有中国特色的社会主义道路。随着跨世纪宏伟蓝图的实施，在以江泽民同志为核心的党中央的领导下，经过全国人民的团结奋斗，下个世纪初到21世纪中叶，我国的综合国力就会比现在大大增加，同时也将为教育事业的进一步发展打下更好的物质基础。

我国的教育工作也面临两个转变问题。学校的教学、科研等应该更加适应社会主义市场经济对人才的需求，同时还要通过深化教育改革努力提高办学效益，提高教学资源的合理配置和利用率。要更加重视基础教育和职业教育。李鹏说，实践证明我国的"支持留学，鼓励回国，来去自由"的留学生工作方针是正确的。我们欢迎出国留学的学生学成后回来报效祖国，并努力为他们创造较好的工作和生活条件。我们已经根据一位留学回来的学者建议，每年从"国家预备费"中拨出3000万元，资助中青年科学工作者的科研项目，其目的也是想为他们提供一个较好的工作环境。

各级政府要认真落实《中国教育改革和发展纲要》规定的逐步提高国家财政性教育经费支出占国民生产总值的比例，本世纪末达到4%，各级财政支出中教育经费所占的比例平均不低于15%。从国务院总理、副总理、国务院有关部门，以及各级政府都要按照"纲要"的规定，保证对教育的投入，做得好不好，有没有达到要求，欢迎大家监督。

(1996年3月7日李鹏参加出席全国人大和政协会议吉林、山东、福建代表团和教育界委员讨论时的讲话)

我们的经济工作正在实现经济体制和经济增长方式的两个根本性转变。在这种新的形势下，我们的教育工作必须进一步解决好两大重要问题，一是教育要全面适应现代化建设对各类人才培养的需要，二是要全面提高办学的质量和效益。这也可以说是当前全国教育工作面临的两个重要转变。

交通大学是我国创建最早的高等学府之一。在一个世纪中，交大为祖国造就了一批又一批人才，可谓"桃李满天下，学子遍神州"。新中国成立以后特别是改革开放以来，在党和政府的关心支持下，经过交大师生员工的奋发努力，百年学府发生了巨大变化。当年诞生在黄浦江畔只有几十人的南洋公学，如今已发展成为屹立于华东、华北、西北、西南大地的4所交通大学，成为我国培养高技术人才和从事科学研究的重要基地，为经济发展和社会进步作出了功不可没的贡献。

刚刚闭幕的八届全国人大四次会议审议批准的关于"九五"计划和2010年远景目标纲要，明确地把实施科教兴国战略和可持续发展战略确定为实现我国这一跨世纪发展宏图的重要方针。在优先发展教育的问题上，中央是下了很大决心的，态度是一贯的。他说，面向21世纪，努力建立一个有中国特色的社会主义教育体系，是实现我国社会主义现代化的重要基础条件。这不仅是教育工作者，也是全党同志和全国人民必须共同完成的光荣任务。

我们培养人才既要立足于现实又要着眼于长远，统筹考虑各级各类人才的培养。一方面要为国家培养大批高级专门人才，另一方面又要面向广大农村和基层企事业单位，培养大量急需的各种中级、初级技术人才、经营人才和管理人才。要进一步优化教育结构，调整好学校布局，改革和完善学科与专业设置，加强思想政治建设和教材建设，提高教育资源的合理配置和科用率，把我国的教育水平提高到一个新的高度。

在教育改革和发展中，要始终把坚定正确的政治方向放在首位，坚持用马列主义、毛泽东思想，特别是邓小平同志建设有中国特色社会主义理论武装全体师生，坚持倡导正确的世界观、人生观和价值观，坚持引导师生自觉抵制各种腐朽思想文化的侵蚀。要把爱国主义、集体主义、社会主义思想的教育搞得更加生动、扎实、有效。要高度重视教育与生产劳动相结合，教育学生正确认识与劳动人民的关系，增强与劳动人民的感情，走与劳动人民相结合的道路。务必使弘扬中华民族的美德和党的优良传统、树立爱国奉献精神、坚定社会主义信念、掌握现代化建设本领，成为所有学校特别是大学校园的主旋律，努力把学生培养成为有理想、有道德、有文化、有纪律的社会主义事业建设者和接班人。

教师应该成为学生的良师益友，应该当好学生健康成长的指导者和引路人，应该用自己的好思想、好道德、好作风为学生树立学习的榜样。所有的教师特别是青年教师，都要自觉地加强马克思主义的思想、理论、政治和道德修养。他说，教书教得好，育人育得好，才是一个合格的、优秀的人民教师，才是一个名副其实的人类灵魂工程师。

高等教育在整个教育事业中处于龙头地位。高等教育的发展程度和发展质理，不仅影响整个教育事业，而且关系到社会主义现代化建设的未来。不少高等学校在推动科技进步特别是加强高新技术的研究和开发方面具有自身的优势，应该为它们提供必要的财力、物力，采取多种形式，推进产学研结合，争取在一些重大的高新技术项目上取得突破性进展，更好地为国有的经济建设服务。

办好高等学校，高校的领导是关键。高校的党委书记、校长，应该努力使自己成为社会主义的政治家、教育家。所有的高校领导干部都要增强政治意识，维护大局，在政治是非面前保持清醒的头脑。要切实加强党对高校教育改革和发展的领导，通过发挥社会主义的政治优势，严格遵循教育规律，充分依靠广大师生员工的智慧和力量，把高校办得更好。

（1996 年 3 月 28 日江泽民参加四所交通大学负责人座谈会时的讲话）

党中央、国务院一直很关心高等教育管理体制改革的进展。在高等教育体制改革中，管理体制改革是重点和难点。近几年来，在国家教委和各省、自治区、直辖市、国务院有关部委以及高教战线同志们的共同努力下，高教管理体制改革迈出了比较大的步伐，取得了显著成绩，出现了很好的改革势头。但是，从总体上说，高教管理体制改革的进程仍然滞后于经济体制改革和社会发展的需要，与社会主义市场经济体制的建立不相适应。因此，我们要在已有成绩和经验的基础上，加大改革力度，要在改革的重点和难点上有所突破。

我们的基本教育方针是培养德、智、体全面发展的社会主义建设者和接班人。高校从某种意义上讲，是出最终产品的地方，我国各条战线的骨干，包括各级领导，科研人员、企业管理者等多数是从高等学校毕业的。高校肩负着培养社会主义建设人才的重任。

新中国成立以来，我国高校有了很大发展，目前已有 1000 多所院校，规模不小，但按人口比例还不高。关键是要把高校办得更适应改革开放的需要，适应社会主义市场经济的需要，适应科教兴国战略、可持续发展战略以及经济增长方式转变战略的需要。

高校要培养出社会主义建设事业需要的各类人才，就是要靠深化改革。深化改革的一个方向就是共建。共建使现有的教学资源能够“共享”，便于充分发挥作用，避免重复建设。一些有影响的学校可以搞共建，企业也可以参与办学。当然，办学的经济效益和社会效益要统一，但更要注意社会效益。李鹏进一步指出，中央直属部门对所属院校今后主要是管政策，管行业，管监督。

各级领导要充分认识高教管理体制改革的必要性和重要意义，加强领导，制定规划，提出措施；国务院有关综合部门要加强指导和协调，统筹规划，制定配套政策和措施，为改革的深入发展创造更好的条件和环境；各有关高等学校的领导同志要做好学校师生员工的思想工作，使管理体制改革稳步、健康地进行，为建立和完善国家统筹规划和宏观管理、学校面向社会依法自主办学的新体制做出更大贡献。

（1996 年 8 月 5 日李鹏会见高教管理体制改革座谈会代表时的讲话）

教师是人类灵魂的工程师。教师职业是崇高的社会职业。师范教育是培养教师的摇篮。科教兴国是我们的战略决策。同志们用自己的智慧和劳动，为社会主义祖国培养了一代又一人的建设者和接班人，理所当然地赢得全体人民和全社会的尊敬。

现在我国有大、中、小学教师近 1000 万人，这是办好我国教育的基础力量。教师队伍的补充、更新和提高，要求首先把师范教育办好。改革开放以来，我国师范教育事业已经有了长足的进步，但还不能满足和适应形势发展的需要。现在全国接受基础教育的人数已超过两亿，没有一支数量充足、思想业务素质良好的教师队伍是不行的。要继续坚持优先办好师范教育，大力提高办学质量和效益，从根本上扭转师范教育仍然滞后的局面，加快师范教育的改革和发展步伐。

师范教育具有超前性，更应面向现代化、面向世界、面向未来。要把造就具有正确的世界观和教育思想，掌握现代教育内容、方法和技术，善于从事素质教育的教师队伍，作为教育工作的一项根本任务来抓。

（1996 年 9 月 10 日江泽民会见出席全国师范教育工作会议代表时的讲话）

这次会议,是建国以来由党中央、国务院召开的第一次全国卫生工作会议,是一次重要的会议。

新中国成立以后,在党和政府领导下,卫生工作在十分落后的基础上起步,同各项事来相配合,仅用了较短的时间,就改变了旧中国“东亚病夫”的耻辱形象。改革开放以来,我国卫生工作又有很大进展,为经济发展和社会进步作出了重要的贡献,人民群众的健康水平进一步提高。这些成就的取得,是同广大卫生工作人员的辛勤劳动分不开的。广大卫生工作人员坚持为人民健康服务的宗旨,发扬敬业奉献的精神,特别是在发生自然灾害和重大疫情时,冒着生命危险,奔赴救灾防病第一线,以救死扶伤为己任,表现出了高尚的情操,为杜绝灾后疫病流行、减轻国家和灾民的损失,作出了很大贡献。我国医疗卫生事业的杰出代表张孝骞、林巧稚、诸福棠等,为人民群众的健康奉献了毕生精力,他们的精湛医术和高尚医德至今为人称道。姜泗长、吴孟超、赵雪芳、方圻等一批白求恩式的好医生,至今仍在医疗卫生这个神圣的岗位上尽心尽责地奉献着自己的聪明才智。许多基层卫生工作者在艰苦的条件下,不计较个人得失,恪尽职守,从中涌现出了一大批先进人物。在这里,我代表党中央、国务院,向全国卫生工作者表示崇高的敬意!

这次会议主要是总结建国以来我国卫生事业所取得的成就和经验,讨论和修改《中共中央、国务院关于卫生改革与发展的决定》稿,共商深化卫生事业改革、加快卫生事业发展的大计,促进卫生事业更好地造福于人民,为社会主义现代化建设事业作出更大贡献。

下面,我讲几点意见。

**一、关于卫生事业在我国经济社会发展中的地位和作用**

卫生事业是造福于人民的事业。卫生工作一定要坚持群众观点,坚持全心全意为人民服务的根本宗旨。我们党和政府历来十分关心人民群众的健康问题,把它作为一件大事来抓。早在革命战争年代,卫生事业就被放在重要的地位。1933年,毛泽东同志在《长冈乡调查》一文中就指出:“发动广大群众的卫生运动,减少疾病以至消灭疾病,是每个乡苏维埃的责任。”新中国成立以后,在党和政府领导下,实行卫生工作者和广大群众相结合,开展群众性爱国卫生运动,建立了城乡的卫生服务网络,消灭或基本控制了严重危害人民健康的一些传染病和地方病,使我国卫生工作面貌发生了历史性变化。大批卫生工作人员下厂下乡,奔赴边远山区和疫区,救治病人,传播卫生知识,出现了许多在群众中广为传诵的动人事迹,形成了我国社会主义卫生工作的优良传统和作用。

改革开放以来,卫生战线做了大量工作,积累了很多新鲜经验。这次的决定稿进一步明确了新时期卫生工作的指导方针,就是:以农村为重点,预防为主,中西医并重,依靠科技教育,动员全社会参与,为人民健康服务,为社会主义现代化建设服务。这一方针的核心,就是卫生工作要为人民健康服务,为社会主义现代化建设服务。这是党和政府对卫生事业改革和发展的基本要求,也是卫生工作必须坚持的正确方向。

我国社会主主现代化建设事业,是以经济建设为中心的社会全面发展、全面进步的事业。卫生事业关系到经济发展和社会稳定的全局,在国民经济和社会发展中具有独特的地位,发挥着不可缺少、不可替代的作用。国家的富强和民族的进步,包含着健康素质的提高。在全国实现人人享有卫生保健,不断增进人民健康,提高全民族健康素质,是经济社会发展和精神文明建设的重要目标,是人民生活达到小康水平的重要标志,也是促进经济发展和社会进步的重要保障。应当看到,目前仍有一些地方和部门的领导同志,对发展卫生事业的重要性重视不够。我们要求通过召开这次会议,进一步提高对卫生事业重要地位和作用的认识,把我们的卫生工作做得更好。

**二、关于建设有中国特色的社会主义卫生事业**

我国的卫生事业必须从中国实际出发,具有中国特色。我们进行卫生改革,必须以马克思列宁主义、毛泽东思想和邓小平建设有中国特色社会主义理论为指导,坚持党的基本路线,总结建国以来尤其是改革开放以来卫生事业发展的实践经验,借鉴国外有益的经验,适应现代化建设的要求,走出一条有中国特色的社会主义卫生事业发展之路。

各级党委和政府要把卫生工作纳入经济和发展的总体规划,列入重要的议事日程,增加对卫生事业的投入,切实保证卫生事业同经济、社会的协调发展。卫生事业是社会公益性事业,政府对卫生事业实行一定的福利政策,卫生中业的改革和发展,要始终坚持以社会效益为最高原则。卫生改革的目的在于增强卫生事业的活力,充分调动卫生机构和卫生工作者的积极性,不断提高服务的质量和效率,更好地为人民健康服务,为社会主义现代化建设服务。当前要加快卫生管理体制、卫生服务体系和卫生机构运行机制的改革步伐,积极推进城镇职工医疗保障制度改革。

建设有中国特色的社会主义卫生事业，要着重抓好以下几项工作。

第一，重点加强农村卫生工作。毛泽东同志早就指出，"要把卫生工作的重点放到农村去。"我国农村人口占总人口的绝大多数，农村医疗卫生基础薄弱，比较落后。只有切实搞好农村卫生工作，才能使我国卫生状况在整体上有一个大的改观。经过几十年来的不断努力，三级医疗预防保健网在广大农村有了一定基础，乡村医生队伍已有一定规模，初级卫生保健工作取得了较大进展，农村人口的健康水平不断提高。但是，从全国情况来看，农村医疗卫生工作基础薄弱的状况仍未根本改变，一部分农民因贫困而看不起病，一部分农民困病致贫、因病返贫，疾病已成为农民脱贫致富的重要制约因素。城乡之间以及不同地区之间医疗卫生条件和人民健康水平差距有进一步拉大的趋势，这是一个十分值得重视、需要认真研究解决的问题。

做好农村卫生工作，保护和增进农民健康，是各级党和政府义不容辞的责任。农村卫生工作对于深化农村改革，对于推进农村经济和社会全面协调发展，对于加强农村物质文明和精神文明建设，具有十分重要的意义。特别是在贫困地区，要把扶贫开发和卫生工作结合起来。现在许多农村发展合作医疗，深得民心，人民群众把它称为"民心工程"和"德政"。看来，加强农村卫生工作，关键是发展和完善农村合作医疗制度。这是长期实践经验的总结，符合中国国情，符合农民愿望。要进一步统一认识，加强领导，积极、稳妥地把这件事情办好。

第二，以预防保健工作为主。预防为主是建国以来卫生工作的一条重要经验。60年代初我们就已经消灭了天花病，比全球范围内消灭天花提前了十几年。90年代又将消灭脊髓灰质炎等一些严重危害群众特别是儿童健康的疾病。由于成功地实施了儿童计划免疫接种，我国数亿儿童的健康得到不同程度的保障。这都是坚持预防为主方针的成果。预防保健费用低、效果好，要坚持把预防保健摆在卫生工作的优先地位。要继续增强预防为主的意识，认真落实各项预防保健措施。过去我们已经消灭的传染病、地方病，有的现在在一些地方又死灰复燃甚至蔓延起来，还出现了一些新的危害很大的传染病，这要引起高度重视，集中力量加以预防和控制。

第三，中西医并重，发展中医药。党和政府历来既重视现代医药又重视我国传统医药。中医药是中华民族优秀传统文化的瑰宝。经过广大中医药工作者的勤奋工作，我国中医药事业有了很大的发展。各级党委和政府要继续加强对中医药事业的领导。要正确处理继承与创新的关系，既要认真继承中医药的特色和优势，又要勇于创新，积极利用现代科学技术，促进中医药理论和实践的发展，实现中医药现代化，更好地保护和增进人民健康。中西医工作者要加强团结，相互学习，相互补充，保进中西医结合。

第四，依靠科技进步，提高专业技术水平。医疗卫生是科技密集型行业。防治各种疾病，提高医疗卫生服务的质量，都离不开医学科技的发展和医学人才的培养。必须牢固树立依靠科技进步发展卫生事业的思想。在医学科技领域，要针对严重危害我国人民健康的疾病，在关键性应用研究、医学基础性研究、高科技研究等方面，突出重点，集中力量攻关，力求有所突破。我国有一批长期献身于医学科学事业的杰出人才。要鼓励他们树立赶超世界医学科技先进水平的雄心壮志，为祖国和人类医学的进步作出积极的贡献。要重视通过科技成果的普及应用，尤其是在基层和农村推广适宜科技成果，不断保进我国医疗、预防、保健整体服务水平的提高。

卫生队伍的思想业务素质，直接关系到为人民健康服务的质量。要采取有效措施搞好医学教育，包括继续教育，建立和完善培养人才并充分发挥他们作用的机制，建设一支适应国情和社会需要、多层次、结构合理的卫生专业技术队伍。要大力鼓励卫生工作人员刻苦钻研，在技术上精益求精。特别要面向21世纪，抓好学术与技术带头人以及卫生管理人才的培养。各级政府和有关部门要关心和切实改善广大卫生工作者的工作、学习和生活条件，充分调动他们的积极性。

第五，开展爱国卫生运动，动员全社会参与。随着社会的发展和科技的进步，人类对危害自身健康因素的认识逐渐加深，卫生事业的内涵也不断丰富扩大。影响人类健康的因素很多，特别是生活环境、公共卫生以及吸烟、酗酒等不良习惯对人体健康的影响，已经引起社会的广泛关注。对这些因素的控制和改善，单靠卫生部门的工作是不够的。因此，各部门都要关心卫生与健康问题，在全社会树立"大卫生"的观念。开展群众性爱国卫生运动，是我国社会主义卫生事业的一个创造，对于改善城乡环境卫生，提高人民卫生知识和健康水平，发挥了重要作用。这一优良传统，要继承和发扬下去。要继续把"创建卫生城市"、普及"九亿农民健康教育行动"，以及农村改水改厕，作为卫生工作的重点，积极加以推进，把这项工作同创建文明城市、文明村镇活动结合起来。要在群众中继续开展健康教育，提高健康意识和自我保健能力,通过普及医学卫生知识,教育和引导群众养成良好的卫生习惯,倡导文明健康的生活方式。总之,要通过政府倡导、部门协调、社会支持、个人参与,从各方面努力,把卫生工作做得更好,进一步提高全民健康素质。

**三、努力建设一支高素质的卫生工作队伍**

我国卫生工作队伍已经拥有500多万人。建国以来,在党和政府的领导下,这支队伍为提高人民健康水平作出了巨大的贡献,形成了优良的医风医德传统。同时,我们还必须看到,目前我国卫生队伍的整体素质和水平还不能适应社会主义现代化建设的要求。在发展社会主义市场经济的条件下,做好卫生工作有许多有利因素,但也不可避免地会受到消极方面的影响。卫生工作人员的职业道德面临着新的考验。广大卫生工作人员如何自觉地抑制不正之风的侵蚀,增强全心全意为人民服务的观念,是当前必须进一步解决的问题。

首先要重点抓好卫生机构领导班子的思想、作风、组织建设,加强对卫生战线党员的教育和管理,通过发挥共产党员的模范作用,在广大卫生工作人员中加强职业道德建设,发扬救死扶伤、忠于职守,爱岗敬业、满腔热情,开拓进取、精益求精,乐于奉献、文明行医的行业风尚。古人曰:"无德不成医"。卫生工作人员的一举一动,关系着病人的健康和生命安全,一言一行影响着卫生工作者的社会形象。要大力表彰先进典型,教育广大卫生工作者学习白求恩和白求恩式的好医生,树立高尚的医德、廉洁的医风。最近卫生部提出改进医院服务工作的十条要求,我看很好,要认真落实。

同志们,对人民负责是我们党的神圣职责。发展卫生事业,是党和政府为人民服务根本宗旨的具体体现。各级党委和政府,全体卫生战线的同志们,要认真贯彻《中共中央、国务院关于卫生改革与发展的决定》,再接再厉,为进一步提高人民群众的健康水平作出更大的成绩。

(1996年12月9日江泽民在全国卫生工作会议上的讲话)

这次会国卫生工作会议,是我国卫生事业发展史上一次重要的会议,对卫生改革与发展将会产生深远的影响。泽民同志作了重要讲话,是我们这次会议的指导思想。大家要深入学习领会,认真贯彻落实。

建国以来的47年,我国的卫生事业取得了巨大的成绩。全国已建立起比较完整的城乡卫生服务网,兴办了一大批卫生机构,各级医院和医疗单位遍布全国,我们已经建立了一支为数可观的卫生技术人员队伍,培养了一批具有较高水平的医疗和医药专家,在发展我国医疗医药卫生事业方面做了大量工作,取得了世人瞩目的成绩,我国人民的健康水平有了大幅度的提高。有两个指标最能说明我国人民的健康水平,这就是:婴儿死亡率由建国前的200‰下降到31‰,人口平均期望寿命由35岁增加到70岁。这些指标已超过世界平均水平,属于发展中国家较先进的水平。改革开放以来,卫生部门进一步把加强农村卫生、预防保健和发展中医药列为工作的重点;为适应社会主义市场经济体制,满足人民群众对医疗卫生的需求,在卫生改革方面,进行了积极的探索;由于广大科技和医务人员的共同努力,积极开展国际合作与交流,有力地促进了我国医药科技和教育水平提高,推动了医药产业蓬勃发展,城乡医疗卫生条件进一步改善;预防保健工作有所加强,卫生法制开始建立,卫生战线涌现出一批先进模范人物,推动了卫生系统的精神文明建设。近年来,我国政府对"2000年实现人人享有卫生保健"、《九十年代儿童生存、保护和发展世界宣言》等战略目标,在国际上做出承诺,并积极付诸实施,得到了国际社会的肯定和赞誉。实践证明,我国卫生工作的方针和政策是正确的。

在肯定成绩和总结经验的同时,还要看到,卫生工作尚未得到全社会的足够重视,卫生事业的发展与经济建设和社会进步还不相适应。这表现在,一方面,农村卫生和预防保健工作比较薄弱,医疗设施不健全,服务水平低,几种传染病和地方病在一些地方尚未得到全面控制;随着人口老龄化,生态环境的不良影响,卫生工作又出现了一系列新的热点和难点。另一方面,卫生改革滞后于经济体制改革,医疗保障制度不健全。在卫生投入不足的情况下,同时也存在着卫生资源浪费和医药费用不合理的现象;卫生服务质量和医德医风在一些地区和医疗单位有所下降,引起人民群众的不满。我们必须正视这些困难和问题,并通过不断深化改革和加强管理来加以解决。

今后15年,是我国实现社会主义现代化建设战略目标的关键时期,卫生事业是实现这一目标的重要组成部分,必须与国民经济和社会发展相协调,人民健康水平要与经济发展水平相适应。根据《国民经济和社会发展"九五"计划和2010年远景目标纲要》的要求,这一时期卫生工作的奋斗目标是:以马克思列宁主义、毛泽东思想和邓小平建设有中国特色社会主义理论为指导,坚持党的基本路线和基本方针,不断深化卫生改革，到2000年，初步建立起具有中国特色的包括卫生服务、医疗保障、卫生执法监督的卫生体系，基本实现人人享有初级卫生保健，人民健康水平进一步提高。到2010年，在全国建立起适应社会主义市场经济体制和人民健康需求的、比较完善的卫生体系；国民健康的主要指标在发达地区达到或接近世界中等发达国家的平均水平，在欠发达地区达到发展中国家的先进水平。为了实现这个目标，必须从提高卫生部门服务的水平、保障人民群众的健康、加强政府对卫生事业的领导这三个方面进行不懈的努力，从而构筑我国的社会主义卫生体系。现在，我结合中共中央、国务院关于卫生改革与发展的决定，对加强卫生工作讲几点具体意见：

**一、加强政府对卫生工作的领导**

保护和提高广大人民群众的健康水平，是发展经济、促进社会进步的必要条件。医疗卫生条件改善了，人民群众健康水平提高了，就能创造一个良好的经济建设和社会发展环境。卫生工作是一个涉及面极广的工作，与人们的生老病死密切相关，关系到每个人的切身利益，也体现党和政府对人民的关怀。各级党政领导要深刻认识卫生工作的重要性，切实加强对卫生工作的领导。

改革开放以来，各级党委和政府对抓经济、教育、科技和计划生育下了很大的力量，取得了显著成绩，但也的确有一些地区和部门的领导，对卫生工作重视不够。因此，我们要进一步明确，发展卫生事业，努力做好卫生工作，是各级党委和政府不可推卸的重要职责。现在中央已经确定了新时期卫生工作要以农村为重点，预防为主，中西医并重，依靠科技与教育，动员全社会参与，为人民健康服务，为社会主义现代化建设服务。各级党委特别是各级政府要把卫生工作摆到重要的议事日程上，每年要专题研究一至两次本地区的卫生问题，作为关心群众疾苦，密切党群干群关系的大事来抓。卫生工作要继续实行分级负责、分级管理的办法。中央政府主要负责制定卫生法规、政策和卫生事业发展规划，指导和协调解决全国性的或跨省区的重大卫生问题，并通过各种方式帮助地方发展卫生事业。地方政府要把卫生事业纳入本地区的社会发展的总体规划之中，在本地区全面落实卫生工作方针，切实解决好卫生战线的各种实际困难和问题。一个地区卫生工作的好坏，人民健康水平的提高程度，要作为领导干部任期目标责任制和政绩考核的重要内容。各级政府要接受同级人民代表大会对卫生工作的监督，并听取政协的意见。卫生部是国务院卫生工作的行政主管部门，负责对全国卫生工作统一规划，实行全行业管理和监督。各级计划、财税、物价、农业等有关部门要认真履行自身职责，积极参与和支持卫生事业，努力为卫生改革与发展创造必要条件。宣传教育、科普等部门要广泛宣传卫生事业的重要性，普及医学科学、卫生保健知识，提高全社会的文明卫生意识。

我国是一个发展中的社会主义大国，人口多，底子薄，兴办着世界上规模最大的卫生事业，各种困难不少，各级政府对卫生事业的投入，还远远不能满足实际需要。这就要求各级政府在建设资金比较紧张的情况下，通过多种形式，切实保证对卫生的投入，并随着财政收入的增长，努力做到使卫生事业费的增长不低于财政支出的增长。根据卫生事业的社会公益性质，从中国的国情出发，各级政府对卫生事业只能实行一定的福利政策，社会和个人也要承担一定的医疗费用和卫生投入。应拓宽社会对卫生事业筹资渠道，建立必要的卫生事业专项基金，但是不能形成乱摊派，从而增加社会的负担。更重要的是要引导人民群众提高自我保健意识，增加对自身健康的投入，建立对健康自我保障与社会统筹相结合的机制。

完善卫生法制，是我国法制建设中的重要内容，也是加强党和政府对卫生工作领导的一项重要措施。各级政府要加强卫生行政执法职能，提高执法人员素质，加强执法力度，坚决打击和惩处各种危害人民健康、损害人民利益的不法行为。加强对食品、药品、保健、医疗用品等直接与人民健康和安全相关物品的严格管理，加强对行医资格及办医条件的严格审查，增强全社会的卫生守法意识。

**二、以改革为动力，推动卫生事业的健康发展**

围绕卫生事业发展中的深层次矛盾，积极地推进改革，是发展卫生工作的动力。卫生改革的基本思路是：既要适应社会主义市场经济体制，又要遵循卫生事业的自身规律，以提高人民健康水平的根本目的，充分调动各方面的积极性，建立多种形式的医疗保障制度，形成高效率、低消耗、富有活力的管理体制和运行机制，使广大人民群众能够获得方便、价廉和优质的基本卫生服务。当前，要重点抓好几个方面的改革：

建立适应我国国情的职工医疗保险制度。我国现行的职工医疗保障制度是公费医疗和劳保医疗制度，它对于保证职工身体健康，曾经发挥了积极的作用。但是随着经济体制向社会主义市场经济转轨，这种制度存在的缺陷日益表现出来，甚至十分突出。由国家和企业包揽职工的医疗费用，使得医疗费用增长过快,造成卫生资源浪费,并难以遏制,形成国家和企业极大的负担。当部分企业经营发生困难时,一些职工又得不到基本医疗的保障。这种医疗保障制度覆盖面比较窄,仅限于机关、事业单位和全民所有制企业及部分集体所有制企业,社会化程度低,也不利于促进劳动力资源的合理配置。职工医疗保障制度必须改革,已成为大家的共识。近年来,在江苏省镇江市和江西省九江市进行了改革试点,建立了社会统筹与个人帐户相结合的职工医疗保险制度。这种制度的主要特点是,医疗保险费用由国家、用人单位和职工个人三方共同筹措、合理负担。实行属地原则,要求各种类型企业职工都参加,扩大保险覆盖面。这个改革已取得初步效果,路子大体上是可行的。明年将在各省(区)一些城市扩大试点,以便取得完整经验后,再全面推广。我们要争取在"九五"期间,在全国城镇基本建立起社会医疗保险制度。由于我们是一个发展中国家,人口多,底子薄,财政困难,企业效率不高,所以在建立新的医疗保险制度时,要考虑到国家和企业负担不能太重。因此,必须积极探索和发展多种形式的补充医疗保险方式,如互助医疗保险、商业性医疗保险等。

积极推进卫生管理体制改革。我国已形成了公立卫生机构为主体、社会和个人办医等其他形式为补充的办医体制。由于卫生管理体制条块分割,导致结构不合理,资源利用效率不高,因此,必须进行改革。卫生管理体制改革的方向是,按照为人民健康服务,为现代化建设服务的要求,合理配置卫生资源,逐步建立起宏观管理有力,微观运行富有生机的新机制,不断提高服务质量和工作效率,增强卫生事业的发展活动力。

我国现行卫生资源是按照行政区划、隶属关系配置的。这种配置方式缺乏全行业统筹,使得大中城市获得的卫生资源比较多,甚至供大于求,而广大农村以及偏远地区获得的卫生资源相对不足。为增强政府对卫生资源配置的宏观调控能力,解决城乡医疗供需平衡问题,必须制定和逐步实施区域卫生规划,以满足区域内全体居民的基本卫生服务需求为目标,合理确定卫生机构的布局规模和设置,对区域内卫生事业实行统筹管理,全面监督。今后,对新增的卫生资源,必须按照规划严格审批,对现有的卫生资源,也必须积极稳妥地进行调整。这是一项重大的改革,要十分慎重,先抓试点,在总结经验的基础上,逐步推开。

要加强对卫生机构内部的科学管理。公立卫生机构是卫生战线的主力军,要进一步完善院长负责制,扩大经营自主权,深化人事制度和分配制度的改革,建立内部管理相对独立、富有活力的运行机制。对社会和个人办医,总的态度是严格管理和积极引导,纠正社会上"乱办医""以医骗人"等种种不良现象和不法行为。目前,一些卫生机构有片面追求经济效益的倾向。对这个问题要给予高度重视,要采取得力措施,通过加强思想教育和内部管理,建立各种规章制度,理顺补偿机制,认真加以解决。按照把社会效益放在首位的原则,力求实现社会效益和经济效益的最佳结合。

要积极发展社区卫生服务。建立功能合理、方便群众的卫生服务网络,是卫生事业发展的必然趋势。各级政府要大力支持有计划地分流医务人员,组织社会上的医务人员,在居民区开设卫生服务点。社区卫生服务体系的建设,要纳入各级卫生行政部门的重要议程。要广泛发动群众参与爱国卫生运动,开展创建卫生城市、文明村镇活动,大力美化社区环境。城乡基层卫生人员要面向社区,面向群众,使人民群众真正感受到卫生工作同他们的健康幸福紧密相关,这样,人民群众就会以更大的热情关心和支持卫生事业。

认真抓好各项配套改革。卫生科技教育工作是卫生事业持续发展的基础,要认真贯彻落实科学技术是第一生产力的思想,大力发展卫生科技教育事业和医药产业,以提高我国的医学科学技术水平。

医学科研单位在关键性应用研究、高科技研究、医学基础研究方面,要集中力量攻关,力争在多发病症和疑难病症攻关上取得突破性进展,使卫生科技实力逐步接近国际先进水平。同时,要大力推动医学科研成果的转化和应用。中医药是我国医学科学的重要组成部分,要正确处理继承与发展的关系,善于学习和利用现代科学技术,促进中医理论和实践的发展,在中西医结合上有新的进展。医学院校要不断提高教学质量和办学效益,加快发展全科医学,培养全科医生和卫生管理人才。要努力创造条件,使中青年优秀人才脱颖而出。我们热忱地欢迎留居海外的卫生科技人员回国工作,或以各种形式为祖国服务。

要逐步理顺药品管理体制。医药行业要从人民健康需求出发,调整企业结构和产品结构,提高药品质量,鼓励和支持新药研究和开发,使医药产业与卫生事业协调发展。要整顿与规范药品流通秩序,严厉打击制售假劣药品的违法犯罪行为。积极发展中药产业,推动中药生产的现代化。

**三、切实做好农村卫生工作**

农村问题,一直是党中央、国务院十分关心的重大问题。当前，农村卫生工作仍是一个突出的薄弱点。如果九亿农村人口缺乏健全的卫生服务网和完善的医疗保障制度，就不能说解决了中国的卫生问题。“九五”计划确定了“2000年人人享有初级卫生保健”的目标，实现的关键在农村，难点在贫困地区，所以必须坚持把全国医疗卫生工作的重点放在农村。

在农村卫生工作中，已明确把建立县、乡、村三级卫生服务网，合作医疗制度和乡村医生队伍作为三大支柱。这个方向是正确的，要认真坚持下去。农民的看病问题，与吃饭、穿衣、孩子上学问题是同等重要的。做好农村卫生工作，是各级政府的一项重要职责。

农村合作医疗制度，是我国农民自己创造出来的行之有效的好办法，是一种具有中国特色的农村基本医疗保障制度。这是一件涉及到党群关系、农村经济发展和社会稳定的大事，一定要把它办好。在我国经济体制改革过程中，合作医疗遇到了一些困难和问题，要通过深化改革加以解决，使合作医疗得以坚持和发展。近些年，江苏、河南等地举办的合作医疗，提供了一些好的经验，值得各地学习和参考。合作医疗要坚持民办、公助、自愿、适应的原则；筹资以个人投入为主、集体扶持、政府适当支持。一些地方的实践证明，合作医疗办好了，确实可以减轻农民的医药费负担。各级党委和政府要统一认识，精心组织，加强宣传教育，积极引导农民发扬互助共济精神，走合作医疗的道路。

要高度重视贫困地区的卫生工作，把提高贫困人口的健康水平作为扶贫工作的一项重要内容。各级政府都要加大贫困地区卫生工作的力度，把卫生扶贫纳入政府的扶贫计划，扶到村、扶到户，努力解决他们缺医少药的困难。贫困地区除在扶贫资金中争取落实一些卫生扶贫经费外，还要发扬艰苦奋斗的精神，在各项开支中千方百计挤出一些资金，重点加强当地的基础卫生设施建设，改善饮水条件，防治地方病和传染病，解决好农民因病致贫、因病返贫的问题。经济发达地区和城市卫生机构，要采取多种方式，对口支援贫困地区的农村卫生工作。

**四、开展精神文明建设，开拓卫生工作的新局面**

卫生行业是与群众生活密切相关的“窗口行业，”直接反映我国的社会主义精神文明程度。改革开放以来，广大卫生人员继承优良传统，以为人民服务为准则，救死扶伤，勤勤恳恳，任劳任怨，作出了很大的贡献。但也必须看到，极少数医疗单位和医务人员的服务态度与医疗质量，不能让群众满意。存在着拜金主义和对患者不负责任等不正之风。因此，卫生行业的精神文明建设，必须常抓不懈。

当前，卫生系统要认真学习贯彻党的六中全会《关于加强社会主义精神文明建设若干重要问题的决议》，把建立良好的职业道德，树立良好的医德医风，作为卫生系统精神文明建设的中心。结合群众普遍关心的热点问题，认真进行职业责任、职业道德、职业纪律的教育，大力培育爱岗尽责、方便群众、优质服务的行业风尚；引导广大卫生人员树立正确的人生观、价值观，规范行业行为，提倡遵纪守法的社会公德，不断提高卫生队伍的政治和业务素质，使医院成为精神文明的窗口，医务人员成为救死扶伤的“健康卫士”。同时，社会各界要对卫生医务人员给予充分的关心和理解，依法保护他们的合法权益，大力表彰为人民健康作出突出贡献的单位和个人，在全社会形成尊重医学科学、尊重卫生医务人员的良好风尚。各级党委和政府要关心和爱护广大卫生医务人员，改善他们的工作、学习和生活条件，解决好他们的各种实际问题，充分调动他们的积极性和创造性，进一步开创卫生工作的新局面。

同志们，发展卫生事业，不断提高人民群众的健康水平，是新时期的一项光荣而艰巨的任务，让我们紧密团结在以江泽民同志为核心的党中央周围，奋发进取，开拓创新，努力把我国卫生事业的改革与发展推向一个新的阶段，为社会主义现代化事业做出新的贡献。

（1996年12月9日李鹏在全国卫生工作会议上的讲话）

中国文学艺术界联合会第六次全国代表大会、中国作家协会第五次全国代表大会，是我国文艺界的一次盛会。我代表中共中央、国务院，为大会的召开，并向各位代表，表示热烈的祝贺！

党的十一届三中全会以后不久，召开了对我国社会主义文艺事业有重要意义的中国文学艺术工作者第四次代表大会。十几年来，我们的老一代文艺家精神焕发，中青年文艺工作者人才辈出，文艺队伍不断发展壮大；文学、戏剧、电影、电视、音乐、舞蹈、美术、摄影、书法、曲艺、杂技和民间文艺等各个门类，作品数量之多，形式、风格、流派之多样，体裁、题材、主题之丰富，都是前所未有的；作为农村文化、企业文化，军营文化组成部分的群众性文艺活动，其广度也是前所未有的。这是党和国家工作中心转移，贯彻落实党的基本理论和基本路线，全面展开社会主义现代化建设的结果，也是坚持文艺为人民服务、为社会主义服务方向和百花齐放、百家争鸣方针的结果。我们的广大文艺工作者，在新的历史时期，为提高全民族的思想、道德、文化素质、鼓舞人民同心同德地建设有中国特色社会主义，为加强社会主义精神文明建设和满足人民群众的精神需求，付出了艰辛的劳动，发挥了重要的作用。从总体看，我们这支数以百万计的文艺大军是好的，是值得党和人民依赖的。

百花齐放、百家争鸣，是符合社会主义文艺规律、促进社会主义文艺繁荣的方针。文艺是一个需要极大地发挥个人创造性的领域。实行"双百"方针，要求充分发扬艺术民主和学术民主，鼓励文艺工作者进行不倦的探索和创造。无论是提高艺术表现力，还是判断艺术的优劣高下和学术上的是非，都不能靠行政命令，而要靠艰苦的艺术实践，靠平等的争鸣。要在努力探求客观规律和维护人民群众利益的基础上进行同志式的讨论，支持学术上、艺术上不同形式、不同风格的自由发展和竞赛，使不同学术观点、不同艺术观点之间，能够相互了解、相互切磋、取长补短、共同进步。文艺评论是文艺发展的重要推动力，要在探索文艺规律和促进文艺繁荣、推荐优秀作品、批评错误的文艺倾向方面，在帮助人们区分真、善、美和假、恶、丑方面，发挥积极的作用。优秀的文艺创作和科学的文艺评论，杰出的作家艺术家和杰出的文艺评论家，仿佛孪生兄弟。正确地实行"双百"方针，就能有效地加强理论与创作的引导力度，推进文艺的发展和繁荣。

十一届三中全会以后，我们党已经不再使用文艺从属于政治的口号。18年的实践证明，这是正确的。18年的实践同样证明，正像邓小平同志1980年在《目前的形势和任务》中指出的："这当然不是说文艺可以脱离政治。文艺是不可能脱离政治的。"政治具体地存在于我们的社会生活中，存在于文艺工作者的思想感情中。特别是在面临西方国家经济、科技占优势的压力和西方意识形态渗透的情况下，所谓不问政治、远离政治，是不可能的。在文艺工作中坚持党的基本理论、基本路线和方针政策，坚持正确的创作思想，多出精品，把美好的精神食粮贡献给人民，郑重地考虑作品的社会效果，旗帜鲜明地反对资本主义和一切剥削阶级腐朽思想文化的侵蚀、反对"一切向钱看"，旗帜鲜明地鼓舞人们为壮丽的社会主义现代化建设事业而奋发进取，这就是马克思主义政治对文艺工作者的基本要求。

各级党委要把加强和改善对文艺工作的领导，作为精神文明建设的一项重要工作抓紧抓好。要帮助广大文艺工作者认真学习马克思列宁主义、毛泽东思想和邓小平建设有中国特色社会主义理论，为他们深入生活、深入群众，不断提高思想业务素质，充分增长和发挥艺术创造力，提供良好的条件。要努力培养越来越多的紧跟时代步伐、热爱祖国和人民、艺术精湛的作家艺术家。要加强思想政治工作，加强对共产党员文艺工作者的教育、管理和监督。从事文艺工作和在文艺部门工作的共产党员，要在思想上政治上作风上，在深入生活、深入群众上，发挥表率作用。文艺部门的领导干部，首先要向文艺家们学习，努力成为行家里手，用符合文艺规律的办法来领导文艺。同时，要维护文艺家的合法权益，积极帮助他们解决生活、工作、学习上遇到的困难。

一个伟大民族的过去、现在和未来，都会有文艺的发展和繁荣相伴随。文艺是民族精神的火炬，是人民奋进的号角。中华民族，是以诗经、楚辞、唐诗、宋词、元曲和明清小说为人类文明画廊增加辉煌的民族，是产生了屈原、李白、杜甫、关汉卿、曹雪芹这些世界文化名人的民族，是产生了伟大的文学家、思想家、革命家鲁迅，产生了郭沫若、茅盾、聂耳、冼星海、梅兰芳、齐白石、徐悲鸿等现代大文学家、大艺术家的民族。无比丰厚的精神遗产，与先驱们的英名连在一起的民族文化的优秀传统特别是革命文艺传统，是中国社会主义文艺的巨大宝藏。

邓小平同志说："我们的社会主义文艺，要通过有血有肉、生动感人的艺术形象，真实地反映丰富的社会生活，反映人们在各种社会关系中的本质，表现时代前进的要求和历史发展的趋势，并且努力用社会主义思想教育人民，给他们以积极进取、奋发图强的精神。"邓小平同志的话，集中表达了党和人民对于文艺工作者的厚望。

21世纪就在眼前。可以预料，这将是建设有中国特色社会主义事业取得新的辉煌胜利的世纪，也将是中国社会主义文艺更加群星灿烂、百花争艳的世纪。

(1996年12月16日江泽民在中国文联第六次全国代表大会中国作协第五次全国代表大会上的讲话)

# 五、国 际 关 系

中美在对等的基础上相互给予最惠国待遇是一种互惠的安排，是两国进行正常经贸交往的基础。保持这一互惠安排符合两国的实际利益。把贸易与人权挂钩的作法，本来就是不应该的。现在，克林顿总统已认识到，这样做也不符合美国的利益，决定无条件延长对华最惠国待遇，对此我们表示赞赏。我希望美国领导人以明智的态度永久性地解决对华最惠国待遇问题，以利于两国建立长期稳定的互利经贸合作关系。要使中美两国经贸关系顺利发展，美方还应放弃对华贸易的任何形式的歧视政策。关于人权问题，中国政府的原则立场是明确的、一贯的，我们坚决反对借口人权问题对别国指手画脚、说三道四，干涉别国内政。只要美方放弃利用人权问题干涉中国内政、进行对抗的作法，我们愿在相互尊重、平等相待的基础上，就人权问题与美方交换意见，以增进相互了解。

中美两国都是世界上有重大影响的国家，双方保持和发展健康、稳定的关系符合两国人民的共同愿望和利益，也有利于亚太地区和世界的和平稳定与繁荣。早在1992年，我就提出中美之间应增加信任，减少麻烦，发展合作，不搞对抗。这仍是现在和今后我们处理中美关系的基本方针。中美关系要健康、稳定地发展，关键在于信守中美三个联合公报确立的原则，特别是相互尊重主权和领土完整、互不干涉内政、平等互利的原则，正确地处理台湾问题，并以相互尊重和平等协商的精神处理好两国关系中的具体问题。近一段时期以来，在双方的共同努力下，两国关系出现了改善的势头。我们希望美方能以长远的观点，从世界的大局和美国的根本利益出发，采取切实有效的措施，不仅在言论上而且在行动上，真正恪守一个中国的立场，不再在一些具体问题上制造分歧和磨擦，为中美两国关系的健康、稳定发展创造条件。

中日两国是一衣带水的邻邦，发展两国的睦邻友好合作符合两国人民的根本利益，也有利于亚太地区的和平与发展。日中关系目前总体上是稳定的，当然也存在一些问题和分歧，主要是日本政界一些人不能正确对待历史问题。众所周知，半个世纪前，日本军国主义发动的那场侵略战争，给中国人民及亚洲各国人民带来了深重的灾难，这是不容辩驳的事实。中国政府在这一问题上历来主张“前事不忘、后事之师”，“前车之覆，后车之鉴”，希望日本政府认真汲取历史教训，以实际行动取信于 亚洲受害国家和人民。但是，日本国内不时出现一些人公然篡改历史、美化侵略的事情，特别是最近以来，一些内阁成员竟然络绎不绝地参拜靖国神社，为东条英机之流的亡灵招魂，一些国会议员竟然纷纷散布掩饰军国主义侵华战争罪恶事实的奇谈怪论，这表明日本国内确实有那么一股势力企图重温军国主义的旧梦。他们的言行不能不激起中国人民和亚洲人民的愤慨。日本今后究竟要走和平发展的道路，还是别的什么道路，应当引起世人的高度警惕。日本必须妥善处理好历史问题，肃清反动的历史观，才能有助于改善自己的国际形象，有利于日本同邻国建立信任关系。

同包括欧洲在内的世界上所有国家和地区发展经贸关系，是中国政府的一贯方针。发展这种关系的原则是平等互利，优势互补。也正是基于这些原则，我国有关公司去年从欧洲空中客车公司订购了一些飞机。我们相信，只要欧洲空中客车飞机公司能不断提高产品服务和价格的竞争力，就能在国际民用飞机市场上占据有利地位。每一个国家，不论大小在世界经济中都有其自身的长处和优势，因此，在国际市场上也会拥有与其优势相应的地位。中国拥有广阔的市场，各国都看好这个市场。毫无疑问，良好的双边关系会有利于双方经贸关系的发展和有关公司企业在中国市场上拓展业务。

中法两国都是联合国安理会常任理事国，在联合国事务中处于重要地位，对维护国际和平与安全负有重要责任。我们欢迎并支持法国在国际事务中发挥积极的、建设性的作用。中法两国在许多重大国际问题上有着相近或类似的看法，并在多边外交领域有着良好的合作关系。我们愿加强与法国在联合国各个领域的合作，这不仅符合两国的利益，也有助于联合国更加公正、平衡地处理全球问题，有助于维护第三世界国家的权益。江泽民指出,中法两国在经贸方面的合作已经取得良好成果,今后的发展潜力是大的。

当前世界格局的一个重要特点,就是多极化趋势进一步加快。在这一进程中,最近亚欧关系取得了新的、可喜的发展,首届亚欧会议取得成功,体现了亚欧国家加强合作的共同愿望。希拉克总统和亚欧其他国家领导人为会议的举行作出了积极贡献,我们对此表示赞赏。加强亚欧之间的合作,不仅有利于增进两大洲各国之间的关系,也有利于维护世界的和平,促进地区稳定和各国经济的发展。展望21世纪,亚欧加强合作的前景是广阔的、良好的。

(1996年9月3日江泽民在接受法国《费加罗报》社论委员会主席佩雷菲特采访时的讲话)

近年来,亚太地区的经济实力和科技水平不断提高,特别是本地区的一些发展中成员保持了快速发展的势头。但是,各成员经济的增长很不平衡,特别是发展中成员同发达成员的经济水平仍然存在着很大差距。

当前,世界各国经济联系日益广泛和密切,这种趋势给亚太地区的经济发展带来了新的机遇,也提出了新的挑战。亚太地区要保持经济持续增长,既需要亚太各国继续开发和利用自身的经济潜力,也需要进一步加强区域经济合作。

茂物会议以来,亚太经合组织的贸易投资自由化进程逐步走上轨道,取得了一些积极的进展。大阪会议的一个重要贡献,是开始把经济技术合作与贸易投资自由化摆到同等重要的位置。但是,对于如何推进经济技术合作,大家还需要进一步取得共识。

有一种意见只强调贸易投资自由化的重要性,认为经济技术合作要为贸易投资自由化服务。这种看法恐怕是不全面的。事实上,没有卓有成效的经济技术合作,贸易投资自由化也不会有什么大的进展。对发达成员来说,经济要继续发展,重要的是要解决市场问题,要寻找资本和商品的新出路。而发展中成员的经济如得不到发展,发达成员资本和商品的市场就很有限。经济技术合作有助于加快发展中成员的经济发展,把潜在市场转化为现实市场,因而也将为发达成员的发展提供广阔的空间。

——经济技术合作的根本目的是,将全体成员经济发展的多样性转化为互补性,实现共同发展。为此,应当强化技术领域的合作、打通技术与专业知识的传递渠道,促进对人力与自然资源的开发和有效利用。

——亚太经合组织开展经济技术合作的原则和做法不同于传统意义上的发展援助,它是一种建立在平等互利、优势互补基础上的双向合作。这种合作既提倡富帮穷,又要求各成员根据自身的能力作出不同的贡献;既强调政府部门的作用,又鼓励工商企业的参与;既有适当的政策引导,又运用市场机制;既在成员之间开展合作,又鼓励非成员参加。这样一种作法,可以最大限度地发挥所有参加者的能力。

——为了有效开展经济技术合作,要突出重点,确定一些优先领域。亚太经合组织成员在人力资源开发、科技、环境保护以及基础设施等领域存在着很强的互补性。应当采取切实可行的措施,加强在这些领域的交流与合作。

——亚太经合组织成立以来,在实践中积累了一些经验,初步形成独具特色的合作方式,也就是人们所说的“亚太经合组织方式”。这种合作方式的特点是:承认多样性,强调灵活性、渐进性和开放性;遵循相互尊重、平等互利;协商一致、自主自愿的原则;单边行动与集体行动相结合。在集体制定的共同目标的指导下,亚太经合组织成员根据各自的不同情况,作出自己的努力。这些原则和做法,照顾了合作伙伴不同的经济发展水平和承受能力,使他们不同的权益和要求得到较好的平衡。

在亚太经合组织的贸易投资自由化进程中,也必须坚持这一方式。这次会议大家谈到的信息技术问题确实很重要。但是,由于各成员经济发展水平不同,这个领域的自由化,很难按照一个时间表来推动,在产品范围上也需要有足够的灵活性。而且,促进信息技术的流动,不仅仅是降低关税的问题,还需要努力消除技术转让的障碍。

亚太经合组织的实践表明,“亚太经合组织方式”是一种行之有效的合作方式。大阪会议以来,各成员都提交了贸易投资自由化的单边行动计划,包括中国在内的许多成员根据各自发展水平,为推动区域合作和贸易投资自由化作出了很大的努力。我愿意告诉各位,今年中国进口商品的平均税率已从原来的35.9%下降到23%,到2000年争取降到15%左右。中国将继续支持“亚太经合组织方式”,积极参与亚太经济合作,为实现我们的共同目标作出应有的贡献。

亚太经济合作是一种新型的国际经济合作,没有先例可循。我们应该开拓前进,不断丰富和充实我们的合作经验,为加强亚太经济合作走出一条路来。我想用中国思想家和文学家鲁迅说过的一句话来结束我的讲话:“地上本没有路,走的人多了,也便成了路。”

经济技术合作的一个重要内容是科技领域的合作。科技是第一生产力，科技与经济的融合是经济发展的关键。纵观近代文明史，从发明到形成产业的进程日益加快。科技产业的迅速形成与发展越来越直接地影响着人们的生活、行为方式以及经济增长的质量。

本世纪在科技产业化方面最重要的创举是兴办科技工业园区。这种产业发展与科技活动的结合，解决了科技与经济脱离的难题，使人类的发现或发明能够畅通地转移到产业领域，实现其经济和社会效益。当前，全世界近900家科技工业园区中，大约50%分布在亚太地区。它们对亚太经合组织成员的经济社会发展正起着越来越大的作用。

在亚太经合组织建立一个科技工业园区网络，以鼓励亚太地区科技工业园区之间的经验交流与信息沟通。与此同时，中国愿在现有的52个国家级科技工业园区中，开放若干有代表性的园区，用以扩大同亚太经合组织成员之间的合作，为成员们在共同感兴趣的高科技领域的研究开发、成果转化和产业发展活动提供良好的环境和条件。这种科技工业园区合作方式将是互利、互惠的，所有参与方都能从中得到好处，将有助于加快成员间科技产业的合作进程，进一步推动成员间的经济技术合作向更深远的层次发展。

“这些年来，亚太地区经济一直保持着较高速度的增长，这令人感到欣慰。但这也给我们带来了一个新的问题，就是如何防止环境污染，使经济发展与环境保护相协调，实现良性循环。”在中国，我们把对环境的污染比作是‘吃祖宗饭，断子孙路’.我们不能这样做。”有些环境问题，比如大气污染、水污染、城市垃圾等，是许多国家和地区面临的共同问题；有些环境问题，如臭氧层破坏、气候变化等，已跨越国界，成为地区性甚至全球性的问题。因此，进行地区和国际间合作是完全必要的“我赞成把环保合作问题作为我们明年在加拿大重点讨论的议题之一。为切实推动在这一领域的合作，我愿在此宣布：中国愿开放一个设在北京的拥有先进设施的环境保护中心，为亚太经合组织成员提供人员培训、研讨、信息交流以及联合研究与开发的场所，”

1996年11月25日江泽民在亚太经合组织第四次领导人非正式会议上的讲话

人类正处在世纪之交。21世纪将是怎么样的一个世纪，是当前国际社会普遍关心的问题。中国人民政治协商会议全国委员会主办这次论坛，是具有现实意义的。今天，有这么多世界著名的政治家和各方面的专家学者来参加会议，围绕着“展望21世纪的亚洲与中国”这个主题进行广泛的交流和探讨，我相信一定会取得积极的成果。

亚洲是一个有着悠久历史和重要地位的大洲。她是人类文明的摇篮之一，对人类文明的进步和科学文化的发展作出过辉煌的贡献。作为世界第一大洲，亚洲幅员广阔，人口众多，资源丰富，有着巨大的发展潜力。亚洲曾饱经忧患，殖民主义和帝国主义横行数百年，给亚洲人民带来深重灾难。特别是法西斯发动的侵略战争，曾给亚洲和世界人民造成空前的浩劫。但不幸的遭遇并没有使亚洲人民屈服，他们经过长期艰苦卓绝的斗争，根本地改变了自己的命运，也改变了亚洲的面貌。

近半个世纪以来，亚洲形势经历了几次具有历史进步意义的重大变化。一是随着世界反法西斯战争的胜利，亚洲人民普遍觉醒，渴望永久免除战争灾祸，要求掌握自己的命运，国家独立、民族解放的潮流空前高涨，维护世界和平的力量不断壮大。二是随着战后民族解放运动的蓬勃兴起，一系列亚洲国家赢得民族独立，以国际社会平等一员的姿态登上世界政治舞台。正是在亚洲，诞生了具有划时代意义的和平共处五项原则，在万隆召开了历史上第一次亚非会议，为建立新型的国家关系提供了正确的、公认的准则。三是随着广大发展中国家政治上的独立，越来越多的亚洲国家走上独立自主的发展道路，开始了经济腾飞。特别是东亚成为世界经济中最富有活力的和增长最快的地区之一，为世人所瞩目。当前，和平与发展这个时代的主旋律，在亚洲表现得最为鲜明。这个地区的政局保持相对稳定，经济持续快速发展，贸易和投资不断扩大，区域合作势头良好，政治磋商和平等对话日趋活跃。回顾过去，展望未来，大家有一个共同的感觉：古老的亚洲正在复兴，落后的亚洲正在崛起。

亚洲的崛起，是亚洲各国人民为反对殖民主义、军国主义和霸权主义，争取和保卫自己的生存权和发展权而进行长期斗争的结果，是在近代陷于贫困落后境地的广大发展中国家抓住历史机遇急起直追、奋发进取的结果。

亚洲的崛起，冲破了列强几百年来主宰和垄断世界政治与经济事务的局面，这是历史走向新的进步的重要标志。

当然，我们也清醒地看到，构成亚洲主体的多是发展中国家，经济和科技基础均较薄弱，并不同程度地存在一些历史遗留下的困难。保持政治上的完全独立和长期稳定,实现经济的全面繁荣和实力的壮大,需要继续作出很大努力,道路仍很漫长。没有亚洲大多数发展中国家的经济振兴,很难有一个真正的亚洲新世纪的到来。尽管如此,亚洲的崛起确已经成为一种不可逆转的发展趋势。

亚洲的崛起,不仅对亚洲,而且对全世界,都是一件大好事。

它已经并将继续为维护世界和平作出贡献。亚洲人民珍惜和平,珍惜民族独立与尊严,珍惜各国人民的友好关系。亚洲的发展壮大,将促进世界多极化的进程,有利于维护世界和平与安全。

它已经并将继续为世界经济的发展提供新的推动力。亚洲经济是世界经济的重要组成部分,亚洲经济蓬勃发展,为世界经济增添了新的活力,为国际贸易与投资开辟了巨大市场。

它将对广大发展中国家努力探索符合本国情况的发展道路产生积极影响。亚洲的崛起,主要是亚洲发展中国家的崛起,得益于它们独立自主地选择了适合本国实际情况的发展道路。它们的成功对其他发展中国家是很大的鼓舞。亚洲崛起增大了世界发展中国家的整体实力,有助于改善南北关系,维护发展中国家的权益。

它将冲破不公正、不合理的国际政治经济旧秩序,有利于推动建立以和平共处五项原则为基础的国际政治经济新秩序。

总之,亚洲的崛起有助于在未来的世纪缔造一个人类所企望的美好世界。

中国是亚洲的一员,中国同亚洲国家的命运息息相关。中国的发展离不开亚洲,亚洲的发展也离不开中国。中国的发展需要一个稳定和繁荣的亚洲,亚洲的发展也需要一个稳定和繁荣的中国。

70年代末期,在邓小平建设有中国特色社会主义理论的指引下,中国进入了改革开放和现代化建设新的历史时期。18年来,中国经济始终保持着快速发展势头。在过去的五年中,中国的国民生产总值平均每年增长11.8%。人民生活得到明显改善,居民消费水平平均每年增长8.6%。对外贸易迅速发展,进出口贸易平均每年增长19.5%。广阔的市场和良好的投资环境,吸引了大量外商来华投资,五年累计外商直接投资1100亿美元。经济体制改革取得了突破性进展,以公有制为主体、多种经济成分共同发展的格局已经形成。国民经济的市场化、社会化程度明显提高。对外开放的总体格局基本形成。现在,中国政治稳定,经济繁荣,民族团结,社会进步,人民安居乐业,对前途充满信心。

今年年初,中国制定了第九个五年计划和2010年远景目标。按照这个发展规划,到2000年,在全国人口比1980年增加3亿左右的情况下,将实现人均国民生产总值比1980年翻两番,人民生活达到小康水平,并初步建立起社会主义市场经济体制。到2010年,将实现国民生产总值比2000年再翻一番。实现了上述目标,中国的综合国力和人民生活水平都将再上一个大台阶,为下个世纪中叶基本实现现代化奠定坚实的基础。这个目标是宏伟的,经过努力也是能够实现的。这是因为我们已经找到了一条实现社会主义现代化的正确发展道路,有一个稳定的社会政治局面,有了比较雄厚的物质技术基础,有12亿勤劳勇敢的人民,有广阔的市场和丰富的资源。中国在着力发展经济的同时,十分重视社会的全面进步。我们将实施科教兴国战略和可持续发展战略,加快科技进步,控制人口增长,合理开发和利用资源,保护生态环境,实现经济和社会的协调发展。

中国与亚洲其他国家的经贸往来和友好交往源远流长。我们有着相似的悠久历史和文化传统,都有过去长期遭受外来侵略的痛苦经历。今天,我们中间的大多数国家,又都处在经济快速发展时期,改变国家的落后状况,是我们共同的奋斗目标。中国政府高底重视同亚洲各国的关系,积极发展相互间的政治、经济、科技和文化领域的友好合作。中国的对外贸易和外商在华的直接投资中,亚洲国家和地区所占的比例最高,最近五年分别达到62%和66%。2000年,中国的对外贸易总额将达到4000亿美元,对外经济技术交流与合作将进一步扩大,这将会对亚洲经济的发展发挥积极的作用。亚洲其他国家经济的振兴,也会为中国经济的发展提供新的机会。我们愿意在更广泛的领域发展与亚洲各国的交流与合作。

中国是世界上人口最多的发展中国家,要实现现代化,还需要经过几十年时间的艰苦努力,需要一个长期稳定、和平的国际环境,特别是良好的周边环境。今后,中国即使发展起来,也不会对其他国家构成威胁,不会去侵略和压迫别的国家。曾经长期遭受压迫和欺凌的中国人民,永远不会把这种痛苦强加于人。中国一贯奉行独立自主的和平外交政策,坚持睦邻友好,坚决反对霸权主义和强权政治,主张国家不分大小、贫富,都是国际社会平等的一员。中国的军事力量完全是防御性的,军事预算仅占国民生产总值的1.5%,低于世界上大多数国家。中国不参加军备竞赛,不搞军事扩张,既反对别国搞霸权主义,自己也永远不称霸。中国永远是维护世界和平的坚定力量。中国人民永远是亚洲和世界人民可以信赖的朋友。

1997年7月1日和1999年12月20日，中国将相继对香港和澳门恢复行使主权，这是中国人民完成祖国统一大业的重要里程碑。回到祖国怀抱的港澳地区，将会继续保持繁荣和稳定，继续在密切亚洲各国之间以及亚洲与世界各国之间的经贸联系中发挥积极的作用。

自古以来，台湾就是中国领土不可分割的一部分。按照“和平统一、一国两制”的方针，结束两岸分离局面，完成祖国统一大业，是全体中国人民的共同愿望。中国的统一和繁荣，将是对亚洲乃至世界的和平与进步的重大贡献。

中国政府和人民十分关心亚洲地区的未来，愿意与亚洲其他国家一道，为本地区的稳定和发展继续作出积极的努力。为此，我愿意借此机会，提出以下几点建议：

第一，充分尊重亚洲国家的多样性。亚洲的多样性是历史形成的，各国在有着许多共同点的同时，在社会制度、宗教信仰、发展水平和发展模式等方面也存在着不少差异。这种多样性不应成为我们相互理解和互利合作的障碍，而应成为各国相互交流、互为补充、共同前进的条件和优势。中国政府充分尊重亚洲的多样性，尊重各国人民的自主选择，并本着相互尊重、求同存异的精神，努力促进和推动各国之间的交流与合作。

第二，建立和保持长期稳定的睦邻友好关系。维护周边稳定、发展睦邻友好，是中国独立自主和平外交政策的重要组成部分。邻国之间存在这样或那样的分歧或争议是难以完全避免的，我们主张着眼于维护和平与稳定的大局，从各国人民的长远利益出发，在充分考虑各方利益的基础之上，通过友好协商与谈判，找到切合实际的解决办法。一时解决不了的分歧，可以暂时搁置，求同存异，不应因此影响发展正常的国家关系。和平共处五项原则是由亚洲国家倡导诞生的，它充分体现了亚洲人民和政治家的远见卓识。今天，这些原则已成为国际社会普遍承认的准则，成为构筑新型国家关系的基础。我深信，已经掌握自己命运的亚洲国家，完全可以在和平共处五项原则的基础上友好相处，完全可以在排除任何外来干涉的情况下，依靠自己的智慧和力量解决彼此之间存在的各种分歧和争端，维护亚洲的和平与稳定。

第三，积极开展平等互利的经济合作。亚洲的发展离不开亚洲各国之间的相互合作，也离不开亚洲各国同世界其他地区国家的合作。合作的基础是相互尊重和平等互利。近年来，在亚洲国家的共同努力下，本地区各种形式的经济合作进一步开展，不仅推动了亚洲经济的发展，而且给世界经济注入了新的活力。中国政府愿意在平等互利、相互开放、长期合作、共同发展的基础上，进一步加强同亚洲各国的经济合作和贸易交流。亚洲国家之间的合作是开放性的、非排他性的，这样的地区合作与全球经济发展的利益是一致的，应该而且完全可以相辅相成，相得益彰。

第四，推动建立符合亚洲情况的地区安全合作。亚洲各国都非常关心地区安全问题，都希望能有一个持久的和平发展时期。亚洲的情况与欧洲不同，不能照搬欧洲的安全机制。亚洲的安全问题，要由亚洲国家和人民来解决，外部势力的介入，往往于事无补，有时甚至使问题更加复杂化。依靠强化冷战时期建立的双边军事同盟来维护地区安全的作法，既不符合亚洲的具体情况，也有悖于当今的时代潮流，是不可取的。亚洲的安全，要通过双边和多边的和平协商、平等参与，增进相互了解和彼此信任，扩大和深化经济交往与合作，来共同维护。亚洲国家和人民有信心，也完全有能力维护亚洲的稳定与和平。

第五，充分重视亚洲优秀文化传统在促进和平与发展中的重要作用。在数千年的历史进程中，勤劳智慧的亚洲人民创造和积累了宝贵的精神财富。今天，东方文明正在给人类以新的启迪。实践证明，亚洲丰富的文化道德传统是促进社会发展和人类进步的积极因素。当今的世界是开放的世界，任何一个国家、一个地区要想发展，都必须借鉴、吸收人类文明的一切优秀成果。

世界需要亚洲，亚洲也需要世界。我们既要面向亚洲，也要面向世界。亚洲国家要继续积极开展同世界各国在政治、经济、贸易、技术、文化等领域的广泛交流与合作，以便取长补短，互通有无，共同促进世界和平与发展的崇高事业，造福于当代和子孙后代。

（1996年9月4日李鹏在“展望21世纪论坛”首次会议上的讲话）

我们正处于世纪交替的重要历史时刻。把一个什么样的世界带入21世纪，是各国人民十分关注的问题，也是这次议联大会共同探讨的问题。当前国际局势一个总的特点，是多极化趋势进一步发展。世界要和平，国家要稳定，经济要发展，社会要进步，已成为不可抗拒的时代潮流。同时也要看到，还有各种不稳定因素，特别是霸权主义和强权政治仍然存在，贫国和富国之间的差距还在继续扩大,人类的生存和发展条件受到种种威胁,世界并不太平和安宁。大家同在一个星球上生存,相互尊重、加强合作、维护和平、促进发展,应当成为所有关心人类前途的政治家和有识之士的共识,应当成为世界各国一致的行动。中国是维护世界和平与稳定的重要力量。中国主张世界各国应在和平共处五项原则和其他公认的国际关系准则的基础上,处理好国家间的关系,建立公正、合理的国际政治经济新秩序。中国政府和人民愿意与各国政府和人民一道,为共同缔造一个美好的世界而奋斗。

中国是世界的文明古国之一,有着悠久的历史和灿烂的文化。中华民族以勤劳、智慧著称于世,曾经为人类的文明与进步作出过重要贡献。1949年新中国的成立,开辟了我国历史的新纪元。从1979年以来,我们又成功地开辟出了一条通过改革开放实现中国社会主义现代化的正确道路。邓小平同志早在80年代初就提出要抓好三件大事,即加紧进行现代化建设、完成祖统一、维护世界和平。十多年来,我们为此作出了不懈的努力。我国经济持续增长,各项事业蓬勃发展,人民生活水平明显提高,综合国力日益增强。1997年和1999年,中国政府将相继对香港、澳门恢复行使主权。中国人民完全有能力、有办法、有信心排除各种干扰,完成包括台湾在内的祖国统一大业。现在,我国各族人民正在团结一致,满怀信心地把建设有中国特色社会主义的伟大事业继续推向前进。中国的发展和逐步强大起来,必将对世界的和平、稳定与进步事业作出更大的贡献。

这次议联大会是各国代议机构的一次重要会议。一个国家采取什么样的代议制形式,这由这个国家的国情决定的,没有也不可能有统一的模式。中国人民崇尚民主,经过长期的探索和奋斗,终于建立了人民当家作主的新中国。人民代表大会制度是我国的根本政治制度,它体现了最广泛的人民民主,保证了我国各项事业的顺利发展,得到了人民群众的拥护。十多年来,我们在进行经济体制改革的同时,积极推进政治体制改革,大力加强社会主义民主和法制建设,人民代表大会制度得到进一步完善。我们深信,我国的社会主义民主政治制度通过自我完善和发展,一定会越来越显示出强大的生命力。

(1996年9月16日江泽民在各国议会联盟第96届大会开幕式上的致辞)

中国是国际大家庭中具有重要影响的成员。但在本世纪中叶以前的一百多年时间里,中国人民饱经忧患,备受世界列强的侵略和欺凌,灾难深重。1949年中华人民共和国建立,开辟了中国历史的新纪元,中国人民成为自己命运的主人。40多年来,特别是实行改革开放的18年来,在邓小平建设有中国特色社会主义理论的指引下,中国在国民经济和社会发展各个方面都取得了显著成就。国民生产总值保持了年均9%以上的增长速度,经济体制改革取得重大进展,对外开放的格局已经形成,城乡人民生活不断改善,各项社会事业全面发展。今年年初,我国又制定了本世纪最后五年的发展计划和2010年远景目标。按照现在的设想,本世纪最后五年,我国的国民生产总值预计年均增长8%。下一个世纪头十年也将保持7%的增长速度。这将使中国的综合国力和人民生活水平都再上一个新的台阶。我国经济有条件继续保持良好的发展势头。中国人民对实现这一目标充满了信心。

中国有12多亿人口,9亿生活在农村。我们始终高度重视和正确处理农业和农民问题,始终把农业置于国民经济的首要地位。中国以占世界7%的耕地,养育着世界22%的人口,充分表明中国人民自力更生的能力。随着经济的发展、人口的增加和人民生活水平的提高,中国对粮食的需求会相应增加,但是,中国粮食增产的潜力也很大。中国目前农业生产水平还比较低,中低产农田所占比例不小,大量农副业资源尚未充分利用,农业综合开发前景广阔。我们正在深化农村改革,增加资金投入,广泛兴修水利工程,采用先进适用的农业生产技术,促进农业向高产、优质、高效方向发展,保证粮食生产的稳步增长。过去,我们依靠中国人民自己的力量,成功地解决了人民的吃饭问题。今后,在中国经济持续发展的情况下,中国人民完全有能力立足国内确保自己长期的丰衣足食。

在进行经济建设的同时,中国大力加强社会主义民主法制和精神文明建设,促进社会全面进步。我国宪法规定,中华人民共和国的一切权力属于人民,人民的政治权利得到普遍的尊重和保护。今天中国人民所享受的自由民主权利,是中国历史上任何时期都没有过的。中国在全面改善人权状况方面所作的努力和取得的进步,是有目共睹的。中国政府特别重视妇女和儿童的权益,在法律和实际行动上坚决予以保障。我国宪法明确规定:妇女在政治的、经济的、文化的、社会的和家庭的生活等各个方面享有同男子平等的权利;婚姻、家庭、母亲和儿童受国家的保护;禁止破坏婚姻自由,禁止虐待老人、妇女和儿童。保护妇女儿童权益是全社会的共识。第八届全国人民代表大会中妇女代表占21%,国家机关女公职人员的比例为31%,女科技人员比重超过1/3。中国实行男女同工同酬,劳动妇女享有特殊劳动保护和劳动保险,妇女受教育的权利得到尊重。中国人民把少年儿童看作国家的花朵和未来,全力以赴保证他们的健康成长。中国儿童的保障率和学龄儿童入学率,在发展中国家里是比较高的,儿童预防接种率接近世界发达国家水平。中国政府和人民愿意同各国政府和人民一道,为进一步保护妇女和儿童的权益作出努力。

中国是一个统一的多民族国家,是由56个民族组成的和谐的民族大家庭。各民族之间是平等的、团结的、互助的关系。各族人民同呼吸,共命运,为祖国的独立统一和繁荣昌盛作出了贡献。中国坚持和不断完善民族区域自治制度,充分保障自治地方的自治权利和民族平等权利。少数民族人民不仅同占总人口92%的汉族人民一样,平等地享有宪法与法律规定的全部权利,而且在经济、文化和社会发展方面还得到特殊照顾。各个民族的风俗习惯受到尊重,宗教信仰自由得到充分保障。地区发展不平衡是中国的一个基本国情,也是世界各大国经济发展过程中的普遍现象。中华人民共和国成立以来,特别是改革开放十多年来,中国各个地区,包括少数民族地区,社会经济都得到迅速发展。但由于历史原因、自然条件和基础不同,地区差距问题近期还难以完全解决。中国政府正在采取积极措施,向缩小差距的方向努力,并开始取得成效。

在发展经济的过程中,中国政府认真吸取世界各国的经验和教训,高度重视保护环境,合理开发利用资源,坚定不移地走可持续发展的道路。中国政府制定了积极推进经济体制和经济增长方式转变的方针,重视在国家的宏观指导下发挥市场对资源配置的基础作用,提高资源利用效率,促进资源节约和环境保护。中国政府重视科技进步和教育在可持续发展中的突出地位,制定并实施科教兴国战略,加快科技进步,优先发展教育,提高国民素质。中国政府正在积极实施旨在促进人口、经济、社会、资源和环境协调发展的《中国21世纪议程》。中国目前经济和科技水平仍然不高,在环境保护和资源利用方面还存在一些需要解决的问题,还要做大量的工作。中国深知自己在保护生态环境方面的责任和可以发挥的作用,愿意与世界各国共同努力,在发展经济的同时保护好生态环境,使地球成为人类永续发展的美好家园。

中国是世界上最大的发展中国家,占世界人口1/5的中国保持政治稳定,经济繁荣,民族团结,社会进步,人民安居乐业,是对世界和平、稳定、发民与繁荣的重要贡献。因此,中国的发展和进步受到世界各国人民广泛的欢迎和支持。然而,人们也听到一些不和谐的音调。有些人幸灾乐祸地渲染中国的困难,断定中国要"垮台";也有些人蓄意夸大中国的经济实力,散布所谓"中国威胁论"。这两种论调都是不符合事实的。中国这些年虽然在各方面都取得明显成就,但人均国民生产总值还很低。由于底子薄,人口多,要实现现代化,还需要经过几十年的艰苦努力。中国将来强大起来,也决不会对其他国家构成威胁,决不会去侵略和压迫别国人民。我们多次郑重宣布,中国坚决反对霸权主义,自己也永远不称霸。中国是维护世界和平、推动人类进步的坚定力量。世界的和平与发展,需要中国的稳定与繁荣。中国的改革开放和现代化建设,也需要一个长期的国际和平环境。

当前,国际形势总体继续趋向缓和,和平力量进一步增长。和平与发展仍是当今世界的两大课题。但是,我们也应该看到,世界还充满着错综复杂的矛盾,世界和平与稳定还受到严重的威胁。不公正、不合理的国际政治经济秩序尚未得到根本改变,各国经济发展很不平衡,贫富鸿沟还在扩大。人类的生存与发展,仍然面临着严峻的挑战。

多极化趋势正在全球范围内继续发展。各种重要力量相互依存、相互制约、相互合作,有利于世界的和平与稳定。全球有近200个国家。国家不论大小、贫富、强弱,都是国际大家庭的平等成员。世界和平要靠各国人民的努力。世界事务应由世界各国共同参与。我们生活在一个丰富多彩的世界。世界各国无论社会制度、价值观念和发展水平,还是历史传统、宗教信仰和文化背景,都存在着差别。各国人民有权选择符合本国国情的社会制度、发展道路和生活方式。任何国家都无权干涉他国内政。不承认世界多样性这一客观现实,企图把自己意志强加于人,按照一种制度、模式和意识形态来一统天下,是绝对行不通的。

和平和发展密不可分。没有和平,不可能有稳定的发展。没有发展,也难以确保持久的和平。随着科学技术的进步和经济的发展,世界各国的联系越来越密切。任何国家都不可能孤立于世界经济之外而得到发展。国际犯罪、贩毒、环境等全球性问题的解决,需要各国自身的努力,也需要广泛的国际合作。现在,一些长期落后的发展中国家逐步走上经济振兴的道路。亚洲国家经济继续保持快速增长。拉美国家经济恢复了增长的势头。非洲大陆经济也有起色。

南南区域合作迈出了新的步伐。事实表明,这些国家的经济发展起来,不仅改善了本国人民的生活,也为世界经济的增长提供了新的推动力,为发达国家提供了更多的商业机会,为国际合作开辟了广阔的前景。发达国家与发展中国家经济上存在互补性。开展南北合作,有利于双方,也有利于整个世界的发展与进步。在国际经济关系中以强凌弱,以富压贫,搞不等价交换,采取歧视性政策,不仅损人,而且害己,是违背世界潮流的。

50年代中期,亚洲国家倡导了著名的和平共处五项原则,即相互尊重主权和领土完整、互不侵犯、互不干涉内政,平等互利、和平共处。这是有深刻原因的。亚洲大多数国家在近代史上曾长期遭受殖民主义的侵略,沦为殖民地或半殖民地。二次大战期间,日本军国主义发动的那场侵略战争,更给亚洲国家和人民带来了深重的灾难。亚洲国家和人民经过长期的流血牺牲和艰苦奋斗,才摆脱了殖民主义的统治,赢得国家的独立和民族的解放。正因为如此,我们深深懂得和平与独立的可贵,十分珍惜来之不易的国家主权和领土完整,迫切要求国与国之间能够互不侵犯,友好相处。由于列强的压迫、剥削和奴役,亚洲多数国家长期经济落后,人民生活贫困,在国际上处于无权地位。正因为如此,这些国家一旦掌握自己的命运,迫切希望改变自己国家贫穷落后的面貌,改变不平等、不合理的国际经济旧秩序,渴望国家之间相互尊重,平等相待,在平等互利的基础上发展交往与合作。东方灿烂的古代文明,是对世界文化和人类进步的重要贡献。但长时期内,殖民主义者却颐指气使,把自己的意志和价值观念强加于亚洲国家,企图迫使亚洲国家人民放弃自己的传统文化。这种做法理所当然地激起他们的强烈不满和反抗。正因为如此,亚洲国家独立以后,坚决主张各国有权选择自己的社会制度和发展道路,反对干涉别国内政,反对强加于人。亚洲人民是爱好和平的人民,亚洲文化具有极大的兼容性,历来主张国与国之间、民族之间应该友好相处,主张各种文明之间要互相学习,互相借鉴,进行平等互利合作,以求共同发展和进步。和平共处五项原则是亚洲国家和人民对国际政治与国际关系作出的重大贡献。四十多年来,这些原则经受了历史的考验,表现出强大的生命力,已为国际社会所普遍接受。我们认为,和平共处五项原则不仅是指导国与国关系的国际准则,而且可以作为确立新型国家关系和国际政治经济新秩序的基本原则。

中国坚定不移地奉行独立自主的和平外交政策。这一政策的基本目标是维护国家的独立和主权,努力为我国的改革开放和现代化建设创造一个长期的、良好的国际环境,维护世界和平,促进共同发展。它的主要内容包括:**坚持独立自主**。我们在国际事务中是讲原则的,始终根据事情本身的是非曲直决定自己的立场和政策,决不屈从于任何大国的压力,也不与任何大国或国家集团结盟。**维护世界和平**。中国不参加军备竞赛,不搞军事扩张,坚决反对任何形式的霸权主义、强权政治和侵略扩张行为,坚决反对任何国家以民族、宗教、人权等问题为借口,侵犯别国主权和领土完整,干涉别国内政。**建立友好合作关系**。在和平共处五项原则基础上,同世界所有国家建立和发展友好合作关系。不以社会制度和意识形态的异同来决定国家关系的亲疏。**发展睦邻友好**。中国积极发展同周边国家的友好关系,维护地区的和平与稳定,推动区域经济合作。对历史遗留下来的边界、领土、领海争端,我们主张通过对话和谈判,求得公平合理的解决。一时解决不了的,可以暂时搁置,求同存异,不应因此而影响正常的国家关系。**加强同发展中国家的团结合作**。我们历来把加强同发展中国家的团结合作作为我国外交政策的一个基本立足点。我们十分重视发展同第三世界国家的全面友好合作关系,积极探索优势互补的经济、贸易、科技合作途径,加强同它们在国际问题上的磋商与合作,共同维护发展中国家的权益。**实行对外开放政策**。中国既向发达国家开放,也向发展中国家开放,在平等互利的基础上积极开展广泛的国际合作,促进共同发展。中国作为世界上最大的发展中国家和联合国安理会常任理事国,愿意为世界的和平与发展,为建立和平、稳定、公正、合理的国际政治、经济新秩序作出不懈的努力。

人类即将步入二十一世纪,这是一个充满希望的新世纪。中国政府和人民愿与世界人民一道,为缔造一个和平与发展的新世界而共同努力。

(1996年9月19日李鹏在各国议会联盟第96届大会上的讲话)

纵观国际形势,随着冷战的结束,世界发生了复杂而深刻的巨大变化。当前,国际局势总体走向缓和,多极化趋势进一步发展。世界要和平,国家要稳定,经济要发展,社会要进步,成为当今世界的主旋律。占世界人口大多数的发展中国家,在政治崛起的同时,经济增长总体速度加快,在世界经济总量中的比重正在增大。发展中国家要求对国际事务有更大的发言权。它们是维护世界和平,推动建立公正、合理的国际政治经济新秩序的主力军。但是，霸权主义和强权政治依然存在，世界并不太平，贫国和富国的差距还在扩大，人类生存和发展条件受到种种威胁。总之，国际形势的发展变化，对于我们既有机遇，又有 挑战。

环顾非洲大陆，冷战后国际形势巨变给非洲造成的强烈冲击已经基本过去。我们高兴地看到：多数国家政局趋向稳定。新南非的诞生标志着非洲政治解放使命的完成。区域合作迈出重要步伐，联合自强的要求和趋势在增长。许多国家都在努力探索适合本国国情的政治模式和发展道路。非洲正在步入一个求和平、求稳定、求发展的历史新时期。非洲在50多个国家，在不结盟运动中约占半数，在联合国成员国中占了近1/3，始终是维护世界和平与稳定的重要力量。非洲地域辽阔，自然资源丰富，有着巨大的经济发展潜力。全球的和平离不开非洲的稳定，世界的繁荣离不开非州的发展。由于非洲数百年来遭受殖民主义者的盘剥，经济基础薄弱；由于旧时代遗留下来的不公正、不合理的国际经济秩序还没有得到根本改变，非洲发展的外部条件存在诸多不利因素，目前非洲经济总体上仍比较困难，非洲的发展任重而道远。但我相信，自强不息、勇于进取和非洲各国人民，一定能克服困难，加快发展步伐，走向充满希望的未来。

30多年来，非洲统一组织始终是非州人民团结的象征，为非洲的政治解放和经济发展进行了不懈的努力。在新形势下，非统组织在实现非洲和平稳定、维护非洲团结、推动非洲经济发展和一体化等方面，将发挥更加重要的作用。中国政府和人民一向支持非统组织的工作，并愿在今后进一步加强同非统组织的团结合作。借此机会，我代表中国政府向非统组织捐款30万美元。

在快要过去的20世纪中，中国人民在中国共产党领导下，做了两件大事：前半个世纪，经过艰苦卓绝的斗争，取得了新民主主义革命的划时代的胜利，建立了新中国；后半个世纪，在建设有中国特色的社会主义、走向繁荣富强的道路上迈出了决定性的步伐。当前，中国政府和人民面临着三个主要任务：进行现代化建设、完成祖国统一、维护世界和平。我们将继续坚定不移地奉行独立自主的和平外交政策，坚持以经济建设为中心，坚持改革开放。到2000年，我们在人口将比1980年增长三亿左右的情况下，实现人均国民生产总值比1980年翻两番，人民生活达到小康，初步建立社会主义市场经济体制；到2010年，我们还要实现国民生产总值比2000年翻一番。在今后三年左右的时间里，中国政府将对香港和澳门恢复行使主权。这雄辩地表明，中国人民完全有能力、有办法、有信心排除任何干扰，完成祖国的统一大业。

中国的改革开放政策和新的经济与社会发展规划，是根据我国国情和时代特征而制定的，目的是要进一步解放和发展生产力，提高人民生活水平，增强我国的综合国力。根据我们的切身经验，要保证经济持续、快速、健康发展，必须十分重视和正确处理改革、发展、稳定的关系。改革是经济和社会发展的强大动力，稳定是改革和发展的重要前提条件。没有政治的稳定、民族的团结、社会的安宁，改革就难以顺利进行，经济也难以迅速发展。还要处理好扩大对外开放和坚持自力更生的关系，在自力更生基础上积极促进区域经济合作和广泛的国际经贸交流，并把引进先进技术和开发、创新结合起来，形成自己的技术优势，在利用外资的同时重视自己的积累，以加快缩小与发达国家的差距。同时，我们把科教兴国、控制人口、保护环境，作为自己的基本国策，实施可持续发展战略，促进社会全面进步。

中国的发展，为中非之间友好合作，提供了更有利的条件，开辟了更广阔的前景。值此世纪交替的历史时刻，我郑重地代表中国政府和人民宣布，中国愿在和平共处五项原则的基础上，巩固和发展同非洲各国面向21世纪的长期稳定、全面合作的国家关系。让我们共同努力，为中非世代友好建立新的历史丰碑。为此，我愿提出以下几点建议和意见。

**一、真诚友好，彼此成为可以信赖的“全天候朋友”**。中国和非洲，历史上有过相似的遭遇，今天又面临着共同的任务。非洲需要中国，中国也需要非洲。中非友谊基础深厚、世代相传，经得起历史的考验。它绝不会由于时间的流逝、世事的变迁和国际格局的转换而改变。

**二、平等相待，相互尊重主权，互不干涉内政**。中国将一如既往地尊重非洲国家的民族特点、宗教信仰和文化传统，尊重非洲国家根本国国情自主选择政治制度和发展道路；支持非洲国家维护国家独立、主权和尊严的正义斗争，支持非洲国家为维护国内稳定和团结、振兴民族经济、促进社会进步所作的努力。对于非洲国家之间的分歧和争端，我们一向主张和支持非洲国家排除外来干涉，通过和平协商方式加以解决。

**三、互利互惠，谋求共同发展**。中国坚定不移地支持非洲国家发展经济的努力，继续提供力所能及、不附加任何政治条件的政府援助；双方积极配合，通过合资、合作等方式振兴中国提供的传统援助项目;鼓励双方企业间的合作,特别要推动有一定实力的中国企业、公司到非洲开展不同规模、领域广泛、形式多样的互利合作,在合作中坚持守约、保质、重义等原则;拓宽贸易渠道,增加从非洲的进口,以促进中非贸易均衡、迅速发展。

**四、加强磋商,在国际事务中密切合作**。中国同非洲国家在联合国和其他国际场合,长期以来保持着荣辱与共,相互支持的合作传统,为维护世界和平、争取发展中国家的合法权益作出了积极的贡献。中非领导人之间要加强交往。中国将坚定不移地为非洲国家主持公道、伸张正义;主张非洲国家应平等地参与国际事务;呼吁国际社会认真听取非洲的声音;希望联合国及有关国际机构尊重非洲国家和非洲统一组织的意见;要求国际社会、特别是发达国家,切实帮助非洲减轻债务负担,改善非洲发展的外部条件,以利于整个国际经济与贸易的持续增长。中非友好合作的发展,将为南南合作和国际合作树立一个良好的榜样。

**五、面向未来,创造一个更加美好的世界**。中非携起手来,同世界上一切爱好和平的国家和人民一道,顺应历史的潮流,响应时代的呼唤,为早日建立以和平共处五项原则为基础的、公正合理的国际政治经济新秩序,为推进世界和平、发展与进步的崇高事业作出重大的贡献。

一个多月前,中国政府不带任何条件、没有任何保留地签署了《非洲无核武器区条约》有关议定书。这体现了中国对非洲正义行动的一贯支持和对非洲人民的真诚友谊。中国一贯主张全面禁止和彻底销毁核武器,并高度重视和积极参加"全面禁核试条约"谈判,争取今年内达成一个好的条约。中国愿同非洲国家和一切爱好和平国家一道,为推动核裁军,为在全世界实现全面禁止和彻底销毁核武器的最终目标,继续作出不懈的努力。

回首过去的100年,非洲人民浴血奋战,进行了如火如荼的独立解放斗争,六亿多非洲人民已经赢得了伟大的政治解放,53个独立国家屹立在非洲大地上,实现了非洲社会进步的历史性跨越。过去的100年作为非洲的"解放世纪"已载入了史册。

展望下个世纪的100年,非洲各国依靠自身努力和国际社会帮助,必将能够逐步实现经济腾飞,继续完成非洲社会进步的另一个历史性跨越。未来的100年将会成为非洲的"发展世纪"而写入新的历史篇章。

可以预言,一个团结、稳定、繁荣的新非洲,不仅意味着赢得政治解放的非洲人民也获得经济解放,而且必将对世界的和平与发展和人类的文明与进步作出巨大的贡献。

我们有着难以忘怀的昨天,中非在长期的共同斗争中凝成的伟大友谊已经镌刻在世界发展的史册上,铭记在中国人民和非洲人民的心坎中。我们有着绚丽多彩的今天,中非友谊在中非人民的精心养护下,繁花似锦。我们还拥有生机盎然的明天,时代的车轮必将推动中非友谊进入一个新的阶段。作为世界上最大发展中国家的中国,愿和世界上最大发展中大陆的非洲一道,风雨同舟,休戚与共,满怀信心地迈向21世纪。

(1996年5月13日江泽民应非洲统一组织的邀请发表题为《为中非友好创立新的历史丰碑》的演讲)

深入学习和研究邓小平同志的外交思想,以进一步做好我国的外交工作,这是一项具有现实和深远意义的活动。

邓小平同志的外交思想是他建设有中国特色社会主义理论的重要组成部分,是我国外交工作的指导思想。邓小平外交思想是毛泽东、周恩来外交思想的继承和发展。进入新的历史时期以来,邓小平同志在提出建设有中国特色的社会主义理论的同时,总结历史,正视现实,立足中国,放眼世界,在准确把握时代特征,科学冷静地认识我国面临的机遇和挑战的基础上,确定了我国新时期的国际战略和外交路线。邓小平同志指出,"我们搞的是有中国特色的社会主义,是不断发展生产力的社会主义,是主张和平的社会主义。只不有断发展社会生产力,国家才能一步步富强起来,人民生活才能一步步改善。只有争取到和平的环境,才能比较顺利地发展。"为此,他要求我们的外交工作要为我国的社会主义现代化建设服务,并明确指出:我国外交的主要目标:一是反对霸权主义,维护世界和平;二是增进国际合作,促进共同发展。

为了实现上述目标,在邓小平同志外交思想指导下,我们在外交上进行了两个重要调整:一是改变了对国际形势的判断,指出世界和平力量的增长超过战争力量的增长,在较长时间内不发生大规模的世界战争是有可能的,维护世界和平是有希望的。为把全国工作重点转移到经济建设上来提出了客观科学的依据。二是改变了"一条线"战略,坚持独立自主,不同任何大国结盟或建立战略关系,对于一切国际事务,都从中国人民和世界人民的根本利益出发,根据问题本身的是非曲直决定我们的态度和对策。

为了加快我国的经济建设和推进祖国统一大业，邓小平同志提出了对外开放和“一国两制”等基本国策，并提出了在和平共处五项原则基础上，建立公正合理的国际新秩序的主张，以根除霸权主义和强权政治，维护世界和平，发展平等互利的国际合作，促进人类进步事业。而今，邓小平同志的这些光辉思想已经结出丰硕的果实。回忆新时期以来我国在国际舞台上的风雨历程和所取得的成就，我们这些过来人对邓小平外交思想倍感亲切。我们切身体会到，邓小平外交思想是我国外交工作的指南针，是引导我们的外交工作战胜艰难险阻、不断走向胜利的法宝。

目前，国际形势虽然趋于缓和，但是霸权主义和强权政治依然存在，领土争端、民族矛盾、宗教纷争等等因素引发的武装冲突和局部战争连绵不断，不公正、不合理的国际政治经济秩序还未得到改变，发展中国家仍有亿万人民处于贫困之中，人类的生存与发展面临着一系列严峻的挑战。国际风云瞬息变幻，新情况和新问题不断出现，我们的外交工作任重而道远。我殷切希望大家通过这次研讨会，进一步深入研究和学好邓小平同志博大精深的外交思想，不断研究新情况，解决新问题，努力探索，锲而不舍，兢兢业业地做好我国的外交工作，为创造一个持久和平稳定的国际环境与平等互利合作的世界做出新的贡献！

(1995 年 12 月 12 日江泽民在邓小平外交思想研讨会开幕式上的讲话)

制定一个跨世纪的、宏伟的发展蓝图，对于总结第八个五年计划，总结改革开放 17 年乃至建国 46 年来，我国在经济建设和社会发展方面的经验，指导我们继续前进，鼓舞全国人民树立信心，都具有十分重要的现实意义。这个目标的实现，不仅对中国的未来具有重大意义，而且对世界和平、稳定与发展，也是一个巨大的推动。

20 世纪的这 100 年间，前半个世纪是中国人民争取民族解放和人民革命胜利的斗争史，后半个世纪是中国人民振兴经济和社会各项事业、争取繁荣富强的发展史。这是中国人民在本世纪做的两件大事，是中华民族空前的壮举。特别是党的十一届三中全会以后，沿着邓小平同志提出的建设有中国特色社会主义道路，进行了改革开放的伟大实践，积累了宝贵的经验。李鹏进而指出，对于中国人民来说，在即将过去的 20 世纪，既经历过苦难与抗争的岁月，也进行着坚持不懈的探索与创造，革命和建设不断取得历史性胜利。中国 100 年来的经验和启示归结起来，就是取得民族独立之后，只有在保持国家稳定的前提下抓住历史机遇，一心一意地搞好经济建设，不断解放和发展生产力，国家才会不断强大，人民生活才会不断改善和提高。现在，这一历史经验已被我们党科学地总结为“一个中心、两个基本点”的基本路线，坚持这条基本路线 100 年不动摇。李鹏说，中国有条件继续保持目前良好的发展势头。到下个世纪中叶，中国能够达到中等发达国家的水平。

中国正在进行大规模的现代化建设，必须具有两个基本条件。除了在国内要有一个稳定的政治局面外，还要有一个和平的国际环境，二者缺一不可。

从整个世界形势来看，和平与发展仍是未来 15 年乃至下一个世纪的主题。尽管地区冲突、局部战争、民族矛盾时有发生，但国际局势总体上说趋于缓和。经过各国人民的共同努力，争取一个相对稳定、和平的国际环境是可以做到的。这也是我们制定未来 5 年和 21 世纪前 10 年现代化建设蓝图的一个重要依据。当今世界在政治和经济方面出现了一些显著特点。冷战结束后，世界呈现出多极化发展趋势；通过谈判和平解决争端的趋势有所发展；国际经济联系和合作的势头日益增强。与此同时，我们也应看到，霸权主义和强权政治仍然存在，和平与发展面临着一系列严峻挑战。因此，我们要有忧患意识，居安思危。针对国外有些政治家和经济学家预言，21 世纪的世界经济发展中心将是亚太地区，以中国、日本、东南亚为主的“亚太经济圈”将取代 20 世纪以欧美经济为中心的局面，不能简单地说 21 世纪就是以亚太经济为主体。现在世界上经济实力最强的还是欧洲、美国、日本等，否认这个事实是不客观的。另一方面，也应看到亚洲地区特别是东亚地区这些年的经济发展速度很快，估计在未来 5 年乃至更长的时间内，仍将保持强劲的发展势头，在世界经济中将发挥越来越重要的作用。同时，美洲和其它一些地区的发展中国家，如果能够保持一个稳定的政局和良好的外部环境，它们的经济也会出现或保持一个好的发展势头。基于以上分析，说 21 世纪就是亚太世纪，恐怕是不全面的。21 世纪世界将可能出现五至六个经济发展比较快的地区，这和世界多极化趋势的发展是密切相联的。

中国改革开放 17 年来，经济成就确实令世人瞩目。目前在某些方面经济总量位居世界前列，这是事实。但我们还必须看到中国有 12 亿人口这个 重要因素。按照人均国民生产总值、人均产量来衡量，中国还处于发展中国家水平。有些方面人均指标还低于世界平均水平。中国实现现代化,估计还需要30年以上的时间。任重道远。所以,西方少数国家的反华势力出于遏制中国发展的目的,散布一种“中国威胁论”,有意夸大中国的经济实力,这是不客观的,是别有用心的。

我国目前的综合国力还不强大,但是由于我们实行的是社会主义制度,所以能够集中力量办成几件大事。我国执行独立自主的和平外交政策。中国人民是热爱和平的,也十分珍惜来之不易的独立、主权和自由。中国反对任何形式的霸权主义和强权政治,自己决不称霸,也不谋求什么势力范围。即使将来强大了,也将一如既往同各国人民友好相处,特别是将继续十分重视与周边国家搞好睦邻友好关系。

以江泽民同志为核心的党中央已完全确立。我们的党中央是团结的、有权威的,完全有能力处理好国际国内事务。这一点不仅为全党和全国人民所公认,而且也为一切没有偏见的外国政治家所公认。制造我们领导内部的一些谣言,幻想中国政局发生波动,完全是别有用心,是绝不会得逞的。以江泽民同志为核心的党中央将坚定不移地执行邓小平同志提出的建设有中国特色社会主义的理论,坚持改革开放,坚持党的基本路线,把中国的各项事业不断推向前进。对此,我们充满信心。

(1995年11月下旬李鹏接受《中华英才》采访时的讲话。)

一个时期以来,美国朝野和舆论界开展了一场对华关系问题的大辩论,各抒己见,众说纷纭。多数人认为,中国是具有世界性影响的大国,发展潜力巨大,美国不管何党何人主政,都必须与中国打交道,美国应采取一种同中国接触而不是孤立的政策。这应该说是一个进步。

中美之间既有共同利益,也存在分歧。美国有些人仍在坚持对中国奉行遏制的政策,在一些问题上对中国施压,干涉中国内政。对此,我们是讲原则的,在原则问题上我们不能让步。中美关系的核心是台湾问题。如果美国不是在口头上而是在行动上严格遵守中美三个联合公报,那么中美关系就会得到改善与发展。美国今年是大选年。我们希望在这个特殊的年份里,中美关系能平静地渡过,不要有大的波动。对出现的分歧和争议通过平等友好的讨论求得解决。希望两国知识产权问题的谈判能在平等讨论的基础上得到妥善解决,避免出现给两国都会带来损失的贸易战。

中国希望中美经贸合作能够在平等互利基础上得到发展,欢迎美国企业来华参与公平竞争。有的美国厂商没有进入中国市场,问题不在中方。如汽车,当初是美国企业最先想进入中国市场的,但捷足先登的却是德国的大众和法国的雪铁龙,因为它们的合作条件比美国好。又如核电站,中国采用了法国的技术和设备。为什么美国核电没有进入中国?这完全是美方不明智的政策所造成的。中国和美国政府早在1985年就签订了和平利用核能的协定,但是美方到现在还没有正式批准这个协定。在这种情况下,中国和美国怎么能进行合作?再如三峡工程。这是一项举世瞩目的、具有世界规模的水力发电工程。现在水电站的设备正在进行公开招标,中国已经发出了标书。据说美国进出口银行表示将不对美国的厂商提供贷款担保。现在世界上有5家集团公司已表示要来投标,其中也包括美国公司。遗憾的是,美国进出口银行决定不提供买方信贷,从而使美国的电机制造商没有条件来参加投标,从而扼杀了自己企业的权利。这对中国毫无损失。中国的企业家从他们的亲身体验中感到,欧洲同中国搞合作,较少政治干扰,不像美国动不动就扬言对中国进行制裁,使贸易和经济关系政治化。中国的企业同美国企业打交道不是很放心,其原因就是它们担心美国政府随时会把政治因素引入贸易关系,使它们蒙受损失。我希望这种情况能有所改变。

总之,中国处理中美关系的原则和主张,还是江泽民主席讲过的16个字:增加信任,减少麻烦,发展合作,不搞对抗。

(李鹏总理1996年6月7日接受英国《金融时报》亚洲主编蒙塔尼翁采访时的讲话)

改善和发展中美关系,是中国政府的一贯主张。中美关系的基础是三个联合公报。毋庸讳言,中美之间确实存在一些分歧,解决这些分歧唯一正确的办法,就是双方进行平等的、友好的、坦诚的对话和合作,按照求同存异、增进了解 、减少麻烦、不搞对抗的原则来处理两国之间的分歧,这样两国关系才能沿着正常的轨道发展。中国政府和中国人民绝不能接受一个国家把自己的意见强加于另一国家的做法。如果对中国以武力相威胁,历史早已证明,是不会有任何好结果的。

(李鹏总理1996年3月17日会见采访“两会”的中外记者时的讲话)

今天,亚洲和欧洲25个国家领导人首次聚集一堂,以平等和友好的态度,就广泛领域的合作交换意见,探讨建立面向21世纪的亚欧新型伙伴关系。这次会议,是一个历史性的创举。它反映了亚欧各国要求维护世界和平与发展、促进洲际交流与合作的普遍愿望;标志着亚洲的发展和整个国际关系的深刻变化;说明了多极化趋势正在进一步发展,由某一两个大国垄断国际事务的时代已经一去不复返了。我相信,这次会议对构筑21世纪的世界新格局将会产生积极的作用。我愿借此机会,对泰王国政府成功地承办这次会议,表示衷心的感谢。

亚欧两大洲都是古代文明的摇篮,对人类文明的进步和科学文化的发展都作出过不可磨灭的贡献。亚欧地区蕴藏着巨大的创造力和经济发展潜力,历史上几次经济腾飞和产业革命大多发生在这里。当然,我们不能忘记,殖民主义的侵略和掠夺,两次世界大战的浩劫,曾经给亚欧人民带来极其惨重的灾难。我们坚信,由于人民的高度觉醒和社会的进步,这种不幸的遭遇不应该再度重演。亚欧人民珍惜和平,珍惜民族独立与尊严,珍惜各国人民的友好相处。今天,亚欧会议的举行,开辟了亚欧联系的新渠道,揭开了亚欧关系史的新篇章。

当今世界局势总体趋向缓和。和平力量在增长,通过谈判解决争端的趋势在增强。发展中国家的地位进一步提高。科技革命日新月异,社会变革深入发展。世界经济以空前的规模持续增长。世界贸易和对外投资快速发展,促使各国之间的相互联系日益加深。但是,我们这个世界并不太平,霸权主义和强权政治依然存在,局部冲突和动乱时有发生。各国经济发展很不平衡,贫富差距还在不断扩大。人类生存与发展仍然面临种种威胁与困扰,国际形势仍存在诸多不稳定因素。维护世界和平,推动共同发展,已成为时代的主流和各国人民的普遍愿望。亚欧两大洲政治家加强直接接触,有助于推动建立和平、稳定、公正、合理的国际政治、经济新秩序。

探讨新的亚欧伙伴关系需要有新的观念和新的方式。总结历史,展望未来,我认为亚欧之间新型伙伴关系应具有以下几个特征:

一"互相尊重,平等相待。我们所要建立的新型伙伴关系,不同于殖民时代那种不平等的关系,也不同于冷战时期那种对抗的关系,而是建立在和平共处诸项原则基础上的新型关系。亚欧各国无论大小、贫富、强弱,都是国际社会平等的一员。各国内部事务只能由各国人民自己解决,任何国家不得以任何借口损害别国主权,干涉别国内政。平等是合作的基础,相互尊重是建立良好伙伴关系的前提。

二、求同存异,彼此借鉴。亚洲和欧洲有着不同的文化传统,不同的宗教信仰和生活习俗,处在不同的社会经济发展阶段。亚欧之间的差异是历史形成的,今后还将长期存在下去。不能把欧洲视为亚洲,也不能把亚洲视为欧洲。就是欧洲或者亚洲国家之间也存在差异。各国之间的差异,正是世界多样化的表现。对这些差异,唯一的解决方式就是求同存异,不能强求一律。谁都不能自认为高人一等,谁都不应该把自己的社会制度、价值观念、发展模式和生活方式强加给对方。每个民族都有自己的长处和短处,只有互相学习,取长补短,才有利于共同发展。

三、增进了解,建立信任。由于历史和现实的原因,亚欧国家在一些问题上存在不同的看法和分歧,是难以完全避免的。问题在于如何对待这些分歧。最好的办法是加强交往,扩大共识,消除疑虑,建立互信。而不应动辄无端指责别人,把自己的观点强加于人,从而使矛盾扩大,甚至导致对抗。

四、互利互惠,优势互补。亚欧国家各有其自身的优势。当今欧洲是世界上经济发达、科技先进、资金雄厚的地区之一。亚洲经济蓬勃发展,市场广阔,充满生机。亚洲的振兴,为世界经济增添了新的活力,为国际贸易与投资开辟了巨大市场。面对经济和社会发展出现的一系列全球性挑战,东方文明和智慧正在给人类以新的启迪。亚欧两大洲携手合作,不仅会给两大洲人民带来新的福音,也能应付任何挑战。

五、面向未来,共同发展。亚欧两大洲的合作具有广阔的前景。着眼于21世纪,抓住历史的机遇,把潜在的机会变成现实,是亚欧共同利益所在。它将向全世界表明:不同文化传统、不同发展阶段的国家可以互利合作,共同繁荣。

当前,经济因素在国际关系中的作用日益上升,探讨亚欧合作,应当把经济合作放在首要位置,作为亚欧伙伴关系的重要基础。我希望本届会议在经济合作方面能够取得广泛的共识,建议优先考虑以下措施:

——共同反对贸易保护主义,取消贸易歧视,反对贸易制裁,,促进贸易发展。世界贸易组织应真正具有普遍性、开放性,如果没有占世界人口约五分之一的中国参加,世界贸易组织将是不完整的。

——进一步促进相互投资。亚洲国家的经济发展为外来投资提供了广阔的市场,特别是基础设施投资前景良好。现在欧洲在亚洲的投资远远落后于其它一些国家和地区。我建议成立专家小组,就两大洲之间投资现状、前景和未来措施进行专题研究并提出报告。

——加强技术交流与合作。农业技术、环境保护技术、企业的技术改造与更新,应该成为双方加强合作和技术转让的重点。可持续发展不仅要考虑当前发展的需要,也应为我们的子孙后代留下一个可供生存和发展的空间。在继续加强大型企业之间合作的同时,注意推动中小型企业之间的合作。我提议由专家小组就技术交流与合作进行专题研究并提出行动建议。

——重视人力资源开发,帮助贫困地区的人民掌握生产开发技能,加强教育交流和职业培训方面的合作。

为了增进相互了解和信任,亚欧之间应该扩大和加强政治对话。我们关心欧盟一体化的进程,希望欧盟保持独立的特色,并显示其开放性。我们也希望欧洲理解和支持亚洲各国在维护政治稳定的前提下,促进经济发展,扩大区域合作的愿望。

中国已经制定了未来五年的发展计划和十五年的远景目标纲要,为进入21世纪勾画了明确的蓝图。中国实行改革开放18年来,国民经济始终保持着快速发展的势头。在九十年代前五年,中国经济年均增长达到百分之十一点八,经济体制改革取得了突破性的进展,对外开放的范围和规模不断扩大,五年进出口总额已超过10000亿美元。在今后15年,中国将继续保持良好的发展势头,这是因为我们已找到了一条正确的发展道路,有一个稳定的政治局面,有较强大的物质技术基础,有勤劳勇敢的人民,有广阔的消费市场和丰富的资源。对中国的未来,我们充满信心。我们将努力实现从传统的计划经济体制向社会主义市场经济体制转变,从粗放型经济增长方式向集约型转变。我们将加强农业的基础地位,调整产业结构,大力发展能源、交通、通讯、水利等基础产业,支持机械、电子、石油化工、汽车、建筑等支柱产业的发展。我们愿意在上述领域加强同亚欧各国的合作。中国的外贸体制已进行了重大改革,建立了一系列涉外法律制度。我们还进行了外汇制度改革,实现了经常项目下人民币的方便兑换。从今年起,中国关税率已从百分之三十六下降到百分之二十三,最终要降到发展中国家的一般水平。我坚信,中国的改革、发展和稳定将为亚欧各国工商企业界来华投资和发展贸易提供巨大的机会,为亚洲和世界的和平、稳定与繁荣作出积极的贡献。

今天的历史性聚会得到了亚欧各国人民的共同祝福,载负着几十亿人民的殷切期待。作为亚欧两大洲25个国家的领导人,我们应该不负众望,本着相互尊重,平等互利,求同存异,扩大共识的精神把这次会议开好,为建立面向21世纪的亚欧新型伙伴关系,开创亚欧两大洲和世界的美好未来而共同努力。

(1996年3月1日李鹏在首届亚欧会议上的讲话)

美国是最大的发达国家,中国是最大的发展中国家,中美之间有许多共同点,也有些分歧,我们希望共同点多于分歧。中国愿与美国保持和发展正常良好的关系,希望两国加强合作、减少麻烦、不搞对抗,这符合中美双方的利益。中美两国企业界既然能在这样大型的项目上进行很好的合作,中美两国人民为什么就不能长期友好合作下去呢?只要两国政府都能从长远的观点出发,采取明智的态度,求同存异,扩大合作,中美关系就能够得到健康稳定的发展。我们愿与美方共同作出努力,排除各种干扰,使中美关系在新的一年取得新的进展。

(1996年1月10日李鹏出席中美、科技合作项目崖城B—1气田投产庆典时的讲话)

刚刚过去的1995年对中国人民和世界人民都是重要的一年。通过纪念世界反法西斯战争及中国抗日战争胜利50周年、联合国成立50周年,以及联合国和一些重要的国际或地区性组织举行的一系列会议,回顾历史,展望未来,我们对维护世界和平,谋求共同发展,缔造更加美好的世界,在更广的范围和更深的思考上,进一上形成了共识。世界要和平,国家要发展,社会要进步,已经成为我们时代的主旋律。

1995年,我和我的同事很高兴有机会在一些国际场合及双边会晤中,同许多国家的领导人就重大的国际问题交换了意见,增进了相互了解和友谊。我们高兴地看到,国际社会长期关注的中东和平进程继续取得进展;持续多年的前南斯拉夫地区战争也出现了和平的曙光;一些地区热点在降温,通过政治谈判解决局部冲突的趋势在加强。国际形势总体上继续趋向缓和。然而,我们居住的这个星球远非一片乐土。霸权主义、强权政治依然存在。政治磨擦、武装冲突乃至局部战争时有发生。不公正、不合理的国际政治经济秩序尚未得到改变。贫富的鸿沟还在扩大。贫困、失业以及生态环境恶化等全球性问题,严重地困扰着我们的世界。和平与发展仍然是各国政治家和各国人民需要高度重视并为之奋斗的两大课题。

世界各国的发展需要和平的环境。正在从事现代化建设的中国一直致力于促进世界和平。中国一贯奉行独立自主的和平外交政策，愿意在和平共处五项原则基础上发展同世界各国的友好合作。中国在近代历史上有着长期被侵略被压迫的遭遇，深知独立与和平的可贵。中国坚决反对霸权主义和强权政治，自己也永远不称霸，不参加军备竞赛，不搞扩张。中国现在是，将来也同样是维护世界和平与稳定的重要力量。中国的发展不仅不会对任何国家构成威胁，而且必将有力地推动世界的和平、稳定与发展。

（1995 年 12 月 31 日江泽民对中国国际广播电台、中央电视台海外听众、观众的新年讲话）

# 六、港 台 问 题

“和平统一、一国两制”是中国在台湾问题上的基本政策，这个政策没有变。事实证明，海峡两岸关系每次出现紧张，责任都不在我方。只要台湾当局真正放弃“两个中国”、“一中一台”或“台湾独立”的图谋，今后两岸关系就可以得到改善和发展。

当前，实现两岸直接“三通”是两岸人民共同的迫切愿望。台湾民众特别是工商界要求实现两岸直接“三通”的呼声相当强烈。而台湾当局刻意回避拖延，设置人为障碍，阻挠两岸直接“三通”。这种做法不利于两岸人民的交往和经贸合作发展，违背民心民意。

实现两岸直接“三通”是我们的一贯主张。我们历来认来，两岸应尽快实现直接“三通”，包括两岸直航，发展两岸的经贸合作，以满足两岸人民的迫切要求和愿望。

（1996 年 6 月 7 日李鹏接受英国《金融时报》亚洲主编蒙塔尼翁采访时的讲话）

中国共产党和中国政府在台湾问题上奉行的“和平统一，一国两制”的基本方针没有改变。江泽民主席一年前提出的八项主张，对上述方针作了全面、完整、深刻的阐述。最近中国人民解放军在东海和南海进行军事演习，是属于正常的演习，其目的是为了提高我军的军事素质，提高现代化作战的水平。中国人民解放军有义务、有决心，也有能力维护国家的主权和领土完整。在公海进行军事演习，符合国际惯例，许多国家都是这样做的。到现在为止，中国人民解放军的演习都是在公告宣布的范围内进行的，而且很顺利。

台湾目前出现的一些紧张和混乱局面，究其根本原因，是台湾当局的某些领导人明目张胆地、频繁地在岛内和在国际上进行谋求“台湾独立”的活动所造成的严重后果。我们衷心希望台湾人民能够生活在一个和平与安定的环境中。要做到这一点并不困难，关键在于不管以什么样的方式产生的台湾当局领导人，今后不仅在口头上，而且更重要的是在实际行动上，不从事制造“两个中国”和“一中一台”的活动，不搞“台湾独立”。

台湾问题纯属中国的内政，任何外国势力都不得以任何形式加以干涉。如果有人想在台湾海峡炫耀武力，不仅于事无补，而且只会使问题更加复杂化。

我们愿意继续加强两两岸之间的经贸合作，保护台湾同胞包括投资者在大陆的正当权益。

（1996 年 3 月 17 日李鹏会见采访“两会”的中外记者时的讲话）

我于去年 1 月 30 日发表的关于发展两岸关系、推进祖国和平统一进程的八项主张，是出于对整个国家民族利益与前途的考虑，本着尊重历史、尊重现实、照顾各方利益的原则提出的，完全是合情合理、切实可行的。中国政府将坚持贯彻这八项主张，推动两岸关系发展，为和平统一创造更为有利的条件。

我的这个讲话，重申了关于举行海峡两岸和平统一谈判的主张，作为第一步，双方可先就在一个中国的原则下正式结束敌对状态进行商谈，并达成协议。在此基础上，共同承担义务，维护中国的主权和领土完整，并对今后两岸关系的发展进行规划。关于台湾领导人来大陆访问的问题，我在这个讲话中明确表示，在一个中国的前提下，我们欢迎台湾领导人以适当身份来大陆访问，我们也愿意接受台湾方面的邀请，前往台湾。如果台湾当局确有诚意进行会晤,就应放弃在国际上制造“两个中国”、“一中一台”的政治图谋,停止所谓“重返联合国”和其它形式的分裂活动,同时在两岸关系上,毫不拖延地采取实际行动,特别是早日实现两岸的直接“三通”。但是,我们现在看到的情况与此恰恰相反。最近台湾当局又公然搞什么“北向外交”,继续进行分裂祖国的活动,这怎么能够表明他们对“会晤”有任何诚意呢?

(1996 年 9 月 3 日江泽民在接受法国《费加罗报》社论委员会主席佩雷菲特采访时的讲话)

世界上只有一个中国,台湾是中国神圣领土不可分割的一部分。结束海峡两岸的分裂局面,完成祖国统一大业,是中国人民的强烈愿望和不可动摇的意志,是不可阻挡的历史潮流。中国政府早在十几年前就提出了“和平统一、一国两制”的方针,1995 年初,我又提出了推进祖国和平统一进程的八项主张。中国人民将排除任何干扰,完成祖国统一大业。任何制造“两个中国”、“一中一台”和“台湾独立”,蓄意把台湾从中国分裂出去的图谋,必将受到包括台湾同胞在内的全体中国人民的坚决反对,因而注定是要失败的!

(1995 年 12 月 31 日江泽民对中国国际广播电台、中央电视台海外听众、观众的新年讲话)

在江泽民同志《为促进祖国统一大业的完成而继续奋斗》的重要讲话发表一周年之际,首都各界人士集聚一堂,畅谈对江泽民同志讲话的体会,是一件非常有意义的事情。

台湾是中国不可分割的一部分。结束海峡两岸的分离局面,完成中国统一大业,是包括台湾同胞在内的全体中国人民的崇高使命和共同愿望。自 1979 年以来,中国共产党提出对台湾实行“和平统一、一国两制”的基本方针和一系列与此相适应的政策,推动了两岸关系的发展,取得了显著的成果。这也是两岸社会各界人士和广大同胞共同努力的结果。去年 1 月 30 日江泽同志代表中国共产党和中国政府就解决台湾问题发表了系统而又重要的讲话。这个讲话精辟地阐述了邓小平同志关于“和平统一、一国两制”思想的精髓,客观地分析了解决台湾问题所面临的形势,并就现阶段进一步发展两岸关系、推进祖国和平统一进程提出了八项主张。这一讲话充分体现了我们党和政府解决台湾问题的一贯性和连续性,体现了发展两岸关系、促进祖国统一的决心和诚意,也是解决台湾问题的纲领性文件。

江泽民同志提出的八项主张的第一条,开宗明义指出:“坚持‘一个中国’的原则,是实现和平统一的基础和前提。中国的主权和领土决不容许分割。”这是八项主张的核心。中国人民不但反对任何“台湾独立”的言行,也同样反对“分裂分治”、“阶段性两个中国”等违背一个中国”的言行。由于人所共知的原因,祖国大陆与台湾尚未能实现统一,但台湾是中国领土不可分割的一部分,中国拥有对台湾无可争辩的主权。台湾当局所谓的“两岸分裂分治”,是鼓吹中国的主权已经分裂,海峡两岸是“两个对等且互不隶属的政治实体”,已各自成为“独立的国际法人”;鼓吹台湾参加联合国,参加只有主权国家才能参加的国际组织,搞“双重承认。”总之,不管花样如何 翻新,但万变不离其宗,台湾当局根本目的就是要把台湾从中国分裂出去,就是搞“台湾独立”。这就是中国人民与台湾当局的根本分歧所在。

江泽民同志在讲话中提出了一系列具有建设性的建议。特别是江泽民同志再次郑重建议举行“正式结束两岸敌对状态、逐步实现和平统一”的谈判,并提议作为第一步,双方可先就“在‘一个中国’的原则下,正式结束两岸敌对状态”进行谈判,并达成协议;在此基础上,共同承担义务,维护中国的主权与领土完整,并对今后两岸关系的发展进行规划。这一建议的提出,是着眼于双方应在“一个中国”的原则下,为两岸关系的发展创造良好的安全环境,着眼于解决台湾同胞切身利益的问题;也着眼于实现和平统一需要一个过程,应该作出统筹规划逐步加以实施。这一建议的提出,充分体现了我们党和政府解决台湾问题的诚意,得到台湾岛内外有识之士广泛的关注与赞同。但由于台湾当局蓄意制造分裂祖国的图谋丝毫未变,对上述重要建议不仅不作出积极的回应,反而提出了不切实际的先决条件,为海峡两岸谈判设置了重重障碍。

江泽民同志在讲话中呼吁,要面向二十一世纪世界经济的发展,大力发展两岸经济交流与合作,以利于两岸经济共同繁荣,造福整个中华民族;两岸同胞要共同继承和发扬中华文化的优秀传统;应当采取实际步骤加速现两岸直接“三通”;要继续加强两岸同胞的相互往来和交流,增进了解和互相信任。这说明,我们的对台方针政策是从中华民族的整体利益出发的,是十分务实的。我们将长期贯彻这些方针政策,以推动两岸关系发展,为和平统一创造更为有利的条件。

海峡两岸同胞情同手足,命运与共。江泽民同志的讲话倾注了我们对台湾同胞的骨肉亲情和殷切希望。欢迎台湾各党派各界人士,同我们交换有关两岸关系与和平统一的意见。我们一贯主张用和平的方式实现祖国统一，但始终没有承诺放弃使用武力，这决不是针对台湾同胞，而是针对外国势力干涉中国统一和搞“台湾独立”的图谋。中国统一纯系中国内政，任何外国势力不得以任何形式加以干涉。不管在什么情况下，我们党和政府都将继续鼓励和支持台湾工商界在祖国大陆投资，保护台湾同胞的正当利益。我们充分尊重台湾同胞的生活方式和当家作主的愿望，真诚希望广大台湾同胞与我们一起，共同开创两岸关系的新局面。

江泽民同志的重要讲话受到了海内外中国人的热烈欢迎，也引起了国际社会的高度重视，对推动两岸关系和祖国统一进程产生了深远的影响。但是，台湾当局某些领导人仍然坚持分裂祖国的立场，对抗“一个中国”原则，罔顾民族大义，加紧与外国反华势力相互利用，鼓吹“争取生存空间”，制造“两个中国”和“一中一台”，直接破坏了两岸关系发展的基础，使两岸关系出现严重挫折和倒退。这种倒行逆施，理所当然地遭到包括台湾人民在内的中国人民的坚决反对。谁搞“台独”，谁就是破坏中国统一的罪魁祸首，任何辩解都是无济于事的。去年6月以来，中国人民进行了反分裂、反“台独”的斗争，显示了维护中国主权和领土完整的决心和能力。台湾当局某些领导人的倒行逆施，已经使两岸关系处于不稳定状态，直接危及台湾经济发展、社会稳定，伤害了台湾同胞的切身利益。近来，台湾当局有意制造“两岸关系缓和”的假象，但实际上却在加紧制造“两个中国”，大搞“弹性务实外交”，大肆购买军事装备。这只能说明他们讲“缓和”是假，搞“台独”是实，这是枉费心机的。只有台湾当局不仅是在口头上，而且是在行动上放弃制造“两个中国”、“一中一台”，两岸关系才能得以正常发展。只要台湾当局分裂祖国的活动一天不停止，我们反对分裂、反对“台独”的斗争就一天也不会停止，由此而造成的一切后果，当然只能由那些搞分裂活动的台湾当局某些领导人来承担。

一段时间以来，台湾领导人产生方式变更的问题引起了海内外中国人的广泛注意。我愿在此重申，世界上只有一个中国，台湾是中国不可分割的一部分。无论台湾领导人产生方式如何改变，都改变不了台湾是中国领土一部分的事实，改变不了台湾领导人只是中国一个地区领导人的事实。国家的主权属于该国全体人民。包括台、澎、金、马地区在内的全中国的主权，属于包括台湾同胞在内的全体12亿多中国人民，而绝不属于台湾某一部分人，也绝不允许由台湾某一部分人来改变。如果有人企图以台湾领导人产生方式的变更为由，为其分裂祖国的活动披上所谓合法的外衣，这完全是徒劳的。任何外国反华势力若以此为借口，干涉中国内政，支持“台湾独立”，也必将受到中国政府和全体中国人民的坚决反对。把台湾同胞的利益同中华民族的整体利益对立起来的任何图谋，都是注定要失败的。

曾经饱受外国侵略欺凌的中国人民十分珍惜国家主权和领土的完整，具有悠久爱国主义传统的全体中国人民一定要完成中国统一大业。解决台湾问题最根本的条件是把中国自己的事情办好。我们要坚持邓小平建设有中国特色社会主义理论和党的基本路线，把中国建设成为一个政治稳定、经济持续发展、社会全面进步、综合国力强盛的现代化国家。我们要坚持奉行独立自主的和平外交政策，反对霸权主义和强权政治，在和平共处五项原则基础上，同世界各国发展合作与交流，为世界和平、发展与进步事业做出应有的贡献。在实施第九个国民经济与社会发展五年计划期间，中国政府将先后恢复对香港、澳门行使主权。解决台湾问题、完成中国的统一大业，将突出地摆在全体中国人民面前。海峡两岸的中国人团结起来，为完成中国的统一大业而共同奋斗。一个统一和富强的中国将对人类的和平与进步事业作出更大的贡献。

新年伊始，万象更新。在新春即将来临之际，我代表中共中央和国务院，向一切致力于祖国统一大业的同志们和朋友们表示亲切的问题，向台湾同胞表示衷心的祝福。恭贺大家新春快乐，万事如意！

（1996年1月30日李鹏在纪念江泽民主席《为促进祖国统一大业的完成而继续奋斗》讲话发表一周年座谈会上的讲话）

台湾问题始终是影响中美关系“最重要、最敏感的”问题，并说“中美两国关系发展的历史一再表明，如果这个问题处理不好，将对两国关系的发展产生很大的破坏作用。”他表示希望美方今后能严格按照两国3个联合公报的原则处理台湾问题，确保中美关系不再出现大的波折。

（江泽民1996年1月10日在会见美国前总统布什夫妇时的讲话）

一段时间以来，两岸关系出现了新的复杂情况，全国人民都很关心。去年1月，我提出了发展两岸关系、推进统一进程的八项主张，核心是坚持一个中国原则，台湾是中国不可分割的一部分。今后的对台工作，要继续坚持“和平统一、一国两制”的方针，坚持一个中国原则,绝不允许任何势力以任何方式改变台湾是中国一部分的地位。

只要台湾当局分裂祖国的活动一天不放弃,我们的斗争就一天也不会停止。同时,我们要继续发展两岸关系,加强对台经济工作,鼓励台商到大陆投资,并保护他们的一切正当权益。台湾人民是和平统一的重要力量。我们一定要做好台湾人民的工作,为促进祖国的和平统一进一步创造条件。

(1996 年 3 月 8 日江泽民参加全国人大会议同上海、解放军代表团讨论时的讲话)

"我刚从非洲访问回来,今天来看望大家,以实际行动表示党中央、国务院对筹委会工作的重视。"

筹委会成立以来进行了大量很有成效的工作。筹委全就香港社会普遍关注的国籍问题提出了建议:根据筹委的建议,全国人大常委会又就国籍法在香港实施的几个问题作出了解释,香港各界都比较满意。另外,筹委会决定设立临时立法会,是对筹组香港特区、实现平稳过渡有积极意义的重大决定。今年 4 月,筹委会推选委员会小组还在香港进行了公开咨询活动,香港各界人士踊跃参加,充分反映了港人对香港前途是充满信心的。

现在距离香港回归祖国只有一年零一个月。香港目前的形势总的来说是好的,经济、社会各方面的发展也是好的。中国恢复对香港行使主权、保持香港长期繁荣稳定是人心所向,也是全体中国人民的共同愿望。在香港后过渡期的最后一段时间里,中英双方应该保持很好的合作,保证香港的平稳过渡。对这一点,中国政府很清楚,英方也应该清楚。实现香港的平稳过渡,符合香港同胞的利益,符合中国的利益,也符合英国的利益。邓小平同志提出"一国两制"的构想,用和平的方式解决历史遗留问题,这是非常伟大的决策,现在最关键的问题是要向前看,英方要承认现实,明白平稳过渡的重要性。

现在在香港回归祖国的工作上,大政方针已经确定,政策已经明确,原则已经确立,关键的问题是要大家齐心协力,群策群力,把筹委会的工作做得更好,使筹组香港特别行政区的工作更加圆满。

(1996 年 5 月 24 日江泽民在珠海会见出席香港特别行政区筹委员第三次全体会议委员时的讲话)

中国政府有信心、也有能力确保在 1997 年 7 月 1 日后对香港实行"一国两制"的方针。

中国对香港恢复行使主权后,希望香港继续保持繁荣稳定,继续保持国际金融、贸易和航运中心的地位,继续成为中国内地通向世界的桥梁。

"一国两制"是邓小平同志提出的一个伟大构想。现在这个构想已成为我们的一项基本国策。这一方针的提出充分考虑到香港的历史和现实情况,是实事求是的。中国政府有信心,也有能力确保"一国两制"方针于 1997 年后在香港实施。

"一国两制"方针在香港实施是有充分保证的。首先是我们制定了香港特别行政区基本法。中英联合声明签署后,中国全国人大成立了香港特别行政区基本法起草委员会,经过 4 年多的努力,制定了这部具有历史意义和国际意义的重要法律,将中国政府对香港的一系列方针政策以法律的形式明确规定下来。

第二,1993 年,中国政府根据形势的发展变化,及时成立了香港特别行政区筹委会预备工作委员会,为筹建香港特别行政区进行了必要的前期准备工作,给筹委会的工作奠定了良好的基础。不久前,全国人大常委会还任命了香港特别行政区筹委会的组成人员。筹委会的组成是经过充分酝酿,考虑到各方面的因素和代表性而确定的。以上各项步骤标志着筹备成立香港特别行政区的各项工作将进入具体落实阶段。他说:"我相信筹委会一定会不负重托,必将为'一国两制'方针的贯彻发挥重要保证作用。"

第三,内地政局保持稳定和经济持续发展也是贯彻落实"一国两制"方针和关于香港问题的一系列政策的重要条件和保障。

根据"一国两制"的方针,香港在 1997 年 7 月 1 日后将实行资本主义制度,保持香港居民生活方式不变,这将有得于更好地发挥香港国际金融、贸易和航运中心的作用。

(1996 年 1 月 18 日李鹏会见香港明天更好基金访京团时的讲话)

1997 年 7 月 1 日中国对香港恢复行使主权后,中国将对香港实行的"一国两制"和"港人治港"的方针,是一个长期的方针,已经体现在基本法中。他说,香港回归祖国后,香港一切行之有效的政策、法规和法律以及它的优势和特色都会继续保持下去,而且会更加完善。香港作为本地区最大的金融、贸易、航运及信息中心的地位不会改变。因此,香港人民完全有理由相信他们自已的前途,相信香港会更加繁荣。

香港和内地的经济关系是密可不分的。香港的繁荣在相当大程度上得益于内地经济的发展。对香港未来的信心也来自对内地经济发展前景的信心。

我们完全有理由对中国今后经济的发展持有非常乐观的态度。他说，中国实行改革开放以来，特别是1992年以来，中国经济发展所取得的成就是任何人都无法否认的。中国经济在进行广泛的宏观体制改革和采取加强宏观调控的措施以后，正在逐步走上快速而又持续、健康发展的道路。

（1996年1月16日朱镕基会见香港明天更好基金访京团时的讲话）

恢复对香港行使主权是一件大事，我们必须以按照“一国两制”方针解决香港问题的成功实践，为全面完成祖国统一大业树立典范。“增创新优势，更上一层楼”，继续为全国的改革开放和社会主义现代化建设多作贡献，为香港的平稳过渡和长期繁荣稳定多作贡献。

“一国两制”是完成祖国统一大业的基本方针，而绝不是权宜之计。用“一国两制”方针解决香港问题，一方面，保证我们顺利实现对香港恢复行使主权，洗雪一百多年的民族耻辱；另一方面，又照顾到香港的历史和现实，有利于保持香港的长期繁荣和稳定。这样做也是同中国的长远发展战略相一致的。所以，我们要坚定不移地贯彻执行这个方针。

对香港恢复行使主权以后，将保持香港的现行社会、经济制度和生活方式不变，法律基本不变，继续保持香港的自由满地位和国际贸易、金融、航运中心的地位，外国在港的经济利益将得到照顾。香港将实行“高度自治”、“港人治港”。现在有了香港特别行政区基本法，大政方针已定，今后主要是贯彻落实的问题。我们要防止任何干扰和破坏香港繁荣稳定的现象发生。

最近一个时期，中英双方在香港问题上的合作有了一定的改善，10月底，钱其琛副总理成功地访问了英国。我们希望英方能把握住这一契机，认真履行自己的承诺，切实与中方加强磋商合作，不要再制造什么麻烦。香港问题是中英关系的核心问题。只要双方在香港问题上合作得好，两国关系就会得到顺利发展。

筹委会可望于1996年1月成立，这将标志着筹建香港特别行政区的各项工作进入落实和具体操作阶段，希望香港各界人士以主人翁的责任感继续献计献策。

“九五”计划和2100年远景目标的实施，必将有利于加强香港与内地的经济联系，有利于香港与内地整体优势的发挥，有利于香港工商、金融等各界企业家把握在内地的投资方向。总之，必将有利于香港的长期繁荣。

中央决定1996年对出口税收政策和加工贸易管理办法进行一些必要的调整和完善。第一，大幅度降低关税税率。第一步，1996年关税税率降低幅度不低于30%，第二步，再把关税税率进一步降到相当于发展中国家的一般水平。同时，原则上停止进口关税和进口环节税的减免；第二，第一步调低出口货物退税率；第三，完善加工贸易监管办法，建立加工贸易进口料件保证金台帐监管制度。这些调整，绝不是对外开放方针有什么改变，而是具体政策的完善。实行对外开放是我们坚定不移的方针。

深圳是在邓小平同志倡导下最早建立的经济特区之一，经过15年的建设和发展，已取得了世人瞩目的巨大成就。深圳和其它经济特区的确起了探路和示范作用，为推进全国的改革开放作出了历史性的贡献。他希望深圳的广大干部和群众继续发扬大胆探索、实事求是的精神，发扬已有的成绩，在优化产业结构，完善城市功能、发展高新技术、加强科学管理、提高经济增长质量和效益上狠下协夫，在更高的层次和更宽的领域进一步深化改革、扩大开放，努力增创各个方面的新优势，更好地发挥深圳经济特区对外开放的“窗口”作用，经济体制改革的“试验场”作用，对内地的示范、辐射和带动作用，对保持香港繁荣稳定的促进作用。

（1995年12月5日江泽民在深圳考察时的讲会）

现在距离中国对香港恢复行使主权只有一年多一点的时间了。香港如期回归是人心所向，大势已定。实现香港政权顺利交接和平稳过渡是中英两国政府的共同责任。双方应该集中精力把尚未解决的问题解决好。

香港各界都很关心香港特别行政区首任行政长官以及特区政府其他主要官员的人选问题。这些人选确实很重要，应当经过比较长时间的酝酿，充分体现香港各界人士的意愿。在爱国、爱港、遵守基本法这个大原则下，把特区各个机构的负责官员选择好。

交接仪式问题中英联合联络小组正在进行磋商，我相信，通过协商是可以达成谅解的。对中方来说不会有什么大问题。也许英国的一些政界人士想使这个交接仪式办得更隆重一些，我们也没有什么意见。双方可以经过商谈作出必要的安排，使这一交接仪式搞得既隆重又得体。

（1996年6月7日李鹏接受英国《金融时报》亚洲主编蒙塔尼翁采访时的讲话）

从现在起到1997年7月1日，还有不到一年半的时间，筹备香港特别行政区任务繁重，时间紧迫。

筹委会包括了香港社会各个阶层、各个方面的人士，有广泛的代表性。我们要最广泛地团结广大港人，在爱国爱港的旗帜下，团结一切可以团结的力量，共同参与到筹建香港特别行政区的伟大事业中来，共同维护香港的平稳过渡和稳定繁荣。

小平同志指出，必须由以爱国者为主体的港人来治理香港。他对“爱国者”有过清晰而精辟的概括。小平同志说，爱国者的标准就是“尊重自己的民族，诚心诚意拥护祖国恢复行使对香港的主权，不损害香港的繁荣和稳定。”可见，“爱国爱港”的范畴是十分广泛的。当然，我们还要依靠全国人民的支持。

筹委会的工作要贯彻落实基本法。凡是涉及香港的事情，都要按基本法办事。全国人民都要有这种守法意识。

筹建香港特别行政区是全国的一件大事，是实现祖国统一大业征途中的第一站，后面还有澳门问题、台湾问题。在香港问题上为“一国两制”率先垂范，将使祖国统一大业展现非常美好的、广阔的前景。

（1996年1月26日江泽民会见出席香港特别行政区筹委会成立大会的筹委会委员时的讲话）

中国政府不仅不会改变对香港的方针和一系列政策，而且会全力确保有关方针、政策得到认真、切实的贯彻。

筹建香港特别行政区，关键是要把“一国两制”和“港人治港”“高度自治”的方针落到实处。自中英联合声明签署以来，无论国际、国内形势发生什么变化，无论中英在香港问题上的关系出现什么风波，中国政府对香港的基本方针和一系列特殊政策始终坚定不渝。

“筹委会的成立是一件具有历史意义的大事。它标志着中国政府对香港恢复行使主权的工作进入了一个新的阶段，是香港回归祖国的道路上一个新的里程碑。”

我们高兴地看到，筹委会中的香港委员比预委会的时候增加了一倍半还要多。各位能直接参与到筹建香港特别行政区的庄严事业中来，任重而道远。“我相信大家一定能够齐心协力，共同完成历史赋予我们的这一神圣使命。”

1997年后中央人民政府所属各部门以及各省、自治区、直辖市与香港特别行政区及其各部门之间不存在上下级隶属关系。中央各部门、各省、自治区、直辖市与香港特别行政区的交往和合作将在“一国两制”的原则下，按照基本法的有关规定进行。中央人民政府在这方面将会加强管理。“我讲这段话的目的就是要强调，香港特别行政区依照基本法享有的高度自治必须得到充分的保障，中央各部门、任何地方不得加以干预”。正如江泽民主席昨天会见大家时所指出的，九七年后不仅香港人要遵守基本法，内地的人也要遵守基本法，全国人民都要有这种守法意识，要让这种意识九七年前就在全国深入人心。

（1996年1月27日李鹏设宴款待香港特别行政区筹委会全体委员时的讲话）

中国政府关于香港问题的立场是一贯的。现任港英立法局的产生，违反了中英联合声明，违反了与基本法相衔接的原则，违反了中英已达成的协议和谅解。所以，中国政府原来设想的港英最后一届立法局议员过渡成为香港特别行政区首届立法会议员的“直通车”安排已无法实现，责任完全在英方。现任港英立法局的任期只能于1997年6月30日随英国结束对香港的管治而终止。香港特别行政区筹委会根据全国人大的有关决定将设立临时立法会。“九七”之后，香港特别行政区第一届立法会将根据全国人大的有关决定和基本法的有关规定予以组建。采取上述措施非但不会损害香港的繁荣和稳定，正是为了香港的平稳过渡和特别行政区政府的有效运作。香港“九七”后保持长期的繁荣稳定是有充分保证的。

中国对香港恢复行使主权后，将按中英联合声明和基本法的规定，在香港实行“港人治港”、“高度自治”。按照“一国两制”的方针，香港的资本主义社会经济制度不变，生活方式不变，原有的法律基本不变，香港特别行政区享有独立的司法权和终审权，而在英国的管治下香港是没有终审权的。世界上任何新闻自由，都要受到法律约束，不可能有超越法律规定的绝对自由。“九七”以后，香港居民享有的各项权利和自由，包括新闻自由，将得到充分的法律保障。

香港过去的繁荣，并不是像有人说的“归功于独立的司法和自由的新闻体系”，而主要是香港人民创造的，同时，也是与中国内地的支持及改革开放和经济发展分不开的。香港回归后，香港人民一定会以国家主人的新的精神面貌，创造一个更加繁荣的香港。

（1996年9月3日江泽民在接受法国《费加罗报》社论委员会主席佩雷菲特采访时的讲话）

# 第　三　编

## 建设有中国特色社会主义的重大决策

# 一、政　　治

## （一）国家公务员职务升降暂行规定

（人事部1996年1月29日发布）

（略）

## （二）国家公务员任职回避和公务回避暂行办法

（1996年5月27日人事部发布）

（略）

## （三）国家公务员职位轮换（轮岗）暂行办法

（1996年7月31日人事部发布）

（略）

## （四）中共中央发出通知要求认真贯彻执行《1996年—2000年全国干部教育培训规划》

（略）

## （五）中华人民共和国戒严法

（1996年3月1日八届全国人大常委会第十八次会议通过　1996年3月1日中华人民共和国主席令第64号公布　自公布之日起施行）

（略）

## （六）中华人民共和国香港特别行政区驻军法

（1996年12月30日第八届全国人民代表大会常务委员会第二十三次会议通过　1996年12月30日中华人民共和国主席令第80号公布　自1997年7月1日起施行）

（略）

## （七）中华人民共和国行政处罚法

（1996年3月17日第八届全国人民代表大会第四次会议通过　1996年3月17日中华人民共和国主席令第64号公布　自1997年1月1日起施行）

（略）

## （八）信　访　条　例

（1995年10月28日中华人民共和国国务院令第185号发布　自1996年1月1日起施行）

（略）

# 二、文　　化

## (一)中华人民共和国老年人权益保障法

(1996年8月29日第八届全国人民代表大会常务委员会第二十一次会议通过 1996年8月29日中华人民共和国主席令第73号公布　自1996年10月1日起施行)

(略)

## (二)中华人民共和国档案法

(1987年9月5日第六届全国人民代表大会常务委员会第二十二次会议通过 根据1996年7月5日第八届全国人民代表大会常务委员会第二十次会议《关于修改〈中华人民共和国档案法〉的决定》修正)

(略)

## (三)国务院决定进一步完善文化经济政策

为切实加强社会主义精神文明建设、促进文化事业发展,国务院在日前发出的《关于进一步完善文化经济政策的若干规定》中决定,进一步完善文化经济政策,在加大各级财政对文化事业投入力度的同时,拓宽文化事业资金投入渠道,逐步形成适应社会主义市场经济要求的筹资机制和多渠道投入体制。

**一、开征文化事业建设费**

为引导和调控文化事业的发展,从1997年1月1日起,在全国范围内开征文化事业建设费(地方已开征的不重复征收)。

(一)各种营业性的歌厅、舞厅、卡拉OK歌舞厅、音乐茶座和高尔夫球、台球、保龄球等娱乐场所,按营业收入的3%缴纳文化事业建设费。广播电台、电视台和报纸、刊物等广告媒介单位以及户外广告经营单位,按经营收入的3%缴纳文化事业建设费。

(二)文化事业建设费由地方税务机关在征收娱乐业、广告业的营业税时一并征收。中央和国家机关所属单位缴纳的文化事业建设费,由地方税务机关征收后全额上缴中央金库。地方缴纳的文化事业建设费,全额缴入省级金库。

(三)文化事业建设费纳入财政预算管理,分别由中央和省级建立专项资金,用于文化事业建设。

**二、鼓励对文化事业的捐赠**

为鼓励社会力量资助文化事业,纳税人通过文化行政管理部门或批准成立的非营利性的公益性组织对下列文化事业的捐赠,在年度应纳税所得额3%以内的部分,经主管税务机关审核后,在计算应纳税所得额时予以扣除:

(一)对国家重点交响乐团、芭蕾舞团、歌剧团和京剧团及其他民族艺术表演团体的捐赠。

(二)对公益性的图书馆、博物馆、科技馆、美术馆、革命历史纪念馆的捐赠。

(三)对重点文物保护单位的捐赠。

**三、继续实行财税优惠政策**

随着经济发展和财政收入的增长,逐步增加对文化事业的资金投入,继续实行财税优惠政策。要采取措施扶持边远地区、民族地区发展文化事业。

**四、建立健全专项资金制度**

为促进宣传文化事业发展、增强调控能力、保证重点需要、规范资金管理,中央和省级要建立健全有关专项资金制度。目前,要重点完善"宣传文化发展专项资金"、"优秀剧(节)目创作演出专项资金"、"国家电影事业发展专项资金"和"出版发展专项资金"制度。专项资金是财政资金,要按照有关财政法规的要求健全制度、加强管理,保证专项专用并接受财政和审计部门监督检查。

(11月14日《人民日报》)

# 三、教　　育

## (一)教师资格条例

(1995年12月12日中华人民共和国国务院令第188号发布　自发布之日起施行)

(略)

## (二)中华人民共和国职业教育法

(1996年5月15日第八届全国人大常委会第十九次会议通过　1996年5月15日中华人民共和国主席令第69号公布　自1996年9月1日起施行)

(略)

# 四、科　　技

## (一)中华人民共和国促进科技成果转化法

(1996年5月15日第八届全国人大常委会第十九次会议通过　1996年5月15日中华人民共和国主席令第68号公布　自1996年10月1日起施行)

(略)

## (二)人才市场管理暂行规定

(人事部1996年1月29日发布)

(略)

## (三)国务院关于“九五”期间深化科技体制改革的决定

国务院最近作出了《关于“九五”期间深化科学技术体制改革的决定》，全文如下：

1985年中共中央发布《关于科学技术体制改革的决定》以来，科技界经过十多年的探索和成功实践，开创了科技作为第一生产力大发展的新局面，使原来单一、封闭的计划管理体制被打破，科技与经济脱节的状况有所改观，社会主义市场经济体制在科技运行中的作用逐步增强，多数技术开发型科研机构走上了按市场机制运行、面向经济建设、自主发展的道路，大部分科技力量以多种方式进入到经济建设主战场。在科技体制改革中，充分反映了广大科技工作者为了实现国家发展战略目标而自觉地积极参与改革的爱国主义精神。但是，由于种种原因，科技作为第一生产力在经济建设和社会发展中的关键作用尚未得到充分发挥，科技体制总体布局还有待完善，科技投入总量仍显不足，科技资源配置不够合理，科研机构设置重复、力量分散、专业和人才结构不合理的状况还没有很好解决，科技整体优势和科技储备尚需加强。“九五”期间是我国全面完成现代化建设第二步战略部署的关键时期。为实现经济体制和经济增长方式的两个根本性转变，实施科教兴国战略和可持续发展战略，科技工作要更好地为经济建设和社会发展服务，为解决经济建设和社会发展的热点、难点问题，为提高经济增长的质量做出贡献。根据1995年《中共中央、国务院关于加速科学技术进步的决定》中关于“深化科技体制改革”的精神，现就“九五”期间深化科技体制改革问题，作出以下决定。

**一、主要目标**

“九五”期间深化科技体制改革的主要目标是，全面贯彻科学技术是第一生产力的思想，进一步落实经济建设必须依靠科学技术，科学技术工作必须面向经济建设和努力攀登科学技术高峰的方针。坚持在面向经济建设和社会发展主战场、发展高技术和建立高新技术产业、加强基础性研究三个层次上进行科技体制改革的战略部署，按照“稳住一头，放开一片”的原则，加强基础性研究、应用研究、高技术研究和重大科技攻关活动，增加科技储备，解决国民经济建设和社会发展中重大、综合、关键、迫切的技术问题，尽快缩小与国际先进水平的差距。大多数研究开发机构直接进入市场，加速科技成果转化，大幅度提高社会生产力和经济效益，提高农业、工业和第三产业的科技水平。

“九五”期间，要初步建立起适应社会主义市场经济体制和科技自身发展规律的科技体制。形成科研、开发、生产、市场紧密结合的机制，建立以企业为主体、产学研相结合的技术开发体系和以科研机构、高等学校为主的科学研究体系以及社会化的科技服务体系，提高科技在国民经济中的贡献率。科技体制改革以独立科研机构特别是中央部门所属科研机构为重点。高等学校所属科研机构既有自身特点，又是整个科技体制改革的一个有机组成部分。通过深化科技体制改革，促进科技资源合理优化配置，使科研机构形成合理布局；以国家发展战略目标的需求为导向，充分调动科技人员参与改革的积极性，合理分流人才，各发挥其所长。科技体制改革要与经济体制和其他方面的改革同步、配套进行，正确处理改革、发展和稳定的关系，分类指导、因地制宜、不搞一刀切，积极稳妥地推进。

**二、主要任务**

(一)推动科研机构面向经济建设主战场

1. 绝大多数科研机构要以经济建设为主战场，调整专业结构，为改造传统产业、提高产品质量、发展民族工业、提高国际竞争能力、增强综合国力做贡献。

具备条件的科研机构可直接进入企业，成为企业的技术开发机构。一些为行业服务的科研机构可通过实行会员制、股份制等形式，成为行业的技术开发机构。

大部分技术开发和技术服务型机构，要创造条件实行企业化管理，以多种方式进入市场，在市场竞争中求发展。

具有研究开发优势并已形成自我发展能力或具备产业开发实力的科研机构，可以兴办企业或直接转变成企业。这类企业可成为研究、开发、工程设计和生产销售一体化的公司；也可以通过兼并、承包其他企业及科研机构转变成企业集团，通过有偿转让技术成果、承接技术开发项目、为社会提供专项技术服务等途径，自主经营、自我发展。

具有系统、配套工程开发能力的科研机构可同企业密切结合，转变成工程中心；也可自办工程中心。

综合服务能力较强的科研机构可转变成生产力促进中心或技术创新推广中心等技术服务机构，实行企业化经营，面向社会开展技术服务。

中央部门所属科研机构要积极主动地为地方经济建设和社会发展服务。在部门和地方的支持下，其中一部分可采取由部门与地方联合、共管、共建的方式，成为区域科技研究开发中心。从事行业长远性、综合性研究的科研机构和高等学校的科技力量，要增强合作，加强行业共性、关键性技术的研究、开发，继续为行业的发展服务。

2. 为加快农业现代化进程，必须加强农业科研开发体系和技术推广服务体系建设。优化农业科研机构的学科专业结构和人才结构，重视多学科、跨部门联合攻关，促进科研成果转化。建立一批国家、行业和区域研究开发中心，逐步形成中央和地方两级重点农业科研体系。国家农业科研机构和重点农业大学要将主要力量用于基础性研究及全国性重大应用研究开发工作，着重解决省、地农业科研机构不宜承担的全局性、基础性、关键性、方向性的重大科技问题。省、地农业科研机构应按照自然和经济区划，逐步发展成区域性农业研究开发中心，重点开展应用技术研究、科技成果的二次开发及转化工作。各级农业科研机构都要在“稳住一头”的同时，大力组织科技人员参加科技示范区、农业综合开发、支柱产业基地建设、科技扶贫和各种科技服务工作。要促进农科教紧密结合，提高农民的科学文化知识水平和应用农业科学技术的能力，大力培养和稳定具有多种技能的农业技术推广人员，全面提高农业劳动生产率。切实健全、加强农业技术推广体系，稳定、完善基层农业技术推广机构，增强其自身发展的实力。农业技术推广机构要与农村各类服务组织合作，构成技农贸一体化、产供销一条龙的科技服务网络。农业技术推广机构以自营方式或与种子公司、农资部门联营的形式从事与其业务相近的经营活动，经营所得主要用于补贴农业技术推广工作和技术人员的收入。

3. 企业要成为技术开发的主体。国有大中型企业要把建立企业技术创新机制、提高技术创新能力，作为建立现代企业制度的重要内容。大中型企业和企业集团都应以市场为导向，逐步建立与科研机构、高等学校联合等多种形式的技术开发机构。鼓励开展群众性的技术革新活动。增加技术开发投入，加快科技成果转化和推广速度，努力开发新产品。扶持中小企业、乡镇企业与科研机构和高等学校建立长期稳定的协作关系。要继续鼓励民营科技企业的发展。

（二）发展高技术，促进高新技术产业化。

高技术研究与开发是发展现代经济的先导，是高技术产业发展的源泉。要选择一批对国民经济发展有重大带动作用、拥有一定基础和优势、能增强我国综合国力的重大项目，采取竞争招标的方式，组织和推动科研机构、高等学校、企业，集中力量，联合攻关。要稳住一支高水平的科研队伍，开发高技术成果，实现产业化，特别是要用于大中型企业的产业结构调整和技术改造。

进一步推动国家高新技术产业开发区的发展。要深化改革创造更好的环境，吸引科研机构、高等学校和大中型企业发展高技术产业，按照建立现代企业制度的要求，加快改革步伐。鼓励高等学校创办符合高教改革方向的高技术校办企业。

（三）优化基础性科研机构的结构和布局。

基础性研究工作要以中央所属科研机构和重点高等学校为主并加强联合。要切实稳住和办好一批重点基础性研究机构，加强基础研究基地和基础设施建设，使一批精干的优秀科技人才从事基础性研究工作并做好青年人才的培养工作。这类机构也要优化结构，合理分流人员，提高效率。

支持基础性科研机构与高等学校实行科研人员双向流动、相互兼职。要采取有力措施，促进共建、共用大型仪器设备，实现资料、信息等充分共享。坚持科研、教学和人才培养工作有机结合，做到优势互补、相互促进。

（四）有条件的社会公益性研究机构实行开放式管理和社会化服务。

社会公益性科研机构要克服设置重复、力量分散的弊端，有步骤地精简和优化组合，实行开放式管理，实现功能社会化、服务产业化。国家对承担有关国家整体利益和长远利益的社会公益性研究机构给予重点支持，同时鼓励一些有条件的公益性科研机构实行企业化经营，建立具有自我发展能力的区域性或行业性科技服务、咨询机构。

**三、主要措施**

（一）实行科学管理。加强宏观调控和规划布局管理，促进科技力量的联合和集成。优化投资结构，继续发展科学基金制，运用价值评议和同行专家评议等办法，提高资金利用效益。科技计划项目主要实行招标制，面向社会公开招标，保证立项的科学性和竞标的公开、公正性。科研机构在保证完成国家和主管部门下达任务的前提下，享有内部管理等方面的自主权，成为面向社会的独立法人。不同类型的科研机构应探索包括院所长负责制、理事会决策制的改革，探索项目专家负责制的试点。对项目的实施要进行跟踪评估。

（二）促进科技成果转化。加强中试基地、工业性试验基地和工程技术开发中心的建设。进一步发展技术市场，建立公平、公开、公正的技术市场秩序，壮大技术中介组织和经纪人队伍。

（三）提高技术创新能力。积极创造条件，大力推进科研机构与高等学校和企业之间联合与协作，提高系统性、配套性的工程技术开发能力。

（四）建立人尽其才、优秀人才脱颖而出的人才评价和培养使用机制。健全和完善专业技术职务聘任制。充分发挥科研机构、高等学校培养人才的作用，加速中青年学术和技术带头人的培养，让更多的中青年科技人员在研究开发第一线担当重任。充分发挥老、中、青科技人员的作用，使科研工作在开放、流动、竞争、协作中更具活力和创新性。一些重点科研机构和科研基地可设立部分机动编制，建立人才流动和重要岗位的公开竞争机制。

（五）进一步改革科技人员收入分配制度。从事科研技术开发和科技成果转化工作的科技人员和科技管理人员，其收入应与科研水平和贡献挂钩。改革科技奖励制度，设立国家科技成果推广奖，建立科技工作评价体系和知识产权管理体系，形成新的科技工作激励机制。要努力改善科技人员的生活条件和工作条件，重点解决青年科技人员的住房问题。

（六）坚持对外开放，积极参与国际交流和合作。要继续鼓励引进国外先进技术和管理经验，在此基础上加强消化、吸收，努力实现技术创新，形成一大批具有中国自己的知识产权的技术成果和产品。扩大国际学术和人才交流。继续鼓励各类科技人才，特别是中青年科技人才以不同形式参与国际科技合作与交流。认真贯彻“支持留学、鼓励回国、来去自由”的方针，积极创造条件，鼓励和引导留学人员、留居海外的科技人员应聘回国工作，或以多种形式为祖国建设服务。

**四、资金保障**

“九五”期间，中央财政要按《中共中央、国务院关于加速科学技术进步的决定》的要求，逐步增加科技投入。随着经济增长，各级地方财政都要努力增加科技投入，科技经费的增长要高于财政经常性收入的增长。各部门、各地方要提高重点科研机构和科研基地的装备水平和科研能力。

(一)企业及企业集团应努力增加技术开发经费，该经费可按规定列入成本。行业主管部门可通过多种途径筹集行业科技研究开发资金。积极探索建立农业科技良性循环的投入机制。基本建设、技术改造、技术引进等都要安排一定经费，用于相关的技术创新工作。

(二)在国家信贷计划中增加科技贷款比例，扩大商业科技贷款规模。国家政策性银行要设立支持重大科技成果转化的专项贷款科目，支持发展高新技术产业。

(三)积极探索科技发展风险投资机制，促进科技成果转化。

(四)“九五”期间，为鼓励、扶持科研机构进入市场，对转变为企业法人的科研机构，根据不同情况，经核定后可继续保留其名称，享受国家给予科研事业单位的各项政策。

(五)转化为企业的科研机构除享受国家对企业的各项税收优惠政策外，其开发新产品、新技术、新工艺所发生的各项费用，可按规定计入管理费用。在技术转让过程中发生的技术培训、技术咨询、技术服务，各地应根据当地实际情况制定税收优惠政策。

(六)为扶持高新技术产业的发展，鼓励各级政府部门和由政府财政支持的事业单位同等优先采购具有中国知识产权的高技术产品。

(七)对改革基本到位的科研机构，科技管理部门仍要在项目经费、事业费、设备更新等方面给予支持，使重点科研机构和科研基地逐步达到国际先进水平。

(八)按照国家有关规定和统一部署，科研机构按国家、单位、个人分担的原则建立社会保障制度，在养老、医疗保险方面建立社会统筹与个人帐户相结合的制度。科研机构的部分事业费可以转成社会保障基金。对实行企业化管理或转变成企业的科研机构，逐步实行社会保障制度。要进一步完善有关社会保险政策，对做出过卓越贡献的科学家和工程技术人员，改善他们在养老、医疗和住房等方面的待遇。

**五、深化国防科技体制改革**

根据国家经济体制和科技体制改革的基本方向和新时期军事战略方针，要逐步建立适应社会主义市场经济要求并符合国防科技自身发展规律的军民结合、平战结合型新科技体制。要以国家任务和投资为导向，加强总体和系统集成能力，改变科研机构重复分散的状况，集中力量支持一批基础好、素质高、技术创新能力强的科研机构和高等学校，形成“小摊子、高水平”的国防科研体系。结合国防科研能力和结构调整，合理分流人员，采取措施，稳定国防科研高科技人才和骨干队伍。深化国防科研拨款制度改革，加强经费管理，提高经费使用效益，进一步完善国防科研合同制，积极引入竞争机制，发挥市场调节功能。采取多种形式和途径，促进国防科研与生产相结合，加快国防科技成果产业化。大力发展军民两用技术，加快军转民步伐，运用高新技术成果开发民用产品，发展高新技术产业。同时要积极学习和吸收先进的民用技术，增强军民兼容程度及平战转换能力。

科技体制改革是一项长期的任务。各部门、各地方必须切实加强领导，按照本《决定》精神，制定切实可行的实施方案，认真组织实施。要及时研究改革中出现的新情况、新问题，通过试点不断总结经验。广大科技人员要积极投身科技体制改革事业，努力实现建立新型科技体制的改革目标。

# 五、金　　融

## (一)中华人民共和国外汇管理条例

(1996年1月8日国务院第四十一次会议通过　1996年1月29日中华人民共和国国务院令第193号发布　自1996年4月1日起施行)

(略)

## (二)国务院发出通报重申严禁非法金融活动、维护经济秩序稳定

新华社11月24日报道,国务院近日就浙江省兰溪市非法成立金融机构,发生储户挤兑事件问题发出通报,重申严禁非法金融活动。三家非法成立的金融机构已被取缔。另外,中国人民银行近日还查处了四川省直属机关工会擅自设立"工作互助基金"出现支付困难的问题,有关人员将受到严肃处理。

1994年6月至1995年3月,兰溪市体改委未经中国人民银行批准,擅自批准设立了"兰溪市兰江民融资金服务部"、"兰溪市兰嘉民融资金服务部"和"兰溪市职工融资服务社"三家融资机构,兰溪市工商行政管理局为这三家融资机构颁发了营业执照,并擅自将其业务范围核定为"人民币存贷业务"。三家融资机构通过比国家法定存款利率高50%、贷款利率高90%的方式扩张业务规模。截至今年3月底,三家非法金融机构贷款余额9700多万元,贷款逾期率达20%以上,其中职工融资服务社贷款逾期率高达50%以上。由于违章经营,管理混乱,贷款出现严重风险,支付发生困难。从今年5月20日开始,这三家融资机构先后出现储户挤兑,直至6月上旬才基本平息。

为严肃法纪,维护正常的经济秩序和社会安定,国务院决定,对兰溪市非法成立金融机构给予通报批评,并责成浙江省人民政府和中国人民银行会同有关部门对在"兰溪事件"中负有责任的兰溪市体改委、工商行政管理局和中国人民银行兰溪市支行等有关部门的负责人进行严肃处理,构成犯罪的,依法追究其刑事责任。国务院同时要求,各级人民政府和有关部门要认真贯彻执行《中华人民共和国中国人民银行法》和《中华人民共和国商业银行业》等法律、法规,严格依法办事。未经中国人民银行批准,任何地方和部门都不得擅自批准设立金融机构。各级人民银行要严格依法履行监管职责,对非法设立的金融机构或非法从事金融业务的机构,要及时予以取缔和查处;对有可能危及金融秩序稳定、涉及到重大金融风险的问题要及时报告;对玩忽职守造成损失的,要追究有关人员的责任。鉴于中国人民银行浙江兰溪市支行负有监管失职的责任,中国人民银行已决定撤销兰溪市支行行长的职务,对管辖兰溪市支行的金华分行行长给予记过处分。

另据中国人民银行调查,四川省直属机关工会未经批准,于1989年擅自设立了"省直单位互助基金会",通过吸纳基层工会和职工个人资金,再以抵押、担保等方式贷出,变相从事金融业务。1992年6月该基金会改称"四川省直属机关工会工作互助基金",扩大了基金规模,提高了入资者的利率,把筹集的基金委托银行贷出,或以24%的年利率贷给企业和个人,继续非法从事金融业务。截至1996年8月底,该基金债务总计已达5亿元。当该基金管委会有关人员因涉嫌经济犯罪被逮捕后,入资单位和个人纷纷要求立即清退本金,在人民银行和四川省有关部门采取了一系列紧急措施后,才基本解脱了到期存款本息支付困难的局面。目前,中国人民银行会同四川省人民政府正组织力量对"四川省直属机关工会工作互助基金"的帐目进行清理,并对批准设立该基金从事金融业务的责任人员进行查处,构成犯罪的,将依法追究其刑事责任。

(新华社讯,11月25日《人民日报》)

## (三)国务院作出关于加强预算外资金管理的决定

新华社8月5日报道,国务院近日作出了关于加强预算外资金管理的决定。

据了解,改革开放以来,我国预算外资金增长较快,对经济建设和社会事业发展起到了一定的积极作用。但是,近几年来有的地方违反《中华人民共和国预算法》和国务院的有关规定,擅自将财政预算资金通过各种非法手段转为预算外资金,有些部门和单位擅自设立基金或收费项目,导致国家财政收入流失,预算外资金不断膨胀。同时,由于管理制度不健全,预算外资金的使用脱离财政管理和各级人大监督,乱支滥用现象十分严重。这些问题不仅造成了国家财政资金分散和政府公共分配秩序混乱,而且加剧了固定资产投资和消费基金膨胀,助长了不正之风和腐败现象的发生。

为此,国务院在决定中要求各地区、各部门和各单位严格执行《中华人民共和国预算法》,禁止将预算资金转移到预算外。各级人民政府要切实加强对财政预算资金和预算外资金的管理,完善对财政资金的监督检查制度。任何地区、部门和单位都不得隐瞒财政收入,将财政预算资金转为预算外资金。各部门、各单位未经财政部门批准,不得擅自将财政拨款转为有偿使用,更不得设置帐外帐和"小金库"。财政部门尤其不能设置"小金库"。

国务院决定从1996年起将13项数额较大的政府性基金(收费)纳入财政预算管理。基金(收费)收入要按现行体制及时上缴中央金库或地方金库,使用由主管部门提出计划,财政部门按规定拨付,属于基本建设用途的,由财政部门按计划部门批准的项目计划安排支出,实行收支两条线管理,加强财政、审计监督。基金(收费)收支在预算上单独编列反映,按规定专款专用,不得挪作他用,也不能平衡预算。地方财政部门按国家规定收取的各项税费附加,从1996年起统一纳入地方财政预算,作为地方财政的固定收入,不再作为预算外资金管理。

按照《企业财务通则》和《企业会计准则》的规定,国有企业税后留用资金不再作为预算外资金管理。事业单位和社会团体通过市场取得的不体现政府职能的经营、服务性收入,不作为预算外资金管理,收入可不上缴财政专户,但必须依法纳税,并纳入单位财务收支计划,实行收支统一核算。

国务院在决定中要求,加强收费、基金管理,严格控制预算外资金规模。收取或提取预算外资金必须依照法律、法规和有法律效力的规章制度所规定的项目、范围、标准和程序执行。

行政事业性收费要严格执行中央、省两级审批的管理制度。收费项目按隶属关系分别报国务院和省、自治区、直辖市人民政府的财政部门会同计划(物价)部门批准;确定和调整收费标准,按隶属关系分别报国务院和省、自治区、直辖市人民政府的计划(物价)部门会同财政部门批准;重要的收费项目和标准制定及调整应报请国务院或省级人民政府批准。省、自治区、直辖市人民政府批准的行政事业性收费项目和收费标准报财政部、国家计委备案。省、自治区、直辖市以下各级人民政府(包括计划单列市)及其部门无权审批设立行政事业性收费项目或调整收费标准。行政性收费中的管理性收费、资源性收费、全国性的证照收费和公共事业收费,以及涉及中央和其他地区的地方性收费,实行中央一级审批。未按规定报经批准的或不符合审批规定的各种行政事业性收费,都属乱收费行为,必须停止执行。

征收政府性基金必须严格按国务院规定统一报财政部审批,重要的报国务院审批。基金立项的申请和批准要以国家法律、法规和中共中央、国务院有关文件规定为依据,否则一律不予立项。地方无权批准设立基金项目,也不得以行政事业性收费的名义变相批准设立基金项目。

国务院在决定中强调预算外资金是国家财政性资金,不是部门和单位自有资金,必须纳入财政管理。财政部门要在银行开设统一的专户,用于预算外资金收入和支出管理。部门和单位的预算外收入必须上缴同级财政专户,支出由同级财政按预算外资金收支计划和单位财务收支计划统筹安排,从财政专户中拨付,实行收支两条线管理。

财政部门要建立预算外资金预决算管理制度。各部门、各单位要按规定编制预算外资金收支计划和单位财务收支计划,并及时报送同级财政部门,对预算内拨款和预算外收入统一核算,统一管理。

要严格预算外资金支出管理,严禁违反规定乱支挪用。各部门、各单位要严格按国家规定和经财政部门核定的预算外资金收支计划和单位财务收支计划使用预算外资金。专项用于公共工程、公共事业的基金和收费,以及其他专项资金,要按计划和规定用途专款专用,由财政部门审核后分期拨付资金;用于工资、奖金、补贴、津贴和福利等方面的支出,必须严格执行财政部门核定的项目、范围和标准;用于固定资产投资的支出,要按国家规定立项纳入国家固定资产投资计划,并按计划部门确定的国家投资计划和工程进度分期拨付；用于购买专项控制商品方面的支出，要报财政部门审查同意后，按国家有关规定办理控购审批手续。严禁将预算外资金转交非财务机构管理、帐外设帐、私设“小金库”和公款私存；严禁用预算外资金搞房地产等计划外投资，从事股票、期货等交易活动以及各种形式的高消费。财政部门要认真履行职责，建立健全各项管理制度，积极做好各项服务工作，及时拨付预算外资金，切实加强对预算外资金的管理。

国务院在决定中同时要求各地各部门建立健全监督检查与处罚制度。各级人民政府要接受同级人民代表大会对预算外资金使用情况的监督。各级财政部门要加强对预算外资金收入和支出的管理，建立健全各项收费、基金的稽查制度，并会同人民银行共同做好预算外资金帐户的开设和管理工作。对违反预算外资金管理规定者，要依照国家法律、法规予以处罚。

各级政府必须重视和加强预算外资金的管理。要立即组织力量对预算外资金认真进行清理整顿，属于国家规定应纳入预算管理的资金，要坚决按规定执行。对不符合国家规定设立的收费和基金项目一律取消。

（新华社讯，8月6日《人民日报》）

## （四）国务院发出关于固定资产投资项目试行资本金制度的通知

新华社9月14日报道　从1996年开始，对各种经营性固定资产投资项目，包括国有单位的基本建设、技术改造、房地产开发项目和集体投资项目，试行资本金制度，投资项目必须首先落实资本金才能进行建设。这是国务院在日前发出的《国务院关于固定资产投资项目试行资本金制度的通知》中决定的。

投资项目资本金，是指在投资项目总投资中，由投资者认缴的出资额，对投资项目来说是非债务性资金，项目法人不承担这部分资金的任何利息和债务；投资者可按其出资的比例依法享有所有者权益，也可转让其出资，但不得以任何方式抽回。经营性投资项目试行资本金制度，目的是深化投资体制改革，建立投资风险约束机制，有效地控制投资规模，提高投资效益，促进国民经济持续、快速、健康发展。

按照国务院的决定，投资项目资本金可以用货币出资，也可以用实物、工业产权、非专利技术、土地使用权作价出资。对作为资本金的实物、工业产权、非专利技术、土地使用权，必须经过有资格的资产评估机构依照法律、法规评估作价，不得高估或低估。以工业产权、非专利技术作价出资的比例不得超过投资项目资本金总额的20%，国家对采用高新技术成果有特别规定的除外。投资者以货币方式认缴的资本金，其资金来源有：各级人民政府的财政预算内资金、国家批准的各种专项建设基金、“拨改贷”和经营性基本建设基金回收的本息、土地批租收入、国有企业产权转让收入、地方人民政府按国家有关规定收取的各种规费及其它预算外资金；国家授权的投资机构及企业法人的所有者权益（包括资本金、资本公积金、盈余公积金和未分配利润、股票上市收益资金等）、企业折旧资金以及投资者按照国家规定从资金市场上筹措的资金；社会个人合法所有的资金；国家规定的其它可以用作投资项目资本金的资金。

《通知》规定，投资项目资本金占总投资的比例，根据不同行业和项目的经济效益等因素确定，其中，交通运输、煤炭项目，资本金比例为35%及以上；钢铁、邮电、化肥项目，资本金比例为25%及以上；电力、机电、建材、化工、石油加工、有色、轻工、纺织、商贸及其他行业的项目，资本金比例为20%及以上。投资项目资本金的具体比例，由项目审批单位根据投资项目的经济效益以及银行贷款意愿和评估意见等情况，在审批可行性研究报告时核定。经国务院批准，对个别情况特殊的国家重点建设项目，可以适当降低资本金比例。

此外，对某些投资回报率稳定、收益可靠的基础设施、基础产业投资项目，以及经济效益好的竞争性投资项目，经国务院批准，可以试行通过发行可转换债券或组建股份制公司发行股票方式筹措资本金。

《通知》说，为扶持不发达地区的经济发展，国家主要通过在投资项目资本金中适当增加国家投资的比重，在信贷资金中适当增加政策性贷款比重以及适当延长政策性贷款的还款期等措施，增强其投融资能力。

《通知》规定，投资项目的资本金一次认缴，并根据农业优势提出了明确要求。他说，转变经济增长方式，首要的是要面向市场，围绕着振兴优势产业，形成东北地区新的有特色的经济产业链。东北地区发展农牧业具有得天独厚的自然条件，是东北区域经济发展的最大优势，要利用科学技术，稳定地增加粮食生产，成为国家最重要的商品粮基地之一。要以农产品为原料，发展食品、医药、化工、饲料等系列产业，通过粮食的转化，大力发展畜牧业，形成农牧业产业链，满足人民的需要。使东北地区成为我国今后粮食的主要增产区，又是农业精深加工的发达地区。同时，要大力发挥东北地区的林业优势，切实保护原始森林资源，大力发展人工森林，并形成木材加工、纸浆等产业链。科技和工业都要为了东北地区具有巨大优势的农林牧业的发展做出努力，这实际上也为科技和工业产品提供了新的市场，促进工业发展。在“九五”期间到2010年，东北地区的工业要大力振兴过去曾经具有优势的机械、钢铁、石化、汽车、造船、能源等产业，特别要加强产品结构的调整。缺乏市场适销对路产品的企业，是一个无生命力的名不副实的企业。对亏损的国有企业，从根本上来说是抓好国有企业的改革，在实际工作中要采取一厂一策的措施，要实行扭亏责任制。每一个企业都必须要有适销对路的产品，否则企业就不能进入市场。关于企业技术改造，邹家华说，企业应该年年不断地进行技术改造，要在“技术”二字上下功夫。当前技术改造要重点围绕开发和生产适销对路的新产品来进行。区域经济规划要注意充分利用本区域现有的生产能力，再根据实际需要进行技术改造，只有这样才符合集约型的要求。东北地区既沿海、沿边，又地处东北亚经济区的核心地带，一定要充分利用这一优势的区位条件，围绕重点产业的发展进一步扩大对外开放，不但关注国内市场，而且要大力开拓国际市场，大力增加出口。同时也要继续积极吸引国外的资金、技术和人才，在平等互利的原则下加强中外的经济合作。

邹家华强调指出，为了发展东北地区的经济，发挥整体优势，必须联合起来发展共同关心的水利、电力、交通、贸易、科技、信息等产业。据了解，国家计委已就促进东北地区区域经济发展提出了若干意见。邹家华要求通过这次座谈会，将国家有关部委和地方提出的重要意见和建议充实到文件中去。根据这些要求，东北三省一区政府将自行合作，成立东北经济协调组织，具体推动区域经济发展。

（9月7日《人民日报》）

# 六、经　　济

## （一）中华人民共和国国民经济和社会发展“九五”计划和2010年远景目标纲要

（1996年3月17日第八届全国人民代表大会第四次会议批准）

（略）

## （二）关于国民经济和社会发展“九五”计划和2010年远景目标纲要及关于《纲要》报告的决议

（1996年3月17日通过）

（略）

## （三）国务院批转国家经贸委《关于1996年国有企业改革工作的实施意见》

（略）

## （四）企业国有资产产权登记管理办法

（1996年1月25日中华人民共和国国务院令第192号发布　自发布之日起施行）

（略）

## （五）国务院关于环境保护若干问题的决定

（略）

### (六)中华人民共和国统计法

(1983年12月8日第六届全国人大常委会第三次会议通过 根据1996年5月15日第八届全国人大常委会第十九次会议《关于修改〈中华人民共和国统计法〉的决定》修正)

(略)

### (七)中华人民共和国刑事诉讼法

(1979年7月1日第五届全国人民代表大会第二次会议通过 根据1996年3月17日第八届全国人民代表大会第四次会议《关于修改〈中华人民共和国刑事诉讼法〉的决定》修正)

(略)

### (八)中华人民共和国律师法

(1996年5月15日第八届全国人大常委会第十九次会议通过 1996年5月15日中华人民共和国主席令第67号公布 自1997年1月1日起施行)

(略)

### (九)中华人民共和国乡镇企业法

(1996年10月29日第八届全国人大常委会第二十二次会议通过 1996年10月29日中华人民共和国主席令第76号公布 自1997年1月1日起施行)

(略)

# 七、党的建设

### (一)中共中央关于加强社会主义精神文明建设若干重要问题的决议

(1996年10月10日中国共产党第十四届中央委员会第六次全体会议通过)

中国共产党第十四届中央委员会第六次全体会议,根据全面实现我国国民经济和社会发展"九五"计划和2010年远景目标的要求,分析了社会主义精神文明建设面临的形势,总结了经验和教训。鉴于教育和科学的发展中央已有全面部署,本次全会主要讨论思想道德和文化建设方面的问题,并作出如下决议。

**一、加强社会主义精神文明建设是一项重大战略任务**

(1)从1996年到2010年,是建设有中国特色社会主义事业承前启后、继往开来的重要时期。在这个时期,要巩固和发展十一届三中全会以来取得的伟大成就,促进经济体制和经济增长方式的根本性转变,推动经济发展和社会全面进步;要面对世界范围各种思想文化相互激荡和科学技术的迅猛发展,迎接综合国力剧烈竞争的挑战;要在前进道路上战胜各种困难,坚持党的基本路线不动摇。这一切,不仅要求物质文明有一个大的发展,而且要求精神文明有一个大的发展。必须指出,社会主义精神文明是社会主义社会的重要特征,是现代化建设的重要目标和重要保证。建设社会主义精神文明,关系跨世纪宏伟蓝图的全面实现,关系我国社会主义事业的兴旺发达。物质文明是基础,经济建设这个中心必须牢牢把握,毫不动摇,但是精神文明搞不好,物质文明也要受破坏,甚至社会也会变质。在把物质文明建设搞得更好的同时,切实把精神文明建设提到更加突出的地位,认真解决当前一系列紧迫问题,进一步开创新形势下精神文明建设的新局面,已经成为全党和全国各族人民极其关注的大事。

(2)十一届三中全会以来的十八年,我们国家经历了举世瞩目的历史大转折和事业大发展。这是我们党领导全国各族人民扭转"文化大革命"十年内乱造成的严重局势，从困难中重新奋起，为中国社会主义发展开辟新道路的伟大进程；又是我们经受住八十年代末、九十年代初国内国际风波的严峻考验，把我国改革开放和社会主义现代化建设推进到新阶段的伟大进程。这种历史性的成就，同解放思想、实事求是、以实践为检验真理唯一标准的思想路线的重新确立，同对什么是社会主义、怎样建设社会主义的重新认识是分不开的；同为国家富强、人民幸福而开拓进取的群众创造精神的振起，同不信邪、不怕压、维护国家主权、冲破西方制裁的民族自立精神的发扬也是分不开的。归根到底，是同邓小平建设有中国特色社会主义理论和党在社会主义初级阶段的基本路线的形成和发展分不开的。没有党的指导思想这种历史性飞跃，没有全民族精神状态这种深刻变化，没有敢闯敢试的劲头和及时总结经验的智慧，就走不出一条好路，就干不出新的事业。估量精神文明建设的形势，必须充分认识这个主流。

改革开放一开始，以邓小平同志为核心的党中央就强调两个文明一起抓的战略方针。在党的历次重要会议上作出一系列重大决定，十二届六中全会还专门作出《关于社会主义精神文明建设指导方针的决议》，明确了精神文明建设的战略地位、根本任务和重大方针，引导全党全国人民逐步加深对精神文明建设的认识，展开了各方面的工作，推动了经济和社会的发展。但是，对两个文明一起抓的方针，在执行过程中出现过不一贯的情况。八十年代末邓小平同志指出，十年最大的失误是教育，主要是思想政治教育削弱了，一手比较硬、一手比较软。十三届四中全会后，以江泽民同志为核心的党中央坚持两手抓、两手都要硬的方针，从多方面加强精神文明建设，作了积极有效的努力。

1992年邓小平同志南方谈话和党的十四大开辟了改革开放和社会主义现代化建设的新阶段。这篇谈话回答了经常困扰和束缚我们思想的许多重大认识问题，提出了抓住时机、发展自己的战略思想，同时阐明了精神文明在建设有中国特色社会主义事业中的重要地位。十四大科学总结了十一届三中全会以来党的基本实践和基本经验，确立了邓小平建设有中国特色社会主义理论在全党的指导地位，明确要求在建立社会主义市场经济体制的同时把精神文明建设提高到新水平。十四大以来，在以江泽民同志为核心的党中央领导下，坚持用邓小平建设有中国特色社会主义理论武装全党，深入宣传贯彻党的基本路线和基本方针；强调讲学习、讲政治、讲正气，全心全意为人民服务；实施"科教兴国"战略，促进科技和教育事业发展；坚持正确舆论导向，繁荣社会主义文化，弘扬主旋律；广泛进行爱国主义、集体主义、社会主义教育，突出宣传一批先进典型，普遍开展群众性精神文明创建活动；加强党风廉政建设和民主法制教育，加大反腐败、扫除社会丑恶现象和打击刑事犯罪活动的斗争力度。精神文明建设取得积极进展和明显效果，对促进改革、发展、稳定起了重要作用。

同时必须清醒看到，在一些地立和部门的领导工作中，忽视思想教育，忽视精神文明，"一手比较硬、一手比较软"的问题还没有解决。在社会精神生活方面存在不少问题，有的还相当严重。一些领域道德失范，拜金主义、享乐主义、个人主义滋长；封建迷信活动和黄赌毒等丑恶现象沉渣泛起；假冒伪劣、欺诈活动成为社会公害；文化事业受到消极因素的严重冲击，危害青少年身心健康的东西屡禁不止；腐败现象在一些地方蔓延，党风、政风受到很大损害；一部分人国家观念淡薄，对社会主义前途发生困惑和动摇。估量精神文明建设的形势，决不能忽视这些问题的存在。

看不到十八年来精神文明建设的主流，就会丧失信心，是错误的；看不到问题的严重性和紧迫性，就会丧失警惕，是危险的。只有坚持全面的、历史的、发展的观点，把精神文明建设放到建设有中国特色社会主义整个事业的大局中来考察，放到整个世界的大局中来考察，才能提高认识，统一思想，增强建设精神文明的自信心和责任感。

(3)在发展社会主义市场经济和对外开放条件下建设社会主义精神文明，是中国共产党人和中国人民一项艰巨的历史使命。建立社会主义市场经济体制是我国经济振兴和社会进步的必由之路，是一项前无古人的伟大创举。这种经济体制，不仅同社会主义基本经济制度政治制度结合在一起，而且同社会主义精神文明结合在一起。我国的实践已经证明，发展社会主义市场经济有利于解放和发展社会主义社会的生产力，增强社会主义国家的综合国力，提高人民的生活水平，也有利于增强人们的自立意识、竞争意识、效率意识、民主法制意识和开拓创新精神，使社会主义的优越性进一步发挥出来。同时，市场自身的弱点和消极方面也会反映到精神生活中来。建立和完善社会主义市场经济体制，必须紧密结合改革和发展的实践，健全社会主义法制，加强精神文明建设，引导人们正确处理竞争和协作、自主和监督、效率和公平、先富和共富、经济效益和社会效益等关系，反对见利忘义、唯利是图，形成把国家和人民利益放在首位而又充分尊重公民个人合法利益的社会主义义利观，形成健康有序的经济和社会生活规范。

中国的发展离不开世界，对外开放是建设有中国特色社会主义的一项基本国策。在国际格局的变动中抓住机遇、扩大开放，有利于我国在独立自主的基础上壮大社会主义经济，有利于吸收和借鉴世界各国先进的科学技术、经营管理方法以及其他一切有益的知识和文化，建设社会主义精神文明。对外开放也会有风险，资本主义腐朽东西会乘机而入。只要坚持发展社会生产力，确保公有制经济占主体地位，政权掌握在人民手里，坚持四项基本原则教育，精神文明建设就能在改革开放中健康发展。

应当指出，建设社会主义精神文明是长期的、复杂的。这是由于向社会主义市场经济体制转变引起经济和社会生活的许多重大变动，而体制、法律、政策、管理的完善需要一个较长的过程；由于社会主义在世界范围内出现严重曲折，而发达资本主义国家经济、科技占优势的压力和西方意识形态的渗透将长期存在；还由于封建社会、半殖民地半封建社会遗留的腐朽思想和小生产习惯势力仍有相当影响。对于这种长期性、复杂性要有足够的思想准备，精神文明建设必须常抓不懈。

在新形势下加强精神文明建设，是对全党同志的一个重要考验。如何在经济建设为中心的前提下，使物质文明建设和精神文明建设相互促进，协调发展，防止和克服一手硬、一手软；如何在深化改革、建立社会主义市场经济体制的条件下，形成有利于社会主义现代化建设的共同理想、价值观念和道德规范，防止和遏制腐朽思想和丑恶现象的滋长蔓延；如何在扩大对外开放、迎接世界新科技革命的情况下，吸收外国优秀文明成果，弘扬祖国传统文化精华，防止和消除文化垃圾的传播，抵御敌对势力对我“西化”、“分化”的图谋，这是在社会主义现代化进程中必须认真解决的历史性课题。

**二、社会主义精神文明建设的指导思想和奋斗目标**

(4)根据党在社会主义初级阶段的历史任务，根据建国以来特别是改革开放以来的历史经验，我国社会主义精神文明建设，必须以马克思列宁主义、毛泽东思想和邓小平建设有中国特色社会主义理论为指导，坚持党的基本路线和基本方针，加强思想道德建设，发展教育科学文化，以科学的理论武装人，以正确的舆论引导人，以高尚的精神塑造人，以优秀的作品鼓舞人，培育有理想、有道德、有文化、有纪律的社会主义公民，提高全民族的思想道德素质和科学文化素质，团结和动员各族人民把我国建设成为富强、民主、文明的社会主义现代化国家。这是精神文明建设总的指导思想，也是精神文明建设总的要求。

(5)邓小平建设有中国特色社会主义理论，是马克思列宁主义基本原理与当代中国实际和时代特征相结合的产物，是毛泽东思想的继承和发展，是当代中国的马克思主义，是我们党在新时期各项工作的根本指针和中华民族振兴的强大精神支柱。全面、正确、积极地坚持和实践这一理论，是我们党和国家经受住各种风险考验，实现社会主义现代化的根本保证。

邓小平建设有中国特色社会主义理论包含着极其丰富的关于精神文明建设的思想。邓小平同志强调我们要建设的社会主义国家，不但要有高度的物质文明，而且要有高度的精神文明，两个文明都搞好，才是有中国特色的社会主义，搞现代化一定要坚持以经济建设为中心，要有两手，只有一手是不行的。强调精神文明建设包括思想道德建设和教育科学文化建设，要教育人民成为“四有”人民，教育干部成为“四有”干部，特别要教育好青年、教育好后代。强调必须坚持马克思主义，对马克思主义的信仰是我们的精神动力，实事求是是马克思主义的精髓，解放思想、改革开放要贯彻社会主义现代化全过程，坚持四项基本原则、反对资产阶级自由化也要贯彻社会主义现代化全过程，搞自由化就是要把中国引导到资本主义道路，就会破坏安定团结的政治局面。强调改革开放是解决中国问题的希望，实行开放政策也会带来一些坏的东西，影响我们的人民，我们用教育和法律手段解决这个问题。强调要继承和发扬民族的优秀文化传统和党的优良传统，吸收和借鉴人类社会创造的一切文明成果，反对封建主义残余影响，抵制资本主义腐朽思想的侵蚀。强调要尊重知识、尊重人才，培养一大批优秀的科学家、教育家、文学艺术家和其他各种专家，思想文化和教育战线上的同志都应当是人类灵魂工程师。强调思想政治工作和思想政治工作队伍决不能削弱，对思想上的不正确倾向要以说服教育为主，开展批评与自我批评，不能简单粗暴，也不能不闻不问。强调党要加强对精神文明建设的领导，必须狠狠地抓，一天不放松地抓，从具体事件抓起，关键是党风建设和领导干部以身作则。

改革开放以来的实践证明，深刻理解邓小平建设有中国特色社会主义理论，认真实践邓小平同志关于精神文明建设的思想，就一定能体现人民的意愿、时代的要求，把精神文明建设不断推向前进。

(6)我们进行的精神文明建设，是以经济建设为中心、坚持四项基本原则和坚持改革开放的精神文明建设，是继承发扬优良传统而又充分体现时代精神、立足本国而又面向世界的精神文明建设。今后十五年，我国社会主义精神文明建设的主要目标是：在全民族牢固树立建设有中国特色社会主义的共同理想，牢固树立坚持党的基本路线不动摇的坚定信念；实现以思想道德修养、科学教育水平、民主法制观念为主要内容的公民素质的显著提高，实现以积极健康、丰富多采、服务人民为主要要求的文化生活质量的显著提高，实现以社会风气、公共秩序、生活环境为主要标志的城乡文明程度的显著提高；在全国范围形成物质文明建设和精神文明建设协调发展的良好局面。

实现这一目标，必须建立起党委统一领导、党政主要领导亲自抓、各方面分工负责的领导体制和工作机制，克服在实际工作中忽视精神文明建设的现象。要坚持重在建设的方针，把长远目标同阶段性任务结合起来，切实抓好今后五年的工作。要从大局着眼，认真解决当前精神文明建设中干部和群众普遍关心的重要问题。一是坚决制止党政机关和干部队伍中存在的消极腐败现象，进一步树立密切联系群众、勤政务实、廉洁奉公的优良党风政风。二是坚决纠正损害群众利益的行业不正之风，反对假冒伪劣、欺诈行为，大力培育爱岗尽责、方便群众、优质服务的敬业精神。三是坚决扫除黄赌毒等社会丑恶现象，反对封建迷信活动，形成文明、健康、崇尚科学的社会风尚。四是坚决禁止制造和传播文化垃圾的行为，初步呈现优秀精神产品大量涌现、文化市场活跃有序的繁荣景象。五是坚决治理一些地方社会治安不好和环境脏、乱、差的状况，创建更多的文明村镇和文明城市。各地各部门都要根据总的要求制定具体规划，认真组织落实。通过扎实有效的工作，使社会主义精神文明建设以新的面貌进入二十一世纪。

**三、努力提高全民族思想道德素质**

(7)社会主义思想道德集中体现着精神文明建设的性质和方向，对社会政治经济的发展具有巨大的能动作用。在改革开放和现代化建设的整个过程中，思想道德建设的基本任务是：坚持爱国主义、集体主义、社会主义教育，加强社会公德、职业道德、家庭美德建设，引导人们树立建设有中国特色社会主义的共同理想和正确的世界观、人生观、价值观。我们现在建设和发展有中国特色的社会主义，最终目的是实现共产主义，应当在全社会认真提倡社会主义、共产主义思想道德。同时要把先进性要求同广泛性要求结合起来，鼓励支持一切有利于解放和发展社会主义社会生产力的思想道德，一切有利于国家统一、民族团结、社会进步的思想道德，一切有利于追求真善美、抵制假恶丑、弘扬正气的思想道德，一切有利于履行公民权利与义务、用诚实劳动争取美好生活的思想道德，团结和引导亿万人民积极向上，不断提高全民族的思想道德水平。

(8)加强思想建设，必须坚持马克思列宁主义毛泽东思想，特别是用邓小平建设有中国特色社会主义理论武装全党、教育干部和人民。要紧紧抓住解放思想、实事求是这个精髓，围绕什么是社会主义、怎样建设社会主义这个基本问题，坚持理论联系实际，推进这一理论的学习、研究和宣传深入发展。引导广大干部群众正确认识社会发展规律，正确认识国家的命运和前途，澄清在社会主义问题上的错误观点和模糊认识，坚定建设有中国特色社会主义的信念。各级领导干部要带头学好这一理论，认真学习邓小平同志的战略思想和理论观点，认真学习他运用马克思主义立场观点方法研究新情况、解决新问题的科学态度和创造精神，努力掌握理论的科学体系和精神实质，坚持辩证唯物主义与历史唯物主义，不断提高自己的思想政治素质，增强把握全局和解决实际问题的能力。

(9)爱国主义历来是中国人民团结奋斗的一面旗帜。在当代中国，爱国主义同社会主义有机地统一于建设有中国特色社会主义的伟大实践，是鼓舞全国人民实现民族振兴的强大动力。要深入持久地开展爱国主义教育，帮助人们认清只有社会主义才能救中国，只有社会主义才能发展中国的真理，在全社会发扬自尊、自信、自强的民族精神，以贡献全部力量建设和保卫社会主义祖国为最大光荣，以损害国家利益、国家尊严为最大耻辱。要把现代化建设的伟大成就和宏伟目标，中国近代史现代史、中共党史和基本 国情，中华民族优秀传统和革命传统，民族团结和祖国统一，国防和国家安全，作为新时期爱国主义教育的主要内容。运用大众传媒、书刊影视、艺术表演和课堂教学，运用重要纪念日、重大历史事件和重大社会活动，运用升国旗、唱国歌等仪式，大力弘扬爱国主义精神。各地要加强爱国主义教育基地建设，国家要确定一批重点基地。

在加强民族团结、维护祖国统一的教育中，要坚持党的民族政策和宗教政策，宣传马克思主义民族观和宗教观。

(10)在全民族树立艰苦创业精神，是实现社会主义现代化的重要思想保证。我国是发展中国家，经济文化比较落后，处在创业时期。伟大的创业实践，需要伟大的创业精神。即使经济有了大的发展，人民生活有了大的改善，仍然需要保持和发扬这种精神。要在广大干部群众中深入持久地进行艰苦创业精神的教育，引导人们正确认识国情，正确认识建设有中国特色社会主义的长期性和艰巨性，牢固树立勤俭建国、勤俭办一切事业的思想，大力发扬艰苦奋斗、励精图治、知难而进、自强不息的精神。各级党政机关、一切企事业单位都要厉行节约，反对浪费，严禁讲排场、比阔气、挥霍公款。

（11）社会主义道德建设要以为人民服务为核心，以集体主义为原则，以爱祖国、爱人民、爱劳动、爱科学、爱社会主义为基本要求，开展社会公德、职业道德、家庭美德教育，在全社会形成团结互助、平等友爱、共同前进的人际关系。

为人民服务是社会主义道德的集中体现。在发展社会主义市场经济条件下，更要在全体人民中提倡为人民服务和集体主义的精神，提倡尊重人、关心人，热爱集体，热心公益，扶贫帮困，为人民为社会多做好事，反对和抵制拜金主义、享乐主义和个人主义。在经济活动中，国家依法保护企业和个人利益，鼓励人们通过合法经营和诚实劳动获取正当经济利益；同时引导人们对社会负责、对人民负责，正确处理国家、集体和个人的关系，反对小团体主义、本位主义，反对损公肥私、损人利己。严格防止把经济活动中的商品交换原则引入党的政治生活和国家机关的政务活动。

全面加强社会主义道德建设，大力倡导文明礼貌、助人为乐、爱护公物、保护环境、遵纪守法的社会公德，大力倡导爱岗敬业、诚实守信、办事公道、服务群众、奉献社会的职业道德，大力倡导尊老爱幼、男女平等、夫妻和睦、勤俭持家、邻里团结的家庭美德。当前要以加强职业道德建设、纠正行业不正之风为重点。

（12）加强青少年思想道德教育，是关系国家命运的大事。要帮助青少年树立远大理想，培育优良品德。各级各类学校都要全面贯彻党的教育方针，坚持社会主义办学方向，加强德育工作，努力培养德智体等方面全面发展的社会主义建设者和接班人。根据大、中、小学的不同特点，切实加强和改进思想品德课程、政治理论课程，把传授知识同陶冶情操、养成良好的行为习惯结合起来，把个人成材同国家前途、社会需要结合起来，形成爱党爱国、关心集体、尊敬师长、勤奋好学、团结互助、遵纪守法的风气。积极组织学生参加生产劳动和社会实践，帮助他们认识社会，了解国情，增强建设祖国、振兴中华的责任感。充分发挥共青团、少先队团结和引导广大青少年进步的重要作用，深入开展“希望工程”、“青年志愿者”和“手拉手”等活动，发扬互相关心、助人为乐的精神。重视老同志在青少年教育中的积极作用。全党全社会都要十分关心青少年思想道德建设，学校、家庭、社会密切配合，为他们的健康成长创造良好环境。

（13）社会主义道德风尚的形成、巩固和发展，要靠教育，也要靠法制。社会主义法制体现人民的意志。要在全体人民中进行遵守宪法和法律的教育，普及法律常识，增强民主法制观念，使人们懂得公民的权利和义务，懂得与自己工作和生活有关的法律，依法办事，依法律己，依法维护自身的合法权益，善于运用法律武器同违法犯罪行为作斗争。要建立健全有关的法律、法规和制度，依法加强对社会生活各个方面的管理，制裁和打击危害社会的不法行为，执法必严，违法必究。综合运用教育、法律、行政、舆论等手段，规范和养成良好的行为习惯，约束和制止不文明行为，形成扶正祛邪、扬善惩恶的社会风气。

**四、积极发展社会主义文化事业**

（14）发展文学艺术、新闻出版、哲学社会科学等文化事业，满足人民群众日益增长的精神文化需求，对于提高民族素质，促进经济发展和社会全面进步，具有重要作用。改革开放和社会主义现代化建设的伟大实践，为文化建设注入新的活力，同时迫切要求文化事业有一个大的提高和发展。只有深深植根于人民群众的历史创造活动，继承发扬民族优秀文化和革命文化传统，积极吸收世界文化优秀成果，我们的文化事业才能健康发展，愈益繁荣。

（15）繁荣文学艺术，首要任务是多出优秀作品。要坚持为人民服务、为社会主义服务的方向，贯彻百花齐放、百家争鸣的方针，弘扬主旋律，提倡多样化。树立精品意识，实施精品战略，在文学艺术各门类中，努力创作出一批思想性艺术性统一，具有强烈吸引力感染力，深受广大群众欢迎的优秀作品，带动社会主义文艺事业的全面繁荣。

人民需要文艺，文艺更需要人民。广大文艺工作者要深入群众，深入生活，汲取营养，丰富自己，树立正确的创作思想，认真严肃地考虑自己作品的社会效果，把最好的精神食粮贡献给人民。对文艺工作的领导，既要防止横加干涉，又要防止疏于引导。要尊重文艺创作的规律，努力形成生动活泼、团结向上的良好氛围，使文艺工作者的创造精神得以充分发挥，艺术风格和艺术形式得以自由发展。要积极开展健康的文艺评论，发挥文艺评论的正确引导作用。那种淡漠“二为”方向、远离群众实践的倾向，那种迎合低级趣味、“一切向钱看”的倾向，那种鄙薄革命文艺传统、推崇腐朽文艺思潮的倾向，都是错误的，应该坚决反对。

(16)新闻宣传必须坚持党性原则，坚持实事求是，坚持团结稳定鼓劲、正面宣传为主，牢牢把握正确的舆论导向。党报、党刊、国家通讯社和电台、电视台要发挥主导作用。要加强热点问题引导和舆论监督，帮助党和政府改进工作，密切党和政府同人民群众的联系，增强人民群众建设社会主义现代化的信心和热情。新闻媒体要发挥各自优势，改进方法，注重效果。广播电视要努力提高节目质量，增加国产优秀节目数量，制止格调低下、内容不健康节目的播出。

出版工作要建立健全管理机制，着力提高出版物质量，多出好作品、不出坏作品。要及时反映国内外新的优秀文化成果，重视出版传统文化精品和有价值的学术著作，积极扶持少数民族出版事业，不断满足人民群众多层次、多方面的需求。新闻媒体和出版物要为全社会正确使用祖国语言文字做出榜样。

加强对新闻出版业的宏观调控，采取有力措施解决目前总量过多、结构失衡、重复建设、忽视质量等散滥问题，努力实现从扩大规模数量为主向提高质量效益为主的转变。认真整顿违反规定屡出问题和不具备基本条件的新闻出版单位，达不到要求的必须停办。

(17)哲学社会科学必须坚持以马克思列宁主义、毛泽东思想和邓小平建设有中国特色社会主义理论为指导，坚持理论联系实际，为党和政府决策服务，为两个文明建设服务。要把改革开放和现代化建设的重大理论和实践问题的研究作为主攻方向，积极探索有中国特色社会主义经济、政治、文化的发展规律。要重视基础理论研究，加强重点学科建设。对当代世界的新变化和各种思潮，要注意研究，科学分析，正确认识。认真做好哲学社会科学研究的规划工作，对重大课题要组织力量攻关，多出有价值的研究成果。

坚持百家争鸣的方针，提倡科学严谨的学风，鼓励不同学术观点的相互切磋。要注意区分学术问题和政治问题。对思想认识问题要积极引导。对事关政治方向、事关重大原则的问题，要旗帜鲜明，分清是非，保证哲学社会科学研究沿着正确的方向发展。

(18)一手抓繁荣，一手抓管理，促进文化市场健康发展。文化市场是社会主义精神文明建设的重要阵地，决不允许成为腐朽思想文化滋生蔓延的场所。要积极培育和完善文化市场，大力扶持健康的文化产品，倡导适合广大群众消费水平的有益文化娱乐活动，更好地活跃和丰富文化生活。要维护合法经营，保护知识产权，管好文化产品的引进。坚持不懈地开展扫除黄色出版物、打击非法出版活动的斗争。抓紧制定和完善有关法规，加大执法力度，健全管理体制，发挥群众监督作用，规范文化市场行为。

(19)改革文化体制是文化事业繁荣和发展的根本出路。改革的目的在于增强文化事业的活力，充分调动文化工作者的积极性，多出优秀作品，多出优秀人才。改革要符合精神文明建设的要求，遵循文化发展的内在规律，发挥市场机制的积极作用。文化产品具有不同于物质产品的特殊属性，对人们的思想道德和科学文化素质有重要影响。要坚持把社会效益放在首位，力求实现社会效益和经济效益的最佳结合。改革要区别情况、分类指导，理顺国家、单位、个人之间的关系，逐步形成国家保证重点、鼓励社会兴办文化事业的发展格局。文化企事业单位要深化改革，加强管理，建立健全既有竞争激励又有责任约束的机制。

**五、深入持久开展群众性精神文明创建活动**

(20)全国各地广泛开展的群众性精神文明创建活动，是人民群众移风易俗、改造社会的伟大创造，有助于两个文明建设任务有机结合，落实到基层。要深入持久地开展文明家庭、文明单位和军民共建、警民共建等精神文明创建活动，开展群众性文化、卫生、体育和科学普及活动，倡导文明健康的生活方式，建设社区文化、村镇文化、企业文化、校园文化。坚持开展拥军优属、拥政爱民活动和民族团结进步活动，增强军政、军民团结和民族团结。

要以提高市民素质和城市文明程度为目标，开展创建文明城市活动。每个单位都要围绕实现优美环境、优良秩序、优质服务，推动城市的精神文明建设。直辖市、省会城市、自治区首府和沿海沿交通干线的大城市，要率先搞好创建活动。各省、自治区、直辖市要制定规划，到2010年建成一批具有示范作用的文明城市和文明城区。要充分发挥工人阶级在精神文明建设中的主力军作用。

要以提高农民素质、奔小康和建设社会主义新农村为目标，开展创建文明村镇活动。要以集镇为重点，以镇带村，制定规划，逐步推进。文明村镇建设要同加强党的基层组织建设、巩固基层政权结合起来，同壮大集体经济实力、增强乡村集体经济组织为广大农民服务的功能结合起来，同计划生育、节约土地、环境建设结合起来。要依据国家法律法规、制定乡规民约，破除陈规陋习，反对非法宗教活动。继续做好文化科技下乡、扶贫工作。充分发挥农村党员干部、教师、知识青年和退伍转业军人在精神文明建设中的作用。

要以服务人民、奉献社会为宗旨，开展创建文明行业活动。各行各业特别是与群众生活关系密切的“窗口行业”，都要根据自身特点，对职工普遍进行职业责任、职业道德、职业纪律的教育，加强岗位培训，规范行业行为，树立行业新风。

各项精神文明创建活动，都要同解决人民群众普遍关心的实际问题，同促进经济发展和社会进步紧密结合，持之以恒，务求实效，使群众在参与中受到教育，在实践中得到提高。坚决反对形式主义。

(21)社会主义现代化建设中涌现出来的先进集体和先进人物，是实践社会主义精神文明的榜样。要采取多种形式，大力宣传他们的事迹和思想，在全社会形成崇尚先进、学习先进的风气。对在精神文明建设中作出突出成绩的，要给以表彰。对为人民利益作出贡献的英雄模范和见义勇为的先进人物，要热情关心，帮助解决实际问题。

**六、切实增加精神文明建设的投入**

(22)建设社会主义精神文明要有物质保障。没有必要的物质保障，精神文明建设的许多任务就难以落实。要从社会主义现代化建设的全局出发，把精神文明建设纳入经济和社会发展的总体规划，保证必需的资金。要适应社会主义市场经济的要求，建立规范有效的筹资机制，逐渐形成对精神文明建设多渠道投入的体制。

(23)切实解决目前宣传文化事业投入总量偏少、比例偏低的问题。认真落实国务院《关于进一步完善文化经济政策的若干规定》。中央和地方财政对宣传文化事业的投入，要随着经济的发展逐年增加，增加幅度不低于财政收入的增长幅度。健全宣传文化事业的财政专项资金制度。运用税收、贷款、价格等经济手段支持宣传文化事业。进一步完善宣传文化事业的财税优惠政策。鼓励社会力量资助宣传文化事业。对中西部欠发达地区和少数民族地区的文化事业，要采取有效措施增加投入。对政府兴办的图书馆、博物馆、科技馆、文化馆、革命历史纪念馆等公益性事业单位，应给予经费保证。对反映国家和民族学术、艺术水平的精神产品，代表国家水平的艺术院校、表演团体和国家重点文物保护单位，有代表性的地方、民族特色艺术团体，要加大扶持力度。

(24)按照合理布局、优化结构、突出重点的要求，加强宣传文化事业的基本建设。要把有限的资金更多地用于重要的宣传文化单位和直接为群众服务的文化设施建设上。在城市建设中，要配套搞好公共文化设施。大中城市应重点建设好图书馆、博物馆，有条件的还应建设科技馆。县、乡应主要建设综合性的文化馆、文化站。要以提高中央和省级广播电视覆盖率为重点，加强广播电视覆盖网建设。有计划地建成国家博物馆、国家大剧院等具有重要影响的国家重点文化工程。

坚持勤俭办文化事业，努力提高资金使用效益。充分发挥现有文化设施的作用。严格控制修建高档娱乐场所。禁止以发展文化、旅游为名兴建宣扬封建迷信的场所。

**七、加强和改善党对精神文明建设的领导**

(25)中国共产党是我国社会主义现代化事业的领导核心。建设物质文明关键在党，建设精神文明关键也在党。各级党委必须始终坚持两手抓、两手都要硬，把两个文明作为统一的奋斗目标，一起部署，一起落实，一起检查。考核、评价党政领导班子和主要领导干部，不仅要看领导物质文明建设的实绩和本领，而且要看领导精神文明建设的实绩和本领。这要作为对干部使用和奖惩的基本依据。

宣传思想文化工作部门和单位，在精神文明建设中担负着重要责任，各级党委要切实加强对他们的领导。宣传舆论阵地必须牢牢掌握在党的手里，要把那些忠诚于马克思主义、坚定地走有中国特色社会主义道路、有事业心和责任感、遵守政治纪律、熟悉业务的同志选进领导班子。

思想政治工作是我们党的优良传统和政治优势，是精神文明建设一项基础性工作和搞好两个文明建设的基本保证，在新形势下只能加强，不能削弱。各级党委要把这项工作摆到重要位置，经常研究本地区、本部门、本单位的思想政治状况，用有力的思想政治工作促进各项任务的完成。机关、企事业单位、农村、学校、街道的党组织要切实做好思想政治工作，努力把精神文明建设的任务落实到基层。要贯彻民主原则和正面引导的方针，根据不同对象，采取不同方式，加强针对性，增强思想政治工作的实效。

精神文明建设贯穿在经济和社会生活的各个方面，全党全社会必须高度重视。要在党委统一领导下，党政各部门和工会、共青团、妇联等人民团体齐抓共管，形成合力。在精神文明建设中，要十分重视民主党派的作用。各部门制定政策，都要从建设有中国特色社会主义的总体布局出发，不仅要有利于经济和各项事业的发展，而且要有利于社会主义精神文明建设。任何时候都不能以牺牲精神文明为代价换取经济一时的发展。

(26)坚持理论联系实际,以实践作为检验真理的唯一标准,认识和掌握社会主义精神文明建设的规律,总结新经验,探索新办法,创造性地工作,不断改善党对精神文明建设的领导。在复杂多变的国际环境中,在我国发展社会主义市场经济的条件下,领导干部要下大力气加强学习,提高领导水平特别是思想政治理论水平。要分清马克思主义同反马克思主义,辩证唯物主义、历史唯物主义同唯心主义、形而上学,社会主义公有制为主体、多种经济成份共同发展同私有化,社会主义民主同西方议会民主,社会主义思想文化同封建主义、资本主义腐朽思想文化等重大问题上的是非界限,坚持正确的政治方向和政治立场,及时排除各种错误思想倾向的干扰,保证精神文明建设的健康发展。

(27)按照政治强、业务精、作风正的要求,造就一支高素质的宣传思想文化教育队伍,是建设社会主义精神文明的迫切需要。精神文明建设的各个领域,都要努力培养一大批热爱祖国、热爱人民、有真才实学的专门人才。支持优秀人才攀登新的高峰。选拔和培养有发展前途的后起之秀,给任务,压担子,严格要求,积极引导,帮助他们健康成长。各地各部门要适应未来十五年的发展需要,制定规划,加强后备队伍建设。在基层单位从事宣传思想文化教育工作的同志,担负着把精神文明建设任务落实到千家万户的责任,对他们要多关心、多支持。

建立健全规章制度,加强队伍的教育和管理。严格禁止有偿新闻、买卖书号、无理索取高额报酬。对违背职业道德的要批评教育,屡教不改的要严肃处理。

(28)加强精神文明建设首先要从严治党,搞好党风。中国共产党是中国工人阶级的先锋队。共产党员要在全社会发挥表率作用,党的领导干部要在全党发挥表率作用。要加强对党员特别是领导干部的严格要求、严格管理、严格监督。领导干部要自重、自省、自警、自励,以身作则,言行一致。要求别人做的自己首先做到,禁止别人做的自己坚决不做,自觉接受党和人民的监督,经受住权力、金钱、美色的考验。按照中央的部署,坚持不懈地加强党风廉政建设,深入持久地开展反腐败斗争。对违纪违法问题,不论涉及到什么人,都要坚决排除阻力,认真查处。

执政党的党风关系党的生死存亡。越是实行各项经济改革和对外开放政策,共产党员尤其是党员领导干部越要坚定共产主义信念,身体力行共产主义道德,大公无私,清正廉洁,服从大局,艰苦奋斗,全心全意为人民服务。目前全党正在开展学理论、学党章活动。在这一活动中,对县级以上领导干部要集中进行一次以讲学习、讲政治、讲正气为主要内容的党性党风教育。教育要联系思想实际和工作实际,着重解决理想信念和思想作风方面存在的突出问题,进一步提高认识、统一思想,增强贯彻执行党的基本理论、基本路线、基本方针的自觉性和坚定性,防止一些领导干部特别是中青年干部在日益复杂的斗争中迷失方向。

(29)为加强协调,中央成立精神文明建设指导委员会。各省、自治区、直辖市可建立相应的机构。

(30)中国人民解放军和中国人民武装警察部队是我国精神文明建设的重要力量。要发扬我军优良传统和优良作风,进一步提高全体指战员的思想政治素质,在精神文明建设中努力走在全社会的前列。关于这方面的工作,由中央军委根据本决议精神作出部署。

建设有中国特色社会主义的伟大事业,是一场新的伟大革命。在这场革命中,中国共产党人和中国人民有信心、有能力在改造客观世界的同时改造主观世界,在建设高度物质文明的同时建设高度的社会主义精神文明。全会号召,全党同志和全国各族人民紧密团结在以江泽民同志为核心的党中央周围,高举建设有中国特色社会主义的伟大旗帜,万众一心,开拓进取,扎实工作,为把我国建设成为富强、民主、文明的社会主义现代化国家努力奋斗!

## (二)中国共产党第十四届中央委员会第六次全体会议公报

(1996年10月10日中国共产党第十四届中央委员会第六次全体会议通过)

(略)

## (三)中国共产党中央纪律委员会第六次全体会议公报

(1996年1月27日通过)

(略)

## (四)中国共产党中央纪律检查委员会第七次全体会议公报

(1996年10月11日　中国

共产党中央纪律检查委员会
第七次全体会议通过）

（略）

## （五）中国共产党党校工作暂行条例

（1995年12月8日）

（略）

## （六）中国共产党普通高等学校基层组织工作条例

（1996年3月18日）

（略）

## （七）中共中央纪律检查委员会、中华人民共和国监察部关于保护检举、控告人的规定

（1996年2月16日）

（略）

## （八）中宣部、司法部关于在公民中开展法制宣传教育的第三个五年规划

（1996年5月16日）

（略）

# 第 四 编

# 建设有中国特色社会主义的若干实践形式

# 一、 省、直辖市、自治区

## 邓小平发展战略理论在江苏的实践

邓小平同志早在改革开放初期就反复强调我国现代化所要达到的宏伟目标，并逐步形成达到这一宏伟目标的完整的战略步骤："我国经济发展分三步走，本世纪走两步，达到温饱和小康，下个世纪用30年至50年时间再走一步，达到中等发达国家的水平。""三步走"发展战略的提出表明中国人民决心用100年左右时间走完发达国家几百年走过的路程。为了更好地实现"三步走"战略，邓小平同志一方面提出了"台阶式"发展的思想。要求我们抓住机遇，加快发展，争取隔几年使国民经济上一个新台阶。另一方面又从我国国情出发，提出了"让一部分地区先好起来"的大政策，他认为："沿海地区要加快对外开放，使这个拥有两亿人口的广大地带较快地先发展起来，从而带动内地更好地发展。"1992年初邓小平同志在南方重要谈话中又指出："比如江苏等发展比较好的地区，就应该比全国平均速度快。"邓小平同志对地区之间不平衡发展，是以承认差别为前提，以效率优先为条件，以最终实现共同富裕为目标的，在整个经济改革和发展中起了重大作用。

十一届三中全会以来，国家实施优先发展东部沿海并逐步带动中、西部内地发展的地区发展战略，东部沿海地区的发展潜力和经济活力得以率先释放出来，江苏就是其中之一。1979—1988年，江苏经济增长速度均高于全国平均水平，国民生产总值平均增幅超出全国平均水平2.1个百分点，1987年提前3年国民生产总值(80年不变价，以下同)翻一番，实现了第一步战略目标；1992年江苏抓住机遇超常规发展，同年又提前8年国民生产总值翻二番，基本实现第二步战略目标。

在实现第一、二步战略目标后，江苏不失时机地向第三步发展战略目标迈进。中共江苏省第九次党代会提出了江苏跨世纪奋斗目标：到2000年，全省全面实现小康，部分地区初步实现现代化；到2010年，全省基本实现现代化，成为经济繁荣、科教发达、生活富裕、法制健全、社会文明的省份。江苏人民现正意气风发地向第三步战略目标迈进。

### 一

江苏在实践邓小平"三步走"发展战略中已经走在全国前列，回顾这一段历程，进一步总结经验，将激励我们更好地前进。

**尊重人民群众的首创精神，大力解放和发展生产力**

纵观江苏乡镇企业和农业现代化的发展历程，处处都体现了人民群众的首创精神，正是这种精神，大大地解放和发展了生产力。表现之一是，在改革、开放的大变革时期，苏南农民在实行家庭联产承包制后，冲破"左"的思想禁锢，从本地实际出发，大力发展乡镇企业，走出了一条以集体经济为主，大力发展乡镇企业，使大量农村剩余劳动力就地转移的具有自己特色的发展农村经济的路子，被人们称为"苏南模式"。苏南的发展方向，得到了邓小平同志和党中央的肯定和支持。早在1979年邓小平同志就讲到乡镇工业异军突起。1983年，他又给予高度评价和赞扬："我们完全没有预料到的最大收获，就是乡镇企业发展起来了，……异军突起。"从1983年起，中央连续3年发出关于农村工作的文件，都明确指出发展乡镇企业的重要意义。所有这些都是对农村干部群众的支持和鼓舞。七十年代末、八十年代初，乡镇工业第一次异军突起，以不可阻挡之势迅猛发展，加速了农村工业化、农业现代化和农村城镇化的进程。九十年代初，邓小平同志又指出："乡镇企业很重要，要发展，要提高。"苏南乡镇企业的第二次异军突起，主要针对乡镇企业靠铺摊子、外延扩大为主的粗放经营，苏南的干部群众提出：产品上水平、上规模、上质量、提高经济效益的"三上一提高"思路，使乡镇工业进入了以外向、高科技为主要标志的阶段。邓小平同志南方重要谈话后，不论苏南还是苏北，敢闯、敢冒、敢于争先的意识大为增强，发展经济的紧迫感更为强烈，呈现出百舸争流的生动局面，江苏人勤奋善谋、重创实业的精神风貌得以充分展现。"八五"时期,江苏乡镇企业产值年均递增42.96%,为江苏乡镇企业发展史上增长速度最快的5年,这一时期乡镇企业经济总量增长很快而人员投入并不多,这表明乡镇企业在内涵提高上已初见成效。"八五"末,江苏乡镇企业总产值占全省农业社会总产值的85%,占全省工业总量的65%,已是"三分天下有其二"。江苏乡镇企业的发展,对实现第一、第二步战略目标起到举足轻重的作用。

表现之二是,紧紧抓住农业这个基础不放,在更高的水平上巩固和发展农业。多年来,江苏整个经济发展比较快、比较稳健,很重要的一条,就是有一个稳定、发达的农业。邓小平同志曾经说过,农业有两个飞跃,一是家庭联产承包,再一个是规模经营。江苏农业的发展,根据各地的条件,正在做两篇文章。一篇是苏南发展土地适度规模经营的文章。实行规模经营,有利于提高劳动生产率与土地产出率,是农业现代化的必由之路。但是,实行规模经营,必须具备一定的条件,这就是:大部分(约70%左右)的当地劳动力稳定转移到二、三产业上,同时又需要乡镇企业所创造的利润反哺农业。而苏南地区已基本具备上述条件,从八十年代中期就开始起步,进入九十年代后,推进速度明显加快,1995年底,苏州、无锡两市农业规模经营单位已突破1万个,经营面积80多万亩,耕地面积已占到责任田的一半左右,使苏南农村经济实现了新的历史性跨越。一篇是苏北发展多种经营的文章。历史上,"苏南粮仓,苏北饥荒",在改革开放政策的推动下,八十年代中期,苏北已崛起为江苏粮棉主要生产基地。现在苏北农村充分发挥农民的创造性,因地制宜,发展多种经营,推进农业产业化。淮阴市推广农民创造的"两专一基"经验,引导专业户、专业村和基地村,走规模化、专业化和贸工农一体化、产加销一条龙的路子,使农业在延长的产业链中提高效益。

**充分发挥各级党委在社会主义现代化事业中的领导核心作用**

中国共产党是我国社会主义现代化事业的领导核心,1979年,邓小平同志指出:"在中国,在五四运动以来的六十年中,除了中国共产党,根本不存在另外一个像列宁所说的联系广大劳动群众的党。没有中国共产党,就没有社会主义的新中国。"在今天,没有中国共产党的领导,就不可能建设有中国特色的社会主义。同时,中国又是一个发展中的社会主义大国,全国各地情况千差万别,"许多事情都拿到中央来解决是不行的"、"关键是建立省委一级的领导,……省委坚强了,敢于领导,就能帮助地委、县委。这样,我们党就能够实现自己的领导了。"改革开放以来,以邓小平理论为指导,江苏各级党委始终扭住经济建设这个中心不放,从本地实际情况出发,开创经济建设的新局面。

(一)坚持"发展才是硬道理",抓住机遇,加快发展。

"八五"时期江苏经济快速增长,全省国内生产总值年均增长18.1%,比全国平均水平高6.3个百分点,这是在江苏"应该比全国平均速度快"的要求下,抓住机遇、加快发展的结果。亚洲四小龙在七十年代就是抓住二次石油危机造成西方发达国家经济衰退的机遇,大量吸纳外资,发展出口加工业,10年一下子就发展成新兴工业化国家和地区。九十年代是全球经济中低速增长时期,东亚地区是世界经济增长最快、最具活力的地区,中国具有巨大潜力的广阔市场,对处于经济区域集团化趋势明显、国际市场竞争激烈的发达国家来说,无疑很有吸引力。九十年代初,江苏抓住开发开放浦东的机遇,利用近邻的区位优势,采取"坚决支持,主动服务,迎接辐射,促进发展"的方针,把沿江地区作为全省的发展重点,加快发展开放型经济的步伐。1992年初,在邓小平同志南方重要谈话的鼓舞和鞭策下,中共江苏省委从实际出发,提出"三个为主,四个加快"的发展战略,即:一是加快改革,基本形成社会主义市场经济体制的框架;二是加快对外开放,基本形成以外向型经济为主的格局;三是加快科技进步,基本形成以高新技术为主导的产业结构;四是加快社会事业的发展,基本形成经济建设和社会事业共同繁荣的局面。全省经济出现了前所未有的增长势头,1992—1994年国内生产总值年均增长21.7%,比全国超前16个月进入高速增长阶段。

实践经验证明,一个地区能不能抓住机遇、珍惜机遇、利用机遇,主要看能不能把中央的战略决策同本地区实际结合起来,充分调动地方和群众的积极性,谁结合得早、结合得快,谁就能抓住机遇;谁能够进一步解放思想,转变观念,谁就能增强珍惜机遇的意识;谁在结合中能采取积极可行的新举措,谁就能利用机遇。张家港市就是抓机遇抢发展的典型,当1992年新一轮经济高潮来临时,他们提出"三超一争"的发展目标(工业超常熟、外贸超吴江、城建超昆山,样样工作争一流);1993年提出"三抢一高"(抢发展机遇,抢投入产出,抢结构调整,提高经济效益);1994年又提出"三攻一促"(攻龙头优势,攻产出效益,攻科技含量,促进经济又快又好地发展)。正是这种敢于争先的精神,使张家港在不到10年时间里，由“苏南的西伯利亚”成为苏南乃至全国初具现代化的县级市之一。

实践经验还证明，在经济高潮来临，处于经济扩张阶段，过分强调“稳”字就会坐失良机，江苏是我国东部沿海经济大省、人口大省，每年要增加人口50万左右，农村有大量劳动力需要转移，需要增加数百万人就业。不发展快一些就很难解决就业等许多社会问题，就不能保持社会稳定，就不能逐步改善和提高人民的物质生活和文化生活水平。正如邓小平同志所说的那样，发展快，解决难题的手段就多，并要求今后几年步子不能慢，在发展中解决问题，在改革中推动发展。

（二）坚持改革开放，促进经济持续发展、波浪式前进。

“八五”时期江苏经济增长周期与前几轮相比，呈现出扩张期比较长、峰谷落差较小的特征，经济运行总体呈持续发展、波浪式前进，经济波动没有出现大起大落，社会生产力、经济综合实力和人民生活都上了一个大台阶。上台阶要求有较快的增长速度，这个速度既要能保证战略目标的实现，又是力所能及的、有条件的速度。“八五”伊始，江苏就把保持经济的持续、快速、健康发展作为重要的方针和目标，在宏观调控中找机遇，从实际出发搞经济，快的不用刀子砍，慢的不用鞭子赶。“能发展就不要阻挡，有条件的地方要尽可能搞快点，只要是讲效益，讲质量，搞外向型经济，就没有什么可以担心的。”

长期以来，江苏“两头在外”的经济特征一直受制于国内资金和市场，尤其易受政策性因素影响而产生波动，“八五”时期江苏外向型经济进一步发展，在利用两种资源、两个市场过程中，拓展了经济发展的回旋余地，主要表现在对外贸易额和实际利用外资额的大幅增长。1992年至1994年，全省对外贸易额年均以40%以上高速发展，1995年受出口退税政策调整影响，速度稍有回落，也达到30.1%，并且出口首次突破百亿美元大关，达117.9亿美元，1996年自营进出口总额达202亿美元，比上年增长20.4%。实际利用外资总额增长迅速，1992年至1995年累计169.5亿美元，1996年实际利用外资55亿美元，新批外商投资企业额在1000万美元以上的项目达352个，1996年全省平均每家新批外资企业的合同外资364万美元，比1991年增加300万美元，使用外资呈现大项目增多、外商出资比重加大的良好态势。开放型经济对江苏经济进入高位增长轨道起了直接的推动作用。

“八五”时期江苏经济持续、快速、健康发展，依靠改革开放，得益于改革开放，在改革方面，江苏较早抓以市场为取向的改革，多方面培育和建设各类市场，不断扩大市场调节的范围，市场体系的发育，直接推动了市场机制和价格机制的逐步形成，在优化资源上起了巨大作用。现在的江苏经济体制，一是形成了以公有制为主体多种经济成份共同发展的格局，工业生产中国有、集体、其他经济类型的产值比重为三、六、一；二是经济市场化程度比较高，全省工农业生产已基本取消了指令性计划，商品价格由市场定价的占95%；三是股份制试点逐步规范，1996年累计组建股份有限公司362家，按照“抓住大的，放活小的”的原则，加快企业组织结构调整。1996年累计组建21家省级重点企业集团，对中小企业不同形式的改制面达到50%以上。企业经营机制转换后活力有所增强，改革开放促进了江苏经济增长周期波动朝着良性化的波浪式前进方向发展。

（三）加快结构调整，提高经济整体素质，讲求效益，稳步协调地发展。

“八五”时期江苏经济实现了一个重大转折，在这轮经济增长周期中，经济波动开始缩小，经济运行的稳定性增强，由“七五”期间，全省国内生产总值年均增长9%，波动系数达53%，到“八五”期间国内生产总值年均增长18.1%，波动系数32%，避免了经济增长大起大落所造成的资源浪费，实现了国民经济的健康发展。邓小平同志在强调经济要快速发展的同时，也一再告诫：“不是鼓励不切实际的高速度，还是要扎扎实实，讲求效益，稳步协调地发展。”鉴于历史的经验，邓小平同志多次强调要从实际出发，防止急于求成。他说：“速度过高，带来的问题不少，对改革和社会风气也有不利影响，还是稳妥一点好。”“一定要首先抓好管理和质量，讲求经济效益和总的社会效益，这样的速度才过得硬。”保持尽快的速度发展，不仅要协调国民经济比例关系，而且要促进经济社会协调发展。

发展速度与工业发展阶段有着密切关系，一般来说，在由农业国向工业国转变的工业化初期和中期阶段，增长速度往往比较高，日本和亚洲四小龙在六十至七十年代工业化加速发展时期，大都保持10%左右的增长速度，而到工业化后期，在经济总量规模和基数很大的情况下，增长速度就会慢下来，年均增长3%—5%就算是高速度了。就江苏这些年经济发展速度看，由于1989—1991年年均增长速度只有5.1%，均低于同期全国平均水平，因为基数低，所以最近几年发展稍快一点就显得速度高了。如果从改革开放以来1980年至1995年平均增长

13.7%,在工业化加速发展阶段,这样的速度与世界上发展快的国家和地区比也不是最快的,更何况江苏是我国工业基础较好的东部沿海地区。为提高经济整体素质,早在1987年,江苏就确立了“科技先导、外向开拓、优化结构、集约经营”的发展战略,“八五”时期加快对产业结构、产品结构、企业结构、要素结构的调整,力求速度与效益的统一。“八五”时期江苏基础设施和基础工业是历史上投入最多、规模最大、成效最好的时期,原有的“瓶颈”制约有所缓解;一二三产业协调发展,全省一、二、三产业在国内生产总值中的构成比例,由1990年的25.1 ∶48.9∶26.0调整为1996年的16.1∶51.1∶32.8;积极推进高新技术产业化,培植新的经济增长点;加强技术改造,提高技术装备水平。优化结构提高了经济整体素质,工业企业经济效益综合指数逐年提高。需要指出的是,江苏提高经济运行质量的任务还相当艰巨,经济增长仍属粗放型,需要在两个根本性转变过程中下大力气改变。

## 二

为在2010年基本实现现代化的第三步战略目标,把江苏建成繁荣、发达、文明、富裕的社会主义现代化省份,以邓小平发展战略理论为根本指针,中共江苏省第九次党代会提出了“科教兴省”、“经济国际化”、“区域共同发展”三大战略。这标志着江苏经济社会发展的又一次阶段性的战略转变,将会加快推动江苏经济社会全面现代化的进程。最近又提出,把加大结构调整力度,全面提高江苏经济的整体素质和竞争能力,作为江苏经济面临的又一次发展机遇,并要求牢牢抓住这次发展机遇,推动经济再上新台阶,进一步形成跨世纪发展的新优势。

**科教兴省,切实转变经济增长方式**

江苏在实现第一、第二步战略目标过程中,重点是加快实现初步工业化,尤其是农村工业化,较为注意的是量的扩张,而当经济总量扩大到一定程度,结构性矛盾就会突出起来,1996年,全省乡及乡以上工业企业实现利润比上年下降22%,这在一定程度上反映了结构不合理已成为江苏综合经济效益提高的主要制约因素。实现第三步战略目标,主要矛盾不单是量的增长,更重要的是质的提高,切实转变经济增长方式。经济增长方式由粗放经营向集约经营转换,必须依靠科技进步,加快产业结构调整和产品结构调整,在结构调整中,缓解原有“瓶颈”的制约和培育出新的经济增长点,提高经济运行质量,正如邓小平同志所说的“经济发展得快一点,必须依靠科技和教育”。

根据邓小平“科学技术是第一生产力”的科学论断,省第九次党代会明确“科教兴省”作为实现现代化的主体战略,使经济建设转到依靠科技进步和提高劳动者素质的轨道上来,科教真正成为经济持续、快速、健康发展的原动力和倍增器。“八五”时期科技进步在经济增长中的贡献份额有较大提高,农业由“七五”的32.2%提高到50%,工业由“七五”的24.4%提高到40%,计划在“九五”末科技进步对工农业增长的贡献份额将分别达到45%和55%。

江苏要在今后一二十年里实现基本现代化,首先取决于工业结构的现代化,只有提高支柱产业和主导产品的科技含量,才能确立以效用、质量、效益为导向,由技术、资金和劳动优化组合推动的、经济结构优化的经济发展方式。江苏“九五”规划确定了以机械、电子、化学和汽车作为工业支柱产业,这些产业技术含量高,一直都是各国新技术革命中带头的技术部门,着力培育这批支柱产业,使其尽快成为新的带动整个经济增长和结构升级的产业“龙头”,能够对江苏经济的长期发展形成持久的动力。邓小平同志十分重视经济增长与经济结构的协调统一。从江苏的实际情况来看,当前和今后一个时期,结构调整的总体目标,一是“优化”,即全面优化三次产业结构和各次产业的内部结构,使之尽快达到一个比较合理的比例。二是“升级”,即全面实现产业升级,促进三次产业内部结构特别是工业结构的高度化,形成新的产业优势。拟通过五年左右的战略性调整,明显改善经济的内在质量,全面增强江苏经济的竞争能力。

**抓住历史机遇,主动接受挑战,在更高层次上对外开放,实施经济国际化战略**

世界经济重心正在向亚太地区转移,中国正在成为世界经济发展中的新增长极,上海将崛起成为又一国际经济中心城市,这将有利于江苏发挥区位优势拓展经济发展空间。但也要看到,国际国内经济环境面临着严峻的挑战,世界经济区域化、集团化趋势加快,世界性贸易保护主义加剧,将进一步激化国际市场竞争,有可能导致江苏产品国际竞争力的削弱。“九五”时期江苏实现从发展外向型经济向发展开放型经济的转变,实施经济国际化战略,体现了决策指导思想的升格,反映了区域经济与国内、国际市场全方位对接的明确方略。“九五”时期江苏开放型经济对全省经济发展的贡献份额再达到1/3,即对外贸易占全省国民生产总值的1/3,实际利用外资占全社会固定资产投资的1/3。实施经济国际化战略拟在以下三方面展开：

（一）增强高附加值工业制成品的国际竞争力。“八五”时期对外贸易占全省国民生产总值的1/4，虽然工业制成品出口比重由80年代初期50%上升到90%，但机械、电子高附加值产品出口规模还不大。随着新技术革命步伐的加快，劳动密集型产业在国际分工中的地位将下降，高附加值产品所占出口比重将逐步上升。高附加值产品在国际市场上竞争一直很激烈，要提高其竞争力，一方面要发挥比较优势，加快出口产业升级，与国际产业分工体系相衔接；另一方面要提高出口产品的质量。邓小平同志说：“质量好了，才能打开出口渠道或者扩大出口。要想在国际市场上有竞争能力，必须在产品质量上狠下功夫。”

（二）根据国际产业分工的发展趋势，吸纳国外资金和技术，使支柱产业与国际产业分工接轨。“八五”时期大批国际著名跨国公司来投资，加快了江苏优化产业结构、完善产业布局的进程，电子、化学工业是受惠较多的行业。江苏开放型经济面临“第二次突起”，需要改变过去那种“遍地开花”所造成的产业结构雷同、低层次重复的局面，引导国际大资金、高新技术投向“九五”规划明确的机械、电子、化学和汽车支柱产业中去，提高利用外资的质量。

（三）以开发区为主要载体构筑经济新骨架。苏州市是江苏开放型经济先导地区，中央决定开发开放浦东以来，苏州利用外资每年都有较大的发展，1992至1996年，每年新签合同外资逾40亿美元，1996年实际利用外资22亿美元。全市五大国家级开发区1996年吸引外资为全市同期总数的55%，其中苏州工业园区的开发建设积极推进，聚集和辐射功能日益明显。至1996年，全省国家级、省级开发区合同利用外资和实际利用外资已占全省的50%，今后要发挥开发区的辐射功能，带动区域内产品结构、产业结构的战略调整，成为江苏新一轮优化结构的“辐射源”。

**积极提高苏南，加快发展苏北，实现梯度起飞**

邓小平关于东西部地区发展战略构想同样适合于一个省区内发达地区与欠发达地区。由于江苏提前8年基本达到小康水平，解决南北贫富差距已经成为经济发展的内在要求，全省上下形成了“没有苏北的小康就没有全省的小康，没有苏北的现代化就没有全省的现代化”的共识。

苏南与苏北的差距主要表现在人均国内生产总值和经济发展阶段上，苏南人均国内生产总值1995年达15227元，而苏北仅为3852元；苏南进入工业化后期阶段，而苏北尚处于工业化前期，少数发展较快的地区处于工业化中期的起始阶段。总量上，苏北大致落后于苏南10—12年。区域共同发展逐步实现共同富裕，是一个相当长的历史时期，按邓小平同志的设想，让一部分有条件的地区先发展起来，带动和帮助其他地区也富裕起来，最终达到共同富裕。从江苏实际出发，按照区域分工与合作的原则，组织省域经济社会系统内各区域第一、二、三产业的合理布局与发展，形成既能顺应我国改革开放和世界经济发展潮流，又能最大限度发挥江苏区域优势的产业结构，形成社会经济协调发展的有机整体。以缩小区域差别作为区域协调发展的近期目标，以江苏经济社会整体现代化作为总体目标。改变原有的区域性的经济结构关系，从战略上进行必要的调整，在苏南已具备较强持续发展能力的条件下，把整个经济重点和改革重点放在苏北。确立效率优先兼顾公平，充分发挥地区优势的原则，坚持因地制宜、合理分工、南北推进、各展所长，实行统筹规划、江海联动、优势互补、共同发展，促进各地从实际出发，迈出各具特色的发展路子。既要注意省内不同区域、不同发展水平地区的协调发展，更要注意一定区域的政治、经济、文化和社会环境的整体共同发展。

另外，坚持走可持续发展的道路，促进经济、社会、环境协调发展。

江苏长期以来沿用粗放型的传统发展模式，经济、人口与资源、环境之间处于一种紧张冲突的状态。在我国国民生产总值翻一番后，邓小平同志总结经验，要求制定发展战略规划，“要采取有力的步骤，使我们的发展能够持续、有后劲。”谋求经济、社会、环境相协调的，既能满足当代人需求，又能满足后代人需求的可持续发展之路。首先，必须正确处理发展与治理的关系。“发展才是硬道理”，既要紧紧抓住经济建设这个中心，又不能走西方国家那种先污染后治理的现代化道路，在经济发展中，一定要努力消除经济增长与生态环境恶化的同步现象，保护好生态环境。其次，重视以技术进步为核心的人力资源对自然资源的替代。着力转变经济增长方式，提高经济运行质量和经济整体素质。第三，注重谋求社会的可持续发展。实施面向21世纪的教育现代化工程，使教育事业优先发展，提高人口素质。以社会发展促进经济发展，以全面满足人的多方面需要为目的，提高城乡居民的综合生活质量。

（刘　钰　任保新　孙肖远）

## 在邓小平理论指导下 四川阔步前进

党的十一届三中全会以来的18年,是四川人民在邓小平理论指导下阔步前进的18年。四川省委、省政府坚持以邓小平理论武装全省党员、教育干部和人民,把中央的方针政策和四川的实际情况紧密结合起来,逐步探索出一条适合四川省情的改革开放、加快发展的路子,形成了一套有四川特色的发展战略、改革思路和政策措施,改革不断深化,开放不断扩大,全省呈现出经济发展,政治稳定,民族团结,社会进步,人民高兴的大好局面,整个四川的面貌发生了历史性的巨大变化。

**一、坚持用邓小平理论武装全省党员、教育干部和人民,推动各项工作**

18年来,四川省在党中央领导下,坚持用邓小平理论武装全党、教育干部和人民,坚定不移地走邓小平同志开创的有中国特色的社会主义道路,不折不扣地贯彻执行“一个中心、两个基本点”的基本路线。在邓小平理论的学习上,我们强调领会精神实质,把握科学体系,理论联系实际,敢于开拓创新。代表先进阶级的正确思想,一旦被群众掌握就会变成巨大的物质力量。新时期四川建设和改革的伟大成就,前所未有的大好形势,都是我们在邓小平理论指导下取得的。我们从实践中真切而深刻地体会到:邓小平理论是我们的伟大旗帜,是我们改革和建设的强大精神动力和可靠思想保证。

四川是邓小平同志的故乡。在解放后的一段时间,邓小平同志作为中共中央西南局第一书记,直接领导了四川的工作。在他主持西南地区工作两年半的时间里,成功地巩固新生红色政权,奠定了政权建设和经济文化建设的基础,开创了西南地区稳定发展的新局面。到中央工作担任党和国家的重要领导职务以后,在繁忙的党务工作和国务活动中,邓小平同志仍十分关心四川的经济建设和人民生活,他多次回四川考察指导工作,多次会见到北京开会的四川代表,对四川的经济社会发展作了很多重要指示。党的十一届三中全会以来,他分别于1978年、1980年、1982年、1986年四次回川,他对家乡的变化感到高兴,更对四川的发展寄予厚望,他鼓励我们改革开放,加快现代化建设步伐,尽快提高人民群众生活水平。现在,四川省适应新的形势和任务,坚持用邓小平理论教育干部和群众,推动建设和改革,在这方面做了大量工作。概括起来,有以下五个重点:

**1. 坚持实事求是的思想路线。**

解放思想、实事求是,是马列主义、毛泽东思想的精髓,也是邓小平理论的精髓,是我们党的思想路线。四川省认真学习和贯彻邓小平同志关于解放思想、实事求是的精辟论述,在工作中自觉坚持实践标准、生产力标准和“三个有利于”标准,适应社会主义现代化的需要,努力解放思想,更新观念,转换脑筋,调整思路,振奋精神,纠正以往存在的一些僵化保守思想和错误观念,克服“盆地意识”。同时注意大兴调查研究之风,一切从实际出发,按客观规律办事,讲求实效,力戒虚假浮夸,不搞形式主义。我们自觉地坚持和贯彻解放思想、实事求是的思想路线,把中央的方针政策和四川的实际紧密结合起来,创造性地加以贯彻执行。要认清四川省情,制定发展战略、确定工作部署和具体政策措施。要在各级干部中弘扬实事求是精神,倡导求真务实、注重实效、苦干实干的作风,脚踏实地地把四川的事情办好。

**2. 牢牢把握经济建设这个中心。**

从“以阶级斗争为纲”转到以经济建设为中心,是邓小平同志领导我们在指导思想上实现的最根本的拨乱反正,是他在建设有中国特色社会主义的伟大实践中,对科学社会主义理论的新发展、新贡献。18年来,四川省委、省政府牢牢把握经济建设这个中心,排除一切干扰,一心一意地进行经济建设,从而保证了四川经济的持续、快速、健康发展,推动了社会的全面进步。当前,四川正处于加快社会主义现代化建设的重要时期,到本世纪末,我们要全面实现第二步战略目标,基本达到小康水平,在此基础上迈向第三步战略目标。我们牢记小平同志的教导,坚定不移地坚持以经济建设为中心,通过全省人民的艰苦努力,逐步缩小四川和东部沿海省区的差距。

**3. 坚定不移地实行改革。**

四川是中国改革的发源地之一。1979年农村改革和工业改革开始起步,经过18年的不断探索和深化,改革取得了重大成就,为经济社会发展注入了生机和活力。把邓小平的改革思想同四川省情结合起来,从实际出发推动各项改革,是我们的基本经验。当前改革面临着不少困难,特别是国有企业的改革,目前正处在攻坚阶段;经过多年改革,经济发展和社会生活中一些深层次的矛盾和问题日益暴露出来;由于新旧体制转换,致使这些矛盾和问题变得更加突出。所有这些都对深化改革提出了更高的要求,也为改革的深化和突破提供了契机。在社会主义公有制为主体,多种经济成分共同发展的基础上建立社会主义市场经济体制,是前无古人的创举。解决前进中的问题和难点需要深化改革,巩固改革成果需要深化改革,实现跨世纪的宏伟目标更需要深化改革。深化改革是扫除生产力发展的障碍,进一步推进整个事业发展的关键;不深化改革,有中国特色的社会主义事业就会失去发展的动力。当前,正处于改革的重要时期,到本世纪末,我们要初步建立社会主义市场经济体制,并在此基础上使有中国特色的社会主义在各方面形成比较完备的制度。我们要按照小平同志的总体设计,解放思想,大胆探索,锐意进取,把改革继续推向前进。

**4. 坚定不移地实行对外开放。**

18 年来,四川从地处内陆的特殊省情出发,坚持不懈地贯彻小平同志制定的对外开放战略,全面实施大开放促大发展的方针,落实对外开放的政策措施,强化全省人民的对外开放意识,着力改善开放的硬环境和软环境,积极引进资金、技术和先进的管理经验,有力地支持了四川经济的发展。今后,我们要继续扩大对外开放,努力促进四川经济与国际市场接轨,搞好招商引资,扩大出口创汇,拓宽合作领域,同时重视对国内的开放,充分利用国际国内两个市场,为四川经济发展创造更好的外部环境。

**5. 大力加强社会主义精神文明建设。**

邓小平同志强调社会主义精神文明是社会主义社会的重要特征,是现代化建设的主要目标和重要保证,要正确认识和处理两个文明的关系,要求始终坚持两手抓,两手都要硬;两个文明都搞好,才是有中国特色的社会主义。我们选择社会主义制度,不但是为了更快地发展生产力,而且因为只有社会主义才能消除资本主义和其他剥削制度所必然产生的种种贪婪、腐败和不公平。精神文明不好,社会风气坏了,即使经济成功,也不是我们为之奋斗的社会主义。社会主义精神文明为现代化建设提供了智力支持、精神动力、舆论环境和思想保证。而这一切都要通过人,通过我们的干部群众来实现。人是生产力中最活跃的因素,我们国家国力的强弱,经济发展后劲的大小,越来越取决于劳动者的素质。社会主义精神文明对于塑造人的灵魂、品格和能力,全面提高劳动者的素质具有重要作用。小平同志强调要培养社会主义"四有"新人,精神文明建设的根本任务就是培育"四有"新人(公民)。

实行改革开放以来,四川省在以经济建设为中心,坚决实行改革开放的过程中,十分重视社会主义精神文明建设,正确认识和把握两个文明的关系,把两个文明作为统一的奋斗目标,一起部署,一起落实,一起检查,使其协调发展,相互促进。今后我们要更加自觉地、一贯地坚持两手抓和两手硬的方针,更加重视精神文明建设,认真实施精神文明建设"九五"规划,广泛开展群众性精神文明创建活动,端正党风社会风气,大力倡导良好的职业道德、社会公德和家庭美德,在培养有理想、有道德、有文化、有纪律的社会主义公民方面取得更大成绩。

**二、四川改革和发展取得巨大成就**

改革开放 18 年,是四川历史上经济社会发展最快、最好的时期。社会主义市场经济体制的总体框架已基本建立,全方位对外开放格局已基本形成,经济实力大为增强,经济结构明显改善,社会事业全面发展,人民生活水平显著提高,绝大多数人的温饱问题已基本解决,8 千万四川人民正向着小康目标阔步迈进。

**1. 社会主义市场经济体制的总体框架已基本建立。**

市场在国家宏观调控指导下对资源配置的基础性作用逐步增强,价格改革取得突破性进展,除煤、电、石油、天然气、自来水、定购粮棉等少数关系国计民生的重要产品和公用事业收费仍实行国家定价之外,95%以上的产品价格已全部放开,实行完全的市场调节,市场在国家宏观调控指导下对资源配置的基础性作用逐步增强。以分税制为核心的新财政体制,以增值税为主体的新税制已经建立并正常运行。政策性金融和商业性金融逐步分开,多种融资渠道和融资方式对搞活金融支持经济发展发挥了重要作用。人民币已实现经常项目下可兑换。指令性计划已大幅度减少,指导性计划已成为经济生活的基本调控方式。投资体制逐步向国际惯例靠拢,投资项目资本金制度、投资主体法人负责制、项目建设招标投标制度、建设过程监理制等基本制度已初步建立。多元化、多渠道的流通体系逐步完善,商品零售网和区域性、专业性大型商品批发市场网已基本形成,生产资料市场、金融市场、技术市场、信息市场、劳动力市场、证券市场、期货市场都有很大发展。医疗、养老、待业、人寿等社会保障体系逐步建立。住房制度改革全面推进,相当数量的机关、事业单位和企业职工购买了住房。适应经济发展的需要进行了两次政府机构改革。以联产承包制为主体的农村改革正在向农业产业化方向发展,国有小企业和城乡集体企业产权制度改革取得突破性进展,国有大中型企业在建立现代企业制度、实行股份化、集团化改革方面作了具有重大意义的探索,以公有制为主体、多种经济成分共同发展的格局已经形成。改革的推进,为四川经济和社会发展提供了强大的推动力。

**2. 全方位对外开放的格局正在形成。**

对外开放日益扩大,对外交往合作日益增多,与国际市场的联系日益密切,出口创汇和利用外资取得显著成效,四川与境外隔绝、闭关自守的局面已根本改变,四川经济与国际经济的关联度日益提高。目前四川已与138个国家和地区建立了经济贸易关系,外国在川设立的经济贸易办事机构达118家,全省有200多家企业获得外贸经营权,1996年外贸进出口总额达40.2亿美元,其中:出口22亿美元,进口18.2亿美元。有50多个国家和地区的外商来川投资合作,共兴办"三资"企业6300多家,其中最有代表性的是中泰合资的成都正大有限公司、中美合资的四川丹齿实业有限公司、台资独办的统一食品集团以及摩托罗拉、西门子等国际性大公司都与四川兴办了合资企业。1979年到1996年的18年间,全省实际到位外资75亿美元,成渝、成绵高速公路、二滩电站等大型项目都利用了大量的外资。利用国外先进技术、设备和管理改造军工企业和传统产业取得重大成果,其中最有代表性的有长虹彩电、嘉陵摩托、长安汽车等名牌产品。四川在海(境)外兴办企业122家。1996年,全省新签对外工程承包与劳务合作合同金额4.7亿美元,完成营业额3.2亿美元,对外劳务合作输出1.5万人次,接待海外游客45.5万人次,创汇1.6亿美元。

**3. 经济结构明显改善。**

改革开放以来,四川经济一直在调整中发展,在发展中调整,整个经济结构逐步趋向合理化。单一的公有制结构已为多种经济成分所取代。农村的生产经营确立了家庭经营的主体地位,在部分经济发达地方已经出现了农业产业化萌芽。工业所有制结构已作了大幅度调整,目前国有制约占50%,集体占30%左右,个体、私营、外资等工业占20%左右。部分国有大中型工业企业已转变为国家控股公司,由资产经营转向资本经营;多数县属国有工业企业已转变为股份合作制,部分城乡集体企业已转变为股份合作制和私营企业。在商业流通领域,大型商业储运经营网点、设施、对外贸易、粮食、化工、石油、钢材、木材、水泥等原材料经营仍保留了国有、集体商业的主体地位,服装、日用杂品等消费品经销已为私营个体经营所取代。产业结构发生重大变化。一产业在国民经济中的比重大幅度下降,二、三产业的比重大幅上升。1978年四川一、二、三产业比重为49∶35∶16,到1996年调整为27.9∶42.1∶30,这种变化表明,四川的工业化、城市化水平已明显提高。三类产业的内部结构已明显改善。一产业在粮食稳定增长的同时,林、牧、渔业长足发展。1995年,以粮食作物为主的种植业在农业总产值中的比重已由1978年的72%降到50%,林牧渔业收入已由1978年的28%上升到50%。在二产业内部,轻重工业的比重也有所改变,1978年在工业总产值中,轻重工业的比重为1∶1.4,1995年已调整为1∶1.3,电子、医药、酒类、轻化工业快速发展。在三产业内部,商业、服务业快速发展,证券、信息咨询、广告、旅游、科技、房地产等新兴产业迅速崛起。

**4. 经济实力大为增强。**

1996年,全省国内生产总值4215亿元,比1978年增长6.7倍。农村经济全面发展,粮食总产上了新的台阶。1996年全省粮食总产4705.8万吨,比1978年增长47.2%;人均粮食811斤,比1978年增加138斤。油菜籽总产量123.2万吨,比1978年增长1.8倍。猪牛羊肉总产量602.6万吨,比1978年增长3.9倍;水产品产量45.9万吨,比1978年增长9.2倍;水果总产量228.7万吨,比1978年增长7.9倍;烤烟、茶叶等经济作物产量都有大幅度增长。乡镇企业从无到有,1996年乡镇企业总产值达到6920.9亿元。农民人均纯收入1453元,比1978年增长7.9倍。

工业进入新的发展阶段,主要工业品大幅度增长。传统工业改造步伐加快,新兴工业、高科技工业迅速崛起,工业消费品短缺、定量供应已成为历史,卖方市场已转变为买方市场。1996年,乡及乡以上工业总产值3053.7亿元,比1978年增长15.9倍。生产原煤10442万吨,比1978年增长1.7倍;天然气80.4亿立方米,比1978年增长31%;钢694万吨,比1978年增长1.86倍;水泥3039万吨,比1978年增长5.7倍;化肥319万吨,增长1.87倍;汽车14.4万辆,摩托车175万辆,电视机521.4万台,布11.5亿米,糖12.3万吨,饮料、酒219万吨,均有大幅度增长。

基础设施建设得到加强,城乡面貌焕然一新。电力建设成效显著,新建了江油、珞璜、铜街子、白马等一批大型电站,二滩电站今年第一台机组将建成投产,初步形成了电网分布合理,运行稳定,自动化程度较高的主网架。1996年末,全省电力装机达到1309万千瓦,年发电量599亿千瓦时,比1978年增长3.3倍。公路、水运、航空交通运输网已基本形成,"蜀道难"已成为历史,全年货物周转量818亿吨公里,旅客周转量624亿人公里。新建了成渝高速公路,正在抓紧建设成绵、成雅、内宜、广渝等高速公路,1996年末,全省公路总里程达10.1万公里,其中上等级路面达6.1万公里,民用机动车达120多万辆。铁路运输迅速增长，实现了宝成、成渝、成昆铁路电气化，宝成复线、达成铁路即将建成通车。内河客货运输能力有了很大提高，1996年末，全省拥有运输机动船5000多艘，总吨位20万吨。空运能力大为增强，扩建了成都双流、重庆白寺驿机场，新修了宜宾、达县、西昌等机场，1996年末拥有飞机60多架，飞行航线200多条。邮电通信实现了超前发展，目前全省县以上城市实现了市话自动化，省到市地州通信干线传输数字化，市地州以上城市交换程控化，建成了省内格形数字传输网、分组交换网、移动通信网、公众寻呼网，全省电话普及率达到2.76%，1996年邮电业务总量完成54.4亿元。城市化建设步伐加快。成渝两大中心城市在规模和质量上都有很大发展，绵阳、德阳、泸州、广元等一批现代中等城市正在崛起，一大批小城镇正在加快发展。

城乡市场繁荣兴旺。消费品供应充足，花色品种大幅度增加，彻底结束了日用消费品凭票供应的历史。全省消费品零售总额1539.8亿元，为1978年的18.2倍。

财政收入增加，金融日趋活跃。1995年全省地方财政总收入(包括中央返还)326亿元，比1978年增长7.7倍。年末全省金融机构存款余额3140.5亿元，贷款余额3359.5亿元。

**5. 社会事业全面发展。**

随着科教兴川战略的实施，四川的教育、科技、文化、卫生、体育等社会事业也进入全面繁荣时期。

基础教育、职业教育、成人教育协调发展。1996年，全省共有普通高校64所，校舍900多万平方米，本专科在校生20多万人，在读研究生近万人；有中小学74695所，在校生1380万人，占全省人口98%的地方普及了初等教育，“普九”人口覆盖率达到63.5%；有幼儿园18531所，在园幼儿238万人；有高、中等师范学校124所，在校生10多万人；有职业学校1307所，在校生61.9万人；有高中等成人学校419所，在校生40多万人。

科学研究、科技成果推广成效显著。1996年，全省在岗的各类专业科技人员达160多万人，取得自然科学研究成果564项，其中具有国际先进水平的151项，科技对经济发展的贡献率显著提高。

文化事业繁荣活跃。年末全省艺术表演团体139个，公共图书馆167个，文化馆211个，博物馆54个，档案馆297个。建成广播电台77座，中波广播发射台和转播台39座，电视台39座，有线电视台60多座，广播电视覆盖率分别达到81.4%和86.5%。地方报纸126种，年出版量13亿多份；正式期刊389种，出版量6100万册。全省共建乡镇文化站5120个，群众文化活动广泛展开，各种传统文化节丰富多彩。

医疗卫生条件大为改善。1996年全省共有各类医疗卫生机构1.88万个，从业技术人员33.4万人，医院床位25.6万张。医疗设备现代化程度有了很大提高，农村缺医少药的状况彻底改变，地方病、传染病得到有效控制，住宅卫生、饮水卫生、环境卫生条件明显改观。

竞技体育和群众体育活动协调发展。1996年全省体校在校训练人数达2万人，为国家培养运动健将50多人，在国家级以上的体育比赛中获金牌34枚。群众体育锻炼活动广泛开展，经常参加锻炼的人数占总人数的36%，人民群众的身体素质显著提高。

**6. 城乡居民生活水平显著提高。**

在经济发展的基础上，人民群众的生活质量有了很大改善。1996年，全省城镇居民人均生活费收入4000元。居住环境大为改观，60%的居民有了自己的住房，60%的市民用上了方便清洁的管道煤气和液化石油气，绝大多数市民饮用清洁卫生的自来水。食品消费结构日趋合理。主食品消费比重下降，副食品以鲜活为主，全年人均消费肉禽鱼蛋支出600多元。都市人对衣着打扮越来越讲究，衣着消费向成衣化、时装化、配套化、个性化发展，全年人均衣着消费500多元。家用电器向质优、大型、全功能、高档次发展。彩电拥有率达96%以上，洗衣机拥有率达95%以上，电冰箱拥有率达80%以上，收录机拥有率达70%，部分居民拥有空调器和家用电话。休闲消费迅速增加，外出旅游、参加社交文体活动成为时尚。居民自订报刊杂志、购买家用保健器材日益增多。农村居民生活也有很大改善。1996年农民人均纯收入1453元，人均生活费支出1349元。绝大多数农户新建、改建了住房，衣着质量大幅度提高，食品结构有了很大改善，组合家具、沙发、电风扇、电视机、收录机进入普通农家，文化娱乐用品支出和文化教育娱乐服务支出大幅度增长。

## 三、四川改革和发展积累了丰富经验

18年来，四川人民在党中央、国务院的领导下，坚持以邓小平理论为指导，坚定不移地贯彻“一个中心，两个基本点”的基本路线，牢牢把握“抓住机遇，深化改革，扩大开放，促进发展，保持稳定”这个大局，正确处理改革、发展和稳定的关系，一切从实际出发，把中央的方针和四川的实际情况紧密结合起来，在实践中积极探索，认真总结，逐步走出了一条适合四川省情的加快现代化建设的路子，形成了一些行之有效的做法和经验。

**1. 坚持以经济建设为中心，走有四川特点的加快发展的路子。**

18年来，不管政治、经济大环境如何变化，四川省委、省政府始终牢牢把握经济建设这个中心，坚持“发展才是硬道理”，把加快经济社会发展作为一以贯之的目标。在大环境比较宽松时，就抓住机遇，加快发展；在国家进行治理整顿时，努力发挥主观能动性和创造性，在调整中求前进，在紧缩中求发展，避免发展中出现大起大落。在正确分析省情，扬长避短，发挥优势，突出重点分类指导的基础上，逐步形成了“依靠科技，调整结构，军民结合，城乡一体，立足盆地，开发两翼”的发展战略，作出了“依托两市(成都、重庆)，发展两线(江油到峨嵋山铁路沿线、成都到重庆铁路高速公路沿线)，开发两翼(攀西川南资源富集区、三峡经济区)，带动全省”的区域经济发展部署，制定了一系列适合四川省情的发展政策、发展措施和办法。按照这套发展思路，成渝两市以建设现代化国际性城市为目标，利用较强的经济技术基础，抓住开放城市和综合改革试点城市的机遇，加快了发展步伐；江油至峨嵋山一条线的发展步入快车道；成渝一条线的发展已全面启动；三峡库区开发性移民和攀西川南资源综合开发取得重大进展；丘陵地区、贫困山区出现了一批因地制宜加快发展的好典型；三州民族地区和贫困地区也出现了好的发展势头。

在重庆升为中央直辖市，四川行政区划调整以后，省委、省政府根据省情的变化，提出了“以市场为导向，优化结构，提高效益，加快发展”的经济发展战略；确定了“夯实农业、交通、能源、科技基础，壮大电子信息、机械、冶金、医药、化工、建筑建材、饮料食品、旅游等支柱产业”的战略重点；作出了“加快成都经济圈建设，推动全省经济快速增长；加快攀西、川南资源开发，增强全省发展后劲；加大民族地区、盆周山区和丘陵地区扶持力度的战略部署；弘扬“兴川精神”，增强加快经济发展的紧迫感；大力推进以国有企业改革为中心的配套改革；坚持大开放促大发展的方针，提高对外开放水平和实效；提高劳动者素质和科技进步水平，加快经济增长方式的转变；努力拓宽投融资渠道，保证经济建设对资金的需求；转变政府职能和改善宏观指导，加强经济调控与监督的战略措施。

**2. 坚持把农业放在经济工作的首位，以稳粮增收为主要目标，发展和繁荣农村经济。**

从“农业稳、巴蜀兴”这个基本省情出发，始终把农业作为四川经济社会发展的基础来抓，逐步形成了“绝不放松粮食生产，积极发展多种经营，大力发展乡镇企业”，“稳粮增收奔小康”，“以奔小康统揽整个农村工作”的发展思路。注重稳定完善党在农村的基本政策，切实减轻农民负担，调动和保护广大农民和农村干部两个积极性。多渠道增加农业投入，大搞农田水利基本建设，不断改善农业生产基本条件，加强防灾抗灾工作，加大科技兴农力度，保证了粮食总产的稳定增长。在着力争取粮食丰收的同时，稳定调整农作物种植结构，促进桑、果、烟叶、棉、麻等多种经营品种的快速增长。大力发展畜牧业、乡镇企业，加快农村小城镇建设和剩余劳动力转移，使农民收入保持了快速增长势头。

**3. 坚持“以大开放促大发展”的方针，以增强开放实效为重点，全方位扩大对外开放。**

从四川“既不沿海，又不靠边，对外开放程度低”的省情出发，坚持把对外开放摆在经济工作的突出位置，以改革促开放，开放促开发，开发促发展，全方位、多层次、多形式对外开放。实施“大经贸”战略，推动了外贸、外资、外经、外事、国际旅游的有机结合和协调发展。改善出口产品结构，注重提高出口产品的质量和效益，增强出口创汇能力。优化投资环境，完善投资政策，提高四川在境外的知名度，增强对外资的吸引力，采取走出去、请进来的办法，举办多种形式的招商引资活动，大力引进外资。扩大国际工程承包和劳务合作，发展国际旅游，增强非商品创汇能力。与此同时，重视对国内发达省区的开放和联合，争取更多的国内资金流向四川。

**4. 坚持以深化国有企业改革为重点，“抓大放小、扶优解困”，调整结构，加强管理，努力提高企业效益。**

一是抓改革。针对四川国有大中型企业数量多、比重大、困难多、效益差的特点，按照建立社会主义市场经济体制的要求，在全面实施财税、价格、金融、投资、计划、外贸、流通、社会保障等宏观配套改革的同时，突出抓了国有企业的改革，并在改革的探索中形成了“抓大放小”的思路。在抓大方面，搞了80户大中型国有企业建立现代企业制度试点；在放小方面，集中推广宜宾、射洪、金堂三县国有小企业改革的经验，主要作法是“改、转、租、卖、并”，使国有小企业率先进入市场，成为新的经济增长点。二是推进产业产品结构调整。在继续加强第一产业，积极发展第三产业的同时，重点发展第二产业。在发展第二产业中，大力实施“8+5”支柱产业拳头产品战略，优先发展钢材、电视机、录像机、通信设备、摩托车、汽车及农用车、工程机械及建筑机械、发电设备及输变电设备等八个拳头产品，大力改造发展丝绸、纺织、食品、医药、建材五个传统行业，实施名牌产品战略和小商品占领大市场的“小巨人”计划。三是抓企业管理。积极推广学邯钢活动，建立以成本否决为主要特征的新型管理模式。在抓改革的同时，决不放松企业管理，根据市场经济的要求，学习和运用国际社会企业管理的先进经验。

**5. 坚持把交通、能源、通信等基础设施和重要原材料工业放在优先发展位置，增添发展后劲。**

针对四川交通、能源、通信发展滞后，制约经济发展，妨碍对外开放的现实，着眼于经济社会长期持续发展，集中财力加强重点基础设施建设。实行公路、铁路、水运、航空并举，重点放在打通进出川干线和省内高速公路运输骨架建设上，突出抓了成渝高速公路、宝成复线建设、双流机场改扩建等一批重点交通建设项目。实行以电力为主，优先发展水电，适度发展火电，煤电气、大中小并举，突出抓了二滩电站、江油电厂、筠连煤田、川中磨溪气田等一批重点能源项目。实行“有线无线统筹，提前发展，动员社会力量办通信”方针，建设快捷方便的通信网。

**6. 坚持实施“科教兴川”战略，加速科技成果转化。**

认真落实科学技术是第一生产力的思想，依靠科技提高劳动者素质，用现代科技武装产业。制定了科教兴川五十条政策措施，调动科教人员的积极性，动员大批科技人员进入经济建设主战场。加大科技投入，促进科技成果转化，在工业、农业、社会事业各个领域依靠科技促发展，提高科技对经济发展的贡献率，大力开发高新技术产品和高附加值产品，提高四川产品的市场竞争力和占有率，向科技进步、科学管理要效益。坚持把教育放在优先发展的战略地位，大力推进教育体制改革，增加教育投入，不断改善办学条件，为教师办实事，强化基础教育、义务教育和职业技术教育，为经济建设培养适用人才。

**7. 坚持“两手抓，两手都要硬”的方针，加强精神文明建设和民主法制建设，维护社会稳定。**

在集中精力抓经济建设的同时，把精神文明建设摆上突出位置，坚持用邓小平理论教育干部群众，深入开展爱国主义、集体主义和社会主义思想教育，着力提高全省人民的思想道德素质和科学文化水平。加强民主政治建设，增强全省人民当家作主的责任感。积极推进法制建设，完善地方法制体系，广泛开展法制教育，增强全体公民的法制意识，大力提倡依法行政，依法治省。大力推进廉政建设，深入持久地开展反腐败斗争，保护党政机关和干部队伍的公正廉洁。正确处理两类不同性质的矛盾，妥善处理突发事件，认真解决社会热点问题，严厉惩治各种刑事犯罪和经济犯罪活动，维护社会稳定。弘扬“负重自强，团结登攀，求实创新，富民兴川”精神，动员全省人民为四川的现代化建设同心协力，艰苦奋斗。

纵观 18 年，四川在邓小平理论指导下阔步前进，改革和建设取得了巨大成就。在我们前进道路上也还面临着不少困难，社会经济发展同一些先进省市相比存在着一定差距。因此，我们不能有丝毫的疏忽大意，骄傲自满；一定要高举邓小平理论的传大旗帜，在以江泽民同志为核心的第三代党中央领导下，精诚团结，埋头苦干，再接再厉，急起直追，尽快实现富民兴川，为建设有中国特色的社会主义作出更大的贡献。

（阳洪兴　喻克彬）

## 河北人民弘扬顾全大局的时代精神

顾全大局，是中国共产党的优良传统和作风，是中国共产党领导人民进行革命和建设的法宝。1996 年河北人民在抗洪救灾斗争中，所做出的“牺牲局部保全局”的正确抉择，所展示的“牺牲小家保大家”的博大胸怀，及其因此付出的巨大代价，向世人昭示：在走向二十一世纪的今天，顾全大局依然是我们进行社会主义现代化建设和改革开放的时代精神，是我们走向新世纪永远高扬的党魂、民魂。

**顾全大局：河北人民面对洪水肆虐的正确抉择和博大胸怀**

1996 年 8 月 4—5 日，河北省石家庄、邢台、邯郸、保定等中南部地区连降大暴雨和特大暴雨。两日降雨量超过 100 毫米的达 51 个县（市），其中超过 200 毫米的有 20 个县（市）、300 毫米的 6 个县，暴雨中心的邢台县野门沟水库和井陉县超过 600 毫米。罕见的大暴雨导致山洪暴发，太行山区 463 座大中型水库中的 348 座库满溢洪，滹沱河、滏阳河等主要河流同时告急。两线洪水严重威胁滹沱河北大堤和白洋淀千里堤，一旦出现不测，肆虐的洪水将直扑天津和华北油田，北京市 40 万户使用的煤气也将因此无以为继。

在这严峻危急的关头，河北省委、省政府高瞻远瞩，从大局出发，运筹帷幄，做出“一保京津、二保南北交通干线、三保油田、四保自己”的正确抉择和“死保滹沱河北大堤、力保滹沱河南大堤、确保滞洪区、洪泛区人民生命安全"的决策。随即在滹沱河一线,加大黄壁庄水库泄洪量,远远超过滹沱河南大堤的防洪标准,启动30年未用的献县泛区;为了遏制洪峰直扑京津的势头,在大清河一线毫不迟疑地启动了30年未用的东淀蓄水滞洪,保证了白洋淀千里堤的安全;为了将洪水滞留在滹沱河上游,减轻滹沱河北大堤的压力,创造保卫京津和华北油田的条件,毅然启动30年未用的大陆泽和宁晋泊两个滞洪区蓄水滞洪。省委、省政府主要领导反复强调"我们宁肯牺牲一些自己的利益,也要顾全大局,保证京津的安全"。为了实施"牺牲局部保全局"的决策,省防汛指挥部成立滹沱河北大堤和大清河水系两个前线指挥部,省委、省政府主要负责同志亲临前线指挥,并在物资调度和人员安排上向各大堤倾斜。据不完全统计,仅草袋一项,北大堤就比南大堤多一倍,抢险人数北大堤比南大堤多一倍。所有一切举措,表明一个意图:我省人民宁可牺牲自己的利益,也要保卫京津、铁路和油田这个全国的大局。

滹沱河北大堤保住了,白洋淀保住了,京津、油田和铁路面对滔滔洪水安然无恙。然而,河北人民却为此付出了巨大的代价。全省2/3的县(市)受灾,有的县全县整体性毁坏,全省受灾人口1300多万人,特重灾民470多万人;在行洪区、滞洪区和滹沱河两岸,上百万亩良田被冲毁,庄稼绝收,数百万房屋倒塌和损坏,500多万人没有粮吃,大批村镇、乡镇企业被淹没,上百万群众曾一度被洪水围困,直接经济损失456亿元。

面对巨大的牺牲,河北6000万人民展示出"牺牲小家保大家"的博大胸怀,人民解放军驻冀部队和武警官兵表现舍生忘死、舍己保国的英雄气概。广大军民坚决执行省委、省政府做出的"牺牲局部保全局"的决策,以自我牺牲的精神投入抗洪抢险斗争。当灵寿、正定两县交界处滹沱河大堤突然决口,直接威胁正定县数万群众生命财产安全的关头,灵寿县长指出"在关键时刻,我们要顾全大局,决不能为了自己几亩地,就置下游几万名群众的生死不顾"。在他的带领下,护堤群众仅以半小时堵住了决口。在滹沱河北大堤,深知死守就意味着牺牲自己的村民,深明大义地从自家拿起粮袋、编织袋,装上自家宅院的泥土,毅然奔上了大堤。一个贷款百万元、承包600亩粮田的农民,眼见汗水浇灌的庄稼转眼化为乌有,但他流着泪,义无反顾地走上大堤。他们说"舍小家保大家,值得"。更值得颂扬的是,人民解放军驻冀部队和武警官兵在驻地受淹、损失严重的情况下,出动数万兵力,承担了抗洪抢险最艰巨的任务。张金根、陈斌、周立武等官兵为此献出宝贵的生命。仅坚守滹沱河北大堤、封堵南大堤决口的某集团军,就为此付出了数千万元物资损失的代价。

咆哮凶猛的洪水早已退去,河北人民抗洪救灾斗争早已胜利结束。但河北人民为了全局利益而做出的重大牺牲将永远铭记史册,河北人民所表现的顾全大局的无私牺牲精神和博大胸怀,将成为留给全国人民难以估价的精神财富。

**顾全大局:社会主义现代化建设的一项基本原则**

河北人民在洪水肆虐最危急的关头,毅然决然做出"牺牲局部保全局"、"牺牲小家保大家"的正确抉择,决非一时的冲动,而是中华民族美德和中国共产党优良传统在今天的弘扬光大,也是走向现代化和市场经济的时代需要。

自古以来,中华民族就有舍家为国、舍生取义的传统美德。大禹治水三过家门而不入等至今传为佳话。以实现共产主义为最高理想、以全心全意为人民服务为宗旨的中国共产党人,除代表最广大群众利益之外,没有自己的持殊利益。中国共产党从她成立的那天起,就将中华民族舍家为国、舍生取义的传统美德升华到顾全大局的理性高度。刘少奇同志曾指出:"个人利益服从党的利益,地方党组织的利益服从全党的利益,局部的利益服从整体的利益,暂时的利益服从长远的利益,这是共产党员所必须遵循的马克思列宁主义的原则"(《刘少奇选集》上卷第129页)。遵循这个原则。多少英雄先烈为了战斗胜利的全局,为了党的工作的大局或流血牺牲,或忍辱负重。董存瑞、黄继光、邱少云等舍身顾全大局的英雄事迹千古流芳;而刘伯承、邓小平同志率领晋冀鲁豫野战军1947年千里跃进大别山,更是中国革命历史上为了战略全局勇于牺牲自己的典范。新中国成立后,我国人民继续发扬顾全大局的优良传统。这次在抗洪中发挥重大效益的岗南、黄壁庄水库,其所在地平山人民当年就付出了淹没10多万亩良田、91个行政村、移民近8万人的巨大代价。

随着社会主义现代化建设顺利进行和改革开放的不断深化,我国正发生从传统社会向现代社会、从计划经济向市场经济社会的全面转型。中国社会深刻全面的转型,使许多前所未有的新问题、新情况、新矛盾向我们纷至沓来,也向我们提出了一个亟待回答的问题,即在新的历史时期,顾全大局这个中华民族美德和中国共产党优良传统是否已经过时?我们还应不应当继续弘扬光大顾全大局这种无私牺牲精神?毋庸讳言,今天我们社会中的许多人对此困惑怀疑,甚至持否定态度。在一些人看来,在市场经济条件下,顾全大局同计划经济一样失去存在的价值。于是种种不顾全局、整体、长远利益,只顾自身局部利益的不正之风滋生蔓延,有的地方和部门利益的保护主义发展到相当严重的程度,为了本地区一时的经济发展,不惜污染环境,庇护假冒伪劣产品,重复建设,进行地区封锁和产品垄断。上述行为,直接影响党的各项方针政策的贯彻落实,影响全国统一市场的健康发育和正常运行,影响国民经济和社会协调发展,严重损害着现代化建设和改革开放的大局。

站在二十世纪的尽头,眺望二十一世纪的中国,我们既面临着未来现代化的美好前景,也面临着将这美好前景变成现实的空前艰巨复杂的历史任务。为了完成这个艰巨任务,从十一届三中全会开始,我们党就将进行社会主义现代化建设作为全党全国人民的中心任务即工作大局,号召全国人民为此同心同德、艰苦奋斗,要求全党全国人民时刻把握现代化建设这个全国的大局。除非发生大规模的外敌入侵,在任何情况下,都不能放弃这个大局。任何地方、部门个人利益都必须服从和服务于这个大局,在必要时,为顾全大局而不惜牺牲地方、部门和个人的局部利益。当然,每一个地方、每一个部门都有自己的利益,也有自己的工作大局,但相对于全国现代化建设也仅仅是局部利益。现实表明,任何不顾甚至损害大局,强调地区和部门特殊利益,拒不执行国家的大政方针和政策政令,只追求本地区、本部门利益的行为,都会迟滞我国经济和社会发展的进程,直接影响我国现代化建设第二、三步战略目标的如期实现,最终也会影响和损害本地区和本部门的根本利益。

我国正在进行体制改革,就是改革传统的高度集中统一的计划经济体制,建立各个经济实体自主经营、自负盈亏、自我约束、自我发展的市场经济体制。改革不可避免使得地方、部门和企业自身权益日益强化和生产经营积极性的充分发挥。然而,地方、部门和企业自身权益日益强化,并不意味着全局利益、长远利益和社会整体利益的消失和弱化,而是要求全局与局部、部分与整体利益在市场经济体制下实现新的有机统一。在利益关系剧烈变动的时期,顾全大局这种无私奉献的精神,对于保证体制改革的顺利推进就显得异常重要。我们应当认识到,体制改革从总体和长远的角度无疑是符合广大人民根本利益的,但对于某一地区、部门或某个群体、个人,在改革的过程中,部分正当的、合理的利益也可能暂时失去,但这种利益的暂时丧失也是为了改革大局所必需做出的牺牲。由此而言,只有全社会以大局为重,体制改革才会增加动力,减少各种摩擦、矛盾和冲突、阻力,各项改革才会顺利推进,协调配套,新的政治经济体制才能正常运转和发挥功能,社会主义改革的历史任务才能尽快完成。

实行社会主义市场经济,无疑是中国走向现代化的必由之路。然而,市场经济存在天然的缺陷,它追求个体利益的最大化,不会自发地保证全局、整体和他人的利益,也不可避免地出现个体利益与全局、整体和他人的利益错综复杂的矛盾。由此,在市场经济条件下,弘扬光大顾全大局的精神,对于实现最大限度满足人民不断增长的物质文化生活需求这个社会主义经济发展的根本目标,实现国民经济持续快速健康发展,最终实现人民的共同富裕,更显得异常重要。在市场经济条件下,各个经济实体自主经营、自负盈亏、自我约束、自我发展,以经济效益的最大化作为自己的追求目标,但这并不意味着各个经济实体可以完全丢弃顾全大局的牺牲精神。在市场经济条件下,“全国一盘棋”的大格局并没有改变,市场经济要求统一的市场、统一的规则、统一的法制和有效的调控。无论如何,各个经济实体都是国家经济生活的细胞,是国家现代化大棋盘上的一颗棋子。企业只有服从并服务于现代化建设和改革开放的大局,认真执行国家法律法规和经济调控政策,服从政府管理和社会监督,维护国家利益,尊重消费者的合法权益,遵循市场运行规则,平等交易,正当竞争,市场经济方能正常运行和繁荣发展,也会逐渐形成企业良好的社会形象和市场信誉,给企业自己带来难以估价的经济效益,企业良好的形象和信誉本身就是企业宝贵的无形资产;而那些不顾甚至损害大局,坑害国家和消费者的违法行为,不仅会破坏市场经济秩序,也最终会祸及企业和责任者自身。

**顾全大局:要成为全党全国人民的自觉行动**

走向二十一世纪的中国,需要弘扬顾全大局的精神,走向现代化和市场经济需要光大顾全大局的精神。在新的历史时期,我们全党必须采取各种有效措施,将顾全大局的意识转化为全党全国人民的自觉行动,形成顾全大局的良好党风和社会风气。

——*通过政治思想教育,增强顾全大局的自觉性*。全党同志应认真学习马克思主义、毛泽东思想,特别是邓小平理论,认真学习江泽民等中央领导同志关于讲政治、讲大局、讲正气的论述,认真学习党的方针政策,强化党性锻炼,牢固树立全局观念,充分认识顾全大局对推进现代化建设和改革开放的重大意义,同时充分认识顾全大局也最终有利于本地区、本部门的利益,即“大河有水小河满,大河无水小河干”的道理。站在全党全国工作大局的高度,以长远的目光观察和分析现代化建设和改革开放出现的新情况、新问题,正确认识全局与局部、整体与部分、长远与眼前利益的辩证关系,强化在市场经济条件下“全国一盘棋”的思想,坚决克服本位主义、地方保护主义和小团体主义。各级党组织要强化对党员群众顾全大局的思想教育,使之成为党性修养的重要内容。通过持久有效的思想教育,使全党同志顾全大局的自觉性明显增强,使顾全大局成为每一个共产党员特别是领导干部政治成熟的重要标志。

*——通过工作实践,使顾全大局的意识转化为全党同志的实际行动*。我们全党同志特别是领导干部都应将顾全大局作为我们从事各项实际工作、处理利益关系的行动准则。在现代化建设和改革开放的过程中,全党同志应始终紧紧把握现代化建设和改革开放的大局,坚持对党负责和对人民负责的一致性,坚决贯彻执行党的路线、方针、政策和国家的法律、法规,保证中央令行禁止,政令畅通,坚决维护中央的权威。各级地方和各个部门都要以顾全大局的原则协调理顺所面临的日益复杂的利益关系,特别是协调理顺江泽民同志在十四届五中全会阐述的社会主义现代化建设中的十二大关系,使本地区、本部门局部利益、眼前利益服从并服务于全局利益、长远利益,尊重其它地区、部门、经济实体和个人的合法权益,坚决杜绝地方保护主义、本位主义和小团体主义,坚决消除“上有政策,下有对策”、“打擦边球”、“见了红灯绕着走”等不正之风。各级党政机关在把握全局的同时,也应统筹兼顾各个地方、部门和个体的局部的正当合理利益,显得理顺日益错综复杂的社会利益关系,努力解决影响全局的各种重大问题。全党同志都要坦然对待体制改革中权力与利益的得失,特别是坦然对待正当合理利益的暂时丧失。在必要时,要不惜牺牲局部利益,来顾全人民生命财产安全、改革开放和现代化建设的大局利益。

*——通过制度建设,形成科学规范的顾全大局的激励约束机制*。要将“是否有利于发展社会主义社会的生产力,是否有利于增强社会主义国家的综合国力,是否有利于提高人民的生活水平”作为党员特别是领导干部是否顾全大局的根本标准。我们要通过体制改革和制度完善堵塞体制、政策的漏洞,形成对顾全大局的利益补偿、奖励和对不顾大局的监督、处罚的制度和政策体系。国家对顾全大局的地方、部门和个人既给予荣誉奖励,又给予物质的补偿和奖励,受益地区也应当也必须从物质回报和支援做出牺牲的兄弟地区,由此尽量减少因顾全大局而局部利益受到的损失;对那些不顾大局,钻体制政策的空子,损害国家、其它地方、部门个人利益的行为,及时给予批评和制止,对由此造成损失的地方、部门和责任人,给予必要的物质处罚,触犯党纪、政纪和法律者,必须予以严厉的党纪政纪处分和法律制裁,从而在全社会形成顾全大局少吃亏或不吃亏,不顾全大局不得利的激励约束机制。

*——通过持久努力,在全社会形成顾全大局的良好风气*。毋庸讳言,在许多情况下,顾全大局不可避免要牺牲局部利益,而直接承受这种牺牲的则是最广大的人民群众。这样,人民群众的理解、配合和自觉接受,就成为顾全大局的决策能否顺利实施且达到预期目标的关键。在1996年的抗洪斗争中,河北省各级党政机关一方面向灾区人民讲明“舍卒保车”的道理,强调严重灾情使我们的局部利益和全局利益难以两全。我们唯一的选择只能是舍局部保全局,舍小家保大家,惟此才能以最小的代价保护最大的利益,我们的局部利益才能最终从根本上得到保护;另一方面,又以极大的精力,采取一切可以采取的措施保证灾区群众生命财产安全和基本生活需求,帮助他们生产自救,重建家园,力争将灾害损失减少到最低限度。由于动员充分,措施得力,使得“牺牲局部保全局”的决策迅速变成人民“牺牲小家保大家”的自觉行动。现实表明,我们的人民是深明大义、通情达理的。当他们明白“舍卒保车”的道理,感受到党和政府对他们的关怀,他们会在关键时刻为顾全大局而奉献自已的一切。我们应长期坚持并强化对人民群众顾全大局的思想教育,使人民群众认识到在市场经济条件下,顾全大局对推进现代化建设,实现共同富裕的重要性和必要性,使顾全大局精神渗透到人民群众的日常活动中去;社会各方面要通过各种形式大力宣传、表彰和补偿牺牲自己、顾全大局的地方、部门和个人,批评、谴责和鞭挞不顾大局甚至损害大局的错误行为,从而形成顾全大局光荣、不顾大局可耻的良好党风、政风和社会风气,使顾全大局的奉献精神真正在现代化建设和改革开放新的历史时期弘扬光大,真正成为中国共产党和中华民族走向二十一世纪永远高扬的党魂、民魂。

(王彦坤)

## 天津市和平区社区精神文明建设的思考

在发展社会主义市场经济和对外开放的新历史条件下，处于现代化进程中的大城市如何开展精神文明建设，是时代提出的一个新课题，天津市和平区社区精神文明建设的成功实践，为探索新形势下大城市社会主义精神文明建设的有效途径展示了新的视角，开拓了新的思路，具有鲜明的时代特征。

**一、社区精神文明建设的兴起，是新的历史条件下城市现代化进程的必然要求**

社区是地域性社会成员社会生活和公共利益的共同体。随着改革开放的不断深入、社会主义市场经济的发展和大城市现代化进程的加快，社区的社会功能日益增强，在城市精神文明建设中的地位和作用日益突出。抓好社区的精神文明建设，发挥社区的示范作用，进而有效地辐射、带动整个城市的精神文明建设的开展，已成为新形势下推进大城市精神文明建设的必然趋势。

大城市是一个地区政治、经济、文化的中心，处于改革开放的前沿；大城市又是市场交换最活跃的场所，对市场经济发展的新变化最敏感；大城市还是信息交汇的地方，往往是最先接受各种思想的影响。大城市的这种特点，要求其精神文明建设必须有着不同以往和不同于中小城市以及农村地区的思路和方法。

改革开放的深化和社会主义市场经济的发展，不仅大大解放和发展了社会生产力，促进了大城市的经济振兴和社会进步，而且有力地推动了社会思想观念的变革和进步，增强了人们的自立精神、竞争意识、效率意识、民主法制意识和开拓创新精神。这些为大城市开展精神文明建设创造了良好的条件，提供了新的机遇。然而，市场自身的弱点和不良思想文化影响，也对大城市的精神生活带来了一些负面影响。例如，一些领域道德失范，黄、赌、毒等丑恶现象沉渣泛起，文化生活的某些方面出现萎缩，一些腐败现象蔓延，一些人社会主义理想、信念淡化等等。这些新问题也对大城市开展精神文明建设提出了严峻的挑战。如何适应这种新变化，探索大城市精神文明建设的新途径，已成为时代提出的一个新的重要课题。

在计划经济体制下，城市主要采取垂直型的管理，注重发挥行业、系统、部门的作用，强化“条条”的职能。随着改革开放的不断深化，在由传统的计划经济体制向社会主义市场经济体制转轨的新的历史条件下，城市管理工作重心逐渐转移，社区功能日趋强化。一是随着政府职能和管理体制的改革，一些社会管理职能逐步转移给社区；二是随着改革的深化，“企业办社会”、“单位办社会”的情况发生变化，企事业原来承担的一些社会生活职能逐渐分离给社区；三是随着社会发展出现诸多新情况、新问题，如人口平均寿命延长，城市老龄化程度提高，退休、待业、下岗和社会闲散人员增多，在职人员闲暇时间增加，流动人口膨胀等等，加重了社区负荷，社区的稳定与发展日趋重要；四是随着经济、社会的现代化发展，居民对生活质量的注重，对良好人文环境和优美居住环境的追求，对社区精神文明建设提出了更高要求。这些由经济体制转轨、城市现代化进程、社会结构调整等社会变迁带来的新变化、新问题，使社区在大城市精神文明建设中已上升为重要的承载基础。

和平区是处于天津市中心的一个老城区，它除了面临上述城市发展过程中的普遍性问题之外，还有其自身的特点：在10平方公里的面积上汇聚着近50万人口，是天津市人口最稠密的商业区，这里人员结构复杂，人文环境层次不一，市政设施和居民住房欠帐较多，繁华区与落后区并存。市场经济发展给社会生活带来的诸多矛盾，在这里都有不同程度的表现，新与旧、先进与落后、正确与错误各种思想观念的磨擦撞击在这里也非常集中和剧烈。在城市管理重心出现转移的新形势下，如何在这样一个典型的大城市老城区开展精神文明建设活动，无疑是一项复杂而又艰巨的任务。

面对新的形势、新的情况、新的任务，和平区的领导全面分析了开展社区精神文明建设的不利条件和自身优势，认为和平区虽然人口密度大，但文化素质相对较高，为社区的文明建设提供了雄厚的智力资源；社区人员结构虽然复杂，但居民的组织化程度相对较高，街道办事处、居委会、居民组等工作网络比较健全，为社区的文明建设提供了组织网络支撑；社区中虽然一些基础性设施比较陈旧，但文化、教育事业相对发达，是全市的文化教育中心，可以为精神文明建设提供有利的文化条件。社区成员的共同利益需求和对美好精神生活的追求则为促进社区精神文明建设提供了内在力量。和平区正是下功夫把这些固有优势开掘出来、充分发挥利用，借以克服消极不利因素的影响，把社区精神文明建设蓬勃开展起来。

城市同它的各个社区之间是整体和部分的关系，社区是城市的基础。只有各个社区把精神文明建设落到了实处，抓出了成效，才能把整个城市的文明程度提高到一个新的水平。市场经济和大城市现代化的发展,使得各社区之间的共性方面和特殊性方面同时都有所增强。以社区为基础开展精神文明建设,不仅有助于各社区立足自身特点开展活动,更好地发挥社区的积极性,而且也可以使不同社区创造的新经验,互相交流,互相启发,对整个城市的精神文明建设起到推动和促进作用。正因为这样,和平区开展精神文明建设的经验一出现,中共天津市委、天津市政府就立即进行总结,及时加以推广,作出了在全市进一步加强社区精神文明建设的决定,使和平区的经验起到了辐射和带动全市的作用。全市其他社区的精神文明建设之花,也都竞相开放,各显特色。

**二、社区精神文明建设的生命力来自党领导下的群众自觉参与**

精神文明建设是广大人民群众的共同事业,群众是社区精神文明建设活动的主体。搞精神文明建设,必须依靠群众,广泛吸引群众参与,使群众在参与中受到教育,得到提高。邓小平同志在党的十二大开幕词中指出:"我们党提出的各项重大任务,没有一项不是依靠广大人民群众的艰苦努力来完成的。"多年来,和平区坚持"一切为了人民、一切依靠人民"的基本工作思路,把最广大人民群众的最大利益作为精神文明建设各项工作的出发点和落脚点,认真解决群众普遍关心的重要问题,有效地调动广大群众的积极性和创造性,使精神文明建设充满了活力。

要广泛吸引群众就要关注群众的"热点"问题,因为精神文明建设是在人民群众的日常工作和生活中实现和体现的。人们不仅是从理论上认识道德行为的社会意义,而且也从实践中体验文明道德的理性内涵,从具体的活动中理解文明道德的深刻意义,促进思想道德的升华。由于社区居民的独立性、分散性和在年龄、职业、文化程度等方面差异性较为突出,行政约束力较弱。

社区的精神文明建设活动要广泛地吸引群众积极参加,首先要求活动的内容能够有效地启动群众的共同兴奋点,符合广大群众的愿望和要求。能够对群众最具吸引力和启动力的,往往是那些与群众利益关系最密切的实事,是那些群众最关心的社会"热点"问题。只有抓住这些"热点",做为开展活动的切入点,并从具体实事抓起,才能引起群众的共鸣,形成同频共振。

在新的历史条件下,居民群众普遍希望能够建立良好的社区人际关系,社会主义市场经济的发展和对外开放,给我们社会带来了许多可喜的新变化。然而,由于市场经济存在着双重性影响,也使社会上出现了一些令人不满意的消极现象。人际关系的功利化和淡漠,就是其中的一个突出方面。再加上现代化大城市的单元房居住方式将家庭封闭起来,易于造成邻里之间的疏离。人们企盼人与人之间的真诚互助,渴望干群之间的融洽和谐。这种对建构良好人际关系的普遍企盼,是新时期人们的一个共同愿望。触动了这个共同兴奋点,就能拨动老百姓的心弦。和平区领导正是通过办群众关心的事、群众需要的事、群众欢迎的事,把精神文明建设的目标要求和各种活动渗透到每个社区成员的日常工作和生活中去,使其成为看得见、摸得着的东西,对社会不同层次的群众都能产生感召力和凝聚力。他们一起步就从抓群众评选"十佳公仆"、"社区志愿者服务"活动,也就是从抓人际关系入手,通过干部为群众解决实际问题和群众自我服务,营造了温馨融洽的干群关系和人际关系氛围,适应了群众的需求,体现了群众的愿望,从而有效地调动起广大干部和群众积极参与的自觉性,使社区精神文明建设具有深厚而又广泛的群众基础。

社区文明建设是党领导下的群众自觉行动。群众中蕴含着丰富的创造性和积极性。自发的群众活动,往往体现着某种社会需求的合理性和必然性。但仅有群众的自发性还远远不够。要使社区精神文明建设健康、持久地开展下去,保持旺盛的生命力,必须加强党的领导,使群众的自发行为转化为自觉的行动。

加强领导,首先体现在领导者要善于发现群众创造的新生事物,尊重群众的首创精神,及时加以引导扶植。和平区社区精神文明建设的许多活动,一开始都先是由群众自发搞起来的。评选"十佳公仆"是群众首先提出来的,开展"社区志愿者服务活动"也是由居民自发兴起的。这两项活动一出现,就马上引起了区领导的重视,很快把抓这两项活动列入议事日程。他们一方面积极参加有关活动,亲临现场指导;另一方面对群众开展活动的经验认真加以总结,并在全区推广,使这两项活动深入人心,在社区精神文明建设中发挥了"龙头"的带动作用。

和平区委、区政府对群众性创建精神文明活动的领导,非常重视从我国社会主义初级阶段的实际出发,把群众活动的先进性与广泛性结合起来。在社会主义初级阶段,在市场经济还不够成熟完善的条件下,我们的精神文明建设只能是多层次展开的立体方式,而不可能是单层次推进的平面方式。在天津这样的特大城市中,居民的文化素质、经济利益、职业特性、生活方式以及对精神文明的认识和追求，都存在着很大的差异性。要想使社区精神文明建设活动有更广阔的涵盖面，就必须坚持先进性与广泛性结合，既鼓励先进，又照顾多数。这种多层次的统一也是新时期精神文明建设的一个鲜明的时代特征。

作为和平区精神文明建设群众活动的“五大支柱”，不论是群众评选“十佳公仆”，还是开展“社区志愿者服务”活动，不论是开展社区教育和社区文化活动，还是创建文明小区活动，无不体现了这种层次性。在开展“社区志愿者服务”活动中，区、街、居委会注意从实际出发，提倡社区服务的双向受益，“有钱出钱，有力出力，没钱没力出主意”。引导志愿者把义务无偿服务同低偿、有偿服务结合起来，提倡不计利益的无私奉献和兼顾利益的有偿奉献。他们不仅有意识地为志愿者提供服务的空间和舞台，而且也尽最大可能使志愿者的付出和奉献得到社会的认可和回报。他们通过组织活动和政策导向告诉人们：奉献精神不仅是高尚的，也是可望可及的。经常无偿服务可以表现出奉献者的先进性，考虑人们的双向受益和利益，则有助社区服务的普遍性。这种先进性与广泛性的结合，使和平区的社区精神文明建设不仅吸引了各层次的群众共同参与，也使这一群众活动有着旺盛的活力。

完备有效的工作机制是推动精神文明建设持久发展的重要保证。社区精神文明建设是一项复杂的社会系统工程，工作难度很大。怎样使这项工作扎扎实实地开展起来，坚持下去，取得实效，和平区提供了一条宝贵的经验，那就是必须建立起一套完备有效的工作机制。和平区建设精神文明的工作机制就像一部大机器，它的中枢系统就是和平区区委、区政府。评选十佳公仆、志愿者服务、社区教育、社区文化和文明小区建设这五大活动，构成了这部机器的五大部件，成为支撑全区精神文明建设的五根支柱。五大活动在中枢系统的统一指挥下，互相配合、互相渗透、互相补充。这部大机器，也有它的“硬件”和“软件”。“硬件”就是健全的领导体制和组织网络，严密的工作制度，切实可行的工作手段。它为全部活动提供了可靠的组织保证、工作规范和物质手段。“软件”就是有明确的指导思想和各种能充分调动积极因素的工作方式，它能对“硬件”起到“激活”的作用，以确保最终目标的实现。比如，他们创造了“抓两头形成龙头，龙头带动全局”的工作方式，把领导这一头和群众这一头的积极性充分发挥出来。他们组织精神文明建设的每项活动都精心策划，周密安排，层层发动，狠抓落实，还通过一套监督、检查、评比、奖惩、媒介宣传等方式，动员和激励人们踊跃投身于精神文明建设的各项活动之中。为开展志愿者服务活动，和平区成立了志愿者服务指导委员会，街道办事处成立了志愿者协会，居委会建立了分会，组织领导健全；他们还制定了统一的志愿者协会章程，规范了管理程序和制度；在实践中又形成了上有综合指导，中有动员协调，下有牵线搭桥的运行方式，使这一活动开展得既轰轰烈烈又扎扎实实。这个区的其他几项活动，也都像志愿者服务活动一样形成了各自的工作机制。

在领导和群众的共同努力下，和平区的精神文明建设真正形成了一个有领导有组织、有目标有规划、有制度有步骤、有渠道有载体、有监督有检查的较为完备有效的工作机制。正是有了这样的机制，和平区精神文明建设能够有章可循，有制可遵，健康有序地开展，取得了累累硕果。

**三、社区精神文明建设要紧紧抓住时代特点，大力弘扬为人民服务的价值观**

和平区社区精神文明建设创造了多种形式的群众性活动，有效地促进了居民素质和社区文明程度的提高。而就其实质来说，是要弘扬融入时代特征的为人民服务价值观。

在思想道德领域，世界观、人生观、价值观是统一的，也是最根本的。价值观体现人生观、道德观。在发展社会主义市场经济条件下，由于存在着多种经济成分和多种利益主体，人们的价值取向呈现多样性，有的甚至互相对立，这是客观存在的事实。但是我们必须坚持价值观导向的一元化，坚持以马克思主义的集体主义价值观为指导，这是由社会主义本质所决定的，也是时代的要求。

引导群众自觉树立正确的价值观，是社区精神文明建设的一项根本任务。“为人民服务”是对社会主义价值观的一种简明概括和通俗表达，是社会主义道德建设的核心。我党在长期的革命和建设实践中，形成了为人民服务的优良传统，广大人民群众也把为人民服务作为道德实践的目标和道德行为的准则。然而，近些年来，为人民服务的价值观受到了很大的冲击和扭曲。社会上拜金主义、享乐主义、个人主义滋长蔓延。一些干部为人民服务的意识淡漠了，甚至以权谋私。有一些人把商品等价交换原则泛化为处理一切人际关系的原则，把为人民服务变成了“为人民币服务”。为人民服务精神与个人狭隘功利追求的矛盾，成为当前价值观念冲突的焦点。人们对为人民服务的道德风尚的渴望与追求，正是新时期引导群众树立正确价值观的社会心理基础。开展社区精神文明建设要充分估量和适应群众的这一强烈心理需要，把人民群众对改变社会风气、构建新型人际关系的渴望，引导到树立正确的价值观上来。抓住了这一条，就抓住了社区精神文明建设的实质和灵魂。和平区社区精神文明建设一起步就有实效和吸引力，并坚持8年而长盛不衰，说到底，就是因为各项活动都体现了"一切为了人民"的宗旨，弘扬了为人民服务的精神，使广大干部和群众在一桩桩一件件的具体为人民服务的实践中，提高了思想道德境界，培养了良好的社会风尚。和平区社区精神文明建设的第一步，就是从抓干部的为人民服务开展起来的。早从1983年起，和平区就根据群众的意见和实际需要，每年集中力量为全区人民办12件实事。广大干部尽心竭力为群众办实事，真心实意为群众排忧解难，动人的事迹不断涌现。1988年秋末冬初，在大白菜和冬煤供应的高峰，在社会上抢购风余波未平的情况下，区领导率领全区500多名机关干部白天在街头售菜，晚上给居民家中送煤，没有一个干部往自家捎一棵菜、带一块煤。广大群众被感动了，他们从干部的行动中感受到了为人民服务优良作风的回归，发自内心地称干部为"公仆"，自发地给"公仆"发奖。由群众首创的评选"十佳公仆"的活动就是这样开始的。群众表彰"公仆"这一伟大创造，实际上也是表达他们对为人民服务价值观的肯定和崇尚。

长期以来，有些人有一种误解，认为为人民服务只是党员或干部们的事情，普普通通的老百姓只是被动服务对象，被排除在为人民服务的主体之外。其实，价值观有很强的时代性。在新的历史时期，为人民服务有着宽广的内涵，它不仅是对党员和干部的要求，也是对每个社会成员的普遍性要求。只不过对不同觉悟程度的人，要求的标准不同。在我们的社会里，每个人都是被服务对象，同时也是为他人服务的主体。和平区的志愿者服务活动从实践上肯定了为人民服务的群众性涵义。1989年初，就在群众首次表彰"十佳公仆"的一个月之后，居民群众同时提出要自己动手，发扬互助精神，解决大家的一些困难。新兴街朝阳里居委会13名居民自发地组织起第一个"社区服务志愿者协会"。从这以后，在和平区12个街道、256个居委会相继普及，志愿者队伍发展到5万余人。他们为挂钥匙的孩子办"午间小饭桌"，为老年人办"聊天站"，为缓和家庭矛盾设立"舒心会"……。他们在实践中创造了许多行之有效的服务方式，从无偿服务到低偿、有偿服务，服务领域也不断拓宽，由以孤老病残和烈军属为主要对象，扩展到面向广大社区群众和全社区；由物质生活领域的服务，扩展到精神生活领域的服务；由为居民服务，延伸到为社区单位排忧解难。社区志愿者服务活动，实质上是广大群众为人民服务的实践活动，它体现的是社会主义价值观导向。

在发展社会主义市场经济和对外开放的新历史条件下，弘扬为人民服务价值观与市场经济是否协调，是否有感召力？和平区的实践表明，为人民服务的价值观在新时期不仅仍有强大的感召力，而且完全可以与市场经济所强化的主人翁精神融为一体，形成极大的道德行为内动力和拓展力。市场经济对人格素质的一个重要的积极影响，就是不断强化人的主人翁意识。对独立自主人格的呼唤，不可避免地会伴生着自我价值实现的要求，这是一种符合时代发展的历史性的进步，当这种实现自我价值的追求与为人民服务的精神结合在一起时，为人民服务就不仅被看作是一种利他的道德行为，而且也被看作是一种自我价值实现的社会途径。这样，对社会的贡献也就成为衡量自我价值的尺度，为人民服务的传统就被赋予了时代精神的内涵，深深地打上了时代的印记。在这种道德精神的推动下，人们就会更加自觉地为他人，为社会做奉献，并不断地向更广阔的领域拓展自己的奉献行为。和平区开展的群众评选"十佳公仆"和"社区志愿者服务"活动，是体现了为人民服务优良传统与弘扬时代精神的有效结合。广大干部在为群众办实事的过程中，实现了个人的价值。尽管当选"十佳公仆"没有奖金，没有纪念品，有的只是荣誉称号，但他们却把它视为最高的政治奖赏，视为群众对干部价值的首肯。也正因为这样，社区干部才感受到前所未有的压力，进一步激发起为人民服务的热情。"社区志愿者服务"也是这样，他们提出的"上为政府分忧，下为百姓解难"的口号，充分体现了他们的主人翁意识。他们在为居民排忧解难的过程中，看到了自我价值的闪光，他们在社会的首肯中得到了精神上的回报。

在评选"十佳公仆"和"社区志愿者服务"的"龙头"带动下，其他方面的一系列活动如社区教育、社区文化和创建文明小区等，也都是以造福人民群众为宗旨，逐渐开展起来。人们在参加社区教育、社区文化和创建文明小区的活动中，不仅能得到思想文化素质的提高、精神情操的陶冶、文化生活的丰富和整洁安定的生活小环境，而且还感受到洋溢着集体主义精神的人文氛围和社会主义新型人际关系的温暖与真诚，体验到集体主义精神的力量和高尚。这对于弘扬为人民服务的价值观起到了巨大的潜移默化的作用。可以说，和平区社区精神文明建设经验的精髓之一，就在于抓住了为人民服务这条主线，弘扬了社会主义价值观，体现了新时期社会主义道德建设的方向。

**四、和平区社区精神文明建设经验的时代意义**

和平区开展社区精神文明建设的经验，虽然是天津市一个区的典型经验，有其特殊性方面，但它却体现了大城市开展精神文明建设的方向，在特殊性中包含有普遍性，有着不可忽视的时代价值和社会意义。

和平区的经验证明，始终坚持用邓小平建设有中国特色社会主义理论为指导，坚持"两手抓、两手都要硬"的方针，是社区精神文明建设成功的根本保证。理论上的自觉带来了行动上的重视，区委、区政府把社区精神文明建设纳入了全区经济与社会发展的总体规划，主要领导亲自抓，几届领导坚持抓。他们还坚持"率先垂范"的原则，在发动群众开展精神文明建设的过程中，始终强调发挥先进层的带动作用。他们不是居高临下地向群众提要求、发号召，而是首先对自己提要求、定标准，让群众做的，自己首先带头做到。这样，他们在群众面前就取得了带动的资格，发挥了带头的作用，从而激发起群众参与的积极性。领导没想的，群众帮着想到了；领导没办到的，群众协助办到了，形成了"党群同心，上下合力"的水乳交融的局面。

邓小平同志强调精神文明建设"必须狠狠地抓，一天不放松地抓，从具体事件抓起"。和平区的经验还证明，精神文明建设重在建设，贵在实践。开展精神文明创建活动，必须同解决人民群众普遍关心的实际问题结合起来，从群众最关心的事情抓起，从实事抓起，把实事抓好，使不同层次的群众乐于参与，自觉参与，同时在实践中受到教育，实现思想的升华、道德的养成、行为的规范和素质的提高。

我国社会的体制转型带来了经济结构和社会关系的新变化和新矛盾。能否正确地处理这些矛盾和问题，直接关系到社会的稳定和发展，和平区的社区精神文明建设，成功地承载了从政府和企业中分离出来的一些社会职能，有助于化解新的历史条件下出现的消极因素，为解放和发展社会生产力提供了条件，从一个方面为经济体制转轨铺平了道路。和平区群众对社区政治、经济、文化等社会生活所表现出的参与热情，是中国人民建设有中国特色社会主义积极性的具体体现。特别是群众评选"十佳公仆"，是评价和监督干部勤政廉政的有效方式。这种政治参与热情，充分体现了人民群众当家作主的高度民主意识，这正是建设有中国特色社会主义深厚的群众基础之所在。

在现代大城市社会生活中，不仅小农经济的田园牧歌式的传统生活方式已不复存在，而且四合院里的邻里交往也被单元式住房所阻隔。和平区的社区精神文明建设活动，努力在疏离的市民之间增强社区亲情和友善，重构温馨的城市生活家园，建立城市新型人际关系。他们的经验对克服城市现代化过程带来的人际关系疏远等弊病，具有重要的意义。

社会主义精神文明建设是全方位多层次的社会系统工程。和平区的经验既包括精神文明的表层内容，如环境整洁、言行礼貌、行为规范；又包括精神文明的深层内容，如理想、信念、道德、情操；它的核心则是为人民服务的价值观和集体主义原则。这样丰富而充实的内容，具有很强的现实性，具有广泛的示范性和推广价值。

党的十四届六中全会《决议》提出，各省、自治区、直辖市要制定规划，到2010年要建成一批具有示范作用的文明城市和文明城区。加强社区精神文明建设，是贯彻落实六中全会精神的实际行动，是把精神文明建设的各项目标落实到城市基层、提高整个城市的文明程度和市民的文明素质、促进城市经济与社会协调发展的有效途径。沿着这条路走下去，社会主义的中国一定会向全世界展示出一批既具有一流经济发展水平、又体现一流精神文明的现代化大都市的灿烂风貌！

（李言实）

## 完善以公有制为主体、多种所有制经济共同发展的所有制结构

**一、建立以公有制为主体、多种所有制经济共同发展的所有制结构，是浙江省改革的重大举措和成果**

浙江省在十一届三中全会之前是一个人多地少、资源贫乏、工业很不发达的农业省份，经过十几年的改革开放，我省一跃成为无论是经济总量还是经济发展速度，经济效益还是财政收入，都在全国居于前列的经济比较发达的省份，1996年全省国内生产总值达到4106亿元，提前八年实现了国内生产总值比1980年翻二番的战略目标。城镇居民人均生活费收入达到6345元，位居全国前列，农民人均收入达到3463元，仅次于上海、北京，列各省区第一。这在很大程度上是得益于我们从八十年代以来，就积极贯彻以公有制为主体，多种所有制经济共同发展的方针，先于全国一般地区，形成了以公有制为主

体、多种所有制经济共同发展的所有制结构,赢得了经济体制改革和经济发展的主动权。从浙江国有经济基础比较薄弱,国家投资比较少的实际出发,我们鼓励国家、集体、个人一起上,调动一切积极因素,在积极发展国有经济的同时,大力发展城乡集体经济,鼓励发展个体、私营、外资经济。经济成份的多样化,促进了投资主体的多元化,集体经济和城乡居民成为新的投资主体,促成了全社会固定资产投资的大幅度增加。全省固定资产投资总额从1985年的102.2亿元增加到1996年的1617.5亿元,其中集体和城乡居民投资从1985年的62.7亿元猛增到1996年的768.2亿元,使全省经济发展后劲大为增强。

以公有制为主体、多种所有制经济共同发展的所有制结构的作用和优越性在我省工业领域中表现得尤为明显,根据第三次工业普查,我省工业总体规模已跃居全国第4倍,近十年来,全省工业保持了持续高速增长的好势头。1996年,全省工业企业和生产单位已达到67.6万个,比1985年增加了40.8万个;从业人员增加64.52%,资产总额达到5000多亿元,比1985年猛增了20倍,上缴税金增加了7.7倍。尤其是以乡村集体工业企业和个体私营企业为主的乡镇企业异军崛起,在全省工业增加值中已居于"三分天下有其二"的重要地位,全省乡镇企业上交税金已占全省财政税收的一半以上,乡镇企业已成为一支富有活力的产业主力军。在工业总产值中,国有工业比重虽有所下降,但在能源、原材料、公用工业及高新技术行业中,国有工业仍居重要地位,包括国有工业和城乡集体工业的公有制工业的总产值和资产分别仍占全省工业的56%和70.9%,公有制主体地位没有改变。

全省各地也都从当地的实际出发,找准经济发展的新动力和新的增长点,在国有经济比重比较小的地方,通过大力发展城乡集体经济,股份合作经济、个体、私营、外资经济,带动了区域经济的高速增长,拓宽了地方财税增收渠道,促进了城乡劳动力充分就业和向二、三产业的转移,大幅度地提高了城乡人民的收入水平。原来国有经济基础比较薄弱的温州市,从本地实际出发,在八十年代就放手发展个体、私营、外资等多种非公有制经济,并在此基础上引导它们走联合和合作发展之路,大力发展股份合作经济,形成了多轮驱动、多业并举,多种所有制经济共同发展的经济格局。全市国内生产总值从1978年的13.3亿元,增加到1996年的510.1亿元,财政收入、农民人均收入等项指标均翻了四番到五番,并且,近年来全市又针对原来经济"小低散"的状况,广泛开展了以提高质量创名牌,上规模为主要内容的"二次创业"活动,全市经济更加充满生机活力。同时,温州市又利用市场经济的优势,积极推进国有企业改革和农村集体资产管理体制改革,努力探索在市场经济条件下,发展壮大国有经济和农村集体经济的新路子。一批国有企业率先通过改革,走出了困境,涌现出了一批像东方集团、西山特陶等充满活力的优秀国有企业。曾一度被认为是集体经济"荒漠"的温州农村,现在集体经济也有了长足的发展。全市90%以上的村都建立了村经济合作社,1995年全市村级集体经济收入从1990年的1.3亿元增加到12.1亿元,增加了8.2倍。村级集体收入在百万元以上的村由2个增加到257个。

浙江十几年改革发展的实践充分证明,以公有制为主体、多种所有制经济共同发展的所有制结构,确实是适合社会主义初级阶段生产力发展水平的,符合邓小平同志提出的"三个有利于"标准的,最能促进社会生产力发展的所有制结构。由于我省率先形成了这种所有制结构,全省经济活力大为增强。呈现出持续快速健康发展的好势头。从国家在宏观上实行适度从紧的财政货币政策以来的三年情况看,我省国内生产总值年平均递增17.8%,明显高于全国平均水平,国家财税收入状况也好于全国一般省份。这一所有制结构的率先形成,是省委省政府和全省各级干部与广大群众,依据邓小平建设有中国特色社会主义理论,认真贯彻党的以公有制为主体,多种经济成份共同发展的方针,不唯上、不唯书,从浙江实际出发,解放思想,鼓励探索,不搞争论,大胆实践的结果。

**二、以公有制为主体、多种所有制经济共同发展的所有制结构,在社会主义初级阶段具有巨大的优越性**

十几年改革开放的实践已经证明,以公有制为主体、多种所有制经济共同发展的所有制结构,是最适合于社会主义初级生产力性质和发展水平的,具有巨大的优越性。这不仅在于公有制经济与非公有制经济可以长期共存,共同发展,还在于通过正确引导,可以实现优势互补,相互促进,相得益彰,原来那种认为公有制经济与非公有制经济水火不相融,两者必定是此消彼长、相互制约的关系,只有限制和消灭非公有制经济,才能确保社会主义公有制经济发展的观点是形而上学和错误的。浙江省各级领导和广大干部群众,从八十年代开始,就着手进行公有制经济与非公有制经济共同发展的实践探索。尤其是在进入90年代后，把工作着力点转到引导公有制经济与非公有制共同发展、共同繁荣上，并取得了明显的成效。深入地分析这几年我省经济体制改革和经济发展的实际，我们发现，浙江省公有制经济与非公有制经济已经初步形成了一种优势互补，相互促进，相得益彰，共同发展的新型关系。从这十几年公有制经济与非公有制经济发展的全过程来看，在允许非公有制经济发展，而公有制经济还尚未改革搞活的起始阶段，非公有制经济快速发展确实给公有制经济造成了很大冲击，尤其是在非公有制经济比较活跃的一般消费品的加工工业和商业流通、饮食服务、汽车运输等第三产业领域，公有制企业遇到了巨大的冲击和市场竞争压力，一些企业出现了增长减缓，市场占有率下降，亏损增加，效益下滑的不良情况。但是，随着时间的推进，特别是党的十四大确立了建立社会主义市场经济体制的改革总目标和加大公有制经济的改革力度之后，在省委省政府出台的一系列加快国有企业和城乡集体企业改革的政策措施的引导下，国有企业建立现代企业制度的改革和城乡集体企业转换经营机制改革由点到面逐步推开，整个经济发展的状况就开始发生新的变化。一大批国有企业和城乡集体企业通过改革焕发了新的生机活力，市场竞争力明显加强，经济效益上升，发展速度加快。近年来，全省非公有制经济发展很快，但国有经济和城乡集体经济也保持了比较快的发展势头。“八五”期间，全省村级集体经济总收入由16.8亿元增加到82.4亿元，年均递增37.5%。全省国有企业总资产由1993年的1561亿元增加到1995年的2294亿元，所有者权益从414亿元增加到了741亿元，年均增长分别达到21.2%和33.7%。同时，非公有制经济也在市场竞争中，从小规模、数量型、粗放型发展逐步向质量型、集约型、规模经营的方向发展。非公有制经济的发展非但没有使我省公有制经济萎缩、消亡，反而为公有制经济的改革与发展注入了新的活力，多种所有制经济呈现出合理分工、优势互补、相互促进、共同繁荣的好势头。

从实践来看，多种所有制经济优势互补、相互促进，共同发展的关系主要体现在以下几个方面：

一是非公有制经济的快速发展，增强了公有制经济的改革动力，为公有制经济的改革创造了良好的市场环境。一方面，由于非公有制经济完全是按照市场机制运作的，它的成长与发展势必推动社会资源配置的市场化和生产要素市场化的进程，从而为公有制企业的改革与发展创造了市场环境；另一方面，非公有制经济的快速发展，增加了社会消费品供给，促使社会消费品市场由卖方市场转向买方市场，并与同类公有制企业展开激烈的市场竞争，这就迫使那些公有制企业也一无返顾地走向市场，率先进行市场取向的改革，通过改革发挥公有制企业在人才、技术、设备等方面优势，争得新的竞争优势。如在轻纺、食品、家电、建材等市场竞争十分激烈的行业，许多公有制企业在与非公有制经济的市场竞争中，率先推进市场取向的改革，优化经营机制，强化管理，挖掘自身的人才、科技等方面的优势，再创了公有制经济的辉煌。近年来，全国纺织行业效益下滑，步履维艰，而绍兴县800多家国有、集体、个体、私营、外资的纺织企业都出人意料地呈现了整体繁荣的奇观，大大小小纺织厂家几乎无一亏损。1996年全行业实现产值307亿元，利润6.5亿元，分别比上年增长35%和21.9%。这一骄人业绩的取得，最重要的一条是绍兴纺织业中率先全面引入市场竞争机制，形成了多种所有制经济公平竞争，共同发展的新格局。该县针对八十年代大批纺织厂从田野中崛起的情况，于1988年在柯桥镇兴办了轻纺市场，并不断加以扩充，这一市场由开始时以个体工商户和乡镇企业为主转向国有、集体、个体、私营、外资企业共同参与，使之发展成为一个年成交额超百亿元的中国最大的纺织品龙头市场。该市场作为产品营销中心和信息中心，为全县多种所有制的纺织企业创造了极好的市场环境，有力地推动了纺织企业的“三改一加强”，各类企业争先恐后地引进世界一流的片梭、剑杆、喷水、喷气等无梭织机1.2万台，差不多用三四年时间走完了国内外同行业30年技术升级的历程。作为国有企业的绍兴丝绸印花厂在这一市场竞争环境中，率先推进改革，审时度势作出“低档产品向中高档产品转移，内向型经济向外向型经济转移，数量速度型向质量效益型转移”的决策，发挥自身的人才、技术、设备、管理优势，做好产品档次和质量的大文章，成为全省乃至全国的国有企业改革的成功典型。

二是非公有制经济发展，促使土地、房产、矿产等公有资源增值，地方财政增收，劳动就业岗位增加，为公有制经济的改革与发展创造了良好的外部条件。浙江各地多种非公有制经济的快速发展，使民资逐渐丰厚，就业门路拓宽，城乡人民收入水平明显提高，消费品市场、生产要素市场不断发展完善。这种经济态势使公有的土地、房产、矿产等各类资源大大增值，使得占有这些公有资源的国有经济和农村集体经济拓宽了公有资产保值增值的途径。同时，非公有制经济提供的国家税收增加，有利于减轻国有经济的压力,使各级地方财政有可能增加对国有企业的财政扶持和税收减免。此外,非公有制经济发展,大大拓宽了城乡劳动就业的门路,大大减轻了公有制企业改革中工人下岗再就业的社会压力,为公有制企业改革提供了良好的外部条件。显然浙江各地国有企业和城镇集体企业改革之所以比内陆地区进度快,范围广、力度大,主要也是得益于多种所有制经济相互竞争、共同发展的经济格局。

三是个体私营经济发展,民资积累丰厚,为股份合作制等新的公有制经济发展提供了基础和现实的条件。原来国有、集体经济基础比较薄弱的浙江温州、台州地区,在八十年代放手发展家庭工业、个体私营企业,积累了丰厚的民资,在市场竞争压力和政策的引导下,越来越多的个体私营企业选择了股份合作制这一新的联合发展生产力的方式。使这种兼有股份制和合作制双重特点,体现劳动合作与资本合作有机结合的新的公有制形式逐步成为农村经济发展的主导力量。如台州市 1996 年国民生产总值达到 486.6 亿元,财政收入 24.1 亿元,“八五”期间五年年均递增分别达到 24.8%和 25.3%,其中股份合作经济占国民生产总值近 70%,上交国家税金占财政收入 60%以上。股份合作经济已经从乡镇工业迅速扩展到交通、能源、农业、水利、旅游、文化、卫生等领域。股份合作经济大发展为社会主义公有制增添了新生力量。

四是非公有制经济发展,为公有制经济占垄断地位或支配地位的,关系到国家经济命脉的基础产业的发展,创造了巨大的市场需求,促进了公有经济的大发展。近年来,我省那些公有制经济占垄断和支配地位的金融、保险、信托、城建、房地产、交通、邮电、通讯、电力、石化、冶金、机电等基础产业都呈现快速发展的好势头,也是与我省多种经济发展比较快,民资比较丰厚,密切相关的。这些关系国家经济命脉的基础产业在日益增长的市场需求拉动下,获得快速发展,其经济效应十分明显。一方面,公有制的基础产业的发展,有力地促进了社会主义公有制经济主导作用的发挥和主体地位的巩固,促进了公有资产的保值增值。另一方面,这些公有产业的发展,又为非公有制经济的发展提供了越来越好的宏观发展条件和越来越便利的服务,从而使公有制经济与非公有制经济发展形成了良性循环。这种良性循环在原来基础产业比较薄弱的温州、台州等地表现得尤为明显。几年来在这些地区,公有制占垄断和支配地位的金融、保险、民航、房地产开发、城建、电力、港口等基础产业发展都快于一般地区,从而使这些地区公有制经济的主导作用更为明显。

依据对浙江省经济改革与发展的实践分析,我们可以明显地看出,现阶段我省的公有制经济与非公有制经济发展,确实已经形成了优势互补,相互促进,相得益彰,共同发展的新机制,只要我们不断完善以公有制为主体、多种所有制经济共同发展的所有制结构,一定能使我省经济发展得更快更健康。

**三、要深化改革,不断完善以公有制为主体,多种所有制经济共同发展的所有制结构**

经过十几年的改革开放,我们已经初步形成了以公有制为主体,多种所有制经济共同发展的所有制结构,但要完善这一所有制结构,使这一所有制结构更加有利于社会主义生产力的发展,还需要在实际工作中继续进行大胆的探索和实践。从当前的实践来看,完善工作的重点和难点在于,在坚持允许和鼓励个体、私营、外资等非公有制经济长期共同发展的新的经济格局中,如何保持和巩固公有制经济的主体地位,如何发挥公有制经济特别是国有经济对国民经济的主导作用,如何避免贫富两极分化,保持和巩固公有制主体地位,是在改革中坚持社会主义方向的一个核心问题。邓小平同志指出:“总之,一个公有制占主体,一个共同富裕,这是我们所必须坚持的社会主义的根本原则”。江泽民总书记在党的十四届五中全会闭幕时的讲话中强调:“坚持公有制为主体,是社会主义的一条根本原则,也是我国社会主义市场经济的基本标志。在整个改革开放和现代化建设过程中,我们都要坚持这条原则,只有确保公有制经济的主体地位,才能防止两极分化,实现共同富裕。任何动摇、放弃公有制主体地位的作法,都会脱离社会主义的方向”;江泽民总书记在中央党校的讲话中又强调要把加快公有制经济特别是国有企业改革,放到特别重要的位置上,这为我们进一步深化改革,完善以公有制为主体,多种所有制经济共同发展的所有制结构,指明了正确的方向。江泽民同志在党的十四届五中全会闭幕时的讲话中就提出,坚持公有制的主体地位,重要的是要把握好四个方面:“一是在社会总资产中要保持国家所有和集体所有的资产占优势;二是国有经济在关系国民经济命脉的重要部门和关键领域占支配地位;三是国有经济对整个经济发展起主导作用;四是公有制经济特别是国有企业是适应社会主义市场经济发展的要求,不断发展和壮大自己”。我们要在多种所有制经济共同发展的历史进程中,始终做到以上四条要求,就不能用限制非公有制发展的消极办法,必须采取加快公有制经济特别是国有企业改革的办法,努力寻找能极大促进生产力发展的公有制实现形式，大胆利用一切反映社会化生产规律的经营方式和组织形式，来焕发公有制经济的生机活力。只有这样，才能在实践中更好地坚持和完善以公有制为主体，多种所有制经济共同发展的所有制结构。近年来，浙江省各级党委政府在鼓励发展个体、私营和外资经济的同时，把工作的重点转向深化国有企业和城乡集体企业改革上，着力做好从整体上搞活国有经济和城乡集体经济这篇改革的大文章。经过几年的努力，国有企业建立现代企业制度的改革试点取得了很大的进展，国有中小企业股份合作制的改革也已经起步。在农村，针对乡村集体企业存在的政企不分、政社不分、产权不清、权责不明、管理不严等问题，开展了以股份合作制为主要形式的乡村集体企业转换经营机制改革，配套推进农村集体资产管理体制综合改革。省委省政府出台了一系列指导改革的政策文件，强调改革要坚持达到既转换企业经营机制，搞活企业，又确保集体资产保值增值，巩固壮大农村集体经济的双重目标，努力寻找集体经济在市场经济条件下有效的实现形式。一些率先认真进行改革的县、市已经取得了明显成效，呈现出企业亏损减少，活力增强，集体资产增值率提高，集体经济进一步巩固壮大的好势头。尤其是广大人民群众在实践中创造出来的股份合作制，作为社会主义公有制的一种新的有效实现形式，正越来越广泛地在城乡一、二、三产业领域中推广，并显示出巨大的生命力。

根据江泽民总书记讲话的精神，我们完善以公有制为主体，多种所有制经济共同发展的所有制结构，要把工作重点放到深化公有制经济改革，从整体上搞活公有制经济上，具体来说，着重要抓好以下三条：

一是要以“三个有利于”为标准，积极探索多样化的社会主义公有制的有效实现形式。要进一步解放思想，从实际出发，大胆探索，不搞争论，一切反映社会化生产规律的经营方式和组织形式都可以大胆利用。为此，我们在公有制经济改革上，思想要更解放一些，步子要更快一些，力度要更大一些，办法要更多一些。公有制经济尤其要注重资本经营、资产管理，着眼于在资本的流动、重组中实现资产的保值增值。积极运用股份制、公司制、企业集团、股份合作制等形式，围绕优势企业、名牌产品，实现资产的优化组合和保值增值。

二是要按照多种所有制经济“一盘棋”的思路，充分利用多种所有制经济共同发展的经济格局加大公有制经济特别是国有企业和城乡集体企业的改革和力度，促使企业一无返顾地走向市场。按照合理分工、优势互补的原则，打破条条、块块的分割，进行企业的改组、联合、兼并。国有企业着重要在关系国家经济命脉的基础产业中发挥主导作用，在市场竞争中确立优势，使以公有制为主体，多种所有制经济共同发展的所有制结构更加完善。

三是要进一步解放思想，继续鼓励发展个体经济、私营经济、外资经济等非公有制经济发展。要以“三个有利于”为标准，放手支持非公有制经济发展。应该看到无论是农村还是城镇个体私营经济发展还有着巨大的潜力，尤其是在经济欠发达地区要把它作为一个重要的经济生长点来抓。在鼓励发展的同时，要加强对非公有制经济的正确引导、监督和依法管理。政府对各类企业要一视同仁，为各种所有制经济平等参与市场竞争创造良好的环境和条件。并且，在产业政策上给予正确的导向和合理分工，使公有制经济与非公有制经济真正形成优势互补，相互促进、相得益彰、共同发展的新型关系，使以公有制为主体，多种所有制经济共同发展的所有制结构更具生机活力。

（顾益康）

# 二、地　市

## 迈向富裕文明美丽的现代化大城市

### ——绵阳创建文明卫生城市的探索

绵阳市距四川省会成都98公里（高速路），辖9个县（市、区），总面积20249平方公里、总人口510万，其中市区60平方公里、66万人；1996年全市国内生产总值238亿元、地方财政收入11.4亿元；“八五”以来GDP年均增长速度在14.5%以上。

绵阳是以长虹电子集团公司为龙头的电子城。电子工业总产值133.5亿元,上交税利在全国28个电子工业中心城市中排列第二位;彩电、雷达通讯设备、音响播控设备、电子接插件、工业自动化设备、磁性材料、医疗仪器等电子产品,均具有技术和市场的优势。

绵阳是以中国工程物理研究院为主体的科学城。市境内有独立科研院所43个、民营科技实体265个。在18个国防科研单位中有一个"国宝"——中物院,三个"独生子"——中国空气动力研究与发展中心、中国燃气涡轮研究所、西南应用磁学研究所。全市有各类科技人员14万名,其中:专业技术人员8万名,享受国家级政府特殊津贴有突出贡献的专家519人,中科院和中物院的院士14人。全市"军转民"产值173亿元,潜力还很大。

绵阳以富裕、文明、美丽的现代化大城市作为目标,建市以来不断加大精神文明建设的力度,在全省第四、五届"三优一学"创文明城市竞赛中,两次夺冠;今年又被中宣部列为创文明城市先进典型在全国进行宣传。

但是,从宏观上看,绵阳作为西部内陆的一个中等城市,毕竟起点很低,没有区位、市场、资金、资源的优势。因此,人们很自然地提出一个问题:绵阳为何能在建市十二年里,取得经济增长高于全国平均速度、社会进步显著、两个文明协调发展的好成绩?抓精神文明建设,始终以经济社会持续发展、两个文明协调推进作为出发点和立足点;创建文明城市,始终以富裕、文明、美丽作为总目标,注重提高市民的文明素质和城市的现代化水平,这是我们最基本的答案。

1985年建市后,三届市委、市政府都一以贯之地实行"两手抓、两手硬"方针,使创文明城市的工作得到全面推进和切实加强。

——广泛进行宣传教育,不断深化干部群众对社会主义精神文明的认识,把创建文明城市工作列入重要议事日程。对十二届六中全会和十四届六中全会提出的理论、方针、任务、方法,各级干部带头进行了全面系统、专题深入的学习,同时,在干部群众中,结合不同时期各方面的实际,开展了"尊重知识、尊重人才","解放思想、更新观念","规范职业道德、弘扬师德风范","热爱绵阳、建设家乡","讲文明、树新风"和"文明市民应有怎样的素质"等学习、讨论和宣传,使创建工作由政府行为发展成为市民群体行为;在深入学习邓小平理论科学体系、思想精髓,有关精神文明和经济建设重要论述过程中,认真开展了"讲学习、讲政治、讲正气"的教育和爱国主义、集体主义、为人民服务的教育;总结推广了长虹"产业报国、岗位爱国",振兴民族工业的经验,树立了文明执勤、规范服务的行业标兵绵阳交警;在跨世纪发展战略的十项重点工程中,突出地列入了人才工程、党建工程、开放工程和民主法制工程。在这些工作的基础上,概括出"团结奋进、自强争先、创新实干、富民兴绵"的绵阳精神,从而使"两手抓、两手硬"有了一个坚实的思想基础。

——以绵阳城区为重点,以创建文明单位、文明街道、文明社区为基础,深入开展群众性精神文明建设活动。建市前,绵阳只是一个不足20万人的县城,基础设施落后,连一个规范的公厕也没有;市民的公共意识、文明程度较低,随地吐痰、乱扔杂物、粗言秽语现象到处可见。随着城市迅速发展和人口急剧增加,市民中约有一半来自农民(包括进城打工的民工),市民素质与科学电子城的要求不相适应的矛盾日益突出。为了提高从每个市民到城市整体的文明程度,我们在抓宣传教育的同时,花大力气抓了文明单位建设。坚持每年开展创文明单位的规划、指导、评比、命名、表彰活动;军民共建、警民共建、厂街共建、干群共建文明街道、文明小区活动;讲职业道德、诚实守信,"满意在绵阳"活动;创文明卫生城市的责任区评比活动和对单位、个人实行"门前三包、门内达标、进院上楼入户"责任制。每年都召开创建工作会,将目标、任务、措施以及检验考核标准逐级落实到基层。在新闻媒介上几乎天天都有这方面的报道,对先进单位大力宣扬,对最落后的单位和脏、乱、差死角予以曝光。近一年中,批评稿件达110篇,在社会上引起强烈反响。经过不懈努力,全市现已建成省级文明单位51个、市级307个、县级1818个。

——努力增加投入,走旧城改造加新区建设之路,高起点地进行城市基础设施建设。建市时,百废待兴,财力十分薄弱。尽管如此,从国家民族的根本利益出发,我市决定走改造旧城的艰巨道路,在此基础上迈大步建设具有现代化气息的新城区。为此,我们千方百计增加对城市基础设施和精神文明重点工程的投入。在构筑现代城市骨架方面,三届政府重彩浓抹地画上了三笔:拓建出临园干道、长虹大道、一环路;国家级高新技术产业开发区实现"九通一平"和迅速启动;新火车客运站、安昌江河堤工程、涪江二桥和三桥、双马大桥和多处干道立交桥等先后落成;邮电通讯、水、电、气事业发展均取得重大进展;维护子孙后代利益的、彻底治理两江的"碧水蓝天"工程已初见成效,去年以来关闭有严重污染的小企业32家；为了实现人与自然的平衡与和谐，我们正朝着绿色城市的方向努力增加草坪和绿化带，决定将文化广场扩大至一百余亩，现在绿地面积达到人均4.9平方米；对绵阳未来发展具有决定意义的武都引水工程、三江工程、民航机场三大工程的建设正在紧锣密鼓地进行。在城市文化内涵方面，已经兴建了图书馆、体育馆、老年活动中心、青少年活动中心、妇幼活动中心、西山公园、富乐山公园、南山烈士陵园、南河体育中心、劳动人民文化宫、电视高塔、中心医院外科大楼、科技大楼、新华书店、歌舞团排练厅，在城区设置了一批阅报栏和大型社会公益宣传牌；广播电视中心、群众艺术馆、博物馆、沙汀文学院、兴达文化广场、绵阳足球俱乐部等文化设施也在兴建之中；富乐山庄等三星级以上条件的宾馆陆续建成。在城市卫生方面，1994年以来新建公厕13座，购置垃圾车11台、扫地车8台，已建成占地116亩的垃圾填埋场、9车道洗车场、万吨/日污水处理场；已完成污染治理项目936个，使市区烟尘控制覆盖率达91.3%、噪声达标区覆盖率达91.6%、三水厂自来水浑浊度为0.06；组建起上千人的环卫保洁队伍，正在筹建10万吨/日污水处理厂。

——依据科技兴市战略，制订跨世纪发展目标；落实奖惩责任制，进一步加大创建文明城市步伐。1988年我市在生产力标准讨论和第二轮思想大解放的基础上制订了军转民科技兴市的经济社会发展战略；普通教育、成人高等教育和职业技术教育都有长足进步，1998年全市将基本完成“普九”任务；市人大将每年十月十六日定为绵阳市科技节。十四届六中全会后，为了完善精神文明建设的领导体制和工作机制，我市成立了两个权威性的领导班子和能够有效运作的工作网络：由市委书记任主任的精神文明建设委员会，它的日常办事机构文明办正式编制为正县级单位；由市长任组长的创建文明城市领导小组，它的办公室主任由市府秘书长兼任；将全城划分为四个区、8个口共12个责任单位具体负责“创建”的组织实施，各责任区第一责任人分别与市长签订目标责任书；成立由常务副市长为主任的城市管理委员会，组建起有270人的城市联合执法队；在监督激励机制方面，充分发挥人大、政协的作用，从而形成对两个文明建设齐抓共管的大好局面。在城市创建工作上，制订出“三步走”的奋斗目标：1996年在全省“三优一学”竞赛中再次争第一；1998年进入全国卫生城市行业，2000年建成国家级卫生城市和省级文明城市。

通过上述努力，城市的文明程度和现代化水平，都上到一个新台阶，其经验概括起来就是：抓教育，广泛动员市民参与创建活动；抓设施，为城市的开放发展和居民生活营造良好环境；抓规范，通过必要规章制度的约束，促使市民养成文明习惯；抓环境，实现以良好秩序和优美环境陶冶人。总结这十二年的创建工作，主要有以下几点体会。

①创建文明城市，必须始终把发展这个“硬道理”摆在首位。经济繁荣与社会进步是一对孪生兄弟，经济发展是必要的前提条件。没有雄厚的经济实力作支撑，一个城市很难走向现代文明，即使取得了某些进步，也难以保持和发展。我市在精神文明和城市建设上的巨大投入，就是以经济快速、持续、高效发展作为前提的。因此，精神文明建设必须紧紧围绕经济工作、改革开放工作、生态环境保护工作来开展；以经济建设为中心，努力为经济发展营造良好的人文社会环境，本身也就是在加强、拓展精神文明建设，就是在推进文明城市创建工作。

②必须站在经济社会可持续发展的高度，把精神文明建设放在更加突出的地位。要把经济搞上去，没有高素质的人不行，没有城市的文明环境和现代化条件也不行。纵观改革开放以来各地发展的轨迹，可以看出这样一条规律：初期看口岸，中期看资源，长期看科技、看人的素质。经济发展离不开社会文明。因此，我们并不满足于从工作上“两手抓”的要求来认识精神文明，而是从两个文明内在本质联系的深度，从保证经济社会持续发展的高度，不断深化对精神文明建设内涵与外延的认识；一切落足于提高市民素质，并把两个文明建设的着眼点放在紧贴群众利益、办群众所欢迎的事情上，努力营造人们安居乐业和经济繁荣的城市环境，不断提高城市现代化水平。去年我市实行“农贸归市、坐商归店”，一下撤掉1.5万个占道经营的摊点，成千上万个体经营者之所以能够牺牲个人利益、服从城市创建的大局，就是因为他们有越来越强烈的家园意识，并且相信政府使城市上档次的措施可以使他们的生意越做越红火。

③市民的科学文化素质和思想道德素质，是两个文明建设最本质、最广泛的结合点。抓住这个环节，以人为本，就抓住了创建文明城市的根本。因此，我们十分注意从文明习惯的养成入手，坚持扬善、自律、引导、法制四举并用，不断提高市民的文明素质。基础环节在广大市民，——需要由基本文明言行、公共意识导向现代文明，创造整体文明环境；但关键环节则在各级干部——不仅要求他们带头做文明市民，还要求有很强的敬业精神和决策能力。因为培养

文明市民,一方面离不开宣传教育、制度约束、道德规范、舆论监督,另一方面离不开包括文化内涵、艺术水准在内的环境条件和城市形象的潜移默化、熏陶感染。而第二个条件对领导机关、决策者的社会公仆意识、为百姓办实事好事的效果,必然提出更高的要求。

④城市文明、社会进步,既要依靠市民的自我约束和崇高精神境界,也要依靠管理和法制。人生活在社会中,只能由自律走向自由。尽管每个人都有权要求自由,但要以不妨碍他人的自由为限。这就需要习俗、道德和制度、法律共同为人们的言行划定界限,保证每个人及社会群体有最大限度的自由。曾经有人对长虹的严格管理不理解,但事实证明,长虹不仅生产出"产业报国"的好产品,而且铸造出新一代文明的长虹人。如果企业没有效益、工资都发不出,奢谈自由有何益?建设文明城市也一样。城市卫生和市民言行上水平既不能靠自发,也不能靠突击,而应在广泛发动群众自觉参与的基础上,依靠纳入法制轨道的有效管理来保障。除了提倡使用十句文明用语和不用"禁用语"等引导性措施,无论是实行"市民守则"、作出市民"八不"规定,还是城区内禁放烟花爆竹、社会治安综合治理、城市联合执法,这些依法治市的举措,都收到良好效果。

⑤创建文明卫生城市,一要有现代化意识,二要有必要的投入。城市少不了各种公益卫生设施;城市的净、绿、亮、美,上艺术档次,形成建筑特色以及塑造城市形象,都得有投入。十二年中我市在精神文明"软环境"项目上投入的资金10亿元,投入到城市基础设施"硬环境"项目上的资金近30亿元,其中约有一半为地方财政投入。我们之所以竭尽全力来改善城市环境,一是基于对创建工作战略意义的认识;二是基于市民生活和对外开放的客观需要;三是基于这种投入本身也会结出经济的硕果。过去,我市引进的外资远远低于全国平均水平;建市前后从打工妹到高学历人才都"孔雀东南飞",为什么?就是因为环境不够优良。人们不仅有个人工作、收入、住房的要求,还希望城市秩序良好、街道洁净、广场茵绿、夜晚明亮,休闲有好去处,学习有好条件,城市有知名度……。当这一切受到领导者的重视并卓有成效地一步步加以实现,这时,城市就有了吸引力,市民就会变得很恋家了。对精神文明建设的投入最终将会获得无法估量的经济回报,使两个文明协调发展。

(杨海清)

## 规范物业管理,创建文明小区

### ——郑州绿云小区的启示

创建文明小区,是社会主义精神文明建设的重要组成部分,也是创建文明城市的重要内容。郑州绿云小区从环境、管理、服务、协调人际关系等方面,对创建文明城市进行了扎实有益的探索,取得了显著的成效,引起了众人的关注。

绿云小区位于郑州市二七区淮南街16号,占地面积达10.38公顷,总建筑面积15.68万平方米,计42幢楼,居住着1353户、5000余口人。区内道路布局合理,主次分明,景点优美,高低错落的楼房、花草、树木相互陪衬,令人心旷神怡。

绿云小区自1995年8月建成以来,多次受到国家和省市有关部门的表彰和奖励,获得过多项荣誉称号,曾先后被郑州市建委授予全市物业管理先进单位,被中共郑州市委对外宣传小组、中共郑州市委宣传部定为"郑州市对外宣传基地",被河南省建设厅授予"河南省优质示范住宅小区"、"河南省省级城市物业管理优秀住宅示范小区",被国家建设部评为"全国城市住宅小区建设试点优秀小区"和"全国城市物业管理优秀示范住宅小区",并荣获"全国城市住宅建设试点优秀小区"金奖和国家建筑工程质量最高奖——"鲁班奖"。

1996年6月以来,江泽民总书记和刘华清同志等中央领导曾先后来绿云小区视察,对小区的开发建设、物业管理和文明小区创建活动的成绩和经验给予了充分的肯定。

**一、设施齐全配套是创建文明小区的基础**

"安居乐业"、"民以居为安"仅仅保证民有其"居"是远远不够的,还应当考虑到居民的各方面需要。在社会发展步伐不断加快的今天,尤其应当看到,设施齐全、满足居民的多方面需要,是"安居"工程的基础,也是创建文明小区的基础。绿云小区在设计和建设过程中,自始至终遵循着"一切为了居民"的宗旨,区内所有管线一律采用地敷设,各种服务设施都齐全配套。冬季集中供暖,专设了3个配电房保证供电,居民全部使用天然气,电话线、有线电视线均预留到户。为方便群众,小区创办有幼儿园、建有娱乐中心、健身房、浴池、干洗店、美容美发厅、图书音像室、公用电话间、医务室,还有商场、粮店,商品和食品齐全。与小区一墙之隔,有小学、中学、中等专科学校,学生上学非常方便。所有这些设施,基本上满足了小区居民物质生活和精神生活的需要。

此外,绿云小区还设有专门停车场,这是为便于居民存放和保管车辆而设立的。该小区除了建有8个地下自行车库外，还在中心绿地下设有60个车位的汽车停车场。

如此齐全的便民设施，是建设文明小区的必备基础，为创建文明小区奠定了不可或缺的基础和条件。没有这些基础和条件，文明小区是无法建好的。

**二、美观整洁的环境是文明小区的形象**

环境建设直接反映着精神文明建设的水平，体现着小区的文明程度。绿云小区在创建过程中，创造了一个优美整洁的环境，使人耳目一新、心旷神怡。区内布局合理、设计新颖、色彩各异的楼房，由道路、景点、花木、草坪将其自然分成4个组团：阳春里、白雪里、平湖里、秋月里，11个庭院犹如闹市中心的一片园林。区内交通纵横，主次分明。为方便残疾人起见，人行道采用了无障碍设计。道路硬化率达到100%，绿化覆盖率达到36.5%。48个品种，2480多株花木与亭廊、曲径、雕塑、花架互相陪衬，相得益彰。41个花坛内种植着多种多样的市花——月季。6500平方米的中心绿地——马尼拉草坛中，棕榈、雪松、剑兰等等点缀其间。两只纤手托起一朵粉妆玉琢月季花的小区主体雕塑，被四周高大的千头春和园槐簇拥着。这满园的绿、满园的花、满园的景与满园的情相互交融，形成了建筑、绿化和它们的主人三者之间和谐、统一、文明的生态环境，社会的全面发展和可持续发展在这里得到了鲜明的体现。

美化环境的同时，还必须特别注意清除生活垃圾，防止环境污染。生活垃圾的处理，是环境建设的重要组成部分。绿云小区从营建那天起就十分注重及时处理生活垃圾。区内建有垃圾中转站，生活垃圾实行袋装，每天定时清运，路面有专人随时清扫。区内路面、楼房过道干净整洁，草坪“四季常青，黄土不见天”极其有益于人们身体健康。

**三、物业管理规范化是文明小区的保障**

物业管理是创建文明小区的重要保障。绿云小区在建设过程中，中房郑州公司就根据国家建设部颁发的《城市新建住宅小区管理办法》的规定，成立了物业管理公司——郑州市中房物业管理有限公司，对绿云小区实行全面住宅封闭式管理。物业公司本着“管理就是服务”的宗旨，融管理于服务之中，围绕提高居民素质，创建文明小区，因地制宜地制定了“用户至上”的管理标准，努力为居民创造一个文明、优美、方便、安全、温馨的生活环境。

健全规章制度是规范化管理的前提。物业公司成立后，就把各项规章制度的建立作为超前管理的重要工作去做。通过对外住宅小区物业管理经验的学习，结合郑州市的实际情况，先后制定了《绿云小区管理办法》、《绿云小区物业管理规章制度》等，对区内供水、供电、供气、取暖、电话、房地产规划、绿化、治安、市政、卫生、集贸市场、公共设施、交通、防火、经费收入、计划生育、活动中心、房屋检修、室内装饰等方面都制定了具体管理细则。此外，还对小区的组织机构、公司工作人员的注意事项、小区精神文明建设、小区住户回访制度等诸方面制定专项制度，印刷成册、发给居民。如此全面的规章制度，保障了小区创建活动的有序进行。

高素质的物业管理队伍是创建文明小区的关键。物业公司从提高职工的政治、业务素质入手，制定了职工文明手册，并在职工中开展讲文明话、办文明事、争做文明职工活动。在居民中树立良好的物业管理队伍形象。1996年，60%的职工被评为文明职工。同时，建立约束机制、强化内部管理。公司把每一个岗位的职责范围、工作标准、考核办法等逐一量化、具体到人。公司还在职工中开展“居民家庭联系户”活动，从经理到每个职工，除了自己分管的工作外，每人负责联系10个居民家庭，定期入户走访，了解他们的居住生活情况，帮助他们解决具体问题。

便民服务是“一切为了居民”的宗旨的体现。区内的医务室、饭店、维修队、门卫24小时值班，无论什么时候、无论哪个家庭，或者水电出了问题需要维修、或者有了病人需要开设家庭病床、或者需要热汤热饭等等，只要打个电话便会有人上门服务。生活设施维修及时率达100%，维修完好率达98%。生活服务及时率达100%。商场、粮店职工还成立了志愿服务队，以残疾人、孤寡老人、特殊病人为服务重点，采取定点、定时、包户等形式开展便民服务。

为了确保小区的一方平安，让居民有一个安全感，小区的综合治理采取三级防范体系，成立了综合治理领导小组，建立了近40人的义务巡逻队，并设立了多处110报警点。门卫24小时值班，夜间不定时进行巡逻。小区自建成以来从未发生过治安、刑事犯罪和交通事故等案件。

区内实行物业公司管理和“管委会”管理相结合。为了加强对小区的管理，除了物业公司本身设置有办公室、财务室、管理科、综合科、以及环卫、维修、治安、绿化等比较健全的机构进行管理外，还成立了由18人组成的小区管理委员会，其中有小区居民、商户代表14人，代表居民利益参与小区管理并监督物业公司的工作。

**四、健康向上是文明小区的目标**

建设文明小区、提高居民的文明素质，是绿云的目标,也是社会主义精神文明建设的要求。为了发动和吸引居民参与小区的精神文明建设,树立居民良好的公德意识和社会风尚,让遵守秩序、爱护公物、整洁卫生、助人为乐等高尚品行成为人人发自内心的行动,物业公司和小区管委会依据有关法律、法规和政策精神制定了《住户手册》,并制定了“文明家庭”、“文明楼院”、“文明组团”的具体评优条件,每年度评选一次。1996 年共评出文明组团 2 个,文明楼院 25 个,文明家庭达到 80%。

提高居民的文明素质,是文明小区建设的实质内容。小区利用区内公共场所设立了 30 多块公益宣传栏,定期定点宣传“绿云小区文明公约”、“省会市民文明公约”、文明规范用语和国家法律、法规等内容,使居民随时都能受到文明规范教育。同时还利用电影、幻灯等宣传工具,开展社会公德、家庭伦理道德、科普知识、卫生知识、计划生育等方面的宣传教育,使小区居民自觉用文明标准要求自己,争做文明居民。

生活垃圾实行袋装是搞好区内环境卫生的重要内容,也是培养居民卫生习惯的内容,这一工作的开展需要全体住户共同行动。如刚实行生活垃圾袋装时,楼梯间的垃圾道口便被封闭,此时有的居民不习惯把垃圾送到楼下垃圾容器内,便扒开了已封闭的垃圾道口。为了做好生活垃圾实行袋装这一工作,物业公司管理人员采取积极疏导的办法,通过耐心细致的思想教育,使居民很快养成了文明倒垃圾的习惯。

爱护花草是居民文明素质的表现。为了使居民养成爱护花草的文明行为,物业公司坚持正面宣传教育。在花坛边、草坪旁,我们看到的是“请不要摘花”、“请不要踏坏草坪”,而看不到“摘花者罚款多少元”等等。

漫步绿云小区,看不到随手乱丢的果皮纸屑,看不到电线杆上、墙壁上乱贴乱画的“街头文化”,看不到乱停乱放的车辆,看不到乱搭乱建的违章建筑,居民讲卫生、爱清洁、维护环境的生活习惯和公德意识在形成,“建文明小区、爱文明小区、做文明市民”已成为居民的一种风尚。

**五、和谐的人际关系是文明小区的核心**

人创造了优美的生存环境,同时优美的生态环境也在改造着人。生活在绿云小区的居民虽然来自不同的单位、不同的职业、不同的阶层,但大家都感到这里温馨和谐,邻里融洽,相互帮助,轻松快活,像一个团结、文明的大家庭。

物业公司的 40 多名职工每天都要面临许许多多张家长、李家短的事情,但他们从未厌烦过。他们耐心周到地为居民提供各种服务,没有一个与居民发生矛盾,没有一人违反规定做事,他们视居民为亲人,以点点滴滴的言行赢得了住户的信赖。居民看到他们放弃节假日、放弃休息和与亲人团聚的时间,为小区的事情整日操劳忙碌,不但理解支持他们的工作,还纷纷与他们交朋友,相处得十分亲热和睦。

“远亲不如近邻”。小区居民之间相互友爱,相互帮助,共同谱写着睦邻新歌。居住在平湖里的离休干部张瑞,老伴患病瘫痪在家,生活不能自理,小区的人对她很关心。有的给她介绍药方,有的帮她扛粮送菜,有的帮她推轮椅,有的居民还把自家用的健身器械搬到她家,热心的帮助竟使这位瘫痪很久的病人奇迹般地站起来了,而且能走路。老俩口激动万分,逢人便说:这里的人际关系太好了。

绿云小区,现代生活的文明小区。随着像绿云这样一个又一个文明小区的出现,创建文明城市的目标一定会实现。

(魏遂群　吕芳洲)

## 用邓小平理论指导开发苏州工业园区的实践

### 实践邓小平同志南方谈话精神的一个重要举措

在邓小平同志南方谈话精神的鼓舞下,在中央开发开放上海浦东战略的直接推动下,经过我国和新加坡双方三年来的共同努力,苏州工业园区的建设进展顺利,取得了显著的成效,成为实践邓小平同志南方谈话中所提到的“抓住时机,发展自己,关键是发展经济”、“看准了的,就大胆地试,大胆地闯。”和“两个文明建设都搞好,这才是有中国特色的社会主义。”等改革开放论断的重要试验场所。

**一、苏州工业园区在抓住机遇、扩大开放的大背景下应运而生**

90 年代初,国际局势发生深刻变化,邓小平同志对此作了冷静的判断,认为和平与发展作为当今世界的潮流没有改变,我们仍可争取到一个较长时间的和平国际环境,集中精力搞经济建设。而且,世界新科技革命正在使亚太地区成为世界经济的重心,这为我们经济建设提供了难得的机遇。邓小平同志以亚太国家和地区的发展水平作为参照系,“现在,周边一些国家和地区经济发展比我们快,如果我们不发展或发展得太慢,老百姓一比较就有问题了。”这就要求我们抓住机遇,加快发展。怎样抓住机会？邓小平同志提出可以搞开放型经济的思路，“能发展就不要阻挡，有条件的地方要尽可能搞快点，只要是讲效益，讲质量，搞外向型经济，就没有什么可以担心的。”

改革开放以来，江苏苏州以善于抓机遇实现快速发展而令世人瞩目。在世界经济一体化趋势加深以及浦东开发开放战略的推动下，苏州经济发展自身要求加速同国际接轨，以空前的大开放姿态迎接未来的大发展。而新加坡地域狭小缺乏发展空间，新加坡政府历来鼓励海外投资，创立海外经济的基地。在邓小平同志南方谈话精神的感召下，以及中央实施浦东开发开放战略的影响下，新加坡提出了在拥有巨大发展潜力的苏州，建设一个以高新技术为先导，现代工业为主体，同时发展第三产业和各项公益事业，具有综合功能的工业园区。经过中新双方反复接触和慎重考虑，1994 年 2 月中新两国政府正式签署协定，共同开发苏州工业园区。

**二、苏州工业园区为探索社会主义市场经济体系积累新经验**

解放思想、实事求是要求我们冲破落后的传统观念的束缚，善于从实际出发，勇于开拓进取。邓小平同志在南方谈话中要求我们，改革开放“看准了的，就大胆地试，大胆地闯。”“没有一点‘冒’的精神，……就走不出一条新路，就干不出新的事业。”他又分析了改革开放不敢闯的原因是姓‘资’还是姓‘社’的问题，给我们提出了判断是非的“三个有利于”标准，打破了长期拘泥于具体模式阻碍人们前进的精神枷锁。在邓小平同志这一思想指导下，开发苏州工业园区走出了一条新路。

苏州工业园区是目前我国成片开发规模最大的项目之一，合作方式在国内尚无先例，江泽民总书记指出，苏州工业园区开创了两国合作的新模式。苏州工业园区吸收借鉴新加坡和国际工业园区的成功经验，结合我国的国情，形成了具有自己特色的全新模式。首先，它是中新两国政府领导人共同决策和推动的合作项目，是为发展中外经济技术合作积累新经验的“试验田”，具有非同寻常的意义和影响。其次，它是借鉴新加坡经济和公共行政管理方面的经验，建成一个类似新加坡裕廊工业园区，创造一个符合国际通行惯例的商业环境，探索适应建立社会主义市场经济体制要求的新型管理体制和运行机制。第三，它首创利用国外资金，按国际标准进行成片开发。在具体开发方式上，首先大力发展制造业，工业在投资总额中占 82%，同时适度加快为工业发展配套的商住开发。国际招商以新方为主，借助新加坡遍布发达国家的招商网络，吸引国际大公司进区开发建设。

**三、苏州工业园区交出两份满意的答卷**

邓小平同志在南方谈话中重申：我们要建设的社会主义国家，不但要有高度的物质文明，而且要有高度的精神文明，两个文明都搞好，才是有中国特色的社会主义。苏州工业园区按照“两手抓，两手都要硬”的方针，在搞好园区开发建设的同时，精神文明也要出成果，交好两份答卷。

邓小平同志在南方谈话中号召学习新加坡的管理经验，“新加坡的社会秩序是好的，他们管得严，我们应当借鉴他们的经验。”新加坡资政李光耀为响应邓小平同志这一精神，提出与中国一个指定城市建立工业园区并分享其管理软件的建议。苏州作为历史文化名城，吴文化源远流长，科教发达，劳动力素质较高，对于接受新方“软件”具有较强的消化吸收和再创造的能力。

苏州工业园区在城建规划上吸收融合了新加坡经验，注重现代城镇的整体设计和环境，用“环形布局”代替“混杂式布局”，内环是金融商业区，中环是居住区，外环是轻型工业。高科技工业和一般工业区，各种具有城市功能的设施配套齐全，这种环形布局为提高居民的环境质量，提高城市管理水平创造了良好的客观条件。

苏州工业园区借鉴新加坡严格执法、重视文教以及社会公共管理的有益经验，园区的工程采用国际招标和监理；建立以投资者服务为核心，从企业设立到规划建设、劳工招聘的一站式服务；各种收费大幅度精简，具有高度的透明性；园区试行公积金制度，完善社会保障体制等有利于园区建立有效杜绝腐败滋生的统一、精简、高效的现代化管理机制。

## 发挥对外经济技术合作的窗口效应

对世界经济规律的认识，只能在开放的实践中逐步摸索出来。我国的开放从沿海建立经济特区开始，邓小平同志指出：“特区是个窗口，是技术的窗口，管理的窗口，知识的窗口，也是对外政策的窗口。”随着我国全方位开放战略的实行，特区的窗口作用扩大到各开发区，江泽民总书记曾提议，在现有的 52 个国家级科技工业园区中，开放若干有代表性的园区，用以扩大同亚太经合组织成员之间的合作。通过这个窗口，我们有更多的机会观察和了解世界，发展与世界各国更加密切的经济技术交往，使开发区成为我国进入世界的一个通道，又成为吸收国外先进技术和管理经验向内扩散的桥梁。

增强苏州工业园区对外经济技术合作的窗口效应主要体现在以下方面：

(1)是成为我国改革开放政策的一个重要象征。80年代末，国际上担心我国改革开放政策会收，为了打消这种顾虑，在这个时候加快改革开放的步伐将会产生巨大的国际影响。邓小平同志在与第三代领导集体成员谈话中提到："我们就要做几件事情，表明我们改革开放的政策不变，而且要进一步地改革开放。"根据邓小平同志的这一精神，后来做的几件事中包括开发开放浦东，将我国对外开放的重心从珠江流域转向长江流域，实行全方位的开放战略。开发苏州工业园区是为了借鉴新加坡管理经验，为发展中外经济技术互利合作积累新经验。

(2)是加强国际合作，使园区成为借鉴吸收国外先进经营方式、管理方法的样板。对于我们这样一个经济、技术比较落后的国家，不仅要引进外国的资金和先进技术，而且还要注意吸收外国的管理经验，借鉴国际上行之有效的管理体制和规则，这样有利于我们在现代化建设中减少代价，少走弯路。新加坡经济和公共行政管理方面确有独到之处，新加坡自然条件并不好，由于在经济起飞之初认准发展高附加值产业和第三产业，经过三十多年的发展，已经成为世界上最具竞争力的国家之一，它的电子信息产业和金融业很发达，在这些方面有很多经验值得园区借鉴。邓小平同志认为，管理也是一种技术，我们"要向懂行的人学习，向外国的先进管理方法学习"，想办法更好地利用外国智力、外国人才、外国的先进管理方法，为现代化建设服务。

(3)是作为提高对外开放水平的示范园区。我国对外开放的初创阶段，引资结构和地区分布都不尽合理，这就要我们在对外开放的新阶段，对于基础设施、基础产业和关键技术的资金引进要相对加大。苏州工业园区在利用外资上有很多长处，主要用外资按国际标准建设大型基础设施，到1996年底，园区首期开发区内已有6平方公里全面完成九通一平，累计建成道路、桥梁及相应地下管线25公里，燃气厂、自来水厂、污水处理厂、发电厂和供热厂均已开工建设，竣工商住楼6.2万平方米，标准厂房9万平方米，在建的建筑物还有上百万平方米，累计吸收合同外资近30亿美元，89家外商投资企业已在园区落户，其中名列世界500强的跨国公司有17家。

(4)是通过科技产业化提高经济增长的产量，解决科技与经济脱离的难题。我国的科技实力在国际上远高于亚洲"四小龙"和许多一般发达国家和地区，但在技术含量和附加值高的产品的市场竞争力上却无法同这些国家和地区相比，造成这种状况的一个重要原因是我国科技成果的转化率低。江泽民总书记在亚太经合组织第四次领导人非正式会议上指出，兴办科技工业园区解决了科技与经济脱离的难题，使人类的发现或发明能够畅通地转移到产业领域，实现其经济和社会效益。随着我国对外开放广度和深度上的发展，能否取得最先进的科学技术，将成为我国开放战略的关键。为使苏州工业园区成为中外经济技术合作的窗口园区，一方面，由新加坡直接参与园区的开发管理，另一方面，集聚发达国家因结构调整而进行的产业转移带来的成熟技术向内扩散，使我国同类部门技术更新与国际上经济结构调整同步，以较低的成本和较快的速度缩短与发达国家的管理和技术差距。而且，园区的产学研通过密切合作，在消化吸收国外相对先进技术的基础上，不断创新。提高自主开发的能力，并加速其产业化进程。苏州工业园区规划设立了高科技产业区和现代加工工业区，这有利于促进科研与生产的结合，为科技产业化开辟一条新的途径。

## 深化辐射功能<br>增创园区新优势

在邓小平同志"开发区大有希望"题辞的鼓舞下，我国各开发区经过十年多来的实践，已经形成了在以工业为主的方针中，赋予以发展高新技术项目的内涵；在吸引外资为主的方针中，又融入了辐射和带动周边地区经济同世界经济接轨的内容。正如邓小平同志认为的"特区成为开放的基地"就能吸引大批外资，把周围地区带动起来，使整个经济活跃起来。

"九五"期间，我国将着力培育电子信息产业成为国民经济新的增长点，这是因为电子信息产业对产业结构关联度和经济增长贡献率这两个指标都较高，是当代生产力革命性发展的先导和基础。早在十多年前，江泽民同志在担任电子工业部长时就指出，半导体集成电路像能放大信号那样，这一产业对社会经济发展有着十分显著的倍增效应。国际上也普遍认为，控制了超大规模集成电路技术，就等于控制了世界产业，因为它后向连锁性高，下游产业和产品多，一个国家国内生产总值增长部分的65%与之有关。邓小平同志在南方谈话中指出，"近一二十年来，世界科学技术发展得多快啊！高科技领域的一个突破，带动一批产业的发展。"进入信息时代，微电子已成为高科技产业最重要的物质技术基础，一旦集成电路技术某一方面有所突破，其产值的增加与所引起相关产业产值的增加比将达1∶100，产业的关联效应十分明显。然而，我国微电子产业的发展对国民经济的支撑力度远远跟不上需要，制约着我国社会信息化的进程，国产集成电路只能满足国内市场需求量的10%左右，正是这种情况，国外公司普遍看好中国的潜在市场，外国资本和技术纷纷进占该领域。韩国三星、日本日立、美国哈里斯、超微等生产半导体的高科技企业相继落户苏州工业园区，微电子产业在园区已经渐成气候，应该把握这一发展趋势，把园区产业的目标模式定位在：培育微电子技术主导产品，带动电子信息产业成为园区的支柱产业，逐步形成集电子、新材料、生物工程等高新技术为主体的知识技术密集型产业结构，成为国民经济新的增长点。

目前，我国高新技术产业的产值占工业产值的比重还较低，对整个经济结构影响的力度还不大，高新技术开发区产业特色不够明晰，高新技术产业尚未形成明显的规模优势，在体制、机制和管理方面仍是薄弱环节，难以适应高新技术产业发展的需要，所以，苏州工业园区要在高新技术产业特色上、规模上、管理体制上和优化结构上探索新经验。苏州工业园区在成为区域经济新的增长点的同时，要深化功能开发，增创新优势，从主要依靠优惠政策转到依靠两个根本性转变上来，充分发挥引进国外先进技术和管理经验的窗口作用和辐射作用，带动区域内的结构调整。

微电子产业是现阶段我国国民经济的主导产业，充分发挥其在国民经济中的辐射功能，这将有利于苏州工业园区实施纵向一体化和横向一体化的区域产业发展战略。

纵向一体化指发展微电子产品与下游产业的产品配套。目前，发达国家为提高微电子产业的市场竞争力，逐步把处在成熟期的生产线转移出来，在国外建立返销基地。另一方面，为了提高元器件本地化程度，发达国家在国外的一些组装厂纷纷在该地设立元器件供应基地，以减少人工费、运费和部分进口关税。微电子作为现代产业的主导产品，能够连锁带动一大批下游产业，电子信息、现代通信、机电一体化等高科技产业均离不开微电子技术，而我国的微电子技术不是很先进，自主研究开发高速信息网络的唯一瓶颈就是微电子技术不过关，我国要在“世界高科技领域占有一席之地”，微电子技术只有迎头赶上，才能提高下游产业的科技含量和竞争力。

横向一体化是指以微电子产品或电子信息产业与传统产业之间的连锁性综合开发为目标，带动区域内一大批相关产业的发展。苏南是我国率先实现现代化战略目标的区域，区域内拥有发达的高新技术和传统工业，苏州工业园区良好的区位优势便于其发挥辐射功能。一是消除工业部门内新型的二元结构。改革开放以来，苏南工业技术资源配置形成了“两个倾斜”的特点，一方面从国外引进的高新技术向机电工业等现代化部门倾斜配置；另一方面从工业部门淘汰下来的中低水平的技术向乡镇工业转移，形成了由乡镇工业和城市工业所构成的工业部门内部新型的二元结构。苏州工业园区通过横向连锁功能，建立分工协作体系，强化具有配套优势的专业化生产，改变乡镇工业普遍存在的工业技术落后。规模不经济的现状。二是改造传统产业结构。苏州工业园区上好“高、大、精、新”高新技术项目，以产品关联度和资产联结为纽带，拉动区域内传统产业的技术改造和中小企业的集结、重组、升级换代，建立起以苏州工业园区为“辐射源”的具有高关联度的高新技术为主体的产业链，促进电子信息、机电一体化、新型家电等支柱产业群体在苏南的崛起。

（孙肖远）

## 厦门经济特区注重道德建设

改革开放以来，特别是90年代初至今，厦门市委市政府根据培育和发展社会主义市场经济的客观要求，一直把“三德”（社会公德、职业道德和家庭美德）建设作为整个精神文明建设系统工程中的一项重要内容抓紧抓好，积累了丰富的经验。对此我们进行了系统和深入的调查研究，现分四个问题予以总结：

### 一、深化认识与明确方针

正确的方针来自深刻的认识。厦门市委市政府所以能够制定出一套“三德”建设的正确方针，就因为他们在培育和发展社会主义市场经济的实践过程中，不断地深化了对道德建设重大意义的认识。

**1. 道德建设是经济特区建设的一项基础工程。**

社会主义经济特区要建成全国“两个文明的窗口”，就必须搞好基础建设。这个基础建设不单是指能源、交通、城市功能等等的硬件建设，而且还指科学文化、思想道德等等的软件建设。就厦门特区来说，他们的经济建设之所以能够比较健康快速发展，妙方之一便是大量引进国（境）外资金、先进科技和管理经验。但是，如无廉洁高效的党风政德，信守合同、等价交换、公平竞争的经济道德，文明礼貌、团结和谐的社会风尚的环境和土壤，即使是“金苹果”树移植进来,也会因为缺乏必要的道德阳光、空气和水分而枯萎烂掉,因而经济特区如果没有文明礼貌、遵纪守法的社会公德的支撑,其对外开放的优势就会丧失殆尽;更何况爱岗敬业,尽职尽责、经济效益与社会效益结合的职业道德,是各行各业生存与发展的起码条件;尊老爱幼、团结和睦的家庭美德,乃是千百万个"社会细胞"稳定、健康、活跃的养分。一句话,"三德"也是一只"看不见的手",它们每时每刻都在从家庭、职业、社会各个角度调节着人与人、人与社会之间的关系,促进市场经济的发育、发展和正常运转。所以道德调控是经济政策、法制等社会调控系统的重要基础,愈是发展市场经济,愈要加强道德建设。

**2. 加强道德建设是市场经济发展的客观要求。**

改革开放和市场经济对社会主义道德的影响具有两重性的特点:一方面,改革开放是富国之路,它吸纳了世界文明成果、大量资金科技和先进管理方法,因而催育和发展了市场经济;市场经济改变了人们长期以来因循守旧的旧生产方式和生活方式,改变了人们的旧思维方式和行为模式,要求人们革新原有的道德观念,调整道德结构,使之适应市场经济发展的要求。具体地说市场经济对道德的正面效应在于:(1)它要求人们讲信誉、守合同;(2)它要求人们树立服务他人、奉献社会的道德观念;(3)它要求人们建立相互关照、遵纪守法、服从宏调的观念。所以现代市场经济的发展,它的正效应必然是促使道德的提升与进步。这是它的主流与本质方面;另一方面,改革开放、市场经济也有其危险性、落后性的负面效应。全方位的开放,在大量国(境)外资金、技术和管理经验涌了进来的同时,资产阶级的世界观、人生观、价值观和生活方式也不可避免地会夹带了进来。在厦门经济特区个体、私营和外资经济迅猛发展并超过公有经济总量的特殊条件下,社会主义思想道德建设的重要性就更加突出出来了。市场经济运行机制的采用,也不能以"纯工具论"观点看问题。利益驱动,确可调动劳动经营者生产经营的积极性;但也必然产生唯利是图、个人主义和本位主义思想。面向市场的生产经营方式的确可以增强生产经营者的自主自立自我拓展精神;但同时必然产生分散主义、法人解体和个体的自我保护主义,从而削弱社会主义集体主义思想道德。竞争、创新精神加强的同时,非法竞争和假冒伪劣也不可避免会滋生出来,等等两重性规律是客观存在。认识这种两重性规律,是在改革开放和市场经济条件下加强思想道德建设自觉性的认识基础。

**3. 加强道德建设是培养"四有"新人关键措施。**

有中国特色的社会主义理论和实践,能否长期坚持下去并最终获得成功,关键在于我们能否培养代代相继的"有理想、有道德、有文化、有纪律"的"四有"社会主义新人。舍此,再好的主义与制度也会因后继无人而归于破灭。苏、东逆转的沉痛教训向世人昭示了这个真理。能否长期坚持社会主义理想和道德的问题,取决于三个基本条件:(1)党和国家的领导权是否长期地、一代又一代地都掌握在坚定的社会主义者手中;(2)我国经过 50－100 年努力,能否赢得与资本主义相比较的优势;(3)两个文明是否能更快更好地协调发展而不致于发生畸型和变质。这三大基本条件的创造,归根结底是取决于我们能否把培养社会主义"四有"新人当做事关社会主义事业兴衰成败的头等大事,抓紧抓好,确实培育出几亿"四有"社会主义劳动者和管理者。现在假的东西充斥着我们社会的每个角落,其中最为可怕的是"假人"到处皆有,挂社会主义招牌、搞资本主义渐变大有人在。如果不把培育"四有"社会主义新人切实抓紧抓好,抓出实效来,那么社会主义思想体系、理论体系和社会制度体系,就很可能因后继无人而中断。

厦门市委市政府正是比较深刻地认识到上述三层道理,因此他们采取了四个正确的方针:一是各级领导班子都实施"一把手工程",切实把两个文明作为统一的奋斗目标来追求、来规划、来部署、来落实、来检查和考核,形成了党委"一把手"带头抓,人大、政府、政协、纪委"一把手"一起抓,分管领导具体抓,一级带一级,一级抓一级,实实在在地抓;抓科学规划,抓分解任务落实,抓资金投入超经济增长的比例,抓重点工作决策,抓总结经验推广典型,抓提高市民、村民素质的根本;决不搞"口头文明"、"形式文明"、"泡沫文明"。二是立足当前、着眼长远、适度超前。由于经济结构、分配结构和经济运行机制变革,必然引起道德结构的多层性和多样性的变化。这就决定了我们必须改变过去那种对社会成员思想道德要求一统化、道德建设"一刀切"的做法,认真遵循道德建设的新原则;"立足现时性道德;倡导趋前性道德;吸纳古今中外一切优良道德成份;抵制和扬弃过时性和一切有害的道德。"三是抓住两头、推广典型。他们把思想道德建设的重点放在领导干部和广大青少年这两头,并十分重视总结推广先进典型经验,以点带面,递进式提升。四是注重道德行为规范,体现先进性与广泛性相结合,并以法律制度来强化规范、以加强管理来落实规范。根据这四条道德建设的正确方针,寻求和采取各种有效的载体进行扎扎实实的“三德”建设，促使“三德”建设为经济建设的中心任务和提高人的素质根本目标服务。

**二、以《文明公约》为载体，抓好社会公德建设**

厦门市委市政府根据社会公德以他律为主、自律为辅的本质特征，首先选择了以社会公德为主要内容的《厦门市市民文明公约》为载体和基本规范，大张旗鼓而又扎扎实实地进行公德建设，不断优化社会软环境。

早在1982年开展“文明礼貌月”活动时，就产生了《厦门市文明公约》。经过了八年实践，1990年上半年修订出以社会公德规范市民行为、培养“四有”新人、创造优良投资环境为主要目的《厦门市市民文明公约》。其内容是：

一、热爱祖国，振兴中华，爱我厦门，建设厦门。

二、弘扬公德，遵守秩序，讲究卫生，爱护公物。

三、防治污染，植树种花，绿化环境，美化鹭岛。

四、文明交往，礼貌待人，仪容端庄，举止文雅。

五、计划生育，优生优育，爱子有度，教子有方。

六、尊重科学，移风易俗，艰苦奋斗，勤俭持家。

七、遵纪守法，维护安定，助人为乐，见义勇为。

八、尊师重教，尊老爱幼，家庭和睦，邻里团结。

九、接待“三胞”，热情周到，礼遇外宾，不卑不亢。

十、遵守公约，人人有责，从我做起，互相监督。

在有法不依、执法不严现象严重存在的社会背景下，不具法律效力的《文明公约》，怎样才能做到深入人心、人人遵行？这是许多地方想解决而又解决不好的难题，厦门市却创造了“四抓”的好经验，较好地解决了这个难题：

**1. 抓宣传，创造学习和履行《公约》的氛围。**

首先由领导、专家和职能部门三结合起草《公约》讨论稿，在《厦门日报》、市电台、电视台公布。然后由市领导发表广播、电视讲话，宣讲《公约》的内容、意义、目的和要求。再由市委副书记李秀记和市委宣传部长杜明聪分别到各区（县）和涉外单位召开学习讨论《公约》的经验交流会，深入到各基层单位去听取讨论修改《公约》的情况汇报，进行分类指导。城乡各级党政各级组织和领导也都照此去做，大张旗鼓地开展宣传、学习、讨论修改活动，让《公约》在“公改”、“公知”、“公认”中做到家喻户晓、深入人心，做为行为规范。

在这一过程中，市级新闻媒体的积极介入，周密计划、大造舆论起了重大作用。《厦门日报》在头版显著位置开辟了《加强社会公德，建设文明特区》专栏，陆续发表了近百篇社论、短评和其他文章。市电视台特设《道德与风尚》专题，连续六年播放140多档节目，及时反映学习、履行《公约》中涌现出来的新人新事新风尚。市电台专设《千家万户》栏目，大力宣扬家庭美德。所有这些正确的舆论导向，都大大地增强了群众参与讨论修改、支持和履行《公约》的自觉性和积极性。

经过了持续7个多月的宣传、讨论、听取修改意见之后，再由“三结合”写作班子推敲定稿，并于1991年4月公布试行，由市委宣传部和市委文明办联合发文，深入开展《公约》的宣传教育活动。还先后创办14所文明市民学校，编写三种《厦门市民文明读本》、《公德教程》等，印制和散发《公约》、《闽南方言公约唱词》和《从小学公约文明三字经》上百万份，做到了妇孺皆知、深入人心。

**2. 抓重点，学习《公约》联系实际。**

学习《公约》必须紧紧抓住联系实际、讲求实效这个重点，做到反复联系，年年见效；切忌形式主义一阵风，经常变换新花样。联系实际主要抓住三方面：(1)联系经济建设实际，学《公约》出实效。如厦门冶炼厂抓住《公约》宣传学习契机，制订厂规厂约，一并整顿，两年扭亏为盈，三年产值、利润分别增长30%、16%。(2)联系纠风整纪实际，端正行风、树立形象。厦门集装箱公司，原来存在“不给小费不办事，给了小费乱办事”，国内外客户意见强烈。经过公司组织学《公约》，正风纪、树形象的教育整顿，一跃成为全市纠风先进单位。(3)联系综合治理稳定社会实际，不断优化投资环境。市公安局、工商行政管理局、城管大队等等18个单位，学《公约》与综合治理工作实际紧密结合，连续推出治安、交通法规、城市管理等7项专题教育活动，促使市民遵纪守法、维护公德，社会秩序、社会治安、城市环卫等方面都有明显改观和改善，扶贫救困、见义勇为、拾金不昧的好风尚蔚然成风。

**3. 抓典型，点上深化，面上推广。**

市五套班子各派一名领导干部分别率领市文明办工作人员，对全市学习履行《公约》的情况进行了全面的检查、评比，发现杏林区的典型，就在该区召开全市的学《公约》见实效的现场经验交流会，推动了各区（县）学公约优化环境活动的开展。为了加强分类指导，以类典型带系统，市委市府分别抓了“联建片区”、“机关单位”、“厂企”、“商店”、“学校”、“行政执法”、“交通”、“口岸”等18类典型经验交流会，用“点上深化、系统开花”的办法，具体指导和有力推动全市公德建设，一口气抓了5年，年年有重点，年年有改变。

**4. 抓管理,建立遵守《公约》规章体系。**

教育出自觉,管理出生产力。厦门的公德建设注重综合运用教育、经济、行政、法制等各种手段,保证《公约》内容条条落实。市委市府先后配套颁布了一系列法规性文件,各部门各系统各单位也依据《公约》和法规性文件,制定了各自的"守则"、"公约",形成了规章制度体系,起到了巩固和扩大公德教育成果的良好作用。从 1992 年开始,厦门市进入了全国大中城市综合经济实力 10 强、投资环境 40 优、"全国双拥模范城"、"国家卫生城市"、"全国共建社会主义精神文明口岸"等先进行列。

**三、以"百家窗口优质服务竞赛"为载体,大力加强职业道德建设**

职业道德是社会生存和发展的重要条件,直接关系到生产力发展和经济效益,关系到党风政德和整个社会风尚。因此职业道德建设是"三德"建设的重点一环。厦门市道德建设抓得扎实有效,最主要的就体现在职业道德建设当作发展经济、发展生产力、形成良好行风和社会风气的中心环节抓实抓好上面。他们根据职业道德是自律与他律相统一的特点,确定了以提高道德个体职业道德素质为立足点,以"为人民服务、对人民负责"为统一宗旨,以"窗口行业"为突破口,以结合纠风反腐为近期效应的职业道德建设路子,采取普遍教育发动与分类指导相结合的工作方法,选择"美在厦门"系列活动中的"百家窗口优质服务竞赛活动"作主要载体,深入持久、细致扎实地进行职业道德建设。在市委市府统一领导下,以总工会牵头、市团委和市妇联配合、市文明办规划协调检查总结,六七年一贯制地抓职业道德建设,取得了丰富的实践经验。

**1. 个体私营工商户从业人员的商德建设。**

厦门经济特区到 1993 年底,已注册的个体工商户就有 24531 家、个人合伙企业 886 家、私营独资企业 895 家,合计从业人员有 55760 人。这是一支相当大的队伍。他们的商德状况如何,对厦门市的商业道德和社会风气有不容忽视的重要影响。过去的强买强卖、制假售劣、贩黄欺骗行为,曾经给外地顾客造成了对厦门形象的不良影响。因此市委市府非常重视对他们进行商德教育,责成工商、公安、区街单位一定要抓好个体私营工商人员的职业道德建设。他们齐心合力、采取三个基本方法进行教育:一是分期分批组织个体私营工商户参加职业道德培训班,一期 8 个月,培训内容有形势、道德、法制、计生四个方面,两年之内全员轮换一遍,促使其中的绝大多数人做到诚实守信、依法经营、文明行商、恪守职业道德;二是以市民业余政治学校、文明市民学校、个体工商户业余学校为依托,长期地有计划地对他们进行文化知识、职业道德、市场经济和法制教育,从提高他们的综合素质入手,增强职业道德;三是吸引他们积极参加全市性的"岗位学雷锋、行业树新风","百家窗口优质服务竞赛活动",开展"创三优"活动,做到"三个信得过"(物价、计量、质量),"坚持四个一样"(买与不买一样好态度;中外顾客一样接待;男女老少残一样不欺诈;本市外地宾客一样货真价实),并由工商部门对他们进行"月、季、年"三评,树典型、设流动红旗和牌匾进行职业道德引导,收到了明显效果,对提高全市的商德素质起到良好作用。

**2. 公有制商业企业职工的职业道德建设。**

长期以来,由市总工会牵头、市团委和市妇联配合,坚持抓好公有制商业企业干部职工的职业道德建设,开展"百家窗口优质服务竞赛活动"、"青年优秀岗位"、"巾帼建功立业"竞赛活动,参赛行业多达 39 个、职工多达 10 余万人,收到了极好效果。

这个领域的职业道德建设主要采取三种形式进行:(1)为了给"岗位学雷锋,行业树新风"活动营造浓厚的社会氛围,全市组织 40 名学雷锋敬业爱岗先进个人,分为 8 个报告团,巡回作了 40 多场先进事迹报告。在此基础上全市成立了 273 个学雷锋树新风领导小组,有 2213 个学雷锋活动小组在企业内部和社会上经常开展活动,召开全市性动员大会动员各行各业职工干部以为人民服务为宗旨、以雷锋和学雷锋先进个人为榜样、以改善服务态度和质量为落脚点,广泛开展"学雷锋、树新风、送温暖、办实事"的群众性竞赛活动。打开局面之后,再要求各系统、部门、单位都须根据实际存在的行业不正之风和职业道德本身要求,制订行业服务规范,开展具体教育和监督落实,使职业道德建设在大环境和小环境双优化的情况下得到实实在在的大提高。(2)对公有制的广大干部职工进行全员职业道德、职工技能、职业制度和职业纪律轮训。为此,全市兴办了 12 所职业培训中心,以每年 30%几的速度,3 年内全员轮换一遍。这个计划严格执行,完全实现,极大地促进了全市干部职工的职业道德素质。(3)建家立制、激励先进。在"百家窗口优质服务竞赛活动"中市委市府始终重视发现典型,树立和表彰先进。邮电、工商、公安、口岸、交通、公用行业等集体典型不断涌现,不仅成为市里先进,也成了全省、全国先进典型。对先进典型单位领导不仅给荣誉,而且与考核任用切实挂钩。个人先进典型的激励层次、形式和实惠也很多,直至外地职工给"绿卡户口"等高档次奖赏。这样,公有制干部职工的职业道德水准不仅在特区，甚至在全省和全国都算得上佼佼者。这证明了一个真理：市场经济与良好的职业道德完全可以统一起来，相辅相成、相得益彰；职业道德败坏，是制约和破坏市场经济发育和发展的毒菌，要想市场经济健康发展，就必须狠抓职业道德建设、清除毒菌！

**3. 党政机关工作人员的职业道德建设。**

党政机关的行政、执法、经济管理部门干部的党风政德建设，是全社会职业道德建设的一个重点工程。只有党风好、政德廉，领导机关党员干部起模范带头作用，才有资格和能够带动全社会各行各业建设好职业道德；反之，则必然起不良影响和破坏作用。基于这种认识，厦门市委市政府从十四大至今特别重视党政机关干部的职业道德建设。

厦门市党政机关干部参加全市性的“百家窗口优质服务竞赛活动”的具体内容是“廉洁高效、优质服务”，并与学习贯彻“公务员制度”、纠风反腐的斗争实际紧密结合。有效的措施主要有四条：一是成立“廉洁高效、优质服务”职业道德建设领导小组。其成员由市直机关党工委、市委办、人大办、政府办、纪检监察局、机关管理局等部门各抽出一名领导组成，制订领导小组的工作制度及办公室办公制度，严格遵守执行；各部门也相应地指定一名领导干部负责本部门(单位)的竞赛活动。二是制定整个市直机关竞赛活动的中长期规划和年度计划、方案、评比标准，各部门据此而制定实施计划方案。三是层层发动，传达贯彻领导小组的指示精神、部署和实施意见等。四是从教育入手，建立健全各种规章制度。学习公务员条例和职业道德每周一次(两个小时)，雷打不动。在认真学习中纪委廉政准则及相关条规的基础上，82%的机关干部(县处级以上)都能自觉地检查纠正自己确实存在的各种不规范的经济或作风问题，提高了职业道德水准，做了廉洁高效、优质服务，给全市各行各业带了好头。市信局推出的“市政府接待日”制度，协助市领导设立“一个窗口对外”工作机制，极大地提高了解决难题的工作效率；成了“外资委”及其办公室，大大简化了“三资”企业立项审批手续、缩短过程；对户口“农转非”手续实行指标、申报、审批结果“三公开”制度，增加办事透明度、防止徇私舞弊等不正之风发生。市税务局、口岸办、司法局、交警大队等通过“廉洁高效、优质服务”竞赛活动，政德党风比一般非经济特区都好。鼓浪屿区直机关在竞赛活动中从思想教育入手，加强规章制度、监督机制建设，改革开放以来从未发现干部有违纪违法行为，成为全市干部“廉洁高效、优质服务”的先进集体。这些事实说明，厦门的干部特别是县处级以上的领导干部是经得起改革开放、发展市场经济风险考验的，因此他们也有资格和能够带领全市广大群众搞好职业道德建设。

**四、以“五好家庭”竞赛活动为载体，加强家庭伦理道德建设**

厦门经济特区改革开放和发展市场经济10多年来，社会生产力、综合市力和人民的物质文化生活有了显著提高。随着生产方式和生活方式的变革，人们的家庭伦理道德也发生了变革。由于就业人数增多，家庭经济收入增加，成年的家庭成员经济上自立能力大大加强，因而家庭中的平等意识、民主家风、科学艺术生活情调也就相应增加；买卖婚姻成为不必要，婚姻自由、自主度因此也大大加强了；随着家庭文化设施普及化、高档化，家庭成员的文化科技知识也逐年提高，彼此之间的理解度、相容度也就加大了，团结和睦、尊老爱幼蔚成普遍家风。这是改革开放和发展市场经济对家庭伦理道德产业的正面效应；但同时也必须正视它的负面效应。调查情况表明，改革开放和市场经济的发展给家庭伦理道德带来了家庭纠纷、邻里纠纷、虐待老人、忽视子女教育、离婚率上升等严重问题。

家庭道德方面出现的新情况、新问题和新矛盾，引起了厦门市委市府的高度重视。他们清醒地认识到，如不设法加强家庭伦理道德建设，解决这些矛盾和问题，势必会破坏家庭幸福、社会稳定和经济发展，因此在公德教育中把婚姻家庭伦理道德教育当作重要内容来抓，并责成市妇联和市文明办相互配合大力开展“五好家庭”竞赛活动，吸引千家万户积极参加家庭伦理道德建设。

**1. 强化宣传舆论，广泛发动群众参与。**

家庭伦理道德建设的对象主体是千万个家庭的每一个成员，只有广泛发动广大家庭及其成员都来参加，才能见效。市妇联深知这个道理，在开展“五好家庭竞赛活动”时，先召开全市动员大会，统一思想、提高认识。并大量散发“五好家庭”评比条件的传单，借助社会传媒大力宣传家庭伦理道德建设的内容、方法和重大意义。举办新婚夫妇培训班，学习《婚姻法》、《财产继承法》、优生优育知识、优化家庭教育的方法与途径等伦理道德和法律知识，促使青年夫妻从建立家庭的第一天起，就懂得如何处理家庭成员之间的义务与权利，尊老爱幼，夫妻互敬互爱和睦邻帮困等等。各街居通过登门入户宣讲，召开各种座谈会、报告会、办黑板报、张贴宣传品和举办图片展览等各种形式，使伦理道德基本常识家喻户晓、老幼皆知，营造了伦理道德建设的社会舆论氛围，以强化人们道德自律意识。

**2. 利用群众喜闻乐见的各种形式，吸引群众参与“五好家庭竞赛活动”。**

主要办法有：(1)举办系列伦理道德知识的电视广播讲座。市妇联邀请厦大等高校的伦理学家在电台、电视台专题节目中进行“家庭关系与家庭幸福”的系列讲座，讲授家庭的意义，功能、维系家庭关系的伦理道德原则和内容、教育子女及处理邻里关系等等内容。结合实际，深入浅出，对指导家庭伦理道德建设起很好作用；(2)开辟听众点歌和家庭问题咨询节目，对增进子女与父母关系，善处家庭问题也有帮助。(3)大力宣扬遵守家庭美德的先进典型。市妇联了解并邀请鼓浪屿好八连官兵家属到厦门旅游、巡回作报告，介绍他们如何支持儿子、丈夫为祖国守卫南大门、为特区建设做奉献，用爱国敬业精神灌注在家庭伦理关系之中，从而激发千家万户“爱我特区，建设鹭岛”的热忱和支持亲人努力工作、积极奉献。各县(区)还组织“五好家庭”报告团、美好家庭报告团深入基层巡回报告，使大家学有榜样，争先搞好家庭伦理建设；(4)开展形式多样的“特殊教育”。由市“家庭教育研究会”创办了各具特色的家长学校405所，开展了多种形式的“特殊教育”。如：个体工商户家教学习班；离异家庭子女部队、居委会、学校“三结合”包教组织特施个别教育和关怀；“后进家庭”由全市190多个“帮教小组”逐个帮助；对失足青年、刑满释放人员由居委会、离退休老干部分工包教，逐个跟踪教育改造，使其改好达到85%以上等等。正是通过长期坚持开展以“五好家庭”竞赛活动为主载体的家庭伦理道德建设，全市形成了家庭和睦，邻里团结，互助友爱的新型关系。1992年市妇联被全国妇联、国家教委评为“全国家教工作先进单位”。

综上四个方面，厦门市“三德”建设的基本经验主要有五条：

——市委市府牢固树立起统一目标、两手齐抓的思想，切实重视精神文明建设，深化道德建设重要意义认识，明确道德建设的指导思想和方针，制定出切实可行的长期规划和年度分解计划，并舍得大量人力、精力、资金投入，以保证计划的落实。

——道德文明有如阳光、空气，无处不在、无人不需。因此“道德建设，人人有责”，只有广泛组织和调动党政部门、各个单位的力量，建立和完善高效能、灵敏度强的建设机制、管理机构，抓住有效载体，才能把道德建设的方针和任务变为道德建设的实践。

——必须应用各种传播媒介、舆论工具，大张旗鼓地营造道德建设的舆论环境，广泛发动群众积极参与，才能开创出道德建设的新局面。同时还必须依托道德建设的教育机构(学校、培训中心等等)进行系统教育，依托街居村镇各种基层组织，做好深入细致的针对性很强个别道德教育工作，才能把道德建设的任务、内容真正落实到基层、落实到道德个体，从而使社会成员的“三德”水准普遍提高，形成良好的社会风尚。

——必须借助法制，加强管理，综合运用政治、经济、行政等各种手段，经过长期努力，才能巩固和扩大道德教育、道德建设的优秀成果。

——采用树立先进典型、总结推广经验，“点上深化、面上开花”的科学方法，才能使群众道德从初级的适时性水平逐步提升到趋前性水准。

(李国庭)

## 红绿灯下铸警魂

### ——关于鸡西市公安交警支队的典型调查

近年来，鸡西市公安交警支队以“建一流队伍，向济南看齐，创一流业绩”为目标，严格执法，热情服务，创造了交通管理四项指数逐年下降的突出业绩，为鸡西市经济建设和人民群众生活创造了良好的交通环境。1992年被授予全省交通安全先进集体，1993年被授予全省政法系统双学模范单位，1994年荣立全省公安战线集体二等功，1995年荣立全国公安战线集体一等功，并被授予省党风廉政建设先进集体，1996年被评为全省政法系统“双十佳”先进集体、职业道德建设先进集体、省级精神文明建设先进单位。

鸡西市公安交警支队何以在短短几年中取得如此辉煌的业绩，树立了交通民警的良好形象，得到了上级和人民群众的肯定与认可，我们在调查中的所见所闻得到了一些启示。

### 群雁高飞头雁领

鸡西市公安交警支队现有干警398人，内设12个科室，下辖9个基层大队。交警支队的领导深深懂得，打铁先要自身硬，没有过硬的班子，带不出过硬的队伍。他们以身作则，率先垂范，“严下先严上、治警先治官”。凡是要求干警做到的，领导首先做到；凡是要求干警不做的，领导坚决不做。支队领导坚持做到“三个带头”，一是岗位上带头，为干警树立无私奉献的榜样。从支队到大队，领导干部事事做模范。为了抓好每天早晨交通高峰期和晚间下岗后的交通安全管理，支队领导和机关干部带头上早岗夜巡查，风雪无阻，成为干警的一面镜子。市公安局副局长、支队队长纪春林，身患多病，妻子身体不好，他从未因家庭琐事影响工作，常常每天工作十几个小时，公出回来，总是先回到队里处理工作，上岗检查。支队政委翟宝林、副支队长姚东麒在“严打”期间，连续20多天不回家，吃住在单位，和干警一道战斗在第一线，先后扣留审查无牌照车辆180余次，抓获各类罪犯12人，为维护社会稳定做出了贡献。二是训练上带头，为干警树立警纪严明的标兵。为了树立全队风纪严明、素质优良的崭新形象，他们开展了学济南交警、苦练业务基本功的训练活动。各级干部放下架子，带头学，带头练。每个动作、步伐，上百次几百次的苦练，他们把“向我看齐”融进了身先士卒的实际行动中。有的同志发高烧，打完点滴，照常训练；有的甚至做完痔疮手术不久就投入紧张的训练，鲜血渗透了裤子，仍咬牙坚持。领导干部顽强的作风，带动了整个训练。训练考核，合格率达到100%，全支队作风面貌、业务素质发生了质的飞跃。三是自律上带头，为干警树立勤政廉明的表率。支队班子认识到，手中的权力是党和人民赋予的，要使班子有威信、有感召力，必须秉公办事，勤政为民，防止权力与私欲“联姻”。他们在票子、房子、孩子、车子等问题上坚决管住自己。支队长纪春林的亲属曾经养了一台招手车，时间长了，一些干警在路检中有意识地给予了方便和照顾。他得知后，立即劝其亲属把车卖掉，回厂上班。延寿县某汽油添加剂厂想通过交警支队在检车时硬性“搭车”出售抗磨节能剂，这个厂通过熟人找到纪春林家，送去1万元好处费，被严辞拒绝后，来人把钱放下就走。纪春林同志多次通知对方把钱取走，对方就是不露面。一周后，他把钱上交了支队财务。像这类事情，其他支队领导也都经历过，他们不为金钱所动，顶住各种歪风侵袭。几年来，班子成员拒礼拒贿金额足有数万元之多。领导干部的模范行动，带出了一支过硬的干警队伍，队伍中有一大批个人受到上级表彰和奖励，其中，全国“五一”劳动奖章获得者2人，全国公安系统二级英模1人，全国职业道德建设先进个人1人，全国优秀人民警察3人，荣立个人一等功1人，二等功2人，三等功13人，受市、局级表彰159人次。

## 向高素质要警力

九十年代以来，随着改革开放和经济建设的推进，鸡西的交通运输业迅猛发展，车流量急剧增加，各种机动车辆以年均10%—20%的速度递增，1996年已达到3.5万台，致使交通管理受到任务和难度加大的双重压力，警力明显不足。面对这种情况，支队班子感到：解决交通管理难题，关键在于内强素质，外树形象，向高素质要警力。

1. 依靠政治建队，提高干警政治觉悟。支队长期坚持周五政治学习制度，以支队机关和大队为单位，分层次组织学习。采取支队、大队领导轮流讲课、聘请市委党校老师辅导等形式，组织干警深入系统地学习《邓小平文选》、建设有中国特色社会主义理论及上级有关文件会议精神，并组织干警结合工作实际展开讨论，开展了别开生面的“评差”活动，实行“五看四评”，即：看哪个科队班子工作比较被动；看哪个领导干部群众意见比较大；看哪个干警考核分数最低；看哪个岗点交通管理欠佳；看哪项工作相对落后。采取个人自评、中队初评、大队联评、支队总评的方式，评出最差班子，最差领导干部，最差干警，最差岗点，最差工作。支队把每项最差都建立档案，确定支队领导包扶，帮助制定整改措施，限期达标升级。麻山交警大队被评为最差大队后，从大队班子到干警认真反思，积极整改，在大队长的带领下，全队人员吃住在大队，仅用一个月时间就甩掉了落后帽子。评差活动的开展，促进了交警队伍建设，现在支队9个大队班子中，一类班子已达90%。去年，全支队有13名政治上成熟的同志被吸收进党组织，有26名同志被评为区、局以上优秀共产党员，8个大队支部被辖区党委评为先进党支部。

2. 开展岗位培训，提高干警业务技能。提高干警文化业务素质是一项紧迫任务，支队鼓励干警多途径、多渠道参加文化学习和岗位进修。先后选派4名业务骨干到中国警官大学、哈尔滨警察学院等院校脱产学习深造，选送48名干警参加大中专函授学习，使队伍中有大专以上文化程度的干警由原来的25%提高到70.9%，整个干警队伍的文化程度达到了高中以上。支队还有计划地组织干警学习《警官法》、《人民警察法》、《国家赔偿法》、《道路交通管理条例》和《道路交通事故处理办法》等一系列法律法规，并与省委党校联合举办法律大专班，组织146名干警参加学习，增强了干警的法制观念和执法意识。在1995年全国交警系统执法大检查中，支队被评为优秀执法单位。针对车管、驾管、事故、勤务等重要岗位的干警，支队开展岗位练兵活动，使干警业务水平明显提高，支队在全省岗位练兵比武竞赛上，获得了团体总分第一名。

3. 坚持从严训练，树立文明严整的外在形象。支队每年都定期或不定期地对新老干警进行综合训练。一是军事队列训练。从警容、步伐队列等基础抓起,培养严谨的警容警纪和警事作风;二是规范指挥训练。对新干警进行两个月的强化训练,对老干警进行每天早半小时的常规训练。大队每半月搞一次集中训练,从每一个交通指挥动作做起,严肃认真,一丝不苟,不标准、不规范的动作反复操练。支队每半年搞一次训练比武,使指挥更加文明规范;三是举止用语训练。他们采取个人操作表演、大家观摩评比的形式,模拟训练干警使用文明用语,使干警的着装、举止、言谈逐步文明、亲切。在训练中,干警们冬战严寒、夏战酷暑,没有叫苦喊累、脱岗掉队的。干警吴庆波一条腿患严重的静脉曲张,超负荷训练使他毛细血管肿胀、破裂,鲜血染红了裤子,但他仍咬牙坚持,以顽强的毅力完成了训练任务。广大干警以指挥规范、文明严整的外在形象,成为鸡西街上一道优美的风景线。

## 强化管理在机制

鸡西交警支队负责全市973公里公路、1094公里乡路和1329公里专业运输线的交通安全管理工作。为堵塞漏洞,铲除行业不正之风的土壤,控制不廉洁现象的发生,支队针对计划经济体制下传统的交通管理模式、制度、办法,不适应市场经济发展的实际,积极探索和实践了一套新的交通管理运行机制。

一是推行权力分解制约制度。打破过去车辆管理审批中不管什么车,一律由车管所统一审批的管理形式,把车辆落户审批权逐级分解,摩托车、三轮车、四轮车由大队审批;大货车、客货车、招手车由车管所审批;国产轿车由支队主管领导审批。大队审批的,报支队车管所复核;车管所审批的,报支队主管领导复核;支队主管领导审批的,由支队业务办公室研究核查。同时,把重大事故处理权分解到大队,由大队调查、取证,形成卷宗,上报支队由支队主管队长牵头,交通科、法制科联合进行法律裁定,然后再由支队上报省总队审核,形成逐级负责,层层把关的审核机制。去年以来,支队给基层单位和个人落户新车1360辆,没有发现违法违纪的。

二是推行重要岗位轮换制度。在容易出现权钱交易的岗位和部门实行干部岗位轮换,重点是对大队领导和内业人员进行轮换,打破了干部因长期在一地一岗工作而形成的关系网和地域垄断关系。几年来,支队先后轮换大队领导27个,内勤人员15人。

三是推行办事程序和结果公开制度。在全支队推行了"六公开"制度,即办事人员姓名、职务、所管业务公开;车辆审批指数标准公开;招考驾驶员指数与结果公开;事故处理办法与结果公开;证照审批标准公开;收费标准公开。在内业管理上,改变了过去半封闭的、分散的办公方式,建立了业务大厅,对办照办证实行"一条龙"服务,业务人员挂牌上岗,流水作业,增强了工作的透明度,促进了干警廉洁执法。

四是推行群众监督评议制度。建立了内业执法检查机构,每季逐个大队巡检一次,发现问题及时处理,并在全支队进行通报。还建立了外部执法监督网络,聘请市、区人大代表、政协委员、企业领导,车队、安联组、个体出租车协会的司机代表24人担任义务监督员,仅去年就采纳他们提出的意见10条,建议18条。这些行之有效的制度,促进了交通管理,支队连续五年被省总队评为城市交通管理先进单位。

## 敢抽利剑严治警

交通民警是人民群众看社会、看党和政府最直接的窗口。市交警支队几年来始终高擎从严治警这把利剑,挥斩队伍中思想上、作风上、成份上的不正之风。

第一刀,砍思想上的不纯。近年来受社会大环境的影响,交警队伍内部一些干警世界观、人生观、价值观开始偏离,宗旨意识日益淡薄,敬业精神逐步滑坡,突出表现为滥用职权,对待群众冷、冲、横、硬,特权思想严重。针对这种情况,支队一是开展教育。教育干警经常想一想权力是谁给的,应该怎样正确行使职权,积极清除思想上的"垃圾"。二是坚持查摆。组织全队干警坐下来集中一段时间开展查摆,坚持查不出问题不行,找不出差距不行,思想认识不上去不行,没有具体可行的整改措施不行。每名干警都要拿出自查材料,对态度不认真、查不出问题的进行"补课"。三是进行整改。在查摆问题的基础上,支队制定了整改措施。对整改不合格的坚持推倒重来,直到达到要求为止。

第二刀,砍作风上的不纯。针对队伍中一度存在的"吃、拿、卡、要、罚、枪、酒、赌"等问题,支队先后制定了《鸡西市公安交警支队廉政建设暂行规定》、《关于执法不公为警不廉问题治理整顿的方案》、《鸡西市公安交警支队严格纪律十不准规定》及《违反十不准的处罚规定》、《鸡西市公安交警支队关于干警乘坐出租车的处罚规定》等。支队执行制度坚持不跑调、不走音,严格按制度和规定办事。在整顿警容风纪过程中,有两名交警工作时间着装乘坐出租车,支队发现后,对他们作出工资晚长一年、警衔晚晋一年、脱装培训站岗维持交通秩序一年的处罚。有一名干警酒后坐出租车耍态度,被清除出队伍。还有两名科级干警酒后检车,违反规定,受到免职处分。严格的纪律造就了一支清正廉洁的队伍，市交警支队连续四年没有违法违纪的。

第三刀，砍成份上的不纯。为了纯洁执法队伍，交警支队采取群众测评、干警评议、支队考核等办法，对队伍进行了清理整顿，坚持对队伍中的“害群之马”不姑息迁就。先后清调不适应人员7人，免职科级干部3人，培训办班9人，交流55人。并实行了“三包、四不”制度，即：支队领导包大队，大队领导包后进，党员包群众；哪个单位出现违法违纪问题，哪个单位领导不提职、不晋警衔、不长工资，其他人不发展党员。这些措施，增强了干警廉政执法意识，纯洁了队伍。1993年以来，全支队干警拒贿6.5万元，拒吃请850人次。

## 形象来自宗旨坚

目前，一些实权部门在社会上反响不好，群众意见较大。然而，鸡西交警支队却受到社会的称赞。这是由于他们时刻牢记党的宗旨，诚心诚意为基层单位、为企业、为人民服务的结果。他们按照公安部“为人民服务，树公安新风”的要求，在全市推行了8个方面的社会服务承诺制度，响亮地提出了“有困难找交警”的行动口号，把党的宗旨化作实实在在的行动。

一是主动为经济建设服务。他们围绕构筑鸡西经济发展新优势，结合本地实际，制定出台了《为经济建设保驾护航的决定》、《为经济建设服务的十项措施》、《交警支队服务乡镇企业、帮扶危困企业的决定》、《交警支队促进个体私营经济发展的若干规定》和《为全市招商引资“全开绿灯”的几项规定》等举措，为加速经济发展、加快改革开放创造了宽松的交通政策环境。几年来，他们按照这些规定，坚持做到本地车、外地车一律实行不违章不拦车检查，一般违章不罚款，重教育，严重违章不扣车、证，有困难主动帮助解决。前年857农场来鸡西运送小麦，担心车况不好，又要走禁行路，每台车准备200元钱以备罚款用。鸡冠大队得知情况后，立即派人帮助检车，办理市区禁行路通行证，使十多辆运粮车一路绿灯，畅行无阻。为了支持矿务局解困发展，支队先后为矿务局减免检车费、办照费10多万元，暂缓收费2万元。他们紧紧抓住影响交通秩序难点问题，进行重点治理，整顿了出租车、招手车、公交车、无牌无照车、军警用车等，打击了肇事逃逸案，较好地解决了车辆超员超载、争道抢行、乱停乱放、经商占道等问题。针对一些非公安执法部门上路随意拦车检查、乱设卡、乱收费、乱罚款问题，支队请政府有关部门牵头组成联合执法检查组，对全市公路上执法活动进行清理整顿，共取缔林业、煤炭、农机和包括交警自设的检查站27处，取缔各种不合理收费多项，使“三乱”现象得到有效遏止，不仅净化了执法环境，维护了交警形象，而且改善了经济发展环境，人民群众也十分满意。

二是主动为基层服务。为保证道路交通安全，支队每年抽出专人深入各企业车队，利用出车前、收车后时间进行检车、主动服务。通过优质的服务，既保证了企业安全生产、减轻了负担，又在服务中发现车辆管理中的新情况、新问题，堵塞了车辆管理的漏洞。在换发“九二”式号牌中，车管所5名干警，带着微机和车辆档案，用半年多时间，辗转全市县(市)、区、行程一万多公里，深入基层办理手续，用一辆服务车登门服务，避免了企业2万多辆车空跑消耗。据估算，仅此一项就为基层和企业节约200多万元。矿务局桦木林场距市区130公里，担心因换照耽误时间影响生产，干警听说后，利用双休日去林场，当天办照，当天返回，没有添任何麻烦。恒山大队在走访中听说牡丹江纸箱厂来恒山投资建厂，怕运输产品超高超宽被罚款，他们立即派人去该厂亲自指导装车技术，解除了企业的忧虑。

三是主动为群众服务。过去一些群众反映，到交警部门办事怕“四难”。为了方便群众，服务群众，交警支队简化办事程序，实行联合办公，现场办证、办照只需10分钟左右。对当天来办事的群众，无论多少人，都做到当天事当天办完，当天拿不走的证照，由干警五天内亲自送到用户手中。去年以来，干警为基层和群众送证照9673本，干警为企业和群众解决实际问题530多件。支队还十分关心群众疾苦，把每年的元月11日定为支队的“爱民日”。去年，在开展爱民日活动中，支队领导带队，组织干警为滴道煤矿和钢铁公司的特困职工分别送去1万斤面粉，发动干警为困难职工捐款、捐衣物。有的大队还为辖区的敬老院、军烈属送去了慰问品，为贫困学生捐资助学。据统计，几年来全支队干警共捐款13.87万元，捐衣物千余件，密切了警民关系，为维护社会稳定做出了贡献。

## 从优待警激斗志

交警工作是艰苦的，常年风吹雨打，严寒酷暑，他们更需要温暖和关怀。多年来，市交警支队领导班子，把广大干警的冷暖挂在心上，始终把解决干警的实际困难当成大事来抓，定期研究，逐步解决，使他们以愉悦的身心投入到工作中去。

一是加强庭院绿化建设。针对过去支队院内杂草丛生、瓦砾成堆、坎坷不平的实际，支队领导多次将改变环境面貌的议题纳入重要日程,并且亲自带头开展义务活动,清土方,建花坛,植树,种草坪……他们用自己的双手改变了庭院的面貌。园林化的庭院,使干警心情舒畅,使每一个到交警支队的人感到心旷神怡。

二是创建优美的办公环境。几年来,支队投资为食堂、活动中心、会议室、值班室、微机室、车管所办公大厅安装了空调,改善了办公条件。支队还实行挂牌于门的服务,即:将每个科室名称、职能、工作人员姓名、职务及照片等镶嵌在各职能科室门上,使到交警支队办事的人一目了然,既提高了工作效率,也避免了“门难进、人难找、脸难看”的弊病出现,促进了交警工作的有序开展。

三是开展丰富多彩的文娱活动。交警工作比较机械、枯燥。几年来,支队为丰富交警的业余文体活动,投资建起了娱乐厅,厅内设有舞池、卡拉OK音响设备、台球、乒乓球台等,让交警们各尽所长。逢节假日,支队文工团还要精心排练文艺节目,为交警们演出;定期举办演唱会、演讲会、报告会、运动会,张弛有道,相辅相成,既增进了干警相互的了解,又提高了自身素质。

四是解决干警生活上的实际困难。为解除干警的后顾之忧,支队广开渠道发展多种经营,为从优待警奠定了物质基础。支队还帮助70多名干警子女安排在支队公司工作。先后投资在支队和各区大队修建了食堂、浴池,在市区建起了一座家属住宅楼,为21名住房困难户解决了“安居”问题。拨出部分资金开发渔、牧业项目。逢年过节,为干警们分发各种副食品,使他们真正体验到了交警支队这个大家庭的温暖。领导对干警真情实意的感情投入,产生了领导爱干警——干警爱集体——集体创佳绩效应。干警心中最知情,不用扬鞭自奋蹄。几年来,交警支队涌现出一大批爱岗敬业、无私奉献的先进典型。正是有了这些典型的模范带动和广大干警的齐心奋斗,才使交警支队得以在全省乃至全国站排头、创一流。

(王永贵　符凤春)

# 三、县(市)

## 改革开放显神力<br>郑韩大地向天歌

新郑位于河南省省会郑州以南37公里处,面积873平方公里,人口59万。党的十一届三中全会以后,新郑人借改革开放的春风,在经济社会发展的快车道上加速前进。新郑,从此发生了深刻的历史性巨变——

工农业总产值由1980年的3.268亿元猛增至1996年的130亿元,18年翻了5番多。

粮食产量由1980年的17.6万吨,增至1996年的26.7万吨。

财政收入由1980年的1781.3万元,增至1996年的1.64亿元,18年翻了3番多。

农民人均纯收入1980年仅有163元,1996年增至1800元,18年翻了3番多。

这一组组数字,不仅仅是量的相加与组合,而是新郑改革开放18年艰苦创业、走向辉煌的发展轨迹。

### 一、深化改革,推动经济全面发展

第一,积极推进农业产业化。党的十一届三中全会以后,以家庭联产承包经营责任制为核心的农村改革大潮,终于冲破重重禁区,春潮般席卷郑韩大地。一个“包”字把农民长期被压抑的生产力要素激活了。农业连年丰收,1983年,全县粮食总产量达到24.55万吨,与1980年相比,增长了39.2%。农村第一步改革的成功实践,大大解放了生产力,创造了前所未有的农业发展奇迹。然而,仅仅靠土地和传统的农业生产方式,能走上富裕小康之路吗?面对滚滚而来的市场经济大潮,新郑市委、市政府坚持发展才是硬道理的指导思想,顺应商品经济发展的需要,进一步深化改革,在不断完善和提高家庭联产承包责任制的基础上,积极探索农村社会化服务体系建设,“六荒”(荒山、荒沟、荒滩、荒坡、池塘和水面)拍卖,农业股份合作制、农村产业化等多种形式发展农村经济的路子,为农业和农村经济注入新的生机和活力。

水利是农业的命脉。实行家庭联产承包责任制后，农业投入由农民自己决定，这就给农田水利建设带来新的难度。为解决这一难题，新郑市制订优惠政策，鼓励农民个体、联合体自己打井，由政府发给井权证，提供保贷，15年不变。老井由村组作价转卖给农民，谁投资谁受益。此项政策一出台，大大激发了农民投资水利的积极性。至1996年，全市个人投资1600万元，打配机井1100多眼，改善了农业生产条件，增强了抗御自然灾害的能力。拍卖“六荒”的使用权，使昔日的不毛之地，变成米粮仓、花果山和聚宝盆。推行宅基地有偿使用制度，依靠经济手段清退出多占土地8600亩还耕复种。建立土地流转机制，以“两田制”、“三田制”等形式，使土地逐步向种田能手和种田大户集中，促进农业适度规模经营，加速农业产业化进程。组织引导农民坚持以市场为导向，通过社会化服务和利益拉动，组建公司(工厂)加农户、专业市场加农户、行业协会加农户的龙型经济实体，在龙头企业及公司的带动辐射下，全市农村形成石歧杂鸡、植桑养蚕、食用菌、林果、良种繁育等十大区域支柱产业。

1996年，市委、市政府进一步强化农业基础地位不动摇，强力推进农业产业化进程，实现粮食稳定增长，林业生产有大发展，力争使新郑大枣成为河南第一大农业名牌。农业结构进一步优化，产业化发展势头更加强劲，发展专业村87个，培育龙头企业200多个，建立农产品生产基地25.6万亩，基本上形成了东部枣油桑、西部粮果牧、南部粮莱鸡、北部杂果、食用菌的农业区域化布局。“136”白色富民工程——10万亩双孢蘑菇种植，正在实施，力争在一两年内建成中原实用菌生产出口基地和专业批发市场。

科技是经济发展的先导。新郑市拨款90万元作为科技投入资金，调动和吸引国家、省、市科技人才来新郑组织实施“648星火燎原计划”即纵向培育六条龙。重点培育粮油、蔬菜、大枣、家禽养殖、食品饮料、化工医药等六大支柱产业。横向辐射以市区为中心的城东、城西、城南、城北四大各具特色的星火密集区，纵横抓好代表新郑科技水平的八个点。几年来，先后共有6000多名省内外科技人员来新郑承包粮、林、牧、渔等项目1000多个，获国家、省、市科技成果奖600多项。

提高全民素质，推动经济快速发展。新郑市从长远的发展战略考虑，提出了依靠大教育，动用大科技，发展大农业，促进大经济的战略构思，制订普教、成教、职教三教统筹，农科技一体化的教育发展规划。其基本框架是：有计划按比例调整教育结构，以发展职业技术教育为突破口，带动普教、成教向经济发展靠拢，统筹建立多层次全方位的干部教育、科技推广培训和社会化服务网络。以职业技术学校为依托，培训回乡初高中毕业生，提高科技知识水平，加速农村智力开发；推行教育基金制度，建立多元化、多层次的人才开发渠道。目前，全市有360多所成人职业学校，已培训人员21.6万。实行绿色证书制度，有了农民技术资格证书，方能签订承包合同。开展农民富裕升级晋档、小康村建设与技术培训相结合活动；实施科技星火计划、燎原计划、丰收计划，使科技经教育之渠注入经济之田。

第二，工业立市。新郑这块曾经孕育了八千年原始农业文明的黄土地，农业发达一直是她的骄傲。然而直到八十年代中期，她的工业基础还是那样脆弱和落后，人们深知无农不稳，无商不活，无工不富。也就是说，没有强大的工业，新郑经济就不可能起飞！

1988年开始，新郑就如火如荼地在全市范围内对企业实行租赁承包经营，让会经营、懂管理、通市场的干部、职工或农民通过竞争投标、租赁承包经营，把国有、集体和乡镇企业及商业搞活。对职工管理实行优化组合，定员定编，按劳分配；经营者须风险与利益共担，交纳承包金或全员风险抵押承包。同时，坚持以市场为导向，转换机制，调整结构，不断增强企业活力。

1997年，新郑市提出了坚持工业立市的发展道路，从增量扩张和存量调整两个方面同时入手，围绕资本运营，以盘活存量资产、有偿转让为重点，以调整优化产业结构为手段，在全市254家国有集体企业和乡镇企业中，开展“企业改革发展效益年”活动，扶大活小建集团，以资产换机制，对大的强的企业组建集团营造航空母舰，对小亏企业采取兼并联合、挂靠、出卖、转让、嫁接改造、分离重组、破产重组等方式，盘活存量资本，使国有、集体和乡镇企业增殖。对此，市委书记岳文海用了“1＋1＞2”这个公式深入浅出地说明了实施增效工程，推进转换机制的深刻道理。

企业改革把企业推向了市场，既给企业增加了生存发展压力，更增添了发展的动力。为了效益和发展，企业在转换机制的同时，内联外引，依靠科技人才搞攻关开发，争创名牌产品和名牌企业，使自己在激烈的市场竞争中掌握主动权。新郑制药厂在1991年前不足百人，资产不足30万，亏损额高达120多万。周遂成承包后，抓管理、抓市场、抓产品的开发。六年间一跃成为拥有固定资产5000多万元，三大系列60多种产品，年产值2.6亿，创税1500万元的全国最大针剂生产厂家,医药行业50强,全省同行业亚军的大型企业。

如今的新郑,现代工业体系已经建立,卷烟、化工、医药、轻纺食品、加工、机械制造等工业支柱产业,成为全市经济发展的有力增长点。实现的百亿产值中,工业所占比重超过了90%。

**二、扩大开放,招商引资**

改革的春风,吹醒了新郑人,踩着脚下瘠薄的黄土地,透过高高的古城墙向外面看,人们的心里会激起层层波澜……

第一,三下"两南",转换观念。1986年,县委、县政府反复思考做出决策,到沿海的"两南"地区去走一走,看一看。让新郑人的思想观念来一次革命,从沿海地区改革开放的经验中汲取营养,实现自身思想观念的新飞跃。1992年春,改革开放的总设计师邓小平发表了著名的南巡讲话,揭开了中国改革开放春天的新一页。新郑县委、县政府再一次组团,奔向"两南"。这一次,所有的参观者除了再一次接受新思想、新观念的冲击洗礼,还要向沿海地区敞开胸怀,吸引那里的资金、技术、信息和人才,尤其是企业,以借鸡下蛋,借梯上楼、借水行舟、借船出海,加快新郑经济发展,培植新的经济增长点。1996年,市长岳文海率领各乡镇党委书记、市直单位一把手,第三次赴"两南"学习考察,决心从借鉴"两南"经验中寻找加速发展新郑经济,实现总体战略目标的最新动力源和最佳切入点。

十年弹指一挥间,两南地区的变化,实在让新郑的所有参观者惊叹不已。十年前的温州家庭作坊式个体私营经济模式已不复存在,代之而起的是外向型、大规模、集团化、专业化的现代企业经济格局。十年前的沙洲县,今日已成为闻名全国的百强县——张家港市。张家港人不仅创造了经济发展的奇迹,雄踞全国百强亚军,而且精神文明建设也同样令人叹服。比比张家港,看看自己,新郑人找到了差距,探索出了新郑经济大开发、大开放、大发展的最佳突破口,学习张家港,加压负重,奋勇争先。继续加大力度营造好环境,重塑窗口形象,以一个全新、诱人的美丽新郑,吸引四海朋友,广招天下客商,借梯上楼,借船出海,加快发展,促进新郑经济腾飞。

第二,面向市场,树立形象。1996年10月,郑州,中西部地区对外经济技术合作洽谈会场面火爆。参加洽谈的所有海内外客商都吃惊地发现,郑州刮起新郑风。各种新闻媒体一遍又一遍地向世人展示轩辕故里新郑今日的风采。这是新郑走向世界,让世界了解新郑的一次绝好机遇。新郑的各级决策者牢牢抓住不肯放过,上至书记市长,下至企业厂长、个体商户,纷纷涌进会场,摸行情探信息,找客商谈项目。会议期间共签订意向投资项目46个,金额105亿元。有10多个国家和地区100多家客商到新郑参观考察。这一现象显示了新郑人抓机遇、求发展的对外开放精神。

第三,优化环境,招引客商。随着中西部地区经济带崛起,中原国际商贸城建设步伐加快和新一轮国际经济大循环逐步扩展到中西部地区,新郑又一次面临重大的历史机遇。如何抓住机遇,加快新郑经济发展呢?筑巢引凤,招商引资。实际上,新郑招商引资的优势很多,黄帝故里,丰厚的人文资源;地处郑、汴、洛三角中心地带的地理位置,纵横交错的水陆空交通网;地下丰富的煤、铁、铝矾土、硅石、耐火土资源等,这块看似平凡的黄土地蕴含着蓄而待发的勃勃生机。

新郑的决策者看准了这一机遇和优势,加快基础设施和外部环境建设。在开发区规划布局上,确定了以市区为中心的三乡两镇一体化开发区框架,投入2.6亿元资金,修建改造市乡公路及市区、工贸区道路。兴建3×1.2万千瓦火电厂和2×1.2万千瓦热电厂,新建35千伏变电站4座,11万千伏变电站1座,自来水厂4家,程控电话容量2.5万门,为客商创造了极为方便的投资环境。同时,全市上下自觉行动,主动转变职能倾力为客商服务。在新郑,投资客商在封闭式管理的框架内安心投资兴业。对客商各种办证实行全程服务,如台商投资60万美元兴建的中强帆布有限公司,从来新郑议项到拿到土地证,只花了3天时间。

1997年2月,全市军民治理两河。市领导亲临一线工地参加劳动,和大家一道挖土挖泥。各乡镇党政一把手把办公室搬到工地,亲临指挥,实地参战;由党团员干部组成的突击队哪里有困难和危险,就出现在哪里。全市人民为支持两河治理工程,心甘情愿无私奉献。不足3个月,两河治理工程竣工。整洁、优雅的外部环境,使得更多的海内外客商更加了解和喜欢新郑,来这里投资兴业,寻根拜祖,观光旅游。

综合治理,优化投资环境。新郑在招商引资过程中,乱收费、乱摊派、乱集资、乱罚款等现象时隐时现,地痞地霸市霸逞强,城市环境脏乱差,职能服务滞后,严重影响着客商投资。市委、市政府把整洁环境作为招商引资、推进经济腾飞的重要内容。通过宣传造势,大张旗鼓地在全市范围内开展以创造卫生城,治"四乱",打击地霸市霸,清理小金库为中心内容的整治环境活动。通过这一活动,一批民愤大、严重扰乱改革开放的敲诈勒索者、地霸市霸、无理寻衅闹事者纷纷落网，客商和全市人民拍手称快。他们看到了一个良好的改革开放窗口形象，看到了新郑大开放、大开发、大发展的蓬勃春天。如今在新郑，公安、交通、市政、工商、土地等所有职能部门给顾客一个热情的笑脸、优质的服务已成时尚，良好的投资环境已经形成。至1996年，全市累计招商1100余家，引资200多亿元，动工投产项目600多家，大企业、大项目、高科技项目和企业纷纷涌入这一投资宝地。

**三、建设干部队伍，为民造福**

政治路线确定之后，干部就是决定因素。新郑改革开放、社会经济发展的关键，就是建立了一支素质高、作风正，敢干大事创大业，为民造福的干部队伍。在改革开放过程中，新郑市把市场竞争激励机制引进了干部管理体制，坚持能者上、平者让、庸者下的用人原则，让每一个干部从竞争中获得再生、迸发出干事创业的活力来。

1988年初，县委作出《关于对干部实行选聘制的意见》，公开宣告：实行干部选聘制，就是把激励机制、竞争机制引向干部队伍。通过干部公职的定期聘任、劳动优化组合，解决干部工作效率不高的问题；通过硬指标管理解决干部队伍分配上存在的“大锅饭”；通过民主评议、民主监督，不断克服干部队伍中存在的不正之风。从而使干部不断提高素质，提高工作效率，增强活力，适应商品经济的需要。它规定，凡符合旷工连续10天或累计超过20天以上者，不服从组织分配或超过限定报到时间10天以上者等12条中的任何一条，都将被待聘。在改革过程中，有132名干部因触犯12条而被待聘，80多名干部职工通过选聘竞争上岗，担任一定的领导职务。通过干部制度改革，各级干部集中精力发展经济的积极性调动了起来。

1992年春节，新郑市14个乡镇的“乡官”“赶考”应试。在由上级领导、专家和党员群众代表组成的“考官”面前，这些“乡官”丝毫不敢马虎，把承诺、措施、指标一项一项摆出来。让考官打分、投票，还要一五一十地回答“考官”出的一道道难题，直到考官满意为止。面对考官的要求和自己的誓言，他们横下一条心，不怕得罪人，重新组阁，把千条心变成一条心，一心一意搞发展、同心同德带领大伙奔小康。

在村级干部选拔使用中始终坚持竞争选举，发现使用一批优秀基层干部作为农村致富奔小康的领头人。市直乡镇机关干部坚持竞争上岗优化组合。1995年6月，面向社会公开选拔6个市直单位和3个乡镇的10名副乡局级领导干部。有259人参加笔试，54人参加面试，通过答辩，还将采取一把手竞争上岗，副职双向选择，一般干部合同化管理的新型干部管理运行机制。

新形势下干部制度改革的核心，用市委书记岳文海的话说，就是加压驱动。通过加压使你始终感到党和人民赋予你的权力就是要给人民办实事，办好事；通过加压使你觉得每天都有大量的工作要做；通过加压逼着干部们继续解放思想，更新观念，强化和树立矢志创业兴新郑、参与竞争创一流、抢抓机遇上台阶、当好公仆为富民的新郑精神。通过加压使全市上下出活力、出动力，学习张家港、苦战三五年，争创国家卫生城，跻身全国百强县；通过加压驱动，使那些改革创新意识不强、素质低、活力不足、因循守旧、混日子保位子守摊子的干部悬崖勒马，迎头赶上，奋起直追。

佩证上岗，提高效率。从1996年7月开始，党政机关的工作人员上班时间提前了半个小时，每人胸前都佩戴印有各自照片的上岗证。他们把机关卫生搞得干干净净，接待顾客和群众时，像是见了自己的亲人热情有加。一个在外地为办理营业执照曾大伤脑筋的客商，到工商局办理执照，工作人员接到申请后，立即分兵几路，以最快的速度，在一天内将手续办齐，态度和蔼地把营业执照送给客商，直让客商感动，说新郑人的办事效率高。这是新郑市开展机关作风整顿带来的明显变化。

社会服务承诺，在机关作风整顿活动中成为新郑一道新风景。供水、供电、邮电、交通等34个职能部门不仅做出服务承诺，还实行跟踪服务。你家里水管出了毛病，只要一个电话，不出一个小时便有人找上门来，帮你修理管道。如果没有按时保质保量服务，当事人将受到几倍经济处罚。如果有工作人员刁难顾客，一经发现，将不得不丢职。

1997年伊始，新郑市的决策者们在深深思考，如何围绕本世纪内夺取国家卫生城和全国百家县两块金牌，决战九五，大干九七！决策者们最后做出抉择：进中求稳，发展报国，艰苦奋斗，创业兴市。这是时代、历史和人民的期待。并确定围绕富民强市这一中心，瞄准年底综合经济实力跻身全省前十强，创建省级卫生城两大目标，集中力量实现创建工作、招商引资和企业改革三大突破，带动全市经济社会全面发展和进步的整体工作思路。

要取得这一跨世纪目标的全面胜利，关键仍在人，在我们的干部队伍。怎么办？市委、市政府始终把住思想观念这个总开关，实施换脑工程，增强干部队伍的改革开放意识、机遇意识、艰苦创业意识。通过外出考察、走出去理清工作思路，激发创业激情。多次邀请国家、省级专家前来讲学，传授新观点、新理论、新知识，推动全市干部队伍观念更新；通过开展学习吴金印活动，引导干部克服做官意识，确立公仆意识；通过宣传造势，营造干事创业的大气候，使干部职工尤其是中层领导干部人人感到加快发展已时不我待，今日不搏更待何时。

总之，新郑18年的改革历程，是一部惊心动魄、波澜壮阔的社会生活正剧。18年的改革开放实践充分证明，发展才是硬道理，不发展就没有出路，未来新世纪的经济舞台上就不会有新郑的位置。正是由于改革开放，才使新郑由一个落后的内陆农业小县发展成为工农业全面发达，综合经济实力跃居全省十强的中原十八罗汉之一。面临世纪之交的紧要关口，新郑59万人民正紧紧围绕一个中心，瞄准两大目标，实施三大突破，进一步推进改革开放，抓住机遇，团结拼搏，艰苦创业，努力铸造更加辉煌灿烂的美好未来……

（辛郑宣　　杨东风）

## 加快射洪县工业化、城镇化建设的实践与探索

射洪县位于四川盆地，涪江中游，幅员面积1497平方公里，人口101万，属川中丘陵大县。党的十一届三中全会以来，我县抓住机遇，努力探索丘陵地区县域经济发展之路，积极推进工业化、城镇化进程，县域经济步入了持速发展的良性循环轨道。1996年，全县实现国民生产总值32.015亿元，工农业总产值47.67亿元，财政收入2.049亿元，农民人均纯收入1456元，年度增幅分别达15.9%、17.1%、42.1%、19.5%，与1978年比，分别增长了28.5倍、30.1倍、309倍、26.9倍(按90年不变价计算)。近年来，射洪被国家列为“乡镇工业开发示范县”、“农村初级电气化建设县”、“农村能源综合建设县”、“农村劳动力开发就业试点县”、“国家星火技术密集区”、“优质棉基地县”、“农民协会试点县”、“农村中医工作试点县”等15个试点示范项目。先后获得国务院和国家部委颁发的“造林绿化先进县”、“科技兴县先进县”、“社会治安综合治理先进县”、“民族团结进步先进县”、“土地开发复垦先进县”、“‘二五’普法先进县”等10个称号。县委被省委评为“勤政廉洁”的四好班子。

在致力推进工业化、城镇化建设方面，全县上下一心，长抓不懈，初步走出了一条丘陵大县经济发展之路。

**一、统一认识，明确思路，确立城乡发展一体化的总战略**

我县在改革开放前处于交通不便、信息闭塞、经济建设落后状况。1978年全县农业总收入9484万元，农民人均纯收入52元。工业总量很少，总产值6862万元，实现利税707万元。全县财政收入，仅有664万元，年年靠吃国家财政补贴过日子。

到1984年全县粮食总产已达3.6亿公斤，农村人均占有粮食425.5公斤，比1978年分别增长50%、49%。仅仅解决了温饱是不够的，要全面发展县域经济，还必须从县情出发，冲破单一的农业经济结构模式，大力发展地方工业，强化城镇建设，走城乡一体化之路。县委一班人反复分析县情，认为我县存在三大特点：一是人地矛盾突出。人均占有耕地0.74亩，比全国的1.31亩、全省的0.89亩低得多。且土地资源呈递减趋势，农村劳动力资源呈递增趋势。二是资源相对贫乏。我县境内缺乏原、燃材料，虽然县域经济是有边际的，而社会主义市场经济的运行是没有边际的，原、燃材料不足，可以购进，能源不足，可以通过涪江水转化，况且我县的农业初级产品资源丰富，走深加工增值之路很有前景。三是工业体系不完善。我县重工业基础差，轻工业初具规模，基本上形成了体系。这种地方工业结构具有投资少、耗能低、劳动力密集的特点，只要充分发挥潜力和优势，可以走上档次、上水平、上效益之路。从这种县域经济的特点出发，1985年初县委一班人统一思想，明确思路，确立了城乡发展一体化的总战略，即：“农业为本，工业立柱，五力(财力、电力、运力、智力、信息通讯能力)奠基，科技兴县，市场导向，良性循环”。实践证明，这条路子使我县工业化建设和城镇化建设获得了迅猛发展。到1996年末，全县工业总产值达40.28亿元，年度增幅达17.1%，比1978年增长了35.6倍，建制小城镇由2个发展到20个；城镇人口由2.6万人发展到14.4万人，增长了5.5倍。

但是丘陵地区人多地少，再怎么组织精耕细作，亦难容下数十万劳动大军；更何况单位面积的产出是有限的。工业相对而言没有农业那种带根本性的制约因素，要振兴丘陵地区县域经济，不仅要稳步发展农业，更要着重发展工业，把工业作为支柱来抓才能有大的飞跃。在县域工业迅猛发展的过程中，我们感到，城市是工业发展的载体，工业化必然伴随着城市化。因此，在积极推进工业化的同时，同步推进县城和乡镇的集镇建设。大力发展第三产业也就不以

人们意志为转移地提到了发展县域经济的议事日程上来。1991年，全县在发展县域经济的总战略中增加了发展第三产业的内容，并把这种总的战略思想简概为“稳定发展第一产业，大力发展第二产业，快速发展第三产业”。

在这种一、二、三产业相依相存，城乡经济一体化，工业化、城镇化建设一齐抓的思想指导下，对县域农业的支柱产业和主导产品实行布局区域化、生产专业化、管理企业化、服务社会化，使农业和农村经济走向自我积累，自我发展，自我调节良性循环的发展轨道。近10年来，根据工业化建设和城镇化建设的需要，在农业方面突出抓了粮食、棉花、畜牧、蚕桑、红粮(酿酒原料)、蔬菜、林果、种子、水产、庭院等十大基地建设。全县粮食连续10年亩产稳定在750公斤左右，单产年均增长1.3%；生猪存栏70万头以上，被列为国家瘦肉型猪生产基地；蚕茧产量稳定在7—10万担，没有因丝绸市场不景气而大滑坡；棉花产量稳定在10万担以上。蔬菜、林果、水产自给有余，适量外销。

**二、工业立柱，争创名优，加速县域经济工业化进程的实践与成效**

我县地方工业，直到确立总战略前的1984年，基础仍很薄弱，人均工业产值只有230元，低于全省的405元，(全省平均水平中含成、渝两个当时的计划单列市，下同)，独立核算的工业企业固定资产利税率和资金利税率都低于全省平均水平2—3个百分点。实践使我们深深感到，要引导100万人口的大县由“温饱型”向“小康型”过渡，则只有走工业化之路，县域工业才是“小康大厦”的支柱。经过10余年的奋斗，我县工业在薄弱的基础上稳步发展，在县域经济中已占据了主导地位。1978年全县工农业总产值才1.625亿元，工农业产值之比为42.2∶57.8，工业产值比农业产值还少15.6个百分点。我县确立总战略前的1984年，全县工农业总产值达8.39亿元，工农业产值之比为38.4∶61.6，工业产值比农业产值的比重不但没有上升，反而有所下降。到1996年末，全县工农业总产值47.67亿元，工农业总产值之比迅速反转，变成了84.5∶15.5。事实说明像我们这样的内陆欠发达的地区，与发达地区相比，差距不在农业上，而在工业上，只有振兴地方工业才能缩小我们与发达地区的差距。

在振兴地方工业经济中，我县侧重抓食品工业和纺织工业。食品工业主要依托中国名酒——沱牌曲酒这一品牌优势，纺织工业主要依托我县是全省三大产棉大县之一的原料优势，明确提出了“两业立柱”的战略，狠抓了食品工业和纺织工业的发展，使之成为了县域工业的两大支柱。1996年底，全县食品工业和纺织工业总产值已达32.6亿元，占整个工业产值的80.9%，实现税利1.84亿元，占全部县域地方工业实现税利总额的90.1%。针对我们与沿海经济的差距的一个重要方面是差在乡镇企业上的弱点，近年来，我们突出抓了乡镇企业和民营经济的发展，使之异军突起，成了县域工业体系中的一个重要组成部分。1996年末，全县实现乡镇企业(含民营企业)产值达26.2亿元，占全县工农业总产值的54.96%(因乡镇企业产值中含一、二、三产业，故与县域工业总产值没有可比性)实现税收0.326亿元，占全县财税收入的15.74%。我们县地处绵(绵阳)渝(重庆)公路沿线，而县内的太和、金华、柳树三个重镇又均在绵渝线上，我们从这种区域特点出发，工业企业，特别是城镇集体企业和乡镇企业都要求向这“一线三点”上集中，减少交通的远程运输，减少能源的分散消耗，形成自己的空间布局优势。我县国有大中型企业和城镇集体企业大部分都在上述三镇上。乡镇企业经过近年来的布局调整，这三镇乡镇企业总产值已达8.96亿，占全县乡镇企业总产值的34.3%，销售收入9.14亿元，占全县乡镇企业销售收入总额的35.9%，实现税利0.103亿元，占全县乡镇企业实现税利总额的31.6%。我县工业经济除食品、纺织业外，其它行业近几年来也得到相应发展，已有了电力、化工、建材、机械、造纸、装璜印刷、包装、皮革、医药、医疗器械、交通运输、文教艺术用品等一批初具一定规模的企业，560多个工业产品，名优率(含国家、省、市三级)达30%以上。基本形成了县域工业内部结构的相辅相成，名优品带头，协调发展的格局。

我县工业化建设速度较为迅猛。从县级党政这个角度来看，主要做了以下三个方面的工作：一是抓意识，强化工业兴县观念。我们县原是农业大县，受传统农业观念束缚，工业化意识比较淡薄，县委注意了从三个方面转变观念：其一，发展工业经济的指导思想中要有超前意识。发展县域地方工业企业不要去买外国或沿海淘汰了的旧机械设备，搞些重复建设的小项目，要搞些高起点、高科技含量的新项目。其二，竞争中要有超越自我的意识。过去一提竞争就是县域内企业间的相互竞争，省域内同行业的相互竞争，随着社会主义市场经济体制的建立，我们要超越自我，树立参与世界商品经济大循环、大竞争的新意识。其三，要克服发展中的保守意识。我们在县域经济“六五”、“七五”规划的基础上，注意了党政制定宏观经济规划时,胆子放得更大些,步子迈得更快些,用敢为人先的创新意识科学地、客观地制定"八五"、"九五"规划,快速推进我县工业化城镇化进程。

二是抓投入,加速技改,优化产业结构。10余年间我们向工业的投入每年按10%—30%的速度增加,到1996年,全县年度完成固定资产投入已达3.89亿元,年度递增29.6%。我们利用这些投入资金,采取"背靠一个大企业,依靠一个科研机构,培养一批科技人才,开发一批新产品"的技改措施,使县属企业的技改面每年都在70%以上,企业像滚雪球般地积蓄力量,自求发展。如沱牌曲酒股份有限公司,12年前还是一家年产值不过37万元的作坊式小酒厂,由于连年技改,现已完成四期技改工程,并把现代科技与传统工艺相结合,在酒质检测中引进色谱分析技术,在曲酒勾兑中引进电子计算机技术,现已发展成为占地1000余亩,拥有职工上万人,年产系列酒10多万吨,年产值超过10亿元,实现税利超过亿元的全国第一大(指产量)名酒企业。在抓投入中我们还十分注意发挥市场对优化产业结构的积极作用,优化资金投向,无论是争取来的中央、省、市投入的资金,还是县级财政资金、金融借贷资金以及集聚的县内外社会闲散资金,我们都坚持向效益好的产业和企业倾斜,促进企业的优胜劣汰,扩张兼并。

三是抓企业改制,把企业推向市场。我县对全部中小型城镇、集体企业和部分乡镇企业进行了以股份合作制为主的体制改革,把企业的所有权用股份的形式分解给职工,对一些资产呆滞,没有前景的中小型企业,实行了拍卖、租赁、破产重组,让这些企业名符其实地实行民有民营。通过改制,我们抓大放小,组建了沱牌、美丰、明珠、银华、蜀通、食品、粮油、供销、建筑、物资等十大县属企业集团。1996年沱牌股份有限公司股票在上海证券交易所成功上市,市场表现良好,公司发展一年上个台阶,我们尝到了把企业推向市场的甜头,今年又组织将四川美丰股份有限公司的股票在深圳证券交易所挂牌上市。明珠、银华两家公司正在争取股票上市。随着几支股票的成功上市,必将进一步推动全县工业化进程。

**三、搞好规划,城乡结合,快速推进城镇化建设的实践与成效**

城市是工业发展的载体,城镇化是工业化发展的必然要求。随着工业体系的日趋完善,规模日趋状大,我们为了适应工业经济的发展,加大了城镇化建设的力度,开创了城镇建设的新局面。

规划是城镇建设和管理的龙头。我们在抓城镇化建设中,首先搞好规划。1983年,我县曾经组织编制了《射洪县城市发展总体规划》。但当时一是只规划了县城,而没有规划乡镇集镇;二是囿于农业大县的思维定势,从空间拓展、配套设施,经济归区各个角度看都显得保守。因此,我们决定重新编制《射洪县城镇发展总体规划》,采取了请专家进来,走出去考察的办法,于90年代初,系统地、全面地对县城和30个建制乡镇的集镇进行了历时3年的统一规划。新规划的县城,把旧城改造和新城拓展相结合,把功能区划和设施配套相结合,把规划的长远性与实施的可能性相结合。按此规划,到2000年,县城非农业人口达12万人,规划区面积达12平方公里;到2050年,县城非农业人口达25万人,规划区面积达25平方公里。到那时,射洪县城将建成依山傍水,环境优美、经济繁荣、生活方便的开放、文明的以轻纺工业为主的工业城市。其余29个建制乡镇的集镇规划,我们以经济发展走势为依据,以县城为中心,以绵渝线为重点,以射(洪)西(充)路、射盐(亭)路、射南(充)路为辐射带的网络规划把它们连成一体。

在搞好规划的基础上,我们突出加速了县城建设。从90年代开始,对县城建设的投入每年以20%—30%的速度递增,累计投入已达10余亿元。一方面我们集中财力资金进行了新城的拓展工作,兴建一条宽50米,长4000米的太和大道,以此为轴线,南北延伸,东西拓展。道路、交通、给水、排水、电力、通讯、燃气、园林、学校、医院、文化娱乐等设施设备相互配套,现已高楼林立,绿树成阴,商业网点星罗棋布,颇有大都市气魂。新城规划中的经济开发示范区占地800多亩,我们实行统征统建的办法只用了10个月时间就做好了"三通一平"工作,现开发区中已有10余家中小型工业企业落户。对新城拓展中的农户搬迁问题,我们在新城内规划文化路、广寒路、震宏路、机坊街、新阳街、民族街,还规划了团结、平安、临江、三和园等小区,进行统拆统建,一律实行街道规划、建设、管理,使脱离了土地的"农民",生活方式也城市化。二是采取多渠道,多种方式筹集资金,加快旧城改造步伐。其主要办法有3条:第一条是依靠房地产开发搞旧城改造。射洪老城墙虽是前清遗物,但历经风化,破损残垣,下有护城河,常常死水淤堵,臭气熏天,我们拆除旧城墙,在原址改造成空心新城墙,并在太和门、开源门、涌金门、弘文门、北辰门等处新建起仿故宫式的城门楼。我们掏淤筑堤加盖整治护城河,让护城河水地下流、地上建成街心林园。新建城墙、城楼与街心林园相互辉映,现已建成1000余米,集商贸、旅游、文化、娱乐为一体的仿古建筑一条街——"子昂故里",它已成为了射洪颇有特色的景观。改造这条街的费用全部是利用空心城墙新开发出来的300多个商业门面的出售收入。集传统文化与现代文明于一体，让文化与经济联姻。第二条是加速房地产开发。我们县仅县城内就有房地产公司6家，1990年以来，我们按照城建总体规划采取公司统拆统建，居民、街道居委联建和单位集资兴建等多种方式，先后改造了临江小区、人民街、衙署街、解放上、中街等老城区，新开发商品房16万平方米。第三条是引进资金改造旧城。私营业主文映祥在我们县委、政府的大力支持下，仅此一家就投资2000余万元，改造解放下街，拆迁单位和住房116户，拆迁面积达8000多平方米，集中兴建集生产、加工、商贸、餐饮、娱乐、服务为一体的私营企业"射洪县服装贸易有限公司"。三是加速县城公共设施和公益事业建设。1990年以来，我县仅县城地区就新修中小学及幼儿园四所；新建市场三个，新建广播电视大楼、邮电通讯大楼各1座；人民医院、中医院都进行了成倍扩建增容改造，县旅游业也从无到有，开发进展很快，除"子昂故里"一条街、人民公园外，我们还建成了螺湖公园、平安寨森林公园、蜀风园等，以满足外来客商和本城不断增容人口的旅游、休闲娱乐、文化生活的需要。

在加快县城建设的同时，我县正按规划部署拓展乡镇集镇。沱牌公司所在的柳树镇已被列入国家级试点镇，1990年以来，建成区面积也由1.5平方公里拓展为8.5平方公里，川中胜景金华山所在地的金华镇也被列为省级试点镇，随着金华电航桥的兴建，城区面积一天天正在扩大。瞿河、太乙列为市级小城镇试点，其余的建制乡镇为三级中心场镇也都得到了较快的发展。我们抓集镇建设坚持以区域经济发展走向为中心，坚持工业小区，商业小区、市场建设的规划、配套实施、相互促进，共同发展。仅以市场建设一项为例，到1996年为止，全县各集镇已建起综合性农贸市场85个，专业市场5个，固定市场面积21.7万平方米，以街为市的面积14.1万平方米，市场摊位长5152米，达3010个固定摊位。从农村中分离出来的个体工商户达25380人，农贸市场年度成交额1996年达3.0605亿元，分别比三中全会前的1979年增长了3.5倍、17.8倍，占全县社会商品零售总额的34.3%。全县小城镇建设的迅速推进，打破了县域经济的二元结构，为最后实现城乡一体化，迈出了突破性的一大步。

**四、强化基础，把握关键，着力抓好财力、运力、电力、智力和信息通讯能力的建设和发展**

在加快建设和发展县域经济过程中，特别是推进县域工业化、城市化建设的实践中，我们深深地感到财力、运力、电力、智力和信息通讯能力是制约像我们这样经济发展滞后地区的关键环节。抓住了关键，县域经济这盘棋就走活了。

1.抓财力，灵活运用资金。大幅度地扩大工业规模，大面积地推进城镇建设，都需要足够的资金。在财政、信贷资金"盘子"既定的情况下，既要满足正常县域经济营运所需资金，又要筹措款项来支撑企业的技术改造，或上新的项目，这无疑是困难的。我们从全县一盘棋的角度出发，采取灵活运用与调度的办法较好地解决了这道难题。一是开源节流用活财政资金。在"开源"上，我们实行"养鸡下蛋"的办法培植税利大户，把活力留给企业。在"节流"上我们实行"分灶吃饭"，调动县与乡镇两级财政，国税与地税两个部门的增收节支的积极性。这样做不但没有影响财政收入，而使财政收入的增长速度从1990年起平均高于经济增长速度5—10个百分点的高速递增。二是盘活信贷资金，把钱用在刀刃上。我们从1990年起就在县级金融部门内部建立了资金调度小组，专司企业之间、金融部门之间的资金短期调剂。同时，在资金供给上实行适当倾斜和集中投放的政策，保证了骨干企业和税利大户的急需。近年来，我县税利大户上100万的由80年代的3家增加到50多家，上500万的达10余家，实现税利上1000万的从无到有，已达3家，其中实现税利超过1亿元的一家。这批税利大户的形成，既成了县财政收入稳步增长的主要支柱，又构成信贷资金良性循环的重要基础。三是主动争取县域外资金和社会闲散资金。大项目我们尽量争取国家投资和上级金融部门专项贷款，这类资金仅近7年就达2亿多元，我们还从县外拆借资金近亿元，集中社会闲散资金近亿元。我们通过合资合作的办法，从日商，台、港商中吸引回县部分资金。由于我们盘活了资金，不但促进了"两化"（工业化、城镇化），而且也给区域内金融企业增加了活力。

2.抓运力，修公路。我县原只有62公里的绵（阳）渝（重庆）线省道过境公路，87公里的涪江通航水路且处于萎缩状态。县境内乡镇公路虽达数百里，机耕道上千里，但质量差，等级低。我县以1987年县内涪江大桥建成通车为契机，反复给群众讲清搞社会主义市场经济"要得富修公路"的道理，实行民工建勤、民办公助和开发商品路等多种办法，整治和新修公路。近10年来我县打通了东西干道，把射洪联结在了成都到达县的交通干线上。成（都）达（川）铁路动工后，我们及时规划，改造了绵渝路射洪南段为高等级商品路，同省内的东西大动脉相通。现在我县又在改造绵渝线射洪北段为高等级商品路。与此同时，我县还加快了县城至各乡镇的道路路面黑色化，铺油路面已达20个乡镇，占全县乡镇的67%，现在，我们县基本上形成了内外畅通，北联宝成线，南联成达线，东联襄渝线，西达成都的四通八达的交通运输网络。到1996年底止，我们县境内公路已达864公里，高等级公路占6.2%，水泥、油路面率达45%。每100平方公里的幅员面积有公路52.09公里，高于全市的41.72公里、全省的16.95公里、全国的10.42公里水平。此外，我县还建成了乡村公路(含机耕道)1842.5公里，95%以上的村、社可通小型拖拉机。

3. 抓电力，兴建电航。我县原是一个能源奇缺县，所需煤、燃油、天然气、电力，按1985年的测算，年耗能折标煤107万吨，其中78%靠县外调入，县域经济对县外市场依赖性很大。当时电力依靠7个小型水电站，总装机容量与用电装机容量之比为1∶7，工厂供电常年性不足，企业不能正常生产，一到农村提灌季节，只好压工保农，让大片工厂限产或全日停产。据测算，直接经济损失每年达1000多万元。而涪江在我县境内流域87公里，且有一定落差，涪江水的资源，利不利用，当时意见不统一。县委站在全县经济这盘棋上看，认为电力是我县唯一可以大规模开发的能源，只有自力更生办能源，才能保证县域经济的长足发展。决心一下，1987年起我县首先投资了1.7亿元，花3年多时间建起第一座装机容量达3.15万千瓦，年发电可达1.8亿度的螺蛳池电航工程。电航工程投运后彻底结束了我县电力供应严重不足的历史，丰水季节，电力供应自给有余。有了电力，我们及时与县外合资兴办起了高耗能企业——锂业公司，用电解生产锂盐。去年，我们又开始了金华电航桥工程的建设，计划投资5亿元以上，建成发电装机容量达4.15万千瓦，年发电可达2.3亿度，集发电、通航、交通为一体的综合性工程。现在，我县已开始筹划又一座装机容量更大的柳树电航工程前期勘测设计工作，充分利用过境涪江，梯级开发好有限的水资源。

4. 抓智力，坚持科教兴县。科学技术是第一生产力，我们把智力建设作为振兴县域经济，推动“两化”建设的突破口来抓。一是舍得投资，从抓基础教育入手，80年代起，我们年年把县财政收入的1/3，1990年把县财政收入的1/4用于发展教育事业，每年为国家输送大、中专新生500—1000人，普通教育高考升学率名列省、市前茅。职工教育已形成网络，县属大中型企业和经济实体都办起了职工学校，为自己培训生产骨干、技术人材。二是加强科技队伍和科研机构建设，近10余年以来我县科研机构从无到有，已达10余个，专、兼职科研人员达796人；我们还恢复或新组建了县级各类学会、协会、研究会31个，会员达5411人。开始恢复职称评定的1983年我县只有高级职称技术人员4人，中级职称技术人员82人，专业技术人员2435人，现在据不完全统计，高级技术职称人员达343人(其中享受国家级有特殊贡献的专家、学者津贴的6人)。中级职称人员达3567人，专业技术人员达15476人，分别增长了85.7倍、43.5倍、6.4倍。三是大抓科技兴县，重点突出科技兴工。在科技兴工方面，我们首先抓基础，抓投入，全县工业企业普遍建立了科技开发基金和科技进步奖励基金。到1996年底，这笔基金全县已近1个亿，企业正在由物资投入向科技投入转移，由外延发展为主向内涵发展为主转移。“八五”期间，国家科委把我县作为“乡镇工业示范县”列入‘八五’星火计划重点项目后，我们抓住机遇与四川联大、成都电子科大联系、协商，分别签定了“县校科技协作协议”，在完成重点项目攻关的同时，搞好总体部署，拉开全方位科技兴工、兴县的序幕，向依靠科技实现内陆农村工业化、城镇化迈进。

5. 抓通讯，提高信息传播力。我县投资2000多万元，建成20000门程控电话工程，投资500万元建成了射洪南至遂宁，北至三台的光纤电缆通讯工程；投入500万元对各邮电支局进行农话改制，在县内开通无线寻呼和大哥大系统的基础上，又与省、市联网，加入漫游寻呼和大哥大国内直拨行列。经过近5年的全方位、系列化建设，彻底改进了我县信息通讯事业滞后于经济建设的局面，使我县邮电事业达到了90年代的国家水平，县邮电局也列入了全省30个先进邮电局行列，受到国家邮电部表彰。

计算机的联网、信息高速公路的全球贯通是信息时代的重要标志。信息产业在我县也迅速兴起，到目前为止，仅县城地区就有5家集电脑营运和电脑知识普及教学的电脑公司和学校，计算机终端机已经进入人才管理、统计数据、股市交易、财政税收、经济研究、社科研究和工农业生产等各个相关部门和行业，加速着我县“两化”建设的进程。

回顾我们射洪县工业化、城镇化建设走过的路程，我们感到一个地方区域经济要发展，作为决策中心一定要坚持实事求是的思想路线，不唯书，不唯上，只唯实，走一条自己的、符合县情的经济发展路子。路子一定，政策措施一出台就不要轻意变动，不因人废政，不搞一朝“天子”一番政策。用人管人培养人既是县委的本职工作，对“两化”建设又至关重要，俗话说“兵熊熊一个，将熊熊一窝”，归根到底人才是生产力诸因素中最活跃的因素。因此，在近10余年中我们县委始终把不断培养提高各级领导干部和企业厂长经理的执政意识与驾驭市场经济的能力，作为党建工作和党委抓经济建设的重要工作来抓。抓物质文明建设，切不可放松精神文明建设，要坚持“两个文明”、“两手抓”，而且两手都要硬。实践证明，我们县随着物质文明的发展，精神文明也同步发展，两个文明建设相互促进。今后我县决心以改革开放为动力，推动全县工作，发展县域经济，把射洪建设成为一个农业基础稳固，工业经济发达，地方财力雄厚，城镇风光迷人的“川中明珠”而努力奋斗！

（胥执源　刘仲维　邓益民　杜正志）

## 浮山县扶贫攻坚大见成效的奥秘

在新世纪到来之前，中国共产党人将带领全国人民彻底甩掉赤贫帽子，消除绝对贫困现象，使现有的贫困人口最终解决温饱问题。这是中国共产党人向全国、全世界作出的庄严承诺。就是在这种形势下，付记有同志，1996年年初走马上任山区贫困浮山县县委书记。他不负党组织的重托，带领县委一班人，高举邓小平建设有中国特色社会主义理论伟大旗帜，坚持改革开放，艰苦创业，仅仅一年半的时间，浮山县扶贫攻坚就取得了喜人的成绩。1996年年底，全县62个贫困村人均占有粮食超全县平均水平，人均收入806元，比上年增长35％。全县贫困村由1995年的62个减少到38个，贫困户由6888户减少到3815户，贫困人口由3.1万减少到1.8万。贫困乡乔家垣人均小麦510公斤，已基本脱贫，被地区推荐出席省扶贫攻坚先进乡。年内浮山县可望整体脱贫。省扶贫开发领导组授予浮山县“扶贫攻坚先进县”锦旗一面。

浮山县扶贫攻坚为什么在短短的一年半的时间就大见成效呢？其奥秘用县委书记付记有的话讲，就是学习和运用邓小平理论，从思想上打破扶贫攻坚“左”的禁锢，从经济上理顺扶贫攻坚的思路，从政治上建设一支扶贫攻坚强有力的干部队伍。具体讲：

**一、学习和运用邓小平“什么是社会主义”的思想，解放思想，转变观念，打破扶贫攻坚“左”的思想禁锢。**

浮山是革命老区县，战争年代这里仅有4万人口就有4千多革命烈士，还为我党输送了近万名干部、战士，为新中国的诞生做出了巨大贡献。然而解放快半个世纪了，改革开放也已18年，至今还未摆脱贫困和落后，四分之一多的人口处在贫困线上。面对这种状况，作为新上任的县委书记付记有内心十分沉痛，他认为这是共产党人的悲哀，是共产党人的耻辱，强烈的使命感和责任感，必须尽快让浮山人民富裕起来。

浮山贫困的原因是什么？他带着这个问题走访干部群众调查了解，其根本原因是“左”的思想禁锢着干部群众的头脑，也就是仍然没有真正搞清楚什么是社会主义。许多人“谈富变色”，“贫穷是社会主义，富裕是资本主义”在人们头脑里根深蒂固。县委在组织广大干部群众学习邓小平“什么是社会主义”思想时，联系他们思想上“左”的观念，总结多年来离开发展生产力抽象地谈论社会主义，把许多束缚生产力发展，并不具有社会主义属性的东西，比如“大锅饭”当作“社会主义原则”加以固守；把许多有利于生产力发展的东西，比如集市贸易，当作“资本主义复辟”加以反对的历史教训，帮助他们从思想上彻底否定“穷光荣、富有罪”错误的观念，真正弄清社会主义及其本质，并以此为先导，抓住思想这个总开关，以“三个有利于”为标准，以“五破五树”为主要内容，进一步解放思想，转变观念换脑筋。破除小富即安，小进即满的思想，牢固树立负重奋进，抢抓机遇，勇创一流的观念；破除消极畏难，无所作为思想，牢固树立艰苦创业，开拓进取，团结拼搏的观念；破除因循守旧自我封闭思想，牢固树立勇于探索，大胆实践，深化改革，全面开放的观念；破除传统的经济发展思路，牢固树立依靠两个转变加快发展的观念；破除忽视社会发展和精神文明建设的思想，牢固树立“两个文明”一起抓，经济、社会与环境协调发展的观念。

浮山是一个农业县，农村人口占到全县总人口的90％以上，促使广大农民群众解放思想，更新观念，对实现扶贫攻坚目标无疑是具有十分重要意义的。针对一些农民存在的“小富即安”、不思进取的思想，“受得了穷、吃不了苦”的现象，特别是那些偏僻山村的农民，嘴上天天挂着穷，却不敢想不敢干，“死守刮金板，端着穷饭碗”，以及等、靠、要的懒汉懦夫思想，县委在全县农村大树大立勤劳致富、开发致富、守土致富等致富的好典型。北王乡玉石坡村一个名叫张富贵的农民，善经营、会管理、农林牧副全面发展，去年总收入达到108550元，人均5700多元，今年产小麦21500公斤,仅此一项,人均收入达1527元,超过了小康标准。东张乡南畔村依托丰富的矿产资源,引资开发,集体联办矿点23个,年收入50余万元。全村个体运输户40个,兴办各类饮食、商业、理发网点18个,80%的户户均存款超万元,成为全县的首富村。城关镇西关村依靠集体的力量,改革、开放、引资,把一条500米长的旧城壕改建成商业一条街,建筑面积15000平方米,容纳商户150个,人均收入1705元,跨入小康村行列。他们通过这些典型在全县农村广泛开展了"学习先进找差距,抢抓机遇奔小康"的活动。从而有效地促进了广大农村干部群众思想观念的转变,激发了发展经济、脱贫致富的积极性。

**二、学习和运用邓小平同志"发展才是硬道理"的思想,深化改革,开放搞活,研究、理顺和制定扶贫攻坚的思路和政策。**

破除思想上"左"的禁锢,目的是为了发展生产力,扫除扶贫攻坚中的一切思想障碍。而扶贫攻坚工作的中心,是抓好经济建设,发展生产力。邓小平同志强调:社会主义的根本任务是发展生产力,党和国家的工作重点是经济建设。浮山扶贫任务十分艰巨,全县12.2万人口,处在贫困线上的有3.1万人,占总人口的25%。过去,失去了好多发展的机遇,前不久,党中央、国务院召开了扶贫开发工作会议,把扶贫工作提到党和国家重要议事日程,扶贫攻坚在全国发起总动员、总决战。面对这一有利时机,浮山县委一班人,教育引导广大干部群众认真学习邓小平同志"发展才是硬道理"的理论,总结失去机遇、经济落伍、人民受穷的教训,以高度的历史责任感和紧迫感,抓住机遇,珍惜机遇,千方百计地发展自己,发展经济,全力以赴打好扶贫攻坚这一战。

为了从总体上打好扶贫攻坚战,县委学习邓小平同志关于社会主义建设发展战略的思想,结合浮山耕地较多,特别是荒山荒坡面积大,地下煤、铁、金、石灰石蕴藏量丰富,且交通便利、地理位置离临汾市近的优越条件,确定了"攻克工业弱县,建设农牧大县,改变财政穷县,实现经济强县"的战略目标。确立了加强基础建设,依靠科技进步,立足资源优势,开发支柱产业,走贸工农一体化,产加销一条龙的公司加农户的产业扶贫开发的基本思路。在扶贫战略方针上,坚定不移地从过去救济式扶贫转向开发式扶贫,也就是从"输血型"向"造血型"转变。

在农业方面,通过考察,他们发现农民收入偏低增长缓慢的原因很多,但主要原因是结构不合理,没有实现产业化。根据市场经济的需求,县委果断地在全县作出调整产业结构,推进农业产业化的决策,尽快地实现传统农业向现代农业转变的跨越。按照产业化的要求:一是因地制宜调整种植业结构和市场经济接轨,扩大高产作物,发展经济作物。二是把实施"富民工程"作为开发扶贫的重点,大力发展支柱产业。根据区域特点,提出了"北种核桃南栽枣,东养牛羊川种菜"的思路,建设了核桃、红枣、畜牧、蔬菜四大基地,形成了新的规模,产品产量和经济效益都有了显著提高。三是实施了拍卖"四荒"和发展股份制农业。拍卖"四荒"5万亩,已初步治理3.9万亩,发展以粮棉瓜菜为主和以牛羊鸡猪为主的股份制种植、养殖企业251个,扩大了融资渠道,增强了农村经济发展后劲,带动了一批贫困户脱贫。四是在继续稳定党在农村的各项基本政策的同时,根据实际情况从减费、让利、放权等方面制定了八条优惠政策。五是加大科教扶贫力度,提高劳动者素质。抓好县为龙头,乡为核心,村为基础的多层次、多形式、多成份科技服务体系建设,大力开展科技培训。发展成人教育和职业教育。

在国有企业方面。浮山县基础薄弱、装备落后,初级产品多、技术层次低,由于大市场影响,一度工矿企业开工率不足10%,维持生产的企业也由于资金的影响,市场竞争力很低。商业企业亏损严重,资不抵债,人员吃了流资吃资产,吃了资产吃贷款,职工工资拖欠严重,造成一批城市贫困户,不仅不能为经济发展增加财力,反而成了县财政、银行的包袱。面对这样严峻的形势,县委按照邓小平同志教导的"要发展生产力,经济体制改革是必由之路",深刻认识到不改革就没有出路,不改革就没效益。于是,他们加大企业改革力度,把改革作为救活企业、发展企业的出路,对化工厂、酒厂、二轻铁厂、糖酒公司等工商企业实施破产。组建了矿山采掘和冶炼两大集团公司,采掘公司联合了105家采矿企业,到6月底共完成产值5013万元,完成各种税费432.53万元,比1995年征收的税费还多2.53万元。在企业用人制度改革方面,在新组建的活性碳公司由职工民主选举经理;长期停产的水地庄煤矿的立井和斜井两个坑口,由能人带资合作经营,引进资金100万元,恢复生产后,日产原煤由去年的100吨提高到300吨,上半年生产原煤38945吨,实现利税20.38万元,90%的下岗煤矿工人回矿上了班。最近,县委又制订了工商企业产权制度改革的具体方案,以股份制为核心,在9月底全面完成重组。1996年上半年全县的国有工业6项综合考核指标达到或超过地区要求,乡镇企业主要指标都实现了"双过半"。

与此同时，他们加大开放力度，提高对外开放水平。邓小平同志总结了历史经验和教训，指出："对外开放具有重要意义，任何一个国家要发展独立起来，闭关自守是不可能的"。一个国家如此，一个地区一个县也是如此。他们大开门户，全面开放，内引外联，以招商引资为重点，坚持外资、外经、外贸一起上，领导和职能部门、企业一起上，使对外开放成为扶贫攻坚的加速器。实行以资源换技术，以产权换资金，以存量换增值，以市场换项目，形成与外商合资合作、独资、嫁接改造、境外贷款、设备租赁、转让股份等多管齐下的引资格局。目前全县出台了若干优惠政策，吸引外商和外地投资者来浮山县搞开发、办企业。已从各个方面融通吸引资金 2860 万元，解决了 15 家重点企业的流资和技改资金，新开办建设了 3 家企业。投资 1400 万元开办了晋峰实业公司铁矿，投资 24 万元兴建了 $36m^3$ 旋风冲天式炼铜矿一座。10 家预算内国有工业企业，有 8 家已正常生产。县水泥厂 4.4 万吨生产线改造和圪塔岭金矿黄金全泥搅拌改造两个项目所需的 190 万元资金，已通过不同渠道全部落实，年内即可增加利税 40 万元。乡镇企业二次创业有了大的进展。用引资的方式正在建设 1 个年产 2 万吨的煤矿和 1 个 10 万吨的铁矿。台湾黄氏集团在我县东张乡投资 85 万美元，建设年产 5 万吨的矿山，目前已完成投资 750 万元人民币。据不完全统计，各乡镇正在洽谈之中的项目有 8 个，协议资金 900 万元。

**三、学习和运用邓小平同志"关键在于党"的思想，整顿组织，改变作风，建设一支扶贫攻坚的干部队伍。**

邓小平同志指出，中国问题的关键在于党。建设有中国特色的社会主义，关键在党。扶贫攻坚的成败同样关键也是在于党，在于加强党的建设。我们干任何事情都要有一个根本的衡量尺度，这就是人民拥护不拥护，人民赞成不赞成，人民高兴不高兴，人民答应不答应。这个衡量尺度，既是我们党全部活动的尺度，也是我们党全部活动的出发点和归宿。一切为了群众，一切依靠群众，这是过去我们党搞革命的政治优势，也是今天我们党搞建设进行扶贫攻坚的政治优势。只有把人民利益高于一切，切实加强对广大党员，尤其是各级领导干部，进行全心全意为人民服务的宗旨教育，群众观点、群众路线的教育，才能实现扶贫攻坚的战略任务。

扶贫攻坚关键在党，根本在各级领导干部的思想作风和工作作风。有一件事对县委书记付记有触动很大。一次，他路过县委招待所猪圈，发现十多头大小猪躺着一动不动，拿上土块打也不动。他当即把招待所长叫来，并告诉他猪生病了，赶快叫兽医看。所长淡然一笑说："不瞒你说，猪不是病了，是醉了。"他不解地问："猪怎么会醉呢？"所长说："这两天接待客人多，喝不了的白酒、啤酒全倒在泔水里，猪一吃就醉了"。他听了所长这番话心里非常难受，也引起了他反复的思考。不久，在县、乡 400 多人参加的大会上讲了这件事，当时他流着泪说："一个贫困县，猪醉了，老区的人民有的一辈子也没有尝过啤酒。同志们想一想，这同我们贫困县相称吗？这同我们党的宗旨、同群众的感情相称吗？这同共产党员、人民公仆的形象相称吗？"为此，去年以来县委分层次地突出抓了县、乡、村各级领导干部的思想作风整顿，以适应扶贫攻坚工作的需要。

一是围绕改进作风，服务基层，进行机关作风整顿。坚持以"三个有利于"为标准，针对机关干部不理政事、不理民事、官僚主义、衙门作风、吃喝玩乐、虚于应付等不良风气，用一个月时间先后进行了两次整顿。第一次重点解决工作纪律问题，以改进作风，提高工作效率。第二次主要从学习毛主席的"老三篇"，邓小平关于"社会主义事业领导核心"的理论着手，通过民主生活会，强化领导干部政治观念和群众观念。今年根据江泽民总书记在中纪委八次全会上的讲话精神，认真落实中央、国务院的八条规定，重点整治了公务接待铺张浪费，超标准购车换车，不按规定安装电话，乱购移动电话等群众反映强烈的问题。要求党政机关干部管住脑袋，先公后私，三思而后行；管住嘴巴，不该吃的不吃，不该说的不说；管住双手，不该拿的不拿；管住双腿，不该去的地方不去。结合整顿，共解决信访案件 77 起，立案查处 42 案，有 47 人受到党纪政纪处分，其中副局长以上领导干部 13 人，移送司法机关追究刑事责任的 3 人。通过整顿，县直机关风气为之一振，认认真真，实实在在干事的多了，出现了一批奋发拼搏，敢于竞争、勇于奉献的好干部、好党员。

二是围绕勤政为民，求真务实，进行乡镇班子整顿。县委书记付记有针对不少乡镇干部贪图安逸，不愿过艰苦的生活飘浮作风，他在全县干部会上明确指出，作为一个领导干部必须做到思想艰苦想大事，付出高人一筹的劳动，为发展经济、脱贫致富想出别人想不出的办法，做出别人做不到的事情；作风艰苦带群众，不讲条件，不讲待遇，不讲吃住，不互相攀比，不讲名誉地位，勤奋工作，为群众树立一个良好的公仆形象，用良好的工作作风，影响群众、带动群众；工作艰苦带干部，领导干部要吃苦在先，享受在后，包最贫困的乡村，帮最困难的企业，干难度最大的事情，承担最大的风险，完成最艰苦的任务。通过艰苦奋斗的作风把干部带起来，把群众带起来，把扶贫攻坚工作搞好。他了解到多数乡镇干部常常不在乡里过夜，于是他在凌晨7时给3位乡镇书记家拨了电话，问他们："昨天回家啦？在家里休息的吧，进城有什么公事？"事后这几位书记说，明白你打电话的意思了，你是在查岗。他对他们讲："书记、乡长不在乡里过夜，连机关都不住，这实在同自己的身份不相称，要注意克服"。并没讲什么深道理，也没有对乡干部训斥。这件事传开后，产生了很好效果。乡镇干部不天天进城过夜了，双休日也不多回家了。深入农村为群众办实事多了，群众关系也密切了。

三是围绕"五好目标"，强化功能，进行村级组织整顿。党在农村的各项方针、政策和工作任务，农村共同富裕目标的实现，最终都要靠以党支部为核心的基层组织带领广大农民群众去落实。只有把农村基层组织建设好，农村的改革、发展、稳定才能有可靠保证，扶贫攻坚目标才能尽快实现。1995年县委抽调力量对全县263个村的基层党组织进行全面调查研究，发现存在的共性问题是：班子素质低，办事不民主，财物不公开，工作方法简单，有的甚至违法乱纪。特别是在经济落后的贫困村，多数存在着"五种人"掌权的问题：一是家族、宗派势力大的"有势人"；二是凭"条子"、"打招呼"上台的"有根人"；三是只顾个人发财，不为群众办实事的"有钱人"；四是靠强迫命令以权压人的"厉害人"；五是没本事，不善理事，不能带领群众脱贫致富的"无能人"。这"五种人"虽然不一定都是坏人，但让他们掌权实在是危险的。不仅基层政权不能巩固，经济不能发展，扶贫攻坚目标也不能实现。在调查研究的基础上，县委重点解决基层领导班子掌权人问题。按照政策，区别情况，慎重处理。先后调整77个村102名村干部，其中支书56人，村长35人，会计11人。对六个乡的主要干部进行调整交流。同时，我们还用一个月的时间在县委党校对农村支书、村长、会计三大主要干部进行了系统培训。还从基层支部"有房子、有牌子、有旗帜"入手，以活动制度化、规范化为目的，解决有人管事、有钱办事的问题，开展"创建党建先进县"的各种活动，有效地加强了党的基层组织建设，广大基层党员干部成了扶贫攻坚的中坚力量。全县263个村支部普遍建立了"达标夺星奔小康"档案，有了明确的规划和目标，75%的村确立了主导产业和脱贫致富骨干项目，有4个红旗支部达小康示范标准，有50个支部达到小康四星级标准。

结合整顿，改进作风，强化领导，加大扶贫攻坚的力度。县委决定县五大班子包乡镇、包企业，县直各部局抽调了259名干部和科技人员驻村扶贫，一定三年不变，不脱贫不撤点、不离村。县委选派了30名中青年干部到贫困村挂职扶贫，200名干部驻村扶贫攻坚。对扶贫乡村严格实行"三包"(包村子，包班子，包脱贫)、"三稳定"(稳定班子、稳定干部、稳定脱贫)"一落实"(落实奖罚)。最近，全县人民在县委的带领下，沿着邓小平建设有中国特色社会主义光辉大道，以实际行动迎接党的十五大的召开，加快扶贫攻坚的步伐，为早日脱贫，本世纪末达小康，艰苦创业，努力拼搏。

(甄作武)

## 从"宁国现象"看中西部地区的县域经济发展

位于皖东南的宁国县，是一个只有38万人口的山区小县。但在短短的几年内，就由一个"吃粮靠调进，财政靠补贴"的经济穷县，迅速跃升为全国综合实力百强县，成为整个中西部地区能够进入全国综合实力百强的3个县(市)之一和唯一的山区县。我们将这种现象称为"宁国现象"。"宁国现象"为中西部地区的县域经济发展，提供了一个成功的典范。那么，"宁国现象"的基本特点是什么？"宁国现象"对于中西部地区的县域经济发展有什么启示？探讨这些问题，不仅有助于宁国县更好地总结经验，发扬成绩，开拓未来；而且能够为中西部地区县域经济的加快发展提供有益的借鉴和参考。

**一、"宁国现象"的基本特点**

(一)以较差的发展基础为起点，实现了县域经济的超常规迅速发展和人民生活水平的迅速提高

1.县域经济发展起步于"六五"，成长于"七五"，跳跃于"八五"。

宁国县经济发展的基础条件较差。即使是到八十年代中期，宁国县仍然是安徽省15个"贫困县"之一。然而，正是在这种较差的基础条件之上，改革开放以来，尤其是"七五"以来，宁国县的县域经济却实现了超常规的迅速发展。按当年价格计算，全县生产总值1980年为1.46亿元，1985、1990、1995年分别增加到2.27亿元、5.54亿元和32.14亿元；"六五"、"七五"、"八五"期间分别年均递增9.2%、19.5%和42.1%。按1990年不变价格计算，全县工农业总产值1980年为2.06亿元，1985、1990、1995

年分别增加到3.93亿元、8.40亿元和61.32亿元，“六五”、“七五”、“八五”期间分别年均递增13.8%、16.4%和48.8%。

2.县域经济的超常规迅速发展，导致了相对实力的快速增强。

1986年，宁国县还是一个财政补贴县；到1994年，仅仅用了8年的时间，宁国县不仅早已甩掉了财政补贴县的帽子，而且年上交省财政已达5千万元；到1995年，宁国县人均国内生产总值和人均财政收入，已分别相当于安徽省平均水平的2.5倍和3.4倍，分别连续3年和5年位居全省第一。1991年，宁国县进入全省综合实力第13位，1992、1993年又分别跃升为第9位和第5位。1994年，宁国县又更上一层楼，一跃而成为全国综合实力百强县。此举不仅在安徽省史无前例，在整个中西部地区也属罕见(仅3个)。

3.县域经济的超常规迅速发展，带动了人民生活水平的快速提高。

全县职工年平均工资和农民人均纯收入，1995年分别达到5232元和1642元，整个“八五”期间分别年均递增22.1%和26.4%。1995年全县已有2/3的村，在农民人均纯收入方面达到了小康水平。

(二)以农业为主体的经济结构为起点，实现了工业化进程的迅速推进、常规农业的稳定发展和开发性农业的加快发展。

1.经济结构迅速调整，工业化进程迅速推进。

八十年代初期，宁国县仍然是一个以农业为主体的县，工业化进展不快。按当年价格计算，即使是到1985年，在全县工农业总产值中，农业仍占56.2%。在全县国内生产总值中，第一产业所占比重仍然高达49.5%，第二、第三产业分别仅占34.5%和16.0%。自此之后，宁国县工业化出现了快速推进的局面。在全县工农业总产值中，工业所占比重1990年为69.7%，1995年迅速上升到92.8%。按1990年不变价格计算，1995年，全县工业总产值高达56.89亿元，较上年增长85.3%。在全县国内生产总值中，第一、第二、第三产业所占比重，1990年分别为40.1%、40.7%和19.2%；1995年则分别进一步调整为19.0%、56.9%和24.2%。

2.在工业化的迅速推进中，乡镇企业日益发挥着主角作用。

全县乡镇企业总产值，1985年不足0.70亿元，1990年提高到2.48亿元，1995年进一步上升到50.30亿元，1990、1995分别比1985年增加了3倍和71倍多。在全县工业总产值中，乡镇工业产值所占比重，1985年仅为28.5%。1990年和1995年分别提高到35.8%和71.3%。1995年，全县乡镇工业总产值已达35.84亿元。

3.常规农业稳定发展，开发性农业加快发展。

值得注意的是，“七五”以来，宁国县工业的迅速发展和工业化进程的迅速推进，不是以农业的衰败和萎缩为前提的。恰恰相反，宁国县在迅速推进工业化的过程中，基本实现了常规农业的稳定发展和开发性农业的加快发展。1985年以来，全县农业总产值呈平稳增长，粮食产量基本稳定在每年10万吨上下，油料产量和生猪饲养量也在波动中分别有所增长。1985～1995年，按不变价格计算，全县农业总产值年均递增7.3%，油料产量和生猪饲养量分别年均递增9.0%和2.4%。尤其是1990年以来，全县开发性农业取得了突破性的发展。全县经济林面积已由1984年的54万亩，发展到1995年的83万亩。1994年，全县经济林收入已达8000多万元，被林业部授予“全国经济林建设先进县”称号。1995年，全县经济林产品产量已达34万吨，产值2.2亿元；高产高效经济作物面积已经扩大到3.5万亩。从1990年到1995年6年中，全县开发性农业新增产值累计已达14亿元，其中仅1995年这一年即达3.1亿元。1995年，仅开发性农业就为全县农民人均增收350元，在云梯、板桥、杨山、仙霞、南极、庄村等深山区乡镇，农民已有90%以上的收入来自于开发性农业。

(三)以较为粗放的经济增长为起点，实现了骨干企业的突出发展，经济运行质量的迅速提高

1.骨干企业突出发展，企业素质迅速提高。

八十年代初期，宁国县骨干企业比较少，企业的整体素质和产业层次比较低，经济运行质量总体较差，经济增长也主要是在较为粗放的基础上进行的。以乡镇企业为例，即使是到1987年，全县产值在100万元以上的乡镇企业仅有15个、产值在500万元以上的工业企业仅有5个，名优产品仅有9个。“七五”以来，宁国县围绕市场需求，积极发展“三高项目”(高科技、高效益、高附加值)，促进企业上规模、上水平、上档次，形成名牌拳头产品。1995年，全县产值超千万元的企业已经达到51家，较上年增加21家，其中超过亿元的7家。这些企业的总产值占全县工业总产值的比重，已经高达64.9%；提供的利税占全县财政收入的比重，已经高达73.0%。1995年，农业部公布了327家企业为全国首批乡镇企业集团，安徽省有10家企业入围；其中宁国县就有3家，分别是华贝集团、中鼎集团和凤形集团。同年，在安徽省乡镇企业前50强排序中，宁国县有4

家企业进入前10名,分别列为第一、第二、第四和第十强。

2.产业层次迅速提高,经济运行效益显著。

从科技进步对经济增长的贡献率来看,宁国县全县"七五"末期不足20%;到"八五"末期,已迅速提高到41.4%;1995年在51家骨干企业中更是高达58.5%。同年,全县已有11家企业分别被安徽省列为高新技术企业、科技示范"121工程"企业和科技先导型企业。近年来,全县骨干企业没有1家出现亏损。1995年,全县工业企业综合经济效益指数已经高达146.4,比安徽省平均水平高出63.2。

**二、从"宁国现象"看中西部地区县域经济发展的一般问题**

(一)中西部地区加快县域经济发展的可能性和必要性

1.中西部地区加快县域经济发展的可能性。

"宁国现象"形成的基础条件,在中西部地区的全部县(市)中,只能算是相对平平。但是,短短几年内,宁国县却迅速跃升为全国综合实力百强县,创造了堪称为"宁国现象"的突出的经济发展成就。宁国经济的超常规迅速发展,靠的是什么?靠的是宁国人始终以经济建设为中心,坚信"发展才是硬道理",牢牢把握"发展是目的,改革是动力,稳定是前提";靠的是宁国人解放思想、实事求是,一切从实际出发,敢于和善于走自己的路;靠的是宁国人敢闯敢冒敢试,坚持以改革促发展,"抓住时机,发展自己";靠的是宁国人在改革和发展的过程中,努力实现市场机制和宏观、中观调控的有机结合,注意"把各方面的积极性引导好、保护好、发挥好"。

在整个中西部地区的全部县(市)中,经过改革开放十余年来的发展,大多数县(市)的基础设施条件已大大改善,资源开发能力和经济发展水平已大大提高,已经积累了初步的自身发展经验;有些县(市)即使原来属于"贫困县"之列,也早已基本摆脱了贫困状况。此外,中西部地区的县域经济发展,还有东部发达地区和像宁国这样的中西部先(行)发(展)县(市)的成功经验可供借鉴。因此,对于中西部地区的大多数县(市)来说,只要能像宁国那样,积极重视、努力发挥人的作用,在未来时期内,实现县域经济的加快发展,至少是可能的。

2.中西部地区加快县域经济发展的必要性。

改革开放以来,在我国国民经济和各地区经济迅速发展的同时,我国经济发展中的地区差距有所扩大。为此,江泽民总书记在中共十四届五中全会闭幕的讲话中郑重指出,"对于东部地区与中西部地区经济发展中出现的差距扩大问题,必须认真对待,正确处理。"(《中共中央关于制定国民经济和社会发展"九五"计划和2010年远景目标的建议》以下简称《建议》)缩小地区发展差距,坚持区域经济协调发展,正如《建议》所说的,只能寄希望于东部地区在进一步增强经济活力、促进经济又好又快地发展的同时;加快中西部地区经济、尤其是其县域经济的发展。加快中西部地区的县域经济发展,不仅是中西部地区自身抓住机遇、实现发展的需要,也是贯彻江泽民总书记的讲话精神,实现今后15年我国经济社会发展目标的需要。因此,中西部地区要像小平同志所说的那样,"能发展就不要阻挡,有条件的地方要尽可能搞快点"。

(二)中西部地区加快县域经济发展的主线和思想路线

1.中西部地区要加快县域经济发展,必须坚持解放思想、实事求是、一切从实际出发的思想路线。

八十年代初期,宁国的经济发展应该从何起步,如何突破呢?县委、县政府通过调查,进一步弄清了宁国县山多田少,"八山一水半分田,还有半分道路与庄园"的县情。通过调查,了解到宁国县的经济发展,如果靠利用相对稀少的耕地资源来发展常规农业,潜力不大;宁国县山林资源丰富,靠林业开发,虽然潜力较大,但是林业开发投入大、周期长、见效慢,不仅投入来源极难解决,而且远水不解近渴,因而也难以在短期内取得突破。通过调查,一方面发现了宁国的经济发展,只能从工业上寻求突破;另一方面发现了当时该县的国营工业机制不活、负担较重、问题较多,短期内也难以从中取得突破。正是通过这次调查,基于夏鼎湖成功地举办了一个密封件厂的经验,以及对江浙等发达地区的考察,县委、县政府才逐步明确了宁国的经济发展,必须从乡镇企业突破的思路。宁国县解放思想、实事求是、一切从实际出发,不仅表现在宁国县符合县情的发展思路的形成和完善上,而且表现在为推动宁国经济的迅速发展而采取的一系列重大决策中。比如,八十年代中期,宁国县之所以能够冲破"小三线"企业只能由国有企业接收改造的政策束缚,放手让一些乡镇企业参与"小三线企业"的接收改造,正是县委、县政府从宁国实际出发,解放思想、实事求是的结果。

中西部地区加快县域经济发展,必须坚持解放思想、实事实是、一切从实际出发的思想路线,这不仅是"宁国现象"给予我们的宝贵启示,也是中西部地区观念变革和思想解放的实际情况(严重滞后于经济发展需要)所决定的。比如,受小农经济思想的影响，在中西部地区的经济发展中，存在着一种强烈的历史和环境决定论意识，过分强调中西部地区在改革开放和经济发展等方面的先天不足，忽视其相对优势和后发优势，进而认为中西部地区在改革开放和发展上相对滞后于东部地区是一种必然选择。实践表明，这种历史和环境决定论意识，对于中西部地区改革、开放和发展的制约作用。因此，中西部地区要加快县域经济的发展，首先必须牢固确立解放思想、实事求是，一切从实际出发的思想路线，克服观念障碍。正如小平同志所指出的，“只有解放思想，坚持实事求是，一切从实际出发，理论联系实际，我们的社会主义现代化建设才能顺利进行”。

2.中西部地区加快县域经济发展，必须自始至终贯穿一条主线：从本县（市）实际情况出发，敢于和善于走自己的路。

“宁国现象”是宁国人从本县实际情况出发，敢于和善于走自己路的发展现象。在宁国，这种现象主要体现在三个方面：①“不离中央谱，唱好地方戏”，将中央政策与本县实际相结合，进行创造性的工作。较为典型的表现，一是以乡镇企业为主，成功地进行了对“小三线”企业的接收改造。二是1992年前后，在全国上下一片“大力发展第三产业”的呼声中，宁国县却是从实际出发，明确提出着眼于为生产生活服务，加快发展第三产业。三是在资本营运中，较早地将存量调整从单纯的资本存量调整扩展到包括人员和体制的调整。②立足县情，积极探索符合本县实际的三次产业关系。③善于学习和借鉴外地的成功经验，并结合本县实际，进行创造性的提高。比如，1993年前后，县委、县政府通过学习调研发现，资本是企业之间相互联系的纽带，进行企业改革，应该从盘活资产存量入手，打破所有制界限，因企施策，形式多样，不搞一刀切。据此，通过改革，使不同所有制企业的资产在流动中得到了迅速增值。

从本县实际出发，敢于和善于走自己的路，既是“宁国现象”给予我们的宝贵启示，又是中西部地区加快县域经济发展的迫切要求。中西部地区的县域经济发展，只有从本地实际情况出发，敢于和善于走自己的路，才能发挥优势，扬长避短，在市场经济中立于不败或优胜之地；才能使全国各地区有可能像《建议》要求的那样，都“在国家规划和产业政策的指导下，选择适合本地条件的发展重点和优势产业，避免地区间产业结构趋同，促进经济在更高的起点上向前发展。”更为重要的是，唯有如此，中西部地区才能避免在发达地区之后亦步亦趋的格局，实现县域经济跳跃式发展、缩小地区发展差距才有可能。国内外的经验表明，跳跃式发展是后起国家或地区取得经济发展成功、实现成功赶超的一种主要方式。

**三、从“宁国现象”看中西部地区县域经济发展的具体问题**

（一）中西部地区加快县域经济发展的关键

1.“宁国现象”形成的关键，是营造有利于市场经济发展的中观环境。

“宁国现象”的形成，主要有四个方面的原因。即：①逐步形成、不断完善了一套符合县情的经济发展思路；②顺应市场、超前运筹，成功地利用了改革对发展的动力作用；③逐步形成、日益壮大了一支富有创新精神的企业家队伍；④在体制转轨中，逐步营造了一个有利于市场经济发展的中观环境。简单地说，“宁国现象”的主要成因在于宁国拥有的“四好”，即：坚持了一套好思路，抓住了一个好动力（改革），发展了一支好队伍（企业家），形成了一个好环境。“四好”之间相互促进，良性循环。但是，从“四好”与“宁国现象”的关系来看，宁国县在改革与发展的过程中，一方面利用好思路、好动力、好队伍，对好环境建设的促进作用，逐步培育、形成了一个有利于市场经济发展的中观环境；另一方面正是这个好的中观环境，为宁国人长期坚持一套好思路、抓住一个好动力、发展一支好队伍，起到了根本性的保障作用。

2.中观环境建设在中西部地区县域经济发展中的特殊重要性。

相对于东部地区而言，中西部地区县域经济的发展，面临着人文资源、区位条件、经济基础、宏观环境等方面的先天不足。在中西部地区县域经济的发展中，加强有利于市场经济发展的中观环境建设，不仅可以促进微观环境的改善，而且可以弥补上述方面、尤其是宏观环境的先天不足，甚至可以在相当的程度上改善宏观环境。对于中西部地区整体来说，它所面临的宏观环境（简称区外宏观环境），是其自身难以在短期内迅速改变的。对于中西部地区的每个县（市）来说，县域经济发展所面临的宏观环境（简称县外宏观环境）和区外宏观环境往往大致相同。但是也有可能不同。因为区外宏观环境对于每个县（市）的影响，并不总是平均分配的。对于中西部地区的某个县（市）来说，只要能够积极努力，就有可能突破区外宏观环境的一般限制，从而在中西部地区相对不利的宏观环境之下，争享到特殊的、较为有利的县外宏观环境，并利用其为县域经济发展服务。“宁国现象”的形成和发展过程充分说明了这一点。

（二）中西部地区的县域经济发展与资源的开发利用

1.中西部地区要加快县域经济发展，必须在重视自然资源开发利用的同时，重视社会资源的开发利用。

从区域总体上讲，中西部地区自然资源丰富，分布密集；加快中西部地区的县域经济发展，必须重视自然资源的开发利用，以“充分发挥资源优势，积极发展优势产业和产品，使资源优势逐步变为经济优势。”这一点基本上已经形成了共识。但是，正如前文所述，宁国县自然资源相对贫乏，县域经济发展对当地自然资源的依赖程度近年来虽有提高趋势，总体上仍相对较低；迄今为止，在作为县域经济支柱的龙头、骨干企业中，真正靠利用当地自然资源“发迹者”仍屈指可数。如果说此前宁国的经济发展，靠的是资源开发、发挥资源优势；那么，主要靠的却不是当地自然资源的开发和优势发挥，而是人文资源的开发及其潜在优势的充分利用和两种资源开发利用的协调。

决定宁国县人文资源状况的，主要有三大因素，①临近江浙，②在近现代历史上曾是一个主要由各地灾民组成的移民县，③曾经是一个经济基础比较差的县，一个经济穷县。临近江浙，容易感受同发达地区的经济差距，产生与此相联系的生存危机感和发展紧迫感。移民县和经济穷县的历史特点，容易导致一方面宁国社会的包容力较强，容易接纳外来干部、外来人员和新观念、新思想；另一方面宁国人穷则思变，自尊自强，务实进取。因而在宁国土壤上成长起来的中基层干部和企业家群体，相对容易具有务实开拓、团结进取的性格倾向。中、基层干部队伍的稳定及其务实开拓、团结、进取的性格倾向，对于宁国县经济发展思路的稳定，对于宁国县扎扎实实地实施各项改革和发展措施，不扭“秧歌”，不摆花架子，起到了一种基础作用。宁国人及宁国县企业家群体务实开拓、团结进取的性格倾向，对于宁国县企业家素质的提高、企业家队伍的壮大，也起到了一种基础作用。当然，上述方面在很大程度上讲，还只能是宁国县人文资源的潜在相对优势；甚至在某些方面，潜在相对优势还是和潜在相对劣势并存的。宁国县人文资源的潜在相对优势能否转换成现实相对优势，进而能否把人文资源的现实相对优势转换成经济优势，甚至能否扬长(潜在相对优势)避短(潜在相对劣势)，还在很大程度上取决于政府的激发和引导，取决于政府能否采取有效措施，加强人文资源的开发。否则，再好的人文资源，也只能是说说而已。因此，人文资源的相对优势，特别是潜在相对优势，充其量只能是宁国经济得以迅速发展、“宁国现象”得以产生的有利条件，远远不能成为其充分条件。那么，为什么宁国能够取得这样突出的经济发展成就呢？重要原因在于宁国县重视加强了人文资源的开发利用及两种资源开发利用的协调。前文指出，“宁国现象”的产生，靠的是宁国县重视和发挥了人的作用。从某种意义上讲，其实质也就是重视和加强了人文资源(潜在)相对优势的开发利用。积极营造有利于市场经济发展的中观环境，对于宁国有经济发展发挥了举足轻重的作用。这种中观环境，实质上也是有利于开发利用人文资源(潜在)相对优势的环境。

宁国县山林资源丰富，也有一定的其它自然资源；但是宁国县经济发展起初没有以当地山林资源或其它自然资源的开发为突破口，而是在很大程度上突破了“三就地”(就地取材、就地加工、就地销售)，除了前文所述的原因外，还有一个重要的原因是，迅速、有效地开发利用当地山林资源或其它自然资源，宁国当时还缺乏必须的人文资源：较高层次的技术和经营、销售人才。进入九十年代以来，宁国县的山林资源开发取得了突破性的进展。比如，把山林资源开发与乡镇企业发展结合起来、走产业化道路。近年来，宁国县以开发利用山林资源为主的农副产品加工业，已初步成长为全县经济的八大支柱之一。之所以如此，除了随着县域经济的发展，对山林资源或其它资源开发的投入能力日益有所增强外，宁国县人文资源开发的迅速发展及人文资源(潜在)相对优势的日益提高，也是一个重要原因。中西部地区在发展县域经济的过程中，在加强自然资源开发利用的同时，如能重视开发利用其各具特色或具有相对优势的人文资源，注意人文资源开发与自然资源开发利用的协调，不仅能够提高其将自然资源优势转化为经济优势的效率，而且有利于实现县域经济的相对、快速发展。“宁国现象”的形成，实际上给了我们一种启示：中西部地区在发展县域经济的过程中，加强人文资源(潜在)相对优势的开发利用，甚至可以在某种程度上弥补自然资源的相对不足，或者提高自然资源的相对优势程度。

2.中西部地区要加快县域经济发展，必须重视资源开发和市场开发的协调。

在市场经济条件下，县域经济的发展除了取决于可资利用的资源丰度及将资源(优势)转换成产品(优势)的能力以外，更主要的还是取决于将产品(优势)转换成商品(优势)的能力。因而，一个产业或产品能否成为优势产业或优势产品，不仅取决于资源及其开发的状况和能力，更主要的还是取决于市场开发的状况和能力。因此，从“宁国现象”及其成因来看，中西部地区县域经济的发展，应该在重视资源开发、发挥资源优势的同时，加强市场开发、以提高县域经济中将资源优势转换成经济优势的能力，并将资源开发和市场开发有机地协调起来。近年来，中西部地区县域经济的发展，已经面临着市场环境的重大变化。概而言之，这种变化主要表现为三个方面。其一是，除一些新兴产业和某些短线产品外，国内市场上已经有相当多的商品由卖方市场转向买方市场，市场竞争日益激烈，甚至某些产品的生产能力严重闲置。其二是，随着人民收入和生活水平的拉开，人民的消费需求已经日益出现追求优质化和多样化的趋势。低档次、雷同性、甚至只是“滥竽充数”式的产品，将日益失去市场。其三是，市场竞争的主体——企业素质和竞争能力已普遍增强，企业的规模化和集团化倾向已经日益突出，因而竞争对手将日益强大。中西部地区为了加快县域经济的发展进程，应该积极适应发展市场经济的要求，加快对内对外开放的步伐，通过积极参与东西合作、引进外资，共同开发等多种形式，尽快提高对国内外两个市场的开发能力，将其资源优势有效地变为经济优势。

(三)中西部地区县域经济发展中的速度与效益

1.“快是有条件的”，加快中西部地区的县域经济发展，必须重视经济增长方式的转变。

加快中西部地区的县域经济发展，必须提高经济发展速度，要尽可能快一点。但是，这是不是等于说，中西部地区县域经济的发展，速度就越快越好呢？从国内外经济发展的经验和“宁国现象”的特点(在县域经济超常规迅速发展的同时，经济运行质量迅速提高)来看，情况并非如此。要把握好速度问题，速度低了不行，速度过高也不行。必须遵循速度和效益相统一的原则，正确处理好两者之间的关系。

宁国县县域经济的迅速发展过程，同时也是宁国县重视通过发展骨干企业和科技兴县，提高经济运行质量和经济效益的过程；也即宁国县在增加投入和数量扩张的同时，转变经济增长方式的过程。从中西部地区县域经济的发展现状来看，中西部地区实现县域经济的加快发展，同样需要积极实现经济增长方式由粗放型向集约型转变。因为，第一，从现实来看，中西部地区不同县(市)的经济发展，并非处于同一阶段、居于同一基础，其原始积累也并非达到同一水平。《建议》指出，东部地区要“在深化改革、转变经济增长方式、提高经济素质和效益方面迈出更大的步伐，促进经济又好又快地发展，为全国提供新的经验。”对于中西部地区的一些先发县(市)来说，同样应该如此。这样，才能更好地加快整个中西部地区的经济发展步伐，在促进中西部地区先发县(市)经济进一步发展的同时，更好地带动其它县(市)的经济发展。第二，转变经济增长方式，就是要解决“在生产、建设和流通等各个领域，资源消耗高，资金周转慢，损失浪费严重，经济效益低”等突出问题。

从“宁国现象”及中西部地区经济发展的现状来看，中西部地区在加快发展县域经济的过程中，要转变经济增长方式，特别需要注意以下问题：①把资源开发与技术开发和基础设施建设结合起来，因地制宜、因时制宜地积极发展一批规模较大、技术起点相对较高、市场前景较好的龙头、骨干企业，发挥其示范、带头和培训作用。尤其是新建、引进项目更应如此。②将资源开发与市场开发相结合，重视采用“差别化”的产业或产品开发战略，积极发挥资源的比较优势，尽可能地寻求或发掘“市场空档”，抢占市场制高点。③积极寻求多种形式的东西合作或对外开放，把东部地区或发达国家的资金、技术和管理优势与中西部地区的自然资源优势结合起来，实现优势互补、共同发展。④加快产权改革和企业制度建设，创造性地用足用活国家对国有小型企业、尤其是县属企业的灵活政策，通过积极促进城乡企业资产的流动和存量调整，加快资金原始积累的进程，克服后发劣势。

2.“快是有区别的”，加快中西部地区的县域经济发展，必须注意时序上的阶段性和空间上的差异性。

中西部地区县域经济的发展，不可能是一帆风顺、一蹴而就的。在此过程中，中西部地区要通过改革和发展措施的积极探索，努力做到发挥后发优势和有利条件，克服后发劣势和不利条件，客观上需要一个积累和准备阶段。中西部地区要通过持续的改革和发展，营造一个与市场经济相适应的中观环境；进而通过这种中观环境的发育，促进企业家队伍的成长壮大、改革的推进及其效应的发挥、以及符合县情的发展思路的坚持和完善，更需要一个积累和准备阶段。只有当上述方面的积累和准备进行到一定程度之后，在中西部地区，各种因素对于县域经济发展的制约才会得到基本的缓解，实现县域经济的跳跃式发展才有可能。因此，中西部地区县域经济的发展，必须有步骤、分阶段地进行；从县域经济发展的不同时期来看，也即时序上看，“快是有区别的”。八十年代以来，宁国经济的迅速发展，正是通过阶段性的方式实现的。按五年计划的时段划分，宁国的经济发展起步于“六五”，成长于“七五”，跳跃于“八五”；按大的发展阶段来划分，宁国的经济发展，经历了八十年代、尤其是“七五”时期的稳步发展阶段，“八五”时期、尤其是1992～1995年的跳跃式发展阶段和今年开始的走向可持续发展阶段。宁国通过阶段性的方式，实现县域经济迅速和突出发展的事实告诉我们，中西部地区在加快县域经济发展的过程中，“出现若干个发展速度比较快、效益比较好的阶段，是必要的，也是能够办到的。”

从中西部地区县域经济发展的现实条件和未来可能来看，不同县(市)之间由于经济发展的起点不同，业已达到的水平和发展阶段不同，优势和劣势、有利条件和不利条件不同，扬长避短、发展经济的方法、难易程度及其效果也有可能不同”，呈现出空间上的差异性，同样“快是有区别的。”

在中西部地区加快县域经济发展的过程中，注意时序上的阶段性和空间上的差异性，要求我们一方面，在发展经济的同时，注意培育经济发展后劲，为县域经济的可持续发展奠定基础；另一方面，注意客观对待不同县(市)之间经济发展的不平衡性，处理好先富带动与后富赶超、实现共同富裕的关系，在经济增长速度上从实际出发，不搞相互攀比。

(姜长云)

## 新郑市科技兴市振兴经济的调查报告

“伟大的实践需要伟大的理论”。邓小平同志继承和发展了马克思主义原理，结合时代特点，提出“科学技术是第一生产力”这个当代的马克思主义的重要原理。科学技术对社会经济的巨大推动作用，在新郑市的实践中得到了有力的证明。

**一、新郑市科技兴市的思路和成就**

新郑市基础差，起步晚，资源匮乏，加快经济增长的捷径是全面实施科教兴市战略。看清自己，认准坐标，学好理论，抓住机遇，联系实际，明确方向。1989年以来，借鉴国家“星火计划”的成功经验，新郑市创造性地实施“小星火计划”，促使科技成果尽快转化为生产力。1990年在政府工作报告中提出实施科教兴市战略。1992年在全市开展创建全国科技工作先进县(市)达标活动，“八五”期间，科技进步带来的直接经济效益达6亿多元，科技进步因素对经济增长贡献份额达50%以上。截止1996年，市乡两级工业企业引进、吸收、创新、应用了513项先进适用技术和高新技术成果，先后获各级科技成果奖271项，其中，国家级4项，省部级32项，市地级68项，县市级167项。达国际国内先进水平34项，34项填补省内空白。同时，组织5300多名科技人员走向经济建设主战场，培训农民58.7万人，近5万农民成为技术能手和农村科技致富带头人，全市村级以上878家工业企业的4万余名职工，接受专业技术培训面达90%以上。1995年被命名为“全国科技先进市”。

新郑市的科技兴市推行三大战略，即科技经济一体化战略；高度人才战略，开发高新技术产业战略；引进、吸收、创新技成果转化战略。突出的典型是科技经济一体化模式在振兴企业中起了关键作用。

新郑市化工材料厂是于1993年10月在新郑市伞厂的基础上组建成立的，当时全厂销售收入154万元，人均劳动生产率仅有几千元。新任领导上任后，把“科学技术是第一生产力”作为兴厂之本，确立了“以科技为先导，以市场为导向，加速技术改造，振兴企业发展”的指导思想，引进开发了邻苯二甲酸二辛酯、二丁酯、二异丁酯等十几项新产品，形成了系列新型高效增塑剂系列化工原料，系列有机溶剂等系列品种。由于产品技术含量高，附加值高，被国家科委评为“95年度国家级新产品”，被省科委认定为“高新技术产品”，荣获“郑州市科技进步一等奖”、“中国科技之光成果金奖”等。科技进步对经济增长的贡献率高达90%以上，成为推动经济增长的第一要素。1996年实现销售收入2亿多元，实现利税2000万元，比原伞厂建厂45年的总和还高出一倍，使一个濒临倒闭的企业枯木逢春，一举成为新郑市税利大户，跃居“中原第一，全国十强”行列，被省科委认定为“高新技术企业”。

在管理上，该厂先后购进六台计算机和一台复印机，实现企业管理全部微机控制，并与国家有关信息中心联网，时刻把握市场变化脉搏，处于主动和有力地位，增强了企业驾驭市场的能力，提高了企业经济效益。尝到甜头的新郑人感叹地说，“科学技术是第一生产力”是高屋建瓴的理论，在众多的发展道路中，科技兴市是“海到天边天是岸，山临绝顶我为峰”的最佳选择。

**三、实施科技与经济一体化模式的主要经验**

新郑市从科技体制、领导体制、科技人才、科技投入、运行机制等方面制定了综合强化措施，特别是实行科技成果转化的利益补偿机制，极大地调动了广大科技人员走向经济建设主战场的积极性，进一步解放和发展了生产力，科技经济形成有机结合、协调发展的良性循环。开创了科技主动长入经济、教育主动为经济服务、经济主动依靠科技进步和提高劳动者素质的“三主动”局面。

**1. 建立适应市场经济体制和科技自身发展规律的新型科技体制。**

①新郑市本着“经济建设必须依靠科学技术，科学技术工作必须面向经济建设”的指导思想，加强科技市场、科技信息及交流工作，形成以市区为依托带动辐射乡村的开发性技术市场网络，发展科研社团、信息技术机构1500多个，人员达15000多人。②逐年实施小星火计划、燎原计划、丰收计划、金桥计划、推广计划、科技富民工程等强有力的措施，并不定期组织“科技大集”、“科技市场”等技贸活动，疏通了科技成果流向生产开发渠道，加快了科技成果转化为现实生产力的过程。③大力发展民营科技企业，动员全社会创办和发展各种形式民营科技企业，鼓励科技人员兴办科技经济一体化的民营实体，使科技工作者和民营科技企业走向经济主战场。通过以上措施，广度上促成科技燎原，深度上提高投入产出率，高度上达到高附加值，使管理、技术、人才、资金等要素集成到支柱产业上。利用现代科技改造传统工业，大胆引进新技术，培育新兴产业，调整产业结构，走内涵发展道路，全面促进经济增长方式由粗放型向集约型转变。

**2. 实行科技成果商品化的利益补偿机制。**

市财政每年拿出40万—50万元奖励基金，按照科技成果所取得的经济效益、社会效益和技术水平、辐射效益、对做出突出贡献的科技人员，除物质奖励外，在政治上给予荣誉，组织上提拔重用，大大调动了技术人员的积极性、创造性，科技研究、科技推广成为企业改革的第一变革力量，使企业对高技术含量、高附加值、高市场占有量的新产品开发提到重要工作日程，并不断更新技术、改进工艺、提高质量、降低能耗、增加效益、增添活力、积累后劲，形成经济与科技的良性循环。目前已有5300多名专业科技人员，投入科技小星火计划，相继有280多名有突出贡献的专业科技人员得到提拔重用，走向领导岗位。化工材料厂的司俊杰因科技成果的研究和运用成绩显著，被任命为厂长，获得几万元的物质奖励，并享受郑州市十大杰出青年、郑州市科技拔尖人才等津贴。

**3. 强化“第一”意识，创造宽松环境和保障体系。**

①新郑市成立了由市长任组长的科教兴市领导小组，具体抓领导、抓规划、抓组织、抓协调、抓政策、抓项目、抓奖惩的宏观管理体系，组织项目实施、跟踪检测、信息反馈、物化服务等科技活动，把目标任务措施落到实处。②各级党委、政府把加速科技进步纳入重要议事日程和工作日程。牢固树立第一把手抓第一生产力的思想。各级领导干部特别是党政主要领导干部，带头学习现代科学技术知识，深入研究科技经济一体化发展的特点和规律，并探索新的发展模式。③建立和实施科技进步的日常管理制度，一是市委、市政府每年召开两次以上专题研究科技工作的常务会议，及时解决新情况、新问题。二是成立专家决策咨询组，经常性对科技决策、政策、重大课题项目进行论证，促进决策科学化、民主化。三是市委、市政府对各乡(镇)、各部门的第一把手签订科技目标责任书，重点对科技组织领导机构、科技工作发展规划、计划、科技管理体系、科技投入、科技成果转化等带动全局工作的大事，明确责任，实行年度报告制度，年度奖惩制度。

**4. 大力培育人才。**

科教兴市，教育为本，把加强科技人才队伍建设提高全民素质作为经济社会发展的基础和增长动力，努力培养组建一支能适应经济社会发展需要的科技队伍，强化教育优先发展的战略地位。科技人才是科学的载体和开拓者，科技人才的培养靠教育。①建立培训基地，新郑市投资近3000万元，建成一所市成人职教中心，各乡镇建有职教学校近20个，村级农民文化技术学校300多个，实行职前与职后，校内与校外相结合的培训模式。②项目开发与人才培训同步进行，充分利用培训基地，与开发项目紧密结合，实践中培训，做到实施一个项目，开发一种产业，培训一批人才，最大限度地实行人才和技术的结合。③借梯上楼，紧跟时代。广泛与科研部门大专院校攀亲，形成“产—学—研”一体化模式，迅速使技术优势变为产品优势、市场竞争优势和经济优势。大力引进人才、项目、提高对外技术交流合作的范围和层次，目前拥有各类专业技术职称人员7631人，在新郑工作的市外科技人员800多人。通过以上措施，逐步把经济建设和社会发展引向依靠科技进步和提高劳动者素质的轨道上。

伟大的理论指导着伟大的实际，新郑确立了科技经济一体化模式，并采取各种措施，以利益驱动机制，把本市及市外的技术、资源、资本、人才集中到高科技企业，发展支柱产业，创造了巨大的效益，为科技迅速转化为生产力创造了一条行之有效的模式。新郑的实践告诉我们，科技是第一生产力，科技一旦应用于经济，将出现超常规无以类比的奇迹。

(林铁林　刘红霞)

# 四、乡　　镇

## 唐庄乡腾飞之路

1996年，唐庄乡实现社会总产值7.35亿元，其中乡镇企业产值6.35亿元，分别比1987年增长15.46倍和20.1倍，人均收入一跃达到2445元，增长4.7倍，提前实现了小康。唐庄乡经济得以腾飞的原因何在呢？从根本上讲，是党的领导和群众的智慧。但党的领导之所以能落到实处，群众的智慧之所以能充分发挥，关键在于唐庄乡有一个思想作风过硬的领导班子。

**一、加强乡村两级领导班子建设，以"核心"促"中心"聚"民心"**

乡镇党委和农村党支部是党与农民联系的桥梁，是实现党对农村工作领导的核心。而要建立一个思想作风过硬的农村党支部，先要有一个思想作风过硬的乡镇党委。只有建设好了乡镇党委领导班子，进而又建设好农村党支部，在领导农村工作中真正起到了"核心"作用，才能抓好经济建设这个"中心"，促进经济的迅速发展。否则，抓不好"核心"，就抓不好"中心"，就不能把农村经济搞上去，使人民群众过上好日子，当然也就不能赢得"民心"，得到人民群众的拥护和支持。这就是"核心"、"中心"和"民心"之间的辩证法。

为加强党同群众的密切联系，唐庄乡党委成员共同研究制定了乡镇领导班子和干部思想作风建设方面的若干规定，其中最重要的一条，就是要求与群众实行"四同"，即同吃、同住、同劳动和有事同群众商量。所谓"同吃"，是说乡干部住村不准单独起火，一律到群众家吃派饭，不准喝酒。所谓"同住"，是说住村干部不准住村委会，必须住到军烈属、五保户和困难户家里。所谓"同劳动"，是说每个乡干部要自备一套劳动工具，每月劳动不得少于10天，主要是帮助所住户劳动。所谓"有事同群众商量"，是说凡是有关村里的重大事宜，不能乡干部一个人说了算，而是要与村干部一起征求群众意见，同群众商量。为了使这项规定落到实处，他们还制定了具体的检查落实措施。乡党委逢单月定期下村向群众征求对乡干部的意见，逢双月听取村支部对住村乡干部工作的汇报，年终对乡干部进行"四同"考评。1995年夏天，一名乡干部下村检查工作时喝了酒，乡党委发现后，认为这件事虽然发生在个别干部身上，但说明平时对干部教育不够。他们抓住这件事，组织乡干部进行了讨论，责令当事人在会上作了检讨，并罚款80元，使当事人和全体乡干部都受到了一次教育。由于乡党委狠抓干部的思想作风建设，加深了干群之间的感情，树立了党在群众中的威信。

党对农村工作的领导，主要通过党的农村基层组织——村党支部实现的。没有一个好支部，特别是没有一个思想作风过硬的好支书，是不可能把党的精神落到实处，带领群众走上小康之路的。前几年，唐庄乡不少行政村党支部组织涣散。全乡31个行政村，就有近10个村支书或村委会主任撂挑子。对此，乡党委提出："农村工作千万条，班子建设最重要。要支持干的，批评看的，处理捣乱的。"

唐庄乡在村党支部建设上注重党支部书记的选拔任用，强调坚持三条标准：一要没有私心，二要愿意为群众办事，三要会给群众办事。实践证明，效果较好。

**二、搞好精神文明建设，为经济发展创造条件**

唐庄乡抓精神文明建设主要表现在两个方面，一是治乱，一是转变人们的观念。

唐庄乡党委在实践中认识到，要想富，先治乱。要想把经济搞上去，首先必须创造一个安定的社会环境。

为了治乱，乡党委曾先后派工作组三进六庄店，通过深入调查研究，对各种违法乱纪行为严肃处理，稳定了六庄店的局势，为该村发展经济创造了条件。治乱措施在全乡的落实，促进了唐庄乡两个文明的发展。

唐庄乡党委在改革开放的大潮中，注意带领群众，谁要想抓住机遇、发展自己，谁就必须解放思想、转变观念，从旧的条条框框中摆脱出来。走向社会主义大市场，使该乡许多农民迅速走上致富道路。

**三、解放思想、实事求是，提出合乎乡情的发展**

**思路**

唐庄乡西部是山区，北部是丘陵，东部是平原，南部是洼地。西部山区石材资源丰富，东部有种菜的历史，北部丘陵地带宜种各类果树，而南部洼地土质肥沃，宜于建良种基地，发展高效农业。而且107国道和京广铁路又穿境而过。面对这样的自然条件，乡党委一班人，在充分调查研究、科学论证的基础上，提出了合乎乡情的发展思路："西抓石头东抓菜，北抓林果南抓粮，乡镇企业挑大梁，沿着国道做文章。"

就是这条合乎乡情的经济发展思路，使唐庄人迅速走上了小康之路。东连岩和后沟原是远近闻名的穷山村，由于穷，当地的姑娘争着嫁出去，外地的姑娘死活不愿嫁进来，于是，这里光棍汉成群，是有名的光棍村。也正是由于穷，有的村民忍痛告别生养自己的土地，举家远迁他乡。东连岩和后沟之间横亘着一条宽100多米，深30多米的大山沟，使这里交通闭塞，石材资源得不到开发。后来，乡党委决定要在这里建一座桥，开发山区资源。经过努力，仅用11个月，就建成了一座长131米、高2.8米、宽8.5米的大石桥。由于大桥通车，与乡里修建的水泥硬化路相接直通107国道，使得山门大开，沉睡多年的石材资源成了"宝贝"。这里每天开采石碴3000多方，石炭2000多方，各种石料2万多方，年产值上亿元。后沟村62户村民，就有52户买了汽车、拖拉机搞运输。这个1987年人均收入400元、穷得有名的光棍村，1996年猛增到2250元，又成了远近闻名的小康村。

由于加强了领导班子建设和精神文明建设，提出了合乎乡情的科学发展思路，唐庄乡经济腾飞了。而更令人兴奋的是，1996年，唐庄乡又被河南省定为国家小麦万亩高产综合技术开发试验区。5年之内，这里小麦亩产将达到600公斤。

（李　森　吕芳洲）

## 辛店求发展　五年现巨变

辛店镇位于新郑市西12公里的具茨山下，辖29个行政村，总人口5.4万人。镇域总面积64平方公里，耕地6.2万亩。1994年7月，经河南省人民政府批准，辛店撤乡设镇。这里风景秀丽，四季飘香；物阜源丰，人杰地灵；交通发达，商贾云集；这里文物名胜众多，有著名的黄帝之父少典祠、黄帝首妃嫘姆祠、黄帝饮马泉、韩王陵、欧阳修陵园、许衡故里、白居易纪念馆等。

党的十四大以来，辛店镇党委、政府坚持党的基本路线和邓小平同志建设有中国特色的社会主义理论，坚持"两手抓，两手都要硬"的方针，坚持"争一流、创大业、干实事、上台阶"的指导思想，团结和带领全镇人民艰苦创业，奋力拼搏，促进了辛店镇两个文明建设的快速发展。1993年全镇工农业总产值4.3亿元，财政收入143万元，农民人均纯收入900元；1994年工农业总产值7.4亿元，比1993年增长47.3%，财政收入168.2万元，农民人均纯收入1153元，比1993年增长21.3%；1995年工农业总产值8.7亿元，比1994年增长22.6%，财政收入177万元，农民人均纯收入1450元，比1994年增长25.8%；1996年工农业总产值11.3亿元，比1995年增长30%，财政收入319万元，农民人均纯收入2032元，比1995年增长40.1%；

计划生育连续三年保持新郑市"红旗乡镇"，进入郑州市一类乡镇，其"三结合"工作经验在全省、市推广；社会治安综合治理1994－1996年三次荣获郑州市模范乡镇称号；教育、科技、小城镇建设、乡村道路建设、农田水利建设、小康村建设、民政、统战工作均被评为郑州市级先进单位，精神文明建设和组织建设受到省、市级的充分肯定。

辛店镇是一个农业大镇，个体私营经济比较发达，而集体经济相对薄弱，针对这种状况，以镇党委书记兼镇长苏智友为首的党政领导班子在调查研究的基础上，制订了"科教兴镇、富民升位，完成十亿大业，争创中州名镇"的奋斗目标。为完成这一目标，他们采取：

**1. 加强农业基础建设，大力开发高效农业。**

几年来，他们本着"丰收之年打基础，灾害之年见效益"，先后投入877万元，新打机井162眼，补配机井94眼，改进机井17眼，新建井房67个，埋地下节水管道7.9万米，新增变压器40台，新增有效灌溉面积1.46万亩。投资450万元完成了3.5KV变电站的筹建工程，投资70万元，新增高低压线路32km；投资450万元，完成六条乡村道路87公里的铺油路。他们还进行田、林、水综合治理，全镇共植树8万株，绿化道路72条，计83公里，使农田林网面积达到7467公顷，达到了旱能浇，涝能排，田成方，路成行，提高了农业抗御自然灾害的能力。

在农业的综合开发上，我们以市场为导向，围绕种植、养殖、林果、蔬菜、庭院经济五大支柱产业搞开发，在搞好2万亩吨粮田开发的基础上，调整产业结构发展集约农业7000亩，亩产值2000元，大力发展养殖业，养鸡31万只，产值186万元，养猪2.5万头，产值1750万元，发展优质果树3000亩，使林果面积达6000亩，发展庭院葡萄种植1402户，养兔

10万只，年产值100万元，新建高标准日光温室71个，亩产效益1.8万元。1996年，在袁集村建超千亩节水高效农业示范园区，引进了具有国内领先水平的微喷、自动喷灌、滴灌节水技术3项，投资100万元。农业经济出现了前所未有的好势头。

**2.乡镇企业以规模求发展，以“名牌”争效益。**

镇党委根据辛店实际，确定了“打出个体私营经济的拳头，高昂镇办工业的龙头，加快村组集体企业的发展，实现全镇经济的振兴和繁荣”的经济发展思路，走出一条围绕资源定产业，围绕产业建龙头，建起龙头创名优，创出名优占市场的经济发展思路，现已基本形成了以机电、轻纺、建材、服装为支柱的产业格局。

作为辛店镇最大的镇办集体企业新郑市变压器总厂，经过三十年的发展壮大，已具有开发、研制、生产35千伏安级以下的规格电力变压器产品，拥有固定资产660万元，占地47亩，建筑面积2.8万平方米，是河南省生产电力变压器的重点厂家，成为中国输变电行业协会会员。近年来主导产品“中冠牌S7系列节能电力变压器”荣获省优产品，全国高科技节能优质产品等称号。1996年实现产值6000多万元，产品远销日本、俄罗斯和国内十几个省市，在河南省市场占有率达70%。

总投资1000万元的纺织印染制衣公司，具有国内设计最新、性能优良的棉纺准备工序、织造工序、整理工序，年生产坯布300万米，年产值2000万元，产品有纯棉、涤棉两大系列30多个品种，1995年被列入新郑市15家明星企业。

与镇办企业的蓬勃发展争相辉映的是轰轰烈烈的个体私营经济，犹如满天繁星熠熠生辉。全镇个体私营企业达3316户，占总户数的24%，从业人数1.14万人，占总人口1/5。拥有固定资产3—5万元的有587个，5—10万元的有387个，10—50万元的有560个，50—100万元的有80个，百万元以上的有36个。主要从事建筑建材，服装加工，商业和交通运输业。如今的辛店镇绿色环抱中的村庄座座小楼，排排竖立，全镇拥有摩托车2000辆，家庭小汽车50辆。辛店已成为全国最大的石棉瓦基地，而被称为“瓦乡”。《郑州晚报》、《河南日报》分别以《瓦乡辛店镇》、《踏访瓦乡》为题给予报道。1996年，辛店镇的制瓦业年产值6个亿，利税达7500万元。

镇党委、政府把发展个体私营经济作为振兴辛店经济的突破口，走“个体膨胀、股份扩张、区域推进、规模发展”之路，采用“送、撑、给、创”四字方针，即：为个体私营企业送去定心丸，撑起保护伞，给优惠政策，创宽松环境。又实施人才回归战略，吸引大批在外地创业的辛店人回归故里，投资办厂，划出250亩地投资建设了个体私营工贸区，做到水通、电通、电话通、道路平坦。如今工业区投资办厂31家，固定资产投资3500万元，生产经营家具、树脂、建材、食品、服装等。

**3.加快小城镇建设步伐，争创中州名镇。**

村镇建设管理所请新郑市建委、郑州市规划局等部门的专家对辛店镇区进行科学规划，对建设工程做到规划一张图，审批一支笔，建设一盘棋，实行两证一书报建制度，本着因地制宜，各具特色，节约用地，保护耕地的原则，极大地提高了镇区建设的整体水平，镇区内街道清洁，树木葱茏，十里长街宽阔、整洁，绿化率达40%。镇环卫所开展“三优”竞赛，实行门前三包，各单位争创“花园式单位”，镇区内三季有花、四季长青。

投资470万元，新建的邮电大楼，建筑面积1000多平方米，程控电话装机容量10000门，现已开通1200多门，平均每百户8部，已超过新郑市“九五”计划装机率(每百户6部)，位居新郑市各乡镇之首。一个设施齐全，功能完善，环境优美，管理科学，文明卫生的城镇已初具规模。1997年5月，被河南省建设厅命名为“中州名镇”。

**4.精神文明建设有声有色，硕果累累。**

投资35万元改造镇广播站，村村建立广播宣传网络，29个行政村均购置彩电和放像设备。投资30万元开办有线电视台，收视半径覆盖整个镇区。镇业余文艺宣传队每年演出70多场次，他们自编、自导、自演的小品、歌舞、现代戏，宣传党的政策、法律，破除封建迷信，提倡尊老爱幼，深受农民群众的欢迎。

广泛开展文明小康户评选活动，激励农民比文明，比致富。以建文明街为切入点，推动创文明镇活动，把建文明街同育文明人结合起来，引导农民提高卫生意识，改变陋习，美化村容村貌。

**5.实施科教兴镇战略，提高全民素质。**

为培养和造就新一代农民，投资兴建了电教中心、科教中心、文化中心和信息中心。购置微机15台，图书1万余册，录相带200余本，成为新郑市唯一的科技示范基地，首家与全国科技信息联网，被郑州市命名为科技示范基地。

百年大计，教育为本，全镇几年来共筹资636万元，新建教学楼15幢，改造教学楼5幢，中小学校共31所，现有明星学校11所，标准化5所，学校均达到六配套。1995年通过省政府双基达标验收。即“基本普及九年义务教育；基本扫除青壮年文盲”，并赢得联合国教科文组织的参观和好评。

6. **实施“安泰工程”促进经济快速发展。**

几年来，辛店镇计划生育工作，紧紧围绕经济这个中心，抓管理，打基础，促规范，上水平，创一流，整体工作一直走在前列，建立和完善计生台帐，重点抓好以孕情检查为中心的各项措施落实。至 1996 年底，全镇人口出生率达 7‰，自然增长率 2‰，计划生育率达 100%，已婚育龄妇女综合节育率达 98%，孕检率 100%；积极开展计划生育“三结合”活动，实施少生快富工程，使计划生育同发展经济相结合；同帮助群众勤劳致富奔小康相结合；同建设文明幸福家庭相结合。在前小庄村创办了第一个三结合载体——少生快富建材厂，这一典型经验得到了省计生委的肯定，并在全省推广，计划生育工作一直保持新郑市红旗乡镇。

辛店镇社会治安稳定，人民安居乐业。几年来，一直坚持走群防群治的路子，坚持巡防制，取得显著效果，并在全省推广辛店经验。连续几年获新郑市社会治安综合治理第一名。

组织建设，按市委组织部要求，较好地实施了“一百千金桥工程”、“五四二”工作制，广泛深入开展向吴金印、薄熙来学习活动，转变了干部作风。

忆峥嵘岁月，业绩载史册，看锦绣前程，任重谱新篇。

“九五”期间，镇党委、政府一班人勇敢地迎接挑战，发扬“团结奋斗，务实高效、开拓进取、争创一流”的辛店精神，借香港回归和党的十五大召开的东风，突破自我，重塑自我，再造辛店新辉煌。

（连文拴　赵明军　林旭霞）

## 来自莲云乡文化扶贫的报告

安徽省岳西县地处大别山腹地，交通不便，信息闭塞，自然资源相对贫乏，是有名的贫困县。然而在该县莲云乡，一个引人瞩目的变化在短短的几年时间内发生了：根据抽样调查表明，1987 年全乡人均收入是 192 元，到 1991 年也只有 299 元，而到 1994 年底，农民人均年收入已达到 900 多元。在人的精神面貌方面，同样发生了明显的变化！人均年收入 900 多元，对于一些经济发达的农村来说，也许不算稀奇，但对于一个自然条件十分恶劣的莲云乡来说，对于在并不遥远的过去常常连饭也吃不饱的农民来说，这种跨越无疑是惊天动地的。这里的农民自豪地宣布：由于持续几年的文化扶贫，我们甩掉了贫困的帽子。

**文化扶贫的由来**

80 年代初期，邓小平同志向世界宣布：到本世纪末，中国人民的物质文化生活要达到小康水平。小康是没有贫困的代名词，但在当时安徽却有 600 多万贫困人口，而且相对集中于山区、老区。建国以来，党和政府一直把扶贫作为大事来抓，尽管取得了相当的成就，但在很短的时间内消灭贫困，任务确是十分艰巨。带着这个问题，1989 年我们到贫困地区进行了比较全面的调查，发现贫困地区带有共性的问题是：第一，贫困问题反映在人和物的关系上，表面上是物对人的约束，但在深层次上却是人对物的约束。贫困地区经济基础差，物质贫困，严重制约着教育、科学、文化事业的发展，而科学、教育、文化事业的落后反过来又制约了经济的发展。人口的素质问题是贫困地区恶性循环的一个关节点。第二，在人与人的关系上，是大家相安于你贫我贫的“对等”状态，而这里的干部大多眼睛向上，年复一年地向政府要钱要物，却不考虑如何去发展贫困山区生产力，这是贫困地区恶性循环的又一个关节点。这两个关节点都是人的问题。由此我们得出结论：贫困的根源不是物，而是人，扶贫不能见物不见人，而应从发展生产力的高度，从生产力最活跃因素即人的方面入手解决贫困问题。这样，“扶贫”主要是“扶人”，而“扶人”主要又是在于提高人的素质，即对人实施“扶智、扶文”，亦即“文化扶贫”的新路子。

经过几年的调查与研究，我们决定开展文化扶贫的实验，并选择大别山区最贫困的岳西县莲云乡作为实验基地。中共安徽省委书记卢荣景同志赞同我们的这个想法，1987 年 11 月，他批准了我们提出的《文化扶贫——对一个贫困山乡扶贫综合治理方案》，鼓励我们按照方案大胆实验。这个方案的核心内容是三个基地、一个保障。三个基地是文化扶贫的乡村图书室、阅报栏和实用技术培训中心。一个保障是根据《村民委员会组织法》由竞选而“组阁”产生的村民委员会是文化扶贫的乡村领导保障。

文化扶贫是对贫困地区观念贫困、信息贫困、智力贫困全面的人力资源综合开发，也是克服愚昧落后的深刻的社会革命。我们于 1987 年 8 月起就常住莲云乡，在中共岳西县委的直接领导下，协助莲云乡党委和政府具体实施文化扶贫方案，经过 8 年多的努力，莲云乡出现了前文所说的巨大变化。

**图书室——经济发展的“加油站”**

图书是文化的载体，而图书室的建制在莲云乡是个空白。我们到了莲云乡办的第一件事，就是设法开办图书室。在有关方面的支持下，我们凑了适合于文化扶贫的书籍4100多册，报刊杂志26种，加上省教委赠给的一台录相机，在腾云村找一间房子，很快为该乡办起了第一个图书室。

山村办图书室，可是一个破天荒的新鲜事。村民们觉得新奇，纷纷前来观赏和阅览，有的还借去栽培食用菌、板栗、中药材新方法，以及家禽家畜喂养、良种推广、农作物栽培、病虫害防治等科普读物。农民看了书，眼前展现出一条条脱贫致富的道路，一些青年人就按照书上的方法试做。青年农民储一贯借阅了《食用菌的栽培与加工》、《中国食用菌》爱不释手，就地取材搞起了香菇栽培，1989年自制3000棒，成功率达99.6%。1990年又自制5000棒，因杂菌影响坏了100支，他再从图书室借来的书刊中找到利用作废的香菇棒栽培平菇的技术，按此操作，不仅避免了损失，还获利4000元。1991年又扩大到1万棒，获利近万元。储一贯借书三年脱贫又致富，在村里反响很大，有5户农民跟着他办起香菇栽培，二三年时间，也脱了贫、致了富。腾云村 西岭组吴继承从阅报栏的《致富报》上看到科学养鸭致富消息后，立即到图书室借去《高产鸭、鹅的饲养》一书，购买了350只鸭，成为养鸭专业户，半年后鸭育肥后公鸭全部出售，留下50只母鸭，每天产蛋35个，收入日增，也很快脱贫致富。

为了扩大图书室对脱贫致富的作用，图书室还变“人找图书”为“图书找人”，开展跟踪服务。1989年，农民储昭银种天麻因技术不过关，没有好收成，图书室人员得知后，立即赶去向他推荐了《庭院经济植物栽培实用技术手册》。储昭银根据书上指导，改进了天麻栽培方法，第二年见了成效。腾云村储成雁为了扩大粮食种植，需要良种，图书室主动服务，向有关部门索取了中心一号玉米、美国狼尾小麦的种植资料，并提供了种源。这种良好的服务吸引了很多读者。据统计，图书室每天接纳读者40多人次，其中农村知识青年占大多数。图书室成为莲云乡群众生活不可缺少的一部分。为了尽快向农民传送一些重要信息和科技知识，图书室在室外墙上专门做了一个大黑板，根据农时介绍农民急需的信息，如油菜初花季节农民在喷施硼肥的过程中遇到硼肥难以溶化的问题，文化站马上就把磷酸二氢钾与硼肥合喷的方法在黑板上介绍出来。农民看了就懂，懂了就用，赶了季节，有了收成，贫困离他们就越来越远，致富与他们越来越近。

小小乡村图书室成为农民脱贫致富的无声老师，吸引了越来越多的农民。图书室成了莲云乡群众生活中不可缺少的一部分，他们纷纷赞扬说：图书室是我们贫困山乡农民脱贫致富经济发展的“加油站”。

**阅报栏——农民的情报、信息源**

图书室对文化扶贫具有重要作用，但是，莲云乡地处山区，方圆10平方公里，交通不便，居住分散，农民不可能经常跋山涉水常来图书室看书学习，乡村也没有条件办更多的图书室。针对这个问题，我们依托文化站在全乡七个行政村的道路两旁设立35处常年阅报栏，文化站的同志不分刮风下雨，每天骑车几十里，把各种报纸准时张贴在每个阅报栏里，35个阅报栏成了35个微型阅览室，成为莲云乡文化扶贫的第二个基地。

一个阅报栏，大小不过几平方米，但却把各种信息、科技送到农民面前，在闭塞的山村，起着十分巨大的作用。识字的人看了讲给不识字的人听，中小学生看到什么消息回家在饭桌上讲给父母听，一传十、十传百，全乡农民广泛地接受时代信息，开阔了视野，增长了知识，传统落后观念在不知不觉中被改造、更新，文化扶贫在更大的范围和更深的层次上发挥作用。王畈村青年农民刘同法，前几年养蚕不得法，自从文化站设立阅报栏后，他天天看报，逐渐地掌握了养蚕技术，1991年养蚕收入达4800元。有一青年看到报上登载某地贪污扶贫款的干部被惩办的消息后，立即写信检举了一个犯同样错误的乡干部。还有一次，一对青年夫妇去乡政府办离婚手续，路过阅报栏，看到报上刊登的关于夫妇应如何互谅、互忍、互为对方留有余地的一篇报导而解开了这对夫妻间疙瘩，两个人重归于好，成为当地农村的一个佳话。

在莲云乡，阅报栏深入农民的日常生活之中。识字的人养成了每天到阅报栏前看报的习惯，不识字的人也爱向识字人打探阅报栏的信息。阅报栏已成为山区农村精神文明的教材、脱贫致富的信息源。

**实用技术培训中心——庄稼人的学校**

推广实用技术，调整传统的产业结构，发展优质、高产、高效农业，是贫困山区脱贫致富的重要途径。为此，莲云乡文化站于1988年办起了实用技术培训中心，开辟文化扶贫第三块基地。这个“中心”从山区农村的实际情况出发，根据农户的需要，面向市场开办专业，制定实用技术培训计划，从乡内外聘请农业技术人员，定期举办专业培训班。自1988年建立以来，就协同乡政府办了蚕桑、板栗、食用菌和大棚蔬菜等多期培训班，累计培训技术骨干1000人次，培训过的学员不仅能够将所学的技术用于实际生产操作，同时还能传播给其他农民。青年农民储成苗参加了大棚蔬菜栽培技术培训班后，发展大棚蔬菜生产，当年收入2300元，他还现身说法，把学到的技术传授给别人，带动了周围邻里一大片农民搞大棚蔬菜，许多人学到一技之长，很快走出贫困。

针对山区农民居住分散的情况，为使更多的农民学到实用技术，尽快脱贫致富，在乡政府的帮助下，培训中心还购买了实用科技录相带和录相机，采取巡回教学的方式，深入山村，向农民宣传实用科技知识。仅1990年，文化站就购进了70多种农业科技录相片，其中《杂交稻》、《大棚蔬菜》、《家庭养猪专集》、《家前屋后》、《人工栽培平菇》、《家庭养鸡》等录相片最受群众欢迎。1994年3—4月份，文化站同志根据季节、农时，抬着录放相机跑遍全乡11个村，放映了《蚕、桑、茧优质高产综合技术》、《蚕病防治》和《食用菌栽培方法》等科技片。一次在莲塘村青树组放映时，蚕农们看一遍后，认为技术细节没掌握，十几个农妇围住放映员要求再放一遍，结果连放两场直到深夜两点才结束。这几年，文化站下乡巡回放映科技录相平均每年都在30场以上。很多农民通过实用技术培训班而脱贫致富，他们自豪地说：实用技术培训中心是我们庄稼人的学校。上述三个文化扶贫基地是有机联系的整体。几年来，许多农民从中受益，逐步地改变了传统落后的生产观念，提高了农民科学文化素质，促进了农业科技的推广，加快了脱贫致富和奔小康的步伐。目前，在莲云乡形成了一批拳头产品，其中，食用菌、蚕桑、大棚蔬菜已成为岳西县商品农业的重要生产基地。莲云乡人均收入从1987年192元增加到1994年的900多元，正是文化扶贫产生的巨大效益。

**选好带头人，是文化扶贫的领导保障**

众所周知，贫困地区和扶贫工作中同样存在许多严重的官僚主义、形式主义以及腐败现象。一些干部背离了为人民服务的宗旨，从而失去凝聚力和向心力，群众对干部失去了信心，使扶贫政策和措施难以落实。制止腐败，改变干部作风的途径固然很多，但是最有效的还是依靠广大人民群众的自下而上的社会监督。因此依法实行村干部竞选，增强干部公仆意识，为脱贫创造良好政治社会环境，是一条正确方针而且也是刻不容缓的事。从生产力角度看，干部和群众同是生产力要素中的人，实行扶智扶文，改变群众的精神和智力状况；实行干部竞选，对愿意充当人民公仆的人施加必要的压力，以改进干部的精神状态和工作作风。以人为对象的文化扶贫，不仅是对普通农民扶智扶文，提高农民的文化素质，更重要的是提高基层干部的素质，构建文化扶贫的领导保证。为此，我们在莲云乡蹲点扶贫时就根据《村民委员会组织法》（试行）的精神，选择莲云乡的腾云村实行村干部竞选。村民们作主直接选举村委会主任，由村委会主任“组阁”组建村领导班子，培育村干部的竞选淘汰机制，这是文化扶贫的领导保证。

1989年元月17日，安徽省岳西县莲云乡腾云村村民欢聚一堂举行选举大会，直接投票选举村民委员会主任。这在莲云乡是开天辟地第一回，村民们出席踊跃，心情激动，思考着如何投上庄严的一票，选出自己满意的致富带头人。

这次选举的特点是打破过去上级提名、村民举手通过的老框框，采取选区推荐、联名推荐和本人自荐的办法，不限额地产生候选人并张榜公布，让选民们评头论足加以比较，然后召开选举大会，4个候选人在选举大会上一一发表竞选演说，讲自己为村民服务的诚意和施政宏图，同时把自己的组阁名单公布于众，让全体村民鉴别审查。经过两轮无记名投票，农民技术员王先进击败原村主任和另外2名候选人，当选为腾云村村委会主任。

选举大会从上午8时开到下午4时结束，外面下着雪，室内却是暖洋洋的，285名选民忍着饥饿，一直坚持到底。唱票一结束，村民们纷纷议论说：“这样选举才是选举，上面不定框子，我们自由选择，硬碰硬地选出的干部，我们信服！”选举取得完全成功。

腾云村人口1200余人，自然条件较好，但社会经济发展和人均收入长期居下游，主要原因是村领导班子的工作状况不佳。该村自从学大寨以来集体财产一直下落不明，财务不公开，干群矛盾突出，致使上级布置给该村的任务往往难以落实。乡党委决定选择该村作为实施村民自治的试点村，看看能否扭转那里的局面。腾云村群众听说要在村里实行民主选举村委会都喜形于色。因为过去该村的干部都是上面指定的，村民选举只是走过场而已，群众对干部工作不满意也无可奈何。

为了保证民主选举成功，有关方面从县、区抽调6名干部成立选举委员会，分人包干腾云村各个村民组选举的宣传和组织工作。他们首先认真宣传解释《村民委员会组织法》，让选民懂得如何做好社会主人，行使民主权利。第一步是由每个村民组经过充分讨论后在全村范围各提出一名村委会主任候选人，全村14个村民组共推荐出4名候选人；第二步是各村民组对所有候选人进行再评议，最后召开全村竞选大会选举村委全主任。这样既养成民主政治习惯，又强化了村委会班子的聚合力和办事效率。

腾云村民主选举出来的村委会上任后的第一

招,是建立一个专事监督村委会的机构,成员都是村里公认的正派公道人,还聘请一名住在东村的离休干部担任顾问,指导村委会工作。此事一公布就获得了本村群众信任。继而又成立了财务清理小组,对该村群众意见最大的村财务帐目进行清理,并通报全村,使从来不公开的村财务公开化。第三招就是收回了前任干部占用的一笔茶叶款,用这笔钱使得多年架不起电线的西岭村民组当年腊月通了电。这几招在人心的回音壁上引起了回响。村民们议论开了:“新班子胆大敢抓,像个干事的,大伙儿没看错人。”干群关系逐步融和了。

接着,村委会又带领群众大搞杂交水稻制种。村委会举办制种户技术培训班13期,把技术辅导工作做到了每块田、每个环节,保证了制种的全面成功。群众说,我们家每块稻田里都有民选村干部的汗水。

腾云村老百姓长期埋怨山林管理混乱,新班子上任不久就充实了林场管理力量,对乱上山砍树的少数村民及知情不报的村民组长都作了处罚。不久,一位村干部家属又第二次违禁砍伐,村委会则处以重罚。这样从干部管起,罚款也从干部头上开刀,在群众中引起了强烈反响,乱砍乱伐的现象从此得以制止,群众植树造林的热情高涨,全村新栽板栗树5500株、松树7000株、桑树5000株,超额完成了乡政府下达的任务。

腾云村有4处应该修复而多年未修复的河岸和田坎,村委会及时修复。

农民说:“干部健不健,要在秋天见。”民选的村委会上任后的第一个秋天,就向全村人民交了一份不负众望的答卷:杂交稻制种奏响丰收曲,共创经济效益达30.3万元,可得粮34万斤,比前3年半平均产量整整翻了一番,经济收入增加16.5万元,是种常规稻经济收入的4倍,抱了个金娃娃。

1995年4月25日,腾云村最新一轮选举仍采取竞选和组阁相结合的办法,同样获得圆满成功。这里要特别指出的是,腾云村前后两次选出村委会主任都不是该村大户,而恰恰都是单门独户的人家,仅凭这一点,就能说明许多问题。

腾云村的两次选举,已初步形成了村干部的竞选淘汰机制,村民们充分体现了主人翁的责任感,村干部也兢兢业业地为村民服务,带领群众共同脱贫致富,这既是大别山老革命根据地源远流长的革命优良传统的再现,又是改革开放以来贫困地区社会进步和精神文明建设的一个重要成果,为文化扶贫和山区人民的脱贫致富构建了群众信得过的领导保证。那种认为贫困山区农民缺乏“参政”意识,难以推进民主选举的看法,已被上述腾云村的实践所否定。

**文化扶贫的启示——“造人工程”是扶贫的根本任务**

岳西县莲云乡持续八年多的文化扶贫给我们的启示是:扶贫工作必须立足于提高贫困地区人口的科学文化素质,“造人工程”是扶贫的根本任务。

建国以来,我国的扶贫工作经历了由“输血”到“造血”两个阶段。在扶贫的最初阶段,扶贫主要是着眼于贫困人口缺衣缺食而实行救济扶贫,人们称之为“输血”。这种扶贫只能解决贫困人口一时的衣食之难,但不能解决“贫困的循环”。后来,扶贫工作开始转向着眼于发展贫困地区生产的开发扶贫,即是向贫困地区投入资金、上项目,促进贫困地区形成自我发展的“造血”机制,人们称之为“造血”。这种扶贫虽是重大进步,但是,由于贫困地区人口素质低,你送他个致富的金钥匙,他却觉得不如使惯了的刀斧顺手,实际上贫困地区并未形成造血机制。文化扶贫是着眼于提高人口素质的新型扶贫方式,是从生产力中最活跃的因素即从人入手,解放生产力,发展生产力,从而激发贫困地区干部和群众的内在动力,由“要我脱贫”变为“我要脱贫”,真正形成自我发展的“造血”机制。岳西县莲云乡文化扶贫的实践生动地证明:文化扶贫是以“造人”为核心的思路,是扶贫由“输血”到“造血”再到“造人”的重大发展。

对贫困问题卓有研究的著名经济学家、诺贝尔奖金获得者舒尔茨说过:“土地不是导致人类贫困的主要因素,因为居住在撒哈拉大沙漠边缘不毛之地的人和居住生产率很高的尼罗河沿岸及河口冲积平原的人,他们共同命运也都是贫困;影响人的贫困或者富裕的决定性因素是人,是人的自身素质。”舒尔茨并且认为“向提高人口素质方面投资,能大大开拓经济前景并增进穷人的福利”。这些观点早被世界的有识之士所认同。莲云乡的山没有变,地没有变,由于文化扶贫,人改变了,在短短的几年时间就脱贫,不少人已走上致富的道路。通过图书室、阅报栏、培训中心三个文化扶贫基地和竞选淘汰产生村委会而产生扶贫的领导保证,形成了文化扶贫的社会气氛和激励机制,农民主动地学文化、学实用技术,从本乡本村本户和本人实际出发,面向市场,或养鸡养鸭,或栽培食用菌、香菇、板栗,或选用优良稻种,精耕细作,产生了巨大的社会效益、经济效益。文化扶贫是对人力资源的开发,投入不仅属于造血式扶贫,也属于输血式扶贫,农民出得起,国家办得起,群众得实惠,效果十分明显。

文化扶贫面对贫困农民输入的“文化”,不仅是一个个的方块字，而是更新农民观念，转变传统落后的生产方式、生活习惯，推动贫困地区社会进步和精神文明建设的武器。所以我们初到莲云乡这个偏僻的贫困山乡，就破天荒办起了第一个科技文化站，又以文化站为依托，办起了图书室、阅报栏和实用技术培训中心，农民的思想文化受到了洗礼，整个面貌也焕然一新。在莲云乡无论是干部，还是群众，无论是老人，还是妇女，过去那种贫而安贫、无所作为的思想少了，致富无路两眼向上“一切靠政府”的想法也渐渐少了，封建迷信活动逐渐失去市场，取而代之的，是人人动脑筋、个个图致富、村村讲发展的生动活泼局面。

莲云乡文化扶贫是通过文化途径而发挥文化的经济功能和社会功能，提高人的素质，达到人的全面解放的成功之路。中共安徽省委、省政府于1992年7月就作出决定，在滁州市、黄山市、安庆市、六安地区、池州地区的部分乡镇，推广莲云乡文化扶贫经验。莲云乡文化扶贫的成就不仅在安徽省各个贫困地区发生了广泛的反响，而且引起了中央有关部门重视，9月的13、14两日，中央电视台《经济半小时》对莲云乡文化扶贫作了专题报导。现在，文化扶贫已成为安徽省扶贫工作的重要内容，而莲云乡的广大农民更是对文化扶贫坚信不移，在新的起点上更深入广泛地推进文化扶贫，满怀信心地奔向辉煌、文明的新明天。

（辛秋水）

# 五、村　　庄

## 一个坚持共同富裕的文明村

### ——四川省彭州市大宝镇宝山村

宝山村位于彭州市西北龙门山下，距成都80公里，是茂县、汶川、彭州三县交界的绿色世界。过去这里是“山高路又险，村穷人心散，姑娘留不住，光棍一大片，长期吃照顾，面貌未改变”的穷山村。如今已变成“山高林戴帽，二环果缠腰；深山办矿场，平地建粮仓；沟中修电站，大路通各庄；户户有电视，家家盖新房；教育大普及，老人有保障；党风民风好，道德水准高”的文明山村。

在党的十一届三中全会路线指引下，宝山村党支部带领群众艰苦创业，治穷致富，全面贯彻党的基本路线，一手抓物质文明建设，一手抓精神文明建设，既大力发展集体经济，又允许一部分人先富起来，村上的面貌发生了翻天覆地的变化。到1996年底，有村办企业24个，小联办企业183个，集体固定资产3.24亿元以上，流动资金3550万元，人均年纯收入3713元，全村528户村民都成了万元户。村民的文化生活水平得到了大幅度提高；社会福利事业有了长足的发展。农户砖木结构和钢筋水泥结构住房比重达95%；人均食品费用支出占生活费用支出的比重已降为38%；人均文化用品设施及文化教育等费用占生活费用支出的15%；村上安装了闭路电视，有党员活动室、老年活动室、妇女之家以及多功能文化娱乐中心；青壮年中非文盲人数、适龄儿童在校受教育率、计划生育率、饮用安全卫生水的农户、五保户集体供养率均达100%。目前，他们正朝着富裕、文明的花园别墅式新农村的既定目标奋进。

**一、依靠集体　共同致富**

宝山村党支部认为，在农村不发展集体经济，农民就没有靠山，也谈不上党在农村的凝聚力和党在农村的形象，更谈不上共同富裕的道路，农村两极分化就会突出，还会出现新的剥削，势必影响农村的改革和稳定。因此，近20年来，村党支部始终坚持把发展壮大集体经济作为首要任务，积极引导和带领村民投身集体经济主战场，坚定不移地走以完善家庭联产承包责任制为主的双层经营体制，发挥集体经济的优越性和农户的积极性相结合，充分发挥本地资源雄厚的优势，不断壮大集体经济，使宝山村民逐步走上了共同致富之路。主要特点是：

**1. 产业结构一体化。**

宝山村为了发展集体经济，首先在产业结构上实现了农业、工业、商业一体化的组织系统。组建了农工商为一体的宝山工业集团公司。党委书记任董事长兼总经理，党委副书记、村主任任副总经理；公司其他领导成员由党委委员、会计、民兵连长等村级干部担任；总公司下属企业的厂长、经理由总公司任命。

**2. 经营管理一体化。**

为了把好产、供、销各道关口，他们一方面实行公司对厂、厂对车间、车间对班组、班组对个人的分级管理责任制。在公司的统一管理下，厂长、经理有生产权和经营权。另一方面，公司上下全面推行目标管理和定额管理责任制。年初由公司下达年任务指标，每月28日下达月任务指标，并检查当月完成目标情况。

**3. 经济核算一体化。**

公司对下属企业实行统一核算，统收统支，包括对外统一结算。他们认为，这样做有利于统筹资金，统上项目，节约成本，降低消耗，提高效益。

**4. 利益分配一体化。**

坚持按劳分配的原则，根据完成任务指标情况，发放工资，奖惩兑现。即企业管理人员的工资由公司核定下发，每月扣除10%的风险抵押金，待完成任务后补发，完不成任务者则不发；职工的工资由厂长、经理审核后，由公司统一核定发放。对超额完成任务的企业，按量核算发给一定奖金，奖金按四六分成，管理人员得四成，职工得六成，有力地调动了干部和职工的积极性。

**5. 劳动分工专业化。**

随着集体经济的发展和现代化生产的需要，劳动专业化的程度越来越高，全村的分工越来越细。现在宝山村80%的企业或农户都专门或主要从事一种产品或少数几种产品的生产，有的甚至仅仅从事生产过程的某一个或几个作业环节，各个企业内部每个职工专门从事某个工艺或作业环节。全村500多户家庭，务农、做工、经商或运输的各有明确分工，800多劳力中从事农业的占7%、林业的占3%、电力的占16%、采矿的占28%、加工业的占37%、商业和运输业的占9%，初步形成了生产专业化。

**6. 服务系统化。**

一是建立农技、农经、植种、种子等服务体系，统一组织各种农业生产资料供应，推广应用先进的农业科技成果，搞好科技兴农；二是建立企业群体的技术、资金、人才和物资供应等服务体系，统筹资金，统一培训职工，统一开发产品；三是建立市场信息和销售服务体系，公司经常为企业、农业社和农户提供正确的市场经济信息和科技信息，从而使农业、企业的经营决策有了可靠的依据，促进了经济发展。

宝山村在大力发展集体经济的同时，也鼓励有一技之长的村民从事运输、商业、屠宰、服装、修理、餐饮、美容美发等行业的个体或私营经济活动。据统计，这些从事第三产业的个体农民，一年创营业收入近2000万元，上交国家税费10万元以上，起到了对国家和集体经济的补充作用。

## 二、抓党风　带民风

党的十四届六中全会决议指出："建设物质文明关键在党，建设精神文明关键也在党。"对于这一点，宝山村党组织认识最为深刻。他们说："村子富不富，关键看支部；民风正不正，先看干部腰板硬不硬。"他们在带领群众脱贫致富的过程中，始终把党支部"一班人"和领导干部的革命化建设放在首位。

**1. 讲学习，端正思想路线。**

宝山村党组织从不间断地抓好自身的理论学习。他们善于联系本村实际，贯彻"少而精"的原则，努力掌握科学理论的精髓，学会运用马列主义、毛泽东思想和邓小平理论的立场、观点和方法，不断解决社会主义市场经济和实际工作中的矛盾和问题。他们学习马克思主义政治经济学的观点，深刻理解社会主义公有制、剩余价值、按劳分配等理论观点，分析农村经济体制和本村经济结构的特点，认识到宝山村在现阶段要坚持社会主义公有制，就要首先创造一种"共有制"的经济体制，即在土地、矿山国家所有的前提下，创造的财富归村民共同拥有的体制。他们学习毛泽东《为人民服务》、《纪念白求恩》、《愚公移山》等光辉著作，深刻理解我党全心全意为人民服务的宗旨和艰苦奋斗的光荣传统，牢固树立共产党人的天职就是为人民谋幸福的思想。学习老愚公"挖山不止"、百折不挠的拼搏精神，从而激发为民造福和"不怕牺牲，排除万难"向宝山要宝的革命干劲。学习白求恩"毫不利己，专门利人"的共产主义精神，自觉排除私心杂念，树立一心为公，掌权为民的权力观。他们学习邓小平同志关于"一切从实际出发，实事求是，解放思想"的观点，深刻理解党的思想路线，大力调查研究，积极探索符合本村实际的"解放生产力，发展生产力"的基本途径，不搞"一刀切"、"随大流"。制定出立足本地资源，先开矿、建电站、修好路、多栽树，基础打牢，再发展加工业和旅游业的建设思路和发展规划。这样，电力、原材料都是自己的，生产有保障，成本低，产品有很强的竞争力。他们学习邓小平同志关于社会主义本质的论述，把现阶段的改革和建设同未来的社会主义目标联系在一起，认真处理好"解放生产力，发展生产力"和"消灭剥削，消除两极分化"的关系，处理好允许一部分人先富起来和最终达到共同富裕的基本目标的关系，坚定不移地走“先富带后富，共同来致富”的路子。

**2. 小整风，祛邪扶正。**

宝山村党支部坚持不懈地运用我党整党整风的传统形式，解决领导班子内部的矛盾。其主要形式有：一年一度的“小整风”。结合年终工作总结，开展“四比”(比思想、比进步、比干劲、比贡献)。整顿的时间一般为三天。第一天，组织党员、干部和村民代表，交叉轮流到每个支委、干部分管的工作项目现场进行参观、检查；第二天，对照年初制定的工作目标，逐项考核落实情况，肯定成绩，找准问题，互相挑“刺”，开展批评和自我批评，查找原因；第三天，个人总结，既谈成绩又讲问题，既讲经验又谈教训，客观地进行自我评价，着重从思想、作风上针对薄弱环节，提出整改措施。一月一次的“小整风”。每月28日这天，全村所有干部都集中在一起，结合月工作目标和思想政治工作情况，开展对照检查，表扬先进，批评落后，明确下个月生产经营工作和思想政治工作的目标任务。发现问题随时进行“小整风”。他们善于抓住党员、干部中出现的带倾向性的思想、作风方面或工作中的严重失误和过错，随时进行批评教育，并组织相关人员和干部进行反思和整改。通过“小整风”活动，使全村的干部经常处于“自重、自省、自警、自励”的思想状态，自觉地检点自己的行为，起好表率作用。他们说：“小整风是个宝，党的建设离不了。”

**3. 守“王法”，执行制度敢逗硬。**

宝山村党支部认为，“制度就是‘王法’，没有‘王法’不能成方圆，有了‘王法’，不认真执行也不能成方圆。”因此，他们对党章、党纪和上级党组织的规定以及本村制定的规矩、条约总是认认真真地贯彻执行。早在八十年代初党支部就制定了党员领导干部必须遵守的“七不准”，即：不准谋取私利，合伙办私营企业；不准对组织决定不服从和讲条件；不准以个人好恶决定干部和职工的变动；不准为家属、子女和亲友谋取特殊照顾；不准用公款大吃大喝、铺张浪费；不准互相祝寿，请客送礼；不准参与任何形式的赌博。16年来，他们按照“七不准”的规矩，先后5次召开党员、干部会，批评帮助违反纪律的干部。一次，党支部书记贾正方的儿子贾卿因和妻子斗气，独自跑到银场沟旅游去了。周萍担心贾卿的安全，急忙开车追到15公里外的银场沟找回了贾卿。贾正方知道这事后，严厉地批评了小俩口，严肃地指出周萍作为党支部副书记用公车办私事是错误的，并语重心长地对周萍说：“我们手中的权力是谁给的？是人民群众给的！你用的车是谁的？是公家的。共产党的干部怎么能用公家的车办私事？这就叫以权谋私。”这一番话使周萍明白了自己错在哪里，当即向贾正方认识了错误，并在支委会上作了检讨，还按规矩向村里交了100元的汽油钱。从此，她严格要求自己，思想上进步很快，一年过后被县里选拔到大宝镇任党委副书记。

宝山村党支部对党员领导干部还有一些约定俗成的“土规矩”，诸如“四要”、“两先”，即“思想觉悟要高于群众，工作干劲要大于群众，物质待遇要低于群众，党风党纪要严于群众。”“凡是要求群众做到的，党员要首先做到；凡是要求党员做到的，书记和委员要首先做到。”这里的党员干部说到做到，近二十年来，党员领导干部中没有将集体的企业化为己有的，没有用公款大吃大喝的，也没有铺张浪费、高档玩乐的，更没有贪污受贿、腐化堕落的。

党风正，民风纯。这里的村民已经形成了爱学习，讲科学，讲卫生，讲礼貌，讲团结，讲节约，守纪律的好风尚。村上的青壮年大都自学成材，村民都掌握一两门科技知识，农家个个卫生整洁，村民们在家尊老爱幼、在外知书识礼，婚丧嫁娶概不铺张，开会、上班从不迟到早退。

## 三、两个文明　整体推进

宝山村党支部认为，物质文明和精神文明好比中国特色社会主义的两条腿，一条腿长一条腿短不行，一条腿硬一条腿软也不行。因此，这个党支部对两个文明建设，总是统筹安排，整体推进，形成了一套卓有成效的办法：

**1. 精神文明建设和利益分配挂钩。**

宝山村的分配模式是：个人在精神文明建设中的表现＋按劳分配＋按剩余价值量分配＋按入股量分红。在整个物质利益分配中，不光考核劳动量、劳动成果和创造的经济价值，还要全面考察个人的思想、道德、纪律、作风方面的表现。具体说来，就是要考虑如下几个系数和情况，一是村民和农户在精神文明建设评比中所得等级和评价结果；二是完成劳动任务的件数、工龄长短、工作贡献或绩效；三是村上总收入，扣除劳动工资总量和国家税费、集体的提留后剩余部分，按工龄折资分配，工龄越长分配越多；四是企业职工按贡献大小确定入股量，年终依股份分红，最少的入股5000元，每年年终对半分红。除此以外，对个别在思想道德和纪律作风建设方面有伤风败俗、违章、违规行为和错误的，还要给予一定的经济制裁。这样，就把物质利益分配同村民在精神文明建设中的表现联系了起来，强有力地激励了先进，鞭策了落后，鼓励了文明行为，遏制了愚昧现象。

**2. 把思想政治工作贯穿到经济工作中去。**

其主要做法:一是在经济建设活动中把讲政治放在首位。他们认为,山沟里的泥腿子也要讲政治。只有对农民群众灌输正确的政治观点,才能保证农村社会主义建设的正确方向。因此,村党支部从不间断地组织村民学习马列主义、毛泽东思想和邓小平理论的立场、观点和方法,学习中央重要文件和中央领导的重要讲话,阅读《人民日报》重要文章。进行系统的科学理论和党的路线、方针及时事政策教育。二是在经济建设活动中关心人的业务、技术和文化素质的提高。党支部有计划地将中青年中的生产骨干分期分批选送到大中专学校进行深造。已有120多个村民先后由村上出资参加各种业务、技术和文化培训。他们还鼓励青年人在岗自学成才,为那些坚持自学的青年人提供必要的经费、时间。对外来的合同工也同样支持他们在业务、技术和文化上的进步。三是在经济建设活动中关注人的思想道德进步。他们要求村民和企业职工尊老爱幼、尊师爱徒,积极维护和睦友善的人际关系,在商品交换活动中守信用、重商德。同时重视培养村民热爱祖国、热爱家乡的高尚情操。四是在经济建设活动中培育凝聚人心的"宝山精神"。这就是"同心、奉献、拼搏、创新"的精神。所谓同心,就是团结起来,同心同德,同心协力,走壮大集体经济,共同致富之路,建设社会主义的新宝山;所谓奉献,就是一心为公,公而忘私,"为了集体的事业,舍得个人一切"的精神;所谓拼搏,就是艰苦奋斗,自力更生,一不怕苦,二不怕死的顽强奋斗精神;所谓创新,就是一切从本村实际出发,实事求是,解放思想,勇于探索,敢"闯"敢"冒",敢于走前人没有走过的路的精神。这"同心、奉献、拼搏、创新"的宝山精神,是宝山村人在几十年改造旧山河的物质文明建设中,用血汗和生命塑造的无形财富,是他们共有的高尚灵魂。

**3.以青年人为骨干带动大家参与。**

宝山村的共青团员和青年人是精神文明建设的生力军,他们开展丰富多彩的文化体育活动,吸引和带动了全村老少。宝山村团委紧密结合村上的经济建设和各项中心工作,不断开展适合山民品味的文化体育活动,每年春节或国庆节都要组织青年文艺骨干开展联欢活动,有时还要上街耍龙灯、扭秧歌,把整个村、镇搞得热闹非凡。每年的"五一"国际劳动节和"五四"青年节都要举行智力竞赛、唱歌、跳舞等文娱活动。他们还成立了男女篮球队、排球队,经常在村内村外比赛。这里的青年人坚持不懈地开展"学雷锋,树新风"活动。他们自觉地组织起来帮助烈军属、五保户和退休的企业职工排忧解难,送温暖,献爱心。他们不仅带头为遇到天灾人祸的本村农户捐款捐物、帮助耕种,还坚持十多年为十多里外的小渔洞乡敬老院的老人拆洗缝补,送米送柴。这里的青年人带头移风易俗,婚事简办。王从能、宋小琴、向亚贵、杨采芬等年青人结婚时,不请客,不收礼,举办新颖而有意义的集体婚礼。他们把婚事节省下来的钱用来买书订报,给老人添置新衣服,为乡邻勤俭办事树立了榜样。

青年人的文明行为产生了广泛影响,促进了全村男女老幼以文明为荣,家家户户都投入了"文明家庭"的创建活动。

**四、艰苦奋斗　再创辉煌**

宝山村脱贫致富的历史,就是党支部带领全村党员和村民艰苦奋斗的历史。

多年来,特别是党的十一届三中全会以来,他们发扬自力更生、艰苦奋斗的创业精神,没向国家要一分钱,完全凭自己勤劳的双手,把一个穷山村变成了远近闻名的富山村。

20多年前,党支部组织100多名党、团员和民兵,建立了改土专业队,集体干在山上,吃在山上,夏顶烈日,冬战严寒,披荆斩棘,肩扛手推,连续苦干5个年头,修建梯田700多亩,初步解决了吃饱肚子的问题。

1979年,党支部带领男女老少天不亮就上山,在悬崖陡坡上挖的挖,撬的撬,经过40多个日夜苦战,建成了2.5公里长的第一条致富路。

当年在开办铜矿的战斗中,为了架设一条运送矿石的空中索道,小伙子们用手腕粗的野藤条系在腰上,在深不见底的峭壁上悬空打眼放炮,终于用几十双大手把一根300多米长、9000多公斤重的钢绳架在了山涧上,使一斗斗的矿石"坐"着索道飞下山去。铜矿投产后,当年就盈利5万多元。

如今在党支部带领下,经过全村群众苦干15年,共修建五座中、小水电站,装机1万多千瓦,终于找到了致富的"摇钱树"。修建桂花树电站要从15华里外的山溪中引水。水渠要穿越大小沟梁数十条,其中500多米隧道是在云遮雾障的山崖上开凿的,最长的隧道900米。他们采用"露天镇墩,铆钉铆固"的办法,在平均62°的悬崖上,成功地安装了近百根直径1米、长5米、重4吨多的水管,这一节节焊接好的水管,从高高的山崖至发电机房长达400多米,宛如一条斜卧的褐色巨龙,蔚为壮观。

宝山村人每修一座电站,每建一个项目,都奏鸣着一曲同心奉献的凯歌。这里的村干部不争权大权小,村民不争钱多钱少,都有一个共同的愿望,就是为了集体的事业舍得个人的一切。20多年来，已有5名骨干和村民在鏖战的工地上献出了宝贵的生命，还有10多个村民身上留下了工伤。

宝山村人多奇志，艰苦创业百战多。更为可贵的还在于他们致富后还保持着勤俭节约的本色，从不大手大脚。他们不仅在建设上精打细算，抠了又抠，尽量少花钱多办事，花小钱办大事，而且在生活中也不搞铺张浪费，村干部至今保持着外出开会办事不住高级宾馆、不进高档餐馆、不坐出租汽车的作风。村上有钱了，也不用公款给干部配发大哥大、买专车、安电话、修别墅，而是把钱用在村里的发展和为民办实事上。他们说，勤俭是"聚宝盆"、节约是"摇钱树"，干四化，建设社会主义新农村，艰苦奋斗的传统不能丢。

1996年夏秋之交，四川省委号召全省农村向宝山村学习。在党支部基础上新建的村党委又抓住这个机遇，适时地向广大群众发出了克服"小富即安"的思想，艰苦奋斗，二次创业，再创辉煌的号召。

8月18日，村党委向党员干部提出了"全省学宝山，我们怎么办?"的问题，贾正方在干部会上要求大家发扬连续作战的作风，超越自我，迎接新的挑战。8月28日，村党委召集中层干部会议，隆重举行"第二次创业动员会"。10月8日，村党委和村委会，召集由200多名党团员和青年民兵组成的二次创业突击队举行宣誓大会。"弘扬宝山精神，同心奉献拼搏创新；发挥集团优势，共同富裕坚定不移；抓住机遇奋进，二次创业再创辉煌；强化管理致胜，超越自我描绘明天"的雄壮誓词在山村回荡。

也就是从10月8日这天开始，宝山村旅游开发突击队，又像20多年前的改土专业队那样，迈着威武雄壮的步伐，轰轰烈烈地打响了二次创业的战斗。他们挥镐舞锹，挥汗如雨，顶烈日，冒风寒，夜以继日地建设着一个个旅游景点。他们在宝山脚下，白水河畔，修建了一座外观装饰古朴、内堂装修豪华的避暑山庄；在悬崖上凿了一个山洞，引导桂花树电站的尾水从洞中直泄而下，形成雄伟壮观的飞天瀑布；在避暑山庄和飞天瀑布之间的河床上修建了一座由巨型喷泉、水帘洞和龙形冲浪管道组成的水上乐园。在回龙避暑山庄左下方，建成了近千平方米的猴岛；洗心亭、滴水岩、白龙溪等20来个景点也相继建成。

他们的奋斗目标是：到2004年，家家都有一套环境优美的别墅式庭院，户户都有存款数万元，20%的户有小轿车，20%的户有高档娱乐设施，多数家庭通电话，2/3的劳动者成为科技文化人，把宝山村建成具有一流社会风气、一流乡村教育、一流文化娱乐设施，一流医疗保健卫生条件、一流通讯网络、一流科技队伍、一流村容村貌、一流管理水平和经济效益的新农村。

（平文艺　李　庆）

## 贵州高原反贫困的一面旗帜
### ——罗甸县云干乡大关村调查

1996年12月，中共贵州省委、省政府作出了"关于广泛开展学大关活动的决定"，使地处麻山腹地、名不见经传的大关村艰苦创业的事迹迅速传遍黔岭山乡，闻名遐迩。

罗甸县云干乡大关村，坐落在海拔900多米的崇山峻岭之中，共有12个村民组，253户，1320人。全村30平方公里区域内，计有990座山，层峦叠嶂，地形复杂，山高坨深，怪石嶙峋，岩石裸露，土壤瘠薄，水源奇缺，是个"山高石头多，出门就爬坡，遍地石旮旯"的典型喀斯特山区，生产条件差，生存困难大。

1981年落实生产责任制时，全村除了4个村民组有62亩望天田，其余1270亩旱地分布在180多个山垭、窝凼、陡坡的石旮旯里，90%的山坡超过25度。全村村民分散居住在60多个山弯石窝里，人均粮食仅130公斤，人均纯收入不足50元。全村仅有瓦房25栋，其余全是茅草房、杈杈房，是全县有名的"吃粮靠返销、穿衣靠救济"的极贫村。

为了这200多户、1000多人口的生存，大关基层组织的党员、干部虽曾带领乡亲们奋斗过，但由于以往政策不对路，又未能找准突破口和生长点，因而始终没有找到一条适宜岩溶石山地区的生存发展之路。然而，"等、靠、要"绝非共产党人和新时代农民的本色，苦熬苦撑也只能坐以待毙。终于，从1984年开始，村党支部探索出了一条成功之路——自力更生，艰苦奋斗，劈石造田，向石山要田要粮，并连续苦战12个冬春，不仅有效地解决了温饱，而且退耕还林，调整了生态环境，朝着脱贫致富的金光大道迈进，走出了一条有大关特色的"人口、粮食、生态"良性循环之路，不仅为全省扶贫攻坚带来了无限生机和希望，也为类似大关这样的喀斯特地区脱贫闯出了一条生路。

#### 一、背水一战——齐心啃下硬骨头

民以食为天，穷则思变。以往大关人为了"食"，为了"变"，却陷入"漩涡"式的怪圈中难以自拔。如今，要就地改造生存环境，便意味着要在满目荒凉的石旮旯里进行一番重新创业，这是一场罕见的拼搏，

需要一种特别的精神力量。

岩溶是一种特殊的自然环境,生态脆弱,土壤稀少,保水性差,为世界公认难啃的“硬骨头”。而大关最大的制约因素就是缺田少土,缺乏稳产高产的基本农田。而要建设基本农田,便意味着要与岩溶石山抗衡,其中关键又在于能否蓄养并保住水土。

1982年至1983年,罗甸县组织修建从云干乡至大关村所在的猴场坝乡村公路。大关不少村民参加了修路。党员李必先、李必兴、何光伦等人,从半山腰开出的公路上被车轮压紧的黄泥洼积水经久不干的现象中受到启发,回村后便在自家房前的石窝凼里进行了炸石开田试验,用分层铺垫法蓄住了水,创造性地解决了岩溶山区造田蓄水的难题。他们开春栽上秧,当年秋天都在各自的二分多地里收获了五六十斤稻谷,第一次吃上了自己在石旮旯里种出的稻米。工业文明的机遇与启迪,在与人们改善生活强烈愿望的交叉点上,碰撞出了闪兴的火花。

1984年初,刚走上村党支部书记岗位的何元亮,第一件大事便是及时总结推广三户党员的造田经验,并就山、水、田、林、路综合治理,在支部和村委中议定了初步规划,提出了“当槽开田,两山栽树,以粮安家,多种经营”的发展思路,决定依靠农户自己投工、投劳、投资,奋战五个冬春,人均营造0.5亩田,并把任务落实到农户和地块,由党小组和村民组负责督促检查。

面对恶劣的自然环境和贫乏的物资条件,大关人决心背水一战,劈石造田,开创惊天动地的伟业。

**1. 树立自力更生的主体意识。**

1984年秋冬,大关人义无反顾地点燃了向岩溶石山宣战的“开山炮”,开始了一场人类征服自然的生存较量。没有资金购置钢钎、铁锤、雷管、炸药,他们就省吃俭用,节衣缩食,卖生猪、卖鸡蛋,有的农户把下蛋的老母鸡,以至棺木也拿去卖。他们东拼西凑,从外地买来造田物资。后来连炸药也买不起了,又自己动手用硝铵拌和锯木屑自制土炸药。有的农户连土炸药也搞不起,就把柴草堆在岩石上烧,然后用冷水浇的办法使顽石炸裂,留下了令人叹为观止的“火烧田”。有的农户则采取在岩石上打眼,加进铁楔,再用大锤撞击震破岩石。大关人为造就生命线,想尽了一切办法,把自己的主观能动性创造性发挥到极致。从1984年至1990年,在没有国家资助的情况下,他们完全依靠自己的力量,用自己的劳力、经验和技术及微薄资金投入,造出了高标准农田,全村劈石造田达200多亩。

这一壮举,首先使全村自己基本解决了吃饭问题。在逐步解决温饱的同时,他们还立足本村自然资源,发展经济林木和养殖业,既保了水土,又增加了收入,并使生态环境得到了初步改善。在大关的变迁中,改造生存条件的第一动力,源出于主体需要。人力手工及原始工具同劳动对象的有机结合,之所以创造出巨大的生机活力与能量,也来源于大关人主体能力的充分激发。生产力要素中物的要素之特征与潜能的最大限度发挥,同样取决于主体意识的升华。在大关精神的内核中突出体现了自觉与自控功能的重要属性。这种强烈的主体意识,给生产力系统灌注了巨大生命冲动,强化了它的自行增殖能力,提高了主体的创新能力与发展能力,因而大大增强了自身的“造血”功能。这是大关人主体本质力量对象化的结果。

**2. 弘扬艰苦奋斗的创业作风。**

中华民族历来以勤劳节俭、艰苦奋斗作风著称于世。“艰难困苦,玉汝于成”,勤俭建国,艰苦奋斗的作风,是中华民族赖以生存发展的灵魂和支柱。这既是我们民族的优良传统,也是社会主义两个文明建设的现实要求。

大关人继承并弘扬了这一创业作风,克勤克俭,本着少花钱多办事,不花钱也要办事的原则,不怕苦,不怕累,吃大苦耐大劳,把体能体力发挥到最大限度。如前所述,他们为购置必备的造田工具和物资,省吃俭用,勒紧裤腰带,或干脆用原始的土办法。他们为了在岩石上造一块田,先要把石巷石窝中的泥土抠出来,堆放在一边,再用炸药或土办法把岩石炸开,大石块用来填坑凹、砌堡坎,细石碎石用来铺面,待用石头一块块镶紧并用黄泥夯实后,再将就地取出或他处找来的土铺上,厚度达二三十公分。在大关,泥土可谓贵如银,他们往往需从石槽石缝中抠取泥土达数米以至10多米深。为使新开的田有水灌溉,他们因势就简,修建了一座座蓄水池、小水窖,以积蓄雨水或点滴泉水,并用塑料管导引。如果把全村的引水胶管连接起来,总长度达150公里。大关人在12个寒暑的苦战中,累计投工51.9万个,炸开并搬动石头83万立方,抠取泥土15.6万立方,共造田1038亩,并使60%的农田有水灌溉,成为旱涝保收的稳产高产田。1996年人均粮食达到540公斤,比1980年增长3.15倍,不仅稳定地解决了温饱,还绿化了山坡,为脱贫致富奔小康奠定了牢实的根基。大关人艰苦奋斗的创业作风,创造了喀斯特石山地区的惊人业绩。

**3. 保持苦干实干的工作态度。**

艰苦奋斗的创业作风与苦干实干的工作态度是

紧密溶合在一起的。大关精神，贵在一个“干”字，干字当头，讲求实干，重在实效。他们不说大话空话，不搞形式主义，不摆花架子。无论上级领导看见与否，支持与否，表扬与否，都是一门心思埋头苦干。这种作风，源于“苦干光荣，苦熬可耻”，“与其饿死，宁可累死”的深层意识。

何元亮激励村民：“没有粮吃、没有肉吃、没有油吃怎么办？粮在山上，肉在山上，油在山上，苦干几年就有了！”把苦熬变成苦干，是生存方式和工作作风的根本转变。大关人认准了苦干才有出路，因而出现了党员干部带头干，一家带着一家干，一家比着一家干，以罕见的激情和毅力，奋战在劈石造田工地上，男人抡大锤，妇女掌钢钎，老少齐上阵，村中无闲人。为了抢时间，早见成效，他们白天干了还不罢手，晚上还就着月光继续干。没有月亮点油灯，没有油灯点柴火，甚至把烂胶鞋底割成条连成串点燃照明，形成了威武雄浑、战天斗地的壮观。

据估算，在这样的喀斯特石山里，每造一亩田，平均至少要劈开和翻动800立方石头，回填150立方泥土，投工400多个。其艰苦卓绝程度，是人们难以想象的。大关人正是以这种苦干实干的精神和作风，征服了一座座顽石，填平了一个个窝凼，造出了一块块标准水平梯田。千亩农田，完全是靠胼手胝足，一锹一土，流血流汗，顶风冒雨，实实在在干出来的。

**4. 锻造坚韧不拔的顽强意志。**

短时间的苦干实干已属不易，长时期的拼搏奋进则更难。大关人在岩溶石山里劈石造田，展开了一场人与自然力的殊死搏斗。长时间高强度的体能体力与物质消耗，并没有使大关人滋生厌战情绪而打退堂鼓，而是年复一年，连续作战，持之以恒，坚持不懈，百折不挠，排除万难，不达目标誓不罢休。

一位刚从部队复员退伍的年青人，被热火朝天的造田气势所感染，立即以饱满的热情投入开石造田，以致年三十、大年初一也不休息。由于精疲力尽，不慎在放炮时被炸瞎一只眼睛、炸断4个指头，但他只养伤1个月后，又抡起了开石的大锤。他所造的田，被称为“血田”而载入大关村的“史册”。一位60多岁的老农，带领女儿、女婿、外孙坚持开田8年，在造田中，手被外孙打锤误伤，他不仅无怨言，还说：“只要你们勤快开田，我很高兴，伤了也不怪你们，这是为子孙后代造福啊！”大关人正是凭着这种坚韧不拔的顽强意志，蚂蚁啃骨头的毅力，愚公挖山不止的精神，才使他们得到大自然丰厚的回报，柳暗花明又一村。

**二、描绘蓝图——两个文明一起抓。**

大关村党支部为彻底改变大关面貌，把大关建设成社会主义新农村，注意把劈石造田、发展经济的工作与精神文明建设结合起来，用理想激励和武装村民，用村规民约规范村民的行为，努力办好文化教育事业，提高村民素质。

**1. 把思想政治工作贯穿于农田基本建设过程中。**

精神文明与物质文明是相伴而行的。在大关要建设物质文明，首先必须解决温饱，摆脱贫困。要解决温饱就必须建设基本农田，向石山要田要粮。而要在岩溶石山地区造田种出稻米，又必须首先解放思想，超越传统，用理想激励和教育农民。在造田之初的农户户主动员会上，何元亮慷慨陈词：“金窝银窝不如自家的穷山窝，我们大关坡大石头多土层薄，可气候不错。只要大家动动脑筋，想想办法，不愁建不成米粮川、花果山！”有人嘀咕：“老祖宗都搞不好，我们有这能耐？”有的嚷嚷：“穷得叮当响，哪有钱开田？”何元亮说：“老祖宗不认，我们认，前人没有做的事我们也可以做好。去冬今春，李必先、李必兴、何光伦三家不分白天黑夜在地里盘，没花多少钱，不是盘出了三块稻田？我看就照他们的办法干！”还有的说，“祖宗八代都没有米吃，不也照样过？”何元亮说：“有了包谷想米吃，有了米吃想钱花，生活才能像芝麻开花节节高，越过越香甜！”他用浅显的道理说明了人类总得不断前进、发展，不能停留在原有水平的真理。他还让村民明白：大关千辛万苦，就苦在缺田少土上，过去虽也奋斗过，由于政策、体制不符，方法不对，路越走越窄。现在有了好政策，哪怕再苦干一代人，也不能让子孙再苦熬了！有条件要上，没有条件创造条件上！

经过反复讨论和有针对性的思想工作，终于使大家开了窍，打消了疑虑，克服了畏难情绪，统一了要干的思想。支书何元亮不仅在会上讲，还把思想工作做到农户家中。有一户农民，因劳力少，又总怕政策变，担心辛苦造出田来不归自己，因此仍迟迟不见行动。何元亮前后上门10余次，不厌其烦地讲明政策耐心开导，终于解开了疙瘩，全家老少齐行动，争分夺秒去造田，全家6口人共造了9.8亩，打下的粮食吃不完，还拿到市场出售。前述那位复员退伍的年青人受重伤后，新婚不久的妻子欲离他而去，失明多病的老母急得直哭，他认为这辈子算完了。一道阴影顿时笼罩在村民心中。一些农户开始犹豫观望，按兵不动。何元亮不仅亲自请来医生为其诊治，亲切地安慰开导，又做通了他妻子的工作，打消了离异的念头。何元亮还组织村民帮他家开田，使这位年青人感激不已，只养伤一个月就继续投入战斗，由于表现突出，后被吸收加入了党组织。

**2. 制定村规民约，控制人口增长，规范村民行为。**

党支部意识到，大关过去之所以贫困，除了自然环境、缺乏基本农田外，与人口过快增长直接相关。要改变这种状况，并避免在劈石造田后被人口增长所抵消，必须严格控制人口增长。为此，他们除了严格执行中央、省、县的有关规定措施，1992年村委会在村规民约中特别加上一条：每领取一个准生证的农户必须营造一亩田，并定期检查监督。这一举措，有效地控制了人口增长。从那时以来，全村未出现一户超生户，人口自然增长率控制在8‰以内，大大低于罗甸县规定的12‰的指标。

为了搞好全村社会治安，创造农村建设的良好社会环境，大关村进行了社会治安综合治理，并在村规民约中对偷盗行为及其他危害社会安定的违规违纪行为，作出了处罚的硬性规定，把遵纪守法，遵守村规民约，作为村民必须共同遵循的行为规范。订立村规民约不久，发现有两个青年偷采他人种的杜仲叶，村委会严格按村规民约给予处罚，做到令行禁止，从此杜绝了偷盗歪风。

与此同时，大关党支部重视把治穷与治愚结合起来，努力办好教育事业，以提高人口素质。1986年，大关小学仅有几十名学生，随着全村温饱问题逐步解决，他们在还不富裕的情况下，设法改善办学条件，维修与扩建校舍，配齐教师和设备。发动教师到农户家中动员他们的子女上学。至1996年，大关小学已有400名学生，成为石山里一所完全的中心小学，全村适龄儿童入学率达96%以上。

**3. 加强基层组织建设，发挥党支部的战斗堡垒作用。**

为了改变生存环境，摆脱贫困，带领乡亲们走上致富路，把自力更生、艰苦奋斗的精神保持和发扬下去，建设社会主义新农村，大关党支部非常重视基层组织建设，充分发挥班子的战斗堡垒作用和党员干部的先锋模范作用，同时加强村委会、经济组织、团支部及妇代会等群众组织的配套建设。

由于历史原因和特殊的地理环境，大关住户十分分散。在缺乏现代通讯设施的情况下，党支部利用每周的赶场天，召集支委、村委互相通报情况，研究新问题，总结新经验，部署新任务，要求党员、干部带头，率先垂范。在劈石造田最艰苦的日日夜夜，支委和村委们为全村购置和分配造田物资而四处奔忙。尤其是年过半百的支书何元亮，更是身先士卒，任劳任怨。有人问他："这样辛苦为哪样?"他说："我当村干部一天，就要为大家服务一天!"领导就是服务，在大关得到了生动体现。大关党支部坚持每季度定期召开一次党员大会，传达、学习上级文件，开展批评与表扬，检查落实支委包组、党员包户的进度与存在问题。党支部十分重视党员的思想建设与组织建设，在发展党员时，坚持党员标准，把入党申请人在劈石造田、建设乡村的现实表现，能否脱贫并帮助他人脱贫作为重要衡量标准，把一批造田表现好、观念转变快、有文化、有干劲的年轻人发展入党。全村由1984年的14名党员，发展到1996年的34名党员，增添了党组织的新鲜血液，增强了支部的战斗力。

大关村在10多个寒暑的战天斗地中，人们劲头不减，精神不衰，使山村巨变，主要靠了党支部这根主心骨和党支书这个领头雁。在支书何元亮家中，有一副群众送的对联："事事从实际出发，处处为村民操心。"道出了大关共产党人的情怀和群众对带头人的称赞。在村民的吃饭问题逐步解决的同时，村党支部为了扩展大关与山外的联系，率领全村党员和青壮年在陡峭的石山中，劈山开路，仅用一个多月时间就拓展了一条2.5公里联接山外的公路。大关劈石造田最先行动的是共产党员，在劈山修路中站在最险要地段施工的也是共产党员。他们用十几年如一日的模范行动向党交了一份合格答卷，用自己的先锋作用实践着具有大关特色的新农村道路。党支部书记何元亮先后被评为全国劳动模范和以工代赈先进个人。大关村党支部曾先后7次被评为罗甸县先进基层组织，6次被评为黔南州先进基层党组织和文明单位。1994年大关被贵州省委、省政府命名为全省文明单位。1995年大关党支部又被省委授予"先进党组织"的光荣称号。

## 三、持续发展——昂首走向新世纪

大关人在12年里劈石造田千多亩，并配置了蓄水池、小水窖，栽种了适宜当地生长的杜仲、黄柏、椿树等经济林木205万株，修通公路6公里。全村消灭了杈杈房，并由群众集资10多万元，解决了7个村民组180户的照明用电。随着农业生产条件的改善，经济林与养殖业的发展，全村的物质文化生活发生了前所未有的变化。在安装了广播电视地面接收站后，黑白电视机和彩电业已开始进入大关农户。村里还购置了17部电动机械，筹建为群众生产生活服务的加工业。全村由12年前人均产粮130公斤、人均收入50元，猛增到1996年的人均产粮540多公斤、人均收入800元以上，使这个昔日麻山深处的极贫村，一举越过温饱线，摆脱了贫困。

1991 年，何元亮作为贵州 8 位全国劳模代表在遵义受到江泽民总书记的亲切接见后，他并未为大关的荣光而陶醉，而更加感到肩上责任重大。他又给自己和全村党员再压担子，尽快把大关从解决温饱的基础上推向小康，赶上全国奔小康的奋斗目标。他们要力争到 2000 年实现具有大关特色的“五个一”工程，即一人一亩稳产高产农田，一人一千斤粮食，一人一年出售一头商品畜，一人一千株经济林木和一人一千元钱，绝不在大关留下一户贫困户。

在上级各部门的关心支持下，大关村的各项公益事业建设已全面启动。村办公楼和党员活动室业已竣工。大关市场、教师宿舍、卫生院、新的地面卫星接收站及程控电话等正在建设之中。党支部计划在基本农田达到人均 1 亩后，将有组织、有计划的派青壮年到外地打工，以扩大眼界，解放思想，促进全村向社会主义市场经济转变。随着大关公路建设的不断延伸，为便于全村两个文明建设，一项村内移民聚居计划，正在实施，准备用 5—10 年左右时间，把全村 240 多户相对集中在 10 多个自然村寨和居民点内。

无论从人们物质文化生活水平的提高，还是从自然环境经整治改善而有序，大关已经成了贵州省麻山岩溶地区的第一村！

（吴承旺　史昭乐）

## 团结拼搏创新业<br>文明建设结硕果

东阳市南马镇花园村地处东阳市南部的黄土丘陵地带，离东阳城区 20 公里。现有农户 163 户，471 人，187 亩土地。全村共有共产党员 21 名，建有集团公司党委，五个支部。近几年来，花园村人尽情沐浴改革开放的春风，在村党支部书记邵钦祥一班人的带领下，团结拼搏，勇于开拓，把昔日“草棚泥房穷人家、担盐捉鱼度生涯”的花园村，建成了今日工业发达、人民富裕、环境幽雅、民风淳朴、充满朝气的社会主义新农村。1996 年花园村工农业总产值达 3.6 亿元，利税 3000 万元，村民人均纯收入 9126 元。花园村先后获得了“省级村镇建设文明单位”、“省科技星火示范村”、“省先进基层党组织”、“中国名村”、“省小康示范村”、“全国模范村”、“全国文明单位”等荣誉 50 多项。一个个光荣称号，一顶顶桂冠，代表了花园村两个文明建设的成功。

### 一、村领导班子坚强有力，配套组织健全

花园村的成功，主要是有一个团结、创新、优化、颇具号召力和经济调控能力的领导班子，更有一个不断开拓，勇于拼搏、乐于奉献、走共同富裕的带头人——邵钦祥。

花园村实行党、村、企的统一领导的体制。邵钦祥任花园村党支部书记、花园集团董事长、总经理、党委书记，其他几位领导成员也都身兼数职，实现领导班子的精干高效。同时任人唯贤，不搞家族制、不织关系网，大胆选拔使用能人强人。村党支部十分注重自身建设，班子成员带头勤政廉政，半月一次的“党员学习制度”、一月一次的“民主生活会”，十多年来，从不间断，集团党委还坚持一季一次“党委扩大会”。积极培养发展新党员，增添新鲜血液。在双文明建设中，党员干部都能以身作则，讲团结、讲奉献，积极发挥带头示范和先锋模范作用，1982 年以来未出现党员干部违纪事件。例如在完成生产任务、旧村改造、文明建设等工作中，都能起带头作用。村党支部书记邵钦祥乐于奉献、带领群众致富，更是为众人普遍称道。1984 年邵钦祥将自己产值 260 万元，利润 50 万元的花园服装厂，无私献给集体，1994 年，有关部门领导建议把村办的花园集团的资产量化到个人，实现由经营者控股改革，但邵钦祥没有这样做，不想做亿万富翁，他说：“企业资产是大家共同创造的，只能用于让大家走上共同富裕的事业上，使花园村真正成为文明富裕的社会主义新农村是我终生的追求。”

党支部也充分注重发挥共青团、民兵、妇女、工会等群众团体作用。各团体组织健全，分工明确，各司其职，负责抓好宣传、文艺演出、治安、计划生育等工作，并积极开展“希望工程”、“民兵孝心榜”等活动，充分发挥助手的作用，为两个文明建设作出应有的贡献。

### 二、经济建设如日中天，工农贸共同发展

80 年代，花园村紧紧抓住改革开放之东风，及时将中心工作转移到经济建设上来，经过十多年的努力，走出一条村企合一，农工贸综合快速发展的新路子。

1981 年 10 月，邵钦祥兄弟俩与老支书三人各筹 3000 元，创办起花园服装厂，1984 年将服装厂转为村办企业，并陆续办起砖瓦厂、吹塑厂、甜菊甙等八家村办企业。1991 年 10 月，以此为核心，联合 46 家户办、联办企业组建东阳市首家村级工业公司，建成占地 24130 平方米，建筑面积 15600 平方米，及现代化生产、生活、办公、娱乐为一体的第一工业区。1992 年根据邓小平南巡讲话精神，抓住机遇，加快发展，于 1993 年组建浙江花园工贸集团，并以此为

契机，实施先人一步、快人一筹的科技兴业发展战略，不断进行产业结构调整，全面开发高科技、高附加值产品。先后与浙大、杭大、浙医大、浙工大、中国管理科学院、中国科学院感光化学研究所等单位建立牢固的产、研、科协作网络。去年开始投资12000万元，与浙江大学联合生产4—8英寸微氮保护生长集成电路单晶硅。今年在北京征用10亩土地投资1000万元建立花园高科技工业园区。首先在园区开发的项目是与中科院感光研究所共同研究开发高科技产品维生素$D_3$，第一期投入3000万元，于10月底投产运行，目前形势十分看好。花园村十分重视人才的培养和引进。为筑巢引凤，建立了供科技人员居住的小康住宅50套，扩建了花园式宾馆和供高科技人员居住小别墅12幢，在北京建有三室一厅专家楼20套。并制订一整套引进人才的保障制度、竞争制度和激励制度，以最大限度地调动人才的积极性。通过内培、外引等手段，目前，花园集团已拥有各类人才200多人，形成素质较高的企业家、营销、管理、技术四支队伍。1993年开始，花园集团走产品经营和资本经营相结合的路子，今年又组建股份有限公司，争取股票公开发行和上市，逐步规范法人治理结构，建立健全科学的现代企业管理制度。花园从一家服装加工厂起家，采用"母鸡孵小鸡"、"滚雪球"的滚动发展方式，不断扩大规模，不断发展壮大集体经济，经济效益迅速提高，经济发展如日中天。1981年产值只有5万元，而1996年工农业产值达到3.6亿元，"八五"期间每年利润增长率达62.7%。

在"以工扶农"的思想指引下，花园的农业也有长足发展。几年来，先后投入160万元兴建电灌和渠道工程，安装发电机组，进行农田水利基本建设，使187亩耕地全部成为自如灌溉、旱涝保收的丰产田，平均亩产达910公斤以上。同时积极发展农业多种经营，目前粮食、花木、水产等专业化、集约化经营已初具规模。1990年起，扶农、贴农成为制度，农业税定购粮任务全由村承担、水电费、大田承包款等各项提留全部免交，为农业全面推向市场创造条件。

花园村在工农业同步协调发展的同时，第三产业也日渐兴旺，村内商店、录像厅、小卖部、宾馆等服务行业不断扩大，生意红红火火，花园经贸公司和正在拟建的花园工贸进出口公司将促使花园的贸易再上台阶。

花园村建立健全双层创新、风险承包、内部审计、财务等制度，有一套严格的科学的企业管理机制，使全村经济健康有序发展。

集体富带动个人富，村级经济的不断发展壮大，使花园村实现了共同富裕。1996年人均纯收入9126元，家家住上了新房，户户使用煤气灶。95%以上农户有彩电、60%以上农户有空调、摩托车、热水器等高档商品，目前全村有摩托车80多辆、汽车18辆，人民生活水平不断提高。

**三、村庄建设日新月异，投资环境大为改善**

为改善落后的村容村貌，花园村针对全村人均只有0.39亩土地的实际，制订了"全面规划、合理布局、整体拆建，分步实施"的村庄建设方案。邀请杭州大学城市科学和区域规划系，用半年时间对全村规划作勘察设计，整个规划分居民区、职工生活区、农副区，村北、村东、村南工业区，商业区七个部分。首先投资150万元完成机耕路拓宽改建，主干线水泥路面建设，路灯安装，民用电线架设，自来水管道和污水管道埋设，以及综合活动楼、理发室、公厕、池塘等公用集体设施的规划建设。然后采用每户自筹资金和集体补贴的方式进行旧村拆建。1988年开始实施的第一期工程，拆除49户122间旧房，安排51户新建楼房216间；1994年开始实施的第二期工程，拆除86户198间"祖宗屋"，安排新建83户357间楼房，当年全村拆建完成。旧村改造，花园村共投资560万元，对经济困难的给予特殊补助，最高补贴额达22000元一间，"五保户"由村里优先予以安排。旧村改造使花园村布局合理，井然有序。

花园的基础设施逐年得到改善，几年来，先后投资150万元，改进小学校舍、安装发电机组、创建起幼儿园、两委活动中心；投资9000多万元相继建起各类文化活动设施、第一工业区和第二工业区的新办公大楼、新厂房、新宾馆，在南马至花园村和第一工业基地至第二工业基地分别安装路灯，更新电话总机，建起三幢宽敞舒适的"专家楼"和职工宿舍。

目前，花园村一排排三层以上新居、别墅前后间距6—11米，整齐划一，红瓷砖贴顶，白瓷砖贴墙，铝合金蓝色玻璃门窗，生辉相映。住宅四周都设有花坛，种有花木，阳台各式盆景尽显神韵。村中11米宽的主干道两旁白玉翠柏交叉相间，池塘、亭台楼阁巧布其上，新颖别致。村办有苗木苗圃场，成立花木绿化组，由该组负责种草养花，做到基建到哪里，绿化到哪里，使一年四季鲜花不败。目前全村四周建起亭角，种有花木。近年来，绿化投资共达50多万元，栽种花树12万多株，新铺绿地920万平方米。为保证村里的清洁卫生，村里专门组成一个16人组成的保洁员队伍，负责清运垃圾、打扫厂区、村庄公共场所的卫生。全村道路宽敞整洁，无露天粪缸，无乱堆乱放垃圾，卫生改厕率、家庭整洁率都达100%。

### 四、精神文明建设常抓不懈，文明之花愈开愈艳

花园村在集中精力抓物质文明的同时，十分重视精神文明建设，经常对广大村民进行政治思想、道德品质和法制教育，使大家爱党、爱祖国、爱花园、遵纪守法，争做"文明农民"，并以"团结、拼搏、务实、创新"作为花园精神，激励广大村民不断创新，不断前进。

花园村以社会风气净化人，党支部经常开展"不乱扔乱吐，不说粗话脏话，不赌博，不迷信，不损坏公物，不乱贴乱画，不打人骂人"等"七不活动"。每年进行"文明村民"评比，1996 年评选出"文明村民"320 人，占村总人口的 80%。由于花园村精神文明建设常抓不懈，形成了"无违章建房、无违反计划生育、无封建迷信、无盗窃、无赌博、无辍学儿童、无拖欠上交款、无民事纠纷、无刑事案件"的"九无"良好村风民风。有一位江西打工者说："花园环境好，治安风气好，人心好。我们在花园村打工四五年了，从没有过斗殴、赌博。在这儿我们外地人已变得文明了。"花园村人跟党走不信佛，没有建造寺观庙宇，坚持集中建造墓地。

花园村以文化生活陶冶人。村里相继投资建立起电影院、卡拉 OK 舞厅、棋牌室、老年活动室、溜冰场、闭路电视、有线广播等设施，为村民业余文化生活和娱乐活动提供阵地。去年还为每家每户订了《金华日报》、《东阳报》，并定期出版黑板报宣传党的方针政策、法律知识，大力表扬好人好事，弘扬奉献精神。每逢节假日，采用自编自排或邀请文艺演出队来村举行文艺汇演。平时经常举办篮球、乒乓球、拔河等有意义的文体活动，承办金华市首届农村先进党支部乒乓球比赛。健康、文明向上的文化生活，使村民和员工消除人生"空虚"感，其乐融融。

花园村在共创共富的基础上，推行共享：全村少年儿童入学入托均予免费；60 岁以上的老人可享受每年 700 斤口粮、600 元生活费补贴；为 1 至 50 岁的村民支付养老保险金；每个大、中专、高中生分别享受每学期 150 元、100 元、50 元不等的补贴；设立奖学奖教基金会；为 90%以上的家庭供应工作餐；每周免费放电影两场；舞厅、卡拉 OK 厅免费开放；给村民免费发放洗澡、理发福利卡；水泥路通到每户门口；闭路电视、自来水集体安装；集体办有养殖场，逢年过节为各农户免费供应定量有余的鸡鸭兔肉和蔬菜水果；为各农户代交税收、水、电等各种费用。

### 五、建设幸福美满文明的社会主义新家庭

随着花园村两个文明建设的富有，花园村家庭生活也发生了深刻的变化。

花园村干部深深懂得：社会是由一个个细胞——家庭组成的，如果每个家庭富有、充满健康文明的生活，每个家庭成员奋发向上，那么全村、全社会的大家庭也就充满了生机。十多年来，花园村两委会十分重视社会主义新家庭的建设。经常对村民进行热爱家庭、热爱集体、热心公益事业、遵纪守法、和睦邻里、努力工作、刻苦学习、勤劳致富、共同致富的教育。使每个家庭成员增强平等民主意识，养成尊老爱幼，见义勇为，乐于助人，勤俭持家，文明、健康、科学的良好习惯和风气。努力做合格的爸爸、妈妈，模范丈夫、妻子，好儿女。

花园村党支部经常开展创"五好文明家庭""遵纪守法家庭"，"红花绿叶"、"文明村民"等竞赛和评比活动。针对每个时期的中心工作，如"计划生育"，创建"五好文明家庭"等，建立党员联系户；编制了简明易懂易记的"五好文明家庭"格言；把"五好文明家庭"标准和"家庭成员行为规范"送上门。1996 年全村共评出"五好文明家庭"124 户，占全村的 80%；评出"红花绿叶"好夫妻 112 对；"文明村民"320 人。全村自 1986 年开始没有出现过违反计划生育，没有离婚夫妻，没有刑事案件，没有涉黄、没有吸毒、没有打架家庭。全村有 12 人上大学，18 人上中专，16 人上高中，自 1984 年开始，花园村九年义务教育普及率达到 100%。

要村民做到的，首先自己做到，要其他干部做到的首先一把手做到，村党支部在两个文明建设中如此，在社会主义新家庭的创建过程中也是如此。身为集团公司董事长兼总经理、公司党委书记兼村党支部书记的邵钦祥，他的家庭建设，在改革开放的今天最令人关注，但也是最令人赞叹。邵钦祥一家年年被评为"五好文明家庭"。从南马镇到东阳市、金华市、到省里各级领导，从一般的参观者到报社、电视台等新闻单位同志，凡到过花园的，在参观、考察之余，都要看看邵钦祥的爱人龚爱花，都要到他家作客，也无不为龚爱花的热情好客所感激，也无不为邵钦祥夫妻俩相敬如宾所感动。邵钦祥 80 高龄的老母亲已于去年去世。母亲健在时，邵钦祥和爱人龚爱花坚持常年如一日给老人家送茶送饭送果点，隔天给老人家梳头，每周给她换衣洗涤、擦背，堪称花园村第一孝子和贤媳妇。邵钦祥夫妻相敬相爱，除了公务出差，每日工作之余都在家团聚，享受天伦之乐。龚爱花也十分体贴和支持丈夫的事业。她除了照顾孩子上学，老太太起居，家庭管理外，还当任公司妇联主任、宾馆的副经理。尽管家庭内外都很忙，但她从无怨言，对丈夫的事业如同爱情一样给以默默的奉献。因而

最受花园村广大村民和公司职员的尊敬。邵钦祥是一个孝子，是一个模范丈夫，同时，也是一个合格的爸爸。他经常以自己办企业需要高科技人才的体会，勉励孩子们刻苦学习，以自己共同致富，为人民服务的世界观，价值观，人生观要求女儿。因而他的两个女儿邵君芳、邵建芳分别考上了中国人民大学和重点中学。

像邵钦祥这样的新家庭，在花园村不下几十户。邵宏强一家四世同堂、上辈、下辈和睦相处十多年如一日。他家历来有二条纯朴家规，一是妻子不孝敬长辈的不娶；二是家庭成员不得参赌。纯朴的家规奠定了邵宏强一家物质、精神两富有的基础。邵宏强兄弟三人都从事建筑工程的承建工作，积累了上百万的资本，建造了两幢五层、六层的大楼，自己富了还无私支持同邻的困难户，兄弟亲自团结，妯娌和睦，使人敬佩。

面对成绩踌躇满志，面对将来信心百倍。花园村争取在2000年实现“116622”工程：即工农业总产值10亿元，实现利税1亿元，外贸交货值6亿元，高科技产品占总产值60%，人均纯收入2万元，科技人员占总职工人数20%。继续倡导科学、文明、健康的生活方式。如今花园村人又在邵钦祥同志为核心的领导班子的带领下，以党的十五大精神为契机，精诚团结，踩足油门，奋力拼搏，开拓创新，为实现“九五”规划和“2010”远景目标，为实现经济的再次腾飞，为促进社会主义新农村建设的再上台阶而努力奋斗。

（浙江省东阳市南马镇花园村集团公司党委）

# 六、工商企业

## 一条持续、快速、健康的发展道路

双汇实业集团有限责任公司，是以漯河肉联厂为核心而组建的集团公司。自1984年以来，它由一个负债累累、濒临倒闭的弱小肉联厂，按照“肉业领先、多业并举”的发展战略，大力改革体制，转换机制，强化管理，迅速发展壮大成为一个集科、工、商、贸、农于一体的跨行业、跨地区、跨国度经营的国家大型一类企业、中国规模最大、效益最好的肉类加工企业。1996年，双汇集团实现销售收入24.6亿元，完成利税2.2亿元。与1995年相比，分别增长了20%和6%。

双汇的成功，最重要的就是抓住改革开放的有利时机，坚持以市场为导向、以经济效益为中心，不断总结探索社会主义市场经济规律，走出了一条持续、快速、健康的发展道路。

**一、抓住机遇、调整结构，向规模要效益**

双汇集团是在漯河肉联厂基础上发展壮大起来的。始建于1958年的漯河肉联厂，在计划经济体制下，企业发展滞缓，长期处在设备简陋、产品单一、机制僵化、运作无力、人心涣散、连年亏损的不景气状态。到1984年，企业不仅没有给国家上交过一分钱的利润，而且亏损额累计达546万元，超过了固定资产原值468万元，企业资不抵债。

改革解放了中国社会的生产力，推动了社会经济的发展。1984年，漯河市委、市政府决定把肉联厂作为改革试点，实行自负盈亏、自我发展。1984年7月，由职代会选举，组成了以万隆为厂长的新领导班子。面对企业的重重困难，领导班子认识到：打开困境仅靠“杀猪卖肉”不行，只有调整产品结构在深加工上做文章，把发展方向同地域农业优势结合起来，才能尽快形成产业优势和规模效益。于是，他们首先进行了三个方面的改革：一是把职工的工资与效益结合起来；二是干部队伍实行能者上、庸者下；三是改革计划经济体制，议价收购生猪。通过改革，极大地调动了干部职工的生产经营积极性，改革第一年，企业实现扭亏为盈。随后，漯河肉联厂根据国内外市场的变化，主动参与国际竞争，抓住外贸出口的机遇，发展多种经营，先后开发了乳猪、出口冻猪分割肉、牛肉等，产品出口到原苏联、东南亚等地。到1990年，企业年出口创汇2300万美元，成为全国最大的肉类出口生产厂家。

市场是不断变化的。一个企业要想在市场经济条件下实现高速发展，必须不断调整产品结构，适应市场、占领市场。1991年，苏联解体，产品销售市场

80%在苏联的漯河肉联厂再次被推到了生死存亡的关口。用什么样的产品拯救企业再渡难关呢?他们果断地选择了上火腿肠项目。上这个项目对他们来说有很大的风险:一是他们长期搞出口生产,企业在国内知名度不高,又没有销售网络;二是火腿肠主要生产设备、包装材料全部依赖进口,技术复杂、投资巨大;三是当时洛阳、郑州等几个肉联厂已捷足先登,市场已搞得红红火火,再上一个同类产品,无疑是夹缝中求生存。但是,他们经过调查分析认为,火腿肠这个产品尚处在发育阶段,远未达到成熟期。于是他们决定:要上,动作必须要快,规模必须要大,质量必须要好,要占有市场的一席之地,要量大势猛地去抢市场。他们干起来了。他们要"干出个产品第一流,干出个企业第一流,干出个全国第一流!"他们不惜砸进去全部家当,一次性引进十条生产线。双汇火腿肠上马后,全厂上下总动员,全员抓质量。各部门围绕出产品、上质量、占市场这个总目标,全力以赴。从项目报批到第一批火腿肠出厂,用了不到半年的时间。为了打开火腿肠销路,厂主要领导带领公关人员南下北上,到各地召开新闻发布会,并要求销售人员"踏遍千山万水,说尽千言万语,历尽千辛万苦",一定要把双汇火腿肠迅速推向全国市场。经过销售人员半年的努力,"双汇"就在全国广大市场上占稳了脚跟。为了不断提高市场占有率,在随后的几年里,他们不断扩大生产规模,迅速把生产线扩大到100条,实现了规模经营和规模效益,产品在全国的市场覆盖率迅速提高到40%以上。

自1984年以来,双汇集团始终坚持大胆改革,科学决策,大干快上。企业目前已经进入到具有社会主义市场经济特征的现代化企业的行列。目前双汇集团拥有职工7000人,其中,中专以上各类专业技术人才2000人,企业总资产14亿元,净资产6亿元,拥有世界一流、设施先进完善的肉制品加工大楼。企业不仅在国内建立了46个销售办事处和遍布全国480多个大型批发商组成的销售网络,而且还在五个国家和地区设立了五个海外分公司,年进出口贸易额达5亿元。双汇集团还吸收了13个国家和地区15家外商投资,总额达3.2亿元,形成了以肉食精加工为主,医药、化工、塑料、罐头、贸易等产业共同发展的国际大型企业。在国家经贸委、国家统计局发布的"1995年度中国最大工业企业综合评价500优"排序中名列第107位,列肉食行业和国内贸易系统工业企业第一位。1996年,双汇火腿肠的年销售量达到16.5万吨。

**二、依靠科技和人才,实现集约化经营**

科学技术是第一生产力,谁拥有先进技术,谁就能在竞争中抢占制高点。双汇能够在激烈的竞争中取胜,正是多年来坚持不懈地加快技术改造,不断提高产业技术水平的结果。

"七五"期间,双汇集团围绕生猪、活牛屠宰加工,进行了出口分割肉车间改造、生产线扩建等十多项技术改造,企业年产值由1000万元上升到1亿元。"八五"期间,双汇集团围绕产品结构调整和新产品开发,大力进行技术引进和改造,先后投资4.84亿元,从日本、美国、德国、意大利等国,引进了具有九十年代国际先进水平的生产线85条,完成了2万平方米肉制品大楼、万吨冷库、铁路专用线、万吨提水工程、双回路供电线路等35项大的技术改造;1995年又引进了PVDC生产线、骨素生产线、方便面生产线、纸箱生产线等,使企业年产值由"七五"末的1亿元上升到"八五"末的20亿元,经济效益增长了近20倍。

同时,双汇集团还不断加大科研投入,立足长远发展,先后耗资1000多万元,建起了一个目前科研技术设备国内一流的食品研究所,建立了高素质的科研人员队伍。食研所的设立,每年为企业创造的经济效益达数亿元。

双汇集团在技改过程中,始终坚持"高起点、上规模、高速度、高效益"的原则,做到当年投资、当年建成投产、当年见效,以最快的速度发挥最大的效益。在技改实践中,双汇集团坚持先进性与实用性相结合,吸收引进与自我开发相结合,算技术帐与经济帐相结合,避免了技术改造和引进中的盲目性,使新上项目上一个,成功一个。

由于在技改工作中决策准、起点高、实施快、效益稳,双汇集团不仅实现了经济增长方式向集约性经营的转变,而且还取得了显著的经济效益,使技改工作成为集团发展的强大推动力和生产力。

经济的发展靠科技,科技的进步靠人才,人才是科技的载体。双汇集团在大规模地进行技改的同时,认真实施人才战略,创造双汇人才优势,促进了经济的发展。1984年前,漯河肉联厂职工队伍中具有大中专以上文化程度的只有12人,没有中级职称人员。随着企业经济的高速发展,大量先进技术设备的引进和高科技产品的开发,仅靠原有的职工队伍已不能适应企业发展的需要。双汇经济飞速发展,必须有大批人才做前提,必须用高科技人才的智慧和勤劳的双手托起双汇经济腾飞的翅膀。这是双汇人的共识。于是,他们通过大批招收国家统配的大中专毕业生、接收军队转业干部、面向社会招聘三种途径,广纳贤才。双汇集团先后从西安交大、南开大学、哈尔滨工大、天津商学院等20多所高等学府,引进2000多名大中专毕业生,招收128名复转军人,从社会公开招聘了30多名高级管理和技术人才,涉及到食品加工、畜牧兽医、化工、机械、计算机应用、营销管理、外经外贸等十多个专业。这些不同层次、不同专业的人才分布在企业的生产、科研、销售、外贸等各个环节和部门,成为企业的中坚力量。目前,双汇集团已拥有大中专以上文化程度的技术人员2000多名,占职工总数的30%,是1984年前的170多倍。对于人才,公司十分注重培养、选拔、重用,对贡献特别突出者,予以重奖。1995年以来,企业还出资300万元,派出40多名专业技术人员赴德国、日本、加拿大学习。这些措施的出台,极大地调动了知识分子干事创业的积极性,为双汇经济的腾飞插上了成功的翅膀。

**三、优化资本结构、振兴民族工业**

资金是现代企业发展壮大的一个重要因素。1993年,全国火腿肠市场大战愈演愈烈,企业要提高竞争力,就必须扩大规模,增强实力。为此,必须注入大量的资金。双汇集团在自身积累资金不足的条件下,走出了一条合理引进外资、盘活存量,实现资本优化的路子。

1993年同台商合资引入50万美元,1994年双汇又以1.27亿元的固定资产为股权,同香港两家公司合资,引资1.27亿元,企业资产翻了一番,成为当时肉类加工行业在国家工商局注册的最大的合资企业。1995年,再与多家外商合资,引入外资2亿元,建起了7家现代化合资工厂,使公司资本实现了二变四、四变八的几何级数扩张。1993年至今,双汇集团先后吸引13个国家和地区的15家外商投资,外资总额达3.2亿元,共建立了8个合资公司。这些合资公司的组建,进一步扩大了双汇集团的规模,壮大了双汇集团的实力。

在合资过程中,双汇始终处于主动地位,努力承担起振兴民族工业和保护民族工业品牌的责任,科学恰当地处理“我掌权”和“用我品牌”两大问题。双汇集团从开发生产到合资,始终注重固有品牌的宣传,努力创造中国名牌,创造世界名牌。“汇集世界高科技,汇集世界新工艺”,双汇火腿肠被评为“全国用户满意产品”,使“双汇”商标的无形资产迅速增值。经国家权威部门评定,1996年“双汇”品牌价值已高达15.18亿元,列全国同行业第一名,中华民族名牌产业在与海外集团的合作中不断发展壮大。

兼并联合,也是盘活国有资产存量,优化资本结构,加快改革步伐,实现企业快捷发展的重要途径。1994年以来,双汇先后吸收兼并了漯河罐头厂、塑料厂,舞钢市肉联厂,组建了双汇实业集团有限责任公司。对于兼并企业,双汇集团采取了“换班子、给牌子、注资金、让市场”的管理模式,使被兼并联合企业全部扭亏为盈,焕发出勃勃生机和活力。

**四、拓宽国内外市场,构筑“大市场、大流通、大外贸”的经营格局**

市场是企业赖以生存的基础。在社会主义市场经济条件下,双汇集团始终坚持以市场为导向,不断总结市场规律,拓展销售网络,以销定产,使企业在竞争中日益强大。目前,双汇不仅发展成为国内销售市场的“大哥大”,而且还在国际市场上拥有了一席之地,初步构筑了大市场、大流通、大外贸的新格局。

从1984年至今,双汇集团始终两眼紧盯市场,围绕市场需要不断调整产品结构,开发新产品,上新项目。先后开发生产了各类肉制品、方便面、生化药品、PVDC肠衣、天然调味素、纸箱等30多种产品100多个种类,这些产品在不同时期都较好地适应了市场需求,促进了企业的发展。其中最为成功的,是1992年至今一直成为主导产品的火腿肠。

在开辟市场实践中,双汇集团建立了一支强大的销售队伍。他们以大中专毕业生为主,熟练地掌握市场营销理论和策略。他们在搞好销售的同时,及时把市场信息反馈到公司,使公司通过微机及时处理和有序传递,为正确决策提供准确依据。目前,该公司的销售队伍已有近200人,分布在全国46个办事处,和全国480多个大中型批发商结成了命运共同体,形成了全国一盘棋的销售网络,在市场竞争中显示了强大的威力。正是有了这个行之有效的网络,双汇火腿肠已由1992年销量一万吨,扩大到1996年销量16.5万吨。如今,双汇方火腿、方便面等系列产品,也通过这个网络迅速快捷地走俏市场。

国际市场的开发,是双汇集团实行经营国际化的战略措施。1994年以来,双汇集团先后在香港、莫斯科、洛杉矶、越南胡志明市、荷兰鹿特丹建立起了五个海外公司。到本世纪末,双汇集团计划发展到十个海外公司,并与100个国外大公司、大财团建立广泛的业务联系,依靠进出口自营权的优势,并通过已获取的ISO9000质量认证扩大出口,提高贸易质量,参与国际竞争,在国际市场上不断提高民族工业的地位。

**五、强化管理,不断提高企业整体素质**

凡是发展良好的企业,都有一个精诚敬业、勇于开拓的带头人和领导班子。双汇的领导班子是一个团结务实、高效廉洁、勇于开拓的领导集体。他们在政治上一心为公、经济上清清白白,在市场经济大潮中,他们为了企业的生存和发展,不断调整产业结构和产品结构、不断开拓销售市场,促进了企业不断发展壮大。勤政是这个领导班子的工作作风,他们没有星期天、没有节假日,常常是顶着朝霞来,披星戴月走,形成了加班加点无怨无悔。正是这样一个以身垂范的领导班子,一级带着一级干,一级做给一级看,使干部在企业员工中享有崇高的威信,保证了企业各项改革政令畅通,步调高度一致。

大胆改革人事制度,对干部实行聘任制,能者上、庸者下,不搞下不为例,推行就地免职制度;对工人做到能进能出。动态的用人机制增强了干部职工的危机感和紧迫感。正是这种用人机制,把干部职工的利益和公司的命运紧紧地联为一体。

对知识分子的管理,是双汇集团管理工作的核心和重心。自1984年以来,双汇集团从多种渠道引进了2000多名各类人才,他们是双汇的财富,是双汇发展的中坚力量。对于这些人才,双汇为他们提供施展才华的机会和条件、放手使用,使他们在振兴双汇经济中建功立业。同时,双汇集团还制定了旨在提高知识分子业务素质的倾斜政策,如出国学习、奖励等等,极大地激发了知识分子的事业心和奉献精神。

在职工中推行合同化管理,实行全员劳动合同制,用合同形式明确双方的权益和义务,用法律规范企业用工。全员劳动合同制的推行,大大地调动了职工的生产经营积极性。同时,还在职工中开展"优质、高效、拼搏、创新"的双汇精神教育,强化了职工的"敬业奉献,报效双汇"的意识。一位贴标签的女工说:"我贴上的不仅仅是双汇商标,更是双汇的希望和未来。"双汇职工正是凭着这种忠于双汇的精神,凭着对企业美好未来的向往,凭着对消费者强烈负责的态度,立足本职,默默奉献。而对于在双汇发展中立下过汗马功劳的老同志,双汇的原则是:职务可以调整,待遇不能降低。这不但使那些离开一线的老职工有了生活保障,更重要的是,让那些一茬又一茬也会老的职工无后顾之忧,从而增强了职工的向心力和凝聚力。

对于质量管理,双汇集团引入全面质量管理体系,视产品质量为企业生命。厂里专门组建了一支200多人的专职质量卫生检验队伍,他们分布在从原料采购到售后服务的50多个质量控制点上,每个质检员都有"质量一票否决权",切实保障了双汇产品的高质量。双汇,"中国公认名牌产品";双汇,"全国工业企业质量效益型先进企业。"

（豫人　广超　俊祯）

## 探索社会主义国有企业改革发展的新路子

### ——对黑龙江新三星集团的调查与思考

新三星集团地处尚志市一面坡镇的山沟里,起源于1921年白俄在此建立的酒花厂,1940年起在此基础上又建起了手工作坊式的、每年产量只有几百吨的三星啤酒厂,前日本首相田中角荣当年在此服役时曾喝过这里的啤酒。建国后这个厂回到了人民的怀抱,但发展相当缓慢。到1983年,产量不足8000吨,利润只有80万元。而1996年在诸多困难的条件下,与同地处中心城市的啤酒生产企业比,运费多支1600万元、采用绿色食品原料多支600多万元、促销优质不优价让利2000万元和职工收入高于全省啤酒行业1倍左右多支500万元,累计减收增支因素多达4700多万元的情况下,在全省乃至全国啤酒行业摘取了酒损最少(只有4.5%)、成本最低(吨酒657元)、质量最佳(被中国绿色食品发展中心批准为绿色食品和绿色食品生产基地,一次取得中国方圆标志委员会颁发的全国啤酒行业唯一的质量体系认证和产品质量认证两个证书)、效益最佳(吨酒利润130多元)等四个第一的"桂冠",以占全省13%(12.5万吨)的产量,创造占全省啤酒行业利润50%(2600万元)的奇迹。众多占有天时地利的城里企业没有办到的,甚至可望不可及的目标,地处偏僻的新三星集团实现了,真可谓:山沟里飞出了"金凤凰"。新三星集团为何能够在如此困难的条件下取得如此佳绩,奥秘在哪里?

**谜底之一:管理严拾遍地金**

新三星集团总经理徐寿山说,"企业遍地是黄金",的确是一个千真万确的事实。在啤酒行业,有人说能赚钱不正常,我说他们不赚钱才不正常。企业到处都有钱,但管理失控就丢钱,管理上去才有钱。要真正拾起"遍地黄金",必须从严格管理入手,在降低各种消耗上下功夫。尤其是啤酒生产企业,各种物资消耗无处不在,无时不有,必须从大处着眼,小处着手,从严把各种损耗关上要效益。为此,他们坚持向五项主要损耗指标中的不合理部分开刀。

第一刀,砍在降低啤酒总损失率上。这一指标国家标准是6%,省标是9%,而新三星集团1983年时最高达到14.6%。经过近十几年的努力,他们采取技术改造+严格管理的办法,硬是逐步降到4.5%这个全省和全国行业酒损率最低的水平。因此,仅

1996年新三星集团按12.5万吨产量计算,就相当于比国家标准少损失啤酒1875吨,增加企业收入350多万元;比省标少损失啤酒5600多吨,增加企业收入1000多万元;比企业1983年少损失啤酒1.3万吨,相当于增加企业收入2200多万元。

第二刀,砍在降低吨酒耗粮偏高上。吨酒耗粮每增加1公斤,新三星集团每年就要多耗粮12.5万公斤,多开支20多万元。为减少吨酒耗粮,他们由过去粮食露天存放改为钢仓保管;由糖化锅加工改为发酵罐处理,并增加酵母压榨回收装置,这样每天可回收4.5吨,价值4500多元,每年可节支160多万元。因此他们的吨酒耗粮逐年下降,由1983年的203公斤降到1996年的177公斤,减少了26公斤,每年少耗用粮食300万公斤,节支600多万元。

第三刀,砍在降低吨酒耗煤上。这一指标的全省平均水平是181公斤,新三星集团由于采用节煤锅炉和热能综合循环利用等办法,却只有117公斤,是全省最低水平。因此1996年他们比全省平均水平节煤6000多吨,节支156万元;比他们自己1983年的耗煤水平(399公斤)节煤3.3万吨,节支858万元。

第四刀,砍在降低吨酒耗电上。这一指标的全省平均水平是90.8度,新三星集团自己1983年是264度,由于采取综合控制措施,他们1996年的吨酒耗电已降到68度,在全省乃至全国同行业都是最低的。仅此一项,他们1996年就比全省平均水平节电170万度,节支近100万元;比本企业1983年水平节电1200万度,节支700万元。

第五刀,砍在降低吨酒成本上。1996年,新三星集团在吨酒增支因素高200多元的情况下,吨酒成本只有657元,比全省平均水平(886元)低229元,仅此一项就比全省平均水平多提高效益2800多万元。

新三星集团拾企业跑冒滴漏、降低消耗的"黄金",对主要指标——"西瓜"盯住不放,对啤酒行业一般不作考核统计的非主要指标——"芝麻"也不放过。瓶损,每个啤酒瓶不过1角钱左右,但他们从小钱里看到有大账,抓住降低瓶损率不放。新三星集团1983年最高时啤酒瓶损率曾达4.6%,而1996年则降到了1.2%,下降这3.4个百分点,相当于减少瓶损800万个,节支近百万元;标损,每套商标不过2分钱左右,新三星集团不但采取措施使这一损失率由1983年的3%降低到1996年的1.7%,当年减少标损300万套,节支8万多元,而且发现自印每套商标可降低成本1.1分,于是投入不到100万元上了一条彩印生产线,每年降低商标成本200多万元;盖损,新三星集团由1983年的12%降到1996年的5.3%,相当于每年减少盖损1500多万个,节支30多万元。

新三星集团靠管理拾起散落在企业的遍地"黄金",给予我们的最大启示是:管理确实可以出效益,而且越是管理混乱的企业加强管理越可以出更大效益。全省啤酒行业如果都能把酒损降到新三星集团的水平,每年就可减少酒损1.5万吨,增加收入3000万元;如果都能把吨酒成本降低到新三星集团的水平,每年即可新增收入1.3亿元;如果全省啤酒行业的利润都能达到新三星集团的水平,每年也可新增利润2亿多元。啤酒行业是如此,其它行业恐怕也不例外,如果都能向本行业的"排头兵"看齐,全省每年新增利润大概至少在几十亿元计。"企业遍地是黄金",虽是一个老命题,但至今仍有现实意义。能否把这些"黄金"拾起来,潜力挖出来?答案应当是肯定的。新三星集团能在地处偏僻的山沟里办到的事,所有城市或县城的啤酒企业更应办到。学习新三星集团从严格管理中拾金增效的经验,不单是啤酒行业的事,其它所有行业都应从中得到启示。如果所有企业的管理都能在节约一度电、一分钱、一斤煤、一斤粮等小处着手,并抓住不放,取得实效,全省企业的经济状况就一定会有大的改观。

**谜底之二:改造巧插腾飞翅**

新三星集团所以能在短短十几年中,实现企业生产设备由六七十年代水平提高到九十年代水平,生产能力由8000吨到12.5万吨的增长,固定资产由不足600万元增加到1.8亿多元,税利总额由232万元增加到7800万元,分别增长了15倍、30倍和34倍,除了得益于严格管理,根本的还是得益于带有新三星集团特色的超常规技术改造。

一是超常规的投入。新三星集团从1985年到1996年,共投入1.3亿多元资金,分5期对65个生产项目进行了滚动改造。平均每年投入的金额,都超过企业固定资产原值的1倍;平均每年新增的生产能力,都在以1万吨以上的水平向上递增;投入改造的资金来源,100%是企业自有资金,没有从银行贷款1分钱。因此新三星集团至今全部资产负债率只有51%,低于全省企业平均水平30个百分点,因此相当于他们少向银行贷款5000多万元,每年少付银行利息600多万元。

二是超常规的速度。新三星集团的技术改造坚持以快取胜,他们提出三个当年(当年施工、当年投产、当年见效)的奋斗目标,对不同的改造项目工期提出"一、二、三"的硬性要求(零星配套设备安装工期不超过1个月，局部配套设备安装工期不超过两个月，有土建工程的整体配套设备安装工期不超过3个月）。为确保每个技改项目都能按期完成，公司领导还带头放弃节假日休息，组织职工义务献工打技改“攻坚战”。1996年他们改造新建的1200平方米糖化楼，100天之内就完成了土建安装，赢得了当年实现利税400万元的好效果。

三是超常规的节省。新三星集团在技改方面舍得投入，讲求效率，但决不蛮干，每花一笔钱都精打细算，最大限度地降低技改成本。1984年他们决策引进全国第一条捷克啤酒灌装生产线只花了200万元。而后于他们引进的22条捷克灌装线不仅费用比他们高，而且都已报废，而他们由于设备保养得好，至今仍在继续使用。近十多年间，他们自行设计各类技术改造图纸达2000多张，节省设计费600多万元；新上的600多台设备基本都是自己安装完成的，因此直接节约各种工程费350多万元。由于坚持少花钱多办事的原则，他们投入1.3亿元技改资金，已经形成了1.8亿元的固定资产。而现在要投资12.5万吨生产能力的啤酒厂，至少需要投资3亿元以上。

新三星集团这种超常规改造的成功经验，也应该给全省啤酒行业乃至所有企业以深刻的启示：尽可能多地自筹资金进行技术改造是降低技改风险、提高技改收益的关键。新三星集团近十几年在投入大于原有资产20倍巨资进行大规模技改后，总的资产负债率不过51%，这是他们有本经营的充分体现。不要说全省国有企业的平均资产负债率（80%）能降到新三星集团的水平，就是都能降到国际上公认的安全负债率60%的水平，我们就能减少银行贷款占用上百亿元，节省利息支出数以十亿元计。尽可能快的改造周期是降低改造成本、提高改造效益的前提。新三星集团高效率、快节奏的改造也是他们的高明之处，只有赢得时间才能赢得效益。目前我省每年投入的技术改造资金已超过100亿元，而应当年改造当年见效的不足一半，如果都能像新三星集团那样，加快技术改造的节奏，把应当年改造见效率提高到80%左右，每年也可多增效益数以十亿元计。尽可能节省投资是降低改造成本、提高改造效益的捷径。现在许多企业技术改造投资往往是一超再超，经济效益一降再降，有的甚至是改造完成之时，就是包袱背上之日。一个重要原因就在于花钱大手大脚，没有把有限的资金花到刀刃上。如果都能像新三星集团那样节约花钱，改造不单不超预算还要比预算节省一些，那么一反一正有限的改造资金就可以完成更多的改造项目，形成更多的固定资产，为国家创造出更多的财富。

**谜底之三：减人增效双受益**

新三星集团所以能取得今天的发展速度和经济效益，还在很大程度上得益于严格把住用人关。从1983年到1996年，新三星集团啤酒生产规模由7000多吨增加到12.5万吨，扩大了近20倍，而职工人数则仅由800多人增加到1002人，只增加200人。与全省同类企业比，至少减少用工50%，减少用人1000人以上。按新三星集团1996年职工人均年收入9600元计算，相当于节省开支、增加效益近1000万元。用工比于一般企业减少一半，会不会影响企业生产经营的正常运转？新三星集团的总经理徐寿山认为减人非但不会影响企业运转，反而可以提高企业效率。他们在实践中悟出这样一个真理：3人活两人干要比两人活3人干效果好得多。因此，减人在一定意义上也是双刃刀，一面可以砍掉多支的经费，另一面又可以提高工作效率。为此新三星集团采取的主要举措：

一是工人总量控制。他们坚持多余的人一个不进，因为进一个多余的人，企业就要背上每年开支1万元左右的刚性包袱，而且一旦背上就很难卸下来。因此近13年来，企业生产能力每年增加1万吨，按全省同类企业每年至少要新增职工100人，而新三星集团平均每年只增加不到20人。十几年中他们累计因少增人而少增支3000万元左右。

二是干部大量削减。新三星集团为建立小行政、大服务的管理机制，在生产规模不断扩大的情况下，管理机构却由原来有15个减为11个，管理人员由80人减少到50人，有30%的管理干部充实到了生产第一线。这样企业管理人员只达到职工总数的5%，比国家规定的标准还低3个百分点，少30人，每年也可节支30多万元。更重要的是，管理机构少了、人员少了，管理层次少了，服务生产的效率明显提高。如他们对生产车间管理干部只搞“一长制”，最大啤酒灌装车间，五条生产线，360个工人，脱产干部只定两个人（一个车间主任、一个经济核算人员），而其它同类同规模企业至少要五、六个人。

三是从班长和成员做起不开进人口子。新三星集团越干越红火，职工收入水平不仅高于全省平均水平1倍，高于尚志市所属企业职工人均收入水平就更高一些。因此要求调入的职工不计其数，通过各种关系、实权部门甚至由市领导写条推荐的也不在少数。公司总经理徐寿山首先管住自己，一个亲属不进，他的亲家孩子高中毕业想进企业，他也硬是顶住没进，宁可让亲家说他当官不认人，一年多不同他说话;市里领导介绍进人,他说你介绍的人如果有困难我宁肯给他两万元扶贫,也不能破开口子进人的例,就是来做临时工也不能安排;对班子成员他敢说进人的事往我这推,由我一个人顶住。结果硬是坚持十几年如一日,顶住了走后门要求进人的一阵又一阵说情风,使新三星集团没有出现多数企业共有的冗员症。近两年因规模扩大必须增加的人,他们也是采取考试、择优录用的办法,既保证了进人质量,也堵住了走后门。

新三星集团这条经验的最可贵之处,就在于他们有先见之明,未雨绸缪地解决了现在国有企业普遍遇到的"人往哪里去、钱从哪里来"这个最大难题。目前全省国有工业企业3900多户,亏损的原因多种多样,但冗员过多、包袱过重是一个致命的因素。以目前普遍认可的国有工业中有1/3左右是富余人员推算,就有100万冗员,以全省平均工资水平计,每年仅工资奖金一项就要50个亿,这比去年全省国有工业亏损总额(39亿元)还多了11个亿。可见减人增效对于国有企业来说紧迫到了何种程度?!对于已经出现冗员症的企业来说,"亡羊补牢",仍然是明智的选择。从新三星集团的这一经验中至少应受到两个启示:一是所有企业都应树立减人增效意识,不仅效益好时不轻易增人,效益差时必须减人,而且要把减人增效作为企业扭亏增盈的常备措施。二是所有企业都应树立人员分流意识。现在我们的企业中,总的富余1/3,如果进行内涵改造,恐怕还得富余1/3。不在人员分流上找出路,再好的企业也会被冗员拖垮。现在省委已经提出走"三三制"分流(1/3从事主业、1/3务农务牧、1/3多种经营)之路,实践证明是企业减少冗员、轻装前进的光明大道。如果全省工业企业都能像新三星集团那样,从严控制进人,并走好"三三制"分流之路,每年减人增效几个亿是完全可能的。

**谜底之四:奖罚并重人努力**

新三星集团所以能够在偏僻的山沟里脱颖而出,与他们实行高低错落有致的捞劳分配和奖罚分明的管理制度密切相关。

一是奖得有特色、有区别,奖出了动力、奖出了效益、奖出了生产力。所谓特色、有区别,就是新三星集团的领导者敢于在颁发节约奖上不封顶。他们对于酒损、瓶损、标损、盖损、粮耗、煤耗、电耗等经济消耗指标,规定必须达到省内先进水平,在此基础上多节约部分可以按其经济价值的50%奖给车间和职工,而如果不能达标则扣发奖金、津贴。这样一来,企业、车间各种指标损耗多少,就由同职工个人利益毫不相连变为息息相关,职工由过去眼看着企业效益大量跑冒滴漏毫不心疼,变为节约一度电、一斤粮、一个商标都蔚然成风。灌装车间主任石敏讲,1983年实行改革前他当工人时,啤酒破拿送损无人负责,200多名职工只有1个人不偷酒,当时仅包装环节酒损就达6.3%,1984年起改革后指标定额先后由5%、2.8%压到2.2%,比国外规定(3.2%)还低1个百分点,而他们1996年实际降到0.9%,硬是在这样的标准上又少损耗1.3个百分点,因此一年少损失1500吨酒,价值285万元,企业对车间兑现按50%成本奖励的政策,车间得奖100万元,职工人均获奖2000多元。其它车间也是如此,在利益驱动之下取得了全省啤酒行业最佳管理水平,因此年人均获奖金少则1000多元,多则三四千元。对科技人员,他们采取在分配上同工人拉开差距的办法,除基本工资高于工人60%—80%外,凡开发出新产品的都给予奖励,去年就一次奖励给开发出红啤酒的科技人员2万元。近几年他们对产品开发、质量保证等方面的有功人员奖励金额已达70多万元。对领导干部的奖励也敢于打破常规,实行拉开较大差距的重奖。尚志市委对新三星集团总经理徐寿山完成承包指标每年奖励几十万元;在企业完成承包任务的前提下,总经理徐寿山对7名副厂级干部每年按10万、5万、3万分三个档次进行奖励。档次的划分,由职代会代表和企业中层干部采取无计名投票的办法确定。这个办法,既体现了民意,也评出了优秀。他们还按评出的档次、分数重新排列厂级干部顺序,结果工人出身、原来排在最后的主管销售的厂长助理王彩凤不仅由于工作敢抓敢管、不怕得罪人且业绩突出连续几年被评为一等奖,而且当上了第一副总经理。这就使整个管理层的积极性得到了充分调动和发挥。

所谓奖出了动力,奖出了效益,奖出了生产力,就是新三星集团每个职工的工作质量都同奖励挂上了钩,奖金占每个职工收入比重平均在30%以上,高的超过工资收入。这部分弹性收入同他们每天、每月、每年的各种损耗控制指标紧紧联在一起,损耗控制得越少,所得奖金数额就越多,职工积极性就越高。因此,地处山沟的新三星集团就创造了全省乃至全国最低的多项损耗指标。他们算了这样一笔帐,新三星集团的节约奖1996年大体发了三四百万元,而他们与全省同行业平均水平比却多给国家降低损耗、增加效益数以千万元计。

二是罚得无情、罚得严格、罚得职工心悦诚服,罚出了铁的纪律。新三星集团管理上由乱到治,除了各项规章制度十分健全，建立以重罚促执行的机制极为重要。许多企业里普遍存在的管理上的常见病、多发病在他们那里基本绝迹。如治偷，他们规定，按所偷物件金额的100倍罚款，还要开除留用三年察看处分，并取消所在单位当月和年终的奖金。1996年酿造车间一名职工偷一瓶啤酒，被门卫发现后罚款250元，且给开除留用3年处分，这名职工因此将少得工资奖金3万元，这个车间300多人因此受到株连，年终取消评选一流车间资格（每年每个职工少得一流奖500元），职工少得15万多元。一个车间职工偷了50斤铁线、被开除留用3年，每天只给2元生活费，被罚款5000元加上不得工资奖金，相当于经济损失3万元，这个车间的100多名工人也因此取消当年奖金少得5万元。这种株连集体的处罚，不仅严惩了当事人，也教育了全车间乃至全厂，因此过去几乎无人不偷的新三星集团，现在已成了无人敢于偷的"净土"。治懒，他们规定，迟到早退3天取消当月奖金，无故旷工3天一律开除，执行结果，无人敢触及犯规的"雷池"，使过去迟到早退习以为常的职工都能提前进入工作"阵地"。治打架斗殴，他们规定无论谁是谁非，先各罚款200元，然后再处理是非，结果企业现已连续11年没发生刑事和治安案件。治操作失误造成不应有损失，他们规定不论轻重大小，一律3年内不涨工资，且取消一切福利待遇和评选先进资格。1992年，酿造车间有个职工因操作失误，把价值5000元的8吨酒液排到地沟里，被处以按损失30%罚款1600元和3年不发工资、不得奖金的处罚（每天只发2元生活费），职工个人经济损失达3.7万元。这就使那些视国家损失为儿戏的人都从中受到了教育，出现这类损失的现象被减少到最低程度。

他们以重罚促管理的另一个特点是没有"特区"，不搞例外。首先是总经理徐寿山敢于拿自己开刀。1985年，企业有200多万元应收款收不回来，其中包括徐寿山供给三阳乡5万个啤酒瓶子办饮料厂扶贫，徐寿山作出规定谁借出的谁回收，到期不能回收的逐月扣工资，并自己带头让财务部门扣1300元，带头清回所借物资，结果这些陈年欠帐在1年内全部收回。10多年来企业发生几次质量事故和其它大的问题，徐寿山在重罚责任者、连带有关人和直接领导者外，他先后自罚1万多元。对班子成员子女的问题，徐寿山也不放过。有位副厂级干部的女儿偷拿啤酒，照样按规定罚款800元。这样重罚的结果，罚出了严格的厂规，罚出了铁打的纪律，罚得被罚者心悦诚服，心甘情愿，罚得厂兴人富民安。

新三星集团奖罚并重人努力的实践给予我们的启示是：所谓管理出效益，必须有一个好的机制，这个好机制的核心应该是责、权、利有机结合，而要做到这一点不奖罚严明、不拉开分配差距就是空话。新三星集团恰恰是在解决这个核心问题上趟出了路子，取得了经验，见到了实效。他们所以能够由管理混乱变得井然有序，由过去喝拿送损比比皆是变为踪影全无，人还是这些人，产品还是这些产品，根本原因就是奖罚并重的分配和管理机制起了作用。就全省国有企业特别是大中型企业而言，管理上的章法或许并不比新三星集团少，而多数企业的管理差距却比新三星集团要大得多，问题的症结就是机制不行，奖罚力度不足。正如邓小平同志早就讲过的那样，差的机制可以使勤人变懒，好的机制可以使懒人变勤。从这个意义上说，我们在管理上的差距，主要的不是规章制度太少，而是推动执行的力度不足；不是做的工作太少，而是没有建立起责权利挂钩、奖罚严明的驱动机制。新三星集团分配制度上的改革恰恰是抓住了搞好企业管理的"牛鼻子"。解决好这个问题，我们在企业管理上才能"牵一发动全身"；不在分配制度上有新突破，再好的管理制度和章法也会形同虚设。因此，必须从解决机制问题，尤其是分配机制问题入手，让企业和职工由要我管理变为我要管理，由奉命管理变为自觉管理。这样，职工自觉管理的积极性调动起来之日，就会是企业遍地"黄金"被拾起来之时。

**谜底之五：企业振兴头雁领**

新三星集团的迅速崛起，在某种意义上得益于企业有一个有胆有识、敢闯敢冒的"领头雁"——总经理徐寿山。

所谓有胆，就是有敢抓敢管之胆。十多年中，徐寿山大刀阔斧，从严治厂，"敢剃难剃的头"，先后对60多名违章违纪的职工进行严格的经济处罚和纪律处分，并非都一帆风顺，家中的玻璃被砸过，门灯被毁过，工作中被无理谩骂遇到过，甚至有人邮给他一颗子弹威胁过。但徐寿山从来没有退让过，他在全厂职工大会上郑重宣布："我徐寿山没有金刚钻，决不揽瓷器活，谁想来杀我、整我，给我出难题，都不能动摇我从严治厂的决心。"

所谓有识，就是有敢于破格启用人才之识。十多年中，徐寿山力排众议，选用了3名有争议、有缺点的能人进入领导班子。副总经理王彩凤，原是酒花工出身，徐寿山发现她是有培养前途的可用之才，1986年提为办公室主任，在申请引进两条国外生产线的过程中，她协助徐寿山在北京三天跑了三个部，硬是提前三个月办完进口手续,使进口设备提早发挥作用;后来她任副厂长又攻克了营销难关,使企业产品在强手如林的激烈竞争中供不应求。副总经理管林,是1957年在大学被打成右派到一面坡谋生的一个能人,徐寿山顶住有人对他的诬告,破格提拔为主管财务工作的副厂长,管林上任后执行财经纪律六亲不认,群众反映,谁想从管厂长那里虚报冒领一分钱,比登天还难。管林不仅理财有方,而且为徐寿山科学决策当好参谋,使企业经营状况良好。总工程师于中康,是徐寿山重用的第三个能人。他说,在徐寿山手下干活,就是累死了也心甘情愿。1994年他患了被医学上视为“不死的癌症”——双侧股骨头坏死症手术后,医生让他至少住100天院,而他因放心不下国外专家来厂维修设备,只住20天院就拄着双拐偷偷回到工厂,连续30天住招待所同国外专家一起研究检修方案,为搞好企业技术改造立下了汗马功劳。徐寿山用人不重文凭重实绩、重水平,现有中层干部80%是从工人中选拔上来的,有30%不称职的干部下去当了工人。

所谓敢闯,就是有敢于闯出办成一流企业新路的志气。1984年,徐寿山就下决心第一个“吃螃蟹”。为争取在全省乃至全国率先引进当时最先进的捷克啤酒灌装线,他顶住“土包子”不能用“洋设备”的闲言碎语,40多次上省城,上百次跑县城,终于感动了“上帝”,打通了所有关卡,赢得了各方面的支持,这台当时150多万元的设备,每年创效益40万元,不到4年就收回了全部投资,用实践证明了他们驾驭洋设备不比城里人差。徐寿山不仅在采用先进技术设备上敢闯,在开发新产品上也敢为人先。他不仅在全省啤酒行业率先开发出了干啤王、红啤酒、黑啤酒、绿色食品啤酒等多种新品种啤酒,而且开发出的精制新三星啤酒被中国工业食品协会推荐为中国名牌。

所谓敢冒,就是敢于在啤酒行业冒尖,敢于改革和突破束缚企业发展的某些规矩、章程。徐寿山认为,如果一切按常规办事,不会有新三星集团的今天;如果一切跟在别人后边干,也不会有新三星集团更加辉煌的明天。因此,只要有利于企业发展,有条件他要上,没有条件创造条件也要上;只要有利于企业振兴,现有的章程他敢于突破,没有的规矩他敢于创立,该奖励的他比别人奖得多,该处罚的他比别人罚得也重;只要有利于企业繁荣,别人不敢想的事他敢想,别人不敢干的事他敢干。

十几年中,徐寿山领导的新三星集团为国家创造了3.5亿元利税,为市场提供了72.7万吨优质啤酒。为此,多名省领导为新三星集团题词祝贺并寄予厚望。省委书记岳岐峰题词:“展翅腾飞”;省人大主任孙维本题词:“巷深酒香”;省长田凤山题词:“再创新水平”;省委副书记王建功题词:“质量兴厂”;省委副书记、常务副省长马国良题词:“管理出效益”;原省长陈雷题词:“独灿星河”。最近省委书记岳岐峰在听取徐寿山同志汇报后明确指示:“新三星集团发展到现在这个程度,充分说明你的治厂路子是对的。要继续巩固发展这一好的势头,你们改革的步子还可以再大一些,你的任职时间可以更长一些。”党和人民还赋予了徐寿山许多殊荣:1986年,被评为黑龙江省劳动模范;1989年,被评为全国劳动模范;1993年,被选为全国人大代表;1994年,被评为全国优秀企业家;1995年,被评为全国杰出企业家……。在荣誉面前,现年62岁的徐寿山并没有陶醉,更没有止步不前。他在谋求开发出更多适应市场需求的新产品,谋求开发果酒等多元经营发展之路,谋求通过租赁、兼并带动一些中小啤酒厂加快发展,谋求跳出山沟、走出省门再造一个新三星集团。一句话,徐寿山“老牛明知夕阳短,不需扬鞭自奋蹄”,他一心一意追求的还是如何让新三星集团为党和人民创造更多的财富。

新三星集团搞好国有企业的经验,徐寿山治厂成功的方略,不仅应在全省啤酒行业大力推广,而且值得全省所有企业学习借鉴。如果全省的国有企业真正把新三星集团的经验学到手,并结合本企业的实际情况见诸行动,那么全省国有企业的管理、改造、改革与发展就会取得新的进步,经济效益落后的状况就会有大的改善,搞好国有企业这篇大的文章也有望进一步破题。

(王永贵)

## “抵羊精神”:中国民族工业的希望

### ——天津东亚集团搞活国有企业的调查和启示

天津东亚毛纺厂集团公司(前身是天津东亚毛纺厂)是一个有着65年历史的老企业,在纺织行业普遍不景气、效益低下和市场竞争日趋激烈的情况下,东亚集团却始终保持着旺盛的活力和强盛的实力,创造了一个又一个“奇迹”:连续9年经济效益以26%的速度递增,1993年开始跻身全国工业企业500强、全国百强企业之列;产销量、实现利润、销售收入、产品覆盖面、市场占有率、人均收入等八项经济技术指标均雄居全国同行业第一名；他们生产的“抵羊”牌毛线被国家经贸委等评为全国最畅销的国产商品“金桥奖”四连冠，名列“金桥奖”榜首，并于1995年评为“全国用户最满意产品”，是全国绒线行业唯一入选企业，同年通过了ISO9001国际标准质量认证；1996年销售收入达到3.9亿元，职工年收入达到人均1万元。

以上这一组组数字向我们展示了一个国有企业在市场竞争中适应环境、发展自己的真实轨迹。用东亚人自己的话说就是：适者生存，强者发展。我们深入东亚集团调查感受最深的是：“抵羊”既是他们的产品品牌，更凝缩为一种奋发竞争的企业精神，两者是紧紧地融合在一起的。东亚集团走过的正是一条依靠“抵羊精神”振兴国有企业和民族工业的希望之路。

总结东亚成功的经验，可以看到他们在改革中形成了一套完整有效的做法，这包括领导核心、运行机制、经营理念、发展战略、企业精神等五个方面，在这五个方面都给人以深刻的启迪。

**一、有一个开拓创新的领导核心和一支精干的干部队伍**

实践证明，一个企业搞得好与坏，关键在于是否有一个素质高、事业心强、富有开拓进取精神的领导核心。东亚集团这只在广阔的市场上奋力拼搏的“抵羊”之所以取得令人瞩目的成绩，重要的原因就是因为他们有一个好的“头羊”——坚强的富有战斗力的党组织以及一批具有现代企业家头脑和坚定党性原则的企业管理者。现任党委书记、集团公司董事长邓卫生这位全国劳动模范就是突出的代表。

1984年，邓卫生一就任东亚毛纺厂厂长，就遇到产品销售不出去，资金周转不过来的问题。按照计划经济体制，工厂生产出来的产品必须交商业部或外贸部门销售，生产厂家没有卖自己产品的权利。当然，产品卖不出去，企业赔钱也不是赔自己的而是赔“国家”的。从深层次来看，这正是改革开放的大趋势向计划经济体制提出的挑战。在许多企业依旧徘徊等待的时候，邓卫生敏锐地意识到这一点，当时他虽然还没有一个企业发展的完整思路，但有一点他是非常明确的：干企业不能赔钱，亏损生产还不如不生产。从计划经济的“服从模式”上来看，他的这个想法就有“越轨”之嫌，然而正是这宝贵的一点，显示了他作为一个共产党员的坚定党性和作为一个企业家的敏锐性，也使得东亚成为最早走向市场的国有企业之一。邓卫生带领一批人开始“闯关东”——大连、沈阳、长春、哈尔滨、佳木斯……通过“闯市场”，逐渐形成了一个全国性的销售网络，培训了自己的销售队伍，建立了自己的销售部门。在一些国有企业习惯等、靠、要或者向婆婆们哭诉难处的时候，邓卫生已经领着东亚毛纺厂率先闯进了市场，把一个快要被卡死的企业领上一条充满生机和活力的奋进之路。

市场竞争归根到底是人才的竞争。而人才的竞争又突出体现为充分有效地发挥人力资源的作用。邓卫生清醒地意识到：抓经济必须讲政治；两手抓，两手都要硬，首要的是干部队伍必须过硬。通过狠抓党的建设，把职工吸纳到党的队伍中，提高党组织的战斗力。全厂2400名职工，有党员450余名，占职工总数的18.45%。将竞争机制引入到企业干部岗位上来，形成能者上、平者让、庸者下的用人机制，是东亚集团内部机制改革的一项重大举措。在计划经济体制下，企业干部成为“终身制”，加之缺乏竞争和奖惩机制，干部“不干”的现象非常严重。为扭转这种局面，从1992年起，全厂160个干部岗位全部放开竞争，召开了12次公开竞争述职大会。在竞争中，不搞论资排辈，而是用市场经济观念衡量干部，在动态中考核业绩，谁有才干，能为企业创造效益谁就上来，不行就下去，不让事业迁就人。通过竞争，已有94名不称职干部转入其他岗位，其中有中层干部、副厂长下岗17人。与此同时，22名观念新、能力强的工人竞争到干部岗位，其中9名优秀人才担任了中层领导干部。一些年轻人挑大梁，最年轻的车间主任才23岁。一名年仅31岁的工人通过竞争担任了企业技术部主任，为新品的开发作出了贡献。1992年，新一届领导班子上任后做的第一件事就是制定《干部岗位公开述职竞争上岗的暂行办法》，东亚的竞争用人制度开始走上规范化、科学化的轨道。

干部岗位的公开竞争带来的是一派崭新的气象。在一些国有企业成为一大难题的干部腐化等问题得到了真正的解决。东亚职工有口皆碑的是：“邓头是个党员的样子”。什么叫“党员的样子”？就是不以权谋私，不搞“位子、票子、房子、车子、孩子”的“五子登科”那一套。职工代表们一条一条议论后，以厂职代会的名义，决定重奖邓卫生个人一万元，邓卫生掂得出这份重量，他感动得流泪了。这笔钱不久他就以东亚全体职工的名义捐给了儿童福利院。

启示之一：羊群领路靠头羊。搞好国有企业必须发挥企业党组织的作用，发挥党员干部的模范带头作用，处理好政治工作和经济工作的关系。正是由于有了这样一批充满活力的“头羊”，东亚集团的各项工作才搞得有声有色。党员干部的作用是否发挥得好，并不在于人多，而关键在于精干，能够作出表率。

东亚集团把竞争机制引入干部队伍建设,是他们取得成功的重要经验。

**二、有一个高效灵敏充满活力的运行机制和严格规范的管理体制**

企业有一个好厂长、有一批好干部固然重要,然而,改革的真正成功又不能仅仅依赖于这种"人治"。东亚宝贵的经验之二在于他们积极探索创立了与市场经济相衔接、同步循环的企业党的工作新的运行机制。具体地说,一是选好一个班子,改变党委班子"单一政工型"格局,选择党政结合型干部,实行党政"一肩挑"的新模式。二是强化一条主线,即下力量抓好车间党支部建设,坚持企业党的工作基础不能动摇,坚持德才兼备的选人标准。三是建立一种新的机制。计划经济体制下国有企业在运行机制上一个重要的弊病是运行速度不快,运行质量不高,按照科层制和与上级"对口"的模式设置机构,造成机构重叠,条块分割,人浮于事。东亚也不例外。改革前,2400多人的企业,竟有34个管理部门,近400名干部。从1992年起,按照现代企业制度的要求对原有机制进行了改革,将全厂科室组成五大部:(1)管理信息部,由党办、厂办组成;(2)人事管理部,由组织、宣传、人事、劳动、教育等部门组成;(3)经济保障部,由纪委、监察、审计、武装、保卫等部门组成;(4)生产经营部,由生产、计划、技术、营销等部门组成;(5)企业发展部,由三产、多经部门组成。新的运行机制实行后,党政两个系统"目标同向,运转同步",改变了过去党政行政"两张皮"的弊端,企业党组织的作用真正发挥出来了,工作效率也提高上去了。同时,行政干部增加了政治工作细胞,政工人员熟悉了生产经营过程,为培养党政复合型人才创造了条件。新的运行机制建立后,原来几个部门的事,现在一个部门管;原来几个岗的活,现在一个人干。中间环节减少了,扯皮推委的现象不见了,工作效率大大提高。更重要的是,新的机制保证了全厂各个部门都把工作重心转移到市场的开拓上来,各部门形成一种有机的合力。

企业机制改革与加强管理是相互促进、相辅相成、互为保证的关系。正如江泽民总书记指出的:"必须把深化企业改革和加强企业管理有机地结合起来,而不要把两者割裂开来,更不要对立起来。"目前一些国有企业在转机建制方面也作了一些工作,但收效却不大,关键在于没有把机制改革和管理改革结合起来,以为采取某种改革形式就可以解决企业的一切问题,结果"机制"成为一个空架子,难以发挥实效。东亚的成功经验证明:一个好的机制加上好的管理,并在实践中磨合成为人格化的经营机制,是国有企业改革的重要任务。所谓人格化的经营机制,就是把企业作为一个整体,使其成为富有生命特征的有机体,进一步说,就是指通过企业的自组织过程,使企业生产经营成为严密有序的人格化的系统。人格化的本质内涵就是坚持"以人为本","责权到人",切实解决资产经营无人负责所造成的企业吃国家"大锅饭",职工吃企业"大锅饭"等问题,充分调动人的积极性和创造性。

1996年4月,东亚曾发生了一场不大不小的"地震"。在一个月的时间里,有12名职工受到了不同程度的处罚。他们中有总工程师,也有普通的一线操作工。有的是因为生产质量,有的因为采购原料把关不严。东亚围绕着对这些职工的处理,展开了一次激烈的思想交锋。有些人主张,教育教育就可以了,不能动不动就严格处罚,更有人提出,咱国有企业的职工都是企业的主人翁,对职工的处理不能太"无情"。经过全厂职工两个多月的讨论,认识澄清了:市场是无情的,国有企业要想在市场竞争中取胜,必须深刻认识到这一点。对那些有损企业形象的人"有情"就是对企业、对全体职工的无情。大讨论使职工在思想深处感到企业的命运和自己的命运联接得更紧密了,全厂形成主动管理和自我管理的新风气。一位被处罚的职工痛心地说:这些天我吃不好,睡不好,我认识到我做的是砸企业"牌子",打职工"饭碗"的蠢事,越想后果越严重,我恳求厂里把我留下将功补过,给我什么处分我都接受。事实证明:东亚的管理既是无情的,也是有情的。它去掉的是一些人在过去计划经济体制下形成的懒、散、娇之情,弘扬的是将企业命运视为自己命运的真情和挚情,是一种真正的主人翁意识。

启示之二:一些国有企业在走向市场时遇到困难,总是抱怨国家给国有企业的政策不好,市场的环境不好。当然,企业有一个好的环境可以干得更好,但是,无论外部环境如何,企业自身都要适应、发展,企业的内部素质才是决定性的因素。当前在外部环境、企业条件大致相同的情况下,市场竞争中领先企业成功的经验对照出相当一批企业由于"内功"不足,难以适应市场经济要求而垮下去的原因。企业有一个高效灵敏的运行机制和严格规范的管理体制是企业效益增长的立足点。必须树立"管理也是生产力"的观念,处理好大环境与小环境的关系,靠管理水平的提高增强企业适应市场的能力。

**三、有一个真正面向市场、注重效益、勇于竞争的现代企业经营理念**

社会主义市场经济的建立,从根本上打破了企业依赖政府的模式，把企业推向广阔的市场。从理论上讲，这种“断乳”是企业摆脱依赖，更好更快地生长的前提。然而，如果企业对此缺乏准备，那么“断乳”无异于切断了企业的生命线。国有企业能不能从根本上确立市场的理念、效益的理念、竞争的理念，是企业生死存亡的关键。

国有企业使自己的生产经营活动从依赖国家转向依靠市场，彻底地由生产导向向市场导向转变。这句话说起来简单，做起来却很难。许多企业摆脱不掉靠国家减税让利和银行贷款保生存、靠产品涨价和优惠政策保效益、靠市场需求膨胀搞外延扩张保发展的“三靠三保”经营思想，自己的命运完全由这些外在的因素掌握着，一旦这些因素发生变化，企业就陷入极大的被动。东亚集团经营理念的真谛也是“三靠三保”，内涵却有本质区别：靠生产市场需要和消费者满意的产品保生存、靠科技进步和内部挖潜降低各种成本保效益、靠资本经营和无形资产有效管理及名牌战略保发展。由于是在“内功”上作文章，不管市场怎样千变万化，企业都能以不变应万变，从而走上良性循环的道路。这就是东亚经营理念中所蕴含的辩证法。

“市场需要什么，我们就千方百计生产什么；市场需要多少，我们就生产多少。”这句话已成为东亚全体职工的口号。东亚的经营方针已完全由过去的“以产定销”转变为“服从市场、服从客户、以销促产”。为适应新的形势，打破了计划经济的管理模式，组建了集计划、销售、供应、原料采购为一体的营销总公司，主要任务就是以市场为导向，掌握信息，研究商情，根据销售情况来安排生产，克服了计划的盲目性，确保了产品适销对路、尽产尽销。为了从体制上促进产品开发，成立了产品开发部，树立按市场需求开发新品种，要新品效益的思想，从根本上克服了过去产品开发“喊在嘴上，写在纸上，新品开发不见效益”的弊端。由于具备了对市场“快速反应”的本领，过去新花色新品种从信息反馈回来到产品摆上柜台需要3个月到半年的时间，现在最快的不超过20天。防蛀、防缩、阻燃、变色、团绒等几十个新品种、几百个新色号已推向市场，使“抵羊”毛线保持市场占有率全国第一。

“消费者是真正的上帝”是东亚职工的又一口号。他们认为名牌不是“评”出来的，更不是自封的，只是消费者真正认可的产品才是名牌，也只有成为名牌才真正在广泛和综合的意义上表示生产符合需求，因此他们把质量当作关乎企业生死存亡的大事来抓。1996年8月，他们郑重地公开了向全国消费者履行七项质量承诺。为此《中国纺织报》8月13日在头版头条作了报道，并加了编者按。在东亚已形成了一种全员的营销意识和责任感，人人为营销开路搭桥，包括传达室门卫人员，也都热情接待来厂客户，使客户进东亚大门就感到亲切、温暖、愿意和东亚做生意。

提高效益是国有企业普遍面临的重要问题。据调查，一些国有企业亏损的主要原因是效益低下，难以实现国有资产的保值增值。而效益的核心则是企业运行的成本问题。长期以来，国有企业成本意识淡薄，成本内涵不清，导致管理上的偏差。按照现代经济学理论，企业成本可以分为硬成本和软成本两种。硬成本主要是原材料成本，软成本主要是人工成本，还包括管理成本、交易成本、信息成本和决策成本等。形成成本优势进而获得满意效益是企业追求的重要目标。

东亚集团对硬成本的降低主要通过加强管理，在买进、保管、使用等环节开源节流、降低物耗。如运用考核手段，实现买进优质低价；建立物资管理制度，合理使用，杜绝浪费；确定最低采购量，减少储备，科学储存，加快物流等。但是硬成本的降低总有一个极限，且很大程度受外在环境影响。东亚的决策者客观冷静地分析了自身的状况：就产品而言，毛线并不是一个好产品，技术含量低，附加值低，材料消耗高，人工成本高，市场竞争又异常激烈。在这样的条件下，企业如何获得高效益？东亚果断地将注意力转移到降低软成本上来，坚定不移地实行了减人减酬增效战略，他们从国有企业的长远利益出发，从产业工人的根本利益出发，采取强有力的措施，像乡镇企业那样减酬，像三资企业那样减人，企业消除了旧体制的臃肿，轻装上阵。据统计，仅1995年通过减人减酬取得的生产用资金就达到1000多万元，正是这部分资金对于企业生产起到了非常重要的作用。

启示之三：在一些国有企业把希望完全寄托在引进外资、借外资的力量起死回生时，东亚则引进了现代企业的经营理念。他们真正做到不把目光盯着市长而是盯着市场，他们勇于突破旧体制的陈规和框架，把效益观念摆到了企业发展的重要位置，从而创造了小商品作出大文章，老产品创出高效益的优异成绩。

**四、有一个清晰完整、富于远见的现代企业发展战略**

东亚集团在实践中深刻地认识到企业有一个发展战略是非常重要的，按照市场营销理论的基本观念，分析企业内部外部环境，制定了实施名牌工程，发展规模经营，扩充实力，创高效益的发展战略。这一发展战略切实地从市场经济的特征出发，以名牌这一宝贵的无形资产的有效运行和企业集团为依托，营建“大东亚”毛线市场新秩序。

东亚人明确地提出：市场经济是名牌经济。名牌是企业科技水平、制造水平、管理水平和营销水平的集中体现，名牌既是竞争的结果，也是竞争的手段，是可以不断增值的无形资产。为此他们特别强调要澄清几个模糊的认识：1. 名牌是市场竞争的结果，是消费者乃至竞争对手认可的品牌，因此名牌不是“评”出来的，更不是“炒”出来的，必须建立在产品和服务本身具有较强的竞争力的基础之上；2. 名牌不一定是技术最先进、功能最高档的，也不等于高价格和高利润，因此实施名牌工程要讲求实效，要有长期发展的眼光。正因为有了这些正确的认识，“抵羊”牌毛线才在日趋激烈的市场竞争中立于不败之地。

一些人认为，从“计划”到“市场”，许多国有企业的品牌战略是逐步形成和确立的，这就使他们同那些创业初期即导入“CI”系统实施名牌战略的“新型”企业很难站在同一起跑线上。东亚人看到了这一点，同时他们更看到：老企业的老品牌，往往因其具有很高的文化附加值，其影响力和可挖掘的内涵潜力，无疑更是一笔巨大的无形资产。很多国有企业看不到这一点，在与外商合资过程中，国有资产的评估对象只有厂房、机器设备等所谓“硬件”，辛辛苦苦创造的名牌、建立的销售网络却被忽视，造成国有资产严重的隐性流失。相比之下，东亚的名牌战略真正做到了以“我”为主，这个“我”是大我，是“国货精品”，是对国有资产的有效运营和保值增值。他们走出了重要的两步棋。

一是从 1993 年起建立“抵羊联销集团”，集团的宗旨是：服务市场，服务客户，以最快的速度产出所需的产品；密切合作，加速流通，以最快的速度转化为商品；出色经营，良好服务，以最快的速度使商品转化为货币，最终加速资本运营效率。通过这样的组织形式，用抵羊名牌吸引全国各大名店加入到联销集团，变简单的供货与销货关系为工商目标一致的利益共同体，工商成为一家人，这一市场经济的产物带来了巨大的效益。由于抵羊毛线知名度高，质量好，市场走俏，商家乐于经营，并从中获得可观的利润，从而调动了积极性，主动配合厂家收集市场信息，调整产品结构，扩大市场占有率；东亚则依靠庞大的销售网络，牢固树立了市场的霸主地位。如今，抵羊联销集团的会员已发展到 400 多家，销售网点 1000 余个，变“一点”为“多点”，实现了规模经营。现代经济学理论认为：交易是有成本的，信息也是有成本的，降低交易成本和信息成本是现代企业提高资本运营效率的重要途径。东亚的实践也充分印证了这一点。

二、建立以企业集团为依托的资本运营机制，不断调整产业结构，培育新的经济生长点。通过搞外加工，借鸡下蛋。几年来，先后与河北、河南、江苏、汕头等地客户签订来料加工合同，每年承揽加工业务 2000 余吨。利用客户的资金和原料，完全按东亚质量标准生产“抵羊”毛线。这样做，既扩大了抵羊产品在市场上的覆盖面，也缓解了原料紧缺和资金紧张的状况。

毛线属劳动密集型产品，其中原料和劳动力占其成本的 95%。东亚集团退休职工多，产品成本年年上涨，生产 1 公斤毛线的成本比乡镇企业、私营企业要高四分之一。国有企业要想发展壮大，就要向高科技产品、高附加值产品转移。为此，东亚集团借助名牌的优势，以纵向联合的企业系列模式进行了产业重组，把工艺简单的毛线变成团绒车间分出去，哪里团绒销售量大就在哪里建团绒分厂。这样一连在全国建了 8 个团绒分厂，做到成本降低，供货及时。毛线产品正在逐步向外转移，腾下厂房和设备上毛线深加工产品。按照东亚制定的长远发展战略，未来的东亚将是一个以“立足国内面向世界”为奋斗目标，多品种、跨行业、全方位向市场推进的现代化国有企业。目前，企业已在其多种经营中全部打上了“抵羊”标志，已经合资建起一座三星级宾馆。他们还计划建一座集商贸、餐饮、服务、办公于一体的大型“抵羊城”。他们已在香港、新西兰办起了跨国企业，让“抵羊”走向了世界，一个更为宏伟的蓝图正在绘制。

启示之四：市场经济是竞争经济，但竞争不应该是无序的。尤其是当市场经济刚刚建立的时候，受利益驱动的影响，市场竞争往往陷入盲目的过度竞争之中，众多中小企业以低投入、低成本的优势，对国有企业的生存和发展构成严重威胁。按照市场经济理论，先进企业、大企业理应对落后企业、小企业进行产权控制，这是建立健康的市场秩序的需要。国有企业只有在产权控制体系中发挥龙头作用，以产业内大企业为中心，联络大量中小企业，按照专业化协作原则组成企业系列，形成大中小企业之间新型的交易关系，有利于节约交易成本，减少盲目的过度竞争，也是国有企业在竞争中求得发展壮大的必由之路。东亚的发展战略正深刻地体现了这一点。

**五、有一个继承优良传统又富有新时代特色的**

**现代企业精神**

东亚的成功不是偶然的。这个有着65年历史的老企业拥有良好的企业传统和精神。东亚初建时，即1931年“九一八事变”的第二年，当时洋货充斥中国市场，民族工业受到严重冲击。富有强烈爱国心的民族实业家宋裴卿先生抱着实业救国的志向，创立了天津东亚毛呢有限公司，并为产品设计了“抵羊”商标。“抵羊”取谐音，表明抵制洋货的宗旨。商标图案中，两只羊站在一个地球上，东半球的一只略高于西半球的一只，寓示着中国民族工业的美好未来，表达了东亚人强烈的爱国主义精神。宋裴卿重视职工人格的培养和素质的提高，强调“服务社会”，“报效国家”，正是这种精神，使东亚在几十年的发展中，历经沧桑，却始终保持着良好的发展取向和管理风范。

但是，东亚人并没有停留在吃祖先“老本”这个层次上，尽管他们绝没有“忘本”。解放后，特别是改革开放、实行社会主义市场经济以来，以现任党委书记、董事长邓卫生为代表的东亚人，继承了宋裴卿先生文化管理的传统，在市场拼搏、竞争中，始终坚持“两手抓”，企业文化建设开展得蓬蓬勃勃、实实在在，形成了全新的现代企业精神。

邓卫生说过一段很深刻的话：“一个名牌的产生离不开当时的社会环境和文化背景。今天的中国远非70年前的中国，‘抵羊’也势必要有不同于当时的新东西。只有不断地自我否定，自我创新，名牌才能越作越大。”这段话道出了“抵羊精神”的真谛：不断地创新、创新、再创新。1996年3月，东亚发动全厂职工按照企业岗位职责和操作规程，每个岗位、每个车间、每个部门提炼出一句自我规范语。短短的时间里，就征集了7000余条，后又经过多次修改、筛选，最后确定了78句被广大职工认可的“岗位职业道德一句话”，比如，厂人事部提出：“让每个有才华的人都走向成功。”营销部提出：“凡有铁路、公路、商场的地方必有我抵羊。”等等。由于每句话都出自职工之手，针对性强，操作性强，自然也就牢牢记在每个职工的心中，成为他们在企业中举手投足的圭臬。1996年企业的一等品率高达99.6%。邓卫生兴奋地说：“东亚的日子越来越红火，关键就在于大家都一心一意地想着它。厂兴我兴，有了这种意识，比制定多少条规定都管事。”让职工时时处处想着企业、爱着企业，成为企业真正的主人翁，这是社会主义企业文化建设的根本特征。从一名普通工人提拔为厂技术部主任、副总工程师的王振声说的一句话道出了东亚人的心声。一家合资企业看中了他，想把他“挖”走，答应给他比现在多一倍的工资，问他去不去，王振声毫不犹豫地回答：“不去。人的价值不仅仅是金钱，人的最高价值是人的自我实现。在‘东亚’我是以一个主人在实现我的追求，在合资企业，钱再多我只是一个雇员。”

人是生产力中最基本最活跃的因素，多年来，东亚一直坚持“以人为本”，寻找思想政治工作与经营管理工作的最佳融合点，使企业文化建设向纵深发展，做到了两只手同目标、同循环、同创效，以文化力促经济力，以政治优势实现经济优势。党员活动，他们改变了过去“一围、一念、一散”的模式，而是组织党员、积极分子到商场调研产品销售情况，深入到用户中了解需求和反映。正是这种上下一心所铸成的企业精神之魂，凝结为强大的力量，使东亚在市场竞争中立于不败之地。

启示之五：中国要实现社会主义现代化，实现跨世纪的宏伟目标，国有企业是主力军、生力军，这一点是毫无疑问也不容更改的。如果我国国有企业不能增强自己的市场竞争能力，被外资控制或兼并的企业日益增多，这种发展趋势是危险的，是不能允许的。因此，提高国有企业的竞争力，使之真正成为社会主义市场经济的强大主导力量，是一个刻不容缓的任务。“抵羊精神”所体现的正是国家企业勇于改革旧体制的弊端，勇于发挥自身固有的优势，勇于迎接市场竞争的挑战和考验，在竞争中发展壮大自己的精神，是一种具有普遍意义的值得大力弘扬的精神。我国的企业如果都有了自己的“抵羊精神”，中国的民族工业就大有希望。就会迎来更加美好灿烂的明天！

（万新平、何宝庆、张培锋（执笔）、李同柏、宋仁一、陈焕文、马俊英）

## 改革开放与“海利”精神

### ——湖南海利化工股份有限公司调查报告

湖南海利化工股份有限公司是以湖南化工研究院为主组建的科技股份企业，是以农药为主的综合性研究、开发和应用型的化工实体。其前身是一个单纯的科研机构，始建于1951年，到1984年还是一个只有400名职工的小科研所。科研项目靠上级下达，经费靠财政每年拨款87万元事业费维持。从八十年代中期始，湖南化工研究院党委一班人，认真贯彻中共中央《关于科学技术体制改革的决定》和国务院《关于深化科技体制改革若干问题的决定》，高举改革旗帜，坚持“依靠技术进步，振兴化学工业”的战略方针，组织带领科技人员和全院职工，解放思想、转变观念、主动面向经济建设主战场，纵横结合，着力开发高新农药和精细化工产品，加速成果转化，狠抓现代管理，积极促进化工技术进步，闯出了一条以科研为基础，以市场为导向，以产业为支柱，以效益为中心的科工贸全面发展的新路。

1994年4月，以湖南化工研究院为主体的湖南省第一家科技股份制企业——湖南海利化工股份有限公司正式成立，揭开了湖南化工研究院创业史上的崭新篇章，1996年8月正式组建跨省的湖南海利高新技术产业集团，展示了科技先导型现代化企业集团的诱人前景。现在"海利"已成为以先进科技为先导，以湖南化工研究院高新技术为后盾，集科研、生产、贸易于一体的经济实体，建有湖南省农用化学品重点实验室，国家氨基甲酸酯类农药工业性试验基地和国家南方农药创制中心湖南基地，主要从事农药、有机合成、化肥、无机盐、精细化工、化学选矿等领域的新技术新产品的研究开发生产和配套的工程设计。下设5个研究(设计)所、2个技术中心、4个工场(厂)、10个工贸公司(其中2个中外合资企业)。共有职工1000余人，其中科技人员684人，有中高级技术职称的456人。

改革10多年来，"海利人"团结拼搏，赢得了令人震惊的辉煌成就，已取得科研成果237项，超过改革前33年成果的总和，获国家、部、省级成果奖46项，中试成果转化率达86.4%，成果转让辐射全国25个省市160多家厂矿企业，取得了显著的社会效益和经济效益。固定资产由1984年的1519万元增加到1995年的13308万元，增长了8.7倍；科研仪器由1984年的10台套增加到1995年的100余台套，增长了10倍；房地产面积由1984年的50000平方米增加到1995年的150000平方米，增长了3倍，新建房屋15栋共32400平方米。工业产值由1984年的100多万元上升到1995年的1.2亿元，增长100多倍；利税由1984年2万元上升到1995年的1600多万元，增长800多倍；年科工贸总收入达2.5亿元，经济效益保持以年平均35%的速度递增。全院科研、生产、生活条件不断改善，职工收入逐年增加，科工贸事业蓬勃发展。1990年以来该院和海利公司先后荣获了"全国首届技术市场金桥奖"、"全国化工科技先进单位"、"全国化工思想政治工作优秀企业"、"全国高新技术百强企业"及"湖南省双文明建设模范单位"等光荣称号。

"海利"全体职工在科技改革中取得了巨大成功，闯出了一条科研事业单位改革发展的希望之路，受到人们普遍称赞和上级领导的高度重视。实践证明，"海利"的成功为科研院所的改革树起了一面旗帜，为"科教兴国"战略的实施树立了一个榜样，为振兴现代企业积累了一套可供借鉴的成功经验。

**一、勇于开拓、团结奋进的领导班子**

"海利"人之所以在改革开放中建功立业，取得如此巨大成功的一个重要原因，就是有一个以范涤尘为首的勇于开拓、锐意改革创新的领导班子。

现任研究院院长兼党委书记、海利公司董事长兼总经理范涤尘和以他为首的一班人认识到，在当前世界科技迅速发展和我国经济体制根本转变的历史条件下，不断推进科技体制改革为现代化建设服务，使科研院所在求生存求发展中不断前进，是一项充满希望而又艰巨的开创性工作。作为高新科技企业的"海利"公司领导，要带领职工不断改革创新，首先必须解放思想，转变观念，统一认识，加强自身建设。多年来，他们在建立和完善党内生活制度，加强和改进职工思想政治工作，坚持集体讨论民主决策，严格领导班子勤政廉政建设等方面，制订和创建了一系列制度和措施。

一是重大问题、重大决策集体研究讨论，召开党委会或党政工领导会对重大问题实行集体决策，通过强有力的职工思想政治工作和组织发挥共产党员的先锋模范作用，来体现党组织的政治核心地位。

二是党委支持院长负责制的有效实施，科工贸业务和行政管理工作由院长全权负责、副院长协助院长工作，技术委员会和职工代表大会实行民主管理、民主监督。

三是工会维护院长中心地位与职工主人翁地位相统一，支持院长经营管理权威同职工民主管理权力相统一。自从组建股份公司以来，他们认真理顺"老三会"(党委会、纪委会、职代会)和"新三会"(董事会、监事会、股东会)的关系，在组织上积极安排党委成员和院级领导进入董事会或监事会，在重大决策上做到先党委会统一思想，后提交董事会讨论审议。由于该院党、政、工三者关系融洽，研究院和海利公司统一领导，相互协作，信任支持，共同在"团结、奋进、求实、创新"上使劲，树立敢为天下先的意识，因而在改革中主动率领职工勇于竞争、敢于取胜，面向市场求生存求发展，成功奏响了改革三步曲。

**二、勇于开拓、"海利"改革三步曲**

(一)全面推行责任承包

1984年，湖南化工研究院尚被困于计划经济的"篱笆墙"内。计划经济下的科研是按计划经济的机制运行，上面出课题出经费，下面组织试验，研究成果鉴定就算完成任务。该院自成立以后的30多年里靠“吃皇粮”，旱涝保收，饿不死养不壮。习惯了等靠要，人的能动性也就沉睡下来了。面对这种情况，当时的院领导班子认为：关键在于增强和激活造血功能，出路就在坚决推行科技改革，将研究院推上了实行科技体制改革的前线。

对旧有科技体制进行改革，不仅意味着断掉“皇粮”，自己“找米下锅”，而且要从根本上改变经营体制、转换运行机制，闯出一条科研院所投身风云变幻激烈竞争的市场谋求生存与发展的新路。

改革初期，范涤尘和以他为首的一班人以改革拨款制度为突破口，大胆转换科研机制，全面推行技术经济责任承包，实行院长、研究所所长分级负责制。课题单独核算，人员优化组合，分配工效挂钩，层层签订合同，实行目标考核。根据科技体制改革的有关精神，不吃“皇粮”，事业经费逐年递减，3年减到位，彻底打破“大锅饭”，干多干少、干好干坏一律在工资袋中予以体现。这样一来，改变了研究院传统的运行机制，打破了分配上的平均主义。它既给科技人员提供了大显身手的机遇，也带来了压力，激发了单位和个人的活力，促进了科研人员主动面向经济建设搞科研，面向生产实际找课题、推广成果。从“断皇粮”到“自找粮”，使该院科研工作由封闭型转向开发应用型，实现了从科研复制型向开发创新型的转变。

通过技术经济责任承包，极大地调动了科技人员的积极性。他们既抓科技攻关，又抓技术开发，相继研究开发出一大批高新技术成果和实用技术成果推向市场，努力为促进行业技术进步和社会发展作贡献。其中，具有国际先进水平的甲基异氰酸酯成套工艺技术，已在全国的5个省建点，而且山东宁阳和湖南临湘建成的大型工业化装置，成为国内氨基甲酸酯类农药骨干企业；为湖北黄麦岭磷矿解决选矿工艺技术难题，支持该矿得到世界银行贷款建设国内第一套大型矿肥结合工程；研制达到国外同类产品先进水平的新型橡塑阻燃剂，解决了我国难燃运输带引进装置原料国产化问题；还有农药和精细化工新技术新产品等已在国内几十家企业开花结果。

(二)高新产业上规模

科研院所的改革，难度远远超过一般的工厂企业。它不仅要摆脱旧有经营体制束缚，通过调整人与人之间的生产关系，达到调动职工群众生产积极性、提高生产率的目的，而且还要有效开辟科研成果转化为现实生产力的新道路，架设科学技术研究通向社会物质生产的现实桥梁，使科研成果迅速转化为物质产品进入市场，形成产业效益。

湖南化工研究院实施技术经济承包以后，促进了科研的大发展。为了使科研形成经济效益，将科研成果变成商品进入市场，加快成果商品化、产业化的进程，范涤尘和以他为首的一班人结合该院已有的科研成果和试验生产场地的实际，提出了科研、生产、经营一起抓，将高科技成果转化为高科技产品从而创造高效益，使科研单位发展成为集科研、生产、贸易为一体化的基地。当时，该院这个试验工场占地只有30来亩，年产值100余万元，产品单一，设备简陋，且连续10年亏多盈少，离院部虽只几十公里，但却似院里的“西伯利亚”，一般都不愿去。为改变这种不景气的状况，化工研究院的一班人对试验工场实行政策倾斜：凡去试验工场，出差费高于一般，成果产业化重奖，并配以其他一系列优惠政策，不断改善试验工场的工作条件和生活环境，鼓励技术骨干扎根工场，且还派一名副院长兼试验工场场长。同时，加大对试验工场的投入，10年内累计投入4000多万元，建成了国内首家年产1500吨克百威农药(原药)装置、国内独家生产的年产200吨卫生用药残杀威装置、国内新技术年产300吨二苯甲酮等精细化工产品车间和年产1000吨75%克百威田粉装置。他们通过加大投入，加强管理，充实调整班子，抓科技成果转化，抓产品结构调整，抓技术更新改造，抓技术人才引进，使试验工场逐步形成了科技成果转化的有效机制，在短短10年内迅速发展到占地近200亩，公用工程配套，工艺装备先进，生产2个系列20多个品种，年产值达1.2亿元，成为“国家氨基甲酸酯类农药工业性试验基地。”此外，他们还在1992年相继组建了化学试剂厂；1993年创办了高分子包装材料厂；接着又投资6000多万元兴建第二试验工场，主产品焦性没食子酸畅销国内外。

科研与生产的密切结合，使试验工场成为科技成果开发的摇篮和高新技术成果产业化的基地，使该院的科技优势不断转化为产业优势。10多年来，在试验工场完成的国家重点攻关10多项，并且90%以上已经转为生产力。高新产品源源不断地流向市场，又促进了该院分流人才办实体。该院相继创办了10家公司和第三产业实体，引导一部分科技人员在市场经济中推广自身成果，经营自身产品，贸易额和效益年年递增，1995年实现技工贸总额达2.5亿元。其中，成立不到2年的永高化工实业公司，贸易业务便从农药、化工原料拓展到其他品种，年贸易额达2500万元以上。该院在将自身科研成果和高新产品推向国内市场的同时，不断发展外向型技术经济，打入国际市场出口创汇。1994年该院获国家批准享有对外进出口经营权,当年出口创汇62.5万美元,1995年出口创汇110万美元,1996年出口完成300万美元。通过以科研为基础,发展工贸产业,既促进了科技成果和高新技术的推广转化,又培养和锻炼了一支可工可贸的技贸人才,形成了科工贸人才三分天下的新格局。使该院的建设发展进入了可喜的良性循环。

(三)组建科技股份制

面对"八五"末期社会主义市场经济体系逐步形成和发展、市场经济的竞争越来越激烈的态势,湖南化工研究院清醒地看到,尽管研究院发展较快,但机制不活、内功不强,许多成果因缺少资金而不能产业化,现有科研水平、生产规模、经济实力和市场占有率,也很难参与国内外市场竞争。为适应新形势的发展,湖南省化工研究院的决策者们,大胆提出了组建科技股份制,实行"一院两制"的构想。在院科研部门保持事业性质,进一步完善技术经济责任承包,稳住科研一头,多出成果、快出成果、出好成果,并将科研成果优先投向工场(厂)形成效益,支持科研发展,而在院工贸部门全面实行股份制,多元化筹集资金,加快成果产业化,逐步形成现代科技产业集团。尽管当时股份制筹备工作处于股市低潮,但由于他们领导班子思想统一,行动坚决,经过积极申请终于获得湖南省体改委批准。经过反复宣传动员、上下齐努力,在短时间内股金全部到位,共有股东57家,其中科研院所17家,于1994年4月顺利组建了全省科研系统第一家股份制企业——湖南海利化工股份有限公司。

然而,湖南"海利"的一班人永不自满停步。他们将湖南海利化工股份有限公司的创立,视之为他们第二次科技创业的开始。他们以国家化工部顾秀莲部长的题词"努力办好湖南海利化工股份有限公司,为发展化学工业创新路"为奋斗目标,激励"海利"人努力抓好海利公司规范运作,向新的高峰攀登。

"海利"作为高新技术企业,进入了长沙国家高新技术产业开发区,是个具有较高素质的群体。成立三年来,严格按《公司法》规范公司行为,推行各项制度改革,完善内部运行机制,努力建设符合科技产业发展的现代企业制度,逐步形成了市场导向与技术创新相结合的成果转化机制。"海利"依托湖南化工研究院的技术优势,致力于开发生产高新农药和精细化学品二大系列,开发生产的氨基甲酸酯系列农药,其生产技术和产品质量在国内处于领先地位,达到了国外同类产品先进水平。

在经营策略上,"海利"坚持以科技为本,加大产业规模力度,注入大量资金进行技术改造和新产品开发,使全国优秀新农药百威原药装置扩建为年产1500吨,为国内目前最大的生产装置;国内独家生产的国家级新产品残杀威原药继扩大为年产100吨后,现又扩建为年产500吨;同时还新建成国内年产1000吨75%克百威田粉生产装置,年产300吨二苯甲酮和年产50吨焦性没食子酸生产装置;当今世界最新发展的高效低毒杀虫剂好安威和超高效除草剂莱王星等新产品装置,最近已经建成投产。由于"海利"生产经营的高新技术产品含量占90%以上,在国内外市场有较强的竞争力,克百威覆盖国内60%以上市场,残杀威国内市场占有率为100%,创造了良好的效益和业绩,所以"海利"1994年成立以来,1994、1995年连续两年被长沙市政府评为工交先进企业,同时,1995年还被中国高技术企业发展评价中心评为"全国高新技术百强企业",获得了国务院发展研究中心认定的"中华之最"荣誉。1996年8月,由湖南省政府批准,化工部推荐,国家证监会同意,"海利"股票在上海证券交易所发行上市。

湖南化工研究院经过十多年的改革发展,不但大大提高该院科研开发水平,加快了成果转化和产业化进度,而且增强了自身的经济实力,在实现由计划经济下旧的科研模式向适应社会主义市场经济的现代科技管理新机制的转变前进道路上,成功完成了"三级跳",充分体现了"海利人"勇于开拓、锐意创新的时代精神。为此,在海利公司成立一周年之际,杨正午省长写来贺信,热忱赞扬"湖南化工研究院努力将科技成果商品化、产业化、国际化,在深化科技体制改革方面谱写了一部坚韧不拔、自强不息、勇于探索、勇于进取的新篇章!"

**三、优化管理　狠抓精神文明**

"海利"在改革实践中,坚持实行"两手抓",即一手抓物质文明建设,一手抓精神文明建设。同时,坚持以精神文明促进物质文明,充分调动人的自觉意识和能动精神去创造"海利"振兴的奇迹。这就是"海利"赢得成功的深层原因和内在动力。

在改革的十多年来,研究院和海利公司领导始终把精神文明建设摆到重要位置,围绕深化改革,加强职工思想政治工作,加强党的建设、充分发挥党员的先锋模范作用,发挥工会的民主管理作用,发挥共青团的助手作用。对精神文明建设坚持做到思想上有位子(列入重要议事日程);组织上配班子(落实机构和人员);工作上引路子(出主意想办法);行动上出样子(领导带头)。坚持做到深化改革不放松管理,"两个放活"不放松纪律。他们坚持每周一次的双文明工作办公会，每月一次的党委中心小组学习，每季一次的党员大会或职工大会；经常研究加强社会主义精神文明建设工作，研究如何加强新时期职工的思想政治工作，给职工作形势报告，开展多种形式的活动，寓教于乐，增强了单位的凝聚力。因此，广大员工工作目标明确，思想认识统一，大家齐心协力，在各自的岗位上努力工作。不仅一线科研、生产、贸易部门努力出成果、创效益，而且二线机关、后勤、辅助部门也坚持为科研服务、为海利化工服务，争作贡献。从科研管理、仪表计量到设备动力部门，经常深入科研课题组、中试生产现场了解情况或安装、检修、主动为科研生产排忧解难；物资供应、行政后勤部门急科研所急，想科研所想，千方百计保证物资供应，热心服务，不断改善职工生活条件；财务部门精打细算，增收节支，用好每一笔款，算好每一笔帐，当家理财保证资金的合理使用；人事保卫老干部门组织深化人事用工制度改革，关心离退休老同志，抓好职教和技术职务评聘工作，注重安全保卫，做好综合治理工作，有效防止了重大事故发生；车队师傅注重安全，维护保养，保证了安全行车。全体员工心往一处想，劲往一处使，“团结奋进、求实创新”蔚然成风，在两个文明建设中不断取得新成绩、作出新贡献。

由于对精神文明建设常抓不懈，“海利”呈现出一派生机勃勃、奋发向上的精神风貌，凝结成一种独具特色的企业文化，体现为一种可贵的“海利”企业精神。这种文化精神是“海利”既得的十分宝贵的精神财富，也是“海利”再创辉煌的力量源泉。为了造就这种企业精神，海利全体员工做了大量工作。

一是调整机构，实行管理体制转换。为加强科研、发展生产贸易，经请示上级批准，他们先后将12个研究室改组成5个研究所和2个技术中心；按照管理职能，本着“精干、高效”的原则，精简管理机构，使研究院和海利公司形成现代管理模式，注入激励竞争风险机制，分别实行责任承包，目标管理、奖罚兑现。

二是改革任用方式，实行中层干部聘任制。为建立一支精干的干部队伍，他们在选拔和任用干部上严格遵循三个原则，即：坚持德才兼备，不求全责备；坚持重实绩，不论资排辈；坚持能上能下，不搞终身制。打破干部委任制及干部、工人、文凭的界限，按实际水平，实行全体中层干部聘任制。研究所（中心）、处、室、场（厂）、公司行政负责人，正职经研究院党政领导集体讨论，由院长聘任，副职由所在部门正职提名，由研究院（海利公司）审定下文聘任，聘期均为2年，根据每年考核的结果决定其任免，并注重从优秀工人中选拔培养人才。几年来，他们先后聘任了40余名懂技术、善管理的年轻工人担任厂、场、车间、公司负责人，并为10余名优秀者办理了录干手续。

三是重实绩讲贡献，实行专业技术职务评聘分开。本着尊重知识，尊重人才的原则，在认真贯彻国家有关专业技术职务评聘规定的同时，先后为28名有真才实学而学历不够的科技人员申报破格晋升了中级以上技术职务（其中高级7人、中级21人），并率先实行专业技术职务内聘制，研究院先后内聘了高级技术职务57人，中级技术职务26人，从工人中内聘高级技师2名，技师24人，内聘人员均享受相应的工资及福利待遇。他们积极向上级主管部门反映要求，使研究院首批进入全省专业技术职务评聘分开试点单位，对现有取得相应专业技术职务资格的人员，实行按岗考核，重新聘任。

四是改革工人干部录用制度，优荐劣汰竞争上岗。近几年来研究院坚持按照“岗位需要、专业对口、择优录用”的原则录用工人、干部，并依照“对岗申请、试用审查、文化考试、择优录用”的程序办理。规定招工到试验工场、工厂工作的工人，必须是高中以上文化、且各方面表现好的青年，符合录干条件的“五大生”职工子女必须专业对口，品学兼优。所有要求招工录干的人员均需经3个月的试岗工作，符合上岗条件的人员方可办理招工录干手续。此外，该院根据人事部、劳动部有关开展工人岗位技术考核的文件精神，对在岗工人全面进行技术等级考试考核，实行持证上岗，按级拿薪制度。通过上述优荐劣汰制度的建立，激发了职工的拼搏进取精神，有效提高了该院职工队伍素质。

五是搞动态优化组合，试行内部待业。1985年他们在研究室实行了有领导的人员自由组合。1992年以来又先后试行了人员动态优化组合和全员合同制，采取公开设岗定员，明确岗位责任制，实行内部双向选择，个人向部门负责人签订劳动合同，部门负责人向院领导签订承包合同，落聘者均实行内部待业。他们还成立了人才交流中心，并制订了内部待业的有关规定，明确了待业人员5条换岗渠道，待业人员在待业期间实行工资递减制，并按照双向选择的原则，待业人员可在人才交流中心的帮助下根据自己的特长，在研究院和海利公司内重新上岗。研究院首次落聘的38人，迄今已有90%以上人员重新上岗工作。通过这些措施，强化了竞争机制。

由于狠抓了精神文明建设，所以有效调动了“海利人”认识和改造世界的能动性，增强了广大职工对企业的责任感和荣誉感，增强了“海利”集团凝聚力，从而使企业充满了生机活力。

**四、弘扬企业精神　形成规模效益**

改革和发展是“海利”面临的两大主题。党的十四届五中全会通过的《关于制订国民经济和社会发展“九五”计划和2010年远景目标的建议》和八届四次全国人大会议批准的《中华人民共和国国民经济和社会发展“九五”计划和2010年远景目标纲要》，展示了今后15年中华民族发展的光辉前景和胜利跨入21世纪的宏伟纲领。1995年中共中央国务院还颁布了“关于加速科学技术进步的决定”，同时指出“深化科技体制改革，建立社会主义市场体制和科技自身发展规律的新型科技体制”，这为“海利”发展指明了前进方向。为此，“海利”的决策者们抓住发展机遇，认真贯彻党的十四届五中全会和全国科技大会精神，将转变经济体制与转变经济增长方式紧密结合起来，充分发挥自身优势，努力实现二次创业“五化”目标，朝着建立现代科技集团迈进。

海利公司“九五”发展基本框架是：弘扬企业精神，实现“技术开发高新化，产品生产规模化，经营导向国际化，组织体制集团化，管理决策科学化”。为此，他们将进一步建立适应社会主义市场经济的科技新体制，深化内部改革，优化外部环境，密切科技与市场的结合，促进科技成果商品化、产业化、国际化，抓好第二次创业，加快组建海利高新技术产业集团公司，形成规模效益。

1. 技术开发高新化。重点建设好国家农药创制中心湖南基地。加大科技开发投入，加快开发氨基甲酸酯系列新农药品种及其中间体；加快农药的创制和开发步伐，“九五”末期达到年筛选新化合物能力1000个。同时加强农药剂型、制剂研究；加强光气化系列产品、无机盐和精细化学品的开发，形成自身的技术开发优势和高新产业优势。

2. 产品生产规模化。加速高新技术产业化，加大技术改造力度，扩大生产规模，形成规模效益。全面完成国家氨基甲酸酯类农药工业性试验基地建设，充分发挥基地作用，“九五”期间新上3～5个好项目，形成年产农药原药2000吨、制剂10000吨的规模，形成10个在国内国际市场上具有一定竞争力的主导产品。积极组建集团，形成氨基甲酸酯类农药系列化，实现生产规模化，到“九五”末期达到产值10亿元。

3. 经营导向国际化。积极开拓国内国外两个市场，敢于参与国际竞争，扩大国际交往合作，加速外向型技术经济发展，加快高新技术产品出口。积极引进外资合作建厂或利用该院技术到国外合资建厂，努力办好海外公司，逐步向跨国公司发展。在已有的5个产品出口基础上，“九五”期间达到10个，并推出1～2项成套技术出口，到“九五”末期实现年创汇额达到1000万美元以上。

4. 组织体制集团化。贯彻党的十四届五中全会精神，按照国家《公司法》的要求和杨正午省长的指示，加快集团化步伐。集团以“科教兴国”为己任，大力发展农用化工，为农业服务；以加速科技成果产业化形成规模效益，带动和促进农药行业的发展；以建立现代企业制度为目标，塑造全新的集团形象。积极创造条件，努力把集团办成具有特色的高新科技产业集团。

5. 管理决策科学化。科学决策管理是现代企业制度的重要特征。为适应市场经济的客观要求，就必须拓宽管理视野，把管理同市场经济连接起来、同改革紧密结合起来，切实加强领导班子建设，建立公司决策权、经营权与监督权相互制约机制，实行民主、科学决策；强化科学管理，建立以人为中心的管理体系，最大限度调动职工的积极性和创造性；拓宽管理领域，加强信息研究利用，注重经营战略和市场营销，抓好技术开发，搞好公共关系，塑造与市场经济相适应的企业形象、产品形象、领导班子形象和职工群众形象。努力建立符合科技产业发展要求的现代科技企业管理制度，使该院和海利公司在跨世纪的征途中实现新飞跃。

（邢亚莉）

## 以推动社会全面发展为己任

### ——湖南常德电业局创建双文明单位调研报告

湖南常德电业局，近年来凭着自己的胆略与智慧，乘着改革开放的东风，在芙蓉国里奏起了一曲又一曲文明建设的凯歌。1986年至今，他们多次获得国家、省、市、部、委各项荣誉称号七十余个，特别是近两年成绩更为突出，1995年获省“双文明建设先进单位”称号，1996年捧回“安全文明生产达部标”、“全国电力系统双文明单位”两块奖牌，并获“华中电力系统双文明单位”称号。这一个个奖牌，一项项荣誉，无不凝聚着全体干群创业的艰辛，正是他们坚持两个文明一起抓，上下一心，群策群力创造出的丰硕成果。

**一、上下连动，形成共识，为创建打下思想基础**

常德电业局成立于1978年，属国家大二型供电企业，主要担负连接华中电网与湖南电网，转供葛洲坝、五强溪、石门等电厂的电能，直供18个县(市、区)的电能任务，固定资产原值9.14亿元，拥有35千伏及以上变电站79座，输电线路2490公里，年转供电量50亿千瓦时，年售电量20多亿千瓦时，供电面积达21573平方公里。全局下辖24个生产经营单位，15个科(部)室、251个生产班组、20个党总支(支部)，70个基层党支部，现有职工3714人。

面对这样一个点多、面广、人员分散、机构繁多的供电企业，要在同行中率先争创双文明建设单位，没有过人的胆识、魄力与智慧是难以实现的，但常电人的回答是坚定的：不达目的决不罢休。常电人的勇气与决心源于他们对邓小平建设有中国特色社会主义理论的认真学习和理解，对党中央关于“坚持两手抓，两手都要硬”方针的深刻领会。诚然，他们对双文明建设创建工作并非一开始就认识透彻，也经历了一个由偏重于文明卫生到双文明承包、到制度化管理的认识发展过程。创建中，常电局的决策者们意识到：对“两手抓，两手都要硬”的目的、意义认识程度直接关系到创建工作的成败，在工作中遇到具体问题往往容易忽重忽轻、忽硬忽软，亦是这种思想的外在表现。局长肖宁元一席话道出了大家的心思：“开展创建双文明单位的活动，统一领导班子和全局上下的思想认识是第一位的”。

统一思想，达成共识，是创建工作当务之急。常电局党委中心组全体成员反复学习了邓小平关于两个文明建设的论述和中央有关文件，联系实际，把“两手抓，两手都要硬”作为统一思想认识的关键，把探讨两个文明建设的相互关系作为突破口，围绕这个中心展开讨论。通过学习，他们认识到：物质文明是基础，经济建设这个中心必须牢牢把握，具体到常德电业局，就是努力发展电力，提高常德电网供电能力，为常德的经济建设当好先行。如果物质文明建设不过硬，比如缺乏必要的物质器材、设备、设施和一定的资金，没有过硬的质量和技术，电力的生产、输送、供应就无从谈起，安全就没有保障，也就谈不上电网的正常运行。更谈不上为常德的经济发展，社会的全面进步提供物质动力。但同时也应看到，精神文明是与物质文明相辅相成，缺一不可的一对孪生兄弟，从局部看，电业系统的社会主义精神文明建设，为物质文明建设提供了一种精神动力、智力支持和思想保证；从全局看，是建设有中国特色的社会主义本质要求，是高度物质文明和精神文明的内在统一。常电局的双文明建设是全国双文明建设的一个组成部分，精神文明不过硬，工作中就会服务观念淡薄，服务态度不端正，服务质量低劣、甚至以电谋私，以电向用户卡、拿、要等现象发生，即使有一流的设施，也难以发挥它应有的功能。可见一手硬一手软，不仅影响一个企业的生产发展，从大处着眼，它将影响到社会的全面进步。学习使党委中心组成员对“两手抓，两手都要硬”有了深刻的认识，从而坚定了自己的决心。

但领导的意志要变成全局职工的自觉行动还有一个认识过程。怎样将全局上下统一到“我要创建”上来，局党委决定以宣传发动造声势，以统一思想为目的，在全局开展创建活动，做到舆论宣传开道，创建活动深入人心，使全局上下保持浓厚的创建氛围。他们把开展“安全知识”、“职工道德和行风建设”教育与创建活动有机结合起来，利用墙报、广播、简讯等舆论工具，通过组织学习，听动员报告，演讲、竞赛等一系列生活活泼的形式，将创建意识深入人心。局党委一班人带头撰写理论文章，探讨企业的发展与对策，从而使电业局涌现出一批理论研究爱好者，从理论与实践的角度，提出了许多关于企业在创建双文明建设单位的可行性研究报告，为创建工作的开展，献智献策。并出版了《优秀政研论文集汇编》，歌颂电力工人的职工文学创作集《太阳情怀》，介绍全局先进集体和个人的《政工信息》。通过“看、听、讲、做”全方位的宣传发动，全局上下很快形成共识。

**二、强化管理机制，为创建提供组织保证**

一个拥有3000多人的电业局，创建工作确是一项庞大的系统工程，既要全员参与，全面覆盖，全过程管理，又要做到一环扣一环，横向到边，纵向到底，一级抓一级，一级保一级。像构建工程管理那样有目标，有规划，有计划，有标准，有投资，有实施，有质量验收，有运行制度，有指标考核，有投入产出的创建工作标准化体系。其工作量之大，工作面之广，工作难度之深是不言而喻的，但常电局的决策者胸有成竹，他们从强化管理机制入手。全局一盘棋，大刀阔斧干起来了。

1. 组织落实。

组织管理是实施计划的保证，是系统化管理的必要手段。组织工作到位，实施的计划措施就有了保障，就会事事有人管，人人有事做，职责分明。否则，群龙无首，工作无序。常电局从开始就特别注重这一问题，局长、书记亲自挂帅，各职能部门和居委会负责人组成了创建双文明单位领导小组，成立了双文明办，归口政工部，下设精神文明建设，双达标与创一流行业作风建设三个办公室，还成立了有各职能部门专业人员参加的考核评审委员会，保证了必要的办事机构和专职工作人员。同时，各基层单位建立了相应的组织，形成了党政工团齐抓共管，双文明办具体负责，各职能部门分工配合，运作畅通的组织保证体系。为创建工作的开展与实现奠定了基础。

2. 目标落实。

围绕创建全国双文明建设模范单位和全国电力系统双文明单位这一总体目标，局领导制定了具体的各项工作目标和规划，层层分散指标，落实到职能部门和基层单位。一是制订了1996—1999年局长任期目标，这既是局长任期目标又是班子任期目标；二是制订了1995—2020年常德市电力工业发展规划；三是制订《常德电业局科学技术进步发展规划》，从电网控制方式，电力设备水准，到企业管理手段等方面提出了"九五"期间的具体发展目标。四是制订了《常德电业局职工教育五年规划》，局职工教育委员会和职能部门，全面分析了职工队伍技术、文化现状，针对全局电力发展和科技发展规划以及人员变动情况，提出了1995年—1999年五年职工教育培训规划；五是制订三年《党建工作规划》、《精神文明建设规划》，这五个规划较全面系统地涵盖了总体目标的全部内容，总体目标在各项具体工作中变成了看得见，摸得着，易于行的实实在在的工作任务。

3. 措施落实。

措施是目标实现的途径和方法，保证事物的发展沿着人们的主观愿望顺利进行。因此，它是管理机制中一个极其重要的组成部分。常电局在制订各项措施时，进行了广泛深入的调查研究，根据行业特点，以及安全文明生产达部标和优秀政工企业的要求，在广泛征求意见的基础上，几易其稿，编制了《湖南省常德电业局创建双文明单位系列工作考核实施细则》，它包括常德电业局创建双文明单位系列工作考核管理办法及常德电业局创建双文明单位，双文明县局(车间、站、厂、公司)，双文明科(部)室，双文明班组，双文明岗位，双文明职工，双文明家庭七个方面的考核实施细则，《细则》在1996年7月召开的全国电力系统双文明单位表彰暨经验交流会上被电力部作为文件三个附件之一印发，在全国电力系统推广。这套标准化《细则》使创建工作有章可循，有法可依，使考评"一目了然"便于实际操作，在内容上涵盖了全局各单位、贯穿上下各层面的考核实施细则，对考评内容及指标，考评标准及评分规定，标准分都严格地进行了定性定量细化。如《双文明班组考核实施细则》，物质文明部门11个标准可考核评定全局40余类班组。这套《细则》全面地、系统地把人们的思想、工作、生产都纳入到创建活动的轨道之中。

考评奖惩是有效落实《细则》的一个重要环节，它激励、约束功能既可激发人们的劳动积极性和创造热情，又可抑制不利于集体利益，集体荣誉的行为发生。实施考评奖惩制度必须规范，否则，就会适得其反。常电局领导在实施中成功地运用了这个机制，极大地调动了职工的积极性。

首先，要求各级部门严格按《细则》分层次逐级考评、审定、表彰，以保证考评的公正、规范、严肃和权威，他们把全局各种检查评比统一归口为创建双文明单位系列工作的检查评比之中，规范考评程序、方法和奖惩，做到每季度各单位进行一次自检自查，并由上级部门评定打分，每半年进行一次小结，每年各单位科室对创建系列工作进行一次全面考核、评比，考评结果交市局创建领导小组审定，在电力工作会和职代会上按考评结果下发年终奖和对双文明单位进行表彰。并结合采取听汇报，听反映；看生产、生活场所；查开展创建系列工作凭证、资料、数据、记录、评比情况；访用户了解行风职建；民意测验，了解班子、队伍状况。通过"听、看、测、访、问"等形式，及时了解全局创建工作进展情况，有效杜绝了考评随意性和流于形式。从措施和方法上保证了考评的公正。其次，他们规范了奖惩资金来源：包括职工人均月奖、年终奖，部分局长奖励基金，精神文明奖励基金，被上级命名与给予的奖励基金。三是规范了日常考核奖惩，市局每季对基层单位和各科(部)室考核评定一次，凡达到市局双文明基层单位和双文明科(部)室及以上标准的发给月季奖，否则依规定扣除。四是规范了年终表彰奖惩，市局每年召开创建系列工作表彰会一次，进行创建工作全面性的总结表彰。凡年终被评为市局双文明单位、科(部)室的发给一次性年终奖，否则依规定扣除。凡被评为市局双文明标兵单位、标兵科(部)室的给予加奖；凡被评为省级及以上双文明基层单位和科(部)室的再给予奖励；凡被评为市局及以上双文明标兵的基层办、班组、岗位、职工、家庭的分别给予1000到200元奖励。五是规范了上级命名奖惩，电业局对上级给予的创建双文明单位命名奖励基金，主要对在上级检查验收中达到考评标准的基层单位和科(部)室按规定给予奖励，对为全局创建系列工作作出贡献的单位和个人，给予表彰奖励。

通过规范奖惩机制，评出了先进，找出了差距，使常德电业局出现了一个人人争先进、个个争上游，为创双文明单位争贡献的生机勃勃的局面，促使一批又一批先进集体和个人脱颖而出。近三年，全局共树立标兵53个，表彰先进集体126个，先进个人575人，其中，受省电力系统表彰的劳模3人，先进生产(工作)者112人,先进集体和模范班组90个,市级劳模3人。

4. 责任落实。

责任是一种与权力、义务相统一的内在驱动力,在享受使用权力时,同时也承担着相应的责任与义务。作为常电局各部门、单位同样具有这种职能。该局领导根据电业工业的行业、性质、职责、范围的不同,建立了创建双文明单位分类管理体系,实行党委抓全局创建工作,企管部门抓专业部门及双文明班组创建,工会、公安、居委会抓双文明职工、双文明家庭、双文明小区创建,共青团抓"青年文明号"、"青年岗位能手"的创建,工会、劳资、纪检、机关党总支(支部)抓双文明科(部)室,双文明基层办的创建,考评委负责考核评定工作,双文明办负责日常管理及与系统、地方的协调联合工作,创建领导小组负责全面领导和考核管理的把关工作。责任落实,使各部门、单位由抽象的压力变成了具体的责任指标,使每个常电人不得不思考着这样一个问题,在创建中我应如何做!怎样才能做得更好!责任给人以压力,也给人以动力,变压力为动力成了他们的座右铭。他们的创建活动在全方位部署下有条不紊地开展起来。

**三、狠抓职业道德,为创建注人精神动力**

社会主义职业道德是以共产主义思想为指导的各行各业职业活动的行为规范和准则,是根据共产主义道德品质和思想情操,结合各行各业职业活动特点而形成的比较稳定的共同职业活动准则,具有具体性、运用性和可操作性的特点,能有效引导人们在职业活动中养成共产主义道德情操,更好地发挥共产主义道德原则对现实生活的导向作用。因而对促进两个文明建设具有十分重大的意义,常电局的决策者们深谙此理,从一开始就把职业道德规范建设作为创建工作的治本之策来抓。

**1. 像培育安全意识那样狠抓职业道德教育。**

江总书记在党的十四大报告中强调指出:"各行各业都要重视职业道德建设,逐步形成适合自身特点的职业道德规范,坚决纠正利用职权谋取私利的行业不正之风。"这不仅阐明了加强职业道德建设在纠风工作中的地位和作用,更重要的是把它作为一项重要战略任务提到了全党、全国和各行各业面前。但就企业而言,对安全生产的重要性则不言而喻,可谓家喻户晓,而就职业道德建设来说,知道的却不多。为把大家的认识统一到党的十四大报告上来,常电局召开了声势浩大的动员会,进行了层层发动。原局长、党委书记崔午辰同志在全局职工大会上,作了题为《着眼于教育,立足于建设,切实把我局职业道德水平推向新高度》的报告,局领导成员人人亲自授课,联系实际,列举了常电局中16种不良表现和几十种不符合职业道德建设规范的行为,特别是将刁卡用户,多收或乱收费,负荷分配不公,送人情电,不按规定程序拉闸限电等归纳为八个方面,作为职业道德建设中要解决的主要问题提出来,并将近年来该局向社会曝光的两个反面典型,一并公布,给职工很强的思想震动。大家逐渐认识到:这些年来,虽然坚持不懈地抓廉政建设和纠正行业不正之风,并被上级评为纠风先进单位,但在市场经济条件下和改革开放的过程中,想抓一下一劳永逸是不行的,往往会有反复和回潮,个别情况甚至会变本加厉。这次党委下决心抓职建,抓到点子上了,抓了问题的本质。这是解决常电局实际问题,为安全、文明生产达部标提供良好的内外环境的需要,是社会主义精神文明建设和企业深入改革的客观要求,也是反对腐败,取信于民的重大举措。在提高认识的基础上,局党委还不失时机地开展各项寓教于乐的群众性活动,使全局职工在教中有乐,在乐中受教,引导职工树立正确的理想、信念、价值观、道德观、人生观。近几年党政工青妇一齐上,开展了一系列的活动,如开展了"职建在我心中"、"祖国在我心中"、"三八中国风采"、"让理想在岗位闪光"、"改革与青年"、"青春风采"等多种形式的演讲比赛,知识竞赛、有奖征文、技术比武、歌咏比赛、美术书法展览、文艺晚会、卡拉OK大奖赛,使学习教育与寓教于乐交融结合,提高了职工思想觉悟、陶冶职工思想情操,净化和美化了职工心灵,职工的精神面貌焕然一新。

榜样的力量是无穷的,在抓全局教育的同时,局领导注意抓试点,以点带面,促进全局的发展,汉寿电力局职建工作突出,具有创造性,既符合市局要求,又有本地特色。他们在抓职建工作中,坚持"以人为本,思想领先"的原则,注重理论灌输,注重思想教育,注重典型引路。做到授课有考勤,心得有检查,热点有讨论,教育有效益,全局的敬业精神,服务意识不断增强。他们实现"亮牌服务",言语讲文明,作风讲正派,办事讲公道,工作讲奉献,成为该局广大干部职工的共识。并涌现出汉寿变电站那样的先进班组和陈旭红那样的先进个人。常德市电业局不失时机地对这一典型进行培养和宣传,及时召开现场会,进行现场教育,现身说法,加强人们的紧迫感,增强人们的自觉性,与会同志一致反映,现场会开得好,"有听的,有看的,有学的"。通过学先进找差距,一个职业道德建设热潮在全局悄然兴起。

**2. 像落实安全责任制一样落实职业道德规范。**

社会主义职业道德不仅为从事职业活动的人们提供了思想指导，而且还为正确处理人与人的关系提供行为规范，为正确的处理局部与整体，行业与行业的关系提供活动准则。因此，它能够保证从业人员恪尽职守，发挥生产工作积极性，不断提高工作效率和经济效益，并能够有效督促人们分工合作，互相支援，发扬顾全大局的共产主义风格，形成良好的工作生产秩序，从根本上推动企业的发展，可见职业道德规范同安全生产都处于同等重要的地位，是企业生存和发展的关键所在。常德电业局在抓职业道德过程中，把着力点放在落实上，制定了“一把手工程”，安全生产行政一把手是第一责任人，职业道德建设行政一把手也是第一责任人。局机关，局领导原有的安全责任区在哪里，其职业道德责任区也落实到哪里，这一措施强化了领导的责任意识。从职责上保证了各级领导把二者放在同等重要的位置，有效避免了一重一轻局面的发生，为职业道德落实奠定了领导基础。同时，他们制定了《常德电业局职业道德规范》和《常德电业局加强职业道德和行风建设，竭力搞好优质服务的五条规定》。为增强自觉性，他们自我加压，通过《常德日报》公开向社会承诺，接受广大用户的监督。

职业道德的核心，旨在规范人们的职业活动行为，在贯彻执行中，常电局从领导到群众，对照“规范”开展廉洁自律、自查自纠，提出了“三个结合”、“三不放过”，一是职建教育与反腐败工作相结合；二是职建与“双达标”相结合；三是职建与行风评议相结合。“三不放过”即发现问题不查清不放过；问题发生原因不找准不放过；问题发生的责任人没有吸取教训，未拿出整改措施不放过。例如：针对常德市委、市政府行风评议大会给该局提出的“关于解决农村用电难、电费高的问题”，常电局及时组织有关人员进行调查，先后发出“征求用户意见书”和“问卷调查”6300份，走访用户481户，新聘和续聘用户监督员210名，召开用户座谈会15次，硬是下大决心花大力气把农电站纳入职建轨道，加大了整顿农村电价的力度。年底，省电力局、省减负办、省物价局三家组成检查组，对常德市的临澧、桃源、劳乡三个县农村的电价进行抽查，到户电价合格率达93%，超过了省局和电力部农电司提出的85%的目标。常电局全体职工本着“三不放过”的原则，对市行风评议大会提出的问题，逐条落实消号，得到了社会各界的好评。

“打铁还需自身硬”，常电局的决策者们深深懂得领导率先垂范的表率作用，他们事无巨细，正己为先，要求职工做到的，自己首先做到。在规范职业道德中，他们率先进行自查自纠，定期召开民主生活会，并向职工通报，自觉接受群众监督。在廉洁自律中有件事深得职工称赞，省局曾分给常电局23个内招指标，其中涉及到3个局领导子女就业问题，这些领导严格按局《招工管理暂行办法》由人劳部，工会，纪检，监察打分再由局党委集体决定，不搞特殊。在自查自纠中，局领导及时上交礼金，礼品4万多元，在领导的带动下，中层干部拒收和上交现金13000余元，拒绝请吃、请舞、请钓约100余人次。有效地抑制了以权谋私，以电谋私的不正之风，净化了职业环境，给常电人以极大的鼓舞和鞭策。从根本上改变了人的精神面貌，为物质文明的发展注入了精神动力。

**四、“人民电业为人民”既是追求，也是归宿**

“人民电业为人民”，这既是电力工业职业道德的核心，也是党的宗旨在电力工业这一职业中的具体实现，它表现了电力工业社会主义公有制的性质和体现了社会主义生产的目的。社会主义的电业，必须为人民服务。这种服务在不同的行业中表现为不同的内容，具有不同的特点。常电局是以供电，用电承担社会责任的，他们在用电、三电(计划用电、节约用电、安全用电)农电上，近年来以“人民电业为人民”为宗旨，工作时时处处事事追求最大化实现，干出了实绩。

**1. 为了用户方便，他们力抓用电管理。**

用电关系到工农业生产，关系到千家万户，如何管好用好电，这是他们时时面对的现实问题。“电业要发展，用户是上帝”，“为了使上帝”在用电上用得放心，用的实在，有求必应，他们在用电上进行营业整顿，简化了营业手续，实行营业一口对外。对所有用户核发用电许可证，强化用电监察和稽查工作。1991年成立业扩报装处，全面推行扩报装到验收送电“一条龙”服务，以适应乡镇企业的崛起，社会产业结构的调整。由于服务到位，深得用户信任，售电量成倍增长，为国家作出了贡献。特别是改革收费方式，收取供用电保证金，容量贴费，从而实现了连续17年电费回收双结零。1996年售电收入69343.38万元，为1979年的14.2倍，因而多次受到省电力局的通电祝贺。随着工农业生产发展，供电需求量大，为解决供需矛盾，他们努力做到科学用电，提高电力负荷使用率，尽最大努力满足用户需求。1996年常德电网最高负荷达41万千瓦，这种一切想着用户，一切为着用户的精神得到群众赞扬。

**2. 三电工作有新招。**

众所周知，电业是个特种行业，电能有其特性和特点，做好科学供电，搞好安全用电是搞好优质服务多作贡献的基础。电网的电力电能是一种具有发电、供电、用电在瞬间同时进行的一次性和无隙性的特性，电力在电网运行中是不能储存的，是生产、供应与消费同时进行的，具有产、供、销一体性，发电、供电、用电必须保持平衡。这一特性要求电力系统的发电、输电、配电等部门与用户之间，必须保持高度一致，必须计划用电，节约用电，安全用电。为了用户，他们先后制定和执行了“保证重点，择优供应，统筹安排”和“保证重点，核实基数，切块包干，比例分配”的电力负荷分配原则，对用电单位下达最高电力负荷指标并严格规定其用电时间和核定产品耗电定额，利用行政、技术、经济三种手段进行考核监控。这样既保证了重点工程建设，大中型企业正常生产和抗洪救灾工作，又杜绝了电力分配上的不正之风。

随着经济的迅猛发展，电力的供需矛盾越来越大，节约用电，势在必行，常电局的职工们，本着对人民负责，对社会负责，对国家负责的高度责任感，开动脑筋想办法。重点进行了产品的定额管理和单项考核，同时积极扩大使用节电新技术，新工艺，新设备，投资3300多万元，完成了48万千瓦高耗低效机电设备的更新改造任务。创工业产值2.4亿元。为提高电能利用率作出了贡献。

保证安全用电是电业职工责无旁贷的职责。他们在抓落实时，把着眼点放在对社会电工进行作业的安全知识培训上，考试合格者，分高、中、初三级发给电工证，无证不准上网作业，违章重罚并收回合格证，严把技术关，保证了网上的安全作业。同时他们还制定了安全用电方案，规范操作规程，对不安全隐患通过安全用电监察及时发现杜绝，使之防患于未然。

**3. 扶贫办电有特色。**

人们常说“要想富，先修路，要想变，先通电”，这是群众社会实践经验的总结和概括。因为，在市场经济发展的今天，没有路就无法进行人、财、物的交流沟通，没有电，便没有能源，没有动力，生产、生活都难以向现代化方向发展，因而，人们把电比作经济发展的“先行官”，社会发展的“探路灯”。常电局的干部职工，深知自己身上责任的重大。他们在搞好城镇工业服务的同时，较多地为发展农业经济服务而工作，并称之为“三为”服务，即为农民服务，为农业服务，为农村经济服务，树立正确“农”电意识。他们看到常德市所辖的18个县(市、区)中，有些贫困的山区仍未通电，至今仍过着“照明点油灯”的原始式生活，但那里发展潜力也较大，农村要脱贫致富上台阶，没有电能是办不到的，在局领导的率领下，制定了“三为”服务和扶贫办电共富工程，从建立健全农电管理机构入手，到1996年，全市229个用电乡镇建立了电管站，9个县、(市区)建立了农电总站，常德市于1992年10月在全省率先成立了农电局，这为进一步发展农电打下了基础。抓紧进行农村配网建设这是农村经济迅速发展的客观需求，乡镇企业异军突起，使农业用电处于紧张状态，常德地区60年代兴建的为农业电力排灌站供电的配电网络已不能适应时代需要，极大地制约了农村经济的发展，为此，从1979年开始，他们对6—10千伏两线一地制进行改造，解决配网接地电阻大，电压质量差，线路损失大，跳闸断电频繁等问题。80年代中、后期和90年代初，由于农村35千伏小型变电站的投运和用电网点的不断增加，便开展以“专屏专线”为重点的配网建设，到1996年，全市已拥有10千伏配电线路10400公里，配电变压器1万余台，总容量134.66万千伏安，由专屏专线供电的乡镇已达75%，较好地解决了农村用电困难的问题，解决了农民生产生活中的不便，有力地支持了乡镇企业的大力发展。

电业职工呕心沥血，夜以继日地战斗在农电战线上，为此付出了辛勤的劳动和汗水，并涌现了许许多多的先进典型。常德市鼎城区雷公庙乡电管站站长杨绍堂就是其中的一个。这位农民的儿子，在农电战线上摸爬滚打几十年，被人们誉为农电战线的“常青树”。他凭着一股韧劲，一种执著的精神，带领站里一班人自力更生，艰苦奋斗，建成了全省一流的园林式乡电管站；他率先在全省乡级电管站实行微机管理农户电费的现代化办法，为农户减轻电费负担近10万元；他“一轮二定三调节”的供电方案，巧点万家灯火，在保证乡镇企业用电的前提下，将农民照明用电由过去每月10多天，提高到几乎天天用上电；他进行电力设备的技术改造，为农户每月减少电费开支10万元；他发明的交叉抄表法，使农户每千瓦时由原来的2元降到0.6元。他为农电作出的贡献有目共睹，党和政府给予了极高的荣誉，他被水利电力部授予“全国优秀农村电工”称号。他领导的农电站，被国家能源部授予“全国优秀电管站”称号。像他这样心系群众，乐于奉献的同志，在常电局还大有人在。如：有爱岗敬业，乐在变电岗位做贡献的年轻变电站站长易众；有带电作业送光明，共擎蓝天耀青春的输电所带电班青年小伙子们；有勤政务实，争创一流的“领头雁”临澧局局长苏宏伟；有青春在平凡的岗位上闪光的变电站姑娘、小伙子；有不等不靠，开拓进取创效益的厂长熊国安。常电局正是有这样一个先进群体,造就了他们事业的辉煌。

扶贫办电是常电局心系群众,想群众之所想,急群众之所急,做群众想要做这一准则的真实体现。常德市所辖18个县、区,有不少属“老、少、边、穷”的落后山区。那里交通不便,生产力不发达,人们仍处于用松脂、桐油、煤油照明之中。如石门县,由于经济、地理条件限制,1988年全县电网覆盖率仅53.3%,有近一半的乡镇没通电。为了彻底改变贫困山区的经济落后的状态,常德市电业局决定加快电力扶贫步伐,尽快消灭无电村。在市局的领导支持下,石门电力局积极行动起来,工程施工人员常年奋战在高山峻岭,同群众同吃同住同施工,抢速度,保质量,把条条银线拉到千家万户。1993年解决了78个村的通电问题。1994年消灭无电村56个,1995年投入扶贫资金160余万元,架设高压线路118公里,低压线路2282公里,使50个村共767个村民小组,1.04万户,3.54万人用上了电;1996年又投入扶贫资金136万元,新架高压线253.87公里,低压线111.57公里,为37个无电村、4125户共1605人解决了用电。1993年—1996年共投入电力扶贫资金1818.5万元,使5个无电乡,254个无电村,31402个无电户用上了大电网的电。当地群众把电力职工视为光明使者,十分感激。石门县水南渡乡焦山村配电站建成通电时,群众敲锣打鼓,燃放鞭炮,并手捧黄土在配电站旁立起了一块“党恩浩荡”纪念碑,向省委、省政府、省人大致信,为电力部门请功。岂止石门县,在常德电业局系统,象津市、汉寿、桃源和临澧县、武陵区这些农电“三为”服务达部标县,都留下了一个个感人肺腑的动人故事。常德电业局扶贫办电成绩是显著的,不仅给予手续上的简化,如优先办理用电申请,及时验收接电,还给予资金上的扶持,每个无电村给予0.5—2万元扶贫办电资金。无偿提供一台变压器等。为了减轻农民不合理的电费负担,解决农民电费过高问题,常德电业局在取得市物价、税务、水电等部门支持下,对用电农户进行抽样调查、联合试点,在此基础上制定了收费项目,收费标准,电费抄收张榜公布,农户不合理电费负担逐年减轻,全市已有90%的农村照明电价达到物价部门的限价标准。仅1996年共减轻农民不合理负担604.85万元,农村电费保持在0.45元/千瓦时左右,用电保证率达90%以上,有100%的乡,98.6%的村,96.11%的农户用上大电网的电。为农村经济上台阶作出了应有的贡献。

常德电业局在创建双文明建设单位过程中,通过净化内部环境,努力营造一个和谐的外部环境。他们以“人民电业为人民”的主人翁姿态对待工作,对待用户,以高尚的精神感染着社会,滋润着社会,促进着社会的进步与发展。党和政府给予了他们应有的荣誉。常德电业局获得了国务院“工业普查国家级先进单位”、电力部“全国供电系统为用户服务先进单位”、“抗洪救灾先进单位”、“省文明建设先进单位”、“先进企业”,华中电管局、省局、市“先进党委”、“优秀政工企业”、“模范职工之家”、“供电行业作风建设先进单位”、“职建和行风评议合格单位”等称号。他们之所以取得巨大成就,主要是从思想上、管理制度和措施上认真地落实了“坚持两手抓,两手都要硬”的方针,从而促进了物质文明和精神文明共同进步,经济和社会协调发展。

(韩未名)

## 内强企业整体素质
## 外树国有企业形象

### ——冀东水泥集团公司塑造国有企业形象的调查研究

冀东水泥厂素以“两个文明都过硬”的形象闻名全国。建厂10年多年以来,精神文明建设和物质文明建设,都取得了显著成效。坚持科学的理论武装人,提高职工的思想政治素质,坚持邓小平建设有中国特色的社会主义理论的指导,坚持社会主义的理想、信念、强调讲学习、讲政治、讲正气,全心全意为人民服务,树立正确的世界观、人生观、价值观,艰苦奋斗,自力更生,创造了连续10年经济效益逐年增长的“十年辉煌”。第一条日产4000吨生产线的全套设备是从国外引进的,1985年投产3年达到设计能力,投产不到5年收回近4亿元建厂总投资,比国家原计划18年收回投资缩短13年,经济效益居全国建材行业第一。至1996年所创利税由2800万元提高到23700万元,人均年创利税由1万多元提高到10万元。国有资产总值由原来的3.96亿元,增长到18亿元。“盾石牌”水泥达到国际先进水平,实物质量各项指标均达到或超过世界发达国家水泥质量标准。水泥出厂合格率100%,富裕标号合格率100%,合同兑现率100%,产销率100%,重质守信,受到国内外用户赞誉。企业管理、整体优化,被命名为“全国优秀企业”(金马奖)。工厂连续11年保持市级文明单位荣誉称号,连续8年保持省级文明单位称号,被命名为“全国思想政治工作优秀企业”、“全国环境优美工厂”、“全国先进基层党组织”等荣誉称号。之所以取得如此明显的成绩靠的是什么?正如冀东水泥集团公司党委书记、总经理杜金弘所说："提高企业整体素质，树立国有企业形象"。这也是我们所要研究探索的国有企业两个文明发展及建设中的重要问题，冀东人为河北形象工程在国有企业领域的建设，创出一条行之有效的路子。

**一、提高干部、职工的思想政治素质，树立自尊、自信、自强的形象**

办好社会主义国有企业，人员是根本。树立国有企业形象，首先是提高人的素质，对干部、党员、职工分层施教。公司领导班子坚持公休日进厂学习制度，带头做到讲学习、讲政治、讲正气、讲政绩、掌握科学理论。公司中层领导干部坚持周四学习日制度，建立处级以上干部学习档案。两级中心学习组每人每月写一篇理论联系实际学习体会文章，在学习会上交流并存入本人学习档案。对共产党员平时采取支部党课教育和进党校脱产轮训相结合，每年分期分批培训一次，开展"一名党员一面旗"活动，建立共产党员精神文明建设区，充分发挥党员的先锋模范作用，坚持工人学哲学、用哲学、以工人理论队伍学习带动职工学习，用理论论证问题、解决问题，逐步树立科学的世界观、正确的人生观、价值观。每年举办一次工人学哲学演讲比赛，组织报告团深入各分厂演讲，使工人学哲学水平逐步提高。同时利用班前会对全厂职工进行思想教育，并列入评选文明班组的内容，使职工思想教育形成制度，坚持经常，职工思想政治素质逐步提高。集团公司还注重思想政治工作的针对性和实效性，根据职工的特点调动职工的社会主义积极性、主动性、创造性，把爱国、爱企业、爱岗位结合起来，把对职工的思想教育落实到搞好国有企业的实际行动之中，通过提高思想素质，为振兴国有企业提供精神动力，思想保证，使企业呈现出在国内外市场争创一流的崭新的精神风貌。

"冀东人"在改革开放中，发扬自尊、自信、自强的中华民族精神，依靠自己的力量，消化引进技术，管好现代化设备。他们不仅能管好冀东水泥厂这样一座现代化企业，而且出国管理伊拉克全套德国设备的卡尔巴拉水泥厂。在国内外树立中国人能管好现代化企业的形象。冀东水泥厂走过的10多年，是艰苦创业的"一路创业歌"。该厂每天的产值上百万，每月的利税达2000万元，只有2000多名职工，投产3年节约1700万元。在治理整顿、压缩基建时企业遇到困难，每年原燃材料涨价千万元，靠发动职工增产节约、增收节支、修旧利废，人人为"双增双节"献计献策，每年消化涨价因素千万元，做到困难之年效益不减，每年税后向国家上交5250万元利润不减。扩建第二条生产线，需要大量资金，如果全靠贷款，企业背上沉重的包袱；如果走合资道路，国有资产就会流失。他们发动全厂职工艰苦创业，自筹资金4.3亿元，冀东水泥股票上市近回3.1亿元，靠艰苦创业自筹资金和股票上市筹集资金提高了国有企业自我发展的能力，建成了第二条日产4000吨生产线。他们正在筹建第三条日产4000吨生产线，力争"九五"期间建成投产，实现企业发展的宏伟目标。冀东水泥集团公司的实践证明，企业自尊、自信、自强的形象，艰苦创业的形象，是搞好国有企业的法宝。

**二、提高职工道德素质，树立在工厂、社会、家庭处处讲文明的形象**

良好企业形象的实质是良好的信誉，信誉的基础是高尚道德。优质产品代表着企业信誉和企业形象；生产优质产品，要靠有职业道德的人。因此，外树国有企业形象，必须内讲职业道德。冀东水泥厂的道德教育，从职业责任、职业技能、职业行为、职业纪律、职业形象五个方面建立每个岗位职业道德规范，认真落实"爱岗敬业、诚实守信、办事公道、服务群众、奉献社会"的职业道德要求，举办理论骨干培训班，组织职业道德建设讨论会，修订职业道德规范，编写十讲职业道德教材，印发到300多个班组，利用班前会对职工进行职业道德教育，层层选树职业道德典型，57名职工登台讲职业道德闪光点，整个企业出现了"讲职业道德，树冀东新风"的浓厚气氛。同时，深入开展社会公德教育，大力宣传在社会上助人为乐、见义勇为涌现出来的先进事例。加强环境治理也列入社会公德内容。管好收尘设备，做到文明生产、文明经营。以开展"五星级文明家庭"为主要内容，加强家庭美德教育，居民区精神文明指导员组织本单位居民学习，做到家喻户晓，人人皆知。总结本单位家庭美德典型，举办家庭美德演讲比赛，建立了每年对家庭美德典型总结表彰一次的制度，形成每一个职工在厂讲职业道德，在社会上讲社会公德，在家庭讲家庭美德，集"三德"于一体，落实到人，处处做文明职工，使企业在社会上树立起文明形象。

冀东水泥厂从1985年开展文明职工活动，还要求职工争做文明市民、文明居民。文明礼貌、遵章守纪蔚然成风，用多数带少数使文明职工由80%提高到99%以上，工厂连续多年保持省、市级文明单位荣誉称号。由中共河北省宣传部、河北省社会科学院撰写的《软要素带来硬效益——冀东水泥厂两个文明都过硬的研究报告》，被中宣部命名为"五个一工程"。为了深入落实六中全会《决议》精神，冀东水泥股份有限公司开展争做"四有干部"、"四有职工"活动。特别是为教育好青年,教育好后代,集团公司精神文明办公室积极开展精神文明研究活动,组建了河北省精神文明建设研究所冀东研究中心,以冀东水泥集团公司为研究基地,积极探索在新形势下开展"四有"教育和"四有"达标活动的新方法、新路子。将于1997年9月表彰第一批"四有"干部、"四有"职工,以后每年表彰一批,逐年增加,1997年上半年掀起争做"四有"干部、"四有"职工的热潮。党委要求全厂共产党员、全体干部、申请入党的积极分子,工人学哲学理论骨干要带头做"四有"新人,特别是科以上干部带头做"四有"干部。组织部坚持深入开发科以上干部"六讲六比形象工程",共青团在团员青年中开展争做"四有"职工活动,各党支部组织理论队伍掀起学习辩证唯物主义、历史唯物主义、学习中国特色的社会主义理论的热潮。党员、团员、理论骨干带动群众,把"四有"教育和"四有"达标轰轰烈烈又扎扎实实地开展起来,树立起企业文明的整体形象。

**三、提高科技文化素质,树立重质守信优质名牌形象**

企业职工科技文化水平,关系到企业的效益,直接影响到企业整体形象。冀东水泥厂是现代化企业,现代化设备只有和现代化的人结合起来,才能产生高效益。人的现代化包括两个方面:人的思想现代化和人的技能现代化。社会主义现代化企业的职工,要真正成为企业的主人,不仅要有主人翁精神,而且要有主人翁技能。社会主义企业职工的思想现代化,就是要有和时代的发展要求相一致的现代科技意识;树立和现代市场经济相结合的竞争意识和国有企业性质相一致的主人翁意识。社会主义企业职工的技能现代化,就是要求每一个职工必须掌握和不断提高现代化技能。通过岗位培训制造车间中央控制室职工掌握了现代化技能;经过自学成才,电气处PCC微电脑组11名工人进厂时都是高中毕业生,现在全部达到了大专文化水平,掌握了现代化技能。职工技能现代化水平不断提高,对办好社会主义企业发挥了重要作用。1995年对现代化设备进行大修,原计划需要1个月时间,党委、厂部要求25天完成,实际只用了22天就完成了任务,涌现出530件主人翁感人事迹,展示了现代化国有企业职工的主人形象。把科技成果转化为生产力,使企业经济效益逐年提高,技术进步成为"冀东"的优势,消化日产4000吨生产线引进技术,管好现代化企业,荣获"省长特别奖"。依靠技术进步,推动企业发展,树立起国有企业良好形象。

质量和信誉是企业的生命,从1985年工厂投产冀东水泥就非常重视产品质量,原设计生产普通硅酸盐水泥,采用国际标准生产,创出了誉为国内外的名牌"盾石牌"水泥,其中早期强度增进率居于国内前茅,行检行评蝉连"三连冠"。秦皇岛港口过去曾使用台湾水泥质量达不到要求,改用冀东"盾石牌"水泥质量很好。交通部通知,秦皇岛港口使用冀东"盾石"水泥,亚运会工程70%用的是冀东水泥厂"盾石"水泥,亚运工程指挥部给厂送来了"重质守信、为国争光"的锦旗。投产12年,出厂水泥合格率、富裕标号合格率、合同兑现率、产销率共4个100%。在国内外市场竞争中,以优质取胜,冀东"盾石"水泥由华北市场进入东北市场、南方市场、开拓国际市场,外销韩国、菲律宾、香港、澳门等10多个国家和地区,外国客商说:"中国冀东'盾石'水泥改变了中国水泥在国际上的形象"。马来西亚对冀东水泥厂"盾石"水泥实行进口免检。一流的质量,一流的信誉,受到用户好评。实践证明,开拓国际市场,必须树立文明形象。产品形象是企业形象的根本,靠冀东"盾石"水泥优质名牌形象,打开了国际市场,优良的服务和良好信誉,使"冀东"以文明的形象屹立于世界,对于冀东"盾石"水泥走向世界起到重要作用。这说明,既有优质产品,又守信守法文明经营,才能在市场竞争中取胜。

**四、提高科学管理素质,树立争创一流形象**

科学管理是企业形象的基础。设备管理关系到设备运转率、劳动生产率;成本管理关系到经济效益;质量管理关系到产品创名牌;经营管理关系到企业在市场上的形象。在同样的市场环境下,为什么有的效益不好,造成亏损?有的效益好,生产盈利?关键在管理。塑造科学管理、优质服务的企业形象,就要强化职工队伍管理、设备管理、生产管理、班组管理等特别环节。10多年来冀东水泥厂坚持以人为本的现代化管理,把对职工的教育管理作为根本来抓,充分发挥职工劳动积极性。通过实行民主管理,强化职工主人翁意识,每年一度的党代会、职代会将企业年度方针、目标分别交给党员代表和职工代表讨论,充分发表意见,把方针、目标确定下来,然后围绕既定的方针、目标开展全员承包,签订责任书,把企业生产经营好坏与职工收入连在一起,形成企业、职工命运共同体。经过长期的实践,探索和创建了现代化企业设备管理的新模式,制定完善了以有标准、有责任、有考核为主要内容的设备管理,使各岗位自我加压、自我约束,保证了生产正常进行。冀东水泥厂创出了一条独特的水泥窑生产管理体制,把生产的全过程在时间和空间上有机结合起来,进行科学的组织和严密的指挥、协调和控制，使企业的人、财、物得到充分利用，保持了高水平的生产效率，保障了企业生产经营的优质高产。整顿和加强班组建设，开展了合格班组达标活动，合格率为96%以上，班组成员的素质提高，有效地推动企业管理登台阶、上水平。

1986年，冀东厂把“争创一流”列入冀东精神的内容，激励干部职工做一等的工作，创一流业绩。1992年，企业刚刚走向市场就遇到竞争对手——日本小野田大连合资企业的挑战。这时社会上出现了国有企业不如合资企业，不如私营企业的议论。冀东人不信邪，认定私营小水泥成本高、产量低，不是竞争对手。他们坚信，外国人能办到的，中国人也能办到。日本小野田的合资企业，九十年代设备水泥窑运转率提出87%的目标，而冀东八十年代初设备水泥窑运转设计85%。他们开展以提高水泥窑运转率为目标全厂承包会战。1992年水泥窑运转率达到89.11%，超过日本合资企业2个百分点，达到国际先进水平。小野田合资企业到冀东学习，日方生产部长说：“冀东水泥厂不愧为中国建材行业一枝花，我们服了”。当时日本、德国等国内水泥企业的水泥窑运转率都在90%以下，1993年冀东厂水泥运转率达到92%，1994年达到93%，超过设计能力8个百分点，超过日本合资企业6个百分点，在世界居领先地位。由于运转率的提高，水泥年产量由设计能力129万吨，提高到150万吨，年增产21万吨。事实说明，中国人有志气、有能力赶超世界先进水平。树立起“争创一流”的形象，长了中国工人阶级志气和振起国有企业的雄风。

**五、塑造国有企业形象的启示**

塑造国有企业形象，关系到国家的兴衰，关系到以公有制为主体的社会主义性质，也是河北形象的重要组成部分。国有企业在国内外市场竞争中代表的是“国家队”，企业竞争是产品质量和技术水平的竞争，又是信誉和形象的竞争。树立国有企业形象，有利于增强国有企业竞争能力，是企业走向国内外市场的重要经营战略，是振兴国有企业必由之路。在由计划经济向市场经济转变、由粗放型向集约型转变的过程中，国有大中型企业遇到程度不同的困难，一些企业出现了效益滑坡甚至亏损的问题，影响了国有企业的形象。但冀东人认为，正如“贫穷不是社会主义”一样，亏损不是国有企业形象，技术落后也不是国有企业形象。国有企业的困难，是两个转变过程中的暂时困难，实现了两个转变，企业就会充满生机活力。科学的认识树立国有企业形象的必要性，这是对我们的启示之一。

企业形象是由外在形象和内在素质构成的，企业形象是企业整体素质的反映，塑造良好的企业形象，必须提高整体素质，开展树立国有企业形象活动，必然会促进国有企业整体素质的提高。企业形象是企业的无形资产。企业形象不好，产品必然滞销，甚至为社会所淘汰，导致企业破产。树立良好的企业形象，不仅促进产品国内市场畅销，而且有利于进入国际市场。国有企业在国内外市场竞争中立于不败之地，并创造出一流的经济效益。冀东水泥厂集中群众的智慧，确定国有企业形象的内容：树立科学管理、优质高效的形象；树立科技进步、争创一流的形象；树立守信、守法、文明经营的形象；树立干部公仆、工人主人的形象。在社会上树立起冀东水泥集团文明的整体形象，是同在企业内部努力提高职工整体素质融为一体的。辩证地认识形象与素质的关系，这是对我们的启示之二。

树立国有企业形象，应当着重塑造职工的主人翁形象，这是对我们的启示之三。社会主义市场经济的主体是企业，而企业的主体是职工。在社会主义企业里，工人是国家的主人，企业的主人。办好社会主义企业，必须全心全意地依靠工人阶级。我们的党是工人阶级先锋队，工人阶级是党的阶级基础；我们的国家是工人阶级领导的、以工农联盟为基础的人民民主专政的社会主义国家，工人阶级是国家的领导阶级；我们的国有企业，职工是主人翁。如果失去了工人在企业的主人翁地位，企业就丧失了社会主义性质。冀东水泥厂通过开展评赞主人翁意识活动、“做主人、比贡献”活动、月评“十佳主人翁”活动，全厂涌现出一个个闪闪发光的主人翁典型，用职工身边主人翁典型教育职工，推动树立国有企业员工主人形象。冀东水泥厂坚持八年组织工人学哲学、用哲学，把“伟大的认识工具”交给工人，对于工人树立科学的世界观，增强工人自觉能动性，树立国有企业工人主人翁形象起到了重要的作用。坚持二十年开展文明职工活动，要求职工在工厂讲职业道德做文明职工；在社会上讲社会公德做文明市民；在家庭讲家庭美德做文明居民。以多数带少数，以积极因素克服消极因素，以群体力量抑制个人不文明行为，集“三德”于一身，树立国有企业员工文明形象。

提高企业整体素质，树立国有企业形象，是一项系统工程，需要针对两个文明建设的重点、难点，确定目标，一个工程一个工程地抓深抓细，一项一项落到实处。它又是一项长期的任务，提高企业整体素质必须长抓不懈，树立国有企业形象必须持之以恒。只有这样，我们建设社会主义现代化的目标才能实现，而且一定会实现。

(河北省社会科学院精神文明研究所课题组执笔　杨爱民)

## 深化改革,勇创一流

### ——郑州商业战线的一面旗帜

郑州百文股份有限公司(集团)的前身是郑州百货文化用品批发站。1985年由行政性公司转为经营性公司,1988年被批准为郑州市第一家商业股份制试点企业,1994年成为省政府建立现代企业制度试点单位。10多年来,郑州百文股份有限公司(集团)走过了一条不寻常的道路,创造了辉煌的业绩:1986年公司销售额9000万元,利润180万元;到1996年公司销售额达到41亿元,利润6600万元;10年间公司销售额增长了45倍,利润增长了36倍,由一个行政性的商品批发公司,成为一个规模较大的股份制集团公司。

郑州百文取得辉煌成就的可贵经验概括起来主要表现在五个方面:

**一、郑州百文始终把解放思想、转变观念作为企业发展的根本出发点**

郑州百文在10多年的发展过程中,每前进一步都面临着思想、观念、意识上新与旧的撞击,但是他们坚持用邓小平建设有中国特色的社会主义理论作指导,正确把握社会主义市场经济的发展形势,把中央、省、市关于改革的方针、政策与本企业的实际结合起来,引导全体职工解放思想、更新观念,树立强烈的市场意识、竞争意识、机遇意识和创业意识,用观念的更新带动工作的创新,促进企业的发展。回顾企业10多年走过的路,郑州百文公司董事长李福乾深有体会地说:企业每前进一步,都伴随着解放思想,观念变革的冲击;只有在不断地否定之否定中提高自己,才能得到进一步的升华。1985年,李福乾刚当上郑州百文公司经理,当时正值国家对流通体制进行改革,公司所辖的几家大商场纷纷独立,而此时,郑州百文只是一家行政管理性质的公司,它自己不从事商品经营,只是代行政府职能管理着一批商业企业,并按照计划向这些商业企业供应调拨商品。当时公司内人浮于事,各种管理机构17个,各类人员200多人。由于流通体制改革,流通主体增加,再像以往那样靠公司所辖企业"供奉"过日子已难以为继。面对这一严峻形势,郑州百文经理李福乾认为,企业的唯一出路就是甩掉"官商"帽子,走向市场,成为真正的商品经营主体,而不再当传统体制的附属物。在统一了思想认识后,公司全体员工都丢掉了依赖国家的幻想,全力以赴地抓紧转轨变型,义无反顾地投入到市场中去拼搏、竞争。

自从公司从行政性公司转变为经营性公司,郑州百文就把自己当作商业竞争中的一员,彻底打破了传统体制的束缚。他们主动取消了公司的行政职能和管理人员的国家干部身份,而实行了员工合同制,干部聘任制,公司机关科室由17个减为9个,人员由200多人减为50多人。思想解放和观念转变带来了郑州百文公司的大发展、大变化,带来了公司经济效益的迅速增长。在商品经营活动中,郑州百文公司冲破了行业和地域界限,冲破原来的商品货源,价格和渠道的固定框框,大胆地走向国内外市场,构筑大流通、大商业格局。现在,郑州百文的经营触角已伸向欧美及东南亚一些国家和地区,并在全国各地设立了30多家分公司。去年,郑州百文省外销售达到30多亿元,创汇300多万美元。

郑州百文董事长李福乾常说:"市场经济没有'救世主',只有自己靠自己。"正是有了这一观念,郑州百文公司在市场经济活动中不再等、靠、要政府的偏袒和关照,而是靠自己闯,大胆试、主动做,及时抓住机遇,开辟了一块新天地。1988年,郑州百文公司走上股份制改造之路,当时社会上还对股份制持有怀疑态度,而郑州百文公司从自身实践引导公司员工及时转变观念:承包制不是企业长远发展的根本措施,政企不分不利于市场竞争,而实行股份制则能使企业获得适应市场经济的经营机制,有利于企业走向市场。实行股份制后,由于企业投资主体的转变与明晰,郑州百文员工的积极性和凝聚力明显高涨,企业业绩也迅速提高,1989年至1996年,公司销售额由2亿多元升至41亿多元,利润由651万元升至6600万元。

**二、坚持以改革求发展,靠改革闯生路**

邓小平同志说:改革是中国发展生产力的必由之路。同样,改革也是推动郑州百文公司不断发展壮大的动力,郑州百文从小到大,由弱到强,走过了几个阶段,都是靠改革推动企业发展的。1986年,郑州百文公司首先破除了"官本位"的传统体制,从"官商"行列中跳了出来,把企业从原来的行政性公司改为"一级法人,两级核算,三级管理"的经济实体,取消了管理人员的"政府官员"身份,由国家干部转为企业管理人员,打破了干部、职工的不同所有制身份界限,公司职工统称为"百文员工",使那些以往只会喝茶看报、养尊处优的"官"像其它公司员工一样走向市场,为公司的生存和发展奋力拼搏。公司还改革了原有的人事制度，对企业管理人员一律实行聘任制，对企业员工实行优化组合，打破计划经济体制下形成的“铁饭碗”和“大锅饭”，工资一律与效益挂钩，并实行各个部门定销售、定毛利率、定费用率、定资金周转周期、包利润的奖罚办法，通过这些改革措施，使公司全体员工增强了对企业的责任感、使命感和认同心理，工作积极性、主动性极大提高。

在改革旧体制的同时，郑州百文公司又打破了原有的经营模式，冲出了固定供货厂家、固定不变的供销价格差、固定供货范围的束缚。并大胆地实行了三项制度改革，建立起竞争激励的内部管理机制，这些改革为郑州百文公司建立现代企业制度创造了条件。

1989年，郑州百文公司又实施了一项重大改革措施，即正式成立郑州百文股份有限公司（集团），按股份制运作。实行了股份制后，基本上实现了产权清晰、权责明确、政企分开、管理科学的现代企业制度的要求。由于员工利益和企业利益休戚相关，又由于社会公众股份监督激励机制的作用，使公司员工生产积极性空前高涨，企业效益大幅度增长。同时，股份制改造理顺了政企关系，拓宽了融资渠道，为企业经营活动提供了一个宽松的外部环境。1996年4月，郑州百文股份有限公司（集团）股票在上海证券交易所成功上市，公司不仅获得了丰厚的资金回报，而且也为公司创造了一个良好的发展空间。公司董事长李福乾深有感触地说，正是抓住了改革为我们提供的机遇，才使我们从一个目标，攀上另一个目标。

**三、树立勇争一流、不甘落后的企业精神**

一个国家、民族是要有一种精神的，一个企业也应该有一种企业精神。郑州百文在10多年的创业和发展中，形成了勇争一流、不甘落后的企业精神，这种企业精神，对郑州百文公司的不断发展壮大起到了重要的支撑和推动作用。他们敢于在市场经济中抢占滩头、勇争第一，是市场经济竞争规律的必然。谁有了这种勇争第一的胆识和魄力，谁就能够在市场经济大潮中站稳脚跟、立于不败之地。否则，就会被市场经济的大潮所淹没。据有关资料显示，全国90%以上的国有批发企业，在市场经济的大潮中纷纷落水，他们有的被挤垮，有的濒临倒闭。郑州百文公司却能在市场经济大潮中如鱼得水，不断发展壮大。10多年来，公司销售收入增长45倍，利润增长36倍，人均劳动效率、资金周转率、费用率等七项主要经济指标屡夺全国同行之冠；而且，公司主营销售收入在沪上市公司中位居八强。这样卓越的业绩来自公司员工勇争一流的斗志。

为了鼓励公司员工勇争一流，1993年，公司董事会决定：年销售额3000万元以上或创利100万元以上的销售分公司经理，可进入并享受公司副总经理层次行政管理权限和待遇，但如果连续两年完不成任务，则自动免职。这一决定极大地激发了公司员工的积极性，他们争做大买卖，做有显著效益的买卖，争创一流业绩。

郑州百文公司把构筑“大市场、大商贸、大流通”格局作为勇争一流的目标，把集约经营作为勇争一流的实质。“大市场”即走出郑州市场，走向全国乃至世界；“大商贸”即除了经营商品批发、销售，还要把经营活动渗透到外贸、饮食、娱乐，甚至生产领域；“大流通”即在全国各地、甚至国外设立分公司，形成自己庞大的流通网络。在集约经营方面，他们与国内外1000多家名优厂商建立稳定联系，实施品牌经营；他们实行直线运输，曲线结算的经营方式，做到物流和商流分离，节约时间与资金；他们买断经营权，搞规模优势，等等。这种勇争一流、不甘落后的企业精神，为公司创造的不仅仅是大量的物质财富，而且还为公司带来了可贵的精神财富。

**四、保持艰苦创业、艰苦奋斗的优良传统和作风。**

10多年来，郑州百文公司从小到大，从弱到强，各个方面都发生了巨大的变化，但是有一点没有变，即艰苦奋斗、艰苦创业的优良传统和作风没有变。可以这样讲，郑州百文公司发展到今天的规模和业绩，是公司全体职工艰苦创业，努力奋斗的结果。艰苦创业，艰苦奋斗是郑州百文公司的优良传统和作风，也是一种可贵的企业精神。正是有了这种精神，他们能在困难面前不低头，在挫折面前不弯腰，在成绩面前不骄傲，脚踏实地，兢兢业业地创造着企业光辉的明天。

艰苦奋斗、艰苦创业的优良传统和作风之所以能够在郑州百文发扬光大，成为加快企业发展的强大动力，关键在于郑州百文公司的领导能够以身作则，处处严格要求自己，用实际行动为全体职工作出榜样。公司董事长李福乾至今还用着50年代的办公桌，使用了多年的椅子和靠垫，有时外出联系业务，为了节省旅费，搭乘长途公共汽车，坐火车硬座车厢。公司总经理卢一德到外地出差，为了节约费用，就住在公司的办事处里，有时两三个人挤在一张床上。艰苦奋斗、艰苦创业既为公司创造了大量的财富，也增强了企业职工的凝聚力，责任感和使命感。

由于郑州百文公司从领导到员工都能保持艰苦

奋斗、艰苦创业的优良传统和作风，近几年来公司销售额节节上升，从1990年2.7亿元到1992年的5亿元到1994年的9.2亿元到1996年的41亿元，而费用率却逐年下降，从10%一直降到去年的1.83%。这个数字里面包含着公司全体员工数不清的辛劳与勤奋。一般人认为，郑州百文公司效益好，职工的福利也会很好。然而并非如此，如公司职员，包括公司领导都住着两开间的房子，董事长李福乾说，我们不与别人在住房上比阔气，大家要在开拓市场的能力上跟对手比高低。如果没有市场竞争的优势和企业实力的增强，住再好的房子，到最后也是要“坐吃山空”的！这种艰苦奋斗、艰苦创业的精神为公司创造了逾20亿元的资产，只要这一优良传统不丢掉，它将会为郑州百文公司带来更多的财富。

**五、加强科学管理，向管理要效益**

建立现代企业制度，必须有一套科学的管理体系。郑州百文公司在自身发展过程中，始终把眼睛盯在市场上，功夫下在管理上，他们在继承优秀传统，借鉴外来先进的管理经验的基础上，建立起一套适合自己特点的管理机制。

在内部管理上，郑州百文公司大胆改革三项制度，建立了竞争激励机制，形成人人比贡献的良好风气；在经营管理上，郑州百文公司逐步实现管理科学化，采用先进的管理手段，建立适合国有企业特点的现代管理模式；在决策管理上，依法让党组织负责人、员工代表、法人股东进入董事会和监事会，参与重大事务决策，这样就为科学决策提供了坚实的基础；在资金、资产管理上，郑州百文公司完全引入市场机制。他们建立公司“内部银行”，对于经营状况优良的分公司，在资金使用上给予重点扶持。他们实行一级法人、二级核算、三级管理的经营管理体制：公司授权各分公司在银行开设经营帐户进行单独核算，公司财务处负责企业核算、银行贷款和工资基金的管理。他们构建起三级资产经营管理体制，以保证企业资产保值增值。公司以法人身份管理企业全部资产，实行资产经营，分公司向公司上交场地、设备使用费和利润，商品部对分公司负责，最大限度地使资产合理配置。这些管理措施，改变了计划经济体制下分公司、商品部吃企业大锅饭的状况，各分公司、商品部都尽力降低不必要的开支，多创效益，使企业内部形成人人节支创收的良好风气。在人事管理上，郑州百文公司实行“三倾斜”政策，一是人才倾斜，注重从一线员工中选拔人才，赋以重任；二是工资倾斜，在经营第一线工作的员工工资比机关科室人员高两级；三是奖金倾斜，一线员工奖金比机关人员高两部。同时，郑州百文公司注重做好员工的思想政治工作，对员工坚持高标准、严要求、以法治企，以德治企，教育员工爱岗敬业，团结协作，恪守职业道德，提高服务质量。这些科学的管理制度，为企业的迅速发展插上了翅膀。

郑州百文股份有限公司（集团）10年来走过的路程和创造的光辉业绩，充分证明了总设计师邓小平同志制定的改革开放决策的英明正确，没有社会主义的改革开放，就没有郑州百文公司的今天。紧紧抓住改革开放给我们带来的每一个机遇，在改革开放的时代潮流中不断发展、壮大自己，郑州百文公司走过的道路不正是改革开放以来建设有中国特色的社会主义事业的缩影吗！最近，郑州市委、市政府作出《关于全市工商企业学习郑州百文股份有限公司（集团）经验的决定》，号召全市工商企业学习郑州百文精神，结合本单位实际，解放思想，加快改革步伐，把郑州市工商企业改革推向一个新阶段。

（吕鸿儒　常和平　魏遂群）

# 七、思想教育

## 思想政治工作<br>是沱牌企业发展的强大动力

四川沱牌集团公司在十余年间由一个年产值不足100万元的亏损企业一跃成为国有大型一档企业，连续3年被评为全国500家最大经营规模工业企业，并被国务院确定为全国100户现代企业制度试点企业。1996年，营业收入8.2亿元，实现利税2.1亿元，资产总额达10.2亿元，分别比上年增长35%、54.5%、75%。公司获“全国五一劳动奖状”，精神文明建设顺利通过省级文明单位复查验收。公司两个文明建设取得显著成绩,是广大员工共同奋斗出来的,而能有效地使全体员工同心同德为公司发展积极作贡献的关键在于——加强思想政治工作。

企业思想政治工作的核心是什么?是思想道德建设。推动企业发展的永不衰竭的力量在哪里?在于人,在于全体员工良好的思想道德素质。加强思想政治工作是企业实施可持续发展战略的源泉所在,也是企业不断发展的动力所在。公司党委书记、总经理李家顺同志经常爱说这样一句话:"抓好了人的工作就抓好了整个工作的70%"。

**一、加强思想政治工作,关键在领导,一是主要领导,二是整个领导班子**

沱牌抓思想政治工作首先从公司领导班子抓起。李家顺同志认为:求木之长者,必固其根本,欲流之远者必浚其源泉,思国之安者必积其德义。领导者的德义是权力效应得以扩张的根本,首先必须抓好领导者的思想道德建设。结合公司领导的思想、工作、学习和生活实际,主要抓了五个意识的加强:一是高品位的思想意识:要求从思想路线、思想基础、思想观念、思想方法、思想目标上重下功夫;二是强烈的政治意识:要求在政治观点、政治立场、政治纪律上保持清醒;三是浓厚的角色意识:坚持民主集中制,坚持"四个服从",坚持分工合作,站准位置,扮好角色;四是团结意识:坚持真诚团结、共同奋斗、互勉互励;五是廉洁自律意识:要持之以恒,自觉坚持各项制度,强化监督,淡泊明志,严于律己。领导统一认识,让思想政治工作贯穿各自分管工作的始终,并长期坚持。其次是掌握好思想政治工作的方法。抓好整个公司思想政治工作就有了保证。

**二、党政工团形成合力是抓好思想政治工作的前提**

党委是抓思想政治工作的关键。首先是抓好机构建设。党委设有办公室、宣传部、组织部、督查督办室、职教办等部门。基层支部建设根据实际或设专兼职书记、专兼职副书记。党委部门工作人员平均年龄29.5岁,大专以上文化占81.8%。在28个支部中,支部书记、副书记平均年龄为38岁,大中专文化占60%多。工会、共青团也根据党支部设置原则,完善了基层组织,使思想政治工作有了健全完善的网络系统。党团工作人员待遇与同级管理人员一视同仁。根据公司实际,思想政治工作的重点放在7个精神的培养,即改革精神、拼搏精神、大局精神、自律精神、敬业精神、科学精神、法制精神。层层落实了现任目标和奖惩。年初同经济工作任务一同下达分解到党政工团各部门及具体管理人员岗位目标,平时一起检查,年终一并考核奖惩。

**三、思想政治工作也要坚持强行渗透**

首先是抓学习健全完善了党委成员学习制度、党支部学习制度、中层干部学习制度、机关后勤管理人员学习制度和班组学习制度。每月学习内容、时间党委办均作了安排,建考勤簿、记录簿备查,学习情况与年终奖挂钩,并不定期进行试卷抽查。学习十四届六中全会精神,厂级干部人人写体会文章,后勤管理人员1200多人都参加了开卷考试。再则是实施教育培训,公司制定了2000年员工教育培训规划,逐年分解、落实到具体人头,对思想教育有明确的任务目标。去年以来,根据员工思想实际,以培养爱岗敬业,提高道德为重点拟定了13项教育内容,请省、市、县著名专家学者和公司内专兼职教师讲授。对中层干部、共产党员开展定期政治、法制轮训,对中层管理人员进行军训;生产一线员工上岗前要集合整队唱厂歌。公司统一制作了宣传栏、报栏、车间有板报,公司建立了电视台、广播站,并将《沱牌报》改为半月刊发至每个工人,形成了立体宣传,立体渗透。三是制定了一系列管理制度,配合思想道德建设有计划、有步骤地展开执行。制定了文明员工守则,宣传部、工会、团委据此提出了做文明员工倡议,在启发大家不断接受的情况下,文明公约已在制定当中。公司禁止在厂区内吸烟,违者一次罚款500元,并停岗待业1个月,管理后勤人员还必须调离管理后勤岗位,1年内3次违规则予以除名。

**四、全方位激励是思想政治工作的法宝**

公司出台了员工奖励条例,对在各方面做出突出贡献的员工予以重奖。公司每年开展劳动竞赛,全员参赛,从各行业、岗位层层选拔出能手、标兵,评出劳动模范,给予重奖,近3年共评出66名,到沿海,乃至出国考察,临时工转为正式工。公司在班组、工段、车间、部门层层树立了爱岗敬业、乐于奉献的先进典型,使员工学有目标。公司开展合理化建议,对被采纳的建议给予奖励。对自学成才,工作有创新的给予特别奖。公司管理人员岗位实行能上能下,业绩平平者下、能者上。公司还设立"精神文明建设奖励基金",对在公司精神文明建设中做出突出贡献的人给予奖励。公司自创厂歌,并将公司理念在员工中反复征求意见,以激励员工昂奋向上,不断进取。公司还通过党政工团开展深入细致的思想工作,在员工中广泛开展情感激励、精神激励,使员工把自己的命运与企业、与国家的发展系在一起,使大家感到必须进取,而且有奔头。

思想政治工作贯穿于各项活动之中能产生事半功倍的效果。公司每年利用重大节日开展系列活动，尽量使较多的员工参与到其中，使之受到爱国主义、集体主义和文明氛围的熏陶，增强自信心和自豪感。1996年国庆，公司举行升国旗仪式，在职工中产生了很大反响。实行党员挂牌上岗，加强群众和舆论监督，员工称好。为四十年党龄的党员颁发纪念证和奖品，经常开展离退休党员活动。1996年七一，全体老党员集体给公司党委送交一建议书，并高唱《没有共产党就没有新中国》以表达他们对组织和公司的热爱。公司广泛开展创四好班子、文明科室和文明班组活动。经常广泛开展各种文化娱乐活动，寓教于其中：去年在市县和公司内成功地举办了“质量之声”、“党旗之歌”、“中秋·国庆”、“青春献九五”、“希望之光”等九场大型文艺晚会，春节在县城开展了“中国名酒城，奔向新世纪”大型游演活动。经常在职工中开展征文、书画比赛、演讲比赛、知识竞赛、技术比武、卡拉OK赛、茶话会、游园活动、知识有奖竞猜等活动。整个公司总是呈现一派生气勃勃的景象。公司还捐资100万元建立沱牌教育基金，捐资1200万元兴建“沱牌实验学校”，这些活动使员工增强了国家意识、民族意识，使职工把企业发展与社会发展、民族兴盛自觉联系起来。

加强思想政治工作抓住了主要矛盾。沱牌员工的特点是青工多、临时工多，近几年进入的大专毕业生多。针对青工特点，多开展寓教于乐的活动，加强世界观、人生观教育，讲厂史、讲发展、讲未来，引导他们参加健康活动、多读书。对于因征地农转非的员工使其树立厂即是家的观念，增强文明意识，增强紧迫感，学习文化，熟练掌握岗位技术，加强纪律性。对于临时工则强化工厂意识，遵守厂规厂纪，工作要长期打算，给他们以奔头，自觉增强爱厂观念、质量观念、法制观念。对于大专毕业来厂工作的职工则要求牢固树立产业报国思想，献身沱牌，与公司共存亡，为振兴民族工业作贡献。根据不同对象，明确不同的工作目标，采取不同的工作方式，大大增强了思想政治工作的有效性。李家顺同志就多次召集大专毕业生座谈，倾听他们的意见和建议，与大家共勉。所以凡来沱牌的大专学生都说他们来到了一个足以充分施展才干的地方，遇上了开明领导。我们的思想政治工作坚持李家顺同志提出的核心深入到中心中去的原则，根据不同时期，根据公司中心工作的变化，根据倾向性问题的出现而有针对性地选择思想政治工作的重点。所以员工们反映，沱牌的思想政治工作没有形式主义，没有花架子，着着都落在关键处。

**五、充分依靠工人阶级是抓好思想政治工作的关键**

职工是公司的主人，只有让他们真正感受到主人的地位和做主人的责任，思想政治工作才能真正有效。公司重大问题都交职代会充分讨论，仅去年股份公司第四届职代会，就征得代表提议142条，条条均有着落。公司效益分配方案、住房建设、分配方案、房改方案、重大生产经营决策、职工福利待遇等都通过职代会认真讨论。职工们深切体会到自己是公司这个大家庭中的一员。公司定期安排员工体检，发现有病及时联系确诊，有的生病职工家庭困难，公司给予一定解决，并发动员工捐赠。对伤病职工，总经理还经常到医院看望。员工们深切感受到公司的关怀和温暖。1996年夏季，公司投入3万元为职工购买防暑药，并送到生产一线。公司投巨资新建近千套单元宿舍，解决了职工安居问题；购买了交通车，解决了职工上下班乘车难问题……。员工有了主人翁责任感，公司领导和员工就有了共识，思想政治工作就由领导要抓变为全体员工共同抓。

公司有了好的带头人，有一个好的班子，出以公心，同心同德干事业，企业不断发展，对国家贡献大，职工收入和福利不断改善，我们的思想政治工作就能有效开展，而要做到这一点就必须加强思想政治工作。思想政治工作是企业发展的强大动力，沱牌是这样认识的，也是这样抓的，沱牌才有了今天的辉煌。这是沱牌企业发展的一条重要经验。

(敬兴蕴)

## 强化职业道德，促进企业发展

### ——对河北旭日集团职业道德建设的思考

河北旭日集团创立于1993年3月，是以河北省冀州市供销社为基础，发展起来的一个跨行业、跨地区、跨所有制，集科、工、贸于一体的综合性企业。现有干部职工5000余名，总资产规模4.5亿元，其中固定资产1.5亿元。目前已由刚成立时的20家企业，发展到包括6个中外合资企业、4个工厂、14个专业公司、45个综合商业企业的初具规模的企业集团。三年来，旭日集团坚持两个文明一起抓，使企业的经济效益和思想道德文化都得到了发展。主要经济指标日益增长，1996年完成产值44909.3万元，比去年增长49.4%，比集团成立前的1992年的16560万元增长171%；完成销售81061万元，比上年增长62.1%，比1992年的17704万元增长358.4%；实现利税1512万元，比上年增长36.5%，比1992年的451万元增长了235.3%。旭日集团连续被省委、省政府命名为文明单位，被省供销社评为省先进企业。集团生产的旭日升牌冰茶、暖茶，被河北省评为“五大名饮”之一，为消费品类重点名牌产品，全国供销总社首批名牌产品。在精神文明建设中，认真进行了爱岗奉献的职业道德教育和建设，增强了全体员工的敬业为民意识、勤业精业意识和行为规范自律意识，形成了良好的企业文化氛围，企业的精神文明建设，员工的职业道德面貌发生了可喜变化。

**一、以“旭日升，万家兴”为理念，培养敬业为民，爱岗奉献的职业道德**

职业道德是社会化的角色道德，各行各业有自身的社会定位，每个社会成员都在一定的社会关系中扮演一定的职业角色。行业不同，岗位各异，但都要通过职业技能、职业效益完成社会职能，达到个人价值和社会价值的统一。社会主义职业道德的核心，是敬业为民，服务奉献。

**1. 培养和塑造爱厂如家的爱岗敬业精神。**

旭日集团自成立以来，坚持“以人为本”，“服务为民”为宗旨，在精神文明建设中，把职业道德建设，作为重要内容来抓。近年来，他们围绕着职业道德建设，在全体员工中，普遍开展了世界观、人生观、价值观和爱国主义教育，结合职业理想、企业形象、行为规范等内容，采取演讲、算帐、答卷考试等形式，进行了“我与企业共命运”、“在企业如何实现个人价值”和“在困难面前怎么办”的大讨论。引导员工树立敬业意识、爱岗意识、精业意识、自律意识和奉献意识。“旭日升，万家兴”是旭日集团的职业理念，也是旭日人的价值追求。它蕴含 着旭日事业与千家万户紧相连，也意味着旭日事业的振兴与发展，和服务于人民，造福于人民，使企业效益同社会效益相统一，企业价值同社会价值相统一的职业价值追求。要做到“旭日升，万家兴”，就要以战略眼光培养爱厂如家的岗位意识和敬业精神，塑造爱岗敬业的职业人。要使员工爱岗敬业、自觉奉献，就要在企业发展中不断探索满足个人合理要求，个人利益受到尊重的恰当途径，使个人价值和社会价值在实践中统一。

首先，要使员工爱旭日，为旭日事业做奉献，就要从关心员工切身利益做起。旭日集团把关心员工切身利益，看成是企业凝聚力的来源，他们特别关心离退休人员的实际生活，认为这是企业的不可推卸的责任，成立专门机构，确定专人负责安排、照顾离退休员工的生活，1994年，他们先后3次出资，给困难企业离退休人员，每人补贴1000元生活费。使离退休员工生活得到保障，使他们身离岗位、心系企业，关心企业的发展。为解决员工住房困难，筹资新建3万平方米住宅楼，使500多名员工搬进新居。投资十几万元，为员工住宅区添置暖气设备，成立了居委会，专门负责生活区的水、电、暖、卫生事务，解除了员工的后顾之忧。员工亲身感到旭日的温暖，从而激发了为旭日升做奉献的积极性和责任感。吸引力化为凝聚力，员工的凝 聚力也是企业职业道德的财富。

其次，尊重员工的进取意识和自立自强精神。在实践中涌 现出的先进人物和先进典型，也是职业道德建设中的模范，为发扬职业道德精神，各企业每年都表彰一批爱岗如家、乐业奉献的模范员工，推广他们的先进经验，宣传他们的典型事迹，肯定他们爱岗奉献的社会价值。为鼓励先进，集团设法为工作出色的合同工，解决城镇户口，安排家属子女的工作。以榜样的力量，启发和塑造员工的爱岗敬业精神。

第三，把职业道德的塑造同思想政治工作有机结合起来。旭日集团在实践中体会到，职业道德的培养与建设，员工爱岗奉献精神的形成，与思想政治工作有着紧密的联系，他们坚持把思想政治工作同职业道德教育相结合，在日常工作中采取“五必访”的方法，把二者统一起来。即员工的婚丧嫁娶必访；有疾病必访；家庭纠纷必访；有困难必访；过年过节必访。在“五必访”中，把传统道德中可以继承和发扬的内容同新形势下倡导的道德原则结合起来；把艰苦奋斗的创业精神同良好职业道德风尚结合起来。在旭日集团各企业，“五必访”已经形成制度，成为领导干部的职业习惯和作风。

第四，向社会献爱心，加强企业与社会的沟通。企业对社会的爱，带来社会对企业的爱，这种爱心是形成企业凝聚力的启动器，也是职业道德的重要内容。1995年春节，旭日集团开展了“赠百万献爱心”活动，出资150万元向全省13万名离退休老干部赠送特制降脂茶和保健茶，赢得社会各界的好评。企业得到了社会的信赖和爱心，激发了旭日人的责任感和自豪感，增强了员工的爱岗奉献意识和职业凝聚力。

**2. 在压力和挑战中塑造敬业精神。**

社会主义市场经济为人们提供了实现个人价值和社会价值的社会环境和条件。人的敬业精神的塑造往往伴随着压力和挑战，能否在艰苦创业中拼搏，在竞争中求发展，能否敢于迎接压力和挑战，是检验人们职业责任感、荣誉感和尊严感的客观标准。近几年，旭日集团所属企业，特别是供销部门，遇到了资金少,贸易难做,名牌难创的困难。面对眼前的困难,部分员工职业心理不平衡,战胜困难的信心不足,事业心、成就感受到影响。集团领导没有报怨,没有等待,没有被困难吓倒,以坚定的敬业自信心,迎着困难上,他们从认真分析形势,从抓思想政治工作和职业道德教育入手,进行困难面前怎么办的教育,群体优势教育,开放兴业教育,长远发展教育。引导员工树立四个观念:战胜困难观念,争优创新观念,服务为本观念,长远发展观念,从而增强了员工的自觉自强意识。他们正确分析困难和机遇的辩证关系,提出"困难也是机遇","奋斗创造良机"的口号,以科学的态度分析有利和不利条件,主观条件和客观条件的相互关系,正确认识主观能动性和人的创造力,从而鼓舞了员工的士气和奋进精神。为了克服困难,他们提出多元化经营的思路,一是经营产品多元化;二是经营行业多元化;三是经营领域多元化。发出"冲出冀州,走向全国大市场,走向世界大市场"的号召,随后成立35个商贸公司,走向大江南北,世界各地搞贸易。他们抓住机遇,从困难中闯新路,在许多企业面临困难徘徊时,果断决策,筹集资金上亿元,与全国100多个县市、几十家企业建立了业务关系,使企业走出了低谷,在不到一年时间里,集团成员由20多个增加到50多个,经营额扩大了一倍,利润增长了1.2倍,使企业焕发了新的生机,走向了市场。克服困难抓住机遇,是旭日集团敬业精神的集中体现。近年来棉纺行业受到严峻挑战,一些大棉纺厂被迫停产。具有3.4万锭118台布机的集团所属纺织厂也同样无米下锅,处于困境。这对旭日人产生了无形的压力。在困难面前他们靠的是顽强拼搏的敬业乐业精神和科学的辩证思维。在他们看来事物存在矛盾是客观的,矛盾转化是必然的。困难和机遇并存,低潮可以转化为高潮。多数停产意味着机遇,低潮过后预示着高潮的到来。面对严峻的现实他们采取两步走:第一步稳定队伍。没有效益仍按规定计件,想办法筹集资金照发工人工资,保留了技术骨干稳定了员工队伍;第二步及时抓住转机制定生产计划。从产销到质量消耗制定了具体指标,仅用两个月的时间,纺织厂3.4万纱锭全部开齐。与此同时他们还积极筹集资金数百万元,新招熟练工人500多名,迅速恢复了生产,盈利大增,面貌一新,1994年比1993年新增收入700万元。战胜困难赢得机遇是最好的教育,广大员工主体意识和职业自信心进一步增强。

**3. 爱农支农,敬业为民,发挥职业队伍优势。**

旭日集团由原来的供销社发展成为综合性的企业集团,与农村有着广泛的联系,与农民的利益息息相关。集团仍然具备着对重要农用物资实行专营的社会职能,负责农副产品的收购和营销,承担农业技术服务的任务。他们坚持敬业为民,服务农村的职业道德信念,凭借原有职业队伍的特长和优势,心系农民,热心服务,什么左右农村经济发展,就把服务集中到什么地方,农民需要什么服务,就提供什么服务。把为农服务工作摆在重要位置,专门成立了农村经济服务总公司,组建了27个统一规范的高标准的农资专营店,认真组织协调全系统的农村社会服务活动。在为农服务上体现出集体奉献的职业道德风貌。

在种植示范服务上,以职业的责任感,率先垂范,热心为民。1996年,抓"三圃田"4794亩,新品种对比试验田180亩,集团在全市抓了6个棉花高产示范村,派专人常驻负责,进行具体指导和帮助,他们向农民推广新技术,提供优惠生产资料,当年示范村亩产籽棉280公斤,三圃田平均亩产籽棉206公斤,比全市平均亩产增产95%。示范村的高产,激发了全市农民的植棉积极性。

在农业技术服务上,深入现场,调查研究,耐心引导。几年来,旭日集团把农民的科技服务放在首位,棉花经营单位派技术人员下乡,把抓好示范村的农业科技服务做为经常性的技术普及工作,为提高棉花单产,具体抓好地膜棉、简化栽培、棉铃虫综合防治、区域化种植等新技术推广和科学植棉措施。集团还以聘请技术专家,组成技术指导小组,负责咨询和技术指导,举办技术骨干培训班等形式,进行全面技术指导和推广。

在收购服务上,积极主动,热情周到。旭日集团的事业日益兴旺,企业发展了,员工生活富裕了,但他们没有忘记农民。在棉花和其他农融产品收购季节,想农民之所想,急农民之所急。1995年旭日集团4个棉花经营单位投资140万元,对所属棉站进行维修、建设,拿出700多万元,奖励棉农售棉。全年收购籽棉1361.9万公斤,散皮棉21.63万公斤,总折皮棉532.49万公斤,居全地区前列。同时他们还发挥自己的优势,认真抓好农副产品的经营。集团成立以来,共推销各类果品625.726吨,小麦、玉米、谷子及副产品3740.46吨,黄豆4608.5吨,花生33.5吨,平菇350吨,土豆100吨,辣椒15.85吨,总值1600.1554万元。有人说,旭日集团和农民之间,是"手拉手,情依依"。旭日集团是一种发展中的模式,虽然它已经发展成为集工业、贸易、科技、金融于一体的大型综合性企业,但仍把支农作为事业的组成部分,承担和扮演着多种职能和多重社会角色,发挥着它的独特社会作用。旭日集团把科、工、贸、农融为一体，走着一条独具特色的发展道路。联系旭日集团和农民之间关系的纽带，是旭日人为人民服务的职业道德情怀。

**4. 廉政自律、务实敬业，塑造领导干部的道德形象。**

在职业道德建设中，领导干部的道德形象直接影响着整体职业道德塑造。旭日集团注重领导干部的职业道德建设，率先从领导机关、领导干部敬业精神、廉政自律意识的培养做起。集团刚成立时领导干部就约法五章：不用公车办私事；党委成员下基层一律在食堂同职工一起用餐；党委成员与机关员工享受同等的奖金待遇；不与直系亲属在同一单位工作；领导班子成员以普通一员身份积极参加机关活动。董事长段恒中务实敬业，严于自律，他把企业的利益摆在首位，把企业的兴旺看成是个人的职业理想和追求，在敬业拼搏中创造人生价值。用他的话说就是“我的目标是把旭日升起来”。他不谋官，不谋吃穿，不谋私利。为了致力于旭日事业甚至主动放弃副市长的职位。他同领导班子成员一样，工资待遇与市场营销率、产值利税率、综合经济效益挂钩。每年他的奖金比领导班子成员平均数还低，平时工资待遇按领导班子平均数领取，不多拿一分钱。恪尽职守，严格自律还表现在他奋力拼搏的敬业态度上，他除了吃饭和晚上睡觉，其余时间都用在工作上，没有休过假，没有休过星期天。每天除了在总部处理工作，就是下基层现场办公，调查研究。他的严谨的职业工作态度和作风，影响着旭日的整体形象和职业道德风貌。作为一名现代企业的领导者，他把学习现代科学知识和管理艺术看作是职业的需要和职业的追求，几年来，他已经带头学完了《唯物辩证法》、《社会主义市场经济》、《市场学》、《工业企业管理学》、《外贸实务》和《管理会计》等课程。为了学习党的方针、政策，学习科学知识和掌握信息，订阅了40多种报刊。他抓紧一切时间刻苦学习，不断提高自身素质和领导艺术水平。领导者的敬业爱民的职业品德，为旭日人职业道德风尚的塑造树立了榜样。

**二、结合行业特点，规范职业行为，塑造自我陶冶、自我规范、诚信自律的道德人格**

职业道德规范，是人们在长期的职业实践中逐步形成的，它反映着人们的职业活动，职业关系、职业态度和职业作风，它被公认为是评价行为好坏的道德标准。

**1. 自我规范同企业科学管理相结合。**

旭日集团在职业道德建设中，重视职业道德规范的制定和实施。他们根据集团跨地区、跨行业，科、工、贸一体的职业特点，除了确立跨行业的共同遵循的职业道德规范，提出统一的道德规范要求外，还就各行各业，不同岗位、工种的具体情况，制订了具体的职业行为规范，这些具体的结合各行业、各岗位的行为规范，作为一般性道德规范的具体化和补充，它们一般具有鲜明的行业、岗位特色，并带有传统道德规范的特点，在职业心理和职业习惯上表现出相对稳定性，旭日集团统一确立的职业道德规范，都把坚持四项基本原则，热爱党、热爱祖国、热爱社会主义作为首要内容和前提，各行各业，各个工种岗位，都要干好本职，精通业务，工作高效，团结互助，礼貌待人，遵纪守法，做有理想、有道德、有文化、有纪律的员工。这些共同的职业道德规范，是集团全体员工共同的职业道德要求，它来自于基层，又融于基层各岗位，它是一般，但又不能脱离特殊，各行业各岗位的具体职业道德规范又反映了一般规范的精神实质，体现了一般和个别、普遍和特殊的统一原则。在旭日集团，无论是中外合资企业、专业公司还是综合性产业企业，都建立了与自身业务特点紧密结合的职业道德规范，近70家的紧密层、核心层企业，千百个岗位工种，层层建立了相应的职业道德规范，做到行为有范，自觉自律。

旭日集团的职业道德规范具有实践性和可操作性的特点，它是人们在实践中的行为尺度。人们在它们面前不是被动的客体，而是主体，不是他律而是自律。首先，集团内各公司企业在制订具体的职业道德规范过程中，做到着眼现实，尊重传统，使行为规范充分反映改革开放和市场经济条件下，价值观念、职业态度、职业心理行为观念，同时继承本行业的职业传统和习惯，在民主自议基础上制定具体内容，这些规范、守则反映了员工的自律意识和要求，是建立在职业道德自律基础之上的。其次，具体的职业道德规范，体现了价值原则，做到个人价值与社会价值相统一，使员工的责、权、利融于规范的具体内容之中。不少企业制订的质量标准、操作规程、管理制度中，都做到责、权、利与岗位工种紧密结合，把职业道德的好坏具体量化，奖罚分明，责、权、利明确。使自律意识通过规范实践转化为自律行为。为便于操作，易于实践，旭日集团各公司企业，尊重员工的主体意识，尊重员工的自律能力，把企业所有岗位、工种的工作规章、制度分解，将质量标准、操作规程、管理制度和职业道德规范具体化，印成小册子，从领导成员到一般科室人员，从干部到第一线工人，人手一册，随身携带，便于操作。旭日集团的职业道德规范，已经化为员工自觉自律的尺度,员工对本岗位的行为规范,都能熟练掌握,对答如流,应用自如。第三,企业的职业道德规范融于日常管理制度、操作规程之中体现了职业行为特色。同时反映了企业形象,产品形象,个人形象塑造的需要。把职业行为规范同企业整体形象塑造结合起来,同生产过程结合起来,这样就使生产活动纳入到人的行为规范序列,使生产活动受到行为规范的制约。如把尊师爱徒、礼让谦和、团结互助等规范同管理制度相结合;把讲卫生、衣履整、守纪律、文明操作等规范同岗位操作规程相结合。这样就把职业行为规范纳入日常管理的范围,渗透到岗位的各个运行环节中去。体现了行为规范的可操作性和灵活性。

**2. 以人品塑产品,在竞争中建设职业道德。**

在新形势下,职业道德建设要适应市场经济运行机制的要求,就要使行为自律反映市场化的特点。围绕上质量,争名牌,他们把增强员工的自信自强、超越进取意识作为职业道德教育的重要内容。在各企业开展价值观教育,自立自强教育和创名牌教育,引导员工破封闭保守、破愚昧迟钝意识,树立革新进取观念;破畏首畏尾、瞻前顾后意识,树敢想敢干的观念;破小富即安,小进即满意识,树自强争先观念。旭日集团在市场经济竞争大潮中崛起,深知名牌产品的分量,企业要发展关键是拿出拳头产品,企业创名牌,名牌兴企业。他们懂得产品质量同职业道德、争创名牌同行为自律的辩证关系,从总结国内外著名企业的管理经验入手,结合本企业的实际,提出"产品就是人品,次品就是敌人"这一易于操作又寓于职业道德内涵的口号。这个求质量争名牌的口号,体现了全体员工对职业荣誉的珍惜,和人品正,守信誉的职业意识。信守只有好的人品,才能生产出好的产品的原则,重人品上质量,以人品形象带产品形象,已经成为旭日人的职业道德共识。这个口号布满各企业车间、各个工作岗位,它已经变为旭日人的自律行为准则。他们认为,旭日产品是旭日人职业道德品质和整体素质的外在凝结,它反映着旭日员工的职业责任感和职业道德风貌。只有职业道德上的高品位、高素质,才能创造出高质量的产品。次品也反映人品,不守信誉,假冒伪劣,就是不讲职业道德。产品质量差,也是人的质量差。工人们说得好,"产品不能坑人、骗人,坑人就是不讲道德,丧失良心。"在旭日人看来产品质量关系到企业的荣辱兴衰,关系到企业的形象和人的职业道德水准,关系到一代新人的塑造和成长。

**3. 行为自律同内部市场化管理相结合。**

旭日集团尊重员工的自律精神,把员工的行为自律积极性同内部市场化管理程序结合起来。他们从 1994 年起,先后在纺织厂、橡塑公司、保健品公司、第一油棉厂、油棉针染厂等企业,按照清产核资、定编定员、承包、全员劳动合同逐项落实市场化管理,规定质量标准,明确了责、权、利,对各车间工序承包,规定下一道工序是上一道工序的用户,双方是商品经营关系。上道工序产品质量不合格,下道工序不予接受。各工序实行了自检、互检、专检,人人行为自律,个个严把质量关口。旭日集团纺织厂,从 1994 年以来,开展的下道工序捉上道工序为内容的"捉疵活动",就是把员工的自律观念同经营管理有机结合起来的实践过程。这个活动规定本道工序捉上道工序的次品,如捉不住上道工序的次品,而被下道工序发现就追究前道工序的责任。同时还把质量标准体现在报酬中,质量都过关才能获得高报酬。产品各道工序责任到人,奖罚分明。把行为自律的职业道德原则融于内部市场化管理程序,充分调动了员工职业道德的自信心和责任感。体现了员工的自律自强的主人翁意识和岗位意识。

严格的职业道德规范,自律自强的职业意识,贯彻于生产过程中,渗透于产品上,就是质量观念的强化和产品质量的全面提高。旭日集团抓产品质量先抓员工的质量意识,尊重员工的自律精神,根据所属各企业各岗位的实际,制订了严格的质量标准守则。在所属大企业开展全面质量管理规范月、基础管理月活动,举办质量检查培训班等,通过培训、考试、检查,变成员工自觉的行为规范,通过实践 转化为职工的自律行为。职业道德中的自律和他律是辩证的统一,在培养员工自律意识的同时,旭日集团特别注意整体质量效益,规定凡是使用旭日升产品商标的,都必须经过河北省产品质量检验站检测合格后,才能走向市场。在售后服务上,以"快速、热情、独到"的职业态度和风格,把用户满意作为自身职业道德评价的客观标准。他们通过国内十几个信息点检测产品质量状况,派专人巡回走访全国十多个省市的销售部门,广泛听取消费者的意见,消费者的意见是一面镜子,它反过来又对员工起到促进作用。为了生产出高质量产品,他们先后与商业部食品检测科学研究所、中国茶叶流通协会、商科院、河北省轻化工学院等单位建立技术协作关系,聘请了十多名专家,担任技术顾问,推广了十几项科研成果,从而提高了产品的高科技含量,在质量上增强了竞争的实力。这些措施大大增强了员工的职业自信心和自豪感。

**4. 在企业形象塑造中发挥人的自律积极性。**

旭日人的职业责任感和岗位奉献精神，还表现在精神文明建设工作中。作为河北省的文明单位，旭日集团不但注重人的职业道德塑造，而且十分注重企业硬环境形象的塑造。把厂区、生活区的净化美化，把员工的文体活动，作为精神文明建设的内容，纳入企业整体规划之中，各企业把文明建设同经济工作有机结合起来，广泛开展员工的业余文娱活动，采取有形、有情、有趣、有效的方法，寓教于乐、寓情于乐，陶冶情操，激发了员工的爱厂如家和主人翁意识。他们把环境保护、卫生整洁、绿化美化工作，责任到人，分工负责，并且把这些统一作为职业道德行为规范的重要内容，作为旭日形象的重要组成部分。目前，无论是集团总部还是属各企业的厂区，处处卫生整洁，规划得当，见不到杂草和垃圾，生产车间环境清雅，生产秩序井然，生活区窗明几净，用品摆放有序，做到了文明办公、文明生产、文明生活。人的职业道德素质的提高，精神面貌的变化，也净化着生产和生活环境，促进了企业精神文明建设。

**三、以勤业精业、远谋近取的职业价值目标，塑造一代新人**

企业的规划和发展目标，反映着企业的社会价值，它需要调动人的积极性和创造性，需要人的勤业精业的职业道德精神，只有认真负责、坚韧不拔、一丝不苟、精益求精、远谋近取，才能保证目标的实现，达到职业最高效益的价值追求。

**1. 以勤业精业意识，制定长远发展战略。**

旭日集团在实现两个转变过程中，借鉴国内外大型企业集团的成功经验，制定了远谋近取的发展战略。就是树立长远发展战略思想，明确长远发展目标，创名牌，树形象，培养职业企业家，提出三年内办成跨国经营的全国知名企业集团，确定了1995—2000年的发展目标。围绕这一目标，旭日集团从五个方面进行了具体规划。一是增加高科技含量，多层次地增加技术投入，多途径发展；二是依靠强化营销，扩大农副产品出口和化工、生产材料出口，发展外向型企业，进一步开拓国际市场，增强集团的实力；三是通过加快CI导入步伐，实施名牌战略、商标战略，塑造企业形象，扩大集团无形资产；四是培养造就跨世纪人才，加强全员培训，培养后备干部，培养和引进专业技术人才，提高旭日人的整体素质；五是建立和完善职业企业家制度。长远发展目标的制定，是建立在旭日集团现有物质基础和发展规模之上，是建立在旭日集团革故鼎新、勇于探索的价值观念上，他们坚持以人为本，培养提高人的职业素质和能力，依靠人的勤业精业精神，创国内一流水平，赶超国际先进水平。

在近期他们调动全体员工的积极性和创造性，发挥坚韧不拔、精益求精的职业求实精神，以高起点、高科技、高标准的原则，创名牌，形成市场竞争优势。集团开发的新产品中，长寿泉牌中华枣茶通过国家技术鉴定，获国家专利，被中国保健食品协会列为首次唯一推荐产品，在全国保健品评选中获国家金奖，后又获国际保健用品展览金奖，同时获国际推荐保健品资格。1994年太空水通过省级鉴定，在首届中国国际饮品及技术展览会上获金奖。橡塑编网输送带被省科委认定为高新技术产品，获国家专利。目前，“旭日升”牌饮料、减肥食品、食用油、针织品和橡塑制品在我省范围内形成名牌优势。“六脱”色拉油在质量上国内领先，高支纱、灯芯绒、牛仔布畅销香港和东南亚各国。为了创名牌他们亲自登门求教和聘请专家，近年来先后来旭日工作的专家有20多名，有近百名专家被聘为技术顾问，他们广采博引，注意吸取别人长处，他山攻错，设立了世界名品展室，以30多个国家的名牌产品为借鉴。靠求实、求细、求精的职业责任心，从一点一滴着眼，于细微处作文章，逐步提高产品科技含量，使名牌产品建立在扎实基础上。

**2. 精益求精，严把质量，诚实无欺，讲究信誉。**

高质量产品，世人公认的名牌，不是从天上掉下来的，它浸润着人的敬业勤业的实干精神和智慧。旭日人创出的名牌，创出的高质量产品，是他们勤业精业理想之花结出的果。为了生产出“减肥不挨饿”的减肥食品，他们跑遍了全国十几个城市，采购到适合大众口味的原材料，经过精心配制严格操作，质量达到上成，使之具备了减肥餐的各种优点，赢得了消费者的信赖和好评，占领了市场。他们严把产品质量一丝不苟，发现问题不轻易放过。1995年集团领导人员赴韩国考察时，与该国泰安食品集团签订了一项加工大枣滋补晶的合同，样品发出后，韩国肯定了产品质量，但同时提出大枣滋补晶有残渣，建议从技术上解决。旭日集团认真对待，经认真分析和研究确定，质量问题不是设备和工艺水平问题，而是作为主要原料白糖纯度不高。他们把国内白糖样品逐个分析，精心化验，仍达不到标准要求，而进口纯度高的白糖又来不及解决，于是他们果断放弃此项业务。他们说，“我们不能为了一笔业务损失公司的信誉，不能丧失自己的人格、人品”。旭日人求实认真的职业态度赢得了好评。旭日集团规定，产品必须对消费者负责，靠诚意吸引回头客。如保健品公司生产的各类保健茶，都是经过一二百次试验，并且在天津中医院经过300多人长时间的病理试验成功后，并通过国家部、委、省的质量鉴定，才正式投入生产。从原料的配制、生产流程、包装设计到销售，层层把关，精益求精，反映了旭日人职业求实精神和职业价值追求。

精益求精的职业道德意识，反映在产品销售过程，就是诚实无欺，讲信誉。旭日人讲职业道德也重商德。把产品生产和营销过程看成是对象化的劳动、服务过程，以消费者和客户的评价为尺度，检验自身的质量意识和责任意识，进而调整自身的职业行为规范。1996年5月，一批旭日牌太空水运到北京，该集团驻京办事处发现部分产品商标上的出厂日期，因包装时摩擦字迹不清，为了使消费者信得过，宁愿企业受损失也决不马虎随意投入市场，损害消费者利益，他们立即将这批太空水运回来，为了吸取教训，增强员工的质量意识和职业责任感，除了继续改进设备，提高工艺水平，还追究了当班责任人的责任。1995年9月，纺织厂发往浙江慈溪的一批纱，在该地棉纱市场已经上市。为了了解市场销售情况，征求客户意见，该厂业务人员重返慈溪时，一次偶然的机会，在一家客户摊位上发现本厂一个筒子纱有断头，他们立即把不合格筒子纱带回厂，组织讨论寻找原因，按岗位责任作出了处理。在旭日人看来，在市场经济条件下，工厂连着市场，生产连着消费，产品的生产和销售都要讲"诚"，讲"信"，讲商德。职业道德是企业走向市场，实现自身价值的桥梁，只有具有高尚的职业责任感，诚信无欺的商业道德，才能在市场上立于不败之地。

**3. 精心实施人才工程，塑造跨世纪人才。**

要发扬勤业精业的职业道德精神，远谋近取，实现职业价值目标，实施人才工程，培养高素质的人才和职业企业家是关键。旭日集团每年都制订和实施人才计划，对领导干部、营销人员、中层管理人员、技术人员和关键部门的科室人员分层次进行培训，同时每年选拔一部分后备干部，通过技术实习、挂职外出培训等形式进行强化培训。分配进企业的大专毕业生和新招入厂的工人，都要经过严格的职业培训，进行传统教育、职业道德规范教育，科学技术知识和企业管理教育，学完规定的有关课程，经考试合格后，才能取得"旭日学历"，成为旭日正式员工。着眼于跨世纪人才培养和新型员工队伍的塑造，是旭日集团职业目标的组成部分。他们体会到，要使旭日事业不断发展，就要适应市场经济发展的要求，培养自己的具有恪尽职守和敬业精神的职业企业家队伍和具有高尚职业道德素质的员工队伍，在企业工作中注重人的塑造，从人的价值观念、能力水平、道德品质、精神状态和思维方式上，制定规划、逐步实施。他们从1994年提出试行职业企业家制度，1995年进一步规范，确定了职业企业家培养范围，规定了职业企业家的责任和义务。明确提出"企业家首先是思想家"的要求，要求企业的主要负责人及管理人员，必须在规定时间内学好《唯物辩证法》、《市场学》、《工业企业管理学》等六门课程。规定职业企业家必须具备良好的思想政治素质，勤政为民的工作态度、高尚的职业道德和科学的思维方式，要具备健康的心理状态、快捷的工作作风、渊博的知识和良好的组织才能等素质。这些对企业家的素质要求，也是从企业的长远发展观上，对职业道德的全面概括和要求。

人总是在一定职业环境中工作和生活，人能否成才，能否对社会有贡献，主要依靠在职业生活实践中学习和锻炼。职业道德对人们的思想和行为产生经常性的影响。旭日集团重视职业道德建设，重视新一代人的塑造，正是从这一点上为精神文明建设做出了自己的贡献。

（陈耀彬）

## 建设企业文化　促进经济发展

### ——五粮液酒厂企业文化调查

企业文化是市场经济发展的产物，是现代企业制度的组成部分。建设有中国特色的社会主义企业文化，是建立现代企业制度、搞活国有企业的重要支撑力量，也是社会主义精神文明建设的重要内容。最近，我们就企业文化问题在宜宾五粮液酒厂进行了考察，该厂通过企业文化建设，使企业迈上新台阶、跃居行业的榜首的经验，值得重视。

**一、五粮液酒厂企业文化建设的基本情况**

具有悠久历史的五粮液名酒，自1915年荣获巴拿马国际博览会金奖之后，空寂无声的日子持续了半个世纪，直到新中国成立后才枯木逢春，开始新的创业。但是，在计划经济体制下，五粮液酒厂虽然堪称中国名优酒，然而，有"优"无"势"：脏、乱、差、苦、累和待遇低的公众形象，规模小、设备旧、条件差、效益低的生产状况，生产力低下的作坊式生产等，与市场需求日益递增形成强烈反差，企业步履艰难，人心浮动。企业要腾飞，面貌要改变，素质要提高，出路何在？在于深化改革，转机建制，加强管理；在于坚持两手抓，其中包括一手抓生产经营，一手抓企业文化。1985年，王国春同志出任五粮液酒厂厂长，与工厂领导统一思想认识，明确提出：人是创造财富的第一要素。企业由人组成，工厂靠人管理，产品要人经营，而人的行动受文化观念的支配。企业文化是企业生存的支柱，发展的动力。特别是酿酒行业，生产经营深受酒文化的影响，产品文化与企业文化融为一体。在取得共识的基础上，全厂党政工团齐心协力，以邓小平同志建设有中国特色社会主义理论为指导，适应社会主义市场经济的需要和社会主义精神文明建设的要求，下功夫抓好企业文化建设。10年间大体经历了三个阶段：一是1985—1987年的奠基阶段，以治理环境为重点进行物质文化和制度文化建设；二是1988—1992年的起飞阶段，大力培育企业精神，促进观念更新，使企业文化建设全面推进；三是1992年到现在的步入成熟阶段，在倡导先进的价值观和塑造良好的企业形象上狠下功夫。经过10年的努力和探索，使五粮液酒厂逐步形成优良的具有本企业特色的企业文化：

——中国传统酒文化与现代科学管理相结合。该厂在建设企业文化中着力挖掘酒文化深刻的文化底蕴，并把它运用于工厂环境建设和产品设计等各个方面，从根本上改变了酒类行业“好吃不好看”的形象，使整个工厂成了酒文化的“大观园”、酒文化的“卢浮宫”。

——硬件与软件相结合。五粮液酒厂对硬件设施舍得投资，并匠心独具，将生产设施、景点、雕塑等融为一体，厂房统一用白色瓷砖作外部装饰，厂在花园中，花园在厂中。该厂还把观念文化通过景点、雕塑和特殊建筑加以形象化，四十多组雕塑各自代表着企业文化的深刻寓意，使“内隐文化”通过“外显文化”而得以体现和强化。

——内聚人心与外树形象相结合。五粮液酒厂把内聚人心、外树形象作为企业文化建设的主旨和企业发展的根本大计。对内以职工为中心，大力培育企业精神，塑造良好形象，努力营造爱厂、爱岗、爱本职、无私奉献，争创一流的良好氛围。对外以消费者为中心，以质量为生命，全心全意为广大客户和社会公众服务。通过建立企业标志，把有效的企业组织形象、优秀的职工形象、优质的产品形象、优美的环境形象、客观的服务形象、优美的宣传形象等有机结合起来，成为一个统一体，提高了企业的知名度和美誉度。

五粮液酒厂企业文化建设，把人、资金、机器、材料、时间、场地等要素和资源转化为一个活的有机体，确保了科技进步、质量过硬，促进了企业发展。1995年该厂的产品销售量、销售收入、实现税利总额和人均年创税利，分别比1985年增长12.58倍、78倍、58.25倍和11.6倍，全部资产达20多亿元。工厂先后荣获“全国五一劳动奖状”、“全国模范职工之家”、“全国城市计划生育先进集体”、“四川省最佳文明单位”、“全国先进基层党组织”、“全国绿化、环保先进单位”等荣誉称号。1995年，在北京召开的第50届国际统计大会上，被授予“中国酒业大王”桂冠，并在巴拿马国际博览会再获金奖，铸就了八十年金牌不倒的辉煌。

**二、五粮液酒厂企业文化建设的基本作法**

优秀的企业文化并不是自发产生的，需要自觉塑造，精心培育。五粮液酒厂全方位推进企业文化建设，用企业文化把职工紧紧地凝聚在一起，发扬职工的主人翁精神。

1.塑“魂”。五粮液酒厂始终以马列主义、毛泽东思想特别是邓小平建设有中国特色社会主义为指导，充分发挥党组织的政治核心作用，全心全意依靠工人阶级，坚持不懈地对职工进行爱国主义、集体主义、社会主义的思想教育，引导他们正确处理国家、集体、个人三方面的利益关系，坚持为人民服务、为社会造福、为国家民族争光的“三为”价值观。并且在生产经营和管理实践中逐步形成了具有该厂特色的企业哲学，即认识自我的“今日歌”：“今天，珍惜历史，充实自我；今天，视为落后，正视自我；今天，挑战未来，超越自我。”五粮液酒厂根据自身的特点确定了自己的价值取向，这就是“以爱国为出发点，以弘扬中国酒文化为基本点，以创中华名牌为切入点，以爱岗敬业为结合点，以贡献社会为落足点”，同时，该厂经过长期培育、倡导，总结提炼出企业精神，即“求实、和谐、创新、奋进”。为了生动形象地体现和诠释企业哲学、价值取向和企业精神，该厂还精心设计了奋进塔和鹰身人面像雕塑，使企业标志与企业之“魂”有机结合，成为全体员工共同接受的群体意识、经营信条和行为准则。

2.建“制”。该厂建立健全了一系列规章制度和行为规范，引导职工自觉遵守执行，形成了优良的制度文化。其中包括：建立管理制度，实现企业由过去的经验型管理转变为规范化、制度化管理；2.建立保障制度，通过制度的约束使职工的行为趋向更加合理化、科学化，提高了整个企业系统运行的效率、质量；建立行为规范，调动广大职工实现企业的目标和价值的积极性；统一标识标志，如设计厂徽厂旗、标准字、标准色、谱写厂歌、统一厂服等，增强全厂职工的自豪感和归属感；领导率先垂范，干部以身作则，时时处处严于律已，为全厂职工树立榜样。

3.树“形”。企业形象是一种无形的资产，一流的企业形象应该是一流的内容与一流的形式的统一,五粮液酒厂经过多年不懈的努力,逐渐形成了"五优"的企业形象风范:1.树优秀职工形象。将酒文化"水的形态、火的性格"精神注入新的时代内容,对事业、对工作,像火一样的热情,滴水穿石般坚韧不拔;对同志、对工厂,像水一样的温柔,捧出火热的心。这种优秀职工队伍形象,得到社会的认可。2.树优异产品形象。五粮液酒厂把现代微生物工程与传统工艺相结合,运用微机进行生产过程控制,首家获取BVOI国际质量认证证书,1991年"五粮液牌"被国家工商局评为"中国十大驰名商标",使内在质量优秀、外在包装美观的五粮液系列产品蜚声中外。3.树优质服务形象。视消费者为上帝,坚持"用户第一"思想,全方位、全过程为用户服务。4.树优良秩序形象。厂规厂纪严明,生产安全井然,工作紧张有序,严格的制度和职工的自觉性奠定了企业优良秩序的形象。5.树优美环境形象。五粮液酒厂主厂区占地3.5平方公里,绿草茵茵,鸟语花香的景色,形成富有特色的小景区。工厂修建了全国规模最大的展示中国历史悠久的酒文化名酒第一馆——"五粮液酒厂文化博览馆"和我国第一座最长最大的酒文化大型环状青石浮雕——五粮液史话。优美的环境,培育了职工的爱美之心,爱厂之情,构成了工厂深厚的文化内涵。

4.立"本"。在企业文化建设中,该厂始终以人为本、以人为中心和突破口,着力建立起调动人的积极性的激励竞争机制。(1)抓好导向,培育具有时代特征和传统美德的"五粮液人",集中表现为:"爱祖国、爱集体、爱岗位、理家业的主人翁意识;敢竞争、勇开拓、争一流、创业绩的拼搏精神;勤工作、崇节俭、多奉献、少索取的传统美德;学知识、务实际、辨是非、善参与的求实作风;识大体、顾大局、人心齐、协作好的高尚风格;遵国法、守规章、重质量、讲信誉的公民意识;尊师长、爱下级、晓礼仪、和为贵的优良传统。"由此彻底改变了过去"傻大脏粗"的形象。(2)树立榜样,形成命运共同体。工厂每年开展评选"拔尖班组"、"生产技术能手"活动,评选各方面的先进典型,工厂涌现全国、全省劳模、全国三八红旗手、全国学雷锋标兵、四川十大英才人物等省级以上先进典型20多名。通过学先进、赶先进,全厂上下出现了"兄弟竞争同为能手、父子比赛同为标兵、夫妻联手同为先进"的动人情景,形成了全厂"一盘棋"、左右"一条心"、上下"一股劲"的命运共同体,干部职工创先争优蔚然成风,车间班组之间形成你追我赶的局面。(3)培育细胞,注重两个文明建设一体化的综合效应。工厂通过开展"文明生产流动红旗"、"文明职工"、"创先争优"等系列文明活动,涌现出一大批"文明光荣户"、"文明单位"、"文明班组"。(4)提高素质,狠抓职工的培训和教育。该厂围绕培育"四有"新人和合格的五粮液人,运用多种形式,坚持对职工进行国际国内形势和政治理论教育。同时,鼓励职工学业务、学技术、学文化,鼓励职工利用业余时间参加电大、函大、自修大学等各种成人专业学习,多渠道为职工提供学习条件和机会,使职工各方面素质不断提高。

## 三、五粮液酒厂企业文化建设的启示

1.建设企业文化,有助于搞好搞活大中型国有企业。五粮液酒厂近十年的巨大发展,证明国有大中型企业是可以搞好搞活的。基本途径,就是改革、改造、改组和加强管理。而在转机建制过程中,在加强和改善经营管理中,必须认真建设和调整企业文化,变革传统计划经济体制条件下所形成的"等靠要"等思想观念,把经济力量,政治力量和文化力量有机结合起来。五粮液酒厂的领导班子认为:"在发展市场经济条件下,企业的职工要靠文化来凝聚,企业的管理要靠文化来推动,企业的品牌要靠文化来宣传,企业的形象要靠文化来塑造。在企业文化建设上抓与不抓大不一样,认真地抓与敷衍地抓大不一样,抓得紧与不紧大不一样。"这的确是经验之谈,具有普遍意义。

2.建设企业文化,有助于企业坚持两个文明一齐抓。在社会主义市场经济条件下,企业必须高度重视社会主义精神文明建设,而建设企业文化又是加强企业精神文明建设的重要内容,抓好企业文化建设,有利于把两手抓的方针落到实处。在这方面,五粮液酒厂为我们提供了很好的经验,他们把群众性创建精神文明活动搞得有声有色,同时着力建设具有本企业特色的企业文化,把社会主义精神文明建设大系统与企业精神文明小环境衔接起来,把精神文明建设的战略任务与企业的特点和职能统一起来,把培养社会主义"四有"新人与塑造合格五粮液人结合起来,实现了物质文明建设与精神文明建设的协调发展。他们的做法在国有企业具有典型意义。

3.建设企业文化,有助于企业思想政治工作的创新和改进。坚持企业文化建设与企业思想政治工作的紧密结合,相互促进,使二者共同服务于调动职工的积极性和创造性,由此推动企业发展,这是五粮液酒厂的又一成功经验。他们一方面继承思想政治工作的优良传统,保证企业文化建设的方向;另一方面,又使企业文化建设丰富了思想政治工作的内涵,加强企业文化建设，不仅为企业党组织发挥政治核心作用提供了有力的保证，而且，使企业党组织站在更高的层次上保证了企业的健康发展。

4.建设企业文化，有助于健全完善民主管理。企业文化最本质的内容，就是强调人的理想、道德、价值、行为规范等在企业管理中的核心作用，主张在生产管理中关心人、尊重人、理解人、信任人。以提高职工素质为目的的企业文化建设，有利于在职工中形成共同的理想、价值、目标和企业精神等，能极大地激发企业职工的工作热情，增强职工的主人翁责任感，提高他们参与企业管理的能力，促进企业的发展。在这些方面，五粮液酒厂的经验具有借鉴意义。

（王国春　范德宽　刘　宁　罗永康　昂　川　姜　波）

## 提高素质，从小抓起
### ——福建省福州蓓蕾幼儿园素质教育经验

社会主义精神文明建设的根本任务，是提高全民族的思想道德和科学文化素质、培养一代又一代的“四有”新人。提高素质、培养新人是一项长期而又艰巨的工作，正如古训所说的：“十年树木，百年树人”。树人的工期分为在学期和社会期。在学期又分为大、中、小学和幼儿园四个阶段。因此，从娃娃抓起、“正根壮本”，是整个树人工程的基础。那么，怎样打好这个基础呢？福建省优质福州蓓蕾幼儿园为我们提供了一些经验。

**一、努力创建优质的保教环境**

辩证唯物主义认为，人创造环境，环境也影响人。为了从娃娃抓起提高人的素质，无论我们的人力物力财力怎么紧张，都要狠下一条心，努力创建优质的幼儿保教环境，给祖国花朵提供称心的软硬环境。这是幼儿园创建精神文明的首要任务。

现在我们一起走进蓓蕾幼儿园去看一看：这所创建于1951年的市教委直属幼儿园，坐落在风景秀丽的于山北麓的鳌峰巷里，原有占地5亩多，建筑面积3200平方米；近年又得到了市教委的全力支持，投资150多万元，拆迁扩大面积130多平方米，并将福州师范学校集体宿舍的298平方米调拨给蓓蕾园，辟为幼儿户外活动的场所。园领导经过了多方筹资，大力绿化美化园内环境，仅近两年就用去了50多万元，把大门、房屋的外墙，室内装饰一新，犹如花园那样美丽宜人。

在这座花园式的幼儿园里，设备十分齐全：有幼儿运动厅、活动室、卡拉OK音体室、阅览室、电教室和电脑室等等；室外开辟了种植地、玩沙池、海洋球，新添美国“小天地”塑料玩具三大件，有玩水玩具、魔方帐篷、大中小积木、弹跳板、拼装攀登架、投掷设备等等；厨房宽敞卫生，各种自动化电器设备应有尽有，内外环境优美整洁、一尘不染，饮食调配科学合理，卫生可口，建园46年来从未发生事故。

全园共有大、中、小各三个班、385名幼儿，就配备了52名职工。其中在编的36人，有党员5人，占16.6%；团员17人，占47%，整体思想政治素质较好。老师25人，全有中专以上学历。其中6人已获大专学历；15人正在进修大学和大专课程，文化水平也较高。在这些教师中，有高级教师职称的5人，占教师总数的20%；一级教师14人，占56%；二、三级教师6人，占24%，两头小、中间大，比例结构平衡，整体教学水平较高。

园里的领导和管理机构健全高效。有党支部书记兼园长1人，除了管全面工作外，分工直接抓教育教学和精神文明建设两项具体工作；副园长1人，分管行政和后勤工作；园务会成员除两位园长外，还有会计、总务、保健医师和教研组长，共有6人。他们分工协作、尽职尽责，精干高效。从以上两方面来看，蓓蕾幼儿园的软环境创设也相当好。

正因为蓓蕾园有这样优质的软硬环境和组织领导，早在1992年4月就已通过了市级达标评估，成为福州市第一所“省标准实验幼儿园”；1996年12月又被评为“省优质实验幼儿园”，成绩显著，蜚声遐迩。多年来，四任园长——孙孝莲、吴瑞珍、任良荣、郑琼——都是勇挑重担，带领全园职工“增强省会城市意识，争创一流工作业绩”的好带头人，形成了“团结、创新、求实、奉献”的优良园风，职工被教育系统以及上级评为荣誉称号的有85人次，教师论文获全国、省市奖的有28篇；幼儿参加兴趣小组，获国际竞赛奖的有20人次、获全国竞赛奖的有50人次、获省级竞赛奖的100人次。幼儿们根正苗壮，健康协调发展。正因为如此，任、吴、孙三位园长被评为市“三八红旗手”、郑园长被评为“市劳动模范”；蓓蕾幼儿园也先后被评为“福州市文明单位”、“福建省先进幼儿园”。

这些事实都启迪了我们：提高素质从娃娃抓起，首先必须着眼于努力创建幼儿园优质的软硬环境，为幼儿保教的高质量提供有力保证。

**二、努力建设一支高素质的教师队伍**

《幼儿园工作规程》规定：“幼儿园的任务是：实行保育和教育相结合的原则，对幼儿实施体、智、德、美诸方面全面发展的教育,促进其身心和谐发展。”要出色完成这个任务,创设优质的软硬环境是基础,而建设一支身体健康、品行端正、文化知识专业技能较高、忠于幼教事业的教师队伍,则是关键和核心问题。没有这样一支素质较高的教师队伍,其他条件再好,也是保教不出高素质的儿童来的。因此,幼儿园的党组织和园长,应当通过抓教师队伍建设这个中心环节,并依靠这支队伍去实现高质量保教任务。在这方面,蓓蕾幼儿园向我们提供了三条宝贵经验:

第一条是领导带头,率先垂范。

幼儿教师的工作关系到一个人一生的成长,关系到一代人的成长。幼儿教师的劳动,是崇高、艰巨、富有创造性的体脑结合的劳动。在教书育人的全面性要求这点上说,比其他学习段的教师要求更高,也更不容易当好。人们都知道“文章千古事,甘苦寸心知”这句老话;却怎么比得上幼儿教师“童心像白纸,图画关一生”那样郑重、费心和费力呢?因此国际上不少国家都把幼儿教师置于大中小学教师宝塔的顶尖,看得很高很重。

由此可见,当幼儿教师难,当园长更不容易。说当园长不容易,首先就在于她必须以身示范、带出一支棒棒的教师队伍。先后担任过教师、教研组长、副园长职务的现任园长兼支书的郑琼同志,深知这层道理,因此她能够给教师们做出好榜样。她认为“爱是幼儿教师实施教育思想的核心、连结教师和幼儿的感情纽带。应当做到爱幼儿胜过爱自己孩子,才能成为称职的幼儿老师”;“幼儿老师虽不会有惊天动地的壮举,也不会有像阳光普照大地的辉煌业绩;但要在平凡的岗位上掌好开启儿童心灵的金钥匙,当好幼儿灵魂的工程师。”这种有高度的认识便是她的精神支柱,鼓舞了她在长期的幼教事业中做到了“敬业、乐业、爱生、献身”,具备了“爱心、细心、童心”,以“一切为了孩子,为了一切孩子,为了孩子的一切”,而辛勤耕耘在幼儿园这块神圣园地里;她硬是带着血压低日晕的身子修完大专课程,带头提高文化层次;她领着大家探索教育改革,撰写和发表了10多篇科研论文;她积极参加舞蹈、音乐、美术等各种培训班,努力提高专业技能;她热情帮带年轻教师,迅速提高她们的思想和业务水平;她正确处理家与园的关系,严格要求自己,要别人做的自己先做好……。正因为如此,她先后被评为省青年优秀教师、教书育人积极分子、出席省妇代会并任执委;市劳动模范、三八红旗手、精神文明积极分子、先进教育工作者等等。这些荣誉称号在她看来淡如清水;在园教工看来,却像飘扬着的一面面红旗,像无声的乐章,像测量体高的标尺。这是靠人格力量和榜样作用而形成的园长的领导效能。正像“世界冠军”当教练那样,何愁带不出过硬的“运动员”队伍?

第二条是合理设岗,严格考核。

蓓蕾幼儿园根据市教委的决定,实行了人事分配制度的改革。在园长负责制下采取了两项有力措施,开发教师积极向上的内动力:一项是合理设岗、竞争上岗,执行全园一级聘任制,形成“能上能下,任人唯贤,各得其所,各尽其能”的用人机制;再一项是完善教工考核制、奖惩制,实行工资总额包干和结构工资与奖励工资相结合的分配制度,做到了全面考核、奖惩分明,体现了多劳多得,优劳优酬的分配原则。这两项改革有力地增强了教师的竞争意识和奋发向上的内动力。

第三条是一手抓思想政治素质、一手抓文化知识和专业技能素质。

通过竞争上岗、严格考核,教师身上蓄足了内动力;然后把她们向上的内动力引导到增强教师自身的竞争能力——注重提高思想和业务素质上面来,实行思想、业务“两手抓、两手硬”的方针,通过参观学习、专家报告、座谈讨论、知识竞赛、演讲比赛等各种形式,提高教师的思想政治素质,辅之以教师的职业道德规范。教育出自律;规范出他律。在自律与他律的结合上促使教师遵守师德规范,树立敬业乐教、爱生献身思想。并采取了“结对子,老带新”措施,用“师带徒”方法加速提高年轻教师。在师傅的指导下,让她们为全国和省地市的同行代表开设观摩教学课,担任班主任,学会全面管理和教育教学。还注意教育教师在家长当中树立良好的人格形象,婉谢拒收“红包”,实在谢绝不掉的小礼物,也要收之有度,礼尚往来;园里收费严格执行规定标准,绝不推销家长非自愿购买的儿童玩具及“人身安全保险”,不为蝇头小利而损害优质标准实验幼儿园的美好声誉,发生“市场化”现象。这些隐性师德的张扬,倍受社会及家长的推崇,使蓓蕾园的美誉久享而不衰。

再一方面是大力促进教师文化知识和专业技能的普遍提高。在优良园风的熏陶下,园内教师个个都有一股奋发进取、强烈求知的欲望。园领导趁势引导,鼓励进园工作两年以上的教师去报考各种专业的大专院校,坚持做到在职学与进修大专相结合的原则,适当报销进修学费,期考和毕业考期间,妥善调配师资力量,给予温书迎考的假期。在这些激励措施的鼓舞下,教师大专毕业和正在修大专课程的多达21人,占全园教师总数的84%,大大提高了教师的文化层次。同时,园里还抓紧组织教师在职学习幼教理论、参加各种技能培训、举行教育技能竞赛、教学比武、各种教学研讨会和论文写作比赛等。这些卓有成效的"岗位练兵"措施，也有力地促进了教师队伍文化知识和专业技能的不断提高，仅1995年内就有80%的教师在各级各类比赛中获奖。

**三、促使幼儿全面发展，注重德育和行为规范**

提高教师的思想道德和科学文化素质，自然有增强教师自身竞争能力的目的，但根本的出发点必须也只能是为了按照国家教委颁布的《幼儿园工作规程》要求，打好幼儿体、智、德、美全面发展的基础素质。

蓓蕾幼儿园的教师们煞费苦心地以实验、试点、研讨引路，去寻求教育教学改革的新突破，千方百计地设法促进幼儿的全面发展。自1991年起，该园坚持进行"一年一专题"的教育教学科研活动，加强教研实验力度。她们先后开展了"注重个体差异因材施教"、"如何有效调动幼儿的主动学习精神"、"如何贯彻'玩中学、学中玩'学玩结合的教育新思想"等等的教育研讨；还开展了"数学教学活动探讨"、"音乐教育活动探讨"和"富有民间游戏特色的体育游戏"、"珠算式脑算活动探讨"等等一系列实验与研讨，体现出教师们对新的教育观念、教育思想和教学方法的顽强探索精神及竭力把握欲望，取得了丰富的实践经验和良好的教育教学效果。如在探讨"如何把艺术教育渗透到各种教育及游戏活动中去"的课题时，教师们群策群力，发挥专长，动脑动手，设计了"果园乐"、"识色游戏"两个活动，不仅使幼儿们乐于参与，也倍受市"艺术教育探讨"全体观摩代表的一致肯定与好评。正是通过一系列教育教学改革，提高了教育教学效能，有力地促进幼儿动口、动手、动脑等智力与非智力因素的全面发展，取得了提高幼儿素质的突破性进展和成绩。这是蓓蕾园教育教学一个方面的经验与特色。

另一方面的经验与特色是，注重幼儿的德育教育和行为规范养成。在市场经济和改革开放"二重效应"的作用下，在独生子女普遍被溺爱的情况下，幼儿的道德教育与行为规范养成的重要性就客观地凸现了出来，社会和家长因而也就向幼儿园提出了强烈要求了。

首先是教师们注重对幼儿进行初步的思想道德教育。因为思想道德的性质，决定了精神文明的性质和方向，所以从小进行初步的社会主义思想道德教育，将对幼儿的一生产生重要影响和作用。针对独生子女中的自私表现、"以我为中心"、"唯我独尊"、没想到别人的毛病，园里从道德教育和道德活动两方面去加强工作。自1988年至今都在幼儿中开展了"我爱爸爸妈妈"、"心中有他人"和"小小心意显爱心"的系列活动。例如，由教师带领幼儿们为福利院的孤、残孩子赠送自己的衣物、玩具、各种图书等等；由教工带头示范，为病重住院治疗的幼儿捐款，发动幼儿们用自己的"压岁钱"、零花钱捐助住院幼儿治病；由教师示范，在幼儿中开展"人人帮我，我帮人人"的互爱互助活动等等。这些道德活动和实践能在幼儿心坎里留下深深的印记，由起初的仿效到后来的自觉意识。

与此同时，还有连贯性、系统性地对幼儿进行"爱劳动、爱人民、爱祖国、爱科学、爱公共财物"的"五爱"教育和行为规范，培养孩子们的团结、友爱、诚实、勇敢、克服困难和懂礼貌、守纪律思想品质。为此，教师们运用了各种方法对幼儿进行道德行为的"指引"和"训练"，从四个层次去创设德育的视觉环境：①是创设固定性环境。如在室外绘制福州的"三山两塔"、"天安门、长城"等大型壁画，通过天天的耳濡目染来培养幼儿"爱家乡、爱祖国"的道德情感；②是创设季节性、节日性环境。如结合国庆节在走廊上布置"各族小朋友欢度国庆"、"国旗"等等粘贴画；大班小朋友每学期参加小学一二次的升旗仪式活动；③是创设活动性环境。如根据每月主题教育的内容，布置"昆虫世界"、"成人的劳动"、"自己动手做能做的事"等等，形象地灌输爱劳动、爱科学等情感意识；④是创设临时性环境。如春游回来后，把孩子们找回的象征春天的东西，布置在"活动室"周围，以加深他们对春天季候特征的标识思想。

与此同时，教师们还从三个层次的榜样示范，对幼儿进行道德"引导"：①是教师的自我榜样示范。即教师用爱心、美好行为、端庄仪表给幼儿们以潜移默化的影响和熏陶，用教师的"四不"（谈吐不比夸自己的消费品、上班不追求服饰华丽、不夸奖幼儿华丽穿戴、不偏爱富有服饰华饰的幼儿）行为去纠正幼儿中的"讲吃讲穿"、"相互攀比"等不良正气；②是社会性的榜样示范。如讲述雷锋、林炳熙、林则徐等等古今英雄模范人物的故事给幼儿们听；③是用幼儿群体中的榜样示范。如注意发现幼儿中出现的优良道德行为，及时表扬，引导其他幼儿学习仿效，并用道德评价活动来激励道德行为的养成。例如给"小雷锋"戴上小红花，评讲卫生红旗，生活自理能力强、计算快又准等等标兵，给予及时鼓励，激发幼儿进取争先精神。

总之，她们摸索出"一个主题、多向教育"、"一个中心、多点渗透"的道德教育教学的有效方法，促进幼儿道德、良心、品质的萌芽发育,并撰写了《市场经济与幼儿德育》的论文在全国幼教年会上交流。她们还从小学生中听课溜神、爱做小动作、行为习惯不良而极大影响学习的问题中得到启发,认识到幼儿的行为规范和良好习惯养成的极端重要性,做到教师与家长紧密配合,把爱的涓涓细流灌注到对幼儿行为规范、良好习惯的养成中去,一点一滴地校正、教育、引导幼儿的日常生活、学习、活动和待人接物,把优良道德品质和良好习惯养成教育,贯穿到一切时间和空间之中,收到极佳的保教效果。

(李 舒 白 峰)

# 第 五 编

# 中国学者对有中国特色社会主义研究和探讨的文章综述与摘录

## 邓小平社会发展战略理论研究

中国要发展，要实现社会主义现代化，需要解决大量复杂的社会经济问题，其中最为重要的是制定符合中国具体情况的发展战略。邓小平同志非常重视中国社会、经济的发展战略问题。近年来，随着改革开放和现代化建设事业的发展，如何做到经济、社会的全面、协调的发展，成为1996年理论界、学术界关注的一个热点，许多专家学者从不同的角度作了有益的探讨。

1. 邓小平社会发展战略理论的科学依据。目前专家学者还没有比较一致的看法。第一种意见认为，邓小平的社会发展战略理论不同于一般的社会发展理论，一般的社会发展理论，多数是以资本主义现代化为前提论述社会发展问题，这种社会发展理论不可能解决中国社会的发展问题。中国是一个社会主义国家，中国的发展是社会主义的发展。邓小平社会发展战略理论正是正确地把握了中国发展的社会主义性质和方向，建设社会主义是邓小平社会发展理论的逻辑起点。因此，社会主义本质理论和社会主义制度理应是邓小平社会发展战略理论的立论依据。邓小平认为社会主义本质是“解放生产力，发展生产力，消灭剥削，消除两极分化，最终达到共同富裕。”社会主义本质的实现，离不开经济社会的发展。发展是社会主义本质的根本要求和具体体现。社会主义的发展要以社会主义制度作为保证，要把发展问题与社会主义制度结合起来，充分发挥社会主义制度的优越性，以达到社会经济的全面发展。第二种意见认为，邓小平社会发展战略理论离不开当前国际国内的历史条件，邓小平社会发展理论的形成，首先依据他对整个国际局势和时代特征的正确判断而得出的和平与发展是当代世界两大主题的著名论断，中国必须抓住机遇，发展自己；其次是对当前中国社会主义的发展阶段的深透认识，即中国仍处在社会主义初级阶段，是邓小平制定社会发展战略理论一个现实基础。还有一些持这种意见的学者专家认为，苏联东欧社会主义国家兴衰的历史经验教训也是邓小平制定社会发展战略理论的一个出发点，从苏联东欧的经验教训来看，社会主义能不能发展，能不能取得与资本主义相比较的发展优势，不只是一个经济问题，实际上是一个政治问题。

2. 邓小平社会发展战略理论的基本内容。目前，理论界和学术界对邓小平的社会发展战略理论，是从广义和狭义两个方面来界定的。

从广义来说，邓小平的社会发展战略是关于中国社会主义社会发展的总体设计，是关于社会主义社会发展的宏伟蓝图，是站在世界全局的高度对中国发展道路、格局、目标、步骤的理论思考，是对发展动力、发展机遇的科学把握以及一系列社会发展的指导原则和方针政策所组成的指导中国发展的大战略。按照这个广义的界定，全部建设有中国特色社会主义的理论，在一定意义上可以说也就是中国特色社会主义的发展战略理论，它所包含的内容大大地超出了一般的社会发展理论。一般社会发展理论的一些研究方法，如运用社会学上经济与社会协调发展的指标体系来评价社会发展问题等，虽然仍具有借鉴作用，但不能完全用来指导象中国这样一个后发国家的发展问题。必须根据中国的实际情况，创立自己的发展战略论。和建设有中国特色社会主义理论已经形成一个完整的科学体系一样，邓小平的社会发展战略理论也已经形成为一个科学体系。对这个科学体系的基本内容和逻辑结构，学者专家们从不同角度作了探讨，有的认为邓小平指导中国发展的大战略，集中阐明了关于发展的八个重要战略问题：①把解放和发展生产力作为战略任务。②“一个中心、两个基本点”是战略布局。③“分三步走”基本实现现代化是战略目标和步骤。④一是农业，二是能源和交通，三是教育和科学，被作为战略重点。⑤“两手抓、两手都要硬”是战略方针。⑥改革、发展、稳定三者关系是战略关系。⑦和平的国际环境是战略环境。⑧中国共产党领导下的中国工人阶级和各族人民是战略主体。有的把邓小平社会发展理论展开为目标论、步骤论、布局论、重点论、方针论、政策论、方法论、条件论。基本内容大致相同，只是强调的侧面不同。例如重点论中有的强调了科技、教育、人才是发展的关键，政策论中强调了让一部分地区和一部分人先富裕起来，最后实现共同富裕的大政策。有的把邓小平提出的发展速度和效益相统一视为战略要求，把波浪式和台阶式的发展规律，补充到这个科学体系中来。总的来说，邓小平的社会发展战略理论，是在实现马克思主义基本原理与当代中国实际、时代特征相结合的过程中，回答和解决当代中国发展问题的理论成果。简要地说，邓小平的社会发展战略理论是以发展生产力为基础，以改革开放为动力，以四项基本原则为保证，以“三步走”为步骤，以富强、民主、文明为目标的中国社会的发展观。

学者专家们指出，单从经济和社会发展来说，也可以狭义上把邓小平的社会发展理论界定为建设有中国特色社会主义理论的一个重要组成部分。党的十四大报告把“在社会主义建设的战略步骤问题上”

专门列为一条，作为组成建设有中国特色社会主义理论的一个部分。其内容归结为三点：一是“三步走”的战略，二是“台阶式”的发展战略，三是允许和鼓励一部分地区、企业、个人先富起来以带动共同富裕的战略。后来，中共中央宣传部编印的《邓小平同志建设有中国特色社会主义理论学习纲要》把发展战略的理论归纳为四点，以“三步走”的发展战略为核心，把农业、能源和交通、教育和科学三个战略重点补充进来，单列为一点。专家学者们认为，根据十四大报告和中宣部编印的学习纲要，狭义的邓小平社会发展战略理论单指以“三步走”为核心的发展步骤论。专家学者们还指出，根据邓小平社会发展战略理论，党中央在规划第九个五年计划和2010年远景目标时，提出了今后15年经济和社会发展9条重要方针：①保持国民经济持续、快速、健康发展。②积极推进经济增长方式转变，把提高经济效益作为经济工作的中心。③实施科教兴国战略，促进科技、教育与经济紧密结合。④把加强农业放在发展国民经济的首位。⑤把国有企业改革作为经济体制改革的中心环节。⑥坚定不移地实行对外开放。⑦实现市场机制和客观调控的有机结合，把各方面的积极性引导好、保护好、发挥好。⑧坚持区域经济协调发展，逐步缩小地区差距。⑨坚持物质文明和精神文明共同进步，经济和社会协调发展。这9条方针是我国全面实现“分三步走”的第二条战略目标，并向第三个战略目标迈出重大步伐时制订的重大的社会经济发展战略的指导方针。是邓小平社会发展战略理论在今后一个阶段，即到2010年的具体方针，是指导我国今后15年社会发展实践的行动指南。

3. 正确处理好经济发展与社会发展的关系。学者专家认为，经济社会要协调发展是邓小平社会发展战略理论的精髓。在落实与贯彻邓小平社会发展战略理论必须处理经济发展与社会发展的辩证关系。根据历史唯物主义的基本原理，社会是一个以经济为基础的，包括政治、文化、科技、教育、社会生活等许多领域在内的互相关系，相互制约，互相促进的复杂整体。社会的发展与进步当然要以经济发展为基础，为条件。没有这个基础和条件，是根本谈不上社会的发展与进步。建设社会主义必须以经济建设为中心，这是马克思主义的一个基本观点，已成为全党全国人民的共识，深入人心。但在实际工作中，一些地区和部门，对以经济建设为中心存在着简单的、表面的、片面的理解。以为一讲经济建设为中心，别的方面的工作都不重要了，或者以为经济搞上去了，其他工作就会自然而然的上去，于是就出现了忽视思想政治教育，忽视精神文明建设的“一手比较硬，一手比较软”的状况，有的甚至以牺牲精神文明为代价，去追求经济的一时的发展。当前，我国社会生活领域中出现的不少消极、落后、腐败的现象，一个重要原因就是没有全面领会邓小平社会发展战略理论，没有正确处理好经济发展与社会发展的关系。西方传统的发展理论，把工业文明当作现代化实现的标志，这种理论是片面的，经济发展当然是衡量社会发展的一条主要标准，但不是唯一的标准，衡量社会发展程度的标准是生产力和生产关系、经济基础和上层建筑的统一。单靠经济增长是无法达到社会的全面进步，结果是“有增长而无发展”。邓小平的社会发展战略理论，解决了经济发展与社会发展的关系，一方面牢牢地把握经济建设这个中心，把经济搞上去，打下实现社会全面发展的物质基础，另一方面又注意社会发展的各个方面的综合平衡，注意各方面的协调发展，在加速经济发展的同时，促进社会的全面发展与进步。

（王　煜）

## 邓小平社会主义精神文明建设理论研究

根据党的十四届五中全会提出的“把社会主义精神文明建设提到更加突出的地位”的精神，1996年党又召开了十四届六中全会，通过了《中共中央关于加强社会主义精神文明建设若干重要问题的决议》，全国掀起了学习和贯彻《决议》的热潮。1996年成为我国历史上开创社会主义精神文明建设新局面的建设之年，也是社会主义精神文明建设理论研究和探讨的活跃之年。研究和探讨集中在下面三个问题。

1. 加强社会主义精神文明建设的理论依据和实践意义。学者专家认为，党和邓小平提出社会主义和现代化的精神文明建设目标，是一个富有远见卓识的战略构想，具有深刻的理论依据和深远的实践意义。第一，党和邓小平提出精神文明建设问题，包括把思想道德和教育文化科学建设方面的任务归纳为“精神文明”这一概念的提出和使用，是对社会主义建设历史经验的总结，特别是对“文化大革命”深刻反思和对社会主义发展规律认识深化的结果。“文化大革命”对我国教育科学文化事业的破坏，特别是对人的思想道德和社会风气的败坏是非常严重的，以邓小平为核心的党中央在这场内乱结束不久，就提出精神文明建设问题，确实是关系到我国社会主义前途的富有远见卓识的战略构想。社会主义社会和别的社会形态一样，是一定的经济、政治、文化思想的统一体，它是在物质文明和精神文明交互作用中发展的。社会主义之所以比资本主义优越，除了能创造出比资本主义更高的劳动生产率外，一个重要的方面就是社会主义是一个全面发展的社会。全面实现社会主义现代化，不仅要有发达的经济，而且要达到民主完备、科技昌明、思想先进、文化繁荣。这是马克思主义的科学社会主义理论所阐明的社会主义的发展规律。把高度的精神文明看成是社会主义社会的一个重要特征，列为社会主义建设的三大目标之一，又作为进行社会主义现代化建设的重要保证，这是中国共产党和邓小平同志在总结国内外社会主义建设的历史经验和对社会主义发展规律认识深化的结果。第二，改革开放和现代化建设的实践证明这一规律性的认识是千真万确的。我国改革开放和发展社会主义市场经济的大潮，对解放和发展生产力，对解放思想、开阔视野、面向世界、走向未来，推动社会的发展与进步起到了巨大的作用。随之而来，人们思想道德，价值观念，科学技术素质，如何适应迅速改变着的社会环境，精神文明建设如何适应改革开放和社会主义市场经济，出现了许多复杂的新情况和新问题，对精神文明建设提出了更高更复杂的要求。物质文明和精神文明交互作用对社会的全面发展和进步越来越成为一个需要不断去解决一个重大实践问题。党和邓小平正是从社会主义社会和现代化建设的规律的高度上，揭示加强精神文明建设的客观必然性；从物质文明与精神文明的交互作用的关系上，阐明加强精神文明建设的极端重要性；从改革开放和发展社会主义市场经济新鲜经验中，强调加强精神文明建设的紧迫性。从社会主义发展目标和社会主义新人的培养上，阐述了加强精神文明建设的目的性。

2. 邓小平社会主义精神文明建设理论的丰富内容及科学体系。邓小平同志对精神文明建设讲得最早，讲得最多，讲得最透彻，讲得最精辟。在朴实的语言中蕴含着深邃的哲理，在科学的决策中表现出求真务实的精神；既体现了时代前进的方向，又反映了人民群众的意愿。1996 年出版的由中共中央宣传部编印的《邓小平论社会主义精神文明》一书和十四届六中全会通过的《决议》，对邓小平建设有中国特色社会主义理论中的所包含的极其丰富的精神文明建设的思想和理论，科学的概括为八个方面和“八个强调”。这八个方面和“八个强调”是互相对应，内容是完全一致的。理论界的学者专家以科学体系的逻辑结构对这八个方面和“八个强调”作了归纳和综合，认为以党的十四届六中全会通过的《决议》为标志，邓小平社会主义精神文明建设的理论已经形成了包括精神文明建设的战略地位、根本目标、指导思想、方针原则，主要内容和组织领导等一系列重大方面的基本观点所构成的科学体系。十四届六中全会通过的《决议》，对这个科学体系，作了最为完整、最为准确的表述。关于社会主义精神文明建设的战略地位；根据小平同志两个文明都搞好，才是有中国特色的社会主义，不加强精神文明建设，物质文明也要受破坏，走弯路。党的十四届六中全会的决议作了最为完整的表述，即“社会主义精神文明是社会主义社会的重要特征，是现代化建设的重要目标和重要保证”。特征、目标、保证三个方面的统一就是社会主义精神文明的战略地位。学者专家们认为，这个表述比十二大报告和十二届六中全会通过的《中共中央关于社会主义精神文明指导方针的决议》的表述更为完整、准确。关于精神文明建设的指导思想和奋斗目标。《决议》根据党在社会主义初级阶段的历史任务，根据建国以来特别是改革开放以来的历史经验，以 184 个字作了简明扼要的概括，即“我国社会主义精神文明建设，必须以马克思列宁主义、毛泽东思想和邓小平建设有中国特色社会主义理论为指导，坚持党的基本路线和基本方针，加强思想道德建设，发展教育科学文化，以科学的理论武装人，以正确的舆论引导人，以高尚的精神塑造人，以优秀的作品鼓舞人，培育有理想、有道德、有文化、有纪律的社会主义公民，提高全民族的思想道德素质和科学文化素质，团结和动员各族人民把我国建设成为富强、民主、文明的社会主义现代化国家。”这是精神文明建设总的指导思想，也是精神文明建设总的要求，其中包括理论指导、路线方针、主要内容、基本任务和根本目的在内的完整的逻辑体系。

3. 在发展社会主义市场经济和改革开放条件下建设社会主义精神文明是一个新的历史性课题。专家学者们认为，小平同志说社会主义可以搞市场经济，十四大确定社会主义市场经济的目标，始终是把市场经济与社会主义基本经济制度政治制度结合在一起，与社会主义精神文明结合在一起，做到在三者相适应的框架内来考虑中国的发展问题的。这条建设社会主义的新思路，的确是前无古人的创举。前人只有过搞资本主义市场经济的理论和实践，它不能解决资本主义存在的国有矛盾；或者只有搞社会主义计划经济的实践和理论，计划经济的实践和理论实践证明如果不改革，也不能够更好地解放和发展生产力。建设有中国特色社会主义，就是要把社会主义基本经济政治制度和市场经济结合起来，要把社会主义市场经济体制与精神文明建设结合起来，这是社会主义市场经济同资本主义市场经济的一个分水岭或者说一个本质区别。同时，它也揭示了中国式的现代化是物质文明和精神文明相互促进、共同发展的进程。社会主义市场经济与社会主义精神文明建设究竟有些什么关系呢？学者专家作了比较深入的分析，认为 市场经济同精神文明相结合是社会主义新概念。它打破了把市场经济同社会主义精神文明绝对对立的僵化观念。从理论上来说，社会主义精神文明是以往人类社会精神文明的一个符合规律的发展，它继承和吸收以往人类文明发展的优秀成果，又从自己的经济基础和上层建筑中生长出新的文明，是迄今为止人类社会发展类型最高的精神文明。其内涵可分为三个层次：一是一般社会所需要的社会公共道德，我们通常所说的讲礼貌、讲卫生、讲信用、讲秩序、语言美、环境美……等，是保持国家和社会稳定的基本要素；二是社会的文化、知识、智慧状况，人们在科学、教育、文学、艺术、卫生、体育等方面的素养与达到的水平，这种素养与水平随着人类社会发展而提高，是人类文明发展的基础条件。这两个层次的文明是人类的共同文明，并不是哪一个社会和国家所专有的。三是社会意识形态中占主导地位思想体系。主要包括社会的政治思想、世界观、人生观、价值观、理想、信念、道德等，这是精神文明的核心，决定着不同社会精神文明的不同性质。市场经济和精神文明的三个层次的关系来看，与一、二层次是基本适应，并无矛盾。与第三个层次涵义也不是完全排斥和对立的。1985 年 10 月，邓小平回答有人提出的中国共产党一直教育人民要大公无私、为人民服务，现在经济改革，教育人民要致富，是否反映了一个潜在、很难解决的矛盾时说，社会主义和市场经济不存在根本的矛盾。采取市场经济，可以解放和发展生产力为精神文明建设提供雄厚的物质条件和基础。不搞市场经济，没有别的出路，只有这条路才是通往富裕和繁荣之路。即使是理想、信念、思想道德的建设，都受到经济因素的制约，通过发展市场经济，使社会主义制度的优越性得到更加充分发挥，从而增强民族自尊心和社会主义信念；搞市场经济有助于破除落后观念，有利于增强人们的自立意识、竞争意识、效率意识、民主法制观念和开拓创新精神；有助于改变陈旧的生活方式，建立起文明、健康、科学的生活方式，人们的物质生活和精神文化生活更加丰富多采；市场经济还是一座培育人、锻炼人的“大学校”，人的创造性、积极性得到发挥，聪明才智得到展现，知识得到充实，才干得到增强。因此，学者专家们认为，发展社会主义市场经济对精神文明建设的积极的促进作用，是基本的、主要的。当然，市场经济作为赢利经济，自身也有弱点和消极方面，会反映到精神生活和人与人的关系上来，容易诱发拜金主义、享乐主义和个人主义，特别是在市场经济发展初始阶段，新旧体制转换，市场体系尚未完全形成，市场运作法规尚不健全，市场秩序有待完善，与市场经济相适应的思想观念、伦理道德、生活方式尚待培育，诱发了一些不健康的消极的甚至是腐败的现象，对社会主义精神文明建设造成不小的冲击。对于消极腐败现象，我们有能力、有信心，通过两个手段来解决，一个是教育，一个是法律。就必须把社会主义精神文明建设放到更加突出的地位。正如十四届六中全会《决议》所指出的，“只要坚持发展社会生产力，确保公有制经济占主体地位，政权掌握在人民手里，坚持四项基本原则教育，精神文明建设就能在改革开放中健康发展。

（王煜）

## 国有制企业改革与<br>职工主人翁地位研讨

国有制企业改革至今没有取得突破性进展。近年来国企改革中职工主人翁地位问题，是一个十分重要的问题，它与国企改革成败得失有着密切的联系。且是一个重大的理论问题和政治问题。归纳起来有三种不同的看法：

第一种意见。多数论者认为，在国企改革中，工人阶级主人翁地位不仅只是个坚持、保持的问题，而且是应该反复强调、不断增强的问题。国企职工无论在政治上、法律上、经济上、人格上等各个方面，都是国家的主人、企业的主人。其根据：

**一、工人阶级的历史作用和地位决定她是国家的主人**。工人阶级是先进生产力和生产关系的代表，是改革开放和现代化建设的最基本的动力，是建设社会主义物质文明和精神文明的主力军，是维护社会稳定的强大而集中的力量，她作为党的阶级基础、国家的领导阶级的地位是不可动摇的。全心全意依靠工人阶级是党一贯坚持的最根本的指导方针，其实质就是坚持工人阶级领导和人民群众当家作主。中华人民共和国历届宪法都规定了工人阶级的领导阶级和主人翁地位。宪法和法律法律都充分肯定每个公民，在政治上和法律上享有平等的权利，都是国家的主人。从事各行各业利于社会的职工，在人格上没有高低贵贱之分，不存在主人与仆人的关系，也不涉及谁是雇主谁是雇员的关系问题。

**二、从所有制和现代企业制度论证职工在经济上、经营管理上是企业的主人**。生产资料所有制是决定工人阶级主人翁地位最根本的标准。国有企业生产资料最终所有权的主体即所有者就是企业的人主。全国人民是国有企业生产资料的最终所有者，而国企职工则是“具体的占有和使用人”，是“更为贴近的局部所有者”，其主人翁地位是不容置疑的。每个职工都是“所有者之一”、都是“企业的主人”。在现代企业制度中，职工在国家政治、经济、文化生活中的主体地位没有变，在企业中主人翁意识、权利、责任、利益也都没有变，这“五不变”是现代企业制度的本质特征。现代企业要求“产权明晰权责明确”，这不仅使企业真正成为具有法人财产权的经营实体，而且将企业与职工的命运更紧密地结合在一起，使职工主人翁地位用法律法规肯定下来，职工的合法权益的有效保护具体落实到企业管理体制中，使职工的主人翁地位更加明晰化了。以“四自”为特征的现代企业，职工主人翁地位是其自由发展的“活力源泉”，是其内在的“直接推动力”。因为企业的法人财产权，是通过“法人治理结构”依法行使的法人财产权，经理、厂长作为法人代表，还必须结合全体职工，否则就不可能实现“自主经营”。现代企业比过去更需要职工的民主参与、民主管理和民主监督。

**三、“劳动力是商品”与“劳动者是主人”并行不悖**。有论者认为，在社会主义市场经济条件下，由于劳动力运动在流通和生产两个不同过程中，“聘用金”既证明劳动力是商品，同时又具有按劳分配的实现形式(工资)的双重性质，致使劳动力成为商品进入市场买卖，同劳动者个人收入实行按劳分配原则得以并行不悖。从而证明劳动力成为商品，并不妨碍劳动者作为生产过程的主人，直接参与生产经营的管理与决策，这一点正是社会主义市场经济的特点和优点的重要表现。

**四、工人获得股份，握有股权，才是真正成为企业主人的关键**。有论者认为，农村改革的主体是农民，农民得到实惠证明了农村改革的成功。城市改革的主体是职工，理应得到实惠才能证明城市改革的成功。现在国企改革步履艰难，原因就在广大职工未能成为得到实惠的主体。职工要成为改革的主体并成为真正的主人，就应该成为企业的股东。有了股份、股权，就可以取得一定的利润分享收益，也才会真正关心企业的发展。职工只有在既是劳动者又是所有者时，才能真正成为企业的主人。当前让每个工人去买股有困难，不妨在一些企业把国有存量资产租给工人，或叫贷给工人。

第二种意见。其中有三种倾向：

一、有论者力图从价值规律的理论深层次上寻求解决问题的办法，认为既然承认在社会主义条件下劳动力是商品，却又认为劳动力(卖者)是企业(买者)的主人，这与商品交换规律大相径庭，究竟应以何种商品交换规律为依据说明这种矛盾，恐怕是一个根本无法作出说明的难题。

二、有论者认为，国有企业生产资料属于国家所有，劳动者的劳动力则属于个人所有。因此，国有企业与劳动力是两个不同所有者，且是代表两种有所制主体之间的经济关系”，从而把作为全民一员的国有企业劳动者，仅仅当作劳动力商品的卖者，不能成为企业生产资料的共同所有者，当然不能成为企业的共同主人。

三、认为在社会主义市场经济条件下，工人的主人翁地位问题遇到了许多新情况，提出许多新问题。企业改革的现状不是证明要取消工人的主人翁地位，恰恰相反，非加强不可。目前各种新问题的实质是迫切需要使职工主人翁地位的实现形成更“正规化、具体化、完善化”。如建立健全以职代会为基本形式的职工民主管理体制，要探索出它纳入法人治理结构的新形式、新途径；建立健全平等协商、集体合同制度，使职工主人翁地位在法律化、规范化上得到充分体现和保证；实行职工董事、职工监事制度，完善法人治理结构，促进企业的科学管理；建立职工持股会，探索企业产权结构多元化的新途径；强化工会，充分发挥它在推进现代企业制度和完善职工民主管理体系中的作用；重视不断增强主人翁意识，提高主人翁素质，更大发挥主人翁作用。

第三种意见。有相当一部分论者，从市场经济、现代企业制度、股份制等方面，从理论到实践，全面否定国有企业职工的主人翁地位，有相当一部分实际工作者和职工，认为工人的主人翁地位还已名存实亡，提出了许多需要理论上加以深刻说明的尖锐问题。

有论者从国有企业不可能有两个主人，论证工人不是企业的主人。论者强调主人一元化观念，提出如果工人是企业的主人，国有企业同时就有两个主人即两个生产资料所有者：一个是国家，一个是本企业的全体工人。在两个主人面前，企业究竟听谁的？如果听工人的，就必然会强化厂长、经理对工人的反依附关系，企业决策只能根据工人们的意志和利益，加剧企业行为短期化倾向，企业目标转向职工收入最大化。所以企业只能有一个主人，这就是代表全国人民权益的国家政府,而不可能是本企业的职工。

有论者认为市场经济和现代化企业,不需要、不允许职工群众当家作主,国有企业只有一个主人,那就是企业经营者。现代企业不需要民主管理,需要的是以独裁为特征的新的企业管理体制。企业经营者与职工的关系是雇佣关系。

有论者认为,国家实行《劳动法》,全面推行劳动合同制度,国家职工将变为企业职工,固定工将变为合同工。合同工就是雇佣工,无论在资本主义市场经济还是在社会主义市场经济,实质上是一回事。工人虽能做工干活、养家糊口,"当一天和尚撞一天钟",随时有被解雇的可能,谈得上什么主人翁地位?"主人翁"将变为"主人空"。

有论者认为,现代企业的股东才是主人,职工连股份都没有,哪里来的主人翁地位?现代企业的发展动力不是工人阶级。企业的生命在于效率,在于工人拼命干、不张嘴。我们过去提倡的企业民主、民主办厂等口号,是一种民主在场所中的错位,是一种理论与实践的误会。现代企业只能是股东老板个人说了算。

有论者认为,工人阶级职工群众当家做主只能是一个政治概念,一个空洞的口号,这与经济无关。

有论者认为,工人从来就没有当过企业主人。如果工人本来就是主人,何必还要他们掏钱入股来买这个工人翁地位?如果说需要通过建立个人股权来增强工人的主人翁意识,那恰恰证明工人本来就不是企业的主人。

(郭志鹏)

## 关于跨越资本主义“卡夫丁峡谷”的讨论

"卡夫丁峡谷"指公元前320年第一次萨姆尼特战争期间,萨姆尼特人在古罗马卡夫丁城附近的卡夫丁峡谷大败罗马军队,并强迫他们负着"牛轭"通过峡谷,这在当时被认为是对人类的最大羞辱。"卡夫丁峡谷"成为人类最大耻辱的代名词。马克思借用这个典故,以"资本主义卡夫丁峡谷"比喻资本主义制度及其带来的一切灾难,包括资本主义所有制形式,凶恶的勒索手段,各种对立、冲突、周期性危机、穷困与屈辱等等一切极端不幸的灾难。十八世纪70年代,马克思根据当时俄国及世界的状况,提出俄国农村公社可能跨越资本主义卡夫丁峡谷,而吸收资本主义创造的一切文明成果(工艺技术形态、商品经济形态、雄厚的物质、文化基础),实现向社会主义过渡。现就近年来我国理论界关于跨越卡夫丁峡谷的可能与现实、起点与终点、特殊与普通以及跨越论的现实意义和理论意义等方面的问题综合述要如下:有四种比较有代表性的观点。

一、马克思的"跨越"设想只是一种假设,仅仅是针对某国在历史上某一时期特定条件所作的科学假设,并不是一个系统完整的科学结论,马克思最早于1877年11月提出这个设想之时,正好是跨越的可能性开始消失之时。因为俄国自1861年实行对农奴制的资本主义改革之后,俄国开始破坏农村公社,比较迅速地走上了资本主义发展道路。当时马克思还严格设定了国际条件:西方发生无产阶级革命,而这个愿望在当时也未成为现实。俄国也未爆发无产阶级革命,不能成为西方无产阶级革命的信号而双方互补,从而使俄国土地公共所有制不可能成为共产主义发展的起点。恩格斯晚年根据国际局势发展的趋向,扬弃了马克思关于俄国农村公社具有强大生命力和可能成为共产主义发展起点的思想,倾向性明确地指出:俄国农村公社的发展必然被资本主义的普遍发展所取代。

从马克思到现在,世界上没有一个经济落后且没有资本主义一定发展的国家实现过这种跨越。中国在半殖民地半封建条件下,由于有资本主义的一定发展和无产阶级的相对壮大,才可能发生新民主主义革命。从严格意义上说,中国不属于马克思设想的跨越型国家。改革开放以来,我国理论界不少同志探讨跨越设想,牵强附会地把它说成是建设有中国特色社会主义的理论源头,是找错了方向。跨越论不可能成为建设有中国特色社会主义的理论根据。邓小理论与跨越论没有直接联系。中国是根据自己特殊条件创出中国式发展道路的,而不是从马克思本本上抄来的。有论者指出,马克思的跨越论是其"世界革命同时胜利论"的框架中的一个支脉,而苏联、东欧和中国等社会主义国家是列宁新的"一国社会主义胜利论"的证明。两个"胜利论"的理论框架有重大质的差异。列宁提出"劳动组合"与国家资本主义理论,并没有看到马克思的跨越论。毛泽东提出过渡时期总路线也不是根据跨越论。这里一个关键问题是如何用科学态度对待马克思原著,如何准确地理解马克思主义的精神实质。

二、马克思的跨越设想是针对特定历史条件下特定国度可能发生跨越这种历史现象,是经过反复考证、深入研究、充分论证的,因此不失为一种科学理论。1877年11月,马克思在《给"祖国纪事"杂志编辑部的信》中提出俄国可能跨越资本主义社会形态而直接进入社会主义的思想。指出,如果俄国不是摧毁农村公社以过渡到资本主义制度，而是发展农村公社这种特有的历史条件，就可以不经受资本主义制度的一切苦难而取得它的全部成果，实现向社会主义的跨越。当时的俄国存在着跨越资本主义卡夫丁峡谷的现实可能性，并非子虚乌有。但同时，马克思又注意到另一种可能性：如果俄国继续走它在1861年所开始走的道路，那它将失去当时历史所能提供给一个民族的最好的机会，而遭受资本主义制度所带来的一切极端不幸的灾难。马克思提出跨越所需要的国内、国际条件，并非是否定跨越的现实可能性，而是对重大历史现象进行唯物辩证思考的光辉体现。恩格斯晚年根据国际资本主义发展的态势，更加丰富和具体地发展了马克思的跨越论思想。指出，如果俄国能够实现跨越，也只能跨越资本主义的几个发展阶段，而不能跨越整个资本主义制度。研究跨越论，对于指导我们建设有中国特色社会主义，充分吸收资本主义文明成果，避免苏联东欧的“跨越失败”，具有一定理论意义和现实意义。

三、“跨越论”是马克思主义“东方社会发展理论”、“东方社会主义理论”的重要组成部分，是马克思、恩格斯晚年对科学社会主义的重大发展。“东方社会主义论”与“西方社会主义论”相并列，二者相结合构成完整的科学社会主义理论，因此具有普遍意义。“跨越论”不是马克思偶而提及俄国时的一番遐想，而是对一切前资本主义国家如何走上社会主义发展道路的理论探讨。跨越的基本条件也不限于国内有无俄国式的农村公社；只要具备本国发生革命与西方革命的相互支持，便可实现跨越。从恩格斯晚年的发展看，跨越的起点不限于前资本主义的封建制度，原始制度、奴隶制度均可成为跨越的起点。也就是说，跨越一个社会形态、两个乃至三个社会形态未尝不可。而跨越的终点只有一个，那就是共产主义社会高级阶段的实现，否则，不能称得起真正实现了跨越。像苏联东欧等社会主义国家，虽然都成功地跨越了相当的路程，取得过社会主义的辉煌成就，但“回归欧洲”的制度，表明了跨越的失败。它们在跨越的中途，摔倒在资本主义卡夫丁峡谷之中。中国的民主革命和社会主义革命，当前建设有中国特色的社会主义，都是实践马克思跨越理论的壮举。中国找到了正确实现跨越的道路。中国尚处于跨越资本主义卡夫丁峡谷的过程中，清醒地认识这一点，对正确理解改革开放，正确对待资本主义，自觉执行党的基本路线，成功建设中国特色社会主义，有着巨大的理论意义和现实意义。

四、马克思的跨越设想，虽然更多地是提出问题，而不是最后解决了问题，但是有着宝贵的价值：提供了研究东方社会发展道路的方法论。这就是说，跨越设想的意义并不在于它是否变成了现实，并不在于这一设想本身，而在于它对正确理解某些落后国家社会主义革命的必然性，社会主义发展道路的跳跃性、艰巨性提供了方法论。数千年人类历史长河中，不乏跨越的实例，但上升为理论认识的只有马克思。有论者认为，跨越论不单是对跨越资本主义社会形态，而是包括跨越任何社会形态的历史跨越论。这是马克思整个历史唯物论的一个组成部分。跨越论告诉人们，首先必须对社会发展的普遍性与特殊性、连续性与跨越性作辩证统一的思考；其次，不能用一般排斥个别，也不能用个别排斥、否定一般；第三，既要重视一国的历史传统对社会发展的影响，更要重视与之共时态社会环境对之历史进程和结局的本质作用；第四，最重要的是用生产力与生产关系矛盾运动的民族性与世界性的辩证法去分析国家的社会变革，选择适合本国发展道路的正确决策。马克思在创立唯物主义历史观之初，便探讨过日尔曼尼族跨越奴隶制，从原始社会直接走向封建社会的原因，显露出生产力与生产关系矛盾运动的“世界性”萌芽。资本主义开创世界历史后，由于生产力和交往的普遍发展，一些民族或国家可能跨越封建制度直接建立资本主义制度，也可能跨越几个社会形态而直接走向社会主义，使跨越成为一种较普遍的现象、常规的现象。跨越论就是让人们正视这种现象，自觉主动地促进社会进步，特别是正确对待经济落后国家可能出现的跨越现象，采取正确方法完成跨越。

（郭志鹏）

## 关于科学社会主义理论体系

自从私人资本家雇佣劳动制度于16世纪开始盛行于西欧诸国以来，资本主义生产方式一方面促进了生产力的发展和社会的进步，另一方面却制造了劳资两个阶级的两极分化和对立，加深了许多社会弊端。为了解决资本主义的内在矛盾，就有社会主义思潮应运而生。社会主义可以说是资本主义的继承物、对立物、取代物和创新物。最初形成的是空想社会主义，它从16世纪初至19世纪中，三百多年间理论越来越系统。社会主义理论的发展，迄今究竟有过几次飞跃呢？我们认为大体上有过三次飞跃。所谓飞跃，即是对社会主义认识的重大变化。第一次是19世纪40——90年代，马克思、恩格斯把社会主义由空想变为科学；第二次是本世纪初至50年代初，列宁、斯大林把社会主义从科学变为苏联模式，形成苏联模式的社会主义理论,第三次是50年代以来始于毛泽东、成于邓小平的有中国特色的社会主义理论,或称改革开放的社会主义理论。对此我已发表过多篇文稿,详加论述,见拙著《马克思主义与社会主义》文集(黑龙江教育出版社1994年版)。但是,我国理论界对社会主义发展史上究竟有过几次重大的飞跃,至今看法并不一致。有人提出两次飞跃说,有人主张四次飞跃说。我们认为,适当展开争鸣,有助于澄清问题,提高认识。

**一、两次飞跃说难以成立**

先看"两次飞跃说"。《光明日报》1993年4月28日发表吕会霖的《社会主义历史上的第二次飞跃》一文,提出:马克思、恩格斯把社会主义从空想变成科学,完成了社会主义争展史上的第一次飞跃,"第二次飞跃是实现科学社会主义从传统模式向当代社会主义的转变发展。当代社会主义在我们中国,就是有中国特色的社会主义。"作者认为,从1848年《共产党宣言》出版、第一次飞跃完成之后的130年间,都只是把马、恩的科学社会主义理论付诸实践,包括俄国十月革命胜利后苏联社会主义建设的成功,都没有实现思想认识上的新飞跃。文中还以从马、恩的计划经济到我国市场经济的观念转变作为第二次飞跃的例证。我们认为这种说法是不符合实际情况的。实际上列宁晚年已经对如何建设社会主义提出很多新的设想。30年代中期在苏联基本建成、50年代初期在苏联加以巩固的社会主义苏联模式,已经与当年马、恩的社会主义理论有很多区别点,而不是简单地照葫芦画瓢。例如马、恩认为,社会主义将首先在英、法、德、美等已实现资本主义工业化的国家实现,社会主义社会没有国家与常备军,在生产高度社会化基础上生产资料归全社会占有,"整个社会按照确定的计划"按比例地进行生产,即实行计划经济,没有商品、货币和市场,按劳分配的方式是发给劳动者以劳动券,凭券到社会仓库领取与其等值的个人消费品,等等。苏联模式的社会主义,由于是孤立一国处于世界资本主义包围之下,所以保留国家和常备军;由于生产社会化水平还不够高,社会主义公有制采取全民所有制(即国家所有制)与集体所有制两种形式;计划经济以国家编制的指令性的五年计划为准,保留货币和个人消费品的商品市场,等等。可见苏联模式的社会主义应该作为社会主义史上的第二次飞跃。"中国特色论"则是第三次飞跃。

1995年初夏在江西省南昌市和井冈山市召开的"恩格斯与当代马克思主义"研究会上,又有人提出另一种"两次飞跃说"。有的同志认为:"社会主义从空想到科学的发展,是一个不断发展的历史过程,科学社会主义的发展始终肩负着排除空想成分,使自己'置于现实的基础之上'的历史任务。迄今为止,科学社会主义已经历了两个阶段。一是由马、恩在19世纪中叶完成的奠基性阶段,二是20世纪80年代中国进行的、集中体现于邓小平建设有中国特色的社会主义理论。马、恩使社会主义从空想到科学的发展,可以说既完成又未最终完成。应当把马、恩关于社会主义的一般论述同他们基于资本主义发达国家的前提而提出的对未来社会的一些设想区别开来,避免脱离不发达国家的实际而重蹈空想社会主义的覆辙。"(见"恩格斯与当代马克思主义"学术讨论会纪要,《人民日报》1995年7月18日。)按照这种说法,马、恩在19世纪40年代奠基的第一阶段、第一次飞跃并没有使社会主义由空想变为科学,只是到本世纪80年代邓小平完成的第二阶段、第二次飞跃,才最终清除空想社会主义,使社会主义成为完全的科学。我们以为,这样概括和理解是不准确、不妥当的。空想社会主义是有其特定涵义的。它是指16世纪以来众多思想家以唯心史观为基础虚构未来社会主义的空想体系,并非某些人在社会主义方面有某些不切实际的想法都可以冠之以空想社会主义。我们还要看到,尽管空想社会主义的整个体系是空想的,然而其中不乏科学因素。一般说来,越往后,尤其是到18世纪末西欧掀起新科技革命、新产业革命之后,科学因素就越多。马、恩正是继承空想社会主义中的科学因素,批判其唯心史观和空想体系,在唯物史观基础上重新构建科学体系。应该说,这在40年代末就基本完成了。如果说这时他们尚未完全清除空想社会主义的某些影响,那末到1895年恩格斯逝世前,完全可以说他们已经最终完成了第一次飞跃。恩格斯晚年对科学社会主义的认识已有不少新突破。至于后人在不发达国家未能运用好科学社会主义,犯过不少错误,那是因为未能一下子掌握好不发达国家实现新社会主义的特殊规律,这要靠不断总结经验教训来加深认识,不能说那是"重蹈空想社会主义的覆辙"。列宁、斯大林、毛泽东等人从青年时代起就接受了科学社会主义,而不曾受过空想社会主义的系统影响。即使在发达国家实现社会主义,也不能简单照搬民、恩当年的某些设想。任何伟大人物的思想都不免有时代的局限性,不能因为在社会主义建设实践中有过不切实际的做法,都简单归结为空想社会主义或受空想社会主义影响。我们也不能说,到80年代形成了建设有中国特色社会主义理论时,什么不切实际的思想已经都没有了。到1990

年——1991年不是有很多人还认为社会主义只能是计划经济，市场经济只属于资本主义吗？1992年邓小平在南方讲话中不是还在继续清除这些不切实际的想法吗？应该说最终清除不切实际的空想，还是长期的艰巨的任务。可见，这种以80年代为界的两个阶段说，两次飞跃说，是难以成立的。

**二、四次飞跃说未必妥当**

还有人主张四次飞跃说。国防大学 林蕴晖教授主编的《风雨兼程——新中国四十年发展战略的演变》一书（海天出版社1993年6月出版）提出：迄今为止，科学社会主义理论经历了四次重大飞跃：一是马克思主义诞生，使社会主义由空想变成科学；二是列宁主义回答了无产阶级如何在一国夺取政权，把社会主义从理论变为现实；三是毛泽东思想解决了在中国如何夺取革命胜利，建立社会主义基本制度问题；四是邓小平关于建设有中国特色社会主义理论。我们认为，这种四次飞跃说不够精确。毛泽东虽然解决了在中国如何夺取革命胜利和建立社会主义基本制度问题，但是并没有解决如何建设社会主义问题。所以很难说，毛泽东已经单独完成了科学社会主义理论的一次重大飞跃。也许有人会这样说：党的十三大文件提出，在马克思主义与我国实践结合的过程中，有两次历史性飞跃，第一次飞跃是我们党在新民主主义革命时期找到了有中国特色的革命道路；第二次飞跃是在十一届三中全会之后找到了建设有中国特色的社会主义道路。党的十四大文件又重申了这一观点。这里不是明确地把毛泽东和邓小平的突出贡献划分为两次飞跃吗？我们认为，这里所说的两次飞跃是就我国国内情况而言，是就新民主主义革命的社会主义建设两个时期而言，是就毛泽东和邓小平在不同时期的突出贡献而言。如果从整个世界社会主义、共产主义历史发展来看，把这两次飞跃合算的一次飞跃，合算为对有中国特色的新民主主义革命道路和社会主义建设道路的新贡献，合算为凝结成毛泽东思想，不是更合适吗？邓小平建设有中国特色的社会主义理论不正是毛泽东思想的新发展吗？如果要把中国国内的这两次飞跃都看作是对科学社会主义理论的两次飞跃，那末科学社会主义理论在变为苏联一国现实的过程中不也是有过两次飞跃吗？第一次是列宁解决了如何夺取政权和初步建立社会主义制度的问题，第二次是1924年列宁逝世之后斯大林解决了如何建设社会主义的问题。尽管斯大林犯过许多错误，但是总的看来，斯大林理论还是继承并且发展了列宁主义。这么说来，科学社会主义理论不是有过五次飞跃了吗？作者既然把列宁主义的贡献算作一次，那末为什么不可以把毛泽东思想的贡献、单独算作一次，把毛泽东与邓小平的贡献合算为一次呢？所以，我们认为从整个世界着眼，科学社会主义理论的三次飞跃说，还是较为切合实际的，四次飞跃说未必妥当。

1995年2月中共中央党校出版社出版的该校大纲编写组编写的《建设有中国特色社会主义理论教学大纲（试用本）》也提出“四次飞跃说”。书中这说样：“社会主义的理论和实践，使人类的思想和历史发生了空前深刻的变化。这个过程，经过了四次伟大的历史性飞跃。”（《建设有中国特色社会主义理论教学大纲》第1页。）第一次飞跃是社会主义从空想到科学。第二次飞跃是社会主义从理论和运动到建设社会主义社会的实践，指列宁主义的贡献和十月革命、苏联社会主义建设以及打败世界法西斯侵略者的卫国战争的胜利。第三次飞跃是中国革命的胜利和第二次世界大战后一系列社会主义国家的建立，社会主义由一国的实践到多国的实践。第四次飞跃是邓小平建设有中国特色社会主义理论及其指导下的“中国的第二次革命”。值得商榷的是这里所说的第三次飞跃。战后一系列社会主义国家的建立，社会主义由一国的实践到多国的实践，从数量的发展来看固然是一次飞跃，但是当时各国不得不基本上甚至完全照搬苏联模式，因此从质地的提高和对社会主义的认识来看，并未发生一次飞跃。东欧好几个国家的领导人都曾经开始独立探索社会主义的新模式，然而都被苏联的大党主义和大国主义迅猛地打下去了，新模式终究未能建立起来。中国革命的胜利和社会主义制度的建立，以及1956——1957年毛泽东对有中国特色社会主义的初步探索，尽管在理论与实际的结合上都对社会主义有很多新建树，然而1957年下半年以后毛泽东的指导思想迅即转向“左”的方向，毛泽东晚年对社会主义的认识，基本上还停留在斯大林的框架内，因而也未能实现一次飞跃。毛泽东在1957年以前的新贡献可以与1978年十一届三中全会以后邓小平的新贡献合算为一次重大的飞跃。这样看来，我们认为从理论与实际的结合着眼，还是三次飞跃说较有说服力，而四次飞跃说是难以令人信服的。

当然，第三次飞跃并非迄今已经最终完成。建设有中国特色的社会主义任重道远，还有很多老大难的问题，如党政分开、政企分开、增强国有企业活力、农村农业农民的现代化、政治体制改革、文化体制改革以及今后发展中出现的各种新问题，有待我们从理论与实际的结合上来逐步解决。同时，其他社会主义国家在改革开放中的新经验、新观念和新模式,也会对第三次飞跃作出贡献。展望未来,当发达资本主义国家也走上社会主义道路之时,科学社会主义定会绽开新蕾,呈现异彩,出现新社会主义理论与实践的第四次飞跃。按照唯物辩证法所揭示的事物发展的客观规律,对此我们应该坚定信念,深信无疑。

高放:《社会主义理论的发展究竟有过几次飞跃?——对两次飞跃和四次飞跃说的商榷》,《当代世界社会主义问题》,1996年第2期。

## 马克思主义经典著作与20世纪社会主义实践的发展

**关于东方社会理论。**马恩在考虑未来社会主义将在哪里突破的问题时,异先把着眼点放在西方发达资本主义国家。但从70年代中期以后,马克思和恩格斯通过了解俄国等东方国家,认为经济文化落后的东方国家有可能跨越资本主义的"卡夫丁峡谷",直接过渡到社会主义,他们共同提出了东方社会理论。**徐觉哉副研究员**(上海社会科学院)指出,经济文化落后的东方国家之所以能跨越"卡夫丁峡谷",一是世界历史的形成,二是东方社会特殊的社会结构。**俞良早教授**(湖北大学)认为,恩格斯预测未来的革命路线和步骤是:俄国资产阶级革命的胜利——西欧社会主义革命的胜利——俄国和东方其它国家社会主义改造的完成。在恩格斯看来,以上各步骤之间是依次递进、没有间隔的关系。并且,东方缩短资本主义发展过程并实现社会主义,依赖于俄国资产阶级革命激起西方的社会主义革命,依赖于西方社会主义革命胜利反过来促进东方的革命。**赵曜教授**(中共中央党校)进一步指出,东方落后国家直接过渡到社会主义的前提,一是保留和利用农村公社(公共所有制)。二是吸收资本主义文明的一切成果。三是西方资本主义国家无产阶级革命胜利的引发和推动。

**关于社会主义社会的发展问题。荣长海教授**(天津师大)认为,这一问题历来为马克思和恩格斯所回避,因为当时的历史条件不允许对此作出科学的结论。晚年的恩格斯仍然坚持这一原则,但在一些场合,对这一问题又提出了许多新的见解。例如,关于社会诸要素对社会发展的作用问题,恩格斯在充分肯定经济因素的决定性作用的同时,特别强调政治、历史等因素对社会发展的制约作用;关于未来社会的基本特征,**李兴耕研究员**(中共中央编译局)认为恩格斯的论述包含了9个方面,即未来社会的物质基础、生产目的、所有制形式、分配方式、社会组织形式、生活方式、重要条件(保护生态环境)和发展前景等;**郭庆仕**待认为,恩格斯虽然谈到了未来社会的这些特征,但晚年他强调,"所谓'社会主义社会'不是一种一成不变的东西,而应当和其他社会制度一样,把它看成是经常变化和不断改革的社会"。

**靳辉明**认为,恩格斯首次提出的关于社会主义社会是"经常变化和不断改革的社会"的论断,是他晚年社会主义思想的一个 重要成果,是他仔细考察了以往社会形态和未来社会发展的复杂性,特别是东方国家发展的特殊性而得出的重要结论。在此思想指导下,恩格斯尖锐地批评了那种把社会主义看成是凝固不变的教条主义的观点。**赵明义教授**(山东大学)将思格斯的有关思想概括为"矛盾要求改革——改革引起变化——变化促成发展"的公式。这一公式对于我们今天的社会主义改革有巨大的理论指导意义。

鲍晓:《世纪之交社会主义的思考——走向21世纪的社会主义国际学术研讨会综述》,《华中师范大学学报》(哲社版),1996年第1期。

从以上马克思、恩格斯的论述中,我得出以下几点看法:

第一,马克思在了解到东方社会与西方社会具有不同的特点之后所提出的东方社会有一条不同于西方社会的发展道路的论断,他在《资本论》中分析的封建经济制度瓦解的基础上产生资本主义制度的"历史必然性"只限于西欧各国的论断,是马克思作出的一个肯定性的、明确的论断,是一个重要的论断,至今对我们仍有启迪和指导的意义。

第二,马克思这一论断是极其原则的。由于历史的、客观条件的局限,马克思对东方社会的研究,远不象他亲自生活在西方社会那样,可以对资本主义社会进行全面、系统的考察,可以占有从官方到民间的大量资料,可以利用西方经济学家、历史学家的研究成果,从而得到出资本主义发生、发展的客观规律,引出社会主义将代替资本主义的科学社会主义结论。马克思对东方社会情况的掌握和了解,还不能对东方社会发展的具体道路提出带有普遍意义的结论性意见。从马克思的论述中也看不出马克思有这样的意图,看不出马克思提出了一套完整的"东方社会主义理论"。

第三,关于俄国有可能不经过资本主义制度的"卡夫丁峡谷"使农村公社真接过渡到共产主义的观点,带有探索性质,而且是在严格设定的条件下的一种可能性,一种逻辑推论。其适用范围是有限的。离开了当时研究这一问题的历史条件(农村公社土地公共所有制的存在)和设定的条件(俄国革命、西方无产阶级革命胜利并提供物质援助),这一结论便象恩格斯所说"没有任何的理论价值和实际价值"。

第四,熟悉马克思生平的人都知道,《资本论》是马克思毕生的心血、最伟大的成果和对人类知识宝库最杰出的贡献。马克思晚年的主要精力仍致力于对《资本论》的研究和写作。他关注东方社会,作了一些研究和探索,有一些重要的思考,但在其著述中分量很小,把他有关东方社会的论著和观点概括并提升为"晚期的东方社会主义理论",又把马克思对西方资本主义研究引出的科学社会主义称为马克思的"早期西方社会主义",把两者并立起来,这种对马克思的社会主义学说进行"早期""晚期"的划分和把两者相并列的提法不符合马克思学说的实际情况,是不妥当、不严谨的。

下面,我们来进一步分析俄国十月革命和中国革命胜利后建立的新社会是不是马克思"卡夫丁峡谷"论点的具体实现、是不是马克思东方社会主义理论的"现代形式"问题。诚然,俄国革命和中国革命胜利后,无产阶级政党掌握了国家政权,选择了社会主义道路并避免了资本主义。这从现象上看来与马克思的论点极为相似的情形,实际上却存在着重大的差别:

首先,最主要的是,马克思论证其观点的基础条件即农村公社的土地公有制无论在俄国还是中国都不存在。早在1895年,恩格斯就已指出:"不应当忘记,这里提到的深深陷入解体的俄国公社所有制从那时以来已经又向解体迈了一大步。……随着农民的解放,俄国进入了资本主义时代,从而也进入了公社土地所有制迅速解体的时代。"(《马克思恩格斯全集》第22卷,第503页。)十月革命时,俄国已成为小农、最小农的土地私有制的汪洋大海,是一个农民占全国人口大多数的国家。中国则是一个以封建地主私有制和极其分散的一家一户的个体农民为主的社会。正是这一客观情况的根本差别决定了俄国和中国革命胜利后都不能象马克思对农村公社土地公有制所设想的那样实现"直接过渡",即"直接过渡到高级的共产主义的公共所有制形式"(《马克思恩格斯选集》第1卷,第231页。)(需说明的是,1875年马克思已把共产主义社会划分为两个阶段,"直接过渡"自然是指的过渡到共产主义的第一阶级即社会主义)。也正是由于对这一客观情况的认识不够,十月革命后列宁经历了一段直接向社会主义过渡的"战时共产主义"的实践。他说:"我们原来打算(或许更确切些说,我们是没有充分根据地假定)直接用无产阶级国家的法令,在一个小农国家里按共产主义原则来调整国家的生产和产品分配。现实生活说明我们犯了错误。"(《列宁选集》第4卷,第571页。)列宁总结教训,迅速用新经济政策的"迂回过渡"取而代之,农业公社、共耕社纷纷解散。我国在新民主主义革命胜利之后,在建设社会主义问题上走过的很长一段弯路,也正是在于错误地认为运用政权的力量,不仅可以在小农经济的基础上直接过渡到高级社、人民公社、还企图过渡到共产主义。而社会主义初级阶段论的提出正是纠正了不切实际的超越历史发展阶段的错误,正确界定了我们只是过渡到了社会主义的初级阶段而不是直接过渡到社会主义的成熟阶段,并相应地采取了正确的方针政策,摒弃了"左"的错误,使社会走上健康发展的轨道。如果又把社会主义初级阶段论同马克思设想的在农村公社土地公有基础上以及其它设定条件下的"直接过渡到高级的资本主义公共所有制形式"扯到一起,究竟是理论的进步还是理论的倒退?主观上为了褒扬社会主义初级阶段论,而客观上却会导致消极性的结果——引向直接过渡论。

第二,在外部条件方面存在着重大差别。马克思提出"卡夫丁峡谷"的论点还基于对资本主义制度的总体估计是处于危机状态,西欧无产阶级革命有可能同时发生并取得胜利。发达资本主义国家无产阶级革命取得胜利并实现了生产资料转归公有,便可以为俄国落后的农村生产提供物质援助,使公社得以吸取资本主义制度一切肯定的成就,把古老的公有制在现代生产力的武装下改造为现代公有制。而资本主义制度处于危机和被战胜的事实,则使这一制度不能再成为落后国家发展的榜样。谁愿意去重复一种腐朽并趋于灭亡的制度所走过的道路呢?恩格斯更把这一外部条件看成是落后国家能避免资本主义前途,缩短向社会主义发展进程的"先决条件"、"首要因素","只有当资本主义经济在自己故乡和在它达到繁荣昌盛的国家里被战胜的时候,只有当落后国家从这个实例中看到'这里怎么回事',看到怎样把现代工业的生产力作为社会财产来为整个社会服务的时候——只有那个时候,这些落后的国家才能走上这种缩短的发展过程的道路。(《马克思恩格斯全集》第22卷,第502页。)总之,他们仍然坚持的是"共同胜利"的思想。在这种条件下,世界占主导地位的将是取代了资产阶级统治的无产阶级统治的国家;世界经济中的主导因素将是社会主义经济而不是资本主义经济。落后国家在世界发达国家无产阶级的帮助下,易于过渡到新社会;若具有保存完整的土地公有制,则可以直接过渡到社会主义。尽管现在看来,他们当时对世界资本主义的总估计不够正确,把尚处于上升阶段的、初期的资本主义当做即将灭亡,但他们是把这一形势作为不可缺少的外部条件来论证的。研究他们本来的思想,只能按照当时的估计。恩格斯后来在《"论俄国社会问题"跋》里分析马克思的思想的一段话对我们理解这一问题很有帮助:那时候,"推翻沙皇制度似乎指日可待;俄国的革一定会使欧洲的一切反动势力失去它的最有力的堡垒,失去它的强大的后备军,从而也一定会给西方的政治运动一个新的有力的推动,并且为它创造无比顺利的斗争条件。马克思在他的信里劝告俄国人不必急急忙忙地跳进资本主义,并不奇怪的。"然而俄国革命和欧洲革命当时都没有发生,"当法国正是第二帝国的时候,当英国的资本主义工业正繁荣昌盛的时候,实际上也不能够要求俄国在农民公社的基础上冒失地投入自上而下的国家社会主义的试验。"(《马克思恩格斯全集》第22卷,第506——507页。)

世界历史的发展与他们估计的不一样。发达资本主义国家的无产阶级革命至今没有发生,而不发达的俄国首先实现了无产阶级夺取政权的胜利。苏维埃政权长期处于资本主义国家的包围之中,不仅没有来自西方的物质援助,而且受到资本主义国家的武装侵略、经济封锁。二战后有了一批社会主义国家的建立,打破了社会主义苏联的孤立状态。但是,大多数社会主义国家仍然是落后国家;而发达资本主义国家在二战后还经历了一个经济和技术迅速发展的"黄金时代",西方社会仍然没有出现通过革命或通过和平的方式以社会主义取代资本主义的形势。虽然社会主义的力量壮大了,但世界经济中占主导地位的仍然是资本主义。社会主义国家所处的这种与资本主义长期并存的极其复杂的世界环境,同马、恩设想的社会主义在世界居于主导地位的世界环境是完全不相同的。社会主义与资本主义国家间的关系,在资本主义仍居于世界经济主导地位条件下社会主义实行对外开放,与世界经济相互联系、合作、交流,两种制度的和平竞赛、竞争,都是马、恩未曾预料,在他们的著作中找不到根据的。

综上所述,我认为,俄国革命和中国革命胜利后的历史实践只是从原则精神上证实了马克思关于东方社会有不同于西方社会的发展道路这一论断;但马克思从研究俄国农村公社引出的"卡夫丁峡谷"的论点则不能作为现实的社会主义选择的具体的理论依据,不能把两者作简单的类比,不能认为现实的社会主义是马克思论点的现代实现形式。一个讲的是直接的社会主义,即共产主义第一阶段的社会主义;而一个实行的是初级阶段的社会主义、不成熟的社会主义,两者之间还相隔着一些中间的阶段。

有中国特色的社会主义理论是一个伟大的创举,它绝非来自于理论的教条,绝非简单地对书本上某些结论的机械搬用;而是运用马克思主义的基本原理、马克思主义的世界观和方法论对中国的基本国情进行深刻的分析,对几十年国内外社会主义建设的正反两方面经验进行总结,批判"左"的指导思想和教条主义,对世界变化了的经济、政治形势作出准确的新判断,对当代资本主义、当代社会主义及两者的相互关系重新认识的一个总成果;是对马克思主义基本理论的继承和实践中的大胆创新结合起来的典范。如果认为这一理论与马克思的社会主义全然无关,是一种"全新"的社会主义曰"新社会主义"的看法是不妥当的;企业图用马克思对特定历史环境下所作的具体结论、个别论断来硬套这个理论也是不正确的。当然,那种用马克思在一百多年前根据资本主义初期阶段所作的对未来社会主义、共产主义的原则设想来裁定今天的现实,否定中国特色社会主义理论的科学性并进而否定中国的社会主义社会性质就更是错误的了。

洪韵珊:《也谈"卡夫丁峡谷"》,《社会科学研究》,1996年第1期。

## 马恩对社会主义社会不存在商品、货币的论点的分析

科学社会主义创始人马克思、恩格斯提出社会主义社会商品、货币将消失,生产的无政府状态将为有计划的生产所代替,并不是凭空的论断。他们的设想也是有一定的客观依据的。设想由于整个经济结构的改变,商品经济存在的条件也相应发生变化,他们每次提出这些设想是都有一定论证。

马克思、恩格斯设想社会主义社会不存在商品、货币的各种论证,都有一个共同的前提,即设想社会一旦占有一切生产资料,整个社会是一个生产单位,劳动者"共同占有生产资料"。"他们用共同的生产资料进行劳动"。由于劳动者共同占有生产资料和用共同占有的生产资料进行生产,生产和劳动的分工、劳动和产品的性质都相应发生了变化,产生商品、货币的条件也就不复存在。在社会占有生产资料的前提下,马恩比较集中地从以下两个方面进行分析和论证:

**（一）设想社会主义社会是自给性生产，社会分工是集体内部的分工，不再存在商品生产和商品交换**

马克思写道："设想有一个自由人联合体，他们用公共的生产资料进行劳动，并且自觉地把他们许多个人劳动力当作一个社会劳动力来使用。在那里，鲁滨逊的劳动的一切规定又重演了，不过不是在个人身上，而是在社会范围内重演。鲁滨逊的一切产品只是他个人的产品，因而直接是他的使用物品。这个联合体的总产品是社会的产品。这些产品的一部分重新用全生产资料。这一部分依旧是社会的。而一部分则作为生活资料由联合体成员消费。"[20]商品是为了交换而进行的劳动产品。联合体的劳动产品，就象鲁滨逊的劳动产品是他直接使用的物品一样，除一部分重新用作生产资料外，另一部分是直接供联合体成员消费的产品。联合体的劳动产品不是为交换进行的劳动产品，因而不是商品。同时，联合体自觉地把他们许多个人劳动力当作一个社会劳动力来使用，联合体内部劳动分工生产的各种不同产品，也像鲁滨逊从事各种使用物品的生产劳动一样，只是同一个鲁滨逊的不同活动形式。在孤岛上生活的鲁滨逊"终究要满足各种需要，因而要从事各种有用劳动，如做工具、制家具、养羊驼、捕鱼、打猎等等。……尽管他生产职能是不同的，但是，他知道，这只是同一个鲁滨逊不同的活动形式，因而是人类劳动的不同方式。"[21]马克思还认为，联合体内部劳动分工生产的产品不是商品，也正像一个农民家庭的劳动分工的产品一样。他说："这里有个更近的例子，就是农民家庭为了自身的需要而生产粮食、牲畜、纱、麻布、衣服等等的那种农村家长制生产。对于这个家庭来说，这种种不同的物都是它的家庭劳动的不同产品，但它们不是互相作为商品发生关系。……这个家庭就象商品生产一样，有它本身的自然形成的分工。……用时间来计量的个人劳动力的耗费，在这里本来就表现为劳动本身的社会规定，因为个人劳动力本来就是作为家庭共同劳动力的器官而发挥作用的。"

马克思认为，商品是在社会分工的基础上产生的，社会分工是商品生产存在的条件，同时他又认为，在集体内部的社会分工的产品并不是商品。对此，马克思还有如下论述："各种使用价值或商品的总和，表现了同样多种的、按照属、种、亚种、变种分类的有用劳动的总和，即表现为社会分工。这种分工是商品生产存在的条件，虽然不能反过来说商品生产是社会分工存在的条件。在古代印度公社中就有社会分工，但产品并不成为商品。或者拿一个较近的例子来说，每个工厂内部都有系统的分工，但是这种分工不是通过工人交换他们个人的产品来实现的。只有独立的互不依赖的私人劳动的产品，才作为商品互相对立。"

马克思的上述论述表明，社会主义社会的劳动产品，是自给性产品，不是为交换而生产的劳动产品，不能成为商品；社会主义社会的劳动力是作为"一个社会的劳动力来使用"内部的社会分工的产品也不是商品。因此社会主义社会已不再存在商品生产和商品交换。

**（二）设想社会主义社会生产者的个人劳动是直接的社会劳动，个人劳动不需要通过商品作为媒介转化为社会劳动，劳动产品只有使用价值而无交换价值，因而，社会主义社会的劳动产品也不再是商品**

马克思写道："在以交换价值为基础的情况下，劳动只有通过交换才能成为一般的劳动。在以生产的集体性为基础的情况下，劳动在交换之前就成为了一般的劳动，也就是说，产品的交换不是充当个别人参加一般生产的媒介的中间手续。媒介自然是需要的。在以个别人的独立生产为出发点的、以交换价值为基础的情况下（不管这种独立生产是确定不变的，还是后来由于这些人的相互关系而有所改变），媒介是通过商品、交换价值、货币的交换而表现的；所有这些都是同一关系的种种表现。在以生产的集体性为基础的情况下，前提本身就是媒介，即以集体生产为前提，集体性是生产的基础。在这种情况下，个别人的劳动一开始就是集体性的劳动。不管这个人创造的或者帮助创造的产品的物质样式怎样特殊，他用自己的劳动购买的不是一定的特殊的产品，而是集体产品的一定的部分。因此，他不需要交换特殊的产品。他的产品不是交换价值。"

后来马克思在《哥达纲领批判》中又作了解释："在一个集体的、以共同占有生产资料为基础的社会里，生产者并不交换自己的产品；耗费在产品生产上的劳动，也不表现为这些产品的价值，不表现为它们所具有的某种物的属性，因为这时和资本主义社会相反，个人的劳动不再经过迂回曲折的道路，而是直接地作为总劳动的构成部分存在着。"

对此，恩格斯从不同角度也作了论述。他写道："社会一旦占有生产资料，并且以直接社会化的形式把它们应用于生产，每一个人的劳动，无论其特殊用途是如何不同，从一开始就成为直接的社会劳动。那时，一件产品中所包含的社会劳动量，可以不必首先采取迂回曲折的途径加以确定；日常的经验就直接显示出这件产品平均需要多少数量的社会劳动。社会可以简单地计算出:在1台蒸汽机中,在100公升的最近收获的小麦中,在100平方米的一定质量的棉布中,包含着多少工作小时。因此,到那时,由于产品中包含的劳动量社会可以直接地和绝对地知道,它就不会想到还继续用相对的、动摇不定的、不充分的、以前出于无奈而不得不采用的尺度来表现这些劳动量,就是说,用第三种产品,而不是用它们的自然的、相当的、绝对的尺度——时间来表现这些劳动量。……因此,在上述前提下,社会也无需给产品规定价值。"

作为商品必须具有价值和使用价值两重属性,体现在商品中的劳动也相应的具有抽象劳动即一般劳动和具体劳动即个人劳动两重性质。马克思、恩格斯从商品的两重性的劳动的两重性的视角来分析社会主义社会的劳动及其创造的产品,认为社会主义社会的个人劳动是直接的社会劳动,劳动生产由集体安排调济,个人的劳动和产品已不必通过商品、货币作媒介同别人的劳动和产品发生关系。因此,劳动的产品已不再具有交换价值。同时,耗费在产品中的劳动数量也无需再给产品规定价值。因此,他们从这方面的视角来分析,社会主义社会也不存在商品和货币。

## 马克思恩格斯对社会主义社会不存在商品、货币的设想的失误

马克思恩格斯提出,一旦社会占有生产资料,商品、货币将被消除。他们在公共和共同使用生产资料的前提下,分析了产生和存在商品经济的条件的变化,得出他们所设想的结论,从逻辑上来说有合理的成分,但他们的这种理论却与社会主义社会的实践是相悖的。现就人们提出几个论点作如下分析:

**(一)关于社会一旦占有生产资料的问题**

马克思恩格斯设想社会主义社会不存在商品、货币的各种论证都以"一旦社会占有秤资料",劳动者"共同占有生产资料"、"用共同的生产资料进行劳动"为前提。这个设想根据当时最发达的资本主义英国如果发生革命并取得胜利是有可能的。当时的英国已经实现了工业化,一切生产资料都掌握在资本家手里,如果英国无产阶级取得政权,就有可能把一切生产资料转归全民所有,社会就可以占有一切生产资料。但是社会主义革命的胜利并没有在发达的资本主义国家实现,而首先是在比较落后的国家取得胜利。落后国家经济文化滞后,资本主义的发展也不充分,取得革命胜利的国家都有人数众多的小私有者阶级的存在。对小生产者、小私有者走社会主义道路不能采取剥夺的手段。在这些国家无产阶级取得政权后,只能把大资产阶级占有的生产资料转归全民所有,社会不可能占有一切生产资料。

社会主义实践中已曾创造了"合作制"的形式,把农业、手工业的小生产者组织起走社会主义道路,用集体所有制取代生产资料的小私有制。这里姑且不论"合作制"的成功与失败的问题。但就这种形式来说,也不过是社会的一些小群体集体占有生产资料,社会也不能占有这些众多的各个群体的生产资料。我国1958年曾兴起了"人民公社化运动",这个运动的倡导者、发动者也曾设想过,通过"人民公社化运动"从小集体过渡到大集体,再从大集体过渡到全民所有制。结果却以失败而告终。落后国家社会主义革命取得胜利后,如何实现社会占有一切生产资料,这是一个从理论到实践都没有解决的问题。

按照科学社会主义创始人的理论,消除商品经济的前提是社会占有一切生产资料,先后建立过社会主义制度的这些国家都不具备这个前提。实践证明,在这些国家建立计划经济体制,实行产品经济,排斥商品经济,否定市场在国民经济中的调节作用,从根本上来说就是错误的。

**(二)关于自给性生产的问题**

马克思认为,联合体的生产就像鲁滨逊和一个农民家庭的生产那样,是为了满足自身的需要而生产的。联合体的总产品是社会的产品,除一部分作生产资料外,其余部分作消费资料由联合体成员消费。联合体的产品不是为交换而进行生产的产品,因而不是商品。马克思把鲁滨逊和一个农民家庭的自给性生产扩大到社会的范围,这种推想不切合实际,它也有悖于他提出的世界市场的观点。

在孤岛上生活的鲁滨逊,为了维持他孤独一人的生活,所进行的做工具、制家具、养羊驼、捕鱼、打猎等,都只是维持一个人简单生活的生产。马克思例举的那个农村家长制的农民家庭所需物品的生产,即粮食、牲畜、纱、麻布、衣服等物的生产,是个典型的自然经济的自给自足的生产。按照马克思的理论,社会主义社会是建立在社会化大生产的基础上的。在生产社会化日愈发展的条件下,任何一个生产单位,包括运用先进生产设备进行生产的农户。要保持不同外部发生交换的自给自足的生产,是根本不能生存的。用一个人、一个农民家庭的自给自足的生产来推测社会主义社会也是自给性生产,这实际仍然是自然经济的思想。

马克思恩格斯预言，社会主义革命将首先在发达的资本主义国家发生，后来的实践却首先在比较落后的国家发生，不论马、恩的预言还是以后的实践结果，社会主义社会都只能先在部分国家实现。在世界各国经济联系逐渐走向一体化的条件下，社会主义国家与非社会主义国家以及社会主义国家之间，不进行商品交换、不发生贸易关系，无论社会主义国家还是资本主义国家，都是有碍于本国经济发展的。今天的世界已经发展到了这样的程度，许多国家的生产都依赖于国际市场，假如国际间的交换发生了障碍，国内的再生产就无法维持，社会经济生活也就有可能陷于停顿或瘫痪的危险。以往的社会主义国家与资本主义国家的商品交换是十分有限的，这种状况在客观上有帝国主义的封锁，而在主观上也存在着社会主义国家不同资本主义国家发生贸易关系关起门来也可以搞建设的思想。第二次世界大战后，由于出现社会主义阵营与资本主义阵营的对立，斯大林还提出过世界“两个平行的也是互相对立的世界市场”的理论。”实践证明，这种理论对社会主义国家经济发展是不利的。

社会主义国家生产的目的不同于资本主义国家。资本主义生产的目的是追逐剩余价值，社会主义生产的目的是为了满足整个社会不断增长的物质和文化的需要。但社会主义社会生产的这种目的性并不意味着社会主义社会的生产就完全是自给性的生产。这里不说现实的社会主义社会有多种经济成分并存必须有商品生产和商品交换，就按马恩设想是社会占有一切生产资料的生产，在世界市场的形成和世界经济一体化发展的条件下，社会主义社会与非社会主义社会经济上也不可能没有联系。这种经济上的联系除了商品这个媒介外，不可能再有其它途径。就这方面来说，社会主义社会不能没有商品生产。新中国建立以后，在相当长的时期内，我们闭关锁国，与发达资本主义国家经济上的往来很少，这种状况更加拉大了我们同发达国家在科技和经济上的差距，只是到改革开放以后，这种状况才有好转。这个教训是深刻的。

**（三）关于社会分工的问题**

马克思以鲁滨逊的劳动和一个农民家庭的劳动来推测联合体的劳动时，还认为：鲁滨逊从事各种不同物质的劳动是同一个鲁滨逊的不同的活动形式，这个农民家庭生产的种种不同的物都是这个家庭劳动的不同产品，联合体自觉地把许多个人劳动力当作一个社会的劳动力来使用，社会生产各种不同产品的劳动都是这个社会的劳动力的不同活动形式，不同劳动的产品互相不作为商品发生关系。另外马克思还写道：古代印度公社就有社会分工，每个工厂都有系统的分工，但产品并不是商品。这一种推断也是不恰当的。

一个人的不同劳动形式，一个农民家庭 、一个工厂的内部分工，以及古代印度公社的社会分工，同整社会的分工是有本质区别的。不论是一个人的不同劳动形式还是一个古代公社的社会分工，不论是一个农民家庭的内部分工，还是一个工厂内的系统分工，都是同一个生产单位的内部分工。生产单位的内部分工是生产资料集中在同一生产单位、由单位统一经营的内部分工。整社会的分工则是生产资料分散在各部门、各行业的各生产单位、由各单位独立经营的不同产品生产的分工。同一个生产单位内部分工的产品，一般不发生交换关系。整个社会的分工情况就不一样。整个社会分工的产品是各个不同生产单位独立经营的产品，它们之间必须有产品交换。不同生产单位之间的产品交换，不通过一定的媒介是无法进行的。按马克思的设想，在社会占有生产资料的前提下，产品交换的媒介是集体，也就是由社会统一调拨。但是，这种设想至少是在社会主义阶段是不可能实现的。这个问题后面有专题分析论证。“人民公社化运动”时，只在一定的范围内搞过“一平二调”，就造成了对生产的严重破坏。社会主义建设的实践证明，即使在公有制的生产范围内，不同产品的生产单位之间的交换，必须实行等价交换的原则。相互之间的交换仍以商品、货币和市场作媒介。

马克思在论证这个问题时，有个较大的失误，即认为一旦社会占有生产资料后，整社会就是一个很大的生产单位。对此，马克思在其它著作中也有过同样的论述。按这样设想，社会主义社会当然就不再存在商品生产和商品交换的条件。但这样设想是不符合实际的。虽然他提出这种设想时也有一定的客观依据。当时的欧洲正处在英国工业革命之后，出现了机械化大工业工厂，生产走向集中化。大工厂的规模是与当时的技术水平——大机器生产相适应的。但马克思却没有预料到，随着科技的进一步发展，生产的规模又走向了分散化。特别是随着以微电子技术为核心的新科技革命的兴起和发展，生产向广度和深度进军，生产的分工越来越细，生产的专业化迅速发展，更使生产单位走向小型、分散化。现在发达资本主义国家的企业，绝大多数都是中小企业。据美国劳工部的统计，在美国的 1100 万家企业中，有 1080 万家是小企业。在美国约 1 亿个劳动力中，有 6 千万在小企业里。

马克思还说,联合体可以自觉地把许多个人劳动力当作一个社会劳动力来使用,个人劳动力像作为家庭共同劳动力的器官来发挥作用。这也是不可能实现的。鲁滨逊为满足个人生活的各种需要可以自由支配自己的劳动力从事各种生产劳动;一个农村家长制的农户,为满足家庭生活的各种需要,也可以对这个家庭的劳动力直接进行分工从事各种生产。作为一个社会就不可能由社会直接分工到劳动力进行各种生产活动。一方面,一个社会的劳动力有千千万万,如我国12亿人口,至少有5亿个劳动力,直接由国家来分工到劳动力从事各种不同的生产,这是根本不可能的。另一方面,鲁滨逊的需要、一个农户的需要,都是单位的、有限的。但一个社会的需要,却是极其复杂、极其多样的,而且随着社会的发展需要也是无限的。要由社会统一安排生产极为复杂、多样的产品也是根本办不到的。马克思说:"自觉地"也就是有计划地来使用社会的劳动力、社会主义国家实行几十年的计划经济,不说这种体制的弊端,就说计划的范围也是十分有限的。国家的计划既不可能统一分工到每个劳动力,也不可能把社会所有需要的产品都纳入计划生产。马克思设想明显带有空想的成分。

**(四)关于个人劳动一开始就成为直接的社会劳动的问题**

马克思恩格斯提出社会主义社会不存在商品、货币的另一个重要论点是,社会一旦占有生产资料,个人劳动一开始就成为直接的社会劳动,个人劳动是社会总劳动的构成部分,个人劳动的产品是社会总产品的一定部分,生产者不交换自己的产品、耗费在产品上的劳动量可以简单地用时间来计算,不必采取迂回曲折的道路来表现,即不表现为价值,也无需通过商品、货币为媒介,使个人劳动转化为社会劳动。

在社会占有生产资料的条件下,社会可以把许许多多个人劳动力分别组织到社会各部门的生产中来,个人劳动可以转化为社会劳动。但是,这种转化是否就是直接的,中间就不需要任何物的交换作媒介?我们可以作如下分析:

马克思恩格斯论述这个问题的前提是社会占有一切生产资料。生产资料也就是生产手段,是人们从事物质资料生产所必需的一切物质条件,是社会生产力中物的要素。生产资料不包括人的劳动力,社会一旦占有生产资料并不能占有人们的劳动力,人的劳动力仍然是个人所有。这与马克思列举的鲁滨逊和一个农户对劳动力使用的情况是不同的。鲁滨逊的劳动力是他个人所有,他个人的劳动力由他直接安排使用。一个家长制农户的劳动力属于这个家庭所有,也可以由这个家庭直接安排使用。但社会不占有人们的劳动力,社会就不能无条件地使用人们的劳动力。在社会主义条件下,劳动力仍属个人所有,劳动是谋生的手段,个人为社会生产付出了劳动,社会必须给予补偿。社会一旦占有生产资料,个人劳动成为直接的社会劳动,成为社会总劳动的构成部分,仍要有交换,也不能就直接成为社会劳动。

在社会主义公有制的生产中,劳动者虽不交换自己的产品,但付出劳动与获取补偿仍是交换。后来马克思在《哥达纲领批判》中讲了,这种交换通行的是商品等价交换的同一原则。虽然内容和形式都改变了,但仍是一种形式的一定量的劳动和另一种形式的同量劳动相交换。生产者付出劳动后,社会给生产者一张证书,他凭这张证书从社会储存中领得和他所提供的劳动量相当的一分消费资料。这种交换也同商品等价交换一样,是以耗费在产品上的社会必要劳动量为尺度。"等价物的交换只存在平均数中,并不是存在于每个个别的场合。"这种平等的权利,对不同等的体力或智力来说是不平等的权利。

从通行商品等价交换的同一原则的内容来分析,这种交换,一方面对生产者仍然是以耗费在产品上的劳动为依据;另一方面,交换仍然是以耗费在产品上的社会必要劳动量为尺度。从这两点看,在社会主义公有制中等量劳动相交换的统一尺度——社会必要劳动同商品交换表现出来的价值并没有什么差别。因为商品的价值量就是商品所包含的社会必要劳动量。再从"商品等价交换的同一原则"来理解,社会主义公有制中生产者耗费在产品上的社会必要劳动和交换来作为生活资料的产品所凝结的社会必要劳动,都应该是价值。所不同的只是生产者不把自己的产品作为商品交换,这种价值不是在商品交换上表现出来,而只表现在劳动与作为消费资料的产品的交换上。社会主义国家公有制经济的实践证明,价值依然存在,即使在计划经济中,物质的调拨和产品的交换,也必须以耗费在产品上的社会必要劳动即价值来核算。任何企业的生产,不计算成本,产品不表现为价值,企业就无法生存下去。

其实,马克思在后来的著作中也讲过,在社会主义公有制的生产中仍有价值的决定作用。如他指出:"在资本主义生产方式消灭以后,但社会生产依然存在的情况下,价值决定仍会在下述意义上起支配作用:劳动时间的调节和社会劳动在各类不同生产之间的分配,最后,与此有关的簿记,将比以前任何时候都更重要。”这里讲的价值决定的支配作用，也就是价值规律的支配作用。劳动时间的调节和社会劳动在各类不同生产之间的分配，都取决于生产不同产品的社会必要劳动时间。由此可见，马克思对社会主义公有制生产中社会必要劳动时间的决定作用，也仍叫价值的决定作用。

从这些分析看，在社会主义公有制的生产中，生产者耗费在产品上的劳动，也要表现为价值，只是不通过商品交换来表现，它只表现在劳动与等量劳动的产品交换上。

另外，马克思恩格斯还认为，社会占有生产资料，个人劳动一开始就成为直接的社会劳动，个人劳动是社会劳动的构成部分，耗费在产品上的社会劳动量可以用劳动的自然尺度——时间来计算，无需用第三种产品来表现，个人劳动成为社会劳动也无需商品、货币作媒介。这一点是否可行也值得研究。

社会的分工是极其复杂的，个人的劳动千差万别，同时人们对生活资料的需要也是极其多样的。在社会主义公有制生产中，生产者不交换产品，但要交换劳动，而这种交换又是以社会的必要劳动为尺度。在具体的交换中，即在社会付给每个生产者相当于他所提供的劳动量的消费品时，能否把每个生产者提供的社会必要劳动量和每个生产者领取的各种消费品所包含的社会必要劳动量都换算出来，这既烦琐又非常困难。社会主义国家实行了几十年的按劳分配制度，除以一般等价物货币为计酬单位外，别无其它更适当的办法。就以原来的农村集体所有制的分配来说，除极少数最基本的生活资料可以用工分分配外，其它的分配也离不开以货币为计算单位。马克思说的在集体生产中，生产者付出劳动后，社会给生产者一张证书，他凭这张证书从社会储存中领得和他所提供的劳动量相当的一分消费资料。这张证书不是货币，实际上也是生产者所提供的社会劳动量的一般等价物。从它作 一般等价物这一点来说，它同货币并没有本质的差别。

在社会主义公有制经济中，既然个人是通过自己的劳动同社会发生关系，实行等量劳动相交换，并通行商品等价的同一原则，那么个人劳动转化为社会劳动，也必须通过这种等价的交换作媒介。社会主义国家的实践证明，计量价值的尺度仍然是货币。这个媒介虽不表现为商品，但也仍然要表现为货币。

从以上几个问题的分析看，马克思、恩格斯对社会主义社会不存在商品、货币的论述是有失误的。其失误不仅是他们设想的前提即社会占有一切生产资料，因社会主义革命形势发展超出他们的预料不能实现，而且在论证上也有错误。他们得出未来社会主义社会不存在商品的经济的结论，有的是从鲁滨逊的生产或一个农村家长制农户的生产扩大到社会范围而推测出来的。这种类比的推测是不恰当的。因为所类比的对象各自所处的条件并不相同。当然，马克思和恩格斯是两位划时代的伟大学者，即使如此，在某些问题上由于对客观形势的发展变化估计不足和对客观情况的深入考察不够而得出错误的判断，也是难以避免的。就他们在世时，也在公开修改他们的某些过时的结论。我们分析马恩在这个问题的论述及失误，目的只在于要从理论上弄清楚社会主义社会还有没有商品经济存在的条件。

这里要特别指出，马克思恩格斯提出社会主义社会不存在商品经济的设想，不仅是有前提的，而且还有更深层次的条件。马克思在提出未来社会不存在商品关系的同时就明确指出：“只有当社会生活过程即物质生产过程的形态，作为自由结合的人的产物，处于人的有意识有计划的控制之下的时候，它才会把自己的神秘的纱幕揭掉。但是，这需要有一定的社会物质基础或一系列物质生存条件，而这些条件本身又是长期的、痛苦的历史发展的自然产物。”社会主义社会首先在比较落后的国家实现，并不具有消除商品经济的条件，不从实际情况出发，按马恩消除商品经济的理论建立起一套不符合经济发展规律的排斥商品经济的计划经济体制，并把它作为社会主义经济的基本特征来固守，这不能不是教条主义的错误。

李维贵：《科学社会主义创始人对社会主义社会不存在商品货币的设想及失误》，《云南学术探索》1996 年第 1 期

**马克思主义发展到当代，所遇到的最大问题，是在经济、文化落后的国家究竟要走一条什么样的社会主义建设道路。历史将这个从马克思到毛泽东为之不懈探索但却又很不彻底的课题留给了后人。邓小平杰出地担当起继续探索这一课题的重任。中国特色社会主义，在一系列根本问题上丰富和发展了马克思主义关于社会主义发展道路理论，赋予了马克思主义新的生命力**

纵观马克思恩格斯的一生，他们先后研究过三种不同类型国有的社会主义发展道路问题：第一类是资本主义典型发展的英国；第二类是小农还占多数的德国、法国；第三类是封建遗迹严重的半文明的俄国。通过对这三种类型国家的比较研究，马克思恩格斯不仅比较系统地揭示了社会主义发展道路的普

遍规律和一般特征,而且对资本主义发展比较落后的国家如何走上社会主义道路,如何建设社会主义,作出了初步的理论探索,提出了一些至今仍具有重大生命力的方法原则。

马克思恩格斯在一系列经典著作中,揭示了资本主义之后社会主义发展道路的基本规律:(1)社会主义制度最终确立的物质基础只能是社会化大生产,生产活动社会化同生产资料私人占有的矛盾,使资本主义制度灭亡和社会主义制度建立同样成为历史的必然。(2)在走向社会主义的历史进程中,必须经历若干基本步骤:第一步是夺取政权,“使无产阶级上升为统治阶级,争取民主”;第二步是实行所有制的社会主义改造,“一步一步地夺取资产阶级的全部资本,把一切生产工具集中在国家即组织成为统治阶级的无产阶级手里”;第三步是经济建设,“尽可能快地增加生产力的总量”(《马克思恩格斯选集》,第1卷,第272页。)。(3)共产主义社会是一个分阶段发展的过程,它大体分为共产主义的初级阶段和共产主义的高级阶段。前者只能实行“各尽所能,按劳分配”,在经济、道德和精神方面都不可避免地带着它脱胎出来的旧社会的痕迹;后者才能实行“各尽所能,按需分配”,形成“自由人的共同联合体”。(4)与此相适应,从资本主义到共产主义,也有一个政治上的过渡时期,这个时期的国家只能是无产阶级专政,即新型民主——“通过人民自己实现的人民管理制”。(5)在共产主义(包括它的初级阶段)的整个发展过程中,不仅要同私的制实行最彻底的决裂,而且要同私有观念实行最彻底的决裂,建设新的社会文明。

马克思恩格斯揭示的这些一般规律,是以西欧资本主义发达国家为典型作出的高度科学抽象,而绝非是可以照搬于任何一个国家的不变的模式。但就其精神实质而言,它不仅适用于资本主义发达国家,而且也同样适用于经济、文化落后的国家。落后国家开拓社会主义发展道路,决不意味着可以游离马克思恩格斯揭示的一般规律,恰恰相反,只有在马克思主义一般原理指导下,从本国的实际情况出发,着力寻找一般规律的特殊实现形式,才能拓宽一条在经济、文化落后的基地上建设社会主义现代化的特殊道路。

马克思和恩格斯一方面依据西欧发达国家的实际情况揭示了社会主义发展的一般规律,一方面又从不拘泥于这些一般原理,而是对经济、文化落后国家的社会主义发展道路问题给予了特殊重视。马克思恩格斯关于落后国家社会主义发展道路问题的初步探索,最具有生命力的,是恩格斯后期提出的历史发展“合力论”:“历史是这样创造的:最终的结果总是从许多单个的意志的相互冲突中产生出来的,而其中每一个意志,又是由于许多特殊的生活条件,才成为它所成为的那样。这样就有无数互相交错的力量,有无数个力的平行四边形,而由此就产生出一个总的结果,即历史事变”。社会变革和社会发展不是生产力单一因素决定的,而是各种因素“融合为一个总的平均数,一个总的合力”(《马克思恩格斯选集》第4卷,第478页。)。决定每个国家社会主义历史进程的,也是历史发展诸方面因素综合而成的一种“合力”。这个“合力”,除了生产力一定程度的发展外,还包括生产关系与生产力的矛盾,上层建筑与经济基础的矛盾,以及由此导致的阶级矛盾演变和激化的程度,同时还包括国际条件的变化,例如战争引起革命等等。总之,各个国家的社会主义历史进程,同生产力的 发展水平并不是成简单机械的正比关系,经济、文化落后的国家,也可能在社会主义历史进程中成为开创社会主义道路的先驱。恩格斯的社会发展“合力论”,为20世纪上半叶世界范围的社会主义革命胜利的历史事实所证明,对于今天我们科学地认识和拓展中国特色社会主义发展道路,具有重大理论指导意义。

由于历史条件 的限制,马克思和恩格斯对于经济、文化落后国家社会主义发展道路问题的探索还仅仅是开始,还没有形成一种系统的理论体系。首先,他们所指的“落后国家”,具有那个时代的特定内容,起初是指西欧发达国家中比较落后的德国,后来又包括资本主义中等程度发展的俄国,至于像中国这样典型的落后国家走上社会主义道路问题,还没有明确的涉及。其次,他们所讲的社会主义道路,侧重点是在落后国家如何通过社会主义革命建立社会主义制度,而对落后国家社会主义现代化建设问题,尚未作出深入研究。再次,他们关于落后国家社会主义发展道路的许多理论还很不具体,有些概念还相当抽象,表述也比较零散,还未形成完整系统的关于落后国家 社会主义发展道路的学说。最后,他们关于落后国家社会主义发展道路的理论预测还没有经过实践的检验。由于当时的实践还没有为他们的理论提供深刻的现实依据,因此某些结论与以后的社会主义实际不相一致。上述历史局限性表明:马克思和恩格斯的理论,为落后国家开辟社会主义道路指明了基本的方向,提供了科学的方法论原则,至于这些理论原则的具体应用,则必须一切从社会主义的“历史事实和发展过程”(恩格斯语)出发,而决不能把它们当成一成不变的模式。这才是对马克思主义生命力的珍视和捍卫。

马克思主义之后的列宁主义和毛泽东思想，都把对经济、文化落后国家社会主义发展道路的探索当成重要内容，都从当时的时代特点和实际情况出发，坚持、发展了马克思主义中最有生命力的因素。在列宁晚年，尤其对落后国家经济、政治、文化建设的一系列基本问题进行了深入思索和细致阐述，在马克思主义发展史上第一次形成了关于落后国家社会主义建设道路的比较系统、比较完整的学说。列宁的主要思想观点包括：(1)强调社会主义必须建立在社会化大生产基础之上，把实现工业化、发展生产力作为社会主义在俄国最终胜利的唯一保证。(2)创造性地开辟了一条有计划地利用商品货币关系建设社会主义的新道路。(3)创造性地发展了马克思恩格斯关于合作制的基本思想，解决了小农国家社会主义建设道路上的最大难题。(4)提出通过政治体制改革加快社会主义新型民主建设的历史性任务。(5)坚持和发展了马克思主义创始人关于文化和文明的理论，提出了文化建设在落后俄国的特殊意义。

毛泽东关于落后中国社会主义建设道路的探索，既有巨大的成功，又存在着严重的失误。他的巨大成功在于：认真汲取斯大林在领导苏联社会主义建设问题上长期存在"左"的教训，并深入总结我国自己的经验，坚持从中国的实际情况出发，初步探索了一条在生产力极端落后、文化很不发达的基础上建设社会主义的基本道路。他的严重失误在于，60年代以后，特别是晚年，逐步步入了脱离实际、急于求成的误区。50年代，毛泽东关于中国社会主义建设道路问题，所提出的一系列正确思想包括：(1)社会主义建设的根本任务是保护和发展生产力。(2)社会主义建设的基本方针是依靠人民群众，调动一切积极因素。(3)社会主义经济建设必须正确处理农轻重、沿海与内地、中央与地方、国家和集体与个人等等一系列辩证关系。(4)社会主义政治建设必须发展社会主义民主。(5)社会主义科学文化建设必须坚持以马克思主义为指导，实行"百花齐放、百家争鸣"的方针。60年代初期，毛泽东还就社会主义发展阶段、社会主义商品生产和价值规律、国民经济发展次序等重大问题进行了深入理论思索，提出了一系列正确观点。这些思想理论虽然未及展开和实行，但它毕竟为中国共产党人在结束"文化大革命"之后，卓有成效地开拓一条具有中国特色的社会主义发展道路奠定了理论基础。

在一个经济、文化落后的东方大国，究竟如何建设社会主义？历史将这个马克思主义创始人有的涉及，毛泽东为之不懈探索但却又很不彻底的重大课题留给了后人。邓小平杰出地担当起继续探索这一历史性课题的重任。邓小平关于中国特色社会主义发展道路的理论与实践，既是对马列主义、毛泽东思想的坚持和继承，又是坚持、继承之中作出了创造性发展。说坚持和继承，是指这条道路是以马列主义、毛泽东思想关于社会主义发展的总体原则为指导，遵循辩证唯物主义和历史唯物主义的方法论，符合社会主义发展的总趋势；说创造性发展，是指这条道路系统地、深刻地回答和解决了从马克思到毛泽东所未能正确解决的一系列社会主义建设的根本性问题，是对科学社会主义学说的历史性贡献。中国特色社会主义发展道路的选择并卓有成效的拓展，深刻体现了以邓小平为代表的新时期中国共产党人敏锐地把握时代发展的脉膊和契机，把握代表生产力发展方向的新生事物，在人民群众的伟大实践中，坚持和发展马列主义、毛泽东思想的巨大理论勇气和对社会主义建设新道路不断开辟的巨大政治勇气，深刻体现了马克思主义的巨大生命力。

中国特色社会主义赋予马克思主义新的生命力的基本理论包括：

第一，社会主义本质论。社会主义本质究竟是什么？在社会主义思潮产生迄今为止300多年历史长河中，关于这个问题的争论以至斗争，一直没有停息过。即使在科学社会主义学说创立以来的100多年实践中，对于社会主义的本质，仍然存在着众多看法乃至歧义。长期以来，在社会主义本质问题上产生的偏颇、误解、犹疑和困惑，主要表现在：游离生产力抽象地谈论社会主义；照搬"本本"机械地界定社会主义；非此即彼绝对化地理解社会主义。这几种倾向，实质上是究竟要用一种什么样的观点和方法认识社会主义的问题，是要不要从社会实际和发展需要出发创造性地发展马克思主义的问题。邓小平关于"社会主义的本质，是解放生产力，发展生产力，消灭剥削，消除两极分化，最终达到共同富裕"的新概括，既继承了科学社会主义的基本原则，又结合新的实践经验深化了对社会主义的认识，是对马克思主义的重大发展。首先，这一新概括坚持了马克思主义关于生产力是历史发展的最终决定力量的根本观点，并且从社会主义首要本质的高度对这一基本观点作出创造性发展。其次，这一新概括注重从生产力、生产关系、生产目的等社会发展基本要素的结合上揭示社会主义的本质，把社会主义现实任务与社会主义价值目标有机地统一起来，坚持和发展了马克思主义关于社会主义全面发展的思想。总之,邓小平关于社会主义本质新概括所深蕴的思想理论,反映了人民的利益和时代的要求,廓清了不合乎时代进步和社会发展规律的模糊观念,摆脱了长期以来拘泥于具体模式而忽略社会主义本质的错误倾向。深化了对科学社会主义的认识。这不仅对于建设有中国特色社会主义具有根本性的现实指导意义,而且对于推动马克思主义适应时代要求,实现新的自我超越具有深远的历史意义。

第二,社会主义初级阶段论。马克思主义经典作家对社会主义发展阶段问题进行了长期探索,但是从总体上看,一直未形成符合社会主义发展实际的科学结论,甚至在长时间内发生了企图超阶段建成社会主义的错误。邓小平的社会主义初级阶段论,以及中国共产党关于我国社会主义初级阶段的性质、特征、内涵、意义的系统理论阐述,是马克思主义发展史上的崭新结论,是开拓社会主义建设新道路的基本出发点。社会主义初级阶段论的精髓在于:把马克思主义创始人所设想的社会主义社会与现实的社会主义社会区别开来,把社会主义的发达阶段与不发达阶段区别开来,把中国这样建立在经济落后基础上的社会主义社会与其它社会主义社会区别开来,不拘泥于社会主义的抽象原则和一般形式,立足现实,注重实际,从中国的具体国情出发,寻求能够真正促进生产力发展和社会进步的社会主义建设道路。社会主义初级阶段论的现实意义,是为形成"一个中心,两个基本点"的基本路线和坚持这条路线不动摇提供了最直接的科学依据。

第三,社会主义改革动力论。依靠何种动力解决社会主义社会的矛盾,推动社会主义进步?这个重大问题在社会主义发展史上长期未能获得圆满解决,以至在相当长时间内把阶级斗争当成社会主义社会发展的根本动力。邓小平的历史性贡献,就是通过深入总结当代社会主义运动的正反经验,创造性地运用唯物史观认识社会主义社会,找到了正确解决社会主义社会的矛盾,推动社会主义发展的强大动力,这就是改革。改革既是邓小平社会主义观的最重要内容,又是最鲜明的特色。邓小平关于改革开放的大量精辟论述揭示:社会主义社会是一个自我改革的社会,是一个在改革中自我完善的过程;改革是社会主义现代化建设的根本途径,是社会主义发展的根本动力。

第四,社会主义市场经济论。把计划经济与社会主义等同起来,把市场经济与资本主义等同起来,由此形成一套僵化的传统计划经济体制,这是社会主义发展史上长期束缚生产力发展、困扰社会主义活力的最严重因素。邓小平对马克思主义理论宝库的一个最重要贡献,就是从社会主义的现实状况和发展要求出发,大胆打破对计划经济的崇拜,打破对市场经济的禁忌,创造性地提出并逐步完善了社会主义市场经济理论。邓小平社会主义市场经济论的精髓在于:把在经济落后基础上生长起来的社会主义社会与马克思主义创始人所设想的脱胎于发达资本主义的社会主义社会加以严格区别,把社会主义初级阶段商品经济条件下的计划调节与以社会直接占有为基础的产品经济条件下的计划调节加以严格区别,充分利用市场经济这一人类社会发展所共有的调节社会经济运行的有效形式,解放和发展生产力,加快我国经济走向现代化的步伐。邓小平关于社会主义与市场经济有机联系的精辟思想,既是对马克思主义经济学理论的重大突破,又是对科学社会主义学说的重大发展。

第五,社会主义综合国力论。当代国际间竞争是综合国力的竞争。社会主义国家能否充满活力,永不衰败,在很大程度上决定于综合国力能否持续增长。正是立足于现代社会发展的这样一种大趋势,邓小平引入、发挥了综合国力思想。邓小平综合国力论的精髓在于:通过多种因素的综合作用推进社会主义。主要观点包括:(1)社会主义的根本任务是解放和发展生产力,必须以经济建设为中心,集中力量把物质文明搞上去。(2)社会主义在建设高度重视物质文明的同时,必须建设高度精神文明;必须坚持两手抓,两手都要硬;尤其要高度重视人的全面发展,培养有理想、有道德、有文化、有纪律的社会主义新人。(3)没有高度民主和健全法制,就没有社会主义,就没有社会主义现代化;与经济改革和经济、文化发展相适应,必须积极稳妥地推进政治体制改革,建设有中国特色的社会主义民主政治。这三个基本方面,也就是三大文明——物质文明、精神文明、政治文明同时并举,构成我国社会主义现代化建设的总体战略。邓小平的这些重要思想理论,显然多角度、多层面地坚持、发展了马克思主义。

包心鉴:《马克思主义的生命力:中国特色社会主义与马克思主义》,《宁夏社会科学》,1996年第2期

## 在当代,一些非洲国家还不具备跨越资本主义卡夫丁峡谷的条件

在两次世界大战以后,社会主义革命在欧亚拉

系列国家取得的胜利，以及随后社会主义建设在这些国家取得的成就，极大地鼓舞了全世界广大人民群众，特别是一些非洲国家在赢得民族独立运动的胜利的同时，掀起了一波又一波的社会主义浪潮，试图一举跨越资本主义卡夫丁峡谷而进入社会主义，但是没有获得成功。

这到底是怎么一回事呢？恩格斯在1894年为《论俄国社会问题》所写跋中，不是说过俄国农村公社可以越过资本主义充分发展、缩短发展历程的事情，“适用于处在资本主义以前的发展阶段上的一切国家”吗？为什么在一些非洲国家就不适用呢？

恩格斯的确这样说过，但在此同时，恩格斯又强调说“西欧无产阶级对资产阶级的胜利以及与之俱来的以公社管理的生产代替资本主义生产，这就是俄国公社上升到同样的发展阶段必需的先决条件”（《马克思恩格斯全集》第22卷，第500页。）。既然在进入帝国主义时代以后，历史的发展并不是使西欧发达资本主义国家的无产阶级首先取得社会主义革命的胜利，那么，恩格斯在这里所说的“先决条件”显然就不存在。经济文化较不发达国家为了跨越资本主义卡夫丁峡谷，就不仅需要具备一定的国际条件，而且还要具备一定的国内条件。在那些不具备必要条件的国家里，资本主义的卡夫丁峡谷是跨越不过去的，一些非洲国家就属于这种情况。

非洲是一个拥有3000多万平方公里、在陆地面积上仅次于亚洲的世界第二大洲，它拥有3.45亿人口。然而，从15世纪以来，非洲各国一直遭受英、法、比、葡、德、西、意等国殖民主义者的残酷掠夺和压迫，先后沦为这些国家的“殖民地”、“保护国”、“海外省”、“托管地”。葡、英、荷等国的殖民主义者还把非洲人当奴隶买卖，充当廉价劳动力，非洲成了这些殖民国家“猎取黑人的地区”。以后，美国的势力也渗入非洲，罪恶的奴隶贸易一直延续了400年。到了19世纪后期，由于发展成为垄断资本主义的西方国家需要把非洲变成原料产地和工业品销售市场，又在这里开始了争夺殖民地的高潮，使非洲沦为一个殖民统治下的“黑暗大陆”。

四五百年的殖民统治，使非洲各国生产力水平低下，产业结构低级，这是因为殖民主义的残酷统治，摧残和压制了非洲民族资本主义的幼芽，它们既受外国垄断资本的排挤，又受非洲旧的经济结构的阻碍，发展极其缓慢。在非洲内地，在取得独立以前甚至还不存在民族工业，而在非洲广大的农村地区，在生产工具方面的刀耕火种，在生产关系方面的封建的以至原始公社的生产方式，仍大量存在。据世界银行等国际经济单位统计，到1987年时，撒哈拉以南非洲国家的人均国民生产总值仅为美国的1/56，整个非洲的劳动生产率仅为美国的1/15，在产业结构方面，工业在非洲各国经济中所占比重，仅为10—15%，在工业中又大都是采矿业，制造业的比重不大。有的国家，在其总收入中少数几种原料出口的收入所占比重达90%。不发达的经济状况决定了非洲特定的阶级状况；非洲工人阶级产生于19世纪末，虽在二次世界大战以后有了迅速广大，但直到60年代初还仅占总人口的5%，而且极大多数属于非熟练的季节工，真正的产业工人很少，而参加工会组织的工人又仅占工人总数的10%，工人阶级的先锋队共产党组织更处在萌芽状态。非洲民族资产阶级的产生晚于工人阶级，人数也更少，在争取民族独立运动中，大多不能发挥领导作用，在独立后又由于缺少资金、技术和管理能力而无力与外国垄断资本抗衡。与此相对照，非洲的小资产阶级、非洲的民族知识分子却异常活跃，他们充当了革命的领导力量。在非洲政治舞台上充当先锋和领导的，有许多原来是教员、医生、药剂师、邮局职员、新闻记者、殖民政府雇员等等。

十分明显，非洲国家的情况，不仅和在十月革命前资本主义发展已达中等程度，有强大的工人阶级及其先锋队共产党的俄国不同，也和在二次世界大战后相继走上社会主义道路的欧亚社会主义国家不同。从经济上来说，这些国家的工业生产都在国民经济中占有相当比重，例如，捷克的工业产值在1948年时已占国民经济的75%，波兰的工业产值在1938年时占国民经济的46%，工人阶级占全国人口的12%，匈牙利工业建筑业产值，在1939年时占国民收入的38%，工人占全国人口的22%，罗马尼亚的工业产值在1938年占国民生产总值的35%，工人有80多万，朝鲜的工业产值在1946年占全国总产值的28%，其工厂工人在1940年就达40万，我国的工业产值由于连年内战在1949年时占国民生产总值的17%，经过恢复，到1952年已达41.5%，有组织工人在1949年为300万，到1952年全国职工人数已达1600万。更其重要的是在革命主观力量方面的差别。二次世界大战以后，社会主义制度在东欧一系列国家的建立，一方面固然是和苏联红军在1944——1945年追击法西斯、进军东欧、彻底摧毁那里的反动势力分不开的，但在另一方面，它在同时又是东欧各国人民在共产党领导下进行反法西斯斗争的结果，在南斯拉夫和阿尔巴尼亚，共产党更是反法西斯斗争的唯一领导力量。在亚洲，社会主义在朝鲜和越南的胜利,都是共产党领导人民群众进行长期的反对帝国主义殖民统治斗争的结果,在拉丁美洲,社会主义在古巴的胜利,也是卡斯特罗领导古巴人民同美国扶植下的反动政权进行了胜利的武装斗争的结果。特别是在中国,社会主义的胜利,更是因为以毛泽东为代表的中国共产党把马克思主义和中国的革命实践结合起来,从实际出发,开辟了一条不同于欧洲(以城市为中心)的,由农村包围城市、武装夺取全国政权的道路的结果。

从这些情况来看,应当说,非洲国家是并不具备跨越资本主义卡夫丁峡谷的主客观先决条件的;在国际上,不存在恩格斯所说的,获得了对资产阶级的胜利的西欧无产阶级的示范和帮助,在国内,不存在又不具备象欧亚拉已经走上社会主义道路的那些国家所具有的,相当的生产力发展水平和强大的工人阶级以及其先锋队共产党在社会生活中的领导作用。

所以,早在1959年,毛泽东在同喀麦隆人民联盟代表,几内亚、肯尼亚、马达加斯加青年代表谈话时,就针对生产力发展非常落后的一些非洲国家,在民族解放运动中把反帝国主义及殖民主义的民族命运和社会主义前途直接联系起来的作法,大声疾呼地告诫说,“整个非洲的任务是反对帝国主义,反对跟着帝国主义走的人,而不是反对资本主义,不是建立社会主义,在非洲提出建立社会主义社会,要犯错误”。(《毛泽东外交文选》,文献出版社1994年版,第369页。)

但是,非洲一些民族独立国家由于深受资本帝国主义的剥削和欺凌,亲眼目睹其诸多弊端,对它深恶痛绝,决心屏弃资本主义;由于误认为社会主义的某些原理和理想同它们的社会历史乃至宗教信条似乎有某些吻合之处;由于误以为越是落后的国家越是容易用政治上集中统一的手段去实现社会主义,于是,在社会主义国家的革命和建设的巨大成就的吸引下,不顾自己的主客观条件,在赢得民族独立运动的胜利之后,紧接着就从50年代开始,掀起一波又一波的社会主义浪潮,卷入这股浪潮的国家前后达数十个之多。

“非洲社会主义”无论就名目还是从内容来看,都是繁纷复杂的,除了有以伊斯兰教为思想基础,以追求阿拉伯统一为目标的“阿拉伯社会主义”,以非洲传统村社制原则为基础,实行“全民党”一党领导的“村社社会主义”,标榜政治上的多党制、实行有限制的自由经济、在政治上倾向西方的“民主社会主义”之上,还有以马克思主义为指导思想自诩、实行革命先锋党一党领导、强调与社会主义国家的特殊关系的“科学社会主义”,如刚果、贝宁、埃塞俄比亚、莫桑比克、安哥拉、津巴布韦、索马里和前也门等等。

应当指出,这些国家在实行社会主义以后,确曾在巩固政治独立和促进政治民主化,争取经济独立和实行土地改革,发展民族文化教育和社会福利事业等方面发挥过积极作用,但它在加剧经济困难等方面的消极影响则更大,就总体来说是不成功的。

这些非洲国家在实行社会主义方面的特点,主要表现为照抄照搬苏联模式,不顾本国特点地推行国有化、集体化和计划化,严厉打击私人民族工商业等等。

非洲国家在独立初期,在有节制地对部分外资企业采取接管、入股等国有化措施以后,紧接着就搞全行业地收归国有和大规模的国有化运动,这种典型,在60年代有埃及和坦桑尼亚,70年代有刚果、贝宁和安哥拉。埃及从1961年7月起,就在全国开展大规模的国有化运动,先后将银行、保险公司及42家大的工业、运输业、商业企业和土地开垦公司收归国有,在60年代初,埃及政府就掌握了国内工商企业的85%,直接和间接控制着工业生产的95%。坦桑尼亚在1967年开始在全国广泛实行国有化,先后将所有银行、保险公司、主要工商企业、运输和经营对外贸易的进出口公司、批发商行统统收归国有。刚果在1974年把几家外国石油公司的财产、股票、权益移交给国营公司后,随后就掀起了席卷全国的“国有化风潮”。贝宁在1974年实行广泛的国有化政策,将4家银行、5家保险公司、7家石油公司以及交通运输、水电、大商业企业统统收归国有,到1982年,国营、合营企业占工业总产值的70%。安哥拉在从1977年到1979年间,政府就控制了80%的国内重要企业。

但由于这些非洲国家是在严重缺乏管理人员、技术人员和技工的条件下大规模实行国有化的,因而在国有化以后,反而因经营管理不善、缺乏监督机构而造成严重亏损。据世界银行统计,坦桑尼亚11个主要国营农业公司,1980——1981年亏损6.8亿先令。1981——1982年亏损10亿先令。刚果的60个国营企业除少数例外,都严重亏损,原法资刚果工农业公司,在实行国有化的1969年产糖9.4万吨,到了1981年只产糖1.4万吨,在1968——1980年间,刚果60个国营企业的总产值平均递减30%,除国家补贴790亿非洲法郎外,企业还欠债80亿非洲法郎。

这些非洲国家在推行国有化的同时,还大搞农业集体化运动，如加纳1961——1962年间，把国有合作农场从361猛增至1165个，在1960——1964年间，把机械化国营农场从30个猛增到105个。突尼斯在1963年颁布的土改法规定，分配到土地的农民必须参加合作社，否则便没收其分得的土地。坦桑尼亚在1967年把分散的农民集中到新建的或其他一些村子居住，以实现农业集体化，在1974年运动高潮时，政府甚至动员军队和民兵，在耕种收割的大忙季节强迫农民搬迁。这种强制推行的运动，严重挫伤了农民的生产积极性，破坏了农业生产。在突尼斯，由于合作社经营管理不善，生产下降，平均每公顷土地的产值要亏损两个第纳尔，因此，强制农民入社的结果带来了严重的灾难。一部人沦为乞丐，一部分人被迫自杀，同时也使农民的反抗斗争愈演愈烈，有的农民纷纷把土地退还给政府，在萨赫尔地区还酿成农民和政府军之间的流血冲突。在坦桑尼亚，农业生产也因强制集体化而连续减产，在1981——1983年间，农业生产的负增长达到－7.6%，－8.2%，－8.7%。

这些非洲国家还严厉打击民族工商业，如加纳在1962年的第一个七年计划中规定，“不允许公从意志与个人致富同时并存”，在“反对剥削”和“防止资本主义发展”的口号下，指令民族私人工商业只能停留在小型规模上，“不得继续扩大他们的设备和经营规模”，而且经营得好的要变为合营或国营企业。几内亚在1964年11月规定进出口贸易和批发业只能由国家经营，私人只能经营少量的零售业，在1975年的“反奸商运动”中又宣布完全取缔私商，关闭农村集市贸易，取消县人民商店，商品由政府经由地方革命政权的经济处，根据农民上交农产品的品种和多寡来进行分配。坦桑尼亚在1975年关闭了农村私人商店而代之以合作商店，并在提供贷款，分配外汇等方面，限制私人民族工商业，使之无利可图，不愿增加投资、扩大再生产。阿尔及利亚在1966年颁布投资法，规定只许私人资本在手工业、农业、商业和服务性行业等次要部门投资，并严格限制其投资额，以致在1967——1972年间，私人资本投资额只占投资总额的5%，1976年通过的《国民宪章》，更进而要求“严格限制”和尽快“消灭”私人民族资本。在利比亚，在1978年提出要在经济领域进行社会主义革命，消灭私营经济，它先是发动工人接管私人资本家的工厂企业，随后又勒令大、中和私人商店自行关闭，并对受基层人民委员会管辖的商店实行更严格的监督。非洲国家这样地限制和消灭私人民族工商业的结果是，阻碍了城乡商品流通和国民经济发展，使市场凋敝，人民生活困难和不便。

归结起来，非洲国家在不具备条件的情况下跨越资本主义的卡夫丁峡谷，并脱离实际地实施超越阶段的过左政策的结果，使它们越来越穷，如莫桑比克在摆脱殖民统治以后的20年中农业生产没有得到什么发展，有60%的居民生活在贫困线以下；埃塞俄比亚在1984——1985年饥荒中有100万人饿死，1987年的粮食产量又从1979年的750万吨降为530万吨，而人口却年均增长2.9%。阿尔及利亚以国民生产总值的30%去片面发展重工业，结果是留下了一堆残缺不全、利用率极低的生产机器和占劳动力总数20%的失业人口，同时又以每年20亿美元去进口食品。有的国家则债台高筑，如拥有700万人口的赞比亚欠外债50亿美元，人民生活水平比三十多年前独立时还低；刚果人均负外债2500美元，为人均国民生产总值的好多倍。严重的经济困难还在一些非洲国家导致动乱、骚乱、政变，反政府的武装活动猖獗。

有一位日本记者在对“非洲社会主义”进行多年的实地考察后，把它拿来和苏联、中国和东欧的社会主义进行对比，得出了非洲不存在实现社会主义的条件的结论。在发表于日本《世界》杂志1987年10月号上的《“非洲社会主义”使国民挨饿》的文章中，日本记者松本仁一写道：“在苏联、中国、东欧的社会主义国家中，也有经济停滞和分配不平衡的问题。但是，一般国民并没有挨饿。为什么唯独非洲的社会主义国家，竟糟糕到使国民挨饿的地步呢？”“也许由于60年代在相继宣布独立的非洲，并不存在古典的社会主义革命的条件，才招致今天这种事态的出现”；“在没有成熟的资本方面，也许可以说苏联和中国也是一样的。不过，革命前的苏联和中国，还有公路、铁路这种最起码的社会资本。但是，在非洲，可以实行国有化并分配的财富是微不足道的。象安哥拉和莫桑比克那样，在宣布独立时，当地居民曾经毁掉房屋，切断电线，使之变成无用之物。国民缺少那种与国家同心同德的思想——民族主义思想。没有资本主义积累，没有明确的阶级对立，也没有足够的管理计划经济的专家。非洲的社会主义是在一无所有的情况下开始的。碰壁也是明摆着的。在这种情况下，他们为什么非要实行社会主义不可呢？非洲的社会主义是在开展‘解放’斗争时实行的。并不是经过‘阶级’斗争，‘瓜熟蒂落’实现的。在非洲国家，几乎不存在实现社会主义的条件”；他们也来不及使社会主义适合本国的国情而“原封不动地采取苏联式的政治体制和生产方式”。

正是基于上述种种情况,邓小平早在1980年4月21日会见阿尔及利亚民族解放阵线代表团时就特别强调说,“要研究一下,为什么好多非洲国家搞社会主义越搞越穷。不能因为有社会主义的名字就光荣,就好”(《邓小平文选》第2卷,第313页。);而在1988年5月18日会见莫桑比克总统希萨诺时,又建议他们“根据自己的条件,可否考虑现在不要急于搞社会主义。确定走社会主义道路的方向是可以的,但首先要了解什么叫社会主义,贫穷绝不是社会主义”(《邓小平文选》第2卷第313页。);在1989年3月23日会见乌干达总统穆塞韦尼时,再次强调“我很赞成你们在革命胜利后,不是一下子就搞社会主义。我和许多非洲朋友谈到不要急于搞社会主义,……那样搞不会获得发展”(同上。第290页。)。

也正因为一些非洲国家在不具备必要条件的情况下跨越资本主义卡夫丁峡谷,并脱离实地用超越阶段的过左政策造成了经济严重困难和政治动荡不稳,因而1989——1991年的苏联东欧剧变解体就给它们带来了极大的冲击;有些国家的领导人在反对派的枪口威胁下被迫交出了政权,如索马里、埃塞俄比亚、塞拉利昂;有的国家的领导人在内乱中被迫辞职下台,如阿尔及利亚;有的在多党选举中被赶下台,如佛得角、圣多美和普利西比、贝宁、赞比亚和刚果;有的不得不放弃原来宣称信奉的科学社会主义,如莫桑比克解放阵线党在1989年7月在党章中删去了以马列主义为指导思想的条文,也不再提“阶级斗争”和“无产阶级国际主义”,党的性质由“工农联盟先锋党”改变“人民先锋党”,1990年10月公布的新宪法把“莫桑比克人民共和国”改为“莫桑比克共和国”,1991年8月,该党又正式改名为社会民主党,加入非洲社会民主党联盟;安哥拉人民解放运动—劳动党在1990年12月决定放弃马克思列宁主义,1991年4月通过了一个带有社会民主党性质的党章,1992年5月又取消了劳动党的称号;津巴布韦总统穆加贝在1991年3月同意以社会民主主义代替马克思主义,1991年7月正式宣布放弃马克思主义,成为非洲社会民主党联盟的成员党。

徐崇温:《不发达国家建设社会主义的世纪性难题》,《中国社会科学院研究生院学报》,1996年第3期

## 二、“直接过渡”不是迅速的、激进的过渡

所谓“直接过渡”,在列宁看来,指过渡过程中没有市场和商业的环节,起点和终点之间的关系比较“直接”,或者说关系比较简单。可是实现这种过渡同样需要一定的条件,而这些条件只能缓慢地、逐步地创造。所以列宁关于苏维埃俄国各个时期设想的“直接过渡”,不是迅速的、激进的过渡,而是渐进的过渡。

十月革命胜利初期,列宁设想的“直接过渡”,以工人对产品的生产和分配进行“计算和监督”为主要特征。其具体内容是:不立即改变资本主义的经济关系,即不剥夺资本家的财产;由工人或工人团体对企业的生产和分配过程进行监督,制约资本家的活动,限制资本家对工人的剥削;通过一个长期的、渐进的过程,改变经济关系的性质。十月革命过程中和革命胜利初期列宁的许多文献,反映了他的这种设想。在实践过程中,列宁的这种设想遭到了一部分资本家的反对,于是苏维埃政权对这些企业采取了国有化的措施。可是,到1918年3、4月间,当巩固苏维埃政权的斗争告一段落时,列宁提出转变党和国家的工作重心,把“计算和监督”的任务重新提到最重要的日程上来。显然,列宁这一阶段所设想的“直接过渡”,即以“计算和监督”为途径的过渡,不是迅速的、激进的过渡,而是一种渐进的过渡,因为它力图避开立即改变财产关系即“剥夺剥夺者”的问题。由此,这种过渡途径比较容易为有产者所接受,实施过程中造成的社会震动必然较轻,过渡的过程必然较长。

关于这一问题,这一阶段过后,列宁在有关会议上的报告中,在回顾以往的斗争历史时作了深刻的分析和说明。1921年10月,他在全俄政治教育委员会第二次代表大会上的报告中指出:“从1917年产生接受政权的任务和布尔仁维克向全体人民揭示了这一任务的时候起,在我们的理论文献中明确地强调指出,要从资本主义社会走上接近共产主义社会的任何一条通道,都需要有社会主义的计算和监督这样一个过渡,一个漫长而复杂的过渡。”“资本主义社会愈不发达,所需要的过渡时间就愈长。”(同上书,第183页)如果肯定十月革命胜利初期列宁持“直接过渡”思想的话,那么根据列宁的这一论述,所谓“直接过渡”实际上是“漫长而复杂的过渡”。在莫斯科省第七次党代表会议上的报告中,列宁举例说明:十月革命胜利后苏维埃政权颁布的第一批法令中,有一条关于国家垄断广告业务的法令,内容是保留私人报纸,保留需要刊登广告的私人企业,保留私人刊登广告的经济政策,但广告业务必须在一定程度上服从国家的领导。针对这一事实,列宁指出:“这条法令意味着什么呢?它意味着:争得国家政权的无产阶级设想,向新的经济关系过渡尽可能采用渐进的办法——不取消私人报刊,而使它们在某种程度

上服从国家的领导，把它们纳入国家资本主义轨道。”（同上书，第222页）又说：这条法令中“有正确的成分，即国家政权（无产阶级）在向新的社会关系过渡时曾试图通过一种可以说是最适应当时存在关系的途径，尽可能采用渐进的办法，不作大的破坏。”（同上书，第224页）还说：十月革命胜利后，“苏维埃政权试行了一种经济政策，起初打算实行一系列渐进的改变，打算比较慎重地向新制度过渡，这一点也表现在我所举的那个小小的例子里。”（同上书，第225页）列宁的这些论断足以证明，十月革命胜利初期的“直接过渡”是“渐进的办法”，是“渐进的改变”，是“比较慎重”的过渡，是“不作大的破坏”的过渡。简言之，是渐进的过渡。

在国内战争时期，列宁针对苏维埃俄国向社会主义过渡的必然的、正常的任务所提出的思想，即通常的、一般意义上的向社会主义过渡的思想，虽然是“直接过渡”的思想，可是它不要求迅速的、激进的过渡，相反主张渐进的过渡。1918年底，列宁在一系列文章和报告中，从俄国小农经济占优势的情况出发阐述了俄国向社会主义过渡的问题，认为这种过渡必须经过“一系列渐进的预备阶段”。

……

综上所述，在国内战争时期，列宁在论述俄国向社会主义过渡的问题时，自始至终强调不能急躁轻率地行事，不能图快，不能企图一下子解决问题，要求进行长时期的、渐进的过渡。这足以说明，他这一时期所主张的“直接过渡”，不是迅速的、激进的过渡，而是渐进的过渡。

新经济政策初期列宁所主张的“直接过渡”，更明显地表现其属于渐进的过渡。根据他的思想，苏维埃俄国当时虽然正在实践向社会主义“直接过渡”，但是它不能成功地实现这种过渡，即不能完成“直接过渡”的任务，因为俄国小生产占统治地位，生产力水平太低。由此出发，他主张利用资本主义经济因素的作用，主张使其成为小生产和社会主义之间的“中间环节”。这就是他所说的：“既然我们还不能实现从小生产到社会主义的直接过渡，所以作为小生产和交换的自发产物的资本主义，在一定程度上是不可避免的，所以我们应该利用资本主义……作为小生产和社会主义之间的中间环节，作为提高生产力的手段、途径、方法和方式”。（《列宁全集》中文第2版第41卷第217页）有了这个“中间环节”以后，过渡的实践只能是渐进的过渡。可见，列宁的思想是渐进过渡的思想。需要指出的是，不能因为列宁提出了“中间环节”的设想，就否认他关于过渡的思想是“直接过渡”的思想。因为“直接过渡”的基本含义是不经过市场和商业而实现由资本主义向社会主义的过渡，新经济政策初期列宁关于“中间环节”的设想里，没有市场和商业的成分，所以“中间环节”设想的提出没有也不可能改变他“直接过渡”的思想。

**三、区别“直接过渡”思想与所谓“直接过渡到共产主义”**

在1921年10月以后列宁的有关文章和报告中，有“直接过渡到共产主义”以及类似的用语。如列宁在回顾国内战争时期的有关情况时说：“当时在某种程度上由于军事任务突然压来，由于共和国在帝国主义战争结束时似乎已经陷于绝境，由于这一些和其他一些情况，我们犯了错误：决定直接过渡到共产主义的生产和分配。”（《列宁全集》中文第2版第42卷第182页）“我们计划（说我们计划欠周地设想也许较确切）用无产阶级国家直接下命令的办法在一个小农国家里按共产主义原则来调整国家的产品生产和分配。现实生活说明我们错了。”（同上书，第176页）“我们不应该指望直接采用共产主义的过渡办法。”“我们以为在一个无产阶级已丧失其阶级特性的国家里可以按照共产主义的命令进行生产和分配。我们一定要改变这种办法。”（同上书，第190页）这里列宁使用了“直接过渡”、“直接下命令”、“直接采用”等用语。如果说，可以根据这些语录或用语推断出列宁关于“直接过渡到共产主义”的思想或设想的话，那么这种思想或设想同上文论及的“直接过渡”思想，有什么区别呢？

其一，两者反映的基本内容不同。上文的“直接过渡”，是列宁关于俄国向社会主义过渡的途径与道路的思考，指苏维埃俄国绕过市场和商业进行社会主义建设。这里的所谓“直接过渡到共产主义”，则同俄国向社会主义过渡的途径与道路没有直接的联系，甚至于根本不涉及社会制度的过渡，即它既不是指由资本主义制度过渡到社会主义制度，也不是指由资本主义制度过渡到共产主义制度。它指一种特殊的过渡，即苏维埃国家的政策与措施过渡到了“战时共产主义”。在国内战争时期，由于战争的严峻形势和支援战争的需要，苏维埃政权采取了一系列非常政策与措施，如实行余粮收集制、配给制、劳动义务制、禁止自由贸易、普遍的国有化等等。这些政策与措施的体系，就是战时共产主义。这里所谓“直接过渡到共产主义”，意思就是指国家的政策与措施过渡到了这种战时共产主义。显然，两者反映的基本内容是不相同的。

其二，两者的精神实质不同。如前所述，列宁在向社会主义过渡的问题上所主张的“直接过渡”,不是迅速的、激进的过渡,而是长期的、渐进的过渡。过渡的渐进性,是“直接过渡”思想的精神实质。这里的所谓“直接过渡到共产主义”,则是激进的过渡。显然,实行余粮收集制,国家无偿地收取了农民的余粮甚至于收取了农民一部分生活必需的粮食,严重地损害了农民的利益;禁止自由贸易和商业活动,限制了资产者和小资产者的生产与经营活动;普遍的国有化、劳动义务制等等,也是针对资产者所采取的强制性措施。无疑,采取这些政策与措施,是一种激进性质的过渡。这说明“直接过渡到共产主义”,其精神实质是过渡的激进性。显然,两者的精神实质是不相同的。

值得指出的是,在学术界,人们往往是把列宁“直接过渡”的思想同上述所谓“直接过渡到共产主义”混为一谈的。到目前为止,除笔者的拙著以外,有关论著在论及列宁国内战争时期的“直接过渡”思想时,无一例外地仅仅在上述关于“直接过渡到共产主义”的一系列语录上做文章,以为列宁国内战争时期的“直接过渡”思想就表现于此。之所以出现这种问题,在于人们把“直接过渡到共产主义”与“直接过渡到社会主义”两种用语等同看待,以为在列宁的文献中这两种用语没有区别。由此,笔者认为,必须就这个问题阐述以下意见:

其一,在国内战争时期列宁的文献中,“向共产主义过渡”与“向社会主义过渡”两种用语是有严格区别的。如前所述,在国内战争时期,列宁在论及俄国的过渡问题时,所使用的用语是“向社会主义过渡”。在他的思想意识中,共产主义同社会主义有严格区别。1919年12月20日,列宁在俄共(布)莫斯科市代表会议上的报告中指出:“如果我们问一下自己,共产主义同社会主义的区别是什么,那我们应当说,社会主义是直接从资本主义生长出来的社会,是新社会的初级形式。共产主义则是更高的社会形式,只有在社会主义完全巩固的时候才能得到发展。”(《列宁全集》中文第2版第38卷第36页)在这里,列宁不仅明确地提出要区别共产主义和社会主义,而且从它们同资本主义的关系上指出了两者的区别。紧接着,列宁从社会制度上分析了共产主义的特点。他说:“所谓共产主义,是指这样一种制度,在这种制度下,人们习惯于履行社会义务而不需要特殊的强制机构,不拿报酬地为公共利益工作成为普遍现象。”(同上书,第37页)那么当时俄国能不能实施向共产主义过渡呢?列宁的回答是否定的。他说:“我们在剥夺了地主和资本家以后,只获得了建立社会主义那些最初级形式的可能,但是这里还丝毫没有共产主义的东西。”“在那些为彻底战胜资本主义正在采取最初步骤的人看来,‘共产主义’的概念是很遥远的。”“正因为这样,对待‘共产主义’这个词要十分审慎。”“如果把‘共产党’这个名词解释为似乎现在就实现共产主义制度,那就是极大的歪曲,那就是胡乱吹嘘,会带来实际的害处。”(同上书,第37页)这些论断的意思十分清楚:在俄国不能够采取向共产主义过渡的措施,在这个问题上一定要审慎,不能冒进。1920年4月,列宁在《从破坏历来的旧制度到创造新制度》一文中,在论及“共产主义劳动”问题时说:“确切些说,不是共产主义劳动问题,而是社会主义劳动问题,因为这里指的是从资本主义中生长出来的新社会制度的低级发展阶段即初级发展阶段,而不是高级发展阶段。”“大家都明白,我们,就是说我们的社会、我们的社会制度,还远远不能广泛地、真正普遍地实行这种劳动。”(同上书,第343页)这里的意思,也是要求区别共产主义与社会主义,强调不能采取共产主义劳动的措施。既然国内战争时期列宁在有关文献中明确地区别了共产主义与社会主义,并且明确地指出俄国不能够实施向共产主义过渡,既然他关于这个问题的思想完全不同于关于俄国“向社会主义过渡”的思想,那么就不能认为“直接过渡到共产主义”等同于“直接过渡到社会主义”,不能认为上述“直接过渡到共产主义”的一系列语录包含有在俄国采到“直接过渡”的途径向社会主义过渡的思想。

其二,就这一系列语录的完整形态而言,它们强调过渡到共产主义的“生产和分配”、“按共产主义原则来调整国家的产品生产和分配”、“按共产主义的命令进行生产和分配”、“采用共产主义的过渡办法”等等,不是要求“社会制度”的转变与过渡,即不是要求由资本主义“制度”过渡到社会主义“制度”。人们所谓向社会主义过渡,指整个社会制度的转变与过渡,指从经济制度上、政治制度上和文化制度上全面地实现由资本主义向社会主义的过渡。如果仅仅强调“生产和分配”上的过渡,就十分清楚地表明不是指“社会制度”的过渡,不是指由资本主义“制度”过渡到社会主义“制度”,而是指某些经济政策和措施的过渡。联系国内战争期间的实际,无疑是指国家的政策和措施过渡到了战时共产主义。况且,这些语录表明,这种过渡是由“国家直接下命令”进行的,是按照共产主义“命令”进行的,从而说明了这种过渡具有强制性的特点。这就进一步证明,这些语录的确切思想内容,就是指国家的政策和措施过渡到了战时共产主义。由此出发，不能认为上述一系列语录或用语等同于“直接过渡到社会主义”，不能认为这些语录包含有俄国向社会主义过渡的思想。

其三，从列宁对上述语录所涉及问题的评价看，不能将其等同于“直接过渡到社会主义”。列宁在有关文献中，在论及“直接过渡到共产主义的生产和分配”的问题时，多次提出，“不能说我们就是这么明确具体地给自己描绘了这样的计划”，问题只在于我们是根据这种精神行事的；这些经济政策“不能说计划过”，“在当时的情况下，我们一般很少进行计划”；与其说计划，不如说“我们计划欠周地设想”。他的意思是说，“直接过渡到共产主义的生产和分配”，是紧急形势下采取的措施，是未经过周密计划的、应急的、临时性行为。可是，在列宁看来，向社会主义过渡包括“直接过渡到社会主义”的问题，却是依据于有关理论并着眼于长远打算而提出的。这说明，在列宁的思想意识中，“直接过渡到共产主义的生产和分配”同“直接过渡到社会主义”不是一回事。所以，不能将这两种用语等同看待。

**四、几点结论**

通过全面地研究和认识列宁关于俄国“直接过渡”到社会主义的思想，可以明确地认识到以下几点：

第一，列宁持“直接过渡”的思想是他本人意识到并提出的。从十月革命胜利起，列宁即根据“直接过渡”的精神领导俄国的社会主义实践。经过了几个内容不同的历史发展时期，到1921年10月，他找到了俄国向社会主义过渡的正确途径，即发展市场和商业的途径。这时，他通过总结正反两方面经验，意识到以前关于过渡途径的设想是不正确的，于是在有关会议的报告中公开地提出了这一问题，并且深刻地检查了以往思想上和实践上的失误。

第二，“直接过渡”的含义是绕过苏维埃制度下的市场和商业进行社会主义建设，或者说主张在没有市场和商业的条件下向社会主义过渡。在十月革命胜利初期，在国内战争时期以及在新经济政策初期，列宁未考虑到苏维埃制度下的市场和商业问题，国家政权在经济活动中未主动地利用市场和商业的作用，甚至于在国内战争时期由于特殊的原因使市场和商业的作用受到了严重的削弱。“直接过渡”反映的就是以上各个时期的这种事实。

第三，“直接过渡”不是迅速的、激进的过渡，而是渐进的过渡。要完成“直接过渡”的任务，需要一定的条件，即生产力水平的极大提高。在小生产占优势的俄国，这个条件只能逐步地、长时期地创造。所以列宁明确指出，“直接过渡”只能是渐进的过渡。长期以来，学术界将列宁“直接过渡到社会主义”的思想等同于过渡到“战时共产主义”的“直接过渡”，以为列宁主张的“直接过渡到社会主义”是激进的过渡。这就误解了列宁的思想。

第四，由于这种思想主张渐进地向社会主义过渡，所以它有科学的成分。所谓科学的成分，在于它正视了俄国小生产占优势的事实，意识到在这种生产力水平的基础上不能够迅速地、激进地向社会主义过渡。或者说，就过渡的渐进性而言，这种“直接过渡”的思想符合俄国的国情。还在于根据这种思想采取的渐进的过渡措施，比较容易为无产阶级以外的阶级和阶层所接受，发展过程中造成的社会震动小，归根结底有利于过渡的进行。

第五，列宁由“直接过渡”思想向发展市场和商业思想的转变，标志着社会主义建设理论的一次重大发展。在马克思、恩格斯关于社会主义的设想和理论里，没有市场和商业的内容。所以相对于他们的理论而言，它是一次重大的理论发展。可是，相对于以后社会主义实践的要求而言，这种发展在深度上和广度上是远远不够的。这就要求后来的实践者朝着列宁思想发展的方向努力，把社会主义建设的理论与实践推向前进。

俞良早：《关于列宁“直接过渡”思想的探讨》，《马克思主义研究》1996年第3期

## 一

……

社会主义正是通过内化于劳工运动而获得了新的生命力，即所谓“理论一经群众掌握，就会变成巨大的物质力量”。劳工运动作为社会主义的物质载体，使社会主义得以对现实社会施加实实在在的影响。进而，社会主义运动从非法到合法，从非注流到主流，从反叛社会到治理社会，在本世纪中叶刮起了一股世界性的社会主义取代资本主义的旋风：西方国家蒸蒸日上的民主社会主义运动和东方国家成就赫然的社会主义建设实践交相辉映，从殖民主义枷锁中挣脱出来的新独立国家也纷纷打出社会主义旗号。一时间，社会主义选择成为大势所趋。可现在看来，社会主义的深刻危机也正是在这凯歌行进般的发展中同时积淀的。先是社会主义的纯粹性受到实用性的挑战，继而社会主义原则被肢解和歪曲，最终导致社会主义一步一步陷入困境。

出现这种情况的原因可以从理论和实践两方面进行分析。通常，一种科学的学说用以指导现实的运

动,必须首先把它通俗化、公式化,以适应“外行的”群众的理论水平和接受能力。哲学指导运动,庸俗化是不可避免的,真正发挥作用的必定不是其中最深刻的哲理,而是可以作为“语录”背诵的最浅显的道理。马克思的社会主义学说遭到后来不同流派的社会主义实践的不同方式的歪曲,其深刻的理论根源正在于此。这一点,早在30年代就被一些社会主义理论家所察觉,并提出警告。例如,奥地利马克思主义的代表人物奥托·鲍威尔就曾这样深刻地分析道:第二国际以考茨基正统主义的通俗解释和俄国布尔什维克主义的兴起为两根支柱,使马克思主义成为在欧洲大陆工人运动中占支配地位的理论,但马克思主义通俗化活动在发动群众、教育群众方面的巨大成功却不得不以这一科学理论遭到歪曲和简单化作为代价。理论上的修正主义正是庸俗马克思主义的对立面,是马克思主义在它认真进入广大的没有受过多少教育的人民阶层中时必然要发生的萎缩所造成的同样必然的结果。因此,真正的马克思主义者应当针对内部的简单化和外部的攻击而完整无缺地坚持历史唯物主义的核心并将它继续发展,使之与新的时代要求相适应,并由此出发去把握马克思以后出现的大量未解决的问题。

从方法论上讲,鲍威尔的上述分析是有启发意义的。可问题在于,一种社会运动的拓展决不是在思维的空间进行,它时时刻刻受着现实力量的制约。这一点正是社会主义运动后来在很多方面被迫背离原则的实践根源。社会主义实践的结果是逐步从在野走向执政,东方国家诉诸暴力,西方国家通过竞争。尽管方式截然不同,执政后的具体表现有天壤之别,但社会主义政党从现存社会的反叛力量成为与社会共荣的政治实体在东西方都是一样的。这就使得社会主义运动的理论和原则取舍要与自身的实践活动在时间和空间上保持一致。于是,本是主要作为劳工运动而存在的社会主义运动逐渐演变成了一种广泛得多的社会改造运动,不但要考虑社会上众多阶层和阶级的利益,而且要处理各种各样的社会问题以承担治理国家的责任。实践的丰富多变消磨着理论的体系完整,事务的繁杂开始吞蚀原则的纯粹,越是现实成就赫然的时候,这种情况越明显。所以,二战后一段时期,东欧和亚洲形成了社会主义国家阵营,西欧各国政坛也纷纷为社会民主党人所把持,社会主义的实践仿佛一遍兴旺,可这种兴旺对于作为理论和实践整体的社会主义历史发展来说,却无异于一次回光返照似的跃升。此外,由于各自所处的社会历史环境不同,实践形态的社会主义还有一个重要的特点:充满激烈的争论和不可逾越的派别界限。理论的探讨因为不同的社会主义者现实立场的不同而黯然失色,大多沦为对自己实践活动的辩护和对对方行为的攻击。相反,社会主义实践上的低潮往往有利于真正严肃的理论探讨。分析马克思主义派代表人物英国哲学家柯亨就认为,苏东剧变从政治上说是社会主义的失败,从理论上说是马克思主义的胜利。

谈到这里,事实上已经涉及到问题的另一个方面,即如何评价包括社会民主党人、共产党人和独立左翼人士在内的整个社会主义大军在20世纪的历史作用。毫无疑问,如果没有20世纪社会主义者在实践上的努力,社会主义远没有今天的声势。无论是当初的“痛苦呐喊”和“正义呼唤”,还是后来的“使整个官方发抖的强大的党”,(恩格斯在1893年第二国际苏黎世代表大会上的闭幕词,《马克思恩格斯全集》第22卷第479页)社会主义都还只是社会的非主流,它对社会的影响只能从反面施与。可是,在20世纪,社会主义已成为直接推动历史前进的一股决定性力量。甚至可以说,整个20世纪的世界力量格局,就是围绕社会主义的兴衰而展开的。当然,社会主义力量的壮大,并不必然意味着社会主义本身的进步,至少不能单独代表这种进步。

社会民主党人在战后欧洲乃至世界的政治、经济、社会事务中发挥了重大作用,取得了举世瞩目的巨大成就。但是,成就只是针对他们治理社会的效果而言的,若论对社会主义事业的贡献就未必了。把社会主义从现实社会的异己力量导引到共生力量,从理想主义导引到实用主义,社会民主党人是最积极也是最卓越的推动者。他们自称“资本主义病床旁的医生”,可显然不是那种世人需要的祛病驱魔的良医,而类似于有钱人雇佣的保健按摩师。可以说,目前欧洲左翼力量面临的被动局面及其被迫向右翼的“趋同”,在很大程度上是社会民主党人为了谋求执政或保住执政地位而向右翼投降的结果。他们同保守党“共谋”,分享政治权力,放弃了左翼运动历来的思辨优势,不敢就各种社会问题大胆提出自己的主张,或囿于日常事务的局限而失去了提出主张的能力。不断的政治磨损而无理论的创新,最后必然走向实用主义的非意识形态化,走向毫无思想特色的党派竞争。对这一点,社会民主党人自己也不讳言。德国社会民主党主席拉封丹就曾经说过,社会民主党在作为执政党期间,放弃了乌托邦,放弃了自己的基本概念,这实际上意味着放弃了希望,因为左翼没有乌托邦将一事无成。

布尔什维克革命的最突出意义在于，当世界社会主义运动在社会民主党人的牵引下，向着与现存社会完全妥协的机会主义道路越走越远、越陷越深的时候，它本着对人类理性的充分肯定，就社会主义的实现形式为人们提供了另外一种选择。尽管今天仍有一些西方学者认为，列宁和马克思相比，在政治上是进步，在理论上是倒退，但十月革命的首创精神，它对当时明显陷人危机的资本主义世界秩序所形成的巨大的冲击以及由此而带来的建构新社会秩序的希望，是有其不可磨灭的历史价值的。革命并不是某些人的主观产物，它是解决最大锐矛盾的社会大地震。当“下层”不愿照旧生活而“上层”也不能照旧维持下去的时候，善于把握革命时机并领导革命取得胜利，这对于富有历史责任感的社会主义者是一个考验。列宁经受住了这个考验，因而赢得了历史的尊敬，被思想家们誉为“恢复了人类良知的人”。至于苏联后来毕竟还是解体了，布尔什维克革命所开创的社会主义模式完全失败，个中原因是复杂的，决不能归咎于列宁和他领导的革命。当初，列宁有一个明显的想法，就是先夺取政权，再发展经济和文化。可是，要在一个落后的经济文化基础上巩固一个本该以先进的经济文化为基础的政治制度，其艰巨性是不难想见的；而要让没有经过资本主义经济文化薰陶的人民和他们同样没有经过这种薰淘的领导者一起，迅速发展和完善旨在超过资本主义的经济文化，其重重困难更是超乎预料之外。在这种情况下，为了应付现实的矛盾而忽略理论的创新，或者为了解释现实的行为而歪曲理论的真义，乃至做出种种悖理和变态的事来，都成了不可避免的历史取向。对于苏联东欧演变，恐怕应该多从这方面作些分析。

在社会民主党人和共产党人之外，独立左翼人士作为某种学理存在，自有其不可取代的价值。当社会主义运动蓬勃发展的时候，他们的声音是很微弱的；而当社会主义运动面临困境，他们的分析便显示出独到的深刻来。或许正是应了“旁观者清”的常理，独立左翼人士几十年来关于社会主义理论和实践的剖析成了苏东剧变后世界性的理论大反思中最有见地的主流观点。他们的作用的这种凸显，预示了社会主义发展史将进入一个崭新的阶段：理论创新阶段。

## 二

社会主义从学说阶段到实践阶段的飞跃，现在已经到了予以扬弃的时候了。社会主义运动进入低潮的现实表明，由于世界局势的深刻变化和社会主义运动的自身失误，各种传统的社会主义理论都已经无法胜任自己昔日确定的历史角色，社会主义的实践必须为自己开辟新的天地，而这一历史进程的起点当是理论的创新。只有经过否定之否定，从理论到实践，又从实践到理论，再用新理论指导新实践，社会主义才能赢得新的生命力。返回思辨，由此成为社会主义在现代社会的突破口。

葛兰西曾经指出，真正有生命力的哲学运动，应当是“在研究着科学的、一贯的、较常识为高的思想的同时，决不忘掉同‘普通人’保持联系，并在这种联系中，找到需要研究和解决的问题的来源”。（葛兰西：《狱中札记》，人民出版社，1983 年，第 12—13 页）作为新社会主义突破口的返回思辨，自然也应遵循这样一种方法论原则，而不是要让社会主义返回书斋，游离于现实之外，变成经院式的学问。可现在的问题恰恰出在反面，即没有“较常识为高的思想”，而不是缺乏“同‘普通人’保持联系”。现实的社会主义运动，包括整个人类社会的发展，都已经受到政治实用主义和技术实用主义的严重侵蚀。超越它们成为我们的紧迫责任。要求现实运动要有理论感，至少同要求理论思维要有现实感一样重要。

政治实用主义主要表现为一种政治上的短期行为，为了眼前的好处而忘却真正的目标。这种现象在东西方社会主义运动中都不同程度地存在。就社会民主党人而言，执政本应是手段，却被当作目的而推崇。民主社会主义运动的政客化、官僚化，已经遭到来自各方的非难。党内改革的呼声越来越高，新社会运动的崛起则可以看作是这种非难的一个突出的外部表现。社会主义仅仅被当作一种传统的标签，它的批判锋芒已被剥夺或消磨殆尽。于是，在社会民主党人的纲领原则和实际行为之间，出现了一条巨大的鸿沟。他们自认为这是有社会责任感的表现，因为对改造社会来说，不执政便一事无成。事实上，在作出了过多的妥协之后，执政照样一事无成。这方面的典型例子当首推密特朗的所谓“法国式社会主义”，随着左翼向右翼的步步退让，到头来“密特朗没有改变法国，而法国改变了密特朗”。真正的社会主义者应在政治生活中充分体现自己的独立存在价值，与其丧失原则，勉强执政，还不如充当积极的议会反对派，对于社会的正向调节更有意义。在共产党执政的社会主义国家的建设实践中，政治实用主义主要表现为对所谓“政绩”的片面追求，似乎只要上了一些大项目，搞出几个高指标，社会主义的优越性就充分发挥出来了。其实不然，在东方落后国家诞生的现实社会主义，所面临的经济、政治和文化建设任务是异常艰巨的，更需要对社会进行全面、深刻的理解，更需要有长眼光、大手笔。否则,将误入歧途。即便经济一时搞上去了,社会也会被糟蹋得不成样子。

技术实用主义是我们身之所处的高科技时代在精神上的一个副产品。现代人形成了一个普遍的思维习惯,凡是接受一件新事物或反思一种旧传统,都要有意无意地问一句:"科学不科学?"显然,科学技术已如水银泄地般渗透到人类社会生活的方方面面,成为人们价值判断的一个通用标准,似乎凡是科学的,或是技术上有用的,便是我们追求的目标。社会主义也被一些人曲解为技术革命的直接产物,曲解为技术要求的社会体现,社会主义的价值则被从"经济主义"和"消费主义"的角度予以理解和阐释。其实,社会主义作为人类优秀文化的一种继承,决不应该是单向度的,而应该是在物质与精神的融汇贯通中对人类生存状况的总体改善。德国社会学家布鲁赫施泰因认为,人类文化自产生以来便包含了两个基本组成部分,即"科学文明"和"文学文明"。科学文明体现为人类认识、评价、改造、利用外部世界(特别是自然界)的活动,以及通过这种活动所积累的知识和技能;文学文明则意味着人类为探索自身的存在价值,求得精神的自由和发展,寻找美与和谐而从事的活动,以及在这种活动中所创造的成果积淀。两种文明本应是协调发展的,社会主义理应在这两个方面都有所作为。可是,我们今天所面临的世界正日益变成这样一种景象:在日新月异的新技术新发明的引诱和推动下,生产、交换、消费……组成一股浩浩荡荡的物质流,碾过意蕴丰富的人类文化的丛林,披荆斩棘,势不可挡,开辟出一条不断向前延伸、向外拓展的大路,路两旁的一切都被卷入其中,从近到远,无一可以幸免。当然,在今天,发展科技已经成了一种"社会的绝对命令",它不但为人类社会的一切生产和生活活动所必需,而且接受科技本身也已成为人们生存和发展的一项主要内容,社会主义自然不能逆此历史潮流而动。但是,作为一个批判性的建设运动,社会主义是不是也应该同时呼唤人类精神的地位、思想的价值和理性的生命呢?须知,人的自由而全面的发展,才是社会主义追求的真谛。

陈林:《社会主义的历史飞跃及其扬弃》,《社会主义研究》,1996 年第 5 期

19 世纪中叶,马克思、恩格斯运用他们创立的历史唯物主义原理,对空想社会主义学说进行了脱胎换骨的改造,主要是找到了实现社会主义的物质力量——工业无产阶级,发现了通向社会主义的可靠途径——社会革命,从而使社会主义从空想变成了科学。科学社会主义不再是虚无缥渺的美好理想,而是可以实现的方针和原制。事实上,自 1917 年俄国十月革命以来,各个社会主义国家从事的社会主义改造和建设,都不是自发的行动,而是依据马克思主义关于社会主义社会的设计和论述而采取的自觉行动。在科学社会主义理论指导下,现实的社会主义建设曾取得过有目共睹的辉煌成就。

不过,只要我们细加考察和分析,就会发现,俄国十月革命后出现的现实社会主义与马克思、恩格斯设计的社会主义不尽一致,其中有些差异甚至是至关重要的。如何对待这个问题?正确的态度应当是承认并重视这些差异,而且坚持从实际出发,修正那些不符合现实情况的理论观点。遗憾的是,以往社会主义各国没有很好地正视和解决这个问题,不是通过修正先验的理论使之符合现实的方式来消除差异,而是将活生生的现实铸入僵硬的理论模式,结果使得社会主义建设出现了严重的困难与挫折。苏联和东欧各国社会主义制度的失败,也与上述失误密切相关。

在马克思、恩格斯的理论当中,社会主义社会无疑就是资本主义社会的后继者。他们的论断固然说明:私有制发展到资本主义阶段,已经走到了极限,踏上了末路,再也难以适应和容纳高度社会化的生产力,所以资本主义的灭亡和社会主义的胜利同样都是不可避免的。不过我认为,在这里,马克思主义创始人对我们启迪更大的是:他们认定,在一个社会跨进社会主义门槛之际,反封建的历史任务已经胜利完成,国家的工业化、生产的社会化和经济的现代化已经实现,商品市场经济也得到了十足充分的发展等等,于是,留给社会主义的主要任务就是对旧的资本主义生产关系和上层建筑进行革命改造,为社会化大生产继续发展扫除障碍,开辟道路。这样的认识逻辑地导致马克思和恩格斯得出结论:社会主义革命应当在发达资本主义国家爆发并取得胜利。

可是,现实并非如此。从俄国十月革命创建世界上第一个社会主义国家到 40、50 年代欧亚大陆出现一系列社会主义国家的现实来看,社会主义制度基本上不是在发达的资本主义国家,而是在经济文化比较落后的国家建立起来的。于是出现一个"矛盾"现象:现实社会主义的物质起点低于资本主义,却又在那里"超越"资本主义,也就是说,要在前资本主义生产力的基础之上确立后资本主义的生产关系。这可是马克思、恩格斯未曾论述过的课题,因此也引出了同他们的结论不一致的新问题,而正确认识和解答这些问题偏偏是保证社会主义建设顺利进行的必

不可少的条件。

在所有的“新问题”中,笔者认为至少有下面两个问题是不能回避的。

第一,现实社会主义面临的最重要也是最困难的任务与传统理论设想的不同,它不是对资本主义生产关系和上层建筑进行革命改造,而是实现本应由资本主义完成的历史任务,即实现经济现代化,确立工业文明。这样一来,社会主义起着与资本主义相同的历史作用。进一步说,那就是马克思、恩格斯理论中“纯粹的”社会主义任务,只有适应经济现代化这个总目标,并且纳入其中成为一个有机的组成部分才有积极意义,才有旺盛的生命力。否则,社会主义经济制度即使再优越,也无异建立在散沙之上。

在经济文化比较落后的条件下,苏联、中国等国的社会主义革命之所以能取得胜利,起决定作用的不是客观经济前提(因为它很不成熟),而是革命的主观力量充分利用了导致旧权威衰落的各种特殊因素,紧紧抓住了由此造成的种种有利时机。十月革命前的俄国,近代工业尽管有一定发展,在整个国民经济中却远未占到主导地位,占主导地位的是以小农经济为主的前资本主义成份,俄国仍然是一个农民占居民人口80%以上的农业国。可是,第一次世界大战把俄国的旧制度逼进了死胡同,终于导致沙皇政权土崩瓦解。在这样的有利形势下,列宁率领业已制订了正确的政治路线和策略方针的布尔什维克党主动出击,一举夺取了全国政权。旧中国比革命前的俄国还要落后,而且沦为了帝国主义列强宰割的对象,国内军阀割据,混战不休。于是在民族救亡和民主革命过程中,中国人民本能地拒绝了象征民族压迫的西方资本主文制度,唾弃了作为西方列强代理人的新老军阀,最后在中国共产党的领导下,夺取了全国革命的胜利,并且选择了苏联式的社会主义道路。在第二次世界大战前夕,东欧各国的资产阶级政府或因追随法西斯轴心国集团,或因屈从法西斯的淫威而丧失了民族的独立与尊严,从而引起本国人民的强烈反对和极端鄙视,再加上苏联军队席卷东欧,解放了那里大片国土,所以战后纷纷仿效苏联建立社会主义制度。

可见,苏联、中国以及东欧国家在社会主义政治革命取得胜利之前,它们的基本国情与马克思、恩格斯提出的社会主义革命物质前提标准相距甚大,最主要的差距就是生产力相当落后,还难以为社会主义生产关系和上层建筑提供坚实的物质基础。因此,在这些国家建设社会主义,也就比马克思、恩格斯所预想的要艰巨得多,复杂得多。列宁对此有深切的体会,他曾说过,在俄国这样的落后国家,无产阶级夺取政权可能相对容易一些,建设社会主义却要困难得多。俄国如此,中国和其他国家何尝不是这样呢?

但是,在相当长一段时期里,人们恰恰没有认清这个看似浅显的道理,普遍低估了建设社会主义的艰巨和困难程度,忽视了大力发展社会主义生产力对社会主义制度的无比重要的作用,因而出现了一系列严重失误。

首先,把对旧制度的革命改造从经济现代化的总任务中分离出来,并且凌驾于总任务之上。社会主义政权确立以后,不是把发展社会生产力当作巩固社会主义制度物质基础的头等大事而置于头等重要的地位,而是长期把生产关系的不断变革、政治运动和阶级斗争放在首位,迷信政治决定一切,片面强调政治对经济的统帅作用。毫无根据地认为,只要不停地镇压无限夸大的“敌对阶级”的反抗,彻底解决“谁战胜谁”的问题,社会生产力才能也必然会顺利而高速度地向前发展。这样做即使给经济建设造成“暂时的”挫折和损失也在所不惜。于是,就出现了用政治运动频繁干扰、冲击甚至破坏经济建设的怪事。从50年代后期开始,我们国家逐步形成了以阶级斗争为纲的错误路线,到“文化大革命”期间,竟然发展到让公开否定经济建设的思想与言行四处泛滥为害的地步。由此引发的严重恶果,世人有目共睹,此处不赘。

其次,更为普遍的问题是急功近利,急于求成。由于人们把生产力快速增长视为社会主义优越性的集中体现,把它当作实现政治目标的手段,因此,尽管怀有改变国家落后面貌的强烈愿望与冲动,却不按经济规律办事,好用政治运动的方式去从事经济建设,结果在革命浪漫主义激情和长官意志的驱使下拼命追求高速度,也不管这样做要付出多大代价。1931年2月,斯大林大声疾呼:“我们比先进国家落后了50年至100年,我们应当在10年内跑完这段路程”。最后,苏联经济学界干脆把有计划、按比例高速度发展这么一种主观愿望论证为社会主义的“客观经济规律。”苏联头几个五年计划的指标本来就订得很高,执行过程中又不断加码,结果速度、产量虽然一度上去了,但是带来了比例严重失调、效益低下、经营粗放等一系列问题。第二次世界大战结束以后,这些问题对苏联经济发展的不良影响日益显露出来了。毛泽东同样过分相信搞经济建设比打仗还难这样的话。在他的发动之下,中国用类似军事化的方式掀起了“大跃进”运动,企图在极短时期内“超英赶美”,甩掉落后帽子,结果给国民经济带来了一场巨大灾难。

事实证明,无论是用政治运动排斥、取代经济建设,还是企图用政治运动的方式来创造超高速发展的"经济奇迹",都是错误的,结局只能适得其反。这样做非但不能充分发挥和显示社会主义的优越性,反而会导致严重的后果。它们不仅会危害经济发展,而且会危害政治自身的稳定。到本世纪60——70年代,各社会主义国家和资本主义发达国家之间的经济发展水平的差距又明显拉大了。最后,苏联和东欧各国的社会主义制度也被断送了。

要真正发挥社会主义制度的优越性,就必须把尽快发展社会生产力当作压倒一切的首要任务,并且切实按客观经济规律办事。可喜的是,中共十一届三中全会和改革开放以来,我们国家始终坚持以经济建设为中心的基本路线,实际上也取得了举世瞩目的伟大成就,从而也就极大地丰富和发展了社会主义建设的理论。

第二,由于现实社会主义的社会形态是在经济文化比较落后的国家建立起来的,而且在社会主义制度确立以后,尽管经过努力建设有很大发展,然而并没有彻底摆脱落后状况。因此,如果把现实社会主义与当代资本主义进行一番比较,就可以发现,它们之间的关系主要不是如传统社会主义理论设想的那种前后更替的关系,而是表现为另外一种关系,即在人类社会形态发展进化序列中,现实社会主义和当代资本主义处于大体平行的位置上。

马克思、恩格斯当年设想的社会主义社会,毫无疑问是取代资本主义社会的更高一级的历史发展阶段。这个"更高一极"的含意看来不难理解,它既意味着生产关系"更高级"(主要是公有制取代了私有制),又表明决定生产关系的社会生产力比资本主义更发达,而且后一条更加重要,因为唯有生产力发展的水平才是衡量一个社会发达程度的最终标准。可是,用这个最终标准来衡量,现实社会主义的生产力水平并不比当代资本主义高。80年代末,即东欧剧变和苏联解体前夕,无论苏联东欧还是中国,生产力发展的水平都明显低于美国、日本等当代先进资本主义国家。因此,我们可以得出一个有悖于传统社会主义理论的结论:现实社会主义没有成为比资本主义更高级的社会形态,而是处于同当代资本主义平行发展甚至还要落后一些的位置上。

由这个结论我们可以推断出另一个有悖于传统社会主义理论的结论:社会主义是一个独立的社会形态,至少是一个比人们原先估计的独立程度要大得多的社会形态。传统理论中的社会主义是资本主义社会到共产主义社会之间的过渡形态,而且它不是一个独立的社会形态,它被描述为共产主义社会的低级形态。这样说除了其他根据以外,生产力的水平也是重要的一条,因为在马克思、恩格斯看来,社会主义社会的生产力虽然不及共产主义发达,但是高于资本主义那是没有疑问的。可是,我们遇到的实际情况有很大出入,它们足以动摇社会主义仅仅是一个过渡形态的观念。

首先,现实中的社会主义和理想中的共产主义虽然存在着共同之处(比如公有制等),但是存在着更多的也更清楚的原则差别。在共产主义社会,劳动是人们生活的第一需要,在社会主义社会,劳动依然是人们的谋生手段;共产主义实行各尽所能,按需分配,社会主义都只能搞按劳分配。即使同是公有制,共产主义的社会全体成员所有制与社会主义的集体所有制和国家所有制之间的区别是一目了然的。造成上述差别的主要原因就是社会主义和共产主义生产力水平相差悬殊。

其次,尽管现实社会主义与当代资本主义存在着本质区别(如公有制与私有制、按劳分配与按资分配的区别等),却也有不少共同或共通的地方。现实社会主义和当代资本主义都离不开商品市场经济的发展,并且或多或少地运用了政府的计划调节,它们都在向混合经济演化,只是国有成份与私有成份的比重不一。这些共同点不是由别的原因,而是由两者的生产力水平比较接近所决定的。

因此可以说,现实社会主义尚未成为我们通常所说的,是"跨越"了资本主义阶段的更高级人类文明,而是在通向未来更加高级的人类文明道路上与资本主义平行发展的一个独立社会形态。相对资本主义而言,它是独立的;相对共产主义来说,它也是独立的。说它是独立的社会形态,并不等于说它和资本主义、共产主义没有联系,实际上本文前面已经论及了这样的联系。在这里只想补充说明一点,现实社会主义同与它平行发展的当代资本主义的联系,要比它在遥远的未来方能转入的共产主义之间的联系显得更密切一些。而且,它对当代资本主义的关系并不限于纵向批判继承的关系,更多地则表现为横向批判借鉴的关系。

把现实的社会主义看作处于与当代资本主义大体平行发展位置上的独立社会形态的观点与传统的社会主义概念发生了龃龉,而且似乎不如后者那么令人鼓舞,但是由于它符合实际情况,因此只要我们予以理解和承认,那就无论在理论上还是在实践中均有重大意义,其中至少有两点值得我们特别注意。

第一,既然现实社会主义是与当代资本主义处于大体平行的位置上,那么就完全可以而且免不了要吸收资本主义时期创造的一切积极的人类文化成果,树立与资本主义世界长期共存的思想,维护当代全人类最高的共同利益——和平与发展,同时加快现实社会主义自身的发展,使社会主义固有的优越性尽快地发挥出来。第二,既然现实社会主义是一个独立的社会形态,那么必须树立长期稳定发展的思想,不必时时刻刻都去盘算同资本主义割断一切联系,不必急于跑步进入共产主义。

遗憾的是,在过去相当长时期内,社会主义世界不承认或者不愿意承认上面提到的观点与结论,因此也就无法理解它们的重大意义。社会主义国家的人们总以为自己已经进入了比资本主义更加高级的社会发展阶段,处在比资本主义优越得多的历史地位。这种虚幻的错觉导致出现一系列难以理喻的举措和行动,主要表现为生怕跟资本主义沾亲带故,总是千方百计朝"纯粹的"共产主义原理靠拢,不断人为地提高公有化程度,激化阶级斗争,结果不但没有促进社会主义事业,反而使其陷于孤立封闭的不利境地。

在意识形态领域,形成了社会主义与资本主义绝对对立的偏狭观念,对资本主义的所有文化成果一概予以机械的否定。结果,凡是资本主义时代出现的东西不分青红皂白,统统拒之门外。本来如民主制度、竞争机制、市场规范、社会保障制度等等并不是资本主义的特产,只是资本主义时期创造的具有超越阶级和时空局限的人类共同的文化财富,社会主义世界应当完全有权利借鉴和利用,可是长期遭到批判或冷遇,甚至连资本主义时代创立和兴起的社会学、政治学、现代遗传学等新学科,以及控制论、系统论、信息论等新兴理论,在苏联和其他许多社会主义国家都一度遭到贬斥,一律扣上"资产阶级伪科学"的帽子。

把社会主义和资本主义绝对对立的观念不仅妨碍社会主义利用资本主义时代积累起来的人类优秀文化成果,而且导致一种极端化和简单化的错误观点四处流行,似乎凡是与资本主义对立的成份就是社会主义。这样一来问题就更为严重了,因为跟资本主义对立的不只是社会主义,还有封建主义。事实上,不少腐朽落后的封建主义因素曾经被人们当成了社会主义成份,并且用它们作武器去"批判"资本主义。本来,在经济文化比较落后的国家,在资本主义生产方式很不发达的基础上建立起来的现实社会主义,从某种意义上来说,消除封建主义因素要比否定资本主义成份显得更加重要,也更为迫切,可是由于片面强调对资本主义的批判和否定,因此招致某些封建主义因素沉渣泛起。在发达资本主义国家已经没有多少市场的封建主义成份,如等级门阀观念、家长制作风、个人崇拜、残酷斗争并株连亲朋的做法等消极丑恶的东西,就曾在不少社会主义国家流行过不少年头,不知多少人身受其害,有些残余至今仍是社会主义社会继续发展进步的严重障碍和阻力。

综上所述,我们可以得出如下结论:用生产力发展水平来衡量,现实社会主义同当代资本主义处在平行发展(准确地说还要落后一些)的历史阶段,因此社会主义的根本任务就是千方百计发展生产力,以便赶上和超过发达资本主义国家的水平,使社会主义至今尚处于潜在状态的优越性变为现实的优越性。这样,在向更加高级的人类文明过渡的进程中,社会主义将会比资本主义完成得更快也更加平稳顺利,因为它无需再进行一次社会革命。

丁笃本:《社会主义:理论与现实的反差》,《湖南师范大学社会科学学报》,1996年第5期

## 二十世纪社会主义运动的回顾和对未来的展望

一、进行社会主义试验的发展中国家,为了迅速提高社会生产力,发展民族经济,巩固民取得的独立成果,缩小与发达国家的差距,实行一系列社会改革政策和措施。由于各国的国情以及所处的国际环境不同,社会改革的内容、力度有较大差异,因而成效也不尽相同。有的较明显,有的则成效甚微,甚至产生负面效应。总的说来,主要有以下几方面:

1. 各国普遍实行了国有化,国营经济成为发展民族经济和向工业化迈进的主导力量。这些国家获得政治独立后,清醒地认识到,摆在它们面前的首要任务,就是要掌握国家的经济命脉,把外国资本和本国私人资本控制的部门和企业收归国有,这不仅是一个国家独立的标志,而且是发展民族经济、实现国家工业化的重要前提。1956年7月,埃及率先宣布苏伊士运河国有化,接着又将美、法在埃及的数百家石油公司、保险公司、银行等收归国有。其他国家也纷纷仿效埃及,陆续将外资企业收归国有。50～70年代,这些新兴独立国家曾掀起过两次国有化浪潮,通过没收、接管、赎买等方式,由国家控制了诸如银行、外贸、能源、通讯、交通及其他主要工业部门。这些国家的国有化大体上有三种类型:一类是仅把在本国的外国资本企业国有化,对本国民族资本企业

则实行保护政策;另一类是对外国资本企业和本国民族资本企业都实行比较激进的国有化政策;还有一类是在保留外国资本和本国私人资本的基础上,由政府出资创办新“公营”企业(即国营企业)。到70年代末,大多数国家国有经济成份已在整个经济中占有相当大的比重,有的国家占到80%以上。实践证明,在这些国家独立初期,推行国有化和发展国营经济还是很必要的。它对于恢复、发展经济,增强民族经济的整体实力,改变经济的殖民属性,巩固和发展已取得的政治独立,加快工业化步伐,发挥了积极的作用。

2.促进了民族工业的发展,初步改变了殖民化时代遗留下来的畸形经济结构。独立前,这些国家大多没有象样的民族工业。一般说来,占统治地位的是小手工业,商品经济很不发达,有的国家国民收入依赖于出口一种或几种农、矿产品。独立后,许多国家把大力发展民族工业作为摆脱贫困落后的一条根本出路,制定本国工业发展计划,力图选择适合本国的经济发展战略。有的利用本国的资源和廉价劳动力,重点发展出口加工工业;有的建立和发展本国的制造业及其他工业,替代过去的制成品进口,以带动经济增长,实现工业化;还有的则利用本国的资源优势,发展石油、建材、有色金属等工业。经过多年的努力,许多国家建立起自己的工业基础,工业产值在国内生产总值中的比重逐年提高,有的国家甚至建立了某些具有世界先进水平的新型工业。如墨西哥“二战”前是一个以农、矿业为主的落后国家,现在已成为第三世界经济水平较高的新兴工业化国家,其国内生产总值从60年代初的124亿美元,发展到80年代初的1670亿美元,20年间增长了13.5倍。此外,新加坡、委内瑞拉、突尼斯、伊拉克、印度等国的民族工业都有较大的发展。但仍有不少非洲国家尤其是一些撒哈拉沙漠以南的南非洲国家,基本上没有改变畸形单一的经济结构,它们或者仍处于传统的农业社会,或者在其脆弱的二元经济结构中,自然经济占主导地位。

3.实行了土地改革和农业合作化,一些国家开展“绿色革命”取得了可喜的成效。宣称实行社会主义的民族独立国家,几乎无一例外地把改造农村土地所有制关系作为社会改革的一项重大措施。各国为此颁布了五花八门的土地改革法令,把大土地所有者占有的部分土地或无偿没收,或有偿征购,然后分给无地或少地的农民使用。虽然各国的土地改革仅仅限制了地主剥削的范围和程度,并没有从根本上动摇地主土地所有制,但毕竟打击了农村的封建势力,促进了农业资本主义的发展,一定程度地缓解了农民对土地的渴求。在土地改革的基础上,各国实行了农业合作化,建立了集体农场、合作社等多种形式的农业合作组织。塞内加尔按农畜产品种类分别成立玉米合作社、水稻合作社、畜牧业合作社等。特别是70年代以来,为了改变农业落后状况,越来越多的国家开展了“绿色革命”,扩大农业投资,兴修水利设施,引进和培育高产良种,推广农业先进技术,提高农业机械化程度,发展农业高技术产业等,对促进农业发展起了积极的作用。

4.民族文教卫生事业有了较明显的发展,人民群众的生活水平普遍有所提高。独立前,这些国家由于生产力水平低下,文教卫生事业极端落后,文盲、半文盲充斥社会,饥饿、贫困、疾病无时不在困扰着人们。独立后,各国政府比较重视发展本国的文教卫生事业,采取许多行之有效的措施,培养各种文化、科技人才、改善国民医疗卫生条件。如圭亚那、牙买加实行从小学到大学的全民义务教育,缅甸实行8年制免费义务教育,几内亚年均教育投资占国民预算的25%,刚果独立后雄心勃勃地开展了全民扫盲运动。由于重视发展文教事业,学生在校人数大幅度增加,有的国家在校学生总数比独立前增加了十几倍。同时,医疗卫生事业也有较大发展。许多国家在城市建立了现代的医院,在农村建立了初级医疗保健网,个别国家还实行了全民(或部分居民)免费医疗。随着经济和文教卫生事业的发展,人民的物质、文化生活有了较明显的改善。

二、50～70年代,奉行民族社会主义的国家普遍经历了经济高速增长或较快增长的阶段。从70年代末开始,各国经济纷纷陷入困境,社会主义试验走上了艰难曲折的道路。整个80年代,除个别国家保持较高的经济增长势头外,大多数国家的增长速度均大幅度下降。进入90年代后,经济形势虽有转机,但总体说来仍处于停滞的困境中,有些国家的经济状况还进一步恶化。这些国家遇到的困难和挫折,主要表现在以下方面:

1.经济持续衰退,人均国民收入锐减。70年代末以前,大多数国家的经济年均增长率都达到或超过5%。70年代末以后急剧下降。80年代,非洲和拉美许多国家的经济年均增长率降低到1%左右,坦桑尼亚、扎伊尔、塞拉利昂、几内亚比绍、刚果、圭亚那等国连续几年出现负增长。由于经济增长远低于人口增长,各国人均国民收入减少了10%～25%不等。90年代初,一些国家经济衰退的形势更为严重。

2.债务负担沉重,有的国家已丧失还债能力。经济形势恶化，出口收入减少，利率上升，使许多国家的外债扶摇直上。据世界银行报告，1990 年发展中国家外债总额已达 13410 亿美元，其中奉行民族社会主义的墨西哥为 880 亿美元，印度为 600 亿美元，分列世界第二和第四大债务国。有的国家全年的出口收入还不够当年还本付息。沉重的债务负担，使外债由原来经济发展的“引擎”转变为桎梏。

3. 农业形势严峻，粮食严重短缺。80 年代以来，不少国家的农业状况日益恶化，有的甚至例退到独立前的水平。与此相联系，粮食危机成为这些国家最严重的危机之一。尤其是非洲有 50%以上搞民族社会主义的国家严重缺粮，个别国家的粮荒达到相当严重的程度，每年缺粮超过 100 万吨，急需国际社会提供援助。

4. 外贸收入大幅度减少，国际收支出现连年逆差。对外贸易是各国获取外汇收入的主渠道。由于国际市场初级产品价格持续下跌，许多国家的出口收入锐减，经济蒙受巨大损失。80 年代末，坦桑尼亚的棉花出口收入减少了 5.5 亿坦桑先令，刚果和尼日利亚的石油出口收入减少五成左右。同时，工业制成品进口价格上涨，使不少国家的国际收支连年出现巨额逆差。

5. 通货膨胀加剧，失业率居高不下，国民的实际生活水平降低，导致社会动乱频仍。近年来，随着经济的持续衰退，不少国家失业人口剧增，失业率最高时接近 30%。与此同时，通货膨胀加剧并推动物价不断上涨，导致国民的实际收入下降了 15%～25%，从而引起社会不满情绪与日俱增。80 年代中期，突尼斯爆发了独立以来最严重的一次经济、政治双重危机，发生了被称为“面包骚乱”的流血冲突。1994 年初，墨西哥恰帕斯州农民发生武装暴动，震惊了国际社会。

那么，出现上述问题的主要原因何在呢？第一，奉行民族社会主义的国家，大多脱离本国国情，把前苏联等社会主义国家的发展模式盲目移植到本国，建立了高度集权的管理体制，迷信国家垄断，崇尚计划经济，限制和排斥私人经济，主张平均主义分配等。这就不可避免地使社会主义试验脱离其现实基础，带有某些超越历史阶段的空想色彩，从而陷入“贫穷社会主义”的泥坑。第二，殖民地时期形成的对宗主国严重依赖的畸形经济结构没有得到根本改变，不少国家仍处于单纯出口初级产品的依附性经济状态，甚至有的国家至今还保留着大量村社部落式的前资本主义经济。这种状况，严重制约了本国民族经济的经展，加深了其对西方经济的依赖性。第三，80 年代以来，由于受世界性经济危机的冲击，西方发达国家利用不合理的国际经济秩序，极力向这些发展中国家转嫁危机。它们在提高工业制成品价格的同时，实行贸易保护主义，压低国际市场初级产品价格，使这些国家遭受巨大损失。而这些发展中国家出于保护民族经济的本能，往往又把国内市场与国际市场“隔离”，加剧了本国经济的内向化。边种封闭式、内向型的经济，越来越不适应世界经济的发展。第四，国际收支赤字剧增，国内建设资金短缺，迫使大多数国家不得不靠借外债度日，结果债台高筑，背上了沉重的外债包袱，进而导致国家财政状况恶化。债务危机和财政危机交替发生，形成恶性循环。第五，经济发展战略和社会改革政策发生种种失误。如片面强调工业化，甚至不惜“杀鸡取卵”，通过牺牲农业搞工业化；不顾国家财力，大上基建项目，基建投资规模大、效益低；国有化脱离本国实际，国营企业亏损严重；交通、能源等基础行业滞后，成为制约经济发展的“瓶颈”；引进外资出现某种程度的失控，对外资的利用缺乏科学管理等。第六，连绵不断的内部冲突和外部对抗，民族、部族、教派的纷争，政党之间的角逐，使社会动荡不已，严重影响了经济发展和社会进步。而险恶的社会政治环境，又使外国投资者望而却步。除以上几点外，人口增长失控，自然灾害频繁，腐败之风愈演愈烈等，也是诱发危机的不可忽视的因素。

三、80 年代以来，在全球性调整、改革大潮的推动下，进行社会主义试验的发展中国家为了摆脱危机，走出困境，也纷纷实行调整、改革。与此同时，原来大力支持它们进行“以社会主义为方向”的试验的前苏联，在戈尔巴乔夫上台后，目睹这种试验危机重重，认为这些国家特别是一些非洲国家还“不具备搞社会主义的条件”，甚至承认安哥拉、莫桑比克、埃塞俄比亚的社会主义“搞得一团糟”，也转而支持这些国家调整、改革。这次调整、改革，带有明显的全局性、战略性特点。

1. 经济领域的调整、改革。一是实行多元混合经济，缩小国有化规模，把部分长期经营不善的国营企业转为私营，鼓励私人经济发展。长期以来，对国有经济实行倾斜政策的结果，构筑了国有经济的垄断地位，遏制了私人经济的发展。而国营企业由于受到国家的特殊保护和管理体制的约束，缺乏自身发展的活力，导致亏损严重，依靠财政补贴维持运转，使国家背上了沉重的包袱。近些年来，各国普遍停止了国有化，在建立混合经济的基础上，鼓励私人企业大力发展和参与竞争。同时，通过出售、租赁、合营等方式,对国营企业进行改造。如扎伊尔80年代末40多家长期亏损的国营企业一次出售给私人,突尼斯对390家国营企业实行私营化,尼日利亚宣布100家企业不再属于国家所有。实行私营化后,不少企业经营情况明显好转,获得了较好的经济效益。二是在经济运行机制方面,越来越多的国家从计划经济体制向市场经济体制转轨,减少政府对经济活动的直接干预,按照市场经济的要求调整物价、税收、金融、信贷政策,开拓和发展国内市场,着手培育市场体系。但是,由于对现代市场经济的结构、运行方式及其规律性缺乏足够的认识,一些国家在经济转轨中遇到了这样那样的困难和阻力,出现了"转轨不适应症"即某种程度的经济紊乱现象。三是由传统的片面的工业化发展战略向社会经济综合发展的整体性战略转移。这种新的发展战略,强调经济的适度增长和有效增长,强调产业结构的协调,特别是工业与农业、劳动密集型产业与资本技术密集型产业之间的协调,促进产业结构多样化,推动社会、经济同步协调发展。在这种发展战略指导下,有不少国家从本国的实际出发,提出优先发展农业,推广"绿色革命",使农业变革成为经济"起飞"的深层推动力。同时,有计划地引进外国资本和先进技术,建立和发展本国的资本技术密集型产业。

2.政治领域的调整与改革。主要表现在两方面:一是各国纷纷放弃一党制,改行多党制,这在非洲国家尤为突出。1988年,非洲只有11个国家实行多党制,其余40多个国家均为一党制。到1994年底,已经实行或准备实行多党制的国家达48个,约占非洲国家总数的90%,其中近半数是奉行民族社会主义的国家。这些国家政党制度的演变,是国内外诸多因素综合作用的结果。从内部因素看,由于原执政党长期垄断政权,往往形成专制统治,加之政策频频失误,治国安邦缺乏良方,导致经济状况恶化,贪污腐败之风盛行,国家陷入危机之中。因此,人心思变,迫切要求改革现行体制,实行多党政治。从外部因素看,80年代末国际局势风云变幻,东欧的"民主化"浪潮给这些国家以巨大冲击,而以美国为首的一些西方国家则利用这些国家出现经济困难和急需外援的机会,明确提出把经济援助同民主化挂钩,迫使它们接受西方民主模式,对这些国家改行多党制起了推波助澜的作用。如美国1990年提供巨额资金插手尼加拉瓜大选就是一典型例证。向多党制演变,除少数国家比较平稳外,多数国家引发了不同程度的政治危机和社会危机。这说明,按西方模式移植多党制,未必符合这些国家的实际。特别是对某些民族、部族、教派矛盾尖锐的国家来说,这无异于饮鸩止渴。二是一些国家的军人政权顺应潮流,"还政于民"。60～70年代,拉美和非洲一些国家相继发生军事政变,建立了军人独裁政权。但是,治国安民并非军政府之所长。一方面,随着经济生活每况愈下,广大民众对军人统治日益不满,掀起了争取民主的斗争。另一方面,经济衰退,社会动荡,也使军人集团捉襟见肘,感到难以继续执政。于是,80年代以来,一批国家的军人政权陆续"还政于民",恢复议会民主制,实行选举,正常交权。目前,只有少数几个奉行民族社会主义的国家仍实行军人统治。

3.对外关系领域的调整与改革。近年来,随着国际局势的变化特别是两极格局的终结,越来越多的国家开始突破意识形态的制约,改变过去长期实行的"一边倒"的外交政策,推行全方位外交,提出了"全向外交"、"多边外交"、"合作伙伴多样化"等口号。不少国家在坚持独立自主的基础上,打开国门,对外开放,广泛地与不同社会制度、不同类型的国家发展政治、经贸和文化关系,加强地区性合作,谋求更实际、更有效、形式更多样化的国际援助与合作。如安哥拉、阿尔及利亚、莫桑比克等国与美国改善了关系,埃及、突尼斯、津巴布韦等与俄罗斯加强了往来。对外关系的调整和对外开放政策的实施,给各国的经济发展注入了活力。

除以上几方面的调整、改革外,近几年来,在多种复杂因素的作用下,进行社会主义试验的发展中国家还发生了某些值得注意的变化:(1)东欧剧变、苏联解体后,一些过去自称是马克思主义政党的先锋党改为群众性政党,规定私商、宗教领袖等均可入党。另外,有的党如莫桑比克解放阵线党、贝宁人民党等相继改名为"社会民主党",并加入非洲社会党国际。(2)有些长期执政的有影响的党在大选中失利,丢掉了执政地位。如印度国大党(英)在1989年11月全国大选中失利,被迫放弃执政地位。执政达26年的缅甸社会主义纲领党也在1990年的全国大选中败北。阿尔及利亚、佛得角等国原执政党,也随着多党选举政权易手。(3)有的国家放弃了原有的社会主义主张,或因种种原因停止了社会主义试验。如埃及、突尼斯放弃了阿拉伯社会主义,转向民主社会主义。1994年8月,斯里兰卡人民联盟在大选中击败了执政党统一国民党,新任总统钱德里卡·库马拉通加宣布放弃社会主义,实行"有人情味的资本主义"。此外,还有的国家因发生军事政变,停止了社会主义试验。(4)一些非洲国家为摆脱经济困境,被迫接受世界银行和国际货币基金组织提供的经济改革方案,“放弃中央集权体制”,“向私有化和自由化的方向改革”,以换取必要的贷款援助。(5)有的国家或因调整改革措施失当,或因民主化与开放失控,使社会变革成为一柄“双刃剑”。它在冲击传统体制的同时,导致政局动荡、社会骚乱事件迭起。赞比亚、刚果、贝宁、马达加斯加等国前些年发生的风潮、动乱,究其原因,皆与此有关。近几年来,一些国家放慢了调整改革的步伐,防止因利益格局失衡引起社会矛盾的激化。

四、亚非拉发展中国家的民族社会主义虽然遭到了严重挫折,但是,展望前景,多数国家仍会将社会主义试验继续进行下去。当前,有些党虽然宣布放弃了马克思列宁主义,但并未放弃社会主义;有些国家虽然濒临危机,但仍在坚持和发展本国的民族社会主义;还有的党虽然失去了政权,但仍在为重新执政的实行社会主义而奋斗。尤其是,中国社会主义现代化建设的成就,作为一种巨大的榜样力量,使那些仍陷于困境中的发展中国家看到了社会主义的希望。当然,也不排除某些国家由于特殊原因改变其基调或停止这种试验的可能性。

展望亚非拉国家社会主义试验的前景,应把握以下几点:

1.经济改革的趋势不会逆转,但可以肯定,一个明显的趋向是越来越多的国家将放弃传统的社会主义政策和经济发展模式,向日益全球化的现代市场经济转轨。这一进程不仅艰难曲折,而且将充满“阵痛”。目前,有些国家的调整改革已开始产生积极的效果,少数国家可望在近期内走出经济衰退的低谷。但是,整个说来,调整改革非常艰难。在转轨中,由于新旧矛盾交错,许多国家在一个较长的时期仍将面临严峻的经济形势。主要是:随着经济结构的调整和经济自由化政策的推行,各国的失业人口还会不断增加,通货膨胀还会加剧;公共开支缩减,社会补贴减少,加重了低收入者的负担,使本来就存在的贫富悬殊更趋严重,处理不好,随时可能发生社会爆炸;长期殖民统治造成的畸形经济结构,使一些国家在短期内难以摆脱依赖西方的局面;在非洲国家,粮食问题依然尖锐,解决吃饭问题将是一项长期的艰巨任务;特别是债务危机短期内很难缓解,搞不好还可能爆发95年初“墨西哥式的危机”。当然,如果改革的思路正确,政策、措施得力且符合本国实际,经济复兴和社会进步还是颇有希望的。

2.多党民主化浪潮的高峰已基本过去,由一党制向多党制过渡带来的动荡,将在延续一段时间后逐渐平息,建立“一党主导,多党参政”的模式,可能成为未来多数国家政治发展的共同特点。90年代以来出现的多党民主浪潮,反映了人们要求改变旧现实的强烈愿望。实行多党制后,随着新的政治监督力量的出现和政治生活的活跃,有可能推动执政党革故鼎新,整肃政纪,从而对发展民主政治、振兴经济产生积极影响。但是,由于各国情况复杂,这些积极作用至少目前看来在多数国家尚不明显。相反,多党制有可能使党派矛盾进一步激化,导致政局动荡,这已为实践所证明。当然,有些国家在经过一段动荡之后可能乱而复治,另一些国家则可能长期陷入党派纷争的泥沼。值得注意的是,一些国家在多党政治的框架内,积极探索有利于政治稳定和经济发展的模式,形成了“一党主导,多党参政”的体制。随着政党之间的相互制约关系进入有序化轨道,这种体制将为更多的国家所接受。

3.民族、部族、宗教矛盾还将长期存在,有时可能会激化,实现民族和解的困难和希望并存。随着世界两极格局的解体,超级大国在非洲和拉美进行争夺的因素已经消失,有利于那些仍处在民族分裂状态的国家化解民族冲突,重建国内和平。但是,在某些奉行民族社会主义的国家,由于历史遗留的民族、部族或宗教矛盾已是“冰冻三尺”,甚至部族利益超越国家利益,左右政党行动,因此,即使没有新的外部干扰因素,这些矛盾在一定条件下也可能激化。可以预见,在有的国家,一定范围内一定规模的冲突将难以避免,即使那些实现了民族和解的国家如安哥拉,国内和平还很脆弱,出现反复的可能性不能排除。这说明,最终实现民族和解与团结,将是一个复杂、渐进的过程。

4.随着国家间意识形态分歧的淡化,经济交往与竞争越来越占据重要地位,因此,积极发展全方位外交,同更多的国家建立和平伙伴关系,将日益成为大多数国家明智的选择。但是,应该看到,导致国家冲突的因素依然存在,冲突仍不可避免,不过一般会被控制在一定的限度内。此外,不平等的国际经济秩序,经济全球化趋势带来的利益风险,将使越来越多的国家致力于加强地区性经济合作,促进经济一体化。通过发挥集体的自力更生能力,联合自强,实行区域保护。共同对付外部竞争。然而,由于各国间的矛盾错综复杂,一体化进程也不会一帆风顺。

王振亚:《发展中国家民族社会主义试验的回顾与前瞻》,《陕西师范大学学报》(哲社版),1996年第3期

……驻足世纪之交,认真地、实事求是地回顾和

总结现实社会主义在这一世纪的伟大实验，是社会主义走向未来、走向成熟的最重要条件。

**一、社会主义公有制和生产力发展**

衡量一种社会制度的优劣的标准，从根本上说要看是否推动生产力的迅速发展和人民生活的不断改善。列宁曾经明确提出，生产力的发展，“是社会进步的最高标准”(《列宁全集》第16卷，中文第二版，第209页。)。20世纪社会主义在一些经济文化比较落后的国家里首先取得胜利，其意义在于它向人民展示了在一个没有私有制、没有剥削制、实现了公有制的社会，同样能够实现生产力的巨大飞跃，能够实现现代化。20世纪初，西方一些资本主义国家已经相继完成了现代化，进入垄断阶段后，资本主义虽在一定程度上缓解了国内矛盾，却使国家间的竞争以及争夺殖民地的斗争空前激烈起来，并埋下了世界大战的祸根。与此同时一些刚迈开现代化步代，正在遭受早期工业化苦难煎熬的国家，却同时面临深重的内忧外患，引起人们对通过传统资本主义道路走向现代化充满了怀疑和恐惧。因此，在科学社会主义广为传播，列宁建立起新型的无产阶级政党，第一次世界大战驱使帝国主义各国相互火拼的条件下，终于在资本主义最薄弱的环节，在内外矛盾最为集中和激烈的俄国，率先爆发了社会主义革命，彻底抛弃了旧有的发展模式，寻求迈向现代化的新途径。从这种意义上说，社会主义是在历史呼唤另一种现代化道路之际，作为一条有别于资本主义现化代的崭新道路而崛起的：它不是依靠对外掠夺、对内剥削，而是依靠内部积累来解决发展资金；它不是建立在私有制的基础上，而是建立在生产资料公有制的基础上来促进生产力的发展；它提倡按劳分配和社会福利，实现社会平等；避免两极分化，避免社会冲突……。总之，它力图用不同于欧美资本主义国家的方式来创造生产力发展和社会发展的根本条件，发挥了巨大的历史首创作用。

苏联作为第一个建立社会主义制度的国家，确实在促进生产力发展上表现出极大的优越性。20年代末在全面改造国民经济和农业全盘集体化的基础上建立了两种形式的公有制，即全民所有制和集体所有制，为生产力发展开辟了广阔的天地。通过头两个五年计划，苏联就从一个落后的农业国变为一个强大的工业国，在短短10多年里走完其它资本主义国家用了几十年、上百年才走完的工业化道路，工业生产持续以15%左右的平均增长速度发展，这在世界历史上是前所未有的。农业在从个体经济转变为集体经济的基础上，基本实现了农业的机械化，农村生活开始摆脱了自然经济的落后状态，并有力地支持了国家工业化。

新中国建立后不久就顺利完成了“三大改造”，实现了由新民主主义向社会主义的过渡。新中国头30年间，尽管走了不少弯路，失去了许多发展机会，但在旧中国工农业生产一片破败的废墟上初步建立起了独立的比较完整的工业体系和国民经济体系，这本身就是一个了不起的成就。事实证明，像俄国、中国这样原先经济文化落后的国家，一旦消灭了剥削制度，建立起生产资料公有制，就可以用较快的速度发展社会生产力，迈向现代化。这是社会主义首先显示出来的优越性和生命力。

然而，生产力发展有它自身的规律。依据历史唯物主义原理，生产关系一定要适合生产力的发展，生产关系严重滞后后束缚生产力的发展；而如果生产关系过分超前同样会阻碍生产力的发展。在落后国家里，通过人民革命消灭剥削制度，打破旧的生产关系，调动了千百万劳动群众的积极性，为生产力发展开拓了宽广的道路。可是，落后国家由于原先生产力水平低下，当剥削制度消灭之后，要建立起什么样的所有制形式和分配形式才能适应从传统社会向现代化社会的转变，这是科学社会主义奠基人没有预见到的。十月革命后不久，列宁在一次讲话中说：由公有制代替私有制，是共产党人确定无疑的纲领，“当我们夺取了政权而着手进行社会主义改造的时候，我们是知道这个道理的，可是改造的形式和具体改造的发展速度，我们都不知道。只有集体的经验，只有千百万人的经验，才能在这方面给我们以决定性的指示”。(《列宁选集》第3卷，第570页。)列宁对所有制的改造采取了较为谨慎的态度，特别是新经济政策实施以后，他努力探索一套适合俄国国情和适应生产力发展的所有制形式。可是20年代末，由于工业化计划的实施，资金积累、购粮危机等矛盾凸现出来，斯大林就在很短的时间内中止了新经济政策，全面建立起公有制，即全民所有制和集体所有制。后来走上社会主义道路的所有国家，也都在短短的几年内，依靠国家的行政力量，消灭了私有制，建立起类似苏联的公有制形式。不可否认，剥削制度的消灭，私有制被铲除，可以为生产力的发展提供更宽广的空间；但是，公有制的建立不等于找到一条促进生产力稳定而高速发展的现成道路。20世纪社会主义所进行的公有制的社会实验主要存在两个方面的问题。

其一，在理论上，认为生产资料公有制一旦建立，生产关系和生产力就会“完全适合”，而且可以一劳永逸地解决一切社会矛盾。苏联基本实现工业化和农业集体化后，社会上只存在着两种生产资料公有制的形式。斯大林认为，在苏联，生产关系与生产力状况"完全适合"，不再有矛盾，因此不存在经济危机，不存在失业，不存在破坏生产力的现象；同时，私有制的消灭，剥削者和被剥削者均不存在了，人民内部也不再有矛盾，只有"政治上道义上的一致。"毛泽东在《关于正确处理人民内部矛盾的问题》一文中认为，社会主义社会的基本矛盾，仍然是生产力与生产关系，经济基础和上层建筑之间的矛盾，这种矛盾表现为又相适合、又相矛盾的状况，这一理论无疑是对"无矛盾论"重大突破，然而，他又强调社会主义生产关系还不完善，这些不完善的方面是和生产力发展相矛盾的，因此他的注意力仍然放在生产关系的不断变革，公有制程度的不断提高，不承认在社会主义条件下可能出现的超前的生产关系和落后的生产力之间的矛盾。这种对公有制的片面认识，是社会主义国家普遍出现追求"一大二公"现象的重要思想根源。

其二，在实践中，没有找到公有制促进生产力持续稳定发展的机制和形式。苏联把国有企业和集体农庄作为实现公有制的主要形式；南斯拉夫与苏联决裂后，进行过改国有制为社会自治所有制的实验；中国农村在合作化的基础上，全面建立了人民公社制。所有这些公有制形式，往往都无视许多国家还处于社会主义初级阶段的现实。加之在严格的计划经济体制下，企业效益优劣无须考核，内部分配制度也不健全、不合理，致使公有制经济的运行机制呆滞，缺乏生机和活力，产品结构陈旧，市场竞争力弱，平均主义泛滥，大锅饭盛行。超前的所有制关系与现实生产力水平的严重脱节，影响了生产力的不断发展，也严重挫伤了劳动群众的积极性。直到今天，社会主义国家在深化改革、转换体制的过程中，如何搞活搞好国有大中型企业，如何在坚持公有制为主的前提下，促进多种经济协调发展，促进整个国民经济的持续稳步发展，仍是一个需要认真探索的课题。

**二、计划经济的利弊得失**

社会主义国家在经济发展方面最突出的实验要算是实行有计划的经济建设，建立严格的计划经济管理体制。按照马克思主义的观点，资本主义商品经济的高度发展必将导致社会生产的无政府状态日益严重，社会主义在消灭私有制、建立公有制以后，必然要进行有关社会主义经济运行机制的探索，整个社会生产的无政府状态将被计划经济所取代。恩格斯说："当人们按照今天的生产力终于被认识了的本性来对待这种生产力的时候，社会的生产无政府状态就让位于按照全社会和每个成员的需要对生产进行的社会的有计划的调节。"(《马克思恩格斯选集》第1卷，第319页。)1928年起，苏联开始进行有计划的经济建设，制定并实施了发展国民经济的第一个五年计划。计划经济自此成为社会主义建设的重要特征。

进入20世纪以来，自由资本主义进入垄断阶段，但社会化大生产与生产资料私有制之间的矛盾并未解决。第一次世界大战和20年代末的世界性经济危机就是资本主义基本矛盾极度尖锐化的表现。正当资本主义世界面临大萧条、大危机的时刻，社会主义苏联却如火荼地开展着第一个五年计划的建设，广大建设者忘我劳动，大批建设项目上马，还引进了许多国外资金和技术。即使在国际环境极为不利的情况下，苏联的工业生产水平也一跃成为欧洲第一，世界第二。这一切有赖于社会主义计划经济的充分实施。苏联在工业化过程中的财力和物力都是不充裕的，但依靠计划管理和宏观调控集中了有限的人力、物力和财力，大力发展工业，保证了重点项目的建设，在短期内就取得了显著的成产，基本上达到了斯大林提出的"用10年跑完人家一个世纪才走完的路程"的战略目标。计划经济体制也更适应于备战、应战的需要。第二次世界大战爆发时，苏联运用高度集中统一的计划经济体制，使庞大的国民经济迅速转入战争轨道，这对取得反法西斯战争胜利是至关重要的。

事实上，计划经济是社会化大生产自身提出的客观要求，然而，西方国家尽管早就进入了发达资本主义的行列，但没有一个国家实行过计划经济，以致当经济危机袭来的时候，只能造成生产力的严重破坏，生产关系的全面重组，社会状况一片混乱。30年代初当资本主义世界面对经济总危机苦无良策之际，社会主义苏联有计划的经济建设无疑为其启发了思路，指点了迷津。从一定意义上说，当年罗斯福实施"新政"和凯恩斯理论的出台正是得益于此。在战后，资本主义国家全面强化了对经济生活的干预，在不触动资本主义私有制的前提下，对社会生产的要素、部门、环节进行综合协调，平衡发展，实现调控与自由市场并举，增强了自我调节的能力，缓和了资本主义经济危机，使社会进入一个相对稳定的发展时期。在一些资本主义国家里甚至直接采用了社会经济发展五年计划或七年计划的模式，难怪布热津斯基把资本主义国家普遍建立的有宏观调控的市场经济称之为"共产主义的思想精髓的间接传播"。对计划化的早期成功,《新编剑桥世界近代史》评论道:“不论这种情况有怎样的缺陷——这种缺陷在50年代末和60年代初受到苏联经济学家的广泛批评——苏联的计划化……无疑在当时和以后不仅对先进国家中遭受长期失业之苦的集团,而且对急于获得经济发展的落后国家都具有吸引力。”

苏联在迈向现代化过程中的缺点不在于搞了有计划的经济建设,而是形成了一个凝固和高度集中的计划经济体制。这种体制把计划绝对化,排斥市场和商品经济的发展。第一个五年计划实施后,随着非社会主义经济成分的基本消灭以及苏联的工业管理体制不断集中化、计划化,企业的自主权越来越少,对企业来说,国家计划就是法律,企业资金由国家财政无偿拨款,利税全部上缴,企业所需的原材料和生产的产品由国家统分统销,产品价格也由国家统一规定,形成了“产品经济”的模式。由于这种高度集中的,国家用行政办法由上而下有计划的管理,管得太多,统得太死,严重束缚了企业和职工的积极性,使得社会缺少一种充满活力的竞争和发展机制。此外,由于计划越来越具体广泛,无所不包,并具有法律效力,使得计划渗透到经济生活的各个方面,成为一切经济活动的目标和准则,而随着经济规模的扩大,经济结构和发展目标的复杂化,这种计划就越来越打上人为的烙印,计划管理中充满“长官意识”,经济发展长期失衡,国家经济生活处于僵化和半封闭状态。

这种集中僵化的无所不包的计划经济体制源于认识上的误区。在社会主义国家一直流行着一种理论,即市场是资本主义的,只有计划才是社会主义的,两者截然对立,互不相容,结果把作为协调经济发展手段的计划化当作了根本目的,严重背离了经济发展的客观规律。这种简单凝固的理论是造成僵化经济体制的认识根源,所以要对高度集中的指令性计划体制进行改革,首先就要破除这种传统观念的束缚。中国自改革开放以来,邓小平根据现代世界经济的发展规律和历史的经验教训,用十分明确的语言指出:“计划多一点还是市场多一点,不是社会主义与资本主义的本质区别。计划经济不等于社会主义,资本主义也有计划;市场经济不等于资本主义,社会主义也有市场。计划和市场都是经济手段。”(《邓小平文选》第3卷,第373页。)结论是:“社会主义也可以搞市场经济。”正是根据这种对现代经济发展的新认识,建立社会主义市场经济已被确定为中经济体制改革的目标模式,成为建设有中国特色的社会主义理论的重要内容。

### 三、社会主义民主实施与破坏

民主是社会主义的题中之义。民主与社会主义是相辅相成的,没有民主就没有社会主义;没有社会主义也不可能有真正的民主。在十月革命取得胜利,苏维埃政权建立之初,列宁就在揭露资本主义民主的虚伪性的基础上力图建立一个区别于代议制、多党制、三权分立制的新型社会主义民主国家,并进行了建立社会主义的民主政治的实验。1918年初,全俄苏维埃通过了《被剥削劳动人民权利宣言》,宣布俄国为工农兵苏维埃共和国,中央和地方政权全部属于苏维埃。苏维埃政权初期尽管面临着十分严峻的局势,列宁仍十分关注新政权的民主建设。他认为:“苏维埃是被剥削劳动群众自己的直接组织,它便于这些群众自己用一切可能的办法来建设国家和管理国家。”(《列宁选集》第3卷,第634页。)由于苏维埃政权把印刷所和最好的大厦从剥削者手中夺了过来,就使群众的出版自由、集会自由有了切实的物质保障。30年代由于苏联消灭了生产资料私有制,实现了全面的社会主义公有制,使真正意义上的人民民主成为可能。苏联1936年宪法是世界上第一个社会主义国家第一部最完整的宪法,它规定人民享有最广泛的民主权力,它是世界上曾经有过的一切宪法中最民主的宪法。它的颁布和施行曾引起国内外广泛而强烈的反应。英国韦伯夫妇认为,1936年苏联宪法比1776年《人权宣言》和1793年《法国革命宣言》更具有重要意义。宋庆龄认为,这部宪法是“人类最伟大的成就”。罗曼·罗兰在日内瓦发表谈话说:“这在生活中实现了直到今天为止始终不过是人类梦想的伟大口号——自由、平等、博爱”。(安娜·路易斯·斯特朗:《斯大林时代》第71页。)当时居住在苏联的美国著名记者安娜·路易斯·斯特朗写道:“那一段快乐的日子为历史留下了一项成就——在那几年里诞生了苏维埃宪法。……不论美国人对苏联的选举有怎样的想法,苏联人民至少同我们一起起劲和带头希望地参加选举的。他们不但投票选举候选人,而且还将自己的要求写成‘纳卡兹’——‘人民的指示’,而这些指示就成为新当选的政府的首要任务。”(《同上。第74页。》)

然而,社会主义为民主提供的更大的可能性,却没有转化为现实的必然性。社会主义民主的巨大潜力并没有真正发挥出来。在社会生活的实践中不仅没有现实充分的民主,一些非民主、反民主的极端作法至今令人痛心疾首,出现了社会主义内容与形式的严重背离,使得民主政治成为社会主义发展中最为突出的问题之一。民主与法制的破坏主要表现在个人崇拜盛行、阶级斗争扩大化及党内斗争尖锐化。

苏联对斯大林的个人崇拜从20年代末开始流行。30年代初斯大林就抛弃了集体领导的原则，把集体权制作为党内生活和国家生活的原则，党代会和中央全会已不再定期召开，各种不同的意见均遭打击或翦除，斯大林实际上已置身于党和国家之上。大清洗更使民主和法制遭到严重践踏，造成了一系列的冤假错案。中国也曾发生过"文化大革命"那样的大灾难。

社会主义国家出现践踏民主、破坏法制的现象有其深刻的原因。诞生在经济文化落后基础上的社会主义国家，不可避免在受着皇权意识和小农意识的侵扰，加上国内环境的影响，往往会片面夸大社会主义时期阶级斗争的长期性和残酷性，以至在实际生活中滥用专政手段，民主政治秩序和健全的法制却建立不起来，即使已经制定出来的宪法法律也常常遭到破坏。直到今天，民主政治的建设仍然是社会主义国家面临的一项重要课题。

**四、社会主义福利制度的成就与缺憾**

社会福利是社会主义优越性的具体体现，20世纪的社会主义实验开创了全民的社会福利和社会保障制度的先河，这是社会主义对人类文明发展的一个重要贡献。社会福利是一个晚近的社会现象，社会主义经济发展的根本目的就是要保证最大限度地满足人民不断增长的物质和文化生活的需要；社会主义与资本主义相区别不仅在于要谋求生产力的高度发展，而且同时追求公平与公正的社会发展目标，所以解放生产力、发展生产力是同消灭剥削，消除两极分化，最终达到共同富裕联系在一起的。在资本主义制度下，由于私有制的存在，人与人之间的财产占有状况很不平衡，物质生活和精神生活水平悬殊导致了个体及整个社会生活的畸型。社会主义福利制度力求消除这种不平衡现象。社会主义制度的建立，由于铲除了剥削制度和剥削阶级，国家和政府能够根据最大多数人的利益和愿望制定政策，对全体人民的利益和生存条件实施保障，能够大力发展公共福利事业，全面改善人民的生活质量，不断创造条件丰富人民的精神生活，因此社会主义国家福利制度的实施成为20世纪社会主义优越性的具体体现和重要标志。

早在十月革命前，列宁就对社会福利十分关注，提出要实行完全的国家福利保障，即由国家负担全部费用，而职工无需缴纳保险。列宁认为新的社会制度将对经济实行有计划的调节，并且在全国电气化的基础上，保证人民群众的物质福利。苏维埃政权一建立就十分重视职工的社会福利问题，仅革命胜利头两年里就颁布了一系列关于职工患病失业的保险法，以及关于社会保险机构开展工作的程序法令。在本世纪20—30年代，社会主义苏联还处于尚不富裕的情况下，已经向劳动人民提供了劳动权、休息权、受教育权等种种实实在在的权利，体现了新社会的本质和特征。第一个五年计划完成时，苏联消灭了失业现象，社会福利制度逐步完备，包括为老年人、残疾人提供物质保障，对患病、妊娠、分娩者提供免费医疗及其它福利形式。社会主义福利制度维护了社会的长久治安，人民的安居乐业，营造了安定祥和的社会氛围，也对经济建设和社会进步创造了更广阔的时空。社会主义国家福利制度的实施引起了全世界的注目，它成为人民了解社会主义、向往社会主义的窗口。

第一次世界大战后，西方国家国内危机日益频繁，资产阶级也越来越感到进行"社会改革"的迫切性。当时英国内阁大臣琼斯向首相劳合·乔治提出推行社会改革计划，"作为医治社会动乱的良方"，他说：如果布尔什维克的宣传和榜样在"真正愤懑不平的土壤中扎下根来"，那是危险的。30年代大萧条初期，美国总统罗斯福实行"新政"的思路是：一步步实行社会改革，避免通过革命而一下子转变为共产主义。第二次世界大战后，几乎所有发达国家的政府为了防止革命浪潮席卷本国而纷纷采取了向人民作出让步和改良的政策，以稳定社会秩序，巩固自身的统治。一方面，当代资本主义由于运用新科技于经济发展而使社会财富大量涌流，有可能为劳动者获得各种福利待遇提供物质保证；另一方面，一些带有社会主义性质的工党和社会党几度组阁，他们借鉴社会主义国家的经验，广泛推行福利政策。在北欧国家，社会民主党执政期间推行"从娘胎到坟墓"的公民完全福利措施，曾经享誉世界。资本主义国家福利政策虽不能从根本上消除资本主义固有矛盾，但在很大程度上使穷困者得到救助，阶级矛盾有所缓和，避免了社会冲突的加剧，起到了"安全网"和"减震器"的作用，无疑也是一次巨大的历史进步。

福利制度同社会主义其它问题一样，并非尽善尽美。完善的社会福利应当建立在生产力高度发展的基础上，只有生产力发展了，社会才能够提供足够的物质和精神财富，满足人民日益增长的物质和文化生活的需要。社会主义国家由于历史的和体制的原因，生产力水平普遍不高，却往往出现脱离生产力实际状况而去追求"大而全"的平均主义福利，结果导致国家对社会福利事业的不堪负担，群众则因"人各一份"而滋生懒散情绪。福利制度是基于社会公平与公正的设想,但社会主义国家长期以来只讲公平,不讲效益;只讲平等,不讲竞争;“大锅饭”、“铁饭碗”盛行,严重挫伤了劳动者的积极性,弱化了社会发展进步的动力机制,使福利事业没有发挥应有的激励作用,有时甚至产生某些消极作用。处理好公平与效率、发展生产力与逐步完善社会福利保障机制,也是社会主义国家改革面临的一个重大课题。

**五、为世界和平作出了重要贡献**

20世纪的社会主义对人类作出的最大贡献,莫过于为世界和平和人类进步事业树立了丰碑。马克思早在《法兰西内战》中说过:“新社会的国际原则将是和平。”和平不仅是社会主义国家的外交策略,更是社会主义的基本原则。社会主义历来以捍卫世界和平为己任,主张和平的社会主义,这也是历代社会主义活动家所遵循的原则。十月革命胜利的当天,苏维埃政权立即发布了《和平法令》,呼吁各国政府进行和平谈判,缔结和平民主条约,并单方面宣布退出战争。苏德战争爆发后,苏联独立承担了东线反法西斯战争的重任。它捐弃前嫌,与英法美等国组成强大的反法西斯同盟,协同作战,为最终战胜纳粹势力作出了重大牺牲。在亚洲战场,中国共产党人竭力促成的抗日民族统一战线,牵制了大部分日军,为亚太地区的反法西斯战争争得极有利的形势。可以说,没有社会主主力量在世界反法西斯战争中的贡献,没有千百万共产党员的浴血奋战,第二次世界大战必定会给人类文明带来更大的灾难。从某种意义上说,战后的雅尔塔体制反映了整个世界对社会主义力量在第二次世界大战中的贡献的承认和尊重。战后,在社会主义的吸引和支援下,亚非拉民族解放运动高潮迭起,许多民族国家纷纷独立,旧殖民体系土崩瓦解。一些独立国家选择了社会主义道路,增添了社会主义的生力军,也增添了主张世界和平的现实力量。值得一提的是新中国成立后,就致力于维护世界和平的事业。建国初期中国人民的抗美援朝的正义行动,打击了美国侵略者的嚣张气焰,保卫了远东和世界和平。50年代初,中国最先倡导和平共处五项原则,发展到今天已经成了世界各国的共识,成为国际上普遍承认的处理国际关系的基本准则。当前,中国仍不遗余力地寻求和平方式解决各种国际争端,反对霸权主义和强权政治,赢得了一切爱好和平的国家和人民的信任和好评。

但是,社会主义在处理同外部国家关系问题上也产生过失误。应当看到,社会主义革命的胜利打破了资本主义一统天下,随之出现社会主义与资本主义并存的“一球两制”的局面。虽然历经两次世界大战,但这种格局在一个相当长的历史时期仍将继续存在,这就要求社会主义国家找到一种与当代资本主义共处、交往和相互联系的正常途径和方式。可是,第二次世界大战后,社会主义和资本主义国家间的关系一直以冷战的方式处在对立和抗衡的状态。在经济上,斯大林晚年提出“两个平行世界市场”理论,妨碍了相互间建立正常的经济联系和交往。西方资本主义国家也对社会主义国家采取封锁、禁运以及经济制裁等方式,更加剧了双方的敌对态势,影响了社会主义国家经济的发展。在国家安全方面,双主从维护自身的安全利益出发,加紧军备竞赛。尤其是美苏两大超级大国争霸世界,插手各种国际事务,闹得世界永不安宁。苏联在对外关系方面的大国主义、霸权主义行径是与社会主义宗旨完全不相符的。苏联在处理兄弟国家、兄弟党关系时也常常表现出大国主义、大党主义和老子党作风,致使国与国之间,党与党之间的一些分歧未能得到及时妥善的解决,相反,却由分歧演变成积怨,由积怨演变成公开的论战,直至双方关系处于极不正常的状态。60年代的中苏大论战,双方都说了不少“空话”,使两国都受到了严重的损伤,这方面的教训是十分深刻的。

20世纪的社会主义是从没有路的地方走出一条路来的。这一伟大的实验工程是全方位的,经验教训都十分丰富而深刻,以上五个方面只是较为主要的内容。作为一种新社会制度的实验,科学的理论和崇高的理想必然开创出前所未有的新事物、新成就、新风气,给人类注入了生机、活力和希望。然而,理想一旦付诸实践,必然会产生差距,尤其在经济文化比较落后的国家率先进行社会主义的实验,遇到的困难和问题更多。因此,社会主义国家和执政的共产党出现种种失误,有的是难以避免的,由于完全缺乏经验,一种新制度的建立必须有一个不断实践、不断修正、不断完善的过程;有的则是可以避免的,只是由于传统观念的习惯势力的驱动,使一些失误长期得不到纠正,最终导致严重的后果。

80年代起,社会主义各国普遍认识改革的必要性和紧迫性,从一定意义上说,改革本身是一场更为复杂而深刻的社会实验。由于这种原因,一些社会主义国家的“改革”变成了“改向”,它们在抛弃僵化的社会主义模式的同进也抛弃了社会主义的基本制度,造成改革的完全失败。可以说在改革时期,一方面可能爆发全面深刻的危机而决堤;另一方面也可能排除种种困难和干扰,探索出一条新路来。

在邓小平建设有中国特色社会主义理论的旗帜下,有着12亿人口的中国仍坚定不移地坚持社会主义方向，探索和开创新的道路，目标是通过社会主义市场经济体制的运作，建成真正的意义上的生产力高度发达的社会主义，在完成社会主义现代化的同进，最终达到共同富裕，实现社会的公平和公正。正在逐步推行的社会主义改革，使中国出现了历史上从未有过的欣欣向荣，它以活生生的现实向世界展示了社会主义强盛的生命力。就连布热津斯基也不得不承认："……中国很有可能会被许多发展中国家的人民，特别是苏联各共和国人民看成是一个越来越有吸引力的替代选择模式，可以用它来代替已经宣告失败的共产主义制度和西方式的建立在自由市场基础上的民主制度。"((美)布热津斯基:《失去控制:21世纪前夕的全球混乱》。)可见，中国社会主义改革的重大意义还在于它的历史启示与世界示范作用:建设有中国特色社会主义必将成为社会主义在21世纪的新的生长点。

周尚文、唐妍《社会主义:20世纪伟大的社会实验》,《学术季刊》,1996年第4期

**关于20世纪已经发生的社会主义革命是否具备了主客观条件**?在苏东剧变后，反思这一问题显得尤为迫切。"社会主义原罪说"对这一问题和答案持完全否定的态度，与学者对此作了具体分析并批驳了这种观念。侯经体教授(华南师大)认为，现实社会主义国家进行社会主义革命的必要条件是基本具备的，但充分条件尚未完全具备。"必要条件"主要指社会化大生产有一定程度的发展，现代工人阶级已经形成一支独立的政治力量等。"充分条件"主要是指经济文化比较发达等。只要对这些国家的历史稍作回顾，并不难了解，这些国家进行社会主义革命的条件并不是完全具备的，也不是完全不具备的。认为20世纪的社会主义革命是完全不具备条件的观点有悖历史事实。更重要的是社会主义建设实践本身，20世纪社会主义所建树的光辉业绩表明它不是一场主客观条件都不具备的革命。有学者还联系东方社会发展理论就历史合理性问题提出了自已的看法。他指出，恩格斯认为，东方社会主义胜利的前提和条件是西方先于东方取得社会主义胜利，西方社会主义国家为东方人民树立榜样的提供支持。可事实上，由于各种原因东方人民没有得到这样的前提和条件。我们这样考虑问题，不在于论证东方实现社会主义的不合理性，而在于使我们分清自已的不足与长处，以便我们在实践中自觉地扬长避短，创造性地推进社会主义事业的发展。

**关于苏东社会主义演变的根本原因**。有学者指出，苏东剧变的主要原因是共产党内部出了问题。这种问题表现为，长期以来，"左"倾教条主义导致共产党的理论与实践的一系列失误;在社会主义改革的关键时刻，右倾机会主义导致共产党和社会主义国家自身的蜕变。还有学者认为，造成前苏联剧变的主要原因在于其高度集中的计划经济体制不能适应得技革命的发展，企业领导既无发展科技的内在要求和主动精神，也无及时把已有的新技术用于生产的自主权。布兹加林认为，前苏联解体的主要原因有二，一是苏共内部的自我破坏，领导人背叛了马克思主义。二是过低估计了资产阶级及小资产阶级的影响。鲍里斯·斯拉温认为，前苏联垮台的主要主观原因是官僚主义造成了党和人民的分裂;主要客观原因是苏联社会主义制度没有创造高于资本主义的劳动生产率。

**关于20世纪社会主义兴衰成败的经验教训**。徐崇温研究员(中国社会科学院)将社会主义兴衰成败的规律归结为八条:搞社会主义，一定要把马克思主义基本理论和时代特征，本国实际紧密地结合起来;经济文化较不发达国家建设社会主义，要把可以在特定条件下超越资本主义充分发展阶段，和在任何条件下都不可超越生产社会化过程严格区别开来;建设社会主义要坚定不移地以经济建设为中心，要有正确的发展战略;要把社会主义社会看成是经常变革的社会，并把改革各处具体制度和坚持社会主义基本制度结合起来;社会主义国家要实行对外开放，吸收和借鉴人类社会创造的一切文明成果，但在另一方面，又必须把国家的主权和完全始终放在第一位，并防止资本主义和平演变;要解除把计划和市场看作社会基本制度范畴的观念的束缚，建立社会主义市场经济体制;要坚持社会全面进步的方针，发展和完善社会主义民主和法制，发展和完善社会主义精神文明;要坚持和改善共产党的领导。姜琦教授(华北师大)从对东欧国家经济转轨的思考中得出三个结论:经济转轨并非一定要否定政治制度才能实现;转向市场经济并非一定要从全面私有化开始;走向市场经济并非不要国家宏观调控。

**关于21世纪社会主义有命运**。在这个问题上学者们也作了展望，一致认为，21世纪，社会主义取代资本主义的过程将继续存在和发展。与学会者批驳了"资本主义取代社会主义论"与"资本主义和社会主义趋同论"两种论调。胡文建认为，社会主义的本质决定了它的价值观高于资本主义的价值观。资本主义决不能解决人类解放这一命题。只要人类解放这个命题存在着，社会主义无论是作为思想还是作

为运动就将存在和发展。社会主义是世界历史的产物,只要资本主义社会制度不是人类历史的终点(这是绝对不可能的!),社会主义社会制度(形态),即马克思所说的"每个人的自由发展是一切人的自由发展的条件"的"联合体","自由人联合体","生产者自由平等的联合体",就必将取代资本主义社会制度(形态)。徐觉哉认为,当今两种社会制度出现超同现象是一各客观的必然,而且从现实的发展来看,资本主义可能与社会主义共处相当一段时期。但表面上的相似性并非实质上的同一性。这只是一种"社会趋同现象",它不能改变资本主义必然灭亡的历史趋势。随着科技革命和产业革命的推进与生产力的不断发展,资本主义生产的社会化、资本的社会化和生活的社会化已得到空前的发展,这些必将导致资本主义的灭亡。社会主义必将胜利。

**关于21世纪社会主义的类型物一般特征**。杨双副教授(中国社会科学院)认为,21世纪的社会主义就其本质特征而言,大体上可以分为四类:一是强调解放和发展生产力,强调坚持共产党的领导,实行改革开放,它以中国等国的科学社会主义为代表。另一类以欧洲多数共产党人的社会主义为代表,强调民主、自由、平等、人权、自治、集体主义等。第三类以社会党人的民主社会主义为代表,强调自由、公正、互助。第四类以亚非拉发展中国家各种民族社会主义为代表,强调发展经济、强调民主与自由。他还认为21世纪社会主义的思想来源将更加多样化。马克思主义、自由主义、工人运动思潮、民族解放运动思潮、反法西斯思潮、平民主义、生态主义、女权主义、和平主义,以及一切有价值的文化资料都会成为社会主义的思想来源。民主、自由、平等、公正、互助、爱国等思想将受到广泛张扬,而马克思关于"每个人的自由发展是一切人的自由发展的条件"的思想,将是所有社会主义者的共同追求。

研讨会上,与会学者还就恩格斯的马克思主义观(许征帆等)、恩格斯是如何进行理论创新的(奚广庆等)、20世纪社会主义所取得的成就(聂运麟等)、21世纪社会主义运动的战略策略(胡文建等)等展开了讨论,限于篇幅,这里不再展开。学者们,包括国外学者,对中国在改革开放以来社会主义建设取得的巨大成就给予高度评价,认为中国的社会主义事业必将对人类做出贡献。

鲍晓整理:《世纪之交社会主义的思考——走向21世纪的社会主义国际学术研讨会综述》,《华中师范大学学报》(哲社版),1996年第1期

**一、社会主义在实践中**

社会主义在实践中,这是我们在考察对社会主义的认识问题时,首先必须承认的一个基本事实。社会主义实践发展到今天,已经有了近80年的历史,它使世界发生了巨大变化,给人类带来了前所未有的福祉。但是,就整个人类社会发展的长河而言,80年不过是弹指一挥间,而对人类历史上任何一种社会形态的发展来说,80年代也是极为短暂的。社会主义是人类历史上一种崭新的社会制度,是整个人类发展进程中的深刻变革,它的产生和发展遇到的困难和阻力将是以往任何社会制度所不曾有过的。因此,社会主义社会的成熟所需的时间亦将是相法漫长的,时至今日,社会主义仍处于其发展的幼年时期,属于早期形态,远未成熟和定型化。我们党认真总结以往过高估计社会发展程度,急于求成的深刻教训,严格地从实际出发,实事求是地分析社会现状,作出我国目前乃至今后几十年仍处于社会主义初级阶段的科学论断,找准了我国社会的历史方位以及建设社会主义的立足点和出发点。其它社会主义国家虽然不提"社会主义初级阶段",但都纷纷从过高估计本国社会成熟程度转而承认自身处于社会主义较低发展阶段的事实。总之,各国的社会主义实践还处于起始阶段,还远谈不上大功告成。同时,我们还应当看到,社会主义本质上是世界性的事业,是统一的世界进程,而当今的现实是,社会主义实践还只是在少数国家并且是原来经济文化比较落后的少数国家的事情,资本主义无论在地域范围上,还是在政治、经济、文化和科技实力上都占有明显优势,社会主义代替资本主义的历史进程还只是开始,如何巩固社会主义的阵地和实践的成果,尚且还是一个很大的问题,这一切说明社会主义实践还没有充分展开,还是进行中的事业。对此,我们必须清醒认识。

社会主义在试验中。试验性是当今社会主义实践的一大特点。社会主义是前无古人的崭新事业,是人类历史上空前宏伟和空前艰难的事业,无论过去还是现在,它都没有现成的理论,没有固定不变的模式,也没有可以普遍推广的成功经验。社会主义实践与按照事先描绘好的图纸建筑高楼大厦根本不同,它始终具有很大的探索性和开拓性,也就是具有试验的性质。可以这么说,20世纪的社会主义实践,实际上就是社会主义的试验。起初是以高度集中和集权为特征的苏联模式的试验。之后则是探寻新模式的艰难尝试。既然是试验,就存在着成功和失败两种可能性,因此我们某一时期的实践不能作为认识社会主义永恒的依据。我们要在总结很长时间跨度内

的正反两个方面经验的基础上来认识社会主义，把握社会主义的发展规律。以往已有的实践表明，斯大林构造的苏联模式的试验，虽然一度取得较大的成就，但总的说是不成功的，它不能作为各国建设社会主义的唯一模式，也不能作为一国建设社会主义一以贯之的模式，它所提供的经验和教训，使人们对社会主义的认识前进了一大步。而探索新模式的试验，能否取得最后成功有待于实践的进一步检验。事实上，这场试验刚刚展开就表现出其极端的复杂性和艰巨性，一些社会主义国家在探索中偏离了正确方向，发生了演变。使世界社会主义丧失了很大一块阵地，出现历史性曲折；一些社会主义国家则在艰难的探索和试验中取得了可喜的成就，展现了世界社会主义发展的美好前景，其中，中国以其探索的坚定性和成就的空前辉煌而被视为当今社会主义实践的样板，它的经验和教训引起全世界的普遍关注。人们正是在这种史无前例，空前艰难的试验中，大大推进了对社会主义的认识。然而，我们必须清醒地认识到，社会主义的试验还仅仅是开始，它不仅没有在世界各种类型的国家中普遍展开，只是在少数经济文化比较落后的国家中艰难地进行；而且就是在这种类型的国家，迄今为止也没有找到已经为实践所充分证明了的建设社会主义的正确道路和实现社会主义的成功模式，探索和试验的道路还相当漫长。

**二、认识有待于深化**

实践是认识的基础，实践的状况制约着认识的水平。当今社会主义实践的不充分及其试验性质，表明社会主义的本质及其规律性没有充分暴露出来，全面地科学地回答什么是社会主义，如何建设社会主义问题的条件远未完全成熟，这就决定了我们已经获得的认识不可避免地存在很大的历史局限性，承认这一点十分重要，它关系到如何估价我们目前的认识成果，关系到要不要继续推进对社会主义的认识问题。然而恰恰在这一点上，并不是所有的人都是很清楚的，所以我们很有必要加以强调和说明。

只要坚持实事求是的科学态度，就不难发现我们目前的认识的的确确存在很大的历史局限性。其一，我们已经取得的认识成果，只是对原来经济文化比较落后的少数国家社会主义实践的经验总结，还不能说是对全部社会主义建设规律的透彻理论概括。社会主义是个世界进程，它要示我们从宏观上把握这一整个进程的客观规律，要把社会主义作为一个体系来加以研究。然而，历史进程决定认识的发展，在20世纪，进行社会主义实践的国家不过十几个，这些国家原来经济文化都比较落后，在国情上有许多相同或相似的地方，在社会主义建设中也走过大致相同的发展道路，其成就与失误，前进与曲折的经历也如同出一辙。提供了许多共同的经验和教训，我们对社会主义的认识就是在总结这些经验教训的基础上获得的。但是，世界上除了这种类型的国家之外，还有经济文化发达和经济文化更为落后的国家，它们的情况差别很大，走上社会主义道路后，将会如何发展，将会表现出怎样的特殊性，则是我们目前所不能知晓的，因为还没有这方面的实践。至于世界上各种类型的国家建设社会主义的普遍规律，更是我们现在所无法科学总结的，因为还没有充分的实践为我们提供足够丰富的经验素材。其二，我们已经取得的认识成果，只是对处于初始阶段和早期形态的社会主义现实的反映，不是社会主义整个历史阶段的全面把握。社会主义并非某种一成不变的东西，而是不断发展变化的历史过程。在其进程中必然出现不同的发展阶段和成熟程度不同的形态，认识的任务不仅要研究各个阶段和各种形态，而且要把它们相互联系起来，从总体上加以考察，把握社会主义整个阶段的规律性。但是我们目前还做不到这一点。实践中的社会主义是从经济文化比较落后的资本主义社会，甚至是半殖民地半封建社会脱胎而来的，处于初始阶段和早期形式，与从完全的发达的资本主义社会中产生的社会主义相比，在成熟程度上相距甚远，只能在低水平上运动。我们的认识恰恰是对这种现实的反映。我们作出的许多结论，包括对社会主义本质、特征以及实现形式的看法都深深印记着经济文化比较落后国家的历史和现实的痕迹。社会主义在进一步的发展中将暴露出什么样的本质，表现出哪些特征，要求何种实现形式，我们目前还不得而知，因为我们还不具有这条的认识条件。其三，无论是对社会主义的初始阶段和早期形态，还是对经济文化比较落后国家社会主义建设规律的认识，都是初步的，还不全面、不深刻，甚至不完全科学。我们现在的认识水平还不能完全科学地回答和解决社会主义现实中的所有重大问题（更别说回答和解决所有的问题了）。不能保证实践中不出现这样那样的失误。在对社会主义的认识上，也还存在很大的分岐，不同观点和看法的争论经常发生，并且许多争论还没有结果。因此，我们必须实事求是地估价已经取得的认识成果，决不能无限拔高，以致于固步自封，终结真理。实践在发展，认识也必须随之发展，实践不会永远停留在目前的水平上，认识更不能永远停留在目前的水平上。我们要随着社会主义实践的发展，依据新经验，不断深化对社会主义的认识。

深化对社会主义的认识,实质上就是不断克服我们目前认识中存在的局限性,从这个意义上说,显然任务是无比艰巨的。一方面,它要求把对经济文化比较落后国家建设社会主义规律的认识推进到对整个世界社会主义发展规律的认识,把对社会主义初级阶段和早期形态的认识推进到对整个社会主义历史阶段的认识。但是,由于社会主义实践的局限性,目前要完成这方面的任务还不可能,甚至实践也还没有提出完成这个任务的迫切要求。自然,这方面的任务只能留给将来的社会主义实践者去完成。因此,目前和今后很长时间,我们深化对社会主义认识的任务,实际上指的是另一个方面,即把对社会主义初始阶段和早期形态以及经济文化比较落后国家建设社会主义规律的认识引向深入,使之更全面、更深刻、更科学,其核心就是依据社会主义实践的新鲜经验。科学地全面地回答什么是社会主义,如何建设社会主义这个社会主义的首要的、基本的理论问题,具体说就是要继续完成这样一个三位一体的认识任务。首先是要深化对社会主义本质的认识。社会主义的本质,是指社会主义内在的质的规定性,是社会主义区别于资本主义及其它社会形态的内在根源。它从深层次上回答什么是社会主义。不把握社会主义的本质,就谈不上全面正确地认识社会主义,就不可能掌握社会主义自身发展的客观规律。因此,深化对社会主义的认识,首要的任务就在于深化对社会主义本质的认识。自从科学社会主义诞生以来,人们一直在探寻社会主义的本质,并不断取得进展,但由于历史条件的限制,长期没能作出科学的概括,甚至没有提出"社会主义本质"的概念。邓小平在深刻总结社会主义实践经验的基础上,从社会主义基本矛盾运动的角度,第一次对社会主义本质作出了科学概括,填补了科学社会主义理论的一项空白,对于推进社会主义实践的发展有重大意义。但是,这一概括并非终极真理,并未终止人们对社会主义本质的认识,只是为这种认识开辟了道路。事实上,目前人们对这一论断仍存在不同的理解,甚至对这一论断是否能够准确反映社会主义的本质也还有不同看法。说明对社会主义本质还有一个深化认识的问题。我们必须随着社会主义实践的深入发展,加深对社会主义本质论的理解和认识,并且在社会主义的发展提出了客观需要,而又有足够的实践经验的基础上,作出新的论断,新的概括。其次是要深化对社会主义特征的认识。社会主义的特征,是指社会主义本质在社会主义政治、经济、文化等方面的具体体现,是各个社会主义国家在整个社会主义历史阶段都具有的共同特点,是社会主义区别于资本主义的显著标志。社会主义特征在社会制度方面直接表现为社会主义基本制度。如果说社会主义本质是从最深层次上揭示什么是社会主义的话,那么社会主义特征则从各个层面上说明什么是社会主义,是社会主义本质的体现和展开,不认识社会主义的特征,就不能直接明了地说明社会主义。深化对社会主义的认识当然就包括对社会主义特征的认识。在社会主义发展史上,对社会主义特征的认识经历了很大的变化,各个时期都有不同的概括,体现了认识的变化和深化。今天,我们根据社会主义本质的要求,对特征作了新的概括,表明了我们的认识达到了一个新水平。但是这种概括是否科学地反映了现实。它们在各个国家还存在什么样的差别,允许存在什么样的差别,随着社会主义实践的发展,它们又将如何由不成熟,不完善走向更成熟、更完善等等,都是我们目前还不知道或不完全知道的,认识的任务还很重,再次是要深化对社会主义体制的认识。社会主义体制是社会主义本质和特征的具体表现形式,是社会主义普遍规律与各国具体实际相结合所表现出来的民族特征。社会主义体制由多种因素决定,不仅受社会主义本质和特征的制约,而且在很大程度上受国情和世情多主面因素的影响,而社会主义本质和特征有一个从不完善到逐步完善,由不充分发展到充分发展的量变过程,国情和世情更是多样和多变的,制约因素的多元性和变动性决定了社会主义体制的 多样性和灵活性,具有国别和时别的差异,即在不同的国家和同一国家的不同历史时期,体制是不同的,从而形成社会主义多种模式和不同特色,表现出建设社会主义道路的多样性。认识社会主义体制最根本的目的和要求就是要探索适合本国国情的社会主义建设道路。在这方面,我们作了很大努力。社会主义各国从50年代开始就进行这方面的探索,试图寻找适合各自国情特点的社会主义建设道路,建立科学有效地实现社会主义要求的社会主义体制,但长期没有取得根本性的进展。十一届三中全会以来,以邓小平为代表的中国共产党人,深刻总结社会主义实践的经验,全国研究中国国情和世界形势,逐步找到了社会主义的本质和特征在我国现阶段的实现形式,找到了建设有中国特色社会主义的新道路,这是社会主义史上一次重大的飞跃,意义不可低估。但是,迄今为止我们还处于新旧体制的交迭过程之中,社会主义的新体制还没有确立并完善起来,许多重大问题还没有完全搞清楚,探索和认识的任务还十分艰巨。比如,我们已经认识到社会主义初级阶段在所有制上要以公有制为主体、多种经济成分共同发展。但是，公在制怎样才算占主体?公有制要占多大比例?是否在所有地区，所有行业和部门都占同样的比例?公有制应采取什么样的具体实现形式?等等，这些问题都是我们在深化认识社会主义体制时必须弄清楚的。同样道理，涉及到体制方面的其它内容都还有许多问题有待我们去认识和回答。总之，对于社会主义的本质、特征、体制都存在一个再认识的问题，认识本质和特征主要是弄清楚什么是社会主义的问题，认识体制主要是弄清楚如何建设社会主义的问题，深入对这三者的认识，就是更科学、更全面地回答和解决社会主义的首要的、基本的理论问题。

李振唐:《在实践中认识社会主义仍然是当前和今后一个重大课题》,《广西社会科学》,1996 年第 1 期

## 一

同 19 世纪的社会主义相比，20 世纪社会主义的成就更为丰厚。这主要表现在：

第一，社会主义从欧美的运动发展成为世界的运动。自 1848 年科学社会主义诞生以后，社会主义运动便不断向前发展。1864 年建立的第一国际在欧美 17 个国家建立了第一国际支部，奠定了无产阶级争取社会主义斗争的基础。1889 年建立的第二国际先后在 22 个国家建立了 28 个无产阶级政党，将社会主义的实践活动由西欧、北美逐步扩展到东欧、南美和亚澳地区。真正将社会主义实践活动发展成为具有全世界规模的运动则是 20 世纪的事。1919 年，建立的第三国际下属的 76 个国家的共产党支部，代表着 400 余万党员，使社会主义实践活动从欧洲、北美扩展到亚、非、拉美等不发达的国家和地区。二战后，社会主义运动获得了进一步的发展。1960 年，全世界共有 87 个共产党，代表着 3600 万党员；1983 年，全世界共有 97 个共产党，代表着 8000 万党员，其中 15 个是领导社会主义国家的执政党。80 年代至 90 年代初的苏东剧变给社会主义运动以巨大冲击，但经过近几年的艰苦工作，前苏联东欧地区各国的共产主义组织已重新建立起来；西欧各国共产党经过分化、改组和政策调整，正在从困境中走出来；亚、非、拉美各国共产党恢复较快，个别国家和地区还有所地展。可见，社会主义运动并没有因苏东剧变而夭折，它今天仍然是一个拥有 6000—7000 万共产党员的、具有世界规模的运动。

第二，社会主义从理论变为现实。本世纪最伟大的革命历史事件是 1917 年俄国十月社会主义革命的胜利，它在世界上建立了第一个无产阶级专政的国家，经过多年的艰苦奋斗，终于在苏联这块土地上建立起社会主义的基本制度，第一次使社会主义从理论变为现实。1949 年中国人民革命的胜利和欧亚一系列国家走上社会主义道路，是本世纪社会主义运动发展的高潮，它使社会主义从一国胜利发展成为多国胜利，进一步改变了世界的面貌，出现了社会主义国家占世界人口的 1/3、土地的 1/4、工农业总产值的 1/3，这一可喜的局面。此后社会主义各国走上了曲折的发展道路。苏东剧变，欧亚 10 个社会主义国家改造易帜，社会主义事业的发展遭受空前的挫折。然而中国、越南、朝鲜、古巴、老挝等社会主义国家经受住了运动低潮的考验，努力探索符合本国国情的社会主义发展道路，并取得了新的成就。由此可见，苏东剧变虽然使欧洲社会主义制度的发展中途夭折，但它并没有撼动社会主义制度在亚洲和拉丁美洲的存在，更无法阻止它的继续发展。

第三，科学社会主义实现了从经典理论到当代理论的历史性发展。科学社会主义是发展的理论，它以列宁主义的诞生为界标，划分为两个发展阶段，即经典理论阶段和当代理论阶段。经典社会主义理论是马克思和恩格斯在 19 世纪创立的，并被他们称之为"现代社会主义"的科学社会主义理论；当代社会主义理论是科学社会主义的基本原理同 20 世纪社会主义实践相结合的产物，它是由列宁开创，毛泽东予以继续，邓小平予以初步完成的理论体系，建设有中国特色社会主义理论是其第一个完整、系统、成熟的理论表现。

科学社会主义从经典理论到当代理论的历史性发展，是它具有强大生命力的表现。然而应该提出的是，当代社会主义理论在 20 世纪的发展还是初步的，它主要是解决经济文化比较落后的国家如何革命，如何建设社会主义的问题；而关于发达资本主义国家怎样走上社会主义发展道路和如何建设社会主义的问题，至今还没有具体、明晰的结论。因此，当代社会主义理论必须在 21 世纪社会主义的实践中进一步发展和完善。

第四，传统社会主义发展模式变革为当代社会主义发展模式。随着科学社会主义从经典理论到当代理论的历史性发展，传统社会主义发展模式也变革成为当代社会主义发展模式。其变革的关键是确立了社会主义商品、市场经济理论，从而在根本上改变了建设社会主义的方法和形式，形成了新的社会主义经济发展模式，这就不可避免地引起了所有制关系、分配关系和经济管理体制的变革，引起政治、

思想、文化和社会诸领域的全面变革,引起社会主义发展模式的全面转换。与传统的社会主义发展模式不同,当代社会主义发展模式不再是唯一的、单色的,而是多种多样的,它不再是凝固不变的,而是不断发展变化的;它不再否定个性,而是强调共性寓于个性之中,无个性亦无共性。中国特色社会主义作为当代社会主义发展模式中的一种模式,还有待于在实践中不断发展完善。然而束缚人们半个多世纪的传统社会主义发展模式的坚冰已被打破,各国人民独立自主地、创造性地走具有本国特色社会主义发展道路的航道已经开通,其意义是不能低估的。

纵观20世纪社会主义的发展及其成就,大致可将其分为两个时期。在60年代以前的半个世纪里,社会主义主要是向横广方面扩展:它从欧洲的运动发展成为世界的运动,它从理论变为现实;在70年代及其以后的30多年时间里,社会主义致力于探索新的发展道路,表现出向纵深发展的趋向:科学社会主义实现了从经典理论到当代理论的历史性发展;传统社会主义发展模式变革为当代社会主义发展模式,等等。20世纪社会主义发展的巨大成就为21世纪社会主义的发展奠定了坚实的基础。

## 二

20世纪社会主义留下了宝贵的经验和深刻的教训,值得我们认真加以总结。从社会主义建设的角度看,以下诸方面的问题特别值得我们思考。

第一,用科学的态度对待马克思主义。能否以科学的态度对待马克思主义,关系到社会主义事业的兴衰成败。当我们将马克思主义的基本原理创造性地运用于社会主义实践时,我们的事业就获得发展;反之就会遭受挫折。从总的情况看,不顾国情的“左”倾教条主义,是产生诸多失误的主要原因。

马克思主义是科学,它要求我们必须用科学的态度对待它。首先,必须坚持解放思想、实事求是的思想路线,使人们从对辩证唯物主义和历史唯物主义的偏离转而重新回到这一科学世界观的基础上来,为科学地对待马克思主义创造必要的思想前提。其次,要坚持实践是检验真理的唯一标准,正确区分马克思主义的基本原理、原则和方法与具体结论的界限,坚持被实践反复证明是正确的基本原理、原则和方法,把握其精髓与活的灵魂,并在实践中予以运用,同时又敢于正视并舍弃其中被实践证明是过时的或不正确的某些具体结论,将社会主义建立在科学的基础上。再次,要坚持理论与实践相结合的原则,将马克思列宁主义的基本原理与本国实际相结合,不断研究社会主义实践中出现的新情况,解决新问题,得出创造性的科学结论,从而将社会主义事业推向前进,并使马克思主义在实践中获得丰富和发展。

第二,辩证地处理生产力和生产关系的相互关系。社会主义方式的发展是由生产力和生产关系的矛盾推动的,处理好两者的关系,事关社会主义事业发展的全局。生产力和生产关系的辩证关系要求:一方面,社会主义必须高度重视生产力的发展,必须始终坚持以经济建设为中心。因为在生产力与生产关系这对矛盾中,起决定作用的是生产力,生产关系是否应当变革以及变革的方向和形式,归根到底取决于生产力的状况。实践证明,以经济建设为中心,大力发展生产力,不能再走粗放经营的发展道路,而必须转变到集约经营的发展道路上来,为此必须依靠科学技术进步和劳动者素质的提高,花大力气抓好科技和教育,抓紧人才的培养。另一方面,在关注生产力的决定作用的同时,绝不能忽视生产关系对生产力发展的反作用。革命是解放生产力,这是对的,但还不够全面,社会主义制度建立以后,还有一个继续解放生产力的任务。这就是通过改革,调整经济基础与上层建筑中不适应生产力发展的方面,使其进一步发展和完善,促进生产力的发展。实践证明,在生产关系的调整方面,不是越“大”越“公”越好,而是取决于生产力发展的实际状况。邓小平在谈到农业问题时曾经指出:“生产关系究竟以什么形式为最好,恐怕要采取这样一种态度,就是哪种形式在哪个地方能够比较容易比较快地恢复和发展农业生产,就采取哪种形式;群众愿意采取哪种形式,就应该采取哪种形式。”(《邓小平文选》第一卷,人民出版社1994年第2版,第323页。)这既是对生产力决定作用的尊重,也是对生产关系反作用的尊重,是两个方面的辩证统一。

第三,吸收和借鉴资本主义的文明成果。社会主义是作为资本主义的对立物而产生的,但它与资本主义除了对立的一面之外,还存在同一的一面。这就是:社会主义是在资本主义已经取得的文明成果的基础上建立起来的,它只有吸收和借鉴资本主义的文明成果,才能获得巩固和发展;拒绝吸收和借鉴资本主义的文明成果,就必然使社会主义退回到中世纪的历史起点上去,那是无法建成社会主义的。现实社会主义是在经济文化比较落后的国家取得胜利的,因此,吸收和借鉴当代资本主义的文明成果,对社会主义国家便具有迫切的意义。然而,我们过去在这方在也有失误。这就是将不同社会制度的对立绝对化，抹煞了同一的一面，否认社会主义同资本主义在生产力发展方面的继承性，把不同性质的生产方式与生产力发展的一般形式混为一谈，将社会主义社会的生产力与资本主义社会的生产力一刀两断。从而在实践中拒绝向先进的资本主义社会的生产力学习，长期排斥商品经济和市场机制，闭关锁国，结果自外于世界经济的发展，长期处于落后状态。

邓小平总结了社会主义国家建设的经验和教训，强调指出："社会主义要赢得与资本主义相比较的优势，就必须大胆吸收和借鉴人类社会所创造的一切文明成果，吸收和借鉴当今世界各国包括资本主义发达国家的一切反映现代社会化生产规律的先进经营方式、管理方法。"(《邓小平文选》第三卷，人民出版社 1993 年版，第 373 页。)反之，我们如果不能吸收和借鉴资本主义的全部文明成果，其中首先是现代生产力发展的成果，那就谈不上越过资本主义制度的"卡夫丁峡谷"，建设社会主义就只能是空想。

第四，解放好民主政治建设这一跨世纪的课题。社会主义在 20 世纪的一个引人注目的成就，是确立了发展社会主义商品经济、建设社会主义市场经济体制的改革目标，从而使长期困扰我们的经济发展问题得以迎刃而解。但是，另一个困扰我们的问题，即列宁提出的，无产阶级组织成为统治阶级，究意怎样才能组织得同最完全最彻底地"争得民主"这点相适应的问题，却没有得到完满的解答。长期以来，我们实行的是党政合一的高度集中的政治体制。这种体制虽然在历史上曾发挥过积极的作用，但不能适应现代化建设发展的需要，也不利于社会主义民主的发展，因此必须对其进行改革。

改革政治体制、发展社会主义民主是一项全新的事业，它是一个不断探索和渐进发展的过程，前进中的困难不少。首先，是经济文化的落后性极大地限制了社会主义民主的发展。其次，现代化的赶超性质，带来了社会矛盾和冲突的加快涌现，这对政治体制改革的发展也是一种制约。最后，没有民主就没有社会主义，没有共产党的领导也没有社会主义，党的领导与社会主义民主是同一的；然而同一着的事物也有其矛盾着的方面，这就是，如果党的领导失去监督，也有可能发展成为凌驾于社会之上的特殊政治权力，从而损害社会主义民主。既要发展社会主义民主，又要坚持共产党的领导，使两者矛盾着的方面向着同一的方面转化，形成党领导社会主义民主发展的良性循环，这是一个需要极大创造性才能解决的时代课题。

为解决时代提出的重大课题，社会主义国家将坚定地走自己改革创新的道路：一方面将马克思主义基本原理与本国实践相结合，不断总结群众的实践经验和创造，进一步改革政治体制，发展和完善社会主义民主。另一方面要吸收和借鉴资本主义民主中的进步的合理的因素，为我所用；但绝不搞对国外政治的移植照搬或"全盘西化"，在这方面前苏联东欧的教训可以为鉴。这里应指出：不借鉴资本主义民主的积极成果，社会主义民主便不可能获得真正的发展和完善，借鉴能够使社会主义民主的实践更加丰富多彩，但它代替不了社会主义民主自身独立的发展和创造；如果没有自己的创造和特色，社会主义就永远不能产生出高于资本主义的民主。

第五，建设社会主义必须坚持独立自主的原则。社会主义运动无疑是具有国际性的运动，但这种国际性与民族性是不可分的，两者是统一的。世界社会主义运动必然具体存在于一定的民族国家之中，各民族国家的社会主义事业必然是世界社会主义运动不可分割的组成部分。

在社会主义的国际性与民族性的关系上，历史的教训是：片面强调运动的国际性而忽视各国的民族特点，不尊重各国社会主义运动的独立自主，从而阻碍了有关国家社会主义运动的发展，也损害了世界社会主义运动。在这方面共产国际和苏共都有自己的失误。

实践表明，在各国社会主义运动已经发展起来的今天，人为地去建立一个领导中心或自命为中心、领袖的做法，对社会主义的发展极为不利；凡是听命于某个领导中心，受制于某个大国的社会主义运动，没有不被本国工人阶级和劳动群众所抛弃而以失败告终的。中国的社会主义事业有今天的发展，其重要原因之一就是抵制了来自任何外来的干预，维护了党和国家的独立和主权，将马列主义基本原理与本国实践相结合，制定了正确的路线、方针和政策，从而得到全国人民的衷心拥护。中国办好自己国家的事情，也是对世界社会主义运动的贡献。同时我国党和政府对其他国家和政党也坚决执行尊重其独立和主权的原则；即使对其援助，也不损害其主权，不干涉其内政，表现了真正的国际主义。可见，独立自主是社会主义事业发展的必要前提，只有坚持各国共产党和各社会主义国家的独立自主，才会有各国社会主义事业的发展和世界社会主义运动的发展；不尊重别的国家和政党的独立自主，便不是一个真正的社会主义者。

## 三

事物的发展是具有连续性的,因而我们能根据20世纪社会主义发展的状况,对21世纪上半叶社会主义的发展作出粗略的估计。

社会主义各国经历了曲折的发展,终于在20世纪最后十余年走上了按本国国情发展社会主义事业的道路,在21世纪,社会主义各国将继续在这条道路上发展下去。中国将在邓小平建设有中国特色社会主义理论的指导下,按照党制定的基本实现现代化的战略部署阔步前进。到那时,第一步,实现国民生产总值比1980年翻一番,解决人民的温饱问题;第二步,到本世纪末使国民生产总值再翻一番,人民生活达到小康水平的战略目标均已实现,中国将为实现第三步的战略目标,即到21世纪中叶基本实现现代化、人民过比较富裕的生活而奋斗。一个富强、民主、文明的社会主义现代化的中国将屹立在世界的东方,这将进一步展示社会主义制度的优越性,并强有力地推动世界社会主义事业的发展。

前苏联东欧地区的社会主义在本世纪末已蜕变为资本主义,这是一个无可争议的事实。然而,从英、法资产阶级革命的经验看,两种社会制度的较量并不是一、二次完成的,而是反复多次完成的,既有复辟旧制度的可能性,也必然存在着新制度反复辟斗争胜利的可能性。从这一历史视角看问题,前苏联东欧地区将可能是社会主义再生的一片沃土,因为对任何一个拥有上千万人口的国家来说,半个世纪左右的社会主义实践决不是一件无关紧要的“个人小事”,它在一个国家人民的思想中留下的记忆,生活中留下的痕迹,政治上留下的经验、教训和传统,不是十年八年能够轻易抹去的,它将传之久远。目前,原苏联东欧地区的国家都在走资本主义现代化的道路,其中有的国家确有发展,有的国家却发展缓慢,社会矛盾尖锐,劳动群众深感今不如昔。事实表明,资本主义并不是实现现代化的万灵药方。这种发展趋势如果继续下去,不排除某几个为发展资本主义所苦的国家的人民对社会发展道路作重新选择的可能性,而这里比其他地方具有更好的主客观条件去实现社会主义。

亚、非、拉美地区的绝大多数发展中国家在20世纪先后走上了资本主义发展道路,其中有不少发展中国家在资本主义现代化道路上已经走了半个世纪,但像亚洲“四小龙”那样获得成功的国家和地区为数甚少,大多数发展中国家发展速度缓慢,两极分化严重,社会矛盾尖锐,劳动群众生活痛苦不堪,社会动荡不安。事实表明,资本主义并不能解决占世界人口绝大多数的发展中国家的社会发展问题。如果这种趋势在21世纪继续发展下去,内忧外患造成的双重痛苦远远超过了人民能够容忍的限度,就不能排除某些国家的人民对现代化的道路作出新的选择,那时,社会主义将在亚、非、拉美地区获得新的发展。

西方发达国家在20世纪中叶新一轮科技革命的推动下,对生产关系和上层建筑的各个领域进行了局部调整,从而使资本主义的生产力获得了新的发展。然而现代化的生产力并没有改变资本主义的本质,它只是缓和了而远没有解决资本主义的基本矛盾。这表现在:经济危机的频繁发生、滞涨现象的普遍出现,近期陷入经济衰退乃至经济负增长;结构失业日益严重,两极分化进一步发展,社会问题日益增多;发达国家之间的矛盾以及发达国家与发展中国家之间的矛盾日益尖锐,等等。所有这一切都表明,资本主义基本矛盾正在新的历史条件下开始了新一轮的积累和加深的过程。新的世纪既不会中止资本主义社会的生产力继续发的过程,也不会中止其内在基本矛盾的积累和加深的进程,两个进程同时发展,相互联系,相互渗透。当资本主义在自己制度的框架内已难以调节矛盾、缓和冲突的时候,发达资本主义国家的危机将会全面展开,那时,两种社会制度的和平竞赛将出现崭新的局面。

回顾过去,我们欣喜地看到20世纪社会主义已经取得了肯定的成就;展望未来,我们清醒地认识到社会主义在21世纪的发展将面临复杂的局面,还会有新的困难的曲折。然而,基业已经巩固,道路已经拓宽,因此我们可以满怀信心地认为,社会主义在21世纪的新胜利和更大发展同样是不可避免的。

聂运麟:《20世纪社会主义的回顾与21世纪社会主义的展望》,《华中师范大学学报》,(哲社版)1996年第1期

## 一

一个半世纪以来,世界社会主义运动走过了波浪起伏的历程,它取得过辉煌的成就,也遇到过严重的挫折。它的发展,对人类社会产生了深刻的影响。自从东欧剧变、苏联解体后,关于世界社会主义的前景问题,进一步引起全世界各阶层和各种政治力量的关注。分析和把握目前世界社会主义运动的形势,分析和把握世界社会主义运动发展、变化的内在深层运行机制,是我们判断世界社会主义发展进程和前景的基本依据。

80年代末90年代初，世界社会主义运动出现严重曲折，社会主义制度由15国缩小为5国，陆地面积由占全球24%缩小为占7%，人口由占世界总人口32%的16亿，减少为占世界人口23%的12.6亿，共产党数量由180多个减少为1994年底的140多个，党员人数由9300多万减少为6500多万，其中5600多万是在中国。共产党执政的社会主义国家的力量和影响力明显减弱。西方国家的共产党发生了巨大的变化与调整，极少数经受不住冲击的小党自动解散，有一些党迫于压力或其它原因改变了党的名称，实行社会民主党化，申请加入社会党国际，社会党和民主社会主义的影响扩大。亚非拉地区广大发展中国家的社会主义运动同样受到巨大的冲击，发生了程度不同的变化，原先曾宣布要搞社会主义的发展中国家，许多都放弃了这面旗帜，由最高潮时候的55个国家，下降到现在的20多个，并且这种衰退状态还在继续。非洲地区社会主义运动受冲击最大，除南非共产党外，其它大部分依靠前苏联支持搞社会主义的政党和国家，在内外的巨大压力下纷纷转轨，实行私有制。

世界社会主义的形势是艰难险恶的，从表面来看，是同社会主义声望下降、资本主义各国共产党的力量影响衰退，广大发展中国家的社会主义运动无新的起色，特别是苏联瓦解、东欧剧变等种种现象相联系的，但透过现象看本质，世界社会主义处在低潮之中，是同三大社会历史条件的制约有关。首先，受资本主义现实状况的制约。战后，西方发达资本主义国家的生产力、生产关系和社会生活都发生了一些新的变化。以新技术的全面介入促进了社会生产力的巨大增长，当代发达资本主义国家国民生产总值增长中科技进步因素的比重，已从本世纪初的5%～20%，上升为60%～80%。以科技革命为中心的生产力的发展，迫使资本主义生产关系一次次进行调整，两种社会制度在经济上的比较和竞争，也促使资本主义国家对其生产关系不断进行调节和变革，在一定范围内一定程度上缓解了资本主义的基本矛盾和社会危机。在一定的历史时期内，资本主义的经济还会有一定的发展，资本主义还会通过自我调节而获得稳定发展的能力，从而避免出现严重的革命危机。这此，给资本主义国家的社会主义力量带来了一些困难。其次，受社会主义自身发展状况的制约。世界社会主义运动的兴起和发展是合乎规律的历史进程，它不是任何人能够随心所欲地制造出来的，而是资本主义社会矛盾发展的必然产物，是人民群众的选择。它的发展，是在艰难曲折中前进的，是要经过高潮和低潮的多次交替反复，逐渐地取得胜利的。每一次高潮或每一次低潮的出现，无不与社会主义自身的状况有着密切的关系。社会主义作为一种新型的社会制度，已显示了它的优越性和生命力。当然，社会主义制度的建立，不等于一切问题会自动解决，尤其不等于社会主义的本质要求能自然而然地体现出来，更何况社会主义的具体体制也存在着严重的缺陷和弊病。对这些问题解决的好坏，社会主义深层运行机制是否良好，将直接影响和制约社会主义运动的发展。第三，受国际政治经济关系现状的制约。战后，各国在经济、政治、文化等方面日益紧密地联系在一起，形成了世界经济体系和国际政治体系。国际政治格局制约着社会主义运动的发展，世界的主要矛盾与时代主题规定着社会主义运动的具体任务与目标，国际政治领域内的重大，突发事件也将在特定领域内影响社会主义运动。当代世界经济中存在的两大趋势，即世界经济一体化与地区经济集团化并存；世界经济发展中贫富分化日趋严峻，也在总体发展与战略决策上制约着社会主义运动。国际政治格局的变迁、时代主题的更迭、新旧矛盾的交替、力量对比的变化，是世界社会主义运动确立战略目标、策略方针的基本出发点与现实依据。面对着丰富多彩、变化万端的国际政治经济新现实，世界社会主义运动在理论上亟需进行新的思考和总结，在实践中需要制定新的对策。

受社会历史条件的制约，世界社会主义形势在短期内还不会有很大的改观。而当代资本主义不仅在政治、经济、军事和现代科技上占有巨大优势，且自身还具有相当强的自我调节能力，在相当长的一段时期，它还会发展，还要以其优势控制世界，削弱社会主义力量，演变社会主义制度。世界社会主义运动走出低谷的进程，预计将是缓慢的、曲折的，小的反复还可能发生。

## 二

世界社会主义运动发展过程中，出现低潮和挫折，没有也不可能改变社会主义必然要代替资本主义的大趋势。世界社会主义运动必将复兴，这是客观的历史必然性，但还不是现实性。世界社会主义运动要迈向高潮，还必须具备主客观两个方面的基本条件。

世界社会主义运动是在资本主义生产方式内部的矛盾运动提出了变革要求，并且形成了实现变革的主体力量的条件下兴起的。当代资本主义虽然因新科技革命和实行国家垄断等延长了寿命，但并没有克服和消除资本主义的基本矛盾。相反,在原两极格局长期掩盖下的发达资本主义的国家内部的矛盾、发达资本主义国家之间的矛盾、发达资本主义国家同发展中国家之间的矛盾,以及一系列政治矛盾、经济磨擦和社会矛盾,都在发展起来。这些矛盾是现代资本主义制度的产物。它本身是无法克服的,只有比它更先进的社会制度才能解决。当代资本主义社会种种矛盾的发展,必将为社会主义运动的发展准备条件,这也是世界社会主义运动必将复兴的历史根据。

世界社会主义运动必将复兴,还在于世界社会主义力量总结经验教训,积蓄力量,组织队伍,推动世界社会主义运动进入全面探索的历史时期,以新的形态和方式推动社会进步。苏东剧变带来的一个十分重要后果,就是迫使世界社会主义力量重新思考社会主义,重新认识时代主题及国际形势的发展变化,重新确定社会主义的道路。首先,世界社会主义由低潮转向高涨,关键是把马克思主义同时代发展的具体实际相结合,同各国的具体实际相结合,创造性地运用和发展马克思主义。当前世界社会主义运动低潮的出现,很大程度上是由于长期存在教条主义、思想僵化、认识落后于时代条件的变化所致。因此,解放思想,实事求是,以更广阔的视野全面总结世界社会主义发展的经验教训,深化社会主义理论,就成为振兴世界社会主义运动的一个首要条件。其次,准确及时地洞察世界形势的发展,正确对待时代主题的变化,顺应时代潮流,调整自己的战略、策略、对内对外政策,是振兴世界社会主义运动的又一个条件。"和平"与"发展"已成为当今时代的主题。这两大主题不仅是绝大多数人民的意愿,而且已发展成时代的潮流。这一根植于现实本质之中的论断,对各种社会主义力量调整战略目标和策略起了奠基作用。围绕两大主题,建立了社会主义制度的国家,必须大力发展生产力,发展经济实力,提高综合国力和人民生活水平。同时,社会主义力量不仅要注意阶级利益、解决阶级问题,而且要重视全人类共同关心的利益,为解决全球性问题做出努力。要把实现无产阶级的解放和解决全人类当前和今后面临的紧迫问题结合起来,争取世界社会主义的复兴。最后,把党建设成为真正为实现社会主义与共产主义而奋斗的坚强革命党,是振兴世界社会主义运动的一个重要条件。苏东剧变的原因是多方面的、复杂的、深刻的,其中关键的原因,是执政的共产党出了问题。共产党不能变成环境党,或变成其他改良主义政党。但共产党必须把握时代脉膊,不断适应时代变化,根据阶级结构的变化,重新构建党的阶级基础、制定出适合时代和本国实际的新纲领和新路线,抓好党自身的建设。对于执政的共产党来说,就是要适应形势的变化,从严治党、防止腐败,始终保持党的先锋队本色。对于尚未执政的共产党来说,就是要从新情况,新环境和新任务出发,及时调整自己的纲领和政策,加强自身的组织建设,以实现党的领导权。世界社会主义的兴衰离不开共产党的领导。加强和改善党的领导,是振兴社会主义的必然要求。

社会主义复兴需要主客观条件,主客观条件准备的如何,不仅影响到社会主义运动走出低谷的时间,而且直接影响到21世纪世界社会主义运动发展前景。从现实情况看,这种主客观条件的准备还需要一段时间。世界社会主义运动将在漫长、艰难的道路上跋涉前进。

·张桂珍、李宏:《世纪之交的回顾与展望》,《马克思主义研究》,1996年第2期

—

在回顾20世纪世界社会主义运动时,我们首先遇到的是:关于社会革命在落后国家取得胜利的合理性和必然性的问题。对这一问题的认识是我们今天认真总结历史经验与教训的前提与基础。

在经典的马克思主义者看来,社会主义革命只能在资本主义得到充分发展的基础上才可能发生,虽然恩格斯也曾预言,象俄国这样的经济落后国家,有可能在不经过资本主义充分发展的前提下首先爆发社会主义革命,但一个必要的条件是这一革命必须得到欧洲国家随之而来的革命的支持。就连十月革命的领导者列宁和布尔什维克党,在十月革命之后也企盼能以此引发一场欧洲范围的社会主义革命,从而把俄国革命纳入世界革命的轨道。但这场革命并没有发生,而且在20世纪20年代之后,在欧洲社会主义运动普遍陷入低潮的情况下,俄国革命却存活了下来。不仅如此,作为20世纪社会主义运动发展的一个基本事实,十月革命之后,社会主义从一国到多国的发展无一例外地都发生在经济落后的国家。正是由于经典理论与现实运动的这一反差,所以从十月革命胜利之初,便有人对这一革命的合理性提出诘难,而今,当社会主义运动在世界范围内受挫的时候,更有人把社会主义革命在落后国家取胜这一历史事实作为"原罪"加以责难。这种作法的错误是显而易见的。首先,理论来源于实践,并随着实践的发展而完善,所以,真正的马克思主义者不应当用传统的理论去非难实践,而应在实践的基础上去更

新和发展理论，使理论更有生机。其次，成功的革命和受挫的建设有着迥然不同的历史根源，正象不能把拿破仑第一帝国的崩溃归咎于1789年法国大革命一样，我们也不能把当前社会主义建设的挫折归咎于社会主义在落后国家取胜这一事实。

对于如何看待经济文化落后国家率先进行社会主义革命的问题，这里只想强调以下几点：

其一，落后国家出现社会主义虽然不是这些国家自身资本主义高度发展后危机迸发的产物，但从全球范围看，却是世界资本主义体系出现空前危机的结果。20世纪初，资本主义完成了从自由竞争阶段向垄断阶段的转变，跨入了帝国主义时期，伴随着资本主义在全球范围内的扩张，世界各国，无论是发达国家还是落后国家，都被纳入了世界资本主义体系，这是我们考察20世纪世界社会主义运动的基本历史前提。随着帝国主义时期资本主义各种矛盾的空前激化，20世纪初和30年代后期资本主义世界性危机大爆发，从而引发了一系列的社会动荡和政治骚乱。资本主义制度无法通过合法手段解决之，以至于启动战争机器，两次把人类推入极为痛苦的深渊。就落后国家而言，它们处于世界资本主义体系的最低层，饱受了战争之苦，受尽了殖民主义之压，正是在这样的背景下，社会主义制度在这些国家应运而生，作为充满危机和罪恶的资本主义制度的替代者出现在世界上。

其二，20世纪社会主义革命的兴起是和战争联系在一起的，帝国主义危机和战争的爆发，不仅给落后国家的革命造成有利的国内革命形势，同时，它也使帝国主义各国在战争中相互削弱，使资本主义统治链条上出现薄弱环节，为革命的突破创造了有利的国际形势。在帝国主义危机和战争年代，各列强或因相互残杀无法联合扼杀，或因形势所迫自顾不暇，于是社会主义终于在一些落后国家成为现实。

其三，任何一场革命都不可能在条件完全具备、万无一失的情况下进行，革命总是有风险的。对于革命者来说，不顾革命的主客观条件，盲目蛮干搞冒险主义固然是不可取的，但在应当积极行动的时刻不敢行动或动作迟缓，同样也是不足取的。无产阶级革命家总是将革命的胆略和求实精神相结合，最大限度地发挥主观能动性，抓住革命时机，敢于革命，敢于胜利。落后国家的无产阶级政党及其领袖正是利用战争造成的国内阶级矛盾激化，无产阶级和其他劳动群众革命觉悟迅速提高的有利形势，不失时机地发动了革命，并取得了胜利。

其四，诚然，由于落后国家尚未进入发达资本主义阶段，那里建立社会主义的客观物质条件有着“先天”的不足，但这构不成革命不应取胜的必要前提。不发达的国家虽然生产力落后，但并没有落后到不能进行社会主义革命的程度。譬如，十月革命之前的俄国虽较西方资本主义落后，但也跨入垄断资本主义阶段，资本主义生产关系在国内已占主导地位。我国解放前，资本主义也有相当程度的发展，资本主义的经济成分已占10%左右，而且主要集中在上海等十几个大城市。因此，应当说，这些国家是具备进行社会主义革命的一定物质条件的。即使象考茨基所说的那样，在俄国这样落后的国家进行社会主义革命，是个“早产儿”，那也应当承认，它毕竟是一个有生命的婴儿，人们的责任是要在后天精心抚养它，使这个社会主义的婴儿成长为健壮的巨人，而不是因为其早产就人为地否定它、抛弃它。列宁当年反复告诫说，俄国革命将是“开始容易，继续难”，就包含这层意思。

## 二

如前所述，社会主义在经济文化落后国家首先发生并取得胜利，是20世纪世界历史选择和各国共产党充分发挥主观能动性勇敢选择历史发展道路二者合力的必然结果。当前世界社会主义运动中出现的挫折，固然与这些国家建设社会主义的社会物质条件的落后有关，但它们之间不存在必然的因果联系。同时，我们也不能把社会主义运动当前的挫折仅仅看成是资本主义国家进行和平演变的结果，更不能简单地把这种挫折看成是少数几个“社会主义叛徒”出卖的结果，国为这种分析方法从根本上违背马克思主义关于内因决定外因，历史决定个人的基本原理。因此，我们在寻找社会主义运动受挫的原因时，只有立足社会主义建设本身，才能得出合理的结论。纵观社会主义建设的实践，造成建设受挫的原因，主要有以下几个方面：

首先，对生产力发展标准的片面理解，严重制约和影响了社会主义各国经济的全面发展。历史的发展把落后国家的社会主义进程推到了欧美先进国家的前头，而在这里，资本主义尚未充分发展，社会化大生产的任务远未完成，所以当无产阶级取得政权走上社会主义道路后，在执政党面前实际上同时提出了两大任务：一是巩固政权，实行社会主义改造；二是生产生产力，实现社会化大生产。对于这一点，列宁的认识是比较深刻的，他一再强调，劳动生产率，归根到底是使社会主义制度取得胜利的“最重要的东西”。列宁在世时，虽因忙于对付国内战争和恢复经济,未能倾其全力进行社会主义经济建设,但他晚年却在理论和实践上进行了不少有益的探索。平心而论,斯大林对社会主义经济建设也是相当重视的。他以高度的热情关注着国家工业化的速度和资金的来源,以及“五年计划”的制定和完成情况;他巧妙地利用西方国家的经济危机引进了一大批先进设备和技术人才;他亲自提出了许多工业化的方针和口号,倡导社会主义竞赛运动,从而使苏联经过两个“五年计划”多一点的时间,就从一个农业国转变为一个工业国,奠定了强大的工业基础,拥有了雄厚的经济实力和军事实力。其他落后国家在革命后社会主义建设中取得的成就也是不容忽视的。但是,由于各国对生产力标准的片面理解,也使建设本身存在严重的问题。

我们说,生产力本身包含两种含义:一是技术含义,它表征着人们改造自然的能力,以及随之而来的物质产品的多寡;二是社会含义,它表征着劳动者的状况,也就是说,生产力的发展也就意味着劳动者的发展,意味着他们的需要和利益得到了更大的满足,意味着他们的积极性、主动性和创造性的高涨。然而,在落后国家的社会主义建设中,它们未能从总体上把握这一标准,认为生产力的发展就是国民生产总值的量的增长和一系列工业产值的增长,从而导致了片面追求增长数字的结局。实际上,上述数字的提高并没有使整体生产力水平有突破性的进展,生产力的结构并未得以优化,劳动者的物质文化需要,并没有得到基本的满足。这种教条主义的思维方式进一步导致了生产力的畸形发展:经济结构失调,工业产值上升而人民生活水平停滞,出现了“见物不见人”的现象。最终生产力的整体水平并未得到提高,却反而在世界技术革命的大趋势中,与发达国家拉开了距离,以至于有的国家抛弃了对社会主义的选择。

其次,社会主义模式的僵化,严重阻碍了社会主义优越性的发挥。传统的社会主义模式既指苏联在30年代特定历史条件下所形成的、以政治上过分集权、经济上高度集中为基本特征的社会主义模式,同时也指40年代至50年代初,各国社会主义国家以苏联为榜样,在基本照搬苏联模式的基础上形成的各国社会主义政治、经济体制及运动机制。传统的社会主义模式,作为社会主义建设的第一种模式,在其形成之初,曾对巩固社会主义政权,促进社会政治稳定、经济发展起过积极的作用。但是,随着各国社会主义政治经济的进一步发展,它已极不适应于社会主义向内涵扩大再生产发展后所形成的经济和政治关系。另外,苏联以外的各社会主义国家,照搬苏联模式,实际上也造成了社会主义建设模式的单一化,这和战后社会主义的多国实践以及各国应逐步建立适合本民族特点的社会主义模式的要求也极不适应。因此,传统社会主义建设模式的固有弊端便逐步暴露出来。这就要求各国在社会主义实践中去创造和发展一种更适合本国特点和时代要求的新模式。但是,遗憾的是,在传统观念的束缚下,许多国家为了维护已选模式的权威性,将模式神化了,不允许丝毫的偏离,闭目不视国情和时代的变化,从而造成了模式的僵化,似乎模式越纯洁,越接近于经典原则,越接近于所仿效的模式,社会进步程度就越高,从而造 成了为了形式而牺牲目的的本末倒置现象,严重制约了社会生产力的发展,影响了社会主义优越性的发挥。

第三,从表面上看,世界社会主义运动当前遇到的挫折是和苏联各社会主义国家的解体及演变相联系的,但实质性的根源之一还在于战后资本主义的新变化,当代新科技革命对全球的影响,特别是当代世界主题的变化对国际共产主义运动发展的影响。本世纪50年代以来,以电子技术为先导的新技术革命兴起并迅速发展起来。它带动了生产力发展的飞跃,使经济、社会结构发生了深刻的变化,既引起了各国发展战略观念的变化,也改变了人类生活的面貌,对国际政治也产生了深刻的影响。到70年代后期,主要是由于世界新科技革命和人民革命成果的作用,时代主题和世界主题发生了明显的变化,“和平与发展”取代了“战争与革命”成为时代的主旋律。在这种情况下,现实的社会主义国家也需要适应新的变化,通过自身的改革进一步发展社会主义,但许多社会主义国家却未能及时洞察这种变化,在很长的时间内固守传统的世界政治、军事和外交战略,固守僵化的经济发展和对外经济战略,教条主义盛行,从而和飞速发展的世界经济的距离愈拉愈大,并自异于世界政治、经济的发展之外。此后,一些国家虽然也走上了所谓的“改革”道路,但由于“左”的思想根深蒂固,迟迟不能把马克思主义同本国实践相结合,在改革的方向、战略、目标等一系列重大问题上接连失误,从而导致了历史问题和现实问题的综合积累,在西方国家和平演变的攻势面前,软弱无力,最终葬送了本国社会主义的前程。

第四,社会主义建设过程中,在执政党建设和工作中存在的致命缺陷,也是社会主义运动受挫的重要原因。实践证明,一些国家的共产党作为各国无产阶级革命的领导力量大多是成功的,但作为社会主义国家的执政党来领导建设却建树有限，教训惨痛。在执政的考验面前，瞎指挥、官僚主义、理想主义和权力腐蚀象一条可怕的蛀虫，侵蚀着共产党的肌体，造成社会生活中的种种失误和腐败现象。70年代末以来，许多党陆续采取各种措施，开始纠正自己的失误和偏差，可在纠正的过程中，又出现了新的失误。否定过去，否定一切，致使反共反社会主义的思潮和势力有机可乘，利用和扩大人民群众的积怨，抓住一点，攻及其余，使共产党的执政威信加速下滑。在这种情况下，一些党或盲目负荆，仓促应战，或冥顽不化，蛙守井底。这样，旧的失误没有消除，新的失误又产生，不战自乱，终于酿成恶果。

## 三

当前社会主义运动所遭受的挫折是客观的、不容回避的，每一个有历史责任感的共产主义者，不应作悲鸿哀鸣，而需要有正视挫折的勇气，这样，才能重新树立社会主义必胜的信念。

首先，在展望世界社会主义运动未来的时候，我们不能把苏东的剧变视为社会主义本身的失败，更不能把它视为资本主义的胜利。另一方面，我们在承认苏东的社会主义遭到挫折的同时，也要充分看到中国等社会主义国家改革理论和实践对社会主义运动作出的发展。实际上，世界社会主义运动的历史从1848年《共产党宣言》发表算起，至今不到150年，与人类任何社会制度的历史相比，还只是刚刚走出她的童年，还远谈不上成熟，在这个过程中，失败和挫折是在所难免的。黑格尔有句名言，密涅瓦的雄鹰只是到黄昏才开始飞翔。因此，任何匆忙的结论未免肤浅而且幼稚。

其次，我们应当辩证地看待社会主义当前所遭受的挫折。中国有句古语："祸兮福之所依，福兮祸之所伏"。这句话在我们看待社会主义当前的挫折时也是合适的。社会主义受挫，这是一件坏事，但人们若能从挫折中接受经验，吸取教训，变得更聪明起来，重新认识社会主义，更新观念，找到更加切合各国实际的社会主义道路，这只会变成一件好事，有利于保证今后社会主义的健康发展。另一方面，社会主义运动出现挫折，对资本主义来说，好象是件好事，减少了对立面的威胁，但是，随着两种制度冷战的结束，资本主义国家内部矛盾开始突出和加深了，地区、集团之间的利益角逐更加尖锐，特别是那些已被演变的前社会主义国家的局势发展，远非他们想像的那么顺利。事实证明，他们在这些地区欲管不能，欲放不行，背上了新的包袱。而这些国家的局势发展，也使资本主义世界更加动荡不安。

再次，国际共产主义运动是人类历史上以社会主义和共产主义代替资本主义的伟大运动，她既是符合社会发展规律的必然产物，也是一种不断迎接各种挑战、经受各种考验的、前进性与曲折性相统一的历史过程。她既不可能一触而蹴，更不可能风平浪静。所以，我们对当前的挫折既没有必要惊慌失措，也不能消极对待。现在关键的问题是，我们要保持清醒的头脑，站稳脚跟，做好我们自己的事情。

最后，国际共产主义运动的发展历史已经证明，当新的时代变化来临之际，往往也伴随着国际共产主义运动发展中的曲折变化，甚至会导致一定时期内的低潮现象，但每一次大挫折之后，都会迎来国际共产主义运动和社会主义发展的新的飞跃。而其中关键之点就在于把马克思主义同时代的发展相结合，同各国的实际相结合。巴黎公社的失败迎来了社会主义在横广方面的大发展；第二国际的破产，迎来了十月革命的胜利。我们有理由相信，20世纪末社会主义的大挫折，必然会迎来社会主义运动在将来的新突破。因为，人们已经在世纪末的暮色中，从中国等社会主义国家改革开放的理论与实践中看到了新世纪的曙光！

张祥云：《对二十世纪社会主义运动的几点思考》，《理论学刊》，1996年第3期

……20世纪社会主义运动最突出的特点是：

**一、经济相对落后国家率先走上社会主义道路，实现了社会主义理论、运动和社会制度的统一**

如果说，社会主义由空想变为科学，并成为在科学理论指引下的社会主义运动是19世纪社会主义发展的显著特征的话，那么，随着一批经济相对落后国家率先走上社会主义道路，使社会主义由科学理论和运动发展成为新的社会制度，则是社会主义在20世纪的伟大创举和新的特征。

在本世纪第一次世界大战的炮火中，列宁通过深入分析帝国主义时代世界经济政治发展的新条件，在理论上创造性地提出社会主义不可能同时在发达资本主义国家取得胜利，而可能在帝国主义阵线最薄弱的环节即经济不很发达，但矛盾尖锐，又具备了一定主观条件的国家首先取得胜利的论断；在实践中则不失时机在抓住和成功地利用了第一次世界帝国主义战争给俄国造成的直接革命形势，取得了俄国十月革命的胜利，并建立了苏维埃政权，使社会主义在经济文化相对落后的俄国首先变为现实。第二次世界大战后，东欧及中国等一系列经济文化

较为落后的国家也相继走上了社会主义道路。

社会主义在俄国及欧亚等国的首先胜利，使人类社会历史进程发生了空前巨大的历史性变化，并使社会主义在世界上实现了理论、运动和社会制度的统一，它对于20世纪世界社会主义运动具有极为重要的意义：首先，它以无可辩驳的事实表明，社会主义并不仅仅是一种理论上的逻辑论证，更不是乌托邦的空想，而已成为一种现实的社会制度了。这个制度不是自发地产生，正是在科学社会主义理论的指引下，经过无产阶级的自觉斗争而创立和实现的。这进一步促进了人们对科学社会主义科学性、正确性的认识，增强社会主义必胜信念。其次，它表明，20世纪社会主义的实践证实，并创造性地发展了马克思、恩格斯晚年关于落后国家可以跨越资本主义卡夫丁峡谷而进入社会主义的思想，这使广大落后国家的人民看到了希望和榜样，为社会主义在全世界的深入发展开辟了更为广阔的空间。正如列宁所说："我们已经开始了这一事业。至于哪个国家的无产者在什么时候，在什么时间把这一事业进行到底，这个问题并不重要。重要的是，坚冰已经打破，航路已经开通，道路已经指明。"(《列宁选集》第4卷，第570页。)第三，它还表明，落后国家先于发达国家确立社会主义制度，这大大推进了世界社会主义运动进程，加快了社会历史发展步伐，是历史的巨大飞跃。但另一方面，这也是这些国家面临的巨大历史矛盾和由此产生的新课题。由于这些国家经济文化的落后，离社会主义应有的物质基础差距极大，在政治、经济、文化以及对外关系等方面都有一系列需要正确认识和解决的课题，需要在新的实践中深入探索落后国家建设社会主义的特殊规律。因此，先进入社会主义的落后国家肩负着继续发展社会主义理论和将社会主义制度下的社会主义实践正确推向前进，从而巩固和发展社会主义的重大历史责任。

**二、20世纪世界社会主义运动跌宕起伏，经历了从两次高潮到低潮的历史性曲折**

本世纪的上半叶，是世界社会主义运动高潮迭起、凯歌行进的辉煌年代，短短半个世纪曾出现两次社会主义革命高潮。第一次高潮出现在第一次世界大战中及之后，其标志有三：第一，列宁领导俄国十月革命取得胜利，建立了世界上第一个社会主义国家，使社会主义从理论变为现实，开辟了人类历史新纪元。第二，在十月革命胜利的鼓舞下，芬兰、德国、匈牙利等欧洲国家的无产阶级曾掀起夺取政权的革命风暴；朝鲜、中国、印度、伊朗、土耳其等亚洲国家也先后出现了规模空前的反帝反封建的民族民主革命运动。第三，在欧亚革命风暴中，欧洲无产阶级左派纷纷脱离了社会民主党，建立了共产党；印度、中国、日本等亚洲国家的共产党组织也相继成立。从十月革命到20年代初，短短几年间，世界上先后建立起70多个共产党组织。世界社会主义运动走出了第二国际破产的低迷，并把活动舞台从欧洲扩展到了亚洲。

第二次世界大战后，社会主义运动又出现第二次高潮，它集中表现为三个方面：其一，社会主义在世界反法西斯战争的胜利中获得了突破性的进展，社会主义制度越出苏联一国范围，形成一个地域毗连拥有世界三分之一人口和四分之一土地包括10几个社会主义国家的强大的世界社会主义体系。其二，战后资本主义国家共产党如法国共产党、意大利共产党等，力量和影响普遍扩大，工人运动有了进一步的发展。其三，在社会主义革命胜利的影响和支持下，亚非拉民族解放运动不断高涨，持续几百年的殖民体系在反帝反殖的革命浪潮冲击下，土崩瓦解。尤为引人注目的是，在挣脱殖民枷锁获得民族独立的国家中，许多还纷纷选择以社会主义为方向的发展道路。战后在近九十个新独立的国家中，就有半数以上宣称在本国实行社会主义。社会主义思潮及运动不仅以欧洲和亚洲，而且在整个世界广泛兴起和发展，使之成为战后一股强大的历史潮流。

世界社会主义的发展在本世纪的下半叶却经历了两次大的曲折。第一次是从60年代初开始，其主要表现是：第一，国际共产主义运动在意识形态大论战中出现大动荡、大分裂的局面，一些共产党之间、社会主义国家之间关系恶化，社会主义阵营随之解体。第二，社会主义国家内部在主观指导方面出现了很多失误。如苏联的大国沙文主义和霸权主义，中国长达10年的"文化大革命"等，使社会主义建设和人民生活的改善受到极大影响，社会主义优越性的发挥受到严重的制约，吸引力变小了。第三，发达资本主义国家的共产党尚未在战后新科技革命和资本主义经济政治发展的新情况下探索出一条成功之路，其力量和影响减弱。上述情况使世界社会主义运动处于停滞徘徊状态。这一状态到70年代末80年代初开始出现转机：一是中国等社会主义国家改革潮流的兴起和取得的成就，显示了社会主义新的生机和活力；二是随着社会主义国家间关系的正常化和共产党之间关系的改善，社会主义发展的形势逐渐好转。然而到了80年代末90年代初，社会主义发生了第二次更为严重的曲折。首先是东欧几个社会主义国家的政局在短时间内发生了向否定社会主义方向发展的急剧变化，然后是世界上第一个社会主义国家苏联解体。苏东剧变，震撼了世界，并给世界社会主义运动带来强烈冲击：世界上的社会主义国家由10几个减少为几个，共产党组织由180多个减少为130个，人数减少3000多万。一些国家的共产党或是改名换姓，投靠社会民主党，或是宣布解散，放弃马克思主义。在欧洲，左派力量受到打击，右翼势力乘机抬头，沉渣泛起。在发展中国家，一些原来声称搞社会主义的民族独立国家也改旗易帜，公开宣布放弃社会主义而搞私有化、多党制和议会制。世界社会主义运动处于严重低潮跌入低谷。

令人深思的是，本世纪的世界社会主义运动为什么会出现如此大起大落的历史曲折？诚然，社会主义运动作为无产阶级和广大劳动群众反对资本主义争取社会主义的斗争，其发展进程从来就不是一帆风顺的。但对本世纪来说，这不仅在于有着始终影响社会主义发展的普遍性原因，如由社会主义革命性质决定的它的空前伟大艰难性，国际帝国主义变换各种手法对其渗透破坏性，社会主义作为新生事物成长发展的规律性，以及人们对社会主义认识的过程性等等，同时，更有着本世纪的一些特殊因素的作用。这些特殊因素，笔者以为最根本的是以下两个方面：

其一，从外部因素讲，它与世界主题的变化紧密相联。十月革命胜利所开辟的人类从资本主义向社会主义过渡的新时代，其根本性质虽没有改变，但时代主题却发生了重大变化。本世纪的上半叶，时代主题是战争与革命，无产阶级政党利用两次世界大战所造成的革命形势，用革命战争实现了从资本主义向社会主义的过渡。在这革命高潮时期，如同马克思所说“革命是历史的火车头”，“一天等于二十年”，社会主义越出一国范围迅速扩展到多国。广大殖民地半殖民地国家也在这战争与革命的风暴中通过民族解放战争和其他斗争形式获得了独立。这一时期社会主义取得重大胜利的根本原因，是社会主义必然取代资本主义这一客观规律作用的结果，但它也是同发生了两次世界大战的特定历史条件相联系的，历史提供了有利于社会主义胜利的机遇，无产阶级政党正确把握和抓住了这一机遇，从而把社会主义运动推向高潮。从本世纪60年代后期开始，世界主题由战争与革命转向和平与发展。这一重大变化向社会主义运动提出了更新思维方式、调整战略策略、变换斗争手法的挑战和要求以在新的历史条件下巩固自己、发展自己的挑战和要求。但较长时期以来，一些国家的共产党人对此反应迟缓，未能及时判明世界主题的变化，或与帝国主义超级大国轮番军备竞赛，争夺军事优势，或实行片面畸形的经济发展战略，使社会主义在同资本主义新的历史竞争中未能取得主动地位，并面临低潮。

其二，从内部因素讲，它与社会主义国家的发展状况紧密相联。社会主义国家的出现，是本世纪社会主义运动的一大特色，同时也表明世界社会主义运动发展到了从争取社会主义到建设社会主义的新阶段。在这一阶段中，首先取得社会主义革命胜利的社会主义国家居于“潮头”，是社会主义运动的重要基地和中坚力量。同时，它们也是人们直接了解社会主义制度，审视社会主义优劣的窗口。因此，社会主义国家的建设状况如何，不仅直接关系到自身的生存发展，而且对世界社会主义运动的走向也有着举足轻重的影响。事实正是如此，社会主义在本世纪上半叶高潮迭起，威望日增，是与社会主义国家迅速恢复和发展经济，改善人民生活以及在世界反法西斯战争中的重大贡献和光辉榜样作用分不开的。60年代以来，社会主义国家在指导思想上、建设模式上、发展战略上、民主法制建设上，以及社会主义国家相互关系上都出现了种种失误，以至使社会主义声威大损，人们对社会主义的热情和信心大减，社会主义国家面临严重挫折和困难，世界社会主义运动也走向低潮。尤其需要指出的是，社会主义国家的发展状况，无不是与这些国家的执政党——共产党的状况直接联系在一起的。共产党的领导是决定社会主义兴衰成败最重要最关键的问题。有了共产党的正确领导，就有了社会主义革命的胜利和建设事业的成功，如共产党领导失误或偏离社会主义基本原则，丧失无产阶级先锋队的本色以至放弃共产党的领导，则将严重损害甚至葬送社会主义事业。苏东剧变的事实再次向人们昭示了这一朴素真理和深刻教训。

**三、20世纪社会主义运动在成功与挫折的实践中，理论深化，向着更加健康的方向发展**

20世纪的社会主义运动历经潮起潮落的曲折坎坷，现已进入新旧世纪之交。它虽仍处于低潮之中，但却没有停止前进步伐，并呈现出理论和实践的自我更新、向着更加健康方向发展的趋势和特点。

第一，在发生剧变的原苏东地区，社会主义力量依然存在，争取社会主义的斗争仍在进行。原共产党组织中，俄罗斯共产党等大多数党通过斗争，已恢复合法地位，并拥有相当力量和影响。有的共产党组织从来就没有停止活动，一直理直气壮地为社会主义而战。原苏东地区还产生了许多以社会主义为方向的新的共产党和组织。这些共产党人正在为重新争取社会主义而斗争,并在斗争中认真总结经验教训,表示不会回到过去的模式,而是要重新认识社会主义,进行理论反思。俄共中央委员鲍里斯·斯拉温1994年曾撰文指出,在全思考苏东剧变原因和在这些国家实现社会主义问题时,“必须重新向自己提出下面的问题:什么是社会主义?社会主义的历史必然性何在?为什么社会主义在俄罗斯垮台了,而在中国却继续蓬勃发展? 从世界共产主义运动的正反经验中应当吸取什么教训? 在当代西方社会民主主义的经验中,有什么正面的东西可以吸取,有什么东西应当避免? 这些以及其他等等问题要求活跃马克思主义思想,抛弃以前的教条主义和机会主义观点。”(《当代世界与社会主义》1965年第3期。)

第二,在发达资本主义国家尤其是西欧地区,多数共产党组织已顶住了苏东剧变的冲击波,名称不改,组织不散,稳住阵脚,坚持斗争。同时,他们也重视和深刻吸取苏东剧变的教训,摒弃一些“左”的提法和做法,重新调整自己传统的战略策略,努力建立广泛的左翼联合战线以争取更多的群众。他们尤其强调不再盲目追随某个外国党和某种固定模式,而是要走独立自主的发展道路,建立具有本国色彩的社会主义。

第三,在亚洲,社会主义出现了生机焕发、蓬勃发展的局面。这不仅表现在除蒙古外,其余社会主义国家都经受住了苏东剧变的严峻考验,继续坚定不移地走社会主义发展道路,并继中国之后,越南、朝鲜等国都打开国门,实行了程度不同的改革开放、自我更新,以及尼泊尔共产党(联合马列)曾在1994年的议会选举中获胜而一度上台执政。尤其令人瞩目的是,中国共产党领导全国人民在社会主义道路上阔步前进,短短10多年时间,在加速经济建设、改善人民生活、增强综合国力方面而都上了一个台阶。1995年9月,世界经济论坛和国际管理发展研究院在瑞士发表的《世界竞争力报告》中,已首次将中国列入世界最具竞争力的国家和地区行列。社会主义在中国何以能保持强劲的发展势头和健康活力? 最根本的原因,在于以邓小平为代表的中国共产党人在当今和平与发展的时代条件下,坚持马克思主义基本原理与本国实际相结合,总结国内外社会主义的历史经验,逐步形成和发展了建设有中国特色社会主义理论。建设有中国特色社会主义,是创造性地发展科学社会主义的一种新型社会主义理论和模式,它第一次比较系统地初步回答了中国这样的经济文化比较落后国家如何建设社会主义的和巩固社会主义一系列基本问题,不仅开创了我国历史的新局面,而且从理论和实践上对推动世界社会主义事业的发展也有着重要意义。

孙林:《论二十世纪社会主义运动的历史特点》,《攀登》,1996年第5期

## 关于社会主义的本质

弄清社会主义本质与社会主义社会特征的区别和联系,有助于我们加深对社会主义本质的认识。有的人认为,关于社会主义本质,应该加上公有制和按劳分配的内容才完整;有的则提出,解放生产力和发展生产力不应是社会主义的本质,理由是资本主义社会在一定发展阶段也在一定程度上解放和发展生产力。这两种观点都没有正确认识社会主义本质。

为什么邓小平同志在论述社会主义本质时,没有谈到公有制和按劳分配,这决不是邓小平同志的一时疏忽,而是他经过科学分析后作出的结论。也不像有的同志所说的,“公有制和按劳分配是社会主义本质的应有之义”。公有制和按劳分配是社会主义社会的特征,但它们不是社会主义本质。社会主义社会的特征由社会主义本质决定,社会主义本质则是由社会主义社会的基本矛盾运动所决定的。毛泽东说:“任何运动形式,其内部都包含着本身特殊的矛盾。这种特殊的矛盾,就构成一事物区别于他事物的特殊的本质。”(《毛泽东选集》,人民出版社1996年第1版,第283～284页。)社会主义社会生产关系和生产力之间的矛盾,上层建筑和经济基础之间的矛盾,构成了社会主义社会的特殊本质。因为生产力与生产关系,经济基础与上层建筑之间的矛盾,是贯穿任何社会的基本矛盾。正是这一矛盾运动,推动着社会向前发展,但这一矛盾在不同的社会形态中的具体表现是不同的。在资本主义社会,它表现为社会化大生产与生产资料资本家占有的矛盾,表现为无产阶级与资产阶级的矛盾,其结果是少数人占有绝大部分成果,造成贫富悬殊,这是资本主义本质的表现。在社会主义社会里,这一矛盾主要表现为人民群众日益增长的物质文化需要同落后的社会生产力之间的矛盾,解决这一矛盾只能是通过解放生产力,发展生产力,改变生产的落后状况,提高人民的物质文化生活水平,消灭剥削,消除两极分化,渐次达到共同富裕。可见,这一矛盾运动决定了社会主义本质是解放生产力,发展生产力,消灭剥削,消除两极分化,最终达到共同富裕。社会主义本质与社会主义社会的特征不是一回事。社会主义社会的特征展示这个社会是一个什么样的社会制度和社会形态,而社会主义本质所回答的是这种社会制度、社会形态的本质

属性是什么。公有制是社会主义的基本经济制度，但它不是社会主义的本质，所谓社会主义本质，从一定意义上说，就是公有制的本质。如果把公有制也看成是社会主义本质，就等于说公有制就是社会主义，这样就毫无实际意义。作为社会主义社会的特征，我们在社会主义建设过程中已对此有了较明确的认识，但邓小平同志仍多次讲："什么叫社会主义，什么叫马克思主义？我们过去对这个问题的认识不是完全清醒的。"(《邓小平文选》第3卷，第63页。)其意义就在于，我们对社会主义的本质还没真正弄清楚。过去我们也反复讲坚持公有制，但离开生产力的发展而抽象地谈公有制，单纯地在生产关系上做文章，其结果是导致失误和挫折，究其原因，就是没有认识社会主义本质。

陈洪江：《关于社会主义本质论的几点认识》，《广西师范大学学报》，(哲社版)，1996年第2期

……生产资料公有制是社会主义的本质特征。社会主义的实践已经证明并将雄辩地证明：生产资料公有制的问题，是社会主义所有制的基本问题。生产资料掌握在什么人手里，决定着生产关系的性质。以私有制还是公有制为基础，是资本主义与社会主义的分水岭。我国根据自己的国情在现阶段允许非公有制的适当发展，是以公有制的主体地位为前提的。非公有制经济只能是公有制经济的补充，二者不能等量齐观。正如江泽民在《庆祝中华人民共和国建国四十周年的讲话》中指出的那样："我国经济发展中，我们要继续坚持以公有制为主体、发展多种经济成份的方针，发挥个体经济、私营经济以及中外合资企业和外资企业对社会主义有益的补充作用……绝不要削弱或取消公有制的主体地位。"这也就是说，要实现社会主义的社会制度，生产资料公有制的主体地位是前提。坚持、发展公有制经济的主体地位，是关系到社会主义经济发展道路的大问题。历史的经验告诉我们，当某种生产关系发展到一定阶段，代表这种生产关系的阶层力量就会要求搞权力再分配，实行某种制度来维护他们的利益。目前，一些私营和个体企业，在购买紧缺原材料、产品销售等经营活动中，采用送礼、行贿的办法，拉拢腐蚀国家干部，讨国家的便宜，搞权钱交易，从而严重损害了国家利益。因此，在进行社会主义建设中，必须坚持公有制经济的主体地位，"补充"与"主体"不能本末倒置。

坚持公有制的主体地位，是建设社会主义市场经济的保证，也是社会主义市场经济区别于资本主义市场经济的根本标志。可以断定，只有坚持公有制的主体地位，才能使国有企业、集体所有制企业成为社会主义市场经济中的主干力量，在整个国民经济中发挥主导作用。这样，国家就能从总体上对经济实施宏观调控，实现生产要素在全社会范围内合理配置，促进国民经济持续、快速、健康发展。国家才能统筹兼顾，合理安排生产、劳动就业和全国人民的生存大计；才能合理利用资源，集中有限人力、物力、财力，搞好关系国计民生的重点建设；才能集中国力对抗国外资本的垄断，保护和发展民族经济，充分发挥社会主义优越性，在保障生产顺利发展、促进社会稳定方面，起到决定性的作用。

实践证明，只有坚持公有制经济的主体地位，才能贯彻实施按劳分配的社会主义原则，逐步消灭剥削，防止两极分化，实现共同富裕。生产资料所有制的性质，从本质上决定着生产目的和方向。有什么样的所有制，就有什么样的分配形式。按劳分配是社会主义的本质特征之一，按劳分配是以公有制为基础的，也只有坚持社会主义公有制的主体地位，才能使按劳分配成为我国分配的主要形式。假若在我国经济中私有经济占了主要成份，生产资料大部分掌握在少数人手里，剩余劳动被少数人占有，按劳分配就无从谈起。而按资分配，势必出现分配不公，出现剥削与两极分化。反过来，坚持公有制经济的主体地位，按照个人劳动成果的多寡、质量的好坏、对社会贡献的大小分配为主，而不是按资产占有的数额分配为主，就能随着生产的进一步发展，社会的不断前进，实现共同富裕。现实告诉我们，尽管我国目前仍坚持以公有制经济为主体，但由于法制不健全，不法分子钻政策的空子，靠非法手段暴富，比一般工薪阶层的收入高出十几倍、几十倍，金额达几十万、上百万或上千万元。与之相反，不少国营企业却连年亏损，企业破产，职工靠领取社会保险渡日。另外，行业之间、地区之间，收入上较大的不合理差距，也影响了人们工作积极性的发挥。这种收入方面不合理的过分悬殊，分配不公现象，已引起群众的不满。如果放弃公有制经济的主体地位，不合理分配将继续发展，最终将可能破坏社会稳定。

现实告诉我们，只有坚持公有制经济的主体地位，才能不断满足人民日益增长的物质文化需要，才能增强综合国力。建国以来的实践证明，只有公有制企业，才能既注意经营者、劳动生产者的利益，又注重国家和社会的整体利益，正确处理好国家、企业、职工三者的利益，维护国家和消费者的利益。只有坚持公有制经济的主体地位，才能遵循价值规律和社会主义基本经济规律，按国家和人民的当前利益和

长远利益,组织生产,增强国力,提高人民的物质、文化生活水平。当前有些私营企业,为获取暴利,千方百计制售假冒伪劣产品,掺杂使假,哄抬物价,严重危害国家和消费者利益。有些外资企业,工作环境恶劣,任意延长工时,动辄罚款、体罚,甚至搜身,严重侵犯职工的权益。这些情况还是在我国以公有制经济为主体的情况下发生的。试想,假若公有制经济失去主体地位和主导作用,广大人民群众物质文化生活水平的提高将成为一句空话。

只有坚持公有制经济的主体地位,才能加强社会主义精神文明建设。众所周知,存在决定意识,思想意识是经济关系的反映。社会主义精神文明是以集体主义思想为核心的,集体主义的树立,灌输教育固然重要,但还要靠发展和壮大公有制经济。实践证明,集体经济壮大了,人民生活水平提高了,人们亲身体验到社会主义确实是实现共同富裕的康庄大道,就会心向集体,增强集体观念和集体荣誉感,进而维护集体利益,形成团结协作的人际关系。反之,如果削弱了公有制经济的主体地位,必然会削弱集体主义思想,自私自利的资产阶级个人主义思想就会趁虚而入。特别是一些通过非法手段获得巨额财富的人,他们奢侈、腐化、挥金如土。这样,不仅会挫伤那些踏实工作、诚实劳动而收入微薄者的工作积极性,而且,也会导致拜金主义、享乐主义、极端个人主义泛滥。目前,一些地区卖淫嫖娼、车匪路霸、拐卖妇女儿童、吸毒走私等丑恶现象的出现,固然与淡化思想教育有关,但与这些地方公有制经济的优越性没有充分显示,多数人受穷,少数坏人兴风作浪,也有密切关系。

张明华,李银梅:《也谈社会主义及坚持公有制的主体地位》,《山西财经学院学报》,1996 年第 2 期

为了弄清解放生产力、发展生产力与公有制为主体的关系,有必要说明为什么说解放与发展生产力是社会主义的本质。人们会问:资本主义也发展生产力,而且它把社会生产力发展到一个很高的阶段,怎么能把发展生产力作为社会主义的本质之一呢?按照马克思主义的观点,构成一个事物的本质,应当具备两个条件:一是它必须是该事物中最根本的能够制约和决定该事物一切主要方面的东西;二是它必须是贯串于该事物发展全过程中对该事物一切方面起制约和决定作用的东西。凡是具有这两个条件的东西,就构成为该事物的本质。

根据上述观点,我们可以看到,建立在生产资料私有制基础上的资本主义社会,其生产目的是最大限度地获取利润,它作为资本主义的基本经济规律制约和决定着资本主义生产的一切主要方面和主要过程,决定着资本主义的发展和灭亡。资本家采用先进的科学技术和管理方式提高劳动生产率及对生产关系的局部调整,都是为使自己在激烈的市场竞争中处于有利地位,最大限度地获取利润。可见,发展生产力只是资本主义发展过程中的推动作用(有时这种推动作用是空前的),而最大限度地追求利润才是资本主义内在的固有的本质属性。

然而,对于社会主义来说,解放与发展生产力是社会主义的本质。因为:第一,发展生产力是社会主义内在的本质的要求。马克思提出用公有制代替私有制,建立社会主义,并不是从什么道德标准或主观信念出发的,而是从生产力与生产关系的辩证关系、从社会主义更有利于生产力的发展出发的。邓小平指出:“根据我们自己的经验,讲社会主义,首先就要使生产力发展,这是主要的。只有这样,才能表明社会主义的优越性。”[②]特别是像我国这样起点低、生产力落后的社会主义国家,只有快速发展社会生产力,才能不断缩短与经济发达国家的差距,才能巩固社会主义。第二,社会主义的根本任务是发展生产力,不发展生产力,就不会有合格的社会主义。社会主义要求生产力以快于资本主义的速度发展,从发展趋势和最终结果来看,要求超越资本主义已达到的生产力水平。第三,社会主义的生产目的是不断满足全体人民日益增长的物质和文化需要,最终实现共同富裕。实现社会主义的生产目的,没有生产力的高度发达,就难以实现共同富裕。第四,发展生产力,是社会主义一种自觉的行为和过程。从原始社会到资本主义社会的各个社会制度中,虽然都有生产力的发展,但在很大程度上是在自发状态中发展的。正如恩格斯指出的,是“生产自发的发展起来的一切社会。”[③]而社会主义社会发展生产力,则自始至终是一种自觉的行为。为发展生产力而解放生产力,更是一种自觉的行为。第五,社会主义对生产力的发展和促进作用,不仅表现在它的某一阶段,而是贯串于社会主义发展的全过程。所以,我们有理由说,解放生产力、发展生产力是社会主义的根本任务和本质要求,是社会主义存在和发展的必要条件,是社会主义命运攸关的重大问题,是社会主义自觉追求的目标和实践。因此,便构成社会主义本质的组成部分。

在明确了解放生产力、发展生产力是社会主义的本质之后,就要进一步弄清解放和发展生产力与公有制为主体的关系。马克思主义告诉我们,生产力是社会发展最革命最活跃的因素,但是任何一种生

产力都离不开一定的生产关系而孤立地发展，它必须同一定的生产关系相结合。当生产关系适应生产力发展状况时，它促进生产力的发展；而当生产关系不适应生产力发展状况时，则阻碍生产力的发展。社会主义社会之所以能够使生产力获得迅速的发展，就在于它是建立在生产资料公有制为主体基础上的社会。马克思主义创始人提出以社会主义公有制代替资本主义私有制，首先是从生产力标准出发的，而不是首先从消灭剥削制度考虑的。奴隶制度是一种最野蛮的、人类历史上第一个剥削制度，但是它代替以公有制为基础的没有剥削和贫富差别的原始社会，是一种历史进步，因为奴隶社会比原始社会更有利于生产力的发展。社会主义公有制取代资本主义私有制，因为在现有的生产力发展阶段上，社会主义公有制更有利于生产力的发展。

以公有制为主体，适应生产社会化的要求，为生产力的发展开辟了广阔的道路。社会化大生产本身要求按其社会本性由全社会占有和管理生产资料，以消除资本主义所带来的种种弊端，促进生产力的迅速发展。当然，社会主义生产关系与生产力也并非不存在矛盾，只是它们的矛盾不是对抗性的，能够通过自身的改革与完善促进生产力的发展。

以公有制为主体，才能实现社会生产和整个经济运行的自觉性和计划性。马克思非常重视社会主义制度下社会生产和整个经济运行的自觉性和计划性，认为只有这样才能消除资本主义经济危机对生产力的浪费和破坏。公有制为主体的社会主义市场经济的运行，仍然不能忽视计划调节机制的作用，与资本主义相比较，应当也可能具有更高的自觉性和计划性。

总之，公有制为主体与发展生产力，是互相依存互相促进的关系，实行公有制为主体，是发展生产力的前提条件。反过来，发展生产力又会促进公有制的巩固与发展。公有制为主体是社会主义社会充满勃勃生机和活力的源泉。

孙居涛：《社会主义的本质与公有制为主体的关系》，《武汉大学学报》（哲社版），1996 年第 5 期

**一、社会主义本质的内涵之一——社会主义的基本制度**

……

邓小平非常重视这种科学的区分，把曾经被认为是社会主义本质实际上并不是社会主义本质的东西明确区别出来，指出那是可以改变的，改变了它不会改变社会主义的本质；把被实践证明确实是社会主义本质的东西明确强调出来，指出那是必须坚持的，如果不坚持就会改变社会主义的本质。他一贯强调必须坚持社会主义的基本制度，指出如果不坚持这个基本制度，社会主义的本质就会改变。邓小平揭示的必须坚持的社会主义基本制度的内涵，是由一系列具有规律性、必然性的要素有机构成的。这就是：

第一，以公有制为主体。邓小平多次强调，社会主义是以公有制为主体的。没有公有制的主体地位，就不成其为社会主义经济。

第二，以按劳分配为基本的分配原则。以按劳分配为基本的分配原则，是社会主义经济制度区别于其他任何类型的社会经济制度的本质特征之一。

第三，工人阶级领导的以工农联盟为基础的人民民主专政、全国人民代表大会制度。这是国体和政体，必须坚持。邓小平指出：“依靠无产阶级专政保卫社会主义制度，这是马克思主义的一个基本观点。马克思说过，阶级斗争学说不是他的发明，真正的发明是关于无产阶级专政的理论。历史经验证明，刚刚掌握政权的新兴阶级，一般来说，总是弱于敌对阶级的力量，因此要用专政的手段来巩固政权。对人民实行民主，对敌人实行专政，这就是人民民主专政。运用人民民主专政的力量，巩固人民的政权，是正义的事情，没有什么输理的地方。”（《邓小平文选》第 3 卷第 379 页。）

第四，共产党的领导。现代政治制度中，政党的领导地位是一个基本的要素，国家越现代化越是如此。中国工人阶级对国家的领导作用是通过它的先锋队组织中国共产党的核心作用来实现的。共产党的领导是社会主义国家政治制度的基本构成。

第五，马克思列宁主义、毛泽东思想的指导。列宁指出：政治上层建筑是人们根据经济基础的要求，并“通过人们的意识而形成的”（《列宁选集》第 1 卷，第 8 页。）

我国社会主义的国家制度，是在马克思列宁主义、毛泽东思想指导下，在中国共产党的领导下建立起来的。马克思列宁主义、毛泽东思想是社会主义基本政治制度的理论基础，是社会主义思想上层建筑的灵魂。

第六，社会主义道路和方向。社会主义是共产主义的第一阶段，这是一个很长很长的历史阶段。而社会主义初级阶段又是社会主义历史阶段的第一阶段。因此，社会主义初级阶段是社会主义高级阶段的必要准备，社会主义高级阶段是社会主义初级阶段的必然趋势；共产主义第一阶段是共产主义高级阶

段的必要准备,共产主义高级阶段又是共产主义第一阶段的必然趋势。所以,坚持社会主义道路和方向是社会主义制度的本质要求。

上述六条,都是中国革命的基本因果关系的体现。中国新民主主义革命和社会主义改造之所以发生、发展和取得胜利的基本原因,已经预设着社会主义基本制度的基本内涵,就像生物的基本品性已被基因预设着一样。上述六条,在中国革命的历史进程中已经获得必然性,是符合规律性的。居主体地位的所有制、基本的分配制度、国体政体、领导核心、指导思想、道路方向,构成社会主义基本制度的六大要素,是有机地联系在一起的,丧失其中任何一条,都会危及其他几条的存在,从而危及社会主义的本质的有机整体。

**二、社会主义本质的内涵之二——社会主义的基本价值**

……

社会科学揭示社会上的各种事物的本质,大多把本体论的方法和价值论的方法结合起来。如马克思主义揭示国家的本质,指出国家是阶级矛盾不可调和的产物,是阶级压迫阶级的工具;经经济学揭示商品的本质,指出商品是用来交换的劳动产品;等等:都是既从本体论的角度又从价值论的角度,把二者结合起来。

邓小平特别重视揭示社会主义作为一种经济制度和政治制度对于社会主体的意义和作用,特别重视揭示社会主义的基本价值。社会主义的基本价值,指的是社会主义经济制度和政治制度对于社会主义主体的基本的意义和作用,它是社会主义之所以为社会主义的根据,是它把社会主义与其它社会形态从根本上区别开来,也即邓小平经常强调的社会主义的优越性。

邓小平一再强调、深刻阐述的社会主义基本价值的主要内涵是:

第一,解放生产力。邓小平多次指出:马克思主义最重视生产力。社会主义制度是社会生产力要求解放的必然产物;已经建立起来的社会主义制度还要进行改革,革除束缚生产力的桎梏,不断解放生产力。"社会主义基本制度确立以后,还要从根本上改变束缚生产力发展的经济体制,建立起充满生机和活力的社会主义经济体制,促进生产力的发展,这是改革,所以改革也是解放生产力。过去,只讲在社会主义条件下发展生产力,没有讲还要通过改革解放生产力,不完全。应该把解放生产力和发展生产力两个讲全了。"(《邓小平文选》第3卷,第370页。)

第二,发展生产力。邓小平指出:"马克思主义的基本原则就是要发展生产力。"(同上,第116页。)"社会主义阶段的最根本任务就是发展生产力,社会主义的优越性归根到底要体现在它的生产力比资本主义发展得更快一些、更高一些……"(同上,第63页。)。

第三,消灭剥削。无产阶级革命就是要消灭剥削。剥削的消灭是一个漫长的过程。社会主义制度要创造消灭剥削的社会历史条件,把消灭剥削作为基本的历史任务。

第四,消除两极分化。两极分化既是剥削制度的恶果,又是产生新的剥削制度的土壤。消除两极分化是社会主义的基本价值选择,"社会主义制度就应该而且能够避免两极分化"(同上,第374页。)。

第五,最终实现共同富裕。邓小平指出:"社会主义的特点不是穷,而是富,但这种富是人民共同富裕。"(同上,第265页。)

第六,建设物质文明和精神文明。这是社会主义社会的本质特征。邓小平强调,物质文明和精神文明都搞好,才是有中国特色的社会主义。

上述六条,都是社会主义经济制度和政治制度对于社会主体的基本意义和作用,即基本的价值。它们之间是相互关联的。解放生产力和发展生产力,是社会主义首要的基本的价值。它提供社会发展和人民生活提高的物质基础的前提条件;消灭剥削,消除两极分化,是社会主义从反面强化的基本价值选择和价值导向,是要力求避免自发的趋势;最终实现共同富裕,建设物质文明和精神文明,是社会主义从正面强化的基本价值选择和价值导向,是要努力追求的自觉目标。

**三、社会主义的本质是基本制度的基本价值的辩证统一**

社会主义的基本制度和社会主义的基本价值是相互联系而不可分割的。都是社会主义本质的有机构成。

它们的关系是"本体"和"效用"的关系。为什么要坚持社会主义基本制度呢?是因为它有重大的意义和作用。在1980年,邓小平指出:社会主义是一个很好的名词,但是如果搞不好,不能正确理解,不能采取正确的政策,那就体现不出社会主义的本质。根据我们的经验,讲社会主义,首先要使生产力发展,这是主要的。只有这样,才能表明社会主义的优越性。邓小平的意思很明确,社会主义基本制度是好东西,必须要坚持。但要正确理解,特别要正确理解它的意义和作用。它正确的意义和作用就是解放生产力，发展生产力，消灭剥削，消除两极分化，最终实现共同富裕，建设物质文明和精神文明。离开社会主义基本制度来体现社会主义的本质，表明社会主义优越性，就没有凭借，就无从谈起；不能正确理解和发挥它的意义和作用，它的本质就体现不出来。就象一枝箭，我们不能总说："好箭！好箭！"，就是拿在手里不射出去，或者无的放矢，把事情弄得一团糟。正确的做法是有的放矢。我们应当用社会主义基本制度"之箭"，去射社会主义基本价值之"的"。

社会主义基本制度和社会主义基本价值的"体"和"用"关系，在运动中遵循"用进废退"原则。社会主义的优越性体现得越多，发挥得越好，社会主义基本制度就越巩固，越完善；社会主义基本制度越巩固，越完善，就更能实现它的基本价值。反之，如果不能正确发挥社会主义优越性，不能正确体现社会主义的本质，社会主义基本制度就不能巩固和发展；如果社会主义基本制度被动摇，所谓发挥社会主义优越性，体现社会主义本质将会成为一句空话。

徐德明：《社会主义的本质是基本制度和基本价值的辩证统一》，《社会科学》，1996年第10期。

## 关于社会主义的发展动力

### 一

斯大林关于社会主义发展的"完全适合动力论"包括两个要点：一是认为在社会主义条件下，"生产关系同生产力状况完全适合"(《斯大林选集》下卷，第449、590页。)，受斯大林的影响，苏联理论界生产力的适合，不像在社会主义以前的社会形态中那样暂时适合，而是经常适合。不是相对适合，而是完全适合，……因而苏联没有生产力和生产关系的矛盾。"([苏]奥斯特罗维季扬诺夫：《论社会主义制度下生产关系和生产力的完全适合》，《经济问题》1940年第3期。)既然在苏联社会主义条件下，生产关系与生产力是完全适合的，那么，这种生产关系一经建立，就必然为生产力的发展开辟开阔的天地，苏联的生产力"具有没有阻碍的发展的可能性"([苏]萨维利耶夫：《社会主义前进运动的特点》，载图林加诺夫主编论文集《辩证法规律在苏联向共产主义过渡时期的作用和特点》，苏联列宁格勒大学出版社1963年版。)。苏联社会主义的生产关系"完全适合于生产力的增长，推动生产力一日千里地向前发展"(《斯大林选集》下卷，第449、590页。)。生产力发展的"一日千里"，正是由生产关系与生产力的"完全适合"产生出来的。

对于斯大林的观点，毛泽东是不满意的。他在1957年1月省市自治区党委书记会议上的讲话中，对"完全适合动力论"提出了批评。他说："斯大林在一个长时期里不承认社会主义制度下生产关系和生产力的矛盾，上层建筑和经济基础的矛盾。直到他逝世前一年写的'苏联社会主义经济问题'，才吞吞吐吐地谈到了社会主义制度下生产关系和生产力的矛盾，上层建筑和经济基础的矛盾，说如果政策不对，调节得不好是要出问题的。但是他还没有把社会主义制度下生产关系和生产力的矛盾，上层建筑和经济基础的矛盾，当作全面性的问题提出来，他还没有认识到这些矛盾是推动社会主义社会向前发展的基本矛盾。"(《毛泽东选集》第5卷，第356页。)毛泽东的这一论述，不仅批评了斯大林看不到社会主义社会存在着矛盾的"完全适合动力论"，而且提出了生产力生产关系、经济基础与上层建筑的基本矛盾，是推动社会主义社会发展的动力。

斯大林"完全适合动力论"的第二个要点，是强调在苏联社会主义制度建立以后，人民群众精神上、道义上的一致，人民群众的团结一致，是社会主义社会的发展动力。在这个意义上，"完全适合动力论"又可称为"一致动力论"。对此，毛泽东也是不赞成的。他认为，不说社会主义内部的矛盾，说精神上、道义上的一致是社会主义国家强大的发展动力，这样一来，矛盾的普遍性这个规律，在他们那里就被否定了，辩证法在他们那里就中断了。没有矛盾就没有运动，社会总是运动发展的。在社会主义时代，矛盾仍然是社会运动发展的动力。因为不一致，才有团结的任务，才需要为团结而斗争。如果总是一致，那还有什么必要不断进行团结的工作呢。由此可见，与斯大林不同，毛泽东考察社会主义社会的着眼点是矛盾，他用"矛盾动力论"取代了斯大林的"完全适合动力论"。

### 二

矛盾，是毛泽东哲学思想的基本范畴。矛盾论，是毛泽东哲学思想的基本内容。矛盾分析法，是毛泽东哲学思想的基本方法。在一定意义上说，毛泽东的辩证法，就是矛盾辩证法。毛泽东的哲学，就是矛盾哲学。毛泽东坚持用矛盾的观点考察社会主义社会，他对斯大林"完全适合动力论"的批评，从总体上看是正确的。正是在否定"完全适合动力论"的基础上，他提出了"矛盾动力论"。

毛泽东关于社会主义社会发展的"矛盾动力论"主要由以下几个方面组成：一是强调社会主义社会

充满着矛盾。1957年11月18日，毛泽东在莫斯科共产党和工人党代表会议上的发言中说："无论什么世界，当然特别是阶级社会，都是充满矛盾的。有些人说社会主义社会可以找到矛盾，我看这个提法不对。不是什么找到或者找不到矛盾，而是充满着矛盾。"(《毛泽东选集》第5卷，第498页。)这样，毛泽东就不仅否定了拒绝矛盾的"完全适合动力论"，也否定了"找到矛盾论"，而主张"充满矛盾论"。二是揭示了社会主义社会的基本矛盾。社会主义社会充满着矛盾，那么，什么是基本的矛盾呢？毛泽东明确指出："在社会主义社会中，基本的矛盾仍然是生产关系和生产力之间的矛盾，上层建筑和经济基础之间的矛盾。"(《毛泽东选集》第5卷，第377页。)社会主义社会的基本矛盾是非对抗性的，是既相适应又相矛盾的。三是阐明了社会主义社会的两类矛盾。毛泽东提出敌我矛盾和人民内部矛盾是两类不同性质的社会矛盾，前者是分清敌我问题，后者是分清是非问题，在一定条件下两类矛盾可以相互转化。他强调正确处理人民内部矛盾是国家政治生活的主题，并且提出了正确处理人民内部矛盾的一系列具体方法。四是提出了社会主义社会的矛盾分析法。这就是人们十分熟悉的诸如一分为二、两点论、两分法、两条腿走路等等。

毛泽东提出社会主义社会充满着矛盾，创立社会基本矛盾学说和两类矛盾理论，坚持社会主义社会的矛盾分析法，无疑具有重要意义。他把矛盾作为考察社会主义社会的出发点，用矛盾的观点分析、考察、认识社会主义社会，这一"矛盾动力论"比之斯大林的"完全适合动力论"，在理论上是一个进步，在实践中也更加切合社会主义的实际。但是，如果把矛盾无限扩大化、绝对化，那不仅不可能真正解决社会主义社会发展的动力问题，而且会造成极为严重的后果。不幸的是，这一灾难性的后果在中国"文化大革命"的悲剧中发生了。"文革"的产生，原因自然是多方面的。但是从毛泽东的矛盾观来看，他对矛盾论的片面理解和曲解，最终导致斗争哲学，不能不说是其哲学根源之一。在毛泽东的晚年，随着阶级斗争扩大化的"左"的错误不断发展，对矛盾的理解也越来越偏狭。这表现在对矛盾斗争性和统一性的关系上，越来越强调斗争性而忽视统一性；在矛盾分与合的关系上，越来越强调分而忽视合；在矛盾平衡与不平衡的问题上，越来越强调不平衡而忽视平衡；在结合对立面与设置对立面的问题上，越来越强调设备对立面而忽视结合对立面。其中比较极端的表述方式有"综合就是吃掉"。以致于相当一段时间，我国哲学教科书把"吃掉"作为解决矛盾的唯一方式。还有"一分为二是辩证法，合二而一是修正主义"，在这一对矛盾论的极端的表达方式下，有关"一分为二"和"合二而一"的学术讨论变成政治批判就不可避免了。在"文化大革命"中，更是主张斗则进，不斗则退，不斗则垮，不斗则修。八亿人口，不斗行吗。这种由对矛盾曲解而最终演变成的斗争哲学，给我们留下的教训是极为沉痛的。

对矛盾论的曲解，不仅会在实践中造成巨大失误，而且"矛盾动力论"本身在理论上也值得进一步探讨。笼统地说："矛盾是社会主义社会的发展动力"，还需要斟酌。早在50年代苏联理论界的讨论中，就有人对这一提法提出质疑，并断言"推动前进的不是矛盾，而是克服矛盾"([苏]E·卢金娜:《推动前进的不是矛盾，而是克服矛盾》，《哲学问题》，1957年第3期。)论者认为，矛盾本身不能推动工业、农业、科学技术等等的发展，只有在克服这种矛盾的过程中，社会物质生活和精神生活才能得到发展。笔者以为，这种观点不无道理。因为古往今来，矛盾无处不在，无时不有，如果说矛盾是发展的动力，发展岂不是自然而然的事了。把矛盾当作社会发展的动力，客观上会导致放松克服矛盾的努力，甚至否定主观因素和主体实践的意义，这是显而易见的。长期以来，由于主张"矛盾动力论"，因此"矛盾是社会发展的动力"的观点十分流行，而主张克服矛盾、解决矛盾才是发展的动力的观点被抛在一边。仔细想一想，"矛盾是发展的动力"的提法是似是而非的。我们可以说矛盾是发展的根源，但却不能笼统地说矛盾是发展的动力，因为矛盾也可能是发展的阻力。比如腐败与人民群众的矛盾，克扣中小学教师工资与尊师重教的矛盾，法律意识差与健全法制的矛盾，就不能说是改革开放和社会主义现代化建设的动力，而是阻力，只有通过改革，克服这些矛盾，才能推动社会主义社会的发展。改革既要面对矛盾，又要解决矛盾。改革才是解决社会主义社会矛盾的基本途径，是推动社会主义社会发展的基本动力。因此，"改革动力论"的提出，比之"矛盾动力论"，是社会主义社会动力论的又一次伟大推进与变革。

## 三

改革，是中国人民的历史抉择，是当代中国不可抗拒的时代潮流。对于改革，邓小平有一系列精辟见解，这些见解鲜明地体现了邓小平对社会主义社会发展动力论的新认识，即"改革动力论"。改革何以成为现阶段我国社会主义社会发展的基本动力呢？根据邓小平的论述，主要有以下几个方面：

第一，只有改革，才能从“左”的错误造成的灾难，特别是“文革”悲剧中走出来，使社会主义重新得到发展。邓小平在谈到20年的“左”时说：“1957年后‘左’的思想开始抬头，逐渐占了上风。1958年‘大跃进’，一哄而起搞人民公社，片面强调‘一大二公’，吃大锅饭，带来大灾难。‘文化大革命’就更不用说了。1976年粉碎‘四人帮’后，我们还徘徊了两年，基本上还是因循‘左’的错误，一直延续到1978年。从1958年到1978年的整整20年里，农民和工人的收入增加很少，生活水平很低，生产力没有多大发展。1978年人均国民生产总值不到250美元。”(《邓小平文选》第3卷，第115页。)这种状况，不改革行吗？

第二，只有通过改革，才能解放和发展生产力，摆脱贫穷。社会主义的根本任务是发展生产力，“在社会主义国家，一个真正的马克思主义政党在执政以后，一定要致力于发展生产力，并在这个基础上逐步提高人民生活水平”(《邓小平选集》第3卷，第28页。)。改革是解放和发展生产力的必由之路。以往，我们往往把革命理解为解放生产力，把建设理解为发展生产力。其实，革命是解放生产力，改革也是解放生产力。建设是发展生产力，改革也是发展生产力。只有解放和发展生产力，才能摆脱贫穷，贫穷不是社会主义。“要建设对资本主义具有优越性的社会主义，首先必须摆脱贫穷。现在虽说我们也在搞社会主义，但事实上不够格。只有到了下世纪中叶，达到中等发达国家的水平，才能说真的搞了社会主义，才能理直气壮地说社会主义优于资本主义。”(《邓小平文选》第3卷，第225页。)这里的“格”实际上就是生产力标准。

第三，只有通过改革，才能变革旧的体制，建立适应生产力发展和现代化要求的社会主义市场经济和民主政治。改革，“这是一场革命。当然，这不是对人的革命，而是对体制的革命”(《邓小平文选》第2卷，第397页。)。所谓体制，主要是指经济体制和政治体制。从经济体制来看，新中国成立以后建立的经济管理体制主要是从苏联模式来的。在社会主义改造时期，高度集中的计划管理对于发展经济，保障供给，稳定物价，打击投机倒把，巩固新生政权起了重要作用。但是随着实践的发展，这种体制的弊端也就越来越暴露和明显。主要弊端是政企不分，条块分割，国家对企业统得过死，忽视商品生产、价值规律和市场的作用，分配中的平均主义严重妨碍了企业和职工的积极性、主动性和创造性。因此，必须进行经济体制改革，建立社会主义市场经济体制。从政治体制来看，我国原有的政治体制存在着权力过分集中现象。在恢复国民经济和社会主义改造时期，这种体制对于迅速地集中人力、物力、财力，以及保持社会的稳定和发展，起过重要作用。但是，随着社会经济、政治、文化的发展，人民群众政治素质和文化水平的提高，随着党和国家工作重心的转移，这种体制的弊端也逐渐明显地暴露出来。主要的弊端就是官僚主义，权力过分集中，家长制现象，干部领导职务终身制，形形色色的特权现象，以及由此滋生的腐败现象，严重地阻碍了民主政治的发展。因此，必须进行政治体制改革，建立健全社会主义民主与法制。

十一届三中全会以来，我国从农村到城市，从生产领域到流通领域、分配领域，从所有制形式、经营方式到政府管理机构，都进行了不同程度的改革。改革促进了生产力的发展，引起了经济生活、社会生活、思维方式、工作方式、生活方式、交往方式和精神状态的一系列深刻变化。三中全会以来的改革，就其引起社会变革的广度和深度来说，是开始了一场新的革命。它的实质和目标，是要从根本上改变束缚我国生产力发展的经济体制，建立充满活力和生机的社会主义新经济体制。同时相应地改革政治体制和其它方面的体制，以实现中国的社会主义现代化，促进中国社会的大发展。三中全会以来的改革实践充分证明：改革是社会主义社会发展的基本动力。

## 四

从“完全适合动力论”到“矛盾动力论”，再到“改革动力论”，反映了对社会主义认识的不断深化，体现了社会主义社会发展动力论的历史演进和巨大变革。改革是当代中国的主旋律，改革动力论是社会主义认识史的新的里程碑。比较斯大林的“完全适合动力论”，毛泽东的“矛盾动力论”，邓小平的“改革动力论”，我们至少可以得到以下几点深刻认识：

首先，从矛盾问题上看，毛泽东的“矛盾动力论”，比起斯大林的“完全适合动力论”显然是一个历史进步。毛泽东提出了矛盾，但是从解决矛盾的方式看，主要讲的是调节和调整，而没有提出改革，特别是全面改革的任务，这一任务是党的十一届三中全会提出的。如果说毛泽东的“矛盾动力论”揭示了社会主义社会充满着矛盾，那么，邓小平的“改革动力论”，则是在承认这一前提的基础上，进一步提出改革是解决社会主义社会矛盾的基本方式，是社会主义社会发展的基本动力，这是对“矛盾动力论”的重大发展。

其次，从生产关系与生产力的关系上看，毛泽东认为社会主义社会的基本矛盾是“既相适应又相矛盾”的，这当然没有错，但对此不能作机械的绝对的理解，必须作具体的历史的分析。由于毛泽东晚年“左”的错误，政治上搞阶级斗争扩大化，经济上急躁冒进，结果严重阻碍了生产力的发展，使社会基本矛盾的“矛盾”方面十分突出，变得越来越不适应了，特别是十年“文化大革命”，造成了极为严重的后果。这种状况，仅仅用“既相适应又相矛盾”来解释是远远不够的。要改变这种状况，一般的调节也是根本不行的，必须进行改革。相比较而言，在生产关系和生产力、上层建筑与经济基础的“又相适应又相矛盾”中，毛泽东的基点是放在“又相适应”的方面的，而邓小平的视角则是侧重于“又相矛盾”的方面的。因此，他不仅系统地论述了改革，而且振聋发聩地指出改革也是一场革命。这对于我们充分认识生产关系和上层建筑严重不适应生产力和经济基础发展的方面，充分认识改革的重要性、紧迫性和艰巨性，具有特别重要的意义。

再次，从生产力的发展上看，斯大林从“完全适合动力论”出发，提出生产关系可以促进生产力一日千里地发展。毛泽东也认为：“所谓社会主义生产关系比较旧时代生产关系更能适合生产力发展的性质，就是指能够容许生产力以旧社会所没有的速度迅速发展。”(《毛泽东选集》第5卷，第373页。)他又说：“我们的根本任务已经由解放生产力变为在新的生产关系下面保护和发展生产力。”(《毛泽东选集》第5卷，第377页。)毛泽东这两段论述分别强调的是“容许”与“保护和发展”。那么，新的生产关系还会不会阻碍甚至束缚生产力的发展呢?他没有说。但是20年的“左”，特别是10年“文化大革命”，使“阻碍”和“束缚”的方面发展到了极端。这就表明：在僵化的旧体制和“左”的思想的禁锢下，生产关系和上层建筑的许多方面已远不适应生产力的发展，它不可能自然而然地“容许”与“保护和发展”生产力，而是严重阻碍和束缚生产力的发展。只有通过改革，把传统计划经济体制逐渐改变为社会主义市场经济体制，把生产力从“阻碍”和“束缚”中解放出来，才能发展生产力。

最后，从社会主义的本质上看，社会主义的本质就是解放生产力，发展生产力，消灭剥削，消除两极分化，最终达到共同富裕。改革动力论表明：只有通过改革，才能解放和发展生产力。只有在解放和发展生产力的基础上，才能消灭剥削，消除两极分化，最终达到共同富裕。改革是社会主义社会发展的必由之路，是社会主义社会的基本动力。通过改革，促进生产力的发展；通过改革，增强综合国力；通过改革，提高人民生活水平，是改革动力论的真谛所在。

郭建宁：《关于社会主义社会发展动力的思考》，《北京大学学报》(哲社版)，1996年第5期

## 一

小平同志认为，改革是社会主义社会发展的直接动力。改革是解决社会主义社会基本矛盾的根本途径。社会主义社会的基本矛盾仍然是生产力和生产关系的矛盾、经济基础和上层建筑的矛盾。不过矛盾的性质是非对抗性的。在我国社会主义初级阶段，这两对矛盾集中地具体地表现为人民日益增长的物质文化生活需要同落后的社会生产力之间的矛盾，这就是我国现阶段的主要矛盾。因此，社会主义的根本任务是发展生产力，改变我国贫穷落后的面貌。而为了发展生产力，就必须在共产党领导下，有计划有步骤地进行全面改革。改革经济体制，就是遵循生产关系一定要适合生产力状况的规律，在坚持社会主义制度的前提下，从根本上改革束缚生产力发展的经济体制，使生产关系适应生产力发展的要求。改革政治体制以及上层建筑其他方面的体制，就是遵循经济基础和上层建筑辩证发展的规律，在坚持我国基本政治制度的前提下，改变上层建筑中某些不适应社会主义经济基础发展要求的环节和部分，使上层建筑更好地为巩固和发展社会主义经济基础服务，从而促进生产力的发展和社会的全面进步。这就清楚地表明，改革不仅是解放和发展生产力的强有力手段，而且也是社会主义制度的自我完善和发展，所以它是推动社会主义社会发展的直接动力。

## 二

社会主义社会另一发展动力是社会主义精神文明建设。它是具有双重结构的体系，包括思想道德建设和教育科学文化建设两个方面。其根本任务和目标是适应改革开放和社会主义现代化建设的需要，培育有理想、有道德、有文化、有纪律的社会主义新人，提高整个中华民族的思想道德素质和科学文化素质。它之所以成为社会主义社会发展的动力，是因为：

第一，它为社会主义社会的发展提供强大的精神动力和精神支柱。这是包括马克思主义理论和社会主义、共产主义理论在内的思想道德建设的作用。在这方面，小平同志有许多精辟的论述。他说：“对马克思主义的信仰，是中国革命胜利的一种精神动力。”“中国要坚持社会主义制度，要发展社会主义经

济，要实现四个现代化，没有理想是不行的，没有纪律也是不行的。”在《用坚定的信念把人民团结起来》一文中，他从另一个角度进一步强调共产主义理想信念是关系全局的重大问题。他指出：“没有这样的信念，就没有凝聚力。没有这样的力量，就没有一切。”

历史唯物主义认为，人类社会历史的发展过程，是社会存在和社会意识的矛盾运动过程，社会存在决定社会意识，社会意识对社会存在又具有能动的反作用。正确的思想一旦掌握了群众，就会变成改造世界的巨大物质力量。这就是思想道德建设之所以能成为社会主义社会发展的精神动力的理论根据。

第二，二次大战后，一些发达国家通过抓科技、抓教育、迅速增强了以经济为基础的综合国力，说明科教可以兴国，精神文明建设是社会发展的动力。

教育科学文化状况直接与生产力相联系，受生产力水平的制约，又反作用于生产力。特别是科学，已经成为推动社会进步的革命力量。在经济增长因素中的比重日益增大，“科学——技术——生产”的周期日益缩短。所以，“科学技术是第一生产力。”十三大文件指出：“从根本上说科技的发展、经济的振兴，乃至整个社会的进步，都取决于劳动者素质的提高和大量合格人才的培养。”因此教育对于社会主义社会发展的动力作用，也是不言而喻的。

生产力是社会发展的最终决定力量，而人是生产力中最活跃的因素。这里讲的人，“不是指普通的人，而是指认识到人民自己的利益并为之而奋斗的有坚定信念的人；”“是指有一定的科学知识，生产经验和劳动技能来使用生产工具，实现物质资料生产的人。”精神文明建设的目标是培育“四有”新人。这种人，正是改革开放和社会主义现代化建设所需要的人，是社会发展最终决定力量中的最活跃的因素。是被毛泽东称之为“创造世界历史的动力”的“人民”的那种人。

因此，我们完全有理由把社会主义精神文明建设看成是社会主义社会发展的另一强大动力。

## 三

两个动力、目的相同，但作用的侧重点不同。改革在体制上做文章，它为社会主义现代化提供制度保证。其作用的特点是直接“速效”。精神文明建设是“人”的建设，是在提高人的素质上做文章，它提供的是人才条件。其作用的特点是“间接”、“长效”。改革各项制度，有利于人才的成长。而大批人才的健康成长，才能使“科教兴国”的战略落到实处。二者互相补充，相辅相成，因此要在“结合”、“配合”上下功夫，改革要以马克思主义为指导，要有利于“四有”新人的培养，而不能以牺牲精神文明建设为代价。

两个动力的关系，从某种意义上讲也是“义”与“利”的关系。儒家重义轻利，什么“君子喻于义，小人喻于利。”资产阶级则唯利是图，见利忘义。我们是义利统一论者。实现社会主义现代化和共产主义，代表了最广大人民的最根本的“利”，也使个人的合理需要获得充分的满足。改革，实质上也是一种利益机制的调整，市场主体对自身利益的追求是其从事各种活动的驱动力，是启动改革的杠杆，其目的是要使人们从眼前看得见的利益去体会长远的根本利益，进一步认识国家利益，集体利益和个人利益的一致性，从而积极投身于建设有中国特色社会主义的实践中。所以义利相辅相成，缺一不可。

刘培麟：《社会主义社会有两大发展动力》，《理论学习月刊》，1996 年第 9 期。

## 关于社会主义社会的基本矛盾

早在 1957 年毛泽东就指“在社会主义社会中，基本的矛盾仍然是生产关系和生产力之间的矛盾，上层建筑和经济基础之间的矛盾。不过社会主义社会的这些矛盾，同旧社会的生产关系和生产力的矛盾、上层建筑和经济基础的矛盾，具有根本不同的性质和情形罢了。”(《毛泽东选集》第五卷，第 373 页。)毛泽东的这个表述，未能将人类社会的基本矛盾同社会主义社会的特定内容和特定性质辩证统一起来，因此不能说这个表述是很确切的。由于社会主义制度在我国刚刚建立，社会主义建设实践刚刚开始，社会主义社会的基本矛盾虽然已经存在并发挥作用，但是还没有充分展开和暴露出来，因而就难以对它作出十分恰当的准确的表述。1979 年 3 月，邓小平针对毛泽东关于社会主义社会基本矛盾的提法的不足之处指出：“指出这些基本矛盾，并不就完全解决了问题，还需要就此作深入的具体的研究。”(《邓小平文选》(1975－1982 年)第 168 页。)根据几十年社会主义实践正反两方面的经验教训，邓小平对社会主义社会的基本矛盾，尤其是社会主义社会的基本矛盾在农村经济发展中的具体情形，作了系统的全面的研究和总结。邓小平指出：“有人说，过去搞社会主义改造，速度太快了。我看这个意见不能说一点道理也没有。比如农业合作化，一两年一个高潮，一种组织形式还没来得及巩固，很快又变了。从初级合作化到普遍办高级社就是如此。”(同上，第 276 页。)“一九五八年的‘大跃进’和人民公社化运动，这是比较大的错误,使我们受到惩罚。”“工农业减产,市场上的商品很少,人民群众吃不饱,积极性受到严重挫伤。”(《邓小平文选》第三卷,第136页。)指出:改革开放后,“一些宜包产到户的地方搞了包产到户,效果很好,变化很快。”“可以肯定,只要生产发展了,农村的社会分工和商品经济发展了,集体经济不巩固也会巩固起来。关键是发展生产力,要在这方面为集体化的进一步发展创造条件。”(同上,第276页。)邓小平的这些论述和总结,揭示了这样一个普遍的道理:社会化生产力的发展程度和水平决定生产资料公有制的实现程度和实现形式,超越它就会受到惩罚,适应它生产力就会迅速发展,妨碍它就必须进行改革。这就把社会主义社会的首要基本矛盾揭示出来了,这就是社会化生产力的发展程度和水平同生产资料公有制的实现程度和实现形式之间的矛盾。这一矛盾究竟是不是社会主义社会的首要基本矛盾,我们依据社会形态基本矛盾的根本观点和方法,作如下分析。

**(一)这一矛盾的产生、存在和辩证的运动,是社会主义社会产生、存在和发展的根本内在根据**

首先,这一矛盾的产生决定社会主义社会的产生。列宁指出:“科学社会主义是以资本主义生产社会化这一事实为依据的。”(《列宁全集》第20卷,第199页。)说明社会化生产力的性质和水平,是社会主义社会产生的物质前提和基础,是构成社会主义社会产生的矛盾的一个方面。可以说,没有社会化生产力的一定程度的发展,就没有社会主义社会的产生。列宁又指出:“生产社会化不能不导致生产资料转化为社会所有。”(《列宁选集》第2卷,第599页。)说明同社会化生产力的一定发展程度和水平相适应的生产关系,只能是生产资料公有制,这是构成社会主义社会产生的矛盾的又一方面。可以说,没有生产资料公有制的产生,就没有社会主义社会的产生。所以,社会主义社会就是社会化生产力的一定发展程度同生产资料公有制之间矛盾对立统一的社会。历史上任何一个社会主义国家的产生和确立,都是这一矛盾的产生和确立的必然结果。虽然由于各个社会主义国家产生和确立的社会历史条件不同,社会化生产力的发展程度和水平不同,从而生产资料公有制的实现程度和实现形式不同,但是它们始终存在一个共同点,就是社会化生产力的发展程度和水平同生产资料公有制的实现程度和实现形式在本质上是统一的。所以我们可以说,社会化生产力的发展程度和水平同生产资料公有制的实现程度和实现形式之间矛盾的产生,就是社会主义社会的产生。

其次,社会主义社会在一定国土上产生和确立以后,能否存在下去,取决于这个矛盾是否存在下去。第一次世界大战后,产生了列宁和斯大林领导的世界上第一个社会主义国家。第二次世界大战后,产生了一批社会主义国家。历史证明,一个社会主义国家能否存在下去,取决于这个首要的基本矛盾是否存在下去。这个首要的基本矛盾的任何一个方面与对方分离,这个社会主义国家就无法存在下去。一方面,生产资料公有制的实现程度和实现形式与社会化生产力的发展程度和水平相分离,社会主义国家就演变为非社会主义国家。东欧的剧变,原苏联的解体,基本上都是生产资料公有制的实现程度和实现形式与社会化生产力的发展程度和水平相分离的结果,是生产资料私有制取代生产资料公有制的结果,是社会主义社会的首要基本矛盾消失的结果,所以邓小平指出:“东欧的问题首先出在内部”(《邓小平文选》第三卷,第344页。)中国搞资产阶级自由化的人,主张中国走资本主义道路,也是企图从这一方面改变中国社会主义社会的性质的。在我国改革开放过程中,邓小平指出:“如果我们的政策导致两极分化,我们就失败了;如果产生了什么新的资产阶级,那我们就真是走了邪路了。”(同上,第111页。)这里讲的“失败”和“邪路”,也就是生产资料公有制的实现程度和实现形式与社会化生产力的发展程度和水平相分离,是决定社会主义社会存在的矛盾的一方面的消失,是社会主义社会赖以存在的首要基本矛盾的消失。另一方面,社会化生产力的发展程度和水平与生产资料公有制的实现程度和实现形式相分离。这种分离表现为社会化生产力没有多大发展或发展很缓慢或停滞不前,社会主义社会也难以存在下去。因为,社会化生产力的一定发展程度和水平,是社会主义社会赖以产生的物质前提和基础。社会主义社会要存在下去,就必须要大力发展社会化生产力,创造雄厚的物质基础,不断改善和提高人民的生活水平,让人民共同富裕起来,这是社会主义的本质要求。邓小平指出:“贫穷不是社会主义,社会主义要消灭贫穷,不发展生产力,不改善人民生活,不能说是符合社会主义要求的。”(同上,第116页。)甚至指出:“不发展经济,不改善人民生活,只能是死路一条。”(同上,第370页。)上述两个方面的分析表明,一定国土的社会主义国家之所以蜕变为非社会主义国家,根本原因就在于构成社会主义社会赖以存在的首要基本矛盾的两方面的相互分离,从而导致首要基本矛盾消失的结果。要使社会主义社会存在下去,就必须坚持社会主义社会的首要基本矛盾,维护这个矛盾的存在。我国作为社会主义国家，生机勃勃地蒸蒸日上地屹立于世界国家之林，就是因为我们的党我们的人民，在反对企图削弱和否定生产资料公有制，反对片面追求生产资料公有制较高水平的实现程度和实现形式而又忽视发展生产力的右的和“左”的错误倾向的斗争中，在反对企图分离社会主义社会的首要基本矛盾两个方面相互依存关系的斗争中，坚持社会化生产力的发展程度和水平同生产资料公有制的实现程度和实现形式相统一的必然结果。社会主义实践正反两个方面的经验教训，以无可辩驳的事实表明，社会化生产力的发展程度和水平同生产资料公有制的实现程度和实现形式之间的矛盾，是决定社会主义社会生死存亡的矛盾，它当然成为社会主义社会的首要基本矛盾。

再次，一定国土的社会主义国家其经济和社会是否发展，取决于这个矛盾是否进行辩证的运动。所谓辩证的运动，一方面是指社会化生产力的发展程度和水平决定生产资料公有制的实现程度和实现形式，有什么样的社会化生产力的发展程度和水平，就应建立什么样的生产资料公有制的实现程度和实现形式，不能超越也不能落后，否则社会和经济就难以发展，甚至停滞不前。另一方面，适合社会化生产力发展程度和水平的生产资料公有制的实现程度和实现形式，对生产力的发展起巨大的反作用，促进生产力的发展程度和水平迅速提高。当然，适合社会化生产力的发展程度和水平的生产资料公有制的实现程度和实现形式不是永恒不变的，随着社会化生产力的提高，原先适合的东西慢慢就变得不适合了，为此就必须进行改革，建立起新的适合的东西。这个矛盾的不断产生和不断解决的过程，就是社会主义社会的首要基本矛盾的辩证运动过程，就是社会主义社会不断前进发展的过程。

在 1958 年至 1978 年这二十年间，由于我国生产资料公有制的实现程度和实现形式，在一定程度上超越了社会化生产力的发展程度的水平，使我国的经济和社会发展缓慢，人民生活水平没有多大的提高；在十年“文革”期间，我国的社会主义经济几乎走到了崩溃的边缘。这是违背社会主义社会首要基本矛盾辩证运动的必然结果，是一个非常沉痛的教训。改革开放以来，我们废除了超越生产力发展程度和水平的生产资料公有制的实现程度和实现形式，建立起适合它的新的实现程度和实现形式，使我国社会主义经济空前迅速发展和繁荣，人民生活大为改善和提高，社会不断进步。

以上几点证明，社会化生产力的发展程度和水平同生产资料公有制的实现程度和实现形式之间的矛盾，是贯穿社会主义社会产生、存在和发展过程始终的矛盾，因而它必然成为社会主义社会的首要基本矛盾。

……

邓小平指出，仅指出什么是社会主义社会的基本矛盾，“并不就完全解决了问题。”为此，我们在了解了什么是社会主义社会的首要基本矛盾以后，再深入了解这个矛盾的表现。

社会主义社会的首要基本矛盾，首先表现为人民不断增长的物质文化需要和落后的社会生产之间的矛盾。

……

这个矛盾之所以成为整个社会主义历史阶段的主要矛盾，是因为这个矛盾是社会化生产力的发展程度和水平同生产资料公有制的实现程度和实现形式之间的矛盾的反映和表现。

我们知道，社会生产的目的不是由生产力决定的，而是由生产关系决定的。社会主义社会的生产关系是生产资料公有制，决定社会主义社会生产的目的，是满足人民的物质文化需要，是实现人民的共同富裕。社会主义生产关系作为满足人民物质文化需要的社会制度是一个从低级的实现程度和实现形式到较高级的或高级的实现程度和实现形式的发展过程，是一个逐步完善和成熟的过程，从而决定社会主义生产的目的是一个逐步实现的过程。然而，能否满足及满足的程度又不是由生产资料公有制的性质直接决定的，而是由生产资料公有制条件下社会化生产力的发展程度和水平决定的。社会化生产力的发展程度和水平低，提供的商品的数量就少，生产资料公有制能保障满足需要的程度就低；社会化生产力的发展程度和水平高，能提供的商品的数量多，生产资料公有制能保障满足需要的程度就高。而社会化生产力的发展程度和水平的提高，又只能是在适合它的生产资料公有制的实现程度和实现形式的推动下逐步实现。所以，人民不断增长的物质文化需要和落后的社会生产力之间的矛盾，是生产资料公有制的实现程度和实现形式和社会化生产力的发展程度和水平之间的矛盾的反映和表现。

由于社会主义的胜利总是首先在经济比较落后的国家取得，被继承下来的社会化生产力的发展程度和水平很低，能生产出的物质精神产品非常有限，可满足人民需要的东西自然不多，所以社会主义社会从诞生的第一天起，满足人民的物质文化需要和落后的社会生产力之间的矛盾就开始产生和存在。

比如我国,社会主义制度建立之时和以后一个时期,人口多,底子薄,现代工业少而且很不发达,广大农村基本上是手工劳动,社会生产力水平很低,帝国主义又对我们实行经济封锁;加上我们缺乏经验,不可避免要走弯路,犯些错误,使得社会生产力在一定时期内发展比较缓慢,物质财富十分欠缺,处于贫穷或比较贫穷的状态。这就产生了人民不断增长的物质文化需要和落后的社会生产力之间的矛盾。解决这个矛盾的唯一办法,是大力发展社会化生产力。我国正在进行的经济体制改革,就是为了解放和发展社会生产力。发展社会化生产力,特别是发展科学技术,提高劳动者的素质,发展现代化的生产工具,不是一朝一夕能实现的,依据我国社会主义建设正反两方面的经验教训,只有在适合社会化生产力的发展程度和水平的生产资料公有制的实现程度和实现形式的推动下才会逐步发展起来,这是一个长的历史过程。即使到了下个世纪中叶前后,我国的经济发展达到世界中等发达国家水平,与发达国家相比还谈不上富裕,仍然还未能完全满足人民不断增长的物质文化需要,人民不断增长的物质文化需要和落后的社会生产力的矛盾依然存在。这个矛盾将贯穿于社会主义社会存在和发展过程始终,差别只在于,在社会主义社会各个不同发展阶段上,这个矛盾的突出程度不同。随着社会化生产力的发展程度及水平的不断提高和生产资料公有制的实现程度及实现形式的不断提高,这个矛盾的突出程度将呈显下降的趋势,但矛盾始终存在。只有到了社会化生产力高度发展,物质极大丰富,实行各尽所能按需分配的时候,这个矛盾才会消失。

以上分析表明,社会主义社会的首要基本矛盾表现为人民不断增长的物质文化需要和落后的社会生产力之间的矛盾,它必将随着基本矛盾的辩证运动而得到最终解决。

其次,社会主义社会的首要基本矛盾还表现为社会化生产力的发展程度和水平同经济体制之间的矛盾。

社会主义社会的经济体制是社会主义社会基本制度的具体实现形式,是社会主义社会不同发展阶段上所采取的所有制结构的具体形式、所有制关系的具体形式,分配关系的具体形式和国民经济决策、经济运行、经济调节的具体形式等。通俗的话,就是建设社会主义的具体方式,方法和手段。社会主义基本经济制度的确立,主要取决于社会化生产力发展的性质。社会主义经济体制的确立,主要取决于社会化生产力的发展程度和水平,它是生产资料公有制的实现程度和实现形式的制度化,即具体的经济制度,它将随着社会化生产力发展程度和水平的提高发生部分变化或根本变化,有什么样的社会化生产力的发展程度和水平就有什么样的经济体制。

我国生产资料所有制的社会主义改造基本完成以后,当时社会化生产力的发展程度和水平很低,我们又没有社会主义建设的经验,只能照搬原苏联经济体制的模式即在实行单一的生产资料公有制基础上的计划经济体制,以解决人民的吃饭穿衣问题,并集中有限的财力进行社会主义建设。在这种体制下,经过二十年的社会主义建设,虽然社会化生产力有了一定程度的发展,但是发展缓慢,人民生活改善不大,从而暴露出单纯的计划经济体制在一定程度上不适合我国社会化生产力发展要求的弊端。邓小平指出:“我们过去一直搞计划经济,但多年的实践证明,在某种意义上说,只搞计划经济会束缚生产力的发展。把计划经济和市场经济结合起来,就更能解放生产力,加速经济发展”。(《邓小平文选》第三卷,第148页。)在邓小平的领导下,我们开展了经济体制改革,废除不适合社会化生产力的发展程度和水平的生产资料公有制的实现程度和实现形式,建立以生产资料公有制为主体和非公有制为补充、以按劳分配为主和非按劳分配为补充,以及国家宏观指导下的社会主义市场经济体制。这种经济体制在建立过程中,已经显示出它对社会生产力发展的巨大促进作用,使我国经济迅速发展,人民生活大为改善和提高。我国近几十年社会主义建设的曲折道路,充分表明了社会主义社会的首要基本矛盾表现为社会化生产力的发展程度和水平同经济体制之间的矛盾。解决这个矛盾的办法,就是实行改革开放。

全面地正确地具体地认识和把握社会主义社会的基本矛盾问题,对搞清楚什么是社会主义制度的优越性,坚定社会主义方向,贯彻执行党的基本路线,坚持改革开放,正确处理人民内部矛盾,具有重要的意义。

梁宗鹏:《试论社会主义社会的首要基本矛盾及其表现》,《广西社会科学》,1996年第2期。

**一、社会主义基本矛盾的初级性质**

(一)社会主义基本矛盾的非对抗性是社会主义基本矛盾的初级性质。

长期以来,我们把非对抗性看做是社会主义基本矛盾的根本性质,或者说,对社会主义基本矛盾性质的认识只停留在非对抗性这一浅层次的水平上,这种认识是片面的、不科学的。

非对抗性是社会主义基本矛盾的初级性质。第一,非对抗性是社会主义基本矛盾的一般矛盾属性。一切矛盾的性质都可归结为对抗性矛盾或非对抗性矛盾,对抗和非对抗只是矛盾的一般属性或一般矛盾属性,它是任何矛盾都具有的,没有揭示更为深刻的内容。社会主义基本矛盾的非对抗性只是一般矛盾属性,它是许多矛盾所具有的属性,不是社会主义基本矛盾的特殊本质或根本性质。它是高度抽象的规定性,没有揭示这一更为深刻的社会内容。所以,它不是社会主义基本矛盾的本质属性。第二,即使把非对抗性理解为它的具体内容即基本适应和不适应两个方面,它也不是社会主义基本矛盾的本质属性。因为这一内容不过是反映了基本矛盾的根本适应性和一些方面的不适应关系,那么,适应和不适应这两个方面的实质又是什么呢?这两方面又是在什么基础上统一起来的呢?非对抗性没有揭示这一更深层次的问题。从非对抗性反映了基本矛盾的根本适应性和某些方面的不适应性这个意义上说,它也是基本矛盾的性质,但这一性质是浅层次的,是初级性质或初级本质。按照由浅入深的认识发展规律,对它的认识是对性质认识的一个必然环节,但还要深化下去,因为它还不是本质属性。第三,从马克思到毛泽东,他们只是指出了社会主义基本矛盾的非对抗性,他们在任何著作里都没有说过非对抗性是社会主义基本矛盾的性质,也没有这个提法、更没有说它是本质属性。相反,他们都在另一个更深刻的意义上明确论述了社会主义基本矛盾的性质,这一点后面将要说明。有人说毛泽东同志说非对抗是社会主义基本矛盾的性质或本质属性,这是没有根据的,是对毛泽东同志的误解。毛泽东认为,矛盾分为对抗和非对抗两种,基本矛盾也不例外。资本主义基本矛盾是对抗性的,"社会主义社会的矛盾是另一回事,恰恰相反,它不是对抗性矛盾"(毛泽东《关于正确处理人民内部矛盾问题》。),这只是指出了资本主义和社会主义基本矛盾对抗和非对抗的区别,没有说这一区别就是基本矛盾的性质。总之,非对抗性不是社会主义基本矛盾本质属性,就它抽象的规定性来说,是一般矛盾属性,就它与其内容的统一来说,是社会主义基本矛盾的初级性质。

(二)社会主义基本矛盾非对抗性其内涵包括两方面内容:基本适应和某些方面的不适应,"基本适应"是指根本经济制度、政治制度适应生产力发展,"不适应"是指各种体制同生产力发展存在不适应的方面甚至根本对立。

最早指出社会主义基本矛盾非对抗性的是马克思,"资本主义生产关系是人类社会的最后一个对抗形式"(《马克思恩格斯选集》第2卷,第83页。)。他认为只有消灭私有制、建立公有制,才能消灭这种对抗性。这就指出了社会主义基本矛盾的非对抗性。他认为社会主义生产关系和生产力、上层建筑和经济基础之间是基本适应的,但社会主义还存在矛盾,如旧社会的残余,城乡矛盾、工农矛盾、脑力劳动和体力劳动的矛盾等等,这实际上就把社会主义基本矛盾的非对抗性看作两个方面,即适应的关系和不适应的关系,前者是主要的,后者是次要的。列宁指出,在社会主义条件下,对抗将会消失,矛盾仍将存在,他较为直接地指出了社会主义基本矛盾非对抗性及其适应和不适应的两个方面的内容。斯大林也认为社会主义基本矛盾是非对抗的,但他曾一度地适应这一方面绝对化、否定矛盾,这就把非对抗性只理解为一个方面即适应方面,这就向后退了一大步。从马克思到列宁到斯大林,他们有一个共同点,就是强调社会主义基本矛盾的适应方面,没有充分认识到不适应方面。马克思和列宁虽然间接地或较为直接地指出了非对抗性包括不适应矛盾方面,但他们都没有认识到这种矛盾是体制的矛盾。这样,他们所说的矛盾没有同体制的矛盾统一起来,也就没有从更深的意义上揭示出社会主义基本矛盾的不适应或矛盾方面。这样看来,斯大林明确否定基本矛盾的不适应方面也是有其渊源的。

毛泽东在这个问题上大大前进了一步,起到了承先启后,继往开来的作用。这不仅表现在他十分明确地指出了社会主义基本矛盾的非对抗性及其所包含的基本适应和不适应两个方面的含义,更重要地是他认识到了体制的矛盾,他在《关于正确处理人民内部矛盾》一文中所讲的社会主义生产关系和上层建筑某些"环节"和"方面"的矛盾,"所有制的个别问题上"的矛盾,实际上就是讲体制的矛盾。但是他把体制单一化了,只认识到过去那种高度集中统一的经济体制和政治体制,没有认识到体制的多样性及其矛盾的多样性。这就使他不仅没有认识到体制的矛盾的多样性,而且也不能充分认识过去那种体制的矛盾,"从根本上改变不适应生产力发展的体制"对他来说是不可理解和不可能的。因此,他所认识的体制的矛盾只是在十分有限的范围内的矛盾,从这个意义上说,他也没有真正认识到非对抗性的矛盾方面,但他毕竟比前人向前迈了一大步,为这一思想的进一步发展指明了方向。

从马克思到列宁,他们或者是因为没有经过社会主义实践,从而不可能认识到具体体制的矛盾,只能预见社会主义的基本制度;或者因为处在社会主义的起步阶段,体制的矛盾,体制的多样性还没有充分地呈现出来,从而也不可能充分认识体制的矛盾。毛泽东经历了“文化大革命”这一体制矛盾大暴露时期,但他没有及时地、正确地总结经验教训,犯了阶级斗争扩大化的错误。自六十年代中期以来,那种高度集中的经济体制越来越不适应生产力发展,中国的“文化大革命”标志这种矛盾达到顶点。与此同时,社会主义国家出现改革浪潮。另一方面,社会主义所取得的巨大成就表明,社会主义基本制度是适应生产力发展的,具有无比的优越性。这样,社会主义基本矛盾非对抗性的两个方面即根本制度的适应性和体制方面的矛盾性就袒露无遗了。小平同志适应时代的要求,高举改革大旗,深化了对社会主义基本矛盾非对抗性的认识。

小平同志认为,关于基本矛盾的提法还是按照毛泽东同志在《关于正确处理人民内部矛盾的问题》一文中的提法比较好。他同意毛泽东同志社会主义基本矛盾的理论,也就间接指出了社会主义基本矛盾的非对抗性及其基本适应和不适应两个方面的内容。但他没有满足于这一点,认为有必要继续对此深化下去,这当然包括进一步研究非对抗性问题。如前所述,毛泽东同志虽然明确指出基本矛盾非对抗性的两个方面——根本制度的适应性和某些环节、某些方面的不适应性,并认识到体制的矛盾,但他只是在十分有限的范围内认识了体制的矛盾,特别是没有认识到在一定条件下,体制同生产力存在根本不适应性。因此,他对其对抗性的认识还有很大的局限性。小平同志把制度和体制作出明确的区分,指出:“社会主义制度不等于建设社会主义的具体做法。”(《三中全会以来重要文献选编》,第295页。)他认为公有制,按劳分配、无产阶级专政、共产党的领导等根本经济制度和政治制度适应生产力发展,不适应表现在体制方面;体制是制度的具体形式;必须从根本上改变旧体制建立新体制;改革是对体制的革命,不是改变根本制度,社会主义基本经济制度政治制度必须坚持,不能动摇。纵观小平同志的论述,社会主义基本矛盾的非对抗性的内涵就十分清楚了,“适应”是指什么。“不适应”是指什么。

综上所述,社会主义基本矛盾的非对抗性包括两个方面内容,即根本制度同生产力发展的适应性和各种体制同生产力发展存在不适应的方面甚至根本对立。根本制度是指根本经济制度、政治制度,主要包括公有制,按劳分配,共同富裕,无产阶级专政、共产党的领导等,体制是制度的具体形式,如经济体制、政治体制、科技体制等。正确认识社会主义基本矛盾的非对抗性具有重要意义,它使我们明确了建设有中国特色的社会主义应该坚持什么,改革什么,对于坚持四项基本原则,坚持改革开放,对于搞活国有大中型企业,建立现代企业制度具有重要的哲学方法论意义。

**二、社会主义基本矛盾的本质属性是解放和发展生产力**

任何矛盾都有其本质或特殊性质,社会主义基本矛盾也不例外。解放和发展生产力是社会主义基本矛盾的本质属性或根本性质。第一,社会主义优越性的实质是解放和发展生产力。小平同志指出,社会主义的优越性就是体现在它的生产力要比资本主义发展得更高一些更快一些,“社会主义的优越性就是要逐步发展生产力,逐步改善人民的物质文化生活”。(《建设有中国特色社会主义》增订本,第53页。)社会主义的优越性是由社会主义基本矛盾决定的,前者的实质是解放和发展生产力,表明后者的实质也是解放和发展生产力。第二,社会主义基本矛盾的解放方式——改革的实质是解放和发展生产力。矛盾的解决方式和矛盾的性质也是统一的,前者的性质也就是后者的性质。第三,解放和发展生产力,是社会主义基本矛盾非对抗性的实质。“适应”生产力,也就是解放和发展生产力;“不适应”或体制的矛盾的产生和解决也是由生产力的解放和发展决定的,有矛盾才能有发展,离开体制的矛盾,生产力的发展就失去了动力。第四,社会主义基本矛盾所构成的社会形态——社会主义,其本质是解放和发展生产力,作为构成社会主义“骨骼”和“框架”的社会主义基本矛盾,其本质也是解放和发展生产力。第五,事物的性质是由主要矛盾方面决定的,社会主义基本矛盾的主要方面是“适应”,“适应”生产力其实质也就是解放和发展生产力。

李晓元:《论社会主义基本矛盾的性质》,《辽宁大学学报》1996年第1期

—

……

分析和研究新时期社会群体矛盾的内容和特点以及解决的正确途径,是摆在我们面前的一项重要课题。11届3中全会以来的理论与实践,使我们对社会主义社会人民内部的社会群体矛盾的认识以及解决的方法,提高到了一个新水平。首先,在社会主义初级阶段,剥削制度和剥削阶级已经消灭,工作重心已经是经济建设条件下的社会群体矛盾,是在根

本利益一致的前提下的矛盾，社会群体与社会群体之间、个人与社会群体之间，在发展生产力、建设现代化国家、增强综合国力、提高人民生活水平的共同利益上是一致的。而矛盾基本上反映在个人利益和集体利益、局部利益和整体利益、暂时利益和长远利益的关系上。新时期的社会群体矛盾，已经不同于过去"以阶级斗争为纲"的情况下，以政治为主要内容，而是同经济利益紧密相关的复杂内容。其次，新时期的社会群体矛盾及其解决方法是在由计划经济体制向市场经济体制转变的条件下产生和提出来的。市场经济体制下的社会群体矛盾，是当前我国社会主要矛盾、基本矛盾的表现。市场经济的竞争原则、利益原则贯穿在社会群体的利益关系中，使社会群体矛盾各方呈现着复杂的交互作用，由过去的隐性潜伏到公开展现，而且矛盾的表现带有规律性。所以，解决新时期社会群体矛盾的方法，采取过去那种由行政指令，用政治手段是难以奏效的。第三，建设有中国特色社会主义，是在安定团结这个大局下进行的，处理好改革、稳定、发展三者之间的辩证关系，是社会主义现代化建设发展的客观规律的要求。社会主义市场经济条件下的社会群体矛盾，是在改革、稳定、发展的相互关系中产生和展现的。因此，在解决新时期社会群体之间的各种矛盾问题时，已经不同于过去那种脱离经济的稳定和发展，靠政治运动解决问题的方式。新时期的社会群体矛盾有着自身的特点和发展规律，研究分析它们的内容、特征及解决方法，是当前面临的新课题。

## 二

社会主义市场经济条件下的社会群体矛盾，既不同于资本主义市场经济条件下的社会群体矛盾，也不同于社会主义计划经济条件下的社会群体矛盾。新时期的社会群体矛盾，在内容和表现形式上，带有社会转型期的特征。多种所有制形式之间的矛盾，公有制内部不同经济部门、集团之间的矛盾，反映在不同行业、不同部门中国家、集体、个人之间的矛盾，都属于新时期社会群体矛盾，它们涉及的面广，而且复杂多变。社会主义在由计划经济体制向市场经济体制转变的过程中，由于打破了传统的社会结构和利益结构，利益主体和利益关系发生了变化，必然带来利益关系多层次、分配主体多元化，因而在社会群体之间产生新矛盾和新问题。如中央和地方在财政收入中的比重升降引起国家调控能力的减弱，而地方政府和企业在分配中的份额有所上升。实行中央和地方分税制，使中央重新收回了地方的一部分利益，各地方之间在原料的供给和价格、投资项目资金的分担和利润分配等方面，存在着利益关系上的矛盾，有些地方和部门从各自的利益出发，搞地方保护主义和部门保护主义，"有令不行，有禁不止"，搞"上有政策，下有对策"，利用收入分配制度不健全之机，侵吞国有资产，挤占国家收入。各种名目的"小金库"演变为"灰色收入"，从而扩大了部门与部门、部门与个人在收入分配上的差距，使一些高收入者与低收入者之间矛盾逐步加深。改革开放以来，非国有制经济在社会收入分配中的份额明显上升，市场配置在收入分配中的份额增加，各种奖金、津贴、利息、股息的收入在个人收入中的份额不断上升。收入份额的增加，对于改善人民生活，调动人的社会主义积极性，起到了促进作用。但也应看到，在收入分配机制还不健全的情况下，无序状态带来了各种利益之间的矛盾，分配格局发生了新的变化，城乡收入差距较大。从1980年到1984年，城镇居民收入年增长6.2%，农民收入年增长16.7%，城乡收入之比是1.7：1，到1985年，城乡收入差距进一步扩大，1993年，城乡收入之比已经扩大到了2.5：1，1993年城镇居民生活费收入比1992年增长10.2%，而农村人均纯收入仅增长3.2%。分配收入的扩大，与近些年国家对农村投资过少，城乡交换不平等不无关系。城乡居民收入差距的拉大，实际是利益关系的拉大，因而加深了城乡居民的利益矛盾，不利于工农联盟的巩固。

改革开放以来，允许一部分人和一部分地区先富裕起来，有力地促进了生产力的发展。但同时也带来了贫富差距的拉大。生活先富裕起来的阶层主要是私营企业主、个体工商业户、企业管理者、租赁经营者、中外合资企业高级职员，以及影视歌体名星等，已形成为一个新富阶层，他们人数不多，但占有大量财产，他们的生活方式，既与家底殷实、生活小康阶层不同，也与生活基本能够维持的温饱阶层有差距，更与目前尚处贫困状态的阶层形成鲜明对比。目前我国仍有7000万人没有脱贫。因此，先富裕者和尚未富裕者的利益矛盾，是当前社会群体矛盾的重要表现之一。这种反差和矛盾，致使一些人心理严重失衡，甚至诱发一些人行凶犯罪，成为社会的不安定因素。随着企业改革的深入和现代企业制度的逐步建立，优化组合带来部分职工失业，企业的管理者与在岗职工以及失业职工之间，不可避免的在利益上产生新的矛盾。在改革中，政府既有促成企业转换机制，放手企业成为利益主体的一面，又有需要保持社会稳定、控制失业率增长的一面，这两方面的矛盾,也往往通过群体矛盾表现出来。

市场经济条件下的社会群体矛盾,还表现在政治领域、思想文化及道德观念领域。在政治领域,社会群体矛盾集中表现在部分国家干部的腐败行为同人民群众利益的对立。一些国家干部作风失范、脱离群众、漠视党纪国法、搞特殊化、横行霸道、为非作歹、打击报复,已经引起人民群众的不满情绪,成为影响社会安定的因素。当前社会上的腐败现象已经成为社会群体矛盾的热点。在国家机关和干部队伍中,有些人利用手中的权力,谋取自身的私利,以权谋私、以职谋私、见利忘义、权钱交易。拜金主义、享乐主义和极端个人主义的滋长,使正确的理想、信念和价值观受到冲击,在世界观、人生观和价值观上同传统的思想体系,同广大人民群众的思想追求和价值观念,产生了明显的反差,这是当前社会群体矛盾的突出表现。

市场经济讲利益原则、竞争原则,这些原则同社会主义的大公无私、助人为乐、先人后己的道德准则并不矛盾,它们在社会主义市场经济条件下可以有机结合起来,但在社会转轨时期,由于法制的不健全和思想文化的多层次,必然带来思想意识、理想道德、价值准则的相互碰撞,反映在人们观念中,就是道德规范、价值取向上的矛盾与冲突。在人们的交往中,只讲"利"不讲"义","一切向钱看";在经营活动中,采取不正当经营手段获取物质利益和经济效益,假冒伪劣产品的充斥市场、坑蒙拐骗现象的出现,直接损害了群众的利益。一些传统的道德规范受到冷遇,遭到扭曲;人与人之间的关系变得冷漠,人际交往中金钱的交往起着重要作用,功利意识增强,人与人之间的关系越来越趋向交换关系,甚至把人的尊严、名誉、地位当成商品进行交换。对思想文化、道德领域出现的新问题、新矛盾,人们评判的标准不同,社会舆论缺乏强有力的引导,因而不可避免地带来社会群体之间道德评价和行为规范的差异甚至矛盾,加深了人们相互交往中的思想观念的冲撞。

随着社会主义市场经济体制的建立和企业改革逐步深入,劳动关系改变,过去那种单靠行政支配的关系,变得日趋经济化,劳动关系中的经济效益的含量越来越突出,职工与企业之间的劳动关系更多地表现出平等化、契约化、法制化。企业中的管理者和生产者双向选择,自由择业的实行,使企业内部的群体矛盾泛化,表现在经济利益上的矛盾更加突出。市场经济条件下的等价交换原则和竞争原则,对人们树立自主意识和竞争意识,实现个人价值起着积极促进作用。自主意识、竞争意识也渗透到社会群体关系内部,个人与个人、个人与集体,存在着直接利益与间接利益、个人利益与集体利益、暂时利益与长远利益的矛盾。人们往往为个人利益、暂时利益、眼前利益,争名夺利,相互竞争,一旦失利,就产生消极情绪、树立情绪,甚至走上犯罪的道路。在一些容易产生和诱发利益矛盾冲突的热点问题上,例如在聘任、定岗、奖金发放、职称评定以及分房等问题上,容易使群体矛盾由隐形、潜伏变为显形、公开化。同时,社会群体矛盾的内容和表现形式往往因地区、部门和行业的不同而带有特殊性。所以,研究和解决社会群体矛盾,既要看到普遍性,也要看到特殊性。社会群体矛盾不仅是多层次、多角度地表现出来,而且从内容和表现形式上,也会发生新的变化,它已经不是原来意义上的人民内部矛盾。作为社会群体矛盾,从内容和形态上更加广泛,它不仅涉及到生产力和生产关系,而且涉及到经济基础和上层建筑各个领域。因此,对待新时期的社会群体矛盾,应当以马列主义、毛泽东思想和邓小平建设有中国特色社会主义理论为指导,坚持历史唯物主义的基本观点,运用辩证思维的科学方法,学会正确分析和解决社会群体矛盾。新时期社会群体矛盾,是一个理论性和现实性很强的课题。发挥社会科学各学科的优势,开展系统研究,是改革、稳定、发展的需要,是实现现代化,建设有中国特色社会主义的要求。

## 三

发展生产力是正确解决社会群体矛盾的前提。邓小平同志指出:"从根本上说,手头东西多了,我们在处理各种矛盾和问题时就立于主动地位"(《邓小平文选》第3卷,第377页。)发展生产力,不断满足人民群众日益增长的物质和文化的需要,是社会主义初级阶段主要矛盾发展的要求。解放生产力,发展生产力,从根本上说是为了人民的长远利益,它也是社会主义本质的必然体现。只有发展生产力,才能达到人们的共同富裕。有了物质基础就有了正确处理社会群体各种矛盾的有利条件。过去,在解决人民内部不同利益群体矛盾时,往往只强调从思想上寻找解决的办法和途径,而忽视人们的物质利益,不注重通过发展生产力,使人们的物质和文化生活得到改善,进而化解各种矛盾。改革开放以来,首先从农村开始,着眼于解决80%的人的生活问题,着眼于农村生产力的发展和社会的安定。无论在农村还是在城市,改革开放所带来的社会变化是巨大的,它给人民带来了普遍利益,出现了经济发展,社会稳定的新局面。邓小平同志把"是否有利于发展社会主义社会的生产力，是否有利于增强社会主义国家的综合国力，是否有利于提高人民的生活水平”，作为检验各项工作的根本标准。“三个有利于”从根本上说是人民共同利益、长远利益的体现，也是正确处理人民内部社会群众矛盾的客观标准，坚持“三个有利于”，发展生产力，才能达到个人利益和集体利益的统一，局部利益和整体利益的统一，暂时利益和长远利益的统一。改革开放以来，实行允许一部分地区和一部分人先富起来的政策，目的在于发展社会生产力，通过先富帮后富，先富带后富的途径，最终实现共同富裕。在这个过程中，各地区、各部门发展不平衡，存在着贫富之间的群众矛盾，这种矛盾并不是贫富两极分化的矛盾，而是在向共同富裕道路上的先与后之间的矛盾。社会生产力的发展，将会寻找到正确解决各种矛盾的途径。党的 14 届 5 中全会通过的《中共中央关于制定国民经济和社会发展“九五”计划和2010 年远景目标的建议》，是实现国家富强，民族振兴和社会发展的宏伟纲领，同时也是新时期正确处理社会群体矛盾的理论和政策依据。

运用法律手段，是解决社会群体矛盾的重要环节。解决社会群体之间的利益关系，要坚持小局服从大局，小道理服从大道理的原则，提倡个人利益服从集体利益，局部利益服从整体利益，暂时利益服从长远利益，但同时兼顾个人利益、局部利益、暂时利益。在解决这些关系过程中，对于一些不同看法、意见分歧，要通过说服教育的办法加以解决，对于涉及群体和个人切身利益的经济纠纷，法人之间的矛盾冲突等，则要采取必要的法律手段加以解决。邓小平同志指出：“国家和企业、企业和企业、企业和个人等等之间的关系，也要用法律的形式来确定；它们之间的矛盾，也有不少要通过法律来解决。”（《邓小平文选》第2 卷，第 147 页。）不同的社会群体，在法律上享受各自的权利，履行各自的义务，有着自身的法人地位，行使着各自的职能。个人和社会群体之间在权利和义务上也有有关法律作保障。在群体关系中严格依法办事，这是社会群体的社会定位，只有这样，才能保证社会有机体的有序正常运转。在实际生活中，国家与社会群体、社会群体与社会群体、个人与社会群体之间存在着错综复杂的关系。在市场经济条件下，人们的权利在经济利益的更大范围不断得到保障，同时也存在着侵权行为，使个人和社会群体的合法权益受到损害，从而加深社会群体之间、社会群体同个人之间的矛盾。依法对个人和社会群体的权益实行保护，按照有关法律解决社会群体的矛盾，是社会主义市场经济发展的客观要求，也是新时期正确解决社会群体矛盾的重要途径。改革开放以来，我国制定的各项法律，在人权保障立法和人权保障实践方面做出了巨大成绩，有效地调节了社会关系，协调了不同社会群体之间的利益关系，在解决社会群体矛盾过程中，发挥着越来越大的作用。

合理调节社会分配关系，建立健全社会保障体系，这是市场经济条件下正确解决社会群体矛盾，维护社会稳定的重要途径。在坚持按劳分配为主体、多种分配方式并存的分配制度过程中，体现效率优先、兼顾公平的原则。对于依靠诚实劳动和合法经营先富起来的经营者，对于因行业和职业特点收入过高的人，通过税收调节，通过个人收入申报制等措施加强对个人所得税的征管，同时规范和完善初次分配与再分配机制，解决社会分配差别过大的问题。“运用法律、分配政策等手段，协调城乡之间、地区之间、不同社会群体之间的利益关系。”（《中国共产党第 14 届中央委员会第 5 次全体会议文件》，人民出版社单行本，第 59 页。）社会群体之间的利益关系，涉及社会各个层面，建立多层次的社会保障制度，为城乡居民提供与我国国情相适应的社会保障，是促进社会稳定和经济繁荣的一件大事。社会保障制度，是由国家和政府根据一定的法律、条例建立起来的，它为社会成员提供某种特殊情况下的社会帮助，它是一种社会物质利益的实现形式。例如，建立城市最低生活保障制度和农村养老保险制度，对老年人、失业者、未成年人、残疾人等进行特殊的社会帮助。要加快养老、失业和医疗保险制度的改革，初步形成社会保险、社会救济、社会福利、优抚安置和社会互助、个人储蓄积累保障相结合的多层次的社会保障制度。通过立法保护妇女、未成年人和老年人、残疾人等这些特殊社会群体的合法权益。我国城乡之间在生产力发展水平、就业结构、收入水平和消费形式上存在较大差距，建立健全社会保障制度，应从本地区、本单位的实际出发，采取全社会关心，多渠道集资的办法。全社会关心低收入者的生活，照顾特殊困难的家庭，关心困难企业职工、离退休人员，保障他们的基本生活水平。综合运用政府扶持各种就业服务手段，实施“再就业工程”，安置剩余职工再就业，鼓励下岗失业职工转岗或转业，完善社会保障体系。这不仅是化解人民内部社会群体矛盾的需要，也是社会主义制度优越性的体现。

思想政治工作是我们的优势，也是我们党的优良传统。因此，在新的历史时期，通过深入细致的思想政治工作，尊重人、关心人，发挥人的积极性，是密切党和群众关系的重要环节。加强两个文明建设，把政治和经济紧密结合起来,把思想政治工作渗透到经济工作中去,讲经济时不忘人的作用,讲人的作用时不忘经济,充分发挥思想政治工作的功能,关系到社会的稳定和发展。正如李鹏同志在党的14届5中全会上所提出的,“现在处于经济快速增长和经济体制转换时期,各方面的矛盾比较突出,尤其要注意保持经济、社会和政治的稳定”。正确解决社会群体矛盾,是保持经济、社会和政治稳定的需要,也是实现2010年远景目标,建设有中国特色社会主义伟大事业的需要。

陈耀彬:《试析社会群体矛盾》,《甘肃社会科学》,1996年第4期。

## 关于党的建设

在市场经济中如何把我们党建设得更坚强

在我国历史发展的新时期,在商品经济、市场经济越来越发展的情况下,党如何不断完善自己,保持先进性和纯洁性呢?

1. 党必须重视思想建设,首先要充分发挥马克思主义对实践的指导作用,始终不渝地强化全党的共产主义理想和信念。

党要坚持自己的无产阶级性质,必须以马克思主义武装全党,以提高党的执政水平和领导水平。革命战争时期,党始终把思想建设放在首位,强化了全党的革命理想,奋斗目标,人民利益、优良传统、群众纪律,领导者的楷模作用及科学世纪观,保证了党战胜各种不利环境的影响,在众多小资产阶级包围中造就成无产阶级先锋队,这是党的建设的重要历史经验。在建设党这个问题上,也是外因通过内因起作用;党历来不怕困难,也不回避复杂环境,始终把握住在改造不良影响中,起决定作用的是自觉的发挥自己理论、思想、纳领、路线的正确导向。在改革开放的今天,更有一个强化党性观念、强化党的领导意识,强化党员为人民服务的宗旨和为共产主义奋斗的使命感的问题。改革开放不是不要读马克思主义的书,而是要用它来解决现实的新问题;十四大重申,坚持马克思主义对我党的指导地位,这反映了我们党的坚定和郑重。

马克思主义之所以不随时间推移而失效,是在于它的科学性。首先马克思主义理论产生时的必备条件和社会矛盾尚无根本改变;马克思主义所揭示的人类历史大趋势没有改变;社会主义从理论到实践的发展,已经成为二十世纪的一个基本事实,而且不可抹煞;共产党仍然肩负着劳动群众解放的组织者,领导者的使命及由此派生的共产党的奋斗目标、宗旨、理想、信仰、作风、纪律等,在具体内容或表现上会有不同,但不能有根本的改变。

当前中国共产党领导着涉及经济、政治、思想文化等领域的伟大实践,更加要求全党的实践中提高运用马克思主义的能力,坚定对共产主义的信仰,也只有这样才可以在商品经济大潮中搏击前进,清正廉洁,一身正气;也才能牢记党的宗旨,把全心全意为人民服务与执行现行政策有机地结合起来;也才能自觉抵制资产阶级思想腐蚀,不把商品原则搬到党内;也才能正确处理好个人集体和国家利益的关系,自觉严格党员标准和党的纪律,使党在任何情况下都不会出现列宁曾指出的:在我们看来,没有理论,革命就会失去生存的权利,而且迟早要在政治上破产的这种现象。在现阶段我们的改革举措不能改变,同时马克思主义的指导作用下不能改变,并且在现实生活中将它们二者很好地结合起来,这就是我们党员对党的忠诚发扬到新的高度。

2. 党的建设必须紧密围绕基本路线进行。

党的建设围绕中心任务,团结政治路线去进行。首先这是我党历史上的一条成功经验。事实证明,只有把党的理想与现实相结合,把党的根本利益落实在具体工作中,党的任务才能完成。

党的建设离不开中心任务,如果不能正确理解和对待这个问题,党就可能犯错误。在民主革命时期,我们党受到“左”或“右”错误的危害,其根源是认识脱离实际,其结果则是不能根据情况制定一条正确的路线,致使实际工作受损。那么这时完成党的任务就成了一句空话。当年的毛泽东同这些人的态度是截然不同的,他十分重视周围实际或变化了情况,紧紧围绕当时革命任务来进行党的建设。我们党之所以在农村环境可以保持无产阶级先锋队性质,主要是毛泽东等人能把调动千百万农民群众自觉革命的积极性与克服小资阶级严重的盲目性巧妙结合起来促进党事业的发展和建设党同时并举。抗日战争时期,毛泽东就把党的建设与中心任务联系起来考虑的,明确指出党建与武装斗争的发展,与统一战线的发展直接有关,革命要求党的成熟,并促进党的成熟。抗日战争结果表明了毛主席预见的正确,中国共产党的艰苦环境中取得了革命的巨大胜利,同时也带来了自身建设的长足进步,成为全国范围的大党。党建不能离开一定社会历史条件孤立地进行;政治路线是党成熟的标志。统观我们党七十多年的建设经验说明了这个问题。同样,在目前我们党进行建设的政治基础就是社会主义初级阶段的基本路线。

其次,党的建设需要围绕政治路线进行,还因为党的奋斗目标都是具体的。我们说党建与政治路线、基本路线不可分割，一是说党建不是空的；二是说党的最高纲领需要在行动上去落实。我们党奋斗目标的实现，在任何时候都是理想与现实的结合，它的完成是有步骤、分阶段的，各时期的政治路线，既体现党的长远利益，又规范党的各阶段的具体任务。我党现阶段的基本路线就是团结全党奋斗的行动纲领，是实现远大理想的具体化，对党员提出新要求是依据基本路线展开的。它要求党的各项建设都要有利于生产力的发展；它要求广大党员和干部在市场经济中，增长政治素质和业务素质，提高领导经济建设的能力；它要求党要运用政策法令法规等手段管好经济；它要求在经济建设中从严治党，全党在任何时候都要自觉维护党的利益，贯彻党性原则。经济归经济，党建归党建，这种割裂的认识是有害的，不利于经济的胜利发展和基本路线的顺利执行。正确把握各个阶段政治斗争的内容就决定了党建在各个时期的方向，随着中心任务不同，党建的特点和内容也不相同。当前推进党的建设与经济为中心任务的结合，就是主要表现为很好地执行基本路线。

再有，基本路线是马克思主义在现阶段的运用。在实践中运用并发展马克思主义，这是马克思主义本身的要求。党的政治路线不仅是奋斗目标和远大理想的具体化，也是马克思主义的具体化。制定和执行政治路线的过程，就使党的马克思主义水平有一次新的提高。马克思主义指导作用就表现为党与实践的结合，这是发展，也是深化。我们党每前进一步都是这样的，特别在历史转折时期，更实现了党的理论上的飞跃。

当前的基本路线是在经过多年探索和实践后形成的。它是中国共产党人在新形势下理论化的最新成果。理论的开拓和突破带来实践上大发展的事是国际共产主义运动中常有的。理论的发展为了坚持，而坚持又在发展中进行，二者是一个过程，不可割裂也不对立。中国改革开放、市场经济的理论，就是根据不断变化了的实际，应用马克思主义立场，观点和方法，探索解决新问题的答案，使马克思主义随着生活并指导生活前进。十四大规定，现阶段学习马克思主义的中心任务是学习有中国特色的社会主义，同时也强调了它与学马克思主义经典著作基本理论一致性。基本路线具体体现了二者结合的要求，这是历史新时期，党把社会主义道路坚持下去，把马克思主义坚持下去的具体表现，把与经济建设为中心及与两个基本点辩证统一的战略方针长期坚持下去，有利于党在新时期的发展。

3. 党必须适应新形势的要求，把商品经济的负面作用缩得最小

社会主义商品经济具有不可避免性，可以给我们社会带来效益，增加活力，也给党的自身建设带来新机制；社会主义商品经济为社会主义服务，我们不要把它看成是社会主义的异化力量。当然现实生活也告诉我们，要注意商品经济对社会生活可能带来的负面作用和消极影响，我们清醒看到它，正是为了正确对待它。

商品经济对我们虽然只是一种经济形式，但它内在要求营私追利，追求个人利益和局部利益最大化，与社会主义思想和道德原则有明显的相悖之处。如何在这种情况下建设好我们的党，这是党建的一个新课题，也是摆在每个党员面前的一个高难度的新考验。

如何坚持我们党的党性，这仍然是问题的关键。这一点有着许多因素起作用，要坚持党的正确纲领路线，强化马克思主义训练，各级干部带头执行党的纪律，每个党员都要从我做起，总之处理好个人价值问题是至关重要的。

如何看待共产党员的个人利益？

首先，社会、国家要承认共产党员的个人利益，而且随着经济发展，党员的个人利益也会不断增加。党员个人利益和国家经济发展利益相一致。同时他们个人致富的合法物质利益受到政策和法律的保护。

其次，党员个人利益的取得又受到法律和党纪的制约，也就是他们得到的利益只能在法律及政策许可的范围之内，这就要摆正个人、集体、国家利益的关系。如果违法乱纪就要受到制裁。但对绝大多数党员来说首先是要解决好认识问题，这里就有一个如何处理好商品等价交换和党性原则之间的关系问题。党员的正确态度是既可以亲身投入到商品经济的大潮中去，进一步树立起改革开放和商品意识，但同时，他们不可以在等价交换口号下损害人民的根本利益，以致损公肥私、唯利是图、一切向钱看，以权谋私或权钱交换。不是商品经济、市场经济搞起来就可以不顾公德，什么为非作歹的事都可以做，还要受法律保护。商品经济虽具中性特征，但它的性质取决于与之相结合的所有制关系的性质。所以我们的商品经营者都应该把为人民服务的宗旨放得高于等价交换原则，也只有这样，才能体现出社会主义生产关系的内容，保证社会主义经济发展的正确方向和政治意义。党员可以从事有益于社会的各行各业的工作，只不过他们在任何时候都不能借工作及职务之

便,搞非法索取,抗害国家和群众。

再有,更不能把商品交换原则应用于政治生活及党内生活中去。这因为商品交换本来是经济范围的事,不能与党的原则相混同,相取代;同时对我们共产党员来说,党的原则本应高于商品原则。这是第一,我们采用商品经济、市场经济的机制,是为我们构筑社会主义、共产主义大厦的步骤和方法,它本身远不是我们的目的,我们的目的是满足于人民群众物质文化的需要。说到底,商品经济、市场经济对我们社会的作用仅此而已。第二,社会主义存在个人利益,而且以货币形式来实现;收入也允许有合理的差别,部分人可以先富起来。在这种利益召唤下很容易模糊界限,有人误认改革就是向钱看,转变观念就是追逐私利,其实只图个人致富,不问党的事业的个人利益至上者是不配当党员的。第三,事实上,社会主义条件下,人的价值许多是不能用钱来衡量的,在商品经济日益发展的今天,各条战线依然不乏不讲价钱、默默奉献、吃苦耐劳、勤政为民、不图私利、牺牲献身的人。商品经济固然不可逾越,但人的思想也的确可以升华。在中国的今天、明天都会不乏把个人价值融于整体利益的人,这是活的事实。奉献精神是社会主义价值观的主体,是共产党人价值观的主旋律。所以尽管社会环境可以变,社会主义精神文明同时含盖最高理想和共同理想的并存,但党员的先进性和价值观不能因此有所改变。当前党员的价值观受到了干扰,因此新环境下从严治党的一个重要问题,是注意把商品经济的负面影响减得最小;这与发展商品经济并不矛盾。商品交换原则是不可引入党内的,同时还要通过国家对市场宏观调控等手段把党性原则渗透到经济活动中去。

在商品经济、市场经济的环境里,首先党员要解放思想、更新观念、开拓前进,同时又要坚守党性、发扬传统、从严要求、毫不懈怠,使党的发展处在良好的有序状态。

4. 必须把加强党的制度建设、纪律建设、监督作用提到一个新高度

因为在改革开放时期,我们党更容易受腐蚀,不正之风或腐败现象会更多地滋生和蔓延,这不能不管。在对全党进行思想政治教育的同时,必须严肃党纪、强化法制。排除各种干扰,加紧反对腐败。对各种违反党纪国法者,都要严肃处理,敢信于民。市场经济就是法制经济,强化党纪国法势在必行。党内不允许有特殊党员,坚持在纪律和法律面前人人平等。切实加强各级党组织和纪律检查机关对党员干部的监督,加强人民群众、民主党派和无党派人士对我们党的监督。

改进和加强党的领导,还有一个日益显得更加重要的问题,是如何建设好基层党组织。在变化的情况面前,各种基层组织建设出现空前的复杂情况。不仅企业、农村、机关、学校中党的基层组织的具体职能和工作方法有所不同,全民所有制、乡镇企业和外商投资企业的情况也不完全一样。所以不同类型社会基层单位中党的工作方法和活动方式不可能完全一样。这更要求各类社会基层单位中的党组织,针对自己的不同特别,加强党的建设,发挥自己基层组织的政治核心作用和党员的模范作用,把深入进行党的宗旨、基本路线、作风、纪律等教育,认真解决好领导班子存在的以权谋私和为政不廉等问题,作为经常性工作。随着今后改革开放日益深入,继续摸索党各类基层组织,充分发挥战斗堡垒作用的新路是十分紧迫,十分重要的。改革开放是个长期过程,我们党要利用这个机会很好地完善自己。

总之,我们要紧紧围绕经济为中心抓好我们党的建设,既大胆开拓创新,走出一条自己的新路,又认真坚持党性,全党团结一致,什么困难都可以克服。当然新时期,我们还有许多工作不熟悉,前面的路子也可能有曲折,我们要做长期工作的准备,我们的党员还要艰苦奋斗,做牺牲,做奉献。在改革开放时期,在国际共产主义运动低潮时期,我们能够摸索出共产党建设的新经验,这在国际共产主义运动的发展中将是极其有意义的。

王学敏:《在市场经济条件下如何搞好党的建设》,《人文科学》,1996年第2期

由于党在各个不同历史时期的阶段性任务有所不同,因而使党员形象的内涵有着深刻的时代烙印,并呈现出与其时代内涵要求相一致的特征。

1. 在政治要求上的坚定性。政治信念是党对共产党员最基本的要求。在现阶段,由于我们党正致力于探索一条建设有中国特色的社会主义道路,并坚持实行改革开放的基本国策,大力发展社会主义市场经济,这就存在一系列如何正确认识当代社会主义与资本主义的问题。加之错综复杂的国际国内形势,使当代中国共产党人在坚持社会主义与共产主义信念问题上,面临着严峻的考验。事实告诉我们,共产党员的信念问题,不仅仅是个理想问题,更是一个十分迫切的现实问题。因此,共产党员必须讲政治,这不仅要确立鲜明的政治观点和政治立场,具有很强的政治鉴别力和政治敏锐性,树立高度的政治责任感;而且要正确认识和处理政治与经济的辩证

关系，并要从正确对待马克思主义与共产主义的态度、深刻认识有中国特色的社会主义发展道路、自觉坚持党在现阶段的基本路线等方面，牢固树立共产主义的理想和信念。

2. 在思想要求上的时代性。适应新的时代特点，新时期共产党员在思想上应树立以下四种意识。一是开放意识，即要面向世界，着眼未来。既然社会的现代化是人类发展的总趋势，就不应只顾自我和眼前，不应持有固步自封的态度，而要高瞩远瞻，站在时代前列，推进社会全面发展。同时，社会主义现代化的实现要以民族、国家为基点，因而共产党员应树立的开放意识又是以自立、自信和自强为基础的。二是进取意识，即要求索奋进，有所作为。实现社会主义现代化要经历一个艰难曲折的发展过程，这就要求共产党员不能有丝毫懈怠，而要以积极参与社会实践和勤奋工作的行动，为广大人民群众谋取最大利益。三是创新意识，即要勇于实践，建功创业。我国目前除旧布新的开创性事业，要求共产党员不能安于现状、抱残守缺、毫无创见，而要勇于接受新事物和新观念，以开创性的工作取得人民群众公认的实绩。四是要树立适应发展社会主义市场经济需要的服务意识、公平竞争意识、效率意识、人才意识和科技意识等等。

3. 在宗旨要求上的迫切性。改革开放以来，有的党员在金钱、地位和其他物质利益方面，自觉不自觉地背离了党的全心全意为人民服务的根本宗旨，破坏了党在人民群众中的形象。因此，在新的历史条件下，能否继续保持实践党的宗旨的坚定性与自觉性，对每个共产党员是一个严峻的考验，也对其公仆意识提出了更加迫切的要求。这就要正确认识和处理党的根本宗旨与发展社会主义市场经济的关系，保持与人民群众之间的密切联系，走出思想认识上的误区，把坚持党的宗旨与坚持改革开放、发展社会主义市场经济统一起来，并将之体现于建设有中国特色社会主义的伟大实践之中。具体地讲，一是要挺立市场潮头，带领群众共同致富，做为民造福的时代模范；二是要坚持正确的人生观和价值观，立党为公，做一名新时期合格的共产党员。

4. 在工作要求上的务实性。共产党员时代形象的务实性特征，要求共产党员必须坚决克服官僚主义、形式主义、文牍主义等不良工作作风，反对做表面文章、欺上瞒下、坐而论道等虚假行为，进而树立踏踏实实的务实精神，把开拓精神与工作上的求实性统一起来，说实话，办实事，求实效。并且，要根据党的中心任务的需要，不断提高与发展市场经济相适应的各项素质，以求实的思想、求实的作风、求实的态度充分发挥自己在现代化建设事业中的先锋模范作用。因为，共产党员的党性不是抽象而空洞的，而是通过其工作或生活行为而加以现实体现的，它反映在共产党员把党的各项路线方针政策显现于自身创造性工作的实际行动上。所以，求真务实、真抓实干的工作作风，是衡量新时期共产党员党性的重要标准，也是反映每个共产党员时代形象的显著标志。

5. 纪律要求上的自觉性。随着经济改革深入、利益格局的调整和市场作用的不断扩大，有的党员片面地受市场经济奉行的某些原则的负面影响，从而淡化了组织纪律观念。因此，面对市场经济的考验，共产党员要提高坚持党的纪律的自觉性，维护党的纪律的严肃性，保证党的纪律的先进性。一是既要不断增强民主意识、平等观念以及驾驭市场经济的能力；又要自觉坚持党的民主集中制原则，加强法制观念，模范地遵守党纪国法。二是既要有具有效益、效率观念，谋取最佳利润，为发展生产力做出贡献；又要坚持党的根本宗旨，发扬党的优良传统与无私奉献精神，执行经济政策时自觉接受党性约束。三是既要树立改革开放意识，解放思想，更新观念；又要自觉坚持四项基本原则，抵制一切腐朽观念的侵蚀。四是既要具备市场观念和正确的竞争意识，敢于并善于竞争，通过诚实劳动率先致富；又要把握市场经济原则与党性原则的统一，坚定信念，坚持共同富裕。只有这样，共产党员才能在市场经济大潮中明辨方向，以良好的党纪、法纪、政纪观念，保证党的路线的有效贯彻和党的任务的顺利实现。

秦学勤：《新时期共产党员形象的时代内涵及特征》，《攀登》，1996 年第 3 期

**一、一把手应具备的特征与形象**

一把手是班子中的“帅”，是班子的核心，在领导工作中负有主要责任。一把手与班子其他成员的责任、权力有相同之处，是平等的同志关系，大家都是一票权，但一把手与班子成员在许多方面又是不相同的，这就是他们素质高、权限大、责任重。

一是素质高。一把手必须是“帅才”，无论是政治思想素质，还是管理业务素质都要高于副职及属下。并具备很强的党性，较高的思想水平，丰富的知识和实践经验，还要有较强的决策能力、组织协调能力及谋划能力，必须能拿出高人一筹的见解，有驾驭领导班子的高超的领导艺术和崇高的领导境界。体现在快刀斩乱麻的管理风格，炉火纯青的业务功底、棋高

一着的创新意境上。而班子其他成员是“将才”，在于执行决议的原则性、科学性和工作的拼搏精神。

二是权限大。一把手是管全面的，是进行决策时民主意见的集中者，自然会受到班子其他成员的尊重和服从。这种权力、资历和能力的“三合一”体现了权威性。而权威的正确性一次次为实践所验证后，一把手的核心地位就会众望所归。而班子其他成员是管一块、管一部分或某一方面的工作，是决策的出谋献策者和参与者，起着众星捧月的作用。

三是责任重。一是手对整个工作负有全面责任，出谋划策等都是主动在前，有天大的困难也都是先由一把手来顶着。特别是当做出重大决策时，一把手又要敢于承担压力与风险，千斤重担受于一肩。如上下级之间签订各种指标的承包合同，是由一把手签字；若班子工作失误，上级“打屁股”首先是一把手挨板子，而班子其他成员只负某个方面的具体责任。

由于一把手的责任、权力与班子其他成员不一样，所以，要求一把手的素质与其他成员也不能一样。那么，一把手到底是个什么标准形象呢?应该说，这个形象是多重组合的、多侧面多色彩的形象。是否可以这样说，在政治上应当是个政治家；在思想上应当是个理论家；在品德上应当是个慈善家；在工作上应当是个组织家；在知识上应当是个杂家；在经济建设上应当是个行家。这里，通过广大部属、同级副职、上级领导、横向同仁和外界人士五个不同的视角，来观察一下一把手的理想形象。

1. 广大部属心目中的一把手。任何部属都希望自己能有一个好的领导。他们所要求的一把手的标准是：坚持原则，能给人以正义感；作风正派，能给人以公道感；博学多闻，能给人以敬佩感；多谋善断，能给人以信服感；实实在在，能给人以稳重感；礼贤下士，能给人以谦和感；平易近人，能给人以亲切感；以身作则，能给人以楷模感；情理兼容，能给人以熨贴感；坦诚交心，能给人以安全感；豁达大度，能给人以宽厚感。

2. 各位副职心目中的一把手。副职对一把手喜欢多谋善断，不喜欢优柔寡断；喜欢知人善任，不喜欢任人唯亲；喜欢实事求是，不喜欢唯命是从；喜欢经常沟通交流，不喜欢阴森寡语；喜欢勇于负责，不喜欢揽功诿过；喜欢以理服人，不喜欢以权压人；喜欢相互尊重富有民主作风，不喜欢自以为是、唯我独尊、喜欢品质坚毅，不喜欢反复无常、朝令夕改；喜欢敢于放权，不喜欢独断专行。

3. 上级领导心目中的一把手。具有独当一面的能力；具有总揽全局的能力；具有谋划决断的能力；具有知人善任的能力；具有组织协调能力；具有开拓创新能力；具有高尚的政治品德，且对社会主义事业忠贞不渝，对名利毫不计较。

4. 横向同仁心目中的一把手。希望看到听到鲜花和美果、鼓励和赞美、帮助和支持；不希望看到听到扯皮推诿、冷嘲热讽、恶语中伤、闲言碎语，甚至诬告陷害、刁难打击、落井下石。希望看到听到对同志宽容相待、光明磊落，对困难泰然处之、积极作为，遇到挫折不气馁，听到恶语能“制怒”。不希望看到听到自食其言、随意误时、刺探隐私、嫉贤妒能。

5. 外界人士心目中的一把手。不赞成“白天下会海，晚上爬文山，星期天加班”，不赞成“上班人围堆，走路有人追，吃饭要人催”；不赞成“以其昏昏，使人昭昭”，工作忙乱，精疲力倦，日复一日，年复一年。赞成工作从从容容，有潜可挖；赞成多才多艺，潇洒幽默，常会新朋老友，联谊活动不断，谈笑风声永存；赞成保持健壮的体魄和充沛的精力，办事能力强，管理水平高和工作效率高；赞成以诚信沟通上下，以善意广交朋友，以威信赢得人心。

**二、一把手应发挥的领导作用**

一把手在领导班子中是否真正拥有核心地位，因素很多，但关键是一把手要在领导活动中充分发挥自身的作用，用实际工作来证实自己无愧于核心地位。我认为一把手在领导班子中的主要作用有以下四个方面：

第一，主持决策的导向作用。总揽全局，善于决策是领导者的基本职责之一。从一定意义上说领导的关键就在于决策。而一把手是决策的关键人物。决策的正误优劣，直接关系着事业的成败、政绩大小。首先要对上下情了如指掌，对周边环境全面熟知，并善于通过经常性的调研，发现、分析和解决问题，有自己独特的超前意识、战略思考和长远打算，形成“大思路”、“新套路”，从而获得较多的发言权，领导一班人在方向明、情况清的基础上，把上级精神和本地实际有机结合起来，正确进行决策。其次在决策中，要注意把握全局性、战略性、方向性和关键性的重大问题。特别是对关系到一些有分歧而又必须很快作出决断的问题，更要一把手经过周密的调研与思考作出正确的决策。第三，当自己的意见与多数领导成员的意见不一致时，一般要服从多数意见或暂缓作出决定，不要轻易使用自己的“否决权”，逐步在领导集体中建立一套民主的科学的决策程序，力争决策少失误或不失误，用正确的决策推进整体工作。这样，就能使一把手的核心地位在善于决策的导向中得以巩固，靠自己较高的判断能力和决策能力，使一班人觉得和他在一起工作踏实舒畅，言听计从，心悦诚服地拥戴这个核心。

第二，统一指挥的组织作用。有人把领导者和被领导者之间的关系，比喻为导演和演员之间的关系，而演好戏是双方共同的目标。这个比喻是颇有道理的。作为班子核心的一把手，理所当然是导演中心，要起统一指挥的组织作用。这种组织作用主要体现在选好人、用好人、育好人上。

领导者不仅要善于决策，而且要善于用人。决策和用人是领导者的两大职责，缺一不可。合理地安排任用干部，包括识别选拔人才、量才用其所长、优化班子群体结构等，从而保证一个单位的稳定发展和各项工作的顺利进行。一把手统一指挥的组织作用，还包括一班人的分工和协作、日常工作安排、目标计划的制定和集体决策决议的贯彻落实。但更主要的是发挥班子成员的潜在能力，使一班人在一把手的统一指挥下，各得其所，各司其职，各负其责，紧张而有序地工作。一把手要领导班子中发挥好统一指挥的组织作用，一方面要讲科学管理，因事因人制宜，扬长避短，宽严适度，指挥得当，减少失误。在发挥人的优势和挖掘人的潜力中，要正确对待“两头冒尖”的人物。充分发挥一个人的最大劳动能力，乃是用人之道的精髓所在。一把手对班子成员应着眼于优点，创造条件让有缺点的人自觉地去克服。美国南北战争时，林肯总统任命格兰特将军为总司令。当时有人说格兰特嗜酒贪杯，难当大任。林肯却说：“如果我知道他喜欢什么酒，我倒应该送他几桶，让大家共享”。林肯总统并不是不知道酗酒可能误事，但他更知道在北军诸将领中，只有格兰特能够运筹帷幄，决胜千里。事实证明，林肯的决策是正确的。另一方面，一把手要通过自己的工作，使其他领导成员自觉听从指挥，主动服从安排，并按照整体目标的要求做好应做的工作。

第三，协调运作的凝聚作用。协调，包括上下内外关系。对上，了解上级机关各种职能作用，争取上级的指导、支持和帮助。对下，提供各种服务条件，给下属创造一个良好的工作环境。对内，班子成员之间的协调，特别是条条工作与面上工作、分工与合作发生矛盾时的协调。对外，主要是搞好同兄弟部门的横向联合，促进本部门的发展。这种协调重点在对内上。在领导活动中，班子成员的行为，由于在性格秉性和道德品质上有差异，在认识水平和工作能力上有高低，在兴趣爱好和风度气质上有区别，加之体制、结构、环境等外部条件的制约，往往会产生某些分歧，甚至摩擦和冲突，这是正常现象。为了防止内耗，把各种优势集合起来，一把手要充分发挥其协调运作的凝聚作用。特别在当前新旧体制并存、各种人际关系较为复杂、人们之间的各利益关系在不断调整的情况下，需要一把手进行协调运作的内容更多，要求更高，难度也更大。一把手只有靠出色的凝聚艺术，才能增进一班人的团结，调动一班人的积极性。一把手要大事讲原则，小事讲风格，不偏不倚，分清是非，赏罚分明，在班子内形成民主和谐的气氛，相互尊重和理解的气氛，批评与自我批评的气氛。尤其对那些工作上任劳任怨，在个人利益上不争不抢的好同志更要多加关照，决不能让老实人吃亏。克服“离心力”，增强“向心力”，创造“凝聚力”，提高“战斗力”。

一把手在搞好一班人的目标协调、权力协调、信息协调和利益协调的同时，要更注重一班人在思想上和心理上的协调，用正确的政治理论和党的方针政策去统一一班人的意志和行动，从而树立整体观念，培养协作意识，增强相容心理，达到共谋大业。

第四，以身作则的表率作用。领导是一种活动，一种行为。它是领导者、被领导者以及他们共同的目标三者相互作用的结果。权威性包括法定性权力和威望性权力。法定性权力能使被领导者“畏服”，威望性权力可以使被领导者“悦服”。这种“悦服”是不凭借强制，而凭借领导者个人的优秀品质所产生的精神力量。根源于被领导者对领导者的敬爱感、敬佩感、信赖感和亲密感。

一把手要在领导班子中当好核心，团结一班人把工作搞好，一个十分重要的问题就是起带头表率作用。在领导活动中，一把手不能单纯靠权力来维护自己的核心地位，而要用较高的威信去增强自己的凝聚力和吸引力。严于律己，宽以待人，平素就很注重政治素质、品德素质、心理素质和知识素质的提高。“先天下之忧而忧，后天下之乐而乐”、“为官一任，造福一方”。用自己高尚的人格和优良的作风影响一班人，用自己的模范行动和有效工作带领一班人。在任何时候、任何情况下都起带头作用，作出表率，决不以权谋私，阳奉阴违，嫉贤妒能，排斥异己，抢功诿过，因而在班子内享有较高的威信，真正赢得一班人的尊重、钦佩和信赖，说话有人听，工作有人干，难题有人解，象磁铁一样，把一班人紧紧团结在自己的周围，形成一个稳定协调、团结一致，有坚强战斗力的领导集体，从而带领群众卓越地完成各项工作任务。

**三、一把手应注意的几个问题**

领导工作，是一项十分复杂的综合性管理工作，在处理各种问题的过程中,势必遇到形形色色的人和事,面临来自上下左右许多意想不到的矛盾和困难。“一把手难当”,这是很多领导干部的心里话。之所以难当,难就难在一把手是总当家人,柴米油盐酱醋茶,吃喝玩耍拉撒睡全都得管,尤其是对各种关系的处理、各种矛盾的化解、各项重大活动的决策,能不能统起来,且统得恰到好处,令人叹服就难上加难了。然而,我感到如果能很好地解决以下问题,则就会从容潇洒地当好一把手。为此,必须在实践中加强修养和锻炼,使自己逐步成熟起来。

1. 纳谏不随波,防止“一言堂”。党政一把手对重大问题要作出决策,必须充分发扬民主,集思广益,既要坚持集体决策不搞个人说了算,又要遇事有主见、善集中,不能人云亦云,当断不断。即使对不正确的逆耳之言,也要有“宰相肚里能撑船”的风度和气魄,既言之,则听之,再思之,择其善者而从之,决不能压制和拒斥。三国的吕布被部下出卖献给曹操时,吕对部下说,我平时对你们不薄,为何出卖我?部下说,听妻妾言,不听将计,何为不薄?当然,纳谏不能超出“合理圈”,一味追求“委曲求全”,那就失去了纳谏的本意。这样,工作中才可避免犯错误或少犯错误。可是有的一把手自以为是,一旦自己对某项工作已形成思路或看法,就容易听不进不同的意见。形成独断专行,只讲集中,不讲民主,大事小中一人说了算。其结果必然导致班子不团结,决策易失误。

2. 掌权不专权,防止“一把抓”。一把手在“大权独揽”的基础上,给班子成员授责予权,敢于放手,使其有职、有权、有责,在工作中做到互相支持不争权,互相尊重不刁难,互相配合不拆台,唱好“将相和”,演好“群英会”。而有的一把手不能正确区分正副职各自岗位职责。自恃位置特殊,只讲“大权独揽”,不讲“小权分散”,事无巨细,不分主次,不分轻重缓急,什么事都管,结果什么也管不好。犯这种毛病的人往往有一定的事业心,但方法不当,或思想方法片面,怕权力分散影响自己的地位和威信。一代谋臣诸葛亮神机妙算,屡战屡胜,但他事必躬亲,用人不如曹操,落了个蜀中无大将,廖化作先锋的结果。

3. 宽容不纵容,防止“一边偏”。秦始皇号称千古一帝,因为能容人而打下天下,统一中国。但他最大的不幸就是“容”了一个封建王朝历史上第一大奸臣赵高。秦死后,赵高指鹿马、欺君压臣,最后葬送了天下。所以说容人也要有度,正确科学地对待矛盾的主要方面与次要方面。一把手平时有大量的矛盾和问题需要处理,如果不能兼听并蓄,综合分析,全面平衡,而是主观臆断,先入为主,或者自以为是,偏听偏信,就不可能正确地、公允地处理问题,解决矛盾。久而久之,不仅自己的形象受到影响,也会影响整个班子的凝聚力和向心力。因此,要针对可能产生的不相容心理,正确对待自己和他人。勇于出面为其承担责任,晓之以理,动之以情,导之以行,给人以信心和勇气,达到既弄清思想又团结同志的目的。

4. 求齐不划齐,防止“一刀切”。世界上万事万物都是十分复杂的。一把手开展工作应当是“一把钥匙开一把锁”,突出针对性,对所辖部门的“规定动作”,要适时得当,给下面留有符合实际的“自选动作”的余地。用“一刀切”办法去处理万事万物最省力、最简单、最容易做到,但带来的后遗症也最大。容易形成大轰大嗡、虎头蛇尾、雨过地皮湿的现象,不但不能“齐步走”,反而削弱了工作效果,促进形式主义的弊端。

5. 双打不单打,防止“一手软”。江泽民同志在《正确处理社会主义现代化建设中的若干重大问题》一文中指出:“我们进行现代化,无疑要致力于发展生产力,把物质文明建设好。同时,必须把社会主义精神文明提到更加突出的地位。要把物质文明建设和精神文明建设作为统一的奋斗目标,始终不渝地坚持两手抓,两手都要硬。任何情况下,都不能以牺牲精神文明的代价去换取经济的一时发展”。由于考核其政绩的各项指标中,经济指标占主要比重,且具有刚性,看得见、摸得着,所以,有些一把手不能正确地处理物质文明建设与精神文明建设之间的辩证关系,易犯“一手硬,一手软”的毛病,只重视物质文明建设,忽视精神文明建设,其结果,物质文明建设也没有搞好。由于思想政治工作薄弱,拜金主义、享乐主义抬头,一些地方社会治安情况不好,一些腐败、丑恶现象又重新滋生蔓延,经济建设必受影响。这些问题应该引起一把手高度重视,采取切实有力措施加以解决,使精神文明建设同国民经济发展战略相适应,纳入国民经济和社会发展的总体规划。95年全国精神文明建设经验交流会中推广的“张家港”的典型经验值得效法。

6. 负责不推责,防止“一边溜”。遇到失误,一把手要勇于自责。罪己精神,可以得到原有的信任,可以振奋士气,鼓舞继续前进的信心。而有的一把手在指挥一班人工作时,不讲科学与民主,随心所欲乱点“鸳鸯谱”,朝令夕改心中没有数,遇到难题绕道走,该说话时不开口,出了问题抢功甩过一推六二五。还有的借口分工负责,实则放任不管,使得一班人缺乏统一意志和统一行动,这就难免出现自以为是、各自为政、指挥不灵的局面。有的甚至出现“倒指挥”,让其他成员牵着鼻子走的不正常现象。在决策实施中，个别的小的失误是难免的，这时重要的是对事不对人，不要急于追究个人责任；班子中更不要互相指责埋怨，更不能怪罪执行的干部和群众。

7. 用人不疑人，防止“一朝臣”。就是要正确坚持德才兼备的干部标准和任人唯贤的干部路线，避免“任人唯亲”的毛病。这里有两种情况要根除：一种是一把手利用自己所处的位置和所拥有的权力，在用人上以我划线、任人唯亲；二是有些一把手由于长期的工作陋习，养成了唯我的用人标准，凡不合自己口味的人一概不用，从而形成“一朝天子一朝臣”。作为一把手要有宽广的胸怀，决不能武大郎开店，要选贤任能。汉高祖刘邦曾自我评论说：“运筹帷幄之中，决胜千里之外，吾不如子房；镇国家，扶百姓，给饷馈，不绝粮道，吾不如萧何；连百万之众，决必胜，攻必取，吾不如韩信”。正因为刘邦敢用“吾不如”之人，才使得他在与项羽的抗争中，由弱变强，最后将不可一世的楚霸王击败，成其帝业。

8. 统筹不分散，防止“一方弱”。常言道：“善弈者谋势，不善弈者谋子。”“势”体现战略问题，“子”则体现战术问题。棋坛高手在关心每个子地命运同时更注重于棋局的态势。工作中，一把手的首要职责就要驾驭全局的发展进程。正确处理全局与局部的关系是一把手经常面临的问题，当一把手处于局部地位时，主要从全局出发，顾全大局，做到局部服从全局，按照全局利益来调整局部利益。当一把手处于全局地位时，就要绕揽全局，关心局部，发挥下属各部门和每一个人的积极性，对关键性的局部应特别重视，全力抓住，以带全局，克服“彼此失彼”的毛病。

9. 廉洁不腐化，防止“一点污”。俗话说：“上梁不正下梁歪”。一把手就好比一幢房子的“上梁”，对“下梁”的稳固有着直接的影响。事实证明，只要一把手严以律己，就能带动全局治政从严、廉政为民蔚然成风；如果“上梁”不正，极易出现局部“下梁歪”的现象，甚至会发生“倒下来”的严重问题。不但影响到党和政府的威信，而且会使反腐败斗争理不直、气不壮，直至干扰和冲击各方面工作。因此，作为一把手，凡是要求干部和群众做到的，自己必须首先做到。不仅要管好自己，还要管好家属、子女和身边工作人员。同时，要坚决反对拜金主义、享乐主义和极端个人主义，不断增强党性锻炼，自觉树立正确的人生观、价值观，当好反腐倡廉的“排头兵”。

综上所述，要当好一把手，除基础素质好、业务功底厚、管理水平高、发展潜力大，还要不断锤炼主动性、坚韧性、权威性、创造性和幽默感。这样，才能有效地发挥领导作用和班子的整体效应，也才能良好地带领职工队伍，冲锋陷阵、打硬伏，优化管理创一流。

于永华：《试论“一把手”的特征、形象、作用和修养》，《理论学习与探索》，1996 年第 5 期

然而目前，就我们党的状况而言，继续和发扬党的批评与自我批评的优良作风还存在着这样或那样的问题。批评与自我批评的原则性、战斗性被大大地削弱了，好人主义盛行起来。党内批评难，自我批评更难。有人对错误的思想和一些错误的言行，见多不怪，习以为常，不但不批评、不劝阻，甚至随声附合，随波浓流；有的是客气话开头，“高帽子”戴起，“希望话”结尾，对其缺点和错误不是怀抱琵琶半遮面，就是王顾左右而言他，隔靴搔痒，避重就轻，批评了半天，叫人如堕五里云雾；有的只讲集体不讲个人，只讲别人，不讲自己等等。这些不讲原则的庸俗的思想和作风，是革命队伍的腐蚀剂，是各种腐败思想和作风的防空洞和保护伞，亵渎了党的优良传统，扭曲了人际关系。继续发展下去会影响党的工人阶级先锋队性质。甚至会葬送社会主义事业。

党内批评与自我批评存在的问题不是偶然的，这里既有主观方面的原因，也有客观方面的因素。

从主观方面讲，一是长期受“左”的影响，使人们心有余悸。应该承认，我们党内批评曾走过一段弯路，也曾出现过“残酷斗争、无情打击”的“左”的错误。给党和人民带来了沉重的灾难。由于长期以来受“左”的影响，导致一些党员干部没能真正划清批评与自我批评的严肃性与文革中“左”的错误和界限，甚至混淆了批评与整人的界限。开展批评怕被人戴上“左”的帽子，被人说成是“左”的做法，是整人，因此，不敢一针见血地开展相互批评。二是有些党员干部党性原则不强，利己主义思想严重。他们不是一切从党和人民的利益出发，坚持真理，修正错误，帮助同志，振兴事业，而是从个人或小团体的利益出发，明知不对，少说为佳，与人方便，与己方便，你为我好，大家都好，怕这怕那，就是不怕同志犯错误，党的事业受损失。

从客观上讲，一是缺乏一个良好的环境。在党组织内部，特别是有的领导干部作风不民主，有事不同群众商量，个人说了算，听喜不听忧，听不得批评意见，甚至给提意见的同志“穿小鞋，打击报复。这样一些勇于坚持真理、坚持原则，敢于拿起批评的武器讲真话的同志，却不一定能得到群众的理解和支持，甚至要担一定的风险，付出一定的代价。这在客观上产

生了极大的消极作用,使人觉得“说话好保险。说真话危险”。致使一些人把好人主义当作护身的法宝。二是缺乏一个良好的机制。现实生活中,确有一些党员干部政治素质不高,唯我独尊,缺乏民主作风,听不得半点不同意见,有的对下属的看法不是以德、能、勤、绩为标准,而是以是否听自己的话为标准,把爱提意见、坚持原则的同志看作是难驾驭的“刺头”,不好用;把下级披露本单位的缺点错误,看成是给自己脸上抹黑,无理训斥压制。对这些党员领导干部,既无有效的监督制约机制,又没有可供操作的处理原则。这是目前党内批评难的一个重要原因。

克服党内批评与自我批评存在的问题,开展积极的、经常的、制度化的党内批评与自我批评,已成为新时期加强党的建设的一个关键性问题。当前,要纠正党内批评与自我批评存在的不良倾向,应着重解决好以下几个方面的问题。

(一)加强教育,提高对开展党内批评与自我批评重要性的认识,增强开展批评与自我批评的自觉性。针对党内批评与自我批评存在的问题,要认真组织广大党员学习马列主义和毛泽东、邓小平等无产阶级革命导师、老一辈无产阶级革命家关于开展批评与自我批评,增强党的团结和统一、严守党的纪律等有关方面的著作和论述。同时,结合新形势下开展党内批评遇到或存在的问题,认真组织研讨。各级党校和干校举办各类干部培训班时,应把党内批评作为干部培训的必修课。还要加强对党内批评与自我批评问题的理论研究与舆论引导。教育广大党员充分认识新时期正确地开展批评与自我批评,既是恢复和发扬党的优良作风的需要又是改革开放、建设有中国特色社会主义的需要。我们应该站在这样的高度来认识党内存在问题的极端严重性和开展批评与自我批评的重要性。

(二)加强制度建设,保证批评与自我批评的开展。坚持开展党内批评与自我批评,一方面要加强对党员和领导干部的思想教育,另一方面还要加强党内批评的制度建设。邓小平同志在总结党的历史教训时提出:“我们过去发生的错误,固然与某些领导人的思想作风有关,但是组织制度工作制度方面的问题更重要一些”。“制度问题更带有根本性、全面性、稳定性和长期性”。(《邓小平文选》第293页)根据目前实际情况,笔者认为除了坚持好原来行之有效的“三会一课”制度,党的领导双重组织生活制度等外,还应建立下列制度:

①建立必要的监督、检查制约机制。我们过去的工作往往有布置,但深入检查总结不够。党内开展批评与自我批评也同样存在着这个问题。今后要形成一种制度,定期分层次地检查各级党组织开展批评与自我批评的情况,重点检查党员领导干部。既不能搞“一俊遮百丑”,也不能把开展严肃的批评与自我批评的单位当成“内耗”、“不团结”的单位。相反,对开展批评与自我批评好的要给以肯定,不好的要限期改正。检查的情况要及时通报全体党员,以达互相教育,监督之目的,组织人事部门要将检查情况存档,作为考核使用干部的依据。

②强化监督,建立保障党内批评正常进行的制约机制。首先要教育党员,特别是党员领导干部增强监督意识。引导他们牢固树立坚强的党性观念、群众观念、民主集中制观念和党内外监督的观念和意识。第二,要把考评同开展党内批评的情况紧密结合起来。要把开展批评与自我批评的好坏,作为检验党员干部党性的一条重要标准,纳入考察党员干部“德”的主要内容,作为评价和使用干部的主要依据之一。并不断明确量化考核指标,把监督与考核结合起来,提高监督的实际效能。对于坚持原则,开展批评与自我批评好的,敢于同不良倾向作斗争的,要给予奖励、提拔重用。对明哲保身,对错误言行听之任之,不能旗帜鲜明地抵制和斗争的不能提拔重用。要在全党造成敢于坚持原则、同不良倾向作斗争光荣:明哲保身,置党和人民的利益于不顾、压制党内民主可耻的风气。

(三)要正确掌握开展批评与自我批评的原则和方法。社会心理学研究和现代领导活动实践都证明,正确的批评方式,能引起积极的心理反应,被批评者在冷静的情绪状态下,考虑自己应采取的态度。相反,不当的批评方式,会使被批评者产生逆反心理。我们开展批评与自我批评,涉及到批评者与被批评者两个方面,必须讲究科学的批评方法与艺术。

首先,批评前要调查研究,弄清情况。一是要弄清批评对象的基本情况,包括个人经历、个性特点、一贯表现以及周围环境和家庭状况等。二是要弄清批评对象的缺点或错误的基本事实。这样才能分清是非曲直,准确地把握缺点或错误的性质程度,为有的放矢、对症下药实施批评奠定可靠的基础。

其次,要准确地把握批评与自我批评的原则性。要大事讲原则,小事讲风格,原则问题不放过,枝节问题不计较,维护批评与自我批评的权威性。不要把工作中的一般错误说成倾向性的错误,不要把思想认识上的错误说成是政治立场上的错误,更不要把党内问题说成是敌我性质的问题。至于个人缺点,如果不是与政治的和组织的错误有联系,则不必多加指责，搞得人人精神紧张，无所事事，变成谨小慎微的君子。从各级党组织来说，在开展批评民自我批评时，注意大的方面就是要对关系到党的路线、方针和政策的事情不放过，对关系到党和人民利益的事情不马虎，对关系道德品质、思想意识和生活作风的事情不迁就。作为一个党员来说，既要注意着眼于大的方面，又不能忽视小的方面，而放松对自己的要求。应该从大处着眼，小处着手，严格要求自己。在改造客观世界的同时，不断地改造主观世界。

再次，要讲究科学的批评艺术。一要与人为善。从团结的愿望出发，摆事实、讲道理，以理服人，不要主观武断，强加于人。二要实事求是，是什么问题，就是什么问题，不要夸大事实，无限上纲。三要从批评对象的心理与行为规律出发，理解和尊重批评对象，要设身处地、体谅对方的处境和心情注意批评时讲话的方式、语气等。四要分清问题的性质和程度。在分析问题 时，既不要把一般问题说成是原则问题，也不能把偶然、个别的错误说成是一贯、系统的错误。五要历史全面地评价有问题同志的功过，评价要做到一分为二。既不能因为有了问题而抹煞其功劳，也不能因为有功劳而掩盖其错误。除了批评者要注意以上几点之外，被批评者也要虚心听取别人意见，勇于坚持真理，修正错误。

(四)领导干部带头开展批评与自我批评，是批评与自我批评开展好坏的关键。党的领导干部是党的路线、方针、政策的制定者和执行者，是社会主义现代化建设事业的组织者和领导者。领导干部担负着一个地区，一个部门，一个单位的领导工作，掌握着一定权力，能不能带头开展批评与自我批评，伸张正气打击邪气，不仅影响着党和政府在群众中的威信和形象，而且也直接影响着广大党员干部和群众的作风。因此，领导干部深入群众，虚心听取群众提出的批评意见，既听喜也听忧。对自己存在的缺点错误要敢于正视，向党员、群众，公开进行自我批评，自觉接受群众的批评和监督。其次，要带领党员、群众开展好批评与自我批评。对一些不良倾向要敢于揭露，对一些歪风邪气要敢于抵制，对犯有缺点错误的同志，包括在自己身边工作的同志，要敢于批评帮助，决不姑息迁就。

总之，开展好党内批评与自我批评，是新时期党的建设的一项艰巨而重要的任务。只要我们全党上下共同努力，使党的这一优良传统发扬光大，就一定能把我们的党建设好。

秦西京：《试论新时期党内批评与自我批评》，《求实》，1996 年第 3 期

惩治用人问题上的腐败现象，这已成为摆在全党和全国各级党组织，特别是组织人事部门面前的一项十分重要而又必须认真解决的重大问题。

## 一

自党的十一届三中全会以来，各级党委和组织人事部门，坚持党的干部路线和方针政策，在选拔任用干部工作上取得重大成绩，这应当充分给予肯定。但也必须看到，有些地方和单位在用人上确实存在着不正之风和腐败现象，突出表现为：

第一、不按程序，临时动议。在干部选拔任用上，党历来有明确的规定和程序。但近年来，有的地方有的领导者不按规定程序办事，而是按个人意志，搞临时动议，有时研究干部人事问题不打招呼，甚至有时半夜起来召集有关人确定人选。在使用提拔上，往往是少数人提名，少数人考核，少数人研究，少数人任命。结果造成少数人高兴，大多数人不满意。

第二，不讲原则，封官许愿。有的地方有的领导者选拔任用干部不是坚持德才兼备、任人唯贤的原则，不是公道正派和实事求是地对待干部，而是以个人的好恶亲疏取人，搞任人唯亲，任人唯顺，任人唯钱。只要是亲朋戚友者，唯命是从者，有钱有物者，不论德才如何，有无政绩，一概委以重任。正如有的群众所说，现在有的地方的领导者是任用“四爷”干部，即少爷(儿子)、姑爷(女婿)、师爷(秘书)、款爷(大款)。

第三、党委讨论，跑风漏气。有的地方研究干部人事问题，主要领导一碰头，就放出风来说要调动、提拔干部；有的党委会一散，就有人通风报信，有的甚至把会上发言表态的情况，哪个赞成，哪个反对，说了什么话，等等，都一一告知当事人。

第四、授意送礼，公开勒索。有的领导干部借机构改革或换届调动干部之机，利用管理干部的权力为个人谋私利，投意送礼，甚至公开勒索。有的以盖房、装修、小孩办大事等为借口，向有关人“借”钱，暗示别人送钱。还有的公开向有关人勒索钱财，送多少钱，给多大官。

第五、跑官要官，买官卖官。有的人信奉“生命在于运动，当官在于活动”。有的人公开讲，“不跑不送，原地不动；只跑不送，平级移动；又跑又送，往上调动”。千方百计跑门子“讨”官，托人情“说”官，找领导“要”官。有的地方买官卖官现象也时有发生。发展下去，后果不堪设想。

第六，虚报政绩，骗取官位。有的干部为了晋升

提拔,不惜弄虚作假,虚造政绩,搞假数字、假典型、假样板,以此骗取组织的信任、领导的提拔。结果是败坏了党风,贻误了事业。

## 二

用人方面存在的这些不正之风和腐败现象,在党内外影响极坏,危害极大。

第一、影响了党的干部队伍素质的提高。按照党章的要求,党员干部应该是工人阶级的先进分子。然而,由于用人上的腐败现象,以致少数德才平庸之辈和政治投机分子混入了我们干部队伍。他们当官的目的不是为党、为人民办事,而是为个人或小集团谋私利。这些人虽然为数不多,但影响很大,老百姓往往以他们的形象评价党的干部。因此,这些人不仅严重败坏了领导干部的声誉,而且影响了党的干部队伍素质的提高。

第二、影响了党的路线方针政策的贯彻执行。毛主席早就讲过,政治路线确定之后,干部就是决定的因素。邓小平同志在1992年视察南方的重要谈话中也指出:“中国的事情能不能办好,社会主义和改革开放能不能坚持,经济能不能快一点发展起来,国家能不能长治久安,从一定意义上说,关键在人。”近年来,由于用人上的不正之风和腐败现象的影响,有的干部放松了思想政治素质的提高,不看书,不看报,不讲政治。有的不顾大局,“搞上有政策,下有对策”,甚至我行我素,搞地方主义、本位主义;有的分不清基本的原则是非界限,做出违背四项基本原则之事;有的官僚主义严重,不调查、不讲究,不善于结合本地实际,搞形式主义,如此等等。极大地影响了党的路线方针政策的顺利贯彻执行,影响了中央的政令畅通。

第三、影响了党群干群关系的密切。党员干部应是全心全意为人民服务的公仆,是领导人民进行现代化建设的带头人。但是,近年来,有的领导干部群众观点淡薄了,同群众的感情疏远了,严重脱离了群众。他们想问题,办事情,作决策不是以“人民拥护不拥护”、“人民赞成不赞成”、“人民高兴不高兴”、“人民答应不答应”为出发点和落脚点,而是一切以是否符合个人或小集团的利益为标准,想通过执政的地位尽可能多捞取一点私利。这些已引起了广大群众的强烈不满,严重影响了党群干群关系。

第四、影响了党的优良传统作风的发扬光大。“理论联系实际,密切联系群众,批评和自我批评”是我党的三大优良传统和作风。但近年来,受不正之风的影响,党的三大优良传统和作风却被某些人扭曲了。“理论联系实际”变成了“理论联系实惠”,只讲索取,不讲贡献。“密切联系群众”变成了“密切联系领导”,认为联系领导得提拔,联系群众惹麻烦。“批评与自我批评”变成“表扬与自我表扬”,因此,在民主生活会中出现了,“批评他人提希望,自我批评摆情况”,言不由衷,避重就轻,如此等等。严重败坏了党的优良传统的作风。

第五、影响了党风、民风、社会风气的好转。党风、民风、社会风气三者是紧密相联的。由于用人上的腐败现象,带来了干部作风的不正。最终导致了党风不正的日益蔓延。而党风的不正,反映到社会生活中来,又导致了各个行业不正之风的产生,继而带来了民风和社会风气的不正。说假话、办假事、卖假货,假的东西充斥市场和官场,这已经成为当今社会的一大祸害。

## 三

用人上的不正之风和腐败现象的产生蔓延由来已久,其原因是多方面的。

第一、从历史原因看,是受封建主义残余思想的影响。我国是一个具有两千多年封建历史的国家,封建主义世袭制、家长制、裙带风、论资排辈等残余思想,仍在少数人的头脑中根深蒂固。有些领导者受封建残余思想的影响,在用人问题上,搞亲亲疏疏、关亲顾友、任人唯亲,致使党的任人唯贤的用人原则难以得到贯彻。

第二、从思想原因看,是受资产阶级腐朽思想的影响。有些地方的一些领导者在资本主义腐朽思想的侵蚀下,滋生了拜金主义、极端个人主义和享乐主义等消极腐败现象,共产主义信念日渐淡薄,党性观念日益淡化。这些人口头上讲的是共产主义信仰,实际上信奉的是“人不为己,天诛地灭”的资产阶级人生哲学。他们为了个人私利,丧失共产党员和党员领导干部应有的品格。

第三、从社会原因看,在市场经济条件下,官场受到市场的巨大冲击。一些领导者将市场经济的等价交换原则带到政治领域和干部人事工作中,搞“权钱交易”。据纪检监察部门提供的材料,1995年以来查处的党员领导干部贪污受贿案件,都不同程度地存在着钱权交易问题。那些政治投机分子,不惜重金搞官场投资,其目的就在于买官上任后就变本加利地大搞还本赚利,还是一种极其腐败的思想和行为。

第四、从知识原因看,是一些领导干部在选人用人上的认识片面。主要表现为:一是重才轻德。在选拔任用干部时,只看重才的一面,忽视德的一面。只要能说会道，或能跑关系、拉资金、上项目的人就用，使一些道德水平低下的人进入领导干部队伍。二是重名轻实。往往以学历、资历等因素作为用人的标准，偏重名声，忽视政治素质和业绩。三是重用轻教。一些领导者只注重人才的选拔使用，忽视对人才的培养、教育和管理，致使一些新提拔上来的干部，在思想政治素质和领导组织管理能力等方面跟不上形势的发展。

第五、从现实原因看，是对选人用人上的腐败惩治不力。在当前强调全党以经济建设为中心的情况下，一些领导干部对反腐败现象还存在各种疑虑和思想顾虑。有的担心反腐败会影响经济建设，认为“经济建设要上，党纪政纪要让”；有的担心反腐败会回到过去“以阶级斗争为纲”的老路上去；有的担心反腐败会影响党的形象和执政地位；还有的担心反腐败会反到自己头上，如此等等。因而，对一些干部特别是一些领导干部的违法乱纪行为左顾右盼、犹豫不决，查处不力，惩治不严，致使不正之风愈演愈烈，腐败现象日益蔓延。

## 四

如何防止和根治选人用人上的腐败现象？笔者认为，一方面要坚定地执行党的干部“四化”方针和德才兼备原则，正确执行党的干部政策，严格按规定程序办事，把好选人用人的入口关。另一方面，还要采取坚决有力、切实可行的对策，把好选人用人的教育关和出口关。

对策之一：提高思想认识。这是坚决惩治选人用人腐败现象的重要前提。惩治好不好，关键在领导。我们各级领导对党风腐败现象要有一个足够的认识，并在实际工作中正确认识和认真处理好三大关系：一是惩治腐败与经济建设的关系。经济建设需要惩治腐败，惩治腐败为了经济建设。只有严厉惩治各种腐败现象，才能保证经济建设的健康、顺利发展。二是惩治腐败与改革开放的关系。改革开放促进经济发展和社会进步，但也不可避免会带来某些负面影响甚至腐败现象。为此，只有严厉惩治各种腐败现象，才能保证改革开放的社会主义方向。三是惩治腐败与反对资产阶级自由化的关系。资产阶级自由化很重要的一条就是反对四项基本原则，而腐败现象与四项基本原则是格格不入的。只有坚决反对资产阶级自由化、坚持四项基本原则，才能根除各种腐败现象。总之，惩治腐败现象是事关党的生死存亡、社会主义事业兴衰成败、改革开放和现代化建设能否顺利进行的大事，历史和现实都反复证明，国之兴，始于政；政之兴，得于人。我们必须从战略和全局的高度来认识反腐败的极端重要性和紧迫性，以进一步增强反腐败的信心和决心。

对策之二：抓好教育培训。这是坚决惩治选人用人腐败现象的重要基础。小平同志在总结改革开放的教训时曾说：“十年来最大的失误是教育”，“好的党风也要体现在教育之中”，“改善社会风气要从教育入手”。这些论述，精辟地阐述了教育在反腐败中的重要作用。

教育是惩治腐败的重要基础。教育，可使党员干部提高水平，坚定信仰，增强免疫力；教育，可使有腐败现象的党员干部认识错误，悔过自新；教育，可使党员干部掌握锐利思想武器，敢于批评、抵制腐败行为。为此，要根除腐败现象，各级领导必须十分重视党员干部的培训。

党校是进行干部教育的重要阵地。经常性地、有计划地组织各级各类干部到党校参加轮训培训，这是我党的一条重要历史经验和有效形式。历史上曾有许多干部通过党校学习，增强了党性观念，丰富了各方面知识，提高了政治思想觉悟和政策理论水平。

对策之三：建立各项制度。这是坚决惩治选人用人上的腐败现象的重要保证。“制度问题更带根本性、全局性、稳定性和长期性”。小平同志强调要“建立各种完备的法律和制度体系，来约束人们的行为”。可见，建立健全各项制度，是坚决惩治选人用人上的腐败现象的重要保证。当时特别要严格执行干部考试考核制度，切实地把好干部“入口关”；要坚持选人用人集体研究制度，防止不按规定程序办事，个人说了算的现象；要恢复干部隔两级审批制度，防止有人滥用职权乱提拔而产生直接个人依附关系；要坚决大胆迅速实行干部回避交流制度，防止结成团团伙伙；要试行建立领导干部个人财产登记制度，防止产生官钱交易；要真正实行干部管理监督制度，充分走群众路线，定期不定期地对干部进行多渠道、多形式的考察考核，一旦发现干部有缺点、错误、及时指出，进行帮助。从而，从根本上根治选人用人上的腐败现象的产生和蔓延。

对策之四：依法从严惩治。这是坚决惩治选人用人腐败现象的重要手段。应该肯定，我们党在惩治腐败现象问题上态度是坚决的，措施是有力的，查处大案要案是不少的，成绩是很大的。但也必须看到，有些地方、有些单位的有些领导人，对惩治腐败认识不够充分，态度不够坚决；查处不够迅速，惩治不够严格，处理结果也很少公布于众。致使部分干部、群众不够满意；致使腐败现象还在继续滋生蔓延，致使卖官的照常卖;跑官要官的还照样跑,照样要。因此,我们要坚决惩治选人用人腐败行为,必须加大惩治的力度,真正做到"迅速、准确、彻底、公开"八个字。

对策之五:坚持常抓不懈。这是坚决惩治选人用人上的腐败现象的重要关键。小平同志指出:"我们要反对腐败,搞廉洁政治。不是搞一天两天、一月两月,整个改革开放过程中都要反对腐败"。(《邓小平文选》第3卷第327页)小平同志的论述使我们深深懂得,反对腐败与改革开放是息息相关的。腐败在改革开放中产生,反对腐败必须贯穿在整个改革开放过程的始终。为此,反腐败斗争不能只抓一阵子,必须常抓不懈。决不能只搞一、二次突击了事,而要使之经常化、制度化、持久化,使反腐败工作真正成为一项搞廉洁政治的经常性工作。

应光华、陈伟金:《关于惩治用人问题上腐败现象的思考》,《求实》,1996年第11期。

利益导向动力系统的形成和利益分化是腐败滋生的经济根源

这里所说的利益,是指物质利益。腐败作为公权执掌者的一种谋私行为,其出发点和归宿点是追逐和实现个人或团体的利益。因此,追逐个人或团体的利益,是腐败行为发生的原动力,所有的腐败行为,无一不是利益驱动的结果。必须承认,追逐私利,实现个人利益的最大化,是人类自从进入私有制社会、公私利益出现分化以后的一种普遍现象,只要公私利益的对立和差别还存在,人们追逐私利的行为就无法避免。但在不同的社会制度下,在同一社会的不同历史时期,物质利益在人们心目中的地位是不同的。在把清心寡欲作为最高境界、视物欲为祸害的清教徒社会里,追逐私利并不是什么光彩的事情。而在鼓励发财致富、注重物质生活享受的商品经济社会中,获取自身利益能力的大小就成了衡量个人价值的尺度。

我国在社会结构转型前,在社会活动方面,以阶级斗争为纲,醉心于政治运动,不仅不把工作重心放在经济建设上,甚至长期把发展生产力、改善物质生活条件作为资本主义、修正主义的东西加以批评和抵制,因而人们不能也不敢追求物质利益;在社会经济体制方面,实行权力高度集中的计划经济体制,所有制结构单一,限制、排斥非公有制经济成份,公有制经济由国家直接经营,资源的分配、经济的运营、产品的分配都集中在政府主管部门手中,市场的调节作用受到限制,实行平均主义的分配模式,人们端的是"铁饭碗",吃的是"大锅饭",收入水平相似,消费方式雷同,除了政府分配的利益,任何个人和组织都不能也不必去追逐额外的利益,因而整个社会,无论是企业还是个人、政府官员还是普通百姓,都没有追逐自身利益的冲动。这种情况,使人们的社会活动缺乏动力,造成了经济发展的缓慢和普遍的贫穷,阻碍了社会的进步,而以权钱交易为轴心的腐败现象也受到了抑制。

社会转型以来,上述情况发生了根本的变化。在社会活动方面,全党全国的工作重心由阶级斗争转向经济建设,经济活动成为社会的基本活动,生产力标准成为衡量一切工作是非得失成败的根本标准,脱贫致富成为全社会的共同愿望,由此就形成了以利益导向为中心的动力系统。在社会经济体制方面,为了适应解放生产力和发展生产力的需要,经济体制和其它各项体制都进行了改革。改革实质是利益关系的再调整,随着改革的变化,利益格局处于分化、重组之中。如以市场为导向的经济体制改革,不仅形成了公有制为主体的多种经济成份并存的格局,而且使不同经济成份之间、同一经济成份的不同企业和经营者之间在市场上展开了竞争,由于面临的内外环境、经营水平、能力各种主、客观因素的差异,不同的经营实体实现各自利益的大小也各有不同,因而造成了利益的分化。为了求得生存和发展,各个利益主体无不把实现自身利益的最大化作为自己的奋斗目标。比起社会转型前的那种利益主体模糊、缺乏追求利益的需求与动机的状况,这无疑是一种巨大的进步。它激发了人们发展经济、创造财富的积极性,这也是我国改革开放以来经济发展较快、人民得到较多实惠的主要原因。然而它也带来了负面的效应。为了实现利益的最大化,人们相互竞争,有的甚至不择手段,这其中就包括通过权钱交易来聚敛财富。这主要表现为两种情况:(1)一些不掌握权力的利益主体希望运用财富换取权力,以获取更大的利益。人们发现,通过向公共权力的执掌者送礼、行贿,是一种成本最低、效率最高的致富手段。因而,各类企业的经营者们、各种社会组织,包括行政、事业单位,甚至政府官员本身,都纷纷加入送礼行贿者的行列,以满足他们名式各样的要求:有的是为了获得原材料、能源、资金等经营活动紧缺的资源;有的是为了获得项目、指标、进口配额、投资机会等;有的是为了得政策上的倾斜、享受某种优惠待遇;有的是为了个人能够得到提职升官;有的是为了突破政策、法规的限制,逃避法规的制裁;等等。尽管行贿送礼的具体目的存在差异,但其根本目的是一样的,即用较低的贿赂成本,贿赂官员"出租权力",以获得较高的利益或超额利润。这就是所谓的“寻租”。由于“寻租人”的寻租活动，就形成了权力与财富交换的腐败黑市，一方通过购买权力获得利益，另一方通过出售权力获得利益。由于利益主体的“寻租”活动而导致的腐败黑市的形成，无疑是公职人员腐败行为滋长和蔓延的重要原因。行贿与受贿互相依存、相伴相生，忽视行贿者大量存在这一客观情况，我们就不可能铲除腐败滋生的土壤。(2)一些公共权力的执掌者产生以权力换取财富的冲动。作为公权执掌者的公职人员既是公共权力的代表者，又是活生生的个人，扮演着双重角色。作为活生生的个人，他们有七情六欲，面对着全社会都在为发家致富而奔走的景象，而对着形形色色的“寻租人”行贿的诱惑，他们也会产生对物质金钱和享受的追求。而且，公职人员在社会分工体系中的地位较高，理应获得与自己的社会地位、声望相称的收入。然而改革开放以来，由于利益分配关系没有理顺，公职人员的收入较之个体户、私营企业主、企业承包者等阶层，差距日益扩大，这种情况，无疑使他们的心理难以平衡。因此，一些公职人员就产生了利用手中的权力来为自己谋取利益、聚敛财富的欲望，他们不仅对送上门来的“好处”欣然接受，更有甚者，一些人千方百计人为“设租”，凡有求于己的，大开狮子口，索要钱物。

可见，以利益导向为中心的动力系统的形成和体制改革所带来的利益分化是当前我国腐败滋生的经济根源。因此，要有效地开展反腐败斗争，就必须对改革开放和现代化进程中的利益分化状况进行科学分析，特别是要注意从体制、政策方面去健全、完善利益调节机制，使那些想通过歪门邪道致富的人们不能得逞，使人们只能和能够通过正当渠道、合法途径去实现自己的利益。只有这样，才能有效铲除腐败滋生的土壤。

**公共权力的增值和失去制约是腐败滋生的政治条件**

腐败总是与公共权力结合在一起，腐败分子把公共权力视为特殊商品用以换取私人利益。上世纪的英国历史学家洛德·艾克顿说过这样一句至理名言：“权力倾向于腐败，绝对的权力倾向于绝对的腐败。”这可以说是政治学上的一条定律。因此，只要存在公共权力，就有公共权力非公共使用即腐败的可能。权力所能换取的利益越多，即权力的含金量越大，腐败发生的可能性也就越大。当然，腐败实现由可能性向现实性的转化还要具有一个基本的条件，即权力失去制约。如果存在对权力的严密制约，掌权者的腐败冲动就会受到抑制，他们不敢也不能进行腐败活动。尽管金钱有种促使人们铤而走险的功能，但对多数人来说，他们在实施某种行为之前，总是要把需要付出的代价和获取的收益相权衡，以最小的代价获取最大的收益。对于有腐败冲动的公职人员来说，他们在进行以权力换取财富的活动时，也会对风险与收益比进行分析，当风险极大时，他们就会有所收敛、抑制，当风险极小时，就会胆大妄为。而有无风险、风险大小又取决于权力制约监督机制的健全与否。严密有效的制约监督机制将使任何胆敢冲破约束、以身试法的腐败分子受到严厉的惩罚，因此，它就犹如“防盗器”和“报警系统”一样，对腐败冲动者起到震慑作用。

我国在社会转型前，尽管实行的是高度集权的经济政治体制，行政权力无所不在，控制一切，但腐败行为却发生较少。究其原因，一是权力的含金量不大。由于整个社会缺乏内在利益驱动机制，社会(如企业、社会组织、各阶层)缺乏以财富换取权力的冲动，因此公共权力就成了一种虽稀而不贵的资源，公职人员执掌的权力不能换取多大的财富。二是存在一套与集权体制相适应的制约机制，主要是：(1)高层领导的率先垂范对各级公职人员产生了强大的约束力。由于权力高度集中于中央，且实行垂直、封闭、单向的领导制度和干部制度，中央对地方、上级对下级，具有强大的约束力，只要高层领导严于律己、以身作则，就能形成示范和传递作用。(2)政治运动所造成的强大心理压力使公职人员谨小慎微。接连不断的大规模的群众阶级斗争，频频发动的整党整风等等，无不使大家人人自危，一些有腐败动机的人不敢轻举妄动。因此，传统体制在一定的历史条件下能够抑制腐败的滋生。

我国社会转型以来，公共权力异化的可能性和现实性都大大增强了。

从可能性方面看，不仅政府管理经济的权能大为扩大，而且这种权力的含金量也大大增加了。随着经济建设成为党和国家的中心任务，组织和领导经济建设成为党和政府的首要职责。虽然以市场为取向的经济改革需要行政体制上实行简政放权、转变政府职能的配套改革，但简政放权所要解决的只是权力系统内部的权力配置问题，从总体而言，它不会导致公共权力的萎缩，而只会造成权力主体的多元化，也就是使更多的地方、部门和个人握有权力，因而在微观层面上，公共权力是增大而不是减少了。至于转变政府职能，它所要解决的只是政府如何采取新的更符合经济发展规律的形式、方法和手段来履行其管理经济的职能，并不意味着削弱政府管理经济的权力和职能。从当前经济发展和改革的实际需要来看,确实也需要政府发挥其管理职能。因为目前市场经济还处于初始形态,市场发育还不完备,市场机制还不能全面发生作用,所以无论是在宏观还是微观领域,政府都负有重大的干预、调节责任。因而各级政府、特别是经济管理部门直接干预经济活动的频率更高了。在市场经济条件下,这些权力的行使能直接影响到参与市场竞争的各个竞争主体的前途和命运,能否和在多大程度上得到政府权力的支持和保护,结局将大不一样。一些深谙此理的利益主体出于对自身利益的追求,于是纷纷向掌握政策、项目、资金、物资、裁决等权力的部门和个人"寻租",这样,公共权力这种稀缺资源成了人们争相购买的对象,奇货可居,含金量大大增加。例如,在资源配置方面,由于某些资源的配置由政府主管部门和市场共同承担,政府主管部门掌握的原材料、能源、信贷资金、外汇、房地产等资源的价格与市场实际价格存在着巨额差价,因而谁能以计划内价格得到这些资源,即使不用于生产投入,转手倒卖就能获得高额利润。这种情况下,掌握这些资源的部门和个人的权力就大大升值,这些部门就成了逐利者进攻的重点部位,成为腐败的高发区。

从现实性方面看,公共权力异化的现实条件更充分了。社会转型以来,一方面,计划经济条件下的一些有效的权力制约方法已失去作用,简政放权的改革措施使中央对地方、上级对下级的自上而下的约束力减弱,以经济建设为中心的基本路线不允许以大规模的群众政治运动冲击现代化建设。另一方面,适应新体制的严密有效的制约监督机制还未形成。由于社会转型期客观情况的复杂、多变,由于我们本身的重视、努力程度不够,目前从宏观到微观,都存在着严重的权力失衡现象,主要表现在:(1)制衡空白点大量存在。对于各种权力直接干预经济活动的机会和频率增多这一情况,我们研究不够,对于如何防止权钱交易没有制衡措施,行政工作缺乏相应的规范和程序,给掌管人、财、物实权的部门和个人留下了很大的自由裁量的空间。如对进口配额、生产许可证发放、物价管制、土地协议批租等行政行为,既无规则,又不公开,听任少数据有控制权的人自由裁决。(2)制衡手段滞后。由于超前意识不强,对一些那将出台的改革措施可能会给某些公职人员造成腐败机会这一情况,没有充分认识,事前没有预防措施,事后急忙补救,始终处于一种被动应付的状态,这就给了腐败分子可以利用的时间差。(3)制衡措施无效。已有的一些制衡措施,要么过于原则、空泛,不便操作,往往流于形式;要么是缺乏通盘考虑,政策、规范之间相互矛盾、相互抵销,这就使有腐败冲动的公职人员能够钻政策、制度的空子,逃避制度对权力的制衡监督,使制衡措施不能发挥功效。

综上所述,权力含金量的增大,使权力执掌者转瞬之间获取大量财富成为可能,因而必然促使其腐败欲望急剧膨胀,而权力制衡机制的软弱和无效,更为他们滥用权力创造了条件。因此,要有效抑制腐败,就必须一方面尽量减少权力直接干预经济活动的机会,使权力的含金量减少,权力贬值。在这方面,进一步深化经济体制改革,让市场机制全面发生作用,显然具有积极作用。另一方面完善权力制衡机制,便公职人员不能也不敢进行腐败活动。这对反腐败具有根本意义。因为公共权力要完全退出经济领域是不可能的,即使是将来市场已发育成熟。社会经济活动主要靠市场力量驱动,也仍然需要政府权力这只"看得见的手"发挥宏观调控作用。

**价值观的嬗变和信仰的虚脱是腐败发生的思想条件**

按照社会学原理,任何社会要保持良性运行和协调发展,都必须具有一定的控制力度。价值观、信念等观念形态的东西作为社会控制系统中的软约束机制对社会成员的行为具有极大的影响。对执掌权力的公职人员来说,其价值观念、信念如何将直接影响到他们的行为选择。

我国社会转型前,腐败行为发生较少,跟公职人员的价值观念、信念不无关系。从价值观念方面看,由于经济上实行的是产品经济、政治上意识形态上持续不断地开展阶级斗争和斗私批修运动,因而整个社会文化的价值系统、规范系统是单一的,艰苦朴素、克己奉公、大公无私作为主导价值占绝对统治地位,这虽然脱离了较低生产水平下人们道德水准的社会实际,带有"假、大、空"的味道,却抑制了人们对私利的追求。在信念方面,由于存在着对最高领导人的个人崇拜,因而爱屋及乌,对他所倡导的思想、社会制度坚信不移;由于闭关锁国,人们对外部世界所知甚少,为社会主义中国的繁荣昌盛而沾沾而喜,并沉溺于共产主义美好前景的遐想之中。这些信念虽然不是建立在科学的现实的基础之上,但它确实激发了人们为美好生活而奋斗的热情,从而减少了失范行为的发生。

我国社会转型以来,在价值观念方面,由于下列因素的影响,艰苦朴素、克己奉公、大公无私的主导价值逐步发生嬗变,人们开始变得讲究功利,注重追求物质利益了:(1)市场经济的效应。市场经济是利益经济，通过市场竞争，在价值规律的作用下，使人们的付出与个人的收益紧密联系起来，这是市场经济的要义。(2)改革开放的影响。改革所造成的利益分化、国内新富阶层的崛起，对人们产生了发家致富的冲动。对外开放使人们看到了我国与发达国家的差距，进而使一些人对他们的生活方式产生羡慕。(3)舆论导向的影响。敢冒风险的改革家、脱贫致富的典型事迹频频出现于大众传媒之中，各种广告宣传更是不遗余力地鼓励消费，诱导人们的消费欲望。

应该说，价值观念（主要是对待利益的态度）的变化，即是必然的也是必要的。因为纸是包不住火的，政治狂热总会有降温的时候，价值观念不能长期超越于生产力的发展水平之上。同时，我们要进行体制改革和现代化建设，没有价值观念的相应转变，就会遇到思想上的重重阻力。事实上，党中央在精神文明建设方面，也强调道德建设要把先进性与广泛性要求结合起来。但价值观念的变化也会带来一些消极的影响，主要是有些人可能会沾染上损人利己、金钱至上的陈腐观念。公职人员一旦受到这些观念的侵袭，就会发生腐败行为。

在信念方面，由于过去几十年社会主义革命和建设的曲折经历，由于当前世界社会主义运动陷入低潮，一些人的社会主义信念发生动摇。同时，现行的和一些即将出台的改革政策可能会损害一些人的眼前利益。对公职人员来说，机构改革、干部人事制度改革等改革举措，可能使某些部门和个人感到前途未卜，从而助长了有权不用、过期作废的心理。信仰虚脱虽是局部的个别的现象，但其后果是严重的、可怕的。信仰虚脱者往往自暴自弃，不顾一切，公职人员如果发生信仰虚脱，就会变得胆大妄为，无所顾忌。

以上分析说明，在同样的环境和条件之下，有的公职人员之所以能洁身自好、廉洁自律，而有的则陷入泥谭、蜕化变质，从主观上说，是由于他们各自的价值观和信念不同。因此，发挥价值观、信念等软约束机制的作用，显然也是开展反腐败斗争所必不可少的。

钟敏：《社会转型期腐败探源》，《广西社会科学》，1996年第4期

随着社会主义市场经济的发展，整个社会生活都发生了深刻的变化，也使农村党建工作遇到了许多新问题和新任务，从而引起了理论界和党政实际工作部门的普遍关心和讨论。现将近年来理论界讨论有关加强农村党建工作的若干理论观点概述如下：

**一、农村党建工作存在的问题**

目前我国有乡镇党委约4.7万个，农村党支部约73万个，农村党员约2600万。在农村党支部书记中，35岁以下的仅有9万多人，不到初中文化程度的还有1/3，个别地区文盲、半文盲占70%。十一届三中全地以来，我国农村发生了巨大变化，到1993年底，已涌现出总产值过亿元的乡镇近5000个，亿元村约1000个。农村的发展是与广大农村基层党组织和农村党员充分发挥核心领导作用和先锋模范作用分不开的。然而，我们在看到这喜人的形势面前，也应该看到在新的形势下农村党建工作仍存在着许多不容忽视的新情况和新问题。归结起来，主要表现在下述几个方面：

一种是市场经济冲击论观点。认为在市场经济大潮的冲击下，基层党务干部队伍不稳定或存有多种心态，已经或正在影响着党建工作的有效进行。由于有相当一部分人离开农村投身到其它经济领域，给农村党建工作带来了以下问题：1. 部分农村党支部的力量弱化；2. 党内活动难开展，党员教育管理难落实；3. 外出务工经商的党员难以发挥作用；4. 不容易发展一线农民入党；5. 农村党员从事不同的行业，形成不同的交际圈和不同思想观念，在组织生活，支部活动中往往有不同的看法，做工作想不到一块，有时还产生一些摩擦。

另一种是不正之风论。认为农村干部的不正之风，严重影响了农村基层党建工作。其表现为：1. 作风轻浮，工作不实，对群众不关心，缺乏带领群众治穷致富发展经济的真本领；2. 以权谋私；办事不公，甚至索、拿、卡、要，引起群众不满；3. 方法简单，态度粗暴。布置任务、下达指标强制执行，否则罚款、罚物，甚至捆绑打骂群众，不尊重群众人格；4. 形式主义，搞花架子浪费民财。

第三种观点是组织涣散论。认为农村基层党建的问题主要是部分基层党组织软弱涣散，发挥作用不好，或者不起作用，甚至处于瘫痪半瘫痪状态，有的在农村市场经济面前束手无策，不知道如何领导农民闯市场奔小康；有的地方干部关系紧张，社会治安状况不好，封建迷信泛滥，消极腐败现象滋生蔓延。

第四种观点是华而不实论。认为目前农村党建工作中存在的不健康、不和谐的因素，那就是伴随着经济工作中一些浮夸现象而共生的华而不实的问题：有的地方重唱功，轻做功，嘴上喊加强，实际上不

落实;有的地方注重党建工作的形式,注重活动过程的轰轰烈烈,而对实际效果重视不够;有的地方抓工作"以点代面",点上热,面上冷,工作推不开,成效不大;有的地方报喜不报忧,夸大成绩,缩小问题,掩盖矛盾;有的上级党组织在检查下级党建工作时,标准不清楚,作风不深入,起不到对基层党建工作的督促作用,等等。

第五种观点是矛盾论。认为目前农村基层党组织建设面临新情况和新问题是由以下几组矛盾造成的;1.共产党员和普通商品生产者双重身分的矛盾,使党员发挥作用遇到难题。作为共产党员要全心全意为人民服务、无私奉献,而作为普通商品生产者,要努力实现商品价值最大化,获得最佳经济效益;2.经济多样化与组织设置滞后的矛盾,使农村基层党组织的管理出现了薄弱环节,很不利于对党员的教育与管理;3.基层党组织领导班子成员的素质与领导市场经济的高要求之间的矛盾,使农村基层党组织领导班子建设面临新的课题,制约了农村经济的快速、持续、健康发展。4.党员教育方法的单一性与党员需求多维性的矛盾,给党员教育工作提出了新要求。

第六种观点是难点论。认为农村党建工作有以下难点:1.经济工作与党建工作位置难摆正,认为抓经济工作是务实的,易出成绩,而抓党建是务虚的,见效慢,都不愿搞党务工作;2.村级支部班子问题难解决;3.支部活动难开展;4.外出务工经商的党员难管理;5.入党对象难培养。

第七种观点是乡镇企业党建工作薄弱论。认为乡镇企业的党支部和党员已分别占农村党支部和党员总数的20%和15%以上,乡镇企业党组织开辟了发展农村党员的新渠道,形成了培养输送农村干部的新基地,提供了基层党的工作的新鲜经验,但还存在以下薄弱环节:1.组织不健全、关系没理顺;2.制度不健全、发挥作用差;3.党员队伍素质不适应企业发展的迫切需要,普遍缺乏生产、管理知识;4.党员分布结构不合理,很多乡镇企业没有党员或只有个别党员;5.党组织设置与企业规模调整不同步,在隶属关系、党员教育管理等方面缺乏一套严格独特的管理办法;6.党组织的一些活动与企业生产经营特点脱节;7.缺乏精干的党务政工干部队伍;8.对乡镇企业党建工作的领导相当薄弱、指导少。

## 二、加强农村党建工作的若干对策与建议

(一)关于调整和改进农村基层党组织的设置问题

以乡建党委、村建党支部、社建党小组的单一组织设置形式已不适应农村经济发展。为此,有必要按照经济发展大系统、大跨度和多样化的态势,调整和改进农村基层党组织的设置。但在具体主张上又不尽相同,现将几种有代表性的观点作一介述:

思路一:按党员流向设立党组织。要打破所有制设置党组织的传统,做到经济组织发展到哪里,党的组织就设在哪里,哪里有党员,哪里就有党的组织。另外,可在外出党员中分别建立党支部或联合支部,隶属当地党组织或原单位党组织。

思路二:大村设党委或党总支,按行业设党支部。对规模大、经济发展快、专业分工较细、党员人数较多的村,设立党委或党总支,下面按行业设在党支部,对村民和党员从业单一的村,仍然设党支部,一般按居住范围划分党小组。

思路三:实行厂村合一的支部建制。建议如果多数党员在村办企业,可试行厂、村合一的支部建制,直接把支部或总支建在厂里,实行以厂带村,以工带农,统一组织,协调全村工农副业生产。

思路四:党、工、团一体化。建议对乡村里的三资企业党建工作,要实行党、工、团一体化,以增强适应性和战斗力。

思路五:党、政、经一体化。建议实行党、政、经三块牌子,一套人马,党组织负责人兼任村委会主任与经济合作社负责人,这样就可以从组织结构上保证村级组织的精简高效,加强党组织对经济工作的领导。

思路六:在乡镇企业中因厂制宜设置党组织。建立乡镇企业党组织设置应与乡镇企业发展实现"三同步":创办企业与建立党组织同步进行,调整企业规模与调整组织设置同步进行;配备企业行管干部与配备行政干部同步进行。另外,乡镇企业关、停、并、转时,党组织设置的调整或撤销也要同步进行,做到以变应变。

(二)关于加强农村党支部领导班子建设问题

农村党支部领导班子是农村改革和农村经济发展的中坚力量。发展农村社会主义市场经济,关键是要有坚强的领导班子,特别是要有好的"领头雁"。如何加强农村党支部领导班子建设,理论界从不同角度提出了许多有价值的观点和建议。

思路一:不拘一格选贤任能。在突破身份、地域、年龄界限,坚持标准,优化结构,把敢干、会干、真干的干部提拔到农村领导岗位上来。班子成员应做到政治上要强,要有经济头脑和事业心,要有廉洁勤政、公道正派、密切联系群众的作风。

思路二:建立宏观引导机制,加强培训工作。应

按照不同地区经济发展的不同状况，从总体上把握党组织工作规律和经济活动规律，正确加以引导，激发广大农村干部学习经济管理的积极性。同时，要做好培训工作，提高村干部的思想政治素质和经济工作领导能力。

思路三：实行村组干部竞选制。破除从党员到组长，从组长到一般干部，再到支书的选人模式，实行竞选，能者上，庸者上。鼓励优秀党员、专业户、个体户等其它经济管理能人进入村级领导班子或重要岗位。

思路四：乡镇企业党政领导班子的配备应因地制宜，因厂制宜，宜分宜散，宜兼则兼。

(三)关于农村党员的教育问题

归纳起来，主要有以下几点：

1. 注意两个改进：一是要调整党员教育的内容，把提高政治思想素质与提高发展社会主义市场经济本领教育统一起来；二是要运用已有成功经验并进行革新和创造，改进党员教育方法，选准党员教育与发展农村社会主义市场经济的结合点，并注重实际效益。

2. 树立四种观念：目前应教育农村党员进一步树立以下四种观念：大党建观念，要"围绕经济抓党建，抓好党建促经济"；大发展观念；市场经济观念；党性法规观念，"要两手抓，两手都要硬"。

3. 针对乡镇企业党员分散、流动性大的特点，可采取以下措施：实行厂、村共管"双重式"的党员教育管理机制；建立党的活动与生产经营"一体化"的运行机制，建立企业党校或党员活动室；建立外出党员登记制度；联络制度、管理及奖惩制度。

(四)关于加强农村基层党组织建设应处理好的关系

推进农村基层党组织建设，必须实实在在地处理好几种关系：1."稳定一方"与造福一方的关系，切忌把稳定一方当作"挡箭牌"，在工作中信奉无过便是功、不思进取；2. 民主集中制与一团和气的关系，切忌一言堂或缺乏原则一团和气；3. 个人威信与战斗堡垒作用的关系；4. 大胆负责与个人专断的关系；5. 对上负责与对下负责的关系；6. 党建与经济建设的关系，做到二者有机结合；7. 统与分的关系，既有统一的党建工作规范要求，又有对农村党建工作具体的分类指导；8. 重点与一般的关系，突出农村党建工作重点，全面推进农村党建工作；9. 经济基础与上层建筑的辩证关系，把村级集体经济建设同组织建设结合起来；10. 务虚与务实的关系，探讨农村党建工作各项任务的落实。

关键：《加强农村党建工作研究概述》，《理论导报》，1996 年第 6 期

私营企业主能不能入党，这是一个关系到新时期党的建设和发展方向的严肃问题。尽管中央对此已有明确规定，然而进入新时期以来，对于它的讨论仍无休止。结果由于理论上不清，一些私人企业主入了党。89 年北京政治风波之后，中央以文件形式作了明确的规定，但近年又被重新提了出来，不同观点的探讨仍在进行。这表明，没有正确理论作基础的东西，贯彻起来会摇摆，甚至放任自流。因此，讨论是必须的，结论也应是明晰和符合新时期实际的。

首先，必须搞清楚无产阶级夺取政权以后，它的政党——共产党的阶级性有没有变化。与社会群众组织不同，任何政党都是以一定的阶级利益作基础，没有超阶级的政党。虽然资产阶级政党口头上不那么说，甚至党派之间会有或大或小的不同观点的争论，但不论谁上台，维护资本主义剥削制度不会变，阶级属性明显。我们共产党在夺取政权以后，尽管消灭了剥削制度，但工人阶级、农民阶级、不同阶层和剥削现象还存在，非无产阶级思想影响不能低估，也就是说，社会主义社会特别是它的初级阶段，还远不是无阶级和阶级差别的社会。工人阶级在社会中，仍是最先进的阶级。我们共产党要把社会主义引向共产主义，正是与工人阶级根本利益一致的，因此，党只能继续把工人阶级作为阶级基础，成为"工人阶级的先锋队"，才能实现自己的目标。若变成超阶级和阶层政党，不但丧失其先进性，而且也是不可能的。

第二，必须把握住入党对象的准确含义。党章规定"年满 18 岁的中国工人、农民、军人、知识分子和其他革命分子，承认党的纲领和章程，愿意参加党的一个组织并在其中积极工作、执行党的决议和按期交纳党费的，可以申请加入中国共产党"。为什么入党对象除工人阶级本身外，还规定了其他确定的一些人呢？从中可以看出，入党的主要条件有两个：一是它的阶级性"。这里指的是被剥削阶级或者不剥削他人的劳动人民。党章规定的对象都是这些人。劳动人民中虽然有先进、中间、落后之分；但他们的根本利益是一致的，与剥削阶级是对立的。因此，彻底消灭剥削，最终实现共同富裕的社会主义和共产主义最能使他们接受。二是它的思想性。必须具备工人阶级的先进思想，即使是工人阶级分子，如果没有达到先进思想条件也不够格，其他劳动人民达到了先进思想也能吸收。他们的实际表现，都是以证明思想是否先进来检验的，因此入党时常常要考察动机问题。

至于“其他革命分子”,都应具备这两个主要条件,不管过去是否剥削过别人或剥削家庭出身,只要入党时转变了剥削身份同时又符合先进思想条件的,就可以入党。

第三,必须弄明白私人企业主是否符合两个主要条件。在新时期,我们坚持以公有制为主体、其他经济成份为补充的方针,允许私人企业的存在和发展,是社会主义初级阶级必要的经济政策。但是党是政治组织,是相同阶级基础的志同道合先进群体。不能象经济那样搞个什么“主体与补充”的多种成份。还必须看到,社会主义允许的不一定都是社会主义的,更不能说他们的性质也自然而然地变了。这如同我们允许非唯物主义教派存在和发展,允许爱祖国而不拥护社会主义的思想存在,就认为它们也是社会主义的一样荒谬。所谓私人企业主,他们是占有并运用生产资料,雇佣生产工人,剥夺工人全部剩余劳动价值为已有的资本家。不管他自己是否参加了管理,但在生产过程中与工人关系是剥削和被剥削关系,即使严格执行法律法规,实行文明的契约的剥削,但工人对私人企业主的人身依附关系存在,私人企业主的全部利润来源于工人超劳动力价格剩余劳动。前面说到,入党的首要条件是阶级性,换句话说必须是不剥削他人的劳动者。私人企业主在生产关系中是剥削他人的,与工人阶级处于对立地位。问题是,有人说如果他把所攫取的利润,用于扩大再生产,或做了“扶贫”、“希望工程”之类大量公益之事,是否可以入党呢?这就是所谓“利润归属关键论”。马克思主义重视剩余价值归谁占有的问题,但判断一个人的阶级属性,从来是以人在物质生产关系中所处的地位来决定,看谁是生产资料的主人,哪个有剩余价值的占有、处理和分配权。在资本主义社会,占有这些权利的是资产阶级,剩余价值归资本家所有,所以看他的阶级属性只要依据剩余价值的归谁占有就可以了。所以看人的阶级性,最根本的是人在生产过程中处的地位。私人企业主把利润用来扩大再生产(实际是拓展剥削)、以及用于其他社会福利事业,并没有改变私人企业主在生产过程中与工人阶级的对立和剥削身份,企业的生产资料占有和剩余价值占有、处理权仍在他手中,工人并没有变成企业主人。他决定把利润投向哪里包括投向有利于经济发展和公益事业,恰正实际体现他无偿占有剩余价值的权利,公有制企业里的任何个人是没有这么大的权利的。如果他把这一切权利交给国家或劳动者集体所有,他就改变了自己的对立阶级属性,也再不是私人企业主。

有人说,恩格斯也曾办过企业,以资金支持马克思。旧社会一些地下党员以开店、办工厂、做生意身份作掩护,赚来钱买药送往解放区,为什么能入党?这是在特定条件下,党的阶级性基础的特殊运用问题。党员本身不剥削他人,不跟工人阶级在生产过程中处在对立位置是普遍性要求,但在马克思主义创立时期,在无产阶级处于被剥削和压迫下起来斗争时期,条件非常困难又冒着生命危险,作为斗争地策略和掩护手段,允许少数既保留剥削阶级身份,又积极参加革命工作的双重身份的人入党,是斗争形势的需要,只要这种形势变了,比如到了处于党执政时期的社会主义社会,就更没有这个必要了。

第四,必须认真到允许私人企业主入党给党带来的严重后果。这不是简单的党的队伍纯洁性问题,而是对党的工人阶级基础的动摇和放弃。公开的而不是象战争年代以职业作掩护允许私人企业主入党,无异于公开向人们宣示共产党不再是工人阶级政党,而是各阶级、阶层包括剥削分子的联合政党,是各类社会矛盾的调节部,不是先进的政党。不代表工人阶级利益,而工人阶级利益与其他劳动群众利益一致,任何国家不剥削他人的劳动群众都占绝大多数,所以共产党也就不是广大人民群众利益的代表者了。共产党变成了“社会党”,一党长期执政就站不住脚了。正因为我们党以工人阶级为基础,代表最广大的劳动人民利益,所以是先进的党,能在人民内部实行最广泛的民主,代表多数人对少数敌对分子专政,并且把社会引向光辉道路,直到共产主义实现,共产党自行消亡。这就是我们必须长期坚持共产党一党执政的道理,如果放弃先进阶级基础,不能代表绝大多数人的利益,我们就没有理由长期一党执政,迟早要导致共产党下台,实行“多党制”,人民政权就会丢失。

在新的历史时期出现了这样的问题:一些原来是党员后来由于改革开放和经济政策允许,发家致富,变成了私人企业主。有的长期脱离了党的组织,有的在自己企业里把雇佣职员中党员组织起来,自己任书记。结果出现“私人企业主管党”的情况,这是新形势下的新问题,怎么处理这些人原有的党籍问题,处理方式怎么合适可以继续探索,但不能没有办法。原有党籍的私人企业主可以劝其退党、除名,即使对其剩余价值的处置有前面所说的行动,可以暂保留党籍,以利继续探索,但在其私人企业主身份未改变之前,不能担任党内领导职务。

党章没有规定象“私人企业主”这样的人能入党,与我们允许和鼓励私有企业存在和发展没有矛盾。私人企业为社会主义经济发展和社会公益事业多作贡献的行动应该鼓励。不是党员同样可以通过多种渠道参政议政,表达和实现自己的政治愿望。从一定意义讲,可凭自己的地位身份;从特定角度更有利于帮助党团结和影响党外不同阶层人士,在对外开放经济交往中,有时非共产党身份也许还有利些。总之,作为社会主义必要补充的私有经济,在共产党领导下积极创业的私人企业主,同样可以为党和人民作出更大贡献,有着光明的前途。

郭学高:《关于私营企业主能否入党问题的思考》,《求实》,1996年第4期。

党章规定:中国共产党以马克思列宁主义、毛泽东思想作为自己行动的指南。从马克思主义政党建立的历史考察看,工人运动是马克思主义的物质力量,而马克思主义理论是工人运动的精神力量,共产党是上述二者相结合的物质承担者和必然产物。由此说明理论与马克思主义政党建设的关系是密不可分的。

从马克思创立的全新的"两大发现"之一的历史唯物主义来看。它以生产力是推动社会前进的动力和和决定力量的理论原理为核心,揭示了人类社会的发展趋势——必然由共产主义代替资本主义的历史规律。这一理论成为中国共产党和其他一切马克思主义政党的共产主义科学信仰和为之而奋斗的精神支柱及理论基础。在社会科学历史上,马克思的唯物史观的创立,使人类的社会科学从宗教的掩盖下解放出来,它给予了无产阶级打开人类历史大门的钥匙,给了无产阶级一副观察人类历史的望远镜和显微镜,总之给予了无产阶级及其政党全新的科学的世界观和历史观。尽管当今世界社会主义的发展处于低潮,但以共产主义为目标的实践和信仰却深深地扎根于中国共产党和人民之中,因为它是以马克思主义的唯物史观为理论基础的。所以从这个意义上讲,马克思的历史唯物主义对于共产党的共产主义信仰在理论上具有决定意义。

从列宁主义对党的建设的指导作用来看。从总体上讲,列宁主义为无产阶级政党阐明了所处的时代的性质——帝国主义和无产阶级革命的时代。并给无产阶级政党指明了在革命进程中的主观因素和客观因素,从思想上、组织上为建立真正的马克思主义政党创造条件并建立了这个政党,同时也以党的建设捍卫和发展了马克思主义的科学共产主义理论。

列宁认为伟大的共产主义运动的形成和发展,不是自发地,而是通过工人阶级的政党的领导,团结人民,自觉地、有步骤地、分阶段地、有目的地进行的。所以他强调提出:任何一个社会主义国家,任何一个民族,没有共产党的领导,是不可能顺利建设共产主义的,列宁不仅强调了工人阶级政党在共产主义运动中的作用,而且提出要不断提高党的领导水平。列宁指出提高党的领导水平是建设共产主义的客观规律的要求。由于共产主义建设任务的规模和复杂性的增大、社会经济、政治在发展中的巨大进展;群众积极性的高涨,具有更高的教育和文化水平的人民参加生产、管理国家和社会的事务;社会主义民主的进步发展,社会组织、劳动集体的作用的提高;人民的社会主义觉悟的提高以及国际任务和党、国家责任的复杂化等,这就要求经常提高党在政治思想和组织领导方面的水平。这一思想理论对我们党的建设至今仍然具有重要的指导意义。

列宁还十分重视马克思主义理论对党建的作用。列宁坚决反对有些人把社会主义科学理论的作用只归结为指出革命方向的一般指针作用和认为没有革命理论的指导,阶级斗争的进程也能走向社会主义。他坚决指出:"没有革命理论,就不会有革命的运动。……只有以先进理论为指南的党,才能实现先进战士的作用。"(《列宁选集》第1卷第241—242页)列宁还认为:共产党的基本职能仍然是思想、政治和组织的职能。其中思想、理论的职能决定着党的活动——党的战略和策略,斗争的手段和方式。"没有革命理论,不会有坚强的社会主义政党,因为革命理论使一切社会主义者团结起来,他们从革命理论中能取得一切信念,他们能运用革命理论来确定斗争方法和活动方式"(《列宁选集》第1卷第203页)。

从毛泽东思想在党建中的作用来看,毛泽东同志在长期的中国革命和社会主义建设的实践中,把马克思主义关于工人阶级政党的性质、纲领、指导思想、根本宗旨和列宁的"民主集中制"的组织原则的基本原理,同中国共产党的实际相结合,提出了在革命和建设中必须坚持工人阶级先锋队——中国共产党的先锋队性质,坚持和巩固共产党的领导地位;必须密切与联系党在各个时期的政治路线来建设党;要着重从思想上建党。并教育全党懂得,"掌握思想教育,是团结全党进行伟大政治斗争的中心环节";坚持全心全意为人民服务的宗旨,以群众路线作为党的根本工作路线;全党树立理论联系实际,密切联系群众,开展批评与自我批评三大优良作风;在党的建设中坚持党的民主集中制的组织原则;正确处理党内矛盾,用整风的方法进行马克思主义的思想教育等建党的理论,既是根据马克思主义的理论创立了具有中国特色的马克思主义中国化了的建党原则,又是中国共产党长期在革命和建设中党建的历史经验的总结和理论概括。由此说明先进的科学理论是中国共产党先进性的标志。

从邓小平建设有中国特色的社会主义理论对于党建中的作用来看,从总体上讲,用邓小平的理论武装全党、教育人民,确立了以中国共产党为领导核心的整个中华民族振兴的精神支柱,是当代中国化了的马克思主义,它是当代中国共产党的指导思想。它指引全党坚持党的"一个中心、两个基本点"的基本路线,维护大局,实现百年战略目标。用它武装全党提高全党的理论素质,解放思想、抓住机遇,创造性地开展社会主义建设的新局面,以推进具有中国特色社会主义的全面发展。这就是邓小平特色理论对于党的建设的战略意义。

党的十一届三中全会以来,邓小平同志对加强党的建设有一系列的论述,其中主要点:(1)党必须善于在改革开放新形势下,认真研究和解决自身建设中出现的新矛盾、新问题。这已经成为关系我国社会主义现代化建设和改革开放兴衰成败的一个关键问题。(2)建设有中国特色社会主义,关键在于坚持、加强和改善党的领导。(3)加强党的建设,是我们党领导人民取得革命和建设胜利的法宝。(4)加强党的建设,要始终把思想建设放在首位。并提出党的建设的任务——用邓小平的特色理论武装全党,坚持为人民服务的宗旨,调动党员的积极性、创造性,保持党的路线、方针、政策的贯彻和党的领导的正确性。还有关于加强党的组织建设、作风建设、制度建设等等。上述这些党建任务的完成是一项伟大的基础工程。邓小平特色理论对党建的作用主要体现在增强执行党的基本路线的自觉性和坚定性,树立共产主义理想,坚定社会主义信念,贯彻全心全意为人民服务的根本宗旨。由此说明,理论是党建的灵魂,也是把握政党方向的灵魂。理论成熟的程度是一个马克思主义政党成熟程度的标志,也是一个共产党员,特别是党的领导干部政治素质的一个重要标示。实践表明,只有用邓小平的中国化了的马克思主义的理论武装全党,才能使我们党承担起起历史的责任。

汪增春:《论理论对党的建设的指导作用》,《长白学刊》1996年第4期

面对"私营企业主"能否入党这个重点问题,应该用什么眼光去看待,用什么态度去对待,用什么理论去解释,怎样用邓小平同志倡导的"三个有利于"的标准去衡量呢?我认为,私营企业主中的先进分子,积极分子,条件成熟的完全可以吸收他们加入中国共产党。在中国共产党的领导下,私营经济作为社会主义公有制经济的有益补充成分,是为社会主义市场经济的建设和发展,为满足人民日益增长的物质文化需要做贡献的,是在为实现全人类的解放而努力奋斗的,是中国工人阶级的一部分,他们当中的先进积极分子,应当是中国工人阶级先锋队的一部分,是为谋求全人类共同解放的中坚力量的组成部分。私营企业是积极响应了党的号召,为建设社会主义市场经济新体制而积极进行艰苦创业的。共产党拒他们于党的大门之外,这在党建理论上是无法解释的,在政治上必然处于被动地位,在法律上侵犯了宪法和法律赋予公民的基本权利,在社会上必然造成极不良的影响,在经济上也必然要影响市场经济的发展。总之,一句话,作为中国共产党领导下的社会主义建设者,以马列主义和共产主义做为自己的最高信仰的一支积极力量,共产党不去吸收他、帮助他、领导他,难道还要在政治信仰上把他推向共产党的对立面的组织的怀抱中去吗?我认为:在建设社会主义市场经济体制,中国共产党正在实施新的伟大工程的新形势下,执政党在理论建设上要用新的眼光来看待新的、发展了的社会现实,来正确地判断新生事物或旧事物在新条件、新环境下生存和发展的问题。党的建设理论要适应新形势发展的需要,就必需要有新的发展和建树。本文对"能否吸收私营企业主入党"这一论题作些开拓性的积极探讨,意在抛砖引玉和向有识之士求教学习。

**一、社会主义国家制度下的私营经济不是导致剥削产生的基础**

……

看待私营经济这一复杂的问题,只要我们用纵览全局的眼光,发展、创新的眼光,实事求是的态度来看待,它是有利于最终实现消灭剥削的目标的。这是由社会主义首先在经济文化比较落后的国家取得胜利这一情况所决定的。在这些国家里,生产力发展的水平不仅远远没有达到科学社会主义创始人所设想的,能够足以实现单一的全民所有制的那种高度,甚至也没有达到足以实现单一的由全民所有制和集体所有制构成的公有制的程度;物质财富不仅远未达到极大丰富的程度,甚至还很不丰富。准确地说,按照成熟的社会主义应有的标准来衡量,我国还有相当大的差距。这就必然决定了在这样的社会主义的初级阶段里,需要在一个相当长的历史时期里,我国在所有制结构上还不能搞全部的公有制,而只能

以公有制为主体。为了促进我国社会经济的快速发展，很好地贯彻执行十一届三中全会以来的方针政策，从积极地服从服务于发展社会主义市场经济这个总体目标出发来发展非公有制经济(当然包括私营经济)。但是，很长时间里有许多同志不能正确地认识这一点。因此，我认为十分有必要在这里再从理论上弄清楚以下几个长期影响人们确认识私营企业主和私营经济性质的重要概念。拨开认识上的迷雾，有利于我们大胆地、正确地认识社会主义国家制度下的私营经济的性质。

(1)财产私人所有权不等于资产阶级的资本私营。资产阶级的资本私有是什么？资本主义社会里，资本家所占有的生产资料是资本家用暴力手段来使生产者和生产资料相分离，依此实现了资本的原始积累，实现了资本的私有化。这个资本私有化的过程是资产阶级经历了在国内对劳动人民进行野蛮的暴力剥夺，在国外进行罪恶的殖民掠夺的历史过程。所以，资产阶级社会里的资本私有化的私有制的历史完全是一部充满侵略、征服、残杀和奴役的血腥史，“是用血和火的文字载入人类编年史的”(《马克思、恩格斯全集》第23卷，第783页。)。而社会主义的财产私人所有权，只是一个法律术语，指私人(法律关系主体)依法对自己的财产占有、使用、收益、处分及排斥他人干涉的权利。我国依法保护公民的合法财产所有权。私有制，是指社会财富私人所有的社会制度。随着生产力的发展，剩余产品的出现，“随着单个家庭的形成，也产生了个人财产，不过最初只限于动产”(马克思《科瓦列夫斯基〈公社土地占有制，其解体的原因、进程和结果〉一书摘要》，第1页。转引自陶大镛主编《社会发展史》，人民出版社1982年10月第1版，第58页。)的出现才出现了真正的制有制。私有制社会制度是产生阶级和剥削的基础。无产阶级革命的目的就是消灭私有制，消灭剥削，实现公有制，实现共产主义。由此可见财产私人所有权是有一个法律术语。受我国的法律保护，完全不同于资产阶级的资本私有。两者不是相等同的概念。

(2)生产资料私人所有不必然产生剥削。社会主义制度下，公民通过正当劳动取得合法收益所形成的资本积累，并以此转化成生产资料投放到社会生产中去。这种在以消灭剥削为目标的社会主义制度下的生产资料的来源与资本主义社会里资产阶级的资本原始积累形成的生产资料的性质完全不同，这种生产资料的私人所有不必然产生剥削，否则，将与所处的社会制度相矛盾，从而被社会主义制度所消灭掉。《中华人民共和国私营企业暂行条例》第一章总则中规定：私营企业是指企业资产属于私人所有，国家保护私营企业的合法权益，保护私营企业主的生产资料私人所有权不受非法侵犯。《暂行条例》第五章规定：私营企业招用职工必须按照平等自愿、协商一致的原则以书面形式签订劳动合同，确定双方的权利义务。私营企业必须执行国家有关劳动保护的规定。《中华人民共和国劳动法》第46条规定：“工资分配应当遵循按劳动分配原则，实行同工同酬”。第48条规定：“国家实行最低工资保障制度”。国家规定私营企业职工退休养老实行社会保险制度。职工因工负伤或患职业病、死亡，所在私营企业要按照国家规定发给工资，支付医疗费、丧葬费和亲属抚恤费及病假工资。私营企业女职工生育，按《女职工劳动保护规定》有关规定执行。私营企业经营者要从利润中提取适当的职工福利基金，为职工举办集体福利事业。上述规定私营企业是必须依法执行的。按劳分配原则，同工同酬原则，最低工资保障制度都明确地体现了社会主义制度的优越性。而剥削这一专指“主要凭借生产资料的私人所有权来无偿占有别人的劳动或产品”(中国社会科学院语言研究所词典编辑室《现代汉语词典》，商务印书馆，1978年12月第1版，1981年12月成都第31次印刷本，第82页。)的特征和法律事实在我国私营企业中既没有其产生的制度和法律的依据，也没有其产生的必然动机和目的。所以，社会主义国家制度下的生产资料私人所有不必然等同于资本主义制度下的剥削。

(3)全民所有制、集体所有制和私营所有制都是发展社会主义市场经济的不同力量。单纯的所有制并不是决定剥削存在的根源，更不能依单纯所有制的不同。套用资本主义社会制度的必然特征来把它作为区分是否是剥削的标准。资本主义的社会制度才是最终决定私有制必然存在着剥削的基础；社会主义制度是消灭剥削的制度。“我们是以公有制为主体，适当发展各种非公有制经济成分，其中包括私营经济；并不因为建立市场经济而搞什么私有化。实行社会主义市场经济，就是坚持以社会主义公有制为主体，充分发挥市场经济的积极作用，以利于发展社会主义的生产力”(胡绳《什么是社会主义，如何建设社会主义？》，《人民日报》1994年8月17日五版。)。归根结底，不论国有经济还是私营经济，都是发展市场的力量，只要对发展生产力有好处，就可以积极利用。为社会主义服务的，就是社会主义的；为资本主义服务的，就是资本主义的。

搞清楚了上述三对概念，有助于我们纠正对私营企业的误解。作为企业，营利是它的第一目的。我国《公司法》、《私营企业暂行条例》中都已作了明确的规定。其依法经营，获取合法的最大利润是企业的权利。是受国家法律保护的正当权利的合法实现；而非剥削所得。

**二、对我国私营经济性质的理论认定**

对私营经济的性质作怎样的理论认定，这不仅是建立社会主义市场经济体制的重大而现实的问题，也是关系到如何认定私营企业主是否是工人阶级一部分的问题。目前，这个问题在理论认识上仍然是一个没有人突破，而又极其敏感的，重大而又迫切的问题。我认为，判断能否吸收企业主入党，必须先从理论上对私营经济的性质有一个清晰的认定。使我们对私营企业主这一类人有一个正确的认识。

衡量各种所有制存在价值的只是一定社会的生产力标准。关系到国民经济命脉的核心部门和骨干企业仍然掌握在国家手中，私营经济在经济活动中受着公有制经济的制约，并与公有制经济成份有着千丝万缕的联系，又受着社会主义国家制度、政治、法律和国家政策调控的约束；许多私营企业主本人和家庭成员又长期接受社会主义教育，因而这种私营经济不能和资本主义制度下的私营经济完全相提并论。根据经济发展的需要，一些私营企业为适应社会化大生产的需要，逐渐按现代企业制度的规范去改造企业，发展成规范的公司，对于这些企业而言，其资产的“私人性”已经得到改造，其资本已成为社会资本“与私人资本相对，其企业也表现为社会企业而与私人企业相对”。(《马克思、恩格斯全集》第25卷，第493页。)党的十三大报告对私营经济在社会主义初级阶段的作用给予了充分地肯定，明确地指出私营经济“是公有制经济必要的和有益的补充”。我认为，私营经济是指包括个体经济在内的私营经济的总称，具体是指在社会主义市场经济条件下建立在生产资料私人所有权基础上的一种经济成份，是与全民所有制经济和集体所有制经济相区分的一种经济成份。是公有制经济的重要补充成份，是发展市场经济所必须建构融合型经济的一种重要的经济成份。我这样定义，一是把社会主义制度下的私营经济同资本主义制度下及其它社会制度下的私营经济相区别开来了；二是把私营经济与公有制经济之间的构成与存继的重要关系表现出来了；三从整体上把握住了社会主义市场经济条件下的有中国特色的私营经济的独特性。我国私营企业与资本主义国家私有企业相比，具有如下不同的特征：

1. 存在的社会制度不同，接受的政党领导不同。中国共产党领导下的私营经济是社会主义市场经济的重要组成部分。发展社会主义市场经济，从单一型经济成份过渡到融合型经济的实践过程中不能没有私营经济的参与，社会主义国家制度下的私营经济的健康生存与发展也不能脱离共产党的领导；

2. 产生的社会地位不同。我国私营经济主要是在十一届三中全会之后，从全民所有制和集体所有制经济中脱胎繁衍出来的，公有制经济在市场经济的运作过程中为私营经济的发展提供了市场、技术、物资、管理和人才，私营经济也因其与公有制经济有着千丝万缕的联系而成为公有制的有益补充，在社会经济生活中只占公有制经济的补充地位。主补相辅相成，相互促进，共同发展，相得益彰；

3. 存在的社会意识形态不同。坚持共产党的领导、坚持社会主义道路、坚持马列主义毛泽东思想、坚持无产阶级专政、爱国、守法、敬业、积极竞争等都是我国私营企业区别于资本主义国家私营企业所独有的良好品质；

4. 社会功能不同。社会主义初级阶段，市场经济刚刚起步，私营经济对发展融合型经济，激发市场主体的竞争力，推动市场经济的发展，都具有巨大的现实作用。其作用是其它经济成份所无法替代的。

5. 社会基础不同。资本主义国家的私营企业生存在私有财产神圣不可侵犯的社会中。我国的私营企业则生存在社会主义市场经济的发展之中，它的生存符合市场经济发展的必然规律。因此，私营企业不但具有很强的竞争力，而且也具备了很大的发展潜力，发展的后劲较足。

从上述五个特征来看，社会主义的私营经济安全不同于资本主义国家的私营经济，二者有着本质和实质上的区别。当然，今天的私营经济也不同于我国解放初期的私营经济，也不同于前苏联解体后的私营经济。

**三、私营企业主也是中国工人阶级的一部分**

我国现阶段私营经济的主要任务是与公有制经济一同建立和发展社会主义市场经济，满足社会成员日益增长的物质文化生活的需要，努力发展物质文明生产与精神文明生产。它的从业者仍然是工人阶级，企业命运仍然掌握在工人阶级的手中，它生存与发展的目的仍然是为着人民群众的利益。我国现阶段的私营企业主仍然是中国工人阶级的一部分。在政治上，私营经济与公有制经济都是平等地在共产党的领导下，坚持四项基本原则。与其它经济成份一样，也是通过中国共产党的全国代表大会充分肯定和决定后发展起来的。区别只在主与辅地位上；在法律上，从国家的根本大法宪法到具体的专门法都明确了私营经济的法律地位，公有制经济和私营经济都是平等的市场主体，都同样受到法律的保护与规范；在社会作用上，私营经济与公有制经济一样担负着物质文明建设和精神文明建设的重任，都是发展社会主义社会的生产力，增强社会主义国家的综合国力，提高人民的生活水平的；在经济上，私营经济也在自己的领域里(第三产业为主)发挥着重要作用，极大地方便了群众的物质文化生活，促进了市场的流通，扩大了就业门路，减轻了国家的负担，更新了劳动者的就业观念，较好地增强了国家的财政收入，积极传播了商品经济的新观念，培养和造就了一批职业化或非职业化的懂经营，会管理，有技术，有才干的企业家，有效地冲击了“铁饭碗”和“官商”风气，增强了市场经济主体之间的竞争力，推动并促成了竞争的良好局面，为社会主义市场经济的建立和发展奠定了良好经济基础，在市场经济建设中发挥出了公有制经济重要的有益的补充作用。私营企业主充分发挥出了社会主义建设者的个体作用，实现了社会主义建设中的一个普通劳动者的权利和义务。

**四、共产党不能拒私营企业主于党的大门之外**

1. 不利于从正面鼓励和引导私营企业主积极向上。私营企业主的群体中，有许多同志是认真学习马克思列宁主义、毛泽东思想，学习党的基本知识，贯彻执行党的路线、方针、政策的，关心国家大事，自觉学习科学文化和业务知识；坚持党和人民的利益高于一切，个人利益服从党和人民的利益，遵纪守法，服从国家的宏观调控，坚决拥护党的决议；服从行政主管部门的管理，积极完成生产经营任务；自觉维护民族团结、社会稳定和祖国统一，反对民族分裂，带头维护社会秩序，反对动乱；对党忠诚老实、言行一致，敢于坚持批评和自我批评，忠诚党的事业，支持和拥护党的方针政策，密切联系群众，热心于公益事业，作风民主，虚心听取并及时向党反映群众的意见和要求；维护群众的正当利益，支持好人好事，反对坏人坏事；在生产、工作、学习和社会生活中起先锋模范作用，发扬社会主义新风尚，坚信共产主义信念；在祖国和人民利益遭受侵害的时刻，在困难和危险的时刻，敢于挺身而出，英勇斗争，乐于牺牲和奉献。他们当中，许多人主动积极地要求加入中国共产党，但是，我们党的组织却要以他们是私营企业主，带有剥削经营的成份为由，拒他们于党的大门之外。这种不从实际出发去调查，去比较，去算帐，去研究，去衡量私营企业主在社会主义市场经济建设中发挥的社会作用，建立的功勋；而只从本本出发，从理论上推演，一概把门关死，一概把他们拒之于党的大门之外，搞起入党身份必须要纯而又纯的做法来，是一种极“左”的做法，在情理上伤害了广大私营企业主对社会主义、对共产党的深厚感情，压制了广大私营企业主的政治追求、政治选择和参与建设社会主义市场经济的积极性、主动性和创造性，给党的光辉形象造成了诸多不良的影响。同时，却使各种反动、腐朽、自私自利和敌对阶级得到了鼓舞，他们趁机起来，加紧行动，施用各种手段来拉扰和腐蚀私营企业主们，千方百计地把他们引向共产党的对立面，在市场经济建设中做出诸多违法犯纪、损害国家和人民利益，损害广大消费者和劳动者利益的事情，使我国的社会主义市场经济建设遭受到不应有的损失。

2. 在党章上造成自相矛盾。已经是党员的私营企业主，可以继续保留党员身份，非党员的私营企业主要求入党则一概不准。非党员的私营企业主是有产者，那么党员私营企业主又怎么可能不是有产者呢？又怎么可能不雇佣了相当数量的工人呢？党员私营企业主同雇工之间存在着的雇佣关系就绝对不同于非党员私营企业主同雇工之间的存在着雇佣关系吗？显然是相同的。如果以纯而又纯的无产阶级政党的理论来要求，就应当劝党员私营企业主自动退党或者开除出党，但事实上又没有这么做。搞市场平等主体之间政治上的事实不平等，其结果只能造成党在理论建设上不能自圆其说。

3. 在法律上造成了平等主体之间的事实上的不平等。为什么同样都是私营企业主，为何先入党后从事私营企业主的可以继续是党员，而非党员的私营企业主则不能申请和被吸收为中国共产党党员呢？这一做法违背了《中华人民共和国宪法》第33条2款的规定：“中华人民共和国公民在法律面前一律平等”。《中国共产党章程》总纲中规定：“党须在宪法和法律的范围内活动”。非党员的私营企业主经过努力改造和锻炼，自身各项条件达到或超过了党员私营企业主的标准时，党组织为何还要拒他于党的大门之外呢？为何要剥夺私营企业主在具备《党章》规定的标准时实现自己入党的政治权利和义务呢？

4. 不利于促进社会主义市场经济的健康发展。党正领导着全国人民(当然也包括私营企业主在内)进行前所未有的事业，建设有中国特色的社会主义、建立社会主义市场经济体系。党需要调动各方面的积极性，私营企业主是积极响应了党十三大的号召，努力投身于市场经济建设的大潮中，开始自己的探索，为市场经济建设与发展探路，摸索经济，为发展融合型经济做出了自己的努力与贡献，理应是有中国特色社会主义建设事业的一部分。如果剥夺了一支听党的话，跟党走，为社会主义建设做出过积极贡献的经济建设中的重要力量实现自己的政治权利与义务的权利，使他们在政治上受到不应有的歧视，在思想背上包袱，从而阻碍私营企业主参加经济建设的主动性、积极性和创造性，那将是我党革命和建设事业的一大损失。

**五、要正确对待吸收私营企业主入党的问题**

现在，党内有一种倾向实在不太好，在入党的问题上，总想要严把入党的关口，搞纯而又纯的无产阶级、无剥削制，生怕把一个有产者放入党内。结果自身建设落入了极“左”，把一批有产者中的中华优秀儿女拒绝于党的大门之外，使我们党的党员结构上缺少了一种有益的成份，在党员队伍中缺少了一股中坚力量，使得本来想以此来树立党的崇高形象的愿望遭受到不同程度的损害。早在民主革命时期，我们党在领导全国人民推翻帝国主义、封建主义和官僚资本主义的反动统治，争取新民主主义革命的胜利，建立无产阶级专政的社会主义国家的艰难斗争中，就已经开放党禁，大量地吸收了有产者中的优秀分子充实到了党内。刘少奇同志在《论党》中就说过：“我们的党员，绝大部分是农民和小资产阶级出身。”(刘少奇《论党》，人民出版社1980年8月第1版，第8页。)正是因为有了大量的优秀的小资产阶级出身的革命者加入到党内，才使得我党的队伍和力量不断壮大，从而有了足够的力量领导全国人民推翻了“三座大山”，建立了人民共和国。今天，我党面临着在经济上要建设市场经济，在自身建设上要实施新的伟大工程的前所未遇的重大任务，党面临着诸多的困难。在这种局面下，党一定要团结各方面的积极力量，不断壮大自己，领导全国各族人民，调动一切积极有利的因素来完成上述宏伟的任务；而不应当在用人之际，搞极“左”，自我关门，阻碍党的自身力量的壮大，阻碍党的自身建设。在新民主主义革命时期，一九四五年五月，刘少奇同志在中国共产党第七次全国代表大会上作关于修改党章的报告中指出：“在中国有大批的小资产阶级革命分子加入我们党内来，这也是很好的现象。我们党不应该拒绝他们。我们党应该十分注意吸收工人中的先进分子入党；但还必须大量吸收一切带动人民中的先进分子入党，才能使我们党成为一个广大群众性的，强有力的党。无产阶级要从小资产阶级中不断补充自己的队伍，乃是一个必然的历史法则。(同上，第13页。)从新民主主义革命到今天的市场经济建设和实施新的伟大工程，我党在这条艰难困苦的创业道路上坚持了这样一条真理，那就是：“共产党的自身建设不能搞极‘左’和极‘右’，社会主义市场经济建设和实施新的伟大工程不只是共产党员的事业，更重要的是，应当是包括私营企业主在内的广大劳动人民共同的伟大事业。”现在，我们党内党员有相当大的一部分同志在党的建设和党的组织建设上无视中国现阶段的国情，教条主义习气严重。在组织发展工作中，片面地强调入党积极分子的“纯洁性”，机械的强调规章制度；而忽视了一切从实际出发，实事求是，一分为二的党内工作原则。这样做，虽然可能造成党内成份的一时高度“纯洁”，但这种“纯洁”是虚伪的，表面形式的，机械的“纯洁”。一旦这种高度“纯洁”被夸大化了，就很容易使我们党变成狭隘的无生气的宗派主义的小团体。这对我们党现阶段实施的新的伟大工程的建设是十分不利的，是与党的《章程》的宗旨根本背离的。产生上述问题的原因，我认为：这时因为我们党内的一些同志在思想上、政治上存在着较弱与盲目性，他们不知道围绕党在新时期的首要任务的特点，实事求是地从党的工作角度出发，去着重从思想上、政治上建党，而只是单纯地着重从组织上建党，因而使党的建设流于形式主义。他们喜爱与赞赏那些只知盲目服从的所谓“老实人”，“原则性强、组织纪律性强的人”，而惧怕与责备甚至是想方设法刁难那些有思想、有能力但不盲目服从的开拓者。他们只是琐碎地从生活上去注意人家的小节，而不注意一件极端重要的工作，这就是必须从思想上、政治上去教育与提高党员群众和入党积极分子的觉悟，从而巩固党的组织纪律，发展和壮大党的队伍与力量。我们党内现在有相当一部分干部更不了解为了达此目的，首先必须启发与提高党的基层和中层干部的觉悟，培养他们注重和善于一切从实际出发、实事求是、一分为二的工作能力。他们只是注重入党积极分子的成份，而惧怕有能力，有开拓精神的私营企业主。他们忙于所谓的组织上的“领导”，忙于开会、忙于各种琐事，但是不用思想，不能将组织上的领导提高到思想领导与政治领导的水平上来，而使党的组织工作脱离党的思想领导、政治领导，在党的建设工作中表现出盲目性。很明白，照这样下去，也是不利于把我党建设成为一个马克思列宁主义的无产阶级的政党，不利于我党现阶段实施的新的伟大工程的建设。要解决私营企业主能否入党这样的“新”问题是完全有理论依据的。早在1939年12月1日，杰出的无产阶级革命家毛泽东在为中共中央起草的决定《大量吸收知识分子》中，就已经尖锐地批评了那种恐怖、排斥知识分子的错误做法。明确地指出："没有知识分子的参加，革命的胜利是不可能的。但许多军队中干部，还没有注意到知识分子的重要性，还存着恐怖知识分子甚至排斥知识分子的心理。许多我们办的学校，还不敢放手地大量地招收青年学生。许多地方党部，还不愿意吸收知识分子入党。这种现象的发生，是由于不懂得知识分子对革命事业的重要性，不懂得为地主资产阶级服务的知识分子和为工农服务的知识分子的区别，不懂得殖民地半殖民地国家的知识分子和资本主义国家的知识分子的区别，不懂得资产阶级政党正在拼命地同我们争夺知识分子，日本帝国主义也在利用各种方法收买和麻醉中国知识分子的严重性，尤其不懂得我们的党和军队已经造成了中坚骨干，有了掌握知识分子的能力这种有利的条件。因此，今后应该注意：一切战区的党和一切党的军队应该大量吸收知识分子加入我们的军队，加入我们的学校，加入政府工作。……并按照具体情况将具备了入党条件的一部分知识分子吸收入党"(《毛泽东选集》，人民出版社 1991 年 6 月第二版，第 618—619 页。)。毛泽东同志上述的尖锐论述对于我们今天解决私营企业主入党的问题是一个很好的启发；如果没有私营经济的产生和积极介入，我国市场经济体制的建立和顺利快速运行与发展是不可能的。我们的党组织中还有一部分成员不懂得私营经济的存在对打破单一所有制，发展融合型经济，促进市场经济的顺利发展的重要性，不懂得社会主义制度下的私营经济和私营企业主与资本主义制度下的私有制经济和资本家的根本区别，尤其不懂得社会主义制度下的私营经济和私营企业主是为社会主义建设服务的，不懂得我们党已经具备了掌握和领导私营经济和私营企业主的力量，不懂得我国的私营经济是受国家法律保护和受国家宏观经济政策调控的一种积极的经济成份，不懂得私营企业主也是社会主义的建设者，也是中国工人阶级的一部分。因此，我们的各级党组织在今后的工作中，要端正对私营经济和私营企业主的认识，对他们中的先进分子，我们党完全有权利和义务把他们培养成中国工人阶级的先锋队员。要克服在吸收私营企业主入党问题上的种种错误认识和行为。要做到这一点，首先，要继续深入地学习毛泽东同志正确的建党路线，和上述各种错误思想和工作方法作斗争，要着重在思想上、政治上进行建设，同时，也要在组织上进行建设。"要把思想教育和思想领导放在党的领导的第一位(同⑧，第 17 页。)。对党员的党内教育要抓紧、抓住，对入党动机纯正的私营企业主中的积极分子要注意对其进行教育、培养，要主动接近他们，而不是把他们一概拒之于党的大门之外，只要是拥护党章、听从党的领导、向党积极靠扰的，吸收之。要运用这样的三个有利于的标准去具体衡量他们。即：有利于加强党的建设，有利于发扬党的优良传统，有利于提高党的战斗力的。我党的各级基层组织都应当积极地去培养、改造他们，直至条件成熟了，正式吸收他们，发展他们。并且积极主动地，持久地把这项工作做好。而不应当以种种理由加以拒绝。

顾华泽：《私营企业主入党论》，《广西教育学院学报》，1996 年第 1 期

## 关于社会主义民主

### 一

……

正是由于资本主义经济关系造成了资本主义民主的局限性，所以，作为社会主义主体的无产阶级一开始作为独立的政治力量登上历史舞台，就首先把社会经济领域中的民主作为自己奋斗的目标。后来，尽管社会主义运动内部在革命还是改良、计划还是市场、公有还是混合(经济)等问题上存在着种种分歧，但有一点基本上是共同的，那就是要在各种权力关系中铲除统治和压迫，使劳动者能够自己掌握自己的命运。"消灭私有制"也好，"经济民主"、"工业民主"、"工人自治"也好，都是消灭压迫的要求在经济领域中的表现。消灭压迫和消灭剥削是无产阶级斗争的两个相辅相成的目标，是无产阶级解放的基本内容，也是无产阶级利益的根本体现。消灭压迫就是实现自治(自由)，消灭剥削就是实现平等。马克思主义创始人理想的平等人之间的自由联合体，就是没有剥削和压迫的未来社会形式。因此，如果说消灭剥削是社会主义的本质内容，那么消灭压迫也同样应该是社会主义的本质要求。我们说没有民主就没有社会主义，实际上就是说不消灭压迫、不实现人民群众的自我管理，就不是完全意义的社会主义。社会主义民主之所以是目的，其意义就在这里，而社会主义民主的内在价值也就在这里。

### 二

社会主义的民主要求既然是针对资本主义的种种压迫提出来的，那么社会主义民主(自治)的范围就应该包括所有可能存在统治和压迫的权力关系领域。在这个问题上我们有必要纠正这样一种片面的观念，即把社会主义民主仅仅局限在国家权力的范

围内,认为"社会主义民主就是国家权力属于人民","社会主义民主最本质的问题,就是应该由人民群众来决定由哪些人来组成国家政权,由哪些人来执行人民的意志。"这样一种民主观实际上还没有摆脱国家崇拜的传统心理,因而也没有抓住社会主义民主的精神实质。

作为目的的社会主义民主既然把消灭各种压迫作为自己的任务,那么就不能简单地把民主理解为使国家权力从剥削阶段手中转移到劳动人民手中。因为,国家作为凌驾于社会之上的一种独立力量,只要它拥有巨大的干预社会生活的权力,就不可避免地需要大量的专职官员去管理。在这种情况下,无论人们怎样强调国家权力属于人民,强调人民的选举权、罢免权、监督权等等政治权利,都有可能使国家权力成为人民无法控制的怪物。因此,马克思主义创始人在谈到巴黎公社革命的时候,非常强调"这次革命不是一次反对哪一种国家政权形式——正统的、立宪的、共和的或帝制的国家政权形式的革命。它是反对国家本身、这个社会的超自然的怪胎的革命,是人民为着自己的利益重新掌握自己的社会生活。"(《马克思恩格斯选集》第2卷,人民出版社,1972年版,第411页。)马克思极力赞扬的巴黎公社实际上就是他所理想的社会主义民主的重要形式,而公社的实质就在于它是工人群众的自治组织。这种自治组织"把靠社会供养而又阻碍社会自由发展的寄生赘瘤——'国家'迄今所吞食的一切力量归还给社会机制",(同上。第377页。)因而它是"国家政权、集中化行政权力的对立物。"(同上。第411页)这说明,只有从劳动者自治的角度来理解社会主义民主的实质,只有把社会主义民主首先理解为无产阶级和广大劳动人民在社会经济生活的各个方面实行自我管理,从而简化国家干预社会生活的职能,才能真正有利于实现人民对国家权力的控制,真正有利于消除各种压迫。

当然,有人可能会说,民主最初的含义就是指的一种国家权力,不讲人民和国家权力的关系就谈不上民主。这种说法虽然有一定的道理,然而并不全面。从"民主"的词源学意义上讲,它最初确实指的是人民(公民)和国家权力的关系。但是,我们应该看到,在古希腊的社会历史环境中,就公民而言,民主的要求只能主要局限在国家政治生活中。因为,当时物质生产领域中的关系是奴隶主和奴隶的关系,在这种压迫和被压迫的关系中,连人格权都没有的奴隶是不允许有任何自主要求的,而作为公民的奴隶主在这个关系中本身就是完全自主的,他不可能在这里再要求什么民主或自治权利。并且,即使是公民的民主要求,也是包含两个方面内容的,即亚里士多德所说的政治自由和个人自由。这两个方面都涉及的是公民和国家权力的关系,但一个指的是国家权力由谁掌握的问题,另一个指的是国家权力的范围或界限问题,也就是作为个人的公民所拥有的独立于国家权力(无论这个权力由来谁来掌握)的自由范围问题。从公民的角度讲,一个是对国家权力的拥有和肯定,一个是对国家权力的拒斥和限制。如果没有第二个方面的规定,那么人人都不可能有自由,谁也无法自己管理自己,人们除了屈从、迎合那个不可捉摸、变幻不定的所谓"公共意志"以外,是不可能实现其伟大的初衷——自己掌握自己命运的。这已为无数的历史事实所证实,也已被许多富有洞察力的思想家所指明。因此,从民主是要消除压迫、实现自我管理这一点来讲,强调自治比强调由谁掌握国家权力具有更根本的意义。这一点和马克思的那个著名论断是完全一致的,即"无产阶段下不能简单地掌握现成的国家机器,并运用它来达到自己的目的。"(同上。第434页。)这当然不是说无产阶级和劳动人民掌握国家权力不重要,而是说一方面国家权力必须受到限制,像马克思所说"国家的职务会只限于几项符合于普遍性、全国性目的的职务",(同上,第415页。)另一方面也要认识到,即使这样的国家也是无产阶级"继承下来的一个祸害",(同上,第336页。)而真正的社会解放的政治形式是马克思所理想的劳动者的自治组织——公社。

不过,我们讲自治不能简单地理解为把中央权力下放到地方,实行地方自治,而是指与个人直接相关的事务应该尽量由个人自主去处理,而涉及地区性、集体性的公共事务,也应该尽量不要由专职的政府官员去处理,而是由利益相关的人们自主去处理。一句话,自治主要就是意味着主体应该尽量自我治理,尽量避免官僚式的治理。当然,公共事务涉及的空间范围有广狭之分,而且不同空间范围内公共事务的数量也有多寡不同。因此,自治必然有个程度(或强度)和范围的问题。一般来讲,涉及范围越广、数量越多的公共事务,以及技术性越强的公共事务,就越需要专门的人员或官员去处理;涉及范围越小、数量越少、技术越弱的事务,人们自治的程度就可能越高。用萨托利的话说就是,"可以得到的自治强度同所要求的自治广度成反比"。

然而,这并不意味着,在涉及范围较广因而需要专职人员管理的公共事务领域中,自治是根本不可能的。相反,人们完全可以通过直接和间接的渠道参与公共事务的管理，从而实现一种较弱意义的自治，如选举代表或管理人员，监督管理者的活动，提出意见和建议等等。就此而言，参与和自治一样都应该被看作是社会主义民主的本质规定和内在要求，或者换句话说，参与就是一种较弱意义的自治。很明显，没有人民群众对国家事务的广泛参与，就不可能实现人民对国家权力的控制和监督，就有可能使国家权力成为一种压迫的力量，并被用来为特殊利益服务。不过，鉴于资本主义生产过程中的压迫和奴役是资本主义压迫的主要形式，并且是政治压迫的主要根源，所以在生产领域中实现民主对劳动者来说是具有特别重要的意义。这里既涉及生产资料所有制问题(特别是所有权的各种职能如何合理配置的问题)，又涉及企业管理决策体制问题。而问题的关键是如何把效率和民主结合起来，使劳动者在提高生产效率的同时，又能真正实现自我管理。

## 三

自治(参与是在较广范围内的一种较弱意义的自治)之所以具有内在价值，主要不在于它有利于维护工人阶级和劳动人民的物质利益，或者说有利于消灭剥削，而在于它是劳动者人的尊严的体现，是人的自由本性的要求。

马克思主义创始人都非常关心无产阶级的物质利益，都对无产阶级所处的极端贫困的苦难境地感到痛心，并决心为消灭这种贫困而斗争；但是，除此之外，马克思主义创始人还非常重视改变无产阶级所处的没有自由和尊严的非人地位，并对无产阶级遭受的压迫和奴役表示了极大的义愤。在他们看来，“自由是全部精神存在的类的本质”，对自由的要求是人的尊心的表现。(《马克思恩格斯全集》第1卷，人民出版社，1956年版，第409页。)虽然物质财富是人的自由的基础，但它并不构成自由本身。饥饿的鞭子可以使人屈从于资本的奴役，但只提高工资和生活水平而不消灭所处的受奴役地位，人仍然还是非人。所以，马克思设想的未来社会一方面是生产力的高度发展，另一方面是人的自由而全面的发展。全面发展的自由人，作为个人是“自己本身的主人”，作为集体又是“自己的社会结合的主人”，(《马克思恩格斯选集》第3卷，第443页。)而这两方面都意味着压迫和奴役的消除，意味着人的尊严的真正确立，也意味着人的自主和自治。实际上，物质需要一般没有超越人的生物性需要，而自由的需要才是真正人的需要，如果仅仅以满足人的物质需要为目的，那是不会把人提升到一个更高层次的存在的。

社会主义民主的这种内在价值和是这样一种民主观是截然对立的，这种民主观把民主理解成“为民主作为”，似乎只要政府官员能为民办事，替民说话、清正廉洁、大公无私，就算实现了民主。且不说这种理想能否实现，即使确实能够做到这一点，而且假设这些官员也都是由人民选举出来的，这与社会主义民主的本质要求也是相距遥远的。因为社会主义民主的本质或内在价值不是能为公民创造多少福利，而是能够创造负责任的公民即自由的人。如果社会中的每个公民都不对与自己相关的事务负责，而是把这些事务都交付给“公仆”——政府，由政府官员无微不至、忠实认真地处理这些事务，那么终有一天会导致托克维尔所描绘的那种结局，即“在这样的一群人之上，耸立着一个只负责保证他们的享乐和照顾他们的一生的权力极大的临护性当局。这个当局的权威是绝对的，无微不至的，极其认真的，很有预见的，而且是十分和善的。如果说它是一种父权，以教导人如何长大成人为目的，那它最象父权不过了。但它并非如此，而只是以把人永远看成孩子为目的。它喜欢公民们享乐，而且认为只要设法享乐就可以了。它愿意为公民造福，但它要充当公民幸福的唯一代理人和仲裁人。它可以使公民安全，预见并保证公民的需要，为公民的娱乐提供方便，指挥公民的主要活动，领导公民的工商业……。这样，就使公民终日无所事事，很少运用和不太运用自己的自由意志，把他们的意志活动限制在极小的范围之内，使每个公民逐渐失去自我活动能力”。在这里，统治者“并不践踏人的意志，但他软化、驯服和指挥人的意志。他不强迫人行动，但不断妨碍人行动。他什么也不破坏，只是阻止新生事物。他不实行暴政，但限制和压制人，使人精神颓靡、意志消沉和麻木不仁，最后使全体人民变成一群胆小而会干活的牲畜，而政府则是牧人。”(托克威尔：《论美国的民主》下卷，商务印书馆，1988年版，第869～870页。)这样的结局肯定不是马克思主义创始人的理想，因为它和“自由人”的目标是背道而驰的。这也可能不是上述民主观倡导者的初衷，但是只要放弃社会主义自治的要求，那么他们想创造喜剧的善良愿望就一定会演成把公民变臣民的悲剧。当然，这决不是说不能对官员提出为人民服务的要求，而是说强调官员要为人民服务，决不能代替公民的自治和参与。

把社会主义民主主要理解为自治，与把民主主要理解为一种“修错机制”的民主观也是根本不同的。“修错机制”的民主观实际上是建立在一种精英政治的假设基础上，否认公民自治的可能性，从而也看不到自治的意义。尽管在范围较广(如国家)的宏观决策中,这种观点不无合理之处,但由于它把民主的视线主要盯在国家权力的问题上,所以也就忽视了公民在有关自己日常生活方面或范围较小的公共事务方面实行自治的价值。托克维尔在谈到建立国民代表制度时曾精辟地指出,在非常集权(即缺乏自治)的国家里建立这种制度,可以保证个人参预国家大事,但很少能在小事和私人问题上产生积极的后果,而"人们忘记了人受奴役的危险在细微的小事上尤其严重。"小事上的服从"并不使公民感到屈辱,但它一直限制公民的行动,直到公民放弃运用自己的意志。它使公民的精神之火慢慢熄灭,心灵之光逐渐暗淡;……使公民们如此依附于中央政权之后又让他们去选举这个政权的代表,是徒劳无益的;让公民们如此隆重地,但又如此仓促地和以如此少见的方式行使自己的自由意志,防止不了他们逐渐失去独立思考、独自感受和自主行动的能力,只能使他们慢慢下降到人类的一般水平之下。"(同上。第871—872页。)这说明,自治或自我管理的习惯只能在日常的生产和生活中培养和形成,而不是靠几年一次的投票选举来养成。没有日常生活中的自治习惯,不从对身边的公共事务的日常参与中造就积极负责的品格,仅靠几年发挥一次作用的"修错机制",是塑造不出自由公民的。

在社会主义思想史上,许多人都正确地看到了资本主义私有制对劳动者实现自治的束缚和限制,看到了它是资本主义压迫的主要根源。但是,许多人也错误地把市场机制作为私有财产的帮凶而统统加以抛弃,认为凭借中央的统一计划就可以使人免受市场盲目力量的摆布而成为经济规律的主人。然而,实践经验告诉我们,在中央控制一切经济活动的体制中,个人乃至范围较广的群体的自治都是根本不可能的,劳动者自己掌握自己的命运、自己管理自己的民主理想,在空前膨胀的国家权力面前显得苍白无力。现在,中国社会主义市场经济的伟大试验,为社会主义民主重新点燃了希望之光,社会主义者理想的自治的主体和自由的人格有望在这个新的熔炉中铸造出来。

## 四

我们强调社会主义民主作为目的是消灭压迫、实现劳动者的自治,可能会引起一些人的这样一种担心,即这是否会把自治和权威绝对地对立起来,用自治的价值否定权威的意义。

其实,只要我们正确地理解自治和权威的含义,这种担心就是不必要的。自治是相对于压迫、统治、奴役、强制等概念而言的,它们都表示的是人与人之间的意志关系或广义的权力关系。绝对的自治当然是主体绝对的意志自由,然而在现实中这种绝对的意志自由是根本不存在的。正如恩格斯所说,只要稍微研究一下经济问题和现代工业的条件,人们就会知道,"不强迫某些人接受别人的意志,也就是说没有权威,就不可能有任何的一致行动。不论这是多数表决人的意志,还是作为领导机构的委员会的意志,或是一个人的意志,——这总是要强迫有不同意见的人接受的意志;然而没有这种统一的和指导性的意志,要进行任何合作都是不可能的。"(《马克思恩格斯选集》第4卷第397页。)所以,我们在前面给自治下定义时,强调自治有个程度和范围的问题,认为在范围较广或技术性较强的公共事务中,人们自治的程度也就较低。我们这样理解自治是决不会否定权威的,相反它已经给权威留下了广阔的空间,那就是:凡是自治程度较低的地方,一般是需要权威较多的地方。至于二者和范围界限,则一定是随着社会条件的变化而变化的。然而,不管怎么变,有一点应该是肯定的,即以自治为主要内容的社会主义民主决不一般地反对权力,更不会反对权威。它要反对的是奴役人、不把人当人看因而使人失去自由和尊严的权力,是为维护经济剥削的关系而实施压迫的权力,是凭借强力巧取豪夺、横行霸道的权力。至于生产过程中为协调劳动而组织指挥、为技术需要而制定规范、为经济效益而监督管理的种种权力,虽然也有很强的强制性,但只要不是为剥削的需要和其他不正当的目的而实施,那就不具有压迫、奴役和统治的性质,就属于人们应该自觉服从的范围。对于范围更广但为公共利益所必需的其他社会权力,人们也应该养成自觉服从的习惯。服从权威和自治一样都不是天生的,都要靠后天的培养才能形成良好的习惯。服从权威和自治虽然不同,但二者也不是绝对对立的,在一定的条件下,服从权威还是实现自治的一个前提,如一个群体如果不存在少数服从多数权威的规则,就很难称得上是真正意义的自治群体。

不过,我们对权威也要有个正确的理解,不然它就会成为为压迫、统治、奴役辩护的一个托词,成为某些人以此来谋取私利的一个工具。权威虽然包含有强迫的意义,但从本质上讲,这不应是一种压迫、奴役和统治的力量。权威的一个重要特点就是它是建立在对事物和利益的正确认识基础上的。由于这种认识需要专门的知识,而人们不可能都会同时达到这种认识,所以能够达到正确认识的个人或群体就会被人们视为权威。因而,从这个意义上讲,服从权威就是服从客观规律,按照客观规律办事,或者就是服从正确的利益认识和价值选择,使个人利益和公共利益得到最大程度的实现,由于服从权威符合于人们的利益,所以权威的另一个特点是它能够或者最终能够得到服从者的信任和认可,从而它所实施的强迫或强制一般也不会使服从者感到痛苦和屈辱,不会被人们视为奴役、压迫和统治。奴役、压迫和统治都是把人视为工具,而权威的强制则必须是把人作为目的。一般来说,前者是以压迫者的私利为出发点,后者则是以服从者的利益为目的。这两者有着质的不同,不能随意混淆。但是,有现实生活中,权威和强权(压迫性的权力)都可能以合法权力的形式出现而不易被辩认,特别是被人们视为权威的人并不能绝对地担保永远不谋私利,甚至即使由多数人组成的权威也是如此,所以权威与压迫性权力之间没有也不可能有不可逾越的鸿沟,前者转换成后者的契机恐怕在相当长的时期内都会时刻存在。因此,对于权威即使人们应该真心诚意地尊重和服从,也不可把自己的一切都托付给它,不可把保卫自己的权利都统统地轻易放弃。这就是我们强调自治具有更根本的意义,强调公民应该积极参与公共职务包括国家事务的原因之一。

我们这样对待权威,不仅仅是为了防止权威由合理的强制力量蜕变为不合理的压迫力量,同时也是为了不致使摆脱了压迫的人民成为永远也长不大、永远都靠“家长”或“保姆”监护和照顾的“孩童”。消灭资本主义压迫虽然是实现社会主义自治的前提,但前者并不能代表后者,因为消灭压迫并不必然导致自治。然而,社会主义最根本的理想就是要造就全面发展的自由人,因此,在这方面,社会主义民主承担着义不容辞的责任。

马德著:《自治与参与——论作为目的的社会主义民主》,《政治学研究》,1996 年第 2 期。

马克思主义认为,所谓民主首先“是一种国家形式,一种国家形态。”(《列宁选集》第 3 卷,第 257 页。)其本质内容是,国家权力属于谁即由哪个阶级享受并主宰民主的问题。资本主义民主,就是资产阶级掌握国家政权,并当作家主;社会主义民主,则是由无产阶级和其他劳动人民掌握国家政权,并当家作主。这就是社会主义民主与资本主义民主的本质区别。这种本质区别主要通过以下三个方面的根本不同表现出来:

**一、两种民主建立服务的经济基础不同**

作为国家形态的民主,总是建立在一定的经济基础之上,并为一定的经济基础服务的。它属于社会上层建筑的政治范畴,其基本内涵就是一定社会的政治权利关系。这种政治权利关系,归根到底是由人们在物质生产中所处的地位决定的。在历史上所有的阶级冲突中,总是某个在经济上占支配地位的阶级夺取国家政治权力而上升为统治阶级。然后,按其自身的阶级利益和权力意志,设立国家政治机构及一整套规范社会行为的制度,将本阶级的意志提升为国家意志,用以调节本阶级内部利益矛盾,并将阶级冲突控制在一定范围之内,从而实现统治阶级整体的、根本的利益。这就是政治统治的职能。马克思曾就此论述道:“在人们的生产力发展的一定状况下,就会有一定的交换和消费形式。在生产、交换和消费发展的一定阶段上,就会有一定的社会制度、一定的家庭,等级或阶级组织,一句话,就会有一定的市民社会。一定的市民社会,就会有不过是市民社会的正式表现的一定的政治国家”。(《马克思恩格斯选集》第 4 卷,第 320—321 页。)而一定政治国家的主要职能,总是维护在政治上占统治地位的那个阶级的财产权,总是统治阶级经济利益和要求在政治上的集中体现。因此,一个国家的统治阶级必然要使这个国家的民主制度和民主生活纳入维护自己的利益轨道,特别是要运用这种民主来保障体现自己根本利益的生产资料所有制。有阶级社会里,任何脱离经济基础的民主,脱离产生资料和其它财产权的民主,都是根本不存在的。正如恩格斯指出:“政治权力不过是用来实现经济利益的手段。”(《恩格斯全集》第 4 卷,第 246 页。)

社会主义民主和资本主义民主是建立在两种截然不同的所有制基础之上,为根本不同的经济基础服务的民主。

当今资本主义民主制度的精巧和完备的形式,是古代和中世纪的民主制无法比拟的,不仅如此,资本主义民主作为一种区别于君主专制的国家形式,无疑曾在历史上起过巨大的进步作用。但是,资本主义民主制度不论过去和现在与其它一切剥削阶级国家制度一样,都是建立在私有制基础之上,并以保障这种私有制不受侵犯为根本目的。资产阶级早期,就把财产的多寡作为享受权力大小的尺度,并在宪法和宪法文件中明确宣布“私有财产神圣不可侵犯”。今天我们仍可以在美国宪法第 4 条和第 5 条修正案中,在日本宪法第 29 条、意大利宪法第 24 条、联邦德国基本法第 14 条中,看到类似的规定。“私有财产神圣不可侵犯”,最根本的就是生产资料私人占有和私人资本神圣不可侵犯,从而使资产阶级牢牢控制经济支配权和政治统治权。据一位名叫劳伦斯·米什尔的作者为美国经济研究所提供的一份关于美国税法变动的报告说,从1979年到1988年,占美国人口1/10的穷人缴纳的联邦税提高了1.6%,而占人口1/10的富人的纳税额则下降了1.7%。作者指出,这些税法的变动,等于是把穷人和中等收入家庭拿走的钱装进了富人的腰包,而受益最大的是处在收入最上层的,仅占人口1%的富人。美国国情普查局也在调查统计数字中承认,1989年,占美国人口1/5的富人的收入,占国民收入的44%,比1979年提高了2.5%,其余4/5人口的收入都有下降,而下降幅度最大的是占人口1/5的低收入者,他们从占国民收入的5.7%降为4.1%。米什尔还在报告中指出,目前占美国人口1/10的富人掌握了美国全部金融资产的86%,美国全国净资产的57%。而占人口90%的家庭只掌握了全国金融资产的14%,净资产43%。另据有关资料统计,美国现有3500万人生活在贫困线以下,占美国总人口的14%,其中有300万人因收入低房租高而沦为无家可归者。然而,美国政府不但无意改变这种状况,相反,却采取种种政治手段加以维护。美国黑人活动家罗伯特.威廉曾在与北大学生交谈中,回答关于投票选举的问题时指出:"被选举人是经过筛选的,符合美国政府利益的人。选举之前,一些人要花钱收买选民,在这方面要花很多钱。在美国许多自由都是虚伪的。就我个人而言,美国政府就做过规定,并通报全国,阻止我成为全国黑人领袖。""筛选符合美国政府利益的人",显然是筛选资产阶级利益的代理人。如果违背资产阶级的利益,就什么自由也没有,包括被誉为资产阶级"民主橱窗"的英国海德公园也不例外。政府允许人们到那里演讲,但是,只能限定在"演讲角之内,既不准使用扩音设备,也不准喊"打倒女王政府"或"暴力革命万岁"的口号,否则就要治罪。

总之,资本主义民主是资产阶级用来维护资本主义经济制度和政治制度得心应手的工具,是套在无产阶级和其他劳动人民脖子上的枷锁。资产阶级以剥削劳动者得来的金钱作为谋取政治权力的武器,又用谋得的政治权力去从劳动者身上榨取更多的金钱,再用金钱来巩固自己的政治统治,这就是资本主义民主的全部秘密所在,也是资本主义民主全部虚伪性的根源所在。

社会主义民主,是建立在生产资料公有制基础之上的,是巩固和发展这种公有制,并保障它不受敌对势力侵犯为其根本任务的。这就是社会主义民主与包括资本主义在内的一切剥削级民主制度的根本区别。它使历史上被剥削被压迫的劳动人民成为共同占有社会生产资料的主人。从而打破了一部分生产资料占有者的政治垄断权,割断了阶级剥削和阶级压迫的经济命脉。在社会主义社会里,劳动者不再为剥削压迫者创造剩余价值而劳动,而是通过共同享有对生产资料不同形式的所有权和支配权,平等地参加劳动获得报酬和行使管理国家的权利,并成为国营企业和集体经济组织的主人。社会主义民主政治已成为无产阶级团结,组织其他劳动群众,集中全体人民意志和力量,巩固和完善社会主义公有制,发展社会主义各项事业的保障。它为最终铲除剥削压迫制度,真正实现民主与社会公正的统一创造了条件;为无产阶级解放自己并解放全人类提供了可靠保证。因此,以公有制为基础并为公有制服务,是社会主义民主优越性最根本。最重要的一点 。如果抓不住这一点,脱离经济基础,脱离经济制度去考察民主问题,就不能真正理解社会主义民主所包含的真理,就难以划清社会主义民主与资本主义民主的原则界限,就难以体现社会主义民主的无比优越性。正因为如此,社会主义生产资料公有制才成了国内外敌对势力集中攻击的目标。他们污蔑社会主义公有制是什么"官有制"、"党有制",胡说什么中国走向公有制这条路是"没有前途的",煽动人们"早日敲响公有制的丧钟",如此等等,不一而足。这种种攻击从反而告诉我们,是坚持和完善社会主义生产资料公有制,还是变公有制为私有制,绝不仅是个单纯的经济问题,而且是关系到走什么道路的问题。

**二、两种民主的主体与专政对象不同**

作为国家形态的民主,是一个历史的和阶级的范畴,它是人类社会发展到一定历史阶段上,阶级对立不可调和的产物,并随阶级和阶级关系的演化而发展。在不同的历史阶段上,由于构成国家的基础性阶级关系不同,民主的主本和专政对象也就不同。在阶级社会里,从来就没有超历史发展阶段的,超阶级的所谓普遍的、全民的、纯粹的和永恒不变的民主。有的只是某个在经济上居于支配地位,并在政治上占统治地位的阶级的民主;有的只是与一定专政相联系的民主。无论民主的形式怎样随历史发展阶段的转换和国家形态的变化而变化,享有民主权利并成为民主主宰的,始终是这个国家统治阶级。因此,无论任何民主,也只能是在保证统治阶级或统治阶级中一部分人享有民主的同时,对被统治阶级实行专政的民主。从这个意义讲,民主又是体现一定阶级专政的国家形式,是一定阶级实行政治统治的手段和暴力工具。古希腊城帮民主制与中世纪西欧城市民主制如此，当今的资本主义民主制与社会主义民主制也不例外，只能是民主的主体与专政的对象不同而已。

由封建主义到资本主义，并没有打破几千年私有制传统，而只是一个剥削制度代替另一个剥削制度。因而，作为国家形态的民主也只能是剥削阶级的民主。在资本主义私人占有条件下，只能是少数财富占有者操纵国家政权而成为真正的民主主体。所谓民主，也只能是少数有钱人意志的表达。美国学者托马斯·戴伊曾在《谁掌握管美国》一书中指出："在美国2亿1500万人中，真正操纵国家权力的不过是几千人"。他们全是一些富翁巨头或社会上层人士，是真正的民主享有者。而占人口绝大多数的劳动人民享受的民主则是极为有限的。以美国黑人组织"全国都市同盟"发表的《1984年美国黑人状况》提供的数字为证，"在美国2800万黑人中，达宪法规定选举年龄的有1700万人，但由于种种限制，被认定为有选举资格的只有1000万人。"其中700万人被剥夺了选举权。另据有关资料统计，美国第九十五届国会参众两院议员535人中，没有一名工人或农业工人，能成为国家议员的，绝大多数都是资本家或为资产阶级服务的社会上层人物。因为，当选议员的资格除宪法规定的条件下，还有许多"非正式资格"的限制，实际上只把议员的来源限制在占人口5%的社会上层。资产阶级就是这样利用各种巧妙的方法，有效地保证资产阶级代表人物牢牢地控制议会，而将劳动人民的代表排斥在议会之外，进而牢牢控制政府行政权。例如，美国艾森豪威尔政府就有"富豪内阁"之称。因为本届政府272名高级官员中，就有150多人是资本家。而这届内阁中，除3名部长为职业性资产阶级政客外，其余17名都是名副其实的"百万富翁"。这种情况至今并未多大改变。可见，资本主义国家的政权完全操纵在少数资本家及其代表人物的手里。

以少数富翁享有民主垄断权的资产阶级民主，就意味着对多数劳动者的专政。以号称"自由世界"之冠的美国为例；1949年年援引史密斯法，以"教唆和鼓吹暴力推翻政府"为罪名，对美共领导人进行政治迫害；1950年颁布强迫共产党进行登记的麦卡锡法；1954年制定《共产党管理制法》宣布共产党为非法。另外，美国还制定了《镇压煽动动暴乱法》，对以言论、刊物侮辱或煽动人民轻蔑美国政体、国旗和军人的，都规定了严格的制裁条款。美国前总统里根也曾对此提供了明白无误的证明，他在我国平息反革命暴乱后不久，在巴黎接受记者采访时明确表示支持中国的学潮。而当记者问及他在1969年任加利福尼亚州长，曾动用国民警卫队镇压大学生示威时，里根却自我辩解说，这与中国的学潮不是一回事，当时示威的是左翼学生。可见，貌似"一般民主"的美国资产阶级民主，也不过是对被统治阶级实行暴力的专政工具。如果说，现在某些资产阶级国家对人民表现得还比较温和的话，只是因为这些国家的工人阶级反抗剥削压迫的斗争暂时还处于低潮的缘故。一旦工人阶级革命运动危及到资产阶级统治，资产阶级就会撕去民主的假面具而进行赤裸裸的镇压。

社会主义民主，是国家政权从剥削阶级手中转移到被剥削阶级手中的必然结果。国家政权性质的根本变化，使享有民主的主体与专政对象也发生了根本变化。广大的劳动人民成了国家的主人即民主权利的主体。我国宪法规定："中华人民共和国的一切权力属于人民。"而工人、农民、知识分子和其他劳动者以及拥护社会主义和拥护祖国统一的爱国者都属于人民的范畴，都有参加国家管理和社会事务管理的权利，从而使民主的主体范围空前扩大。仅以1981年我国县级直接选举为例：据当时对1925个县的选民情况统计，享有选举权的人占18周岁以上公民人数的99.97%。我国民主主体的广范性不仅表现在选民的绝对数上，而且表现在人民代表的构成上。如第七届全国人民代表大会，共有代表2970人，其中工人和农民代表为684人，占23%；知识分子为697人，占23.4%；干部为733人，占24.7%；解放军为267人，占9%；民主党派和无党派爱国人士为540人，占18.2%；华侨为49人，占1.6%。从上述统计数字中可以看到，工人、农民和知识分子、干部、解放军代表占80%，其他劳动者和爱国者占20%左右，代表构成的广泛性，充分反映了我国人民已成为社会主义民主的主体，它与西方国会议员的狭隘性形成了强烈的反差。

社会主义民主的阶级本质，就是人民当家作主，并对极少数仇视和破坏社会主义制度的人实行专政。正如毛泽东同志所说："无产阶级专政即人民民主专政，就是对人民内部的民主方面和对反动派的专政方面的互相结合。"对少数人的专政是为了保障多数人的民主，这是有史以来最符合社会发展规律的民主制度。社会主义人民民主专政与资产阶级专政历史使命是根本不同的。资产阶级专政同一切剥削阶级国家的职能和任务一样，都是力图维护剥削阶级的经济上占有和政治统治地位。因而资本主义民主最终不过是资产阶级剥削和压迫劳动人民的代名词。既使采取某些民主形式,对广大劳动人民来讲,也不过是一种欺骗。而社会主义人民民主专政的任务则根本不同,它不是要永久地保持阶级统治和阶级对立,相反,而是要通过人民民主专政促进阶级国家的最后消亡,并在民主逐步臻于完善,成为社会体体成员习惯的条件下,达到民主消亡。因而,我们即使对作为专政对象的敌对分子,只要他们不造反、不破坏、不捣乱,就给工作。并通过劳动改造和思想教育,尽力将他们改造成为自食其力的劳动者,最终成为人民的一分子。所以说,社会主义民主是最高类型的,也是最后类型的民主。资产阶级之所以用“全民政权”的谎言来掩盖其专政的实质,说明他们自觉理亏。而资本主义越发展,资本家榨取的剩余价值越多,他们手中就越没有真理,也就越没有胆量承认对无产阶级和其他劳动人民的剥削和专政。我们之所以敢于公开宣布只在人民内部实行民主,对敌对分子则实行专政,正是社会主义民主的正义与力量所在。

因此,社会主义民主的总进程是不可逆转的,它只能随着社会主义经济、政治、文化的发展;朝着高度民主的方向迈进。而任何以资本主义民主替代社会主义民主的企图都是一种历史倒退,也是终究要失败的。

**三、两种民主内容与形式的关系不同**

国家形态的民主也就是指一种政治制度,其主要内容是享有民主的阶级与被排斥在外的阶级之间的矛盾,它决定着民主的性质和发展方向。民主的形式包括议会、政党、选举等有关的政治机构和制度,以及法定的公民自由平等权利。民主的内容决定民主形式,民主的形式服务于民主的内容。但这并不意味着特定的民主内容只能有一种特定的民主形式;也不意味着二者的关系总是以真实的面目出现。资本主义民主就是如此。

由于各资本主义国家的国情和历史文化传统不同,其民主的形式也不尽相同,又由于资本主义社会存在着不可克服的固有矛盾,即生产资料私人占有与生产社会化之间的矛盾。这种经济中的矛盾必然会反映到上层建筑中来。因而,在资本主义国家制度中,也就始终存在着以人民主权为口号的民主制度与维护私有财产达一根本目的之间的冲突。所以,资本主义民主的内容与形式、理论与实践总是脱节的。说到底,资本主义民主不过政体上、口头上即形式上的民主,从国体上、实践上即内容上看其实并不民主,或者说不是真正意义上的“多数人统治”的民主;而只是少数财富拥有者借“民主”的名义,按照一定的程序和方式组织国家政权、行使对广大劳动人民的统治权力。列宁曾指出:“资产阶级民主始终是,而在资本主义制度下不能不是狭隘的、残缺不全的、虚伪的、骗人的民主,对富人是天堂,对被剥削者、对穷人是陷井和骗局”。(《列宁选集》第3卷,第630页。)这种骗局就在于,资产阶级总是把重心放在表面上。口头上,宣布人人享有自由、平等和人权,而实际上却把它变为从不想付之实现的愚弄人民的工具,他们在一方面宣布人人享有自由、平等的同时,又通过金钱交易操纵国家政权,制定极为完备的、无孔不入法律和规章制度排斥劳动人民参加国家管理,使种种自由、平等的许诺成为一纸空文。

资本主义民主在否定了封建门第等级的同时即肯定了金钱等级。在资本主义制度下,有钱就有民主,钱多权力就大,钱少权力就小,没钱就没民主。例如:资本主义国家引以自豪的“自由竞选”,候选人要交大量的“保证金”才能取得竞选资格,如果候选人得不到规定的最低票数,保证金就要没收。据英国《经济学家》杂志报道,在美国,一个参议院席位的竞选经费为400万美元;一个众议院席位的竞选经费为39万美元。1980年里根竞选总统的经费高达8亿美元,1988年美国总统大选中竞耗资20亿美元。1985年现任纽约市长竞选连任的经费也高达700万美元。美国报纸有评论说,“这简直是民主大拍卖”。这种选举的实质就是金钱交易,一无所有的工人根本没有资格与家贯百万的资本家在这里谈什么平等,“自由”也自然成了空话。再如:美国一直标榜自己拥有绝对的信仰自由和发展自由,但实际并非如此。它除了通过立法直接使用专政手段迫害共产党人外,还以同样的手法限制、剥夺广大劳动人民,甚至统治阶级内部反对美国政府有关政策人的自由。1947年杜鲁门签署《忠诚宣誓法》规定,联邦调查局应调查政府公务人员是否对政府忠诚,凡属同情、联系共产党或同类性质团体的,皆为对美国不忠诚而概应开除。从1947年至1953年间,美国联帮调查局曾对1.8亿人的指纹即所谓“思想有问题”的人立了备查长片。喜剧演员卓别林曾被以共产党嫌疑受到长达数年的秘密跟踪。著名民权运动领袖马丁·路德·金也因反对越战而被怀疑是共产党人列入秘密调查名单,最后竞惨遭暗杀。美国1947年开始实施的《劳动关系法案》规定,国家职工禁止罢工,违者立即开除。并规定非罢工工会会员进行“声援罢工”的为非法。1972年美国制定的《统一公从集会法》,对集会的申请、审批、推迟或取消,命令禁止和罚金、临禁等都作了严格而细密的规定。然而,在美国衣阿华州却有一条法律规定，除犯有绑架、谋杀等重罪外，其它罪行无论情节如何恶劣，只要交纳大量数额的罚金便可当场释放。因此，许多富翁大亨便可肆虐横行。这里哪有什么真正的自由、平等?!从表面上看，资产阶级总是标榜这也平等那也平等，这也自由那也自由，对广大劳动人民来讲，实际上并没有什么平等和自由。有人只看到在资本主义国家的议会里，议员之间争论方案很激烈，就认为那里很平等、很自由、很民主。但是，只要看一看是什么人在哪里争论，争论的内容是什么，经争论后出台的法案符合哪个阶级的利益?就可发现，那不过是为了维护不同资本集团各自利益或整个资产阶级的根本利益的争论，而根本不是也不可能是从维护劳动人民的根本利益出发的。

社会主义民主，是国体与政体、理论与实践即内容与形式相统一的民主。它的重心不是放在宣布自由和平等的权利上，而是放在如何使人民群众充分享受自由、平等权利的实际行动上。我国的国体是工人阶级领导的，以工农联盟为基础的人民民主专政；我国的政体是人民代表大会制度。它是对人民民主和对敌人专政的统一；是民主与法制的统一；是共产党领导下的政治协商与多党合作的统一；是民主与集中的统一。在社会主义制度下、无产阶级和其他劳动者、爱国者享受着广泛的自由和平等权利。虽然由于受到物质和文化条件的限制，人民现在还只能通过自己的代表行使权力，管理，国家，但这种代议制与普选制形式同资本主义的议会制选举制却有着天壤之别。社会主义代议制机关即人民代表大会是最高权力机关，国家各级行政机关和司法机关由它选举产生，向它负责、受它监督，而它的代表由选民选举产生。人民不仅有选举权，而且享有对选出代表的监督权，以及对不称职代表的罢免权。这种监督和罢免权使社会公职由资本主义制度下的金钱交易物，少数人的私人占有物变为代表人民利益、执行人民意志，履行人民之托的公民公仆，充分体现了资本主义国家所不能实现的“人民主权”的原则。同时，人民最高权力机关还通过宪法和一系列具体的法律和规章制度，对社会经济、政治、思想文化等各领域的活动程序和行为进地规范、引导和渗透，使“人民主权”即人民利益高于一切的原则得以贯彻落实到基层，确保人民当家作主的权利。例如：按照我国的法律规定，职工代表大会为职工行使民主管理权力的机构。职工代表大会有权听取和审议厂长关于企业的经营方针、年度与长远计划、重大技术改造方案、基本建设方案等有关企业生产和发展的报告；有权审查同意或否定工资调整、奖金分配、奖惩办法、劳保措施等有关职工切身利益的方案和规章制度；有权评议、监督企业各级行政领导干部，并提出奖惩和任免建议；有权根据政府主管部门的决定选举厂工长等。我国人民这些实实在在的民主权利，是任何资本主义民主制度下的劳动人民所根本没有的。

当然，这并不等于说，我国的民主制度已经很完善，人民的民主权利都已得到充分的实现，在民主建设方面已经没有什么可做了。应该看到，在我国的现实生活中，人民在行使当家作主权利方面还存在许多不尽如人意的问题，违反社会主义民主原则，压制人民民主，侵犯公民民主权利的现象还时有发生。甚至有人将人民给予的权力变为个人特权，由人民的公仆变为人民的老爷等等。但这并不是社会主义民主制度的必然，而是剥削阶级权利观留下的历史痕迹，是社会主义制度下的对立物，也正是我国民主政治建设过程中所要铲除的。问题的解决只能靠社会主义制度的自我完善。我们说社会主义民主优越于资本主义民主，并不在于社会主义制度一经建立就可以立即消除一切社会不平等现象。而在于资本主义民主总是千方百计地采取各种手法和形式掩盖事实上的不平等，以维护资产阶级的经济、政治特权；而社会主义民主总是千方百计采取各种措施和行动铲除任何形式的个人的或阶级的特权，以逐步实现社会全体成员之间的真正平等。这是社会主义民主优于资本主义民主的又一根本标志。抓住这一根本我们就不难发现，历经300余年发展史的资本主义民主虽在调整资产阶级内部矛盾和对劳动人民实行统治方面积累了丰富的经验，并形成了一整套方式方法，但它同整个资本主义制度一样，现已成为腐朽的东西，再没有什么发展前途，资本主义民主为社会民主所代替是历史的必然。而社会主义民主从产生到现在，虽然仅有几十年的时间，却已显示出资本主义民主不可比拟的优越性。尽管劳动人民掌管国家政权在人类史上还是破天荒地第一回，还要历经曲折的道路，还需要一个较长时期的探索和积累经验的过程。但是，社会主义民主制度一定能凭借自己强大的生命力，克服重重险阻，逐步发展和完善起来。因此，任何对资本主义民主的盲目崇拜，对社会主义民主发展前途的怀疑和无所作为的思想，都是缺乏历史远见的，也是十分有害的。

通过以上三个方面的对比分析，我们可得出如下结论和启示：资本主义民主的实质，是少数人享有民主，多数人被专政。它是维护资产阶级利益的工具，对广大劳动人民来讲，只是骗局。它虽在历史上起过进步作用。但随历史的发展已逐步失去生命力而成为腐朽的事物。社会主义民主的实质,是大多数人享受民主,少数人被专政。它是为广大劳动人民谋利益的工具,是人类史上最真实最高类型的民主,具有资本主义民主不可比拟的优越性。对社会主义民主的发展前途缺乏信心或盲目崇拜西方民主,是缺乏历史远见的表现,鼓吹用资本主义民主替代社会主义民主,是一种历史倒退。社会主义民主从不完善到逐步完善,必然要经历一个曲折探索的过程。在这个过程中可以借鉴资本主义民主制度中某些有用的东西,但绝不能混淆两种民主制度的原则界限,绝不能"化"社会主义民主为资本主义民主,否则,将导致人民政权和人民民主权利的丧失。

胡鹤玖:《论社会主义民主与资本主义民主的根本区别》,《阜阳师范学院学报》(社科版)1996年第2期

**用党的基本理论指导社会主义民主的发展**

邓小平建设有中国特色的社会主义理论,是我们党和国家一切工作的根本指针。发展社会主义民主、建设社会主义民主政治制度当然也不能例外。小平同志对社会主义民主曾作了一系列深刻的论述。

第一,发展社会主义民主是我们坚定不移的目标。小平同志在《坚持四项基本原则》的重要讲话中说:"我们过去对民主宣传得不够,实行得不够,制度上有许多不完善,因此,继续努力发扬民主,是我们全党今后一个长时期的坚定不移的目标。"他十分赞成毛泽东同志所说"我们的目标,是想造成一个又有集中又有民主,又有纪律又有自由,又有统一意志、又有个人心情舒畅、生动活泼,那样一种政治局面。"他认为"这就是社会主义民主的政治局面,这就是我们今天和今后所要努力实现的政治局面。"根据邓小平建设有中国特色社会主义理论制定的党的基本路线,明确地把建设富强、民主、文明三位一体的社会主义现代化国家,作为我们的奋斗目标。

第二,要重视社会主义民主的地位和作用。小平同志有一句重要名言:"没有民主就没有社会主义,就没有社会主义现代化。"它突出强调了发展社会主义民主的重要性。但是,他又说:"我们在宣传民主的时候,一定要把社会主义民主同资产阶级民主、个人主义民主严格地区别开来,一定要把对人民的民主和对敌人的专政结合起来,把民主和集中、民主和法制、民主和纪律、民主和党的领导结合起来。"他还说:"如果离开四项基本原则,抽象地空谈民主,那就必然会造成极端民主化和无政府主义的严重泛滥,造成安定团结政治局面完整地阐明了社会主义民主的地位以及如何正确发挥社会主义民主作用的原则。

第三,要分清社会主义民主同资本主义民主的本质区别。小平同志在同香港特别行政区基本法起草委员会委员谈话时说:"关于民主,我们大陆讲社会主义民主,和资产阶级民主的概念不同。西方的民主就是三权分立,多党竞选,等等。""我们中国大陆不搞多党竞选,不搞三权分立、两院制。我们实行的就是全国人民代表大会一院制,这最符合中国实际。如果政策正确,方向正确,这种体制益处很大,很有助于国家的兴旺发达,避免很多牵扯。"他还强调:"资本主义社会讲的民主是资产阶级的民主,实际上是垄断资本的民主,无非是多党竞选、三权鼎立、两院制。我们的制度是人民代表大会制度,共产党领导下的人民民主制度,不能搞西方那一套。"

第四,要从中国国情出发,发展社会主义民主。小平同志说:"西方民主那一套我们不能照搬,中国的事情要根据自己的实际情况办。中国的民主是社会主义民主,是同社会主义法制相辅相成的。中国正是根据自己的实际情况,建设有中国特色社会主义。"即使是社会主义国家之间,他也认为"要根据社会主义国家自己的实践、自己的情况来决定改革的内容和步骤。""共同的一点是要保持自己的优势,避免资本主义社会的毛病和弊端。

第五,发展社会主义民主,要制度化、法律化。小平同志十分重视民主的制度建设。他说:"为了保障人民民主,必须加强法制。必须使民主制度化、法律化,使这种制度和法律不因领导人的改变而改变,不因领导人的看法和注意力的改变而改变。"后来,他又多次指出:"要继续发展社会主义民主,健全社会主义法制。这是三中全会以来中央坚定不移的基本方针,今后也决不允许有任何动摇。我们的民主制度还有不完善的地方,要制定一系列的法律、法令和条例,使民主制度化、法律化。"他还形象地比喻:民主和法制"好像两只手,任何一只手削弱都不行。"

第六,强调社会主义民主要由共产党来领导。小平同志尖锐地、明确地指出:"不要社会主义法制的民主,不要党的领导的民主,不要纪律和秩序的民主,决不是社会主义民主。"这就给了我们一个区分社会主义民主同资本主义民主的最强有力的思想武器。

上述小平同志关于社会主义民主的论述,继承和发展了马列主义、毛泽东思想,是我们今后发展有中国特色的社会主义民主的重要指导思想。

**科学地把握社会主义民主的实质**

发展社会主义民主，首先要搞清民主的含义，进而科学地把握社会主义民主的实质。“民主”一词来源于希腊文，其意思是“人民的权力”。可是，在奴隶制、封建制以及资本主义国家里，尽管统治阶级都不同程度地标榜过实行民主，人民却从来没有什么权力。只有在社会主义国家即人民自己的国家里，人民才有了真正当家作主的权力。因此，社会主义民主的实质，简言之，就是社会主义的国家形态，就是社会主义国家条件下的人民当家作主。需要强调的是，这种民主是人民国家政权保障下的民主，而不是某些人误认的那种无法无天的民主。为此，首先要从理论上搞清楚：为什么社会主义民主就是社会主义的国家形态？这是准确理解社会主义民主实质的要害。

其实，“民主”从它一出娘胎就同国家联系在一起，打上了阶级的烙印。在原始社会，没有阶级没有国家，当然也就没有民主和专政的问题。最早的民主制度，是雅典的民主制，它是当时统治阶级内部奴隶主的民主，而不是奴隶们的民主。在封建社会里，也有过共和制的政治形式，如意大利的威尼斯共和国、佛罗伦萨共和国，但是，这是封建制国家统治阶级内部的民主，广大的农奴也是没有民主可言的。在资本主义社会里，当资产阶级刚产生的时候，它要求自由生产、自由贸易、自由交换，所以它极力打着民主的旗号，反对封建专制，推翻封建统治，在历史上起过进步作用。但是，一旦资产阶级成为统治阶级以后，资产阶级民主就逐步暴露出它的局限性、虚伪性和欺骗性。它极力维护资产阶级的统治和利益，广大无产阶级和劳动人民享受不到真正的民主权利。由此，我们可以看出，民主从来不是抽象的，而是具体的；从来不是超阶级的，而是有鲜明的阶级性的。

民主是一种国家形态，这是马克思主义的一个基本观点。马克思恩格斯在《共产党宣言》中就庄严宣告：“工人革命的第一步就是使无产阶级上升为统治阶级，争得民主。”马克思恩格斯是把无产阶级成为统治阶级同争得民主相提并论的。列宁也曾经精辟地说过：“民主是国家形式，是国家形态的一种。”他在《国家与革命》这篇著名的著作中，曾经科学地论证过，无产阶级革命彻底摧毁了资产阶级的国家机器后所建立起来的工人阶级政权是“一种更民主的机器，但这仍然是国家机器。”毛泽东同志根据中国的国情，也简明地、精辟地指出：“对人民内部的民主方面和对反动派的专政方面，互相结合起来，就是人民民主专政。”可见，马克思主义的经典作家，都是从国家形态来谈民主的。这是理解民主的根本点。至于我们平时常说的民主作风、民主方法、民主生活等，都是从这个根本点派生出来的。

社会主义民主仍然是一种国家形态，仍然包含了民主和专政两个方面，只不过是一种崭新的国家形态。这种国家形态，对广大的劳动人民充分实行民主，国家由人民当家作主，只对一小撮敌视和破坏社会主义的势力和分子实行专政，其目的都是为了使社会主义国家得到巩固和发展，而不是把国家搞乱或搞垮。这就是社会主义民主的实质所在。值得注意的是，除了少数别有用心的人外，还有相当多的人对社会主义民主是一种新型的国家形态比较陌生，或者不甚理解、或者不能认可，于是陷入了对社会主义民主认识和行为的误区，甚至干出了一些蠢事还以为是在发扬民主。这是必须加以澄清和纠正的。

因此，发展社会主义民主首先要科学地理解和把握社会主义民主的实质。唯有如此，才能在民主的问题上坚持正确的政治方向和政治立场。

**充分地认清西方议会民主的本质**

所谓西方议会民主，其本质就是资阶级民主。资产阶级民主，就是资本主义的国家形态，对少数资产阶级实行民主，对广大的无产阶级和劳动人民来说没有真正的民主，其目的是维护资产阶级的统治和利益。西方议会民主的形式，主要是议会制、两党制和三权鼎立制。

资本主义国家的议会制（又称国会制或代议制），是资产阶级民主的主要形式，一般由上、下两院组成，两院的名称各国不一。在美国，上院称参议院，下院称众议院。根据资产阶级国家规定，议会是国家的最高权力机关，享有最高立法权、财政决定权和监督政府权。由于议会的议员，绝大多数都是垄断财团的经理、政客，或者是世袭的贵族，议会的权力被把持在资产阶级手里。议会的议员的活动都不对选民负责，而是对垄断资产阶级负责。因此，资产阶级国家的议会制，实际上是资产阶级用以调整内部关系、维护剥削制度的一种工具，根本不是资产阶级所标榜的什么“全民的代议机构”，而是列宁所说的“清谈馆”。列宁一针见血地指出，在资本主义国家里“真正的‘国家’工作是在幕后做的，是由各部、官厅和司令部进行的。议会专门为了愚弄‘老百姓’而从事空谈。这是千真万确的事实。”

资产阶级的两党制，是资产阶级民主的重要形式，以美国为最典型。美国两个主要的资产阶级政党，一个是民主党，一个是共和党。所谓两党制，就是互相搞竞选，一个在朝，一个在野，轮流执政。两党制的作用，无非是通过轮流执政协调统治阶级内部的矛盾;同时,通过互相攻击、互相指责来制造种种民主的假象,欺骗劳动人民。事实说明,两党制是资产阶级维护统治的一种形式,不管哪个党上台,其性质和目的都不会变。恩格斯指出:“正是在美国,同在任何其他国家中相比,‘政治家们’都构成国民中一个更为特殊的更加富有权势的部分。在这个国家里,轮流执政的两大政党中的每一个政党,又是由这样一些人操纵的,这些人把政治变成一种生意,拿联邦国会和各州议会的议席来投机牟利,或是以替本党鼓动为生,在本党胜利后取得职位作为报酬。”今年已经拉开帷幕的美国总统竞选又会有一步闹剧好看,并将又一次证明恩格斯的揭露是多么的深刻。

三权鼎立制也是资产阶级民主的重要形式,就是国家的立法权、行政权和司法权分别由议会、政府和法院来行使,互相制约。不可否认,三权鼎立是针对封建专制主义的,在历史上起过一定作用,也在某种程度上协调了统治阶级内部的利益。但是,因为其国家性质是资产阶级的,三权的实权都掌握在资产阶级手中,其最终目的还是为了维护资产阶级的统治。

令人感兴趣的是,最近美国东北部罗得州的布朗大学政治学家达雷尔·韦斯特对927名美国成年人作了调查,有将近一半的人认为:美国的政治制度就像“毒藤”,应该“连根拔除”。

**分清两种民主的界限,建设有中国特色的社会主义民主政治制度**

综上所述,社会主义民主同西方议会民主之间,存在着明显的本质区别:经一,赖以存在的国体和政体不同。社会主义民主赖以存在国体是人民民主专政,政体是实行民主集中制的人民代表大会制度;西方议会民主赖以存在的国体是资产阶级专政,政体是议会制、三权鼎立。第二,经济基础不同。社会主义民主建立在生产资料公有制的基础上,其目的是保护公有制经济,促进社会生产力的发展,不断改善劳动人民的生活;西方议会民主则是建立在生产资料私有制的基础上,其目的是保护资产阶级私有财产不受侵犯,保障资产阶级靠剥削发财致富。第三,民主的范围不同。社会主义民主是广大劳动人民的民主,是绝大多数人的民主,是历史上最广泛的民主;西方议会民主则是剥削阶级的民主,是少数人的民主、狭隘的民主。第四,民主的虚实不同。社会主义民主是真实的民主,这种真实性首先是由社会主义国家的性质决定的,其次表现在这种民主得到国家宪法和法律的保护;西方议会民主对劳动人民来说则是虚伪的民主,尽管资产阶级也规定这样那样的民主权利,标榜“主权在民”,但实际上又用财产资格、社会地位、居住年限和教育程度等加以严格限制,使民主成为泡影。美国每届总统的选举,两党的候选人都要花费巨额的竞选费用,它们都得到后台大财团的支持。今年的竞选,民主党的克林顿已经拿到了900万美元的初选资金。共和党的多尔也聚集了2500万美元的竞选资金。共和党的福布斯拥有4.5亿美元的财产,准备拿出2500万美元用于预选。参加角逐的共和党的格拉姆也准备了2000万美元的竞选费用,他在一次晚宴上公开宣布:“我拥有政治上最可靠的朋友:现钱。”这些事实生动地说明了资产阶级政客同大财阀的亲密关系。这样巨额的费用,对一般劳动人民来说,是根本不能想象的。真如列宁所揭露的那样,资产阶级民主“始终是而且在资本主义制度下不能不是狭隘的、残缺不全的、虚伪的、骗人的民主,对富人是天堂,对被剥削者、对穷人是陷阱和骗局”。

分清两种民主的界限,意义十分重大。最重要的一点是,可以使人们认清西方议会民主的资产阶级本质,从而更加充满信心地建设好有中国特色的社会主义民主政治。首先,必须坚持工人阶级领导的、以工农联盟为基础的人民民主专政,不能削弱和放弃人民民主专政;必须坚持和完善人民代表大会制度,不能搞西方那种议会制;必须坚持和完善中国共产党领导的多党合作和政治协商制度,不能削弱和否定共产党的领导,不能搞西方那种多党制。我们应该牢牢把握有中国特色社会主义民主政治的这些基本要求。其次,要不断加强社会主义民主和法制建设,发展安定团结、生动活泼的政治局面,特别要按照民主集中制的原则,有领导、有步骤地推进政治体制改革,努力建立健全一套民主的、科学的决策制度和程序,使人民能够更好地行使国家权力,使国家机关能够更有效地领导和组织社会主义现代化建设。最后,要坚持和完善民族区域自治制度,继续贯彻执行党的民族政策,促进民族地区加快经济文化发展,实现各民族的共同繁荣和进步;同时,还要巩固和加强全国各民族人民的大团结,反对民族分裂,维护祖国统一,总之,只要我们坚持党的基本理论、基本路线和基本方针,紧密团结在以江泽民同志为核心的党中央周围,我们就一定能够建设好具有中国特色的社会主义民主政治制度。

周锡荣:《论社会主义民主——分清社会主义民主同西方议会民主的界限》,《人民日报》,1996年4月16日

## 关于社会主义精神文明建设

党的十四届六中全会强调，要把社会主义精神文明建设提到更加突出地位。从目前精神文明建设实际看，急需提高对精神文明“更加突出地位”的认识，增强行动的自觉性，为此，应解决以下十个不正确的认识。

**1.“代价论”，认为发展社会主义市场经济就要以牺牲精神文明建设为代价**

任何事物的前进和发展都要付出一定的代价，但发展社会主义市场经济没有必要。也不可能要付出社会主义精神文明的代价。因为社会主义市场经济发展与社会主义精神文明建设是统一的，两者是处于相互依存、相互促进的辩证关系之中。“代价论”既割裂了两个文明的辩证统一关系，又违背了两个文明运动发展的客观规律。两个文明的辩证统一关系，是根源于生产力与生产关系、经济基础与上层建筑社会基本矛盾的整体双向的运动。双向，指两个文明的关联趋势，物质文明决定精神文明，精神文明对物质文明有反作用。两个文明是互为条件不可缺少的。纵观人类社会发展，物质文明建设每一步发展，都是一定精神文明的积淀，并与科学文化和道德有密切的联系，如牺牲并放弃精神文明，物质文明建设不但会失去智力支持和理论动力。而且还会偏离正确的方向。因此说“代价论”是实际上行不通的。

**2.“滑坡论”，认为发展社会主义市场经济必然冲击精神文明建设，造成精神文明建设的滑坡**

“滑坡论”在认识上陷入了几个误区：一是没有全面、辩证地看待目前精神文明建设的形势，夸大了发展市场经济以来出现的某些不良现象，并把支流当成主流，把现象当成了本质；二是把市场经济等同于资本主义，没有认识到我们的市场经济是建立在公有制基础上的，进而把某些丑恶现象的出现归罪于社会主义市场经济；三是用过去的、主观的价值尺度衡量、制定在市场经济条件下精神文明建设中出现的新情况、新问题，运用的是主观道德尺度，而不是客观的实践尺度。

实事求是地说，“滑坡论”不符合改革开放以来精神文明建设的实际，尽管目前精神文明建设中还存在一些问题，但成绩是主要的。其一，社会主义市场经济发展为精神文明创造了雄厚的物质基础。其二，社会主义市场经济破除了人们旧观念，强化了人们的平等、民主、自由、竞争等意识和主体精神。其三，社会主义市场经济的展，推动了科学技术的进步，形成了尊重知识和人才的新风气，破除了封闭、保守、狭隘、轻视人才等心态。由此可见，如果不是戴有色眼镜，不是有主观的成见，绝不会得出“滑坡论”的结论。

**3.“自然论”，认为精神文明建设不用抓，只要经济搞上去了，精神文明建设自然而然就上去了**

纵观人类社会发展史，一个社会，一个民族没有崇高的理想、高雅的文化、健康的文明、严明的法纪，其社会不可能稳定，其经济也无法搞上去。“自然论”仅看到了物质文明对精神文明的决定作用，没有看到精神文明对物质文明的反作用，陷入了机械唯物论的泥坑。

实际上，精神文明建设对市场经济的发展有强大的推动作用。其一，精神文明建设规范了社会主体行为，为经济发展提供了良好的社会秩序。其二，精神文明建设为经济发展提供智力支持和人才保证。“自然论”不利于物质文明的建设，更有害于精神文明的建设。这种观点把两个文明建设截然分开，主张先抓物质文明建设，把精神文明建设放在后边，期待着经济搞上去以后自然带动精神文明建设。这是主观上的一相情愿，在实践中根本行不通。如果丢开精神文明建设先抓物质文明建设，不仅使精神文明建设软上加软，还使物质文明建设偏离正确方向，造成社会奢移化、人们庸俗化、道德堕落化，最终导致国家和社会的衰落。

**4.“西化论”，否认马克思主义、社会主义在我国精神文明建设中的主导地位，主张精神文明建设走“全盘西化”的路**

“西化论”尽管是少数人的观点，但影响却比较大，在理论上是极端错误的。精神文明建设具有鲜明的阶级性。一个社会的物质文明内容，是人们改造自然获得的成果，不因社会制度或阶级而异，物质生产的自然过程和产品并不具有阶级性。然而精神文明的内容除了以社会意识形态出现的自然科学、语言学等不带有阶级烙印外，它的思想道德等意识形态则具有鲜明的阶级性。任何国家和社会对其精神文明建设都要坚持阶级性。

社会主义社会的指导思想是马列主义、毛泽东思想及邓小平建设有中国特色社会主义理论，这决定了社会主义精神文明建设要以马列主义、社会主义为指导和核心，决不能走“西化”的道德，不能用西方资本主义的思想文化建构我们的精神文明。但这并不是说我们要采取民族虚无主义，对西方的精神文明和文化全部否定，全部排斥，关起门来建设我们的精神文明。对西方的精神文明也要一分为二，精华的要学，糟粕的要抛弃。

近些年,改革开放打开国门,西方的腐朽文化已进入了我国,如极端个人主义、拜金主义、享乐主义、一切向钱看等已严重毒害了人们,既冲击了物质文明建设,又影响了我国的精神文明建设。这说明精神文明建设走"西化路"根本走不通,是葬送社会主义制度的死胡同,这条"西化路"不但不能走,还要采取有效措施抵制西方国家的"西化"、"分化",用马列主义、社会主义牢牢占领我国精神文明的阵地。

**5."古化论"或"儒化论",主张以儒家的思想重建中华民族精神,精神文明建设要走"古化"或"儒化"的路**

近些年在经济领域积极改革开放,而且步伐越走越大。但与之相反,在思想文化领域出现了一种保守、复古的思潮,主张精神文明建设走"古化"和"儒化"的路就是表现之一。这种思潮把中国传统文化归结为"儒学"。认为"儒学"可与马克思主义平起平坐,极力恢复儒学的本体和主导地位。这里他们又搞了一个小把戏,说提倡"儒学"走"古化"之路,是为了反对"西化",反对"西学"。但他们又把马克思主义当成西方文化加以排斥,要用儒学重建我国的精神文明。

主张"儒化"或"古化"的人,完全夸大了儒家思想的历史作用,他们并没有认识到儒家思想的性质和特征。儒家思想及文化产生于农业文明的时代,它是小农经济的产物,是小农经济的思想文化,并不是商品经济的思想文化。其阶级属性众人皆知,它是中国封建社会统治阶级的意识形态,是为统治阶级巩固自己的统治地位,欺骗人民群众服务的。因此说,儒学及思想文化已不适应社会主义现代化建设的发展需要。

我国社会主义精神文明建设,只能以马列主义、毛泽东思想及邓小平建设有中国特色社会主义理论为指导,决不能以"儒学"为指导。但这并不是对儒家思想文化的全部否定,因为精神文明作为一种文化,有其历史的继承性和连续性。我们在进行精神文明建设时,要继承和发扬儒家文化中许多有益的东西,为我所用,并在新的历史时期加以弘扬光大。

**6."软任务论",认为物质文明建设是非抓好不可的硬任务,精神文明建设是可有可无、可抓可不抓的软任务**

社会主义精神文明建设从社会功能及作用上并不软。精神文明建设对物质文明建设及发展有巨大的反作用,在一定条件下甚至起决定性的作用。邓小平同志说:如果精神文明建设搞不好,"反过来影响整个经济变质,发展下去会形成贪污、盗窃、贿赂横行的世界"。把精神文明建设当成软任务来抓,不但物质文明建设和经济发展搞不上去,还会引起社会发展的失衡。如果在意识形态首先打开缺口,必将引起连锁反应,形成"多米诺骨牌"现象,导致整个社会制度的改革。所以说,精神文明建设决不能当成软任务来抓。

**7."重建论",认为以往的精神文明建设理论与实践,都已丧失了历史必然性,目前精神文明建设就是重建**

在目前社会主义精神文明建设的实践中,有人认为我国正在由计划经济向市场经济过渡,以往精神文明建设理论已打上计划经济的烙印,现在已经过时了,必须在社会主义市场经济基础上重建新的精神文明理论。这种"重建论"在理论与实践上都是有害的。

"重建论"看到了以往精神文明建设理论的局限,也看到了市场经济条件下精神文明建设出现的新情况、新问题,这是客观的,但得出"重建论"则是不妥的。其一,经济体制的转轨并不是社会主义根本制度的变革,变革的仅是体现根本制度的具体经济体制,目的是完善社会主义根本制度;其二,无论社会主义市场经济还是以往的计划经济,都是建立在社会主义公有制的基础上,它们的上层建筑是共同的,都是社会主义上层建筑。作为思想上层建筑的马克思主义及社会主义精神文明建设理论,不可能过时和丧失历史必然性,因而目前社会主义精神文明建设不是重建,而是继承和发扬以往精神文明建设的优良传统,并按社会主义市场经济发展的内在要求,修正、完善以往过时的理论和观念,使社会主义精神文明建设理论在市场经济的条件下增添新的内容,并进入到一个新的阶段。

**8."先后论",认为两个文明建设应有先有后,抓物质文明建设在先,精神文明建设在后,工作上先硬后软**

两个文明建设是不可分的。就如一鸟两翼,两翼惟有协调、同步地推进,鸟才能稳步、快速地飞翔。两个文明只有协调同步地推进,社会才能健康地发展。这说明在两个文明建设上的"先后论"是不成立的。主张物质文明建设在先,精神文明建设在后,是把物质文明建设单纯看作追求物质利益的活动,把精神文明建设当成纯而又纯的思想活动,这是认识上的误区。

党的十四届五中全会要求"坚持物质文明和精神文明共同进步,经济与社会协调发展"。两个文明建设必须同步,没有先后之别。两个文明建设同步,是社会主义社会的一个重要特征,这个新观点,表明我们党对社会主义精神文明建设规律的认识达到了新的高度。当今社会，国家的发展是一个全面的、综合推进的历史过程，也是两个文明建设一体化运行的过程。“先后论”仅是主观臆想，在实践中根本行不通，因为两个文明建设是分不开的。当今社会物质文明建设的发展，越来越受制于精神文明建设，受制于人的素质及文明程度，在物质文明建设的成果中，文化含量、科技含量越多越高就越有价值。随着社会的发展及文明的进步，两个文明的发展趋势，不是分离而是融合，你中有我，我中有你。“先后论”不但在理论上站不住，在实践中既不利于物质文明建设的发展，也不利于精神文明建设的发展，尤其是降低了精神文明建设应有的突出地位，全使没有硬起来的精神文明建设这一手更加软下去。

**9.“对立论”，认为物质文明建设与精神文明建设是对立的，抓精神文明建设会影响经济发展，要发展经济，精神文明就要让路**

“对立论”从表面看是坚持以经济建设为中心，一心抓物质文明建设，实际上把二者对立起来，物质文明建设不但抓不好，反而还会偏离正确的方向。

丢开精神文明建设抓物质文明建设，在一定时期或一定条件下物质文明也能上去，但如果社会风气变坏了，理想缺位，道德滑坡，价值观扭曲，这样物质文明也会偏离正确的方向，使经济变质，出现一个物欲横流的社会。

我国社会目前处在一个转型期，物质文明建设集中体现在发展社会主义市场经济上，但发展市场经济，理论上没有成功的模式，实践上没有成功的经验，公有制与市场经济的对接仍在整合、探索之中，这更需要有科学的理论指导。就其建设物质文明的主体来说，思想观念、人生观、价值取向、行为方式等也处在多元的选择之中，这也离不开科学的理论指导，为物质文明建设提供积极的主体力量，这都充分证明了把两个文明建设对立起来，抛开精神文明建设单纯抓物质文明建设，是行不通的。

**10.“勿惊论”，认为目前社会中存在的反文明现象没有什么可怕的，勿惊勿怪**

我国自改革开放，特别是发展社会主义市场经济以来，一些反文明的现象也进来了。在我国的一些地方出现了吸毒、嫖娼、经济犯罪等丑恶现象，这不但影响了社会主义精神文明建设，而且阻碍了改革开放及经济发展。有些人不但没有看到这些腐朽现象的严重危害，反而认为这些现象不算什么，不要大惊小怪。

客观地说，目前社会中出现这些消极现象，确实没有什么可怕的。因为这些现象不但与社会主义市场经济、改革开放没有必然联系，而且与其内在的要求、本质规律是相背离的，正如黑格尔所说的泡沫与深流的关系，泡沫是深流引起的，是深流的表现，但它又没有把深流表现出来，只不过是假象而已。伴随改革开放及市场经济发展出现的一些消极现象，就是这场社会大变革中的泡沫。但是，我们绝不能由此得出“勿惊论”。

现阶段，尽管社会主义精神文明建设取得了巨大的成绩，但存在的问题不容忽视，必须重视。“勿惊论”实质是对反文明论的容忍，对精神文明建设这手软的认可，对反文明现象对我党侵蚀的等闲视之，发展下去不堪设想。邓小平同志说：“没有这种精神文明，没有共产主义思想，没有共产主义道德。怎么能建设社会主义？党和政府愈是实行各项经济改革和对外开放的政策，党员尤其是党的高级负责干部，就愈要高度重视、愈要身体力行共产主义思想和共产主义道德，否则，我们自己在精神上解除了武装，还怎么能教育青年，还怎么能领导国家和人民建设社会主义！”邓小平同志的这段话已深刻说明了不抓精神文明建设，放松对丑恶现象高度警觉的危险性。

祝福恩：《精神文明建设要解决认识上的“十论”》，《黑龙江日报》，1996 年 11 期

当前精神文明建设正处在一种新与旧、良与莠，美与丑的矛盾胶着状态

——物质生活条件改善与精神食粮相对不足的矛盾

随着经济的发展，人民的物质生活条件在改善，闲暇时间在增加，大部分人的需求，已从生存的层次，逐渐上升到享受和发展的层次，精神消费的需求不断增加。显然，这是社会进步的表现，也是促进精神文明发展的巨大动力所在。然而，与之形成对照的是，由于我们不能及时提供足够优良的精神食粮给人们，文化饥渴、精神贫困与饥不择食、沉渣泛起的现象并存，特别是广大农民群众在精神文化生活方面更是嗷嗷待哺。如何满足人们在温饱之后的精神需求，提高他们精神文化生活的品位，用大批群众所喜闻乐见的优秀作品去抵制、取代那些黄色、淫秽、腐朽、落后的精神鸦片，是当前精神文明建设工作中一项重大而迫切的任务。

——市场观念强化与行为规范弱化的矛盾

在由计划经济向市场经济转变过程中，必然伴随观念的转变。面向市场搞生产、进入市场搞经营、围绕市场要效益——这些市场经济的法则，已经基

本为人们所接受，所遵循。应该说，这是思想解放、观念更新的积极成果。然而，另一方面，又不能不看到，一些人对社会主义市场经济缺乏真正的了解。甚至把市场经济当成自由经济，发财经济，什么赚钱干什么，怎么能赚钱怎么干，其行为既不受道德良心的内在约束，也不受规章法纪的外在强制。于是，假冒伪劣、欺蒙拐骗等行为屡禁不止。为避免拜金主义导致的人性异化和人格扭曲，一方面要靠法治来规范市场活动中的行为，同时也必须通过强化精神文明建设，特别是思想道德和文化建设来帮助人们完善作为市场主体的人格，使之带着一种健康的心态进入市场。

——自我意识上升与公共道德水平下降的矛盾

市场经济的发展突出人的主体地位，人们越来越关注自我的存在和自我价值的实现，强调自我发展，个人自由。勿庸置疑，这种变化使人民群众的主动性、创造性、独立性获得了巨大的发挥，给经济发展、社会进步提供了巨大的动力。但是，另一方面的情形也不容忽视，确有一些人走到了另一个极端，只看重个人成就、个人得失，却很少考虑自己的行为对他人、对集体、对社会会有什么影响；个人对他人，对社会应当承担什么责任和义务。这种离开社会讲自我，离开义务讲权利的行为，必然危害社会的公共道德，背离集体主义原则。这些都使我们更加强烈地感受到进一步加强思想道德建设、加强社会主义精神文明建设的必要性和紧迫性。

——物质欲望增强与精神追求淡化的矛盾。“贫穷不是社会主义”，“致富光荣”，人们对物质利益的关心本应是社会主义的题中之义，也是市场经济促进生产发展的动力所在。然而，由于初创的市场经济尚缺乏完善的伦理规范、健全的法制约束，因而使得这种“物质利益关切”难免不带有某种“本能”的冲动；也由于这种“物质关切”曾经一度受压抑，压抑一旦解除，随之便产生巨大反弹；再加之我们过去曾不适当地夸大过精神的作用，忽视、轻视过物质的作用，物极必反，两极相通，一旦拨乱反正，常常就会出现从一个极端跳到另一个极端的现象。于是，在社会心理层面便出现了“物欲化”倾向，在思想意识层面出现了拜金主义倾向，在实际工作中便出现了片面强调利益驱动、物质刺激和行为短期化倾向。相形之下，对理想的追求，对精神境界的超越便显得冷淡了许多。因此，在经济快速发展和社会主义市场经济体制建立的过程中，如何使这些物质利益关切成为健康的积极的力量，而不致伤害经济、社会的协调发展、全面进步，不致伤害主体自身的完善，就已成为精神文明建设亟待研究解决的问题。

——注重经济效益与忽视社会效益的矛盾。发展社会主义市场经济，确实极大地强化了人们的效率观念、效益意识，人们从来也没有象现在这么关心，看重经济效益；从来也没有象现在这么以经济效益作为一把普遍适用的尺子来权衡利弊得失，决定去留存弃。毫无疑问，这是一个巨大的进步，社会主义市场经济应该是讲效率，讲效益，而且是高效率、高效益的经济。问题在于，效益不仅是经济的，而且也是社会的，在很多情况下，经济效益同时也是社会效益，没有经济效益就没有社会效益。但是这种经济效益必须是对社会而言的经济效益，并且，也并非一切经济效益都必然会转化为社会效益。不能不看到，片面强调经济效益，忽视社会效益的现象已经相当普遍。这种现象的存在不仅使得物质生产部门忽视社会的精神文明建设，而且也使得精神生产部门由于偏离方向而导致对精神文明的自伤自残。妥善处理经济效益和社会效益的关系，将是一个伴随经济社会发展的永久性课题。当前的关键在于如何建立起一种机制。能保证精神生产部门把社会效益放在首位，能保证物质生产部门也讲社会效益。

——理论研究透彻与实际认识模糊的矛盾。精神文明与物质文明是车之两轮、鸟之两翼，互相依存、互相促进，这种并不复杂的辩证唯物主义基本原理一到现实生活中似乎就变得难以理解和领会。一些人对精神文明的功能作用认识不全面。他们片面理解精神文明建设的服务功能，忽视其导向作用、协同作用，认为经济建设是中心，精神文明建设是从属的、次要的，因而摆不到重要的位置上来。一些人片面理解精神文明建设的作用，只看到精神文明的规范、约束作用，看不到精神文明的启迪、促进等能动作用，看不到精神文明正是通过对不道德、不规范的行为的制约，而使合道德、合规范的行为得以张扬，认为“搞精神文明建设影响对外开放，妨碍经济建设，是作茧自缚，不能太认真”。

鉴于当前精神文明建设的矛盾胶着状态与当前我国体制转轨、社会转型和人们的观念转变有着必然的密不可分的联系，因此，从全社会来说，要进一步深改革，推进社会主义市场经济体制的建立，完善与之配套的各项政策、法规，加速体制转轨，社会转型的过程，使整个社会的体制、机制由一个发生深刻变革的急剧运动的非常态阶段走向一个相对平衡的常态的运动阶段，从而为精神文明建设创造一个稳定的宏观体制环境、社会环境。从精神文明自身而言，则应从更深的层次上探寻使精神文明建设由软变硬、由虚变实、由被动变主动的途径。

（一）建立机制，实现精神文明建设由软到硬的转变

我们把机制理解为一种生长于事物自身的具有自我组织、自我调节机能的、能恒久性起作用的东西。目前精神文明这一手还没有硬起来，或者说存在部分硬、部分软，一时硬、一时软的现象，关键在于缺乏一种健全的能恒久起作用的内在于精神文明建设自身的机制，因而可以说起来重要，做起来次要，忙起来不要。

1.建立健全精神文明建设的领导机制。社会主义精神文明建设是一项导向性很强的工作，不能搞自发行动，而必须有领导、有组织地进行，健全的领导机制是精神文明建设的首要保障。这里关键是各级领导抓精神文明建设的制度一定要健全。首先，领导责任制度要明确，抓精神文明建设是各级党政领导的政治责任，一把手要对两个文明建设负总责，分管领导要对精神文明建设具体负责；二是工作制度，诸如定期专题研究精神文明建设的制度，定期报告精神文明建设情况的制度，等等；三是约束制度，要把重视精神文明作为衡量一级党委、一个领导干部讲政治、讲大局的重要标准，作为衡量一个单位、一个班子工作政绩和领导水平的重要标准，纳入年终检查评比，领导班子年度考核，并作为干部提拔使用，升降奖惩的重要依据。与此配套的是，要改变长期以来存在的精神文明建设约束软化的问题，逐步摸索制定精神文明建设的考核办法和指标体系，定期发布统计监测公报。其次，领导管理体制要理顺。一是要理顺党政分工的体制，要有一个可以协调党政各部门关系的精神文明建设实行统一指导的领导机构，比如成立精神文明建设指导委员会；二是要理顺管理体制，切实解决目前存在的多头管理，交叉重复管理和管理不到位的问题，比如在宣传文化系统推行“三位一体”的管理办法。

2.建立健全精神文明建设的目标机制。目标具有引导方向、凝聚人心、鼓舞斗志、促进发展的巨大力量，精神文明建设一定要十分重视目标的选择和确定。整个精神文明的目标系可以分解成四个主要方面，一是以培育“四有公民”为目标，全面提高人民的文明素质；二是以创建全国文明建设为目标，大力提高城、乡文明程度；三是以服务经济建设中心和全党全国工作大局为目标，不断增强精神文明的服务功能；四是以创造一流工作、成就一流事业为目标，不断提高精神文明事业的发展水平。每一个主要方面又由一系列具体目标组成，并应建立必要的量化指标。目标的设立固然重要，但毕竟只是目标机制的一个方面，更重要的还在于目标的实施，这就必须建立与之配套的目标责任制，并使目标责任制与领导责任制互相衔接，一致起来，所谓领导责任制具体说来就是领导要对实现精神文明的目标负责。从总体上保证目标的实施要求精神文明建设像经济建设那样有一个总体规划，目标只是规划的内容之一；保证精神文明建设规划的落实就必须按照中央的要求，将其纳入经济社会发展的总体规划，提交人大、政协讨论，使之具有法定的性质。

3.建立健全精神文明建设的投入机制。在投入的问题上，要象张家港那样，牢固树立三种观念：两个文明同步发展就要同步投入的观念，各级领导对精神文明建设投入和责任观念，精神文明建设投入要全社会发动，多方面支持的观念。建立投入机制，一是要从规划上得到保证，即应明确精神文明建设财政投入的比例、基数和递增率，使之有章可循，避免随心所欲；二是要完善并落实文化经济政策，建立有利于宣传、文化、教育、科技部门把社会效益放在首位的保障机制。三是要建立有效的调节机制，通过经济的行政的手段，调节资金的投入使用，比如在文化内部调节市场文化的部分收入来弥补和促进公益文化的发展。四是要建立精神文明建设的社会投入机制。五是要搞好宣传、文化、教育、科技的自身改革与发展，增强自身的经济实力和自我投入能力。

4.建立健全精神文明建设的网络机制。精神文明建设涉及各行各业，体现在经济、政治、文化和社会生活的各个方面，并日益趋向一种大宣传，大文化、大政治、大教育的发展态势。适应这种需要，从工作格局上看，就是要形成以精神文明建设指导委员会为龙头，以各地区、各部门、各单位精神文明建设工作机构为基础、党政各部门、社会各方面密切配合、齐抓共管的工作格局。建立健全精神文明建设的网络机制还要十分重视基层组织机构的建设。诸如企事业单位政工机构的建设，乡（镇）、街道，直到村、居委会的群众性组织的建设。同时，必须抓好五支基本队伍建设，即一支政治强、业务精、作风正的宣传文化工作队伍；一支立场坚定、既懂政治、又懂业务，密切联系群众的思想政治工作队伍；一支学识渊博、侮人不倦、为人师表的教育工作队伍；一支精明强干、公私分明、执法严格、善于开拓的管理工作队伍；一支各有专长、业务精湛、忠于事业的专门人材队伍。

（二）转换思路，实现精神文明建设由虚到实的转变

总结以往精神文明建设的经验教训,我们感觉到,在工作思路上有点就虚论虚,没有很好地把有形与无形、主观与客观、虚与实结合起来,抓来抓去,总有些不着边际、不见实绩。这既影响了精神文明功能的发挥,也虚化了人们对精神文明地位作用的认识,挫伤了人们抓精神文明建设的积极性,因此,转变思路,探寻实现精神文明建设由虚到实的转变途径,就是一个十分重要的课题。

1.从单纯强调遵循上级精神学习外地经验转到把贯彻上级精神借鉴外地经验与立足本地实际,发挥自身优势结合起来抓。深入领会上级会议、文件的精神实质这是工作的前提,学习外地经验也是重要条件,在这个前提之下,要注意从本地实际出发,充分发挥自身优势,把上级的精神变为本地的政策办法,把人家的经验融入自身优势之中。

2.从单纯强调依靠自身力量转到自力更生与借助外力结合起来抓。自己工作的要靠自己去做;要立足于自身的努力。但是,在现代社会的条件下,又必须注重"借助外脑"、"延长手臂",搞"统一战线",形成大宣传、大政工、大文化的工作格局,全方位地开拓工作局面。

3.从单纯强调抓思想意识转到把思想意识与语言行为规范结合起来抓。把看不见摸不着的思想意识与看得见摸得着的语言行为结合起来,透过语言行为反观思想意识,通过规范语言行为达到影响思想意识的效果。这样就实现了精神文明建设从无形到有形的转变,无形与有形的结合。

4.从单纯强调政治的道德的教育转到把政治、道德教育与文化陶冶结合起来抓。在现代社会,在现实生活中,人们也许可以不学习某种理论,也许没有接受某种政治教育,但是人们却不可以也不可能不按受文化的影响。换言之,文化的影响比单纯的政治的道德的教育要普遍得多,普及得多,其可接受性也强得多。充分利用文化的普遍性、普及性和可接受性,把思想政治教育与文化陶冶结合起来,通过文化陶冶实现政治、道德的教化,则可以实现由少数到多数、由灌输到潜移默化的转化。

5.从单纯强调提高内在的文明素质转到把提高内在文明素质与提高外部环境的文明程度一起抓。内在的文明素质也是一种看不到摸不着的东西,相反,外部环境的文明程度却可见可触。提高外部环境的文明程度,当然同时也是一个主体内在文明素质对象化的过程,是一个提高主体内在文明素质的过程;反过来,文明的外在环境又会影响和制约着主体的行为文明,进而影响和提高主体内在的文明素质。因此,不仅要注重内在素质对外在环境的影响,还必须注重外部环境对内在素质的影响。这些年来,我们强调精神文明建设与城市规划、建设和管理结合起来,注重以强烈的文化意识指导城市的规划、建设,提高其文化含量和精神品位,很受广大群众欢迎。

6.从单纯强调软件建设转到软件硬件建设一起抓。硬件不仅是软件的载体,是事业发展的基础,同时也是文明的标志和体现。因此一定要把硬件建设上升到文明建设、事业发展的高度来认识、来规划,以硬件建设来带动事业发展,实现虚实结合。

7.从单纯强调领导重视、上层重视转到把领导重视、上层重视与基层落实、基础夯实结合起来抓。要把精神文明建设的任务、法规、制度、要求落实到基层,把精神文明建设的各项活动开展到基层,把精神文明建设的各项服务提供到基层,把精神文明建设的组织建立到基层,把精神文明建设的目标责任制落实到基层。

(三)明确主体,实现精神文明建设由被动到主动的转变

如果说精神文明建设还存在着某种被动局面,我们认为,其中一个重要原因便是还没有从根本上改变广大人民群众被动接受教育的局面。人民群众作为历史的主人,既是物质文明的主人,同时也是精神文明的主人。只有始终让人民群众成为精神文明建设舞台上的主角,由被动的受教育者变为主动参与者,精神文明建设才会有声有色,才会变被动为主动。按照这一思路,我们坚持"以群众为主体,以活动为载体",组织一些大型活动,让广大人民群众在活动中受到教育,在参与中得到提高。我们在实际工作中,注意遵循这样四条原则:

1.重在自觉参与。这是改变精神文明工作"上热下冷"、"群众不来神"的最佳途径。群众是否自觉参与,关键在于所组织的活动是否与群众的实际相结合,与群众的觉悟程度相适应。譬如,为了增强全市人民的凝聚力、向心力,去年我们发动了一场持续8个多月的"长沙精神"大讨论。一石激起千层浪,无论是工人、农民、干部、教师,还是在校学生、待业青年、离退休老人,乃至工作和生活在外地的湘籍人士,都纷纷撰文,各抒己见。前后共收到论文120多篇,召开各方面座谈会20多次。下发的8万张概括表述选票,共回收7万多张,代表了千千万万个家庭对这一活动的关心,反映了广大干部群众对讨论活动的积极参与。这一活动的最大收获不仅在于归纳于"心忧天下,敢为人先"的长沙精神,而且在于这一活动本身的开展过程中,广大市民通过对长沙悠久历史、灿

烂文化、光荣传统的自觉了解，进一步增强了光荣感、使命感、责任感。长沙精神正成为长沙人民振兴长沙的巨大精神力量。

2.重在引起共鸣。实践证明：思想道德教育如果单纯使用"我讲你听、我打你通"的"灌输"方式，已经很难在人民群众的心灵深处产生深刻的振动。只有运用他们易于接受、喜闻乐见的形式才能引起思想的共鸣。在纪念抗战胜利五十周年之际，我们在全市城乡举行百万人向抗日英烈和死难同胞默哀宣誓特大型活动，广大青少年学习和干部群众在那种庄严肃穆的气氛中，心灵得到了净化，灵魂受到了陶冶，爱国主义情感油然而生。我们组织的《展望——2000年的长沙》大型展览，借助多媒体等现代科学技术，尽量做到声、光、电结合，虚实结合，动静结合，图文结合，展示了一个充满希望的未来长沙的形象。每天前往参观者络绎不绝。广大干部群众参观后，无不欢欣鼓舞，信心百倍，决心奋发图强，顽强拼搏，争取将这一美好蓝图早日变成现实。

3.重在打动心弦。思想政治工作是着力于人的精神世界的复杂而又细致的工作，生搬硬套、囫囵吞枣的刻板说教，难以触及人的灵魂深处。只有循循善诱、因势利导，才能达到以理服人，以情动人的目的。譬如，在引导人们解放思想，转变观念，增强开放意识，提高思维起点方面，我们以长沙创建现代化国际性城市为主题，开展了一场持续两年之久的系列研讨活动，在规划发展上，总结了过去眼界狭小、缺乏长远谋划的经验教训，提出了一个高起点的建设标准，树立了一个下世纪的奋斗目标。由于这是一个大家都关心的问题，又是一个有争议的问题，因此引发一场群众性大讨论。"仁者见仁，智者见智"，经过一段时间激烈的讨论、分析、比较、综合，广大干部群众扩大了眼界，活跃了思想，增强了开放意识，认为长沙创建现代化国际性城市是形势发展的必然，是可以达到的目标。"为创建现代化国际性城市而努力"，不仅已成为长沙人在各种会议上的誓言，而且正在逐步付诸实践。

4.重在夯实基础。精神文明建设要治标，同时也要治本；治标是着眼于当前，治本才是着眼于长远。抓长远就必须打好基础，打好基础就必须从孩子抓起、从娃娃抓起。当代青少年学生再过十年、二十年将走向社会，成为二十一世纪国家的栋梁，从小培养他们讲礼貌、讲文明的良好习惯，对于提高一代人的素质，夯实精神文明建设的基础无疑将具有深远的意义。我们目前正在全市中小学校大力推广的礼仪教育就是这方面的一项举措。我们根据青少年的年龄特点和认识能力，编写各类礼仪教育读本，较全面地介绍了学校礼仪、家庭礼仪、社会礼仪方面的知识，使其行为符合学校、家庭、社会的普遍礼仪规定，并以此为基础，把道德品质提高到一个新的水平。我市西区率先开展礼仪教育以来，学生思想品德素质明显提高；健康人格逐步形成；校风校纪上了台阶；教育质量明显提高；同时，促进了家庭文明建设，促进了社会风气的好转。这项卓有成效的基础性工作，已经引起了各方面的广泛认同。

只有当精神文明建设由少数人的忙忙碌碌设计变成多数人的自觉行动，群众真正成为建设的主体、舞台的主角，我们才可以无愧地说，扭转了被动局面，从整体上提高精神文明建设的水平才有了希望，有了保证。这就是我们所理想的最佳状态、所盼望的最佳效果，也正是我们不断努力探索的方向。

易希文：《对当前精神文明建设的思考》《湖南社会科学》，1996年第3期

—

广义而言，素质是指人的一种内在身心状态，尤其是这种身心状态所处的水准。它是一个由多层次、多侧面和复杂机制构成的综合体，一般可分为自然素质（即与生俱来的人的机体的某些生理状况或体质状况）、心理素质（由人的情感、意志等非智力因素所组成）、社会素质（即主体作为社会的人参与社会实践必备的能力，包括科学文化素质、政治素质、道德素质、法制素质等诸方面）。自然素质是主体力量得以发挥的生理基础，心理素质属于主体的动力部分，社会素质调节人与社会的关系，对主体力量的发挥起着导向作用。素质的基本特点有：本因性、内隐性、稳定性、整体性与可塑性。

素质的本因性，是就素质与人的行为的内在动力关系而言的。精神文明实际上是人的一种行为过程，这一过程在根本上受制于人的素质。人的意志就是人们为达到一定的目的，自觉地组织自己的行为的心理过程。意志对行为的调控作用有两个方面：一是激励，二是控制。前者表现为推动人去从事达到目的所必须的行动，后者则表现为制止与目的相矛盾的愿望与行动。人的素质，就在形成人的意识倾向和活动内容中发挥着作用。人们的日常行为尤其是关键时刻的行为所显示的个体差异与群体差异，都与这一本因性有关。

素质的内隐性，是就素质与人的行为的外显性相比较而言的。人的行为是一种外在的、可为他人的感官感知的东西。而素质，作为对行为起支配作用的

因素,则内隐于行为之中,有时甚至只可意会而难以言传。以情绪与情感的关系为例,情绪和情感是人类对待客观事物的一种内在体验,也是人们对外界事物的主观评价与态度,二者既有联系,又有区别。情绪一般不太稳定,有较大的冲动性,并往往与一定的情景相伴随,情感则相对来说较为稳定,冲动性小,易受认识支配。情绪的变化一般都受已形成的情感制约,而人的情感又总是在各种变化着的情绪中得到表现。在此,情绪是情感的外在表现,而情感则是情绪的一种本质内容。具有什么样的情感,就是人的一种基本素质。爱国主义的情感,可以在人们喜、怒、哀、乐的各种情绪反映中映现出来。素质的内隐性,使人的素质状况既难以"一目了然",又难以"一言述尽",它甚至使某些人的基本素质,只有在特定场合、特定条件下才能被人发现,这种场合或条件可以是危急关头,可以是艰难困苦之时,也可以是鲜花、掌声、金钱、荣誉纷至沓来的得意之境。

素质的稳定性是由上述两种基本特征中派生出来的,并与上述两种特性紧密相连的性质。人的素质一旦成形,就具有相对的稳定性。这种稳定性,与人的心理定势与思维定势的稳定性密切相关,甚至可以说,就是由这些定势造成的。这种稳定性,既使素质的造就"非一日之寒",也使素质的改变无法"一蹴而就"。一个素质好的人之所以能较经得起各种风浪的磨炼,乃是由于其已形成的积极的思维定势与心理定势相当稳定,足以抵挡各种诱惑与干扰的缘故。一个素质差的人,有时会因各种历史机缘的交合而被推上重要岗位,但这样的人往往是"扶不起的阿斗",其原因就在于人的基本素质不可能随地位的改变而马上改变。

素质的整体性,指的是人的素质是一种由多方面、多层次组成的综合体,在这一综合体中,各方面各部分的素质以"水桶原理"影响着整体素质水平,同时,各方面各层次的素质状况也彼此发生着相互影响。比如,人的审美素质的提高,可以引导人向善。人们在日常生活中栽花种树,看来只是小事一桩,但利用身边的审美材料,通过对自然美的观赏,久而久之会发展为一定的审美情趣,促进某些优秀品质的形成。因为审美素养的提高可以陶冶人的情操,净化人的灵魂,起到以美引真,以美养善的作用。

素质的可塑性,是就素质的可变性而言的。人的素质除心理、生理方面的状况有某些先天的因素之外,其余都是在后天生活于其中的社会文化环境中逐步形成的。素质的可塑性有其心理基础,心理学认为,随意运动是意志行为的基础。所谓随意运动,是一种受意识调节的,具有一定目的方向性的运动,是掌握了的较为熟练的动作。随意运动熟练程度越高,意志行动越容易实现。当某个意志行动进行到一定程度时,由于经过一段时间的对同一行为或同一动作的反复实施,人就达到了一种熟练或习惯。这时,一般就不再需要在这种行为中付诸过多的意志努力,甚至由于已成习惯,意志努力也随之消失。由意志行为而习惯行为,由服从而内化,这就是素质塑造的心理过程。自然这一心理过程,与价值观念的确立,审美情趣的形成等等,是同步的。思维着的精神,这一地球上最高级的物质运动形式,它同样是以物质的低级运动形式为基础的。"习惯成自然",这一在日常生活中司空见惯的俗语,实际上极为深刻地揭示了优秀的品质的实际形成过程。

以上所述的素质的五大基本特点,是其所以成为我们在深化社会主义精神文明建设中关注的重点的理论依据。它昭示我们,在精神文明的"硬件"建设与"软件"建设二者中,应更关注"软件"建设;在"软件"建设的制度规范建设与人的素质建设二者中,应更关注"人的素质"建设。素质作为本因性、基础性因素,是制度规范能否落到实处的关键。这一点,对于"硬件"建设已初具规模,"软件"中制度规范建设已大体配套、初成体系的地区和单位,更具现实意义。

## 二

提高中华民族的素质,以推进中国社会的现代化,是近代以来中国一切有识之士力主力陈的观点。1895年,维新派人物严复在天津《直报》发表的文章中,就提出"鼓民力"、"开民智"、"新民德"的变法主张。嗣后,梁启超从总结戊戌变法失败的历史经验出发,在《新民说》中,将严复的"民力、民智、民德"统称为"民质",并通过中西比较说明中国的落后和培育"新民"的重要。1921年,梁启超又在《五十年中国进化概论》一文中,提出以"新心理"来"运用新制度"的主张。这些都表明,当时中国的维新派已意识到提高人的素质对于中国社会走向现代化的重要性。当然,维新派救亡图存的目标,是要在中国实现资本主义的现代化,但他们对中国国民素质现状与现代化之间差距的体悟,以及他们对提高国民素质对于中国现代化的必要性的认识,仍对我们极有启发。半个多世纪过去了,中国已发生了翻天覆地的变化,面对今天的现实,人的素质问题在新的历史条件下又摆在了向社会主义现代化迈进的中国人民面前。

就国际背景而言,在当今以和平和发展为主题的世界态势中,人的素质已成为衡量一个国家综合国力的一个主要指标。国际间的竞争，实质上也是人的素质的竞争。自1926年美国人创办了全球第一家“猎头”公司之后，世界范围的“猎头行动”方兴未艾，并有愈演愈烈的趋势，这显然与人才竞争密切相关。据美国“经济学家人才部”(EIU)统计，全球“猎头公司”1994年税收总额高达35亿美元。这说明，高素质人才已成为经济与社会发展的内在需求。其根本原因，缘于生产→科技→生产的传统模式已逐渐被科技→生产→科技的现代模式所置换。社会主义精神文明建设作为上层建筑领域的基本建设。其基本目的之一，是为了推进社会生产力的发展和社会主义现代化建设。因此，它不能不正视并重视这一生产力发展的内在要求。事实上，人的素质现代化，是社会经济现代化的主体因素。重视人的素质培养，是直接为社会经济现代化、社会现代化创设“主体性前提”。在当前情况下，这一点显得更为迫切和重要，因为我国正处于由计划经济向市场经济转型的关键时期，社会从封闭走向开放，从高度集中的计划经济体制向灵活开放的市场经济体制转型。它必然引起原有行为方式、思维方式、价值取向、道德观念的分化。由于心理、情感和认识的原因，分化的结果往往会发生与原有定势相异的某种逆向倾斜，导致人们觉见的“矫枉过正”。在这样的转折关头，倘若疏忽了人的素质建设，就完全可能大量产生“主体性”迷失现象。一个时期以来，一些地方与某些领域中所出现的过度物质化、功利化倾向、变世俗化为庸俗化以及责任心的淡化，公德心的消减和个人行为失范，诸如官员以权谋私、商人违法经商，甚至一些人从事犯罪活动等，都是值得警惕的“迷失”现象。同时，还由于中国封建社会的长期影响，传统道德偏重于家族式政治伦理，而使民族中缺少促进现代经济生产和发展的良好基础与动力。此外，社会主义市场经济本身并不能自然衍生出符合科学性的道德精神，它必须通过自觉地灌输与培养才能逐渐造就。“忽视教育的领导者，是缺乏远见的、不成熟的领导者，就领导不了现代化建设”。邓小平同志的这一指示，同样适用于对人的素质教育。

情景是清楚的。社会主义精神文明建设应以注重人的素质建设为核心，这既是精神文明建设内在的客观要求，也是当今国际与国内环境向我们提出的现实要求。

## 三

在新一轮的社会主义精神文明建设中，如何以素质建设为重点，进行人的素质建设呢?

第一，应树立明确的素质建设的目标模式。素质建设目标模式的确立可以为全社会树立起一个精神文明的具体蓝本，从而形象地引导激励人们为之奋斗。积历史教训与实践经验看，素质建设的目标模式似可分为三个基本层次，即民族的、地区的、行业的。具体说，即确立作为当代中国人、一个当代上海人、一个当代或工人、或农民、或干部应具的素质蓝本。这三个基本层次，分别表征人们在社会公共生活中所担负的主要社会角色，涵盖了一般、特殊、个别三个层面。其中每一层次的目标模式，都应结合“国情”、“地情”和“民情”，融民族性、现代性与整体性于一体。因此，从内容上看，这些目标模式，作为一定社会历史条件对人身心方面的要求，应是传统文化精神的继承，又是时代精神的体现和弘扬。它的内涵中应具有积极进取的创新精神和在急剧变化的社会中应对自如的适应能力，与社会主义市场经济相适应的思想观念、行为方式与心理素质，以及与现代化相适应的基本知识与基本技能。就目前社会实际情况而言，应着重培养以下四方面的素质:即以社会道德与职业道德为基础的思想、道德素质;以科学观念、科学知识、科学技能为内容的科学素质;以较高的文化品位与审美情趣为主导的文化素质以及以强壮的体魄，健全心理为目的的身心素质。

第二，应重视政治上层建筑在加强人的素质建设中的重要作用。

一是发挥“法制”的作用。实践证明，“人治”的社会，不可能培育出优良的国民素质，只有高度民主的“法治”社会，才能为提高人的素质创造良好的社会条件和人文环境。完善的民主与法制，是促使社会走向文明进步从而促进人的素质提高的政治保证。因此，从政治角度看问题十分必要。社会群体运动规律与个体运动规律最大的不同之处，在于群体运动规律是唯以利益关系为枢纽作正向或反向运动。如果说在单个个体中，还存在着个体受纯粹感情支配而活动的话，那么，在群体活动中，物质利益原则始终是行动的指南。维护包括每个个体在内的人民群众的长远和根本利益，是法治的实质，因此，重视“法制”在人的素质建设中的作用，也是群体活动规律所使然。

二是发挥舆论的力量。舆论是一种支配人的社会行为的力量，这种力量正是来自社会整体知觉的权威性，舆论的社会影响是这种权威性的作用所致。在社会个体价值取向日益多元化、群众意见日益多样化的今天，根据舆论形成和作用的规律，运用舆论力量来推进人的素质建设是极有必要的。同时，法制力量如果不和舆论力量相结合,也难以将已形成的法规转变为人们的法制意识与遵法守法的行为。

三是在各项经济、社会政策的政策评估、政策执行、政策终结诸环节中,应把是否有利于人的素质培养与素质建设放在与是否有利于生产力的发展同等重要的程度对待。

第三,应从四个社会层面立体式开展素质教育。

一是学校教育层面。学校教育是提高人的素质的基本途径,变应试教育为素质教育,是当今世界教育的潮流。学校教育应以开发受教育者身心潜能,完善和全面提高新一代合格公民应具备的基本素质为目的。这就要从课程设置、教材内容、教学方法上都实现以应试教育向素质教育的转轨。

二是社会教育和社会文化层面。社会教育和社会文化都是社会人文环境的重要组成部分。优化的社会人文环境,是陶冶人的情操、提高人的素质必不可少的外部条件。社会教育不仅指各式培训班、讲习班、电大、夜大和业余社团的活动,更指通过电视、广播等大众传媒来宣扬人生观、价值观和道德观。如果说上述环节构成了"软"文化环境,那么博物馆、图书馆、城市规划、建筑装饰、社区面貌等则构成了"硬"文化环境。"人创造环境,环境也创造着人",文化不仅在经济起步的初始阶段起着导向作用,而且,在未来,谁拥有文化优势,谁就拥有竞争优势和发展优势。文化氛围和人文环境对人的潜移默化的渗透作用,是素质教育必须高度重视的环节与领域。

三是家庭教育和家庭文化层面。家庭作为社会的细胞,是人成长的第一摇篮。家庭也是民风、民俗以及多民族传统美德等民族文化赖以流传承藉的场所,家庭对人的素质培养具有举足轻重的作用。有无良好的家庭文化环境,有无良好的家风和家教,是能否培养出高素质人才的首要一环。因此,提倡新的家教、家风,自觉优化家庭文化和家庭教养的环境,应是素质教育的基础环节。同时,努力使教育保持一致,家庭教育、学校教育、社会教育三个层次在价值取向上的耦合即"三育耦合"是一个十分重要的问题。从一定意义上说,人的素质都是由这个问题解决得如何来决定的。

四是社会个体成员自我修养、自我教育层面。人的素质即指社会成员的整体素质,又指每个社会成员的个体素质。学校、社会、家庭教育为提高社会成员个体素质的角度来看,提供了外部条件,而这些条件只有通过个体成员的内在因素才能发挥作用。这就要求每个社会成员都要加强自我教育和自我修养,不仅对提高自身素质具有自觉性、主动性和责任感,而且能积极主动地以自身的良好素质参与建造优良人文环境和良好风尚的工作。当前,在深化改革与扩大开放的过程中,利益重新分配,关系重新协调,出现了错综复杂的矛盾和冲突,使传统的价值体系受到冲击,以致价值参照系多元化和价值选择复杂化。一部分社会成员中出现了"开拓创新意识"萌发,而理性选择缺乏;主体意识强化,而社会责任感弱化淡化;效益意识增强,而奉献精神消退等现象。此种状况的出现说明,抓紧社会成员个体自我修养、自我教育层面,是一项不可懈怠的内容。前三个层面的努力,离开了这一层面的"配合",将功亏一篑。

最后,领导者要带头提高自身素质。社会最有效的榜样是领导阶层。领导阶层不仅担负着管理社会、教育群众等重要责任,而且还代表着社会优秀群体的素质水准。这是由我国社会的性质与各级领导的选拔制度所决定的。如果领导者做不到的事却要求被领导者做到,领导者就会失去道义力量和号召力量。因此,领导阶层严于律己,做群众的表率,乃是整个素质教育能否上一个新台阶的关键。然而,领导层的素质建设也同样需要制度的保障,包括干部的选拔、任用、考核、奖惩,以及监督等制度。

需要指出的是,使上述四个层面相互耦合、良性运行的"操纵杆"与"制动力量",作为一级政府行为,是科学的合理的社会奖惩制度。

高惠珠:《素质培养:社会主义精神文明建设之本》,《毛泽东邓小平理论研究》,1996年第1期

**坚持抓主要矛盾,找出精神文明建设上存在问题的主要成因**

抓住主要矛盾,就抓住了事物和问题的实质。那么,影响和制约精神文明建设的主要矛盾是什么呢?

(一)主客观互相脱离,指导思想未能适应急剧变化的新形势。改革开放17年来,人们的物质生活条件发生了很大变化。随之而来的人们对精神生活的要求也越来越高。而不断完善的市场经济体制,在客观上要求有相应的经济、政治、文化条件和人员条件作保障。我国现阶段的实践表明,社会主义市场经济这种先进的经济运行方式和经济调控体制,给精神文明建设提出了更高的要求。它要求我们的思想和工作尽快适应这种变化了的客观实际,迅速采取相应的措施,把握市场经济的发展。但是,我们的思想认识却没有及时跟上,没能掌握矛盾转化的时机。在实际工作中多少存在"一手硬、一手软"的状况。因而,在市场经济运行中,产生"道德滑坡"现象;一些人滋生了拜金主义、享乐主义和极端个人主义等剥

削阶级的腐朽思想。正如邓小平同志所说："当前在经济改革中出现了一些歪门邪道。'你有政策，我有对策。'违反法纪和决策的种种'对策'，可多了。""开放以后，一些腐朽的东西跟着进来了。中国的一些地方也出现丑恶的现象，如吸毒、嫖娼、经济犯罪等。"

（二）急功近利的意识使一些决策者导致两个文明建设失衡。在急功近利意识的驱动下，有些领导者往往只追求眼前的短期效益，忽视社会效益和精神文明建设；"个人服从集体"、"下级服从上级"、"地方服从中央"等行为准则已置于脑后；有的掺杂使假、以次充好、坑蒙拐骗等，干出损人利己的勾当，置公共道德、职业道德和国家法律于不顾。

（三）思维的片面性使人们的行为倾斜，从而导致精神文明建设诸方面的失重、错位。把物质文明建设和精神文明建设机械地割裂开来，轮流"突出"；也有的认为"经济上去了，精神文明建设自然就上去了"，在行动上则表现为重经济、轻思想；重物质文明建设、轻精神文明建设。与物质文明的突飞猛进相比，教育、科学、文化的发展出现了滞后，整个社会出现共产主义理想和信念淡化、道德水平滑坡、组织纪律松弛、原则成为某种交易，人与人之间的关系庸俗化。精神文明的失落，不仅使得一些因有党的富民政策获得了实惠的群众对共产主义理想、社会主义制度产生某种动摇和怀疑，而且有的败坏了党风民风，损害了党心民心。

**坚持一切从实际出发，探索新形势下精神文明建设新路子**

实事求是、一切从实际出发，既是马克思主义哲学的重要原理，也是我们党的优良传统。我们必须从变化了的新形势的实际出发，努力摸索出一条适应发展社会主义市场经济需要的精神文明建设的新路子。

（一）要坚持辩证的观点，正确把握两个文明建设的相互关系。物质文明和精神文明的关系既互相依存又互相促进。物质文明是精神文明的基础和源泉，精神文明是发展物质文明的必要条件和保证。今天社会文化、精神领域中一系列问题的存在已告诫我们，如果继续对精神文明建设掉以轻心，那么后果就不堪设想。我们必须急起直追，加强精神文明建设，使之与迅速发展的物质文明建设保持同步发展。

（二）要转变观念，创造一个有利于现代化建设和改革开放的舆论环境和思想氛围。"观念"属于社会意识的东西。按照马克思主义的观点，社会存在决定社会意识，社会意识又反作用于社会存在。抓好观念更新，对社会主义精神文明建设起着重要的推动作用。市场经济为精神文明建设提供了极为有利的条件和机遇。我们要抓住机遇，努力推进精神文明建设。在社会主义精神文明建设中，应从建立市场经济体制的客观要求出发，采用多种宣传教育方式和传媒手段帮助干部、群众树立勇于进取、开拓创新、敢于竞争、求强求实的观念；培养干部群众的公平竞争意识、勤劳致富意识、知识信息意识、尊重人才意识、质量信誉意识、长远效益意识等，促使人们改变某些落后的旧观念，树立与市场经济相适应的新观念，形成一个有利于社会主义市场经济体制建立和完善的舆论环境和思想氛围。

（三）继续加强道德建设和爱国主义、集体主义、社会主义思想教育，树立正确的世界观、人生观、价值观。我们的市场经济是社会主义市场经济，要通过大张旗鼓的宣传教育和深入细致的工作，构筑起与市场经济相适应的道德规范和行为准则体系，并为大家所遵循。对人们在市场内外的道德行为提出新的要求，形成新的道德规范体系，再通过舆论导向和科学管理，付诸市场经济运行的实际中去。

（四）培养各级各类市场经济人才是目前精神文明建设的当务之急。我们不仅要培养能适应市场经济需要的经营人才，还要培养能为市场经济运行服务的决策人才、管理人才和专业技术人才。

（五）坚持加强法制和纪律教育，加强党风廉政建设。帮助广大干部群众树立遵纪守法意识，在市场经济中养成依法办事的习惯，强化社会主义法制观念。

（六）领导干部当好表率，狠抓落实，切实搞好精神文明建设。实践证明，党风和干部作风的好坏，对精神文明建设具有决定性的作用。各级领导干部要做到"三不变"；即时代变了，党的领导作用不变；任务变了，党的宗旨不变；环境变了，党员的本色不变。抓落实要领导抓。一个地方精神文明建设搞得如何，与那个地方党政领导是否得力、尽力有密切关系。要建立健全各种运行机制，这是实现领导抓落实的关键。要建立健全各种工作运行机制，使精神文明建设走上经常化、规范化、制度化和法制化的轨道。

张榕：《对市场经济条件下精神文明建设的哲学思考》，《精神文明报》（成都）1996 年 6 月 4 日

概括地说，保证两手都硬并且彼此统一和谐的基础，是"主体一元化"和"目标一体化"。打个比方：如果是同一个人，用两只手从不同方面来抓同一个东西，方向和中心是一个，即归根到底都是为了人民，并且在执行过程中都要依靠人民群众，那么两手

都“硬”就不会有很大的困难;相反,如果是两只手各自为政,分别朝不同方向抓一个东西,或者抓的是两个不同的东西,甚至本来就不是同一个人的手,那么要想两手都硬而且互相协调,就必然很难很乱。这里的“一个人”代表主体的一元化,好比我们党、国家和人民的整体,我们每一个部门、每一个环节上的工作,都是按照一个统一的指导思想、统一的路线方针政策而不是各自为政去做。这就是同一个人用两只手,而不是只用一手;“同一个东西”则是指对象的整体和统一的目的,即“为人民服务”这个目标的一体化。

然而在实际工作中,常常有人觉得两手之间的统一不大好掌握,不是觉得两手难以兼顾,就是感到两手互相打架,似乎要一手硬,就必得以另一手软为代价。我们对于这种情况的真正原因应该深思。实际上,造成这种情况的思想原因,常常是由于对根本目标的理解不够明确和完整所造成的。现实中存在着两个比较有代表性的认识误区:一个是把“重点论”当成了“一点论”;另一个则是把“两点论”变成了“二元论”。

对于“一点论”,大多数人能够认识并指出它的片面性。但人们有时会把它归结为只是方法问题。以为不是工作目标上有缺陷,而只是工作能力和方法有限。“不是不想做,只是忙不过来,无暇顾及”。然而,这里却有对“中心工作”实际理解上的问题。比如,把“发展经济”仅仅当成是搞更多的企业、弄更多的钱,而不包括全面提高劳动生产率、保护环境,乃至提高人民的生活质量,就必然会把改善人民的精神文化生活当成“软任务”。这实际上是把一个完整的目标肢解了、庸俗化了。如果以为,抓经济建设是可以孤立地进行的,因此单纯地就经济抓经济,就眼前事务谈中心工作,忘记了经济也是同政治、文化、人的素质和队伍建设分不开的,在工作目标和具体安排中没有把这些也一道考虑进去。这样的工作目标的指导思想,难道能说是高瞻远瞩、完整现实的吗?可见导致“一手硬,一手软”的认识原因,并不仅仅是个“如何做”的问题,也还是个究竟要“做什么”的问题。

“二元论”的思维方式则是更深刻、更隐蔽的一个误区。“一点论”的根子也是二元或多元论。它不过是把“重点”孤立起来,当成了二元或多元之中的一元而已。“二元论”的特点,是把同一本质的两个事物,或同一过程的两个方面,当成彼此独立、互不相联、可以各行其事、甚至互相对立的东西。细察现实可以发现,把“两手抓”变成“二元论”的表现有各种各样。其中以下三种是比较常见的:

其一是“两张皮”式。例如人们常说的,在政治工作与经济工作、思想工作与业务工作、精神文明与物质文明关系上存在着的“两张皮”现象。寻根究底,这是单从表面形式上看问题所导致的二元化。其症结就在于把它们都当成了“皮”,而不是当作“灵与肉”、“魂与体”的关系来看待。因此不能把它们从深层的内容和实质上结合起来,不会“把政治工作结合经济工作一道去做”,反而总是从表面形式上做文章,觉得二者之间必然要争时间、争权力、争地位、争编制、争经费等等。如此“灵肉分家、魂不附体”,哪有不别扭、不痛苦的?

其二是“此优彼劣”式。有一种观念认为,似乎经济工作本身注定是没有政治方向的,业务工作本身是没有思想品德要求的,物质活动领域其实并无“文明”,它们本身总是低级、庸俗、盲目、自发和自私的行为,只有政治批判和思想教育才能从外面把政治、道德“文明”注入进去,等等。总之是认为它们之间根本上存在着高与低、正与偏、“资”与“社”、高尚与庸俗、先进与落后的关系。持有这种二元对立的观念,就必然会有意无意使两者对立起来,把它们当作彼此外在,相互牵制,相互否定的东西。按照过去的“卫星上天红旗必然落地”和新近出现的“市场经济与社会主义道德互不相容”、“义利不可兼得”等说法,结果自然是认定:要一手“硬”起来,就必须让另一手“软”下去才行。

其三是“南辕北辙”式。即头脑中的观念与工作的实际目标相互背离。用旧观念来处理新问题,即使主观上是想让两手都硬,但实际的结果却是两手相互削弱。例如:目的本是想动员和组织大家投入社会主义市场经济建设,但头脑里的观念却认为市场经济就是资本主义;主观上是想把市场经济规则与道德规范统一起来,但头脑里的道德观念却是与市场经济格格不入的;主观上是希望看到市场经济新秩序的建立和健全,但内心却厌恶利益导向、害怕竞争、逃避风险、不习惯独立自主、反对人才流动、对法制没兴趣;主观上是希望在加强物质文明的同时加强精神文明,但头脑里的“精神文明”却只有以物质贫穷为前提的模式,没有在物质逐渐富裕条件下的模式;等等。在这种情况下,如果不及时转变观念使它跟上时代,就必然会把“两手硬”变成一句空话。

从思想上解决两手之间的内在联系和统一的基础问题,对于克服这种二元论思维是非常重要的。邓小平同志曾经指出,“两手”之间并不是简单的并列关系,更不是彼此对立的。“物质是基础,人民的物质生活好起来，文化水平提高了，精神面貌会有大变化。我们对刑事犯罪活动的打击是必要的，今后还要继续打击下去，但是只靠打击并不能解决根本的问题，翻两番、把经济搞上去才是真正治本的途径。当然我们总还要做教育工作，人的工作，那是永远不能少的。但经济发展是个基础，在这个基础上工作就好做好。”(第 89 页)因此他曾满怀信心地说：我相信，随着经济的发展，随着科学文化和教育水平的提高，随着民主和法制建设的加强，目前社会上那些消极的现象也必然会逐步减少并最终消除。这些话可以说是非常清楚地表达了“两点论”与“重点论”之间的辩证关系。认真、全面地学习和贯彻邓小平同志的这一辩证法思维，对于提高“两手抓”的水平和效果，无疑具有重要意义。

李德顺：《“两手抓”不是二元论》，《深圳特区报》，1996 年 5 月 21 日

**精神文明建设要从大人抓起**

时下流行精神文明建设“要从小抓起”。诸如提出“爱国主义教育要从儿童抓起”、“培养理想要从娃娃抓起”等口号。这里的“小”无疑是相对“大人”而言，泛指幼儿、儿童、少年、青年。这一主张的积极意义可以从两方面理解：其一，儿童是祖国的未来，青年是民族的希望。社会是新陈代谢的，“从小抓起”就是抓明天，抓社会的发展，抓民族的振兴。其二，从幼童到青年，他们的世界观尚处在形成中，可塑性很强，所以抓得越早越好。

但是，有一个古老的命题叫做“人是环境和教育的产物”，道出了人的成长与社会的关系。根据这个道理，孔子提出“性相近，习相远”。孟子甚至指出“富岁，子弟多赖；凶岁，子弟多暴”。当然，上述命题也有片面性，忽视了人能改造环境的能动性。马克思就辩证地强调人”在改造环境的同时也改变着自己”。儿童和青少年总是生活和成长在一定的社会环境之中，并受到其潜移默化的熏陶。而这种环境主要是由历史上的和现实生活中的大人所造就。尤其是现实生活中的大人，对社会环境的改造更是起着主体的作用。由此产生的问题是：大人们在我国社会转型期应当给孩子们提供一个什么样的成长环境呢？

随着传统计划经济向市场经济的过渡，带来国民心态的重大变化，人们的功利意识、效益意识、自主意识、竞争意识大大增强，给整个社会的发展带来一种蓬勃向上的活力。但也产生了负面效应，表现为物欲化(拜金主义和享乐主义)、粗俗化(野蛮俗气流行)、冷漠化(见死不救和人际关系淡漠)、躁动化(急功近利和不择手段)、无责任化(只想获得而不愿承担责任)和虚假化(产品伪劣和人格虚伪)。这虽然不是主流，但足以引起重视。据一位成天和“花朵”打交道的小学园丁反映，当下一些孩子们“比”的内容可归为三类：一是比长辈“官”的大小及自己可以享受到的种种特权；二是比家庭的富有，自己如何过着娇生惯养的舒适生活；三是比亲属中的海外关系，引以为荣。这种“比”自然不利于孩子们的成长。若要问是怎样形成的，当然不是先天的，而源于大人们的潜移默化。正是大人们关于人和职业的新的等级观念、盲目崇洋的心态、奢侈摆阔的生活、对子女的一味迁就溺爱，腐蚀着孩子们纯真的心灵。

一切的现在都孕育着未来，未来的一切都生长于它的昨天。儿童和青少年是祖国的未来，而他们生长的当下的社会环境则是由大人们提供的。中国社会的进步，首先有赖于大人；大人在改造社会的同时，也需要改造自己。对于社会上存在的种种不合理、甚至腐朽的现象，大人们作为孩子们的长辈，决不能随波逐流，更不能推波助澜。“从孩子抓起”固然重要，但因为抓孩子的是大人，“己不正焉能正人”，所以还得从大人抓起。身教重于言教，只有通过大人们的身体力行，才能引导孩子们扬善抑恶，趋荣避辱，健康向上。

还要指出的是，从大人抓起又须从各级领导干部抓起。“大人”在我国词汇中有两层涵意：一是成年人，一是官员。古代对德高者称“大人”，以后演变为泛指作官的人。虽然如今时代不同了，但老百姓仍习惯于将担任一定公职和领导工作的干部视为心目中的“大人”。他们不仅是一般的成年人，而且是管理国家、带领大家前进的特殊社会阶层。干部的品德、作风、能力如何，在正确的思想政治路线确定之后，对社会的发展无疑起着决定性的作用。从“大人”抓起，意在对各级领导干部应特别严格要求。这并不是说他们中间问题特别严重，而是由他们所处的地位、所起的作用和所造成的影响所决定的。我们的干部队伍整体上是好的，但确有腐败现象存在。腐败之所以产生于某些“大人”们之中，因为他们手中有权，可以进行权力与金钱的交易。古人云：“吏不廉平，则治道衰”；俗话说：“上梁不正，下梁歪”，道出的是同一个道理。如果任腐败泛滥，执政党的先进性和纯洁性就会丧失，我们民族的气节和精神支柱就会被摧垮。因此，社会风气的改变，精神文明的建设，不仅要从成年人抓起，更要从成年人中的干部抓起；套用毛泽东的话语就是，严重的问题是教育干部。

**精神文明建设要从社会公德抓起**

当前我国精神文明建设最迫切需要解决的问题,来自两方面:一是干部队伍中腐败现象在某种程度上的蔓延之势,表现为贪赃枉法、行贿受贿、挥霍人民财富、腐化堕落等。二是公民普遍缺乏社会公德,种种不文明的现象比比皆是:刚落成的新村违章搭建,垃圾成堆,蚊蝇孳生;城市的下水道井盖屡屡被盗,陷井使人轻者受伤,重者致命;路人乱穿马路,为了一己私利在人行道上"安营扎寨",使得原本就拥挤的交通"雪上加霜"……因此我认为,现时期的精神文明建设,需要一手抓惩治腐败,一手抓社会公德。

社会公德又称公共道德,它既不同于社会上特殊阶层或群体的道德,又区别于仅仅涉及个别人之间关系的私德。凡是社会活动中涉及人们公共利益、公共秩序等方面的行为准则,都在社会公德之列。具体来说包括:维护人与人之间互相尊重、合作互助的规范,如见义勇为,助人为乐,救死扶伤,尊老爱幼等美德和风尚;保护人与人之间正常交往的行为规范,如诚实,正直,守信,公正等被人们普遍公认的为人处世的原则;维护公共秩序、公共设施、公共卫生、公共安全的规范,如不乱扔垃圾,不随地吐痰,不损坏作物,不乱穿马路等;保证人们礼貌交往、友好沟通感情的规范,如谦逊恭敬,和睦互爱,不说粗话脏话等。社会公德具有显著的继承性和通用性。如马克思所说它们是"简单的道德和正义的准则",是"人对人的关系的简单原则";列宁也将其称为长期以来"在一切处世格言上反复谈到的,起码的公共生活准则"。当然,社会公德的内容也会随着历史的进步而不断更新和丰富。拿统治我国人民长达2000多年的"三纲五常"来说,就不能原封不动的袭用。又如在长期的小生产的条件下,诸如捕猎动物,砍伐森林,过去并不与道德发生多少联系;然而在当代,从维护生态平衡的角度看,不滥杀动物和保护森林绿化,已经成为全人类应当恪守的公德。

在我国,社会公德建设长期以来没有得到应有的重视。人们一谈精神文明建设,被舆论导向提到首位的往往是共产主义道德和理想,是学习少数英雄模范人物。这种高标准的要求虽然有其必要性,但对广大群众来说,如果没有社会公德意识作为基础,常常会变得让人不愿或不敢接受。因为在社会主义初级阶段,道德是分高低层次的。社会公德就其特质而言,是人们在日常公共生活中形成的和应当遵守的最起码的行为准则,它在道德结构系统中属于一种低层次的道德要求。但是,如果因此将讲究社会公德当作"小事一桩"而加以漠视,那就完全错了。所谓低层次,应当理解为最基础的社会性和最广泛的群众性。社会公德是对所有公民提出的一般标准和要求,也是共产主义理想和道德得以形成的基础。所以,讲究社会公德是形成良好精神文明的首要条件,是抓社会风气好转的切入口,也是每个公民完善自我人格、实现人格社会化的重要方面。舍此不抓,只能产生精神文明建设中的好高骛远。

在社会转型期,抓社会公德尤其重要。目前,农民犯罪率在城市呈上升趋势,经济生活中的各种无序和非法行为大量存在。在这种情势下,特别需要体现社会公德的伦理精神,倡导求利合乎"理",情欲受制于"礼"。为此就要建设完善的作为社会公德的准则和规范,并采取尽量世俗化的立法和宣传教育,使每个人都遵守社会公德,成为一名合格的公民。

**精神文明建设要从"他律"抓起**

"他律"是相对于"自律"而言的。这对伦理学中的范畴涉及两方面的关系:广义地说,"他律"指社会道德(包括各种形式的社会监督),"自律"指个体道德(一般指个人的道德修养)。狭义地说,"他律"是指道德责任主要取决于道德规范本身,而非出于主体的自觉的道德意向:"自律"则是"他律"的提升,是对责任的一种自觉意识。

中国传统文化是以道德为本位,强调没有"内圣"不能"外王",并将"修身"提高到"治国"、"平天下"的高度。孔子认为只有修养好自己的品德,才能正确对待一切事情;只有修养成高尚的品德,才能使老百姓得到安定。应该说,强调修养对提高人们道德品质的重要意义,这无疑是合理的;但问题是眼下过分注重"自律",将它当作一剂万能的药方,导致对"他律"的忽视,就不可取了。现实生活中常有这样的情况,一些贪官污吏在作案的高峰期,往往正值其官运亨通之时;他们一方面利用权力巧取豪夺,另一方面却能荣获"能人"、"新秀"、"劳模"、"先进"等桂冠。这类现象发人深思;能否仅仅归结为案主的人格低下?离开"他律"(监督)的"自律"能否杜绝这类现象的产生?

精神文明建设之所以要从"他律"抓起,原因有二:

其一,从个体道德发展的过程来说,一般都需经历三个阶段:他律阶段、自律阶段、他律和自律的统一阶段。这同时也就是一个从道德义务向道德良心的转化,进而到价值目标的形成和完善的过程。在这个过程中,"他律"是起点,是基础。在从传统计划经济向社会主义市场经济的转轨时期,我们首先要重构社会道德,明确社会对每个人的要求、价值、方向和行为规范系统；每个社会成员也要明确自己的社会义务。尽管在他律阶段，义务对于个体来说还是外在的。“他律”与“自律”的区别在于：对于前者，义务来自道德的主体之外，表现为个人对社会、对他人应尽的道德责任；对于后者，个人应尽的义务则成为一种深刻的责任感和自我评价能力。从前者到后者，这是一个从道德的规范性向道德的主体性升华的过程。精神文明建设要从“他律”抓起，指的就是首先要抓社会道德规范的建设，并使各个阶层的社会成员都明确自己对社会、对他人应负和应尽的义务。“无规矩不成方圆”。只有确立了具体的行为规范，才能在全社会明确反对什么、提倡什么，制止什么、鼓励什么，形成一种人人都需遵守的善恶是非标准。

其二，从个体道德与社会道德的关系来说，人人都需要监督。我们提倡自觉性，但完全离开监督的“自律”则是空想。即使对道德修养的最高境界来说，也不完全是自律，而是他律和自律的统一。孔子在谈到自己道德发展的过程时说：“七十而从心所欲，不逾矩”，就包含了自律和他律相统一的意思。拿反腐败来说，固然要强调干部廉洁自律，但更根本的是要从机制、体制、法制“三位一体”的结合上加强监督。首先要建章立制，对干部的行为加以规范。其次就要加强执法监督。古今中外的事实都证明，没有监督的权力必然导致腐败。反腐败不能靠“人治”，而要靠法治。社会监督就是一种“他律”。纪律和法律是社会监督中的“硬件”，应维护它的权威性；舆论是社会监督中的“软件”，它的作用也不能低估，如英国思想家赫胥黎所说：“在许多情况下，人们之所以这样做而不那样做，并非出自对法律的畏惧，而是出自对同伴舆论的畏惧。

余源培：《精神文明建设该从何抓起》《探索与争鸣》，1996年第3期

## 关于有中国特色的社会主义文化

中国的文化问题全部纽结在一个关节点上，即传统文化与现代化的关系。中国属于世界上少数几个具有悠久文明传统的国家，传统决定了我们民族一切重要的特点，它比任何外来文化的影响都要大得多。而随着历史的推移，其中很多东西又成了社会发展的障碍。在这个问题上我们的负担比其他后起的工业化国家都要沉重，任务也显得更加艰巨。但是，作为同一问题的另一面，中华文化又是具有深厚人文底蕴的，它包含着人类最高的智慧，是世界文明不可或缺的一部分。如果能实现与现代社会的接轨，将不仅对于中国，而且对世界的未来都是一个巨大贡献。因此当前的文化挑战同时也是中国文化复兴的一次契机。我们必须看到这一问题的双重性。

20世纪近100年来，我们对待传统文化基本上是持批判态度，斥之为封建主义的文化，自“五四”到今天，这种批判态度基本上没有改变。现在来看，这其实是一种消极的态度，传统是一种客观存在，不是几代人为的批判就可以消灭的，更重要的是，一个民族的文化从根本上说无所谓先进和落后，它是这个民族生存态度和方式的体现，是一个民族生命智慧的结晶。如同一棵大树，末端某些枝干或许会枯死，但扎于大地中的根却依然健在，还会随着环境的转换生成新的枝干。消灭传统的想法，好比企图将整棵大树连根拔起，如此，整个民族的生存依据也就失去了。这是典型的民族虚无主义。我们过去也讲“扬弃”，但实际上并未真正地从事文化建设工作，这就延误了传统与现代社会的接轨。所以我们需要从根本态度上来一个转变，即对传统文化采取一种积极的、建设的态度，把传统文化视为一个生生不已的母体，从传统中挖掘出有价值的、与现代社会相适应的成分，以此为主要根据来创造今天的新文化。由否定、批判转为认同和建设，这就是今天应有的积极态度。

传统本是无处不在的，不管人们是否意识到，它是一种挥之不去的东西。从这个角度来说，确立传统文化还有什么意义呢？应该看到，实际上存在着两种性质的传统。凡是没有被历史带走的、仍然存在于今天生活中的文化因素，属于自在的传统，比如风俗、语言、服饰、烹调、以及被人们广泛阅读的文化典籍等等。还有一种是自为的传统，它是经过提取的、与当代生活发生内在联系的文化因素，能够为现代社会提供动力、方向，并组成现代公民一般的价值判断标准。这种传统是一种生成的、具有辐射能力的文化因素，它不是现成的，有待人们去发掘。我们要确立的是后一类传统。后一类传统实际上属于再创造的新文化，它从传统中生发出来，又与当代生活融为一体，经历史的流变，又逐渐地转化为前者。那么怎样才能建成自为的传统呢？我们认为，首先必须实现文化精神的还原。一种文化，必有它的原发型因子，它属于民族精神当中深沉的存在，决定了这个民族基本的价值态度。在这些因子的基础上，才会生长出各个时代具体的文化内容。具体的文化内容是相对的、短暂的，会随着时代的迁移而过时，过去我们批判的就是这些业已过时的文化因素。因为分不清原发因素与生成文化，人们往往将前者也归入后者，这是错误的。我们称这类原发型的文化因子为文化基因，文

化基因也就是价值原型。文化基历的形成与一个民族的人种、生存环境、原始的生产方式以及社会结构形态等多种因素有关，一旦形成则具有恒定性。要弘扬传统文化，就需要从传统中剥离不同时期的历史内容，实现文化的还原。在此基础上才能重建自为的传统，创造新时代的文化。文化基因一般包含在某些核心性的基本概念当中，这些概念都是由历史上的哲人们提出来的，它们往往含有两层意义，一层是恒久的本原意义，另一层是具体的延伸意义。对于这些基本概念的挖掘、分析和整理显然是文化还原最重要的工作。

中国文化的建设不仅仅是一个本民族的内务问题，而且关系到世界文化的格局。随着西方文化中心主义的衰落，世界其他地域的文化开始显露各自的特性。有人认为全球共有八种文化并存，它们是西方、儒教、伊期兰教、日本、印度、斯拉夫东正教、拉丁美洲和非洲文明。(〔美〕塞缪尔·亨廷顿《文明的冲突》)而实际上目前除西方之外，东亚文化最为引人注目。东亚文化其实是以中国为中心的。从某种程度上说，东亚经济近期的崛起，也是中华传统型的文化与西方科技文化相结合的结果。这个事实至少说明两点：一、东西方间的开放与交流是振兴经济、实现民族富强的成功之路，封闭就走向萎缩；二、亚洲的繁荣并没有失去自己的文化特色，相反，正在日趋鲜明。中国大陆的经济发展正在起步，她的潜力尚未充分展开，中国在世界上的当代文化地位也没有得到应有的确认。应该看到，中华文化与西方文明属于差别甚大的两种文化。它们各自的长处正是对方缺少的，各自的短处也可以通过互相吸收来得到弥补，二者实际上构成了互补的关系。我们认为，下个世纪最可能的文化格局是东西互补。这里且从三方面来说明中西文化的互补性。首先是个体与群体的不同侧重。西方文化强调个人的价值，将维护个人利益放在首位，因此西方于社会关系方面提倡的是公正和理智，即人际之间的互不侵犯；社会管理方面侧重于法律约束为主。其优势在于人的独立性得到充分肯定，个人的潜能经常处于不断被激发的状态。而西方现代文明兴起后，由于过分倚重于个人间的竞争，强调个体利益的扩大和满足，逐渐走向极端个人主义，人情冷漠，人际之间利益计较代替这一切，甚至视他人为地狱，这就使群体生存的人类面临一种危机。相反，中国文化以群体依存为主，视群体利益高于个体利益，重血缘亲情关系，更重道德规范，故人情味浓厚。其优势在于民族凝聚力强，社会关系和谐、稳定，能够久经历史变动而保持相当的恒定性。而封建时代后期过分蔑视个体利益，压抑个人的潜能，提出了“灭私欲”的主张，使社会发展受到严重阻碍，人性发生扭曲。近几十年来，因过分强调平均主义，共同幸福，使个人依赖感滋生，“大锅饭”现象泛滥，这是忽略个人价值的又一种表现，走向了与西方文化不同的另一极端。其次是外向思维与内向自省的不同侧重。西方文化重视对外在客观世界的认识，外向思维发达。近代以来理性精神得到高扬，自然科学高度发展，开拓了人类的认知空间，大大加强了征服自然、驾驭自然的能力，人的物质生活也得到了空前的提高，西方现代社会就是这一文化倾向的辉煌成果。而理性的超度发展，使西方社会出现以科学实证代替一切价值的倾向，科学主义流行。科学主义忽略了人的内在世界的存在，忽略了自然与人类间的依存关系，将人视为物，将自然视为占有对象，手段化为了目的，其结果是生存环境遭到破坏，享乐主义无节制泛滥，而发展到极端，必然是彻底的虚无主义。中国文化一向重人的内在精神的完善，追求心灵的渊源、充实，强调精神对外在形体以及自然万物的体认和包容。中国古代的所谓“养气”说，“品格”说，“返朴归真”说，“得意忘言”说，以及后来吸收印度佛教精神而倡导的“顿悟”说，都是对人的内在精神的注重和开发。实际上“仁爱”这一概念从形而上的意义上讲，也是指向人的内在满足的。内在实现是中国文化追求的最高境界。由于人始终与自己的超功利价值保持亲密的关系，因而也就更接近本真意义上的自然。但中国文化对于客观世界的理性意识则一向比较忽视，逻辑实证思维始终不发达，这使得中国人在征服自然、驾驭自然的能力上较西方差了一筹，甚至有一种不思创造、满足现状的倾向。中国古代社会后期发展停滞与此倾向有相当的关系。第三是当前价值与传统价值的不同侧重。西方文化特别是西方现代文化，在时间三维中更重视现在，轻视传统。由于崇尚创新、标异，信奉当下的真实性，就使得西方人敢于否定权威，勇于肯定自我，创造力和现实感均特别强烈。然而由于过分肯定现在，肯定现实效应，西方当代文化有一种排拒传统的倾向，甚至认为传统是社会发展的累赘，这就割断了现实与历史的联系。西方当代社会的蔑视传统带来的是人的整体感的丧失，时髦化、破碎化、浅薄化是现代西方文化的主导倾向，后现代主义就是这种倾向的代表。中国文化有一贯重历史、重传统的倾向，在时间三维中，过去具有权威的意义，历史的范式、前人的伟绩常常被当作典型来效法。中国人倾向于从更久远的跨度上来评判事物的得失是非。由于重历史的价值，因而也更重视人的恒久价值，崇尚人格底蕴，更愿意从古今一致的角度来把握世界，这是中国文化具有稳定性的根源，也是中庸的一种表现。然而由于忽视当前价值，也往往使得人们偏于厚古薄今，谨于创新而乐于复古，抹杀现实与历史的区别，甚至以一维代替三维，造成社会发展的缓慢和停滞，如此等等。可以看到，中西种种不同的价值倾向往往都是相对立的，正因为这种对立性，就具有了互补的基础与可能。当然，我们还必须指出，这里称举的中国文化，仍然是传统形态的，不经过一番还原和重建，就不足以与西方现代文明形成对话，也不可能在世界文明中占据重要地位。

全球文化今天已到了一个新的百家争鸣的时代。这个时代出现在世纪之交，的确是意味深长的。有着悠久文明传统的中国在迈向21世纪的过程中，应该具有远大的文化目光，努力调整自己的文化结构，使之既保存中国文化的基本特色，又具有现代社会的新鲜活力，这是当前文化建设工作最为重要的任务。在这项工作中，显然，与世界其他文明的交流对话是不可缺少的组成部分。从积极的眼光看，一个充满挑战与竞争的环境也许正预示着中华文化再度辉煌的前景。

王小舒，王纹成：《世界格局中的中国文化——再论走向21世纪的中国新文化》，《东方丛刊》，1996年第2期

**一、文化发展的动力模式**

古今中外世界各国文化发展的动力模式主要有三种：

一种是道德优先的文化发展战略。在古代中世纪的东西方均流行过。古希腊的柏位图、亚里士多德，中国的孔子、孟子等人认为，要发展一个社会的整体文化，必须确立一种普遍的善的或曰正义的道德内核，并以此核心构筑一个符合善的或正义标准的文化体系，进而带动社会的经济和政治朝着人类理性所选择的普遍的善或正义的方向发展。现代新儒家中也有人竭力倡导以中国传统文化中的“仁”、“礼”等核心价值去完善工业社会或后工业社会的文化体系，从而促进整个社会经济和政治向“有道德”的价值体系方向发展。这样，才能在物质扩张、道德颓废的现代商品经济社会里找回人类已经失落了的“精神家园”。道德优先的文化发展战略注意到了道德作为一种价值支柱对于文化发展和社会经济政治发展的意义，但道德从来都是与一定历史阶段和发展水平的社会经济和政治联系在一起的，试图以一成不变的传统道德来规范不同时代的文化发展取向，实际上只能是一种不切实际的良好愿望。

另一种是经济优先的文化发展战略。近代以来流行于欧美，现当代又影响到广大第三世界发展中国家。该战略的主要含义有：首先，以经济发展来为文化发展注入强劲的动力。没有经济的发展、物质的充裕，文化的发展是无本之木、无源之水，不可持久。其次，经济发展中内含的价值核心和关系规则将成为文化发展的根本价值取向和调节文化主体间矛盾的一种相互关系准则。在实行市场经济的社会里，由于经济发展是以商品的价值规律为杠杆，以平等的自由交换为手段的，因此，市场经济的发展推动着社会文化朝着有利于促进经济自由和人类平等的相互关系方向发展。再次，在现当代的一些后发展国家，经济优先的文化发展战略还有另外两层深刻的涵义：或者作为经济上先接近或赶超欧美发达国家的水平，从而逐步改变本国本民族文化落后面貌的一种工具；或者作为经济上抵御自由市场经济给文化发展带来的某些副作用，防止西方文化的渗透，维护并发展超越欧美文化的本国本民族文化的一种手段。经济优先的文化发展战略突出了经济发展对于文化发展的基础或前提作用，但经济价值和文化价值并不是无条件地简单地同一的，它需要通过一系列复杂的中介机制才能实现。

第三种是政治优先的文化发展战略。古今中外历史上均存在过。中世纪欧洲的神学政治家们竭力把文化发展作为神学政治和宗教信仰的附庸和奴婢。文化发展的价值取向取决于神学教条的价值准则。近现代帝国主义在殖民化过程中也曾采用过这样的文化发展战略：一切有利于殖民统治的文化就大力倡导和发展，而所有不利于殖民统治的文化就竭力扼杀。20世纪上半叶的法西斯主义也曾采取过类似的文化发展战略。不符合法西斯极权主义政治标准的一切文化，如，犹太文化，社会主义文化，甚至早期资产阶级人文主义文化等，均被视为“文化异端”。以宗教神学政治、殖民主义政治和法西斯主义政治来强制规范文化发展的价值取向，是一种反文化的文化发展战略，因而不可能真正促进文化发展。另外，在“左”倾教条主义泛滥的历史时期，一些社会主义国家也曾倡导过政治优先的文化发展战略。幸好，改革开放以来，许多社会主义国家已从血的教训中认识到了这种对政治与文化关系的教条主义理解是完全错误的。因为，政治与文化虽然密切相联，然而两者又能相对独立性，各有自身的发展规律。教条主义地认识两者的关系既不利于文化发展，也有碍于政治发展。

从上面的分析中我们不难看出,上述三种文化发展的动力模式各有利弊。当代中国文化发展的动力模式应当把经济、政治和道德三个要素有机地结合起来。当然,在现代化进程的不同的历史阶段,这三个要素对于文化发展战略的意义并不完全等值。换句话说,在不同的社会发展阶段,是以经济为重心,还是以政治、道德为重心来设计文化发展的战略模式,取决于社会发展的总任务和总目标。对当代中国而言,从长远来看,经济发展是我们的首要任务或曰中心任务,只有在经济发展过程中才有可能全面地推进中华民族的文化发展。但就某个历史阶段来说,有时并不能简单机械地理解“以经济建设为中心”。文化发展也要讲政治、讲道德。特别在政治不稳定、社会不稳定或有可能出现主权危机等情况时,更要把政治方向、政治路线作为社会主义文化健康发展的重要保障。在经济发展、社会转型带来道德沦丧、传统价值体系面临崩溃等副作用的情况下,必须在文化发展中讲道德,以中国优秀的传统道德价值核心来重塑民族文化精神。而一个有自己文化之“根”的民族,才有可能真正振兴民族经济和政治。

**二、文化发展的成长模式**

有了动力之后,文化的发展还有一个成长途径或曰发展道路问题。世界各国各地区间,甚至同一个国家或地区的不同历史发展阶段,文化发展所走过的道路模式也是迥然不同的。

一种是外延式文化发展道路。这种文化发展现象往往出现在一个国家或地区经济社会文化刚刚走上复兴的道路时期或之后的一个不长的历史阶段中。外延式文化发展模式的特征是:首先,对传统和现代、域内和域外各种文化采取一种简单的包容态度,几乎不加鉴别地吸纳和发展各种文化。其次,整个国家和社会的文化在不长的历史时期内出现了数量、规模和结构上的外延大扩张,社会文化表面上充满“繁荣”的景象,但同时精华与糟粕胶着在一起,发展与衰退已同时播下了种子。再次,这一时期国家和社会对过种文化发展模式往往不加控制和管理,或者说难于有效控制和管理,导致文化发展的负面效应随着时间的推移而越来越大,直到严重阻碍经济发展的方向、速度和质量,严重影响社会政治的稳定性和社会秩序的有序性。最后,这种外延式的文化发展模式往往与经济上的粗放型经济成长模式及政治上的无规划化发展模式结合在一起,形成一种恶性循环的“铁三角”关系。没有有效率的权威政府和开明的强权人物,没有成熟的市民社会,就难以改变这种“铁三角”关系。

另一种是内涵式文化发展道路。这种文化发展现象往往出现在一个国家或地区经济社会文化已走向起飞阶段甚至初步完成现代化时期。内涵式文化发展模式的特征是:首先,开始对传统文化和现代文化、域内文化和域外文化等各种文化作出有鉴别的吸纳和扬弃,选择对本国本地区经济社会和政治发展有利的文化因素来丰富本国本地区的文化。其次,整个国家和社会的文化发展已从先前注重数量、规模和结构的扩张,转向注重质量、档次和功能的开发。文化发展上的虚假“繁荣”得到有效抑制,文化糟粕日益减少,文化精华得到保护和宏扬,文化质量衰退现象基本制止,文化发展真正走上了正轨。再次,国家和社会对文化发展已有比较有效的控制和管理,文化发展中的负面效应已不再能严重阻碍社会经济的发展和社会政治秩序的稳定,反而成了社会经济发展和社会政治有序的有力保障。最后,这种内涵式文化发展的模式往往与经济上的集约型经济成长模式及政治上的规划化发展模式联系在一起,形成一种互相促进的良性发展的“铁三角”关系。而所有这一切又往往与一个有效率的民主政府和成熟的市民社会联系在一起。

当代中国的文化发展道路或成长模式应是外延式文化发展与内涵式文化发展两种道路模式的有机结合。对于南部、东商和沿江沿海发达地区来说,目前应尽快实现从外延式文化发展模式逐渐向内涵式文化发展模式的转变。而对于北部、中西部和内地欠发达地区来说,目前恐怕还不可能完全超越外延式文化发展的模式,但同时也应注意努力克服这种模式的固有弊病,将这种模式的弊病减少到最低限度,并在下世纪初适当地时候尽快实现从外延式向内涵式文化发展模式的转变。从而在基本平衡的状态下实现我国文化的普遍繁荣、经济社会的稳定发展和政治体制的民主化、现代化。

施雪华:《“文化发展战略”笔谈:文化发展的一般模式与当代中国文化发展战略的选择》,《浙江社会科学》,1996 年第 2 期

当前的文化困惑,历史地看,源自我国目前已有的三种文化内涵之间的矛盾。一是具有悠久历史的中国传统文化;二是西学东渐而传入的工业文明的价值观念;三是十月革命送来的马克思主义理论体系。应该说,这三种价值体系,分别来自于人类历史进程中的三个前后相继的社会形态,分别代表着三种不同的历史阶段。这三种文化同时汇聚于二十世纪末的中国社会,势必发生种种价值冲突,产生各不

相同的评价体系，造成相互背离的行为导向。面对三种文化价值体系在中国当代的相互冲突，首先应该肯定的是，坚持社会主义的文化价值观念，具有长远的历史发展意义，这是不容置疑的。但是，还必须看到，我国目前还是一个农业国，生产力还很落后，还有相当多的人口从事农业劳动，而农业社会所需要的传统文化不仅是民族深层的心理积淀，而且还是现实生活中的即时写照。对于传统文化维系农业社会稳定中的功能，就目前国情来看还远没有达到可以消失的地步。同时，建立社会主义市场经济体制，又需要按照市场经济所要求的价值体系进行运作，这套与农业文明相互抵牾的文化观念，将通过体制的规范而内化为每一个卷入市场大潮中的社会成员心理，这也是而今社会转型中必不可少的文化要素。由此可见，文化价值观念的取舍，决不是以人们的主观意志为转移的，它有赖于中国当今特定的社会存在。

正如解铃还须系铃人一样，要了解当今中国文化选择的趋势，必须着眼于中国当今社会发展目标的现实考察。十四届五中全会向我们提出的九五规划和 2010 年远景目标，突出强调了经济体制和经济增长方式的两个根本性转变，提出了经济社会协调发展的战略目标。这就清楚地表明，中国社会发展战略将根据中国自己的国情和可持续发展的要求进行独特的创造，以农业为基础发展基础工业和高新产业，培育社会主义市场体系。在这样的社会发展目标中，仍然包含着三种不同的价值选择，因此，我们今天在文化冲突与困惑上面临的选择，恐怕只能是寻找一种相互协调相与磨合的价值观念重构的出路。

在这种文化整合中，首先要牢牢把握我们的社会发展目标，积极克服产生于农业社会的中国传统文化抵制工业文明的负面影响，张扬工业文明的科学民主精神和自由平等价值。其次要本着从我国具体国情出发的态度，以中国文化背景可接受的形式，分两个层面来缓和不同向度的价值冲突：一方面，以合理的制度、宽容的心态建立现代工业社会市场经济体制所必需的人文价值规范；另一方面，以马克主义为指导，融汇传统文化之精华，建构超越性的人文价值体系，以校正工业文明中侧重物质利益之偏，以安顿茫然无措的心灵，以升华健康向上的人格理想。

任何社会的文化选择，都不是随心所欲的，都必须立足于现实的社会历史条件之上，然而，在这个前提下如何作出较为合理的选择，却有着积极探索的余地。

张静蓉：《“文化发展战略笔谈：转型期社会的文化困惑与选择》，《浙江社会科学》，1996 年第 2 期

人们往往从各种不同的角度观察和研究文化问题，这当然无可厚非；然而在探讨中国现代化进程中的文化发展战略问题时，恐怕需要有些共同的思考角度，以求在某些基本点上获得共识。

第一，我们不但要正确区分文明与文化的不同内涵，而且要正确区分文化概念的广义、中义和狭义之别。

我认为，“文明”与“文化”是两个互相联系但不应等量齐观的概念。所谓文明，是指人类各种实践活动（包括物质生产活动和精神活动）的全面成果，文化则主要指人类精神活动（包括社会政治活动和思想创造活动）的成果。显然，文明的涵义比文化要广泛得多。文明可以涵盖文化，文化却不能等同于文明。然而在实际讨论中，人们往往以文化涵盖文明，或将文明与文化等量齐观。例如美国政治学学者亨廷顿所谓“文明的冲突”就是混淆文明与文化不同涵义的典型，他实际上是在“文化”的意义上使用“文明”概念的。

如果将以往的以及现在流行的种种文化涵义略加区分，大致可以分为广义的、中义的和狭义的三种文化概念。

广义的文化论者认为“文化”包括物质文化、制度文化和思想文化，如梁漱溟的《中国文化要义》中所谓的“文化”即无所不包的广义文化，这实际上是在“文明”的意义上使用“文化”一词，是将文化等同于或混同于“文明”的概念。尽管有许多文化论者至今仍在附和梁氏文化理论，我却不敢苟同。

狭义的文化论者认为“文化”仅指观念形态的思想文化，如毛泽东的《新民主主义论》所讲的文化主要是指意识形态。如果从思想观念是“文化”的核心或灵魂这个角度理解文化的涵义，那么这种狭义文化理论无疑是正确的。但随着文化讨论的深入以及人们认识的深化，今天的人们对于“文化”涵义的理解大多数已经超越狭义的文化概念，而赋予文化以新的涵义。因此，现在有必要提出一种介于广义与狭义之间的中义的文化概念。

所谓“中义的文化”概念，认为“文化”即指人类精神活动的全部成果，包括观念形态和制度形态两大方面。例如，哲学、宗教、文学、艺术、科学等等是属于观念形态的文化，而社会制度（包括政治、经济、军事、文教、家庭等各个社会活动领域建立的制度）、人际关系（包括家庭伦理关系以及社会活动中人与人的关系）则属于制度形态的文化。我认为，我们所谓

的文化发展战略，主要应指中义文化发展战略。

第二，应把中国文化发展放在历史发展长河中，考察其历史沿革与演变，采取历史主义的分析态度，而摈弃历史虚无主义。

中国文化发展的基本线索是：

夏、商、周三代主要是从氏族文化走向宗法文化的王权政治时代，在思想上表现为尊天崇祖，人际关系上是尊尊、亲亲，其社会制度是“封邦建国，拱卫天子”；

春秋战国时代是礼崩乐坏、诸侯争战的霸权政治时代，其文化形态表现为多元文化的竞争共存，在思想上是“百家争鸣”，在政治制度上是从宗法制走向君主专制；

自秦汉至明清，是中央集权的君主专制时代，与此相适应的思想文化，是以儒学为主导但保持儒、释、道多元文化相辅相成的时代；

自鸦片战争以后的百余年间，中国社会处在半殖民地、半封建时代，在文化上是所谓“古今中西”之争时期，主要表现为中国传统文化与西方外来文化的激烈碰撞、对立、斗争和争论，出现了“保存国粹”(文化保守主义)、“中体西用”(文化改良主义)、“全盘西化”(文化买办主义)、“全盘反传统”(文化激进主义)等互相排斥的文化观，在社会制度和人际关系上处在革故鼎新、新旧交替的转变时期；

自1949年新中国建立至今，是建设社会主义新文化时期。期间又以1979年为界分为两个阶段：前一阶段以批判旧文化、与传统决裂为号召，乃至发展到“文化大革命”的反文化主义；后一阶段以“实事求是”为号召，开始认真的文化反思，出现了文化讨论热潮，在探索建设有中国特色的社会主义新文化中出现了“西体中用”论、“多元融合”论，以及以反多元为目标的新一元文化论等不同倾向的文化观。

概而言之，中国文化在其数千年发展历史中积累了丰富的精神成果，在其发展进程中不断地吸收、融合了多种文化成果而形成了中华民族的历史传统，这个传统是具有强大生命力并且割不断、消不灭的。这个文化传统中的种种成果，有积极的、具有永恒价值的、能够与时俱进的文化精神，也有消极的、阻碍历史进步的、应被历史淘汰的文化糟粕。我们今天在建设有中国特色的社会主义新文化中，应对历史传统采取历史主义的分析态度，发扬其精华，淘汰其糟粕，并且以开放日新的精神汲取、融合外来新文化的优秀成果，切勿采取封闭式的一元主义否定历史传统或排斥外来成果。

第三，应把中国文化发展放在世界发展的总趋势中以考察其应变的战略策略。

当今世界发展的总趋势是经济发展的多元一体化(市场经济化)和社会政治制度、思想文化发展的一体多元化趋势，因而在文化上表现为多元文化之间互相竞争、共存并进的发展方向。尤其是在21世纪，随着科学技术的突飞猛进，全球经济的多元一体化趋势将日益明显，然而文化发展的趋势却并不伴随着经济一体化而趋向一元化，相反将强化多元化的趋势。这是因为，一方面，市场经济本身是一种容纳多元竞争共存的经济体制，它并不排斥文化上的多元化发展趋势，另一方面，在可预见的21世纪甚至更长的时期，国家和民族的界限和差别依然存在，这种差别在本质上是由千百年形成的文化传统的差别决定的，而各国各民族的文化传统的异质性虽然可能相互渗透、影响而发生变异，却不可能完全同化，这正符合所谓“和实生物，同则不继”的规律。例如，当今世界存在的基督教文化、伊斯兰文化、佛教文化、儒家文化传统等等，虽然可以找到它们可以互相沟通学习的共通点，但他们之间的差异性却必然长期存在而不可能融合为一体。既然如此，文化发展上的多元化趋势就不是不可思议的了。

吴光：《“文化发展战略”笔谈：思考文化发展战略的应有角度》，《浙江社会科学》，1996年第2期

具体说，我们在思考、制订文化发展战略时必须充分考虑到以下几个基本因素。

1. 层次性。文化是一个有多层面内涵的概念，即便是我们在小文化的意义上来理解，文化建设至少也包含三个层面的内容。一是超越性层面，其目的在于重建终极性的价值信仰，重建生活的精神支柱，这是文化建设的内核所在。二是中介层面，即培育与造就人的基本的现代文化素养，这是文化建设的基本内容，或者说立足点。文化问题说到底是人的问题，未来崭新的文化大厦归根到底要靠人的文化素质来支撑。三是世俗性层面，通过文化与经济的交融，一方面促进文化产业的发展，另一方面增强经济行为的文化品位、文化格调(包括企业文化、商业文化、广告文化等等)。三个层面相互促进，相互规范，才能带来文化的健康、繁荣发展。倚重、局限于任何一个层面都将产生畸形化的问题。

2. 协调性。制订文化发展战略，不是要撇开经济社会发展战略另搞一套发展方案，而是要促进整个社会的健康、协调发展。因而我们的文化发展战略的制订，就必须注意与经济社会发展的阶段相衔接、相适应，根据不同阶段的特点及存在的问题，提出文

化发展的具体步骤。当前我们尤其要避免两种偏差，一种是将文化建设理解为对经济社会发展的校正、纠偏，将两者对立起来；一种是把文化建设消融于经济建设之中，把文化仅仅当作服务于经济发展的工具，片面热衷于搞文化包装，文化"搭台"。

3. 时代性。我们的社会正处于双重转型的过程史，即由传统农业文明向现代工业文明转型，由计划体制向市场体制转型。这种时代特征决定了当前的文化建设的主题同样也是一个转型问题。建构与社会主义市场经济相协调的有中国特色的现代化的社会主义文化新秩序，是文化建设的根本任务。因而如何促进整个民族文化心态的现代嬗变，仍然是今天文化建设面临的重大课题。

4. 开放性。在历史向世界历史转变的时候，文化建设必须有世界性的眼光，表现出一个文明古国的恢宏气度，努力克服狭隘的民族心态以及小生产意识的束缚。努力吸收、消化人类创造的一切优秀文化成就，仍然是我们的文化发展战略不可缺少的重要组成部分，浙江地处沿海，得改革开放风气之先，理所当然应当在吸收世界文化成就上尝试开拓性的事业。

5. 民族性与区域性。我们要建设的文化是有中国特色的文化，弘扬民族文化的优良传统，重新树立民族文化的自尊心与自信心，以宽容、平和的心境梳理、总结民族文化遗产，自然也就成为文化建设的重要内容。浙江自古号称文化之邦，拥有非常丰富的传统文化资源，抗嘉湖地区，宁绍地区，浙中、浙南地区，文化历史传统各具特色，既接受过中原文化，又有自身独特的海洋文化资源，这是浙江的一大特色。如何总结、弘扬浙江区域内的文化历史资源，发掘浙江文化的源头活水，是制订浙江文化发展战略的重要制胜之道。

6. 大众性。各级政府与广大知识分子在文化建设中担负着不可取代的特殊作用。但文化的发展只有落实为全社会的行动，成为大众积极参与的事业，才能真正走向繁荣，把文化建设单纯作为一种政府行为，或者理解为知识分子的"精英"事业都是有害的。制订文化发展战略的关键，是找到和建立一种有效机制，形成生活活泼，令人喜闻乐见的多样化形式，让全社会的人积极参与到文化建设中来，使文化建设真正成为人民的自我需要，并不断激发出人民大众在文化建设上的主动性与创造性。

何显明：《文化发展战略笔谈：文化发展战略的时空定位》，《浙江社会科学》，1996 年第 2 期

为了深入地批判继承传统文化，当前要注意处理以下几对关系：

1. 常变关系。过去的一百多年来，由于救亡图存和破旧立新的需要，我们特别重视"变"，而在一定程度上忽视了"常"。"常"有二义：一是恒久，即不易之理；二是平常，即易简之理。我们重视变易，讲究革故鼎新，这是对的。但是，不管历史怎样变迁，不能违背常道、常德、常理和常识。所谓传统，其实就是历久弥新的至平至常的道理及体现，因其至平至常，才能至长久。历史的辩证法应该是持常应变，变中显常。再说"变"，有渐化和顿变之分，故合称变化。化者，积微成著之谓，变是化的结果。文化，就重在化，有风化和教化之义，而以美化为旨归。《周易·贲象》说："观乎人文，以化成天下"。所谓文化，就是用人类创造的精神文明和物质文明的成果去美化人类，美化社会，美化世界。

2. 道术关系：这是世界观和方法论如何统一的问题。传统文化中有道有术，《墨子》、《庄子》、《荀子》等都"道术"连称，主张以道制术道术统一。它们在如何处理道术关系方面，给我们留下了宝贵的经验教训。有道无术谓之迂，有术无道谓之诈。八十年代至今掀起的"文化热"中，有些人重术轻道，特别是方术中的迷信神怪，权术中的阴谋机诈，大行其时，"厚黑学"与"房中术"，沉渣泛起。黑色文化和黄色文化，鱼目混珠，假充传统。当然，方术中有科学，权术中有智慧，但须以道制术。当今则要以马克思主义之道，毛泽东思想之道，社会主义之道，扬弃这笔遗产。

3. 经权关系：这是原则性和灵活性如何统一的问题。简言之，经指常，权指变，经权关系是常变关系在政治实践和社会管理领域的体现。关于如何处理经权关系，古代不少思想家曾进行过深刻的思考，孔子的道权说，孟子礼权说：《公羊传》的"反经合道"说，程颐的"权即是经"说，朱熹的"常则守经，变则用权"说，高拱的"经权合一"说等等，都可以从正反两方面丰富和加深我们的认识。这对于我们在处理基本理论、基本纲领、基本路线和通权达变、困地制宜、因时制宜、因人制宜的关系时，必将有很大的借鉴作用。

4. 体用关系。近一百多年来，在中西文化碰撞过程中，体用范畴作为最能表现传统特点的思维模式之一，得到了广泛的应用。体，指本体、实体，主体；用指现象、功能、客体。体用关系，就是本体和现象、实体和功能、主体和客体之间的关系。古人屡称"明体达用"、"明体适用"。不明体，则用为无体之用；不达用，则体为无用之体。今天，我们在深入进行体制

改革的时候，尤其要注意处理的体用关系，坚持以公有制为主体，以人民为主体，这就是明体；改革不合理的行政制度和管理制度，这是为达用。明体，还包括识大体，顾全体，重整体。我们在制定文化发展战略时，要超越中西古今之争，要以社会主义为体，综合创造为用。

此外，对于传统文化中的义利之辨、公利之辨、理欲之辨甚至君子小人之辨，确有深入清理的必要，实事求是地进行本义的诠释、历史的诠释和现代的诠释。这将有利于抵制正在滋长的拜金主义、利已主义和纵欲主义，有利于提高人的道德修养和精神境界。

杨太辛：《“文化发展战略”笔谈：正确继承传统文化》，《浙江社会科学》，1996 年第 2 期

中国各地的地域文化特色在近几十年里遭遇到了真正的危机。因为象地方戏曲这样一些我们民族特有的地域文化载体，在秦始皇时代以后的两千年里，曾经成功地抵御了典籍文化的同化趋势，一直执着地表现着它们的地域文化意义上的个性特点，并且一直在强化这种个性，而时至今日，面对现代传媒却显得非常脆弱与不堪一击。现在，我们身处的文化最后仅剩的一点个性与特色，正在离我们远去，而且似乎已经无可挽回。

但是，濒临灭绝的东西并不一定就是无意义的东西。历史经常是非理性的，经常残酷地摧毁人类许多美好的东西，现代传媒对文化个性的扼杀就是其中一个例子。从世界范围内看，工业革命和殖民时代以来第三世界国家普遍存在的对西方文化艺术的盲目崇拜，就是世界上各个弱势种族的文化正在被西方文化同化的典型表现方式；而在中国，本世纪，尤其是近几十年里，作为地域文化特殊载体的地方戏曲正在被西方式的流行艺术取代，也使得各地原有的亚文化圈迅速消失其文化特点。那么作为一个文化人，作为一个人文知识分子，我们就有责任，有义务与历史的这种非理性现象对抗，来维护文化中的个性表现，致力于保护那些代表了文化个性，却因为某些不可抗拒的原因正趋于灭绝的东西，比如说地方戏曲。

然而，在我们的文化研究与文化发展战略中，如何保护地域文化特色这个问题，长期以来很少得到重视，甚至也很少有人从理论上提出这个课题。其实，我们的民族艺术在面对西方文化侵略时显得如此缺乏抵抗能力，在某种程度上正是历为我们对自己民族的艺术，对文化个性的价值与意义缺乏深切体会、缺乏深刻认识，缺乏深厚感情，因此我们象是生活在一个文化的真空地带。就浙江省而言，从地方戏这个特殊的角度上看，近些年来地域文化资源的流失现象是极其严重的，各地区特有的传统戏曲的演出格局与剧目，它的原生形态都已经消亡，它们也许并非都有很高的艺术价值与欣赏价值，但是它们所蕴含的文化价值却是无法替代的，更何况其中还有许多文化艺术珍品。

现在，既然我们把如何制订新的文化发展战略问题摆到面前，我希望我们能够对发掘地域文化内涵；强化地域文化特色的意义和重要性予以特殊的关注。我希望处在跨世纪的关口上的这一代文化人，能够对保护那些体现了民族与地域文化特色的生活方式、思维特点、价值观念，以及它们的集中表现与载体——象戏曲尤其是地方戏这样的民族与地方艺术，给予充分的关注。当然，我更希望政府部门能够将保护地方戏这一类问题纳入到未来几年乃至几十年的文化发展战略中去，让我们身处的文化环境，始终存有自己的个性与特点，而真正成为多元的世界

傅谨：《“文化发展战略”笔谈：发掘地域文化内涵强化地域文化特色》，《浙江社会科学》，1996 年第 2 期

纵观前些年我国的企业文化建设，虽然也取得了很多的成绩，但是不能不看到，我们在企业文化建设的认识和实践上，还比较普遍地存在着一些误区的差距。

其一，有相当多数的企业片面地把企业文化等同于思想政治工作或精神文明建设，甚至等同于文化娱乐活动，因此在组织分工上把企业文化建设仅视为党委、工会和共青团的工作，似乎与企业经营管理不相干。

其二，在企业文化的实践上，抑或局限于文体娱乐活动，抑或热衷于做厂服、唱厂歌以及送生日蛋糕等表浅层次的文化活动，而缺乏营造宽严相济、积极向上的文化氛围目标。

其三，在企业精神塑造上，比较普遍地存在雷同化、形式化现象，如许多企业将企业精神表述为“团结、求实、开拓、拼搏、进取……”，既缺乏企业个性特征，又缺乏员工群众基础，因此难以实际地发挥企业精神和积极作用。

其四，还有一些企业的企业文化建设也涉及到了企业文化的诸方面层次，如培育企业精神，开展文体娱乐活动，建设花园式工厂等，但均属零敲碎打，而缺乏系统的整合目标和长远发展规划。其着眼点

仍在于搞好内部生产管理，而忽视围绕企业经营和环境的变化实施企业文化管理和建设。

凡此种种，均反映了前阶段在我国相当多数的企业中，企业文化建设尚处于初始阶段的水平。究其根本原因在于，这些企业在思想观念和行为方式上尚未跳出传统计划经济体制的窠臼。在计划经济体制下，我们的国营企业只是政府主管部门领导下的生产单位，因此反映在文化上必然是与其相应的、以生产文化为中心的企业文化模式。这种传统的企业文化模式固然不乏积极的、合理的因素，但它在总体上却是与社会主义市场经济体制相悖的。这是因为，其形成业已年深日久而产生强大的惰性，会对环境异质情况采取抗拒态度，因此它已成为发展现代市场经济的羁绊。如不予以全面深刻地变革，只是在表浅层次上开展一些企业文化活动，是于事无补的，更何谈适应现代市场经济发展的需要。这也正是当前一些企业在企业文化建设上感到迷惘和困惑的症结所在。

在社会主义市场经济条件下，企业应当构建什么样的企业文化呢？众所周知，一定的社会文化总是一定的社会政治、经济制度的反映，并为其服务的。微观文化亦同此理。在社会主义市场经济条件下，企业已不再是政府主管部门的附属物，也不再是政府指令的单纯生产组织，而是以独立的生产经营者的身份成为市场经济中的主体，其命运也以在市场竞争中的结果而决定弃取。也就是说，在市场经济条件下，企业营运的重心已由生产转向经营，因此，与其相适应的企业文化，必然是以经营文化为中心的新型模式。以这种新型的企业文化模式为发展目标，企业文化建设的意义已发生了变化，即它再也不能局限于原来意义的表浅层面上的企业文化活动了，而需要构建一种现代企业经营管理方式，即企业文化管理。换言之，在新的企业文化模式下，企业文化建设的基本意义就在于实施企业文化管理。而这种企业文化管理方式的确立及其实施结果，则是检验企业文化建设搞得好坏的标准。企业文化管理与传统管理方式相比较，在文化层面上具有以下几个基本特征。

首先，传统管理方式是“以物为中心”的，即企业管理着眼点或重心在于机械设备、技术和资金等，而企业文化管理则主张“以人为中心”，并且是以员工群体为中心，即企业员工既是管理的客体，也是管理的主体，企业管理的生命力在于调动员工主体能动性的发挥。

其次，传统管理方式的约束机制在于理性的制度管理，激励机制在于物质刺激，而企业文化管理则主张建立一种理性与感性交融的柔性管理，即以企业价值观为导向，营造一种积极和谐的文化氛围，来规范和统一员工的思想行为，这既有助于消除员工在制度管理下所形成的被动服从的消极心态，又有利于促使员工自觉地产生一种强大的自我约束和自我激励的力量。

第三，传统的企业管理方式实际上是将企业作为封闭系统，来侧重生于调节企业内部运作机制的，而企业文化管理则将企业视为开放系统，来强化企业与社会的政治、经济和文化的联系与调适。

最后，企业文化管理不仅是“以人为中心”的管理，而且是“以人为目的”的管理。它与那种以片面追求利润为目标的传统管理方式大相径庭，而主张在企业内部不仅生产产品，而且要培养和造就具有现代化素质的员工；在外部，企业经营管理的目的在于为社会和消费者服务，而利润只是企业为社会服务所应得的报酬而已。

从以上分析可以看出，从传统的以生产文化为中心的企业文化模式，转变为以经营文化为中心的企业文化模式，蕴含着企业管理方式的变革，意味着企业文化在内容和形式上全方位多层面的变革。因此，在社会主义市场经济条件下，我们应赋予企业文化建设以新的内涵和理解。由于在社会主义市场经济条件下进行企业文化建设是一个新事物，我们在理论和实践上还都缺乏经验，因此，这就要求我们，认真地学习和借鉴西方发达国家进行企业文化建设和企业经营管理的经验，才能够少走弯路。

**CI：一种与现代市场经济相适应的文化制胜战略**

随着改革开放大潮的涌动，继企业文化之后，一系列以文化底蕴见长的企业经营管理理论又相继传入我国。CI便是其中颇具影响的一种。CI理论于80年代末始传入我国，并迅速地在我国经济发展较快地区形成了“CI热”。可以说，它是继企业文化之后，对于我国企业经营管理的第二次文化冲击波。

CI全称CIS(Corporate Identity System)，直译可称为企业识别系统。由于在当代它已成为通过塑造和传播企业形象以推动企业在市场竞争中取胜的一种经营战略，因此又可意译为企业形象战略。CI正式发轫于50年代中期的美国。当时由美国IBM公司率先问津CI，即通过企业标识设计来塑造企业形象，从而成为美国公众信任的“蓝巨人”公司，并在美国计算机行业取得独占鳌头的霸主地位。随着IBM导入CI的成功，美国的许多企业纷纷仿效。

1970年可口可乐公司导入CI,革新了世界各地的可口可乐标志,此后在世界各地便掀起了CI的热潮。总体来说,欧美国家的CI注重运用鲜明易识的标记使公众对企业及产品产生强烈的印象。正如1983年版的《国际通用管理辞典》对CI概念所做的诠释那样:公司或其他组织机构使用标准易识的标志以保持公众对其名称与形象的记忆谓之CI。由此可以看出,流行于欧美的CI,是视觉识别型的。

60—70年代日本引进了CI理论,最初受到美国的影响,主要致力于视觉传达设计的标准化,力求达到设计要素与传播媒介的统一性,使企业标识充分运用到整个企业中。到80年代日本将CI与企业文化理论融为一体,从而使CI不仅成为对外宣传的手段,而且成为一种企业经营的战略。正如日本著名设计专家中西元男式所说,CI是处在情报时代、文化时代的企业,为了谋求重新建立与时代相适应以代替企业原有风格和行动的一种经营哲学并有意识地组织实施的企业计划。这表明,日本的CI具有不同于欧美的特点,它是企业文化型的。

80年代以来,随着企业文化理论的兴起,欧美型的CI也出现了向日本型的CI转化的趋势。近年来,我国对于CI理论的介绍也是以日本的企业文化型CI为蓝本的。一般来说,日本型的CI,是指包括企业理念识别(MI)、行为识别(BI)和视觉识别(VI)三位一体的企业识别系统。其中,企业理念识别,包含企业经营理念、企业价值观念、企业精神、企业信条和经营方针等等。企业行为识别,包括企业组织行为和员工行为的规范。企业的组织行为是指企业公关、广告等营销行为及生产管理、员工教育与管理等制度规定。企业员工行为是指在企业理念与规章制度规范下的员工工作方式和生活方式。企业视觉识别,指表示企业形象的一整套识别标志及其载体特征。其中企业标志、企业标准字和标准色等构成了视觉识别基本系统,而其载体则构成了视觉识别应用系统。按照标识的载体,又可具体分为,产品识别,即以产品实体及包装为载体所形成的视觉识别,如品牌、商标等;员工识别,即以员工着装、证件、名片等为载体形成的视觉识别;建筑物识别,以企业生产、办公及营业场所的建筑物为载体形成的建筑风格、装潢特色等视觉识别;办公用品识别,信封、信笺、文件夹、公文包、办公桌等为载体所形成的视觉识别;公关交际礼品识别,即以公关交际所用的请柬、贺信、礼品、手提袋等为载体形成的视觉识别等。

在整个企业识别系统中,理念识别是企业的灵魂,也是CI设计的根本依据和核心,它为整个识别系统的运作提供了原动力。行为识别实际上是在企业理念指导下的企业运作模式,而视觉识别则是从视觉层面上表征传达企业的经营理念和精神文化,以形成独特的企业形象。有人把企业理念识别比作CIS的“心”,行为识别为CIS的“手”,视觉识别为CIS的“脸”,这种形象说法准确地说明了三者之间的相互关系。

CIS在文化形式上具有两个基本特征:一是独特的识别性。它强调并突出企业文化的个性,以便把企业及其产品同其他企业及产品从理念及形象上区别开来。二是同一的系统性。它强调企业理念、行为及视觉识别的整体性,把理念及其识别标志贯穿并展示于产品系列、时空环境和信息流程的全过程。如麦当劳公司的金黄色双拱门“M”、巨无霸汉堡、麦当劳叔叔等标志,走遍世界都是一个模样。正是这两种文化特征的有机融合,才使CI战略的导人,能更有效地建塑企业形象,促进企业繁荣。

CIS是一种具有很强的针对性和操作性的理论,因此被称之为问题解决学,即它是用来解决企业经营面临的实际问题的。这是由于它具有两个最基本的功能:其一是通过员工认同,增强企业的凝聚力。它通过将企业理念、行为规范和标识统一起来,建塑具有个性特征的企业形象,可以促使员工形成对企业价值观的认同,并对企业产生一种强烈的归属感、责任感和主人翁意识,自觉自愿地将个人利益和企业兴衰存亡联系在一起,统一目标,统一行为,齐心协力地为企业的生存发展贡献自己的聪明和才干。其二是通过公众的识别,增强企业的竞争力。即通过创造有秩序性、独特性和统一性的企业识别系统,使公众在千姿百态、色彩纷呈的商品市场中迅速准确地辨识出企业及其产品,并且还能够从企业的标识和员工的行为中感受到企业积极奉献、奋发向上的精神理念,产生好感和信赖,由此可增强企业的竞争力。从CIS的基本功能中,还可以衍生出一系列的应用功能。例如,在企业原有价值系统产生认同危机时,CIS可起着整合的作用。在激烈的市场竞争中,有助于企业制定经营战略,提升企业形象,赢得社会公众的支持,还有利于扩大与竞争对手的差异,推动企业走向国际化,加强在国内外市场上的竞争力,等等。

CI战略之所以能够风靡当今世界,绝非偶然。从总体来说,它是现代市场经济发展的必然产物,也是当今世界经济——文化一体化发展的客观要求。现代市场经济的发展表明,当今企业、区域和国家间的竞争已经从产品质量、价格、服务等方面的单项竞争,发展到全面的整体性竞争——形象竞争。因此,当今管理学界有人大声疾呼,世界已经进入靠形象赢得市场的时代。诚如"首届中国企业形象战略研讨会"发表的《形象宣言》所说的那样:"今天,企业间的竞争已不再是某些单一层次上的局部竞争,而是理念与价值取向,传统与未来发展,决策与经济哲学,规模与设备投入,人才与技术储备,产品与市场拓展,服务与质量保证,公益与社会责任等各个层次上展开的全方位的整体实力竞争,也是企业形象力的竞争。谁能够将优良鲜明的企业形象呈现在公众面前,谁就能在激烈的竞争中脱颖而出,稳操胜券"。这里所说的"企业形象力",亦即企业文化力的外显。这种文化力正是使CI战略成为市场竞争的赢家战略的动力源。市场竞争 的大潮是无情的,"顺之者昌,逆之者亡",所以在我国从计划经济转向市场经济体制之际,企业适时导入和实施CI战略,既是顺势而行之举,又是明智脱颖之措。

**新起点:企业文化建设与CI战略实施一体化**

如前所述,现代市场经济需要与其相适应的以经营文化为中心的企业文化模式,然而建构这种新型企业文化模式,还必须在方法、手段和途径上予以变革和创新,此外对与企业文化建设具有互动关系的企业管理方式和经营战略,也需要进行重新审视和选择,这样才能够促使企业整体素质的诸方面协调发展,从而不断地为企业注入生机活力。CI作为以文化识别见长的企业经营战略,它在实施的过程中对于企业文化建设具有重大的影响。

当前在我国企业转机建制过程中,企业适时地导入CI战略,并将其纳入到企业文化建设的整体规划中,必将会为企业文化建设的深入发展开辟一条新的道路。在企业中将企业文化建设与CI战略二者一体化实施,既有科学性,又有可操作性,并且是行之有效的。下面我们将从理论与实践两个方面来探讨企业文化建设与CI战略一体化运作的根据。

首先,从理论上来看,CIS即企业识别系统与企业文化在内容结构上具有同质的吻合性。企业识别系统中的理念识别内容,均属于企业精神文化的范畴,行为识别则为制度文化层面所包容,而视觉识别内容又与物质文化层面相通。企业识别系统中三个组成部分之间的关系,与企业文化三个层面之间的互动机理也是类同的。诚然,二者在各自的目的、手段和功能等方面不尽相同。例如,企业文化建设着眼于以人为本的现代企业管理和企业文化整体素质的提高,CI战略则着眼于建树企业形象,促进企业经营发展;企业文化建设的重点在于企业价值观的确立和社会责任的实现,CI战略的重点在于企业形象的传播和认同。然而,由于二者在内容结构上的相通性,又使得它们在具体运作上会产生相辅相成、相得益彰的功效。即,CI战略既然是一种文化致胜战略,那么它必然求诸于企业文化建设的开展,才能够获得原动力;另一方面,它既然是一种企业经营战略,又必然会从经营文化的侧面推动企业文化建设的整体发展。正是立足于经济——文化的基础,CI战略与企业文化建设找到了同质性的契合点。由此也为我们在实践中将二者一体化运作,提供了理论根据。

其次,从实践上来看,80年代的日本型CI,即企业文化型CI,它的产生就是把企业文化与CI战略二者一体化运作的结果。不过由于日本自60—70年代就已经导入CI,而企业文化理论则成熟于80年代,所以日本是把企业文化纳入到CIS(企业识别系统)这一范畴之中的。换言之,日本是从企业识别系统的角度去研究、分析乃至创造企业文化的。再者,在运作的指导思想上,日本人认为实施CI战略最重要的基点是建立和完善企业内部的企业文化和经营发展战略的。也就是说日本的企业是在把企业管理和经营、企业的内在价值和外在价值统一起来的基础上,来实施CI战略和企业文化建设一体化的。正是由于二者的一体化发展,日本的企业文化已不再局限于企业内部的内格、特色的建设上了,而上升到通过改善企业经营这个主渠道,去追求与外部环境的适应性,这种更富战略性的认识和目标。在这里,经营文化已上升为企业文化的中心,这便构建了与现代市场经济相适应的现代企业文化模式。

近年来,在我国的改革开放过程中,也不乏把CI战略与企业文化建设统一起来并取得成功的企业范例。不过由于我国的国情特点和企业实际状况的差异,我们在CI战略与企业文化建设一体化运作的形式上也具有自身的特点。从总体来说,我国现阶段尚处于由计划经济向市场经济体制的转轨时期,企业对于市场经济规律和企业经营的认识还不成熟;再者,我国对于企业文化理论的引进又先于CI理论。因此,我国的许多先行企业大都是从企业文化的角度来认识和把握CI战略的,并且是把CI战略纳入到企业文化建设的整体规划中的。此外,由于我国是在80年代中期引进企业文化理论的,当时还基本上处于计划经济体制之下,所以我国大多数企业的企业文化建设普遍着眼于企业精神和企业风格,并停留在对内部影响力的水平上。党的十四大提出了建立社会主义市场经济体制的目标,也为企业文化建设提出了新的课题,即企业文化建设如何适应经济体制的改革，推动企业走向市场，调整经营战略，以求得生存和发展。在这种形势下，CI理论的引进，无疑为企业文化建设提供了新的途径。因此，许多企业适时地把CI纳入企业文化建设的整体规划中也就是必然的事情了。

……

实践表明，在当前的形势下，企业将企业文化建设与CI战略统一起来实施操作，既是可行的，也是有效的。总结这些企业的经验，我们可以看到，首先，在思想上，这些企业的经营者对于企业文化建设的意义具有明确的认识，对于CI战略等新事物接受得比较快，能够审时度势，能于探索；其次，在实践上，能够把企业文化建设与CI战略统一起来，制定出整体发展规划，做到高屋建瓴，目标明确；最后，在运作中，能够发动广大员工积极参与，同心协力，追求实效。这样做的结果，既克服了企业文化建设脱离市场和经营活动，抓不到重心的现象；又避免了把CI当作花架子，只重形式包装而不重实际内容的倾向。CI为现阶段企业文化建设的深入发展开辟了新起点，这就是我们的结论。

最后，还应该指出，随着社会主义市场经济的不断发展，企业文化在内容和形式上也应不断地推陈出新，丰富完善。当前正值CI战略在全世界方兴未艾之际，一种超越CI的CS（Customer Satisfaction），亦即顾客满意战略，又在悄然兴起。它蕴藏着更深刻的文化内涵，经济与文化在这里结合得更为紧密。如何从企业文化视角来审视CS战略，并将二者统一起来协同操作，又将成为摆在我们面前的新课题。社会主义市场经济条件下的企业文化建设，正是在这种不断地提出问题又不断地解决问题的过程中，为自己不断地开辟新的发展道路的。

高立胜：《CI战略：中国企业文化建设的新起点》，《社会科学辑刊》，1996年第4期

# 第　六　编

# 外国及港台人士评
# 有中国特色的社会主义

## (一)解放思想、实事求是、走自己的路
### ——关于建设社会主义思想路线的评述

当然不能断言,俄罗斯和中国改革的经验可以完全相提并论,而我们目前的问题的原因只是因为我国改革的建筑师当时忽略了中国同行的经验。相应地,两国经济发展趋势的显著对比并不能说,如果我们有个邓小平,俄罗斯就能在15年内成为世界主要的经济力量中心。中国领导人不同于自己的西方对手,并不认为中国在为全人类铺设平坦的道路,而它的经验在各方面都适合于共产主义阵营中过去的同盟。常提到的关于所谓"中国特色"的论断、不仅是对邓小平同志思想遗产的认同,也现实地反映了对国家改革的战略态度。

中国的现任领导人从一开始就对经济的行政管理方法不抱任何幻想、而把全部努力都放在以市场的办法解放生产力上。现在,是有选择地运用马列主义经典作家的理论遗产,只是在可以论证中其经济改革的情况下才用。

俄经济学副博士齐普:《俄罗斯和中国共产主义后时代的两面性》,摘自1996年3月13日《莫斯科真理报》

市场经济发达国家的企业管理问题,可以说有着对制度进行调整的性质,而向市场经济过渡国家的企业管理问题,则具有更换制度这一性质。这确实是由计划经济的企业管理制度向市场经济的企业管理制度"转形"的问题。因此,在由旧制度向新制度过渡时,作为一种"桥梁"作用的过渡期的企业管理制度,恐怕是必要的。另外,由于从计划经济圆满地向市场经济过渡是史无前例的,因此,一定程度的学习期间恐怕也是需要的。中国不同于前苏联和东欧国家,没有采用"休克疗法",而推行的是所谓"摸着石头过河"的改革战略。就是说,采取的是"实验→学习→再实验→再学习→选择(模式)→普及"这样的步骤。从以往的经过来看,可以说取得了阶段性的成功。

一桥大学商学系教授　平田光弘:《中国向市场经济过渡期的企业管理制度》,摘自1996年日本《世界经济评论》月刊5月号

## (二)什么是社会主义,怎样建设社会主义
### ——关于社会主义本质和发展道路的评述

中国正在明显现代化。只要到北京机场看一看,人们就会坚信这一点。1994年以来,在该机场,跑道两旁停放的飞机的数量和飞机起降的频率有了大幅度提高。中国国际航空公司已经淘汰了陈旧而简陋的伊柳辛式飞机,代之以波单747型飞机,并且还将购买空中客车飞机(一种大型客机)。

千篇一律的"毛式"上衣和灰色长裤已经消失。宽阔的机场大厅里旅客盈门。用汉字书写的标记和说明都伴有英语译文,机场职工都能讲英语。

1993年我亲眼看到开工的从机场到北京城区的高速公路已于同年秋天峻工。但直到1994年,这条高速公路上的车辆仍是寥若晨星。而现在,这条路已是车辆穿流不息了。在蜿蜒于近处的旧公路上,车辆已没有那么拥挤,但魅力仍在:路旁整齐地排列着法国梧桐树,树上蝉声唧唧。在接近城区处,耸立着一个放射着金色和红色光芒的柱廊,那是高速公路收费站,其运转方式与西方的高速公路收费站没什么两样。

一进入城区,举目所见,尽是巨变。交通干线上,车辆急驰,几乎是一辆紧接一辆。在一天的某些时刻,其拥挤程度丝毫不亚于巴黎或伦敦。

大约12年前,北京还只有一家豪华饭店,而现在却已有50家之多。摩天大楼则更是数不胜数。大道两旁的商店比比皆是,其橱窗,其门面,乍一看,简直使人以为是来到了西方商店门前。到处都可以看到栅栏和栅栏后面的大吊车。思忖一下这种变革的速度,人们就不禁要相信世界银行的预言确非虚言。世界银行预言,再过20年,中国在经济上的分量很可能会超过美国。

法兰西学院院士阿兰佩雷菲特:《中国的变化》,摘自1996年9月18日法国《费加罗报》

这是作者1996年从新加坡到北京的沿途见闻。这里有对新景象的描写:在一个人口为13亿多的国家里经济年增长率超过10%所带来的结果。第一个描写是:"1993年夏天,我看到通往北京的高速公路正在修建。1994年它几乎还是空荡荡的。而今天,它已经是车水马龙了。"在市内,有隔离墩保护的自行车道还在那里,但是马路已经被汽车占满了:这里的交通阻塞像巴黎一样。

只用了不到5年的时间,这种变化就已经变得显而易见了。无需再想这想那了:半个世纪内,如果不出什么意外,中国将赶上美国的经济实力。现在它已经是世界上第二大经济大国了。我们只有3.5亿人口的可怜的欧洲,将仍然是一个中等国家。

问题:这个现代化的、强大的中国将用它全新的

能力做什么呢？喜爱这个广阔无垠的国家的作者没有回答这个问题。《中国觉醒了》这本书通过看得见的东西，很巧妙地道出了这个国家(它已经从阴影中走了出来)的神奇的、戏剧性的历史。

乔治·祖费特：《中国的觉醒：令人不安的奇迹》摘自1996年12月20日法国《费加罗报》

托克维尔未能看到美国社会的崛起。阿兰·佩雷菲特则比他幸运得多：自1973年出版了他的著名的《当中国觉醒时》这本书之后，历史进程的加速是如此之快，以致前中央帝国似乎已最终进入了现代化时代。当东欧共产党集团解体、从而使前苏联的实力持续受到削弱的时候，而邓小平领导下的中国却一跃而名列前茅。

今天，象世界上的所有年轻人一样，中国的年轻人使用的是最先进的电脑。城市的周围是车水马龙的高速公路，大城市里建起了一些超现代化的饭店。关端技术到处受到推崇，商业蓬勃发展。尽管国际货币基金组织和世界银行对这些数字持有异议，但人们最终可以肯定的是，再过不久，中国的国民生产总值就会超过日本。人口比美国多出3倍，并象其它联合国安理会常任理事国一样也拥有一个完整的核武器系统的中国正在成为继美国之后地球上的第二个超级大国。在这个蓬勃发展的亚洲，一个名副其实的巨人正在出现。

埃里克·鲁赛尔：《佩雷菲特：中国奇迹的见证人》，摘自1996年12月26日法国《费加罗报》

“最新的东亚经济奇迹，所有奇迹中最了不起的奇迹。”

这是我上个月听到的出席在北京举行的一次小型会议的世界银行的一位代表对中国的描述。应邀出席这次由中华人民共和国国家计划委员会组织的会议的所有7名“外国专家”都赞同这个看法。而且，毫不奇怪，这是我们的中国东道主(他们当中有许多人是西方培养出来的经济学家)没有试图去消除的一种看法。

我们被告知，以实际国内生产总值计算的经济增长率即将超过1995年的10%的指标(尽管比去年过热的速度稍慢一些)。近年来的经济增长率已经赶上或超过了南韩、台湾、香港和新加坡等其他经济奇迹的增长率。可是，在这里我们谈论的是一个有12亿人口，即占人类1/4人口的国家。巨大的、相对来说尚未开发的劳动力储备，正在等待着用资本武装起来，等待着被带进一个越来越面向市场的工业体系中去，这使得今后有可能实现持续快速的经济增长。

中国人喜欢用一串数字当作口号。在那次会议上发明的一个口号是“保持两个10直到2020年”，意思是保持年经济增长率10%，通货膨胀率不超过10%，到2020年使中国的国内生产总值赶上现在美国的国内生产总值。人们告诉我，中国现在的国内生产总值为7000亿美元，这样的经济增长率确实将使上述数字达到7.6万亿美元，超过目前美国的大约7万亿美元的国内生产总值，尽管这要比美国到2020年将达到的12万亿美元(即使是以美国联邦储备委员会认为我国能达到2.5%这个不高的增长率计算的话)低很多。如果这种增长率的悬殊差距保持下去的话，再过10年，即到2030年，中国将成为世界上最大的经济大国。

北京已经更加繁荣，这是明显可见的。星期日，许多衣着漂亮的夫妇带着他们唯一的孩子走在大街上，或者是在拥挤的超现代化的百货公司购买显然是高质量的中国产品(我买了一副有衬里的上海制造的“真皮”手套，花了5个美元)，以及购买索尼大彩电和其他奢侈品。我认为，中国其他东部大城市和新发展起来的地区的情况也跟北京相似。

当1995年即将结束时，我在中国所遇到的人令我产生了这样的希望：诺言将会战胜威胁。

美国《洛杉矶时报》顾问委员会委员罗伯特·艾斯纳：《中国终会兑现她要使国家更加繁荣的诺言》，摘自1996年1月14日《洛杉矶时报》

美国公司也有新忧虑。由于中国副总理朱镕基的精明处理，中国一度过热的经济已实现了“软着陆”。在这种情况下，中国政府希望确保经济“软起飞”，即保持经济增长，但不会出现大起大落。

虽然中国在电信等部门仍是一个有利可图的市场，但是许多公司对中国关于取消进口机械的免税地位并不再对出口高附加值产品实行出口退税的计划感到不安。

中国领导人采取保守的做法，把多种政策混合在一起，原因之一是担心内陆穷省份与沿海地区的差距拉得过大。为了把动乱减少到最低限度，北京领导人希望重新实行中央集权。例如，中国政府正在加强一项新税制，以确保北京能从来自富省的税收中得到更大的份额，这将使它能够向内陆地区提供更多的资金，用于基础设施建设、农业和教育。

巴纳森荣合著：《一阵冷风从北京吹来》，摘自1996年1月15日美国《商业周刊》

现在日益众多的人经常提出这样的问题：中国改革成功的原因是什么？为什么中国的社会主义制度在苏联和东欧的社会主义制度崩溃之后还能继续发展并走上经济改革之路？关于苏联型的体制不能采取逐步改革的办法的结论是不是下得太早？中国的实践不正是对这种结论作出有力的驳斥吗？

下面的看法现在非常流行：由于政治和经济紧密相连，苏联模式的体制只能用激进的办法，亦即用休克疗法进行改造才能达到预期的目的。这就是说，共产主义制度必须彻底摧毁，国民经济必须进行广泛的私有化，因为市场经济是与国家所有制不相容的。他们还有一个非常重要的论点，即逐步的改革会给保守力量提供抵制改革的机会。然而中国的实践把这些论点驳得体无完肤。在这里，中国共产党领导下的社会主义制度牢固地存在，它所走的改革道路也是逐步改革的道路，这一点从“摸着石头过河”这一名言就可得知。这句名言说明两个问题，其一，中国的改革不是一开始就追随一个早已炮制出来的详细的战略，而是在改革中不断总结经验，然后把它系统化和理论化。“社会主义市场经济”这个理论就是经过十几年的改革经验而总结出来的，并把它定为90年代实现的目标。其二，有些“石头”不仅意味着是今后改革步骤“水底下”的轮廓，而且它们在改革前期就是一些适用的基石。

从逻辑上看，前苏联、东欧和中国改革的任务大体相同，要同计划经济遗留下来的问题作斗争。改革带来的问题大多相同，如通货膨胀，失业，以及由于生活水平下降而造成的社会不满。但中国处理这些问题的方法则同前苏联、东欧不同，中国是采用渐进的灵活的办法来解决这些问题的。中国在放开价格、把国营企业作破产处理和进行私有化等方面都非常慎重。有人说，中国在开始改革时也是使用休克疗法，它把占国民经济很大比重的集体化农业经济一下子就变成以家庭承包为主的经济。这种做法不仅使农业生产迅速大幅度增大，而且还解放了大批劳动力。信奉休克疗法的人认为，中国也在大力进行私有化，私有成份也像其他前社会主义国家一样占居重要地位。因为农业全部是个体经营，而工业中也有一半以上是非国营成份。研究中国问题的专家对上述看法则提出疑问。他们认为，尽管80年代初，人民公社迅速解体，但一直到今天，农民必须把一定数量的粮食低价卖给国家。而且农民对土地只有使用权而没有所有权。因而不能说中国的农业是建立在私营经济基础上的。至于工业有相当一部分是乡镇企业，但这并不是私营经济，而是集体经济。

中国同前苏联和东欧在社会主义时期就有一些重大的差别，这些差别对改革的做法、速度和成果都有重大影响。其中最大的区别就是经济成份不同，如中国农业劳动力占总劳动力的75%，而前苏联和东欧国家则是工业劳动力约占总劳动力的75%。还有一个对改革有重大影响的差别是，在前苏联和前东欧社会主义国家，城市和农村的居民基本上都实行了社会保障制度，而中国只有城市国营企业的职工（约占全部劳动力的20%）享受社会保障。而社会保障制度的改革恰恰又是最困难的。

中国同前苏联一些国家以及俄罗斯相比在社会基本结构亦即家庭结构方面也可发现重大的差别。中国的家庭现在是经济发展的重要动力和源泉，人们同家庭的联系很紧密，都在为家庭尽自己的义务。而前苏联在70年代社会主义时期，家庭联系就已遭到破坏，并朝西方个人主义社会的方向靠近。

中国还有一个不同之处是，在毛泽东时代，中国在计划、投资和物资分配方面远比其他社会主义国家更地区化，不那么集中。这样中国工业在地理位置上就比较平衡，而且分散给各级政府管理，这既便于管理，又便于监督。

中国领导人根据中国自身的特点，不使用所谓“转轨的理论”，而是有自己独特的做法，其他国家转轨是要推翻社会主义制度，而中国则加强社会主义制度。其他国家经济改革的重要目标是夺共产党人的权，而中国的经济改革则是为了巩固共产党人政权。中国还吸收了东亚一些国家的经验，即先使经济现代化，在经注发展之后再逐步进行政治改革，但要避免发生政权更迭。

上述的中国经验在其他国家不能使用吗？或者说中国的经验只能在中国或亚洲使用吗？我对这种看法则有所怀疑。

（匈牙利约尔坦久洛：《中国的榜样是不能效法的吗》摘自1996年4月20日《匈牙利民族报》）

## （三）一切从社会主义初级阶段的实际出发

### ——关于社会主义发展阶段的评述

从人口和国土的规模来看，中国无疑是巨大的国家。但是，中国要具有统一的国民经济仍需要相当长的时间。

中国开始朝着形成全国统一市场起步是在1979年实行改革开放政策之后。从那时到今天中国生产力的扩充和市场经济化的动向确实值得关注，而且我们也给予了充分的评价。但是不要忘记中国实行市场经济还不到20年时间这一事实。中国各省之间在经济力和收入上存在着令市场经济历史悠久的西方感到震惊的巨大差距,这表明这个国家尚缺乏在国内自由转让财产和生产要素的条件,就是说中国在走向国民统一市场方面尚处于初级阶段。

东京工业大学教授　渡边利夫:《虚构的中国经济大国论》,摘自1996年11月日本《中央公论三月刊》

## (四)集中力量发展生产力

### ——关于社会主义的根本任务的评述

1992年6月,中国对金属市场产生了冲击波。当时它开始大量购进铜,使铜价从每磅98美分猛升到1.20美元。据传,到1992年夏末,中国投机者赚了3到4亿美元利润,而西方商人则由于认定因有新铜矿即将投产铜价会大幅下跌而遭了殃。

1995年春季,一种小小的粉红色害虫和不利的气候使中国不得不大举进入棉花市场,使世界棉花价格上涨到自美国内战结束以来的最高水平。在加利福尼亚州的因皮里尔河谷,棉农的(他们的棉花80%供出口)庆祝他们遇到了一个收入创纪录的年头。

当万事达信用卡国际公司1988年去中国发展其下一代万事达卡用户的时候,人们持讥笑态度。但是在像中国这么大的一个国家,市场的一小部分就是巨大的市场。现在中国是万事达信用卡国际公司第二大,也是扩展最快的市场。去年,它的1140万中国万事达卡持有者的购货累计开支总额达536亿美元(原文如此——本刊注)。

世界,醒过来吧。从棉花到铜又到信用卡,中国都在如此大量地消费和销售,以致他们正在推动着各个市场,使竞争受到威胁,并使外国“求婚者”蜂拥而来。在许多舞台上,中国已成为世界上头号角色。

预计下个世纪某个时候这个亚洲巨人将会成为世界上最大的经济大国。为了达到这个目标,中国政府计划花2500亿美元——相当于菲律宾、新加坡和泰国的国内生产总值总和——来建电厂、修道路和机场、建立电信系统和一个制造业基础,以满足其12亿人的需要。

中国产品流入世界市场的速度也在加快;与此同时,使国有工厂现代化的进程在加快;另外,有更多的合资企业正在得到世界上最大的外资流量的资助。在1995年头9个月,来自中国的电子产品和机械出口比1994年同期猛增了60%。

美国密苏里大学圣路易斯分校中国问题专家鲍恩解释说:“他们做生意的时候,便把巨大的生产力释放到世界上去。他们一旦决定做生意,他们可以在一两年内取得进展,而其他发展中国家则需要数十年。”

美国工商界人士巴格比说:“当中国进入市场的时候,它是一个庞然大物。”

伊夫林·伊里坦尔:《一个经济庞然大物》摘自1996年8月30日美国《洛杉矶时报》

1970—1980年代时,有这样一个话题成为世界舆论的中心,那就是早在1978年,中日友好条约刚刚签署的时候,就兴起了《21世纪是中国和日本》这样一种说法。后来“属于日本”这句大都被删掉了。现在人们似乎普遍倾向于“21世纪属于中国”的提法,有关原因可从下列实际情况中得到答案。

1.人们认为“21世纪属于中国和日本”时中国有两大对立国(苏联和美国),尤其是中国出于抵御苏联威胁的目的,在亚洲寻找伙伴关系,改善了同日本的关系,这对中国来讲是外交活动上的一大胜利。但是1989—1990年间,“冷战”结束后,国际关系两极分化,其中一个表现为前苏联在主体和地理上的消失。现在对中国来讲,亚洲已没有可以威胁它的敌人,或者说它在战略上的竞争对手已不存在了。

2.80年代中期,“亚洲新型的工业化国家”纷纷走上国际舞台,它们是“发展主义”或者说是成功地实践发展战略的东亚国家。世界经济发展的三种模式中的一种为东亚模式(另两个为自由主义和共产主义)。新工业化国家中有三个是华人国家或曾经是属于中国的地区。这种国家现在不断增加,而且在泰国、印度尼西亚、马来西亚、菲律宾等深受中国影响的国家中,华人掌握着主要的经济命脉。

3.作为世界发展的普遍规律,国际化的进程也能说明“属于中国”的道理。在“冷战”统治的半个世纪中,取消或削弱了区域间的所有的一体化,或者它加上了思想党派的内容。因此,一体化合作的范围只在欧共体和东盟内。美国、日本、中国、前苏联曾经没有加入大的一体化合作的可能性。在这里我没有提到前苏联的附属经互会。但是,世界的对立矛盾消失后,在区域内,包括中国在内的叫作亚太经合组织的大的经济联盟开始形成,曾经被意识形态的矛盾压制在两国三方之间的区域合作关系就这样开始走向公开化,成为反映世界发展的标准。

4.除了经济上的原因外,我们也可以从政治战略力量来肯定“21世纪属于中国”,其理由是现在

"超级大国"的概念已发生变化，我们是处在过渡时期。原来，前苏联和美国被认为是超级大国，其主要的检验标准为：①经济发展处在世界前列；②军事—战略上处于领先地位；③文化宣传方面影响世界；④政治上的影响力最大。今天能够完全合乎这个标准的虽然只有美国，但是，将来或者仅在 20 年后中国就会接近这个标准。

"冷战"结束后，不论是美国、还是苏联都不能成为国际关系的主要力量。现前苏联已不复存在，美国也有了众多的竞争者。例如，在经济实力方面，与美国竞争的有日本、德国，但是它们在军事和文化意识方面远不如美国。对俄罗斯来讲，唯一能与美国较量的只有军事力量，还有在政治上也许有可能抗衡，但是，在许多方面已远远落后于后美国。而只有中国在这四个方面很明显都得到均衡发展。

因为两个体系的矛盾斗争已不存在了，所以为了社会制度而进行的阶级斗争也消灭了。取而代之的将是其它形式的斗争，那就是思想文化方面的斗争。

中国的文明不仅能够保留下来，而且有可能冲击其他地区。在亚洲虽然到处流行欧洲先进的东西，但是不需要政治上的民主、人权自由、还有某些传统文明。今天的中国、亚洲龙（台湾、新加坡、香港）、还有澳门、泰国、马来西亚和印度尼西亚等东南亚国家都可以被看作是受"中国文化影响"的国家，这表明它们之间几乎没有意识形态上的差别。这些空间如此大的地区将在 21 世纪有可能面临合并之命运。

从经济上看，没有一个国家如同中国那样实行自由主义的改革开放，它是最有力地吸引了外国投资的国家。

当今时代的矛盾性质会转化，中国不管愿意与否也要加入影响世界发展的"7 家"的活动。这里是说亚太经合组织成员里有与中国平行的美国、日本、加拿大三个国家。按照"7＋1"的原则，俄罗斯正被邀请参加"7 家"组织。这个组织的活动从开始起就按 7 年划分阶段，现已进入第四个七年。现在有人认为从 1996 年起的这一 7 年中，中国将打开该组织的大门，那样"7＋2"或"9 家"组织将独立生产全世界 80%的产品（现在是 64%）。

现在政治家们认为，与其它国家的经济发展相比，到 2010 年，中国的经济发展速度将赶上和超过日本与西欧 ，到 2020 年将与美国并驾齐驱。这样，在国际关系上是再度出现对立，还是向着平等多元化发展？如果为阻碍中国发展而实行各种制裁，激化内部矛盾，搞分裂活动的话，不仅使中国受到损失，而且最少有 1400 万难民将越过边界、首先涌入东亚岛国，这是日本研究家们的结论。为此，世界上的大国都希望继续向中国投资，高度维护中国的和平与稳定。当然，中国自己也不会坐视而待的。

虽然中国将很快收复香港和澳门，但是不能实行变相的专制制度。外国专家认为，如果与台湾建立较深的一体化关系，在地区内建立大的经济组织（包括美国、加拿大、澳大利亚），那么，无论如何，21 世纪是属于中国的。

蒙古国立大学国际关系学院教师、政治学家达希道尔吉·巴雅尔胡：《21 世纪是中国的吗？》摘自 1996 年 6 月 9 日蒙古《人民权利报》

中国的经济发展偏重于沿海地区，因此内陆地区的开发比较落后。可以指出，内陆地区的基础设施尚不完善。不过，其重要原因之一是：在积极引进外资的 80 年代，外资企业开始集中在物流环境较好的沿海地区。

中国想以上海为龙头，带动长江流域的发展。关于其它的内地城市，打算同比较发达的临近城市连结在一起摸索发展。要发展内地的经济，则必须把城市地区同农村地区区别开来加以考虑。

要发展内地城市的工业，四川省的成都市和重庆市、湖北省的武汉市等在战争时期曾作为军需企业据点的城市是有希望的。以制造业为中心，很多外资企业到这些城市来投资。今后应解决的问题是产品的运输工具问题。确保旨在运输沉重物资的运输线是当务之急。中国政府努力推进的三峡建设工程的目的，不仅仅在于确保农村用的水渠，也不仅仅在于为了防灾而治水，而主要是在于加大水深，以便大型船舶可以航行。

另一方面，在占内地面积的大部分的农村，重要的是提高单位面积产量。要振兴农村，关键是种植质量好、附加价值高的作物。为此，要迅速引进现代的农业技术和农业机械。问题是要确保机构的保养和燃料的供给体制。另外，据认为，在信息设施尚不完善的地区，迅速而准确地掌握关于市场环境的信息极其困难，甚至几乎是不可能的。这对内地的振兴来说也是重大的课题。

三菱综研究所副研究员宇佐美同志：《中国应为稳定增长采取措施》，摘自 1996 年 4 月 16 日日本《世界周报》杂志

外国人凭借名牌产品又一次占领了中国。中国人喜欢使用日本富士公司和美国伊斯曼柯达公司生

产的胶卷,购买普罗克特—甘布尔公司、约翰逊父子公司和友尼莱佛公司出品的洗发露、香皂、牙膏和化妆品,渴望坐梅塞德斯—奔驰牌和宝马牌汽车。他们首选的啤酒是贝克、百威或喜力,喜欢喝可口可乐公司和百事可乐公司生产的软饮料。与此相对照,在装饰一新、赶上西方标准的百货公司和超级市场里,包装低劣的中国产品摆在货架上无人问津,积满了灰尘。

国际性跨国公司,尤其是日本和韩国公司,已经占领了中国彩电市场的60%。洗发、护发用品市场的80%已归外国品牌所有。外国公司生产的软饮料在中国四大城市的市场占有率高达85%。过去几年,中国的国有企业虽然更新了设备,建立了一些合资子公司,却忽视了为产品设计促进销售的包装,没有制定适合时代发展的营销战略,也很少开展大规模的广告宣传活动。

大多数生活在城市中的青年消费者对国有企业生产的产品越来越不感兴趣。中国人现在有了更高的要求,他们希望自己花钱能有所得。结果是本国品牌的产品逐渐在市场上销声匿迹。这种发展趋势今天已成为具有政治意义的事件。中国政府正尝试着通过宣传活动建筑起阻挡外国品牌产品入侵的堤坝。

不久以前,国产的不含酒精的"天府可乐"不仅是各大饭店的必备品,也是人民大会堂国宴用饮料。现在,可口可乐公司通过一家合资企业生产专为中国市场发开的浓缩饮料"天与地";宴会桌上摆的是百事可乐。

甚至一些拥有世界知名品牌的中国公司,如德国人本世纪初在山东省建立的青岛啤酒厂,现在也不得不奋斗:青岛啤酒在青岛本地几乎卖不出去。外国竞争对手和本国的崂山啤酒占据了那里的市场。该公司董事李桂荣(音)悲叹道:"我们连家乡的市场都忽视了,这是不可原谅的!。"

与此同时,一些外国企业,如百威公司和喜力公司,以强大的宣传攻势打入了各大超级市场和百货公司,以赞助商的身份出现在啤酒乐园、啤酒屋和饭店的开张仪式上,并占据中国电视广告的黄金时间。

中国企业在市场营销和广告宣传上纯属业余水平。在过去,人们认为这些领域根本不需要专业训练,中国企业过去不愿为市场咨询花钱。长期以来,国有企业对产品的去处和消费者的想法不感兴趣。反正国家会保障产品的销售。现在,中国企业被西方的市场营销行家逼得走投无路。

当然,外国产品的销路好绝不是仅靠好的包装和好的市场营销。它们的质量就是比国产产品好。即使没有电视广告,每一个家庭妇女也会立即从所使用的洗涤剂的比较中得出这个结论。在这个领域,中国妇女尤其为德国产品所倾倒。因此杜塞尔多夫的汉高公司在很短的时间内便靠洗涤剂在中国市场成功地站稳了脚跟,但高昂的价格也使中国人望而却步。其它德国品牌产品(如威娜宝公司生产的系列产品)却被美国竞争者排挤到一边:美国人、日本人,现在又加上韩国人在占领中国市场的竞争中显示出更加咄咄逼人的气势。它们展开了一场排挤大战,每年投入数以百万的资金用于产品推销和电视广告。

中国大城市的市场尤其具有吸引力。富裕的中国人就像日本人在七、八十年代、台湾人和韩国人在90年代一样,喜欢购买名牌产品。1992年进入中国的麦当劳公司,今天已牢牢地在快餐市场立住了脚。许多中国家庭定期光顾这个迅速膨胀的庞然大物的分店。1991年时中国还没有外国品牌的冰淇淋,现在生产冰淇淋的厂家已达到220个。今年夏天,北京的街头巷尾到处都是销售卡夫、和路雪(友尼莱佛公司的一个子公司)和雀巢公司冰淇淋的摊点。仕勤公司在北京开了一家冰淇淋沙龙。Movenpick 牌冰淇淋的销售价达到18元人民币一盒——自然主要是面向外国旅游者。

没有创造出自己的名牌是亚洲地区的典型错误。台湾、香港、新加坡、泰国和印度尼西亚的产品在世界上也没有什么名气。欧洲人最多只知道台湾的捷安特自行车和宏基电脑。韩国人是唯一的例外,他们虽然在各方面模仿日本人,却依靠三星、大宇和双龙等公司在世界上树立了自己的品牌形象。

中国政府正试图通过实行国家贸易保护主义和唤起民众的民族自豪感来保护老字号企业。但这在青年一代消费者身上收效甚微。中国外经贸部为出口产品增长率的下降感到担心,它认识到,要想占领外国市场,中国需要自己的名牌产品。该部现在计划在2000年前的这段时间内对国有企业的管理人员进行培训,增强他们的名牌意识。

彼得·赛德利茨《在中国可口可乐比天府可乐更受欢迎》眉题《西方产品正在排挤当地产品》摘自1996年9月25日德国《商报》

春节刚刚过去几天,全中国的铁路员工就开始忙得不亦乐乎了。在全国各地破旧的小火车站,数以百万计的农民聚集在那里,他们的目的只有一个:到城市里去。假期刚刚过去,中国的8000万外出打工的大军又踏上长征之路。

自从70年代末邓小平的农村改革使得数以百万计的农民空闲下来，他们想到城里找工作，于是民工的大规模流动给政府计划工作人员带来了很大的麻烦，而且这不仅仅是因为这种流动给基础设施带来了压力。许多人担心如此大规模的迁移将导致社会紧张，并最终导致政治动乱。结果这些人以怀疑态度看待民工，将其视为二等公民。例如，来自农村的民工不得在城市里购买房地产或者将其子女送到城市里的学校读书。某些城市当局公开阻挠一些公司雇用外来民工。

可是，即使在共产党中国，市场力也已战胜了官方的指令。在经济蓬勃发展的城市和经济特区，在工厂和建筑工地，民工几乎来多少就被收留多少，而且由于这里的工资相当于农村平均收入的两倍半，于是民工们源源不断地来到城市。

现在，一些计划工作人员终于开始认识到经济学家和社会学家们多年来一直在说的一个论点：除了作为支持中国日益增强的实力的力量之外，中国的民工大军也可能成为一支促进社会稳定的强大力量。外来民工不但不会使社会解体，反而会成为把社会维系在一起的胶合剂，即使传统的支柱不再起作用也罢。

简而言之，外来民工不是一个问题，而是解决办法的一个组成部分。多年来社会学家们一直警告说，北京在个别地区——城市和沿海经济特区创造财富的做法，正在为自己招致灾难。如果广大农村群众不能从国家日益增强的繁荣中得到一份好处，贫富之间的差距将会迅速扩大，这将导致不满情绪加剧，从而引起社会动乱。

外来民工在富裕城市和贫困的内陆地区之间充当桥梁。他们的汇款使得留在农村的亲属的生活水平得以提高。许多外来民工把他们积攒下来的钱带回家乡，办起一些小企业，创造出农村现在十分需要的工作岗位。

北京的中国社会科学院农村发展研究所的研究人员李先生说："一个庞大的外地民工阶层的形成，在中国创造了前所未有的社会混合。而这种现象正在帮助减少各种各样的地区差别，而且正在削弱政府在安排社会方面所起的作用。

农民外出做工对农村的影响主要是积极的影响。对于内陆省份来说，劳动力"输出"是对于同沿海地区相比比较差的经济实绩的一种安慰。人口众多的四川省的中共省委书记谢世杰说："我们认为劳动力输出是中国东部和西部之间合作的一种方式"。不久前在接受香港《大公报》记者采访时，谢先生称赞了派农民进城做工带来的经济上的好处。"他说："他们两手空空地去，回来时就小有积蓄了。"

他当然知道大约有600万四川农民在其他省份做工。另外还有400万民工在四川省境内到处去做工。去年在省外做工的人汇回的款子估计达200亿人民币，相当于四川省国内生产总值的7%。

此外，四川省的官员们还说，回乡后办起自己的企业的人已达30万人，这为成千上万的人创造了在当地就业的机会。

布鲁斯·吉利：《中国的一支不可抗拒的力量——外出打工是一种解决办法的组成部分，而不是一个问题》，摘自1996年4月4日香港《远东经济评论》

有些人认为，在中国，渐进的办法使改革取得成功，因为剩下的部分控制——依靠共产党继续存在的权力，通过一个密集的地方遵照执行网实施——继续起协调作用，限制在逐步建立市场制度时扰乱生产和贸易。但是，关键是改革本身，改革由于提高了生产率而直接促进了增长，由于提高了国内大部分人的收入和把这些收入转变成高额储蓄和投资而间接地促进了增长。计划和改革的次序排列适合经济和政治结构以及其他最初条件。由于大部分劳动力在农业，加强刺激——在一定的幅度内价格浮动，产品能自由出售，利益归农民所有，结果生产率提高，产量增大，收益增多，从而使许多人摆脱了贫困。劳动密集的技术使得容易转向效率更高的以家庭为主的生产。而这解放了一大部分劳动力转到生产率较高的部门，特别是新的非国有的工业部门和服务部门，接着要对这些部门放宽限制。从1978年到1994年，中国乡镇企业的劳动力增加了1亿。

按照国际标准，中国在1985年至1994年取得全面的生产率提高，一年超过3%。记载的国内生产总值增长的上升趋势可能多少把这个数字夸大了，但是，生产率这样大的提高表明，中国的增长是比较强的——由于更有效率地使用投入，而不是仅仅由于增加投入，虽然在仍然相当多的国有企业部门中生产率较低引起对将来的忧虑。大体上说，自1985年以来中国产出增长的高达1/3可归因于效率提高。其余主要是由于促进投资增加的无比繁荣，这种繁荣是收入增加引起的，收入增加转变为家庭和企业的高储蓄率。在1985年至1994年，储蓄总额和总投资两者都平均接近国内生产总值的40%。如果政府不能在这个繁荣期直接减少需求从而稳定经济，这是不可能的。

国有工业只雇用比例不大的中国劳动力。而且，中国总的生产结构从来没有像前苏联那样扭曲，防务部门从来没有像前苏联那样大。这使中国能推延国有工业的深入改革——在1978年至1994年在其国有部门中的就业增加2000万——并仍然取得可观的生产率和产出增长。用越来越多的低息信贷补助不盈利的国有企业，就效率下降来说，已遭受重大的损失。但是，由于中国全国的储蓄率高，中国迄今为止能够承受这个损失，基本上没有破坏经济的稳定。

摘自1996年6月27日世界银行1996年世界发展报告有关中国部分

不论是西方的经济学家还是中国的经济学家，都是对中国政府1996年对经济的管理状况，特别是对它成功地使通货膨胀率从去年的14.8%的水平降低一半一举打了高分。

国际货币基金组织副首席代表约翰·安德森说，1996年对中国来说是"极好的一年"，因为在这一年里，它在完成各项经济指标方面已经超过了人们的预期。

这一成功已在汇率稳定、外汇储备增加、出口业绩超过预期和储蓄与投资继续强劲增长等方面反映出来。

中国还大力推进金融部门的改革，其中包括实行有限的开放市场运作和从12月1日起实行经常项目下的货币可兑换性。

安德森说，国际货币基金组织并不认为中国经济在今后12个月里的风险是"过大的"，不过有一个可能"产生负面影响的现象"，就是国有企业表现仍然不佳，这将会使经济增长率下降。

经济增长率放慢将会使政府受到的压力增加，促使它采取进一步的措施刺激经济增长，从而面临发生通货膨胀的风险。国际货币基金组织认为中国"正在重新进入一个增长周期"，而这一事实中包含着一些潜在的危险。

例如，房地产投资在经过1995年到1996年的一次下降之后，现在又在增加。在中国，房地产业一直是判定高涨与不景气周期的晴雨表。

世界银行的首席代表博特利耶预料，随着投资增长放慢和中国国内的高储蓄率有所下降。(中国)今后将更加强调提高生产率。

还将要求私营部门在为基础设施提供奖金方面发挥更大的作用，以克服中国经济中的一些"瓶颈"，如运输能力不足，能源部门薄弱等。

博特利耶赞扬中国的金融部门改革，这些改革意味着银行自70年代末中国改革进程开始以来"第一次"开始像一些商业机构而不是政府的财政代理人那样行事了。

另外一些充满希望的事态发展包括今年连续第二年获得创记录的粮食大丰收和非粮食食物，如肉类、禽类、水果和蔬菜的产量有了"引人注目的增加"。中国也已成为一个"非常重要的粮食净出口国"。

记者沃克:《中国走向快速的但却不是过热的增长》，摘自1996年12月28日英国《金融时报》

在经济上，中国自实行改革开放政策以来的持续高速发展引起全世界注意。

更为重要的是，中国终于找到了国民经济和社会高速持续发展的道路。这就是邓小平所阐述的"建设中国特色的社会主义"。邓开创的改革是为了建立市场经济，用它代替中央计划。虽然国有企业仍是经济核心，但是改革措施正迫使国有企业按市场需要生产产品和提供服务。

与此同时，集体、个体和私人经济部门比国有经济部门增长得快，在国民经济中发挥了越来越重要的作用。

1995年，中国的进出口总额达到2809亿美元，在世界大贸易国中占第11位。中国的外汇储备到1995年底已达到736亿美元。

生活在贫困线以下的人已减少到6500万，约占总人口的5.4%，而在80年代，生活在贫困线以下的人是8500万。

中国成功发射了国际通信卫星，能制造军用和民用飞机、远洋货轮，电话网迅速扩大，并且新建了东西与南北方向的铁路干线及高速公路。这一切都表明中国的科技水平达到了新高度。

陈瑞宁:《新政策结硕果》，摘自1996年10月1香港《南华早报》

## (五)分三步走，基本实现现代化

### ——关于社会主义建设发展战略的评述

现在国际形势很微妙，这是因为苏联解体以后，新的国际平衡尚未形成。冷战结束后，美国成为世界上唯一的超级大国。但是所有的迹象表明这只是一个过渡阶段。世界上在出现多极化，许多国家很可能与美国争夺这个宝座，并力图一起确定国际和地区关系，参与21世纪国际力量的平衡游戏。其中有正在崛起的超级大国中国，欧盟的新火车头德国，还有俄国——尽管她现在处在历史过渡阶段显得有点虚弱。

事实上从70年代末中国就开始追赶世界上发达的国家。这要归功于她的领导人邓小平的远见。从那时起，他制订了新的经济改革政策。这个政策取得了很大成功。在过去的16年中中国实现了世界上最高经济增长率，年增长率达12%。经济的发展导致政治的稳定。西方研究了这一现象的后得出结论，认为下一世纪中国将成为超级大国。

毫无疑问，邓小平实行的优先发展经济的政策在他的国家中获得了成功。

值得注意的是，优先发展经济不仅是中国国内政策的立足点，也是中国国外政策的立足点。中国清楚地知道要实现经济发展需要和平的地区和国际环境。现在北京已实现这一目标，其主要标志是：

在亚洲地区，她参加了一系列外交活动，旨在创造一个和平的地区环境，如解决她与印度的边境纠纷，与韩国建立外交关系，改善与越南的关系，支持和平解决柬埔寨问题，等等。

去年中国还宣布，她准备根据国际法和联合国海洋法与亚洲有关国家进行谈判，解决关于一些岛屿的分歧。

在世界范围内，中国采取了一些措施以便实现国际稳定，争取安宁的国际环境。她支持禁止核扩散条约，签署了禁止生产化学武器的协议，表示准备在今年签署全面禁止核试验条约。两天前中国还表示她与其他国家在核能用于和平目的方面进行合作。

综上所述，中国在过去16年中实行的地区和国际政策的目的是优先发展经济，这一点任何人都无法否认。甚至美国国务卿东亚事务助理鲁特在1995年10月美国参议院一个委员会的听证会上也肯定了这一点。

副主编、国际部主任伊萨·沙尔考维：《中国实行优先发展经济的政策》，摘自1996年5月14日埃及《金字塔报》

在当今中国，尤其是北京，可以看到旧苏联时代的显著标志，而在俄罗斯，起码是在莫斯科却很难见到。

但很快就可以发现，保存社会主义社会的常见标志绝不是中国当今生活的决定性趋势。像一切经历着经济迅速增长过渡阶段的国家一样，中国也平行地，乍一看是毫无冲突地存在着两种似乎相互矛盾的现实。如果把第一种现实和我们彻底破坏了的过去视为同一，那第二种就是实现我们从未实现过的商品丰富的美好希望。

新旧两种特征乍看起来是离奇的，然而却是相当有机的结合，是中国改革成功的内在条件的表面反映。这些条件首先是指政治体系的稳定，对在很大程度上是借鉴我们的经济模式进行了渐进的，但却是彻底的改造。

至少，我们的东方邻居对于我国反对派中有影响的政治家（比如日里诺夫斯基和斯科科夫）来说变成了某种意义上的麦加，他们在竞选战如火如荼时找到了了解邓小平有先见之明的政策的时间。俄罗斯很重视叶利钦总统即将对北京的访问，这可以在某种程度上证明，俄罗斯把地缘政治和意识形态重点部分地从西方转向了东方。

确实，中国经验有力地证明，在政治制度稳定的情况下，进行慎重而深思熟虑的改革可以带来比靠国际货币基金组织的优秀顾问进行的自由的市场试验更显著的经济效果。中国的经济实践以独一无二的方式反驳了我们这里相当普遍的理论：不完全打破旧经济体制的支柱结构，不用市场制度迅速替代它们，是不可能向前进的。

俄经济学副博士齐普科：《俄罗斯和中国：共产主义后时代的两面性》，摘自1996年3月13日《莫斯科真理报》

在冷战结束后的很长一段时间里，只有五角大楼的冷战斗士们花了很多时间去研究中国与俄罗斯之间的差别。其他大多数人仅仅看到了这两个国家以前的共同之处：两个国家面积都很大，都与世界其他国际隔绝，都是由共产党的中央计划人员管理的。

如今，中国与俄罗斯之间的差别引起了更多的关注。两国均已对计划经济感到厌恶，开放自己的经济并实行市场改革。可是，中国自1978年开始改革以来，一直是世界上经济增长最快的国家，而俄罗斯却将其7年过渡期的大部分时间用于应付严重的经济衰退和高通货膨胀。俄罗斯可能在1996年实现经济的正增长，但这将是1989年以来的第一次。

在经济学家们当中，已经就这种截然相反的结果产生的原因开始进行热烈的辩论。然而，答案所产生的影响将大大超出学术界的范围。没有人认为俄罗斯现在能够或应该尝试一下走回头路。可是，对于那些现在打算对经济进行全面改革的其他国家的政府来说，中国的比较渐进的改革道路，即让经济的某些部门先于另外一些部门走向市场的做法，似乎是一种颇具吸引力的做法，可以用来替代俄罗斯的迅速而痛苦地走向市场的道路。

由于这个缘故,弄清楚为什么迄今为止中国向市场经济的过渡一直比俄罗斯的改革要成功得多,是很重要的。还必须弄清楚中国是否已经避免了许多其他过渡中的国家所经受的痛苦,还是仅仅把这种经历推迟了。

有些人说,中国和俄罗期之间在改革之前存在的差别,在造成它们近年来的表现差异方面的作用,要比改革战略上的差别远为重要得多。他们虽然承认中国改革者们取得的成就,但他们认为对中国改革者来说,这种过渡要容易得多,因为中国实行计划经济的时间比俄罗斯短,而且它在开始改革时要比俄罗斯穷得多。可是,他们举出的这样一些"中国特点"恰恰是本来会使中国渐进式的改革办法取得的成功要小得多。实际上,包括俄罗斯在内的好几个国家在1989年以前都曾尝试过这样的战略,但成效甚微。

对任何亲眼目睹过俄中之间明显差别的人来说,以上的说法听起来是真实的。一位常驻中国的西方人在不久前访问俄罗斯期间对其老式的商业和零售业的做法积习难改感到震惊。他说:"不论我走到哪里,我都发现那种古板的官僚主义意识似乎要比中国的根深蒂固得多。为了在俄罗斯航空公司订一个回上海的机位,我竟在莫斯科的俄航办事处花了整整一个上午的时间填表格,而订一个中国民航的座位只要用5分种时间打个电话就行了。"

1989年时,俄罗斯经济是高度工业化的经济,其人均国内生产总值是中国的8倍,大约有40%的劳动力在工业中就业,90%的职工由国家直接雇用,而且差不多所有居民都享受着种类繁多的补贴和福利。

相比之下,中国的国有工业企业雇用的职工占总劳动力的比例还不足20%,因此中国仅仅建立了部分的正式国家福利制度。很大一部分居民靠务农为生——许多人的生活仅仅维持在温饱水平上。这就意味着,中国政府只要解放农业就能够提高生产率,提高大多数居民的生活水平,而又不致于使被保护的国有工业部门的职工收入和就业受到不利影响。而同样的做法对俄罗斯却根本不适用。

中国的一位经济学家徐成钢(音)说:"有人说中国人进行市场改革比其他处在过渡阶段的国家付出的代价要小。然而,实际情况是,中国人付出了重大代价,只不过这种代价早在50年代的大跃进和60、70年代的文化革命时期就已付出过了。"

徐先生说,这两场灾难使得人们有可能走"渐进式的"改革道路,这是因为在1979年以前,这两场灾难就已经大大削弱了计划人员从中央控制经济的各个方面的能力。实际上,正是因为按照1978年的雄心过大的10年计划试图恢复这种控制的努力遭到失败,才为领导人在这一年年底转向改革道路创造了条件。

鉴于中国幅员广大,把权力下放给地区就意味着能够利用当地的实验去逐步确立起地区之间的市场竞争。这样一来,改革者们不必一下子全部推翻整个指挥系统,也不必实行全面的贸易自由化引入过于激烈的外部竞争,就能够提高经济增长率和效益。

与此形成对照的是,诸如波兰等小的过渡国家只能通过全面解除对价格和贸易的控制来引入有效的竞争,从原则上说,作为一个大国的俄罗斯也许是可以避免采取这样的极端措施的。可是,实际上,由于苏联的计划人员建立了一种高度专业化的体制,通过一种复杂的地区间贸易体系把各个地区结合在一起,使得这样的可能性被排除了。上述做法的结果是出现了众多的"单一公司城市"因此今天许多这样的城市由于它们的唯一工业的死亡而衰落。

有些人怀疑中国的做法能否在其他地方取得成功。他们指出,渐进主义的做法在那些在改革开始时指挥制度比较发达的经济部门里获得成功的机会要小得多。大体上说,效率很低的国有企业和银行的改革是痛苦而缓慢的。

一位驻北京的西方官员说:"在中央引起了问题的一些实验被放弃了。另外一些试验经受住了考验,它们提高了人们的生活水平,并使地方官员在进一步改革中再得到好处。"

这位观察家还认为,结构性因素帮了中国很多忙。他说:"可是,改革者们必定是采取了某些正确的措施。否则的话,1978年以前,中国经济的增长速度也会象现在这样快。"

尽管在看法上存在种种细微差别,但大多数人一致认为在过渡时期里俄罗斯的衰落和中国的兴起是由于改革前的初始条件和改革开始后作出的选择这两方面的原因决定的。

中国人的优势是他们能够从早期的部分改革中立即得到好处。同样地,鉴于共产党政府继续掌握着政权,它能够在"经济逐渐摆脱计划"的过程中守卫刚刚市场化的部门和仍由国家控制的部门之间的边界线。

在动荡的早期改革年代中,上述两种条件俄罗斯均不具备。可是,中国改革者们的机敏和俄罗斯在90年代初所犯的错误,肯定已使中俄两国之间的差距拉大了。

正是这些因素使得我们在对俄中两国进行对比时得出了俄罗斯处于决定性的不利地位的看法。在俄罗斯实行过渡的头几年里，持批评态度的人声称，俄罗斯政府实施的是一项充满痛苦的正统的“休克疗法”计划。可是，现在回过头来看，俄罗斯的政策似乎缺乏连续性。

实际上，现在许多人都说，俄罗斯改革头几年的失败，是政府未能坚持一贯地奉行一种改革战略的结果——不论是渐进主义，还是“休克疗法”的战略。

与此相反，现在看来，中国的改革实验构成了一个前后一致的“改革模式”。

一方面是运气，一方面也是因为自1995年初实施的稳定计划得到加强，许多人希望在今后几年里俄罗斯经济会像几个东欧国家的经济一样呈现螺旋式回升。同样地，如果中国政府不能成功地对有问题的关键部门，即渐进主义迄今为止未能奏效的那些部门进行改革的话，中国的模式有可能失去光彩。

斯蒂芬尼·弗兰德斯：《走向市场经济的两条截然不同的道路——两个大国为新兴国家提供了宝贵的经验教训》，摘自1996年9月27日英国《金融时报》

曾就读于美国哈佛大学和英国剑桥大学的吴清德副部长对中国改革开放和经济发展的形势很有研究。

吴清德说，他现在已越来越相信中国将成功变革为一个以市场经济为主导的国家，成为亚洲最新和最大的新兴工业国。

吴清德指出，他敢如此断言，主要基于五个因素：

第一，中国政府和人民都走务实主义路线。自邓小平提倡经济改革以来，中国全民上下都向外人展示出一种彻底开明的态度，他们迫切地吸收新思想，学习新技术，并且随时欢迎外国投资者前往进行投资活动。

第二，中国选择以渐进方式，逐步改革。中国地域辽阔，人口稠密，是世界上人口最多的国家，领导层的任何一个小的动作都可以带来巨大的影响，所以在作出每一个决定之前，都必须谨慎小心，以免落入“棋错一着，满盘皆输”的局面。

他说，中国拥有自己的时间表，首先加强经济改革和现代化建设。这种深谋远虑的做法果然奏效。假如把政治和经济一起开放，中国也将步戈尔巴乔夫和叶利钦的后尘，饱受国家解体、内乱不已和经济已近崩溃的打击。

吴清德说，中国把注意力放在经济改革中，并且时时刻刻注意国内出现的通胀现象和其它问题，至少到目前为止，能够把经济增长控制的很好。

第三，中国目前的领导层充份显示出信心和耐心。中国虽然因为人权和贸易问题，经常受到一些外来势力的施压和挑衅，但北京一直保持冷静，拒绝像过去一样，与外国政府发生口角。

第四，中国拥有一个不断扩展的市场。随着经济改革成功，中国人民的生活水平和消费能力已经大幅度提高，一般人都买得起电视、冰箱和空调机，形成了一个庞大的消费市场。单单是这一点，已足以令美国、德国和日本等强国的企业进军中国市场。

第五，中国的人力资源丰富。中国人注重学问，勤勉、自律、诚实、顺从、团结和互助，一旦拥有机会，他们能胜任各类管理工作。

“总而言之，中国走经济改革路线，是一种正确的做法。只要再加强法律制度。提供投资者更多的法律保障，中国的经济成就绝对不止于此，”这位副部长说。

马来西亚土地及合作社发展部副部长吴清德博士，摘自新华社吉隆坡1月1日电

稳定化政策是对处于过渡阶段的自由化必不可少的补充。制订抑制通货膨胀和对公司预算实行严格限制的政策对发展市场经济和调整公司都是必要的。但是，宏观经济政策同 包括自由化在内的其他改革之间的相互作用受最初条件的很大影响。在这方面，中国就是一个突出事例。

在整个改革时期，中国出现的通货膨胀并不高，在价格和产量方面进行着繁荣与萧条的经济循环。每次的繁荣局面表现在信贷迅速增加（主要是资助投资项目）和通货膨胀猛升。随之而来的是，加强金融政策，特别是通过直接的行政控制手段，其中包括规定银行最高贷款限额；直接禁止投资并恢复对价格的控制。当1978年开始改革时，宏观经济失调扩大，但是后来受到政府政策的有效控制。繁荣周期是因改革计划产生的。1984年，企业和贸易改革向公司提供了增加了的自由和发展的刺激因素。在1986－1987年的冷却时期之后，新一轮的贸易、价格和工资改革以及企业实行合同责任制（根据这种制度，几年的合同明确规定应交给国家的利润和产出）又一次促进了需求。1992年1月实行的改革旨在通过地方驱动的刺激因素鼓励投资和企业自治，这次的改革产生了又一轮的通货膨胀的压力。

这种状况在很大程度上表明，中国的改革，特别

是在企业和金融部门，尚未完成。由于对预算的抑制软弱无力和银行贷款利率屡屡低于通货膨胀率，企业和强有力的地方政府一直设法以增加地方投资、收入和就业机会来获得增加信贷的好处，以期任何通货膨胀费用都会通过整个经济消融。部分物价改革已经增加了政府补贴的必要性，是为了弥补企业的损失，因为这些企业的价格仍固定在人为控制的低水平。与此同时，财政管理权力下放和在实行有效的税收管理上的困难导致政府收入大量下降。据此，政府将其越来越多的财政职责转移到银行系统。80年代末和90年代初，银行给企业的资金流动净额一直很大，占国内生产总值的7－8%。这其中有一半左右的资金是中央银行通过准财政运作手段再筹措的。此外，银行给企业的贷款和中央银行给其他银行的贷款都需要大量的隐涵补贴(相当于国内生产总值的大约3－4%)，采取的形式是实行负实际放款利率和不收坏帐(企业坏帐据目前估计至少占银行资财的20%)。

在大多数其他国家，如果遇到这种情况，就会导致高通货膨胀。但是中国与大多数其他国家不同。这种迅速增长的经济避免了高通货膨胀的原因是，企业和家庭对现款的需求和银行存款似乎是无止境的，他们的银行存款从1984年到1993年实际增加了3倍以上。通过造币筹集的资金(铸币收益)一直是一种例外情况，1993年达到最高峰，几乎占国内生产总值的11%(在市场经济中，1－2%是标准的)。在这种情况下，中国的中央当局迄今一直能够通过以行政控制手段定期干预来遏制通货膨胀。

摘自1996年6月27日世界银行1996年世界发展报告有关中国部分

许多俄罗斯人羡慕北京实行的逐步经济改革的作法，为他们自己鲁莽、草率地走向政治自由的作法感到惋惜。他们说，这政治自由很快就被几代人以来一直受到压制、不知道如何处理一夜之间得到的民主的人民滥用了。

东方研究所所长米哈伊尔·季塔连科教授说："我们的改革受到西方意见的影响，但是中国人依然是他们自己改革概念的主人，他们研究其他国家的情况，学习它们的长处，同时从他们自己的错误中吸取教训。"

冷战后时代的新现实情况把中国，过去苏联人的门徒，变成一个经济强国，而一度在全球的科学和技术方面居于领先地位的俄罗斯，正在变成奥夫钦尼科夫所谓的一个"不产香蕉的香蕉共和国"(香蕉共和国为贬义，尤指中美洲盛产香蕉但出口却受外国联合果品公司控制的小国——本刊注)。

大部分学术专家说，要是苏联效仿中国的榜样，在实行政治改革之前先实行经济改革，它本会取得较好的成果。

俄罗斯的一位学者抱怨道："在中国，共产党一直是改革的手段。而在我们这里，共产党成了反革命力量。"

但是，俄罗斯人在失去其帝国之后进行剖析时常常发出警告说，西方世界拒绝向戈尔巴乔夫提供他所要求的1000亿美元贷款，听任苏联瓦解，分裂成一小块一小块的地方，显示了它的真面目，今后，俄罗斯人将转向东方寻求盟国。

驻亚洲记者乌利·施梅策：《俄—中将结成联盟?》，摘自1996年12月22日美《芝加哥论坛报》

1996年中国的经济在"严格"的财政和信贷政策的有力作用下继续发展。中国政府是从1993年下半年开始实行这项政策的，目的是使国家的经济摆脱"过热"状态。在降低通货膨胀速度的同时继续降低经济增长速度是这个时期中国经济发展的主要特点。

由于实行了严格的财政和信贷政策，再加上国家贸易的顺差，人民币对各种主要外币的汇率保持稳定。

中国吸收的外资数额在世界占第二位。1995年中国经济吸收的外资为380亿美元。

记者斯图什诺夫：俄罗斯驻中华人民共和国商务代表卡恰诺夫的访谈录《俄罗斯—中国：合作前程远大》，摘自1996年12月18日俄罗斯《实业界报》

中国在今年内第二次小心翼翼地放宽信贷规定和降降利率。据说降低利率可能诱使已适应于高利率和3年来货币币值一直保持稳定的中国储蓄者增加消费。

但降低利率并不表示节约政策的结束。中央银行——中国人民银行行长戴相龙解释说，中国不会放弃适度从紧的货币政策，并将继续重视通货膨胀和保持货币币值的稳定。此外，政府将通过行政管理和审批措施来控制投资和贷款，把投资和贷款的控制权掌握在手中。

降低利率可能减轻国有企业的负担，推动债券和股票市场的发展。对消费品的需求也可能变得活跃起来，因为储蓄率很高的中国人现在可能不太喜欢把自己的钱存入国家银行。由于利率高于10%和货币币值非常稳定，银行的人民币存款在过去3年中猛增。抱怨销售困难的汽车工业希望能出现繁荣景象，建筑工业也一样，香港的经济学家们不排除进一步降低利率的可能性。

国有企业迫切需要其他救生圈，因为今年的情况变得更加糟糕。根据《中国日报》发表的官方统计数字，1994年，43%的国营公司亏损，总亏损额为883亿元。1995年头6个月亏损额增加了50.5%，甚至连赢利的国有企业也没有给财政部钱，因为赢利微不足道。今年国有企业的赢利迄今为止减少了36%。

但戴相龙认为，降低利率不能从根本上帮助国有企业。因为国有企业存在着结构和管理问题，不能简单地通过降低利率来解决这些问题。政府计划通过企业联合建立一个由1000家国营康采恩组成的“核心”，这1000家国营康采恩在与合资企业和私营企业的竞争中可以更好地生存下去。

据说把税率拉平和取消合资企业迄今为止所享有的优惠也对国有企业有帮助。中国社会科学院的一位经济学家认为，金融和财政政策将成为今年5年最重要的经济改革议题。

财政部和中央银行打算把税收政策作为进行宏观经济调控的另一种手段。金融市场和银行改革是周末在北京举行的讨论会的主要议题，世界银行和亚洲开发银行也派人参加了这次讨论会。专家们在讨论会上敦促中国提高财政制度的效益，改进财政控制机制，改善财政方面的基本设施和加强国家银行的财务监督。

现在有这种迹象：财政部打算更加积极地继续向国际市场发放公债，并打算更多地利用迅速增长的中国债券市场为预算赤字筹措资金。

降低利率并没有使外国人可以购买的上海B股市场活跃起来。外国基金组织、甚至连设在香港的中国基金组织对投资犹豫不决，它们最多愿意购买所谓的“红色股票”(在香港股市上作为H股开价的中国国营公司)。

中国的外汇储备情况令人羡慕。中央银行行长戴相龙充满信心地表示，到今年底中国的外汇储备将达到1000亿美元(不包括黄金)。

彼得·赛德利茨：《降低利率将使中国的经济增长保持稳定》，摘自1996年8月27日德国《商报》

中国能养活它自己吗？带着这个问题，过去9年来我们走遍了中国农村，走过了多数主要农区，采访了500多个家庭，行程约3.5万公里。每到一站，我们都想与农民本人交谈，倾听他们意见，看有什么办法能帮助他们生产出更多更好的粮食来养活中国。

我们特别想了解的是，农民怎样才能实现那三个目标，我们认为，中国要在粮食生产方面实现自给自足，这三个目标是必须达到的。第一，农民必须提高他们的每公顷粮食产量。第二，他们需要将闲置土地开发成农田。最后，他们必须减慢或者停止毁坏现有农田。幸运的是，如我们的研究证实的那样，这三个目标彼此盘根错节，可以用一个共同的办法解决：那就是改变政策，赋予农民更切实可靠的土地权。

中国为了生产更多的粮食，农民必须再次提高产量。我们在了解他们可能提高效率的可能的方法时，在中国全国调查了数以百计的农民。我们参观了远离大的人口中心和主要公路的农村，随意找了一些人来交谈。我们经常在一个地方停下来时参观一个家庭，虽然我们的谈话常常把附近农村的人也吸引了来。为了确保谈话是自发的，而不是外力诱发的，我们没有事先告诉农民我们要来参观。我们还采取了特别的措施避开陪同我们的地方官员，以便可以得到一些直率的回答。

人们证实，他们的确欢迎家庭联产承包责任制。现在农民家庭在他们小块的、精耕细作的农田中每一公顷生产的粮食比以前集体农民生产的粮食多得多，因此他们现在的生活也好得多。即使在这些小块的土地上(每一块土地只是比美国的一个橄榄球场稍稍大一点)，一般的家庭都有一座新砖房，有足够的粮食吃，而且还能买得起像电视机这样的设备。

农民家庭也有更多的闲暇时间来享受这些好处。现在农民用在田地里的时间比大集体时要少得多。许多农民告诉我们，过去他们大部分时间都“柱着锄头，不干活”。在今天的田地里，这种许多人挤在一起干活的现象不见了。我们交谈过的家庭都一致认为，实行的家庭联产承包责任制使他们的生活水平得到了改善。

值得庆幸的是，中国政府似乎愿意继续自1980年以来一直实行的相当明智的农业体制改革。例如，在1995年，中国国务院宣布，土地使用权再延长30年。更重要的是，国务院的命令有助于制止因家庭人数有变化而重新划分土地的做法。国务院还重申，土地使用权可以有偿转让、可以继承。此外，它要求严惩企图错误地中止承包契约的官员。但是，贯彻国务院指示的切实可行的措施必须经过试验并实际执行。中国政府似乎愿意让农民对他们耕种的土地拥有更大的控制权；只要成功地实施这些改革，中国在下个世纪有能力养活自己是肯定无疑的。

西雅图农村发展研究所罗伊·普罗斯特曼、蒂

姆·汉斯塔德和李平合作:《中国能养活自己吗?》,摘自1996年美国《科学美国人》月刊11月号

南斯拉夫的公众、新闻媒体和各种名人的讲话中,都常常提起中国。一些官方人士在访问中国以后也异口同声地说要向中国学习、学习它的私有化模式,甚至接受中国社会主义的某些内容和价值。这些讲话作为官方立场,在一部分舆论中受到抵制,他们坚决反对接受中国的模式,更反对把它作为塞尔维亚和南斯拉夫的社会经济和政治选择模式。于是,这个幅员辽阔、人口众多的遥远国度便成了目前在我国谈论最多也最有争议的话题。

那么,究竟是什么东西激励了我国的官方人士要去学习中国?是它的一党执政的政治制度,还是经济改革和它对外开放程度?让我们认真地、毫无偏见地来讨论一下这个问题。

中国已经进行了15年的经济改革,其中包括它过去难以想象的私有化程度和引进外国资本。这种改革是毫不犹豫的,而且在不断地调整着节奏,取得了令人信服的成就。先是取缔了"人民公社",农业继续作为优先发展部门,但是资本积累的来源却转移到其他部门。接着建立了经济特区,在税收、土地使用权、利用国内劳动力、出口、投资保险、利润分配和贷款等方面对国内外的投资者实行优惠。去年这些经济特区的产值超过了170亿美元。

外国资本首先进入旅馆—旅游部门,接着又进入了纺织工业和其他一些轻工和消费品领域。在此之后是向不动产和某些工业部门如汽车部门投资,很快又把外资引进了高技术领域。中国的外汇储备达到了700亿美元,外债为1050亿美元。

当然,中国也不是没有问题了。像其他发展中国家和正在转变体制的国家一样,它正经受着各种各样问题的困扰。经济的高速增长,企业机制向市场经济转变,所有这些都在激化着旧的和制造着新的矛盾与问题。从大型企业的亏损、农村相对落后,到通货膨胀、暴富和两极分化、劳动力剩余、直至腐败、行贿、犯罪……但是中国仍毫不妥协地、以不可阻挡的速度进行着改革和实现现代化。

南斯拉夫前驻华大使朱克奇:《毫不犹豫地进行经济改革——你想知道但又无从了解的中国模式》,摘自1996年4月10日—11日南斯拉夫《我们的战斗报》

中国大陆于同一天之内大幅调整关税又实施多项金融体制的重大改革措施,对国民经济不可能不带来深远的影响,只是这种影响的正负得失,短时间内不易作出确切的定论,有待今后一段时期密切关系。

北京决定,自4月1日开始,把关税平均税率从35.9%降为23%,共涉及近5000个项目。此乃北京为加入世界贸易组织走出的重要一步,兑现了江泽民去年11月在大阪亚太经合组织高峰会上作出的承诺。

北京同时也取销了对外资投资者进口设备、原材料的关税减免优惠。这意味着中国大陆的对外开放已经走完了"优惠阶段"进入一个国内外企业较为公平竞争的新时期,今后主要靠市场吸引力和整体投资环境来吸引海外投资者。

在金融方面,4月1日开始,中国人民银行取销已实行近3年的保值储蓄业务,这表明中国大陆的通货膨胀已受到控制,当局有意适当放松银根,同时也可缓解银行机构存款积聚贷不出去、存贷成本过高的困境,减少国家财政补贴。预料今后会有可观的民间资金流出银行体系,进入债券和股票市场或消费市场,刺激经济。

也是从这一天开始,中国大陆新近制订的《外汇管理条例》正式生效,取代已实行逾15年的《外汇管理暂行条例》。新的条例循国际通行方式按经常项目、资本项目等加以划分,放宽对经常项目(即有形贸易加上无形贸易)下的外汇收支管理,实行有条件兑换;对贸易性外汇收支限制更少,以配合贸易逐步自由化的趋势。同时则严格管制资本项目的外汇收支,堵塞已经出现的管理漏洞。中国人民银行上海分行行长刘金宝就认为:"随着经常项目自由化的深入,资本项目的管制出现了许多漏洞,从1994年资本流动情况看,对外商投资企业资本流动的薄弱管理是大量资本内流的一个重要通道。为了改革的顺利进行,必须把外资企业也纳入资本管制的轨道。"

另外,自4月1日开始,中国人民银行还将在全国200个大中城市实行统一的贷款证制度,以加强信贷资金的管理,规范企业的借款、还款行为,加强金融机构间的相互联系。实施这种措施的主要原因,在于中国大陆已由过去计划经济下的单一国家金融体制转变为多种形式金融机构共存的相互竞争的局面,企业可从不同渠道融资,但同时也使金融机构的贷款风险大增。今后企业借钱时,须先申领记录该企业借贷、归还情况及资信等资料的贷款证,作为金融机构审批贷款的重要依据,减少坏帐风险。

4月1日开始,中国人民银行在上海开始公开市场操作的试验,以及正式开放银行间的同业拆息

市场。所谓公开市场操作，是作为中央银行的中国人民银行依照美国联邦储备局的办法，通过不断买卖国债，对货币市场供应量及利率作即时的“微调”。而银行同业拆息市场的建立，则使原来由官方确定的利率水平开始转向由市场供求关系来调节。这两项措施相辅相成，目标是要逐步建立中国大陆的利率浮动机制，此为金融体制市场化改革中极为重要的一关，也是今后实现人民币自由兑换以及向外资银行开放人民币业务的必要前提。

自3年前北京当局实施宏观经济调控后，海内外不断有人认为中国大陆的改革开放已陷于停滞，甚至有倒退回计划经济之虞。但实际上这几年当局的种种努力，主要是为市场经济建立必要秩序，也是为今后继续改革开放创造更佳环境。如果20%以上的高通胀率持续下去，如果金融业、房地产业的极度混乱状态持续下去，如果基本建设投资仍然以超高速度增长，12亿中国人民今天可能已坐在“泡沫经济”破灭残留下的废墟上，又如何谈得上什么改革开放。

即使在今天有望实现经济“软着陆”的情况下，许多改革措施也只能稳步推进，一边摸索、一边修正、着急不得。北京试行公开市场操作，就打算用3年时间再全面推广。而要实现真正的利率市场化，可能需要长得多的时间。在目前的条件下如果过快地让利率随着市场供求而大幅上升，必会带来严重的负面冲击，甚至对国民经济造成破坏，也会受到各方的强烈反对。

首先，负债沉重的大批国有企业必会反对，因为高利率将使它们不堪融资成本的压力，只有破产了事。国有银行也会反对，因为它们须负担大量的低息政策性贷款，更有巨额的逾期贷款收不回来，根本无法在完全的市场竞争中同没有坏帐包袱的其他金融机构交手。甚至连政府也会反对，因为利率急升会令政府集资成本大增。任何一项重大的改革措施如果同时面对各方面反对，又有多少成功的希望？

对于北京这次推出的关税调整及金融改革措施，海内外舆论几乎都肯定其方向对头。但是不管别人说好说坏，最后承受结果的还是大陆人民。因此北京决策者更应把脚步走稳，不要把本来正确的事情因自己的失误而搞砸。

《金融市场化改革的新突破》，摘自1996年4月14日香港《亚洲周刊》

在中台关系日趋紧张的气氛中召开的全国人民代表大会，在通过“九五”计划和2010年远景目标后闭幕。

最高实力人物邓小平在80年代初提出了到本世纪末将国民生产总值翻两番的目标。当时，世界把中国看成是“白发三千丈的国家”，对能否实现这一目标表示怀疑。

尽管遇到了一些挫折，但中国却提前5年实现了国民生产总值翻两番的目标。这是中国人拼命劳动的成果，也是引进国外资本、先进技术和管理经验的成果。可以说，改革开放政策给中国带来高速经济增长。

当前，中国又提出了新的宏伟目标，在5年后使人均国民生产总值比1980年翻两番，进而在2010年使国民生产总值比2000年翻一番。中国决心继续保持高速经济增长，追赶中等发达国家。对于中国来说，再没有任何时候比现在更需要“和平的国际环境”。

社论：《中国的发展需要和平》，摘自1996年3月19日日本《朝日新闻》

对李鹏的“九五”计划和远景目标纲要报告的总的印象是，“它比较审慎、内向和深沉”。评论认为，“中国经济过了‘潜龙勿用’的阶段，成为了‘世界话题’，优势与压力同时大升。1993年和1994年两年有一种飞腾的气势，这个热潮有利有弊。现在是保持清醒，进行调整、巩固和自我提升的时候。说到底，中国经济还处于‘见龙在田’的阶段。‘飞龙在天’，恐怕要期诸一二十年之后。这个阶段，如何保持有节、有理、有利，其实难度最大”。“当权者适宜保持清醒头脑，在内部打好长远的、坚实的基础，以应付未来的挑战”。

香港浸会大学经济系副教授曾澍基：《利用喘息，调升内部——初评“九五”计划和远景目标纲要》，摘自1996年3月13日《香港经济日报》

## （六）改革是中国的第二次革命

### ——关于社会主义发展动力的评述

47年前，毛泽东宣布中华人民共和国成立了，中国人民站起来了。今天，当北京庆祝国庆47周年之际，它可以为战胜了长达一个世纪的使人屈辱的外国主宰和持续了几十年的内战而感到自豪。

中国将以十分有利的地位进入关键性的一年。在经历了几个世纪的极端贫困后，中国人民现在的生活水平在迅速提高，这在很大程度上是邓不平在1979年实行经济改革的结果。

中国目前的形势肯定比今春的情况要好，今年春天,北京在台湾海岸附近进行了导弹试验。鉴于中国有可能成为21世纪的经济大国,所以,它的政策变化将使人们感到放心。虽然中国在国庆47周年之际有许多事情值得庆祝,但它仍然必须向世界证明它为在世界上起领导作用作好了准备。

《中国仍面临考验》,摘自1996年10月1日美国《商业日报》

但是与此同时,经济、社会和政府制度中的许多没有解决的结构性问题,几乎不容许中国领导实行他们所希望的那种有计划、不断的、严格控制的现代化方针。经济、社会、组织结构上一大堆问题急待在近期内同时解决,对政治制度产生一种不断增长的压力。国有企业的改造、为多达两亿的多余劳动力创造新工作岗位、建立一个高效的社会保障制度、没有充分止住的人口增长势头、能源供应和基础设施中的瓶颈、农业停滞不前、环境遭到严重破坏,都是政治领导的艰巨任务。

据北京的经济学家估计,为了满足这些要求而又避免较大的社会动乱,中国在较长的时期需要至少8%的年经济增长率。中国有人把这种非高速增长不可的状况比作骑虎难下。在共产党领导同意向市场经济过渡后,她只能冒险向前跑。假如经济增长在最近放慢,甚或停滞下来,这将产生严重的社会后果和政治后果。只要不能再用广泛增加收入、建立新的工作岗位和前途更美好的希望来缓解社会紧张关系,今天已经很明显的社会断层就可能导致动乱,甚至导致国家制度的崩溃。

汉堡亚洲学会对华政策研究与塞巴斯苇安·海尔:《争取一个小步走的对华政策——西方应当寄希望于共产主义制度的变革、而不是崩溃》,摘自1996年2月12日德国《法兰克福汇报》

苏尔丹诺夫在出任大使前曾任哈萨克斯坦副总理和副议长等职。他在介绍了中哈政治经济关系现状后,谈到了哈萨克对中国的研究现状。

他说,社会上和一些国家官员中存在一种看法,认为哈从中国没什么可学的。哈除一些专家和负责中国问题的官员外,大部分人还固守老观念。我可以明确地讲,我们不了解中国,一方面我们忽视同中国的合作,另一方面我们还未意识到我们在许多方面落后于中国。我在中国工作几个月,对那里发生的情况有切身的了解。通过走访现代企业及一些省份,通过与人们的交谈,我毫不夸张地说,今天的中国正进行积极的经济改革,改革对政治、科学、教育、文化和卫生等各个领域已经产生积极影响。这是一个进步中的社会,是一个蓬勃发展中的潜力巨大的国家。高度的组织性、纪律性,勤劳,一心想使国家繁荣的真诚的爱国主义,是处在世纪之交的中国的鲜明特征。中国为亚洲定调,连世界大国都认真对待中国。日本、美国、德国、加拿大、法国、南韩和世界其它发达国家都在分析和评价中国的改革,他们的代表勇敢地同中国合作。许多学者、社会学家、政治家预言21世纪将是亚洲的世纪,中国将在其中发挥决定性作用。这种预测不是空谈,而是对中国当今进程进行社会分析的结果,是对未来相当准确的预测。

记者贾志平　胡晓光:哈萨克斯坦驻华大使高度评价中国的改革开放。摘自新华社阿拉木图1996年1月15日电

90年代,中国以一个经济超级大国的面貌出现,成为世界上第二个经济实力最强大的国家。它如今不仅对美国的经济领先地位提出挑战,而且对世界上的环境极限提出挑战。

如果以购买力平价来衡量,中国1995年取得的略高于3万亿美元的国民生产总值超过了日本的2.6万亿美元,仅次于美国的6.7万亿美元。如果中国经济继续像自80年代以来那样每8年翻一番的速度增长,它将于2010年超过美国,成为世界上经济实力最强大的国家。

中国经济最近4年保持着10%至14%的年增长率。随着中国的12亿人口迁入现代化住房,购买汽车、电冰箱和电视机,全世界都将会感觉到其影响。中国迅速增长的二氧化碳排放量已经占世界总排放量的1/4。

许多观察家注意到,占世界人口总数不到5%的美国近几十年来消费的资源占世界资源总数的1/3或者更多。但是如今已不再是这样,中国已在好几个方面超过美国。例如,中国目前粮食和红肉类的消费量、化肥的使用量、钢产量均已超过了美国。

由于中国人口是美国人口总数的4.6倍,它对世界资源的人均消费量仍然远远低于美国。这里举一个极端数字为例,美国人均消费的石油是中国人均消费量的25倍。

尽管人均消费量仍然微不足道,中国的环境已经为经济的迅速发展付出了高昂的代价。

由于人口众多的中国试图仿效美国领头实行的消费经济模式,事实已证明美国的模式从环境角度来说是行不通的。具有讽刺意味的是,可能是中国终于迫使美国认识到其环境无法满足自身经济体制的

需要。如果中国的粮食和石油的人均消费水平达到美国的水平，这两种产品的价格将会扶摇直上。二氧化碳的排放量将会大幅度增加，给气候带来前所未见的不稳定性。这些趋势将决定整个世界的前途。

现实的问题是，由于中国人口众多，它将根本不可能沿着迄今所展现的任何发展道路长期走下去。它将被迫走一条新的发展道路。这个发明了造纸技术和火药的国家如今面临着超越西方、表明如何建立环境可持续发展的经济的机会。如果中国取得成功，它将成为令全世界仰慕和仿效的样板，如果中国失败了，我们都将为之付出代价。

莱斯特·布朗、克里斯托弗·弗莱文合著：《中国对美国和全世界提出的挑战》，摘自1996年美国《世界观察》双月刊9—10号

差不多在20年的时间里，中国一直是世界上经济增长最快的国家。是亚洲其他地区的华侨首先发现了邓小平的经济改革1978年开始以后中国发生的变化，他们最先到那里去投资。直到今天，来自香港、台湾和东南亚的投资者们在中国的投资最多，超过美国的和日本的多国公司。没有什么事情能动摇他们的信心。

华桥的乐观态度的依据是这样一种信念：中国不过是一系列亚洲经济奇迹中最新的和最大的奇迹。在他们看来，一些亚洲虎为中国提供的经验有两条：其一是，中国已保持了20年的那种经济增长，在今后许多年里仍能保持下去；其二是，中国1989年经历的那种政治动乱不一定会阻碍经济增长。

关于中国前途的辩论在很大程度上以这种或那种方式涉及到同亚洲虎的这种类比。如果持乐观态度的人是正确的，中国仅仅是另一只虎，那么它的前途是明确无误的：今后还将有数十年的高速经济增长。

从一些经济方面的论点来说，持乐观态度的人在大多数情况下似乎是很有道理的。就以长期的经济增长率为例吧。其他亚洲虎的经验表明，8%到10%的年经济增长率可以维持许多年。南韩现在的年经济增长率几乎达到8%，尽管目前它的人均国内生产总值已超过1万美元。新加坡是一个更加引人注目的例子。它现在的人均国内生产总值几乎跟美国相等，可是它的经济近年来一直以每年高达10%的增长率增长。

此外，对亚洲虎的经济增长来说不可或缺的某些因素，中国似乎也是具备的。例如，高储蓄，一直使得这些国家和地区有着很高的投资率。在中国，储蓄率达到占国内生产总值的40%，甚至比节俭的东亚国家的平均数还要高。

亚洲国家政府消耗掉的部分在国内生产总值中所占比重比较小，这一事实对于经济增长也一直起着重要作用。引人注目的是，尽管中国政府是由共产党领导的，但它的开支在国内生产总值中的比重很小。据官方数字，去年政府开支仅占国内生产总值的11.6%，而在亚洲虎国家里，这个比重是20%左右。地方政府帐外的筹集岁入计划，也许意味着中国的政府支出达到官方宣布的数字的两倍。即便如此，基本的看法仍旧是，中国政府开支在国民收入中所占比重跟亚洲虎国家差不多。

在一个方面，可以说中国要好一些。中国的劳动大军很庞大，这应当意味着中国如因为劳动力缺乏而经受到增加工资的压力的话，也需要经过长得多的时间才能体现出来。

最后一项支持乐观主义者的观点的同亚洲虎的类比，是中国的经济活力同制造业出口的成功之间的关系的密切程度。虽然亚洲虎现在由于出口增长速度放慢而遇到困难，可是很清楚，从长远来说，出口的决心已帮助经济上最成功的东亚国家提高了劳动生产率和在技术与产品开发方面实行了国际标准。中国也正在遵循这个模式

《中国：一只模样古怪的虎》，摘自1996年8月17日英国《经济学家》周刊

中国开放自己的市场并以非破坏性的方式进入其他市场，以此帮助促使全世界经济获得增长，这是完全符合我们的利益的。在一代人的期间里，中国的经济将接近于美国的规模，鉴于中国对全世界的影响，所以它必须迅速通过国际手段把其经济管好。

斯坦福亚太研究中心研究员迈克尔·奥克森伯格：《我们需要什么样的中国方》，摘自1996年4月1日美国《新闻周刊》

中国正成为一个经济大国，这个经济大国在贸易方面的做法可能在今后数十年对世界经济产生深远的影响。

除了中国的经济收获令人留下深刻的印象外，中国在贸易问题上取得了重大的外交进展。这些进展包括同美国达成重大的双边协议和在北京的要求下克林顿政府使人权同中国的最惠国待遇问题脱钩。同时，中国还发动了一个强大的多边运动争取加入新的世界贸易组织。

认真研究中国的经济的许多学者正确地指出，

中国自从毛主席的鼎盛时期以来进行了相当大的经济改革。无疑,中国的经济思想发生了一些巨大的变化。

格雷格·马斯特尔:《美国新的对华贸易政策》,摘自1996年美国《华盛顿季刊》第一期

## (七)社会主义也可以搞市场经济

### ——关于社会主义经济体制改革的评述

除了小小的盛产钻石的博茨瓦纳外,中国自从1978年开始实行自由市场改革以来一直是世界上经济增长最快的国家。同欧洲经济共同体的单独大胆跃进相比,中国经历了"计划与市场相结合"的几个阶段,然后制定目前的目标。1992年宣布的"社会主义市场经济"是第一次既没有提到计划也没有提到条件。使用中国一种特别的双轨办法来放宽价格、对外贸易、外汇和企业部门。这总的说来运转良好,特别在农业部门。

摘自1996年6月27日世界银行1996年世界发展报告有关中国部分

在中国,国有企业仍然占有重要的位置。国有企业改革的成功与否,的确是整个改革的关键,而且是在市场经济过渡过程中最艰难的问题之一。

中国国有企业的改革,从1978年中国共产党十一届三中全会决定进行经济体制改革到今天,已经17年了。这长达17年的改革过程,可以分为以下3个阶段。贯穿各个阶段的国有企业改革的方向是"4个分离"(政企分离、两权分离、党企分离、社企分离),给企业以自主权。

第一阶段(1978年春到1984年10月)是国有企业改革的"起动"阶段,是城市扩大少数企业自主权的实验开始的时期。就是说,最初是采用公司化模式,是"实验→学习"这一企业管理制度改革的阶段。

所谓"公司化",就是在"政企分离"的方针下,国有企业的各主管部门从行政机关中分离出来,然后改组成为具有经济机能的公司。改革初期的公司化,主要是从企业性公司组织化开始的。

但是,尽管这样实行了公司化,然而许多公司不同于本来应有的经济性公司,而是由历来的主管部门摇身一变而来的,它保留了行政权限,被称为"行政性公司"。以上公司中,能够实行统一核算,成为所谓经济实体的为650家左右,只占整个的30%。除此以外的公司,全都是行政性公司。企业成了这种行政性公司的附属品,应当给予企业的自主权被行政给占有了。对于这种行政性公司,上面严厉指出了其危害性。而且,作为学习的结果,根据1986年12月国务院公布的规定予以废除。

第二阶段(1984年10月至1991年底)是国有企业改革的发展阶段,是根据"所有权与经营权分离"(两权分离)的理论,各地进行扩大各种企业自主权尝试的时期。这是企业管理制度改革的"再实验→再学习"的阶段。

通过1985年以后的企业改革,采用和实行了各种经营责任制。第一是经营承包责任制(以下简称为承包制)。承包制是以合同的形式确定国家与企业之间的责任、权限和利润,这主要是大中型国有企业采用。

不仅是行政部门和企业之间实行这种承包合同,而且,企业内也以厂长与车间、车间与作业班的形式实行承包,以促进国有企业内的组织和经营体制的完善与改革。

第二是企业内部的厂长责任制等的改革。厂长责任制是要求法定代表的厂长在一定期间内完成特定的目标。1987年,国有企业中有68%的企业很快就实行了厂长制。

第三是租赁制。租赁制是企业的主管部门与经营者签署租赁合同,在租赁期间内,将企业的资产使用权和经营管理权有偿转让给经营者,让经营者自主经营。

不过,这种租赁制主要是以小型国有企业为对象的,并非是大中型国有企业的改革良策。

这一系列的改革,在一定程度上成功地扩大了企业的自主权。不过,由于"四个分离"不明确,因此,行政手段仍然起着重要的,有时是决定性的作用。其结果,企业并没有摆脱所谓"一统就死,一放就活,一活就乱"这种恶性循坏。企业目前仍未直接进入市场,这使得大中型国有企业的活力和效率未能有效得到提高。而且,国有企业面临的最大困难是,亏损企业不断增加。

第三阶段(1992年～),从提出"社会主义市场经济的目标"和"现代企业制度的确立"等战略设想这一意义上说,对于经济改革,特别是国有企业改革而言,乃是新的阶段。这一阶段处于企业管理制度改革的"选择→普及"阶段中的选择时期。

一桥大学商学系教授平田光弘:《中国向市场经济过渡期的企业管理制度》,摘自1996年日本《世界经济评论》月刊5月号

## 中国过渡期的企业管理模式之分析

一、企业管理机构改革模式之一——“公司化”:这是由“工厂”向“公司”的进化模式。例如第一汽车制造厂和第二汽车制造厂。这两个厂通过“政企分离”由机械工业部那里获得了经营自主权。但实际上,由于企业上面又设立了汽车工业总公司,因此,机械工业部转让的自主权,又因各种理由落到了总公司手里。当时,落入总公司手中的是以下权力:(1)生产辆数和利润额的目标决定权;(2)产品价格决定权;(3)投资权;(4)对外贸易权;(5)干部人事权,等等。

其结果,出现了以下新的问题:(1)只不过是在政府与企业之间增加了一个新的阶层,它阻碍了政府与企业的职责分离;(2)统一于公司的企业,失去了法人资格,成为公司的内部机构,丢掉了独自性,妨碍了所有权与经营权的分离;(3)一部分企业被强行统一,公司则统一地承担损失;(4)历来为主管部门之一的厅和局,成为一些公司,人员增加,其经费转嫁到企业头上,妨碍了企业的社会机能的分离(社企分离)。

二、企业管理机构改革模式之二——“企业内的三重支配制”:这是作为由“单位”到生产组织的进化模式,试图对企业内部的管理机构进行改革。下面以成都量具刃具总厂为例作一下分析。该厂在80年代对内部管理机构进行了两项重要改革。一是实行厂长责任制,确立以厂长为顶点的管理机构。

另一项重要改革是,通过设立职工代表大会让职工对工厂的运营提出意见。

职工代表大会同厂长的关系是,厂长接受职工代表大会关于企业各项计划的意见和提案,然后制定成文,报主管部审批。

关于这种三重支配制,看来是下了一番工夫的。例如,同历来的双重支配制相比,扩大了厂长和职工代表大会的权限,而党委会的权限缩小。但另一方面,企业同政党的关系,目前仍然是内在关系,因此,三重支配制也是有限的。

三、企业管理机构改革模式之三——承包制:这是由“国营”向“国有”进化的模式。承包形态有利润递增承包、工资总额和上缴利润承包、亏损削减分担承包等。

经营者拥有一定自主权的承包制,到1993年底约有95%的大中型国有企业实行。这种承包制,是遵照合同处理主管部门、经营者及职工三者之间的利害关系。由于合同明确规定了权限、责任和利害关系,因此,这种承包制对于防止行政参与和提高经营者及职工的积极性起到了一定的效果。但另一方面,这种承包制也存在着以下局限性。

首先看一下两权分离这一面。承包制并没有消除国有资产在产权关系上的模糊之处。这是因为,承包制并不是以明确关于企业资产的产权关系为基础确立的,而是建立在一定期限(3至5年)的利益分配基础之上的。另外,从政企分离这一面来看,政府作为国有资产的直接所有者,成为“决策者”,依然掌握着直接参与企业活动的权力。因此,企业对政府的从属关系并没有改变,就连企业的自主经营权也很难说真正得到了实现。

另一方面,再看一下承包制有关经营这一问题。由于在承包期间缺乏日常对经营者的监视机制及经营者自我约束的机制,因此,维护所有者的利益是困难的。而且还产生这样的问题:尽管合同强调承包人对经营的结果负有责任,但是,由于企业没有自有资产,所以,出现亏损也难以填补。另外,承包人往往容易只考虑短期的利益,不能采取把企业的长期利益放在脑际经营事业的姿态,而且容易对将来的发展采取轻视态度。这样一来就导致了企业难以形成基于长远观点的利益和自我发展的机制,并且诱发出短期行为和“只享受利益而不承担损失”等弊端。因此,一般说来,承包制不会成为国有企业体制改革追求的最终模式。而且,合同是企业同政府经过一对一的讨价还价后签署的,因此,承包指标等没有合理的根据,存在着差别,妨碍了公正的竞争。依靠企业利益保留资金的资本投入,被作为新的承包的基数,企业挑剔消费胜于挑剔投资,不会去努力增加保留额。

1994年年初,实行了以增值税为主体的流通税,以及采用了以企业所得税一元化为中心的新税制。由于这一措施的实行,从而结束了主管部门与企业之间以一定缴纳利润等为指标而签约的承包经营责任制。如果所有的企业一律实行税制和税率,那么,在主管部门之间进行讨价还价和相互谋求利益的系统就会失去存在理由。

总之,以上分析的企业管理模式,是针对计划经济管理制度的弊病,从一个侧面分别进行政策调整,因此,不会进行彻底的改革,只能说是过渡的形态。这种模式不同于计划经济的企业管理制度和市场经济的企业管理制度。它作为把计划经济与市场经济结合在一起的计划市场经济的企业管理制度,有着行政管理与经济管理并存的特征。但是,这种改革模式,对于改革原计划经济的企业管理系统来说,起到了进步的作用。而另一方面，它没有触及现有的国家所有权，相反，维护了国家所有权，它自然是有限的。因此，如果按照这样的模式进行改革，是无法从根本上解决大中型国有企业面临的难以搞活的问题，有必要进行“制度革新型”改革，建立与新的市场经济相适应的系统，以取代这种历来的“政策调整型”改革。

一桥大学商学系教授平田光弘:《中国向市场经济过渡期的企业管理制度》，摘自1996年日本《世界经济评论》月刊5月号

中国要继续稳定发展经济，外国政府贷款和外国企业的投资与技术转让则是不可或缺的。但是，在1995年以后减少对外资企业的优惠措施的趋势越来越明显，外资开始控制对华投资。

据中国政府说:“一系列的措施与废除对外资企业的特别限制同时进行，目的在于在中国的巨大市场上确立外资同内资的平等竞争状态。”但是，很显然，内资同外资之间不可能实现真正的平等。逐步修改外资优惠措施无疑是旨在解决国营企业赤字问题的对策，而国营企业赤字问题是中国经济的致命弱点。企业到中国投资近几年来形成了热潮。对投资企业来说，中国廉价的劳动力和不动产很有吸引力。由于成本下降，因而可以降低产品价格。另外，投资时减轻企业所得税也是一大有利因素。因此，企业对优惠措施明显的经济特区的投资急剧增加。

当这些企业开始以中国为市场的时候，开始出现了国营企业的悲剧。中国经济越发展，国民生活水平越提高，质量差的国营企业产品在市场上则越没有竞争力。优质的外资企业产品不管价格多贵，其市场占有率也可以提高。特别是在城市地区这种趋势尤为明显。通过引进外国资本与技术振兴经济，并以此搞活国内企业这一中国政府的计划，正导致事与愿违的结果。

拯救陷入长期亏损体制的国营企业的措施有如下几个。

第一，推进国营企业之间的合并。合并行业相同的企业，或者合并可望起到取长补短效果的企业。合并后，为了减少浪费可以推进改组，根据情况，也可以采取暂时解雇等手段。

第二，搞股份公司或同意外资兼并。为了能够从市场筹集资金，要推进企业的股份公司化。越是优秀企业，就越容易筹措资金，也就越容易激发职工的干劲。另外，如果同意外资兼并，那么，外资企业即使不履行企业设立的复杂手续，也能设立当地法人，因此可以同被救济的内资企业一起享受优惠。

第三，使国营企业倒闭。使对经济不会产生重大影响或无法救济的亏损国营企业倒闭。

特别是对外资重新规定了奖励、限制、禁止的行业，有关法规一旦健全，第二种措施就很有可能实现。

三菱综合研究所副研究员宇佐美晓:《中国应为稳定增长采取措施》，摘自1996年4月16日日本《世界周报》杂志

在过去两年时间里，中国一直小心翼翼地推行着金融改革，从今年年初开始加大这项工作的力度。1993年11月举行的第十四届三中全会在通过了实行社会主义市场经济路线的同时，还提出了四大经济结构改革工作，其中之一即金融部门的改革，在把市场机制引入金融市场上取得了很大的进展。本月3日开办的银行间短期资金市场就被认为是象征着引入市场机制的重要举措。这一市场把中国全国35个短期信用机构同上海的外汇交易计算机系统相联结，从而建立起资金交易的全国网络。

在今年4月份以前，利率事实上还由中央控制，而4月份以后，利率就开始按照收入支出状况而定了。中国经济专家们认为，通过这次的措施，中央政府将建立至少一部分间接限制手段，因此中国的资本主义试验正处于非常重要的时期。

为了帮助企业改革过程中的核心项目——股份制改革，中国还从本月2日开始实施推迟两年时间的以全国为单位的证券法，第一家实行股份制的商业银行“民生银行”也于前一天开始营业。在政策银行和一般商业银行的界限比较模糊的中国，民生银行将成为商业银行的典型。

中国金融改革的对象是由于占国有企业2/3的负债企业的亏空债券和慢性的资金不足现象而使中央政府都不敢贸然下手的部分。如果在短时期内把市场机制引入控制着企业生命的金融部门，就会带来中央政府宏观调控能力丧失、状况不佳的企业破产倒闭的现象。

但金融改革已经成为固定资产投资增加所带来的高度增长开始达到极限的1990年以来左右社会主义市场经济成败的方案，美国在中国加入世界贸易组织问题上提出的前提条件就是金融等服务市场的改革和开放。

韩国《东亚日报》记者朴来正:《中国开始加大金融改革力度》，摘自1996年1月9日韩国《东亚日报》

目前中国正在进行的企业改革处于国有企业基于“公司法”确立“现代企业制度”之前的阶段。具体说来，优秀或有可能改组的国有大中型企业将改组为“国有独资公司”、“有限责任公司”、“股份有限公司”。

国有独资公司仅限于军需产业和航天产业等特定的行业。大多数的大中型企业将在“以公有制为主体的原则”下，演变为吸收国家及其它所有制资金（法人企业或私人的资金）的混合所有制企业（有限公司或股份公司）。

在这里，引人注目的是这样一点：“以公有制为主体的原则”未必意味着一定占资本的过半数。国务院发展研究中心解释说，国家资本即使没有超过半数，公有制作为主体的地位也不会改变。

另外，企业组织也将改组为与西方发达国家基本相同的形式。

如果确立了“现代企业制度”，权利的多重结构现象就会得到改善，企业就可以更迅速地作出决策，并可保持企业战略的一贯性。

此外，即使国家目前作为大股东而可以参与企业的重大决策，但这仅限于国家持股比率的范围之内，同已往那种以国家命令的形式加以干预显然有本质上的不同。最重要的是：企业通过拥有“法人财产权”而可以自负盈亏，进一步搞活整个中国经济的可能性增大。

据粗略统计，在全国约1.45万家国有大中型企业中，1万家左右将向“现代企业制度”过渡。在6.25万家国有小型企业中，可以重建的4.43万家的经营将以出租经营、承包经营、出售等形式委托给集体企业或个人。可以设想，这种小型企业不仅在经营方面，而且在所有形态方面也将实现非国有化。

山一证券经济研究所北京办事处负责人黑岩达也：《正式开始的中国国有企业改革》，摘自1996年3月15日《日本工业新闻》

在社会主义制度下的国有企业有如下的特点：(1)不但具有生产职能，而且具有社会职能，代理执行一部分国家行政工作；(2)承担着这样的社会使命：向所有人提供就业机会，并使其得到平等收入的机会。

所谓社会职能是指公司附带的福利设施。这些非盈利部门的存在成为国有企业的沉重负担。

因此，在改组国有企业，设立有限公司和股份公司的情况下，将采取这样的方法：设立母体仅仅是由工厂及其后授部门组成的生产部门，社会职能部门即非生产部门从生产部门中独立出去。具有一定规模的国有企业另外设立控股公司，把已成为股份公司的生产部门和作为独立法人的非生产部门纳入其属下。

在非生产部门出现赤字的情况下，将由成为股份公司的生产部门向控股公司支付的红利来弥补。

另一方面，过去在城市地区吸收了庞大了劳动力，这也是使国有企业收益恶化的重要原因。一般说来，国有企业职工的30%是多余的人员。不过，今后如何充分利用这些剩余人员及使其流动也将成为课题。中国政府已经提出了在国有企业内调动干部、扶植人才训练中心和人才派遣产业、迅速健全社会保障制度等对策。

特别是健全社会保障制度是解决如下两个问题所不可缺少的。这两个问题是：同社会职能相分离；充分利用剩余人员。从同社会职能相分离这一观点来看，目前社会保障支出的大部分是企业负担的。

要改革社会保障制度，课题也不少。不过，改革的进展确实会使国有企业职员的地位发生动摇，并促使职工从国有企业向其它所有制企业转移。从这种意义上可以说，中国目前正处于从公务员社会向工薪社会过渡的过程之中。

山一证券经济研究所北京办事处负责人黑岩达也：《正式开始的中国国有企业改革》，摘自1996年3月15日《日本工业新闻》

在中国国有企业停滞不前之际，私营企业的飞跃发展引人注目。到去年底为止，私营企业数量达到60多万家。然而，如何认识中国社会主义中存在着的与资本主义社会的企业几乎没有什么两样的私营企业，目前还没有一个明确的结论。平民百姓嫉妒那些住高级公寓、坐进口轿车的私人企业经营者。私人企业越是发展，对于这个问题的处理似乎就越麻烦。

在武汉我有机会对收买破产的国有纺织公司的私营企业进行采访。1988年中国制定了全民所有制工业企业法，国有企业开始了改革。但是，这家纺织企业仍然坚持以往的经营方式，完全落后于改革的浪潮。为此，从1990年起企业经营开始不正常，1993年陷于破产的境地，是中国破产企业中规模最大的企业之一。

注意到已破产的国有企业的是一家被称作“生生集团”的私营企业。1995年春，这家私营企业收买了破产的国有企业，对该企业又投资了3000万元，并更新了设备。此后，仅仅一年多的时间，该企业就变成了一家产年2亿元的优秀企业。

"生生集团"的总经理名叫胡水生,今年43岁。曾在军队担任过要人警卫等工作。他用8000元的资本创立了公司。最初,是一家经营贸易的小公司。如今,发展成为一个拥有43家公司,年销售额达15亿元的大企业集团。

胡总经理的月薪为3000元,并不是很多的。但资产却达8亿元。在中国也是屈指可数的十大实业家之一。当然他还没加入共产党。他的家人住在美国,自己则经常来往于海外。无论从哪方面看,都与"资本家"没什么两样。

在广州我又采访了一家名叫"新苑企业集团"的私营企业。这家集团管辖着经营汽车和贸易等的9家公司,年销售额达8000万元。

该公司总经理陈万光还很年轻,只39岁。他与一般私营企业经营者所不同的是,他是一名共产党员。

陈总经理强调说,私人企业在中国社会主义中发挥的作用最终也只不过是一种"补充"的作用。他认为自己"不是资本家,而是企业家"。"自己家的面积只有50平方米。车是公司的。利润几乎都用于再生产"。

当初,中国在统计上并没将私营企业与个人企业分开。1988年才作出了以下规定:"雇用人员达8人以上的为私营企业,8人以下的为个人企业。"此后,私营企业确实有所增加。但是数量增加最快的还是1992年邓小平提出进一步加快改革开放的步伐之后。到1995年底,私营企业总数达到63万家,年总产值增加到2295亿元(占工业总产值的2.5%)。

中国当局预测,今后年产值将以年平均增长50%左右的速度继续急剧增加。到2000年,企业数量将是现在的3倍,达到208万家。这样一来,在工业总产值中所占的比例也将增加。此外,还出现了这样一种大胆的预测,"国有企业和私营企业各占25%。"

目前,资产超过1亿元的私营企业已达37家,如果到2000年,也许会出现达到与大型国有企业相同规模的私营企业。即使这样是否也可以说私营企业仅仅发挥的是"补充作用"。

如果都像陈总经理那样,即是共产党员,又是对私营企业的作用认识很清楚的经营者,那么社会影响也就会小。但是,这种想法的经营者终究还是少数。

如果对私营企业的自由经营活动进行限制,加重内陆地区开发的过重负担,私营企业就会减少。这不仅对中国整体经济将产生影响,而且今后也不好把握。

评论员藤村幸义:《中国私营企业的"跃进"》,摘自1996年11月3日《日本经济新闻》

## (八)中国的发展离不开世界

### ——关于社会主义对外开放的评述

很难同邓小平的全面经济改革进行辩论。他在当政时期使他的国家向世界打开了大门,世界也用创记录的外国投资作出了响应。在这个过程中,他为21世纪出现一个经济大国铺平了道路。

有一点是清楚的:中国极难倒退到中央集权国家的状况。有资本主义创业精神的猫已被放出了袋子,大概已不可能把它再放回去了。尽管中国最近几年取得了惊人的发展,但是我认为中国只是刚刚开始触及其经济潜力的表面。

我对于我早年在远东的情况记忆犹新。当时中国与世隔绝,而日本、香港、新加坡、台湾和韩国以及太平洋沿岸其它国家的经济都开始迅速发展。

当毛泽东在1976年去世时中国实际上同国际工商企业界仍没有任何接触。即使邓在1978年开始他的市场改革后,世界也花了几年时间才注意到它的全面影响。

但是一旦北京开始释放而不是压制中国人民的天然创业精神的时候,中国的生产率达到了两位数,这是世界上所有大国中最高的增长率。邓的政策使中国成为接受外国直接投资最多的发展中国家,在过去10年中外国直接投资总额达900亿美元。

1994年的外国直接投资是惊人的288亿美元。这意味着中国接受了所有私人投资家投到全世界新兴市场的固定投资总额的一半。

虽然有一些外资(我们不知道有多少)实际上是中国国内资金为了逃税而通过香港回流到中国的,但是无论从哪种标准看这些数字都给人留下了深刻的印象。

坦普尔曼新兴市场基金主席马克·默比乌斯:《中国将面临困难的选择》,摘自1996年1月22日《香港虎报》

该报认为中国是发展中国家的先驱,是第三世界值得效法的榜样,中国在经济领域里所取得的巨大成就,令世人刮目相看。该报说,过去那种"中国巨人觉醒之日就是世界灾难来临之时"的偏见应当丢弃了,由于中国的发展现在应当向世界表示祝贺。

叙利亚这家最具权威的官方报纸指出,中国在改革开放之初的1979年贸易总额为270亿美元，经过16年循序渐进和卓有成效的改革，去年的贸易额已达到2810亿美元，今年可望突破3000亿美元。经济发展速度之快，堪称世界奇迹。

《复兴报》说，中国经济发展后劲强劲，国民经济年增长率超过12.8%，为世界之最。如不是中国政府担心物价指数上涨过快，通货膨胀居高不下而采取降温措施，中国经济发展速度还会有大幅度提高。与此同时通货膨胀得到了有效的控制，通胀率由前几年的24%降至今天的10%以下。

该报说，尽管中国的国力增强了，国际地位提高了。但中国反对霸权主义，强权政治的立场并没有变化。该报称赞中国在国际事务中言必信，行必果的大国风范。赞扬中国政府对第三世界国家给予的支持。

这家报纸赞扬中国民族政策得当，对中国国内稳定的政局给予了高度评价。该报说中国有56个民族，其中汉族占总人口的比例已超过了90%，中国各族之间乐融融、无纠纷，这与其他国家纠纷不止、械斗不断，各族之间遍生冤恨、相互仇视的情形形成了鲜明的对照。

《复兴报》把中国所取得的巨大成就归结为，中国改革、开放政策的正确，中国领导人驾驭经济和政局的能力炉火纯青。《复兴报》指出，中国的改革是稳步的、循序渐进式的深入，根基较牢，成功的可能性较大。中国首先在与人民生活密切相关的衣、食方面进行稳妥的改革，使人民得到了实惠，生活水平有了较大的提高，从而博得人民的一致拥护，然后再向其他领域进军，扩大改革领域，加大改革力度。中国政府这种务实的政策，使国家免于动荡，也有出现前苏联那种崩溃的局面。

中国政府执行的政治为经济服务，经济又促进政治的策略也是经济发展的需要原因。《复兴报》指出，中国由一个原来是半封闭的国家，迅速地实现了转变，打开了国门。中国与其他国家的交往日见增多，中国领导人差不多每周都要接待一位外国政要。仅去年就有46位各国首脑到中国访问，与此同时，中国领导人也到60个国家进行了访问。中国国门的打开，不仅有助于中国经济的发展，也促进中国旅游业的发展，去年到中国旅游的人数达4000万人次，中国政府由此获得了大约80亿美元的旅游收入。

这家报纸指出，阿拉伯世界和中国都主张建立公正的世界新秩序，反对一极世界，中国的经验对阿拉伯国家有很大的借鉴意义。阿拉伯人民对中国的强大没有丝毫的担心和恐惧，相反倒是能得到许多益处。

叙利亚复兴党机关报《复兴报》文章，摘自1996年新华社大马士革12月24日电

整整4年来，中国经济的年增长率一直保持在10%以上。1995年的国民生产总值增长了10.2%；年底时外贸顺差已达到200亿美元，外汇储备也达到了700亿美元，均为中国历年的最高水平。专家认为，中国经济去年最重要的成就是把通货膨胀遏制在14.6%，比原计划低0.2%。由于经济过热，1994年的通货膨胀率曾达到21.7%的最高记录，政府采取了严厉措施加以干预并取得成绩。措施还规定1996年将进一步降低通胀率。

如此之快的经济增长归功于改革的结果，以及受健康的储蓄利率的吸引而吸收的越来越多的投资。如果上述因素继续发挥作用，估计1996年中国的经济将实8%的增长率。

经济的高速发展使中国成了最吸引外资的地方。去年的外资额曾高达令人眩晕的370亿美元，仅低于美国。尽管中国的统计部门对这一数字是否属实持谨慎态度，但事实是，中国市场对外国投资者的吸引力的确极大，因为它潜在的需求还在增加，估计1996年中国的外资额将达到390亿美元。

《中国迅速发展》，摘自1996年1月22日南斯拉夫《经济政策》周刊

曾做过《纽约时报》驻东京记者的理查德·哈拉伦在给一家外交问题杂志的投稿中，提醒警惕亚洲的挑战。他引用世界银行和美国中央情报局的统计数字，对2020年世界10大经济强国的顺序进行了预测，按照他的预测，中国将跃居第一大经济强国的位置，而现在世界最大的经济强国美国则要被挤到第二，其后是日本、印度、印尼、韩国、德国、泰国、法国、巴西，由此也可以看出亚洲国家将在世界10大经济强国中占据6个名额。在军事上亚洲国家的未来也足以令人恐惧，因为这一地区集中了世界八大军事力量，除了美国、俄罗斯、中国以外，还有印度、南北韩、巴基斯坦、越南。现在同亚洲国家的关系比任何时代都显得重要，但现实情况是，美国同亚洲同国家的关系并不是那么令人满意。

美国在同亚洲的关系上比较突出的问题是同中国的矛盾。中国在政治、经济问题上措词强硬、态度鲜，而美国给人的感觉是还没有找到切实的对应方案，其中一例就是最近克林顿政府发表的对中国进行经济制裁的措施。当初美国方面开始宣传要对中国进行报复制裁的时候，还讨论要中止给予中国乌

拉圭回合贸易谈判的优惠待遇,中止对军人制造的中国产品给予最惠国待遇关税,阻碍中国加入世界贸易组织,支持台湾加入世界贸易组织等等。

但中国方面认为,只要美国企业不回避拥有12亿人口的中国市场的重要性,克林顿政府就无法采取强硬的制裁措施,因此中国政府对美国的制裁措施态度十分坚决,以宣布对美国企业和商品征收同样的关税来回击。中国总理李鹏最近还在访问法国的时候,从空中客车工业公司订购了15亿美元的空中客车飞机,把波音公司等美国飞机制造公司甩到了一边。到1995年,韩国对美国的进口额为254亿美元,与此相比,中国对美国的进口额则只有117亿美元,韩国对美国有12亿美元的贸易逆差,而中国对美国则有339亿美元的贸易顺差。尽管如此,中国对美国还是把自己该说的话都说出来了,这同韩国的姿态形成了鲜明对比。

记者韩南圭《中国对美国说"不"》,摘自1996年6月18日韩国《经济人》周刊

中国宣布从现在起到今年年底实现人民币的部分可兑换性,从而向溶入世界经济体系迈出了重要的一步。这一争取实现货币"正常化"的行动表明了中国当局对本国财政金融体制的信誉的信心。但这同时也是一种风险,因为尚待了解的是世界其它国家和地区是否同意他们(中国当局)的估计。

这种自由兑换尚不涉及资本、贷款和借款的可兑换性。中国人民银行的一位副行长在谈到这个问题时宣布要实行较严格的控制,要将经常项目和资本项目区分开来。他强调指出,"如果不把这两种项目分开,金融秩序就会出现混乱"。北京很可能是担心出现这种情况:一心想使自己的投资免受兑换风险打击的某些企业家通过购买外汇(只出示设备或原材料购买发票)将收入转出境外。

一位西方银行家在谈到这个问题时指出,"中国人对自己的银行体制充满信心"。另一位外国经济学家补充说,货币的可兑换性问题迟早会提出来。中国政府无疑认为,现在是尝试进行冒险的有利时机。5月底,中国的外汇储备估计达850亿美元,外债达1100亿美元。

但北京决定显示对自己的经济形势的信心。所采取的这些新措施还具有政治性:这表明,为中国加入世贸组织提供依据的努力很可能会继续下去。此外,这也关系到共产党政权的"面子"。在离恢复对香港行使主权还有一年时间的今天,北京是难以让港元成为中国唯一可兑换货币的。

但个人用人民币兑换外汇是不大可能很快就能做到的。一位西方银行家说,这"还需要走很长一段路程"。

记者让·勒克莱尔·迪萨布隆:《中国的货币赌注》,摘自1996年6月26日法国《费加罗报》

1992年至1995年,中国经济连续四年实现了两位数增长,在经济增长显著的亚洲最具活力。其中,在以华南地区为主的沿海地区,引进市场机制后发展起来的乡镇企业和外资企业发挥了重要作用。

亚洲接受世界直接投资的比重在80年代以后增大。特别是1993年以后,外商的对华投资急剧增加,大大高于对新兴工业化地区和东盟四国的投资。与此同时,外资企业以华南地区为主,一跃成为中国出口的主角。

从1994年起,中国的外资优惠政策分阶段地趋于减少。这是因为,经济落后的内陆一些地方对中央采取的沿海地区外资倾斜政策表示强烈不满。

另外,还有以下几种情况产生了影响:一、外资企业在税制方面享受优惠政策,在竞争中处于不利地位的国有企业要求废除优惠政策的呼声高涨;二、财政收入持续减少,弥补税收不足部分的目标转向了外资企业;三、有必要改变内外资的差别待遇,以便加入世界贸易组织;四、不选择产业地引起外资,结果造成外资企业集中于一部分产业领导,产业之间发展不平衡,等等。

日本第一劝业银行综合研究所研究员重并朋生:《中国的地区差距与外资政策》,摘自1996年4月25日《日本工业新闻》

中国人大在1995年6月30日通过了新的保险法。在该法实施近一年之后,中国市场仍在继续以小步子开放。中国人民保险公司仍然控制着该市场的90%,这家保险公司最近分成了三个实体(人寿保险、损失赔偿、再保险三部分)。人们从1988年开始才考虑这家国营保险公司的改革问题。

法国保险公司联合会主席德尼·凯斯莱尔加强了在1995年7月份建立起来的双边合作,而在星期五(8月30日)和星期六(8月31日)与北京市市长、上海市市长及与中央银行行长会晤后更加强了在培训方面的合作。法国保险公司联合会人士说,确实,缺乏熟练员工、银行结构问题、规章制度薄弱且过于刻板,这就是正在发展中的这个保险市场的特点。

在这种情况下,中国正在迈着小步子向外国保险公司开放。

中国始终是在一点点地发放许可证，要知道已有75家以上外国保险公司在中国设立了代表处。这个数字只会增加。看来中国政府已经把他们开放市场的预定目标调低了，因为美国的美亚国际保险公司在最近6个月里在上海又招揽了50%的人寿保险业务。中国当局不惜一切代价所要避免的是中国的保险公司被外国保险公司取代，因为他们担心竞争过于激烈。

驻上海特派记者帕卡尔·桑蒂：《中国：一点点地开放一个很不可靠的市场》，摘自1996年9月3日法国《回声报》

中国的对外政策在"文革"以后和经济改革以后发生了根本性变化。它并未做许多维护所谓世界新秩序和否认这一秩序的事情。它的战略评价是，世界和世界格局正在向多极化发展，这种多极是指美国、日本、欧盟、某些发展中国家，当然还有它自己。它视世界进程为相互渗透的全球化和区域化的平行发展。中国认为，和平是经济—技术发展的必要条件，所以发展与合作便成了世界多数国家的目标；而全球经济发展一体化的趋势和地区经济发展中心的出现，则增加了国家与国家之间的相互依赖性。但是中国拒绝同其他国家或国家集团签订任何形式的联盟和政治与军事—防务条约，它把自己看作"不结盟国家"，实际上它也是这样做的。它同亚洲和欧洲一些过去意识形态相近的国家以及同所有国家的关系，都是建立在"和平共处五项原则"基础上的。

面对西方的制裁和禁运，中国并没有自暴自弃，也没有闭关自守。它继续进行经济改革，在对外政策方面摒弃了意识形态并把目光转向周边国家。它宣布结束了同俄罗斯之间存在了几十年之久的边界争端，并开始同印度就类似争端举行谈判；它正在同越南谈判解决边界划定问题；日本成了它的主要贸易伙伴；它同几十年来没有任何关系的韩国有了160亿美元的贸易额……

南斯拉夫前驻华大使朱克奇：《毫不犹豫地进行经济改革——你想知道但又无从了解的中国模式》摘自1996年4月10—11日南斯拉夫《我们的战斗报》

70年代末，中国共产党根据自己的经验得出结论说，建设社会主义社会的新方针必须是民主的方针。1992年召开的中国共产党14大用下面的话阐明了自那时以来制订的政治改革战略的核心内容："没有民主和法律就没有社会主义。"

但是，起步的条件不好：经济—社会落后，干部们普遍轻视宪法和其他法律，干部和人民大众缺少法律意识，膨胀的、官僚主义的权力和管理机构。另外还因国家大和缺少民主传统而产生的巨大困难。不管怎样，政治制度应当是改革的目标。这种政治制度将与社会主义市场经济相适应，以鲜明的民主、法律、效率和牢固扎根于居民之中而著称。通往这种政治制度的道路还非常非常遥远。但是，一些求实的"中国问题观察家"认为，不应当忽视已经取得的成果。

人们仍在摸索，将民主和法律纳入社会。全国人大越来越积极地按照宪法监督中央政府和法律机关——而地方机关中存在着较大的问题，8个民主党派在政治生活中发挥的作用更加清晰可见。自从基本法里写进"在中国共产党领导下的多党合作制和政治协商制"以来，党和政府任何重要的决定都是吸收了这些党派代表和著名无党派人士的意见和建议的。

在为经济发展奠定法律基础的同时，中国也非常重视保护公民权利和合法利益的法律和法令。

今天，问题不在于缺少法律，而是执法不力。滥用职权的枉法行为仍然很普遍，尽管司法部门在与此作斗争。

另外，在选举制度民主化方面也有了进步。1987年以来，直到县级的人大代表都是直选的。现在，各级和直到全国人大都实行竞选。

改革和开放中出现的矛盾，国际形势和西方对中国战略中发生的变化，都迫使中国领导人考虑继续进行政治改革。

赫尔穆特·彼德斯：《中国走政治改革之路》，摘自1996年2月26日德国《新德意志报》

## （九）发展社会主义民主、健全社会主义法制

### ——关于社会主义政治体制改革的评述

一个比较健全的市场经济，必然要求并具有比较完备的法制，也必然有个与之相适应的道德规范。既然实行的是社会主义市场经济，就需要理顺经济建设和提高国民素质的关系，在纷繁复杂的社会变化和各种文化碰撞中，分清是非，抵制各种不良风气，力求将经济效益与社会效益并举。这需要完善法制来保障。依法治国是社会进步、社会文明的重要标志，是国家长治久安的保证。没有知识、道德、信义、法纪的社会，是不可想像的。中国以文明的形象进入21世纪，精神文明当然更是一个重要因素。

十多年来中国在立法方面取得很大成绩。从公务员到百姓逐步形成一个有序的行为规范,一个法治社会开始在完善中。然而有法不依,执法不严的现象仍然存在,执法人员的素质也参差不齐,司法体制与民主法制建设仍不够完善。在有些地区,公权力受到严重挑战。人们注意到最高人民检察院检察长张思卿披露,犯有贪污贿赂及徇私舞弊、玩忽职守罪行的人员在各部门、机关的分布状况的排列次序是:司法、经济管理、党政机关和行政执法机关。这是一个引人深思的动向。

正气新风出坦途。背着人口和就业负担重,人均资源相对不足,国民经济整体素质低,而又面临发达国家经济与科技优势压力的中国国情,更加需要的是自强、自立、自重、自省、自励,方能以巨人之姿势进入21世纪。这是海外炎黄子孙所热切盼望的。

评论:《突出精神文明在社会发展的地位》,摘自1996年3月16日纽约《侨报》

长期来人们总是盯住俄罗期人,现在,人们注视着中国人——在世界公众的心目中,中国正在变成一个新的邪恶帝国。她违反人权,大规模盗窃知识产权,有大国野心,现在又对台湾作出威胁姿态。在许多人看来,中国龙越来越胆大妄为地抬起头。

这个很难治理的大国正在向着扩大市场经济、向着民主和法治国家的方向运动,虽然缓慢,按西方的胃口甚至太慢,但却是不断地向这个方向运动。

例如,全国人民代表大会刚刚通过了两项法案,在中国的刑法制度中第一次规定在判决前的无罪认定并限制警察权力。世界公众对此几乎未加注意。

主编施特凡·巴龙《龙和熊》,摘自1996年3月21日德国《经济周刊》

70年代末,中国共产党根据自己的经验得出结论说,建设社会主义社会的新方针必须是民主的方针。1992年召开的中国共产党十四大用下面的话阐明了自那时以来制订的政治改革战略的核心内容:“没有民主和法律就没有社会主义。”

但是,起步的条件不好:经济—社会落后,干部们普遍轻视宪法和其他法律,干部和人民大众缺少法律意识,膨胀的、官僚主义的权力和管理机构。另外还有因国家大和缺少民主传统而产生的巨大困难。不管怎样,政治制度应当是改革的目标。这种政治制度将与社会主义市场经济相适应,以鲜明的民主、法律、效率和牢固扎根于居民之中而著称。通往这种政治制度的道路还非常非常遥远。但是,一些求实的“中国问题观察家”认为,不应当忽视已经取得的成果。

人们仍在摸索,将民主和法律纳入社会。全国人大越来越积极地按照宪法监督中央政府和法律机关——而地方机关中存在着较大的问题。8个民主党派在政治生活中发挥的作用更加清晰可见。自从基本法里写进“在中国共产党领导下的多党合作制和政治协商制”以来,党和政府任何重要的决定都是吸收了这些党派代表和著名无党派人士的意见和建议的。

在为经济发展奠定法律基础的同时,中国也非常重视保护公民权利和合法权益的法律和法令。

今天,问题不在于缺少法律,而是执法不力。滥用职权的枉法行为仍然很普遍,尽管司法部门在与此作斗争。

另外,在选举制度民主化方面也有了进步。1987年以来,直到县级的人大代表都是直选的。现在,各级和直到全国人大都实行竞选。

改革和开放中出现的矛盾,国际形势和西方对中国战略中发生的变化,都迫使中国领导人考虑继续进行政治改革。

赫尔穆特·彼得斯:《中国走政治改革之路》,摘自1996年2月26日德国《新德意志报》

如果说在中国还是5000年来的那种强调集体思想第一和注重贡献的精神占主导地位,而不是强调在社会生活中每个人都享有成文的权利的话,那么,这样一个国家是不可能在一夜之间就会接受我们社会的价值观的。

然而中国社会变化的速度远远超过我们根据为数不多的报道所认为的那种速度。当我们认为在中国还是共产主义和独裁当政的时候,实际上多元化早就为各种新思想敞开了大门并提供了众多的自由余地。日常生活的所有问题都几乎如此。

同时,像农村的地方自治、全国人民代表机构要求有共同发言权这样初级的民主体制也崭露雏型。但是,首先是领导本身在大力促进朝着法治国家的方向发展。当然,从我们的角度来看,不足之处还很多,但是,我们用了几个世纪的时间才达到了我们今天这样完美的社会制度。因此有人站在中国一方指责过去50年给我们留下的阴暗面,是可以理解的。

只有在中国建立起全面的法制并深入到全体人民的心目中,那么人权在中国才能得到广泛的尊重。

这条道路是艰巨的,因为我们的法制观念连同现代法作法的模式只能逐渐进入中国。这一过程在中国和在整个东亚已经开始了。我们应该在这些地方着手工作。因此,我们不应该说"通过贸易来实现变化",而是应该说"通过现代化来促进变"。因为现代化的思想意味着明智的思想,这种思想不受意识形态影响。

德国东亚问题的专家,德国前驻华大使韩培德:《通往法治国中的长征》,摘自1996年9月9日德国《世界报》

然而,北京的新领导人在不断地表明,这个幅员辽阔的国家在尊重人权方面与一些民主国家还是有着显著的不同之处的。有时令西方国家很难理解的是,正在朝着未来前进的这个国家对其公民的约束是很严格的。诚然,几年来,人们可以比较自由地来来往往了;人们甚至可以用不着象过去那样非要得到党的负责人的同意方可远走异乡,这真是个奇迹!

中国是否是一个难以捉摸的国家?借助于这本杰出的著作,佩雷菲特作出了相反的回答。中国成功的秘诀何在?在北京,上海,在乡间的村镇,佩雷菲特并不只是看一看中国人日常是怎样生活的,也并不只是纪录下他在几次来华旅行中看到的中国取得的进步。在他看来,如果不很好地了解中国的悠久历史及由此而引出的特殊性,那就不可能真了解中国。

25年过去了,佩雷菲特的观点并没有改变。尽管存在着一些表象,但正在崛起的现代化的中国并不是其它模式的简缩;它的根基是深厚的,这就使得它的未来主义与传统并存、袖珍计算器与算盘并存。同样,由于它的历史非常悠久,因此,按照中国的思维方式,它首先考虑的是社会而不是个人,在这个制度之下,中国居民承受的约束力是那么大,他们的道德准则与我们的相去甚远。德日进教士曾经说过:"我去东方的次数越多,我对那种打着国际主义幌子进行的蛊惑人心的宣传就越是不相信。"佩雷菲特现在比以往任何时候都更加同意这种观点,而且这种观点他早在1973年就已经强调过了。因此,他显然不同意密特朗担任总统时法国对北京的政策。

但除了这种直接的政治上的结论之外,佩雷菲特这本书最关注的是使这里正在发生的变化能够为人们所理解,以及对其结局作出预测。现在,作者也愿意承认这一点,即各种相互具有反差的现象、各种相互对立的东西出现了。这片广袤的土地上长期以来几乎是封闭的,几十年来受到文化革命那呆板与虚伪道德的束缚,因而在这片土地发生的情况与所有那些发达国家是一样的;以往受到压制的情感与冲动现在一下子爆发出来了。人们又有了玩乐的权利,迪斯科成风,性革命正在进行之中,随之而来是的恋爱结婚,西方式的离婚。在个人主义上升的同时,违法犯罪、贪污腐化现象也在增加,这是很不幸的。

佩雷菲特还以细腻的笔触为他的读者们提供了一本不同寻常的历史书,它就象宽银幕电影一样对毛以后的时代、对在邓小平领导下的1976年－1996年的情况进行了回顾。这位非凡的老人使国家摆脱了混乱状态,实现了对外开放,并有可能建立一个真正的民主政治的基础,尽管这个民主制度与我们的民主制度存在着很大的差别也罢。

埃里克·鲁赛尔:《佩雷菲特:中国奇迹的见证人》,摘自1996年12月26日法国《费加罗报》

美国国会一年一度有关中国人权记录的辩论开始了,值得指出的是,政治上的反对派遭到骚扰、被投入监狱或者受到更糟糕的待遇的国家,并不只是中国。

那么为什么美国人把注意力集中在中国而对埃及、沙特阿拉伯以及墨西哥——举几个明显的事例——却比较放松呢?

要找到答案并不难。美国人自19世纪快速帆船时代以来对中国特别钟爱,当时中国的瓷器和丝绸在美国风靡一时。

一个多世纪过去了,1979年,当中国领导人邓小平在得克萨斯马术表演场乘车绕场一周时,受到了美国人的欢呼。

所有这些年来,孔子雕像使得美国人着迷,悠久的、光辉灿烂的中国文化一直受到人们的崇敬。

正是由于对中国的迷恋之情十分强烈,美国人的赞扬和批评往往达到极端。

现今,国会、新闻界以及人权组织都坚决断言,中国没有遵守公认的国际行为标准,而中国政府指出自1979年以来已有很大改进,它对在大庭广众之下受到羞辱感到愤怒。

开国元勋们并不认为应该告诉其他国家如何行事。相反,正如本杰明·富兰克林所说,一个范例就是给予最好的启示。

托马斯·杰斐逊本来会嘲笑1976年的法律的,该法律要求国务院每年写出一份有关全世界人权状况的报告。

西奥多·罗斯福赞成开国元勋们的目标,约翰·肯尼迪虽声称我们反对"慢慢解决本国一向保证要解决的那些人权问题",不过他十分小心谨慎地不使国家安全利益服从于在人权问题上的争端。

卡特政府执政时期,人权问题是通过政府之间的渠道进行了一般的讨论,在这方面以开国元勋们的方式,避开公众的注意悄悄不断地施加压力。

吉米·卡特是美国历史上把人权问题置于与别国关系首位的第一位总统。连他都感到有必要建立一个特别小组(由副国务卿沃伦·克里斯托弗领导),保护与第三世界至关重要的关系,避免因专注于人权问题而受到危险的削弱。

从美国历史中记取这些教训有助于使我们与中国有关人权问题的对话恢复正常状态,使它回到它本该属于的外交渠道上来,并在更大程度上依靠悄悄地施加压力。

鼓吹人权的人还应当权衡一下,从中国经济迅速增长获得的好处多还是人权状况改善缓慢损失东西多。

这个世界人口最多的国家从1979年至1995年人均收入增加两倍是一个巨大成就,它使千千万万的中国人有了足够的粮食、衣服和住房。

然而,随着时间推移,经济快速增长使北京极权政策变得缓和下来的可能性要比公开谴责大得多。亚洲其他地方就是这样。

我在70年代末住在北京,自那以后还不时回去,我获得的印象是,政府在尊重人权和容忍批评方面有了引人注目的改进。

许多美国人通过经常接触和语言交流观察到中国的这些变化,他们也同意我的观点。

尽管外国报纸很少报道这些事态,而这些变化对愿意毫无偏见地看待中国的任何人来说,是显而易见的。

戴维·格里斯:《不应当大张旗鼓地羞辱中国》,摘自1996年4月2日《香港虎报》

经常有人问我,我们的公司先进材料资源公司同有侵犯人权记录的中国做生意,是否合乎道德和伦理标准。我通常回答说,我们西方有两个选择,我们可以避开中国,从而孤立它,或者可以同中国建立包括商业来往的关系。显然,我们选择了后者。可是,这只是出自商业利益的一个务实反应呢,还是另有原因说明加拿大人应该向中国开放大门?

每周,在我们的报纸上都有文章,叙述中国的行为从加拿大的观点出发是完全不能接受的。不管这些报道叙述压制政治权利、孤儿院里虐待婴儿还是各种其他不愉快问题,这些活动都违背我们认为应该如何整治一个社会的理想。此外,甚至于一些正面的报道文章也有令人讨厌的讥刺,例如最近报道克雷蒂安总理在中国期间同中国总理李鹏拥抱。这篇文章顺便提到李鹏在天安门广场事件中所起的作用,从而给这一友好交往抹黑。

不管这一切,在我经常去中国旅行时,我并没有看到这种侵犯人权的任何迹象,军警并不随处可见,人民看上去身体健康,精神饱满。此外,我还认为,在中国,个人享有历来最多的经济和社会自由。尽管这一切,但我相信,确实发生使加拿大人和我感到不快的做法——可能经常发生。

塞缪尔·亨廷顿在1993年登载在(美国)《外交》杂志上的一篇文章中说:"世界政治正进入一个新阶段,在这个阶段,人类的重大分歧和主要冲突源由将是文化上的。"(英国)《经济学家》杂志最近称这篇文章同乔治·凯南1947年登在同一家刊物上的著名文章一样有影响,那篇文章表示需要遏制苏联的威胁。

亨廷顿在文章中指出,各种文明之间的差别是基本的,不会消失。来自不同文明的人对"上帝和人、个人和集团、公民和国家、父母和孩子、丈夫和妻子之间的关系以及权利和责任、自由和权力、平等和等级的相对重要性"持有不同的看法。

我从同中国人民的许多交谈中了解到,他们并不抱有我们对民主的想往和人权的内容所持有的看法。他们并不赞同我们认为应该对全体公民实施的同样一套价值观。如亨廷顿所说的,他们要现代化,不要西方化。

亨廷顿的文章中的一段引文称中国是"想成为国家的一种文明"。在19世纪和20世纪初,西方的传教士试图给这个文明带去基督教。今天,没有见到这种活动产生什么效果,宣讲耶稣的道理同家长式的殖民态度一样,想把民主和人权的价值观强加给中国人的西方人今天正遇到同样的抵制。中国人称,这是殖民地时期之后西方狂妄自大的一种形式,因为西方人在同至少同他们自己的文化一样古老的文化打交道。我认为,他们在这方面是正确的。

多伦多先生材料资源公司董事长兼总经理彼得·冈迪:《不应回避中国》摘自1996年12月28日《环球邮报》

提起中国,极少数德国人就会产生这样的联想:这个大国是对我们越来越重要的市场和经济伙伴,因此对确保我们的工作岗位可能起重要作用。然而更重要的是从我们欧洲人的观念世界产生的、企图用我们的尺度衡量这个遥远国家的种种问题。我们的兴趣集中在人权、警察国家或者北京不肯给西藏自治的做法。因此,只要北京不尊重人权,同中国接触往往就被视为不光彩。人们提出种种要求,直至限制发展援助和贸易交流。其背后的设想是,西方可以用制裁手段在短期内帮助这个有12亿人口的国家实行民主。

另一方面,形形色色的政界人士中的一些人认为,共产党治理的中国不可避免地要走同前苏联一样的道路,所有经济改革都将半途而废,本来就无意进行政治改革,备受赞扬的经济成功只不过是短期的"泡沫经济政策"的结果。

诸如此类的保留意见在其他许多西方国家决定着对中国的看法。这是有关这个大国的全部真实情况吗?很少有人提出这样的问题:虽然这个国家受到这样根本性的批评,为什么她还是取得了如此引人注目的经济成就?更没有人来讨论这个国家在近些年实际上取得了哪些进步这样一个问题。大多数人总是看到玻璃杯是半空的,却看不到它是半满的。遗憾,在我们这里关于中国的信息十分不够。我们以为,世界的其余地方应当按照同我们一样的原则生活。

我们倒是应当想一想,取得这些巨大经济成绩的人在考虑什么。要知道,中国在近15年发生了翻天覆地的变化。不仅物质条件进一步发展了,人的意识也有了惊人的变化。与此同时所完成的社会变革已经不可阻挡、不可逆转。思想和行动的自由化已经赢得了空间。日益扩大的致富的思想和消费,首先给年轻一代确定了追求的重点,迅速增长的对外接触和播放西方影片的电视,扩大了人们对外界的视野。即使人们不愿意正式承认,新加坡对许多中国人来说仍是一个理想模式。

德意志联邦共和国前驻华大使汉斯彼得·赫尔贝克(韩培德):《对遥远中国的偏见》,摘自1996年2月1日德国《世界报》

在共产党的貌似僵化的、列宁主义的正墙背后已发生了一种变化。由于经济改革的结果,党组织和干部层已经学会了新的政治职能,有了新的兴趣。在毛的时代,意识形态控制是党的工作的中心,现是则越来越多退居到促进经济和经济改革之后。在中国有经济活力的区域,各级党的干部的政治思想和行动都已经开始广泛的经济化。

在中央政府和地方领导之间的关系上也发生了方向性的变化。虽然中国国家制度和共产党是以集中的组织原则为基础的,但在实行改革开放政策的过程中,中央和地方的关系发生了质的变化。在省的领导被授予了广泛的经济决策权、处置权及立法权限的同时,政治决心的形成和利益贯彻的过程便出现了新的基本模式。中央不能再像以前那样严格地用全国的政策约束自行其是的地方领导。行政命令式的经济和意识形态上的纪律教育运动的时代已经过去。

中国的社团协会也在机制上发生了变化。自1978年实行改革开放政策以来中国出现了多种多样的新形式的经济协会和社会协会,如工业和企业家协会、科学家和工程师协会以及其他许多专门性组织。

党的控制组织、中央和地方的关系以及各个协会中明显可见的政治变化表明,今日的统治制度离毛时代的极权主义制度已经相去多远。

汉堡亚洲学会对华政策研究员塞巴斯蒂安·海尔:《争取一个小步走的对华政策——西方应当寄希望于共产主义制度的变革,而不是崩溃》,摘自1996年2月12日德国《法兰克福汇报》

中国领导人正在全国范围内实行村长选举制度。中国计划将村长选举,扩大到乡长、镇长,最终发展为省长和人大的选举。不过,即使这种限制性的民主主义在今后10年发展下去,这种变化也很可能是在不承认共产党以外的政党这种情况下发生。中国的未来在很大程度上取决于领导人能否成功地完成这场经济革命。

《美国胡佛研究所关于中国经济和美中关系的报告》,摘自1996年日本《世界周报》新年号

的确,中国社会政治民主化的程度还没有达到经济改革的深度。不过,也很难要求一个没有政治多元和民主传统并且受到沉重的人口压力的国家会很快达到最先进的民主标准。不能不看到,中国尽管慢,却在不断地向建设法制国家、提高选举产生的政权机关的作用和改善对公民的基本权利方向迈进。

俄罗斯外交部第一亚洲司司长阿法纳西耶夫和该司处长洛格维诺夫合著:《第三个一千年前夕的俄罗斯和中国》,摘自1995年俄罗斯《国际生活》月刊11—12期

在德国公众中,中华人民共和国的形象是矛盾的。一部分政治家和商人赞赏中国非凡的经济活力(过去16年年均增长9%),相信市场经济的无形之手在起作用,也将给中国指出建立政治新秩序的道路。相反,政治上持怀疑态度的人看不出市场的无形

之手的作用，而只看到集权的铁拳头将一切政治革新扼杀在萌芽中。一方面是经济上的活力，另一方面是政治上的僵化。这就是经常通过政治和媒体的描绘介绍给公众的形象。

政治僵化的形象不切合中国的实际发展状况。虽然共产党至今不愿意用竞争的政治组织或者独立的监督机构限制自己的权力垄断，但是，经济改革和开放政策的结果带动了政治制度的变革。

为了客观地分析中国今天和未来的发展，必须纠正广为流传的四个歪曲的形象，即：把共产党政权描绘成一个不可变革的集权制度；假如人权和民主的要求在中国源出于一个广泛的群众运动；判断中国军队是共产党铁板一块的镇压工具；担心正在崛起的中国会无所顾忌地实现自己的民族利益，无法用国际规则和多边合作约束它。

汉堡亚洲学会对华政策研究员塞巴斯蒂安·海尔《争取一个小步走的对华政策——西方应当寄希望于共产主义的变革，而不是崩溃》，摘自1996年2月12日德国《法兰克福汇报》

## (十)培养有纪律的社会主义新人

### ——关于社会主义精神文明的评述

“中国共产党提出的社会主义精神文明是邓小平最先倡导的。他在1979年10月指出，我们在建设高度物质文明的同时，也要建设高度的社会主义精神文明。这被纳入1982年党的十二大总书记的报告中，成为党的基本方针。六中全会公报就社会主义精神文明问题4次提到邓小平的名字。可以认为，这是为了表明精神文明建设与邓小平推进的改革开放政策并不矛盾。”

摘自1996年10月11日《日本经济新闻》

中国八届全国人大四次会议上，李鹏总理所作的报告除了阐述“九五”计划与2010年远景目标外，当中引人注目的是关于精神文明和民主法制建设的部份，占整个报告篇幅的1/7，为历次政府工作报告中所少见，可见此事份量之重。尤为使人振耳发聩的是再一次强调“任何情况下，都不能以牺牲精神文明为代价去换取经济的一时发展”的原则。这是顺乎民意、反映民情之言。

这些天来，代表们在议政中，强烈要求突出精神文明建设在社会发展总体目标中的地位，指出在社会发展中，物质文明和精神文明，犹如鸟之两翼，车之两轮，人之两腿，缺一不可。而在发展市场经济的过程中，在世界各种思想文化相互激荡的条件下，加强精神文明建设尤具特殊的重要意义。唤发起民族精神，振奋民族之正气，强化爱国主义传统教育，加强社会道德观念的教育，推进反腐倡廉，决不能再是“说起来重要，做起来次要”了，以“居安思危”的态度来改变一手硬一手软的状态，是时候了。

“两会”期间，代表、委员们面对与经济快速发展形成反差的精神文明建设滞后衍生的种种问题，以知无不言，关心国家安危的责任感而直谏，这本身就体现了一种民主精神，意味着国家监督体制趋于成熟。

一个比较健全的市场经济，必然要求并具有比较完备的法制，也必然有个与之相适应的道德规范。既然实行的是社会主义市场经济，就需要理顺经济建设和提高国民素质的关系，在纷繁复杂的社会变化和各种变化碰撞中，分清是非，抵制各种不良风气，力求将经济效益与社会效益并举。这需要完善法制保障。依法治国是社会进步、社会文明的重要标志，是国家长治久安的保证。没有知识、道德、信义、法纪的社会，是不可想像的。中国以文明的形象进入21世纪，精神文明当然更是一个重要因素。

评论：《突出精神文明在社会发展中的地位》，摘自1996年3月16日纽约《侨报》

“中国共产党第十四届中央委员会第六次全体会议10日通过的《中共中央关于加强社会主义精神文明建设若干问题的决议》，是为了打击拜金主义和利己主义等中国社会上的不正之风，表明在重视改革开放路线的同时，也重视坚持社会主义路线和马列主义原则。六中全会作为党内的重要会议，异乎寻常地作了很长时间的准备。因为江泽民今年初就透露六中全会的主要议题是精神文明建设。”

摘自1996年10月11日本《朝日新闻》述评

现在，北京出售的《中国可以说不》一书成了国际性话题。因为，不怎么对外吐露心里话的中国知识分子从正面批评了美国和日本。在民族主义高涨的背景下，受《敢说不的日本》一书影响的年轻人喷发出了平素的不满。

这本书的作者都是30岁左右的年轻人，没有国际问题的专家。他们解释说，我们本来向往美国，但在美国使北京申办2000奥运会落空之后，开始转向抨击美国。

这本书的感情成分较大，论证也相当粗糙。也许应该注意这本书得以出版和目前中国大多数人喜欢这类书的气氛。

关于这本书，中国政府说："与政府没有任何关系，也不是政府的见解。"一位政府有关人士分析说："中国从前一直是对美国该说什么就说什么。没有必要进一步说不。中国一度出现了极端的美国崇拜热，甚至有人说美国的月亮圆。这大概是反作用。"

在中国，掀起了禁止餐厅和商店起洋名的运动。这一运动始于去年夏天，有人称之为反殖民地文化运动。《光明日报》今年6月重新发起这场运动，使之波及到全国。高呼"应该对自己的民族文化感到自豪"的文化人引人注目。出现了呼吁用国产产品，批评崇拜外国产品的动向。以保护消费者的名义，日本的一些著名产品被当作了靶子。

民族主义高涨，是因为存在两种情况。一种情况是抨击美国和日本。今年3月台湾举行总统选举之际，中国在台湾海峡进行威吓性军事演习，美国派出了航空母舰。中国抨击说："这是阻碍祖国统一。"

美国使北京申办2000年奥运会落空和阻碍中国加入世界贸易组织，中国本来就对美国表示强烈不满，台湾问题成了反美情绪激化的契机。

日本抨击中国进行核试验，冻结了一部分无偿援助。然而，中国方面有一种观点认为，日本的援助是与战争赔偿相抵销。冻结援助刺激了反日情绪。

近几年，中国继续保持两位数的经济增长。各国试图向中国推销本国产品，中国也采取了对策。充满自信的国民开始认为，应该反击美国和日本。

记者上村幸治：《现在成为话题的〈中国可以说不〉一书》，摘自1996年7月24日日本《每日新闻》

## (十一)反对霸权主义、维护世界和平

### ——关于社会主义国家外交战略的评述

日本"环球论坛"21日至23日在这里举行一次主题为"亚洲均势的变化"的国际研讨会，其中的一个题目是"对亚洲而言，中国的崛起意味着什么"。来自日本、中国、美国、英国、德国、印度、罗马尼亚、经济合作与发展组织以及台湾的代表共30人出席。"环球论坛"还邀请了瑞士、印度尼西亚、伊朗、俄罗斯、巴西、阿根廷等18个国家的大使、公使或临时代办、参赞等外交官员及日本议会、新闻、经济、学术界等人士总共115人旁听这次研讨会。

美国伊利诺伊大学教授乔治·俞和日本防卫大学教授西原正在关于中国的研究会上发表了基调报告。俞教授在报告中首先回顾了19世纪中叶以后中国饱受列强尤其是日本侵略的历史，而后说"从1949年中华人民共和国成立到70年代末对外开放，中国多次经历了内政上的大动乱，并且一再受到西方各国和原苏联的恫吓威胁。很明显，中国缺乏安定与和平，这对亚洲也产生了影响"。他说："当中国不安定，受骚乱之苦时，不仅中国，而且亚洲也会受到坏影响。相反，如果中国安定，变富裕，是和平的，那么，会对中国和亚洲的繁荣及安全作出重大贡献。从19世纪到距今17年多之前为止，亚洲一次也没有看到过一个日趋安定富裕的中国。如今，中国，尽管还不能说已经成为经济大国，却已经被外界视为一个新兴的经济大国，还是一个政治大国和军事大国。中国和亚洲都正在被迫去适应这个新秩序。"

逾教授说，从19世纪中叶直至最近的150多年里，"本应由中国在亚洲起到的核心作用，由日本、美国等大国起到了。在经济持续增长的基础上推行改革开放路线的过去17年多时间里，中国才作为东亚的新大国重返历史舞台，开始跻身于日本及其他大国的行列"。

逾教授对近年在美日等国喧嚣的"中国威胁论"提出了异议。他说，所谓中国威胁论，直接关系到如何对待中国的兴隆、亚洲如何对待中国和亚洲的国际新秩序这一核心问题。"核心的并且有决定意义的问题是，应该把中国的兴隆视为威胁呢，还是应该视为良机"。新兴的大国中国，被外界视为"向现存的大国挑战的挑战者"，这些现存的大国被迫要对付新情况。他认为，中国和"现存的大国"双方承认"相互依存"这样一个重要的事实。

逾教授说，如何对待中国，有好几种政策选择的可能性，在冷战后的亚洲，"绥靖和遏制都是不能接受的政策"，剩下的选择就只能是"架桥"，中国和亚洲朝着加强协调关系的方向，在文化、经济、军事和政治所有的领域，花上时间，共同努力"架桥"。他说，必须促进中国同日本、韩国、东南亚、以及亚洲其他国家和地区之间在所有领域进行有成果的交流，必须着手采取"酿成经济上和政治上彼此信任的措施"，必须着手强化"军事及其他安全保障领域的透明性"。他认为，这将是一个"困难而又长期的调整过程"，美国等亚洲外部的国家能够从中立的立场出发对这个过程作出贡献。

俞教授主张"尽可能地不想不谈什么中国威胁，而有必要把中国视为在亚洲'架桥'的机会"。他说，中国方面也必须采取"架桥"的态度，促进这样的政策。他最后说："为了实现亚洲的协调、理解、和平、繁荣和安全，必须相互共同作出努力。"

西原报告的基调与俞教授报告的主旨大相径庭。他宣传中国今天"存在着众多深刻的国内问题"，是当今世界上"最感到不安的苦恼的"国家，并且"在

国际关系方面也抱有巨大的不安感”,但是“企图成为一个拥有核武器的军事大国”,“正在走向何方,极难作出确切的评价”,无论中国成为持协调态度的大国或者霸权主义的大国,或者成为内向的大国,还是经济上富裕或者贫困,“中国都会在亚洲太平洋地区提出深刻的问题”。他声言,中国富裕强大起来以后的问题所在是,“中国的霸权主义也许会在本地区抬头”,而中国贫困孱弱后的问题所在则是,“大量经济难民外逃,使近邻各国在治安方面受到恶劣影响”。

西原进而说“当前似乎不会出现持协调态度的中国”,并且攻击说:“唯春因为存在着许多国内外不安定因素,中国领导层就诉诸民族排外主义,不健康的民族主义开始在中国人当中抬头了。”他煽动说,日本、美国和亚洲各国必须学习“同民族主义的并且是挑战的中国很好地打交道的方法”,“不松懈采取保险的对付措施去对付霸权主义的中国”。

西原的报告立即遭到与会中国代表詹世亮的严正批判。

在讨论时,多数人赞同或者基本赞成俞教授的观点,极少数人附和了西原的谬论。英国皇家国际问题研究所的格朗特明确地说:中国没有霸权主义意图,中国不会成为威胁,中国不会凭持军事力量去解决问题,但是涉及主权问题,中国在使用军力上也不会犹豫。《印度时报》编辑顾问斯布拉马尼阿姆说:不能遏制中国,这是我们大家的共识。神户大学教授五百旗头真说:出于全球安全观点,应该对中国提供各种缓助,“中国问题的根本在国内;而中国国内的根本问题则是财富的分配问题”。庆应义塾大学教授岛田晴雄说,进入21世纪后,中国还将继续实现5%的经济增长,今后15年内不会构成“全球性威胁”,“发达国家应该同中国架桥,开拓新的开发格局,这是个新课题”。

记者综述:日环球论坛举行中国问题国际研讨会。摘自新华社东京1996年11月22日电

迄今为止,中国在外交领域频频得分,为明年的香港回归开创了良好的局面。美中首脑在马尼拉亚太经合组织会议之际举行会谈,同意自明年开始恢复首脑间的往来,为改善关系奠定了基础。接着,江主席还访问了印度,结束了与该国长期的对立关系。此外,南非还传来了喜讯,将与中国建交,与台湾断交。

中国已经提出了两大目标。第一,在2000年以前,实现人均国民生产总值比1980年翻两番,使人民生活达到小康水平,进而在2010年以前,实现国民生产总值比2000年翻一番。

另一目标是实现祖国统一的宏伟大业。在明年7月实现香港的顺利回归,以此带动台湾的统一。

自今年秋季以来,中美关系迅速得到加强,原因是中国有效地打出了12亿人口这张“市场牌”。

在此之前,美国克林顿政府在人权、知识产权、武器出口以及加入世界贸易组织等问题上对中国采取了批评态度。然而,克林顿总统再次当选之后,开始与中国全面改善关系。克林顿政府此举一方面是希望借中国之手解决朝鲜半岛危机,但更主要的还是看准了中国这一急剧增长的大市场,希望确保美国的经济权益。

南非也一样。在1994年南非选举之际,台湾曾经向曼德拉领导的非国大提供过大量资金援助。尽管如此,南非还是决定与台湾断交,这是因为香港回归后,如果继续与台湾保持外交关系,那么设在香港的南非领事馆将无法维持。而今,南非与香港和中国的贸易额已经超过了台湾。即使是南非也不得不着眼于香港回归,优先与中国加强经济关系。

中国与印度迅速改善关系,也是因为两国在优先发展经济方面有着现实的共同利益。特别对于印度来说,在中印边境地带维持兵力,已经成为财政上的一大负担。中国在改革开放方面起步较早,有许多方面值得印度借鉴。

社论:《打“市场牌”的中国外交》,摘自1996年12月31日《日本经济新闻》

对中国政府来说,鼠年可以说是一个硕果累累的好年头。中国政府在限制持不同政见运动的同时成功地重新推动了同美国的对话。此外,南非(台湾的禁猎地)已许诺在北京开设大使馆,这也是中国政府求之不得的事。

中国具有使自己同其它国家的接触活跃起来的能力,而且越来越坚信自己会在国际舞台上占有日益重要的地位,所以,中国只用了12个月时间就成功地克服了所遇到的几乎全部外交障碍。

例如,北京在人权方面并没有作出任何让步(没能流亡的一些民主运动头面人物已被判重刑),但却已促使美国同意举行首脑会晤。

另外,中国虽然在钓鱼岛主权问题上同日本有争执,但这一争执却使得同其它国家在南沙群岛问题上的争端(中国海军在南沙群岛的活动使邻国感到不安)降到了次要地位。

中国还同周边国家(包括过去同它发生过边界冲突的国家)加强了联系。它同俄罗斯和前苏联各中

亚共和国签定的安全条约以及同印度和越南的重新推动关系就证明了这种趋势。

一位四方外交官评论说，“中国已成了世界的一个组成部分。”这位西方外交官还说：“无论是在地区范围内还是在同美国的关系方面，中国在 1995 年也受到了一些打击。但它经受住了考验。这证明，中国已成了一个重要的伙伴。”

在 9 个月前，前景还远没有显得如此有利。当时，在台湾（北京认为台湾是中国的一个反叛的省）举行总统选举前不久，中国军队在台湾海面采取 了一系列恫吓行动。

直到美国派军舰进入这个地区以后，北京才开始改变对台湾的不妥协态度和在表态时开始缓和民族主义的调子。此后，舆论的注意力转向了中国的北方：中国在 4 月份同俄罗斯、哈萨克、塔吉克和吉尔吉斯签署了安全条约。

中国同美国的关系虽然迟迟还没有回暖，但随着江泽民主席的访问非洲、欧洲和中亚国家，中国外交在其它战线上却显得很活跃。

李鹏总理也对法国进行了访问。他的访问使空中公共汽车工业公司得到了大笔飞机订货。这对该公司的竞争者美国波音公司来说是一大损失和打击。

最后，美国终于开始屈从了。美国总统国家安全事务助理安东尼·莱克 7 月份访问北京，中美由此开始了一系列接触，直至江泽民主席和克林顿总统 11 月份在菲律宾举行会晤。当时，两位国家元首一致同意在 1997 年和 1998 年进行互访。

此后，江泽民对菲律宾进行了正式访问。接着他还访问了印度、巴基斯坦和尼泊尔。

11 月底，北京取得了一个辉煌的胜利：南非总统曼德拉宣布，承认北京政权，在 1997 年底同台湾断绝外交关系。就这样，台湾失去了最后一个工业化国家的承认。

记者洛里安·千兰：法新社年终专稿《中国的鼠年：外交取得突破》。摘自法新社北京 1996 年 23 日法文电

李光耀说，如果（你们）美国确定了事情的轻重先后次序，而中国人也同样认为这些是优先解决的问题，即中国的统一问题不能受到攻击，台湾是中国的一部分，这是毋庸置疑的，同样，西藏问题也是毋庸置疑的。一旦这些都解决了，并且放在了一旁，那么，在贸易、双边协议、知识产权、投资、加入世贸组织的条件等问题上，你就可以与中国争论、敲桌子、随便你怎么斗，而中国则不得不让步，因为这些都是经济问题，是可以讨价还价的。

他说，如果你们（美国）把所有的问题都混在一起，今天是人权与民主问题，明天又回到台湾问题上，说台湾是民主的，而中国是独裁的国家，那么，他们（中国）会想，“这是怎么回事？你们是存心要来分割我，那么，我们就来个事事跟你过不去。我就卖导弹给利比亚。伊拉克或是伊朗，只要他们买得起什么我就卖什么。同时，我就买奔驰，就不买你的通用汽车，我就买空中客车、就不买你的波音飞机。”李光耀说，中国人是根据他们所认为的长期战略利益来作出各项决定的。

计者曾虎：李光耀谈中美关系和两岸关系，摘自新华社新加坡 1996 年 6 月 6 日电

西方人推销中国威胁论已经到了歇斯底里的程度，对中国的抨击也正逐渐超越常规。攻击中国的意图是很明确的。就是说中国是不文明的，不能期待中国遵守国际性协议，指望中国严守国际通行的行动准则是困难的。

中国领导只是希望处罚和羞辱那些过去曾对中国进行处罚并给中国带来耻辱的外国势力。有的人甚至认为中国的外交政策只有一个，那就是等待报复的机会，在亚洲确立中国的优势（50 年来中国反霸权主义主张的本质莫过于此）。

现在，是全部停止攻击中国的时候了。为什么必须停止对中国进行龌龊而危险的攻击呢？这里有三个极其充足的理由。

第一、中国非常焦躁不安。中国人民已经感到非常不满和不公平，中国领导在各个方面都疑虑重重和冥思苦想。

中国政府的领导人们怀疑外部势力采取广泛的联合行动可能是为了不让中国东山再起。他们坚信存在企图欺侮中国的阴谋。这种疑虑和想法绝不是无的放矢。在中国人日益加强的愤怒还未达到极点的时候，必须停止对中国的攻击。

第二、中国正逐渐成为极其强大的国家。惹怒老鼠和惹怒大象是截然不同的。我们必须在象的身边生活，如果这头大象不准备悄然离去，我们就不得不特别慎重行事。

第三、批评中国的人必须注意，批评中国时一定要光明正大。对违法行为发出警告，亦或中国存在残暴行为，指责这些都无可厚非，如果中国已改变了自己的做法，那我们就应该高兴地接受。

为什么中国经常站在被告席上呢？原告一方把

不但不适合本国标准,就连朋友、同盟国以及伙伴之间都不适合的标准拿来要求中国,其用意何在?中国被排斥于人类文明核心之外、远离文明中心,有时还被国际社会弃之不顾又是为了哪般呢?

为什么对中国的告发来自那些本应对率先发难持谨慎态度的人们和政治家?来自许多应该明辨是非的新兴国家呢?为什么有的国家自己做着人类历史上最残忍的事情却又不断对别人指手划脚呢?

美国是世界上最大的武器输出国,它向阿拉伯国家出售了大量武器。可是,一旦与美国比起来不过是武器出口小国的中国向伊斯兰国家出售武器,正如萨缪尔·汉辛顿教授所说,就会招来与基督教的西欧地区相对抗的儒教和伊斯兰教结成同盟的问题。

几乎所有的西方统计都认为美国(与邻国国家没有领土纠纷,也没有受到来自别国的威胁)的军费开支是中国的10倍。实际上,美国国会批准了甚至令克林顿政权棘手万分的军费开支。全副武装的美国是世界和平的需要。好像这样做就是天经地义似的。

中国军事实力在许多方面,几乎在所有领域都大大落后于其周围国家。但中国这些屈指可数的军事开支竟成了威胁,竟对近邻国家构成了危险。还是把俄罗斯的核武器与中国的核武器比较一下的好。还是把韩国、台湾、日本的现代化军队与中国落后于时代的军事实力比较一下的好。

马来西亚战略研究所所长诺尔丁·索比:《中国威胁论不公正的状词》摘自1996年8月26日日本《读卖新闻》

## (十二)一个国家,两种制度

### ——关于祖国统一的评述

问:我不知道你是否记得1984年初邓小平在北京向你透露"一国两制"的方案?这是他对外国人首次提起这个方案。

答:我当然记得,这是一桩很重要的历史性事件。

问:不知你相信这个方案到什么地步?

答:我不只有些相信,而且相信这可能是20年后大中华的定义。

我认为20年后的大中华可能是"一民数制",而非只是两制。

问:譬如说吧?

答:20年后,大陆的情况会比现在更为分散而不那么集中,香港的一国两制已不同于大陆,台湾的经济社会制度也不一样,还有新加坡,那实际上是一个中国人的城市国家,而在东南亚,又有因中国人大迁移而聚集的众多华人,所以,我想将来的大中华极可能是"一民数制"。

摘自台湾《中国时报》1996年7月19日该报对美国前国家安合欣问热津斯基的专访

香港今天在倒计时,计算离香港特别行政区1997年7月1日成立还有多少天。香港在50年期间也在倒计时,计算离特别行政区结束还有多少天。

中国同意根据"一国两制"方案香港保持现状50年,为什么要50年?

在许多观察家看来,50年似乎是合适的,因为到50年后香港经济和大陆经济将没有什么重大差别。香港和大陆的经济将融为一体,而且天衣无缝。

看看香港和中国过去20年的进步,人们有充分理由假定50年是足够宽裕的时间。早在那50年届满前香港和大陆的边界将变得毫无意义。

21世纪中叶的中国将是什么样子?首先,全球经济一体化的程度远比今天高得多,各国情况的比较将没有什么意义。在90年代,许多像香港一样的大城市世界化程度已如此之高,因而这些城市所取得的成绩并不属于哪一个国家。与此同时,许多工业制品都有许多国家的投入,因而"……制造"的标签除了实施贸易配额这个越来越具有象征性的任务之外已没有什么意义。

这些趋势将不可避免地改变我们思考"国家"概念的方式。

远东银行副董事长兼行政总裁李国宝:《2046年的中国》,摘自1996年香港《远东经济评论》周刊创刊50年特辑

华南正处于迅速"香港化"的过程中。以广东为主要舞台大规模展开的是香港企业的"委托加工生产",这是改变广东经济的重要主力。

委托加工工厂的生产管理、财务管理和人事管理,全是由香港企业进行的。香港和广东同属于一个语言和文化圈,而且在地理上很接近,因此,上述管理迅速而且有效。香港企业在广东省的委托加工,就如同进行"国内投资"一样,香港企业并没有把这看作是"海外生产"。通过委托加工的大规模展开,香港企业从而有了广东省这一腹地。可以说,这样一来,香港摆脱了作为港湾城市经济的"有限"地位,变成为以华南为腹地的"国民企业"。

"更大的香港"在形成。实际上,在拥有712万工

业劳动者的广东省，被扩展到这里的香港企业雇佣的职工少说在350万以上。香港企业向广东省方面支付的工资和土地租借费，都是用港币支付，而且据说经过长期积累，目前在广东省流通的货币，港币占到一半以上。中国企业有的也打入了香港和东南亚。但是，同香港和东南亚对华扩展相比，显然是微不足道。中国没有改变香港和东南亚。相反，是香港和东亚的华人改变了中国。

东京工业大学教授渡边利夫：《虚构的中国经济大国论》，摘自1996年11月日本《中央公论》月刊

"中国因素"在亚太地区的存在，是在亚太地区发展经营、包括开展银行业务的主要特点之一。与我们相邻的亚洲大国正在以令人难以置信的方式将正统的上层建筑和经济上的自由化结合在一起。

全世界的分析家都相信中国银行系统有光明的前景，特别是从1997年香港回归中国和1999年澳门回归中国的角度考虑更是这样。目前在香港营业的有世界上43个国家的500多家大银行，跨银行金融市场平均每天的周转额为165亿美元。黄金外汇储备有600多亿美元。与中国的900亿合在一起，将超过美国的黄金外汇储备。如果说香港是中国的主要投资者和世界金融中心，那么澳门就是一个巨大而有声望的银行—金融中心。

除香港以外，外国银行在台湾的利润率最高。台湾在发展银行业务、技术和在货币准备金集中方面是世界上居领先位置的地区之一。世界上早就有大中国这一公认的叫法，从国民经济机制的实质而言，特指统一的中国大陆、香港、澳门和与它们密切相关的台湾。

中国大陆和间接的整个大中国不断增长的经济、财政和军事实力已把两者变成新的超级大国，并且不仅给力量对比关系的变化已经很明显的亚太地区，而且给国际社会造成了新的政治经济现实。

《经济与生活》周报银行信息部主任 尤利娅·拉拉耶娃：《出现经济奇迹的关键》，摘自1996年7月27日俄罗斯《经济与生活》周报

可以说基本法的内容沿袭了中英联合声明中所提出的基本原则。那么，基本法对于香港回归后的经济制度、政策和政治制度的变化是如何规定的呢？下面通过基本法和现行法律相比较的形式来分析一下这个问题。

首先来看基本法中有关经济方面的内容，它与现行的经济制度和政策有很大的连续性。

维持资本主义制度及其生活方式的基本原则自不必说，就连起草和执行经济政策的权力也赋予了香港特别行政区。此外基本法中还规定，香港迄今为止实行的独具特色的经济政策，比如财政平衡政策、低税率政策和自由贸易政策在香港回归后还将保持不变。没有外汇管理的自由运作的金融市场也将维持下去，并将继续允许港元发行和流通。

另一方面，有关政治制度的规定，从基本法同现行法律的比较中可以看出制度上有变化。但是，这些变化大多都是为使"一国两制"和"港人治港"具体化而修改的。也有人评价说，保留现行法律中的一些内容是必要的，但是基本法中有关政治制度的规定反而更民主。

让我们来看一看具有代表性例子的三权结构（立法、行政和司法机关的关系）。三权结构是其政治结构的基础。

现在，由英国女王任命的港督集立法和行政大权于一身。虽然设有立法局这个机构，但它只不过是港督对有关立法问题进行咨询的机构。香港回归后，新设的立法会和行政长官职能分开。并且，立法会有弹劾行政长官的权力，行政长官拥有解散立法会的权力。立法会和行政长官之间起着相互牵制和均衡的作用。

如果注意立法会议员的选举办法，就能看出比起现在的立法局的选举办法，其间接选举的范围缩小，而直接选举的范围增加。关于行政长官的选举办法，虽说最终中国政府拥有任命权，但是它包括由香港居民组成的选举委员会选出候选人这一程序。

这种选举办法，同现在的港督由英国国王任命的形式相比，至少它包括了听取民意这道程序。

在司法方面也有变化。现在香港的终审权在英国的枢密院司法委员会。但香港回归后，将新设终审权。就是说，香港特别行政区拥有终审权。

政治和经济制度并不会由于基本法的出台而越改越坏。在经济方面，它与现行的制度和政策有很大的连续性。即使在政治方面，也不能说基本法实施后香港居民的自由和政治参与机会将比现在大幅度减少。

连载文章：《回归——香港经济的转折点》，摘自1996年12月9日至29日《日本工业新闻》

"台湾问题"的核心可以这样比较简单地说明。中华人民共和国的领导人同过去几十年一样，坚决致力于防止国际上承认台湾是独立的国家这个短期目标，扬言在必要时以武力阻止台湾独立；同时致力

于在可能的情况下以和平手段(但不放弃在其他手段不行的情况下使用武力的选择)使台湾与大陆统一的长远目标。尽管多数国家承认北京坚持的这种立场,即只有"一个中国"(中华人民共和国),台湾是中国的一部分,但从国民党转移到台湾以来,台湾一直享有事实上的自治地位。台北不仅成功地同多数国家保持了"非官方"关系,而且在事实上保持了半官方关系。但是在过去几年中,台湾领导人大力发起一场运动,目的是提高它的国际地位,增加对外关系的官方性,扩大在国际组织中的代表资格。北京认为这是对"一个中国"的原则的直接挑战是向台湾独立的方向移动。

原约翰斯·霍普金斯大学保罗·尼采高级国际问题研究院院长。哥伦比亚大学现代中国研究委员会主席鲍大可:《未解决的台湾前途问题》,摘自1996年美国《美国对外政策利益》月刊8月号

由于北京自1949年以来一贯坚决反对所有"两个中国"或"一中一台"的方案,所以希望北京未来的领导人在将来的任何时候也许会考虑放弃反对台湾争取独立的主张都是绝对不现实的。

然而,非常多的外国人认识到,自从70年代末——当时,邓小平使中国开始走上一条重点放在国内经济改革和在国际社会中进行广泛接触的新道路——以来,北京在许多场合已表示愿意在它对台湾的政策中采取灵活态度——在明确规定的限度内。从武力"解放"的政策转向旨在"和平统一"的政策,中国从80年代开始促进"海峡两岸"的接触、交流、旅行、贸易、投资和对话。尽管台北起初反应谨慎,但是到80年代后期,台湾领导人允许同大陆的经济往来,包括同中国的大规模贸易和在中国的投资迅速增长。

北京显然希望,更加牢固的经济联系将导致政治上的友好关系,因此在80年代,邓小平提出了香港和台湾同大陆实行政治统一的新方案:"一国两制"。在这个方案中,中国保证,在统一后的50年内,香港和台湾都可以保持它们现有的经济和政治制度,并且享有高度自治。就台湾而言,北京保证,在统一之后,它将享有比香港更大范围的自治,包括台湾保持自己的武装部队。然而,台湾领导人对"一国两制"的方案表示不太感兴趣,而且,有100多海里宽的水域与大陆相隔,他们感到没有必要与北京讨论这个问题。

然而,随着海峡两岸经济关系的蓬勃发展,在双方政府成立的新的半官方机构的指导下,中国与台湾政治对话的初步步骤得以展开。尽管中国代表和台湾代表之间举行的"非官方"会谈主要涉及的是一些由不断发展的两岸关系造成的有限的实际问题,但是,这些会谈看来最终可能变成讨论和谈判重大政治问题的论坛。

1995年初,江泽民试图提高中国同台湾之间的政治对话的水平。1月份,他把代表北京观点的关于统一问题的8点讲话作为向台湾作出的一个新的、重大和解的初步行动。

原约翰斯·霍普金斯大学保罗·尼采高级国际问题研究院院长,哥伦比亚大学现代中国研究委员会主席鲍大可:《未解决的台湾前途问题》,摘自1996年美国《美国对外政策利益》月刊8月号

在有关台湾的前途问题上,李光耀说,1993年《朝日新闻》刊登了日本作家司马辽太郎对李登辉的访问之后,他(李光耀)见到江泽民。"我提出一些建议,关于台湾与中国之间可以如何在两边互无所失的情况下建立航空与船运航线。……早些时候李登辉××所提出的建议遭北京拒绝。李登辉××要新加坡向北京提出他对于船运航线的建议。因此我将它当作是新加坡的建议提出了。我先征得李登辉××的同意。这是个简单的建议。……这是一个很好的建议,中国不必等到1997年香港回归后才着眼于这个课题。但我得到的回音却是不明确的。江泽民跟我说了很多关于(李登辉)谈摩西出埃及记的这个访问。……他(指江泽民)强调那是关系台湾、香港及澳门人,中国人自己的家务事。言下之意,新加坡不是那个家庭的成员之一。那次被不客气地拒绝后,我想,我帮不上忙了。"

记者曾虎:李光耀谈中美关系和两岸关系,摘自新华社新加坡1996年6月6日电

眼下最迫切的问题是台湾问题。我们的新闻媒介和许多国会议员都把这个问题解释成如何制服中国。真正的难题却是如何证明我们希望在不采取两个中国政策的情况下和平解决这个问题。中国不把台湾看作是一个外国,中国领土被蚕食就是从日本于1895年吞并该岛时开始的。中国是从维护国家统一、反对分离行动的角度看待这个问题的。从最初举行会谈之时起,中国领导人就拒绝两个中国的解决办法,也反对一中一台的结局。从那时起,每一位美国总统(包括克林顿在内)都申明美国奉行一个中国的政策。与此同时,每一位美国总统都表示关心这个问题的和平解决。渐渐地,形成了一种在将近1/4世

纪内一直是行之有效的默契：美国申明一个中国的政策；北京则表示不急于解决这个问题；美国避免将这个问题国际化；北京则不进行威胁和施加压力；台湾也没有超越这些界限。

台湾在这种默契之下实现了繁荣。它建立起了充满活力的经济和民主的政治制度。在北京的默许之下，它参加了亚洲开发银行、亚太经济合作组织以及奥林匹克运动会。北京那方面，就在去年还提出了实现统一的建议。在这些建议中，答应给台湾以完全的自治权，包括拥有自己的武装部队的权利。

天安门事件后，公众对美中关系的支持日渐减少，加之台湾施展手腕争取正式独立，从而使上述颇有希望的演进逐步受到破坏。诸如表示愿向联合国提供10亿美元以换取会员资格这样的做法，无论是多么可以理解，显然是对一个中国政策的挑战。最令人无法容忍的是为李登辉发放签证一事。此前一个月，克里斯托弗国务卿还向中国外长保证决不会发放签证，因为这是违反美国长期以来奉行的只承认一个中国的政策的。

就是在美国为李登辉发放签证的那个时候，中国领导人认定，若不及时制止这种做法，一个中国政策受到的侵害就会导致中国的正式分治。每一个观察中国局势的人都确信，中国对于它认为是其领土的地盘，一定会不惜一切代价予以捍卫，决不会放弃。

出现这种紧张关系，台湾也有责任。包括现任总统在内的六位美国总统一再表示希望台湾问题能获得和平解决。他们成功地支持台湾进入了一些国际机构。但是，台湾越来越起劲地向一个中国的政策提出挑战。这一政策也是这几位总统所倡导的，而且写进了尼克松、卡特和里根三位总统批准的三个联合公报之中。台湾利用自己的经济杠杆，广泛进行游说，竭力使美国放弃对和平解决的支持，接近于参加中国的一场持续了半个多世纪的内战。在这样一个问题上，北京肯定会不计后果地诉诸武力的。

亨利·基辛格：《对华关系利害攸关》，摘自1996年3月31日美国《华盛邮报》

## （十三）建设正规化的革命军队

### ——关于社会主义国家军队和国防建设的评述

中国也是一个正在上升的军事大国。它目前的防务主要依靠由核武器作后盾的人数众多但只是部分现代化的地面部队。另外，它还在不断更新海军空军能力，尽管这个过程是渐进的。要不了几年，中国在东亚的军事力量就很可能超过该地区除美国以外的其他所有国家。

在100多年中，中国被迫屈从或至少顺从军事上较强大的国家的意志。中国领导人现在决心改变这种状况；他们将积极寻求中国的国家利益，特别是在他们认为影响到中国主权的时候，这是毫无疑问的。

中国目前力图在国内外确定或重新确定它的价值和目标。现在正出现这样一种民族气质，其基础是现代爱国主义或者说民族主义，重新唤起的传统价值，对解决中国众多问题及建设一个强大繁荣国家所采取的务实、折衷和边试验边干的态度这几方面的结合。中国比进入现代以来的任何时期更向外“汇入世界”。使人们在重大的地区和全球问题上感觉到它的影响。

原约翰斯·霍普金斯大学保罗·尼采高级国际问题研究院院长、哥伦比亚大学现代中国研究委员会主席鲍大可：《未解决的台湾前途问题》，摘自1996年美国《美国对外政策利益》月刊8月号

## （十四）中国的问题，关键在于党

### ——关于社会主义领导核心的评述

中国的政治——法律体系坚定不移地建立在一党执政的基础上。执政的中国共产党在国家与社会的所有方面都发挥着主要的和领导的作用。就在以苏联为首的“现实社会主义”崩溃、苏联、捷克斯洛伐克和南斯拉夫解体、西方开始举杯庆贺“胜利”的时候，中国却以坚定的步伐迈入了现代化。

事实表明，这在中国是完全可行的。为什么？答案要从中国及其古老的文明历史中相对于欧洲的一系列特点里去寻找。还可以从它的传统、它的国土和它的周围环境中去寻找。中国共产党人用古老的儒家学说“丰富”了马克思主义和社会主义实践。在欧洲的社会主义制度普遍崩溃的情况下，中国不仅奉行了现代化和对外开放政策，而且还为孔子恢复了名誉，这不是偶然的。同样，中国周围的非共产党国家在保持具有强烈专制色彩的政治制度的同时，却有着开放的和成功的经济，这也不是偶然的。它们有着同样的文明历史和类似的其他条件。对现代经济发展有研究的人都把这称为“亚洲模式”，以区别于东欧和东南欧国家的“欧洲模式”。

南斯拉夫前驻华大使朱克奇：《毫不犹豫地进行经济改革——你想知道但又无从了解的中国模式》，摘自1996年4月10—11日南斯拉夫《我们的战斗报》

中国共产党中央委员会在刚刚结束的第6次全体会议上要求除物质文明外还要大力进行“有中国特色的社会主义”精神文明建设。

北京以此来继续进行最近得到加强的努力,要从政治上确保市场经济的社会主义方向,在今后几年里提高人民总的教育水平和职业教育水平,以及继续加强法制。

中国领导认为,目前的决定性环节是从质量上提高党政干部的思想政治及专业水平。多年来经济实用主义的影响、西方意识形态的入侵、地方分裂主义、以权谋私以及其他一些因素,首先在40多万各级领导干部中造成了一种严重的形势。甚至一些高级干部也缺乏实现官方的社会主义方向的政治热情。

目前重点似乎转移到了党政机关中不讲政治的领导人身上。因为他们在客观上直接有助于市场经济力量摆脱社会主义的方向。除滥用职权和腐败外还首先批评了不研究党的政策,任意对待中央的决议,缺乏政治估计能力和政治敏感,客观上助长反对党的政策的言行,无视甚至损害尤其是工人和农民的利益,在外交上维护国家和民族的利益不够。

直至较高级领导人中展开了一场关于世界观、人生观和价值观的争论。例如党中央机关报《人民日报》不久前报道说,社会上正进行一场“资产阶级个人主义同社会主义集体主义价值观之间的激烈斗争”,“西方敌对势力”积极参与了这场斗争。就本质而言,这是历史上第一次值得注意的尝试,即试图通过铸造社会主义精神文明和相关的人际关系来反对道德上的弊端和市场经济中自发的资本主义化方向。

在此背景下,中央1996年至2000年全国干部教育计划规定,在“马列主义、毛泽东思想和邓小平建设有中国特色的社会主义理论”的基础上提高全国干部的政治道德和专业素质。计划要求造就一支掌握并不断学习理论基础、现代科技和“人类一切文明成果”和决心贯彻(表现为上述邓小平理论的)“当代中国马克思主义”的干部队伍。这无疑是一种极为艰巨的、从过去的教训和未来的需要中得出的、包含着许多悬而未决问题的大胆行为。

德国赫尔穆特·彼得斯:《北京要求表现出更大的政治热情——对党和国家干部的批评》。摘自1996年10月14日德国《新德意志报》

关于单一执政党的作用问题不值得讨论还有一个原因:它太清楚了,中国的改革是中共领导的,更具体点是邓小平领导的。正是由于过去16年的改革,人民才不会对共产党统治国家的权力产生怀疑。俄罗斯则相反,苏共机关中的反对派竭尽全力破坏改革,而且干得相当出色,甚至阻挠了自己总书记的改革尝试。在8月19日政变这一天,苏共实现了政治自杀,丧失了统治国家的精神权力。

在谈到我们两国的差异时,不能不注意到其中最主要的一点:中国社会和执政党在改革遇到困难时表现出惊人的坚忍精神,他们的困难丝毫也不比我们小。中国人的文化水平、中国的工业发展水平,总的说来比俄罗斯低得多,那么,这种自觉克服市场经济改革不可避免的困难的精神由何而来呢?只要回想一下中国几十年来的历史,脑海中就会出现答案。改革进行了16年,在此之前搞了20年“大跃进”和“文化革命”。对那些年代的损失和牺牲许多人还记忆犹新。我们的某些政治家和政党自称是中国改革方法的拥护者,他们叫嚷要走另一条道路,而这条道路是中国全国所经历过的,难道“社会主义国家”只有经历这种残酷的道路才能明白必须搞真正的市场经济吗?但愿俄罗斯能避免这种沉痛的教训。

拉济斯:《中国的经验——俄罗斯可以从中学到什么》,摘自1996年1月18日至20日俄罗斯《消息报》连载文章

1990年,又一篇新著作《中国的悲剧》问世。这一次,阿兰·佩雷菲特试图对1989年天安门事件作出解释。诚然,他理解大学生们的梦想,也钦佩他们的勇气。但是,作为作者的他必须看得更深入一些:邓小平发起的改革(使世界上最封闭的社会对外开放,使世界最落后的国家实现现代化)是以中国共产党和控制共产党的人掌握着绝对权力为条件的。经济对西方开放、经济的腾飞是以全国统一为前提的。然而,中国是一个脆弱的巨人,动荡、骚乱、暴力以及各省之间、东部和西部之间、北方和南方之间的龃龉没完没了地威胁着它。因此,邓不能退让。中国不能允许西方式的民主出现。所以天安门事件注定要失败。在大学生运动发生的7个星期中,阿兰·佩雷菲特是法国、甚至是西方世界唯一这样说的人。今天,每个人都承认事态发展的结局证实了他的分析。

乔治·祖费特:《中国的觉醒:令人不安的奇迹》,摘自1996年12月20日法国《费加罗报》

最近的将来中国政治发展出现了什么样的前景?支持共产党政权的因素有:经济活力、同前几十

年相比北京权力中心的紧密团结、对军事和安全机构的控制以及没有一个代替共产党政权的有组织的力量。只要这些条件不变,就不会发生1989年东欧那样的政治制度突然崩溃。

汉堡亚洲学会对华政策研究员塞巴斯蒂安·海尔:《争取一个小步走的对华政策——西方应当寄希望于共产主义制度的变革,而不是崩溃》。摘自1996年2月12日德国《法兰克福汇报》

中国领导仔细注意苏联在经济政策上的失误,但也注意到了德国现建州在过去几年重建中的毛病。因此,她要把控制权牢牢掌握在国家手中。

汉诺威中小企业研究所可以帮助制定培训企业家、建设中国中小企业的计划。这种办法的好处不仅是省钱,而且按照中小企业研究所的结论也是最合理的途径,因为每个企业都需要一个有企业家头脑的领导。该研究所的企业家培训模式在中国获得了很大成功。

另一个新援助办法也来自德国。作者把私有化理论以拆散大型联合企业的模式搬到中国。我们在德国国有企业通过私有化而获得明显提高的效益,在中国拆散大型联合企业时也有同样表现。

这一点具有更大的意义,因为不是所有拆散的企业同时都私有化,而是首先将它们改组成较小的公有单位。

驻北京记者埃贝哈德·哈默尔:《中国的私有化还缺乏社会保障制度》,摘自1996年4月7日德国《星期日世界报》

**问**:邓小平的经济开放政策颇有成效,可是政治改革却乏善可言,反倒有越来越紧之势。?

**答**:这倒也不尽然,政治改革有不同的定义。

如果是指政党政治,或是台湾最近的民选总统,中国大陆当然没有这样的政治革新,若就放宽对社会各阶层的政治控制、社会的开放而言,中国已有很大的改变。大陆很多地方已藉电脑网路、卫星和世界连起来,这至少是政治改变的讯号,大陆在美留学生人数超过俄国留学生三到五倍,他们回中国后,想法及态度都会不一样的,这些都将影响政治上的改变。当然,共党意识形态仍然存在,不可忽视。不过,我上面说的改变若停止的话,必会在经济、社会的进步上,付出巨大的代价。

**问**:尽管前苏联在经济和政治上的条件,都比中国大陆要好得多,但戈尔巴乔夫的政治开放和经济改革却一败涂地,最终导致共产主义的崩溃,而邓小平在中国的经济改革却显得颇有成效,虽然在政治上控制仍严,你作为精研共产主义理论的大师,请问这其中的道理何在?

**答**:我想简单的答案是:邓小平是一位比戈尔巴乔夫远为高明的领导人。我和家人早在80年代初曾应邓小平之请到大陆作客,到过不开放给外国人的偏远农村访问,那时我就发现邓以渐进放宽控制的手法,为大陆的社会经济发展降压,农人可自定产品的价格,到自由市场交易,这一套办法后来又推广到零售业,但邓在放宽经社发展的时候,仍然保持政治上的控制。相反的,戈尔巴乔夫的改革却是漫无计划,很多是他个人奇怪的想法,譬如说,他的经改竟成为反酗酒的实验,再变为引进高科技的实验,一变再变,当他在政治上企图有所变革时,终于失控,而一发不可收拾。

必须说明的是,邓小平的中国。依照我的标准,不是什么民主政治,但我也不能无视于下面的事实:对许多中国人来说,今天的生活自由多了,也较有个人的色彩。

摘自台湾《中国时报》,1996年7月19日该报对美国前国家安全顾问布热津斯基的专访

如果把中国比作动物,那就是可以比喻为螃蟹。用甲壳覆盖着的外表坚硬,既不光滑也不柔软,因而看起来很可怕。但其里面却很柔软。所谓的柔软,从好的意义上来说是有通融性,适应能力强;从不好的意义上来说,是不负责任、秩序混乱和利己主义。

不管对中国的认识如何变化,日中两国的贸易关系却越来越密切。据大藏省统计,去年的日中贸易创历史最高记录,达到578亿美元。同1972年日中复交时的11亿美元相比,有隔世之感。对日本来说,中国是仅次于美国的第二大贸易伙伴。对中国来说,日本现已成为第一大贸易伙伴。

三资企业的日本商人正在幅员辽阔的中国进行奋斗。一方面同传统的社会、不可动摇的文化进行搏斗,另一方面通过经营指导、技术转让、管理教育为中国的发展做贡献。无暇摆弄各种唯心观念,重要的是实事求是地看待中国。

一种唯心观念是"中国威胁论"。中国的国策是稳定和发展经济。开放政策的成功在于引进外资,这是显而易见的事实。中国已认识到:要继续坚持依靠外资式的经济发展战略,进而维持香港的繁荣,努力避免同周边国家发生摩擦则是有益的。

第二种唯心观念是带有感情色彩的一种论调,即认为"21世纪是中国的时代"。的确中国将来也要

发展。不过，庞大的人口将成为重大的桎梏。到下个世纪初，60岁以上的老年人口将突破1.5亿人，巨大的发展中国家将趋向衰老。而且，在石油和粮食方面对进口的依赖将进一步增大，农村的剩余劳动力进一步增加，环境问题也会越来越严重。如果是这样，这绝对不会是好事情。因此，要以长江流域为中心，抓紧开发内陆地区。

第三种唯心观念是：认为中国共产党的一党统治会在不久的将来崩溃。群众支持共产党的理由有如下三种：①民族主义登上舞台，中国共产党有激励民族主义的历史资格；②中国共产党坚持旨在谋求富裕的经济发展方针；③对于因长期动乱的历史而造成的群众的不安感，中国共产党起着使群众放心的、稳定社会秩序的作用。

日中投资促进机构北京办事处首席代表服部健治：《重要的是“进行实事求是的思考”》。摘自1996年9月30日日本《朝日新闻》

中国共产党将江泽民上台的那一年作为共产党历史上一个重要的日子之一，这就说明它已证实由邓小平向江泽民过渡的工作已经完成。

一位西方外交官认为，中国共产党星期四在中央全会结束后发表的决议中将“1989年作为共产党历史上最重大的日子之一”。

他说：“今后将出现这样的提法，1949年毛泽东建立了中华人民共和国，1978年邓小平开始了经济改革，1989年江泽民开始了精神文明建设。”

中国官方的电台明确指出这三者之间是紧密联系的，而且还把江泽民与他这些知名的前任相提并论。

官方电台在播放这一决议时说：“1989年以来的精神文明建设取得了积极进展和明显效果，对促进改革、发展、稳定起了重要作用。”

官方报纸《人民日报》在一篇社论中说：“这反映了以江泽民同志为核心的党中央对社会主义现代化事业的领导坚强有力。”

社论还指出，决议对于社会主义思想道德和文化建设，对于建设有中国特色的社会主义都具有重要的历史意义。

另外一位西方外交官说：“与原先估计的一样，此次中央全会将重点放在了精神文明建设上。”

《中国共产党证实由邓小平向江泽民过渡的工作已经完成》摘自法新社北京1996年10月11日法文电

## (十五)问题与建议

自1978年以来，中国经济每隔四五年就出现一次周期性的景气循环，至今已经历过4个周期。据不少中国经济学家说，1995年的实际国内生产总值增长率为10.25%，今年1到6月为9.8%，第四个周期的景气循环(1991年到1996年)，已到了底，从明年起进入新的景气循环。

本来，不伴随通货膨胀的稳定增长是可取的，但是，由于政治因素，1997年实际国内生产总值增长率，很可能突破10%，迎来新的增长期。作为政治因素，有以下几点：

第一，党代会与经济变化之间存在着很强的连带关系。在选出党的新的领导人的党代会召开之年及第二年，按照党的意图，迄今为止，经济无一例外地都有所增长。预计1997年秋季将召开党的十五次代表大会。可以预料，这次党代会将对经济产生重大影响。

第二，各地方政府无不希望高速增长。据发表的各地方的第九个五年计划(1996年至2000年)说，全国29个省、直辖市和自治区中，有20个以上的省、直辖市和自治区提出了两位数的增长率。1997年地方上将进入换届期，而且，这一年也是第九个五年计划正式实施的年度。因此，人为扩大经济的因素决不能忽视。

第三是收复香港热的出现。在1997年召开党代会之前实现收复香港的宿愿。为了隆重庆祝这一历史性的事件，预料将会掀起一股收复热。作为掀起收复热的措施之一，将降低利率和一定程度上放宽货币供给量。并且以放宽信贷政策为杠杆，为进入沟底的中国经济注入活力。并以此来刺激不振的香港经济。可以认为这是中国为顺利收复香港而进行的一种作战。

但是中国经济不稳定因素很多，在1997年这一年，形势能否按照政治意图发展，尚有疑问。特别是，第四个景气循环周期经济明显处于低潮，通货膨胀并没有完全平静下来。因此一旦这样进入了景气扩大期，有可能再次出现经济过热。

《喜忧异存的中国经济》，摘自1996年10月7日《日本工业新闻》

1月8日和9日，经济合作与发展组织在巴黎举行会议，研讨中国经济的发展战略及其对世界经济的影响。来自美国、英国、法国、德国、日本、瑞士、加拿大等发达国家的经济学家及许多大跨国公司的首席经济顾问参加了会议。经合组织秘书长让—克洛德·帕耶主持了这次题为《21世纪的中国——长期的全球影响》的研讨会。

这次会议不邀请记者参加。但会议结束时，帕耶在经合组织在巴黎的总部举行了记者招待会，并散发了会议文件。文件指出，70年代末实行改革开放政策以来，“苏醒了的中国巨人已经成为一个生机勃勃的大国”，并“正在对世界经济产生重大影响”。文件认为，在今后的20年间，外部的国际环境将对中国经济的发展产生广泛影响，但中国是否继续改革则是中国经济发展的决定因素。文件强调，中国在未来的20年里面临着四大挑战，能否战胜这些挑战，将对中国经济的发展产生重大影响。

**一、基础设施不足的挑战**　经合组织的专家们指出，中国经济的发展正在受到公路、港口、电信、发电站等基础设施严重短缺的制约。他们认为，仅仅在运输领域里基础设施的不足就已经使中国经济的增长速度每年放慢1%。他们注意到，中国交通运输基本建设的投资已从80年代占国内生产总值的1.7%减至90年代初期的仅占1%。他们认为这种做法不利于改善中国交通运输落后的状况。此外，他们认为，中国对能源的需求将大幅度增加，特别是对电力的需求将以每年6%—7%的速度增长。为了解决能源供应紧张的问题，他们建议中国加速建设新煤矿和改造旧煤矿，因为中国目前2/3多的能源生产依赖煤炭。另外，中国还必须大力勘探开发新油田，因为高速公路建设和公路运输等的大幅度增长将使用油量大增。经合组织的专家们认为，中国目前每天需要原油250万桶，到2010年时将增至每天需要650万桶。他们估计，仅在能源领域，中国在2015年前就需投资大约1万亿美元。

**二、劳动力素质不高的挑战**　经合组织的专家们认为，在未来的20年内，中国经济将从主要生产劳动密集性产品向高技术产品过渡，这就需要大量资金对劳动人口进行科技培训。而提高劳动力素质还需从学校教育开始，教育经费因此也将大量增加。另外，2010年时中国人口有可能达到14亿，由于中国人均收入将以每年2.5%至4.5%的速度增长，中国人的食品消费结构也将发生令人瞩目的变化，即中国人吃的米面等主食将减少，而肉蛋鱼等的消费量在未来15年内至少将增长一倍。这将使对饲料粮的需求大幅度增加。经合组织的专家们估计，中国对粮食的需求将从目前的每年4亿吨增至2010年的5亿多吨。为了满足这一需要，使农业获得预期的发展，中国政府必须克服耕地减少、土质恶化、严重缺水等不利因素，增加农业科研投资，提高单位面积产量，并注意减少粮食收获、运输和储存过程中的严重浪费。经合组织的专家们估计，无论如何，中国今后每年将缺粮4000万吨左右，而中国每年大量进口粮食有可能结束世界市场粮价长年下跌的趋势。

**三、环境污染的挑战**　经合组织的专家们指出，中国80年代初开始重视环璋保护以来，在这一领域的投资不断增加，到80年代末环保投资已占国内生产总值的大约1%。目前，中国20%的工业废弃物和15%注入江河的废水已得到处理。但这些专家认为，由于人口持续增长、工业化进程加快、能源生产不断增长和汽车越来越多等因素，中国仍将面临环境污染的巨大挑战。

**四、体制不健全的挑战**　经合组织的专家们认为，改革开放十多年来，中国经济迅速发展，又提出了新的体制改革问题，如果不进行这些改革，中国的经济发展必将受到影响。他们指出，中国现行的经济法规已不能适应日益发展的市场经济和经济国际化的需要。他们还指出，为了反对贪污受贿，必须有行之有效的法律，而国有企业的改革不可避免地需要在医疗、住房、退休、教育等领域进行改革。此外，中国政府在解决失业问题和中央与地方的关系问题上，也面临着艰巨的任务。

经合组织的专家们指出，如果中国政府能采取有效措施，迎接上述四个领域的挑战，并且国际环境对中国有利，则中国未来15年内的国民经济年增长率将保持在9%左右，否则，则只能达到4%至5%，而失业的增加和严重的通货膨胀还可能导致社会的不稳定。

记者张有浩：综述《经合组织认为中国经济发展面临四大挑战》，摘自新华社巴黎1996年1月14日电

持悲观态度的人们说，从经济上说，中国还没有把中央计划的遗留影响克服掉。从国际上说，同本地区得到美国安全保护伞保护的其他国家相比，中国面临着更多的不确定性。

对于中国出口前途的怀疑情绪使人们注意到这样的事实，即尽管有许多地方与亚洲虎国家类似，可是中央计划的遗留影响已使中国出现了某些独特的问题。有两个巨大的、相互关联的困难还需要加以克服：金融体系还没有按照市场方针进行管理；中国有大量的亏损国有企业。这两个问题是持悲观论点的人的两个主要依据。

中央计划的一个遗留物，就是中国有10万多个

国有企业,它们雇用了城市劳动力的2/3。这意味着按占国内生产总值比重计算的、通常较低的国家开支数字并没有反映出政府参与经济的整个程度。政府承认,国有企业中几乎有一半是亏损企业,而且这个比例正在增大。

由于担心在城市中造成大规模失业,政府决心用种种办法把这些摇摇欲坠的企业维持下去。国家银行向国有企业提供大量贷款。银行对工业的贷款,仍有大约70%给了国有部门,尽管国有部门的工业产值仅占工业总产值的34%。

持悲观态度的人提请人们注意中国经济中的这些弱点是对的,但问题是这些弱点是否能得到克服。在这个问题上,经济学家们越来越抱着充满希望的态度。私营部门发展如此之快,以致国家所占的产量和雇用职工的比重正在迅速下降。

同样地,虽然中国要建立起一个以市场为基础的金融系统还有很长的路要走,但中国的中国银行谈论要做的事都是应该做的事——甚至其中的有些事情正在做。近年来出现的通货膨胀率大幅度升高(1993年达到了27%)已得到遏制,同时在这样做时没有引起经济滑坡,这同80年代反复出现繁荣—滑坡周期的情形形成鲜明的对照。这表明政府正在制定出管理经济的更好的手段。

当然,观察中国的西方经济学家当中几乎没有人预言经济增长率用不了多久就会减慢。世界银行驻北京办事处主任彼得·博特利耶认为,中国目前的经济增长率可以再持续20年。可是,他承认,要想做到这一点,在很大程度上取决于国内政局和国际局势的持续稳定。

《中国:一只模样古怪的虎》,摘自1996年8月17日英国《经济学家》周刊

中国的未来可能是不确定的,但它的影响力是不可避免的。美国和亚太地区面临的最大挑战是对中国的作用和前景施加影响,中国正成为一个强国,也许成为东亚的主要强国。

中国成为一个大强国不一定会制造混乱或破坏稳定。北京争取一个长期和平和稳定的环境,使它的经济腾飞在这种环境下持续下去。

中国也面临许多可能产生全球影响的国内根本性问题。中国的经济增长令人吃惊,加上人口的增长和能源和其他自然资源的消耗大增,这最终将对亚洲和世界其他地方提出前所未有的挑战。比如,如果中国的人均能源消耗达到韩国的人均能源消耗,那么给环境增添的损害(污染气体的排放、全球气候变暖、酸雨等等)将是很大的。中国目前由于数十亿吨工业垃圾被倾倒入水道而大多数城市缺乏洁净的水。同时,由于工业快速扩充和基础设施迅速发展,可耕地的数量和质量都下降了。中国在今后20年需要增产一倍以上的粮食来养活其日益增长的人口。如果达不到这个要求,这个国家就不得不进口粮食,其数量等于或超过美国目前的粮食产量。此外,如果中国在经济资源大大缺乏和存在环境问题的情况下不能保持快速的经济增长,那么就可能导致一场政治危机,这场危机可能对地区安全乃至全球安全带来灾难性的后果。

《美国战略和国际问题研究中心报告》,摘自新华社华盛顿1996年10月10日电

在中国,各地区和各行业都在竞相引进外资。在过去受到限制的地区和产业,中国也在逐步批准外资进入。

截至1996年6月底,在中国设立的外资企业已超过12万家,从业人员达1700万人,实际投资额超过1546亿美元。此外,外资还提供了大量的融资、技术合作和开发合作。

目前,外资企业占整个社会固定资产投资的16.1%,工业生产总值的14.5%,进出口额达468亿美元,占整个进出口总额的31.5%。1995年外资企业的纳税额为700亿元,占工商税收的10%。即使从这些数字来看,外资企业无疑已成为中国经济不可缺少的一支重要力量。然而,中国当局似乎认为,“从对外资的需求量和潜力来看,引进还很不够”,“还应该再增加”。

9月5日出版的《人民日报》指出,中国虽然引进了大量外资,但从实际数额来看,香港、澳门和台湾占了68%。如果除去这部分,中国引进外资的规模还很小。此外,外资的投资地点主要集中在沿海开放地区,而中西部地区却很少。中西部18个省自治区的外资利用额只占全国的10%。在中西部引进外资尚具有很大潜力。

鉴于这种观点,中国引进外资的余地可以说很大。实际上,中国为了发展经济,不得不在资金、技术和经营方面依靠外资。

9月4日的《人民日报》甚至说:“在中国投资的境外企业,对中国的从业人员、顾客、合作企业和相关企业进行了培训,给中国提供了生产技术和科学管理经验。这些比金钱还要宝贵。”这说明了中国对外资所寄予的期待。

即使是从经营主体的角度来看,中国也不得不

进一步依靠外资。这是因为国有企业、集体企业、私营和个体企业不可能成为中国经济的主力。

首先，这些曾经是经济主力的国有企业，已经完全丧失了主力的地位。过去，国有企业承担着70%以上的工业生产，而今却下降至30%。多数国有企业处于亏损状态，每年赤字累计达500亿元以上。在两亿城市劳动人口当中，国有企业从业人员占1.1亿人，这就是目前的现状。中国当局早在几年前就开始致力于改善国有企业的经营状况，然而收效甚微。

香港《镜报》月刊(9月号)对中国经济的现状作了这样的描述：

“目前，带动大陆经济增长的，主要是外资企业、私营企业、乡镇企业和个体企业。”然而，私营、乡镇和个体企业从事的几乎都是轻工业和服务业。这些企业虽然经营效益较好，对时代的潮流很敏感，但整体技术水平较低，在质量方面缺乏国际竞争力。根本不可能从事高技术产品的开发和生产、基础设施建设、以及能源和农业开发。这样，中国能够依赖的无非是外资企业。

汽车、钢铁、石油化工、机械、电子、信息、通信、能源、交通基础设施、流能和农业等领域是中国的支柱产业。目前，这些产业在技术、设备、经营和资本等方面，或多或少都依赖外资。

江主席8月29日在会见台湾商工会著名人士时说：“我们将继续长期实施鼓励台湾企业到大陆投资的政策。在任何情况下，我们都将保护台湾企业的所有正当权益。”江主席之所以这样说，是因为中国经济在相当程度上依靠台湾的投资。

总而言之，中国不得不依靠外资企业，这就产生了问题。首先，外资的大量参与，有可能引起国内的不满，激发民族主义情绪。

虽然《人民日报》(8月13日)指出，“引进外资，不会形成外资一统天下的局面。在绝大多数产业，国内企业仍将占据主体地位”，但几年过后，形势很可能会发生根本性的转变。不过，中国是一个大国，民族自尊心很强。大量的外国产品和资本流入，将损害民族自尊心。在这一点上，中国与新加坡和马来西亚有所不同。

事实上，中国国内已经开始对外资表现出不满。

香港杂志《亚洲周刊》(9月1日)指出：“随着中国市场不断向外资开放，一些中国企业的危机感越来越强烈。这些企业担心外资夺走自己的市场，自己的传统产品被搞垮。它们主张保护‘国货’要求对外资实行限制。”

另一个问题是，不管中国方面如何希望外资参与，外资方面有可能对进入中国持消极态度。事实上，已经有一些外资开始撤离中国，它们对以下方面感到不满：(1)中国政策摇摆不定；(2)中国正在取消税制方面的优惠政策；(3)劳动工资和地价不断上涨；(4)劳资争端增加；(5)中国当局征收各种摊派资金；(6)对外资在中国国内的销售进行限制；(7)基础设施较差，等等。

迄今为止，中国在吸引外资方面一帆风顺，然而，今后却很可能遇到障碍。届时，中国经济的发展也有可能陷入停滞。总而言之，依赖外资存在着问题。

《一味依赖“外资”的中国经济》，摘自1996年日本《选择》月刊10月号

近几年来，投资过热和通货膨胀在中国成为严重问题。中国把抑制投资过热和通货膨胀当作课题，并在1995年取得了一定成果。中国1995年的固定资产投资是1.9万亿日元，比前一年增长19%(实际增长11%)，增长率与前一年相比下降了12个百分点。另外，1995年的零售物价上涨率是14.8%(1994年是21.7%)，低于年初目标的15%。

中国经济虽然在表面上呈繁荣景象，但背后危机却正在加剧。这似乎就是事实。

中国经济的危机之一是金融危机。在日本，金融机构的呆帐成为严重问题；在中国、金融机构也存在大量呆帐，而且已经成为严重问题。

中国国有企业的借款余额截至1995年6月是3.4万亿元。据国家统计局公布，其中39.9%是呆帐。呆帐比率如此之大，令人吃惊。朱镕基副总理在全国银行经营管理会议上说，拖欠和无法回收的呆帐实际上高达国有金融机构借贷余额的2/3。如果这是事实，就不是一个小数字。

呆帐为什么如此之多?第一个原因是，在建筑高峰时对不动产(土地和建筑)的投资和贷款过热。

1992年以后，中国掀起了全国性的开发热，机关和企业从银行大量借款，纷纷建设开发区。

然而，许多地理条件和经济条件都不好的地区也建设开发区，建成后却没有什么企业光顾。另外，在中央紧缩银根的情况下，不少地区因资金短缺停止了开发区建设。

在现有城市市区及其周围，利用银行提供的贷款建设了大量商品楼、公寓和工厂，但由于需求停滞不前，出现了严重滞销和房租下跌的现象。

据《光明日报》报道，全国近几年竣工的开发区有2000个，面积1.4万平方公里，相当于中国现有

城市面积的总和,滞销的公寓和住宅面积高达5000万平方米。

如今,经济持续高速增长的广东省广州市和珠海市正在偿还泡沫经济时期的欠款。《90年代》杂志对两个城市的现状报道说,广州的固定资产投资完全超过了该市的承受能力。广州除了花100亿元开始建设地铁以外,还不顾专家的反对,建设了乙烯工厂和轴承工厂。广州市政府打算利用向香港企业出售土地的钱来建设地铁,但售出的土地还不到计划的一半。因此,广州市的债务急剧增加。虽然拆掉了旧市区的一些楼房,但新的楼房尚未建起来,空地到处可见。

珠海市90年代初不顾国家计委反对,着手建设大型机场。目前,该市正在为偿还投资而苦恼。

堪称中国改革开放和经济高速增长标兵的广州和珠海出现这种情况具有象征意义,但实际上全国都存在这种情况。不少热衷于大规模开发的机关和企业正在为紧缩银根导致项目中止和竣工的不动产滞销而苦恼,处于难以偿还贷款的境地。这样一来,金融机构的呆帐不断增加。这与日本泡沫经济崩溃后的状况十分相似。

呆帐增加的另一个原因是企业(主要是国有企业)无法偿还贷款。

中国国有企业的经营危机日趋严重。国家体改委的报告说44.1%的国有企业亏损,一份内部报告说70%的国有企业亏损。在整个国有企业4.1万亿元总资产中,负债比率高达75%以上。

由于国有企业的亏损增大,"三角债"也不断增加,基金额在7000亿元(也有人说是1万亿元)以上。"从银行的借款本金不用说,国有企业连利息都偿还不了"(国家体改委的报告说)。因此,国有企业的呆帐越来越多。

实行紧缩银根政策,虽说在抑制投资过热和通货膨胀上是必要的,但一方面导致国有企业因资金周转恶化而倒闭、停产,进而产生了呆帐。而且,导致了失业人数增加。

为此,中国政府1月中旬召开了全国金融工作会议,并决定从今年春天起放宽银根。中国人民银行行长戴相龙说:"今年将继续适度地紧缩银根。"朱镕基副总理在接受香港报纸记者采访时说:"今后要在某种程度上放松宏观调控。"这大概是政府的心里话。

《人民日报》1月19日的社论指出,存在固定资产和消费基金过快增长的问题,以及乱涨价、乱收费、牟取暴利的价格违法行为。该报警告说,产生通货膨胀的根源并未消除。

失业率提高已经成为严重问题。据中国正式宣布,截止1995年秋,城市的失业人数是480万人,失来率为2.8%;1996年因劳动人口增加,失业率到年底将升至3.4%。然而,中国最近的一份党内文件指出,今年的失业率将达到5%。

这个数字的对象是完全失业者,处于半停产状态的国有企业职工和企业内的剩余人员不包括在内。据《华尔街日报》1月2日报道,中国30%的国有企业已经暂时或全面停产,东北三省的比率高达60%至70%。

中国的内部文件也指出:"在工厂、矿山和企业中,有28%处于半停产状态,失业率提高对社会稳定构成了威胁。"

据说,企业内部的剩余人员是2500万至3000万人。此外,还有大量农村外出打工但找不到工作的"盲流人口"。

政府能够给大量的失业者提供稳定的工作吗?在国有企业改革没有进展的情况下,解决失业问题大根不是件容易事。

粮食问题仍然非常严重。中国的粮食产量虽然1995年比前一年增长4.9%,但最近10年的年均增长率只有1.2%。世界农业专家预测,中国的粮食生产现在达到了顶峰,今后将不可避免地减产。

粮食减产的第一个原因是,由于利用农田来兴建工厂和住房等,耕地面积每年都在减少。据《北京周报》1995年2月9日报道,中国耕地面积仅1994年就减少了71万公顷,"情况十分严重"。据说,中国的总耕地面积是9600万公顷,已经突破警戒线。

第二个原因是,国家对农业的投资比较少,放松了水利建设、土壤改良和技术改良,抵抗自然灾害的能力下降,生产率没有提高。由于预算太少,许多遭到破坏的堤坝和农田无人问津。

第三个原因是,农民的生产积极性下降。肥料和农具价格上涨,而粮食价格却压得很低,交粮也拿不到现金,内地的农民便失去了生产积极性。虽然政府呼吁尊重农民的利益,但情况似乎并未改善。

如此看来,粮食减产似乎在所难免。另一方面,中国人口每年增长1500万,城市的人均粮食消费量不断增加。

中国每年进口粮食近2000万吨。中国现在有7000万人生活在贫困线上,今后情况会怎么样呢?

由于生产成本提高、欧美经济增长减速和改变优惠税制等因素,中国的出口从去年11月起一直低于前一年同期,估计今年将低于前一年水平。

虽然上海等地经济持续繁荣景象，但中国存在这些问题。我们要从各个角度来观察既繁荣又危机的中国经济。

《中国经济仍然处于“危机”状态》，摘自1996年日本《选择》月刊3月号

中国从1995年开始进行新的国有企业改革。在这次改革中，引进了把国有企业改组为有限公司或股份公司的“现代企业制度”。这种改革将有助于改善国有企业的“大锅饭”体制。进行改革时，应解决的课题很多，比如要同社会职能相分离，充分利用剩余人员，健全社会保障制度等。当解决了这些课题之后，中国将迎来真正的市场经济时代。

在1978年底改革开放政策开始实施的同时，中国在改革国有企业方面进行了各种各样的尝试。其内容有：(1)扩大企业经营自主权；(2)实行承包经营责任制。经过十几年的企业改革，国有企业实现了利润同内部保留利润挂钩和利润同工资挂钩。因此，职工很关心盈亏，并提高了改善企业管理的积极性。

但是，目前实行的承包经营责任制中，如下一种倾向严重：企业只享受权利而回避承担义务。承包制是这样一种制度：(1)根据中国同企业签订的合同中所规定的金额或比率，向国家交纳利润和税金，其余的利润归企业自主支配；(2)在达不到合同要求的情况下，原则上企业以过去积累的内部保留利润来补充。

在这种制度下，企业在业绩顺利发展的情况下，则努力积累内部保留利润，职工也为提高工资标准而努力。不过，一旦企业陷入长期不景气的状况，企业利润则减少，并低于合同上的金额，最终转为赤字。如果是这样，企业就会失去负担的能力。

从结果来说，采取了把责任转嫁给国家的方法。

因此，与其说企业不负责任，不如说企业缺乏对付亏损的能力。

其最重要的原因在于：企业没有“财产权”，不能处理资产。

国有企业缺乏自负盈亏的能力，与此同时，政府的直接干预、企业内失业人数庞大、学校和医院等社会职能机构的存在，都阻碍着企业效率的提高。目前，国有企业中的35%属于赤字企业。以财政和金融为中心，这些赤字企业对中国整个经济也产生了不良影响。比如，在金融方面，国有银行不得不为国有企业增加贷款，以防止国有企业的资金周转进一步恶化。这给银行经营增加了压力。

山一证券经济研究所北京办事处负责人黑岩达也：《正式开始的中国国有企业改革》，摘自1996年3月15日《日本工业新闻》

目前，农民自由选择的幅度扩大了。可以认为，粮食生产发生变化的原因除了气候方面的因素外，还有这样两点：农业生产的基础条件发生了变化；围绕粮食生产的经济条件发生了变化。因此，把粮食和大米的生产变化作为自变数，把如下3点作为说明变数，重新进行了分析。这三点是：(1)集中反映气候影响的受害面积的比率；(2)由耕地面积、灌溉面积和种植面积的变化反映出来的农业生产的基础条件；(3)由粮食、商品作物和生产资料的价格变化反映出的经济条件。下面简单地总结一下计测结果及以此为基础的政策启示。

第一，受害面积的比率对粮食产量的变化产生的影响最大。因为仅这一种因素就占产量变化的53%。第二，粮食作物种植面积的变化占产量变化的29%。其余的各种因素对产量的变化也产生了一定的影响。生产资料涨价和商品作物价格下降有抑制粮食增产的效果。与此相反，政府提高粮食收购价格显然具有促进粮食作物增产的效果。

另外，在推测粮食作物种植面积的变化因素时发现：(1)耕地面积的增减是最重要的因素，在整个种植面积变化中占58%；(2)种植指数(种植面积同耕地面积之比)的增减在整个粮食作物种植面积变化中占15%；(3)农村工业的发展程度同种植面积的变化成反比。也就是说，某一地区的农村工业发展越快，该地区的粮食生产所带来的利益就越少，结果导致粮食作物种植面积减少。

从上述的分析结果来看，似乎可以得到三项重要的政策启示。

第一，中国今后要想维持粮食的稳定生产，重要的是要致力于加强修建水利设施，为不受气候左右而奠定生产基础。为此，从制度上保证财政资金的进一步投入是必不可少的。

第二，基于如下一种因果关系，必须进一步严格控制非农业占地问题。这种因果关系是：由于乡镇企业特别是农村工业的迅速发展，导致耕地面积减少，耕地面积的减少又导致粮食作物种植面积减少。

第三，设定粮食价格(最低保障价格)，以保证粮食生产的利润。谋求生产资料价格稳定在适当的水平上，并谋求确立生产与流通体制。否则，农民就有可能停止粮食生产，把资源分配的重点转移到利润较高的商品作物方面，或者减少粮食作物的种植面积。因其情况而异，也有可能会放弃种植粮食作

物。

日本桃山学院大学副教授严善平:《驳斥中国“粮食危机论”》,摘自1996年2月27日日本《世界周报》

今年世界农作物价格已急剧上涨,例如,小麦价格已上涨40%。价格上涨的主要原因是许多国家收成不好,其中包括美国。但很多分析家还认为,至少是部分原因在中国,因为12亿中国人谋求从国外购买他们在国内越来越无法种植的农作物。

这种解释支持了那些认为中国对粮食日益增加的需求是地球发生灾难的征兆的人们。美国世界观察研究所的莱斯特·布朗是主要的悲观主义者。他预言,到2030年中国可能每年需要进口多达3.7亿吨的粮食。他指出,这一数字“几乎是目前世界粮食出口总量的2倍”,大约相当于中国目前粮食产量的4/5。布朗说,随着中国粮食产量的减少和中国人对粮食需求的增加,结果将是主食的严重短缺及世界食品价格急剧上涨。

目前局面对中国来说还不算太糟。在收成不好的1994年之后,去年中国的粮食产量看来达到创纪录的4.65亿吨;今年的收成可能还将创造另一个纪录。中国在1987年至1991年期间进口过粮食,现在它再次成为粮食净出口国。在中国3大主食谷物——小麦、玉米和大米中,它长期短缺的只有小麦。中国每年进口约1100万吨小麦。

尽管如此,中国人口每年增长约1.1%,即1350万人,因此中国领导人担心他们将来不能找到足够的粮食满足越来越多的胃口。中国人均粮食占有量正在下降。政府采取的对策是为2000年制订了产粮5亿吨的目标。

随着中国逐渐富裕起来,中国人的粮食消费正在减少,肉食消费增加。但这只会加深悲观主义者的沮丧情绪。养猪养鸡都必须喂饲料,而猪鸡的饲料一般都是粮食。将粮食转化为动物肉中的蛋白质是一种浪费。一般4公斤粮食才能转化为1公斤猪肉,而1公斤牛肉则需要7公斤粮食。中国未来吃肉的人将对粮食有巨大的需求。布朗问:随着中国可耕地越来越少,粮食产量停滞不前,怎么才能满足这种需求?

中国稀少的土地很难形成规模经济。中国迫切需要更好的粮食品种。一些研究所和外国农业综合经营机构争先恐后地准备为中国提供这方面的帮助。中国的畜牧业几乎没有脱离中世纪的水平;化肥的质和量都低劣。灌溉简直就是在浪费水。

在国际组织的帮助下,中国正在实施庞大的计划,准备将中部河流里的水引到干旱的北方。但中国还可以为提高其现有的灌溉能力做大量的努力。马尼托巴大学的瓦茨拉夫·斯米尔估计,中国65%的灌溉水被浪费了。他指出,减少50%的浪费——仍大大低于国际标准——将在不需要开发任何新的水资源的情况下为中国多提供2/5的水。

其次是粮食在收获后又被浪费的问题。加拿大小麦局驻北京代表阿德里安·曼说,中国收获的1/4的小麦被浪费。他指出不充足的干燥和储藏设备、鼠害及落后的运输是造成粮食浪费的原因。他指出,甚至10%的浪费就相当于中国进口小麦的总量。

《中国的情况对马尔萨斯有利》,摘自1996年5月4日英国《经济学家周刊》

当然,这种成功的经济发展也不是没有问题。实际上,在形成真正的市场经济之前,中国还要解决许多问题。这些问题仍然是农业部门薄弱、高通货膨胀率、价格失控、国有企业管理不善、地区发展不平衡,以及部分地区居民生活水平下降等。

最令改革者头痛的是国有企业转轨缓慢,亏损严重。从去年10月开始,政府采取了措施以加速企业体制改造进程,同时确定了2000多家国有企业在1996年必须贯彻政府措施。作为改革试点,它们取得的成绩将成为其他企业转轨的模式。政府还于去年底公布了一批因企业经营不好而被撤换的企业领导人名单。这些企业尽管都是沈阳的,但这种作法在中国通常是很少见的。沈阳是政府允许国有企业破产的第一个城市。

国有企业和集体所有制企业1995年继续亏损,债台高筑。37.8万家企业的债务高达940亿美元左右。政府企业改革纲领的主要目的是鼓励那些没有清偿能力的企业宣布破产。

中国中央银行向政府指出,在现行破产程序中,银行的权利和义务未能以相应的方式得到保护。许多银行无法根据保险和抵押条款讨回债款,因为企业不能把财产变为现金。

中国长期处于资金短缺状态,企业基金不足以保证足够的积累,所以它不得不经常鼓励居民储蓄。由于通货膨胀,中国一直奉行高补贴利率的作法。这意味着,银行支付利息的数额要高于它们通过发放贷款而获得的收入。银行为此而损失了许多国家预算补贴。

《中国迅速发展》,摘自1996年1月22日南斯拉夫《经济政策》周刊中国经济充满着自相矛盾的现象。任何一个大国都不会把经济增长率下降1.6%(目标是3%)看作是一个成功。可是,在经过若干年经济加速增长之后,中国领导人和外国顾问们一直在试图使中国的经济发展速度放慢下来。官方的1995年国内生产总值增长率为10.2%,比上一年的11.8%有所下降。尽管中国的统计数字被认为充其量只是象征性的而不是可靠的统计数字,但趋势是明显的——在进行了3年的尝试之后,中国政府已得以减慢发展速度。至少根据官方数字来看,通货膨胀率也从22%下降到17%。

这些被用大字标题刊登出来的数字,尽管是令人鼓舞的,可是它们掩盖着一些比较严重的问题。经济增长率和通货膨胀率目标是3年前确定的,迟迟未能实现这些目标一事突出表明中央政府对中国经济仅仅拥有部分控制权。经过数年努力而未能达到目标之后,中国政府于1995年采取了较少面向市场的方法,这样就暴露出经济改革的局限性,表明改革的艰巨任务仍未完成。

处于这一艰巨的经济任务的中心的,是对国有工业企业实行改革。1995年在这方面没有取得多大进展。尽管整个经济的增长率超过10%,可是这些国有企业造成的亏损在1995年里增加了大约20%,企业亏损面仍达40%。这些企业仍旧继续大量吞掉中央政府的财政收入,使政府不得不削减在至关重要的固定资产投资方面的开支。简言之,这些企业在中国经济的核心部位造成的财政黑洞,是一个就像以往一样严重的问题。不对这些企业实行改革,较广泛的经济改革带来的成果有化为泡影的危险。在征收20%以上的新的增值税方面的失败和不能向出口单位和个人退还高达60亿美元的出口退税款,这两年事表明,在税务制度方面实行的改革实际上并没有使中央政府金库的钱增加。税制改革的目的是要帮助解决国有企业造成的那个问题。

因之,人们对于从1996年1月1日起实施的中国第九个五年计划的公布(无论如何这在一个国内生产总值有50%以上掌握在非国有部门手中的国家里是一个反常现象)作出的反应,更多的是觉得好笑而不是惊异。计划预计年经济平均增长率为9%,而通货膨胀率为10%以下。第八个五年计划的命运表明,这些数字比经合组织对西方国家经济所作的五年预测更加没有用处。

中国实行的市场改革不完全和官员们想要抗拒市场而不是顺应市场的那种潜藏着的愿望,在中国对于要它向外国贸易与投资开放市场的压力所作出的反应中,也是明显可见的。

伦敦国际战略研究所:《战略研究1995—1996》摘自新华社伦敦1996年4月25日英文电

世界银行一位高级官员昨天在伦敦说,要使保持目前经济高速增长所必不可少的基础建设和社会支出所需要的经费到位,中国就必须增加政府财政收入,把财政收入金额占国内生产总值的比例再提高6个百分点。

世界银行负责中国和蒙古事务的官员尼古拉斯·霍普在由英国皇家国际事务学会举行的一次记者招待会上说,由于税收水平低,用于卫生、教育、基础建设和缓解贫困方面的经费严重不足。

他说,尽管中国1994年1月开始了意在增加税收的税制改革,中国的财政收入已从1994年的占国内生产总值的12.4%到去年降为只有11.3%。

另外,这使政府没有足够的资金来保持能满足如下需要的应急能力:必须支付的抚恤金、失业津贴以及裁员费。

他说,改善公共财政状况是中国经济改革的关键。世界银行认为,中国政府可通过如下措施来增加所需的额外收入:提高增值税和所得税,使国内企业和外国企业在纳税方面并轨以弥补单轨制造成的种种漏洞,增加就业税和对污染环境者处以罚款。

霍普说,中国对外国直接投资的严重依赖将会加重其经常项目的负担,利润和股息外流。担心中国外债增长的分析家们在他们的考虑中忽略了这一因素。中国目前的外债是1070亿美元。

他说,中国当局注意到这一日益增大的负担,这就是他们允许外汇储备增至800多亿美元的原因之一。他说,鉴于资本不断流入,中国的形势仍然非常乐观。关于外资的还本付息额,不应影响朝着实现人民币经常项目兑换的方向取得进展。

摩根—斯坦利公司亚洲经济研究所所长拉吉夫·拉尔说,香港投资者在内地的直接投资收益是大约25%,在过去的两年里增加420亿美元。

这意味着大批资金汇往国外,这对经常项目来说最终会带来风险,尽管这在很大程度上取决于资本增值形式的收益多大以及外国投资者实际汇出金额的多少。

一些经济学家猜测说,中国国际收支统计数字中借项一栏计算方面有许多遗漏和差错,由此可以看出外国投资者把利润汇回国内的情况。中国去年的国际收支顺差为166亿美元。这意味着中国经常项目实际余额远远低于报道中所说1995年这方面的余额占国内生产总值2%这一水平。

主编彼得·蒙塔尼翁:《为支援经济发展中国必须增加税收》,摘自1996年6月25日英国《金融时报》

中国不久前对于地下银行进行打击,这是最新的迹象,表明领导层担心银行系统很容易发生一场金融危机。领导层认为,保护国家银行不受到竞争的威胁,是保护整个国家机构,其中包括国有银行、国有企业和党的唯一办法。

如果国有银行的存款开始流失,流到非国有银行,那么它们用来借给国有企业的资金就会减少。考虑到国有企业的流动资金90%以上是靠国有银行的贷款,那么如果削减贷款的话,这些国有企业就会丧失支付能力。

可是,即使削减了对国有企业的贷款,如果国有银行的存款减少,也会导致它们的资金不足,因为国有企业仅仅有能力偿付大约为8%的贷款利息。如果这一系列情况赶在一起(尽管这种可能性很小)的话,有可能引起国有部门中一系列金融方面的拖欠,从而有可能引起一场只有大量注入现金和由中央银行来结清债务才能避免的金融危机。

这样一种危机将对经济造成难以置信的破坏。中国的国有银行提供的贷款占中国贷款总额的60%以上,控制着中国80%以上的金融资产,雇用的职工占整个金融部门职工总数的57%,并且拥有中国全部的银行分支部门的70%以上。1995年,中国的未偿还的贷款超过6000亿美元,几乎等于中国1995年的国内生产总值。

在这些贷款中,大约有40%,即2400亿美元没有什么效益。国有企业对于职工实行的福利国家式的福利和国家对它们的产品实行价格管制加在一起,已使得对于它们的刺激和它们自身的赢利能力降低了。1995年,它们消费了工业投资的73.5%,雇用的职工占工业企业劳动大军的70%,可是它们生产的产品仅占全国产量的45%。尽管它们得到的投资资金高得不成比例,可是国有企业的每个职工创造的附加值仅及非国有公司职工的一半。

然而,尽管国有公司业绩很差,但政府迫使国有银行继续支持这些企业。

因此,国有部门的任何拖欠,不仅有可能导致一场金融危机,而且也会导致一场政治和社会危机。然而,政府在国有企业未偿付债务这个问题上无法去帮助银行。政府岁入按占国民生产总值的比例衡量,已从1985年的21.5%下降到1995年的11%。

令人感兴趣的是,非法的金融部门首先正是从国有银行自身要避免一场金融危机的愿望中产生出来的。鉴于它们有贷款限额、最高利率限制,以及被迫向国有企业放款,于是唯一可供选择的有吸引力的方案,就是求助于地下贷款市场。

中国有三种主要的地下贷款市场,而且国有银行参予了所有这三种形式的市场。这三种地下市场是:银行间贷款、银行给公司的贷款和公司给公司的贷款。大多数交易都要作出一系列安排来掩盖贷款。目前银行间的地下贷款利率在14%到15%之间;银行对公司的地下贷款利率为16%到20%;公司对公司的地下贷款利率为20%到24%。从过去的情况看,非法贷款利率一直是至少比官方贷款利率高一倍。贷款利率取决于参予交易各方之间的关系的密切程度,关系好,利率就低。在非国有银行的存款是没有担保的,因此非法的贷款利率和官方的贷款利率之间的差距是比较小的。

实际上,尽管有非法银行参与地下交易活动,但它们所占的比例很小。政府打击的主要是合法机构所从事的非法放款活动。

典型的地下贷款交易乃是合法的银行绕过最高利率限额,向大的存款者或大的借款者支付或收取高于标定利率利息的做法。实际情况是国有银行、存款者和负责寻找需要现金的公司的代理人三方来瓜分非法利率和官方利率之间的差额,而借款的公司则可以得到以别的方式无法得到的贷款。确实,借款的公司是否偿还这笔贷款往往是不重要的,因为国有银行的存款是由中央银行充分担保的。借款公司已经预先支付了利息差,而存款者仍将得到按法定利率计算的利息。

银行间市场成了各家银行向其下属部门放款以从事政府信贷计划以外的活动的一个渠道。在1992年和1993年这段时期内,大约有232.5亿美元的国有银行贷款(约占贷款总额的10%)通过国有银行与其他金融机构之间的银行间贷款的方式,在地下贷款市场上非法地贷给了私人公司——尽管其中的67%无法收回来。这些贷款是在国家限额之外借贷出去的。

为什么会出现这种混乱局面呢?中国的领导层历来是根据中国的一句著名成语,即"头痛医头,脚痛医脚"去解决问题,而不是想办法从根子上去解决问题。只要中国政府不去设法消除诸如贷款限额、最利率限制和最高限价之类的体制上的扭曲(这些东西必然地迫使一些机构去从事非法活动),并鼓励新的市场参与者去同国有部门竞争，那么中国的金融系统将会继续是亚洲效益最差和最不发达的金融系统之一。

无论是个人还是机构，生存是一种固有的本能，因之私营市场已被证明是调节各个参与者之间的竞争的最佳途径。如果中国的国有机构采用的是能反映相对风险和相对匮乏的市场利率，那么地下市场将解体，实际上国家也将获得更多的利润，并且将开始从它的自我破坏的中央计划经济中摆脱出来，中国和它的12亿人民，也将因此而避免一场即将发生的潜在的金融危机。

雷蒙德·布兰查德:《中国怎样迫使存款者支持国有企业》,摘自1996年9月4日香港《亚洲华尔街日报》

中国七大水系中有近一半遭到严重污染。中国的工业废物和生活废物，估计有80%未经处理就排入江河。据中国的一位高级环境官员说，中国的500多个城市，空气能保持清新的不超过5个。在中国的城市地区，呼吸系统疾病的发病率比美国高4倍，而且是造成人们死亡的主要原因。

这样一些令人忧虑的统计数字，对任何国家来说都是令人惊恐的，可是在地域广大的中国，这些统计数字预示着一场潜在的全球规模的灾难。

中国领导人显然在面对不断恶化的环境局势时变得清醒，他们终于引人注目地开始重视绿色色调了，尽管有些迟了。西方的关注不再被不假思索地看作是富有的、已经工业化的国家对中国主权的伪善侵犯，或者看作是要想使中国越来越有竞争力的经济放慢下来的不良企图而不予重视了。近年来中国已经制定了一系列环境行动计划。在今年7月举行的中国环境保护会议期间，李鹏总理告诫一大批出席会议的共产党官员说：必须采取更多措施防治污染和推动经济的可持续发展。

可是，要想使党的保持绿色的方针产生实际影响，北京的官员们将必须有更多的革命热情。

中国的污染状况越来越影响它的边界以外的国家。日本的一份研究报告表明，降落到日本西部的酸雨，其中有30%是由于中国烧煤而排放的二氧化硫造成的。而且，据西方的一项研究估计，到2035年，中国的二氧化硫排放量将超过工业化世界排放量的总和。从二氧化碳的工业排放量来说，中国仅次于美国，处于世界第二位。到本世纪末，中国生产的破坏臭氧层的物质——如电冰箱中使用的氯氟烃和气雾剂的产量，与1991年的产量相比，可能增加一倍以上。

中国社会普遍的一致意见仍是赞成继续追求经济增长，可是民众对于方兴未艾的“绿色食品”业的热情、对于污染严重的企业接连不断提出愤怒的控告，以及污染造成的损失和伤亡越来越明显，正在促使国家领导人设想对于工业实行前所未有的限制。

中国的领导层解决环境问题的热情不断增高，于是在今年4月份把“危害环境”列为可处以死刑的罪行。

然而，经济增长仍然是最后决定因素。正如中国在1994年环境行动计划中说的，可持续发展的先决条件是发展。

国家环境保护局缺少在经济的许多部门实施环境保护法规的影响力，它常常发现自己被那些仍然一心追求产值的更有权力的部击败。在中国工作的一位西方环境专家说：“如果环境需要因为某种据认为可以带来更大好处的事而被弃置不顾的话，那它也就被弃置不顾了。”事实上，美国政府的分析家们预料中国领导层将把一场大力防治污染的斗争推迟到2010年，因为到那时按规定现阶段的工业化将会完成。

可以理解的是，资金也是一个问题。北京计划把每年用在环境上的开支从占国内生产总值的0.7%（约为170亿美元）提高到占国内生产总值的1.5%（约为400亿美元）。可是，在中国工作的环境工程师安瓦尔说，要想使情况真正改观，政府至少需要把国内生产总值的5%到10%投入到环保方面。许多中国官员说，这么高的投入比例，在中国变得更富裕以前是根本办不到的。

蒂姆·齐默尔曼等合著:《中国深吸了一口冷气——经过数十年极快的经济增长之后，北京临一场环境灾难》，摘自1996年9月9日《美国新闻与世界报道》

〔中国〕科协列举的最愚昧的一项迷信活动是用电脑和其它现代化手段算命，这项“服务”吸引了越来越多的人，骗取了大量钱财。

在传统的迷信活动中，中国城市里的街头算命先生越来越多，他们平均算一次命收费15元人民币。

街头算命先生大多是无业或退休人员，他们站在街边（有时不到100米的地方就有5个算命先生），地上放着印有阴阳八卦图的黄表纸或手相图。

他们的顾客大多是年轻人，这些青年男女站在那里听算命先生讲解手相，然后往地上扔硬币。

科协还揭露出版社、发行商和书店靠宣传愚昧与迷信的书籍或出版物赚钱，而不是去宣传“科学的思想、精神和方法。”

科协所说的这些书在中国城市的几乎所有书摊上都能看到，而且销售的品种很多：既有简单易懂的，也有公开骗人的(如1000年预言)，还有在中国人中根深蒂固的阴历历书。

中国科协虽然主要谈到算命活动，但也提到了气功和其它有关的伪科学。

中国的农村和城市到处都有气功师，他们中既有小孩，也有成年人。气功师的功夫包括从远距离探测脑瘤到钢针穿石，当然数百万功夫不深的人则给人按摩、或每天早上锻炼身体。

科协计划明年上半年举办两次气功研讨会，但其领导人中无人敢于透露是把气功列为他们所要铲除的“封建愚昧”现象，还是附和把气功视为祖国文化遗产的数亿中国人。

招摇撞骗者不仅是街头算命先生，还包括一些成功的有名的公司，它们卖治头疼的梳子和治失眠的帽子。

中国科协认为，迷信活动和伪科学的死灰复燃，原因在于地方政府不重视“德育”和宣传科学。

这个观点与官方观点是一致的，官方仍然把迷信视为同贩毒、卖淫、色情、拐卖妇女和儿童、赌博一样的打击目标，这些现象被称为中国的“七害”。

摘自埃菲社北京1996年9月5日西文电

所谓的经济大国，乃是指拥有统一的国内市场，其潜在的增长力对周围国家拥有莫大的影响的国家，不管其影响是好还是坏。但是，目前中国的存在并非如此。把未成熟和不发达的市场称作“超级”大国，这有可能歪曲中国的自我形象，使云集在中国的海外企业陷入困境。

称中国是超级经济大国，这是一般的错误说法。且不说对经过一代人之后谁也无法作出保证的将来进行草率的预测，主张说现在的中国经济已经达到超级大国的规模，这实在是缺乏根据。所谓经济大国，是指它应当拥有统一的国内市场，其潜在的经济力对周围国家具有或好或坏的巨大影响力。但是，目前中国的存在并非如此。中国的国内市场，目前只不过是仍然分散在辽阔的国土上的无数个多半是自给性的小规模市场的综合而已。

今天的中国，影响力并没有波及到周围国家，相反，它是在东亚国家经济力的影响下实现高速增长的。作为担负市场经济化的企业家，在中国为数极少。“中国资本主义精神”，不仅落户于大陆，而且深入到海外华人之中。于清朝末期移居南洋的华南居民，经过很长的历史时期之后，共同在香港和东南亚的“外部中国”培育出“中国资本主义精神”，没这一精神回归大陆，就不可能有这个国家的市场经济化。准确地利用海外华人回归中国战略的是邓小平。这一战略成功的结果是，海外华人的出身地华南实现了高速增长，这一地区成了改革开放期中国经济增长的火车头。

21世纪是亚洲的世纪这一主张，似乎多半是与中国经济大国论有密切关系。这种看法是危险的。在可预见的将来，这一地区经济发展的最重要的主体恐怕是新兴工业化经济地区和东盟国家。

把尚未成熟和不发达的市场说成是“超级大国”，这有可能歪曲中国的自身形象，同时，使人误认为充分的商业机会就在这里，使云集在那里的海外企业陷入困境。

东京工业大学教授　渡边利夫：《虚构的中国经济大国论》，摘自1996年11月日本《中央公论》月刊

有人将中国目前国营企业改革的形势描述为“上层热，基层冷”，“口头热，手头冷”，置身于实际矛盾和利益困扰中的企业态度犹疑，勇气不足，实践严重落后于政策。有关人士认为，此种局面的根源在于政府同时具有所有者和经营者的双重身份，造成各级政府主管部门对企业改革的具体事务事实上的控制、干预和包办，导致上下冷热的反差和种种弊端。

改革的目标本是逐步实现政商分离，使国营企业真正做到自主经营、自负盈亏、自我发展和自我约束，但因政府直接参与处理企业改革的具体事务，客观上反而强化了政商不分。这不仅造成国营企业改革的“大锅饭”，使政商间职权不清，责任混淆甚至互相推诿，而且使某些有疑虑和畏难情绪的企业找到了贻误改革的藉口。

中共高层一再强调以邓小平所提到的“三个有利于”(是否有利于发展社会主义社会的生产力，有利于增强社会主义国家的综合国力，有利于提高人民的生活水准)做为判断改革是非的根本标准。可是，由于政府部门掌有实权，衡量企业行为的标准常常变成是否服从自己的某种意图、规定，是否能摆平某种关系，这种现象会伤害企业的积极性，并导致形式主义。

政府以有限的人力和精力，从事众多有关国营企业改革的表态、审批等事务，容易造成应付于事，甚至会延误改革之时机与进程的局面，集中并加大

了改革的风险。

因此，政府工作的改革应打破常规，大幅调整政府的行为方式，将原来作为改革成果的政商分开改作改革的前提，实现改革职责上的政商分开，使有关政府部门只能凭所有权任用、调整从事改革的企业领导者，而无权插手企业改革的具体事务；减免一些看似必需、实则无谓的审批环节，放手让企业根据各自的实际情况进行大胆实践。这样，中国经济改革中的重点和难点——国营企业的改革，才有可能取得突破性的进展。

摘自 1996 年 3 月 19 日洛杉矶《国际日报》社论：《政商不分严重影响中国国营企业改革》

行政控制手段对冷却 1994—1995 年期间的过热经济仍发挥了它们的作用。但是与此同时，中央银行对银行系统的贷款减少了，得到巩固的公共部门的赤字也开始下降。为巩固取得的这些成果，中国将需要在国有部门加速改革。为提高货币政策的非直接手段的效率，需要对企业（增加它们对利率的敏感性）和银行（在作出贷款决定和制订价格时加强风险的考虑）的预算都给予更严格的遏制。

摘自 1996 年 6 月 27 日世界银行 1996 年世界发展报告有关中国部分

世界银行敦促中国考虑旨在吸引更多投资者进入其资本市场的改革。

世界银行建议的措施之一是合并或简化令人迷惑的证券投资手段。这些手段包括为国内投资者设置的 A 股，为外国人设置的 B 股，在香港出售的 H 股和在纽约出售的 N 股。

世界银行在一份新的调查报告中说，由于中国对开发资本市场采取"谨慎和试验"的态度，中国可能更难于减轻它的金融负担。

报告突出了西方银行家一再对中国的资本市场结构提出的批评，中国的高级官员并未听取这样的批评。不过，中国的证券管理委员会对这次调查给予了合作，表明这件工作可能反映出官方支持该调查报告得出的一些结论。

对外国投资者来说，这种分散的股票市场产生的一个不受欢迎的结果是，B 股通常是以大大低于 A 股的价格出售的。这个调查报告表明，如果不存在这样的歪曲市场的情况，那么一些公司可能从 B 股的发行得到更多的刺激。

调查报告建议把 A 股市场和 B 股市场合并，建议用新的预防措施避免中国当局可能认为外国资本流入过多的现象。例如北京可以像某些发展中国家那样对某些行业的外资规定一个上限或限制外国独资股的表决权或董事会成员资格。

报告还建议更多地透露关于发行新股票的信息，并使国家当局退出挑选承销人的事务。报告鼓励外国承销人更多地参加，以提高市场的先进程度。报告说，现已允许外国承销人承销 B 股，但是最终也应当允许他们参加 A 股的承销。

世界银行认为目前禁止在中国的两大股票市场即上海和深圳同时上市是没有道理的。报告说，禁止双重上市能抑制流动，并提高了从一个交易所"漏"到另一个交易所的可能性，从而引起非法交易。

报告建议加强证券管理委员会监督中国市场的权威，使它更像其它国家的证券管理机构。目前中国人民银行负责给交易员发许可证，证券管理委员会负责二级市场活动。大部分交易都需要多头批准。

世界银行也不认为中国得到的大量外国直接投资是忽视其资本市场的借口。报告说，为了得到直接投资，中国必须付出代价，这包括慷慨的税收鼓励措施和为数甚少的资金分配不当的其它可能性。报告认为，中国需要更多的证券投资来抵消直接投资。

爱德华多·拉奇卡：《世界银行敦促中国对资本市场进行改革》，1996 年 1 月 17 日美国《亚洲华尔街日报》

80 年代初，中国决定实行改革计划，以便对经济进行改革。改革计划使国家经济慎重地朝着下放决策权、加强自我负责制以及增加独立性的方向转变。

尽管 1979 年实行的"责任制"仍然保留了国家对土地的所有权，但是，允许每个家庭对最多不超过半公顷的土地有 15 年的私人使用权。

这些家庭必须缴纳规定的粮食数量以作为报酬。但是，这些缴纳的粮食定量只相当于可能达到的产量的 1/3，因此，一个单干的农民就可以获得可观的赢利。

现在，将近 95%的中国土地由单干的农民耕种。这样一来，农村的失业现象大大减少，农业生产比搞合作社经济年代时增长一倍。

后来，中国也根据这些积极的经验慎重地尝试，也对商业部门实行权力下放。大型国有企业在中国经济中还始终占主导地位。

这些大型国有企业不仅有工业生产单位、而且还有一系列辅助工厂、社会福利机构，还建设住房。谁要是没有单位，那么谁也就享受不到疾病和养老社会保险。

换句话说,中国的大型国有企业在社会福利、经济直至政治领导方面无疑都犹如国中之国。

谁要是不属于这些大单位的人,那么在中国他的生活就无人过问。这部分人大约共有1.5亿,他们中的大多数是从农村迁到城市去的。他们在城市里既没有工作,也没有社会福利保障,度日艰难,因为亏损的国有企业既不能为他们提供工作,也不能提供社会保障。

早在80年代初中国领导就试图通过允许私人开业——小型服务、修理和生产行业——的做法来缓解这一社会压力。

例如,允许人们在单位外,自负其责地到小工厂生产或者经商、开饭馆以及私人经营小型的服务工作。

在大多数情况下,这种经营活动局限于不雇用外人的家庭工厂,因为私人开业者不能为手下的职工提供国有企业那样的社会保险。被雇用的帮工,在通常情况下被当作是从事第二职业或者打黑工。

但是,现在在这个国家的几乎所有城市里都有私人开的饭馆、小商店以及诸如洗染店、食宿公寓、饭店这样的服务性机构。

这些小企业的数目早在1985年就已经上升到1120万个。现在,这些小企业的数量已经达到3000多万个,其中的就业者高达3800多万人。

中国认识到,她的劳工市场问题的解决办法不仅来自大型联合企业,而且主要是从中小企业中来。

然而还存在一个大障碍。大单位不仅垄断着就业,而且也垄断着社会保险,因而中国小型私有企业中的工作人员迄今实际上没有社会保险。

但是,如果没有同等重要的社会保障,在中国中小企业就业从长远来看肯定是不能实现的。

因此中国需要一个把中小企业中的就业人员也包括在内的社会保险制度,以使在中小企业中的就业人员有同在国有企业中同等的机会。现在正在做这样的工作。

驻北京记者　埃贝哈德·哈默尔:《中国的私有化还缺乏社会保障制度》,摘自1996年4月7日德国《星期日世界报》

八届人大四次会议,代表们对农业发展问题给予了极大的关注。朱镕基副总理与在湖南代表团座谈时说,"九五"期间经济发展最重要的还是农业,没有饭吃,什么事情也干不成。到2030年,中国人口达到16亿峰值时,预计需要粮食6亿多吨。按照这个目标,今后35年间平均每年粮食产量要增加近40亿公斤。而要实现这个目标,任务是艰巨的,那种认为只要采取一、二项措施就可以大幅度增产粮食,从而轻而易举地解决中国的粮食问题的观点,是不切实际的。

笔者认为,目前制约中国农业发展的主要问题和障碍因素,还根本没有解决和消除,诸如:人口增长过快、农业劳动力素质差、投入递减、耕地面积锐减、水资源日趋短缺、生态脆弱、土地沙化、水土流失、森林资源贫乏、草原退化、农田污染、土地盐碱化、耕地贫瘠化、水利设施长期失修、自然灾害频繁、农民纯收入增长缓慢等,而其中又以农业劳动力素质和农业投入不足为最主要的难题,要保证"九五"期间,尤其是开局之年的1996年中国农业有一个好的发展,当务之急就是要解决好这两大难题。

近年来,农民文化素质不断滑坡。据统计,全国每年进入劳动年龄的农村劳动力中,至少有10%是文盲,再加上半文盲,就形成了一支庞大的文盲队伍。不仅如此,而且不懂农业,不会做农活的"农盲"也不断增加。据调查显示,18—45岁的中青年农民中,不懂农业的竟占总数的37%左右,在这种素质下,导致有70%的现有农业新技术得不到推广,并时常发生"机害、药害、肥害"现象,限制了农业技术的利用率。

实践证明,农民素质愈高,吸收现代化科技成果的积极性就愈高,同时,消化现代科技成果的能力也就愈强,产生的经济效益愈大。因此,如何扭转目前的状况,采取有效的激励政策,引导农民投资"智商"工程,改"体力型"农民为"智力型"农民,是保证中国农业持续发展的关键之一。

导致中国农业近年来发展有所萎缩的另一主要原因是投入的不足。八十年代以来,用于农业的资金投入虽然绝对额有所增加,但用于农业的比重比过去有所下降,其中农业基本建设投资从过去的平均占11%,下降到近年来的3%。这就必然导致农业抗灾能力脆弱,装备水平长期落后,水利设施老化、失修、效益递减,生产率下降,农民收入低下,农村"返贫"现象有增无减。

在科技投入上,农业的贡献与资助极不相称。据测算,中国农业技术对生产增长的贡献份额一直波动在30%以下,"六五"期间为35%,"七五"期间降为28%,这说明加大农业科技投入还有极大的增产潜力。

"九五"中国农业要持续发展,最关键的策略在于科学技术。因此,必须采取有效措施,使农业科技贡献率由目前的30%左右提高到50%，科技成果转化率达50%以上。而要做到这些，就必须如一些专家长期呼吁的，须下决心将农业基本建设总投资的比重由目前的3%恢复到10%左右，农用工业基本建设投资比重由目前不足1%恢复到4%，农业财政支出比重由目前的9%恢复到13%左右，以给农业及时补充营养，恢复体力，增强造血功能，改变以往取之于农多，还之于农少的状况，彻底医治好农业的“饥饿症”和“贫血症”。

述评：《“九五”计划最关键是发展农业》，摘自1996年3月12日香港《信报》

受日本和欧洲的经济史强烈影响的我们，容易想到这样一种历史的先后关系：一国的国内市场在成熟之后，其生产力向外扩展，在这种情况下，这个国家将开始贸易和投资等“对外经济接触”。但是，在中国这样市场经济尚不发达的巨大发展中国家，情况与日本和欧洲的历史先后关系相反，国内的市场经济化应当说是由于来自外部的影响而开始的。

从未拥有过国民统一市场的中国，即使通过内部市场的成熟谋求经济发展，也等于是“百年俟河清”。重要的是，发展潜力很大的沿海各省要分别设法同新兴工业化经济区和东盟等地区进行交流，使“局部经济圈”不断成熟，然后在下一阶段创造出由沿海向内地扩展的市场活力。

以冷战结束为契机，潜伏于亚洲社会主义国家及其周围的东亚国家之间的相互补充完善的关系突然明显化了，它将成为东亚的非常积极的市场单位。我把这一市场单位起名为“局部地区经济圈”。连接福建省和台湾的“海峡经济圈”、由山东省和韩国构成的“环黄海经济圈”、韩国与吉林等省的“图们江经济圈”以及环绕其外围的“环日本海经济圈”等引人注目。这一“局部地区经济圈”是将东亚的活力传入中国的重要的“媒体”。我认为，在内地把这些“局部地区经济圈”的活力相互融合在一起，以此来谋求形成国民的统一市场，乃是中国实现经济现代化的最快途径。为了把“局部地区经济圈”的活力注入内地并且向四面扩展，基础建设计划和工业选址计划等必须作为有着统一性的政策体系加以完善。

东京工业大学教授　渡边利夫：《虚构的中国经济大国论》，摘自1996年11月日本《中央公论》，月刊

中国要达到日本、美国和西欧这样的技术水平，必须首先使全国人口最大程度地获得教育。经过两代人，大约50年的时间之后，约有1/3的中国年轻人将成为大学毕业生或技术院校毕业生。他们必须熟知世界，并同世界各地的同行经常保持联系。中国将会看到，不付出无法接受的代价，要想切断与全球信息网络的联系是非常困难的。今天的互联网络只是未来网络的先行者。这样的一个中国需要以不同的方式来管理。在信息时代，任何国家要想成功，都需要很好的管理手段。当中国的经济发生如此深刻的根本性变化，而所涉及的范围如此之广时，中国绝不会保持原样不变。但是，中国的政治制度只能由中国人自己而不是由外部集团来决定，不管其出自何种良好愿望。

中国和东亚的复兴将给全世界注入活力。西方和亚洲的文明将以其不同的长处在许多领域产生协商作用。东亚和中国的兴起，不会带来黑暗的中世纪。美国有社会问题，但没有衰落的危险。它拥有大量的人才、知识库以及掌握最前沿知识的科学家。中国需要吸取美国、欧洲和日本的精华，以便提高科技能力。与这些国家发展相互关系将给中国的文明注入活力，而反过来，中国也会向西方注入新的能量与活力。

新加坡内阁资政、前总理李光耀：《21世纪的亚洲与世界》，摘自1996年9月4—6日由全国政协在北京主办的“展望21世纪论坛”首次会议上的讲话

报告指出：“在90年代，中国已显现出它是一个经济超级大国，拥有世界上第二大经济。这不仅是对美国经济领导地位的挑战，而且也是对世界环境限度的挑战。”

报告认为，如果用购买力平价法计算，中国1995年的国民生产总值已达3万多亿美元，超过日本的2.6万亿美元，仅落后于美国(6.7万亿美元)。报告说：“如果中国的经济继续每8年翻一番的话，那么到2010年，它将超过美国成为世界上最大的经济大国。”

但报告又认为，中国的12亿人口，正在改善住房，购买汽车、冰箱、电视、饮食在向以肉食为基础的方向发展，整个世界已经感觉到了这一切所产生的影响，中国所排放的二氧化碳已占世界的十分之一，从资源消耗的角度看，中国在许多领域也将取代美国，比如中国现在消耗的粮食和肉的总量，使用的化肥总量以及钢的产量等都已超过美国。

报告说，尽管中国按人均计算，对资源的消耗量还很小，如以汽油为例，中国的人均消耗量只有美国的二十五分之一，但中国已经为它的蓬勃发展的经

济在环境方面付出了高昂的代价，如因用煤引起的空气污染、呼吸道的疾病和农作物减产等。

报告认为，从环境的角度看，以美国为先导的消费型经济是不能持续发展的。因此中国不应走这条经济发展的老路。当然，中国如果重复美国的发展模式，在人均消耗粮食和汽油方面向美国看齐，这将使这两种商品的价格大幅度上升，二氧化碳的排放量将猛增，造成气候变化无常。这一切又会破坏世界的未来。

报告认为，鉴于上述原因，中国将不得不走一条新型的发展道路，向世界表明如何建立一种从环境角度看可持续发展的经济。如果中国能成功，这就给世界树立了一个令人羡慕和可以仿效的“光辉榜样”。如果失败了，我们都将为此付出代价。

布朗昨天就这份即将发表的报告举行了一个记者招待会，阐述了他搞这份报告的目的并列举了一些数字说明中国的经济发展应注意走“可持续发展的道路”。

美国世界观察研究所所长莱斯特·布朗、副所长克里斯托弗·弗莱文的研究报告，摘自1996年9—10期的《世界观察》杂志

昨天，中国公安部证实了本报上周五发布的消息：一场严厉打击刑事犯罪分子的行动“简称‘严打’”已经在各地展开。北京高层极为重视此次行动；官方《人民日报》还特地为此发表社论。所谓“严打”，即是按照“从重、从严、从快”精神处理案件。北京明显是希望“治乱世用重典”，藉此扭转日益恶化的治安状况。

这次“严打”的目标是严重刑事案件和有组织的黑社会活动，特别是涉及枪支的犯罪活动。1983年大陆曾经采取过一次类似的“严打”行动，据说，这次的规模将比前一次更大。北京采取这次行动的背景是国内治安状况日益恶化，重大刑事案件显著增加。据最高人民法院的工作报告披露：去年大陆的刑事案件数已达495741件，比上年上升2.65%。今年头两个月，全国的重大刑事案件立案数比去年同期又上升12.6%。犯罪活动已从打家劫舍发展到持枪抢动银行、运钞车和珠宝行。罪犯不但残杀平民百姓，而且公然与警察驳火对抗。且不说边远农村地区，在首都北京也已有数名警察殉职。甚至连警卫森严的高干住地也不太平。

大陆社会治安愈趋恶化，不但对内地民众的生命财产安全构成越来越大的威胁，也关系到中国政府的形象和威信。许多歹徒把港台和外国商人当做犯罪对象，敲诈勒索、偷盗诈骗、甚至谋财害命。近来大陆已发生多起港台商人被绑架撕票的命案。这无疑增加了外商在中国大陆的投资风险，致使许多投资者望而生畏、裹足不前。同时，内地犯罪团伙和香港黑道勾结犯罪，也已危及香港社会的安定。例如，本报上周五报道的新闻：香港与内地的毒枭合组贩毒集团，一次被缴获的毒品即达上亿港元，实在令人触目惊心。治安问题已成为本世纪末中国面临的一大社会问题。

在这样的压力之下，北京决定“严打”，力图扭转社会治安状况。按照1983年那次的经验，一是会大开杀戒，被枪毙的人数将猛增；二是会将被判长期徒刑的囚犯送往新疆、青海等边远地区劳改。说到底，就是贯彻“治乱世用重典”的思想。这种做法虽可对猖獗的刑事犯罪活动起到阻吓作用，暂时缓和治安恶化趋势，但也难免产生负面作用。“从重、从严、从快”的结果难免会有疏忽。

中国大陆犯罪率上升存在多种原因。如日趋严重的失业危机；贫富差别拉大，两极分化严重，由此激化的社会矛盾；黑社会组织往往与地方官员、警察内外勾结，得以横行乡里，独霸一方。北京当局只有解决诸如此类的社会问题，才是扭转治安不靖状况的治本之道。

社评：《严打罪犯可以治标搞好治安必须治本》，摘自1996年4月29日香港《明报》

# 附　　录

# 国内部分报刊有关中国特色社会主义研究论文分类目录索引

## 关于社会主义科学理论体系

形成、破题、定位:对建设有中国特色社会主义理论的几点思考/徐伟新//中国党政干部论坛,1996.1

"马克思主义实践与建设有中国特色社会主义理论的哲学基础"学术讨论会综述/黄采//教学与研究,1996.1

用科学体系构筑理论大厦:学习建设有中国特色社会主义理论的科学体系的体会/李顺华//西藏日报,1996.1.15

新时期理论探索的新成果/蒯新民//人民日报,1996.1.26

关于提高理论联系实际质量的几点思考/陈赞东,金华//辽宁师范大学学报:社科版,1996.1

略论把握理论精髓/陈紫明//福州大学学报:社科版,1996.1

解放思想,实事求是是邓小平建设有中国特色社会主义理论的精髓/刘又知//江西教育学院学报:社科版,1996.1

再造科学社会主义理论的辉煌/李茂武//法学学刊,1996.1

建设有中国特色社会主义理论的科学体系及实践纲领/刘吾魁//社科纵横,1996.1

全面正确认识和把握邓小平的理论体系/侯远长//河南社会科学,1996.1

掌握科学体系,突出理论主题/赵公弼//宁德师专学报:哲社版,1996.1

伟大的里程碑:论邓小平建设有中国特色社会主义理论的历史地位/翟祖发,龚荣生//理论导报,1996.1

哲学应成为实现现代化的思想武器:"马克思主义实践论与建设有中国特色社会主义理论的哲学基础"学术讨论会简述/黄采,何亦农//人民日报,1996.2.10

时代的实践与时代的理论/邓维亮//桂海论丛,1996.2

一棵当代马克思主义的常青树:谈建设有中国特色社会主义理论的科学体系/张月泉//桂海论丛,1996.2

以建设有中国特色社会主义理论为指导,努力开创理论研究工作的新局面/金炳华//毛泽东邓小平理论研究,1996.2

简论《实践论》在中国特色社会主义理论中所起的作用/王净//毛泽东思想研究,1996.2

建设有中国特色的社会主义理论是一个科学体系/熊晓红//湖州师专学报,1996.2

从整体上把握有中国特色社会主义理论的科学体系/徐德山//山东工业大学学报:社科报,1996.2

学习建设有中国特色社会主义理论要牢牢把握精髓/贺云乾//经济经纬,1996.3

从多种联系中全面把握科学理论体系/徐显礼//毛泽东思想论坛,1996.3

建设有中国特色社会主义理论科学体系的研究/陈振有//内蒙古社会科学:文史哲版,1996.4

略谈改革、发展、稳定的总体联系/娄永清//广西日报,1996.5.23

论建设有中国特色社会主义理论形成的历史条件/上官昌永//理论学习月刊,1996.5

对待科学体系应有科学的评判标准/李鸿烈//中国特色社会主义研究,1996.5

理论研究成果服务实践推进改革/文汇报,1996.6.5

论建设有中国特色社会主义理论的科学体系/何彪//理论与改革,1996.7

全面系统地把握建设有中国特色社会主义的理论体系/由绍锋//党政干部学刊,1996.7

建设有中国特色社会主义理论科学体系的精髓/顾亚思//探求,1996.增刊

解放思想,实事求是与建设有中国特色社会主义理论/傅海莲//探求,1996.增刊

把握建设有中国特色社会主义理论的精髓/冼为广//探求,1996 增刊

## 关于马克思主义与社会主义实践

由"理性逻辑"到"人性逻辑"再到"实践逻辑"——马克思探索共产主义必然胜利的思想发展过程及其启示/王金福//福建论坛:文史哲版,1996.1

恩格斯晚年对未来社会主义的科学预见/汪恩键//郑州大学学报:哲社版,1996.1

马克思关于社会主义的两种设想与20世纪社会主义实践刍议/王长里,吴琦//江西师范大学学报:哲社版,1996.1

恩格斯晚年对社会主义的探索及其启示/刘常喜//延安大学学报:社科版,1996.1

恩格斯对社会主义理论的独特贡献/李会滨//华中师范大学学报:哲社版,1996.1

浅议列宁社会主义意识形式灌输理论的现实意义/韩德良//安徽教育学院学报:哲社版,1996.1

马克思的中西方社会主义理论探析/景中强/河南社会科学,1996.1

恩格斯晚年对社会主义理论的贡献/雷琳/新疆社会经济,1996.2

落后国家建设社会主义途径、方法的理论探索：谈列宁的《论粮食税》等论著/毕志国//马克思主义研究,1996.2

马克思主义的生命力:中国特色社会主义与马克思主义/包心鉴/宁夏社会科学,1996.2

马恩东方社会主义理论与邓小平社会主义理论/李仲才//社会科学,1996.5

恩格斯对科学社会主义的伟大贡献/刘坤//殷都学刊,1996.3

论恩格斯对社会主义学说的杰出贡献/朱传启//学术界,1996.3

马克思主义的实践观与建设有中国特色社会主义理论的哲学基础/肖前//哲学研究,1996.7

如何从马克思的积累理论认识当代资本主义的本质和发展趋势?/鲁从明//前线,1996.8

马克思的社会主义三大理论模式与中国特色社会主义理论/胡承槐//浙江社会科学,1996.1

马克思的世界历史思想与中国的社会主义实践/李楠明//学术交流,1996.1

从马克思到邓小平:对社会主义认识的三次重大飞跃/高放//东岳论丛,1996.4

也谈“卡夫丁峡谷”/洪韵珊//社会科学研究,1996.1

关于跨越资本主义卡夫丁峡谷问题的几点思考/徐崇温//社会主义研究,1996.2

关于马克思跨越资本主义“卡夫丁峡谷”思想的研究综述/晓苗,田英//马克思主义研究,1996.3

## 关于社会主义在二十世纪的发展趋势

必须在实践中认识社会主义:20世纪社会主义实践的重要经验/李振唐//广西师院学报:哲社版,1996.1

社会主义:20世纪伟大的社会实践/周尚文,唐妍//学术季刊,1996.4

20世纪社会主义实践的理性思考/叶书宗//党政论坛,1996.1

世纪之交社会主义的思考——走向21世纪的社会主义国际学术研讨会综述/鲍晓//华中师范大学 学报:哲社版,1996.1

共产主义幽灵在欧洲再次徘徊透视/仇德刚//理论探讨,1996.1

20世纪社会主义的回顾与21世纪社会主义的展望/聂运麟//华中师范大学学报:哲社版,1996.1

本世纪社会主义运动的历史考察与现实思考/唐林生//衡阳师专学报:社科版,1996.1

对社会主义高潮和低潮的思考/丁守庆//实事求是,1996.1

世纪之交的回顾与展望/张桂珍,李宏//马克思主义研究,1996.2

社会主义的艰辛探索/赵公弼//宁德师专学报:哲社版 1996.2

世界社会主义兴衰成败的轨迹和根源/高放//广东社会科学,1996.2

对二十世纪社会主义运动的几点思考/张祥云/理论学刊,1996.3

21世纪:谁主沉浮/韦定广//空军政治学院学报,1996.3

二十世纪社会主义伟大实践的反思/赵曜//长白论丛,1996.2

社会主义全面发展问题断想/胡益华//前沿1996.2

做马克思主义圣火的传播者:兼论社会主义必然代替资本主义判断的两个层次/陈光达//教学与研究,1996.4

论社会主义发展中的曲折/马庆林//齐齐哈尔师范学院学报:哲社版,1996.4

社会主义:曲折的道路,光明的前途/韩强//理论学习与探索,1996.4

世纪之交对社会主义的展望:当代世界社会主义问题研讨会述要/马一兵//岭南学刊,1996.4

论二十世纪社会主义运动的历史特点/孙林//攀登,1996.5

论社会主义发展曲折性的内因/马尔//广西大学学报:哲社版,1996.5

严肃地思考社会主义的前途命运/邓介曾,夏德才//理论学习导刊,1996.5

世界社会主义的前途终将光明/贺瑞虎,郭荣华//党政干部论坛,1996.5

关于世纪之交一个重要问题的思考/蔡中德//当代思潮,1996.5

世纪末的回顾与展望/张德昌//河南大学学报:社科报,1996.5

当代世界社会主义问题研讨会综述/刘玉芬//改革与理论,1996.7

后冷战时代世界社会主义面临的形势和机遇/

邱丹阳//社会科学,1996.8

## 关于社会主义本质和所有制问题

社会主义本质论探微——兼评对社会主义本质论的几种认识/方秀兰//中国特色社会主义研究,1996.1

正确理解邓小平关于社会主义本质的论断/肖治安//东岳论丛,1996.1

社会主义本质论对历史唯物主义的贡献/薛葵//苏州大学学报:哲社版,1996.1

认识社会主义本质的方法论原则/莫胜权//湖南师范大学哲学社会科学学报,1996.1

社会主义本质与本质特征探析/莫吉武//江汉论坛,1996.1

社会主义本质论纲/王忠武//浙江大学学报,1996.1

公有制与社会主义本质/吴健安/云南学术探索,1996.2

社会主义本质与社会主义公有制/叶锡文,杜中原//武汉交通科技大学学报:哲社版,1996.1

关于社会主义本质论的几点认识/陈洪江//广西师范大学学报:哲社版,1996.2

要完整准确地理解社会主义本质/张传开//安徽师范大学学报,1996.3

社会主义本质论/杜超卓//牡丹江师范学院学报:哲社版,1996.3

略论社会主义的本质特征/梅倩//社会主义研究,1996.3

人民当家作主是社会主义的本质要求/邱乘光//理论建设,1996.3

社会主义本质论/王锐生//中国社会科学,1996.4

正确理解和全面把握社会主义本质/曹淑英,曾祥禄//攀登,1996.4

浅议社会主义的本质/袁继刚//学习与实践,1996.4

社会主义本质与以公有制为主体的关系/孙居涛//武汉大学学报:哲社版,1996.5

公有制与社会主义/冯卓然,刘智宏,扬绍华//马克思主义研究,1996.5

从生产力和生产关系的结合看社会主义本质问题/张友勇//求实,1996.5

关于"什么是社会主义"的理论和现实的思考/潘亮//首都师范大学学报:社科版,1996.5

对社会主义本质的立体认识/李济琛//马克思主义研究,1996.5

对社会主义本质的认识是一个历史过程/余源培,邵腾//学术月刊,1996.9

## 关于社会主义社会的基本矛盾

有中国特色社会主义理论的唯物史观基础:简论邓小平对毛泽东社会主义社会基本矛盾理论的重大发展/沈建蒙//中国特色社会主义研究,1996.1

社会基本矛盾与社会主义的本质/于瑞霞,黄小寒//高校理论战线,1996.1

关于新时期人民内部矛盾几个问题的思考/王伟光//中国党政干部论坛,1996.1

试论新形势下的利益矛盾/沈学明//社会主义研究,1996.1

毛泽东的社会主义矛盾论探析/郭建宁//毛泽东思想研究,1996.1

体制:解决人民内部矛盾的关节点/丁三清//淮阴师专学报,1996.1

正确认识和处理民族地区的人民内部矛盾/杨发荣//楚雄社会科学论坛,1996.1

关于当前我国社会主要矛盾的再思考/何丽野//浙江社会科学,1996.2

社会主义社会矛盾运动新论/黎秀英,娄永清//广西大学学报:哲社版,1996.2

试论社会主义社会的首要基本矛盾及其表现/梁宗鹏//广西社会科学,1996.2

市场经济与社会主义基本制度的矛盾及其结合方式/胡钧//学术月刊,1996.2

重新认识社会基本矛盾/许有伦//中国人民大学学报,1996.4

关于社会冲突的类型分析/崔树义//社会主义研究,1996.4

试论新时期正确处理人民内部矛盾/施光跃//实与虚,1996.4

试论社会主义初级阶段的根本矛盾与主要矛盾:从毛泽东的一个批示所想到的/陆仁权//社会科学论坛,1996.4

试析社会群体矛盾/陈耀彬//甘肃社会科学,1996.4

社会主义市场经济条件下人们的物质利益矛盾及其特点/孙淑凤//石油大学学报:社科版 1996.4

关于正确认识和处理新时期人民内部矛盾的几点思考/余保江//理论前沿,1996.5

论正确处理我国现阶段的人民内部矛盾/张怀

仁//河南师范大学学报:哲社版,1996.5

正确认识和处理新时期社会矛盾理论研讨会观点综述/全国党建研究会秘书处//党建研究,1996.8

正确认识和处理新时期人民内部矛盾/刘鹤峰//经济工作导刊,1996.8

邓小平对社会主义社会矛盾理论的丰富和发展/兰荣策//探求,1996.增刊

关于新时期社会矛盾问题理论研讨会述要/罗小凡,李志民//真理的追求,1996.10

对社会主义社会基本矛盾的再认识/王星梅//桂海论丛,1996.增刊

## 关于改革开放

对社会主义改革的认识与体会/谢凯//楚雄社科论坛,1996.1

关于经济体制和发展模式转变的若干问题/荣敬本//经济社会体制比较,1996.1

论我国少数民族地区的对外开放/张克武,周严//民族研究,1996.1

国内外对外开放模式的比较分析/刘雪斌//江西社会科学,1996.1

判断利弊得失的根本标准/李君如//毛泽东邓小平理论研究,1996.1

正确认识改革、发展、稳定的辩证关系/那仁敖其尔,孙兆文//前沿,1996.2

在现代化建设、改革开放中坚持和发展社会主义/葛光前、王伟利//人文科学,1996.2

"第二次革命"问题新探/李树全//龙江社会科学,1996.2

世界经济趋势与我国对外开放/张伯里//毛泽东邓小平理论研究,1996.2

中国改革由经验形态进入理性形态/王树松//学术交流,1996.2

浅谈改革、发展与稳定的关系/韩秀娟,王涤非//学术交流,1996.2

"改革"与"开放"的顺序/熊贤良//经济社会体制的比较,1996.2

试论邓小平对外开放思想的"中国特色"/薛绍斌//求实,1996.3

经济体制改革与基本经济制度/郭飞,李学华//高校理论战线,1996.3

"渐进式改革"三议/陈躬林//求是学刊,1996.3

中国的渐进式改革为什么能获得成功/张宇//中国人民大学学报,1996.3

对外开放与中国现代技术的进步/汪广仁//清华大学学报:哲社版,1996.2

关于扩大对外开放的几点思考/梁昱庆//成都大学学报:社科版,1996.2

当代中国改革是社会主义社会的自我更新和自我发展/陆仁权//河北学刊,1996.3

论改革开放使中国发生的八大变化及其对社会工作提出的历史性要求/苏伟//学术论坛 1996.4

两种改革方式比较/卢福营//社会主义研究,1996.4

论"开放搞活"与"宏观调控"的哲学底蕴/鲁品越,1996.4

试论我国经济改革的渐进式发展战略——兼析中外改革战略的若干差别及经验教训/李仁//宁夏社会科学,1996.4

社会主义改革开放的理论与实践/罗恩立//人文科学,1996.4

略论改革的方法论意义及其对哲学的启示/储昭华//华中师范大学学报:哲社版,1996.5

找准学习国外先进东西的立足点:划清学习西方先进东西与崇洋媚外的界限/韩振亮//浙江日报,1996.5.7

改革开放与特色社会主义的内在关系及其唯物史观理论基础研究/冯景源//新视野,1996.6

论确立"在改革面前人人平等"的原则/顾航宇//社会科学,1996.10

## 关于社会主义现代化

曲折的道路、艰辛的探索:毛泽东走社会主义道路的实践与认识/李贵//吉首大学学报:社科版,1996.1

正确认识我国社会主义现代化建设的客观规律/刘景林//奋斗,1996.1

推进社会主义现代化建设的伟大文献/陆水明//南京政治学院学报 1996.1

树立有利于社会主义现代化建设的价值观念/张大中//中国特色社会主义研究,1996.1

当代全新的独特的社会主义建设理论/蔡雪冰//法学学刊;1996.1

《论十大关系》与我国社会主义经济建设道路的探索/李学碧,钟宗畅//毛泽东思想研究,1996.1

立足现实、国情搞好经济建设/崇瑞江//中等城市经济,1996.1

中国早期现代化的启动/周积明//天津社会科学,1996.1

求实辩证、创新发展——40年来从"十大关系"

到“十二大关系”发展的启示/剑秋//上海师范大学学报,1996.1

论中国的“现代化”与“现代性”——中国现代的文明秩序的建构/金耀基//北京大学学报:哲社版,1996.1

中国社会主义现代化道路的新探索/顾海良//教学与研究,1996.1

当代中国经济起飞:实质、机制、过程/王东//教学与研究,1996.1

现代化与社会持续发展/宋明爽//社会科学战线,1996.1

传统与现代的斗争游戏/叶启政//社会学研究,1996.1

中国早期现代化的启动/周积明//天津社会科学,1996.1

“三步走”发展战略的基本内涵、理论建树和实践意义/喻新安//奋进,1996.2

现代化建设辩证法的光辉典范/张海晏//宁夏日报,1996.2.23

发展模式的选择与中国现代化/杨建华,刘建强//浙江社会科学,1996.2

探索中国社会主义建设道路的先河/雍涛//毛泽东思想论坛,1996.2

实行两个根本性转变,加速社会主义现代化进程/李振潜//学术论坛,1996.2

改革、发展稳定是中国现代化建设的根本保证/接桂堂//辽宁商专学报,1996.2

运用唯物辩证法分析社会主义现代化建设/王鲁宁,樊瑞平//现代哲学,1996.2

建设社会主义现代化必须坚持用政治眼光看问题/陈泰乾//理论导报,1996.2

略论怎样建设社会主义/沈富东//天中学刊,1996.2

中国早期现代化进程中的文化阻力/周积明//江汉论坛,1996.2

小康水平下的新贫穷及反贫穷措施/辛秋水,王胜泉//江淮论坛,1996.2

现代化研究中的“隔断模式”与“冲突理论”/杨海文//学习与探索,1996.2

实行两个根本性转变,加速社会主义现代化进程/李振潜//学术论坛,1996.2

中国现代化的最大难题——论我国农民第二次创业奔小康的三大制约因素与八项方略/严文清,王影聪……//牡丹江师范学院学报:哲社版,1996.2

现代化的负面效应及其两种救赎姿态/王小章,冯建宏//杭州大学学报,1996.2

社会主义现代化建设的辩证法——学习江泽民同志论“十二大关系”/庄芬琴、史斌//杭州大学学报,1996.2

现代化观念的确立与人的社会化——兼谈基础教育的重要性/钱扑//上海师范大学学报,1996.2

社会主义现代化建设的辩证法——学习江泽民《正确处理社会主义现代化建设中的若干重大关系》/韦日平//广西大学学报:哲社版,1996.2

我国农业现代化进程中的主要问题及其对策/李向东//四川社科界,1996.2

社会主义建设问题探索上的新成就/孙自铎//实与虚,1996.3

努力把握社会主义现代化建设辩证法/李光耀/理论学刊,1996.3

跨世纪现代化建设的重要指导文献:学习江泽民《正确处理社会主义现代化建设中的若干重大关系》的体会/李宁//松辽学刊:社科版,1996.3

《论十大关系》是探索有中国特色社会主义建设道路的先导/唐振南//毛泽东思想研究,1996.3

论中国现代化建设中的潜力与优势/张宝英//烟台大学学报:哲社版 1996.3

现代化与政治发展/孔德元//内蒙古大学学报,哲社版,1996.3

中国走向现代化的和平革命与新理性主义/姜义华//文史哲,1996.3

技术社会形态与社会现代化问题/贾高健//江淮论坛,1996.3

迈向 21 世纪中国现代化面临的发展条件/文军//探索,1996.4

社会现代化与人的心理适应/樊富珉//清华大学学报:哲社版,1996.4

实现跨世纪宏伟目标的条件和机遇的世界历史思考/叶险明,李润海//清华大学学报:哲社版,1996.4

中国共产党探索社会主义现代化道路历史的回顾与反思/郝琦,李智晔//延安大学学报:社科版,1996.4

始于毛泽东,成于邓小平:中国式社会主义建设道路的探索历程/宋一秀//理论学刊,1996.5

社会主义现代化建设的辩证法杰作/袁敏//南京政治学院学报,1996.5

唯物辩证法与社会主义现代化建设的光辉结合:学习江泽民同志《正确处理社会主义现代化建设中的若干重大关系》的体会//刘学义//甘肃理论学

刊,1996.5

社会主义现代化与生态哲学的深层逻辑/包庆德//内蒙古大学学报,1996.5

“安土”观念对农民现代化的负面影响/张应杭,1996.5

社会主义现代化建设是我们当前最大的政治/聂应德//四川师范学院学报:哲社版,1996.5

我国农业现代化面临的障碍及对策/张俊领//河南大学学报:社科版,1996.5

现代化中的乡土重建——毛泽东、梁瀬溟、费孝通的探索及其比较/徐勇//天津社会科学,1996.5

二十世纪中国的文化选择与现代化/郭建宁//社会科学,1996.6

略论现代化及其在中国的历程/文军//长白学刊,1996.6

保持社会稳定,加快现代化进程/赵常祥//东岳论丛,1996.6

我国城市现代化与国际化研究述评/孙革//北方论丛,1996.6

从政治上把握现代化建设的全局性重大问题/胡伟//毛泽东邓小平理论研究,1996.6

论中国早期的“防御型现代化”/闾小波//江海学刊,1996.6

世界现代化实践与理论的再认识/叶南客,李芸//学习与探索,1996.6

论国家现代化过程中的农民问题/郑强胜//江汉论坛,1996.7

跨世纪的现代化:从输入型到辐射型/任平,聂继永//哲学动态,1996.9

实事求是:中国现代化的理论旗帜和实践特征/吴祖明//江汉论坛,1996.10

搞好现代化离不开辩证法/董谊思//哲学研究,1996.12

## 关于党的建设和基本路线

党内“批评难”的成因初析/王爱国,张竹叶,常蔷薇//三秦论坛,1996.1

简析党建工作的新变化/张鹏//三秦论坛,1996.1

党性原则和市场经济原则相悖吗?/于维民,王宝锦//社科研究参考,1996.1

私营企业主入党论/顾华详//广西教育学院学报,1996.1

对社会转型期党性教育问题的思考/仇福仙//成都师专学报,1996.2

在市场经济条件下如何搞好党的建设/王学敏//人文科学,1996.2

关于农村党建与经济发展的思考/梁立义,周维丽//云南学术探索,1996.2

市场经济条件下加强企业党建之浅见/潘跃国//求实,1996.3

批评和自我批评的武器永远不能丢/李抒望//学习与交流,1996.3

谈理论在党的建设中的地位和作用/汪增春//青海师范大学学报:社科版,1996.3

反对官僚主义是执政党建设的战略任务——读列宁关于反对官僚主义的论述/潘礼保//理论建设,1996.3

新条件下共产党员世界观的改造/吴蕴生//探索,1996.3

党的基本路线与社会主义市场经济/蒋永和//人文科学,1996.3

论党的正确路线产生和坚持的条件/唐秉仁//毛泽东思想论坛,1996.3

再论四项基本原则与改革开放/孙连成//兰州学刊,1996.3

对中共在创建时期理论准备不足的反思/李永芳//河南师范大学学报:哲社版,1996.3

论市场经济条件下加强党性修养/郑国君//长白论丛,1996.3

论把党的思想建设放在首位/宋毓均//毛泽东思想研究,1996.3

社会主义时期党的思想政治教育理论的提出及其基本内容/王炎//教学与研究,1996.4

继承党的优良传统加强党的思想建设/王学宏//学习与交流,1996.4

建设高素质干部队伍与社会主义现代化/王开玉//江淮论坛,1996.5

世界观、价值观、人生观与领导干部的从政道德/周关东,米贻庭,包连宗//华东师范大学学报:哲社版,1996.5

论加强党的制度建设/刘忠礼//求是,1996.5

加强党同人民群众联系要突出“实、理、情、廉”四个字/杨晓宁//求实,1996.6

新时期党建工作思考/杨雪梅//楚雄社科论坛,1996.4

把握关键,再创党建工作新局面/丘广钟//福建党建,1996.6

加强共产党人党性锻炼必须从改造世界观入手/徐玲,严峻//南通学刊,1996.5

学习民主集中制理论，加强领导班子建设/王乃钧//淄博师专学报，1996.4

增强干部公仆意识的思考/杨乔槐//楚雄社科论坛，1996.4

浅谈党员干部的为民意识/冯恒新//南通学刊，1996.5

如何消除用人问题上的腐败现象/曹能新//南通学刊，1996.5

市场经济对党员干部价值观的双重影响及对策/翁卫平//福建学刊，1996.6

坚持民主集中制是贯彻党的思想路线的根本保证/金宁贵//福建党建，1996.6

强化党内监督的几个重要问题/王秀兰//探求，1996.6

强化党内监督必须确立三个观念/贾玉斌//福建党建，1996.6

在奔小康实践中造就高素质的干部队伍/荆福生//福建党建，1996.6

从孔繁森看共产党人理想人格的社会效应：论孔繁森精神的时代价值及其现实转化/赵君//福建学刊，1996.6

加强分类指导，提高基层党建工作整体水平/陈向先//福建党建，1996.6

论现代企业制度条件下的党建工作/王小民//柴达木开发研究，1996.6

浅谈现代企业制度中党组织的核心作用/沈大银//镇江学刊，1996.6

抓党建奔小康/罗嘉顺//思维与实践，1996.6

关于加强党代表大会对党员领导干部的思考/传华，凤祥，王元//福建党建，1996.6

切实加强和改进党的基层组织建设/李泽民，杨述文//共产党人，1996.12

浅谈企业党组织的政治核心地位和作用/肖建平//学习导报，1996.11/12

加强农村基层组织建设要把握好的三个工作要点/胡锦涛//党建文汇，1996.12

关于贫困地区加强农村基层组织建设的几点想法/杨百慧//共产党人，1996.10/11

着力加强机关党的思想政治建设/龚焕文//党建研究，1996.12

市场经济的价值取向对民主集中制提出的新问题/蔺欣荣//党政干部学刊，1996.12

浅谈健全和强化党风监督机制/钟传平，刘武典//学习导报，1996.11/12

党的基本路线是衡量领导干部讲政治的根本尺度/仇裕国//求实，1996.7

切实加强党的思想理论建设着力解决信仰信念信心三大问题/胡家祥//湖北社会科学，1996.9

党员干部应牢固树立正确的世界观/宋德福//人民日报，1996.9.10

论共产党员的特殊责任意识/马桂经//求实，1996.9

必须坚持马克思主义建党路线——苏联演变及其教训的思考之四/马坚//真理的追求，1996.9

党员信教的后果不容忽视/刘云//新疆大学学报：哲社版，1996.4

论理论对党的建设的指导作用/汪增春//长白学刊，1996.4

对严肃党的政治纪律与提高教学质量的辩证思考/杨金生，吴广辉//长春大学学报，1996.3

关于我党政治哲学的几个问题/迟汗青//社会科学，1996.11

论党的组织资源/周锦尉//毛泽东邓小平理论研究，1996.6

巩固和加强执政党阶级基础问题的对策与思考/吴广才//长白论丛，1996.6

吸取苏东国家的历史教训强化执政党的阶级基础/张弓长，丁惠永//长白论丛，1996.6

论共产党人的价值观/张凤羽//中国特色社会主义研究，1996.12

论新形势下共产党人的世界观建设/熊大成，王能昌，聂剑//江西社会科学，1996.12

以思想政治为重点建设高素质干部队伍/杨皓//求实，1996.12

## 关于有中国特色的社会主义文化

建设和发展社会主义新文化/夏永翔//广西日报，1996.1.4

中国文化战略的思考：访董光壁/李瑞英//光明日报，1996.1.13

论社会主义市场经济的文化价值/田鹏辉//沈阳师范学院学报：社科版，1996.1

市场经济时代：我们需要建设什么样的新文化：关于文化传统、文化借鉴和文化取向的思考/周穗明//新视野，1996.1

市场经济与文化建设：对当前文化建设的一点思考/吕春生//文化月刊，1996.1

社会转型与文化变迁/冯天瑜，高钟，谢放…//探索与争鸣，1996.1

面对大众：文化关怀与坚守：对当前文化现象的

思考/李明泉//电影作品,1996.1

中国文化现代转型刍议/冯天瑜//理论月刊,1996.1

传统与现代:两种文化境遇中的女性/蔡红艳//贵州大学学报:社科版,1996.1

企业文化在企业管理中的多维推力/陶思炎//社会科学,1996.1

"现代化"观念与西方文化传统/何中华//学习与探索,1996.1

论与社会主义市场经济相适应的文化的基本内涵/李红//黄岗师专学报:社科版,1996.1

我国文化发展战略的思考与设计/方延明//上海社会科学院学术季刊,1996.1

现代化与世纪之交的文化发展/张昌晟//新疆艺术,1996.1

市场经济条件下文化建设三题/王锐生//社会科学辑刊,1996.1

论现代人对传统文化的主体性决定/李亚明//天津师大学报:社科版,1996.1

儒家思想与现代化的文化动因/杨玉珍//中国文化研究,1996.1

略论我国当前文化领域矛盾的特殊性/罗立斌//广西师院学报:哲社版,1996.1

文化对市场失衡的匡正功能/陈立旭//现代哲学,1996.1

论当代文化的发展趋势与本位定位/马国柱//辽宁教育学院学报,1996.1

论经济与文化的日益交融/郑欣淼//陕西工商学院学报,1996.1

二十一世纪儒文化的位置/廖奔//文论报,1996.2

略论中华区域文化/方宝璋//文史知识,1996.2

论中国现代化文化精神的缺失及生成问题/衣俊卿//长白论丛,1996.2

当代中国商业文化建设的主题——建立市场文化/庞毅//北京商学院学报,1996.2

文化研究与中国的现状/张颐武//国外文学,1996.2

浅议精神文化与社会生产力/詹白鹦//生产力研究,1996.2

社会转型:精神文明的重建与多重文化精神的批判/王伟,张凤琴//行政论坛,1996.2

立足当代社会,促进文化研究:对"文化热"的反思/张风雷/北京社会科学,1996.2

现代化与文化心理建设/陈进//镇江学刊,1996.2

论世纪之交中国文化的裂变为整合:关于中国现代化的文化精神的思考/衣俊卿//开放时代,1996.2

作为快餐文化的当代审美文化/姚文放//学习与探索,1996.2

时代实践难题与文化深层现实/黄陵东//福建学刊,1992.2

论特区文化市场的特征与模式/高静川//工业技术经济,1996.2

传统文化现代化的途径与手段/黄宝生,黄大宏//汉中师范学院学报,1996.2

继承发扬中华民族的优秀文化传统:评《三字经》,《新三字经》,兼评《家庭伦理漫画三字经》、《抗日三字经》/徐德智//首都师范大学学报:社科版,1996.2

论中国文化与心理咨询的本土化问题/张海钟//唐都学刊,1996.2

新精神的寻求:现时期民族文化热透析/陈庆良,鲁直//贵州师范大学学报:社科版,1996.2

从解释学看中国传统文化与现代化/刘开会//甘肃社会科学,1996.2

成中英关于"中国文化的现代化"理论述要/程潮//嘉应大学学报:社科版,1996.2

应该净化青少年的文化环境/白振兴,张丽//黑河学刊,1996.2

论中国法律文化的现代化/金毅//广东民族学院学报:社科版,1996.2

浅谈市场经济条件下文化观念的变革/郑玉华,王尧//佳木斯师专学报,1996.2

市场经济与文化发展/贾春峰//人民论坛,1996.3

试论市场经济的文化价值意义/郭廷建//党政干部学刊,1996.3

中国经济中的"文化"景观/旷野,易旭东//四川经济日报,1996.3.4

文化经济融为一体的小康文化新模式/杨恩华//河北日报,1996.3.16

大众文化面面观/赵剑光//行为科学,1996.3

市场经济需要的文化精神/李宏图//探索与争鸣,1996.3

文化市场无规矩不成方圆/胡桃//北京青年报,1996.3.25

略论传统文化的精华与糟粕/乔幼梅//大众日报,1996.3.20

让特区文化“特”起来/王地久//深圳特区报，1996.3.13

日常生活批判：中国文化转型的崭新视野/王国有，田郁玫//求是学刊，1996.3

谈发展和繁荣城区文化市场的几个问题/杨毅，姚维明//理论界，1996.3

道家文化与中国社会的现代转型/赵吉惠//河北学刊，1996.3

论中国接受马克思主义的深层文化机制/王萍//河南社会科学，1996.3

社会稳定与思想文化调适/李玉香，赵洪生//齐齐哈尔师范学院学报：哲社版，1996.3

“四有新人”之文化目标模式的内涵/谭献民，张凤翔//湖南师范大学社会科学学报，1996.3

论大众文化的导向/刘忠群//西南师范大学学报：哲社版，1996.3

虚拟现实与反面乌托邦：电子信息时代的大众文化走向分析/陈跃红//通俗文学评论，1996.3

论传统文化与社会主义新文化的关系问题/周林//中国古籍与文化，1996.3

论文化建设与民族振兴/王能宪//中国文化报，1996.4.21

现代化的负文化效应与社会发展/白凤英//理论与现代化，1996.4

迎接21世纪中国文化由复兴到鼎盛的伟大进程/张文//中国党政干部论坛，1996.4

经济学视野中的文化发展战略/张仁寿，郑子耿，刘吉瑞，项义华整理/学习与思考，1996.4

文化发展战略：需要新思路/沈晖//学习与思考，1996.4

中国最新文化现象聚焦/野平//经济晚报，1996.4.14

建设有中国特色的社会主义文化浅议/路德彬//东岳论丛，1996.4

中国现代化进程中的三大难题/黄陵东//福建论坛：文史哲版，1996.4

建设中国现代化文化的几个理论问题/黄楠森//高校理论战线，1996.4

当代中国大众文化的建构/张义宾//山东社会科学，1996.4

文化的现代化与民族化/韩民青//理论学刊，1996.4

浅谈文化在社会协调中的作用/蔡捷，刘锦堂//财金贸易，1996.4

当代中国文化力的主体结构与功能/夏瑜芳，吴凤飞//社会科学报，1996.5

正确认识文化产品的二重性/李建中//学习与思考，1996.5

社会转型期的文化/赖大仁//中国贸易报，1996.5.3

社会主义文化建设的六大关系/黄桂芬//党政论坛，1996.5

论群众文化的两个根本转变/牟光义//中国文化报，1996.5.15

走向市场，文化繁荣必由之路/廖彬//改革时报，1996.5.9

传统文化研究与现代意义/黄朴民//社会科学报，1996.5.2

如何面对当今中国文化现状：海内外大陆学者的一场辩证/赵毅衡//文艺争鸣，1996.5

建设有中国特色社会主义的文化条件/魏天祥//中国党政干部论坛，1996.6

社会主义企业文化内涵浅说/田亮，尹华彪//珠海特区报，1996.6.10

现代文化与现代经济的互动/洪永平，赵希杰//中国文化报，1996.7.24

建设社会主义新文化的理性思考/范印华//中国青年报，1996.7.30

跨国经营的文化环境分析/肖海泉//现代商业，1996.8

文化杂交与杂交文化/韩明漠//淮海文汇，1996.8

中国文化发展的趋向/张岱年//大众日报，1996.8.19

文化结构与文化发展战略/夏军//文汇报，1996.10.2

市场经济中文化建设新机遇/鲁轩闻//光明日报，1996.10.2

文化建设：塑造心灵的舞台/潘凯雄//经济日报，10.21

社会主义市场经济与文化建设/徐明//党政干部学刊，1996.11

略论小康文化/崔登云//奋进，1996.11

## 关于共同富裕和社会主义分配关系

共同富裕战略是一个全面发展战略/李晓燕//理论学刊，1996.1

正确理解“允许部分先富”的政策/谢建群//理论学刊，1996.1

共同富裕的理论与实践思考/唐忠新//理论与现代化,1996.1

共同富裕:理想与现实的统一/吴立平,高菊//理论学刊,1996.1

论共同富裕进程中的政策适调适/韩强//理论学刊,1996.1

个人收入分配面临理论创新/赖德胜//北京师范大学学报:社科版,1996.1

也谈"按劳分配"/邹向东//辽宁师范大学学报,社科版,1996.1

收入差距适度论/李冬梅//学习与探索,1996.1

坚持共同富裕防止两极分化/项启源//高校理论战线,1996.1

谈谈"部分先富"和"共同富裕"的统一/郑德舜//淮北煤师院学报:社科版,1996.2

略论"十二大关系"中的利益协调原则/李卫民,方法林//成都大学学报:社科版 1996.2

市场经济与按劳分配/李国斌//齐鲁学刊,1996.2

对按劳分配概念的再认识/贺志亮//探索,1996.2

社会主义市场经济中的个人消费品分配方式/林广瑞//河北师院学报:社科版,1996.2

如何看待社会主义市场经济条件下分配不公问题/张道良/湖南师范大学社会科学学报,1996.2

对按劳分配几个理论问题的再认识/高林远//四川师范大学学报:社科版,1996.2

关于居民收入分配的基本理论与原则/黄振奇//中国社会科学院研究生院学报,1996.2

当前收入差距问题分析/杨军,徐秀玲//兰州学刊,1996.2

话说行业分配不公/姜少勇//湖北社会科学,1996.5

我国目前个人收入分配中差距过大的原因及对策/谭勇//学术论坛,1996.2

试论社会分配不公/张新民//信阳师范学院学报:哲社版,1996.2

我国贫富差距问题初探/张建勤//湖北大学学报:哲社版,1996.5

略论经济分配中的某些价值观问题/苏晓离//哲学研究,1996.8

试析我国现阶段贫富差距的状况、根源及性质/王培暄//南京大学学报:哲学、人文、社会科学,1996.4

"共同富裕"在社会主义市场经济中的实现/岳龙//北方经贸,1996.2

对经由"先富"达"共富"战略思想的思考/薛琳琳//理论探索,1996.3

简论社会主义物质利益原则/李渌岩//经济经纬,1996.3

经济利益分配的着力点在工人、农民和知识分子/闻思//真理的追求,1996.5

最终达到共同富裕是社会主义制度的根本目标/王克斌//创造,1995.6

坚持社会主义,走共同富裕之路/李瑞茂//西南民族学院学报:哲社版,1996,邓小平建设有中国特色社会主义理论研究专辑

## 关于"一国两制"

"一国两制"理论是和平统一祖国的创造性构想/汤光鸿//南京政治学院学报,1996.2

爱国主义与"一国两制"构想/刘一民//成都大学学报:社科版,1996.2

试论"一国两制"的辩证法和系统观/叶峻//烟台大学学报:哲社版,1996.2

坚持"一个国家,两种制度"的伟大构想完成和平统一祖国大业/覃际宽//广西社会科学,1996.2

对"一国两制"构想的再认识——学习《邓小平文选》第三卷心得体会/胡桂丰//长春大学学报,1996.1

论"一国两制"的辩证法意义/宋一秀//毛泽东邓小平理论研究,1996.3

邓小平同志的祖国统一论是一个伟大创举/季丽新,施秀海//学术交流,1996.6

"一国两制"构想的五性论/杜奋根//江西社会科学,1996.6

"一国两制"与邓小平的国际战略/李友松//学习与实践,1996.9

论"一国两制"构想的重要意义/白素玉//理论探索,1996.3

中国的主体必须是社会主义:学习邓小平关于"一国两制"的论述/阎德民//中州学刊,1996.3

## 关于社会主义民主

论邓小平的社会主义民主理论体系及特点/聂月岩//毛泽东思想论坛,1996.1

坚持和发展有中国特色的社会主义民主,划清社会主义民主与西方议会制民主的界限/解里轩//解放军报,1996.4.1

民主问题辩证/贺培育//理论探讨,1996.1

马克思主义自由观辨析/何中华，郁燕军//山东社会科学，1996.1

坚持民主集中制应处理好几个关系/胡应良//求实，1996.1

对民主集中制几个关系的认识/卿明星，陈建斌//湘潭大学学报：哲学社会科学版，1996.1

社会主义市场经济中的民主建设与政治模式/商红日//北方论丛，1996.2

民主集中制是科学合理有效率的制度/王继元//长白论丛，1996.2

影响我国公民政治参与的十个因素/赵海月，戚焕民//长白论丛，1996.2

扩大政治参与，促进政治民主化/朱容//社会科学研究，1996.2

试析社会主义民主与西方民主的本质区别/郭洪纪//青海师专学报，1996.3

划清社会主义民主与西方议会制民主的界限/蒋建新//南京政治学院学报，1996.3

在市场经济条件下必须更好地坚持民主集中制/张秉法//晋阳学刊，1996.3

当代西方多元民主论评析/金太军//中国青年政治学院学报，1996.3

民主中的两种思潮：关于社会主义民主同西方议会民主的界限/郑杭生//马克思主义研究，1996.4

试论我国社会主义民主政治建设/孙泉明//理论与改革，1996.4

对市场经济体制下民主与法制的再认识/武中俐//内蒙古社会科学：文史哲版，1996.4

重新学习党的民主集中制理论的思考/王波，乔万敏，韩向利//烟台大学学报：哲社版，1996.4

论民主及其限度/燕继荣//社会科学战线，1996.4

我国社会主义民主政治的功能/刘鑫//社会主义研究，1996.4

民主中的两种思潮——关于社会主义民主同西方议会民主的界限/郑杭生//马克思主义研究，1996.4

努力建设社会主义民主政治：分清社会主义民主同西方议会民主的界限/董和平//陕西日报，1996.5.15

民主实践论/陈志波//社会科学，1996.5

坚持和发展社会主义民主/魏新//辽宁日报，1996.7.3

试论社会主义民主建设/李萍//广州日报，1996.10.4

分清社会主义民主同西方议会民主的界限/郑杭生//人民论坛，1996.8

坚持发展社会主义民主：分清社会主义民主与西方议会民主的界限/刘小敏//深圳特区报，1996.10.1

## 关于社会主义精神文明建设

把社会主义精神文明建设提到更加突出的地位/王凤竹，孙玉杰/学习论坛，1996.1

精神文明建设重在实做/徐中玉//群言，1996.1

社会主义市场经济条件下精神文明建设的有益探索/刘云，洪银娴，余庆军//理论学习与探索，1996.1

论社会主义精神文明建设/姜洪，黎成//深圳特区报，1996.1.2

浅谈社会主义市场经济与精神文明建设/于秀兰//社会科学探索，1996.1

简论邓小平对精神文明建设理论的几个创新/盛国军//内蒙古日报，1996.1.31

对新时期物质文明和精神文明建设关系问题的再思考/邢孔跃//海南开发报，1996.1.19

要正确处理精神文明建设的几个关系/蒋建国//精神文明报，1996.1.30

要把精神文明建设提到更加突出的地位/颜凤云//广西日报，1996.1.25

扎实推进农村精神文明建设/刘云山//党建文汇，1996.1

坚持物质文明和精神文明共同进步/吕余生//广西日报，1996.1.11

物质文明与精神文明必须协调统一发展/王成，崔志民//工人日报，1996.1.8

精神文明重在建设/陈连河//吉林日报，1996.1.2

"更加突出精神文明建设"座谈会综述/刘小敏//现代哲学，1996.1

"科教进步与爱国主义"研讨会综述/陈丹红/现代哲学/1996.1

市场经济要求两个文明/王伟//河北日报，1996.6.4

精神文明建设漫谈/杜再良//学习与交流，1996.1

加大精神文明建设力度/陆文明//宁夏日报，1996.1.12

推动农村精神文明建设登上一个新台阶/农村工作通讯，1996.1

坚持两手抓两手都要硬　提高企业精神文明建设水平/孙业松//大庆社科学,1996.1

构筑社会主义精神文明大厦的几个着力点/董凤基//发展论坛,1996.1

论继承和发扬中华民族的传统美德/肖文豪//贵州师范大学学报·社会科版,1996.1

坚持两手抓,两手都要硬:学习张家港精神理论思考笔谈

1. 市场经济条件下更要加强思想道德教育/张先亮

2. 抓好党风带民风/丁建农

3. 谈政治拉动力对经济发展的重要作用/蒋建华//新疆日报,1996.4.2

社会主义市场经济条件下的道德建设/李君如//深圳特区报,1996.1.2

努力做好新形势下的企业思想政治工作/戴舟//思想政治工作研究,1996.1

新挑战,新要求,新思路:市场经济条件下加强社会主义精神文明建设的若干思考/虞国庆//理论导刊,1996.1

关于建设社会主义精神文明的若干思考/邵汉青//特区理论与实践,1996.2

论我国精神文明建设的“软”“硬”之辩/姜汉斌//空军政治学院学报,1996.2

加强社会主义精神文明建设是实现“两个根本性转变”的需要/谢祖鹏//大众企业管理,1996.2

研究新问题探讨新思路:社会主义精神文明建设讨论会综述/秦刚//理论前沿,1996.2

深入开展创建文明村活动,推进民族聚居地区社会主义精神文明建设/关立卓//黑龙江民族丛刊,1996.2

为雷锋精神寻找新的时代定位/肖平//道德与文明,1996.2

试论发展社会主义市场经济条件下加强社会主义精神文明建设:学习邓小平同志“两手抓两手都要硬”的思想的体会/呼德纳岚//前沿,1996.2

加强精神文明建设,熔铸企业的灵魂/刘正军//大众日报,1996.2

发展市场经济与精神文明建设/齐平//理论探索,1996.2

对坚持“两上文明”建设共同进步的探讨/王岩杰//吉林农村金融,1996.2

人的全面发展完善是精神文明建设的根本目的/赵振宇//文明,1996.2

社会主义精神文明是建设有中国特色社会主义的重要目标/王体正//湖北大学学报:哲社版,1996.2

加强精神文明建设的几点新思考/马国清//锦州师范学院学报:哲社版,1996.2

社会主义精神文明建设理论探讨/沙英//现代哲学,1996.2

市场经济与艰苦奋斗精神/陈始发//湘潭大学学报:哲社版,1996.2

不能以牺牲精神文明为代价换取经济的一时发展/朱贵玉,王保正……//河北日报,1996.2.25

加强精神文明建设是社会主义社会的本质要求/周文庚//求实,1996.3

谈两个文明的辩证关系/朱国庆//泰安师专学报,1996.2

全面落实“两手抓两手都要硬”的战略方针/靳立文/河北日报,1996.3.5

高扬时代主旋律:1995年精神文明建设回顾/张宿堂,马英冰//精神文明报,1996.3.5

论加强精神文明建设/覃正之//文汇报,1996.3.2

市场经济条件下更要注重加强精神文明建设/王新民//共产党人,1996.3

坚持方针,明确任务,抓住关键:论社会主义精神文明建设的几个问题/王惠兰,潘超平//山东工业大学学报:社科版,1996.3

关于精神文明建设的一些认识问题/栗子//华夏文化,1996.3

精神文明重在建设内涵初探/范道桂//民族艺术研究,1996.3

精神文明:面对21世纪的话题/韩燕荣//法制日报,1996.3.8

精神文明建设:如何走向二十一世纪/童怀,马兴宇//光明日报,1996.3.13

提高社会主义精神文明建设实效性的思考/邱永模//社会科学研究,1996.3

论增强精神文明建设的自觉性/何少川//文明建设,1996.3

社会主义精神文明建设的再认识/陈廷坤//东岳论丛,1996.3

发扬艰苦奋斗精神是建设有中国特色社会主义的重要途径/尹良军//淮北煤师院学报:社科版,1996.3

加强社会公德建设刻不容缓/李兆中//实事求是,1996.2

社会公德:社会主义现代化的题中之义/魏曼华

//山西发展导报,1996.3.1

城郊结合部精神文明建设新课题/米明毅执笔//党政论坛,1996.3

不能以牺牲精神文明为代价/丁继昌//企业文明,1996.3

关于弘扬大庆精神问题/李长岭//大庆社会科学,1996.3

论社会主义精神文明建设中的十大关系/项武生//理论探讨,1996.3

浅议传统价值观的继承与发展/阎红珏//理论探索,1996.3

理清精神文明建设的工作思路/沈者寿//浙江日报,1996.3.12

从"八五"到"九五"精神文明建设三年跃上新台阶/丰捷,韩秀琪/光明日报,1996.3.3

精神文明重在建设,扎实狠抓功在千秋/郑宇晖//汕头特区晚报,1996.3.5

改革开放与精神文明建设/于广钧//深圳特区报,1996.3.5

关于当前精神文明建设的三点思考/周亚东//松辽学刊:社科版,1996.3

社会主义精神文明与理论建设/任吉悌,王皑霞//理论建设,1996.3

新形势下精神文明建设与宣传座谈会观点综述/田应奎//理论前沿,1996.3

大力加强精神文明建设/《检察日报》评论员//检察日报,1996.3.16

加强精神文明建设,促进社会繁荣稳定/马大猷,王厚德,吴武封……/人民日报,1996.3.10

农村现代文明之光/董文忠,韩建鹏//奋斗1996.3

要为思想道德建设创造有利的外部环境/詹刚//江南论坛,1996.3

社会主义市场经济与精神文明建设/四川省社科院精神文明建设研究咨询中心//毛泽东思想研究,1996.3

论延安精神及其弘扬/杨积少//建材高教理论与实践,1996.3

弘扬爱国主义精神,维护祖国统一,促进社会经济发展/罗敬贯//西藏日报,1996.3.11

精神文明的特点及当前应注意的几个问题/孙晶国//理论前沿,1996.3

精神文明建设与发展生产力/潘绍龙,刘健美,朱代发//安徽师大学报:哲社版,1996.3

社会主义精神文明建设要重在落实/申远初//贵州教育学院学报:社科版,1996.3

搞好社会主义精神文明建设之我见/严健//云南教育学院学报,1996.4

试论精神文明建设与法制建设的协调发展/陆德生//江淮论坛,1996.4

趋向现实突出时代:谈精神文明理论研究/张华金//社会科学报,1996.4.11

新时期的重大历史课题/吴连成//深圳特区报,1996.4.5

论抓住:六个坚持不懈"/冯士新//中国青年报,1996.4.16

析精神文明建设中的几种片面认识/胡秀梅//探索:哲社版 1996.4

精神文明建设应当适度超前/姜子华,刘敏军//思想战线,1996.5

理论建设是精神文明建设的关键/田心铭//江南论坛,1996.4

艰苦奋斗的精神不能丢/唐根华//中国特色社会主义研究,1996.4

结合职工思想道德特点搞好精神文明建设/纪明波//工会理论与实践,1996.4

论市场经济与精神文明的兼容性/姜汉斌//中国特色社会主义研究,1996.4

坚持以唯物史观指导精神文明建设/江作军//苏州大学学报;哲社版,1996.4

领导干部在精神文明建设中的表率作用与职业道德/孙承业,王淑珍//新东方,1996.4

关于两个文明协调发展的若干思考/王葆珍//甘肃社会科学,1996.4

农业发展的"两个飞跃"和精神文明建设/李芳//南京政治学院学报,1996.4

社会主义发展的精神动力/魏恩政//发展论坛,1996.4

实行"两个转变"与精神文明建设/郭志华//发展论坛,1996.4

澄清模糊认识强化社会主义精神文明建设/郭佳新//理论学刊,1996.4

精神文明建设应解决三个问题/刘强//创造,1996.4

略谈海南旅游业精神文明建设/吴志坚//特区展望,1996.4

关于社会转型时期精神文明建设着力点的几点思考/隋喜文//教育艺术,1996.4

论精神文明建设的运作机制/马凤龙//松辽学刊:社科版,1996.4

文化胸襟和精神文明建设/孙建军,曹菊华//江南论坛,1996.4

当前精神文明建设中存在的问题及对策/张振海,王贵新//河北日报,1996.4.2

闲暇道德与精神文明的建设/彭先桃//道德与文明,1996.4

社会主义精神文明建设的战略地位/林荫//南京大学学报:哲学、人文、社会科学版,1996.4

把物质文明和精神文明作为统一的奋斗目标:“学习党的十四届五中全会精神和江泽民同志讲话”的体会/朱峻峰//企业文明,1996.4

胡绳论精神文明建设/江南论坛,1996.4

爱国主义教育是精神文明建设的一个重要内容/隗瀛涛//精神文明报,1996.5.7

“个人素质与公德意识”讨论反响热烈//人民日报,1996.5.24

培育“四有”公民是精神文明建设的根本任务/黄环英//前进,1996.5

竞争与文明的关系/王新生//河南师范大学学报:哲社版,1996.5

群众殷切期望加强精神文明建设/王道修//山西日报,1996.5.20

构筑社会主义精神文明大厦的几个支撑点/董凤基//中国党政干部论坛,1996.5

建设精神文明必须营造一个有利的大环境/舒翼//云南日报,1996.5.31

精神文明建设与可持续发展战略/袁贵仁//新视野,1996.5

# 后　记

《中国特色社会主义年鉴》是一部带有研究性质的资料书、工具书。《年鉴》忠实、系统地反映了有中国特色的社会主义理论与实践的发展历程，展示了在江泽民同志为核心的党中央领导下，高举邓小平理论伟大旗帜，全面贯彻党的基本路线，在改革开放和社会主义现代化建设方面取得的重要成就，为有关部门的科学决策和学术研究提供了有价值的信息和资料。

《中国特色社会主义年鉴》是在主编、副主编的领导下，由中国社会科学院哲学研究所和马列主义毛泽东思想研究所的有关同志编纂完成的。《年鉴》中的综述文章大多是邀请中央、国务院有关研究机构的学者专家撰写的，中国特色社会主义实践类型的材料大多是由各省、市、自治区有关部门整理、加工和推荐的。

在这里我们要特别提到，《年鉴》一书的出版得到浙江省德清县烟草公司和温州天正集团公司在资金方面的资助和大力支持，本书的编纂得到了中国社会科学院科研局等有关部门的大力支持和帮助，本书的出版得到中国法制出版社的大力支持。在此，一并表示衷心的感谢。

让我们用扎扎实实的工作，为社会主义的巩固、完善和发展作出贡献。

《中国特色社会主义年鉴》编辑部
1998年2月20日

责任编辑　周明哲

中国特色社会主义年鉴（1997）
ZHONGGUO TESE SHEHUI ZHUYI NIANJIAN
主编/江　流　刘　枫
经销/新华书店
印刷/河北省涿州市新华印刷厂
开本/787×1092 毫米 16　　印张/33.25　字数/1041 千
版次/1998 年 5 月北京第 1 版　　1998 年 5 月北京第 1 次印刷

中国法制出版社出版
书号 ISBN7—80083—465—4/D·443
（北京西单横二条 2 号　邮政编码 100031）　定价：70.00 元